嘉兴年鉴

2017

梁平波题

中共嘉兴市委
嘉兴市人民政府 主办

嘉兴市地方志编纂委员会 编

方志出版社

2017

嘉兴市地方志编纂委员会

主　　任：胡海峰

常务副主任：孙贤龙

副 主 任：张志伟　柴永强　马玉华　周志迪

委员由市政府秘书长，市政府分管副秘书长，市法院、市检察院、市委办公室、市人大常委会办公室、市政府办公室、市政协办公室、嘉兴军分区政治部、市委组织部、市委宣传部、市委统战部、市委政研室、市农办（市农业经济局）、市发展改革委、市经信委、市教育局、市科技局、市公安局、市民政局、市司法局、市财政局（市地税局）、市人力社保局、市国土资源局、市建委、市交通运输局、市水利局、市商务局（市粮食局）、市文化局、市卫生计生委、市审计局、市国资委、市体育局、市环保局、市统计局、市旅游局、市综合行政执法局、市外侨办、市人防办（市民防局）、市信访局、市总工会、团市委、市妇联、市科协、市残联、市工商联、嘉兴经济技术开发区、嘉兴港区、嘉广集团、市档案局、市委党校、嘉报集团、嘉职院、嘉兴银行、市供销社、市新居民事务局、市社保事务局、市市场监管局、市质监局、市国税局、嘉兴检验检疫局、嘉兴海关、市气象局、嘉兴电力局、市邮政局、人行嘉兴市中心支行、嘉兴银监分局、电信嘉兴市分公司、市烟草专卖局、嘉兴学院有关负责人和南湖区、秀洲区、嘉善县、平湖市、海盐县、海宁市、桐乡市政府主要负责人组成。

《嘉兴年鉴》编辑室

主　　任： 叶永强

副 主 任： 周春锋　姚炎鑫　陆建军　曾　燕

主　　编： 叶永强

常务副主编： 周春锋　曾　燕

副 主 编： 吴勤勤

编　　辑： 邱　阳　苗建红　王泽群　郑敏芳　尤裕森

孙忠烈　翟杭加　金　霞

英文翻译： 翁　葳

凡　　例

一、《嘉兴年鉴》以马克思列宁主义、毛泽东思想、邓小平理论、“三个代表”重要思想、科学发展观、习近平新时代中国特色社会主义思想为指导，坚持辩证唯物主义和历史唯物主义的立场、观点和方法，旨在全面、真实地反映上一年度全市经济建设、社会各项事业的发展情况，为建设和谐嘉兴服务，为各级领导科学决策服务，为国内外人士了解、研究、宣传嘉兴服务，也是为记载嘉兴历史服务。

二、《嘉兴年鉴》采用分类编辑法。结构分为篇目、分目、条目3个层次，即篇目下设分目，分目下设条目，条目是年鉴内容的基本表现形式和手段。为方便检索，篇目标题用2号宋体字通栏，分目标题用3号黑体字加灰底“　　　　”，条目标题用5号黑体字加方头括号“【 】”。

三、《嘉兴年鉴(2017)》记载时限为2016年1月1日至12月31日，部分新增分目，在条目内容的记述上作简要的历史追溯，以求内容的完整；特载部分提前收录2017年的政府工作报告。

四、本年鉴分为36个篇目：特载、专记、大事记、嘉兴概貌、农业、工业、交通·电力·水利、信息化建设与信息产业、城乡建设、环境保护·气象、名胜与旅游、科学技术、国内贸易、外经贸·口岸、财税·金融、经济管理与服务、中共嘉兴市委、嘉兴市人民代表大会、嘉兴市人民政府、政协嘉兴市委员会、民主党派和工商联、群众团体、政法、武装、教育、文化、传媒、体育、卫生、社会生活、人物、县(市、区)、国家级及省级开发区、社会经济统计资料、文件选编、附录，共设257个分目，收录1772个条目、64个表格。全书前有目录，后有索引。

五、本年鉴采用的文稿，由各有关部门、单位落实专人撰写或提供，并经撰稿、供稿单位领导审核。撰稿人或供稿人姓名加圆括号“( )”列在条目后面右下方。各种数据均经有关部门、单位核实确认，综合性数据依据嘉兴市统计局统计数据。对个别因统计时间、口径不同而产生的不同数据，均作加注说明。

六、本年鉴“市和县(市、区)机构及负责人”分目收录的名单为：市级一级局副职以上，二级局正职以上；县(市、区)级副职以上；职务均指实职，凡2016年机构或负责人职务有变动的，单位或姓名后加圆括号“( )”，注明机构成立、撤销或职务任职、免职时间。

七、本年鉴中，凡用“嘉兴市”“全市”“市”，即包括嘉兴市本级及所辖县(市、区)；“嘉兴市区”“嘉兴市本级”，即包括市直属、南湖区、秀洲区；“市城”指建成区；嘉兴市简称“禾”，市城简称“禾城”。

八、本年鉴的索引，采用主题分析索引的方法，按主题词首字汉语拼音字母顺序排列，使用方法详见索引说明。

目　　录

凡例

特　　载

市委七届十二次全体(扩大)会议报告 ……… 1
政府工作报告 ……………………………… 6

专　　记

“两学一做”学习教育 …………………… 15
海绵城市建设 …………………………… 20

大事记

2016年嘉兴市大事记 …………………… 23

嘉兴概貌

地理环境 ………………………………… 33
　概况 …………………………………… 33
资源物产 ………………………………… 33
　概况 …………………………………… 33
历史沿革 ………………………………… 34
　概况 …………………………………… 34
气候特征 ………………………………… 35
　常年气候概况 ………………………… 35
　2016年气候概况 ……………………… 35
　2016年主要气候事件 ………………… 36
行政区划及人口 ………………………… 36
　行政区划 ……………………………… 36
　人口 …………………………………… 37
国民经济和社会发展 …………………… 38
　概况 …………………………………… 38
　三次产业平稳发展 …………………… 38
　社会需求稳定增长 …………………… 39
　三大收入稳步提升 …………………… 39
　推进供给侧结构性改革 ……………… 40
　推进转型升级 ………………………… 40
　社会民生和谐稳定 …………………… 41
　资源环境提质改善 …………………… 42
　统筹城乡发展 ………………………… 42
　个私经济稳步发展 …………………… 43
全面深化改革 …………………………… 44
　概况 …………………………………… 44
　谋划“项目”和“责任”两张清单 ……… 44
　推进经济体制改革 …………………… 44
　推进城乡发展一体化体制改革 ……… 45
　加强民主法治领域改革 ……………… 45
　推进文化体制改革 …………………… 45
　深化社会体制改革 …………………… 45
　深化生态文明体制改革 ……………… 45
　加强党的建设制度改革 ……………… 46
　深化党的纪律检查体制改革 ………… 46
　建立健全保障改革落地推进机制 …… 46
法治嘉兴建设 …………………………… 46
　概况 …………………………………… 46
　建立市委常委会学法制度 …………… 48
　全面启动地方立法工作 ……………… 48
　启动实施“七五”法治宣传教育规划 … 48
　探索互联网+公共法律服务模式 …… 49
精神文明建设 …………………………… 49
　培育和践行社会主义核心价值观 …… 49

开展“迎接G20 人人讲文明”系列活动 …… 49
推进公民道德建设 …… 49
群众性精神文明创建 …… 49
加强未成年人思想道德建设 …… 50
深化志愿服务活动 …… 51
推进网络文明传播 …… 51
生态嘉兴建设 …… 51
概况 …… 51
深化“五水共治”工作 …… 51
推进“五气共治”工作 …… 52
改善城乡环境 …… 52
市和县(市、区)机构及负责人 …… 53
中国共产党嘉兴市委员会 …… 53
中国共产党嘉兴市纪律检查委员会 …… 53
中共嘉兴市委工作部门及直属单位 …… 53
嘉兴市人民代表大会常务委员会 …… 55
嘉兴市人民政府 …… 55
嘉兴市人民政府工作部门及直属单位 …… 56
其他行政、事业、企业单位 …… 61
中国人民政治协商会议嘉兴市委员会 …… 64
嘉兴市中级人民法院 …… 65
嘉兴市人民检察院 …… 65
中国人民解放军嘉兴军分区 …… 65
民主党派和工商联 …… 65
群众团体 …… 66
县(市、区)主要机构 …… 67

农　业

综述 …… 71
嘉兴农展会 …… 71
农业“一区一镇”建设 …… 71
农业经营主体培育 …… 71
发展休闲农业 …… 71
加快农民培训 …… 72
“互联网+”农业 …… 72
农业生态建设 …… 72
建设美丽农业 …… 72
农业行政执法 …… 72
“绿剑”系列集中执法行动 …… 72
农资打假护农保春耕联合执法行动 …… 72
植物检疫 …… 73
加拿大一枝黄花防控 …… 73
农产品质量安全监管 …… 73
粮油 …… 73
概况 …… 73
推进粮食生产功能区建设 …… 74
粮食高产创建和攻关竞赛 …… 74
获浙江省“河姆渡杯”粮食生产先进表彰 …… 74
新《中华人民共和国种子法》施行 …… 74
蔬菜与水果 …… 74
概况 …… 74
获浙江农业之最甜瓜擂台赛冠军 …… 75
嘉兴精品果蔬展销会 …… 75
浙江省精品葡萄评比会 …… 75
蚕桑 …… 75
概况 …… 75
桐乡蚕业技术合作走出国门 …… 75
桑黄规模化生产基地提档升级 …… 75
海宁互联网+蚕室投入使用 …… 76
畜禽 …… 76
概况 …… 76
畜禽养殖效益 …… 76
养殖业转型升级 …… 76
全产业链建设 …… 77
嘉兴黑猪品种保护 …… 77
死亡动物无害化集中处理体系建设 …… 77
动物疫病综合防控 …… 77
畜禽产品安全监管 …… 77
畜禽屠宰监管 …… 77
H7N9流感防控工作 …… 78
林业 …… 78
概况 …… 78
“两高”通道绿化整治 …… 78
市林业局获全国绿化先进集体称号 …… 78
新植1亿株珍贵树行动 …… 79
古树名木保护 …… 79
参加中国义乌国际森林产品博览会 …… 79
开展“清网行动” …… 79
嘉兴市春兰精品展 …… 79
参加浙江省第七届花卉展示展销会 …… 79
嘉兴兰花博览会 …… 79
中国杜鹃花展览嘉善杜鹃再获金奖 …… 80
海洋与渔业 …… 80
概况 …… 80
渔业基地建设 …… 80

渔业转型 …… 80
渔业科技 …… 80
基层渔技推广体系建设 …… 80
水产品质量安全监管 …… 81
水生动物疫病监测 …… 81
开展海域“一打三整治”专项执法行动 …… 81
海洋管理 …… 81
海洋环境保护 …… 82
海洋与渔业行政执法 …… 82
增殖放流活动 …… 82
农机 …… 82
概况 …… 82
农业“机器换人” …… 82
农机社会化服务 …… 83
农机安全生产 …… 83
政策性农机保险 …… 83
农村经营管理 …… 83
农村土地承包经营权登记颁证工作 …… 83
发展村级集体经济 …… 83
深化农村集体资产产权制度改革 …… 84
推进农村土地流转 …… 84

工 业

综述 …… 85
实施互联网经济强市建设 …… 85
开展“退散进集”行动 …… 86
培育军民融合产业 …… 86
开展降本减负行动 …… 86
完成新一轮绩效评价 …… 86
企业培育 …… 86
概况 …… 86
培育“三名”试点企业 …… 86
提升企业管理创新水平 …… 87
加强企业社会责任建设 …… 87
促进小微企业上规升级 …… 87
发放小微企业服务补贴券 …… 87
完善融资担保体系 …… 87
现代化技术改造 …… 88
概况 …… 88
表1 嘉兴市现代化技术改造、规模以上工业增加值等情况 …… 88
推进工业现代化技术改造重点项目 …… 89
“机器换人”技术改造投资 …… 89
“零土地”技术改造审批改革 …… 89
现代化技术改造 …… 89
装备制造业 …… 90
概况 …… 90
高端装备产业发展 …… 90
推动首台(套)产品研制及应用 …… 90
实施“1112”工程 …… 90
推进智能制造装备产业发展 …… 91
汽配产业转型升级专项服务 …… 91
智能制造试点示范发挥作用 …… 91
新装备推介活动 …… 91
时尚产业 …… 92
概况 …… 92
建立时尚产业统计指标体系 …… 92
特色时尚产业基地建设 …… 92
时尚产业平台建设 …… 93
时尚产业品牌培育 …… 93
时尚产业推介 …… 93
节能降耗 …… 93
概况 …… 93
调整优化产业结构 …… 93
实施能源消费总量控制 …… 94
严格产业准入管理制度 …… 94
推进绿色制造发展 …… 94
强化节能监察 …… 94
推进热电企业升级改造 …… 94
强化用能机制调控 …… 94
淘汰落后产能 …… 95
概况 …… 95
推进淘汰落后产能工作 …… 95
淘汰落后产能 …… 95

交通 电力 水利

公路 …… 96
概况 …… 96
普通公路建设 …… 97
美丽农村公路建设 …… 97
提升全路域环境质量 …… 97
320国道嘉兴市区过境段项目终止收费 …… 97
推进公交示范城市创建 …… 97

杭州湾跨海大桥北接线项目建设 …………… 97
钱江通道北接线工程启动建设 …………… 98
嘉兴公交IC卡系统升级 …………… 98
拓展新能源产业 …………… 98
铁路 …………… 98
概况 …………… 98
嘉兴市轨道交通线网规划 …………… 99
沪乍杭铁路 …………… 99
通苏嘉城际铁路 …………… 99
水路 …………… 99
概况 …………… 99
推进重大项目建设 …………… 99
推进内河港口建设 …………… 100
提高水上安保能力 …………… 100
水运行业改革 …………… 100
绿色港航建设 …………… 100
“法治港航”建设 …………… 100
“智慧港航”建设 …………… 101
提升航运市场服务能力 …………… 101
深化“最美行业”创建 …………… 101
电力 …………… 101
概况 …………… 101
建成全省首个内河智能岸电水上服务区 …………… 102
500千伏洪明变电站投运 …………… 102
高速服务区电动汽车快充站全覆盖 …………… 103
建成首个“四表合一”示范智能小区 …………… 103
水上光伏项目并网发电 …………… 103
首推居民线上办理用电业务 …………… 103
“智能电网驱动智慧城市”获最佳创意奖等 …………… 104
表2 2016年嘉兴市全社会用电量按用电性质构成 …………… 104
表3 2016年嘉兴市全社会用电量按行政区人均水平构成 …………… 104
秦山核电 …………… 104
概况 …………… 104
机组大修工作 …………… 105
推进秦山核电一体化管理 …………… 105
科技创新及成果转化 …………… 105
专业化平台建设 …………… 105
深化与战略伙伴单位合作 …………… 105
参与巴基斯坦核电机组建设 …………… 105
促进地方经济建设和环境建设 …………… 106
中国核电城和核电科技馆建设 …………… 106
水利 …………… 106
概况 …………… 106
制定防汛“三张清单” …………… 107
重点水利工程完成年度建设任务 …………… 107
推进水利工程标准化管理工作 …………… 108
实施河道综合整治 …………… 108

信息化建设与信息产业

综述 …………… 109
世界互联网大会期间开展六大经贸活动 …………… 109
举办首届中国产业互联网大会 …………… 109
开展建设互联网经济强市立功竞赛活动 …………… 109
与中国互联网协会签订战略合作框架协议 …………… 109
成立嘉兴市互联网经济联合会 …………… 110
互联网新业态、新模式 …………… 110
推进两化深度融合 …………… 110
召开浦江创新论坛嘉兴论坛 …………… 110
电子政务 …………… 110
行政权力网上透明运行 …………… 110
嘉兴政务云应用能力位居全省前列 …………… 110
公共服务信息化 …………… 111
完成新型智慧城市顶层设计评审 …………… 111
建成公共事务信息服务平台 …………… 111
市民公共服务实现“一卡通” …………… 111
社区与农村信息化 …………… 111
推进智慧农业建设 …………… 111
开展农业应急指挥系统建设 …………… 111
推进农业物联网基地建设 …………… 111
完善“96345”平台服务体系 …………… 111
基础网络建设与运营 …………… 112
概况 …………… 112
中国电信嘉兴分公司 …………… 112
中国移动嘉兴分公司 …………… 112
中国联通嘉兴分公司 …………… 112
嘉兴华数广电网络有限公司 …………… 112
中国铁塔嘉兴分公司 …………… 112
电子信息产品制造业 …………… 113
概况 …………… 113

信息经济发展指数居全省第三位 ……… 113
3家电子信息制造业企业产值超100亿元 ……… 113
11家企业入选省电子信息产业百家重点企业 ……… 113
参展中国互联网大会 ……… 113
举办“问道长三角LED照明产业”论坛 ……… 113
海宁市入选省级信息经济发展示范区 ……… 113
软件及信息技术服务业 ……… 114
概况 ……… 114
新增6家省级软件和信息服务产业基地 ……… 114
开展软件企业核查培训工作 ……… 114
嘉兴国际游戏＆VR产业园项目落户秀洲 ……… 114
秀洲区智能家居基地参展国际软件博览会 ……… 114
浙江大数据交易中心落户乌镇 ……… 114
电子商务 ……… 114
概况 ……… 114
谋划电商发展 ……… 115
推进电商换市 ……… 115
推动跨境电商发展 ……… 115
开展电子商务示范创建 ……… 115
筹建嘉兴特色馆 ……… 115
优化电商发展环境 ……… 116
无线电管理 ……… 116
概况 ……… 116
参与G20杭州峰会等活动无线电保障任务 ……… 116
无线电管理基础技术设施建设 ……… 117
助力嘉兴经济社会发展 ……… 117
宣传新修订的无线电管理条例 ……… 117
邮政 ……… 117
概况 ……… 117
春运公益期刊赠阅活动 ……… 117
提升邮政优质服务能力 ……… 117
推行包裹区域经理制 ……… 118
保障G20峰会期间邮政服务工作 ……… 118
“传承历史、开创未来”主题邮展 ……… 118
越秀北路邮政所开业 ……… 118
举办“村邮乐购”培训班 ……… 118
服务第三届世界互联网大会 ……… 118
开展“全民阅读”公益活动 ……… 119

城乡建设

综述 ……… 120
规划　测绘 ……… 122
概况 ……… 122
完成嘉兴市域总体规划 ……… 123
推动控制性详细规划实现全覆盖 ……… 123
推进重要地段城市设计 ……… 123
重新编制子城片区概念规划与城市设计 ……… 123
编制重点规划 ……… 123
开启智慧嘉兴时空信息云平台项目建设 ……… 123
“天地图·嘉兴”参展互联网之光博览会 ……… 124
启动基础测绘省、市、县联动更新试点 ……… 124
完成城市真三维数据采集项目建设 ……… 124
开展应急测绘保障工作 ……… 124
勘察　设计 ……… 124
概况 ……… 124
3个项目获省建设工程优秀勘察设计奖 ……… 125
开展建筑节能与勘察设计检查 ……… 125
建筑业 ……… 125
概况 ……… 125
建筑行业企业三个信用评价办法出台 ……… 126
出台《嘉兴市建筑施工扬尘治理实施方案》 ……… 126
出台《嘉兴市建筑业发展“十三五”规划》 ……… 126
首个“建筑工地流动党员临时党支部”成立 ……… 126
2家企业被确定为省工程总承包试点企业 ……… 127
1项工程获中国建设工程鲁班奖 ……… 127
1项工程获国家优质工程奖 ……… 127
14项工程获省“钱江杯”优质工程奖 ……… 127
28项工程被评为省安全文明施工标准化工地 ……… 127
2项成果获“浙江省建设科学技术奖” ……… 127

1个项目被列入住建部装配式建筑科技示范项目 …… 128
建筑企业获省级工法1项 …… 128
房地产业 …… 128
概况 …… 128
出台关于规范商品房销售管理的通知 …… 129
市区实施限购政策 …… 129
开展《浙江省物业管理条例》执行情况调研 …… 129
开展物业服务示范项目创建 …… 129
出台物业服务优质优价政策 …… 130
市规划院和晶晖广场列入特色楼宇 …… 130
推进城镇危旧住房治理改造 …… 130
房屋登记业务平稳移交 …… 130
市政公用事业 …… 130
概况 …… 130
开展瓶装燃气实名制销售管控 …… 131
检测桥梁144座 …… 131
改造老旧住宅区 …… 131
抢修冻裂水表12万只 …… 131
推进“五水共治”工作 …… 131
新建改造城市道路 …… 132
新增停车位4950个 …… 132
火车站北广场人行地下通道投入使用 …… 132
中山东路桥改造工程竣工 …… 132
启动中山路与越秀路交叉口人行过街天桥项目 …… 132
十八里大桥维修加固工程竣工 …… 132
中环南路、广益路综合整治工程 …… 133
启动有机更新房屋征收48万平方米 …… 133
园林绿化 …… 133
概况 …… 133
启动修编《嘉兴市绿地系统规划》 …… 133
加强市外园林企业进嘉兴施工监管 …… 133
加强城市园林养护监管 …… 133
开展行业展览和先进评选活动 …… 134
开展“美丽家园”主题活动 …… 134
新增2个“中国人居环境范例奖” …… 134
南湖大道获评浙江省“最美入城大道” …… 134
参加第十二届中国菊花展览会 …… 134
完成古树名木保护牌更新工作 …… 134
新增3个“浙江省园林镇” …… 134
推进生态绿道建设 …… 134
植物园建设工程 …… 134
环境卫生 …… 135
概况 …… 135
推进城市生活垃圾分类工作 …… 135
餐厨废弃物资源化利用处理试点城市工作 …… 135
城市管理 …… 135
概况 …… 135
推进综合行政执法体制改革 …… 136
提升执法管控绩效 …… 136
推进民生实事工作 …… 136
小城镇建设 …… 136
概况 …… 136
农房设计方案图集汇编 …… 137
省级美丽宜居示范村建设 …… 137
农村生活污水治理设施运维管理 …… 137
制定镇村环境整治提升三年行动计划 …… 137
启动小城镇环境综合整治三年行动计划 …… 137
新农村建设 …… 138
美丽乡村建设 …… 138
农村生活污水治理 …… 138
农村生活垃圾分类处理 …… 138
特色小镇建设 …… 139
小城市培育试点镇建设 …… 139
“三位一体”改革 …… 139
低收入农户人均收入增长18.1% …… 139

环境保护　气象

环境管理 …… 140
深化水环境治理 …… 140
强化大气环境治理 …… 140
强化固体废物(危险废物)监管 …… 140
严把建设项目审批关 …… 141
深化排污权有偿使用机制 …… 141
规范推进第三方服务 …… 141
环境监测与科研 …… 141
概况 …… 141
加强环境质量综合评价 …… 141

加强环境监测能力建设 …… 141
加强环境监测科研 …… 142
环境法制建设 …… 142
概况 …… 142
开展行政执法工作 …… 142
加强法制教育工作 …… 142
提升污染物在线监控运维质量 …… 142
实施环境监管“双随机”制度 …… 142
公开企业环境信息 …… 142
环境保护宣传教育 …… 143
开展环保宣传和活动 …… 143
深化公众参与“嘉兴模式” …… 143
加强环保宣传平台建设 …… 143
环境质量状况 …… 143
概况 …… 143
城市大气环境质量状况 …… 143
地表水环境质量状况 …… 144
近岸海域环境质量状况 …… 144
声环境质量状况 …… 144
气象 …… 144
概况 …… 144
强化公共气象服务 …… 144
推进气象现代化建设 …… 145
推进气象行政审批改革 …… 145
完善气象防灾减灾社会管理 …… 145
加强气象科技创新 …… 145

名胜与旅游

综述 …… 146
概况 …… 146
南湖风景名胜区 …… 146
南湖旅游区综合整治工程 …… 146
南湖革命纪念馆文物定级工作 …… 146
旅游市场开发 …… 146
举办“喜迎G20　嘉兴旅游嘉年华”活动 …… 146
举行2016中外旅行商合作大会 …… 147
发布四季旅游主题 …… 147
旅游“接轨上海”取得新成果 …… 147
联合主办中国会议与商务旅行论坛 …… 147
联合开展杭州都市圈旅游营销 …… 147
联合开展京杭大运河特色旅游推广 …… 148
拓展职工疗休养旅游市场 …… 148
举办“不忘初心、常来嘉兴”旅游摄影大赛 …… 148
开展“诗画浙江，秀美嘉兴”媒体推广活动 …… 148
开展旅媒深度合作 …… 148
拓展海内外旅游市场 …… 148
启动城市旅游整体形象品牌策划项目 …… 149
编制嘉兴全域旅游（手绘）智慧地图 …… 149
开展旅游基础数据采集 …… 149
完善智慧旅游智导体系 …… 149
旅游规划建设 …… 150
出台嘉兴市旅游业发展“十三五”规划 …… 150
开展景区创建提升及环境整治 …… 150
整治提升旅游厕所 …… 150
加大旅游项目招商与开发力度 …… 150
推进旅游产业融合发展 …… 150
南湖湖滨区块规划研究 …… 151
旅游行业监管 …… 151
强化旅游安全管理 …… 151
护航G20峰会和世界互联网大会 …… 151
开展平安旅游创建 …… 151
开展旅游饭店创建 …… 151
旅行社行业规模持续扩大 …… 152
举办“文明旅游”导游大赛 …… 152
开展文明旅游活动 …… 152
强化依法监管 …… 152

科学技术

综述 …… 153
科技环境、人才与项目 …… 153
创建省科技改革创新试验区 …… 153
建立科技金融服务体系 …… 153
优化科技政策环境与服务 …… 154
科技人才建设 …… 154
市级科技计划项目补助经费 …… 154
区域创新体系与高新技术产业 …… 154
概况 …… 154
高新技术园区（开发区） …… 155
高新技术特色产业基地 …… 155
科技企业孵化器 …… 155

众创空间建设 …… 155
科技型企业 …… 155
企业研发机构 …… 155
科技成果与科技合作 …… 156
科技成果申报评审 …… 156
表4 2016年嘉兴市获国家科学技术奖项目 …… 156
表5 2016年嘉兴市获浙江省科学技术奖项目 …… 156
表6 2016年获嘉兴市科学技术进步一等奖项目 …… 156
举办科技对接交流248场次 …… 157
与沪杭签约项目800多项 …… 157
与名校及科研院所共建创新载体 …… 157
浙江清华长三角研究院 …… 157
浙江中科院应用技术研究院 …… 157
农业科技与科技新农村建设 …… 158
农业科技创新体系建设 …… 158
农业科技研发、成果转化及应用 …… 158
科技特派员工作 …… 158
知识产权保护 …… 158
概况 …… 158
强化专利执法保护 …… 159
企业知识产权工作 …… 159
知识产权运用服务 …… 159
加强知识产权宣传培训 …… 159
防震减灾 …… 159
概况 …… 159
抗震防灾 …… 160
应急救援 …… 160

国内贸易

综述 …… 161
编制《嘉兴市商业网点“十三五”规划》 …… 161
开展促消费活动 …… 161
举办嘉兴休闲购物节 …… 162
生活必需品市场应急保供 …… 162
试点示范项目申报验收 …… 162
加快黄标车淘汰报废拆解 …… 162
推进废旧商品回收体系建设 …… 162
拍卖、典当、融资租赁行业监管 …… 162
组织实施民生实事工程 …… 162
干洗行业整治工作 …… 163
开展“平安加油站”创建 …… 163
开展成品油市场整治 …… 163
专业市场 …… 163
嘉兴蔬菜批发市场 …… 163
嘉兴水果市场 …… 163
嘉兴汽车商贸园 …… 163
海宁中国皮革城 …… 164
濮院羊毛衫市场 …… 164
海宁中国家纺城 …… 164
洪合毛衫市场 …… 164
大型商场 …… 165
戴梦得购物中心 …… 165
江南大厦 …… 165
嘉兴万达广场 …… 165
嘉兴八佰伴购物中心 …… 165
海宁大厦 …… 165
海宁华联大厦 …… 166
浙江东兴商厦 …… 166
粮食 …… 166
概况 …… 166
粮食订单和收购 …… 166
粮食储备管理 …… 166
粮库建设管理 …… 166
成立嘉兴市粮油质量检验检测中心 …… 167
开展全社会粮油供需平衡调查 …… 167
开展社会储粮专项调查 …… 167
供销 …… 167
概况 …… 167
深化“三位一体”农合联综合改革 …… 167
构建农产品流通服务体系 …… 167
推进日用消费品企业转型发展 …… 168
庄稼医院和“网上智慧农资”平台建设 …… 168
推进市区社有房产统一征迁 …… 168
废旧商品分拣集散中心建设 …… 168
开展农药废弃包装物回收工作 …… 168
烟草 …… 168
概况 …… 168
卷烟销售额86.44亿元 …… 168
专卖管理成效显著 …… 168
企业管理转型提升 …… 169
盐业 …… 169
概况 …… 169
调整食盐品种结构 …… 169

保障盐业市场供应 …… 169
拓展非盐商品销售 …… 170
加强盐业市场监管 …… 170
防治碘缺乏病日宣传 …… 170
餐饮业 …… 170
概况 …… 170
推动餐饮业"营改增"改革 …… 170
组织餐饮企业到外地考察 …… 171
开展企业技能人才评价 …… 171
承办中式烹调师比赛 …… 171
搭建服务企业交流平台 …… 171
开展烹饪公益活动 …… 171
加强餐饮信息宣传工作 …… 171

外经贸　口岸

对外贸易 …… 172
概况 …… 172
对美国、欧盟和东盟出口增长稳定 …… 172
民营企业拉高出口增幅 …… 172
一般贸易出口比重加大 …… 172
高新技术产品出口快速增长 …… 172
进口商品结构改善 …… 173
利用外资 …… 173
概况 …… 173
发达国家投资增长 …… 173
引进投资项目质量提升 …… 173
开发区引进投资作用提升 …… 173
对外经济技术合作 …… 173
概况 …… 173
大项目对外投资作用明显 …… 173
制造业成为对外投资行业之首 …… 174
对外投资国别(地区)24个 …… 174
服务外包 …… 174
概况 …… 174
项目结构调整优化 …… 174
新兴行业增长迅速 …… 174
国际服务外包 …… 174
国际贸易促进工作 …… 174
概况 …… 174
助推企业开拓国际市场 …… 175
对外交流合作工作 …… 175
服务开放型经济工作 …… 175
嘉兴(乍浦)港 …… 175
概况 …… 175
嘉兴港首次启用岸线使用联审评价制度 …… 176
嘉兴港首艘专业引航艇 …… 176
列入省海洋港口"十三五"重点发展港区 …… 176
粮食码头扩建工程水工部分通过交工验收 …… 176
嘉兴港融入全省港口一体化发展 …… 176
省海港委领导调研嘉兴海洋港口工作 …… 176
嘉兴港口岸扩大开放通过国家验收 …… 177
嘉兴港危险源信息查询系统通过验收 …… 177
表7　2016年嘉兴港分货类吞吐量 …… 177
海事 …… 178
概况 …… 178
重大保障服务工作 …… 178
推动嘉兴港口岸扩大开放通过国家验收 …… 179
强化现场监管和应急搜救 …… 179
服务海洋经济发展 …… 179
编制实施"十三五"规划 …… 179
海关 …… 180
概况 …… 180
加强改革创新 …… 180
副省长梁黎明到嘉兴调研 …… 180
杭州关区首家新造集装箱监管场所运营 …… 180
市场采购贸易方式在"海宁皮革城"实施 …… 181
世界知识产权日系列宣传活动 …… 181
海宁港区环城河作业区海关监管场所启用 …… 181
全国打私办、总署财务司调研组到嘉兴调研 …… 181
汇总征税业务改革 …… 181
助推特殊监管区域整合发展 …… 181
强化加工贸易综合治税 …… 181
助推嘉兴港口岸扩大开放 …… 182
嘉兴综合保税区通过验收 …… 182
虚假贸易管控 …… 182
提升审价水平 …… 182

杭州海关验收嘉兴港区监管场所 ……… 182
推进社会信用体系建设 …………………… 182
出入境检验检疫 ……………………………… 183
概况 ……………………………………………… 183
强化质量风险管理 ………………………… 183
加强“放管服”改革 ………………………… 183
G20峰会安全保障 ………………………… 184
质量安全示范区创建 ……………………… 184
服务转型发展 ……………………………… 184
支持扩大开放 ……………………………… 184
智慧检验检疫建设 ………………………… 184
首次检出恶性疟原虫感染病例 ………… 184
“四证合一”备案模式改革 ……………… 184
梅山电机成为浙江首家全球维修企业 ……………………………………… 185
进口韩国丙烯严重短重获总局发布警示通报 ……………………………………… 185
进口铜精矿短重成功索赔案例 ………… 185
推行内外销“同线同标同质”工程 ……… 185
加快科检平台建设 ………………………… 186
嘉兴市粮油质量检验检测中心成立 …… 186
边防检查 ……………………………………… 186
概况 ……………………………………………… 186
执法规范化建设 …………………………… 186
科技强警建设 ……………………………… 186
构建口岸管控安全防护网络 …………… 187
构建情报信息预警管控网络 …………… 187
构建口岸群防工作网络 ………………… 187

财税　金融

财政 ……………………………………………… 188
概况 ……………………………………………… 188
组织财政收入 ……………………………… 188
助力供给侧结构性改革 ………………… 188
加大产业基金扶持力度 ………………… 188
保障民生事业发展 ………………………… 189
深化财政改革 ……………………………… 189
强化财政监督管理 ………………………… 189
国家税务 ……………………………………… 190
概况 ……………………………………………… 190
强化征管体制改革 ………………………… 190
提升科技兴税水平 ………………………… 190
优化便民办税服务 ………………………… 191
加强依法治税工作 ………………………… 191
加大绩效管理力度 ………………………… 191
表8　2016年嘉兴市分税种国税收入完成情况 ……………………………………… 191
表9　2016年嘉兴市分县(市)国税收入完成情况 ……………………………………… 192
地方税务 ……………………………………… 192
概况 ……………………………………………… 192
支持经济转型发展 ………………………… 192
全面推开“营改增”试点 ………………… 192
加强税收征管工作 ………………………… 193
“金税三期”上线运行 ……………………… 193
加强依法治税工作 ………………………… 193
规范纳税服务 ……………………………… 193
银行业 ………………………………………… 194
概况 ……………………………………………… 194
表10　2016年嘉兴市银行业金融机构本外币存贷款情况 ……………………………… 194
推进“金融服务结构性改革年”活动 …… 195
推进金融“集成创新” …………………… 195
优化金融生态环境 ………………………… 196
开展“优服务、促转升”专项行动 ……… 196
金融支持重点项目建设和制造业 ……… 196
金融支持小微企业和“三农”发展 ……… 196
推动科技金融发展 ………………………… 196
推动市场化改革 …………………………… 196
农发行嘉兴市分行 ………………………… 196
工商银行嘉兴市分行 ……………………… 197
农业银行嘉兴市分行 ……………………… 197
中国银行嘉兴市分行 ……………………… 197
建设银行嘉兴市分行 ……………………… 197
交通银行嘉兴分行 ………………………… 198
中信银行嘉兴分行 ………………………… 198
光大银行嘉兴分行 ………………………… 198
华夏银行嘉兴分行 ………………………… 198
平安银行嘉兴支行 ………………………… 198
招商银行嘉兴分行 ………………………… 199
浦发银行嘉兴分行 ………………………… 199
兴业银行嘉兴分行 ………………………… 199
民生银行嘉兴分行 ………………………… 199
恒丰银行嘉兴分行 ………………………… 199
浙商银行嘉兴分行 ………………………… 199
广发银行嘉兴分行 ………………………… 200

嘉兴银行 …… 200
湖州银行嘉兴分行 …… 200
绍兴银行嘉兴分行 …… 200
杭州银行嘉兴分行 …… 200
金华银行嘉兴分行 …… 200
宁波银行嘉兴分行 …… 201
民泰银行嘉兴分行 …… 201
泰隆银行嘉兴分行 …… 201
稠州银行嘉兴分行 …… 201
禾城农村商业银行 …… 201
邮政储蓄银行嘉兴市分行 …… 201
秀洲德商村镇银行 …… 201
保险业 …… 202
概况 …… 202
表11　2016年财产保险公司业务情况 …… 202
表12　2016年人寿保险公司业务情况 …… 203
表13　2016年新增设市级保险机构 …… 204
中国人寿嘉兴分公司 …… 204
人保财险嘉兴市分公司 …… 204
太平洋人寿嘉兴中心支公司 …… 205
平安产险嘉兴中心支公司 …… 205
太平洋产险嘉兴中心支公司 …… 205
天安财险嘉兴中心支公司 …… 206
华泰财险嘉兴中心支公司 …… 206
阳光财险嘉兴中心支公司 …… 206
国寿财险嘉兴中心支公司 …… 206
永安财险嘉兴中心支公司 …… 207
平安人寿嘉兴中心支公司 …… 207
太平人寿嘉兴中心支公司 …… 207
人民人寿嘉兴中心支公司 …… 207
中国出口信用保险公司嘉兴办事处 …… 207
外汇管理 …… 208
概况 …… 208
支持实体经济发展 …… 208
提升外汇管理能力 …… 209
维护国际收支平衡 …… 209
证券　期货 …… 209
概况 …… 209
巨匠建设上市 …… 209
嘉澳环保上市 …… 210
博创科技上市 …… 210
博源控股上市 …… 210
证券交易额19936.14亿元 …… 210
期货代理交易额6136.07亿元 …… 210
表14　2016年嘉兴市上市公司情况 …… 210

经济管理与服务

计划管理 …… 212
发布“十三五”规划 …… 212
制定实施国民经济和社会发展计划 …… 212
推进重大项目建设 …… 212
深化重点领域改革 …… 213
实施服务业投资“百项千亿”工程 …… 213
国有资产管理 …… 214
概况 …… 214
开展“四降”专项行动 …… 214
加快企业改革试点 …… 214
探索多元化投融资机制 …… 214
实施简政放权 …… 214
完善薪酬考核体系 …… 214
物价管理 …… 214
概况 …… 214
降低非民用天然气价格 …… 215
落实降低电价相关政策 …… 215
暂停、降低部分行政事业性收费 …… 215
开展涉企收费检查 …… 215
健全社会价格监督体系 …… 215
加强价格政策宣传 …… 216
统计 …… 216
概况 …… 216
加强统计监测预警 …… 216
强化数据质量监管 …… 216
提升统计服务质量 …… 216
开展农业普查综合试点工作 …… 216
探索新兴领域统计 …… 217
国土资源管理 …… 217
概况 …… 217
推进国土资源供给侧结构性改革 …… 217
强化用地保障 …… 217
严格耕地保护 …… 218
深化农村土地综合整治 …… 218
推进节约集约用地 …… 218
实施不动产统一登记 …… 218
加强矿政管理 …… 219

建设法治国土 …… 219
通过土地例行督察整改验收 …… 219
审计 …… 219
概况 …… 219
政策措施贯彻落实跟踪审计 …… 220
市本级预算执行审计 …… 220
社保审计 …… 220
国企审计 …… 220
农业与资源环境审计 …… 220
政府投资审计 …… 221
经济责任审计 …… 221
嘉兴港区审计 …… 221
大数据审计 …… 221
内部审计 …… 221
市场监督管理 …… 221
概况 …… 221
促进大众创业创新 …… 222
加强信用监管 …… 222
加强执法监管 …… 222
加强智慧监管 …… 222
加强社会监管 …… 222
推进小微企业三年成长计划 …… 222
促进交易市场提升发展 …… 223
深化商标品牌战略 …… 223
服务生物医药和高端食品新兴产业发展 …… 223
推进食品安全市县创建 …… 223
开展食品安全“三大一严”专项行动 …… 223
推进食品药品平安系列创建 …… 223
打造放心消费旅游景区“嘉兴样板” …… 224
重点行业和领域维稳安保 …… 224
保障世界互联网大会食品安全 …… 224
质量技术监督管理 …… 225
概况 …… 225
推进国家新型城镇化标准化试点项目建设 …… 225
推进“全国质量强市示范城市”创建 …… 225
推进“浙江制造”品牌建设 …… 225
加强特种设备与产品质量监管 …… 226
推动检验检测高技术服务业集聚区建设 …… 226
加强检验检测机构发展与能力提升 …… 226
行政审批制度改革 …… 226
服务“五水共治”“五气共治”工作 …… 226
行政审批及公共资源交易服务 …… 227
概况 …… 227
开展相对集中行政许可权改革 …… 227
推广“一窗受理”审批新模式 …… 227
推进企业投资项目高效审批改革 …… 227
加强行政审批中介服务改革 …… 227
完善行政审批服务平台建设 …… 228
探索公共资源交易市县一体化改革 …… 228
深化资源要素市场化配置改革 …… 228
推进公共资源交易信息化建设 …… 228
加强公共资源交易综合监管 …… 228
服务发展重点和民生实事项目 …… 229
深化完善服务品牌建设 …… 229
安全生产管理 …… 229
概况 …… 229
健全安全生产体制机制 …… 229
推进事故精准防控 …… 229
提升依法治安能力 …… 230
推进重点领域专项整治 …… 230
G20峰会和世界互联网大会安全生产保障 …… 230
安全生产改革创新 …… 230

中共嘉兴市委

综述 …… 231
重要党务与决策 …… 233
全市三级干部大会 …… 233
市委七届十一次全会 …… 233
市委七届十二次全会 …… 233
市委七届十三次全会 …… 233
市委七届十四次全会 …… 233
“推进重点工作、推动争先晋位”活动 …… 233
重大项目集中开工 …… 233
创新驱动发展战略 …… 234
“补短板”工作 …… 234
镇村建设工作 …… 234
互联网强市建设 …… 234
生态环境建设 …… 235
全国文明城市创建工作 …… 235
“法治嘉兴”“平安嘉兴”建设 …… 235
护航G20峰会 …… 235
党风廉政建设 …… 236

党建工作 …… 236
纪检监察工作 …… 236
概况 …… 236
强化政治监督 …… 236
压实管党治党责任 …… 237
开展正风肃纪 …… 237
严格执纪审查 …… 237
推进纪检体制改革 …… 238
组织工作 …… 238
概况 …… 238
实施接轨上海“四大计划” …… 239
开展领导班子集中换届 …… 239
构建干部工作“一点一员”监督网络 …… 239
推进“五大党建” …… 239
创建“红船服务”总联盟 …… 240
宣传工作 …… 240
概况 …… 240
第三届世界互联网大会 …… 242
中央电视台“心连心”艺术团慰问演出 …… 242
中国·嘉兴端午民俗文化节 …… 242
农村文化礼堂建设 …… 242
统一战线工作 …… 243
概况 …… 243
迎接省委专项督查 …… 244
完成民主党派、工商联换届工作 …… 244
探索新的社会阶层人士统战工作 …… 244
新生代企业家培育工作 …… 244
对台工作 …… 245
概况 …… 245
嘉台两地高层交流互访 …… 245
举办台湾合作周嘉兴专场活动 …… 245
对台招商引资工作 …… 246
促进台湾青年创业创新 …… 246
举办“嘉兴·南投两岸邻里节” …… 246
举办嘉兴·台湾摄影作品交流展 …… 246
举办台湾嘉兴籍青少年寻根之旅 …… 246
请台湾大学生到嘉兴暑期实习 …… 246
举办海外台湾留学生冬令营 …… 246
政策研究工作 …… 247
概况 …… 247
起草市第八次党代会报告 …… 247
开展服务决策重点课题研究 …… 247
参与接轨上海服务工作 …… 247
推进新一轮户改工作 …… 247
开展城乡环境综合整治百日攻坚行动 …… 248
提升“两刊一库”建设水平 …… 248
档案、党史、地方志工作 …… 248
概况 …… 248
首次开展联动执法检查 …… 248
推进档案登记备份工作 …… 249
启动数字档案安全管理整治专项行动 …… 249
启动档案核心数据保全工作 …… 249
开展第五批档案接收工作 …… 249
开展档案文献史料征集工作 …… 249
推进市志续修工作 …… 249
《嘉兴年鉴(2016)》出版 …… 250
《南湖英烈》出版 …… 250
《嘉兴方言》出版 …… 250
馆藏档案精品《秀州钟》出版 …… 250
签署“嘉兴档案”与“市民之家”战略合作协议 …… 250
命名首批地方档案文献史料个人工作室 …… 251
开展档案宣传咨询进社区活动 …… 251
长三角城市档案局长联席会议在嘉兴召开 …… 251
老干部工作 …… 251
概况 …… 251
举办离退休干部读书会 …… 252
开展“助力‘G20’、互联网大会，夕阳展风采”活动 …… 252
“弘扬党的优良传统争当‘双优’工作者”活动 …… 252
评选最美离退休干部党支部书记 …… 252
提高离休干部特需经费标准和医疗待遇 …… 252
机关党建工作 …… 253
概况 …… 253
开展“提素质、强服务、建功十三五”竞赛 …… 253
举办“知行论坛” …… 253
组织“1+X”组团帮扶 …… 253
推进“知行者+”志愿服务 …… 253
加强机关作风建设 …… 253
党校工作 …… 253

概况 …… 253
制定"十三五"发展规划 …… 254
突出主课主业 …… 254
创新教学培训形式 …… 254
做强科研咨政 …… 254
加强队伍建设 …… 255
做实社会宣讲 …… 255
"智慧党校"建设 …… 255
建成使用"求是书吧" …… 255
提升校园文化 …… 256

嘉兴市人民代表大会

综述 …… 257
重要会议 …… 258
市七届人大七次会议 …… 258
市七届人大常委会会议 …… 258
市七届人大常委会主任会议 …… 260
主要工作 …… 263
代表换届选举和人事任免工作 …… 263
加强县乡人大工作和建设 …… 263
加强民主立法和科学立法 …… 263
加强对法律法规贯彻执行情况监督 …… 264
代表履职服务保障工作 …… 264
表15 嘉兴市七届人大七次会议优秀建议名单 …… 264
优秀议案(建议)选录 …… 264
关于建设立体化交通是治理市区交通拥堵问题的当务之急的议案 …… 264
关于加快提升市镇工业园区建设的议案 …… 266

嘉兴市人民政府

综述 …… 271
重要政务与决策 …… 272
七届市政府第五十一次常务会议 …… 272
七届市政府第五十二次常务会议 …… 272
七届市政府第五十三次常务会议 …… 272
七届市政府第五十四次常务会议 …… 273
七届市政府第五十五次常务会议 …… 273
七届市政府第五十六次常务会议 …… 273
七届市政府第五十七次常务会议 …… 273
七届市政府第五十八次常务会议 …… 273
七届市政府第五十九次常务会议 …… 273
七届市政府第六十次常务会议 …… 274
七届市政府第六十一次常务会议 …… 274
七届市政府第六十二次常务会议 …… 274
推进政府购买服务 …… 274
深化权力清单、责任清单工作 …… 274
完成统一政务咨询投诉举报平台整合升级 …… 274
嘉兴港口岸实现全域开放 …… 275
新一轮机关公务用车制度改革 …… 275
不动产统一登记工作全面实施 …… 275
建设环杭州湾检验检测高技术服务业集聚区 …… 275
国家特殊教育改革实验区建设 …… 275
基本公共卫生项目"国考"夺冠 …… 276
国家卫生城市创建通过复审 …… 276
成为第二批国家公共文化服务体系示范区 …… 276
构建社会"大救助"体系 …… 276
推进医养结合试点工作 …… 276
"多规合一"试点工作 …… 276
海绵城市试点建设 …… 277
小城镇环境综合整治启动 …… 277
完成5个省级交通综合改革试点项目 …… 277
互联网经济强市建设 …… 277
启动全面创新改革试验区建设 …… 277
嘉兴综合保税区整合优化通过验收 …… 278
筹建全国首家科技保险公司 …… 278
2016年度民生实事项目完成 …… 278
信访工作 …… 279
概况 …… 279
推动信访长效机制落到实处 …… 279
确保信访稳定 …… 279
推动信访事要解决 …… 279
开展信访督查专项行动 …… 279
落实信访改革措施 …… 280
法制工作 …… 280
概况 …… 280
规范性文件合法性审查及备案 …… 280
行政复议应诉 …… 280
加强行政执法工作 …… 281
受理仲裁案件458件 …… 281

体改工作 …… 281
概况 …… 281
深化资源要素差别化配置改革 …… 282
推进工业用地市场化配置改革 …… 282
深化完善“接轨上海”体制机制改革 …… 282
推进杭州都市经济圈转型升级综合改革试点 …… 282
推进乌镇互联网创新发展试验区建设 …… 283
推进投融资体制改革 …… 283
全面推进车改工作 …… 283
人事工作 …… 284
概况 …… 284
公务员管理 …… 284
事业单位岗位管理 …… 284
收入分配和职称改革 …… 284
高层次人才引育 …… 285
新增高技能人才2.67万人 …… 285
实行阳光审批 …… 285
机构编制工作 …… 285
概况 …… 285
优化公共权力运行改革 …… 286
建成统一政务咨询投诉举报平台 …… 286
深化综合行政执法改革 …… 286
推进政府职能转变和机构改革 …… 286
推进各类事业单位统一登记改革试点 …… 286
开展机构编制审计 …… 286
促进机构编制优化配置 …… 287
合作交流工作 …… 287
实施与沪杭同城战略 …… 287
开展浙商回归工作 …… 287
嘉兴市民卡、公交卡在上海实现互联互通 …… 288
共建“沪浙毗邻地区一体化发展示范区” …… 288
举办中外公共管理学院院长论坛 …… 288
市政府驻上海联络处按实运作 …… 288
开展对口支援和山海协作工程 …… 288
实施新一轮东西扶贫协作工作 …… 288
开展国内区域经济合作交流 …… 289
外事工作 …… 289
概况 …… 289
德国石荷州州长访问嘉兴 …… 290
捷克总理访问嘉兴 …… 290
丹麦驻华大使访问嘉兴 …… 291
蒙古人民党主席、国家大呼拉尔主席访禾 …… 291
俄共中央主席团成员、中央书记访问嘉兴 …… 291
表16　2016年嘉兴市部分出访团组情况一览 …… 292
表17　2015年嘉兴市部分团组接待情况一览 …… 292
侨务工作 …… 293
嘉兴市侨商会第三届会员大会召开 …… 293
市侨商服务联盟联席会议召开 …… 293
首届海商大会举行 …… 294
2016香港巡回展览在嘉兴市展出 …… 294
参与“侨资企业西部行” …… 294

政协嘉兴市委员会

综述 …… 295
重要会议 …… 296
市政协七届五次会议 …… 296
市政协七届二十次至二十四次常委会议 …… 296
市七届政协第五十至第六十二次主席会议 …… 297
主要工作 …… 302
召开书记与政协委员“面对面”专题协商会议 …… 302
开展“五水共治”专项民主监督活动 …… 302
开展提案办理工作民主评议 …… 302
优秀提案选录 …… 303
关于深化农村产权交易体系建设的建议 …… 303
关于加快推进“月芦文杉”片区旅游开发建设的建议 …… 305
关于深入推进嘉兴市分级诊疗工作的若干建议 …… 308

民主党派和工商联

民革嘉兴市委会 …… 312

概况 …… 312
做好换届工作 …… 312
履行参政党职能 …… 313
开展社会服务 …… 313
继续做好祖统工作 …… 313
民盟嘉兴市委会 …… 314
概况 …… 314
建言献策 …… 314
参与民主协商 …… 314
课题调研和社情民意工作 …… 314
换届工作 …… 315
重温盟史教育活动 …… 315
盟务活动多样化 …… 315
促进社会服务品牌化 …… 315
民建嘉兴市委会 …… 316
概况 …… 316
召开第十次代表大会 …… 316
在“两会”上履行职能 …… 316
开展民主协商 …… 316
社情民意工作 …… 316
完成基层组织换届 …… 317
开展骨干会员与新会员培训 …… 317
开展会员企业调研服务 …… 317
引导会员回馈社会 …… 317
配合民建中央领导到嘉兴调研 …… 317
民进嘉兴市委会 …… 317
概况 …… 317
召开民进嘉兴市第八次代表大会 …… 318
开展纪念侯家声诞生100周年系列活动 …… 318
宣传工作 …… 318
参政议政工作 …… 318
社会服务工作 …… 318
农工党嘉兴市委会 …… 319
概况 …… 319
围绕中心履职能 …… 319
召开农工党嘉兴市第八次代表大会 …… 320
社会服务促和谐 …… 320
致公党嘉兴市委会 …… 321
概况 …… 321
致公党嘉兴市第二次党员大会召开 …… 321
开展“我身边的致公党员”主题教育活动 …… 321
抓好参政议政工作 …… 321
开展“寻短板”“补短板”主题活动 …… 322
开展社会服务 …… 322
开展服务侨资企业专项活动 …… 322
指导基层支部完成换届 …… 322
九三学社嘉兴市委会 …… 323
概况 …… 323
九三学社嘉兴市第八次代表大会 …… 323
参政议政、民主监督 …… 323
社会服务 …… 324
嘉兴市工商联 …… 324
概况 …… 324
参政议政 …… 325
助推浙商回归 …… 325
加大服务民企力度 …… 325
召开嘉兴市工商联第七次会员代表大会 …… 325
商协会党建建设 …… 325

群众团体

嘉兴市总工会 …… 326
开展立功竞赛和劳动竞赛 …… 326
构建和谐劳动关系 …… 326
开展“四送”服务 …… 327
开展“中国梦·劳动美”活动 …… 327
共青团嘉兴市委 …… 327
概况 …… 327
举行“嘉兴市十大杰出青年”评选活动 …… 329
举办“百汇杯”嘉兴市青年创业大赛 …… 329
推进“青年之声”平台建设工作 …… 329
嘉兴市妇女联合会 …… 330
概况 …… 330
发展中国家女官员研修班到禾开展现场教学 …… 331
开展“寻访美丽乡村·助力巾帼创业”活动 …… 332
深化反家庭暴力工作 …… 332
开展家庭教育服务 …… 332
开展“树家风·促党风·带民风”主题活动 …… 332
嘉兴市科学技术协会 …… 333
概况 …… 333

助力经济转型发展 …… 333
加强与海外科技社团对接 …… 333
新建院士专家工作站13家 …… 333
推动全民科学素质顶层设计和实施 …… 334
中国工程院工程科技论坛在禾举行 …… 334
嘉兴市残疾人联合会 …… 334
概况 …… 334
加大社会救助力度 …… 334
加大创业就业扶持力度 …… 335
提升助残、康复服务水平 …… 335
残疾人康复中心建设 …… 335
残疾人教育 …… 335
开展残疾人文化体育活动 …… 335
嘉兴最美残疾人评选 …… 336
国际特奥会东亚区领导人会议在禾召开 …… 336
嘉兴市文学艺术界联合会 …… 336
概况 …… 336
“红船颂”全国美术作品展览嘉兴巡展 …… 337
2016年嘉兴端午国际学术研讨会 …… 338
嘉兴市百年美术作品展览 …… 338
第十届嘉兴市文学艺术南湖奖评选 …… 338
嘉兴市社会科学界联合会 …… 338
研究成果被《中国共产党的九十年》采纳 …… 338
深化红船精神研究宣传 …… 338
中共一大嘉兴南湖会议课题研究 …… 338
以嘉兴为重点的省综合改革试点理论研究 …… 339
承办全省纪念建党95周年理论研讨会 …… 339
开展社科学术研讨(沙龙)活动 …… 339
第二十一届社科优秀成果评选 …… 339
表18　嘉兴市第二十一届社会科学优秀成果(著作类) …… 339
表19　嘉兴市第二十一届社会科学优秀成果(论文类) …… 340
应用对策研究 …… 341
表20　2016年度嘉兴市哲学社会科学发展规划立项课题名单 …… 341
社科普及月活动与基地建设 …… 344
社科队伍阵地建设 …… 344
嘉兴市台胞台属联谊会 …… 344
加强嘉台两地交流交往 …… 344
组织团组拜访在台乡亲 …… 344
指导基层换届 …… 345
参政议政 …… 345
注重实情调研 …… 345
举办表彰活动 …… 345
嘉兴市归国华侨联合会 …… 345
概况 …… 345
启动海燕集结行动计划 …… 345
拓展留学人员回国实践基地 …… 346
推动侨界政协委员参政议政 …… 346
嘉兴侨联微信公众平台正式发布 …… 346
举办“亲情中华·欢聚嘉兴”侨界人士迎新晚会 …… 346
嘉兴市红十字会 …… 346
概况 …… 346
张剑获评中华骨髓库“五星级志愿者” …… 348
举办纪念“5·8”世界红十字日活动 …… 348
红十字志愿者水上紧急救援 …… 348

政　法

综述 …… 349
建立重大国际峰会维稳安保长效机制 …… 350
律师参与化解和代理涉法涉诉信访案件机制 …… 350
开展平安宣传 …… 351
打造“乌镇管家”群防群治品牌 …… 351
建立暗访检查和扣分赎回模式 …… 351
公安 …… 352
概况 …… 352
完成G20峰会及乌镇峰会安保任务 …… 352
深化公安改革 …… 352
实现命案全破 …… 352
开展打击网络涉枪犯罪行动 …… 352
深化打黑除恶工作 …… 352
开展打击侵财犯罪专项行动 …… 353
打击整治网络侵犯公民个人信息犯罪行动 …… 353
严厉打击经济犯罪 …… 353
做好禁毒工作 …… 353

侦破生产销售假冒伪劣农药案 …………… 353
深化反恐区域协作联动 ……………………… 353
开展缉枪治爆专项行动 ……………………… 353
严厉打击涉黄涉赌违法犯罪行为 ………… 353
户口清理整顿 ………………………………… 354
推进居民身份证异地受理试点 …………… 354
全国出入境系统试点工作 ………………… 354
交通事故防控工作 ………………………… 354
城市道路治堵 ……………………………… 354
完成省市黄标车淘汰任务 ………………… 355
强化便民服务措施 ………………………… 355
特警红鹰突击队建设 ……………………… 355
全面防控消防隐患 ………………………… 355
做好警卫工作 ……………………………… 355
开展“三位一体”执法管理机制建设 …… 355
110接处警工作 …………………………… 356
G20、乌镇峰会战时思想政治工作 ……… 356
创建正规化基层所队 ……………………… 356
“全面深化公安改革嘉兴样板”宣传 …… 356
启动全市公安物联网建设工作 …………… 356
建成嘉兴市公安局警示教育基地 ……… 356
检察 ……………………………………… 357
年度荣誉 …………………………………… 357
依法惩治刑事犯罪 ………………………… 357
依法严惩职务犯罪 ………………………… 357
依法加强诉讼监督 ………………………… 357
做好重大国际峰会维稳安保工作 ……… 357
全面推开司法体制改革 …………………… 357
服务非公经济发展和特色小镇建设 …… 358
查办五起处级以上领导干部职务
犯罪案 ……………………………………… 358
开展“两个专项”整改活动 ……………… 358
法院 ……………………………………… 358
概况 ………………………………………… 358
推进司法体制改革 ………………………… 359
推进刑事诉讼制度改革 …………………… 359
助推经济转型升级 ………………………… 360
保障创新驱动发展 ………………………… 360
促进“两美”嘉兴建设 …………………… 360
加强法院信息化建设 ……………………… 360
司法行政 ………………………………… 361
概况 ………………………………………… 361
表21 2016年嘉兴市律师业务相关
数据 ………………………………………… 361
表22 2016年嘉兴市公证业务相关
数据 ………………………………………… 361
表23 2016年嘉兴市基层法律服务业
相关数据 …………………………………… 361
法律服务 …………………………………… 361
重大峰会保障 ……………………………… 362
公共法律服务体系建设 …………………… 362
法律援助 …………………………………… 362
人民调解 …………………………………… 362
特殊人群管教帮扶 ………………………… 362
法治宣传教育 ……………………………… 362
司法基层基础建设 ………………………… 363

武 装

综述 ……………………………………… 364
国防教育与政治动员 …………………… 364
组织党管武装工作综合考评 …………… 364
开展全军“精准抓建基层”试点工作 …… 364
发挥千名网军作用 ………………………… 365
开展国防教育主题宣传周活动 ………… 365
省级国防教育基地命名揭牌 …………… 365
建设嘉兴国防教育主题公园 …………… 365
军民共建 ………………………………… 365
防抗超强台风“尼伯特” ………………… 365
参加G20杭州峰会安保…………………… 365
参加第三届世界互联网大会安保 ……… 366
筹划展开“智慧国防”建设 ……………… 366
承办全省军民融合产业发展大会 ……… 366
开展军民融合产业目标责任制考评 …… 366
开展扶贫帮困活动 ………………………… 366
民兵 预备役 兵役 ……………………… 367
组织专武干部“训练月”活动 …………… 367
组织第二届“百名红船民兵连长”
大比武 ……………………………………… 367
参加全省民兵预备役干部骨干跨区
联训 ………………………………………… 367
开展民兵预备役部队组织整顿 ………… 367
组织基层武装工作业务培训 …………… 367
组织民企民兵预备役清查整顿 ………… 367
完成夏秋季兵员征集任务 ……………… 367
完成直招士官招收任务 …………………… 368
完成女兵征集 ……………………………… 368

组织智慧仓库建设 …………………… 368
开展民兵“红旗党支部”创建活动 ……… 368
武装警察部队 ………………………… 368
概况 ……………………………………… 368
组织万米长跑赛 ……………………… 369
举办G20杭州峰会警戒设卡勤务试点集训 ……………………………… 369
组织第一届通信业务比武 …………… 369
人民防空 ……………………………… 369
概况 ……………………………………… 369
完成“浙江金盾-16”演习任务 ……… 370
组织移动指挥车拉练 ………………… 370
组织“5·12”警报试鸣和防灾减灾周活动 ……………………………… 370
举办民防应急救援和志愿者队伍骨干培训 ……………………………… 370
举办民防化救队伍骨干培训 ………… 371
处理杭浦高速纯苯泄漏事故 ………… 371

教　育

综述 …………………………………… 372
基础教育 ……………………………… 373
概况 ……………………………………… 373
国家特殊教育改革实验区建设 ……… 373
第二轮学前教育三年行动计划全面完成 ……………………………… 373
部分高中招生加分项目取消 ………… 373
省深化义务教育课程改革推进会在禾召开 ……………………………… 373
参加浙江省班主任基本功大赛成绩优异 ……………………………… 374
省级绿色学校创建 …………………… 374
嘉善成立2所高校附属学校 ………… 374
耀华国际教育学校落户桐乡 ………… 374
桐乡市互联网学校开播 ……………… 374
中等职业教育 ………………………… 374
概况 ……………………………………… 374
中等职业教育质量提升行动计划 …… 374
在省级和国家级职业能力大赛中创佳绩 ……………………………… 374
中职学校学生升学比例扩大 ………… 374
市第十一届中等职业学校技能节 …… 375
第二届职业教育活动周 ……………… 375
省级现代学徒制试点 ………………… 375
高等教育 ……………………………… 375
概况 ……………………………………… 375
嘉兴学院 ………………………………… 375
同济大学浙江学院 …………………… 376
嘉兴职业技术学院 …………………… 376
嘉兴南洋职业技术学院 ……………… 377
嘉兴广播电视大学(嘉兴城市大学) …… 378
嘉兴教育学院 ………………………… 378
民办教育 ……………………………… 378
概况 ……………………………………… 378
新居民子女教育 ……………………… 379
成人教育 ……………………………… 379
概况 ……………………………………… 379
全民终身学习活动周启动 …………… 379
市本级社区教育及中职课程改革新政出台 ……………………………… 379
嘉兴市职业教育与成人教育协会成立 ……………………………… 379
扫盲教育培训工作 …………………… 379
家政服务人才培养培训工作 ………… 379
教育督导 ……………………………… 379
概况 ……………………………………… 379
专项督政检查 ………………………… 380
教育现代化县(市、区)创建 ………… 380
省普通高中特色示范学校创建 ……… 380
教师队伍建设 ………………………… 380
概况 ……………………………………… 380
高级职称(职务)评审 ………………… 380
教师资格认定 ………………………… 380
中小学教师专业发展培训 …………… 381
义务教育阶段学校教师校长轮岗交流 ……………………………… 381
师德楷模评选 ………………………… 381
名优教师评选 ………………………… 381
市直属学校教师招录工作 …………… 381
教育科研 ……………………………… 381
概况 ……………………………………… 381
教育科研质量深化年 ………………… 381
14项成果获省级教学成果奖 ………… 382
107项成果获市级教学成果奖 ……… 383
举办嘉兴“南湖心育论坛” ………… 383
教育投入与装备 ……………………… 383

概况 …… 383
制定嘉兴市智慧教育“111”行动计划 …… 384
6所学校成为省数字校园示范学校 …… 384
“书香校园”和“书香少年”评选 …… 384
第十七届全国中小学机器人比赛获佳绩 …… 384
语言文字工作 …… 384
第十九届全国推广普通话宣传周活动 …… 384
推进语言文字规范化试点 …… 384

文　化

综述 …… 385
专业文化 …… 387
嘉兴大剧院全年专业演出81场 …… 387
越剧《五姑娘》首演 …… 388
启动歌舞剧《五色螺》编剧工作 …… 388
嘉兴市歌舞团 …… 388
社会文化 …… 388
制度设计课题通过文化部评审 …… 388
省公共文化服务体系示范创建 …… 389
获评第二批国家公共文化服务体系示范区 …… 389
钱大礼作品展在嘉兴展出 …… 389
第四届“红船颂”全国美术活动 …… 390
第九届“石榴奖”校园文化艺术节 …… 390
8个文化馆通过文化部一级评定 …… 390
五地一校油画写生及作品联展在嘉兴举行 …… 390
第十四届“社区之声”文艺调演 …… 390
第十届乡村文化艺术周 …… 391
参加全省乡镇综合文化站评估定级 …… 391
拓展“文化有约”供需对接创新平台 …… 391
实施“双百、双千、双万”工程 …… 391
文物　博物 …… 391
中国木版年画精品展 …… 391
汉字——中华优秀传统文化载体特展 …… 392
嘉兴地区馆藏明代书画展在兰溪展出 …… 392
“百年海派展”在河南安阳展出 …… 392
湖北枣阳九连墩楚墓玉器特展在嘉展出 …… 392
烟台市博物馆馆藏鼻烟壶特展在嘉展出 …… 392
“中国共产党创建史”图片展在遵义开展 …… 392
南湖革命纪念馆被授予中央国家机关爱国主义教育基地 …… 392
召开子城遗址考古勘探成果专家论证会 …… 392
市长胡海峰调研子城片区文化遗产保护工作 …… 393
经典动画与传统文化展 …… 393
纪念红军长征胜利80周年展览 …… 393
马家浜考古遗址公园概念性规划论证 …… 393
新昌大佛1500年纪念特展在嘉展出 …… 393
中共创建史与存俄档案文献学术研讨会 …… 394
省文物局局长柳河调研嘉兴文物保护工作 …… 394
举办全市田野考古培训班 …… 394
嘉兴海派书画精品展在桐庐展出 …… 394
非物质文化遗产 …… 394
“最美非遗人”颁奖典礼在嘉善举行 …… 394
承办省“文化遗产日”主场城市系列活动 …… 394
嘉兴“戏韵禾风”传统戏曲陈列展 …… 395
8个项目被列为省非遗代表性项目 …… 395
公布非遗代表性项目传承人 …… 395
图书事业 …… 395
概况 …… 395
通过国家公共文化服务体系示范区验收 …… 396
完善城乡一体化公共图书馆服务体系 …… 396
图书馆数字服务 …… 396
图书馆活动品牌化 …… 397
古籍工作 …… 397
图书馆二期建设项目开工 …… 397
志愿者参与图书馆服务 …… 397
举办“世界读书日”系列活动 …… 397
嘉兴汽车图书馆打造阅读活动新阵地 …… 397
嘉兴市新华书店有限公司 …… 397
文化市场管理 …… 398
概况 …… 398
启动文化市场黑名单管理机制 …… 398

"扫黄打非"工作督查 …… 398
开展歌舞娱乐场所曲库整治行动 …… 399
开展艺术品市场集中检查 …… 399
开展印刷企业专项检查 …… 399
开展网吧、娱乐场所禁毒联合执法检查 …… 399
取缔无证照网吧 …… 399
月河历史文化街区消防安全督查 …… 400
开展文物检查交流 …… 400
文化交流 …… 400
嘉兴·丽水"山海文艺协作"五周年活动 …… 400
嘉兴、绍兴、湖州、苏州美术作品联展 …… 400
参加中国(义乌)文化产品交易博览会 …… 400
嘉兴端午国际学术研讨会 …… 401
嘉兴沙雅两地文化走亲活动 …… 401
韩国江陵师生走进嘉兴非遗文化客厅 …… 401
第三届嘉兴·台湾摄影交流展 …… 401
嘉兴·绍兴文化走亲 …… 401
中国·嘉兴国际漫画双年展巡展 …… 401

传 媒

综述 …… 402
报纸 …… 403
概况 …… 403
重大主题报道 …… 404
中心工作报道 …… 404
民生报道 …… 405
《南湖晚报》启动全媒体中心 …… 405
构建强大新媒体矩阵 …… 405
构造个性化媒体生态圈 …… 405
广播 电视 …… 405
概况 …… 405
纪念建党95周年报道 …… 406
经济报道提振发展信心 …… 406
《我是河长·第三季》大型新闻行动 …… 406
"重走大运河"大型新闻行动 …… 407
第三届世界互联网大会报道 …… 407
《红船旁的"空中党校"》专题节目 …… 407
媒体融合发展 …… 408
"应急智慧广播+"信息化项目 …… 408
第五届观众听众节 …… 408
新闻网站 …… 408
概况 …… 408
加强新媒体宣传报道工作 …… 409
开展重大主题报道和专题运作 …… 409
策划大型活动直播 …… 409
创新开设VR新闻频道 …… 409
提升网络技术保障 …… 410
新闻出版和广播影视管理 …… 410
加强报刊管理 …… 410
加强行业管理 …… 410
开展全民阅读活动 …… 410
提升农家书屋服务水平 …… 410
国家新闻出版广电总局调研组到嘉兴调研 …… 411
推进软件正版化工作 …… 411
广播影视安全播出工作 …… 411
推动电影市场健康发展 …… 411
深化广电惠民工程 …… 411
举办第八届嘉兴大学生电影节 …… 412
开展镇(街道)广电站广播自办节目抽评 …… 412
举办"永恒的莎士比亚"表演吟诵活动 …… 412

体 育

综述 …… 413
竞技体育 …… 414
备战十六届省运会 …… 414
嘉兴籍运动员取得好成绩 …… 415
推进基地建设 …… 415
推进体教融合 …… 415
群众体育 …… 415
加强全民健身顶层设计 …… 415
"三会合一"办好重要节会活动 …… 416
巩固创强争先工作 …… 416
加快全民健身设施建设 …… 416
加强全民健身公益志愿服务 …… 416
扶持发展基层体育队伍 …… 416
推进政府购买体育服务 …… 416
推进体育协会实体化建设 …… 417

开展国民体质监测 …… 417
体育产业 …… 417
优化体育产业发展环境 …… 417
完成体育产业增加值核算 …… 417
拓展体育产业宣传媒介 …… 417
加强游泳市场的监管 …… 417
体育彩票年销量突破8亿元 …… 417

卫　　生

综述 …… 418
卫生监督 …… 420
概况 …… 420
“健康卫士”一号行动 …… 420
“健康卫士”二号行动 …… 420
“健康卫士”三号行动 …… 420
加强医疗服务市场监管 …… 420
加强传染病防治监管 …… 420
加强消毒产品监管 …… 421
加强职业与放射卫生监管 …… 421
加强公共场所卫生监管 …… 421
推进生活饮用水在线监测 …… 421
开展校园卫生安全健康行动 …… 421
疾病控制 …… 421
概况 …… 421
有效应对禽流感、流感 …… 422
有效处置各类传染病疫情 …… 422
艾滋病、性病防控 …… 422
血吸虫病防治 …… 422
开展碘缺乏病防治 …… 422
实施国家免疫规划 …… 423
慢性非传染性疾病防控 …… 423
结核病防治工作 …… 423
实施免疫规划规范化培训体系建设 …… 423
深化食品污染物检测工作 …… 424
医疗 …… 424
概况 …… 424
“智慧医疗”体系建设 …… 424
与第二军医大学开展深度合作项目 …… 424
推进中医药事业发展 …… 425
开展市级公立医院患者满意度第三方评价 …… 425
无偿献血工作 …… 425
妇幼保健 …… 425
概况 …… 425
妇幼保健硬件设施建设 …… 426
落实妇幼重大公共卫生服务项目 …… 426
健全孕产妇安全保障体系 …… 426
基层卫生 …… 427
概况 …… 427
推进县乡村一体化综合管理改革 …… 427
全面推进家庭医生签约服务 …… 427
完善居民健康管理 …… 427
省基层卫生岗位练兵和技能竞赛获得佳绩 …… 427
获国家基本公共卫生服务考核第一名 …… 427
医教科研 …… 428
完善继续医学教育工作 …… 428
加强基层卫生人才培养及培训 …… 428
开展住院医师规范化培训工作 …… 428
医疗卫生体制改革 …… 428
启动公立医院改革国家试点工作 …… 428
控制医疗费用不合理增长 …… 428
推进“双下沉、两提升”工作 …… 428
推进社会资本办医 …… 429
爱国卫生 …… 429
概况 …… 429
推进城乡卫生创建活动 …… 429
市区除四害工作 …… 429
推进健康素养提升工程 …… 429

社会生活

计划生育 …… 431
概况 …… 431
实施全面两孩政策 …… 431
深化计生服务管理体制改革 …… 431
新居民事务 …… 431
创新居住证制度 …… 431
完善新居民积分管理 …… 432
提升新居民综合素质 …… 432
助力G20、互联网大会 …… 432
民政工作 …… 433
概况 …… 433
完善社会救助政策体系 …… 433

建立困难群众"一户一档"信息平台 …… 433
加大困难群众救助力度 …… 433
落实普惠型儿童福利保障政策 …… 433
保障改善优抚对象生活 …… 433
完成年度退役士兵安置工作 …… 434
社区、社团、社工建设 …… 434
概况 …… 434
城乡社区建设 …… 434
新塍镇国家实验区创建通过结项验收 …… 434
开展首届社区社会工作优秀案例评选 …… 434
"96345"社会公共服务信息平台 …… 434
持续推进和谐社区创建 …… 435
社会组织综合党委全覆盖 …… 435
推进行业协会商会与行政机关脱钩工作 …… 435
推进政府购买社会组织服务工作 …… 435
加强社会组织培育发展中心建设 …… 435
加大城乡社区社会组织培育力度 …… 435
开展年度检查和财务审计工作 …… 436
加强社会组织自身建设 …… 436
持全国证社工突破3000人 …… 436
加强社工人才培训教育 …… 436
推进专业社工平台建设 …… 436
加大本土专业督导团队建设 …… 436
1个项目获得中央财政资金立项支持 …… 436
8人获评"2016年度全国百名社工" …… 437
老龄工作 …… 437
概况 …… 437
社区居家养老服务照料中心城乡全覆盖 …… 437
加强养老机构建设 …… 437
启动国家级医养结合试点 …… 437
关爱老年人工作 …… 437
开展老年人文体工作 …… 438
推进老年宜居环境建设 …… 438
劳动就业 …… 438
概况 …… 438
社会保障 …… 439
概况 …… 439
实现沪嘉医保、公交"一卡通" …… 440
首次同步调整企业和机关事业退休人员养老金 …… 440
实施企业社保费减负系列政策 …… 440
社保卡综合应用升级为全国示范基地 …… 440
住房保障 …… 441
概况 …… 441
全市归集住房公积金75.27亿元 …… 442
消费者权益保护 …… 442
概况 …… 442
商品类消费投诉处理 …… 442
表24　2016年嘉兴市商品类消费投诉情况 …… 443
服务类消费投诉处理 …… 443
表25　2016年嘉兴市服务类消费投诉情况 …… 443
开展消费宣传教育 …… 444
加强消费监督 …… 444
加强队伍建设 …… 444
民族　宗教 …… 445
概况 …… 445
助力G20杭州峰会、互联网大会安全稳定 …… 445
坚持宗教中国化方向 …… 445
开展民族团结进步创建工作 …… 445
加强宗教管理 …… 446
创新民间信仰事务管理 …… 446
人民生活 …… 446
城镇居民收入列全省第四位 …… 446
县级城镇居民收入差距缩小 …… 446
城镇居民生活消费支出增长10.8% …… 446
城镇居民居住、交通通信等支出快速增长 …… 447
城镇居民生活用品及服务支出增长平缓 …… 447
城镇居民教育文化娱乐等支出占比下降 …… 447
农村居民人均可支配收入增长8% …… 447
县级农民收入水平差异 …… 447
农村居民生活消费支出增长7.7% …… 447
农村居民耐用消费品支出稳定增长 …… 447

人　　物

新任市领导简介 …… 448

胡海峰 …… 448
王会能 …… 448
朱海平 …… 448
王马青 …… 449
朱　伟 …… 449
孙建华 …… 450
英模人物 …… 450
刘云良 …… 450
张利华 …… 452
钱辛慰 …… 453
黄宏盛 …… 454
李光华 …… 455
许金良 …… 456
柯贤湖 …… 457
吴松明 …… 457
王黎梅 …… 458
知名专业人士 …… 459
詹正云 …… 459
胡红生 …… 459
伍　鹏 …… 459
穆罕默德·西拉理 …… 460
逝世人物 …… 460
李佃杰 …… 460
孙镜秋 …… 460

县(市、区)

南湖区 …… 461
概况 …… 461
嘉兴科技城扩容升级 …… 462
嘉兴市南湖区行政审批局成立 …… 462
诞生首个国家火炬特色产业基地 …… 463
博创科技成为区首个登陆创业板企业 …… 463
水环境质量时隔十余年再现Ⅲ类水 …… 463
举办第十四届“南湖之春”经贸活动 …… 464
成功创建省软件和信息服务业特色基地 …… 464
南湖区成为省级知识产权示范区 …… 464
3家企业入榜省高新技术百强 …… 465
引进“长江学者”创业项目 …… 465
摩贝获第六届中国侨界创新企业贡献奖 …… 465
“宇宙大世界”开工奠基仪式在湘家荡举行 …… 466
嘉兴八佰伴购物中心开业 …… 466
南湖互联网金融学会成立 …… 466
中国人居环境范例奖花落凤桥 …… 466
大部门大警种制改革的“南湖样本” …… 467
湘城入选百家社区宣传思想文化示范点 …… 467
周根荣家庭获评全国五好文明家庭 …… 467
葛莉获评全国法律援助工作先进个人 …… 468
成立全市首家特殊儿童家庭支持中心 …… 468
2所小学学生获少年儿童发明奖项 …… 468
朱水源获省希望工程贡献奖 …… 469
世合理想大地获“新城市主义宪章奖” …… 469
残疾人“两项补贴”实施办法出台 …… 469
花园村村歌获全国村歌大赛4大金奖 …… 469
区公办中小学体育场馆全面开放 …… 470
凌公塘公园至湘家荡绿道全线贯通 …… 470
建设街道获评省城市体育先进街道 …… 470
秀洲区 …… 470
概况 …… 470
嘉兴首家国家高新区在秀洲区揭牌 …… 472
浙江秀洲经济开发区揭牌 …… 473
秀洲区企业“新三板”集中挂牌 …… 473
入选省“两化”深度融合国家综合性示范区域 …… 474
举行接轨上海现代服务业招商推介会 …… 474
嘉兴毛衫城电商众创基地开工建设 …… 475
中德智能制造人才培养基地项目签约 …… 475
嘉兴现代物流园获称首批全国示范物流园 …… 475
秀洲区与扬州市邗江区签约缔结友好区 …… 476
秀洲国家高新区与新城、高照街道职责调整 …… 476
王店镇入选全国农村优秀学习型乡镇 …… 476
新塍镇入选浙江绿色生态示范小镇 …… 476
光伏小镇入围经信领域省级行业标杆小镇 …… 477

洛东圩区自动化管理系统工程试运行 …… 477
二个镇入选市特色小镇创建名单 …… 477
新塍镇建成全国社区治理和服务创新实验区 …… 477
洪合镇郁顶华家庭入选省“最美家庭” …… 478
《国泰民安》卷轴画获银奖 …… 478
嘉善县 …… 478
概况 …… 478
县域科学发展示范点建设砥砺前行 …… 480
成立嘉善县人才创业服务中心 …… 481
城乡环境整治百日攻坚 …… 481
出台《养老服务业综合改革实施方案》 …… 481
富士康华东区首家科技体验店落户西塘 …… 482
获省级“腾笼换鸟”考核先进 …… 482
嘉善成为首批国家农产品质量安全县 …… 482
嘉兴出口加工区B区升格为综合保税区 …… 482
入选全国社会工作专项服务示范地区 …… 483
设立国内首个留学报国产业基金 …… 483
排污权首次公开拍卖 …… 483
太库(嘉善)孵化器入驻上海人才创业园 …… 483
喜力酿酒(浙江)有限公司开业 …… 483
获“国家科技支撑计划课题科普示范基地” …… 484
获“长三角最强中国制造产业区”称号 …… 484
召开“慈善孝贤”暨了凡善学思想研讨会 …… 484
浙江师范大学附属嘉善实验学校签约揭牌 …… 484
浙江中荷(嘉善)产业合作园开园 …… 484
平湖市 …… 485
概况 …… 485
入选长江经济带国家级转型升级示范开发区 …… 488
平湖市获评全国农村生活污水治理示范市 …… 488
获列全省县(市)域乡村建设规划试点 …… 489
选派“三官一师”担任“平安书记” …… 489
“浙江制造”双认证企业落户平湖 …… 490
平湖市青年创业创客平台运行 …… 490
平湖市和谐家庭社工事务所入选全国百强 …… 490
“幸福自治家园”建设活动 …… 491
平湖市精神康复中心开业揭牌 …… 491
平湖市引进篆刻博物馆 …… 491
黄姑中学入选全国航天特色学校 …… 492
九龙山国际自行车公园开园 …… 492
获“中国电动童车之都”称号 …… 492
“宗海(宗地)一体化”出让机制 …… 492
成立县域飞防专业合作社联合社 …… 493
入选2016年全国“书香城市(区县级)” …… 493
平湖市数字档案馆通过国家级测试 …… 493
美嘉保温容器公司一发明获中国专利奖 …… 494
海盐县 …… 494
概况 …… 494
获全省治水最高奖“大禹鼎” …… 496
土地质量地球化学调查成果报告通过评审 …… 497
国家公共文化服务体系示范区创建成功 …… 497
入选“浙江制造”品牌培育试点县 …… 497
获评全国基层中医药工作先进单位 …… 497
发布2015年度县域绿色发展报告 …… 497
入选全球第三批韧性城市名单 …… 497
“中瑞低碳环保产业合作项目”落户海盐 …… 498
参展第二届中国集成吊顶博览会 …… 498
省级农产品质量安全放心县创建通过验收 …… 498
“意欧斯”公司并购知名机器人制造商 …… 498
在全省首创“二权”基金 …… 498
国家卫生县城省级复审通过考核 …… 498
发布全国首个集成吊顶产业指数 …… 498
美丽乡村建设标准化试点项目通过验收 …… 499
第三次参加中欧合作项目签约 …… 499
集成吊顶国家地理商标申报成功 …… 499

滨海新城绿色生态示范城区建设通过考核 …… 499
海盐百步经济开发区晋升为省级 …… 499
国家生态县创建通过考核验收 …… 499
入选全国百强县2榜单 …… 500
入选全国首批中欧城镇化伙伴关系示范区 …… 500
伍尔特大中华区供应链中心在海盐开业 …… 500
获长三角城市群区域旅游产品奖 …… 500
获得2项“最美”大奖 …… 500
青莲名猪文博园与韩国猪猪博物馆签约 …… 500
获“纺织之光”科学技术进步奖一等奖 …… 501
海宁市 …… 501
概况 …… 501
中国共产党海宁市第十四次代表大会 …… 504
与余杭区区域战略合作开发签约 …… 505
首届海商大会 …… 505
海宁皮革时尚小镇创意区开工 …… 505
汽车锻造铝轮毂制造产业基地项目落户 …… 505
农村土地承包经营权确权登记颁证铺开 …… 505
杭州至海宁城际铁路先行段开工建设 …… 506
海宁公交总站(汽车北站)投入使用 …… 506
科创中心被认定为国家级科技企业孵化器 …… 506
天通控股公司被认定为国家企业技术中心 …… 506
海宁市获列国家学前教育改革实验区 …… 507
浙大国际联合学院(海宁国际校区)开学 …… 507
王国维戏曲论文奖颁奖典礼暨学术研讨会 …… 507
2016中国·海宁潮国际博览会 …… 508
第二十三届海宁·中国皮革博览会 …… 508
第二十三届钱江(海宁)观潮节 …… 508
2016海宁·中国家用纺织品博览会 …… 509
盐官旅游开发合作项目签约 …… 509
海宁市获全省治水最高奖“大禹鼎” …… 509
洛塘河绿道全线贯通 …… 509
桐乡市 …… 510
概况 …… 510
第三届世界互联网大会 …… 511
获国土资源节约集约模范县(市)称号 …… 512
乌镇互联网国际会展中心竣工 …… 512
浙江大数据交易中心在桐乡乌镇上线 …… 513
互联网之光博览会 …… 513
桐乡举行中国创新创业大赛两行业总决赛 …… 513
桐乡2016国际经贸洽谈会 …… 514
入选第二批国家全域旅游示范区创建名单 …… 514
4家企业入选省个性化定制示范试点企业 …… 514
乌镇镇党委获全国先进基层党组织称号 …… 514
濮院镇入选首批中国特色小镇 …… 515
纪念茅盾诞生120周年 …… 515
第二届“伯鸿书香奖”颁奖典礼在京举行 …… 515
纪念徐肖冰诞生100周年 …… 516
张琴秋生平事迹展 …… 516
第四届乌镇戏剧节 …… 516
乌镇国际当代艺术邀请展 …… 516
大麻家纺布艺被认定省专业商标品牌基地 …… 516
巨匠建设集团股份有限公司在香港上市 …… 517
浙江嘉澳环保科技股份有限公司A股发行 …… 517

国家级及省级开发区

综述 …… 518
嘉兴经济技术开发区、嘉兴国际商务区 …… 519
概况 …… 519
嘉兴马家浜健康食品小镇揭牌仪式举行 …… 521
第二届招商大会暨重大项目签约仪式

举行 …… 521
飞利浦(嘉兴)健康科技创新园开业 …… 522
北大附属嘉兴实验学校举行开校典礼 …… 522
宝沃汽车集团长三角产业基地项目落户 …… 522
嘉善经济技术开发区 …… 522
概况 …… 522
浙江中荷(嘉善)产业合作园开园 …… 523
喜力酿酒(浙江)有限公司开业 …… 523
北大创新研究院嘉善产学研合作中心运行 …… 523
豪声电子上市 …… 524
和硕集团到访 …… 524
荷兰驻沪总领事赴嘉善经济技术开发区考察 …… 524
平湖经济技术开发区 …… 524
概况 …… 524
省重点日商投资企业座谈会在开发区召开 …… 525
首场经济恳谈会在日本大阪召开 …… 525
参加中德经济交流会 …… 525
好侍食品项目签约落户开发区 …… 525
对韩投资推介会在沪举行 …… 526
五十四村抱团项目顺利开工 …… 526
亮相第十八届浙洽会 …… 526
永守重信到访 …… 526
韩国最大的食品公司签约落户 …… 526
平湖经济技术开发区德国办公室成立 …… 526
泛华国际商业广场开工奠基 …… 527
行业龙头德资项目“威克诺森”开工奠基 …… 527
浙江日新华新顿精密特殊钢公司开业 …… 527
平湖市首个世界500强德资项目签约落户 …… 527
嘉兴港区(乍浦开发区) …… 527
概况 …… 527
与央企合作建设智慧化工园区项目 …… 528
化工园区上榜“中国化工园区20强” …… 528
首宗国有土地使用权租赁成交 …… 528
生活水厂项目获浙江省市政优质工程金奖 …… 528
综合物流园区获全国优秀物流园区称号 …… 529
乍浦镇中心幼儿园迁建工程开工建设 …… 529
乍浦镇小微企业创业园揭牌 …… 529
嘉兴综合保税区通过国家级验收 …… 529
获评中国智慧化工园区试点 …… 529
乍浦镇被命名为省级园林镇 …… 529
浙江嘉兴工业园区 …… 530
概况 …… 530
大桥镇再入全国综合实力百强镇榜单 …… 531
闻泰通讯入列省电子信息产业百强榜单 …… 531
吉祥新材料股份有限公司在园区开工 …… 531
容江基金签约仪式举行 …… 531
科技城再添一生物医药项目 …… 532
嘉兴恩湃电子技术有限公司开业 …… 532
嘉兴秀洲高新技术产业开发区 …… 532
概况 …… 532
碲化镉薄膜太阳能电池项目落户 …… 533
新增1家省级企业研究院 …… 533
2家单位入选第三批国家众创空间 …… 533
入选智能制造示范区 …… 534
国际游戏&VR产业园启动 …… 534
浙江姚庄经济开发区 …… 534
概况 …… 534
加快科技创新和人才引育 …… 535
举办两节经贸洽谈会 …… 535
两次承办嘉善县“集中开竣工日”活动 …… 535
“昱辉”获首届浙江省专利优秀奖 …… 536
加大临沪招商力度 …… 536
浙江独山港经济开发区 …… 536
概况 …… 536
独山港口岸开放通过国家验收 …… 537
获列省海洋港口“十三五”重点发展港区 …… 537
独山港智能装备创业创新中心开工 …… 537
独山港镇跻身全国综合实力千强镇行列 …… 537
15个项目获列省海洋经济发展项目计划 …… 537
抗击日军登陆遗址群获称省国防教育基地 …… 537

海盐经济开发区 …… 538
概况 …… 538
构建智能装备制造产业基地发展新生态 …… 539
智能制造"创客中心"运营 …… 539
新增分布式光伏并网发电项目11个 …… 539
主导产业集聚率达81.8% …… 539
筹资建设液压装备(千斤顶)制造基地 …… 539
2个项目获财政资金补助 …… 539
海盐港区成为国家一类开放口岸 …… 540
启动首个PPP项目 …… 540
伍尔特大中华区供应链中心项目投入运营 …… 540
U掌柜公司获称省农村电子商务龙头企业 …… 540
浙江百步经济开发区 …… 540
概况 …… 540
海盐经济开发区百步新区晋升省级开发区 …… 541
集成家居时尚小镇入选第二批省特色小镇 …… 541
百步集成吊顶发展指数发布 …… 541
海宁经济开发区 …… 541
概况 …… 541
入选长江经济带国家级转型升级示范开发区 …… 542
海宁港口岸监管场站启用 …… 543
铁三角签约入驻海宁经济开发区 …… 543
海宁科技绿洲二期项目开工 …… 543
海宁农业对外综合开发区 …… 543
概况 …… 543
科创中心被定为嘉兴市级科技企业孵化器 …… 544
10亿元智能存储设备项目落户高新区 …… 544
高新区成功引进超亿美元项目 …… 544
浙江海宁经编产业园区 …… 545
概况 …… 545
"三园一小镇"服务业格局初现 …… 545
成立海宁市首个楼宇工会组织 …… 545
获"全国经编产业知名品牌创建示范区" …… 545
获得国家级众创空间牌照 …… 545
获"纺织产业集群地区发展服务优秀奖" …… 546
入选浙江省服务贸易发展基地 …… 546
"五联机制"激发楼宇党建新活力 …… 546
桐乡经济开发区 …… 546
概况 …… 546
招商选资出成效 …… 547
乌镇大数据高新技术产业园区 …… 547
开发区被认定为省离岸服务外包特色园区 …… 547
浙江桐乡濮院针织产业园区 …… 548
概况 …… 548
2016中国·濮院国际毛针织服装博览会 …… 548
引进韩国时尚创意设计中心 …… 549
创建濮院毛衫创新园工业旅游项目 …… 549
濮院世界毛衫博览中心开工建设 …… 549

社会经济统计资料

统计示意图 …… 550
人均地区生产总值 …… 550
地区生产总值 …… 550
地区生产总值构成 …… 550
农业增加值 …… 551
农业发展指数 …… 551
工业增加值 …… 551
工业增加值发展指数 …… 551
固定资产投资额 …… 552
全社会消费品零售总额 …… 552
城乡居民人均收入 …… 553
全社会消费品零售总额 …… 553
统计表 …… 554
表26 嘉兴市国民经济主要指标 …… 554
表27 嘉兴市生产总值 …… 555
表28 嘉兴市生产总值指数 …… 556
表29 嘉兴市2000万元以上独立核算工业企业主要经济指标 …… 557
表30 嘉兴市和区、县(市)农业总产值 …… 558
表31 嘉兴市和区、县(市)项目投资分行业固定资产投资额 …… 558
表32 嘉兴市和区、县(市)限额(500万元)以上项目投资主要指标 …… 559

表33 嘉兴市利用外资情况 …………… 560
表34 嘉兴市分地区预算内财政支出情况 …………………………………… 560
表35 嘉兴市分地区预算内财政收入情况 …………………………………… 561
表36 嘉兴市区城市公用事业基本情况 …………………………………… 562
表37 嘉兴市分地区金融机构人民币存贷款情况 ……………………… 562
表38 嘉兴市总户数和总人口数 ……… 563
表39 嘉兴市人口变动情况 …………… 563
表40 嘉兴市分行业城镇单位职工平均工资 …………………………………… 564
表41 嘉兴市分行业社会消费品零售总额 …………………………………… 564
表42 嘉兴市城镇居民家庭基本情况 …… 565
表43 嘉兴市农村居民抽样调查基本情况 …………………………………… 565
表44 长江三角洲地区主要经济指标（省内） ………………………………… 566
表45 长江三角洲地区主要经济指标（省外） ………………………………… 567
表46 嘉兴市各县（市、区）单位GDP能耗等指标 …………………………… 568

文件选编

规范性文件 ………………………………… 569
嘉兴市人民政府关于进一步推进户籍制度改革的实施意见 ……………………… 569
嘉兴市人民政府关于建立本市困难残疾人生活补贴和重度残疾人护理补贴制度的通知 ………………………………… 572
嘉兴市人民政府关于嘉兴市区禁止燃放烟花爆竹的通告 ……………………… 574
嘉兴市人民政府关于深化出租汽车行业改革的意见 ………………………… 574
嘉兴市人民政府办公室关于推进农村电子商务发展的实施意见 ……………… 576
嘉兴市人民政府办公室关于进一步降低企业成本优化发展环境的实施意见 …… 579
嘉兴市“医养结合试点”实施方案 ……… 581
其他重要文件 ……………………………… 584
嘉兴市本级临时救助办法 ……………… 584
嘉兴市本级支出型贫困家庭救助办法（试行） ………………………………… 587
嘉兴市人民政府关于调整2017年度市本级基本医疗保险有关规定的通知 ……… 589
文件目录 ………………………………… 590
表47 2016年中共嘉兴市委文件目录 ……………………………………… 590
表48 2016年嘉兴市人大常委会文件目录 ……………………………………… 590
表49 2016年嘉兴市人民政府文件目录 ……………………………………… 591
表50 2016年政协嘉兴市委员会文件目录 ……………………………………… 594

附 录

先进名录 ………………………………… 595
2016年嘉兴市市长质量奖 ……………… 595
2016年嘉兴市市长质量奖提名奖 ……… 595
嘉兴市五一劳动奖状 …………………… 595
嘉兴市五一劳动奖章 …………………… 595
首批杰出人才培养人员 ………………… 595
文论选录 ………………………………… 597
嘉兴GDP初次收入分配协调性及问题分析 ………………………………… 597
表51 “十二五”全省各市宏观税收负担情况比较表 …………………………… 599
表52 主要年份全市居民收入（劳动报酬）和经济发展（劳动生产率）情况表 …… 600
表53 新世纪以来全国全省嘉兴城乡居民收入水平比较表 …………………… 601
表54 2010～2015年全市非私营单位分门类在岗职工平均工资比较 ………… 601
表55 主要年份嘉兴GDP成本构成与其他国家比较表（%）…………………… 602
表56 嘉兴市城乡居民人均可支配收入构成表 ……………………………… 603
南湖区“基层负担重”集中整治行动的调查与反思 ……………………………… 604
重要报道目录 …………………………… 609
表57 2016年国家级主要报刊有关嘉兴的重要报道 ……………………………… 609

表58 2016年中央人民广播电台有关嘉兴的重要报道 …… 609
表59 2016年中央电视台有关嘉兴的重要报道 …… 610
名牌产品 …… 610
概况 …… 610
表60 2016年嘉兴市新增浙江名牌产品称号的产品 …… 610
表61 2016年新增嘉兴名牌产品称号的产品 …… 611
著名商标 …… 613
概况 …… 613
表62 2016年认定的“驰名商标”名录 …… 614
表63 2016年认定的“浙江省著名商标”名录 …… 614
表64 2016年认定的“嘉兴市著名商标”名录 …… 614

索　引

索引 …… 617

彩页目录

中共中央政治局常委刘云山出席第三届世界互联网大会 …… 1
全国人大常委会副委员长陈竺到嘉兴视察 …… 1
全国政协副主席李海峰到嘉兴督导调研 …… 2
最高人民检察院检察长曹建明到嘉兴检查工作 …… 2
最高人民法院院长周强视察桐乡法院乌镇法庭 …… 3
浙江省委书记夏宝龙考察海宁市中心医院 …… 3
浙江省委副书记、省长李强到嘉兴检查工作 …… 4
嘉兴市委书记鲁俊到嘉兴经济技术开发区调研 …… 4
嘉兴市市长林健东到嘉兴市第二医院调研 …… 5
嘉兴市市长胡海峰到嘉兴市安全生产服务业集聚区调研 …… 5
嘉兴市人大常委会主任刘冬生调研基层民主政治建设 …… 6
嘉兴市政协主席高玲慧到海盐县开展“五水共治”民主监督“万千行”活动 …… 6
嘉兴市领导在海盐状元故里、魅力金星项目现场考察 …… 7
浙江省纪念中国共产党成立95周年理论研讨会暨“党的十八大以来党建思想与浙江实践”论坛在嘉兴举行 …… 7
中央电视台“心连心”艺术团到嘉兴慰问演出 …… 8
公交安全员在G20杭州峰会期间协助安全执勤 …… 8
秀洲区平安志愿者举行宣誓活动 …… 8
捷克政府总理博胡斯拉夫·索博特卡到乌镇参观访问 …… 9
印度驻上海总领事馆总领事古光明到嘉兴交流访问 …… 9
嘉兴市扩大有效投资重大项目集中开工仪式举行 …… 10
嘉兴市人民政府和德国宝沃汽车集团签署战略合作框架协议 …… 10
嘉兴市第二届浙(禾)商大会召开 …… 10
建成后的杭平申线平湖段主航道 …… 11
中国建设工程鲁班奖工程晶晖广场 …… 11
嘉兴港口岸扩大开放通过国家级验收 …… 11
第三届世界互联网大会·乌镇峰会开幕 …… 12
第三届世界互联网大会·互联网之光博览会开幕 …… 12
第三届世界互联网大会·乌镇峰会举行数字经济专场集体采访 …… 12
乌镇互联网国际会展中心 …… 12
首届中国产业互联网大会召开 …… 13
2016嘉兴创新发展投资贸易洽谈会举行 …… 13
浙江省电子商务创业创新基地北科建(嘉兴)创新园 …… 13
2016“星耀南湖”精英峰会开幕 …… 14
嘉兴秀洲国家高新区建设推进大会举行 …… 14
2016嘉兴深化接轨上海主题宣传暨文化产业推介会举行 …… 14
嘉兴市民卡和新版公交卡可以在上海乘地铁 …… 15

"接轨上海——沪嘉联合诊疗中心授牌暨大型义诊活动"启动仪式举行 …… 15
上海长海医院与嘉兴市社保局签订医保异地联网结算服务协议 …… 15
嘉善经济技术开发区—上海松江地铁南站(9号线)通勤车开通 …… 15
浙江省第二届女子体育节在嘉兴市举行 …… 16
九龙山国际自行车公园开园 …… 16
2016"中国人寿"杯千人环南湖劲走比赛举行 …… 16
2016中国嘉兴端午民俗文化节开幕式暨"五芳斋"杯南湖龙舟竞渡·第四届市民运动会龙舟赛举行 …… 17
2016首届嘉兴文创精品展开幕 …… 17
央视一套《生活圈》栏目在嘉兴拍摄嘉兴酱鸭、粽子等传统美食 …… 17
台州乱弹折子戏(首批国家级非物质文化遗产项目)专场演出 …… 17
浙江大学国际联合学院(海宁国际校区)启用 …… 18
嘉兴南洋职业技术学院搬迁新址 …… 18
全面两孩政策主题宣传活动 …… 18
全市首批不动产权证书发出 …… 18
嘉兴市第五届"十大风云人物"颁奖典礼 …… 19
南湖区凤桥镇永红村党员志愿者在扫雪、铲雪 …… 19
嘉源污水处理有限公司职工抢修水管、水表 …… 19
嘉兴好人榜2016年第四季度发布会暨道德模范与身边好人现场交流活动举行 …… 19
嘉兴市河道办对南湖水域进行整理清淤 …… 20
浙江省最美绿化通道(县道)翁金线海盐段 …… 20
《嘉兴市秸秆露天禁烧和综合利用条例》实施 …… 20
南湖区水利局、团委等举办"美人鱼治水"活动 …… 20
浙江省园林镇平湖市乍浦镇 …… 21
秀洲区高照街道夏婆桥港河 …… 21
美丽乡村海宁市丁桥镇新仓村梁家墩 …… 21
生猪退养户专场招聘会 …… 22
全国首个土地质量研究示范基地落户嘉兴 …… 22
嘉兴市"海绵城市"工程示范点勺园停车场 …… 22
嘉兴首个餐厨废弃物资源化利用和无害化处理项目投入使用 …… 22
深井曝气法处理污水 …… 22

Main Contents

Special Documents

The Report at the twelfth Plenary (Enlarged) Session of the 7th Jiaxing Municipal Committee of CPC ······ 1

Report on the Work of the Municipal Government ······ 6

Specific Records

"Two Studies and One Action"Learning Education ······ 15

Sponge City Construction ······ 20

Chronicle of Events

Chronicle of Jiaxing in 2016 ······ 23

General Information of Jiaxing

Geographical Environment ······ 33

Local Products & Resources ······ 33

Historical Changes & Development ······ 34

Climate Features ······ 35

Administrative Division & Population ······ 36

National Economy & Social Development ······ 38

Deepening Reform Comprehensively ······ 44

Legal Jiaxing Construction ······ 46

Spiritual Civilization Construction ······ 49

Ecological Jiaxing Construction ······ 51

Administrative Organs & Responsible Members of the City, Districts & Counties(Cities) ······ 53

Agriculture

Review ······ 71

Grains & Oil ······ 73

Vegetables & Fruit ······ 74

Silkworm & Mulberry ······ 75

Animal Husbandry ······ 76

Forestry ······ 78

Ocean & Fishery ······ 80

Farm Machinery ······ 82

Rural Business Management ······ 83

Industry

Review ······ 85

Enterprises Cultivation ······ 86

Modern Technology Transformation ······ 88

Equipment Manufacturing Industry ······ 90

Fashion Industry ······ 92

Energy Saving and Consumption Reducing ······ 93

Elimination of Backward Production Capacity ······ 95

Communications, Power & Water Conservancy

Highway ······ 96

Railway ······ 98

Shipping ······ 99

Electric Power ······ 101

Qinshan Nuclear Power ······ 104

Water Conservancy ······ 106

Informationization Construction & Information Industry

Review ······ 109

E-Government ······ 110

Public Service Informationization ······ 111

Community & Rural Informationization ······ 111

Basic Network Construction & Operation ······ 112
The Manufacturing Industry of Electronic Information Products ······ 113
Software Industry & Information Technology Services ······ 114
E-Commerce ······ 114
Wireless Administration ······ 116
Postal Service ······ 117

Urban & Rural Construction
Review ······ 120
Plan Survey & Drawing ······ 122
Reconnaissance & Designing ······ 124
Building Industry ······ 125
Real Estate Business ······ 128
Urban Public Utilities ······ 130
Gardens & Afforestation ······ 133
Environmental Sanitation ······ 135
Urban Management ······ 135
Small City and Town Construction ······ 136
New Countryside Construction ······ 138

Environmental Protection & Weather
Environmental Management ······ 140
Environmental Monitoring & Scientific Research ······ 141
Environmental Laws Construction ······ 142
Environmental Protection Publicity & Education ······ 143
Environmental Quality State ······ 143
Weather ······ 144

Places of Interest & Tourism
Review ······ 146
Scenic Spots of South Lake ······ 146
Tour-Marketing Exploiting ······ 146
Tour-Planning Construction ······ 150
Tour-Trade Supervision ······ 151

Science & Technology
Review ······ 153
Circumstance, Talent & Projects of Science & Technology ······ 153
Regional Innovation System & High and New Technology Industries ······ 154
Achievements & Cooperation of Science & Technology ······ 156
Agricultural Science & Technology in the Construction of New Countryside ······ 158
Knowledge Property Right Protection ······ 158
Precautions against Earthquakes & Decreasing Disasters ······ 159

Domestic Trade
Review ······ 161
Professional Markets ······ 163
Large Department Stores ······ 165
Food Supplies ······ 166
Supply & Marketing ······ 167
Tobacco ······ 168
Salt Trade ······ 169
Catering Trade ······ 170

Foreign Economy and Trade & Ports
Foreign Trade ······ 172
Utilizing Foreign Capital ······ 173
Foreign Economic & Technological Cooperation ······ 173
Service Outsourcing ······ 174
International Trade Promotion ······ 174
Jiaxing (Zhapu) Port ······ 175
Maritime Affairs ······ 178
Customs ······ 180
Imp. & Exp. Inspection and Quarantine ······ 183
Frontier Inspection ······ 186

Finance & Taxation
Public Finance ······ 188
State Taxation ······ 190
Local Taxation ······ 192
Banking Industry ······ 194
Insurance Industry ······ 202
Administration of Foreign Currency Exchange ······ 208

Securities & Futures ······ 209

Economic Administration & Service

Planning Management ······ 212
Management of the State-owned Assets ······ 214
Commodity Price Management ······ 214
Statistics ······ 216
Land Resource Management ······ 217
Audit ······ 219
Market Supervision & Administration ······ 221
Quality & Technology Supervision Administration ······ 225
Examination and Approval & Transaction Services of Public Resource ······ 227
Safety-Producing Management ······ 229

Jiaxing Municipal Committee of CPC

Review ······ 231
Important Party Affairs & Policy Decisions ······ 233
Discipline Inspection & Supervision ······ 236
Organizational Work ······ 238
Publicity work ······ 240
United Front Work ······ 243
Taiwan Affairs Work ······ 245
Policy Research Work ······ 247
Archives, Party History & Local Chronicles Work ······ 248
Services to Veteran Cadres Work ······ 251
Party-Building Work in the Government Organ ······ 253
Party School Work ······ 253

Jiaxing People's Congress

Review ······ 257
Important Conferences ······ 258
Main Work ······ 263
Excerption of Excellent Proposals ······ 264

Jiaxing Municipal People's Government

Review ······ 271
Important Governmental Affairs & Policy Decisions ······ 272
Correspondence & Visitation Work ······ 279
Legal System Work ······ 280
System Reform Work ······ 281
Personnel Work ······ 284
Public Sector Reform Work ······ 285
Cooperation & Communion Work ······ 287
Foreign Affairs Work ······ 289
Oversea Chinese Affairs Work ······ 293

Jiaxing Municipal Committee of CPPCC

Review ······ 295
Important Conferences ······ 296
Main Work ······ 302
Excerption of Excellent Proposals ······ 303

Democratic Parties & Federation of Industry and Commerce

Jiaxing Municipal Committee of KMT Revolutionary Committee of China ······ 312
Jiaxing Municipal Committee of China Democratic League ······ 314
Jiaxing Municipal Committee of China National Democratic Construction Association ······ 316
Jiaxing Municipal Committee of China Association for Promoting Democracy ······ 317
Jiaxing Municipal Committee of The Chinese Peasants' and Workers' Democratic Party ······ 319
Jiaxing Municipal Committee of China Zhi Gong Party ······ 321
Jiaxing Municipal Committee of Jiusan (Sept.3rd) Society ······ 323
Jiaxing Federation of Industry and Commerce ······ 324

Mass Organizations

Jiaxing Federation of Trade Unions ······ 326
Jiaxing Municipal Committee of the Chinese Communist Youth League ······ 327
Jiaxing Women's Federation ······ 330
Jiaxing Association for Science & Technology ······ 333

Jiaxing Disabled Persons' Federation ··· 334
Jiaxing Federation of Literary & Art Circles ··· 336
Jiaxing Social Sciences Association ··· 338
Jiaxing Taiwanese and Relatives of Taiwanese Association ··· 344
Jiaxing Returned Oversea Chinese Federation ··· 345
Red Cross Society of China Jiaxing Branch ··· 346

Politics & Law
Review ··· 349
Public Security ··· 352
Procuratorate ··· 357
Court ··· 358
Judicial Administration ··· 361

Armed Forces
Review ··· 364
National Defence Education & Political Mobilization ··· 364
Military-Civilian Joint Construction ··· 365
Militia, Reserve Duty & Military Service ··· 367
Armed Police Force ··· 368
Civil Air Defense ··· 369

Education
Review ··· 372
Elementary Education ··· 373
Secondary Vocational Education ··· 374
Higher Education ··· 375
Non-Government Funded Education ··· 378
Adult Education ··· 379
Educational Supervision and Guide ··· 379
Professional Teachers' Vocational Construction ··· 380
Teaching Scientific Research ··· 381
Teaching Input & Facilities ··· 383
Language Work ··· 384

Culture
Review ··· 385
Professional Culture ··· 387
Social Culture ··· 388
Culture Relics & Natural Science ··· 391
Intangible Cultural Heritage ··· 394
Libraries & Bookstores ··· 395
Management of Cultural Market ··· 398
Exchange of Culture ··· 400

Media
Review ··· 402
Newspapers ··· 403
Broadcasting & Television ··· 405
News Websites ··· 408
Management of Press, Publication, Radio, Film and Television ··· 410

Sports
Review ··· 413
Competitive Sports ··· 414
Mass Sports ··· 415
Sports Industry ··· 417

Hygiene
Review ··· 418
Hygiene Supervision ··· 420
Disease Control ··· 421
Medical Care ··· 424
Maternity & Children Care ··· 425
Primary Healthcare ··· 427
Medical Education & Research ··· 428
Medical-Sanitary System Reform ··· 428
Patriotic Sanitation ··· 429

Social Life
Family Planning ··· 431
New Residents Affairs ··· 431
Civil Affairs ··· 433
Community, Mass Organization & Social Worker Construction ··· 434
Senior Citizen Administration ··· 437
Labor & Employment ··· 438
Social Security ··· 439

Housing Security ········ 441
Consumers′ Right & Interests Protection ········ 442
Nationalities & Religions ········ 445
People′s Livelihood ········ 446

Personage
Brief Introductions to Reposting Municipal Leaders ········ 448
Heroes & Model Workers ········ 450
Famous Professionals ········ 459
Dead Person ········ 460

Districts & Counties(Cities)
Nanhu District ········ 461
Xiuzhou District ········ 470
Jiashan County ········ 478
Pinghu City ········ 485
Haiyan County ········ 494
Haining City ········ 501
Tongxiang City ········ 510

National & Provincial Level Economic Development Zone
Review ········ 518
Jiaxing Economic and Technological Development Zone, Jiaxing International Business Park ········ 519
Jiashan Economic and Technological Development Zone ········ 522
Pinghu Economic and Technological Development Zone ········ 524
Jiaxing Port Area (Zhapu Development Zone) ········ 527
Zhejiang Jiaxing Industrial Park ········ 530
Jiaxing Xiuzhou Hi-Tech Industrial Development Zone ········ 532
Zhejiang Yaozhuang Economic Development Zone ········ 534
Zhejiang Dushan Port Economic Development Zone ········ 536
Haiyan Economic Development Zone ········ 538
Zhejiang Baibu Economic Development Zone ········ 540
Haining Economic Development Zone ········ 541
Haining Agricultural Comprehensive Development Zone for Foreigners ········ 543
Zhejiang Haining Warp Knitting Industrial Park ········ 545
Tongxiang Economic Development Zone ········ 546
Zhejiang Tongxiang Puyuan Knitting Industrial Park ········ 548

Social & Economic Statistics
Statistical Charts ········ 550
Statistical Tables ········ 554

Selected Documents
Normal Documents ········ 569
Other Important Documents ········ 584
Document Catalogues ········ 590

Appendices
Lists of the Advanced Units & Workers ········ 595
Selected Articles & Opinions ········ 597
Catalogues of Important Reports ········ 609
Famous Brand Products ········ 610
Famous Brands ········ 613

Index
Index ········ 617

2016年11月16日，中共中央政治局常委、中央书记处书记刘云山在浙江省乌镇出席第三届世界互联网大会开幕式并致辞

2016年8月24日，全国人大常委会副委员长陈竺（前排左一）到嘉兴，视察浙江清华长三角研究院、秀洲区高新科技园区，参观南湖革命纪念馆（摄影：盛建生）

2016年11月4日，全国政协副主席李海峰（右二）就“大运河申遗成功后的保护与利用”到嘉兴开展督导调研

（摄影：盛建生）

2016年5月5日，最高人民检察院检察长曹建明（右二）到嘉兴检查工作

（市检察院提供）

2016年11月18日，最高人民法院院长周强（前排左三）视察桐乡法院乌镇法庭

（摄影：郑国良　沈羽石）

2016年4月19日，浙江省委书记夏宝龙（前排左二）考察海宁市中心医院

（海宁市史志办提供）

2016年3月21日，浙江省委副书记、省长李强（左二）到嘉兴检查落实党风廉政建设主体责任、意识形态工作主体责任和落实省委“十大整改行动”的情况 （摄影：盛建生）

2016年10月27日，嘉兴市委书记鲁俊（左二）到嘉兴经济技术开发区调研经济社会发展工作 （嘉兴经济技术开发区提供）

2016年2月18日，嘉兴市委副书记、市长林健东（左二）到嘉兴市第二医院调研

（市卫计委提供）

2016年12月20日，嘉兴市委副书记、市长胡海峰（右一）到嘉兴市安全生产服务业集聚区调研

（摄影：盛建生）

2016年6月14日，嘉兴市人大常委会主任刘冬生（右二）调研基层民主政治建设
(市人大办提供）

2016年3月21日，嘉兴市政协主席高玲慧（前排左二）到海盐县开展“五水共治”民主监督“万千行”活动
（摄影：张刚辉）

2016年7月25-27日，嘉兴市举行2016年度第一次“双推”活动。图为市领导鲁俊、胡海峰、刘冬生、高玲慧等在海盐状元故里、魅力金星项目现场考察 （摄影：李剑铭）

2016年6月28日，浙江省纪念中国共产党成立95周年理论研讨会暨“党的十八大以来党建思想与浙江实践”论坛在嘉兴举行 （摄影：盛建生）

2016年5月26日，中央电视台“心连心”艺术团到嘉兴慰问演出（摄影：盛建生　王振宇）

2016年，G20杭州峰会期间，全市4000多名公交车安全员参加为期9天的安全执勤。图为公交安全员在协助安全执勤

（李剑铭摄于9月5日）

2016年6月24日，秀洲区千余名平安志愿者举行宣誓活动，积极参与G20杭州峰会和互联网峰会期间秀洲辖区的治安巡逻和社会治安治理工作

（摄影：冯玉坤）

2016年6月19日，捷克政府总理博胡斯拉夫·索博特卡（右一）到乌镇参观访问

（摄影：盛建生）

2016年12月8日，印度驻上海总领事馆总领事古光明（左）到嘉兴，双方就经济、文化等展开交流并达成合作意向

（摄影：盛建生）

2016年1月4日，浙江省扩大有效投资重大项目集中开工仪式在全省11个地市同时举行。图为嘉兴在海盐县的开工现场

（摄影：盛建生）

2016年11月18日，嘉兴市人民政府和德国宝沃汽车集团在浙江省人民大会堂签署战略合作框架协议，总投资200多亿元的德国宝沃汽车集团长三角产业基地项目落户嘉兴经济技术开发区

（嘉兴经济技术开发区提供）

2016年9月14日，以“幸福回‘嘉’共筑梦想”为主题的嘉兴市第二届浙（禾）商大会召开

（摄影：盛建生）

1
2
3

1.建成后的杭平申线平湖段主航道
（2016年摄，嘉兴港航管理局提供）

2.2016-2017年度第一批中国建设工程鲁班奖工程——晶晖广场
（市建筑业管理局提供）

3.2016年11月25日，嘉兴港口岸扩大开放通过国家级验收。图为嘉兴港
（摄影：张翼）

2016年11月16日，第三届世界互联网大会·乌镇峰会在乌镇互联网国际会展中心开幕，来自全球的1600多名嘉宾参加峰会　（摄影：王振宇　盛建生　李剑铭　成杰）

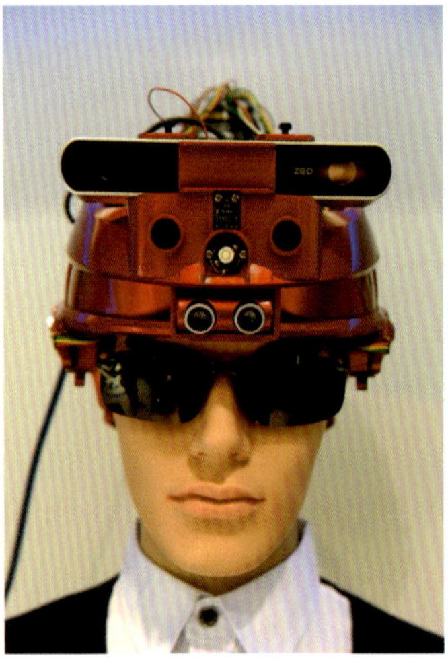

2016年11月15日，第三届世界互联网大会·互联网之光博览会在嘉兴市桐乡乌镇开幕。图为博览会上展出的视频转换成语音的盲人智能辅助系统
（摄影：王振宇　盛建生　李剑铭　成杰）

2016年11月17日，第三届世界互联网大会·乌镇峰会在乌镇互联网国际会展中心网剧场举行数字经济专场集体采访　（摄影：李剑铭　王振宇　盛建生　成杰）

第三届世界互联网大会乌镇峰会新场馆——乌镇互联网国际会展中心
（摄影：成杰）

1.2016年10月21日，首届中国产业互联网大会在嘉兴召开　（摄影：王蓉）

2.2016年11月8日，以“开放引领　创新驱动”为主题的2016嘉兴创新发展投资贸易洽谈会举行　（摄影：盛建生）

3.浙江省电子商务创业创新基地——北科建（嘉兴）创新园　（市商务局提供）

2016年9月26日，2016“星耀南湖”精英峰会开幕式在嘉兴举行　（摄影：盛建生）

2016年2月26日，嘉兴秀洲国家高新区建设推进大会在秀洲区会展中心举行，嘉兴秀洲国家高新区揭牌　（摄影：冯玉坤）

2016年9月28日，2016嘉兴深化接轨上海主题宣传暨文化产业推介会在上海举行
（摄影：盛建生）

2016年12月10日起，嘉兴市民可以刷市民卡和新版公交卡在上海乘地铁。图为10月28日，市民排队换取新的公交IC卡

（摄影：王振宇）

2016年12月14日，上海长海医院与嘉兴市社保局签订医保异地联网结算服务协议

（市社保局提供）

2016年10月27日，嘉兴市人民政府和第二军医大学联合举办“接轨上海——沪嘉联合诊疗中心授牌暨大型义诊活动”启动仪式

（摄影：周国光）

2016年10月27日，嘉善经济技术开发区—上海松江地铁南站（9号线）通勤车正式开通

（摄影：李剑铭）

1
2
3

1.2016年5-10月，浙江省第二届女子体育节在嘉兴市举行　（市体育局提供）

2.2016年4月30日，九龙山国际自行车公园开园。图为法国PBP中国区300公里资格赛九龙山站发车　（摄影：闻人达）

3.2016年11月5日，2016“中国人寿”杯千人环南湖劲走比赛举行　（摄影：赵颖硕）

1.2016年6月9日，2016中国嘉兴端午民俗文化节开幕式暨“五芳斋”杯南湖龙舟竞渡·第四届市民运动会龙舟赛在南湖景区举行（摄影：赵颖硕）

2.2016年6月10日，2016首届嘉兴文创精品展在嘉兴国际会展中心开幕。图为展出的海宁灯彩（摄影：袁培德）

3.2016年5月18日，央视一套《生活圈》栏目在市区月河街区拍摄嘉兴酱鸭、粽子等传统美食（摄影：田建明）

4.2016年7月22日，台州·嘉兴区域文化联动台州乱弹折子戏（首批国家级非物质文化遗产项目）专场演出在嘉兴大剧院上演（摄影：李剑铭）

1
2
3 | 4

1.2016年9月，浙江大学国际联合学院（海宁国际校区）正式启用。图为该院外景（摄影：陈杰）

2.2016年7月1日，嘉兴南洋职业技术学院正式搬入位于秀洲区大德路的新校区。图为南洋职业技术学院新校园（摄影：单慧珺）

3.2016年7月8日，嘉兴市计划生育协会在秀洲区新城街道亚都社区举办“7·11”世界人口日全面两孩政策主题宣传活动（摄影：李佳伟）

4.2016年5月30日，海盐县不动产登记服务中心挂牌，发出全市首批不动产权证书。不动产统一登记制度在全市正式启动（摄影：徐志达）

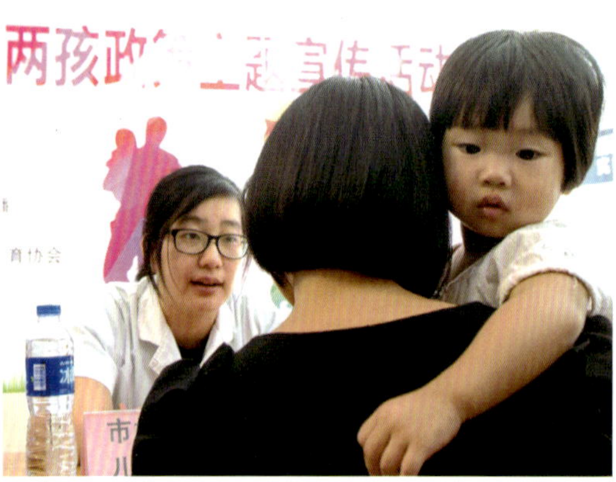

2016年11月11日，嘉兴市第五届“十大风云人物”颁奖典礼在嘉报集团举办　　（摄影：李剑铭）

南湖区凤桥镇永红村党员志愿者在扫雪、铲雪　　（许学文摄于2016年1月24日）

2016年1月，嘉兴市出现罕见极端低温天气。图为嘉源污水处理有限公司的职工在抢修由寒潮冻坏的水管、水表

（王振宇摄于2016年1月27日）

2016年12月27日，“寻找最美嘉兴人”嘉兴好人榜2016年第四季度发布会暨道德模范与身边好人现场交流活动举行　　（摄影：李剑铭）

1
2
3
4

1.2016年1月7日，嘉兴市河道办对南湖水域进行整理清淤，这是继2000年南湖大清淤工程之后的又一次“清肠”工作（摄影：李剑铭）

2.浙江省最美绿化通道（县道）——翁金线海盐段（市交通运输局提供）

3.2016年5月1日，嘉兴首部自主立法的地方性法规——《嘉兴市秸秆露天禁烧和综合利用条例》实施。图为秀洲区新塍镇天福村村民在捆绑堆放稻秸秆（摄影：李佳伟）

4.2016年3月22日是第二十四届“世界水日”。南湖区水利局、团委等在同济大学浙江学院举办“美人鱼治水”活动。图为志愿者和同学们认领小鱼放生入河（摄影：闻人达）

1
2
3

1.浙江省园林镇——平湖市乍浦镇
（2016年摄，嘉兴港区提供）

2.秀洲区高照街道夏婆桥港河
（李佳伟摄于2016年8月17日）

3.美丽乡村——海宁市丁桥镇新仓村梁家墩
（2016年摄，海宁市丁桥镇新仓村提供）

1.2016年6月24日，南湖区凤桥镇总工会、镇社会事业服务中心联合针对生猪退养户举办专场招聘会（摄影：邵建平）

2.2016年11月3日，全国首个土地质量研究示范基地落户嘉心菜有机农业示范园（嘉心菜有机农业示范园提供）

3.2016年，嘉兴市打造“海绵城市”工程示范点之一——勺园停车场（田建明摄于5月3日）

1 2
5 3
4

4.2016年，嘉兴首个餐厨废弃物资源化利用和无害化处理项目投入使用。图为嘉兴市绿能环保科技有限公司餐厨废弃油脂专用回收车在回收餐厨垃圾（摄影：李剑铭）

5.2016年，秀洲区油车港镇澄溪村新港污水处理站采用深井曝气法处理污水。图为钻井机正在进行打井作业（冯玉坤摄于1月10日）

特　　载

市委七届十二次全体(扩大)会议报告

中共嘉兴市委书记　鲁　俊

(2016年8月9日)

这次会议的主要任务是:深入学习贯彻习近平总书记"七一"重要讲话精神,认真贯彻落实省委十三届九次全会精神,对"干好十三五、奋勇当标尖"进行研究部署,审议通过《中共嘉兴市委关于补短板的行动计划》。

一、"干好十三五、奋勇当标尖"是嘉兴新阶段新使命

嘉兴因南湖而备受瞩目,因红船而重任在肩。把党的诞生地建设得更加美好,是南湖儿女的共同追求,全市上下一直为之奋斗。每当嘉兴进入关键阶段、每次发展走向重大跨越,都寄予了中央和省委的殷切期望,都根植于历届党委政府打下的良好基础,都离不开"红船精神"的领航领路。

1.*"干好十三五、奋勇当标尖",是省委赋予我们的崭新使命*。去年,习近平总书记在浙江视察时,明确指示浙江要"干在实处永无止境,走在前列要谋新篇","在提高全面建成小康社会水平上更进一步,在推进改革开放和社会主义现代化建设中更快一步,继续发挥先行和示范作用"。今年全省"两会"期间,省委书记夏宝龙在看望嘉兴代表团时明确要求,"十三五时期,浙江要成为高水平全面建成小康社会的标杆省份,嘉兴应该是标杆的尖"。这些都充分饱含了让嘉兴越来越好、越攀越高的历史新嘱托,科学锚定了嘉兴"干好十三五、奋勇当标尖"的时代新坐标。全市上下一定要深刻领会,切实把省委的高度信任转化为舍我其谁的责任,坚决以争当"标尖"的站位引领激情干事的方位。

2.*"干好十三五、奋勇当标尖",我们有坚实的发展基础*。经过改革开放30多年的探索,嘉兴由计划经济走向市场经济、由资源小市走向经济大市、由城乡分割走向城乡统筹、由解决温饱走向全面小康,综合实力显著增强。全市GDP超过3500亿元、人均超过12000美元,统筹城乡发展水平列全省第一,农村居民收入连续12年位居全省首位,所有县(市)均靠前进入全国县域经济百强县;"十二五"期间,GDP、人均GDP、地方财政收入年均增速、R&D支出增速等十项主要指标均高于全省平均,今年上半年高新技术产业增加值占规上工业增加值比重进一步提高到44%;治水拆违取得历史性突破,实现平安创建十一连冠、"满堂红",成功创建并蝉联全国文明城市,等等。所有这些,都是我们"干好十三五、奋勇当标尖"的基础所在、底气所在。

3.*"干好十三五、奋勇当标尖",我们有强大的精神动力*。一船红中国,万众跟党走。95年前,红船见证了开天辟地的大事变,承载了走在前列的先进性，开启了民族复兴的中国梦。红船作为党的母亲船，一直激励南湖儿女自觉把以开天辟地敢为人先的首创精神、坚定理想百折不挠的奋斗精神、立党为公忠诚为民的奉献精神为内涵的“红船精神”，内化为代代传承的红色基因和创先争优的强大动力。建党迎百年，圆梦看嘉兴。站在决战高水平全面建成小康社会、奔向“第一个百年目标”的历史新起点，我们满怀百尺竿头更进一步、百米冲刺更快一些的激情，更有拔高标杆、瞄准“标尖”的自觉和自信，同心同德书写一个跨越奋进的“十三五”、不辱使命的“十三五”，用最优异的成绩迎接建党百年，用最生动的实践展示中国自信。

二、牢牢把握“干好十三五、奋勇当标尖”的总体要求

“干好十三五、奋勇当标尖”的指导思想是，深入学习贯彻习近平总书记系列重要讲话精神，以中央“五位一体”总体布局、“四个全面”战略布局和省委“八八战略”为统揽，以创新、协调、绿色、开放、共享五大发展理念为引领，主动适应和引领经济发展新常态，不断推动综合实力、生态环境、城乡统筹、社会治理、民生福祉等再上新台阶，努力在高水平全面建成小康社会中走在前列、作出示范。

“干好十三五、奋勇当标尖”，关键是要在高质量、均衡性上当“标尖”。高质量，就是必须更加强调质量和效益。如经济结构，重在推动产业从低端低值低效向高新高端高质的转变，主动追求含“税”量、含“绿”量、含“技”量高的GDP；生活水平，重在让老百姓劳有多得、学有优教、病有良医、老有颐养、住有宜居、行有畅路，增强富足感、愉悦感、幸福感；自然环境，重在打造水清岸绿鱼游、天蓝地净景美的江南水墨画卷；政治生态，重在进一步巩固和发展政通人和、心齐气顺、劲足实干的良好局面。均衡性，就是必须更加关注发展的平衡、协调、可持续。如城乡发展，重在推动城乡公共服务更均等、要素配置更合理、产城发展更融合；区域统筹，重在推动布局更优、功能更强、合力更显；城乡居民收入，重在推动与经济增长更加协调、收入差距更小，不断提升一体化发展等“嘉兴品牌”。

聚焦“高质量、均衡性”当“标尖”，重点要朝着八个方面去努力：

1.要大力推进创新驱动，努力成为提高经济发展质量和效益的“模范市”。发展是硬道理，高质量高效益的发展是最硬的道理。这些年来，嘉兴的产业结构调整拾级而上，发展动力日趋强劲，质量效益节节攀升，加上世界互联网大会永久落户等独特机遇，嘉兴发展正厚积薄发、蓄势待发。我们要以主动、有为的新姿态适应和引领新常态，注重看内涵看质量、看后劲看可持续性、看绿色看生态，切实摆脱“速度情结”“换挡焦虑”和“路径依赖”，加快把发展动力切换到科技创新上来、全面创新上来。只有大力弘扬创新精神、加快培育新动能，让创业创新创造的活力充分涌动、让高新高端高质的生机深度彰显，才能率先迈向“双中高”。要把科技创新作为核心引领，继续提升院地合作、区域合作、国际合作的水平，强化嘉兴科技城、秀洲高新区、浙大海宁国际校区等的龙头带动，推动科技企业“双倍增”行动和人才改革试验区建设，争取到2020年高新技术产业增加值占规上工业增加值比重超过45%。要把产业创新作为主攻方向，深化强三优二精一、招大引强选优、提质增效扩量，抓好产业发展退低进高、企业布局退散进集、资源配置退劣进优，加快外贸由“大进大出”向“优进优出”跃升、传统块状经济向特色小镇和现代产业集群攀升，加快培育发展信息经济、楼宇经济、旅游经济、时尚经济、海洋经济、临空经济等新增点，加快制造业强市、服务业兴市和打造互联网经济强市步伐。要把创新发展落脚到项目上，坚持围绕优增量、调存量抓投入，紧密结合打造高端外资集聚地、浙商回归示范地优投入，着力在公共研发、技术改造、人才贡献等方面强投入，始终高标准把牢投资强度、注册密度、产出幅度、环境可容度、科技先进度等项目准入关，切实以高质量投入推动高品质发展。

2.要大力深化改革攻坚，努力成为优化制度供给的“先行者”。当前，嘉兴发展正处于结构调整、增速换挡、动力转换的关键时期，引领经济发展新常态，需要紧抓供给侧结构性改革，注重制度供给、依靠制度创新。要始终坚持问题导向、需求导向、效果导向,既要做实规定动作又要创新自选动作,既要注重顶层设计又要鼓励基层创造,有效地激发市场活力、行政主体动力和社会创造力。要着力深化资源要素差别化配置等改革,推动土地、能耗、环境容量等合理高效配置;着力深化行政审批层级一体化、综合行政执法等改革,加快转变政府职能,推动实现"改到位、放彻底、把得住、管得好";着力激发体制机制活力,适时推进行政区划调整等改革,加快县域经济向城市经济提升。以"尖刀"破"坚冰"的勇气打好改革攻坚战、持久战,加快破除创业的堵点、创新的卡点、民生的难点,切实以改革领先支撑发展率先。

3.要大力推进城乡统筹,努力成为深化城乡一体化的"排头兵"。城乡统筹是嘉兴最大的特色和品牌。习近平同志2004年就要求嘉兴"率先实现城乡一体化,走在全省乃至全国的前列"。经过十多年的探索实践,我们的城乡居民收入差距全省最小,城乡发展率先进入全面融合阶段。要通过推进城市有机更新、深化产城融合、发展楼宇经济等,加快主副中心建设,采取有力措施提高中心城市首位度;统筹推动镇域产业集聚、要素集约、人口集中、功能集成,深化小城市培育、特色小镇创建等,加快打造一批工业重镇、商贸强镇、旅游名镇、农业特色镇;坚定农房改造集聚、美丽乡村建设、"低小散"企业入园等的方向不动摇,加快打造一批旅游开发村落、文化传承村落、生态休闲村落等。通过市、县、镇、村四级联动、特色发展,加快呈现以"1640""四百一千"为基本框架,以国际化品质、全域化美丽、一体化融合为主要内涵的现代化网络型田园城市。

4.要大力推进接轨上海,努力成为融入长三角一体化的"示范区"。远交朋友近结亲,借势借力登上尖。上海是国际性大都市,长三角正在崛起成为世界级城市群。当前,上海"四个中心"和具有全球影响力的科技创新中心建设中蕴藏着优质产业外溢、优秀人才外涌等"红利",对接上海就是对接资源对接市场,融入长三角就是融入全球融入未来。无论是把我们的区位交通、商务成本、发展空间、田园风光等优势发挥到淋漓尽致,还是满足老百姓对更高水平公共服务、生活品质的强烈需求,都要求我们切实做好接轨上海这篇大文章。坚持交通接轨先行,把产业接轨作为重中之重,统筹推动制度接轨、公共服务接轨、人才有效流动,更好地实现"借梯登高""借船出海"。狠抓以军民合用机场、轨道交通等为牵引的"四网一路一空港"建设,推动基础设施接轨由"平面"走向"立体";善借上海丰富的中介资源等发展楼宇经济、国际合作园区,推动承接高端产业转移规模化;善引上海的高端教育、优质医疗等资源为我所用,推动公共服务合作向更宽领域、更高层次迈进;同时善学自贸区建设等的先进理念打造国际化营商环境。通过加快提升与上海的"同城效应",更好地在激烈的竞争中扩影响、增实力、强地位。

5.要大力整治生态环境,努力成为江南水乡的"名典范"。抓环境就是抓发展、抓民生、抓稳定。经过多年的攻坚整治,全市治水打了从不合格到连续优秀的翻身仗,重点区域大气环境治理取得显著成效。生态建设在路上、乌镇峰会年年办,这必然要求我们把生态环境作为嘉兴未来发展的核心竞争力去打造,必然要求我们把生态供给作为最公平的公共产品、最普惠的民生福祉去对待,必然要求我们把城市形象对照国际化品质之城的高标准去提升。我们要照着"绿水青山就是金山银山"的路子坚定不移走下去,强化亩均产出、单位GDP能耗等综合绩效考核,加快存量经济绿色化改造和增量经济绿色化构建,持续打好"五水共治""五气共治""三改一拆"等"组合拳",确保"十三五"末实现市控以上断面以三类水为主体、全面消除劣五类水体,力争与杭州基本同期喝上千岛湖水,PM2.5明显下降、优良天气明显上升,坚决兑现"决不把污泥浊水、违章建筑、脏乱差的环境带入全面小康"的庄严承诺。我们要以铁的决心把环境敏感期变成生态建设加速期,加快重现"青青田园乡村、悠悠水乡绿城"的特色风貌,让嘉兴兼备"国际范"与"江南韵"、兼具"历史味"与"现代感",让本地人引以为豪、外来客流连忘返、投资者一见钟情。

6.要大力增进民生福祉,努力成为高水平公共服务和文化建设的"领头羊"。公共服务、文化发展的水平直接关系到百姓的获得感,关系到对高端要素的吸引力。经过不懈努力,全市所有县(市、区)率先跻身全国义务教育发展基本均衡县,率先实现卫生强县(市、区)等的“满堂红”,城市文明程度指数和城乡公共服务均等化水平处在前列。省委明确指示,嘉兴要成为全省公共服务的“领头羊”,这是嘉兴今后一个时期公共服务努力的方向方位,需要我们加强高端公共服务供给和优化公共服务配置两手齐抓。一方面,要推进国际化教育、高端化医疗、个性化养老、品质化文体等蓬勃发展,让高端优质的公共服务更好地吸引人才、汇聚资本、惠民利民;另一方面,要大力发展智慧政务、智慧医疗、智慧养老、智慧交通、智慧城管等,统筹做好公共服务对接沪杭“+邻里圈”、走上云端“+互联网”等大文章,加快优质公共资源向基层、向农村流动,让更多百姓在家门口就能享受高水平的公共服务。文化是城市的根与魂,建设文化强市是我们孜孜以求的目标。要以深化全国文明城市创建为龙头,大力弘扬社会主义核心价值观,加快提升市民文明素养和城市文明形象,深入促进文化事业和文化产业大繁荣,不断厚植越韵吴风的人文底蕴,更好地彰显城市气质。

7.要大力深化平安法治建设,努力成为创新社会治理的“样板城”。平安法治建设“十年磨一剑”,我们一直致力于打造“长三角最具安全感城市”,始终走在了全省平安法治建设第一方阵。但我们要清醒地认识到,平安法治建设只有起点、没有终点,当前平安法治建设面临的形势复杂严峻,特别是嘉兴每年都要经受国际级安保的大考,需要我们高度聚焦产业转型升级的根基问题、影响社会面稳定的突出问题,坚决打好源头治理、精细治理、依法治理的“组合拳”。要进一步深化法治、德治、自治“三治”实践,切实落细网格化管理、落准科学化“稳评”、落实快速化反应,更加注重立法的实效性、执法的震慑性和普法的精准性,千方百计遏制问题增量、化解矛盾存量、防范风险变量,打造更高水平的平安嘉兴、法治嘉兴,加快治理体系和治理能力向现代化标准迈进、向国际级水平提升。

8.要大力弘扬“红船精神”,努力成为全面从严治党的“新高地”。红船劈波行,精神聚人心。这是嘉兴最大的政治优势、最独特的城市名片、最宝贵的精神财富。要大力弘扬“红船精神”,引导党员干部筑牢信仰之基、补足精神之钙、把稳思想之舵,不断拧紧理想信念的“总开关”;突出选贤任能,以一线火线为“练兵场”、“双推”活动为“点将台”、实干实绩为“风向标”,更好地打造“狮子型”和“三型”干部队伍;深化固本强基,突出富村和净村两手齐抓,全面加强基层政权建设,加快把基层党组织打造成为坚不可摧的战斗堡垒;严明党纪党规,把纪律挺在前面,教育引导党员干部知敬畏、明底线、守规矩,永葆干净干事、纯洁廉洁的本色。迎接党的百年华诞、为党的“母亲船”增光添彩,最好的行动就是更加自觉地做到心中有党讲忠诚、心中有责讲担当、心中有民讲奉献、心中有戒讲规矩,打造政治生态上的绿水青山。

“干好十三五、奋勇当标尖”,是一项综合系统工程。在高质量、均衡性上当“标尖”,必然要求我们把嘉兴的现实优势、独特机遇发挥到极致,每个县(市、区)、每条战线都要对照上述八个方面,瞄准“标尖”去发力,有顶尖实力的要全程领跑、有拔尖能力的要全速快跑,切实让亮点更亮、优势更优。唯有补足短板,才能夯实当“标尖”的基础,要善于在补短板中深挖潜力,努力使短板转化为推动发展的样板。提交这次全会讨论审议的市委关于补短板的行动计划,请大家认真讨论,提出意见建议,使之更加完善。

三、以坚强的党性、强烈的责任和出色的业绩“干好十三五、奋勇当标尖”

心有多大舞台就有多大,干劲有多大事业就有多大。要让“标尖”的梦想照进现实,就要坚持大格局、高定位、勇担当,就要讲政治、强责任、比业绩,不用扬鞭自奋蹄,朝着“标尖”干到底。

1.政治要坚定。政治坚定是马克思主义政党的生命和灵魂所在,是对各级党员干部的最基本要求。要牢固树立政治意识、大局意识、核心意识、看齐意识,切实增强爱党的自觉、忧党的情怀、兴党的责任、护党的担当,始终一颗红心向着党、不忘初心跟党走。要当战士不当绅士,在意识形态领域、互联网阵地上旗帜鲜明地抓、理直气壮地管,关键时刻敢于亮剑,牢牢掌握舆论话语权。要把贯彻中央和省委、市委的决策部署作为最大的政治，特别是要把“干好十三五、奋勇当标尖”作为坚定的信念，引导广大党员干部群众心往一处想、劲往一处使，进一步巩固和发展党政军民团结共建、人大政协齐上一线、统战群团同频共振、全市上下凝心聚力的生动局面。

2. 责任要担当。向着“标尖”去努力，需要面对发展动力、发展内涵、发展格局的一系列新变化，对我们的思想观念、责任意识、干劲斗志提出了新的更高要求，更应该具有凤凰涅槃、浴火重生的勇气，体现奋勇拼搏、攻坚克难的锐气。要迎难而上，治水拆违不能歇气松劲，退散进集不能避重就轻，帮困扶贫不能蜻蜓点水，要坚决克服改革恐惧症、破难迟疑症、维稳疲劳症，善于掰开捻碎搞清楚、解剖麻雀开良方，真正干成几件该干又能干的大事实事。要争先晋位，敢于和自己较真、和强者较劲，看一看别人的高招，学一学别人的经验，后进要变先进、先进要更先进。

3. 业绩要过硬。能不能当“标尖”，要靠实打实的业绩来说话；是不是好干部，要靠硬碰硬的业绩来证明。人生的长度是有限的，职位的高度也是有限的，但推动事业发展的宽度是无限的。每个干部都要珍惜当前干事创业的机会，经常想一想对组织的重托交付了什么？向“标尖”的事业贡献了什么？让嘉兴的百姓获得了什么？干事业既要肯干实干、也要能干会干，面对历史的重托，我们要练就过硬的本领，重音要弹得响，每项工作都要抓住牛鼻子、找到突破口、击中要害处，比如抓城乡环境综合整治，每个县(市、区)每年要选择一个镇，集合资源、集聚财力、集成政策、集中攻坚，治出耳目一新、治出刮目相看；和声要弹得好，发展改革稳定张张报表都要抓在手上，抓出成效。金杯银杯不如百姓的口碑，我们干工作、当“标尖”，为的是百姓，靠的是百姓，业绩最终也要由百姓来检验。

同志们，全面小康重任在肩，争当“标尖”使命在前。让我们更加紧密地团结在以习近平同志为核心的党中央周围，在省委的正确领导下，攻坚克难、锐意进取，团结奋进、真抓实干，努力把党的诞生地建设得更加美好！

政府工作报告

——在嘉兴市第八届人民代表大会第一次会议上

嘉兴市市长　胡海峰

（2017年4月21日）

各位代表：

现在，我代表市人民政府向大会报告工作，请予审议，并请市政协委员和其他列席人员提出意见。

一、2016年主要工作和过去五年发展成效

2016年是实施“十三五”规划的开局之年。面对错综复杂的外部环境和繁重的改革发展稳定任务，在省委、省政府和中共嘉兴市委的坚强领导下，市政府全面落实党的十八大和十八届三中、四中、五中、六中全会精神，深入贯彻习近平总书记系列重要讲话精神，统筹推进“五位一体”总体布局和协调推进“四个全面”战略布局，主动适应经济发展新常态，坚持稳中求进工作总基调，统筹做好经济社会发展各项工作，较好地完成了市七届人大七次会议确定的各项目标任务。

经济运行稳中向好。全市地区生产总值达到3760亿元，增长7%，其中市本级增长7.5%。实现一般公共预算收入387.9亿元，增长10.4%，其中市本级增长14.1%。固定资产投资增长11%，其中“四个重大”投资增长17.4%。社会消费品零售总额达到1638.5亿元，增长10.8%。农林牧渔业增加值增速扭转了负增长局面，实现转负为正。规上工业企业利润增长25.9%，单位生产总值能耗下降2.6%。经济发展的质量和效益明显提高。

扩大开放深入推进。对外贸易实现逆势回升，进出口总额增速列全省第二，其中出口增长9%，增速列全省第一。招大引强选优成效明显，实际利用外资再创新高，总量列全省第三。引进世界500强、国际行业领先企业和1亿美元以上重大项目30个，总投资超200亿元的德国宝沃汽车项目落户我市。浙商回归考核连续五年列全省同档城市第一。

发展新动能不断增强。新兴产业快速增长，规上工业增加值占到全部工业的89.4%，装备制造业、高新技术产业、战略性新兴产业占规上工业增加值比重分别达到27.1%、45%和37.2%，新产品产值率提高到40%，高新技术产品出口增长35.3%。服务业增加值占地区生产总值比重提高到45.3%。电子信息制造业产值、网络零售额均突破千亿大关。大众创业、万众创新蓬勃开展，全市新增市场主体8万户，增长25.2%，其中新登记注册企业2.1万家，增长30.8%。新动能正在撑起发展新天地。

基础设施建设持续推进。完成基础设施投资620亿元，增长17.7%。杭州湾跨海大桥北接线二期、杭州至海宁城际铁路、京杭运河航道改造等一批重大交通项目开工建设。国家海绵城市建设试点稳步推进。平湖塘延伸拓浚、杭嘉湖扩大南排工程进展顺利。“光网城市”“无线城市”建设成效显著，实现百兆家庭光纤宽带、4G网络、重点公共场所免费WIFI“三个全覆盖”。

人民生活进一步改善。城乡居民人均可支配收入分别达到48926元和28997元，收入差距比缩小到1.687:1。坚持将有限的资金更多地用于保障和改善民生，财政民生支出占一般公共预

算支出比重首次达到80%，新开工建设保障性住房3万套，发放各类救助金2.4亿元。城乡居民生活水平有了新提高。

回顾过去一年，形势严峻复杂，成绩来之不易。这些成绩，是在世界经济和贸易增速七年来最低、国内结构性矛盾突出、经济下行压力加大的情况下取得的。面对经济工作中两难甚至多难的问题和困境，我们始终坚持稳中求进、科学发展，咬定青山不放松，稳扎稳打、有效应对，实现了“十三五”良好开局。实践再次证明，任何艰难险阻都挡不住嘉兴人民坚毅前行的步伐。面对未来，我们有信心、有决心、有条件，更有办法不断创造新的更大辉煌！

一年来，我们主要做了以下工作。

一是着力抓好“三去一降一补”。大力推进去产能。开展“退低进高”“退散进集”行动，整治提升“低散弱”企业2929家，处置“僵尸企业”83家。房地产去库存取得积极成效。制定《促进商贸综合体和专业市场规范发展的若干意见》，全市商品住宅去库存完成省下达目标任务。加强金融风险防范。规上工业企业资产负债率下降到54.4%，银行金融机构不良贷款率保持全省最低。出台《降低企业成本优化发展环境的政策意见》，减免企业税费153亿元。加快补齐科技创新、低收入群体增收等短板，全社会研究与试验发展经费支出增长11.8%，低收入农户人均可支配收入增长18.1%。

二是推动重大改革举措落地。全面深化“四张清单一张网”改革，开展相对集中行政许可权、核准目录外企业投资项目不再审批等改革试点，建成统一政务咨询投诉举报平台，实现市、县、镇三级权力清单和责任清单全覆盖。深入实施资源要素差别化配置改革，完善以亩产效益论英雄的综合评价机制，建成市县一体的公共资源交易平台。开展国资公司降负债成本、降应收款项、降库存、降管理成本专项行动。稳步推进农村“三权”改革。深化户籍制度改革，全面实施新型居住证制度试点。加快推进省港产城统筹发展试验区建设，嘉兴港口岸实现全域对外开放。

三是强化科技创新引领。深入实施创新驱动发展战略，成功获批省全面创新改革试验区，秀洲国家高新区正式挂牌，嘉兴科技城扩容升级迈出实质性步伐。统筹抓好增加科技投入、加强研究开发、推进成果转化等工作，新增发明专利授权1654件，新认定高新技术企业184家，14家企业跻身省高新技术企业“百强榜”，全国首家专业科技保险公司落户我市，实现国家级科技企业孵化器县（市、区）全覆盖。提升扩大“创新嘉兴·精英引领计划”成果效应，截至2016年底，累计设立院士专家工作站58个，“国千”“省千”人才分别达到161名和136名。

四是加快产业转型升级。制定实施《中国制造2025嘉兴行动纲要》，积极推进“四换三名”，完成工业技改投资1023亿元，新增“浙江名牌”32个、上市公司4家、新三板挂牌企业44家。我市被工信部评为全国工业稳增长和转型升级成效明显市。乌镇国家互联网创新发展试验区建设进展顺利，成功承办第三届世界互联网大会·乌镇峰会。实施加快发展现代服务业行动计划，完成服务业“百项千亿”投资287亿元。4个小镇入选第二批省级特色小镇。西塘古镇成功创建国家5A级景区。深化农业“两区”建设，1个农业产业集聚区、2个特色农业强镇列入省首批“一区一镇”试点。

五是全面推进新型城镇化建设。深化“多规合一”试点，完成市域总体规划修编。在全省率先启动小城镇环境综合整治，部署实施镇村环境整治提升三年行动计划，新增省级小城市培育试点镇3个。深入推进“三改一拆”，完成“三改”面积3476万平方米，拆除违法建筑1269万平方米。城市有机更新取得新进展，优化子城片区规划与城市设计，文生修道院、杉青闸片区全面完成房屋征收。加快市域千里绿道建设，截至2016年底，全市建成绿道902千米，其中市区501千米。科学开展城市交通治堵，中心城区新建改建商务大道、万国路等8条城市道路，新增公交专用道10千米，中山路与越秀路人行天桥主体工程完工。

六是深入开展治水治气。深化“五水共治”。大力推进城乡生活污水治理、工业企业污水全入网、饮用水水源地达标提升等工程。新建城镇污水管网391千米，完成河道清淤1358万立方米。全市跨行政区域河流交接断面水质考核保持优秀。市域外配水工程(杭州方向)确定线路并完成初步设计。深化“五气共治”。实行全域露天秸秆、废弃物禁烧,推进12个主要行业、28家燃煤热电企业、59家年耗煤万吨以上企业工业废气整治,淘汰小锅炉2101台、黄标车1760辆。市区空气质量优良率达到74.3%,PM2.5平均浓度44微克/立方米,下降17%。加大环境执法力度,查处环境违法案件1141起。

七是协调发展各项民生事业。统筹做好重点人群就业工作,新增城镇就业10.4万人。构建社会“大救助”体系,在全省率先建立支出型贫困家庭救助制度。以东部地区第一的成绩成功创建国家公共文化服务体系示范区,农村“文化礼堂”覆盖率全省第一,子城遗址发掘取得重要成果。深化国家特殊教育改革实验区、职业教育现代学徒制试点等改革,南洋职业技术学院新校区、浙江大学国际联合学院(海宁校区)建成启用。积极接轨上海高端优质医疗资源,与解放军第二军医大学“一校三院”开展全方位紧密型合作,让嘉兴老百姓在家门口就能享受到“接轨上海”的医疗服务。健全完善“双下沉、两提升”、分级诊疗、家庭责任医生签约“三位一体”医疗服务模式,推行便捷支付诊间结算,顺利通过国家卫生城市复评。大力开展全民健身运动,承办省第二届女子体育节。强化安全生产、食品药品安全监管,组织开展消防安全大排查大整治行动,安全生产事故起数、死亡人数分别下降14%和9.3%。健全立体化社会治安防控体系,圆满完成平安护航G20杭州峰会、第三届世界互联网大会·乌镇峰会安保维稳任务。加强国防建设、民兵预备役和人民防空工作。实现创建全国双拥模范城“三连冠”。

八是切实加强依法行政。遵照授予有据、行使有规、监督有效的原则,自觉接受市人大及其常委会监督和市政协民主监督,办理市人大代表建议238件、市政协提案352件。建立市政府常务会议学法制度,集中学习法律法规规章14部。清理政府规范性文件550件,办理行政复议案件77件。严格“三公”经费支出管理,实施公务用车制度改革。扎实开展“两学一做”学习教育,政府系统廉政建设全面加强。

2016年是本届政府任期的最后一年。五年来,市政府坚持把发展作为第一要务,紧紧团结和依靠全市人民,克难奋进、开拓创新,实现了本届政府各项任务的圆满收官,全市经济社会发展迈上了一个新台阶。五年间,经济在转型升级中量质齐升。地区生产总值、一般公共预算收入年均分别增长7.9%和11.4%,人均地区生产总值由6万元提高到8.2万元。全社会研究与试验发展经费支出占地区生产总值比重从2.2%提高到2.8%,三次产业结构由5.3∶56.7∶38调整为3.8∶50.9∶45.3。五年间,改革在先行先试中砥砺奋进。先后获批新型城镇化、“多规合一”、“医养结合”等92项国家、省改革试点,在全省率先实施资源要素差别化配置、行政审批层级一体化、综合行政执法等改革,分布式光伏发电模式在全国得到推广,产业升级、农业农村、社会治理、政府职能转变等重点领域改革全面推进,初步形成了具有嘉兴特色的改革体系。五年间,城乡在统筹发展中走在前列。“1640”“四百一千”空间布局进一步完善,累计完成土地复垦3533.33公顷,改造集聚农房7.5万户,常住人口城镇化率达到62.9%,统筹城乡发展水平居全省首位。城乡一体的交通设施网络不断健全,实现中心城区15分钟上高速、主副中心城市间30分钟直达、与周边主要城市60分钟互通。五年间,生态在整治攻坚中突飞猛进。全面构建政府主导、部门联动、公众参与的环境保护治理大格局,累计消灭垃圾河898千米,整治黑臭河996千米,新建污水收集管网2161千米,完成“三改一拆”面积1.6亿平方米,生猪存栏量从294.7万头削减到18.3万头,市控以上断面Ⅳ类以上水体比重从21.9%提高到93.1%,水环境质量从根本上实现了历史性转变。五年间,民生在共建共享中跨越提升。城镇居民、农村居民人均可支配收入年均增长9.4%和9.8%,农村居民收入连续13年列全省第一。城乡居民养老保险、医疗保险加快从制度全覆盖迈向人群全覆盖。全市医疗卫生服务机构达到1447个,平均每千人拥有医生数2.96名。图书馆、文化馆“总分馆”建成率100%。五县两区全部通过国家义务教育均衡发展评估。成功蝉联全国文明城市。实现省级平安市、县(市、区)创建"满堂红",十二年不懈奋斗,如愿获颁平安金鼎。

各位代表!过去五年,我们经受住了各种困难风险的考验,取得了改革发展稳定重大成就。这是中共嘉兴市委正确领导的结果,是全市上下齐心协力、奋力拼搏的结果。在此,我代表市人民政府,向全市人民和广大建设者,表示衷心的感谢!向人大代表、政协委员,各民主党派、工商联、无党派人士和人民团体,向驻嘉部队、武警官兵,表示衷心的感谢!向关心支持嘉兴发展的港澳台同胞和海内外朋友们,表示衷心的感谢!

我们也清醒地看到,我市经济社会发展中还存在不少矛盾和问题,主要有:经济下行压力仍然较大,实体经济发展面临不少困难;科技创新还未成为推动发展的主动力,产业层次有待进一步提升;中心城市能级不高,集聚辐射带动能力不强;生态环境质量与群众期望仍有距离,治水、治气等工作还需要付出更大努力;交通、教育、医疗、养老等民生工作尚有不少短板,食品安全、安全生产、社会治安等方面还存在薄弱环节。同时,一些政府工作人员不作为问题依然存在,消极腐败现象时有发生,廉政建设和反腐败斗争任务依然艰巨。我们一定高度重视这些问题,不辱使命,不负重托,勇于担当,采取更加有力措施全力以赴做好工作。

二、今后五年奋斗目标和主要任务

今后五年是嘉兴经济社会转型发展的关键时期,也是高水平全面建成小康社会的决胜阶段。市第八次党代会描绘了嘉兴未来五年发展的宏伟蓝图,提出要在高水平全面建成小康社会征程中奋勇当标尖的新使命。我们必须清醒认识和把握当前所处的历史方位,进一步坚定信心,抢抓机遇,努力谱写嘉兴科学发展、创新发展的新篇章。

今后五年政府工作的总体要求是:高举中国特色社会主义伟大旗帜,以邓小平理论、"三个代表"重要思想、科学发展观为指导,深入贯彻习近平总书记系列重要讲话精神,紧紧围绕"五位一体"总体布局和"四个全面"战略布局,牢固树立以人民为中心的发展思想,积极践行新发展理念,适应把握引领经济发展新常态,弘扬红船精神、秉持浙江精神,干在实处、走在前列、勇立潮头,勇当高水平全面建成小康社会的标尖,全力打造具有国际化品质的现代化网络型田园城市,以优异成绩迎接建党一百周年。

今后五年,要集中在"高质量、均衡性"上重点发力,进一步提高发展的"含金量",增强发展的"平衡度",朝着发展中高速、质量中高端、结构中高级的方向阔步迈进。到2021年,力争地区生产总值突破5400亿元,一般公共预算收入突破500亿元;确保城乡居民收入增长与经济增长同步。

做好今后五年工作,关键要在以下五方面重点引领、放大优势。

(一)突出创新驱动,放大平台载体优势,加快推动新旧动能接续转换和产业改造升级。始终把创新作为引领发展的第一动力,全力推进"两区一城一走廊"建设,全盘构建政产学研金介用"七位一体"协同创新模式,全面打通科技强驱动产业强、实现经济强的创新经济通道,率先进入国家创新型城市行列。联动推进省全面创新改革试验区、省校合作示范区建设,重点在科技管理、科技投融资、人才发展等体制机制创新方面实现突破。立足"全域孵化",打造以创新要素密集、功能错位发展、产业梯度布局为特征,在长三角地区具有特殊影响力和吸引力的科技企业孵化之城。规划建设沪嘉杭G60科创走廊,沿线集中规划布局一批重大科技基础设施、重点技术创新工程、开放型创新平台、高水平科技成果转化基地,为更高层次实现区域产业集聚互补与科技协同创新开辟新空间。大力实施"585"人才工程,建设人才生态最优市。坚持制造业强市、服务业兴市战略不动摇,着力提升制造业的智能化、绿色化、服务化和国际化水平,促进生产性服务业向专业化和价值链高端延伸、生活性服务业向精细化和高品质转变。大力培育八大千亿产业,推进互联网经济强市、省军民融合产业发展示范基地建设,积极发展楼宇经济、全域旅游、海洋经济、现代都市型生态农业,高标准建成一批特色小镇,加快形成嘉兴经济新的增长极增长带。

(二)突出内外联动,放大改革集群和接沪联杭优势，提升经济发展的活力和市场化国际化水平。发挥市场在资源配置中的决定性作用和更好地发挥政府作用，统筹推进政府自身改革、供给侧结构性改革、资源要素差别化配置改革等重点领域改革，把国家和省赋予嘉兴改革试点数量上的优势加速转化为率先发展质量上的位势。深入实施国家“一带一路”战略，积极推动更高水平双向开放，鼓励要素有序流动、资源高效配置和市场深度融合，构建更加优良的法治化、国际化亲商、营商环境。大力引进高端外资、央企国资、品牌民资，支持外贸转型升级，促进新型加工贸易、市场采购贸易和跨境电商贸易加快发展，培育一批本土跨国公司。扎实推进省全面接轨上海示范区建设，全力打造创新政策率先接轨地、高端产业协同发展地、科创资源重点辐射地、一体化交通体系枢纽地和公共服务融合共享地。主动对接杭州都市圈发展，加快各类临杭功能平台开发，积极参与杭州城西科创大走廊、钱塘江金融港湾建设，深化浙东经济合作区共建，在推动长三角城市群协同发展中发挥更大作用。

(三)突出全域统筹，放大城乡区域协同优势，全面提高城市承载力和竞争力。更加注重以城带乡、以乡促城，加快市域一体化发展步伐。按照“1640”“四百一千”空间布局和“一核三带三区”产业空间规划，统筹谋划全市基础设施建设、产业发展和公共服务供给，高水平建设“四网一路一空港”，实施中心城区快速路环线和放射线工程，建成启用嘉兴军民合用机场，加快构建“无缝衔接”的现代化综合交通枢纽。大力实施城市品质升级行动，联动推进中心城市、县(市)和小城市(新市镇)错位发展、协调并进，积极开展城市修补和生态修复，优化城市形态和功能，不断提升中心城市首位度，加快县域经济向城市经济转型。以打造新型智慧城市标杆市为契机，加强智慧应用体系建设，推动城乡管理由“管得着”向“管得好”迈进。

(四)突出绿色低碳，放大“三五共治”联动优势，着力打造江南水乡名典范。按照“绿水青山就是金山银山”的理念，全力推进“五水共治”“五气共治”“五废共治”。深化工业污水、生活污水、农业面源污染综合治理，实施大气污染防治“六大专项行动”，加大固体废弃物减量化、资源化、无害化处置力度。到2021年，在上游来水水质达标基础上，稳定实现市控以上断面Ⅲ类水为主，PM2.5浓度持续下降，污泥、危险废弃物无害化处置率达到95%以上。加快推进市域外配水工程(杭州方向)，争取与杭州市民同步喝上千岛湖水。加强耕地保护，落实主体功能区规划和环境功能区划，严格土地利用规划和用途管制。推进国家低碳城市试点，大力发展光伏、生物质能等绿色能源，构建以低能耗、低污染、低排放为基础的低碳经济发展模式。高标准建设千亩湖荡、千里绿道生态走廊，聚焦打造“绿城花海”的城市风貌。

(五)突出民生优先，放大公共服务供给优势，不断增强人民群众获得感。统筹重大民生政策，以标准化促进公共服务均等化，切实增加优质公共产品供给。推动实现更加充分、更高质量的就业，鼓励劳动、资本、技术、管理等生产要素按贡献参与分配，健全低收入群体增收机制，千方百计增加城乡居民收入。建立完善市域统筹、城乡一体的社会保险制度，加快实现社会保障全覆盖、更公平、可持续。发展繁荣各项社会事业，加强现代公共文化服务体系建设，优化基本医疗卫生和人口健康服务，促进教育优质均衡发展，构建以居家为基础、社区为依托、机构为补充、医养结合的养老服务格局。深化“平安嘉兴”建设，全面推进“三治”同步、“三社”联动，加快建立立体化、信息化社会治安防控体系，打响“中国最具安全感城市”品牌。

各位代表！新旧相推，日生不滞。发展从来不会一帆风顺，实现梦想也绝非在一朝一夕。但只要我们矢志不渝、敢为人先，勠力同心、百折不挠，嘉兴勇当高水平全面建成小康社会标尖的宏伟目标就指日可待，嘉兴一定能够在未来区域发展竞争中焕发出更加夺目的光彩！

三、2017年主要工作

新的一年孕育新的希望，新的起点昭示新的辉煌。2017年是新一届政府的开局之年，是实施“十三五”规划的重要一年，也是推进供给侧结构性改革的深化之年。现阶段，我市经济企稳向好的基础正在不断巩固和夯实，但一些长期存在的结构性、素质性矛盾尚未得到根本解决。为此，我们必须认清形势，坚持稳中求进工作总基调，以提高发展质量和效益为中心，以推进供给侧结构性改革为主线，加强预期引导，深化创新驱动，聚焦改革、聚焦发展、聚焦民生，全面打好转型升级系列组合拳，促进经济平稳健康发展和社会和谐稳定。

结合我市实际，建议2017年全市经济社会发展主要预期目标为：地区生产总值增长7%左右，其中市本级力争增长7.2%；一般公共预算收入增长6.5%，其中市本级力争增长7%左右；城乡居民人均可支配收入增长7%，其中市本级力争增长7%以上；节能减排降碳指标完成省下达的目标任务。

重点要处理好各方面关系，做好以下七方面工作。

（一）注重供需两端发力，保持经济平稳运行

深入推进"三去一降一补"。加快"退低进高""退散进集"，整治"低散弱"企业5000家以上，处置"僵尸企业"25家，淘汰600家企业落后产能。继续加大不良资产处置力度，大力发展直接融资，完善担保体系，积极防范和化解金融风险。严格落实房地产调控政策，有力保障城乡居民住房刚性需求，支持自住型和改善型购房，遏制投机性购房，发展住房租赁市场，保持房地产市场平稳健康发展。健全涉企收费目录清单公示制度，加快建立制度化的企业减负机制。继续在公共服务、基础设施、生态环保等领域精准发力补短板。

积极扩大有效投资。实施"两个千亿"投资工程，确保重大基础设施、重大产业项目、重点技术改造、生态环保投资增长15%以上。高标准推进中德、中荷、中法、中日等国际产业合作园建设，强化专业招商、链式招商、以商引商，力争实际利用外资25亿美元，浙商回归到位资金超过460亿元。深入谋划一批面向社会资本的基础设施和公共服务投资项目，推出政府与社会资本合作项目不少于100个。

保持外贸消费平稳增长。规范外贸综合服务平台建设，开展平湖、海宁、桐乡省级产业集群跨境电商发展试点，扩大高新技术产品、名特优产品和服务贸易出口，加大先进技术装备进口。鼓励有条件的企业开展境外投资，支持企业瞄准先进技术、知名品牌、"专精特优"企业实施跨国并购。顺应"互联网+流通"趋势，加快推进城市商圈提档升级，强化电子商务应用，积极培育新型消费热点，满足消费升级需求。

（二）振兴实体经济，加快产业结构调整

强化科技创新。推进省全面创新改革试验区建设，完善符合创新发展规律的政策体系和评价机制。加快秀洲国家高新区、嘉兴科技城等重大创新平台建设，力争实现省级以上高新技术园区县（市、区）全覆盖。全面实施科技企业孵化之城三年行动计划，新增各类孵化机构20家、孵化面积200万平方米。实施科技企业"育苗造林"计划，新增高新技术企业200家、科技型中小企业500家。深化省科技金融改革创新试验区建设，积极发展创业风险投资，探索实施投贷联动，支持发展科技保险。全面落实人才新政，推进重点创新创业团队建设，加大"柔性"引才和产业人才扶持力度，新增高层次人才100名。

建设互联网经济强市和新型智慧城市标杆市。推进国家信息经济试点城市和乌镇国家互联网创新发展试验区建设，培育支持南湖智能终端、秀洲智慧物流、嘉善光通信、平湖微电机、海盐智能家居、海宁数字内容、桐乡量子通信等互联网产业集群发展，完成互联网项目投资100亿元，信息产业产值增长12%。高水平承办第四届世界互联网大会·乌镇峰会。全面实施新型智慧城市标杆市建设，在城市治理、惠民服务、产业经济、宜居环境等领域开展大数据运用，启动15个智慧小镇、智慧街道、智慧园区、智慧社区、智慧商圈试点，建成城市大数据中心一期和城市综合运营管理中心。

打造制造业强市。深入实施《中国制造2025嘉兴行动纲要》，培育壮大高端装备制造、电子信息、新材料等新兴动能主导产业，加快推动传统动能有机更新，叠加实施"四换三名""四加三减"，大力推行"三强一制造"，力争规上工业总产值突破8000亿元，新增工业机器人1500台、浙江名牌20个。实施重点骨干企业规模和质量效益"双倍增"计划，加快形成一批行业龙头企业和

"隐形冠军"。以特色小镇理念和方式改造提升开发区(园区),规划建设一批"园中园""区中园"和"两创"中心。大力推进中电科嘉兴智慧产业园、航天五院嘉兴军民融合产业发展中心建设,力争引进和培育军民融合高技术项目20个。

推动服务业增量提质。聚焦现代物流、科技与信息、金融、文化旅游、健康服务等五大重点领域,加快创意设计、安全生产、检验检测等生产性服务业集聚区建设,推动阿里巴巴菜鸟城、山水六旗等重大项目取得更大进展,力争服务业增加值占地区生产总值比重提高1.2个百分点。创新发展绿色金融、普惠金融,支持嘉兴银行等地方金融机构发展,加快推进南湖基金小镇、国际金融广场等平台建设。推动楼宇经济规范特色发展,培育一批总部楼、研发楼、电子商务楼等专业楼宇,新增税收超亿元楼宇5幢。整合优质旅游资源,大力发展全域旅游,加强旅游精品建设,打造运河国际旅游休闲城市。

深化农业供给侧结构性改革。完善生产、供销、信用"三位一体"农民合作经济组织体系,积极扶持种粮大户、家庭农场、专业合作社、农业龙头企业等现代农业经营主体,推动粮食生产功能区、现代农业园区向绿色高效发展转型。全面落实粮食安全责任制,确保粮食总产量稳定在113万吨以上。加大农业科技创新,积极推进"互联网+农业",促进一二三产融合发展。深入实施新一轮"强村计划",发展壮大村级集体经济。完善农村土地所有权、承包权、经营权分置办法,不断提高农民收入,增强农业农村发展活力。

(三)深化改革开放,释放体制机制红利

全面推进"最多跑一次"改革。按照群众和企业到政府办事"最多跑一次、就近跑一次、不用跑一次"的目标,推动各级政府部门减权、放权、治权。加快实施行政审批"一窗受理、集成服务"改革,深化相对集中行政许可权改革试点,推行"同城通办"模式,确保实现"最多跑一次"事项覆盖80%以上。全面推行"互联网+政务服务",建成全市统一的移动政务服务平台,实现所有投资项目网上审批、核准、备案。规范中介服务市场秩序,增强市场充分竞争,推动改革向行政审批中介服务机构深入。加快推进"区域能评、环评+区块能耗、环境标准"取代项目能评、环评。深化综合行政执法改革,全面推行"双随机、一公开",健全完善"部门联合、随机抽查、按标检查、一次到位"的监管机制。

加快重点领域和关键环节改革。深化资源要素差别化配置改革,制定实施统一的环境、技术、质量、安全等市场准入标准,完善企业绩效综合评价和结果运用机制,促进资源要素向有竞争力的企业集聚。开展国家排污许可制度改革试点,建立固定污染源排污"一证式"管理制度。加快财税体制改革,重点强化预算绩效管理,稳步推进国库集中支付电子化。抓好国资国企改革,加快企业分类改革步伐,建立完善外派监事会制度,提高国有资本配置和运营效率。支持嘉善县域科学发展综合配套改革、平湖产业结构调整机制创新试点、海盐中欧城镇化伙伴关系示范区等改革试点,及时总结推广经验。

更大力度接轨上海。健全接轨上海协调推进机制。加强交通基础设施互联互通,加快杭平申线航道、G228国道等工程建设,做好沪乍杭铁路、通苏嘉铁路等项目前期工作,开展沪嘉通勤快线、轨道交通对接等规划编制。加快打造长三角(沪嘉)产业协同创新区,依托平湖张江长三角科技城、漕河泾开发区(海宁分区)等共建平台,实现承接高端产业转移规模化。加大对沪招商力度,力争引进亿元以上重大产业项目40个。积极对接上海高端教育、医疗等公共服务资源,争取纳入上海异地双向刷卡结算首批先行地。认真落实国家区域发展战略,切实做好山海协作和援藏援疆援青等对口支援工作。

(四)推进城乡区域统筹发展,提升城市品质

加快市域一体化建设。深化"多规合一"试点,健全规划管控机制,提高市域开发建设的科学性、有序性。加快推进杭州湾跨海大桥北接线二期、杭州至海宁城际铁路等重大交通设施建设,开展轨道交通建设规划编制,力争嘉兴军民合用机场项目可研报告通过评审。加快实施市域引水供水、污水管网、垃圾处理等城市"生命线"工程,开工建设市域外配水工程(杭州方向)。加大滨海开发,推进浙北集装箱运输通道、黄姑塘航道改造工程建设,打通海河联运"最后

一公里”，力争嘉兴港集装箱吞吐量突破140万标箱。

强化中心城市引领。深入实施中心城市有机更新，加快民丰冶金片区、东栅老镇片区更新改造，开工建设子城广场、南湖湖滨公园，全面完成海绵城市建设试点任务。加大城市交通治堵力度，重点打通三环南路、三元路等断头路，科学规划建设公共停车场，进一步提升公交服务质量。启动城市快速路项目前期。健全城市管理长效机制，推动执法重心下移和执法事项属地管理，全面完成市、区两级智慧城管平台建设。高水平推进国际商务区、秀洲国家高新区、嘉兴科技城等城市重点功能区开发建设，大力发展先进制造业和高端服务业，不断增强中心城市的科技创新、金融支持、公共服务、人才集聚等功能。

补齐镇村建设短板。落实“四百一千”规划布局，完善镇村规划体系。全面实施小城镇环境综合整治，开展道乱占治理等“六大专项行动”，加强镇区主要街道和出入口改造，加大古建筑、老街巷等人文景观的恢复和保护力度。以景区建设的理念提升美丽乡村建设水平，扎实开展农村土地综合整治，做好村庄规划和农房设计，增强镇村配套服务功能，打造一批美丽宜居示范村（社区）和A级景区村庄。

（五）狠抓环境治理和净化，打造“美丽嘉兴”

深化“五水共治”。坚持水岸同治、城乡联治、区域共治，全力实施剿灭劣Ⅴ类水行动，加快污水输送管网和污水处理设施建设，加大规模生猪养殖场整治提升和监管力度，健全农村生活污水处理设施长效运维机制，全面消除劣Ⅴ类水体，Ⅳ类以上水体稳定在95%以上。大力开展河湖水生态修复、集中式饮用水水源地规范化创建，完成河道清淤疏浚1000万立方米。深化“河长制”，落实最严格的水资源管理制度，完善跨行政区域联合治水机制。

推进“五气共治”。部署开展机动车污染防治、城市扬尘和烟尘整治等专项行动，完成17家热电企业超低排放技术改造，淘汰燃煤小锅炉600台，力争全市原煤消费实现负增长。抓好7个重点区域大气污染综合整治，打造一批绿色制造示范项目、示范园区，全面改善区域环境质量。探索建立市、县、镇、村四级网格化治气体系，健全公众参与机制，提升重污染天气应急处置能力，力争市区空气质量优良率达到75%。

实施“五废共治”。统筹推进生活垃圾、建筑垃圾、工业固废、农业废弃物和医疗废物治理。加强固废处置能力建设，鼓励发展与循环经济相结合的资源综合利用项目。科学实施生活垃圾分类。强化固废收集、贮存、转移、处置和综合利用全过程监管，提高危险废弃物无害化处理率。

加快治危拆违。深入推进“三改一拆”，全面实施城乡危旧房改造专项行动，重点拆除违建出租房、违建小作坊等违法建筑，做到应拆尽拆。积极开展无违建创建活动，健全违法建筑及时发现和依法处置的长效机制，力争创建无违建县（市、区）1个，完成拆改面积2000万平方米以上。

（六）强化发展惠民，保障和改善民生

扩大就业完善社保。实施城乡一体的就业创业政策，重点抓好大学生红船“两创”孵化中心、农村电子商务创业小镇等就业创业基地建设，新增城镇就业6.6万人。做好各类社会保险制度衔接和待遇调整，加快基本医疗保险和生育保险整合，推动医保跨区域异地结算联网。落实支出型贫困家庭救助政策，实现对困难家庭“一户一档一策”的精准帮扶，确保低收入群体人均可支配收入增长10%。创新住房保障模式，加大棚户区改造力度，新开工建设保障性住房5748套。加快残疾人全面小康进程，大力发展慈善事业和红十字事业。

打造文化强市。大力弘扬社会主义核心价值观，深入开展精神文明创建活动。深化国家公共文化服务体系示范区建设，完善图书馆、文化馆“总分馆”服务模式，拓展“文化有约”平台功能，打响公共文化服务“嘉兴品牌”。启动市文化艺术中心项目建设，完成市博物馆二期、市图书馆二期工程。大力扶持文艺创作，推出一批具有较高艺术水准和嘉兴本土特色的文艺精品。做好档案、地方志工作。加强文化遗产保护和利用，推进子城遗址考古发掘与展示工程，加快马家浜遗址公园建设。积极引导文化消费，培育壮大文化创意、文博会展等新业态，促进文化产业创新发展。

加快教育现代化。实施新一轮学前教育行动计划,建立学前教育“县级统筹、镇级配合”管理体制。科学实施中小学布局规划,优化城乡教育资源配置。开展高中课程改革,提升各类特色高中办学质量。开工建设北师大嘉兴附中迁建项目。深化职业教育“产教融合、校企合作”,大力弘扬工匠精神,建设一批公共实训基地。加大对嘉兴学院等在禾高校的支持力度,深化与清华大学、同济大学、中科院等大院名校的全面合作。统筹办好特殊教育、继续教育、老年教育。健全民办学校分类登记管理制度,促进民办教育健康发展。

建设健康嘉兴。完善三级医疗卫生服务体系,深入推进“双下沉、两提升”,积极推行分级诊疗和家庭责任医生签约制度,实现县级以上综合医院诊间结算全覆盖。大力发展中医药事业。落实全面两孩政策,优化计划生育服务管理。加快城乡居家养老服务照料中心提档升级,推进“医养结合”试点,实施长期护理保险制度,支持社会力量兴办老年护理院、社区护理站。协调发展体育事业和体育产业,加快建设市全民体育健身中心。

创新社会治理。加强基层治理能力建设,全面建成镇(街道)综合治理、综合执法、市场监管、便民服务“四个平台”。大力实施“七五”法治宣传教育,完善覆盖城乡的公共法律服务体系。健全新型居住证制度,引导新居民有序流动。全面落实信访工作责任制,推动信访积案化解。加强社会信用体系建设,提高社会诚信意识。发展民族宗教、外事侨务、对台事务等事业,支持工会、共青团、妇联、科协等开展工作。加强食品药品安全监管,建立健全食品药品质量追溯制度。强化安全生产责任体系建设,加大隐患排查治理力度,坚决遏制重特大事故发生。深化社会治安综合治理,严密防范和严厉打击各类违法犯罪活动。支持驻嘉部队和武警部队建设与改革,继续做好国防动员、国防教育、人民防空、双拥优抚、国家安全等工作。

办好民生实事。按照民生实事“群众提、委员议、代表定、政府办”的新理念,扎实办好人代会票决的十项民生实事,着力解决人民群众普遍关心的突出问题。

(七)加强自身建设,提高政府履职水平

聚力建设法治政府。言必有主,行必有法。始终坚持法无授权不可为、法定职责必须为,把政府的一切活动纳入法治轨道。坚持依法决策、民主决策、科学决策,完善重大事项公众参与、专家论证、合法性审查等制度。深化行政复议体制改革。健全行政权力监督和制约机制,自觉接受人大依法监督、政协民主监督和监察监督、司法监督,加强政府内部层级监督和审计监督,主动接受社会监督、舆论监督。

聚力建设服务政府。坚持问题导向,更多运用市场化、社会化、信息化的方式加强服务管理。优化政府运行机制,完善目标管理体系,建立重点工作责任清单制度。加强政府信用建设,把诚信施政作为重要准则。全面推进政务公开制度化、标准化,做好信息发布和政策解读,及时回应社会关切。创新政府向社会购买服务机制。持续优化政务流程,提升便民服务效能,坚决除烦苛之弊,开便利之门。

聚力建设廉洁政府。不怕法律无情,只怕自身不清。切实把纪律规矩挺在前面,坚持用制度管权管事管人。认真落实全面从严治党主体责任,严格履行“一岗双责”。推动中央八项规定精神风化俗成,坚决防止“四风”反弹回潮。深化廉政风险防控,强化对权力运行的监督制约,健全不敢腐、不能腐、不想腐的体制机制。坚持有腐必反、有贪必肃,坚决惩处各类腐败行为。

各位代表!新的目标激励人心,新的任务艰巨光荣,使命重在担当,实干成就辉煌。让我们在省委、省政府和中共嘉兴市委的坚强领导下,不忘初心、继续前进、勇立潮头、勇当标尖,以优异成绩迎接党的十九大胜利召开,奋力谱写高水平全面建成小康社会的崭新篇章!

说明:此文所用数据为2016年年底统计快报数据

专　　记

“两学一做”学习教育

2016年，嘉兴市根据中央和省委部署要求，以全面从严治党为主线，把“两学一做”(学党章党规、学系列讲话、做合格党员)学习教育作为重要任务，结合实际，统筹谋划、周密部署，以“红船精神”引领“两学一做”，引导全市广大党员干部坚定理想信念、严明纪律规矩、解决突出问题，1.3万个基层党组织接受洗礼，23.6万名党员在党内政治生活里经受锻炼。

一、精心组织，有序推进“两学一做”学习教育

1. *摸清底数筑基础*。2016年4月22日，市委召开全市党员组织关系集中排查会审会，把学习教育与党员组织关系集中排查工作结合起来，摸清“口袋”党员、长期与党组织失去联系党员情况，理顺党员组织关系，使每名党员都纳入党组织有效管理，确保参加学习教育，有2968名流动党员参加嘉兴市组织的学习教育，1085名经查找取得联系的失联党员全部纳入学习教育计划安排。做好“先抓”工作，摸清全市党员队伍建设存在的突出问题，收集各支部和党员对加强党员队伍建设、开展学习教育的意见建议，为制订完善全市“两学一做”学习教育实践活动实施方案、推动学习教育奠定基础。

2. *严字当头开好局*。在省委召开“两学一做”专题党课暨学习教育部署会后，嘉兴市第一时间学习传达省委书记夏宝龙专题党课精神和省委组织部部长廖国勋部署要求。4月20日，市委召开常委会议，认真学习省委部署会的有关精神，并根据中央、省委要求，专题研究嘉兴市开展“两学一做”学习教育的实施方案。随后，抽调市委组织部、市纪委、市委宣传部、市委党校等单位负责人组建嘉兴市“两学一做”学习教育协调小组，向每个县(市、区)派驻1名调研员或副调研员担任联络指导员，各地各单位分别明确1名联络员。5月5日，市委召开全市“两学一做”专题党课暨学习教育部署会，市委书记鲁俊在会上讲专题党课，市委常委、组织部部长连小敏做动员部署，嘉兴市“两学一做”学习教育正式启动。5月20日前，全市各级党组织完成动员部署工作。

3. *详定方案细过程*。根据中央、省委实施方案，嘉兴市制定出台“1+1+8”的工作方案体系(总方案+督导方案+8个不同领域的指导方案)，构建市委推动、各线联动的工作格局。区分农村和社区、非公有制经济组织和社会组织、机关事业单位、流动党员、窗口单位和服务行业、教育系统、卫生计生系统、市属国有企业8个类别制定具体指导方案，每个方案都列出工作清单、留出自选空间。同时制定3份清单：县(市、区)和市级机关部门(单位)党委(党组)任务清单、党支部任务清单、党员个人清单。重视党组织的指导作用和支部的主体作用，要求基层党委对所辖党支部开展全过程全覆盖的现场指导，帮助支部制定学习教育计划、参加各项活动。

4.融入中心重实效。坚持“两学一做”学习教育融入中心工作，把学习教育成效落实到推进“十三五”规划开局起步、服务保障G20杭州峰会和第三届世界互联网大会上，落实到打好“五水共治”“三改一拆”“浙商回归”等转型升级组合拳上，落实到完成国家新型城镇化综合试点、“四张清单一张网”改革和资源要素差别化配置改革等创新发展任务上。2016年，全市整治提升“低散弱”企业2929家，腾退低效用地800公顷，拆除违法建筑1268.9万平方米，完成“三改”面积3475.6万平方米、农房改造集聚1.2万户，四类及以上水体水质达到93.1%。

二、统一思想，不断打牢“两学一做”思想基础

1.专题党课引导学。深入实施党课“十百千”工程，提倡创新方式讲党课，市县联动重点打造96个党课基地，开发837个党课课件，建立由领导干部、党建工作指导员、党校教师、讲师团成员、先进模范等2782人组成的党课教员队伍。全市共开设基层党组织书记、组织委员、组织员等党务骨干培训班311个，培训骨干19666人。“七一”前后，以“一船红中国、万众跟党走”为主题，开展学习习近平总书记“七一”重要讲话暨“红船先锋”报告会、“红船颂”——庆祝中国共产党成立95周年音乐会、千名党员集中宣誓等纪念建党95周年系列活动，引导基层党组织和广大党员弘扬“红船精神”，全面营造党的诞生地纪念建党95周年的浓厚氛围。同时，巩固完善各种学习机制，全面推行“三五”党员固定活动日制度。推出五学模式、假日班车制度、“四学四结合”等方式确保不漏掉一个党员。推动党员干部坚持学原文、读原著、悟原理。全市各地自编《学习教育党员参考》《学习教育口袋书》等学习教材。全年累计发放《中国共产党章程》《中国共产党廉洁自律准则》《习近平总书记系列重要讲话读本(2016年版)》等教材及自编读本112.29余万册。

2.专题讨论领悟学。发挥党支部主体作用，围绕“坚定理想信念”“严守纪律规矩”“勇于担当作为”等主题和“八八战略”“干在实处、走在前列、勇立潮头”等重大部署要求组织开展专题学习讨论，把“三会一课”的认真落实与直观生动的实践感悟有机结合起来。全市各基层党组织明确每次学习讨论主题鲜明、时间保证、精力集中，每名党员结合思想工作生活实际深学深悟。全市县(市、区)机关部门党委(党组)专题学习讨论2935次，基层党组织专题讨论4.6万次，特别是农村支部，充分利用家门口的“红氧吧”——2054个农村党员先锋站开展支部活动，使学习讨论渗透到基层党组织的每一个“神经末梢”。市纪委部署谈心式纪律教育活动，分层开展党员干部谈心教育，谈心对象覆盖百名县处级干部、千名乡科级干部、万名基层干部，引导党员干部自觉强化党章党规党纪学习。

3.丰富载体创新学。充分发挥党的诞生地政治资源优势和红色文化优势，打造以“嘉兴火车站—狮子汇渡口—南湖游船—湖心岛—南湖革命纪念馆”为主线的“重走一大路，再现1921嘉兴故事”党性体验式教学专线，使广大党员在边听边看边学中重温党史。推出以“看一次展览，听一次党课，学一次党章，观一次专题片，瞻仰一次红船，重温一次入党誓词，做出一次先锋承诺”为主要内容的红船组织生活，强化学习教育效果。利用各级党校、先锋课堂、主题论坛等平台，采取专题辅导学、交流研讨学、全面轮训学、实践体验学等方式开展学习教育。发挥手机报、微信等新兴媒体实时学习的优势，通过在“红船领航”微信公众号的掌上微云栏目专门开设“两学一做”专题，推送最新的学习教育理论文章，方便党员在线学习。嘉善县通过“红色E家园”微信群，定期推送“两学一做”学习资料。桐乡市推出“桐乡红云”手机App，实现扫码积分、在线学习、干部日志等18项功能。市图书馆在移动图书馆上线“两学一做”专题，共收录50余种与党员干部培训相关的电子图书，供全市党员干部下载学习。依托市县两级党校平台，分层分级对党组织书记、组织员、组织干事等党务骨干开展集中轮训。市委党校把“两学一做”学习教育纳入县处级班、科级班等主体班次培训计划，在各类班次中强化党性教育和理论教育。举办全市学习宣传党的十八届六中全会精神理论骨干培训班，组织415名科局级以上领导干部到浙江省委党校参加培训。全市党校系统开发相关课程107个，先后举办嘉兴市理论骨干培训班、全市统一战线学习十八届六中全会精神学习会、基层党组织书记示范培训班、基层党建骨干培训班等，培训党员1.47万余人次。全市共培训党务骨干19666人，其中市级组织培训2157人，各级党校作为党性教育主阵地的作用得到充分发挥。

4.家风家规带动学。着眼于优良家风带动党风和清朗党风带动民风，把家风建设的目标定位与“两学一做”学习教育的目标要求有效衔接。探索“两学一做里的家风”学习模式，使践行好家规、培育好家风成为每个党员及其家庭的内在需求。开展“微媒体传家风”活动，编写《嘉兴名人家风家训》《嘉兴家规文化》《家风家训读本》等，拍摄“记忆里的家规故事”口述实录片，引导领导干部带头深思细悟识家规、家庭讨论立家规、交流互动亮家规、身体力行践家规，引领清澈家风，弘扬优秀传统文化。开展“寻找特色家庭暨最美家庭”“最美家庭科学家训”、家风家训评议会、最美家庭故事会等活动7343次，党员干部家庭参与制定家风家规4.5万余条。

三、立足关键，推动党员干部树立先锋形象

1.领导带头做表率。各级党委书记带头履行第一责任人职责，工作部署亲自谋划、活动方案亲自把关、专题党课亲自讲授、突出问题亲自领衔，主动做到三个“在前”〔带头学在前(学习研讨原著原文)、讲在前(上专题党课)、做在前(以普通党员身份参加党支部活动)，还带头参加党员志愿服务〕，起表率带头作用。7月11日，市委常委会开展“两学一做”专题学习，邀请上海财经大学党校常务副校长章忠民教授作《不忘初心，继续前进》专题报告，学习领会习近平“七一”重要讲话精神。8月31日，市委常委会举行专题学习会，在自学《中国共产党章程》、习近平总书记相关署名文章和《“两学一做”学习教育手册》的基础上，结合自身学习体会开展交流发言，带头从党章中汲取信仰的力量、前行的力量、奋斗的力量，做合格党员中的标尖干部。10月31日，市委召开全市领导干部大会，市委书记鲁俊学习传达党的十八届六中全会《公报》。全市县处级以上党员领导干部共讲党课490余场，科级领导干部讲党课6337场；市委常委会共开展学习讨论3次，县(市、区)委常委会共开展专题学习讨论86次，每位市委常委都以普通党员身份参加所在支部活动。

2.立足岗位当先锋。全面开展“亮身份行动”，教育引导党员以亮身份、亮形象、亮承诺、亮职责、亮业绩为主要形式，站好“勤奋工作敬业岗”和“服务群众奉献岗”，亮出党员的先锋形象。以“城乡因党员示范更美丽、群众因党员示范更幸福、社会因党员示范更和谐、党员因带头示范更自豪”为目标，在全市各领域各行业广泛开展“党员示范标兵、党员示范团队、党员示范单位、党员示范行业”争创活动，引领带动全市党员齐做合格党员、争做示范先锋。农村和社区重点抓好党员承诺践诺和设岗定责工作，推动党员争做发展带头人、新风示范人、和谐引领人和群众贴心人，在“五水共治”、“三改一拆”、美丽乡村建设中发挥先锋模范作用。国有企业重点抓好党员示范岗和党员责任区落实工作，推动党员在立足岗位攻坚克难、助推企业转型升级、构建和谐劳动关系中发挥先锋模范作用。机关事业单位开展“四亮”(亮身份、亮承诺、亮作风、亮业绩)，推行“红色代办”，引导党员干部在中心工作中争先晋位。如市行政审批服务中心实行党员示范“五项服务”机制(错时服务、延时服务、预约服务、导办服务和周日轮值服务)。两新组织引导“青春班组攻坚项目”，发挥年轻党员在技术攻关、科技创新中的示范引领作用。如平湖市个体工商户党支部结合实际，采用百分制形式，从思想品德、学习提高、诚信守法、服务群众等四个方面，以党员自评、党员互评、组织评定、审核公示等程序开展全方位评价，评定出五星级党员经营户5名，四星级党员经营户17名，并在党员经营点上挂牌亮分。流动党员实施“两地建功当先锋”行动，推进新居民“家园工程”，引导新居民党员充分发挥在同籍新居民中“知音、知情、知信、知底”的优势，主动担当形势政策宣讲员、矛盾纠纷调解员、党群沟通信息员。窗口单位和服务行业开展以“五优五促”为民服务提质行动(优化标准促规范、优化流程促高效、优化制度促廉洁、优化考核促满意、优化品牌促形象)。服务窗口还推行“五个一”服务(一张笑脸、一声问候、一杯热水、一颗诚心、一把座椅),让办事群众感受亲切和温暖。

3. 志愿服务展风采。把党员志愿服务作为“两学一做”学习教育有效载体,让广大党员在志愿服务的生动实践中进一步展示先锋形象,成为群众眼中干在最前沿、做得最积极、业绩最明显的一群人。2016年6月21日,嘉兴市在南湖区举行“红色同心圆·关爱空巢居”党员志愿服务活动启动仪式,发挥党员志愿者在服务空巢老人中的示范引领作用。2016年8月15日,全省深化“两学一做”学习教育暨党员志愿服务推进会在嘉兴召开,组织部部长廖国勋对嘉兴市深化党员志愿服务的做法予以高度肯定,并指示全省要参照嘉兴做法,不断深化党员志愿服务工作。杭州峰会、乌镇峰会期间,全市各地以守土有责、守土尽责的担当确保峰会安全,南湖党员开展日夜衔接不轮空的巡逻安保活动、嘉善党员全力守好入浙“北大门”,桐乡市乌镇镇创新“党建+治理”新模式,组建“乌镇管家”队伍,实现群众治安安全感达到98%,群众对党委政府抓平安建设的满意度达到96%。全市党员参与护航G20杭州峰会、护航乌镇峰会、开展环境大整治等中心工作人数累计25万人次。在全市补齐城乡生态环境短板的活动中,各地引导党员争做“美丽党员”“志愿党员”,涌现出“一团四队”党员志愿岗位(美丽村落宣传团、积存垃圾清运队、绿道补植养护队、墙面广告清除队、治水护水队)、“红色风景线”(围绕旅游景区建设,设立“红立方”志愿服务点,组建景区党员志愿服务群组,开展秩序维护、旅游知识宣传、消费维权、便民服务等活动,为游客提供贴心服务,以点带面优化嘉兴旅游软环境)等,形成一批“项目化、专业化、规范化、贴近民生、体贴民意”的党员示范品牌。全年建成镇党员志愿服务分站92个,村(社区)、两新、机关等党员志愿服务点2541个,各级党员志愿服务队3056个,各级平台注册党员志愿者12余万人,全年参与党员志愿服务活动54万人次,服务群众人数达100余万人。

四、聚焦问题,着力查找解决突出问题

1. 落实基层党建重点任务。着眼于基层党建重点工作和高质量整体推进学习教育,把落实基层党建重点任务与开展学习教育紧密结合起来,借力推动“基层党建工作整体推进年”,实施农村(社区)“整乡推进、整县提升”、两新组织“百企争强、千企争星”、机关国有企事业单位“比担当比服务,争做五型标尖”三个三年行动计划,创新“六步推进法”(建档推进摸准实情、政策推进亮明标准、会议推进抓好部署、调研推进补齐短板、保障推进凝聚合力、督查推进增强实效),推动各领域基层党建全面进步。9月28日召开全市落实基层党建重点任务推进会,把“两学一做”与基层党组织按期换届、党费收缴、两新组织覆盖、脱贫攻坚、解决农村党员干部违建违排等突出问题落实相结合,形成相互融合、齐心共进的良好局面。同时,专门召开全市社会组织党建工作会议,聚焦社会组织“管理难优”“组织难建”“队伍难育”“活动难激”“作用难显”等问题,推动社会组织党建落地见效。

2. 开展突出问题专项整治。要求全体党员列出问题清单,基层党组织列出问题清单、整改清单、责任清单。全市20余万名党员列出问题清单,涉及问题52万余条,整改落实措施43万余条;1万多个党组织列出问题清单,涉及问题4万余条,整改落实措施4万条,建立“问题墙”和“回音壁”(把基层组织建设的重点问题和关乎群众切身利益的现实问题,先在乡村醒目地方公示,让群众知道解决什么问题、由谁来解决、什么时候能办好。然后将工作进展和实际效果在“回音壁”上一一回应,接受群众监督和评判)4153个。如平湖市开展以“严会风、严处置,提质量、提形象”为主要内容的“双严双提”专项行动,狠抓党员会风。市环保局针对环境质量、环境容量、环境安全和环境能力四大方面“短板”,制定15条补“短板”的具体措施。各地从严加强党员教育管理,着力解决部分党组织不按期换届、部分农村党员干部违建违排等突出问题,深入开展自查自纠和专项整治,督促部分存在违建违排情况的农村党员干部及时进行整改。

3. 严格落实党内各项制度。制订出台《严格规范党内组织生活的意见》《关于在农村和社区全面推行“三五”党员固定活动日制度的通知》,

要求全市各地各单位必须科学有效地指导下属基层党组织以党员固定活动日为载体统筹“三会一课”，督促全市各基层党组织、党支部把“三会一课”和党员固定活动日作为落实“两学一做”的基本制度，把学习党章党规、学习党的创新理论、做合格党员作为“三会一课”的重要内容，确保时间、人员、内容和效果四到位。农村党员先锋站严格执行“五规范”要求(规范时间、规范通知、规范签到、规范请假、规范考核)确保到会率。把各地各单位贯彻执行“三会一课”和党员固定活动日情况作为年底基层党建工作述职评议的重要内容，与党委(党组)书记履行基层党建工作责任制的考核挂钩。明确开好民主生活会的方式方法，以市委常委会带头树标杆、立规范，查找党组织和党员在严肃党内政治生活、加强党内监督方面存在的问题和不足，深刻剖析根源、明确整改方向。全市上下以学促干、各地建立健全党员纪实、党员组织关系、流动党员“双向共管”等制度，持续从严管理党员。持久发挥党支部主体作用，坚持力量、投入、资源、工作“四个下沉”，真正把全面从严治党落实到每个支部、每名党员。

4.常态开展督查指导工作。市“两学一做”学习教育督导组和联络指导员每周不少于2天到督导单位和联系单位开展督促指导。各督导组突出随机督与全面查相结合、分项查与重点督相结合、问题整改与挖掘亮点相结合，以“纠问式”办法(问分管领导部署情况、问支部书记落实情况、问普通党员执行情况)，推动学习教育扎实开展，确保基层党建重点任务落实到位。市“两学一做”学习教育协调小组负责人先后2次带队，深入基层党组织开展暗访抽查。在9月上旬和11月下旬，全市专门组织开展两次交叉督查，走访38个镇(街道)、65个村(社区)、36个两新组织和25家机关事业单位，推动每个基层党支部“对学习计划查一查、对没学到位的内容补一补、对学习进度慢的党员促一促、对落实不到位的党建任务抓一抓”。全市全年开展专项督查5轮，下发督查通报5期，情况反馈40件，共涉及“两学一做”、基层党建重点任务等相关问题300余条；开展正风肃纪专项行动3487次，做出纪律处分党员507人。

(王海青)

海绵城市建设

2015年3月25日,嘉兴市通过财政部、住房和城乡建设部、水利部组织的国家海绵城市建设试点城市竞争性评审答辩,成为全国第一批16个海绵城市建设试点之一。

2016年,嘉兴市建立健全"六个一"工作机制,全面推进海绵城市试点建设。至年底,列入示范区计划实施的116个项目中,累计开工91个(其中完工36个),涉及项目对应规划投资约42.45亿元,累计完成投资17.01亿元;开工面积15.10平方千米(完工面积3.31平方千米)。中环南路综合整治工程等一批市政道路改造工程开工建设,16个老旧小区改造项目建设启动,涉及改造面积约1.05平方千米。列入海绵城市试点建设项目计划的嘉兴市区二环以内河道治理项目和北部湖荡治理项目开工。

一、建立健全"六个一"工作机制

1.编制一套规划体系。一是立足水乡特点编规划。重点围绕水乡的水生态保护和水环境改善等编制规划,充分发挥自然特点,利用河道边的蓝线和绿线,建设水陆缓冲带,增加河道的调蓄空间和净化能力;充分利用绿地,实现雨水绿色控制为主,灰色控制为辅,局部通过人工促渗,达到土壤过滤净化雨水的目的。针对防洪大包围区域内河道水动力差的情况,提出市区河道水动力及防洪提升改造工程,以增强水动力,改善水质。二是立足问题导向编规划。针对初期雨水对河道水质的污染问题,在编制建设规划时,对年径流总量控制率以不外排控制率和外排控制率分别进行设计。注重"源头削减、过程控制、系统治理"。在编制专项规划中,提出不同类型用地外排雨水的水质,在今后的排水许可中需要结合雨水水质进行管控,以保证雨水处理的效果。三是立足利民惠民编规划。海绵城市试点建设从系统原则将海绵城市示范区计划实施的项目进行梳理,整合后确定116个项目,主要包括住宅小区改造、公园绿地改造、市政道路改造、河道水系疏通、排水管网普查和修复等。2016年,《嘉兴市海绵城市示范区建设规划》完成编制;《嘉兴市中心城区海绵城市专项规划》于5月26日通过专家评审;启动编制《嘉兴市绿地系统规划(修编)》《嘉兴市水系规划(修编)》等相关规划。

2.创新一套融资体系。一是探索设立海绵城市建设发展基金。有效整合市级财政专项资金、结余资金以及一般预算资金,通过市场化手段,引导金融资本和社会资本共同设立嘉兴市海绵城市建设发展基金。一期规模为10亿元。二是探索PPP融资建设模式。通过竞争性选择引入社会资本,建立按效付费的绩效考核机制,形成利益共享、风险共担、全程合作的共同体关系。全市选定3个项目采用PPP模式实施,工程总投资约17.18亿元,占总投资1/3。其中,望吴门广场改造项目投资4.85亿元,于2016年6月开工;城东

中央公园海绵化改造　　(市建委提供)

再生水厂工程投资约5.48亿元，于2016年8月11日签订合作协议，合作方是北京碧水源科技股份有限公司，于2016年9月开工；长水塘、长盐塘水文化生态廊道工程，投资约8.63亿元，于2016年12月25日开工。三是加大财政专项资金补助。除2015年中央补助资金12亿元外，地方财政加大专项资金补助，制定《嘉兴市海绵城市建设试点市级财政资金补助管理办法》，按规定下拨2015年、2016年奖补资金。探索建立工程审价提前介入机制，确保项目规范实施。

3.探索一套管控体系。在海绵城市试点建设工程质量管理上，围绕项目进度和工程质量等重点，实现“六个管”。通过落实制度规范“管”。落实海绵城市设计方案评估办法、施工图设计文件审查办法和竣工测量评估办法等制度办法，规范海绵城市试点建设的质量管控。加强监督检查“管”。定期检查项目推进落实情况、管理人员到岗到位情况、工程质量安全情况、文明施工情况、技术台账整理归档情况。采取现代技术“管”。重视地下隐蔽工程的建设质量，对所有开工项目的地下隐蔽工程开展施工中检测和竣工验收实测实量，对地下隐蔽工程施工质量进行CCTV检测，确保管网工程质量。突出关键环节“管”。加强设计与施工衔接环节的监管，确保设计意图准确落实。加强对材料使用环节的监管，确保工程建设质量。创新机制方法“管”。开展“分片包干”巡查督查、“交叉式”检查学习、“互看、互学、互比、互评”等活动，共同提高工程质量水平。发动群众参与“管”。聘请代表委员监督组，组织施工项目群众监督员，对项目的工程质量、文明施工等进行监督。聘请13名有丰富经验的相关专家，组建海绵城市建设技术咨询专家组，负责为海绵城市建设工程项目涉及材料检测、施工管理等疑难问题以及有关技术方案评审等提供技术咨询服务。

4.制定一套技术体系。根据国家海绵城市建设技术指南，总结试点工程的经验，编制嘉兴市海绵城市技术规范。《嘉兴市低影响开发设施标准图集》完成专家评审，《嘉兴市低影响开发设施施工、验收、养护技术规程》《嘉兴市海绵城市规划设计技术导则》等技术规范完成初稿。开展海绵技术创新。结合嘉兴水文、地质等特点进行技术创新，研发适合嘉兴海绵城市建设的新技术。如针对嘉兴对面源污染控制要求较高及土壤渗透性差的特点，采用掺入净水厂污泥颗粒填料，取得较好的增渗控污效果，既经济又环保；针对普通透水路面承载力低、造价高的缺陷，把普通道路的碎石层加厚，把传统的雨水口改为底部渗透并与道路碎石层相连通，从而实现道路雨水过滤净化的效果；针对嘉兴地下水位高、普通植物难以在下凹式绿地生长的特点，研发一种不下凹的“下凹式”绿地，雨水通过通道进入到绿地下面的散布碎石层，绿地堆高后可以种植一般的植物，既起到调蓄、下渗作用，又保证绿地的生物多样性；针对部分项目施工问题，研发一种快速施工玻璃钢树脂混凝土沉井，具有强度高、沉井施工、无须深基坑支护等优点，可适用于施工场地较小、工期较紧的排水泵站和地下水位高、场地面积小且规模不大的雨水调蓄池；为保护绿地生态、防止水土流失，嘉兴在具体工程项目设计时，探索将暴雨和控制率内的雨水进行分离，使LID系统和传统的排水防涝系统并联使用。

5.建立一套推进体系。建立“从上到下、统分结合”的组织领导体系，成立由市委书记和市长任组长的市海绵城市建设工作领导小组，统筹协调指导全市海绵城市建设工作；成立分管副市长任总指挥的市海绵城市建设工程指挥部，具体负责组织实施海绵城市试点建设工作；各区及相关市级国资公司成立相应机构，具体实施海绵城市建设项目。市区联动、部门协同，合力推进海绵城市试点建设。领导小组及指挥部定期或不定期召开会议，研究海绵城市建设中的问题；市领导多次召开会议，督查部署，综合协调，推进项目建设；市建委牵头，协调规划、市政、园林、建管等部门协同推进海绵城市建设，共同研究解决规划、建设、管理等问题。建立协同推进机制，将海绵城市建设理念纳入传统工程项目建设项目中，实现“海绵+”的理念。将海绵城市建设与“五水共治”“老旧小区改造”“城市道路治堵”“城市有机更新”“市域外引水工程”等重点工作有机结合、协同推进。建立“绿色”审批通道。研究建立海绵城市项目审批“绿色”通道，实行项目决策程序与审批程序分离,将“串联”审批变为“并联”审批,规划、国土、环保、水利等部门提前介入进行预审,提高审批效率。加大海绵城市宣传力度,优化宣传内容,增强宣传的实效性。改造项目以问题为导向,着重宣传要解决的问题、采取的措施和建成后的效果,体现“海绵+”的理念;新建项目以目标为导向,加强规划控制,体现“+海绵”的理念。创新宣传载体,加强工地围挡宣传,加强报纸、电台、电视等传统媒体宣传,加强微信公众号等新媒体宣传,增强宣传的广泛性。

6.创建一套考核体系。根据财政部、住建部《关于印发城市管网专项资金绩效评价暂行办法的通知》,把海绵城市建设纳入各县(市、区)年度工作目标责任制考核,对参与海绵城市建设试点的区从项目进度、工程质量、工程档案管理、信息报送、信访维稳、安全生产管理、廉政建设等方面,明确目标、细化分值,进行考核。加快海绵城市建设在全市范围内的推广。2016年10月底前,各县(市、区)完成海绵城市建设规划草案的编制工作。从2016年7月1日起,全市所有新建、改建、扩建的项目全面落实海绵城市建设要求,并借鉴示范区海绵城市建设管控经验,探索通过规划管控实现海绵城市建设目标。2016年,市海绵城市建设工程指挥部会同市委市政府督考办、市监察局,开展两次专项督查。

嘉兴市实验初中教育集团范蠡湖校区海绵化改造
(市建委提供)

二、海绵城市试点建设阶段性成效

1.积水排涝问题明显缓解。解决试点区域内7个内涝积水点问题,2016年汛期试点区域内无明显内涝。

2.建筑与小区海绵化改造初现成效。2016年,完成建筑与小区海绵化改造项目8个,总体径流总量控制率达到75%,雨水管道排水标准达到2年一遇,年径流污染平均削减率(以SS计)达到43%。试点区域已建雨水利用设施实现雨水直接回收利用8.17万立方米/年。

3.饮用水源水质明显提升。贯泾港水源地通过一期湿地改造,水源水质的主要指标达到三类水标准。

4.水环境改善成效明显。通过“五水共治”和海绵城市试点建设,全市水环境明显改善。2016年1-10月,73个市控以上监测断面与2014年同期相比,三类及以上水质断面上升17.7个百分点,四类上升50.1个百分点,五类及以下下降73.2个百分点。

三、海绵城市试点建设存在的问题

经过两年多的试点实践探索,海绵城市建设主要存在以下几个方面的问题:一是基础资料比较欠缺。长期以来粗犷式的开发建设管理,造成工程原始施工资料、养护管理历史资料不齐全,与海绵城市系统化、精细化的运行管理存在较大的差距。二是技术研究仍然不足。海绵城市建设是城市排水系统设计理念由“快集快排”向“自然积存、自然渗透、自然净化”雨洪综合管理的转变,需要分析地形地貌、地块开发强度、排水设施状况等各方面的数据,采取综合措施进行相应的设计。目前,海绵技术还存在研究不完善、综合集成不够的问题,缺少对不同土壤、不同下垫面雨水水质、水力模型的建设及运行效果跟踪研究。三是设计、施工、监理队伍缺乏经验。海绵城市试点建设普遍存在时间短、开发建设项目多、管理强度大的情况,需要大量经验丰富的设计、施工、监理队伍参与。嘉兴缺乏有经验的设计、施工、监理团队,存在较大的供需矛盾。四是养护新机制尚未形成,公众参与度不高。海绵城市试点中建设大量的海绵设施,海绵设施的长效运行,需要对设施进行合理的养护。目前,尚未形成海绵设施养护管理规范,各地普遍缺少养护经验,无法确定养护经费标准、养护监督部门等关键事项,公众也无法及时参与设施监督。

(周静中)

大事记

2016年嘉兴市大事记

1月

4日　省委、省政府举行全省扩大有效投资重大项目集中开工活动。嘉兴市在海盐浙江山水六旗国际度假区项目现场设分会场。本次嘉兴集中开工重大项目56个，总投资586亿元。

7日　省委副书记、省长李强到嘉兴调研互联网创新发展工作，并听取对《政府工作报告(征求意见稿)》《"十三五"规划纲要》的意见和建议。

8日　2015年度国家科学技术奖励大会在北京举行。由嘉兴市农科院名誉院长姚海根领衔的"晚粳稻核心种质测21的创制与新品种定向培育应用"项目获2015年度国家科技进步奖二等奖。这是改革开放后嘉兴在农业与生物技术领域获得的科技进步最高奖。

9日　中国(嘉兴)首届国际丝路产业文化节开幕。

18日　市委七届十一次全体(扩大)会议在市行政中心举行。会议审议通过《中共嘉兴市委关于制定嘉兴市国民经济和社会发展第十三个五年规划的建议》。

18日　嘉兴首次摇号"双随机"(随机抽取首次检查的企业编号，开展首次污染源日常环境监督随机抽查)执法检查正式启动，走在全省前列。

19-27日，市委、市政府部署并组织全市应对寒潮及雨雪冰冻灾害工作。

26日　《2015年海盐县环境状况白皮书》公开发布，是全国第一部包含"十二五"期间环境质量状况的县级白皮书。

28日　国家标准化管理委员会确定全国79个2016年度国家级服务业标准化试点项目，嘉善县民政局申报的"养老服务标准化试点项目"(2016年度嘉兴唯一入围项目)成为全国4个养老服务类试点项目之一。

28日　嘉兴市政府在市行政中心召开地名工作暨市区地名专家聘任大会。嘉兴第一座地名智库——嘉兴市区地名专家库成立。

28日　中宣部副部长、国家网信办主任鲁炜一行到嘉兴科技创新平台、信息化建设平台、互联网小镇，调研互联网产业发展情况。

2月

3日　省委常委、组织部部长廖国勋，副省长孙景淼走访慰问嘉兴部分困难群众、困难党员以及驻嘉部队。省委常委、省军分区政委王新海走访慰问嘉兴籍军职领导干部家属。

11日　市委书记鲁俊到市公安局交警支队、市汽车客运中心，实地了解春节期间交通运行、安全保障等工作。

17日　市委书记鲁俊到嘉善县天凝镇和平湖市广陈镇就镇村建设开展专题调研。

18日　中央媒体"浙江特色小镇"集中采访团到嘉兴，对嘉兴的4个浙江省特色小镇(秀洲光伏小镇、嘉善归谷智造小镇、嘉善巧克力小镇、平湖九龙山航空运动小镇)进行采访。

18日　全市三级干部大会在嘉兴大剧院召开。会议动员全市上下贯彻落实中央和省委要求，按照市委七届十一次全会的部署，大力发展互联网经济、提升镇村建设水平,加快打造现代化网络型田园城市。

18日　市委副书记、市长林健东到市第二医院、市妇幼保健院调研卫生计生工作。

19日　省委常委、宣传部部长葛慧君到嘉兴乌镇调研世界互联网大会永久场馆建设情况。

19日　嘉兴召开新提任市管领导干部集体(廉政)谈话会。

19日　市委副书记、市长林健东到海宁市走访服务企业。

20日　2016年嘉兴市春季人才交流大会暨毕业生招聘会在嘉兴国际会展中心举行,全市566家用人单位提供1.3万余个职位。

24日　嘉兴举行首批员额法官、检察官宪法集体宣誓仪式,标志着嘉兴的司法改革实质性启动。

25日　副省长梁黎明到海宁、嘉兴经济技术开发区、平湖等地调研开放型经济发展情况。

26日　“嘉兴秀洲国家高新区建设推进会”在秀洲区举行。嘉兴秀洲国家高新区揭牌。

26日　中宣部、中央文明办在北京召开全国学雷锋志愿服务工作推进会,公布全国最美志愿者、最佳志愿服务项目、最佳志愿服务组织、最美志愿服务社区“四个100”先进典型名单。嘉兴“96345”社区服务求助中心(市党员志愿服务中心)和海宁爱心联盟入选“100个最佳志愿服务组织”。

28日　嘉善正式获批成为全国唯一的县域科学发展示范点。

29日　全省“五水共治”工作总结表彰大会召开,海盐县和海宁市获全省治水最高奖——浙江省“五水共治”工作优秀县(市、区)“大禹鼎”。

3月

3月1日至8月31日　嘉兴市开展食品安全隐患“三大一严”(大抽检、大排查、大整治、严打击)专项行动。

2日　嘉兴召开“三城联创”(创建全国文明城市、国家卫生城市、全国志愿模范城)动员大会。

3日　嘉兴市与国家开发银行浙江省分行举行开发性金融合作协议签约仪式。未来5年,该行将向嘉兴市意向授信800亿元,其中市本级不少于400亿元。

3-4日　副省长熊建平带领省调研组,到嘉兴调研城建规划管理工作。

4日　韩国驻上海总领事韩硕熙一行访问嘉兴。市委副书记、市长林健东会见韩硕熙一行。

7日　省政协副主席王建满率省平安建设考核组检查考核2015年度嘉兴市平安建设工作。

8日　安徽省宣城市党政代表团到嘉兴乌镇考察特色小镇建设工作。

10日　嘉兴市首个设立在高速公路服务区的消费维权联络站——杭州湾跨海大桥北连接线南湖服务区消费维权联络站揭牌。

11日　江苏省南京市党政代表团到嘉兴考察特色小镇和创新平台建设情况。

14日　“2015年度全国百强社会工作服务机构”评选结果揭晓,嘉兴市阳光家庭社工事务所、嘉兴市秀洲区芯悦社工事务所、平湖市和谐家庭社工事务所入选。

14日　省委副书记王辉忠到海宁、嘉善调研平原河网地区农村污水治理和河道清淤工作。

16日　嘉兴召开全市领导干部会议。省委组织部副部长姚志文到会宣布嘉兴市级领导班子人事调整决定,免去林健东中共嘉兴市委副书记、常委、委员职务,提名胡海峰为嘉兴市市长候选人。

18日　市七届人大常委会召开第38次会议,决定任命胡海峰为嘉兴市人民政府副市长,并决定胡海峰副市长为嘉兴市人民政府代理市长。

21日　全省首个乡镇公积金综合业务便民服务网点在秀洲区王店镇兴乐路的建设银行王店支行设立。

21日　省委副书记、省长李强带队检查嘉兴落实党风廉政建设主体责任、意识形态工作主体责任和落实省委“十大整改行动”的情况。

22日　全省“‘五水共治’民主监督‘万千行’”活动启动。市政协主席高玲慧等带队,到各地开展“‘五水共治’民主监督‘万千行’”活动。《嘉兴市民护水公约》正式向外界发布。

23日　科技部火炬中心公布2015年度国家级科技企业孵化器认定名单。海盐县科技创业服务中心、海宁市科创中心投资有限公司入选。嘉兴国家级科技企业孵化器建设实现五县(市)两区全覆盖。国家级科技企业孵化器数量增至8家。

24-28日　嘉兴市政协七届五次会议举行。

25-29日　嘉兴市七届人大七次会议举行。胡海峰当选为嘉兴市人民政府市长。

29日　第二届中国质量奖颁奖大会在北京人民大会堂举行。加西贝拉压缩机有限公司获第二届中国质量奖提名奖,实现嘉兴在国家质量领域最高荣誉上零的突破。

31日　全省建设平安浙江工作会议暨G20杭州峰会维稳安保工作动员大会召开。嘉兴连续11年获得"平安市"称号、连续10年获得"省级社会管理综合治理先进市"称号,所辖五县(市)两区连续11年获得平安县(市、区)称号。

4月

1日　全市旅游景区"查隐患、打违法、保平安"餐饮食品安全大排查大整治集中统一行动("春雷"行动)在市区梅湾街景区启动。

6-7日　省国家卫生城市复查检查组对嘉兴巩固国家卫生城市创建成果相关工作开展现场检查。嘉兴巩固国家卫生城市工作通过省级复查。

7-8日　新疆阿克苏党政代表团到嘉兴考察访问。

11日　市委书记鲁俊到乌镇调研环境综合整治提升工作和世界互联网大会场馆建设情况。

13日　天津市考察团到桐乡乌镇和嘉善大云实地考察,了解嘉兴特色小镇规划建设及发展等情况。

14日　中宣部副部长、国务院新闻办公室主任蒋建国一行到嘉兴调研。

14-17日　2016"宜居城市·嘉兴"春季房地产博览会举行。现场成交各类商品房714套,同比上涨51.3%,刷新近7年(有数据记录)来同期纪录。总成交面积8.13万平方米,总成交金额5.99亿元。

19日　浙江省委书记夏宝龙考察海宁市中心医院。

20日　干部工作观察点启用和干部工作监督员聘任工作会议召开。市本级134个干部工作观察点启用,53名干部工作监督员接受聘书。下发《嘉兴市干部工作"观察点·监督员"工作手册》。

21-22日　省人大常委会副主任刘力伟率省人大常委会调研组,到嘉兴开展大气污染防治执法检查和"五水共治"工作专项监督活动。

23-24日　辽宁省葫芦岛市考察团到嘉兴考察特色小镇建设和电商发展情况。

28日　省委书记、省人大常委会主任夏宝龙到嘉善调研县域科学发展示范点建设工作。

28-29日　副省长黄旭明到嘉兴调研农业"两区"建设和防汛工作。

29日　嘉兴市举行庆祝"五一"国际劳动节暨建功"十三五"重点项目立功竞赛动员大会。

30日　亚洲首座全项目自行车公园——九龙山国际自行车公园开园。

5月

1日　嘉兴市首部自主立法的地方性法规——《嘉兴市秸秆露天禁烧和综合利用条例》实施。

1日　全市建筑业、房地产业、金融业、生活服务业四大行业正式纳入"营改增"试点范围,"营改增"工作在嘉兴全面推开。

4日　中国工程院院士杨小牛、中国智慧城市发展研究中心秘书长单志广等专家到嘉兴,评审《嘉兴市新型智慧城市建设2016年-2018年行动计划》。

5日　嘉兴市举行"两学一做"专题党课暨学习教育部署会。

5日　最高人民检察院党组书记、检察长曹建明到桐乡调研。

9日　甘肃省考察团到嘉兴考察互联网特色小镇建设和运作情况。

9日　德国石荷州政府代表团、企业代表团到嘉兴考察。

10日　副省长熊建平一行到嘉兴调研养老工作。

11-12日　山东省淄博市党政代表团到嘉兴考察。

13日 全市城乡环境综合整治工作暨镇(街道)、村工作交流视频会议举行。

15日 武警部队司令员王宁一行视察嘉兴大云公安检查站。

16-18日 文化部在中央文化管理干部学院召开第二批国家公共文化服务体系示范区(项目)验收集中评审会议,嘉兴市以东部地区第一名的成绩通过集中评审。

17日 广西壮族自治区党政代表团到嘉兴考察互联网特色小镇建设、城乡一体化和小城市建设。

19日 科技部公布2015年创新人才推进计划入选名单,嘉兴赞宇科技有限公司的方银军、嘉兴凯实生物科技有限公司的黄鹤入选科技创新创业人才名单。

20日 国际地掷球联合会主席阿兹玛、国家体育总局小球管理中心相关领导一行到嘉兴考察,嘉兴市获得2018年世界女子大金属球锦标赛承办权。

23日 浙江嘉化能源化工股份有限公司发行的企业债券在上海证券交易所挂牌上市,是全国第一例在交易所公开发行的绿色公司债券。

24日 住房和城乡建设部党组成员、办公厅主任常青率中央信访工作联席会议第六督查组到嘉兴督察信访工作。

25日 市委副书记、市长胡海峰到南湖区、秀洲区、嘉兴经济技术开发区,实地暗访了解环境整治工作情况。

25日 国家发展改革委印发《关于建设长江经济带国家级转型升级示范开发区的通知》,海宁经济开发区和平湖经济技术开发区入围。

26日 省委副书记、政法委书记王辉忠到嘉兴调研G20杭州峰会维稳安保工作。

26日 中央电视台“心连心”艺术团到嘉兴慰问演出。

28日 重庆市嘉兴商会在重庆成立。

28日 中国巨石股份有限公司在美国投资3亿美元建设年产8万吨玻纤生产线项目签约,这是中国巨石首次在发达国家建设工厂。中国巨石玻纤产业智能制造基地项目在桐乡奠基。

30日 海盐县不动产登记服务中心挂牌,发出全市首批“不动产权证书”,不动产统一登记制度在全市正式启动。

30日 嘉兴市召开市重大国际峰会维稳安保工作统筹协调小组第一次全体(扩大)会议。

30日 市委、市政府召开全市农业农村工作会议。

30日 海盐县发布《海盐县绿色发展报告(2015年度)》和《县域绿色发展评价指标》。《县域绿色发展评价指标》是全国首份县域绿色发展评价地方标准。

31日 省委常委、秘书长陈金彪一行到嘉善调研城乡环境整治工作。

6月

2日 省人大常委会副主任姒健敏带领省深化“四张清单一张网”改革专项督察组到嘉兴检查工作。

4日 住建部专家组成员到嘉兴开展海绵城市建设试点年度绩效评价工作,这是嘉兴海绵城市建设首次国家级考核。

5日 常务副省长袁家军到嘉兴督查陈金线油气管线安全隐患整治工作。

6日 省政府专项督察组到嘉兴督察户籍制度改革工作。

7日 嘉兴首条景区间旅游专线——“乌镇—西塘”旅游专线开通。

9日 2016中国·嘉兴端午民俗文化节开幕。

11日 第11届浙江省非物质文化遗产节暨2016浙江省“文化遗产日”主场城市(嘉兴)系列活动在嘉兴开幕。

14日 “绿色发展,低碳创新——浙江省暨杭州市2016年全国低碳日主题宣传活动”在杭州举行。会议公布首批22个省级低碳试点名单,嘉兴市成为低碳城市试点,桐乡市河山镇成为低碳城镇试点。

15日 国家防总太湖流域防汛抗旱防台风检查组到嘉兴监测防汛工作。

16日 省政协副主席陈加元率省政协“全面推进户籍制度改革”专项督察第一督察小组,到嘉兴专项督察户籍制度改革推进情况。

16日　由中国浦东干部学院主办、嘉兴市委承办、桐乡市委协办的全国干部网络培训标准化建设研讨会在乌镇召开。

19日　市委副书记、市长胡海峰会见捷克总理索博特卡一行并陪同考察。

20日　中央人才工作协调小组办公室公布第二批国家"万人计划"领军人才人选，平湖波汇通信科技有限公司董事长赵浩入选。这是嘉兴市首次有领军人才入选国家"万人计划"。

22日　"最美浙江人·时代的先锋"优秀共产党员先进事迹巡回党课在嘉兴市行政中心报告厅举行。

22日　由省委常委、统战部部长王永康带队的省委督查组就嘉兴市贯彻落实中央和省委关于统一战线系列重大决策部署情况进行专项督查。

23日　市委副书记、市长胡海峰到南湖区嘉兴科技城(大桥镇)和嘉善县罗星街道，现场督查指导城乡环境综合整治工作。

23-26日　2016"宜居城市·嘉兴"夏季房地产博览会举行。现场成交商品房381套，成交总面积4.3万平方米，成交金额3.57亿元。

24日　"全球能源互联与智慧城市建设"论坛在嘉兴举行。

24-26日　"首届国际互联网医疗大会暨中国互联网医疗健康产业联盟成立大会"在乌镇召开。

25日　由嘉兴市委宣传部、遵义市委宣传部共同主办，嘉兴南湖革命纪念馆、遵义会议纪念馆联合承办的"开天辟地——中国共产党创建史"大型图片展在遵义会议纪念馆开展。

27日　上海市人大常委会考察组到嘉兴考察县乡人大建设情况和县乡人大换届选举工作。

28日　浙江省纪念中国共产党成立95周年理论研讨会暨"党的十八大以来党建思想与浙江实践"论坛在嘉兴举行。

28日　首届TT100世界旅游古镇创新发展对话在西塘举行。会议发出成立"TT100世界旅游古镇联盟"(Tourism town 100，100个世界旅游古镇联盟)的《西塘倡议》。

29日　国家质检总局命名20家园区为"全国知名品牌创建示范区"，海宁经编产业园区成为"全国经编产业知名品牌创建示范区"，这是嘉兴首个全国知名品牌创建示范区。

29日　欧美同学会海归创业学院嘉善学院在嘉善归谷创业园揭牌，标志着欧美同学会海归创业学院嘉善学院正式落户嘉善，这是欧美同学会全国唯一一个设在县级市的创业学院。

29日　发展中国家女官员参与社会管理能力建设研修班一行到嘉兴考察。

30日　中科院"五水共治"技术成果现场推介会在嘉兴召开。

30日　全市创建浙江省食品安全市县暨推进G20杭州峰会食品安全保障动员部署大会召开。

7月

1日　千名党员"七一"集中宣誓活动在南湖革命纪念馆举行。

1日　庆祝中国共产党成立95周年大会在北京举行，乌镇镇党委获"全国先进基层党组织"称号。

1日　全市五县(市)两区全面开展对外贸易经营者"四证合一"备案模式改革创新，在全国尚属首次。

3日　首届"中华文学基金会茅盾文学新人奖"颁奖典礼在桐乡市举行。

7日，嘉兴召开防汛防台抗洪工作会议，部署应对太湖高水位和防御2016年第1号台风"尼伯特"强降雨工作。

7日　省委副书记、代省长车俊到嘉兴调研。

11日　住建部副部长倪虹一行到嘉兴调研垃圾固废处理工作。

12日　市委副书记、市长胡海峰调研老旧住宅小区改造和海绵城市建设项目。

13日　嘉兴市召开新型智慧城市建设领导小组(筹)第一次会议，全面启动嘉兴市新型智慧城市建设。

13日　中欧双方在北京举行2016中欧城镇化伙伴关系务实合作项目签约仪式，海盐分别与丹麦丹佛斯集团、瑞典太平洋能源股份有限公司签署项目合作框架协议。

13日　全市建设法治嘉兴、平安嘉兴暨护航

G20大会战推进会召开。

14日　嘉兴市召开学习习近平总书记“七一”重要讲话暨“红船先锋”报告会。

18日　中央国家机关爱国主义教育基地授牌仪式在南湖革命纪念馆举行。

19日　第十一届中韩住宅与城市合作会议在嘉兴召开。

19日　市委书记鲁俊到嘉善调研城乡环境综合整治。

19-20日　子城遗址考古结果论证会在嘉兴举行。

20日　嘉兴市举行县级领导班子换届工作部署会暨农村基层党建、哲学社会科学和党校工作会议。

21日　省经信委、省统计局联合发布《浙江省2015年度工业强县(市、区)综合评价报告》,海盐县列全省工业强县第九位。

21-22日　全国各地的20余家党报、党刊社媒体开展“纪念建党95周年重走一大路——全国党刊走进嘉兴”采访活动。

25-27日　嘉兴市举行2016年度第一次“双推”(推进重点工作、推动争先晋位)活动。

26日　京杭运河浙江段三级航道整治工程(嘉兴段)施工图设计通过评审会审查。

27日　副省长梁黎明一行到嘉兴调研山水六旗项目进展情况,并考察海宁市跨境电商产业园。

27日　浙江省首个内河智能岸电水上服务区——芦花荡水上服务区投入运营。

29日　全国双拥模范城(县)命名暨双拥模范单位和个人表彰大会在北京举行,嘉兴市、平湖市榜上有名。

29日　中国科协办公厅发布2016年度创新驱动助力工程试点单位名单,嘉兴市成为浙江省两个获批城市之一。

8月

2日　全省换届风气监督工作(北片)座谈交流会在嘉兴召开。

2日　省商务厅发布浙江省电子商务发展指数(全国省级层面第一个正式发布的电商指数),嘉兴总体评价排全省第五位。

3-4日　省政府副省长、省政协副主席黄旭明率省政协民主监督调研组到嘉兴调研农村惠民服务工作。

4日　嘉兴召开市重大国际峰会维稳安保工作统筹协调小组、市反恐怖工作领导小组会议暨护航G20维稳安保实战阶段工作部署推进会。

8日　副省长孙景淼一行到嘉兴调研交通工作。

10日　省委书记、省人大常委会主任夏宝龙到嘉善调研。

12日　嘉兴市互联网经济联合会成立,聘任中国工程院院士杨小牛为名誉会长。

13日　浙江省高级人民法院与浙江省检察院组织的首次员额法官、检察官遴选考试分别在嘉兴市中级人民法院与嘉兴市人民检察院举行。

16日　省委常委、省纪委书记任泽民带领省纪委、省信访局有关负责人,到平湖市督查调研信访工作。

16日　省委副书记王辉忠到嘉兴检查环杭卡点安保工作。

16日　嘉兴市与第二军医大学签订推动军民深度融合发展共建红色教育服务综合实践基地框架协议。

16日　全省深化“两学一做”学习教育暨党员志愿服务推进会在嘉兴举行。

17-23日　市委副书记、市长胡海峰带领相关部门负责人先后到南湖区、嘉兴经济技术开发区(国际商务区)、海宁市、桐乡市、平湖市、嘉兴港区、海盐县、秀洲区开展重点工作专项督查。

18日　省政协主席乔传秀一行到平湖市,调研政协组织和政协委员如何积极发挥主体作用,服务经济社会转型和发展,助推省委相关重大决策部署贯彻落实工作。

21日　水利部副部长周学文一行到嘉兴调研太浦河后续工程浙江段建设运行情况。

22日　市委书记鲁俊到海宁和桐乡督查平安建设情况。

25日　全国人大常委会副委员长陈竺率领全国人大常委会促进科技成果转化法执法检查

组到嘉兴开展检查。

25日　市委副书记、市长胡海峰一行到嘉兴子城遗址和高家洋房调研。

25日　2016年中国民营企业500强发布会在北京召开，嘉兴浙江桐昆控股集团有限公司、新凤鸣集团有限公司、振石控股集团有限公司3家企业进入2016年中国民营企业500强。

27日　嘉兴市广东商会成立。

30-31日　国家公共文化服务体系示范区创建工作会议召开，嘉兴以总分东部地区第一的成绩获评第二批国家公共文化服务体系示范区。

9月

3日　二十国集团工商峰会(B20峰会)开幕，G20杭州峰会媒体采访团到桐乡乌镇互联网小镇采访。

6日　嘉兴市召开G20杭州峰会后维稳安保暨乌镇峰会维稳安保工作专题会议。

7日　全市公务用车制度改革工作动员会召开。

8日　2016首届中国家纺布艺产业互联网大会在海宁盐官召开。

9日　第17届亚洲赛艇锦标赛开幕式在浙江嘉善汾湖水上运动中心举行。

9日　省政府督查组到嘉兴督查“三去一降一补”工作。

12日　宁波银行嘉兴分行开业。

14日　全市县镇两级人民代表大会换届选举工作部署会举行。

14日　副省长高兴夫率队到嘉兴调研综合交通和海港工作。

21日　“长征与遵义会议——纪念红军长征胜利80周年展览”在南湖革命纪念馆开幕。

21-22日　第三届国际核电运维大会暨第二届核电海盐峰会在海盐县举行。

22日　市区最后一本“房屋所有权证”发放。

22日　全国人大检查组到嘉兴检查《中华人民共和国道路交通安全法》执法情况。

23日　2016浙江·台湾合作周“创新嘉兴合作共赢”系列活动启动。

25日　2016“星耀南湖”精英峰会新闻发布会在市行政中心举行，发布《嘉兴市人才发展蓝皮书(2016)》。

26日　2016年“星耀南湖”精英峰会暨浦江创新论坛嘉兴论坛开幕。

26日　第五次全国残疾人事业工作会议在北京召开，嘉兴市被授予“十二五期间全国残疾人工作先进单位”称号，是全省11个地级市中唯一一个获此荣誉的城市。

28日　第五届长三角地区农超对接洽谈会在嘉兴举行。

28日　嘉兴市跨境电商协会成立，首届跨境电商论坛举行。

29日　副省长冯飞率省相关部门到嘉兴开展工业经济调研。

29日　科技部公布第三批国家级众创空间名单，嘉兴市秀洲区贝壳咖啡众创空间和零一·智慧谷、嘉兴经济技术开发区北斗创客家和UP+THINK众创空间、海宁市海宁苏河汇、桐乡市凤岐茶社乌镇创客空间和创客公社上榜。

10月

8-9日　省委副书记、代省长车俊到桐乡乌镇检查第三届世界互联网大会筹备工作。

11日　浙江省第二届女子体育节和嘉兴市第四届市民运动会在嘉兴体育馆开幕。

12日　江苏省连云港市党政代表团到嘉兴学习考察。

12日　中国工程院第232场中国工程科技论坛在嘉兴举行。

13日　中宣部《党建》杂志社在嘉兴召开“不忘初心继续前进”理论与实践研讨会。

13日　中欧城镇化伙伴关系示范区建设交流会在海盐县召开，国家发改委和欧盟驻华代表团联合授予深圳等4个城市中欧合作示范区城市称号，海盐县成为全国唯一县级城市、浙江唯一上榜城市。

14日　市委副书记、市长胡海峰对嘉兴公墓建设及殡葬改革工作进行调研。

17日　民政部副部长高晓兵一行到嘉兴督

查民政工作情况。

17日　蒙古人民党主席、国家大呼拉尔主席米·恩赫包勒德率领蒙古人民党代表团到嘉兴考察。

19日　2016年中国国际压铸高层论坛暨首届压铸CEO峰会在嘉兴举行。

19日　全省农业"两区"建设暨互联网+现代农业现场会在海盐召开。

20日　嘉兴举行第三届世界互联网大会嘉兴市动员会暨"七五"法治宣传教育工作会议。

20日　副省长熊建平一行到嘉兴调研房地产、危旧房改造和小城镇综合整治工作。

21日　"2016首届中国产业互联网大会"在嘉兴举行。

22日　中国国民党革命委员会嘉兴市第七次代表大会开幕。

24日　中国民主同盟嘉兴市第九次代表大会开幕。

24日　市委书记鲁俊到南湖区凤桥镇调研督查党务公开工作。

25日　中央网信办、国家发改委正式批复同意在浙江省设立国家信息经济示范区,并明确着力打造杭州、嘉兴等8个各具特色的试点城市,创建乌镇互联网创新发展试验区。

25日　市委书记鲁俊到桐乡市乌镇镇调研,了解第三届世界互联网大会有关筹备工作情况和桐乡市经济社会发展情况,并主持召开市县镇三级现场会议,协调解决有关事项。

25日　副省长冯飞到桐乡调研互联网大会信息化保障工作。

26日　九三学社嘉兴市第八次代表大会开幕。

26日　省委省政府"清三河"及垃圾分类处理督查组到嘉兴督查。

26-27日　市委书记鲁俊到海宁市、嘉兴经济技术开发区(国际商务区)调研经济社会发展情况。

28日　中国民主促进会嘉兴市第八次代表大会开幕。

30日　中国民主建国会嘉兴市第十次代表大会开幕。

31日　市委召开领导干部会议,传达学习中共十八届六中全会精神。

11月

1日　国家旅游局下发《关于公布第二批国家全域旅游示范区创建单位名单的通知》,嘉善县和桐乡市入围全国第二批"国家全域旅游示范区"创建名单,成为嘉兴市首批入围的县(市)。

1日　中国致公党嘉兴市第二次党员大会开幕。

2日　省委书记、省人大常委会主任夏宝龙到乌镇检查第三届世界互联网大会·乌镇峰会筹备工作。

2日　省政协副主席陈加元率领省政协调研组到嘉兴调研。

2日　国家测绘地理信息局在嘉兴召开"智慧嘉兴时空信息云平台建设试点项目总体设计书评审会",嘉兴的项目总体设计通过评审。

3日　市委书记鲁俊到平湖市调研经济社会发展。

3日　全国首个土地质量研究示范基地落户嘉兴"嘉心菜"有机农业示范园。

3日　副省长高兴夫带队到嘉兴调研综合交通工作。

3日　住建部驻浙江城乡规划督察组组长历德才一行到嘉兴调研。

4日　中国农工民主党嘉兴市第八次代表大会开幕。

4日　全国政协副主席李海峰一行到嘉兴督导调研"大运河申遗成功后的保护与利用"工作。

7日　嘉兴市区烟花爆竹禁止燃放、销售工作动员会召开。

8日　2016年嘉兴创新发展投资贸易洽谈会开幕,30多个国家和地区的330多位客商应邀参会,签约合作项目37个,总投资113亿元。

8日　国际特殊奥林匹克东亚区区域领导人委员会会议在嘉兴举行。

10日　嘉兴市举行第三届世界互联网大会维稳安保暨信访稳定工作电视电话会议。

10日　市委书记鲁俊到海盐县调研经济社

会发展情况并督查平安建设和社会稳定工作。

11日　嘉兴市第五届“十大风云人物”颁奖典礼在嘉报集团举行，有关领导为五大系列50位风云人物颁奖。

13日　市委书记鲁俊到嘉兴港区督查平安稳定和安全生产工作。

14日　省委、省政府召开第三届世界互联网大会维稳安保工作会议。

15日　第三届世界互联网大会·互联网之光博览会在桐乡乌镇开幕。

15日　省委副书记袁家军到桐乡督查世界互联网大会·乌镇峰会安保工作并现场观摩反恐演习。

16日　嘉兴市创建国家乌镇互联网创新发展试验区暨新型智慧城市标杆市发布会举行。

16-18日　第三届世界互联网大会在桐乡乌镇举行，中共中央总书记、国家主席习近平在开幕式上通过视频发表讲话。

17日　以俄共中央主席团成员、中央书记，俄国家杜马自然资源、财产和土地关系委员会第一副主席尤·维·阿福宁为团长的俄罗斯联邦共产党青年干部考察团到嘉兴访问。

17日　省政府在乌镇与中国电信集团、中国移动集团、中国联通集团、中国铁塔公司签署深化战略合作协议。

17日　最高人民法院党组成员、政治部主任徐家新到嘉兴督查司法改革工作。

17-23日　第十四届“建桥杯”中国女子围棋公开赛半决赛、决赛在嘉兴举行。

18日　嘉兴市人民政府和德国宝沃汽车集团在杭州签署战略合作框架协议，总投资超过200亿元的重大汽车产业园项目落户嘉兴经济技术开发区。

18日　中华人民共和国首席大法官、最高人民法院院长周强到乌镇，视察桐乡市人民法院乌镇人民法庭，调研指导法院工作。

19日　以法国共产党全国理事会成员、国际部副部长洛朗-米盖勒·佩雷阿为团长的法国共产党青年干部考察团到嘉兴访问。

22日　省人大常委会副主任王辉忠一行到嘉兴调研人大工作情况。

24日　河南省鹤壁市党政考察团到嘉兴学习考察。

24日　省经信委、省财政厅联合发布2017年浙江省智能制造试点示范市县（区）名单。嘉兴市入选2017年浙江省智能制造试点示范市。

24-25日　由海关总署（国家口岸管理办公室）会同公安部、交通运输部、质检总局、中央军委联合参谋部组成的国家验收组，对嘉兴港口岸扩大开放准备工作进行验收，嘉兴港口岸扩大开放通过国家验收。

29-30日　国家测绘地理信息局在嘉兴召开智慧城市时空大数据与云平台建设推进工作会。

12月

1日　市委书记鲁俊在市行政中心会见美国荷美尔集团首席执行官兼总裁詹姆斯·斯尼一行。

1日　嘉兴市区首条旅游公交专线——“游1”路公交车开通。

2日　平湖抗击侵华日军登陆遗址群省级国防教育基地揭牌。

2-6日　韩国江陵市韩中友好协会代表团访问嘉兴。

3日　墨西哥国防部陆空军大学校长巴耶霍中将一行到嘉兴访问。

5日　民政部举办的全国企业社会工作专题研修班在嘉善县开班。

5日　全国先进个体工商户表彰大会暨纪念中国个体劳动者协会成立30周年座谈会在北京召开。嘉善县西塘镇钱塘人家饭店业主丁国强获“全国先进个体工商户”称号，受到国务院总理李克强的接见。

6日　上海市松江区党政代表团到嘉兴学习考察。

6日　由浙江省社科联主办，嘉兴市委改革办、嘉兴市社科联共同承办的“浙江省综合改革试点”理论研讨会在嘉兴举行。

6日　市委副书记、市长胡海峰到南湖区大桥镇江南村代表联络室，与各级人大代表、群众代表沟通交流。

7日　海关总署下发《海关总署关于同意嘉兴综合保税区验收结果的批复》,确认嘉兴综合保税区验收合格,同意开关运作。

7日　农业部印发《农业部关于命名第一批国家农产品质量安全县(市)的通知》,嘉善县成为全国第一批国家农产品质量安全县。

8日　市委书记鲁俊在乌镇国际会展中心会见印度驻上海总领事馆总领事古光明一行。

8日　嘉兴市委、市政府在桐乡市乌镇国际会展中心举行嘉兴市保障服务重大国际峰会总结大会暨"夺鼎创杯"大会战动员会。

8日　全国残疾人基本服务状况和需求信息数据动态更新工作国家级试点工作总结及研讨会在嘉兴举行,嘉兴市充分发挥"大数据"在加快推进残疾人全面小康进程中的"大作用"做法获得会议肯定。

8日　杭州都市经济圈——杭州、绍兴、嘉兴、湖州四城市消保委在余杭签订《加强杭州都市经济圈四城市消费教育战略合作备忘录》,并对外发表共同《宣言》。

10日　即日起,嘉兴市民可以刷市民卡和新版公交卡在上海乘地铁。

11日　2016年第八届全国村歌大赛颁奖晚会在北京举行,南湖区大桥镇花园村村歌《幸福花园里》获第八届全国村歌大赛"十大金曲奖"、作词金奖、作曲金奖以及好声音金奖。

12日　第一届全国文明家庭表彰大会在北京举行,海宁市的许伟平家庭获家庭文明建设领域的最高荣誉——"全国文明家庭"称号,受到中共中央总书记、国家主席习近平的接见。

12日　由中国纺织工业联合会主办的"十二五"产品开发突出贡献奖颁奖大会在北京举行,桐昆集团获中国纺织工业联合会"十二五"产品开发突出贡献奖。

14日　上海长海医院与嘉兴市社保局签订医保异地联网结算服务协议,嘉兴市民到上海长海医院看病就医可直接用市民卡付款结算。这是嘉兴市本级首次实现市民卡跨省医保联网结算。

14-15日　新华社浙江分社、人民网、《中国质量报》、《浙江日报》、浙江卫视等12家省级以上主流新闻媒体的记者到嘉兴采访,全方位报道嘉兴市标准化战略实施的推进情况。

16日　省政协副主席王建满带领省政协调研组,到嘉兴视察调研高速公路沿线广告牌整治工作情况。

20日　市委副书记、市长胡海峰到市安全生产服务业集聚区调研。

21日　国家知识产权局公布第一批国家级知识产权保护规范化市场名单,海宁中国皮革城是浙江省唯一上榜的市场。

22日　清华大学校长邱勇一行到浙江清华长三角研究院调研,并参加浙江清华长三角研究院创新大厦B座启用仪式。

24日　第三届"红船精神与科学发展"理论研讨会在嘉兴举行。

25日　全国首个研究金融科技的非营利性社会团体——嘉兴市南湖互联网金融学会成立。

28日　省人大常委会副主任王辉忠一行到嘉兴调研市、县、镇三级人民代表大会换届选举工作情况。

28日　台州银行嘉兴分行开业,嘉兴全辖的银行业金融机构达到43家。

30日　2016年省知识产权工作示范县(市、区)认定复核名单发布,嘉兴市南湖区被认定为2016年浙江省知识产权工作示范县(市、区),平湖市通过省知识产权示范县(市、区)复核。

(市档案局)

嘉兴概貌

地理环境

【概况】 嘉兴市位于浙江省东北部、长江三角洲杭嘉湖平原腹心地带，是长江三角洲重要城市之一，被列为国家批准的沿海经济开放地区。市境介于北纬30°21′至31°2′与东经120°18′至121°16′之间，东临大海，南倚钱塘江，北负太湖，西接天目之水，京杭大运河纵贯境内。市城处于江、海、湖、河交会之位，扼太湖南走廊之咽喉，与沪、杭、苏、湖等城市相距均不到百千米，区位优势明显，尤以在人间天堂苏杭之间著称。

市境陆域东西长92千米，南北宽76千米，陆地面积4222.87平方千米，其中平原面积3477平方千米，水域面积328平方千米，丘陵山地面积40平方千米。市境海域面积1559平方千米。

市境地势低平，平均海拔2-2.2米（黄海高程），其中秀洲区和嘉善县北部较为低洼，其地面高程一般在1.57-1.97米之间，部分最低地在1.17-1.37米之间。全市有山丘200余个，零散分布在钱塘江杭州湾北岸，海拔大多在200米以下，市境最高点是位于海盐县与海宁市交界处的高阳山。市境为太湖边的浅碟形洼地，地势大致呈东南向西北倾斜，由于数千年来人类的垦殖开发，平原被纵横交错的塘浦河渠所分割，田、地、水交错分布，形成“六田一水三分地”，旱地栽桑、水田种粮、湖荡养鱼的立体地形结构，人工地貌明显，水乡特色浓郁。

全市河道纵横，湖荡众多，河道总长1.38万千米，骨干河流57条，河道密度50千米/百平方千米，有定级航道224条，航道里程1936.4千米。境内沿杭州湾北岸岸线长121千米，海岸线长81.84千米，东北自平湖市的金丝娘桥（北纬30°41′、东经121°16′），西南至海盐县的高阳山（北纬30°21′、东经120°50′），其中有41千米海岸线水深滩阔，腹地广阔，宜建深水良港。乍浦港海岸东起独山，西至苏家埭，全长15千米，近海水深3-10米，乍浦东北侧水深10米以上，航道宽1千米，2万吨级舰船可随时进出，故乍浦港自古即为著名良港。

（市档案局）

资源物产

【概况】 嘉兴市域出产的矿物主要有石矿和黏土。此外还有石油、煤、铜、铅、锌等矿种，但大多储量少，品位低，蕴藏分散。市域地下还储有一定数量的天然气。

全市多年平均径流总量，即地面水资源量15.84亿立方米，每年可开采的浅层地下水资源3.53亿立方米。全市水资源总量19.37亿立方米，水资源年开发利用量22.65亿立方米，利用量超过自身拥有的水资源总量，每年靠从域外引水解决。

嘉兴市东部嘉善县城所在地地下深循环封存的古泉水距今已有2.6万年，为中国大理冰期气候寒冷时降水所补给，是大火山岩裂隙、长期地质环境中形成的天然水资源，蕴藏量达25亿立方米以上，水质达到饮用天然矿泉水国家标准（GT88537－87）。

全市现存生物335科、1429种,其中列入《国家重点保护野生动物名录》的一级保护动物有白鹳和黑鹳2种,二级保护动物有20种。列入《浙江省重点保护植物、动物名录》的植物有银杏、金钱松、鹅掌楸、厚朴、青檀5种。全市天然植被的主要类型有阔叶林与阔叶混交林、针叶林、灌木草本植被、水生植被4种;人工植被有作物植被和防护林植被2种,其中粮食作物有水稻、大麦、小麦、蚕豆、玉米等,经济作物有油菜、棉花、络麻、烟草、甘蔗、西瓜、杭白菊等,林园植物有桑、竹类、茶、桃、李、梨、葡萄及蔬菜等。

全市海域面积1559平方千米,海洋资源较丰富。深水岸线较长,其中平湖市的金丝娘桥至独山段岸线长12千米,前沿水深12米,乍浦岸线25千米,前沿水深10米,均适宜建深水泊位。滩涂面积大,沿海从岸线至理论基准面滩涂有2.27万公顷,其中岸线至平均海平面,即近中期具有围垦条件有1.06万公顷。海水产品种类繁多,其中鳗苗是重要资源,海蜇、鲻鱼和白虾是大宗捕捞产品,滩涂养殖也具有一定基础。海洋能源蕴藏量大,嘉兴市位于东亚季风带,濒临东海,海域辽阔、潮急浪高,具有丰富的潮汐能、潮流能、波浪能、温差能、盐差能和风能等海洋能源,开发潜力很大。

嘉兴自古以来物产丰富,名产众多,有"鱼米之乡""丝绸之府"的美誉。名优特产有粮食豆类的紫香糯、元青豆、平湖特粗黄豆;经济作物类的桐乡晒红烟、杭白菊、新丰生姜、桐乡青(桑树)、海盐大头菜、杨庙雪菜;畜禽类的嘉兴黑猪、湖羊、竹林三元猪、王店三园鸡、小湖羊皮、白山羊笔料毛;水产类的青、草、鲢、鳙四大家鱼,以及鳗苗、蟹苗、罗氏沼虾、中华绒螯蟹、河虾、海蜇、四鳃鲈鱼、中国对虾;果品类的槜李、南湖菱、平湖西瓜、大红袍荸荠、凤桥水蜜桃、黄花梨、藤稔葡萄、锦绣黄桃、洪合蜜梨、黄沙坞柑橘;食品糕点类的平湖糟蛋、嘉兴酱鸭、嘉兴五芳斋粽子、平湖蜂蜜、斜桥榨菜、西塘八珍糕和粉蒸肉、乌镇姑嫂饼、新塍月饼;手工业工艺类的硖石灯彩、蓝印花布、盐官药刀、桐乡桑剪等。

(市档案局)

历史沿革

【概况】 嘉兴是新石器时代马家浜文化的发祥地,距今7000年前市境就有先民从事农、牧、渔、猎活动。春秋时期,此地名长水,又称槜李,吴越两国在此风云角逐。战国时,划入楚境。秦置由拳县、海盐县,属会稽郡。两汉时煮海为盐,屯田为粮。三国时吴国雄踞江东,析由拳县南境、海盐县西境置盐官县。三国吴黄龙三年(231年)"由拳野稻自生",吴大帝孙权以为祥瑞,改由拳县为禾兴县,三国吴赤乌五年(242年)禾兴县改称嘉兴县。两晋、南北朝时,嘉兴得到进一步开发,"一岁或稔则数郡忘饥"。隋朝开凿江南河,即杭州经嘉兴到镇江的大运河,给嘉兴带来灌溉舟楫之利。唐天宝十年(751年)析嘉兴县东境及海盐、昆山等县部分辖地置华亭县。唐代嘉兴屯田27处,"浙西三屯,嘉禾为大",嘉兴已成为中国东南重要产粮区,有"嘉禾一穰,江淮为之康;嘉禾一歉,江淮为之俭"的说法。五代十国时期,吴越国在嘉兴设置开元府,领嘉兴、海盐、华亭三县,是嘉兴首次设州府级政权。后晋天福五年(940年),因吴越王钱元瓘之奏请,在嘉兴置秀州,领嘉兴、海盐、华亭、崇德四县。北宋改秀州为嘉禾郡,南宋庆元元年(1195年)升郡为府,后改嘉兴军。元世祖至元十三年(1276年)改嘉兴军为嘉兴府安抚司,随后升为嘉兴路总管府。宋元时,嘉兴经济较发达,被称为"百工技艺与苏杭等""生齿蕃而货财阜,为浙西最"。乍浦、澉浦、青龙等港口外贸频繁,海运兴隆。明宣德五年(1430年)析嘉兴县西北境为秀水县,析东北境为嘉善县;析海盐县置平湖县;析崇德县置桐乡县,嘉兴府下辖七县。此后四五百年内嘉兴府县体制基本未再变动。其时,在农业和手工业发展的基础上,商品经济日渐繁荣,棉布丝绸行销南北,远至海外,嘉兴王江泾镇的丝绸有"衣被天下"的美誉,嘉善有"收不完的西塘纱"的谚语,桐乡濮院镇丝绸"日产万匹",闻名遐迩。明弘治《嘉兴府志》记载:"嘉兴为浙西大府""江东一都会也"。清朝初期,清政府进行赋税改革和整顿,并多次对杭州湾沿岸海塘进行修筑,嘉兴社会经济不断好转，市镇更加繁荣。清咸丰十年(1860年)，太平军攻克嘉兴，建听王府为当地军政领导机构。清朝中期以后，受帝国主义掠夺和封建主义的剥削，嘉兴的经济和城市面貌日渐衰落和凋敝。1911年11月7日，辛亥革命党人占领嘉兴，成立嘉兴军政分府。民国初，废府存县，改称嘉禾县，后复称嘉兴县。1921年8月初，中国共产党第一次全国代表大会在嘉兴南湖的一艘游船上闭幕，宣告中国共产党成立。1937年11月5日，嘉兴被侵华日军占领，惨遭践踏达8年之久。1949年5月7日嘉兴解放，分设嘉兴县、嘉兴市，均隶属嘉兴专员公署，其间撤并频繁。1983年8月，撤销嘉兴地区行政公署，分设嘉兴市、湖州市，嘉兴市设城区和郊区，下辖嘉善、平湖、桐乡、海宁、海盐五县。1986年11月，海宁撤县设市(县级市)；1991年6月，平湖撤县设市(县级市)；1993年5月，桐乡撤县设市(县级市)；1993年11月，城区更名为秀城区；1999年6月，郊区更名为秀洲区；2005年5月，秀城区更名为南湖区。1985年1月，嘉兴市区及所辖嘉善县、桐乡县、海宁县被列为长江三角洲经济开放区，至1988年嘉兴市及所辖5个县(市)均被列为经济开放区。经过30余年的改革开放，嘉兴市的经济建设和社会发展均取得辉煌的成就，所辖的海宁、嘉善、平湖、桐乡、海盐5个县(市)全部进入全国综合实力百强县前50强，所有县(市、区)均被命名为“浙江省小康县”。2011年1月24日，嘉兴市被国务院批准成为国家历史文化名城。2011年12月20日，嘉兴市被授予“全国文明城市”称号。嘉兴市成为长江三角洲的经济重镇、上海南翼的港口新市、江南水乡的文化名城。

(市档案局)

气候特征

【常年气候概况】 嘉兴市年平均气温16.4℃。1月最冷，月平均气温4.1℃；极端最低气温-11.9℃，出现在1977年1月31日；7月最热，月平均气温28.4℃；极端最高气温42℃，出现在2013年8月9日；日平均气温稳定通过10℃的平均回暖初日在3月27日，平均结束日在12月5日；平均终霜日在3月16日，平均初霜日在11月15日，平均无霜期243天；平均初冰日在11月27日。

年平均降水量1193.3毫米。最多年降水量1720毫米，出现在1954年；最少年降水量757毫米，出现在1978年。全年有3个明显的降水时段，即4–5月的春雨；6–7月的梅雨和8–9月的秋雨；1月是下雪最多的月份。

年平均日照1920.1小时。其中以7月、8月最多，月平均日照分别为225小时、219小时；1月、2月最少，月平均日照分别为120小时、115小时；年平均蒸发量1283.1毫米；年平均相对湿度79%。

主要灾害性天气有雷雨、连阴雨、干旱、寒潮、大雪、大雾、强雷暴、高温和台风热带气旋等。

【2016年气候概况】 2016年，嘉兴市平均气温明显偏高，降水和雨日明显偏多，日照偏少。冬季平均气温偏高，雨量略偏多，光照正常；春季气温偏高，雨量偏多，光照偏少；夏季气温偏高，雨量、日照正常；秋季气温偏高，雨量异常偏多，日照明显偏少。年内，气象灾害主要有冬季严寒冰冻天气、春夏连汛引发流域性洪水、夏季高温、秋季阴雨寡照和秋台风等。

全市年平均气温18.0℃(桐乡)至17.2(海宁)，比常年高1.1℃，比上年偏高0.5℃，属偏暖年份。各月气温均比常年偏高，其中10月比常年高出2.1℃，5月、6月比常年偏高0.2℃。

冬季(2015年12月至2016年2月)平均气温6.1℃(海宁)至6.6℃(桐乡、海盐)，较常年高0.9℃，比上年高0.2℃，属偏暖年景。年极端最低气温为-7.7℃(嘉兴)至-6.9℃(嘉善)，嘉善、海盐出现2天，均出现在1月24日、1月25日，嘉兴、平湖、海宁、桐乡出现在1月25日。

春季平均气温15.5℃(平湖)至16.7℃(桐乡)，比常年高1.1℃，比上年高0.1℃，属偏暖年景。其中3月平均气温偏高明显，为11.9℃(桐乡)至10.5℃(平湖)，比常年和上年高1.7℃和0.5℃；终霜日平湖、桐乡出现在3月11日，海宁、嘉兴出现在3月12日，海盐出现在3月15日，嘉善出现在3月25日。

夏季平均气温27.6℃(平湖)至28.5℃(桐乡),比常年高1.1℃,比上年高1.7℃,属偏暖年份。年极端最高气温40.6℃(桐乡)至38.1℃(平湖),略低于往年,比上年高0.5℃(海宁)至1.8℃(平湖),平湖出现在7月22日,嘉兴出现在7月23日,桐乡出现在7月24日,海宁出现在7月26日,嘉善、海盐出现在7月27日。夏季大于35℃高温天数:桐乡29天,海宁24天,嘉善20天,嘉兴19天,海盐18天,平湖9天;全市大于或等于37℃高温天数:桐乡12天,嘉兴、海宁10天,嘉善、海盐8天,平湖3天;全市大于或等于40℃高温天数:桐乡2天,嘉兴、嘉善、平湖、海盐、海宁均未出现。

秋季平均气温18.8℃(海宁)至19.6℃(海盐),比常年高1.1℃,比上年高0.5℃,属偏热年景。10月平均气温比常年高2.0℃,9月、11月比常年高0.6℃。初霜日比常年偏迟,海宁、桐乡出现在11月27日,与上年同日,嘉善、嘉兴出现在11月28日,比上年略晚,平湖、海盐未出现初霜。

全市年降水量1587.7毫米(海宁)至1806.3毫米(海盐),比常年明显偏多,比上年偏多,属偏涝年份。除2月、3月、7月、8月降水偏少外,其余月份降水偏多,其中6月降水量最多,比常年多8成以上,并有明显的地域差异,嘉善比海宁偏多近5成。全年雨日161天(嘉善)至174天(海宁),比常年平均多30天。

冬季(2015年12月至2016年2月)降水量199.9毫米(嘉善)至253.1毫米(海宁),比常年略偏多。降水各月分布不均,其中2015年12月、2016年1月比常年明显偏多,分别偏多9成、5成,2月仅是常年的4成。冬季雨日平均36天,较常年多5天。

春季降水量428.4毫米(平湖)至563.3毫米(海盐),比常年多5成,比上年多近3成。其中3月仅是常年的4成,4月、5月分别比常年多1.3倍、1倍。春季雨日平均44天,比常年多4天。

夏季降水量407.2毫米(海宁)至600.9毫米(嘉兴),与常年基本持平,比上年偏少近1成。6月降水最多,比常年偏多8成,比上年同期多9成。7月、8月降水偏少,分别为95.8毫米和80.6毫米,比常年偏少4成和5成。夏季雨日平均45天,较常年多6天。

秋季降水量396.3毫米(海宁)至511.8毫米(海盐),比常年偏多1倍,比上年略偏多。9月、10月比常年异常偏多,分别是常年降水量的1.2倍和1.7倍,11月比常年偏多1成。秋季雨日平均43天,较常年偏多5成。

年日照时数1491.1小时(平湖)至1604.6小时(桐乡),比常年偏少2成,与上年基本持平。冬季(2015年12月至2016年2月)310.4小时(平湖)至370.7小时(桐乡),与常年基本持平;春季354.4小时(海盐)至410.7小时(桐乡),比常年偏少2成;夏季539小时(平湖)至610.0小时(海盐),与常年基本持平;秋季235.2小时(海宁)至267.5小时(海盐),比常年偏少5成。3月日照与常年基本持平,2月、8月分别比常年偏多5成和3成,其余月份均偏少,其中10月偏少最多,比常年偏少7成,6月、11月偏少4成,2015年12月、2016年1月和5月偏少3成,4月、7月、9月偏少均在3成以内。

【2016年主要气候事件】 春夏连汛,太湖出现流域性洪水。汛期(4–9月)降水量超过常年平均值,占全年降水总量的75%。梅汛连着春汛,梅汛期间长江流域的持续降雨使太湖流域最高水位达4.87米,为历史第二高位,仅次于1999年。

1月下旬出现严寒天气。受强冷空气影响,嘉兴市出现严重低温雨雪冰冻天气,造成大量水管和水表冻裂或冻损,市区冻损水表4万多只,占总用户的8%。

秋季阴雨寡照。秋季出现罕见阴雨寡照天气,使部分早熟的杂交稻田出现稻穗发芽和倒伏现象,对稻米品质带来极大影响。

霾日数比上年继续下降、但仍比21世纪初偏多。全年霾日数比2015年有所降低,未出现重度霾。但比2009年、2010年仍明显偏多。

(汪武锋)

行政区划及人口

【行政区划】 嘉兴市为浙江省省辖市,全市陆地面积4222.87平方千米,下设南湖区、秀洲区,辖嘉善、海盐2个县，以及平湖、海宁、桐乡3个市（县级市）。

2016年年底，嘉兴市有建制镇43个、街道30个、社区居委会371个、行政村787个。其中，南湖区面积438.99平方千米，有大桥、凤桥、余新、新丰4个镇，有七星、新嘉、解放、建设、新兴、南湖、东栅、城南、长水9个街道，有社区居委会85个、行政村55个；秀洲区面积547.73平方千米，有王店、洪合、新塍、王江泾、油车港5个镇，有新城、高照、嘉北、塘汇4个街道，有社区居委会45个、行政村113个；嘉善县面积506.88平方千米，有西塘、干窑、大云、天凝、姚庄、陶庄6个镇，有魏塘、罗星、惠民3个街道，有社区居委会50个、行政村104个；平湖市面积554.14平方千米，有乍浦、新埭、独山港、新仓、广陈、林埭6个镇，有当湖、钟埭、曹桥3个街道，有社区居委会48个、行政村95个；海盐县面积584.96平方千米，有沈荡、百步、于城、澉浦、通元5个镇，有武原、西塘桥、元通、秦山4个街道，有社区居委会44个、行政村85个；海宁市面积862.74平方千米，有许村、长安、周王庙、盐官、丁桥、斜桥、袁花、黄湾8个镇，有硖石、海洲、海昌、马桥4个街道，有社区居委会64个、行政村159个；桐乡市面积727.45平方千米，有乌镇、濮院、屠甸、石门、河山、洲泉、大麻、崇福、高桥9个镇，有梧桐、凤鸣、龙翔3个街道，有社区居委会35个、行政村176个。

【人口】 2016年年底，全市户籍总人口352.12万人，比上年增加2.64万人，增长0.76%；人口密度834人／平方千米；总户数106.85万户，增长0.98%；平均每户3.30人。其中，南湖区户籍总人口49.78万人、总户数17.68万户，人口密度1134人／平方千米，平均每户2.82人；秀洲区户籍总人口38.60万人、总户数11.58万户，人口密度705人／平方千米，平均每户3.33人；嘉善县户籍总人口38.91万人、总户数12.60万户，人口密度768人／平方千米，平均每户3.09人；平湖市户籍总人口49.36万人、总户数14.98万户，人口密度891人／平方千米，平均每户3.30人；海盐县户籍总人口38.03万人、总户数12.34万户，人口密度650人／平方千米，平均每户3.08人；海宁市户籍总人口68.17万人、总户数18.81万户，人口密度790人／平方千米，平均每户3.62人；桐乡市户籍总人口69.28万人、总户数18.85万户，人口密度952人／平方千米，平均每户3.68人。

2016年，全市出生人口34390人、出生率9.80‰，死亡人口22817人、死亡率6.50‰，人口自然增长率3.30‰；迁入人口25371人、迁出人口10536人，净迁入14835人。其中，南湖区出生人口5223人、出生率10.56‰，死亡人口3062人、死亡率6.19‰，人口自然增长率4.37‰，迁入人口6786人、迁出人口2162人，净迁入4624人；秀洲区出生人口4040人、出生率10.55‰，死亡人口2469人、死亡率6.45‰，人口自然增长率4.10‰，迁入人口4854人、迁出人口761人，净迁入4093人；嘉善县出生人口3107人、出生率8.00‰，死亡人口2683人、死亡率6.91‰，人口自然增长率1.09‰，迁入人口2345人、迁出人口1155人，净迁入1190人；平湖市出生人口4601人、出生率9.34‰，死亡人口3258人、死亡率6.61‰，人口自然增长率2.73‰，迁入人口2276人、迁出人口1516人，净迁入760人；海盐县出生人口3451人、出生率9.09‰，死亡人口2446人、死亡率6.44‰，人口自然增长率2.65‰，迁入人口1765人、迁出人口1469人，净迁入296人；海宁市出生人口7013人、出生率10.33‰，死亡人口4292人、死亡率6.32‰，人口自然增长率4.01‰，迁入人口4139人、迁出人口1670人，净迁入2469人；桐乡市出生人口6955人、出生率10.07‰，死亡人口4607人、死亡率6.67‰，人口自然增长率3.40‰，迁入人口3206人、迁出人口1803人，净迁入1403人。

2016年年底，全市人口按户口性质分，农业人口152.53万人、非农业人口199.59万人。其中，南湖区农业人口12.19万人、非农业人口37.60万人；秀洲区农业人口20.50万人、非农业人口18.10万人；嘉善县农业人口22.13万人、非农业人口16.78万人；平湖市农业人口24.67万人、非农业人口24.68万人；海盐县农业人口18.55万人、非农业人口19.48万人；海宁市农业人口25.04万人、非农业人口43.13万人；桐乡市农业人口29.45万人、非农业人口39.82万人。全市人口按性别分，男性173.05万人、女性179.07万人，性别比96.64。其中,南湖区男性24.58万人、女性25.20万人,性别比97.54;秀洲区男性18.90万人、女性19.70万人,性别比95.94;嘉善县男性19.14万人、女性19.77万人,性别比96.81;平湖市男性24.15万人、女性25.21万人,性别比95.80;海盐县男性18.74万人、女性19.29万人,性别比97.15;海宁市男性33.37万人、女性34.79万人,性别比95.92;桐乡市男性34.17万人、女性35.10万人,性别比97.35。

(市档案局)

国民经济和社会发展

【概况】 2016年,嘉兴市全力推进稳增长、调结构、促改革、惠民生各项重点工作,有效推进供给侧结构性改革,全市经济社会持续平稳健康发展。全市生产总值3760.1亿元,比上年增长7.0%。其中第一产业增加值143.8亿元,增长0.9%,增幅比上年提高3.6个百分点;第二产业增加值1911.6亿元,增长5.7%,增幅比上年回落0.2个百分点;第三产业增加值1704.7亿元,增长9.1%,增幅比上年回落0.5个百分点。全市三次产业结构由上年的4.0∶52.6∶43.4调整为3.8∶50.9∶45.3,第三产业增加值比重提升1.9个百分点。按常住人口计算,人均生产总值达81751元,折合美元12308美元,增长6.4%。

【三次产业平稳发展】 2016年,嘉兴市坚持稳中求进的工作总基调,三次产业平稳运行,经济增长保持合理区间。第一产业增速呈正增长。全市全年粮食播种面积17.37万公顷,总产117.0万吨,完成省定目标任务;油菜籽种植面积1.07万公顷,比上年下降32.6%;蔬菜种植面积8.74万公顷,与上年持平,总产量272.4万吨,增长1.4%;果用瓜种植面积9733.33公顷,下降0.8%;花卉苗木种植面积1.69万公顷,增长6.8%。第一产业增速自2014年以来首次呈正增长。第一产业拉动生产总值增长0.04个百分点,对生产总值增长贡献率0.5%。第二产业稳中趋缓。全市第二产业对生产总值贡献率42.9%,拉动生产总值增长3.0个百分点。全社会建筑业增加值185.4亿元,增长2.0%。全市有资质建筑业企业完成建筑业总产值904.9亿元,下降0.3%。全市工业增加值1727.1亿元,增长6.1%,占全市生产总值的45.9%。规模以上(主营业务收入2000万元以上)工业企业5063家,实现增加值1543.7亿元,增长5.9%,增幅比上年提高0.3个百分点。全市规模以上轻工业、重工业增加值分别为669.3亿元、874.4亿元,分别增长1.8%、9.1%。全市规模以上大型、中型、小微企业工业增加值分别增长5.8%、5.2%、6.2%。规模以上工业33个行业大类中,有26个行业增长,累计增加值排名前10位的行业实现增加值1120.5亿元,是拉动工业增加值增长的主要力量,其中电气机械业、计算机通信、化工行业增速较快,分别增长21.6%、14.1%、9.3%,高于平均水平。服装、皮革行业分别下降3.6%和0.2%。高新技术产业和装备制造业增加值占规模以上工业的45%和27.1%,比上年提高2.7个百分点、2.2个百分点。第三产业比重继续提升。全市第三产业对生产总值的贡献率56.6%,拉动生产总值增长3.9个百分点,占生产总值比重45.3%,比上年提高1.9个百分点。现代物流、科技信息、文化旅游、金融服务、健康服务五大产业占服务业增加值比重46.5%,带动一批新型消费热点加快形成。全市服务业新增企业16731家,增长35.8%。全市商品交易市场成交额1836.3亿元,增长10.4%。批发零售业商品销售总额7059.7亿元,增长12.5%,实现增加值519.2亿元,增长6.6%。住宿餐饮业实现营业额240.5亿元,增长16.8%,实现增加值76.4亿元,增长6.6%。全市交通运输仓储邮政业实现增加值139.7亿元,增长6.3%,完成货物运输总量20068万吨,增长8.7%,其中公路运输11306万吨,增长13.8%,水路运输8762万吨,增长2.8%。货运周转量279.2亿吨千米,增长10.1%,其中公路119.6亿吨千米,增长11.0%,水路159.6亿吨千米,增长9.5%。全年嘉兴港货物吞吐量6816.6万吨,增长8.7%,其中外贸货物吞吐量1166.4万吨,增长22.1%,集装箱134.2万标准箱,增长9.3%。全年邮电业务总量128.9亿元,增长17.6%。其中,邮政业务总量41.0亿元,增长29.1%,电信业务总量87.9亿元,增长12.8%。年末城乡固定电话用户110.5万户，下降11.1%。移动电话用户608.4万户，增长1.0%。固定互联网用户164.1万户，增长11.1%。全市快递业务量3.3亿件，增长39.2%。全市接待海内外游客7893.8万人次，实现旅游总收入850.9亿元，分别增长23.7%和25.5%。其中，接待外国、港澳台游客70.7万人次，下降2.6%，旅游外汇收入2.2亿美元，下降14.6%；接待国内游客7823.1万人次，增长24.0%，国内旅游收入836.5亿元，增长26.0%。全市有省级旅游度假区5家、省级旅游特色小镇1家、AAAA级以上景区11家。2016年底，全市金融机构本外币存款6848.4亿元，增长15.0%，贷款余额5286.9亿元，增长7.5%。存款余额6630.2亿元，增长14.8%，其中住户存款余额3245.6亿元，增长10.1%，贷款余额5185.2亿元，增长9.9%，其中中长期消费贷款增长55.0%。

【社会需求稳定增长】 2016年，嘉兴市“615”重大项目完成投资1007.6亿元，省重点项目完成投资276.5亿元，分别完成年度计划的124.2%和130.3%。完成全社会固定资产投资2790.2亿元，比上年增长11.0%，增幅比上年回落2.2个百分点，增速比全省平均高0.2个百分点。其中，项目投资2311.8亿元，增长12.5%；房地产投资478.4亿元，增长4.4%。第一产业投资38.2亿元，增长26.2%；第二产业投资1225.7亿元，增长9.6%；第三产业投资1526.2亿元，增长11.8%。全市基础设施投资620.3亿元，增长17.7%；民间投资1654.9亿元，增长5.6%，增速比上年回落1.3个百分点。全市工业投资1225.4亿元，增长9.6%。生产性服务业投资496.3亿元，增长21.3%。全市进出口总额2068.0亿元，增长7.2%，增幅比上年提高14.1个百分点。其中出口总额1549.9亿元，增长9.0%，比上年提高11.1个百分点；进口总额518.1亿元，增长2.4%，比上年提高20.7个百分点。机电、服装及纺织类产品等居出口主导地位，机电产品出口539.6亿元，增长12.2%，占全市出口总额的34.8%；服装产品出口242.0亿元，增长0.8%；纺织品出口282.5亿元，增长6.5%，占全市出口总额的18.2%。高新技术产品出口增长35.4%，服务贸易出口增长12.1%，均快于出口增速。全市具有出口实绩的民营企业5507家，增加260家，累计出口840.8亿元，增长10.9%。市场采购贸易试点、跨境电子商务发展试点稳步推进，嘉兴综合保税区通过国家验收，嘉兴港口岸实现全面开放。制订创建浙江省全面接轨上海示范区实施方案，开展“七大对接”行动，平台合作、项目承接、公共服务对接等取得实质性成果。全市新批外商投资项目275个；合同利用外资45.7亿美元，下降6.3%；实际利用外资26.9亿美元，增长0.3%。首个整车制造项目、总投资超200亿元的德国宝沃汽车集团长三角产业基地项目落户嘉兴经济技术开发区。新批境外投资项目80个，对外直接投资额6.9亿美元，增长11.2%。全市引进内资项目1318个，实际到位内资334.3亿元，增长8.9%。全市实现社会消费品零售总额1638.5亿元，增长10.8%，比上年回落0.2个百分点。其中，批发零售业零售额1466.9亿元，增长10.4%；住宿餐饮业零售额171.6亿元，增长14.3%。城镇消费品零售额1370.2亿元，增长10.6%；乡村消费品零售额268.3亿元，增长11.4%。全市电子商务网络零售额1113.1亿元，增长33.2%。全市有各类实体交易市场306个，成交额1836.3亿元，增长10.4%。

【三大收入稳步提升】 2016年，嘉兴市实现财政总收入673.4亿元，比上年增长5.2%，其中一般公共预算收入387.9亿元，增长10.4%。全市一般公共预算收入中税收收入348.0亿元，增长9.5%。其中国内增值税95.2亿元，增长55.2%；营业税39.0亿元，下降52.5%；企业所得税54.6亿元，增长6.4%；个人所得税18.0亿元，增长8.9%；城市维护税23.6亿元，增长10.3%；非税收入39.9亿元，增长19.2%。全市公共财政预算支出442.2亿元，增长4.1%，比公共财政收入预算收入增幅低1.1个百分点。城乡居民收入进一步提高，城镇居民人均可支配收入48926元，增长7.5%，扣除价格因素，增长5.6%；农村居民人均可支配收入28997元，连续13年居全省首位，增长8.0%，扣除价格因素，增长6.1%。城乡居民人均收入比为1.69∶1。全市5063家规模以上工业企业主营业务收入7303.8亿元，增长4.5%，利税总额761.8亿元，增长17.5%,其中利润总额495.7亿元,增长25.9%,亏损企业736家,下降2.1%,亏损总额33.6亿元,下降29.1%。全市规模以上制造业主营业务收入6821.2亿元,增长4.9%,利税总额637.6亿元,增长23.8%,其中利润总额414.6亿元,增长35.6%,增速比全部规模以上工业高9.7个百分点。全市规模以上轻工业、重工业主营业务收入分别为3413.2亿元和3890.6亿元,分别增长0.8%和8.0%,利税总额分别为316.9亿元和444.9亿元,分别增长18.4%和16.8%,利润总额分别为189.8亿元和305.9亿元,分别增长30.4%和23.3%。化工、化纤、建材、电气机械四个行业利润总额分别增长84.5%、147.2%、58.4%和37.1%,合计拉动全部规模以上工业利润增长17.1个百分点。全市2456家规模以上服务业企业实现营业收入2239.8亿元,增长6.6%,利税总额136.6亿元,增长17.1%,其中利润总额93.8亿元,增长22.3%,亏损企业636家,亏损额28.6亿元。

【推进供给侧结构性改革】 2016年,全市推进供给侧结构性改革,以经济体制改革为重点,引领和带动其他各专项领域体制改革。全市淘汰落后产能涉及企业1092家,处置"僵尸"企业83家,压减钢铁过剩产能70万吨;全市商品房销售面积1144.6万平方米,增长78.7%,增速比上年提高49.9个百分点,12月末全市商品房待售面积442万平方米,下降17.0%,可售商品房去库存周期缩短至9.9个月,其中可售住宅去库存周期缩短至4.4个月;金融机构不良贷款率全省最低,实现直接融资468.1亿元,12月末规模以上工业企业资产负债率54.4%,下降2.1个百分点;减免企业税费329.7亿元,其中出口退税179.9亿元。推进要素资源差别化配置改革,11项资源要素内容纳入交易范围,各县(市)公共资源交易分中心全部挂牌。全市新增各类市场主体8万户,增长25.2%;完成"个转企"1781家。落实外贸稳增长调结构各项政策,对外开放水平不断提升。

【推进转型升级】 2016年,全市调整产业结构,推进全市经济转型发展。全市种植业增加值比重67.5%,比上年提高3.7个百分点,牧业比重降低3.0个百分点,生猪存栏18.3万头,下降44.2%,出栏52.5万头,下降47.4%。全市制定农业标准269项,有593个农产品通过国家级无公害农产品认证。全市建成各类休闲农业园区99个,农民专业合作社949家。海盐县凤凰农业产业集聚区、海宁市长安花卉特色农业强镇、平湖市新埭果蔬特色农业强镇列入全省首批农业"一区一镇"创建名单。全市农家乐直接营业收入20.4亿元。全市规模以上工业高新技术产业和装备制造业增加值分别为695.0亿元和418.6亿元,分别增长9.9%和13.0%,占规模以上工业增加值的45.0%和27.1%。全市涉及的省七大万亿工业产业中,信息经济核心产业制造业、环保制造业和高端装备制造业分别实现增加值198.7亿元、293.3亿元、192.2亿元,分别增长15.3%、8.8%和7.1%,均高于规模以上工业增加值增速。全市五大重点服务业增加值793.0亿元,增长10.6%,增速高于服务业增速1.5个百分点,占第三产业增加值的46.5%,分别比上年提高1.1个百分点和0.5个百分点。全市以"机器换人"为主的工业技改投资增长17.4%,重大基础设施项目投资、重大产业项目投资、生态环保和环境治理投资分别增长57.7%、8.2%和113.3%,民间投资增速快于全省平均。装备制造业投资452.0亿元,增长13.2%,高新技术产业投资385.8亿元,增长18.2%,战略性新兴产业投资356.4亿元,增长10.7%。全市财政用于科技方面支出17.9亿元,增长9.6%,主要加大对科技人才的奖励和高新产业平台的建设支出。全市规模以上工业企业科技活动费支出增长21.7%,快于总产值增速18.3个百分点,研究与试验发展经费支出占全市生产总值的2.81%,居全省前列。全市发明专利申请量和发明专利授权量分别为7975件和1654件,全年获得市级以上各类科技成果101项,全年经认定登记技术交易金额17.7亿元,交易合同733项。全市国家级高新技术企业669家,省级科技型中小企业2153家,增加530家,新增省级企业研究院18所。全国首家专业科技保险公司落户嘉兴市,实现国家级科技企业孵化器县(市、区)全覆盖。全市规模以上工业新产品产值3127.3亿元,增长10.7%。加快建设秀洲国家高新技术产业园区、嘉兴科技城、乌镇大数据高新技术产业园区等重大创新平台。全市新增省级高新技术企业研究开发中心44个、省级企业研究院18所,新认定高新技术企业184家、省科技型企业524家。电子信息产业产值、电商网络零售额均突破千亿,分别增长13.8%、33.2%;新引进神舟量子通讯沪杭量子干线、浙报传媒大数据交易中心等项目。全市纳入统计的商务面积5000平方米以上成熟楼宇企业入驻率、注册率分别提高到81.6%和96.6%,实现税收45.2亿元,税收超千万元楼宇增加到100座,其中税收亿元楼宇8座。

【社会民生和谐稳定】 2016年,嘉兴市重视保障和改善民生,不断提升公共服务能力和水平。全市公共财政民生发展类支出353.9亿元,比上年增长7.0%,比公共财政预算支出增幅高2.9个百分点,民生发展类支出占公共财政预算支出的80.0%,为全省最高,比上年提高2.2个百分点。城镇居民人均生活消费支出28313元,增长10.8%;农村居民人均生活消费支出18864元,增长7.7%。城乡居民家庭恩格尔系数(居民家庭食品消费支出占家庭消费总支出的比重)分别为27.9%和30.5%。年末城镇常住居民人均住房建筑面积39.1平方米;农村居民人均住房建筑面积68.2平方米。全市有各类学校(含幼儿园)671所,在校生66.8万人。各类高等教育学校10所,在校生9.0万余人,其中全日制普通高校6所,在校生6.5万人;普通高中36所,在校生5.5万人;初级中学134所,在校生10.4万人;小学146所,在校生24.6万人。初中、小学入学率和巩固率均达到100%。初中毕业生升高中段各类学校达99.04%。普通高校招生2.0万人,毕业学生1.7万人,分别增长30.5%和41.3%。高等自学考试报考人数1.6万人,获得大专以上文凭人数3378人。全市各类民办学校53所,在校生12.8万人,增长5.0%。全市新建幼儿园21所,南洋职业技术学院(一期)工程、北大附属嘉兴实验学校、浙江大学国际联合学院建成使用。全市有9所学校被省教育厅确定为“深化普通高中课程改革和适应高考招生制度改革典型经验项目学校”,10所学校成为省级学科基地。全市16所中等职业学校开展课改,参与课改的学生近50%,开发选修课1044门,开发校本教材178本,11所学校参与普通高中课改,共60门课程,建设首批16个职业体验中心。全市义务教育阶段学校全面课改,评选28所嘉兴市中小学综合实践活动课程样本学校,推进区域“课程整合”试点,培育区域选课走班和课程整合学校典型。嘉兴市高考一本上线人数3535人,上线率首次突破18%,高考一本上线率连续六年增长。浙江省中等职业学校职业能力大赛全市获17枚金牌、33枚银牌、45枚铜牌,金牌数继续保持全省第三;全国职业院校技能大赛嘉兴市获5个一等奖、13个二等奖、3个三等奖。全市有医疗卫生机构1447个,各类卫生工作人员31131人,其中医生10408人,注册护士13246人,医疗床位24467张。平均每千人拥有医生2.95名,每千人拥有医疗床位6.96张。全年急门诊病人3990万人次,住院74.1万人次。全市建成79个社区卫生服务中心,其中省级规范社区服务中心78个,社区卫生服务站761个。全市无偿献血47806人次,献血量1486万毫升,无偿献血占临床用血比例达100%。全市镇、村合作医疗覆盖率均达100%,镇初保达标率100%。公立医院改革继续深化,双下沉两提升、分级诊疗、社区责任医生签约等工作机制不断完善,嘉兴市妇幼保健院二期开工建设。全市户籍人口352.1万人,比上年增加2.6万人。全市户籍人口出生率9.80‰,死亡率6.50‰,自然增长率3.30‰。全年迁入人口2.5万人,迁出人口1.1万人,人口机械增长率4.23‰。全市常住人口461.4万人,其中城镇人口290.2万人,人口城镇化率62.9%,比上年提高2.0个百分点。城镇新增就业人员10.4万人,城镇登记失业率控制在2.9%以内。居民消费品价格上涨1.8%,涨幅扩大0.8个百分点,其中食品烟酒类价格上涨4.1%,菜类上涨15.4%,衣着类上涨1.2%,交通通信类上涨1.7%,教育娱乐类上涨1.4%,医疗保健类下降1.3%。全市城乡享受最低生活保障家庭1.7万户,增加0.4万户,保障人数2.7万人。全市城乡最低生活保障资金1.3亿元,增长15.0%,提供城乡各种社会救济16.4万人次。全市基本养老、基本医疗保险参保人数分别达到221万人和209万人,新增职工养老保险参保人数17.8万人,户籍居民养老保险参保率、城乡居民基本医疗保险参保率分别达到98%、98.5%,城乡低保标准664元,最低月工资标准1660元。失业保险参保人数118.7万人,增长3.3%;领取失业保险金人数2.7万人。获批国家医养结合改革试点,居家养老服务照料中心实现城乡社区全覆盖,4家省级医养结合试点稳步实施。全市拥有文化艺术表演团体11个,艺术表演场所16个,文化馆8个,文化站73个,公共图书馆6个,图书总藏量787万册,图书馆总流通量1365万人次。全市电影院38家,广播电台6座,电视台6座,全市行政村有线电视联网率达到100%,广播和电视人口覆盖率均达100%。全市文化经营单位1292家,其中互联网上网服务营业场所683个,歌舞娱乐场所386个,游艺娱乐场所161个,演出场所22个,文艺表演团体17个,演出经纪机构23个。全年开展公益性文化服务项目(活动)1462个、8540场次,网站总访问量突破450万次,直接受益群众150万人次。与26家民营文化机构开展合作,向社会推出多个公益性服务项目。全市建成农村"文化礼堂"443个,开展"送戏下乡"千余场。全市符合开放条件的中小学校和其他公共体育设施实现100%向社会开放。成功创建国家公共文化服务体系示范区,加快建设嘉兴市博物馆二期、嘉兴市图书馆二期等公共文化基础设施项目。举办第四届市民运动会,成功承办全国蹦床冠军赛暨里约奥运会选拔积分赛、浙江省第二届女子体育节、浙江省幼儿体育大会、浙超联赛等十余项重大赛事活动,推出专题类体育电视栏目《嘉兴体育视界》。全年全市累计发生各类生产安全事故490起,死亡271人。2016年全市人民群众安全感满意率达到96.81%,比上年提高0.6个百分点。

【资源环境提质改善】 2016年,嘉兴市加强治水、治气、治违工作,推动生态环境持续改善。市控四类及以上水质断面占比达到93.1%,其中三类及以上水质断面占比为19.2%,比上年提高11.7个百分点,省控断面消除劣五类水体,全市跨行政区域河流交接断面水质考核保持优秀。全市新建城镇污水管网391千米,完成河道清淤1358千米。全市城市污水处理厂日处理能力90万吨,与上年持平;城市污水处理率90.3%,提高0.1个百分点。城市生活垃圾无害化处理率100%,提高0.2个百分点。全市淘汰改造燃煤小锅炉2101台、淘汰黄标车1760辆,超额完成省定目标任务。市区城市环境空气PM2.5年均浓度平均为44微克/立方米,比上年下降17.0%,日空气质量(AQI)优良天数比例74.3%,比上年提高9.9个百分点。全市完成"三改"面积3475万平方米,拆除违章建筑1268万平方米,新增和改造平原绿化面积1800公顷,全市绿化覆盖率20%。全年农房改造集聚1.2万户,培育美丽乡村示范镇8个、精品村28个。全市45家生猪规模场按照"美化、绿化、洁化"要求进行改造提升,其中1家养殖场被评为国家级畜禽规模养殖标准化示范场,2家牧场被评为全省首批美丽生态牧场,19家牧场被评为首批市级美丽生态牧场,38家牧场被纳入线上网格化监管。不断完善农作物秸秆综合利用机制,推广以还田利用为主的"五料化"利用模式。实施化肥、农药减量控害增效工程,推广测土配方施肥25.2万公顷次、农药减量控害应用技术面积11.59万公顷,推广商品有机肥10万吨,实施农作物病虫害专业化统防统治面积5.23万公顷,化肥、农药使用量分别比上年减少2500吨和139.1吨。全面启动农业"两区"土壤污染防治工作以及农药废弃包装物回收和集中处置工作,全市回收农药废弃包装物374.4吨,其中78%得到集中处置。完成水产养殖塘生态化改造面积265.4公顷、稻鱼共生轮作面积235.05公顷,划定整治水产禁限养区30.02公顷,其中拆除甲鱼温室面积2.75公顷、外荡养殖设施面积27.27公顷。2016年,全市规模以上工业能源消费总量(等价热值,下同)1359.6万吨标准煤,比上年增长1.8%,全市规模以上工业单位工业增加值能耗下降3.9%。八大高耗能行业能耗总量1063.9万吨标准煤,增长1.1%,八大高耗能行业单耗下降3.1%。

【统筹城乡发展】 2016年,全市省级特色小镇创建9个、培育7个,均列全省第二位,秀洲光伏小镇、嘉善巧克力甜蜜小镇入选"省级示范特色小镇";新增第三批省级小城市培育试点镇3个,累计7个。全市29个省市级特色小镇完成固定资产投资355.8亿元，入驻企业总数8193家，实现税收收入48.1亿元，引进“国千”人才72人、“省千”人才54人。研究制定新一轮美丽乡村建设五年行动计划和考核评价办法，全面启动省级美丽乡村示范县，市级示范镇、示范村、示范户创建工作。继续推进26个历史文化村落一般村建设，其中14个通过省、市两级考核验收。嘉善县、平湖市启动省级森林城市创建工作，全市有4个镇、13个村申报创建省级森林城镇和森林村庄。

（戴彧峰）

【个私经济稳步发展】 2016年，嘉兴市新设立私营企业19961家，比上年增长31.97%，注册资金33275569万元，增长146.91%；新设立个体工商户58408户、注册资金943822万元，分别增长23.38%、73.89%。2016年，全市注销私营企业4072家，增长7.47%；注销个体工商户23519户，增长38.10%。至年底，全市实有私营企业113698家、注册资金75597671万元，分别增长16.24%、73.90%；实有个体工商户278941户、注册资金2670824万元，分别增长14.30%、36.61%。

11月23日，嘉兴市举行民企“双对接”活动仪式暨小微企业成长（转型）提升大会 （市市场监管局提供）

2016年，嘉兴市私营企业发展呈现以下特点：一是新设立私营企业增长迅速，全年新设立私营企业比上年增长31.97%，注册资金增长146.91%，商事登记制度改革对大众创业创新起到推动作用。二是私营企业规模扩大。全年新设立私营企业户均注册资金1667.03万元，增长87.09%，连续四年保持60%以上的增长率。全市私营企业户均注册资金664.90万元，增长49.60%。三是有限合伙企业增长较快。至年底，全市实有合伙企业6199家，增长38.87%，认缴出资额41104002万元，增长133.49%。其中有限合伙企业3545家，增长95.64%，占合伙企业总数的57.19%，认缴出资额40989414万元，增长134.30%，占合伙企业出资总额的99.72%。年内，南湖基金小镇新设立有限合伙企业991家，新设立有限合伙企业列嘉兴市首位；累计有限合伙企业2212家，占全市有限合伙企业的62.40%。四是私营公司成为嘉兴市私营企业主要的组织形式。至年底，全市实有私营公司89228家（含股份公司），占私营企业总数的78.48%；独资企业19961家，占私营企业总数的17.56%；合伙企业6199家，占私营企业总数的5.45%。五是私营法人企业实有数持续增长。至年底，全市实有私营法人企业82982家，增长19.95%，保持平稳增长趋势。六是私营企业产业结构优化。全市新设立私营企业从事第一产业、第二产业、第三产业户数分别为150家、3983家、15828家，分别占新设立私营企业户数的0.75%、19.95%、79.30%，新设立私营企业从事第三产业占比较高。至年底，全市实有私营企业从事第一产业、第二产业、第三产业户数分别为1547家、45960家、66191家，分别占私营企业总家数的1.36%、40.42%、58.22%，第三产业增长较快。七是全年新设立私营企业户数分别为批发零售业7018家、租赁和商务服务业3889家、制造业3065家，分别占新设立私营企业户数的35.16%、19.48%和15.35%。至年底，全市实有私营企业家数分别为制造业42074家、批发零售业35990家、租赁和商务服务业12194家，分别占私营企业总家数的37.01%、31.65%和10.72%。八是私营企业注销户数上升。全市私营企业注销4072家，增长7.47%，注销企业居前三位的分别为批发零售业1420家、制造业1154家、租赁和商务服务业553家，占私营企业注销总户数的34.87%、28.34%、13.58%。私营法人企业注销2753家，增长32.42%。

2016年，嘉兴市个体工商户发展呈现以下特点：一是产业结构稳定，第三产业增长迅速。全市新设立个体工商户从事第一产业户数为556户，比上年下降8.25%，占新设立个体工商户户数的0.95%;从事第二产业户数为6300户,增长7.75%,占新设立个体工商户户数的10.79%;从事第三产业户数为51552户,增长26.08%,占新设立个体工商户户数的88.26%。至年底,全市个体工商户从事第一产业户数为2987户,增长18.02%,占个体工商户总户数的1.07%;从事第二产业户数为40627户,增长9.65%,占个体工商户总户数的14.56%;从事第三产业户数为235327户,增长15.09%,占个体工商户总户数的84.36%。二是行业高度集中。至年底,个体工商户户数分别为批发零售业155816户,制造业39108户,住宿和餐饮业29074户,居民服务、修理和其他服务业28872户,四大行业个体工商户户数252870户,占个体工商户总户数的90.65%,其中批发零售业占个体工商户总户数的55.86%;四大行业新设立个体工商户户数50373户,占新设立个体工商户户数的86.24%,其中批发零售业占新设立个体工商户户数的48.76%。批发零售业是嘉兴市个体工商户从事的最主要行业。三是个体工商户规模增长。至年底,全市个体工商户户均注册资金9.57万元,增长19.48%。四是港澳台居民和农民个体工商户数量较少。至年底,全市实有港澳居民个体工商户6户,涉及零售业、餐饮业、洗浴服务业、洗染服务业。台湾居民个体工商户38户,涉及零售业和餐饮业。

(罗建波)

全面深化改革

【概况】 2016年,嘉兴市以推进供给侧结构性改革为主线,强化统筹谋划、试点突破、改革督查,提高领导、谋划、推动、落实改革的能力和水平,推动各项改革举措的落实,国家和省委、省政府赋予嘉兴市的改革试点取得显著成效,省定重点改革任务和嘉兴市年度20个重点突破项目、114项重点任务全面完成,涌现一批有分量、有特色、可复制、可推广的"嘉兴改革样本"。习近平等党和国家领导人、夏宝龙等省部领导先后27次对嘉兴市全面深化改革工作做出批示肯定。

【谋划"项目"和"责任"两张清单】 2016年,市委改革办制定《市委全面深化改革领导小组2016年工作要点》,各专项小组制定2016年度工作计划。全年重点推进20个重点突破改革项目和114项改革任务。细化责任抓好落实。市委七届十二次全体(扩大)会议把补齐改革落地短板作为补短板的重要任务,市领导亲自联系20个重点突破改革项目。召开市委全面深化改革领导小组会议,审定年度工作要点及各专项小组年度工作计划等,审议户籍制度改革、公车制度改革等重大改革项目实施方案。加强改革督察评估,全面完成6个专项督察项目、5个第三方评估项目;全年开展市级层面改革督察评估161次,县(市、区)层面104次。

南湖区相对集中行政许可权试点改革(市委改革办提供)

【推进经济体制改革】 2016年,嘉兴市全面完成供给侧结构性改革"三去一降一补"(去产能、去库存、去杠杆、降成本、补短板)年度任务。进一步加大"放管服"(简政放权、放管结合、优化服务)改革力度,市级部门行政权力从11552项减少到3875项,非行政许可事项全面取消。推进行政审批改革,开展相对集中行政许可权、核准目录外企业投资项目不再审批等改革试点,审批事项平均办理时间缩短到3.15个工作日。推进资源要素差别化配置改革,完善以亩产效益论英雄的企业绩效评价和综合评价排序机制,企业亩均工业增加值、亩均税收、全员劳动生产率比上一轮绩效评价提高7.3个百分点、5.8个百分点和7.5个百分点。深化完善"接轨上海"体制机制,启动省全面接轨上海示范区建设。推进乌镇互联网创新发展试验区建设。加快省科技金融改革创新试验区建设。推进投融资体制改革。推广企业“零地”技改项目不再审批试点。推广政府与社会资本合作模式,进一步拓宽民间投资的领域和范围。推进国资国企改革。完成新一轮公务用车改革。

【推进城乡发展一体化体制改革】 2016年,嘉兴市继续推进新型城镇化综合改革。深化“多规合一”试点,推进小城市培育和特色小镇建设。探索建立农村土地整治结余指标收储制度。深化农村集体产权制度改革。推进土地承包经营权确权登记颁证和农村集体资产产权制度改革,农村产权抵(质)押贷款实现扩面增量。逐步完善农业支持保护制度和新型农业经营体系。制定《嘉兴市秸秆露天禁烧和综合利用条例》。推进“三位一体”(生产、供销、信用三大合作于一体)改革。实施城乡基本公共服务均等化。深化社会保障制度改革。深化南湖区城乡一体化新社区治理机制创新、嘉善县城乡公共资源均衡配置体制机制创新和海盐县农村集体产权股份合作制改革。

嘉善县养老服务中心 （市委改革办提供）

【加强民主法治领域改革】 2016年,嘉兴市进一步健全民主政治制度,建立健全政法机关党组织向市委报告重大事项制度和地方性法规、规章和规范性文件备案审查衔接联动机制。健全地方立法工作机制,制定市委加强地方立法工作的意见,出台《嘉兴市制定地方性法规条例》《嘉兴市规章制定程序办法》。全面深化“四张清单一张网”改革,全市73个镇(街道)、23个功能区和嘉兴海关等4家垂直管理单位权力清单实现全覆盖。推进综合行政执法改革。开展司法体制机制改革。

【推进文化体制改革】 2016年,嘉兴市成功创建国家公共文化服务体系示范区,完善公共图书馆服务体系国家示范项目,创造文化馆总分馆的“嘉兴经验”,形成农家书屋与公共图书馆融合发展的“嘉兴做法”,“两员”(农村专职文化管理员、文化下派员)制度实现全覆盖并在全省推广。推进公益性文化事业单位法人治理机制改革。建立政府向社会力量购买公共文化服务机制。探索乡镇(街道)文联建设的体制机制。加快媒体融合发展,嘉报、嘉广全媒体中心逐步形成。

【深化社会体制改革】 2016年,嘉兴市举办乌镇高峰论坛,召开第二届全国社区共建共享推进会,“三治”(法治、德治、自治)建设经验在全国推广。深化户籍制度改革,出台《嘉兴市人民政府关于进一步推进户籍制度改革的实施意见》,相关领域配套改革联动推进。推进平安建设信息系统与“网格化管理、组团式服务”“两网融合”,统筹推进县镇两级社会治理综合指挥平台和全省综治视联网平台建设。公安改革完成33项重点改革任务。推进信访工作制度改革,启动统一政务咨询投诉举报平台建设,对“非信访事项”依法进行剥离和分流。推进安全生产管理体制改革,完善食品药品安全监督管理体制。激发社会组织活力,全面开展直接登记,社会组织服务平台实现全覆盖。推进教育现代化县(市、区)创建,全域建成国家义务教育发展基本均衡市。推进国家特殊教育改革实验区试点、职业教育现代学徒制试点。“双下沉、两提升”(人才下沉、资源下沉,服务能力提升、服务效率提升)医疗服务新模式在全省推广,医疗联合体建设实现6家省级医院下沉5个县(市)医院等“五个全覆盖”。社会保障全面提质,获批国家医养结合改革试点,居家养老服务照料中心实现城乡社区全覆盖,在全省率先出台支出型贫困家庭救助办法。

【深化生态文明体制改革】 2016年,嘉兴市持续深化“五水共治”,市控以上断面四类及以上水质达到93.1%。推进“五气共治”,市区PM2.5浓度下降17%,环境空气质量优良率达到74.3%。推进环境污染第三方治理,有31家环保企业参与嘉兴市环境污染第三方治理项目,开展第三方治理的企业64家。强化以排污许可证为核心的环境监管执法,依法公开企业排污许可证执行情况,推进新型高效环境管理体系的构建。开展用能权指标使用和交易试点,全年用能量交易项目105个,申请新增用能37.8万吨标准煤,有偿申购金额1185.76万元。

【加强党的建设制度改革】 2016年,嘉兴市推进党的组织制度改革,拟定《关于新形势下落实抓党建工作责任制的意见》,制定《2016年嘉兴市党建工作督查计划》。深化县(市、区)委权力公开透明运行试点,初步梳理出县委集体职权17项。推进干部人事制度改革,制定《关于激励干部干事创业治理为官不为的实施意见》《嘉兴市改革创新容错免责实施办法(试行)》等一系列制度文件,完善激励干部干事创业等11个改革项目形成制度化成果。制定出台"人才新政",建立"双招双引"(招商引资、招才引智)融合推进机制,加快推进人才改革试验区建设。推进党的基层组织建设制度改革,实施《嘉兴市"整乡推进、整县提升"基层党建工作三年行动计划》。

【深化党的纪律检查体制改革】 2016年,嘉兴市健全落实党委主体责任和纪委监督责任的工作机制,改进主体责任报告评议工作,建立廉政预警提醒制度,制定《嘉兴市党风廉政建设"一案双查"及结果运用暂行办法》。健全纪律审查工作以上级纪委领导为主的机制。制定《关于切实加强和规范问题线索管理处置的实施办法》,建立线索处置定期报告制、重点线索沟通督办制,2016年处置各类问题线索841件。推进派驻纪检机构管理体制改革,市县两级派驻纪检机构实现全覆盖。深化党风廉政建设巡察机制,制定《关于开展市委巡察工作的实施意见》,拓展巡察覆盖面,推进农村基层党风廉政巡察。

【建立健全保障改革落地推进机制】 2016年,嘉兴市建立健全推进改革举措落地生根的工作机制。一是建立健全"1+4"改革推进机制。制定出台《市委全面深化改革领导小组关于进一步建立完善改革工作机制切实推进改革举措落地生根的意见》,进一步确定改革科学决策、责任落实、督察协调、经验推广、考核评估五个方面12项工作机制。建立完善4项配套工作机制,即建立市领导联系重点突破改革项目制度,组建由市领导领衔的20支服务团队;制定《2016年嘉兴市重大改革项目督察工作计划》,全面督察列入年度改革要点的各项任务,完成对深化"接轨上海"体制机制改革等6个项目的专项督察;制定《2016年嘉兴市重点改革项目第三方评估工作实施方案》,完成全市全面深化改革满意度评估等5项第三方评估项目;修订完善全面深化改革考核办法,全面完成对县(市、区)和市级机关各部门的考核。二是建立健全全社会支持参与机制。全年《浙江日报》宣传报道嘉兴市全面深化改革50余次,《嘉兴日报》累计报道400余篇。年中在广播、电视、报纸等媒体专题报道200余篇,开展新媒体宣传200余次,开展企事业单位电子屏、村(社区)黑板报和有线广播等宣传1000余次。建立完善改革案例收集和发布机制,汇集24个改革项目出刊第二辑《改革案例》,省委改革办《改革案例选编(一)》刊登嘉兴市改革案例3篇。与省社科联共同举办之江青年"浙江改革发展"专题研究嘉兴调研座谈会、"浙江省综合改革试点"理论研讨会,形成82项研究成果。探索改革事项群众"点题"、改革成效群众"点评",吸纳企业和群众等社会各方参与改革绩效评价机制。2016年,400家企业和2700名群众参与测评,对全面深化改革的满意度分别为91.69%和83.54%,分别比上年提高3.9个百分点和2.36个百分点。

(市委改革办)

法治嘉兴建设

【概况】 2016年,嘉兴市全面推进治理体系和治理能力现代化建设,法治嘉兴建设各项工作取得新的成效。嘉善县"县域善治"工作获第四届中国法治政府奖提名奖,桐乡市被命名为全省创建法治县(市、区)工作先进单位。嘉兴市司法局、海宁市、桐乡市乌镇镇成为建设法治浙江十周年先进单位。新命名嘉兴市创建法治镇(街道)示范单位3家,新建成省级民主法治村(社区)24个,市级诚信守法企业17家。

2016年,嘉兴市确定完善党的领导方式和执政方式、健全地方立法工作机制、加强社会主义协商民主建设、全面推进司法体制改革试点工作等七个方面29项年度改革任务,并将全面深化“四张清单一张网”改革、全面深化综合行政执法改革、司法体制机制改革作为重点突破项目,统筹推进落实,到年底基本完成既定目标。各县(市、区)加强组织领导,推动城乡社区协商民主、行政执法监督改革等项目,推进县域特色的民主法制领域改革工作。

2016年,嘉兴市开展“学党章党规、学系列讲话,做合格党员”学习教育,全面落实法治建设第一责任人职责,完善市委理论学习中心组、市委常委会学法、政府常务会议学法等系列学法制度,组织全市公务员参加网上法律知识考试,开展新任市管领导干部任前法律知识考试,举办行政执法人员素质测试,全面开展市、县、镇三级领导干部述职述德述廉述法,把运用法治思维和法治方式的能力纳入选人用人评价机制。制定《嘉兴市领导干部提醒、函询、诫勉和问责、调整实施办法》等18项制度,完善“严+N”干部管理监督制度体系。出台《嘉兴市党风廉政建设“一案双查”及结果运用暂行办法》,对履行“两个责任”不力的19家单位和39名领导干部进行责任追究。常态化开展正风肃纪,查处问题343个,处理违反中央八项规定精神问题80起。准确把握执纪监督“四种形态”(党内关系要正常化,批评和自我批评要经常开展,让咬耳扯袖、红脸出汗成为常态;党纪轻处分和组织处理要成为大多数;对严重违纪的重处分、做出重大职务调整应当是少数;严重违纪涉嫌违法立案审查的只能是极少数),全年立案审查649件,纪律处分705人。

2016年,嘉兴市委加强对人大、政协工作的领导,推进各级人大、政协换届工作,推动代表、委员依法依章履职。支持市人大及其常委会全面开展地方立法工作,支持市人大常委会加强对市政府重大投资项目的审查,实行立项建设和管理全程监督。加强社会主义协商民主建设,制定《中共嘉兴市委关于加强社会主义协商民主建设的实施细则》,建立民主党派与无党派人士向市委提出建议“直通车”制度。

2016年,嘉兴市贯彻落实《法治政府建设实施纲要(2015-2020年)》,明确部门职责。推进政府职能转变,试点开展集中行政许可权改革,实行“一颗印章管审批”,行政许可项目提速61%。深化镇(街道)行政管理体制改革,推进基层“四个平台”(综治工作、市场监管、综合执法、便民服务)建设。公布市、县两级政府部门2.0版权力、责任清单,实现市、县、镇三级全覆盖。建立“一单两库一细则”(“一单”指随机抽查事项清单,“两库”指市场主体名录库、执法检查人员名录库,“一细则”是指规范“双随机”抽查工作细则),推行“双随机一公开”(随机抽取检查对象,随机选派执法检查人员,抽查情况及查处结果及时向社会公开)执法监管。推行行政执法全过程记录和重大行政执法决定法制审核制度,严格规范公正文明执法,坚决打击各种违法行为。建立行政执法监督员制度,推行行政处罚结果信息公开,加强对行政执法行为的监督。深化综合行政执法改革,审慎扩大执法范围,将综合行政执法权扩大到21个方面776项。健全矛盾纠纷动态排查、分析、研判机制,加强人民调解与司法调解、行政调解衔接联动,采取“包镇(街道)、包村(社区)、包案、包化解”的方式,依法有效化解社会矛盾纠纷,全年调解各类纠纷38274件,调解成功率99.12%。开展市政府行政规范性文件专项清理,进一步增强行政决策的合法性。严格贯彻落实《信息公开条例》,将政务公开贯穿政务运行全过程,上网公开各类信息25.75万条。完善行政复议案件审理机制,依法维护公民、法人和其他组织的合法权益。

2016年,嘉兴市深化司法体制机制改革,严格按照员额比例和入额标准遴选入额法官、检察官,推动优质办案资源向一线集中。市法院出台法官审判权限处理规定,推进审判权良性运行。市检察院建立员额检察官联席会议制度,提高法律监督能力。市公安局开展受立案制度、案件快速办理等21项改革,深化执法规范化建设。组织开展打击“盗抢骗”“黄赌毒”“食药环”犯罪和缉枪治爆等专项行动,打掉黑恶势力团伙128个,破获恶性案件654起,破获通信网络诈骗案件5011起,批准逮捕犯罪嫌疑人4632人,提起公诉10451人,判处被告人8877人。全市法院坚持调判结合,妥善化解矛盾纠纷,全年审结民商事案件52893件,调撤率67.25%。出台推进全市综合治理解决执行难工作九条举措,执结各类执行案件22438件,比上年上升10.32%。加强刑事诉讼、民事行政诉讼等法律监督,依法保障当事人合法权益。健全冤假错案有效防范、及时纠正机制,坚决守住防范冤假错案的底线。

2016年,嘉兴市开展“六五”法治宣传教育规划实施验收工作,全面启动“七五”法治宣传教育规划实施工作。厘清部门(单位)普法责任,项目化落实“谁执法谁普法”责任制。深入推进“法律八进”工作。组织开展宪法宣讲嘉兴行、“护航‘G20’、互联网大会,普法在行动”、“关爱明天、普法先行”、“法在心中”等主题宣传教育活动和新居民法治德治建设“双百”活动。加强法治宣传长廊、法治公园、法治广场等法治文化阵地建设,建成运行市法治文化展示厅、市青少年法治宣传教育中心,新建法治文化公园19个、法治文化广场21个、法治长廊134个。组织开展法治漫画、法治征文和法治公益广告等征集活动,举办嘉兴市首届法治微电影评选活动,《父亲的背景》等一批法治微电影引起强烈反响。

2016年,嘉兴市举办“推进法治德治自治建设、创新基层社会治理”高峰论坛,探索“三社”服务型治理与“三治”约束型治理相结合的社会治理新路径。探索开展基层党建创新引领基层治理,推广乌镇管家、南湖义警等经验做法,探索新形势下党建工作融入社会治理的新途径。联动开展G20杭州峰会、第三届互联网大会乌镇峰会维稳安保各项工作,开展“万名党员护航G20大巡防活动”,参与党员5万人次,形成秀洲“红马甲”等一批群防群治志愿服务品牌。开展工资集体协商“要约行动”,全市8911家企业开展工资协商、签订工资集体协议。深化厂务公开,全市国有集体企业职代会和厂务公开制度建制率均为100%,非公有制企业分别为92%和86%。发挥群团组织在法治嘉兴建设中的作用,组织开展“助力法治嘉兴·巾帼在行动”送法下基层活动,完善“12338”妇女维权热线运作,深化妇女维权工作。

【建立市委常委会学法制度】 7月,嘉兴市在全省率先实施市委常委会定期学法制度,制定学法计划,明确学法内容,确定在每月第一次市委常委会上以专家辅导、部门负责人讲学等方式组织开展学法活动,专题学习《中华人民共和国反恐怖主义法》《中国共产党地方委员会工作条例》等6部法律法规和党内法规,提升市委常委会依法决策能力和水平。完善市委理论学习中心组、政府常务会议学法制度等系列学法制度,市委理论学习中心组学习安全生产法等法律法规。市政府常务会议会前“学法进行时”学习环保法等10部法律法规。

【全面启动地方立法工作】 2016年,市人大及其常委会充分发挥立法机关的主导作用,制定《嘉兴市秸秆露天禁烧和综合利用条例》。2月19日,嘉兴市第七届人大常务委员会第三十七次会议通过,3月31日,浙江省第十二届人大常务委员会第二十八次会议批准,5月1日正式施行,实现嘉兴地方立法“零”的突破。制定《嘉兴市制定地方性法规条例》,加快地方立法配套制度建设,出台市人大常委会立法工作程序和嘉兴市地方立法技术规范,实施《嘉兴市人大常委会基层立法联系点工作办法》,建立14个基层立法联系点,完善立法调研项目库。市政府制定《嘉兴市人民政府规章制定程序办法》,建立立法咨询专家库。强化地方立法实施保障,市中级人民法院制定《关于依法贯彻执行嘉兴市地方性法规的十条意见》;市司法局把《嘉兴市秸秆露天禁烧和综合利用条例》列入“七五”法治宣传教育的重要内容,开展系列法治宣传活动。

【启动实施“七五”法治宣传教育规划】 2016年,嘉兴市委、市政府转发《嘉兴市法治宣传教育领导小组关于在全市公民中开展法治宣传教育的第七个五年规划(2016-2020年)》,召开嘉兴市“七五”法治宣传教育工作会议,动员部署“七五”

法治宣传教育规划实施工作。市人大常委会做出《关于开展第七个五年法治宣传教育的决议》。各县(市、区)制定和印发“七五”法治宣传教育规划,全面启动“七五”普法。

【探索互联网+公共法律服务模式】 2016年,嘉兴市全面完成《公共法律服务体系建设三年行动计划(2014-2016年)》,利用“互联网+”技术探索“政府部门统筹主导、社会力量广泛参与、线上线下有机融合”的互联网+公共法律服务,完善公共法律服务专线、专网和移动服务端平台,提升网上办事功能,实现网上查询、网上办事等一条龙服务,扩大公共法律服务覆盖面和影响力。扩大法律援助范围,开展农民工讨薪,敬老爱老、法护夕阳,法律援助进军营等专项行动,全市法律援助机构接待法律咨询21565人次,办理法律援助案件4186件,受援人数13207人,为当事人挽回经济损失近1.4亿元。

(沈志林)

精神文明建设

【培育和践行社会主义核心价值观】 年内,市委宣传部(市文明办)制定印发《嘉兴市培育和践行社会主义核心价值观2016年度实施方案》和《嘉兴市2016-2017年度公益广告宣传方案》,推动各级各类媒体和各种社会媒介做好社会主义核心价值观公益广告制作和刊播工作。至年底,《嘉兴日报》《南湖晚报》刊登公益广告版面183.85个,嘉兴电台新闻综合等3个频率播放公益广告11229.5分钟,嘉兴电视台新闻综合等3个频道播出公益广告7410分钟。面向社会开展全市公益广告征集宣传活动,征集到平面类、广播类、影视类、网络类等作品181件,征集到墙绘公益广告59件,获全省一等奖2件、三等奖3件。全年全市新增墙体公益广告10万余平方米,印发《迎接G20 人人讲文明——做文明有礼的嘉兴人》等宣传资料20万余册(份)、“文明礼让、从我做起”标识贴5万张、“文明餐桌”提示帖10万张。

【开展“迎接G20 人人讲文明”系列活动】 2016年,嘉兴市开展“迎接G20 人人讲文明”系列活动。举办“迎接G20 人人讲文明——做文明有礼嘉兴人”暨文明旅游志愿服务活动启动仪式。面向全市各级文明单位开展“迎接G20 人人讲文明——做文明有礼嘉兴人”和文明倡议、宣传教育、志愿服务“三个一”活动,全市近1300家文明单位参加,开展相关主题活动4300余场,参与人数近20万人次。在全市窗口服务单位开展“迎G20峰会,展文明嘉兴风采”系列活动,举办活动启动仪式暨全市窗口服务行业文明礼仪文明服务培训班,医院、银行等41个市本级重点窗口服务单位开展相关活动近50场,参与人数5000余人次。制定《“礼让斑马线,文明过马路”年度活动方案》,设立样本路口,开展“迎接G20 文明出行保畅通”主题宣传,加强文明交通教育劝导,发动全市公交车、企事业单位用车和私家车驾驶员自觉张贴“文明礼让”车贴。全年有20多万名驾驶员,其中新驾驶员3万多名参加活动。

“迎接G20 人人讲文明”主题活动启动仪式

(市文明办提供)

【推进公民道德建设】 2016年,嘉兴市不断推进公民道德建设。每月组织评委会做好嘉兴好人榜评选、浙江好人榜推荐上报和中国好人榜投票评议工作,建立“万张红榜送好人”活动季报制度,举办“嘉兴好人榜”季度发布会暨道德模范与身边好人现场交流活动。至年底,评出“嘉兴好人榜”好人60人,其中入选“中国好人榜”好人6人,入选“浙江好人榜”好人50人,名列全省前茅。

【群众性精神文明创建】 2016年,嘉兴市加强群众性精神文明创建。一是深化全国文明城市创建。坚持问题导向,查找创建短板,下发《全国文明城市创建动态管理措施(负面清单)》。继续对市本级13个街道开展城市文明程度指数季度测评,推进文明城市创建常态化、长效化。调整34位市领导督导联系街道文明城市创建工作机制,推进街道重点难点问题整治,下发交办单41份,梳理问题40个。二是推进农村精神文明建设。以核心价值观宣传推进移风易俗为抓手,通过编撰“家庭和睦十准则”、开展“基层好声音”等活动,利用电影下农村映前广告、乡村文化墙、横幅、电子显示屏以及公众号、手机报、App等开展立体化宣传,将核心价值观精神内涵融入农民喜闻乐见的宣传图画、口号标语中。深化“星级文明户”“五好文明家庭”创建,开展“道德模范”“身边好人”“最美家庭”“最美婆媳”“最美邻居”等创评活动,入选全国文明家庭1户、省级“最美家庭”17户,创建市级“优美庭院”示范村180个。结合文明村镇、文明家庭系列创建,全面推动好家风宣传,全市文明村镇参与率达到100%。三是推进基层系列文明创建。做好2014-2015年度市级文明单位、文明村镇复评工作,修订嘉兴市级文明单位、文明村镇《考核细则》《嘉兴市级文明单位测评操作手册(2016版)》。完成对2014-2015年度市级文明行业、文明街道、文明社区、文明示范窗口的检查验收和复评,新命名市级文明行业1个、文明街道7个、文明社区25个、文明示范窗口56个。开展2015-2016年度嘉兴市级文明单位、文明村镇申报评选工作,新命名市级文明单位86个、市级文明镇1个、市级文明村47个。制定下发《嘉兴市2016年度县(市、区)城市文明程度指数测评重点内容》。指导嘉善县、海宁市争创全国文明城市,海宁市圆满承办全省创建全国县级文明城市现场推进会,并在全省12个提名城市文明程度指数测评中连续两年位列第一名。指导平湖市、海盐县争创浙江省文明县(市),平湖市成功晋级。

【加强未成年人思想道德建设】 2016年,嘉兴市加强未成年人思想道德建设。一是推动核心价值观宣传进校园。围绕建党95周年、中华人民共和国成立67周年主题,开展“爱学习、爱劳动、爱祖国”“童心向党”歌咏比赛,“歌颂祖国”“红领巾心向党”“向国旗敬礼”网上签名等活动,其中“向国旗敬礼”网上签名寄语累计参加点击达到30万人次。以缅怀先烈、专题讲座、歌咏演唱等形式,开展“重走长征路”“学做小红军”“唱响长征之歌”“讲长征故事”等系列活动,6万余名青少年参与。开展中华经典诵读、“阅读伴我成长”、“做美德少年”、“红船少年学科星”以及优秀童谣征集传唱等活动。全市“我爱诵诗文”中华经典诵读比赛活动评出一、二、三等奖28名,评选“美德少年”市级50名、县级742名。二是加强乡村学校少年宫建设。全年新增中央福利彩票支持的乡村学校少年宫2所,合计中央支持的项目学校达到26所,全年投入支持资金188万元,其中中央支持资金

推进乡村学校少年宫建设　　(市文明办提供)

136万元、市本级支持资金24万元、县级支持资金28万元。三是加强“春泥计划”建设。利用爱国主义教育基地(抗战纪念馆等)、文化馆、科技馆、乡村民俗馆、国防教育馆以及“道德讲堂”“文化礼堂”等阵地,开展“家风家训”伴我成长、“保护母亲河”、“国学夏令营”等系列活动,不断满足未成年人的精神文化需求。四是启动文明校园创建。根据中央、省“关于深入开展文明校园创建活动的实施意见”精神,按照班子建设好、道德教育好、阵地建设好、教育队伍好、校园文化好、学校环境好“六个好”标准要求,推进文明校园创建活动,市本级选取18所中小学校作为文明校园创建示范学校。五是规范未成年人心理健康教育。将全市未成年人心理健康教育辅导中心转移到嘉兴教育学院,投入10万元改善软硬件条件,投入

10万元运作资金推进南湖区和秀洲区未成年人心理教育辅导分中心建设，确保心理健康辅导中心正常运作。各心理健康教育辅导中心结合实际设计心理辅导内容，制定计划，走进学校、社区、家庭等，开展宣讲、咨询、辅导等活动，累计开展辅导活动1000多场次，个案辅导300多个。

【深化志愿服务活动】 2016年，嘉兴市志愿者注册全面铺开，开启智慧公益服务，在全市全面启用“志愿汇”网络平台，实现志愿者通过“志愿汇”PC端或手机App报名以及发起志愿服务活动更加便捷。完善志愿服务计时回馈功能，服务时数可自动折算为公益积分（益币），并累计在个人账户中，益币可通过线上“益币商城”、线下“公益慈善商店”兑换商品。强化志愿者管理，完善网上注册，至年底，全市注册志愿者69.8万人，占全市常住人口数15.2%，总数列全省第3位，占比列全省第2位。开展文明交通志愿服务礼让斑马线活动，市区每天有300余名志愿者深入小区、街巷、公共场所、道路交通路口、旅游景区、集贸市场等开展集中性文明宣传、文明劝导和环境清洁志愿服务活动。利用重要节日节点开展志愿服务活动，“三五”期间在全市开展“志愿嘉兴、让爱同行”志愿服务统一大行动，以“迎接G20　人人讲文明”为主题开展社区平安巡防、高铁站维持秩序、文明出行等一系列志愿服务活动。“12·5”国际志愿者日举办“志愿嘉兴，与爱同行”城市公益定向赛活动，开展红色行动、文明出行、援疆亲子助学、家书传亲情、美化窨井盖、梦想绘画等活动，营造“人人参与志愿服务，个个奉献公益爱心”的社会氛围。开展2015年度“学雷锋公益成长计划”志愿服务项目评审，对“无声的美丽世界”关爱聋人助残志愿服务等46个项目进行立项补助。开展环卫工人爱心饮水点活动，全市有3100多个商家参与。举办第一届嘉兴市志愿服务项目创投大赛，收到志愿服务项目120个。举办首届嘉兴公益论坛，吸引社会公众对公益事业的关注，扩大志愿服务的影响力。

嘉兴市学雷锋志愿服务　　（市文明办提供）

【推进网络文明传播】 2016年，嘉兴文明网策划制作33个主题性的专题报道，撰写编发6000多篇图文稿件，其中《嘉兴:“红雨伞”党员志愿者先锋服务队为百姓撑起一片天》《嘉兴市举行“童心向党”歌咏活动专场展演》《嘉兴让好人的力量闪耀禾城》等43篇稿件及专题在中国文明网首页聚焦区展示，100多篇原创评论被中国文明网录用。同时，嘉兴文明网微博、手机App、“文明嘉兴”微信公众号等新媒体平台坚持每日推送，持续扩大社会影响，引导网上文明传播，助推网络清朗空间。

（宋一江　伍广平）

生态嘉兴建设

【概况】 2016年，嘉兴市委、市政府深化“五水共治”和美丽浙江建设，以改善环境质量为核心，以补齐生态环境短板为目标，以护航G20杭州峰会和第三届世界互联网大会为契机，加强环境综合整治，淘汰落后产能，促进产业转型升级，推进生态文明制度创新，全市环境质量得到改善，“五水共治”和美丽建设工作取得成效。

【深化“五水共治”工作】 2016年，嘉兴市坚持将“水岸同治”作为主要举措，深入推进各项治水工作。深化城乡和工业污染源治理。推进工业污水全入网，对9000家入网企业开展回头看，303家重点企业安装刷卡排污系统，205家省控以上废水重点企业污水排放达标率90.6%，比上年上升44%。推进城乡生活污水全治理，普查整改市政道路排水管网,新建管网390千米,实施农村生活污水治理三年行动,累计完成污水集中处理农户58981户。推进污水处理设施全提标,完成5家污水处理厂提标改造,新增污水入网量17万吨/日。推进省控断面全消劣,落实“一点一策”“一河一策”治理方案,全市省控劣Ⅴ类水质断面全部消除。推进饮用水水源地达标整治全提升,试点发展沿河有机农业,水源地水质达标率比上年提高17.8个百分点。推进中小河流全治理,全面开展河道和湖荡清淤工作,累计清淤1207千米、1312万立方米。2016年,全市73个市控以上地表水监测断面中Ⅱ类断面1个、Ⅲ类断面13个、Ⅳ类断面54个、Ⅴ类断面4个、劣Ⅴ类断面1个,Ⅳ类及以上水质达到93.1%,比上年增加15.5个百分点;高锰酸盐指数、氨氮和总磷平均浓度分别下降8.5%、22.1%、14.7%。

【推进“五气共治”工作】 2016年,嘉兴市围绕“全年PM2.5浓度和重污染天数实现双降”目标,开展六大专项行动,推进“五气共治”工作。强化工业废气治理。对12个重点行业开展挥发性有机污染物整治,109家企业完成治理任务,对28家热电企业实施烟气超低排放改造,8家热电企业完成22台锅炉烟气超低排放治理设施建设。嘉兴发电厂超低排放工程全面建成,成为全国最大机组最多超低排放燃煤电厂。开展重点行业和领域废气清洁排放改造,对59家万吨以上耗煤企业开展锅(窑)炉烟气治理,完成56台锅(窑)炉特别排放限值治理。加强机动车污染防治,实行“人盯人、人盯车、人盯单位”的工作责任制,淘汰黄标车1760辆,超额完成省定任务。升级油品,全市加油站均供应国Ⅴ标准车用汽柴油。推广新能源公共汽车,全市节能环保型公交车比例29%、出租车比例48%。完善公共自行车系统,建设自行车租赁点1029个、投用自行车2.6万辆。加快电动汽车基础设施建设,建成充电桩630个。重点整治城市扬尘烟尘,严防建筑施工扬尘,创建27个省级标准化工地。规范道路保洁标准,市区拥有各类环卫保洁机械车77辆,道路机械化清扫率92.5%。推进油烟净化装置,全市中型以上餐馆安装923家,300人以上学校食堂安装279家,500人以上机关企事业单位食堂安装52家。开展露天烧烤整治,整改或取缔经营户4507户。实施煤堆场封闭式管理,完成煤堆场整治71个。推进干洗行业整治和推广建筑水性涂料。抓好农村废气整治。实施《嘉兴市秸秆露天禁烧和综合利用条例》,全市秸秆综合利用率93.98%,初步形成集中收贮、分散收贮和利用主体收贮三种模式;防治农业氨污染,推进测土配方施肥和商品有机肥;加强粉尘防治,最大限度减轻矿山开发对生态环境的影响与破坏。2016年,嘉兴市区环境空气质量优级天数72天,良好天数200天,累积优良率74.3%;PM2.5浓度44微克/立方米,比上年下降17.0%,比2013年下降35.3%,下降幅度高出全省平均1.4个百分点;二氧化硫、二氧化氮和可吸入颗粒物浓度分别为14微克/立方米、37微克/立方米、69微克/立方米,比上年分别下降33.3%、14.0%、9.2%;各县(市)PM2.5浓度均有不同程度下降。

【改善城乡环境】 2016年,嘉兴市深入推进特色小镇和美丽乡村建设,注重拆、改、建有机结合,做好洁化、绿化、美化,改善城乡环境。将“三改一拆”和棚户区改造、危旧房改造、外立面改造齐推并进。2016年,改造旧住宅区、旧厂区、城中村3475万平方米,拆除违法建筑面积1268万平方米,拆改出土地1066.67公顷、拆后利用率82%;完成农房外立面整治1.7万户。开展“公铁”沿线环境专项整治,完成整治点37365个。构建千里绿道网,新建绿道48.06千米,河道绿化430千米,河湖库塘清污(淤)1298万立方米,建成4条绿化美化示范路和4条示范街容。推进绿化造林,新增和改造平原绿化面积1773.33公顷,建设珍贵彩色森林214公顷,营造林面积492公顷,公益林优质林5666.67公顷。推进生活垃圾分类处置,城区分类覆盖面74%,机关事业单位分类收集覆盖率91%、居民小区58%。推进镇村环境整治提升,把嘉善县干窑镇等15个镇作为示范整治项目。深入开展县、镇、村生态示范创建和学校、家庭、医院等绿色系列创建以及集镇、村庄、庭院、厂区、道路美丽系列创建,全市建成国家级生态县2个,省级以上生态镇(街道)创建比例达95.4%。

加大生态文明宣传力度,弘扬生态文化,倡导绿色生活。把生猪养殖产业转型升级作为生态建设的重要内容,实施以"拆违减量"为核心的生猪养殖业转型发展三年行动方案(2013-2016),生猪存栏量由2012年年末的273.1万头降至2016年的18.3万头。严防畜禽养殖污染反弹,做好退养户转产稳收工作,全市全年帮助8202名退养人员实现再就业,转移就业率达94.61%。

(高　梅)

市和县(市、区)机构及负责人

【中国共产党嘉兴市委员会】

书　记:鲁　俊(女)
副书记:林健东(-2016.3)　胡海峰
　　孙贤龙(2016.4-)
常　委:何炳荣　陈越强　连小敏　陈　刚
　　夏忠平(-2016.9)　金　志
　　楼建明　卜凡伟(挂职)
　　杨洪武(挂职,2016.3-)
　　王会能(2016.9-)
七届委员(按姓氏笔画为序)
　　卜凡伟(挂职)　王马青
　　王会能(2016.9-)　王照祥　卢跃东
　　朱　伟　朱海平　朱静绮(女)
　　刘冬生　许　晴(女)　许惠春
　　孙贤龙　孙建华　孙厚祥　李　跃
　　杨洪武(2016.3-)　连小敏　吴　健
　　何炳荣　沈建华　沈秋明(-2016.7)
　　沈晓红(女)　张仁贵
　　陆　英(女,-2016.3)　陈　刚
　　陈利众　陈树庆　陈越强
　　邵建华(女)　武亮靓
　　林健东(-2016.3)　金　志
　　周梅芳(女)　赵建明　赵树梅(女)
　　胡海峰　祝亚伟　敖考权　袁建民
　　夏忠平(-2016.9)　高玲慧(女)
　　盛付祥　盛全生　盛勇军　章　剑
　　葛永元　董苗虎　鲁　俊(女)
　　楼建明　戴　锋
七届候补委员(按得票多少为序)
　　张文华　施建松　陶金根　陈新友
　　翁勤雄　朱永领　卓卫明　徐鸣阳
　　朱　苗
秘书长:孙贤龙
副秘书长:卢跃东(2016.10-)
　　沈晓红(女,2016.10-)
　　盛付祥(2016.10-)　赵建明
　　吴　健(-2016.11)
　　沈岱峰(-2016.2)　葛永元
　　周梅芳(女)　陈新友　翁勤雄(兼)
　　沈丁华　朱少平　杨　帆(女,兼)

【中国共产党嘉兴市纪律检查委员会】

书　记:陈　刚
副书记:沈秋明(-2016.7)　王　蕾(女)
常　委:徐春华(2016.11-)　张黎群　沈红雷
　　徐　峰　张月琴(女)

【中共嘉兴市委工作部门及直属单位】

办公室
主　任:赵建明
副主任:沈晓农　邱爱忠　王　真
纪检组组长:金三民
纪检组副组长:邱再青
督查考评室
主　任:金梓伟(-2016.12)
正处级督查专员:孙建良　张明华(女)
　　应志敏(2016.2-)
　　蒋惠玲(女,2016.10-2016.11)
　　沈晓农(2016.11-)
副处级督查专员:关晓东　姚晓明　王建峰
　　封叙坤(-2016.11)　肖传金
接待办
主任、党组书记:杨　帆(女)
副主任:王永才(兼)　李建根(2016.2-)
组织部
部　长:连小敏(兼)
副部长:敖考权　方俊良
　　梁晓英(女,2016.11-)　李　捷

汪政旭(兼) 陈树庆(兼) 沈建明(兼)
纪检组组长:陈千颂(2016.11-)
纪检组副组长:沈钟炜(女)
新经济与新社会组织工作委员会
书 记:方俊良(-2016.11)
梁晓英(女,2016.11-)
副书记:俞惠明(-2016.12) 陆金甫(兼)
叶伟达(兼) 沈建良(兼)
人才办
专职副主任:林 卫(女)
老干部局
局 长:汪政旭
副局长:陈双玉 薛月芳(女) 崔伏良
宣传部
部 长:陈越强(兼)
副部长:王国华(女) 王登峰 姚 伟
纪检组副组长:王如清
文明办(创建办)
主 任:姚 伟
副主任:施俊法 孙水观 沈国强(兼,-2016.8)
党政信息和互联网宣传管理办公室
主 任:王登峰(兼,-2016.11)
程恩光(2016.11-)
副主任:黄国强(-2016.11)
市文化产业发展领导小组办公室
专职副主任:王小红(女)
统战部
部 长:朱静绮(女,兼)
副部长:张颖杰 陈国华 叶伟达 万 勇
纪检组组长:金龙飞(2016.10-)
纪检组副组长:柴林根
政法委员会(社会管理综合治理委员会办公室、市委市政府维护稳定工作领导小组办公室)
书 记:胡海峰(兼,-2016.3)
孙贤龙(兼,2016.6-)
副书记:金 志(兼) 楼建明(兼)
杨洪武(兼,2016.4-) 翁勤雄
肖 列(女,-2016.2) 刘安良
杨 敏 曹雪根 丁六全
张海君(2016.2-2016.11)
毛永忠(2016.11-)
政治部主任:顾海群(女)
纪检组组长:金保根(2016.2-)
纪检组副组长:倪蔚天
社会管理综合治理委员会办公室
主 任:曹雪根
副主任:张建章
维护稳定工作领导小组办公室
主 任:杨 敏
副主任:顾林荣(-2016.2) 朱国清(2016.2-)
市委直属机关工委
书 记:周梅芳(女)
副书记:王剑平 高志群 王良科(2016.10-)
纪工委书记:徐磊明
政策研究室
主 任:朱少平
副主任:李顺合 金培中 钮月终
机构编制委员会办公室
主 任:沈建明
副主任:吴良根 陈兴伟
台湾事务办公室
主 任:张形芳
副主任:姜培洪 章建琴(女)
党 校
校 长:胡海峰(兼,-2016.3)
连小敏(兼,2016.6-)
常务副校长:徐 勇
副校长:翁为平 柴海生 徐连林
档案局(党史办、市志办)
局长(主任)、党组书记:叶永强
副局长(副主任)、党组副书记:周春锋
副局长(副主任):姚炎鑫 陆建军(2016.6-)
社会工作委员会办公室
主 任:沈海明
副主任:沈建良 郑新娣(女,兼)
鲁肇峰(兼,2016.11-) 张正伟(兼)
尹雪阳(兼) 曹雪根(兼)
余柏根(兼,-2016.2) 方俊良(兼)
吴贵敏(兼) 任 军(兼)
嘉兴日报报业传媒集团
党委书记、社长、理事长:蔡伟达
党委副书记、总编、副社长:施卫华

副社长:魏荣彪
副总编:杨自强　杨志勇　颜伟光
纪委书记、监事会主席:吴建华
理　事:施卫华　魏荣彪　王登峰(兼)
监　事:蒋朝晖(兼)

嘉兴广播电视集团

党委书记、总裁、理事长:马雪腾
副书记、总编辑、副总裁:沈炳忠
副书记:杨阿敏(女)
副总裁:张　军　徐传荣
副总编:胡伯良　唐海波
纪委书记、监事会主席:李国强
理　事:沈炳忠　王登峰(兼)
监　事:蒋朝晖(兼)

【嘉兴市人民代表大会常务委员会】

主任、党组书记:刘冬生
党组副书记:武亮靓
副主任:武亮靓　张志伟　金成胜　沈利农
　　朱海平(2016.3-)　王马青(2016.3-)
　　朱　伟(2016.3-)
七届委员(按姓名笔画为序)
　　王会能　王国华(女)　叶　放(女)
　　叶肖梅(女)　史丽佳(女)　吕新建
　　朱永领　朱兴福　朱金富
　　朱建潮(-2016.2)　刘　君(女)
　　刘惠娟(女)　刘稚红(女)
　　许洪明(-2016.6)　何伟明　汪林青
　　陈付良　陆　英(女,-2016.3)　尚　群
　　罗献中(-2016.8)　周　明(女)
　　周国建　郑富江　胡晓云
　　胡静如(女,-2016.12)　钟治安
　　闻人庆(女)　姜新良　敖考权
　　徐永良　傅一鸣(女,-2016.6)
秘书长:王立仁(女)
副秘书长:罗献中(-2016.8)
　　汤云良(2016.10-)　朱金富
　　傅一鸣(女,-2016.6)　何伟明

法制委员会

主任委员:何伟明
副主任委员:罗建明

内务司法委员会

主任委员:叶　放(女)

财政经济委员会

主任委员:胡晓云
副主任委员:胡静如(女,-2016.12)　李华良

教育科学文化卫生委员会

主任委员:周　明(女)
副主任委员:徐寒飞

民族宗教外事侨务委员会

主任委员:钟治安

农业农村经济委员会

主任委员:陈付良
副主任委员:郑富江

城乡建设环境资源保护委员会

主任委员:尚　群
副主任委员:凌昊松

代表工作委员会

主　任:姜新良
副主任:史丽佳(女)

法制工作委员会

主　任:何伟明
副主任:罗建明

内务司法工作委员会

主　任:叶　放(女,2016.6-)

预算工作委员会

主　任:胡晓云
副主任:胡静如(女,-2016.12)　李华良

办公室

主　任:罗献中(-2016.8)　汤云良(2016.10-)
副主任:金永海　陆奇芬(女)　易太贤　蔡晓峰
纪检组组长:潘光志
纪检组副组长:杨逢春

研究室

主　任:朱金富
副主任:陆士明

【嘉兴市人民政府】

市　长:林健东(-2016.3)　胡海峰(2016.3-)
党组书记:林健东(-2016.3)
　　胡海峰(2016.3-)
常务副市长、党组副书记:楼建明

副市长:卜凡伟(挂职)　赵树梅(女)
柴永强　祝亚伟　张仁贵　盛全生
秘书长:董苗虎(-2016.3)
副秘书长:卢跃东(2016.12-)
沈晓红(女,2016.12-)
盛付祥(2016.12-)
沈建华　陈秋荣(挂职)　李泉明
施震东(-2016.12)　柏卫东
王一伟(-2016.3)
周建新(-2016.3)　蔡山林
仲旭东(-2016.11)
严　政(挂职,-2016.7)
王伟荣(2016.3-)
章　澜(2016.3-)
李世超(挂职,2016.7-)
于会游(2016.10-)
施晓松(2016.11-)

【嘉兴市人民政府工作部门及直属单位】

办公室
党组书记:董苗虎(-2016.2)
党组副书记、主任:沈建华
副主任:李世超(挂职,2016.7-)　王永才
糜克明　吴国明
纪检组组长:方季良
法制办公室
主　任:张春晓
副主任:杨建强
研究室
主　任:何　坚
突发公共事件应急管理办公室
副主任:邓　辉　沈晓农(兼)
金融工作办公室
主任、党组书记:包毓琼(女)
副主任:周坤彪　沈　坚(挂职,-2016.8)
反走私与海防管理办公室
副主任:张永明
发展和改革委员会
主　任:朱　伟(-2016.4)　章　剑(2016.12-)
党组书记:朱　伟(-2016.11)
章　剑(2016.11-)
副主任:徐黎宏　姚中华　罗永联　沈卫东
朱永根　杨克建
邢益新(挂职,2016.7-2016.12)
纪检组组长:陈为民
重大项目稽察特派员:姚中华
援建办副主任:吴晓云
服务业发展局
局　长:朱　伟(兼,-2016.4)
章　剑(2016.11-)
副局长:沈新良
经济建设规划院
院　长:徐黎宏
经济和信息化委员会
主任、党组书记:卓卫明
党组副书记:张雪荣　徐　忠
副主任:徐　忠　顾志刚　倪　英(女)　黄立元
杨中浩(挂职,2016.7-2016.12)
纪检组组长:孙金林
教育局、市委教工委
局长、教工委书记:周建新
教工委副书记:张新民　王幸平
刘玉成(2016.11-)
副局长:王幸平　朱军一　包庆余
纪检组组长:袁　为(女,-2016.10)
科学技术局
局　长:邢海华
党组书记:沈向宏
副局长:沈向宏　陈天英(女,2016.11-)
夏学强　余建平　夏　洋(挂职)
纪检组组长:严丽娟(女)
公安局
局长、党委书记、督察长:金　志
党委副书记:沈楚赓(-2016.2)　姚钰明
副局长:沈楚赓(-2016.3)　姚钰明　冷江浩
吕桂华(女)　李新宝
高海金(2016.3-)　杨永健
纪委书记:刘保民(-2016.2)
纪检组组长:许金夫(2016.10-)
纪检组副组长:刘保民(-2016.2)
政治部主任:高海金(-2016.2)
钱炳华(2016.2-)

监察局
局　长:沈秋明(-2016.8)
副局长:徐　峰(兼)　朱　军
民政局
局长、党委书记:沈海明
副局长:沈晓琴(女)　郑新娣(女)　赵建华
　　鲁肇峰(2016.11-)　张正伟　尹雪阳
纪检组组长:肖　缨
老龄委员会办公室主任:赵建华
司法局
局长、党委书记:陆娟梅(女)
副局长:黄　威(女)　王林飞　林时兴　蔡加龙
政治部主任:曹　霞(女)
强制隔离戒毒所所长:马卫林
财政局
局长、党委书记:许　农
党委副书记:吴贵敏
副局长:吴贵敏　姜　东　王海荣
纪检组组长:周曙光
市政府投资项目财务中心主任:朱国萍(女)
地方税务局
局　长:许　农
副局长:马莉萍(女)　卓　然
总会计师:傅如龙
稽查局局长:张卫阳
人力资源和社会保障局
局长、党委书记:陈树庆
党委副书记:应志敏(-2016.2)
副局长:应志敏(-2016.3)　王松林
　　余柏根(-2016.3)　冯俊华　倪建强
　　吴金华(-2016.11)
　　俞叶君(女,2016.3-)
纪检组组长:施　迪(女)
环境保护局
局长、党组书记:曹建强
党组副书记:单国强
副局长:单国强　潘　侃　魏元胜
　　朱伟强(-2016.11)
纪检组组长:汤　洁(女)
总工程师:李健忠
城乡规划建设管理委员会
主任、党委书记:李国明
党委副书记:骆小民　陈　胜
副主任:骆小民　陈松加
　　沈国强(兼,-2016.8)　林　海
委　员:张卫高　汪旭明　梅丽华　肖建国
纪检组组长:陈耀武
总规划师:孙兴辰(-2016.3)
总工程师:沈　伟
建筑业管理局局长:汪旭明
规划管理局局长:林　海
房屋征收与补偿管理办公室主任:梅丽华
园林市政局局长:肖建国
交通运输局
局长、党委书记:顾国强
党委副书记:鲍忠良
副局长:张伟林　诸柏生　董学军
　　鲍武明(兼)　张志东
纪检组组长:李　玲
总工程师:严凤祥
港航管理局局长:步海宾
公路管理局局长:方建义
道路运输管理局局长:陈连根
水利局(杭嘉湖南排工程管理局)
局长、党委书记:袁建民
党委副书记:陈明杰
副局长:朱　海　董郁祥　徐明良(-2016.11)
纪检组组长:王文晖
总工程师:苏胜利
农业和农村工作办公室、农业经济局
主任、局长、党委书记:葛永元
党委副书记:蔡国忠
副主任:蔡国忠　赵如英(女)　马纪良
　　俞日富　张荣根　沈建全　贺学明
副局长:赵如英(女)　马纪良　俞日富
　　张荣根　沈建全　贺学明
纪检组组长:王伟明
商务局(粮食局)
局长、党委书记:张建生
商务局副局长:陈志林　陈　峰　许　兵
粮食局副局长:屈达贵　马　俊
纪检组组长:黄炳金

文化广电新闻出版局
局长、党委书记:金琴龙
党委副书记:王　蕾(女,2016.2-)
副局长:王　蕾(女)　胡　晶(女)
　　陆志芬(女,2016.11-)　陈云飞
　　贾　翔　陈建江
文物局
局　长:金琴龙
副局长:陈建江
卫生和计划生育委员会
主　任:吴　燕(女,-2016.12)
党委书记:李　蒙
党委副书记:吴　燕(女,-2016.11)　陈国平
副主任:朱　东　陈其根　徐秀林
　　王国芬(女)　李金大
纪检组组长:周引忠
爱卫办
主　任:吴　燕(女,-2016.11)
专职副主任:李金大
审计局
局　长:张永红(女)
党组书记:江　强
党组副书记:陈关华
副局长:陈关华　邱锦月(女)　蒋朝晖
纪检组组长:冷海林
总审计师:叶常青
经济责任审计工作联席会议办公室主任:宣玉泉
体育局
局长、党组书记:刘松洁
副局长:黄伟明　王伟荣(-2016.3)
　　陈　政(女)　黄　擎(2016.3-)
统计局
局长、党组书记:沈周明
副局长:钱亚畅(-2016.12)
　　吴晓东(2016.7-)　柳国彪(2016.12-)
总统计师:吴晓东(-2016.7)
　　蒋明祥(2016.7-)
国家统计局嘉兴调查队
队长、党组书记:吴红卫
副队长:张全跃　张连华
纪检组组长:林汉生
城市社会经济调查队
队　长:李国明(兼,-2016.8)
副队长:徐文军
旅游委员会
主任、党组书记:张　硕
副主任:周红霞(女)　顾金芳　汪明华
　　陈敏红(女,2016.11-)　计学忠
外事侨务办公室
主任、党组书记:朱永明
党组副书记:章一川
副主任:庄玉娥(女)　娄新生(女,兼)
　　朱海林　陆　震　陆林甫(兼)
民族宗教事务局
局　长:陈国华
副局长:陈林根　马继宁
信访局
局长、党组书记:沈丁华
正处级信访督查专员:金保根(-2016.2)
　　毕志强(2016.6-)
副局长:徐国梁　陈建新　毕志强(-2016.7)
　　余鸿伟　王静霞(女)
副处级信访督查专员:吴秉成
安全生产监督管理局
局长、党组书记:徐建役
副局长:顾联军　钱叶秋　周小明(-2016.11)
总工程师:王文华
市场监督管理局(工商行政管理局、食品药品监督管理局)
局长、党委书记:王根良
党委副书记:俞振琪(女)
副局长:计卫东　陆金甫　孙　巍　王海燕
　　朱国农　张志明
纪检组组长:杜锦瑛(女)
总工程师:戴叶华(女)
食品安全委员会办公室主任:王根良
质量技术监督局
局长、党委书记:沈建法
党委副书记:桂红蕾(女)
副局长:桂红蕾(女)　梁　虎　杨连青
纪检组组长:徐　风
总工程师:马云龙

综合行政执法局
局长、党组书记:沈国强(-2016.8)
副局长:徐锡波　郑栋良(2016.7-)　董振华
　　李能祥　沈楚赓(兼,-2016.3)
　　黄　敏(女,-2016.3)
纪检组组长:邢华胜(-2016.7)
　　陈恩海(2016.10-)
政治处主任:钟建林

综合行政执法支队
支队长:沈国强(-2016.8)
副支队长:徐锡波　郑栋良(2016.7-)
　　董振华　李能祥
　　黄　敏(女,-2016.3)

城市管理办公室
主　任:沈国强(兼,-2016.8)

人民防空办公室(民防局)
主任(局长)、党组书记:严吉丹
副主任(副局长):徐才根　梁兴甫
　　史高翔(兼)
　　曹开锋(2016.7-)

国有资产监督管理委员会
主任、党委书记:王申峰(女,-2016.11)
副主任:王　鸣　唐蓉蓉(女)
　　朱永强(2016.3-)
纪检组组长:蔡土贵

嘉兴经济技术开发区
党工委书记:何炳荣
管委会主任:陈利众
党工委副书记:陈利众　陈玉锋
副主任:陈玉锋　朱全根　金龙飞(-2016.12)
　　张善根　闻建梁(-2016.10)　葛其林
　　朱甫荣　陈　骏　周志祥
　　沈洪林(2016.11-)　张志华
　　包　军(2016.10-)
纪检组组长:沈红雷(2016.11-)
纪检组副组长:姜生明

嘉兴现代服务业集聚区
党工委书记:何炳荣
管委会主任、党工委副书记:陈利众
管委会副主任:朱全根(兼)
　　徐　军(兼,-2016.11)

嘉兴国际商务区
党工委书记:何炳荣
管委会主任:陈利众
党工委副书记:陈利众　陈玉锋
副主任:陈玉锋　朱全根　金龙飞(-2016.12)
　　张善根　闻建梁(-2016.10)　葛其林
　　朱甫荣　陈　骏　周志祥
　　沈洪林(2016.11-)　张志华
　　包　军(2016.10-)

嘉兴高新技术产业园区管委会
主　任:陈利众
副主任:邢海华(兼)

滨海办
主　任:楼建明(兼)
党委书记:王照祥
党委副书记:吕亚军
副主任:王照祥　王建安　张　翼　钱永忠
　　马红观　林卫兵

嘉兴港务局
局　长:王照祥
副局长:王建安　张　翼
总工程师:黄银水

口岸办
主　任:王照祥
副主任:钱永忠　林卫兵

嘉兴港区开发建设管委会
党工委书记:王马青(-2016.10)
　　戴　锋(2016.10-)
管委会主任、党工委副书记:石云良
管委会副主任:沈跃平　沈文平
　　郑栋良(-2016.7)
　　许红莲(女,-2016.11)
　　连永刚　钟伟华(-2016.11)
　　胡亚东(2016.11-)
纪检组组长:周民祥

嘉兴综合保税区管委会
党工委书记:王马青(-2016.10)
　　戴　锋(2016.10-)
管委会主任、党工委副书记:石云良
管委会副主任:沈跃平　沈文平
　　郑栋良(-2016.7)

许红莲(女,-2016.11)
连永刚　钟伟华(-2016.11)
胡亚东(2016.11-)
纪工委书记:周民祥

嘉兴科技城(2016.2-)

党工委书记:孙建华(2016.2-2016.11)
朱　苗(2016.11-)
管委会主任:朱　苗(2016.3-2016.11)
徐　军(2016.11-)
党工委副书记:朱　苗(2016.2-2016.11)
徐　军(2016.11-)
姜卫东(2016.2-)
管委会副主任:童伟强(2016.3-)
张建华(2016.7-)
卜京伟(2016.7-)

湘家荡区域开发建设管委会

党工委书记:毛扣祥
主　任:鲁肇峰(-2016.11)
张锡锋(2016.11-)

南湖风景名胜区管委会

主　任:陈士洪
副主任:陈保良　沈洪亮　朱建华(兼)

市政府驻北京联络处

主　任:吴根军
副主任:毕志强(兼,-2016.7)
王静霞(女,兼)　曾步望(挂职)

合作交流办公室(协作办、上海联络处)

主任、党组书记:陈铭嘉
副主任:俞红平(女)　杨成跃　郑秀峰　章雄伟
上海联络处专职副主任:边淑兰(女)

审批服务中心

主　任:汤云良(-2016.11)
张海君(2016.11-)
党组书记:汤云良(-2016.10)
张海君(2016.11-)
副主任:张海君(-2016.3)　顾伟忠
沈晓华(女)　崔勤明(2016.3-)

机关事务管理局

局长、党组书记:邬亚甫
副局长:张志祥　戴金荣　罗诗洪

供销合作社联合社

主任、党委书记:汪洪波
副主任:钱松华(2016.12-)　张　俊　韩金祥
周松云

农村合作经济组织联合会

主　任:汪洪波
副主任:钱松华(2016.11-)　张　俊　韩金祥
周松云　王月光(兼)　俞日富(兼)

农业科学研究院(所)

院长(所长)、党委副书记:程旺大
党委书记:沈卫锋
副院长(副所长):顾掌根　曾步望

新居民事务局

局长、党组书记:刘安良
副局长:丁永夫　陈卫东　任　军
姚钰明(兼)　应志敏(兼,-2016.3)
徐秀林(兼)

社会保障事务局

局长、党组书记:于霞芬(女)
副局长:王銮松　杨惠清　李　祥　王保国

行政学院

院　长:楼建明(兼)
副院长:徐　勇　翁为平　柴海生　徐连林
冯俊华(兼)

社会主义学院

院　长:柴永强(兼)
副院长:徐　勇　翁为平　柴海生　徐连林
张颖杰(兼)

住房公积金管理中心

主任、党组书记:张卫高

嘉兴南湖革命纪念馆

馆　长:张宪义

高速公路建设指挥部

总指挥:张仁贵(兼)
常务副总指挥:沈兰冠(兼)
副总指挥:顾国强(兼)
成　员:许海云(女)　李云鸿

杭嘉湖南排工程建设指挥部

副总指挥:袁建民

杭州湾跨海大桥管理局

党委副书记:陆佳荣
副局长:陆佳荣　顾国强(兼)

嘉绍大桥管理局
党组书记:吴炳泉
副局长:吴炳泉(-2016.11)
支援新疆阿克苏地区沙雅县指挥部
指挥长:王碎社
党委书记:王碎社(-2016.12)
金梓伟(2016.12-)
党委副书记、纪委书记:王良科(-2016.12)
俞惠明(2016.12-)
副指挥长:王良科　顾新宇
嘉兴职业技术学院
党委书记:周奇迹
院　长:赵　云
党委副书记:赵　云　沈建龙
副院长:章康龙　张红宇　沈建根
纪委书记:沈建龙
嘉兴广播电视大学
党委书记:周奇迹(2016.7-)
校　长:鲍忠良(-2016.3)　赵　云(2016.7-)
党委副书记:赵　云(2016.7-)
沈建龙(2016.7-)
副校长:徐伟根　周纪奎　项大海
纪委书记:沈建龙(2016.7-)
嘉兴教育学院(市教育研究院)
院长、党委书记:陆福根
副院长:都建明　张志松
纪委书记:褚国华
同济大学浙江学院
校　长:陈小龙
党委书记:周建新(兼)
常务副校长:黄自萍
党委副书记:张新民　林　冶
副院长:张新民　周亚夫
纪委书记:林　治
中科院应用技术研究院
党委书记:陈秋荣
党委副书记:吕　勇
嘉兴市实业资产投资集团有限公司
董事长、党委书记:冯水祥
副董事长、总经理:马　俊
党委副书记:马　俊　庄荣根
副总经理:庄荣根　俞益平
纪委书记、监事会主席:张付良
嘉兴市现代服务业发展投资集团有限公司
董事长、党委书记:陈云海
副董事长、总经理、党委副书记:方怡红
副总经理:周　平　钱祖根(-2016.4)
郑晓光　汤森彪　周建杰
纪委书记、监事会主席:姚莉莉(女)
嘉兴市城市投资发展集团有限公司
董事长、党委书记:陈士洪
副董事长、总经理:陈保良
党委副书记:陈保良　张正明
副总经理:张正明　沈洪亮　姜铭恩　朱建华
纪委书记、监事会主席:张正明
嘉兴市交通投资集团有限公司
董事长、党委书记:沈兰冠
副董事长、总经理、党委副书记:李云鸿
党委副书记、纪委书记、监事会主席:李海明
副总经理:许海云(女)　杜增樑(-2016.3)
戴　铭　何宇健　周大勇　苏志刚
李建国(2016.7-)
嘉兴市水源水务投资集团有限公司
董事长、党委书记:董长杰
党委副书记、副董事长、总经理:郭　成
副总经理:李国庆　张富标　陈玉林
刘稚红(女)
纪委书记:薛德甫(-2016.5)
监事会主席:薛德甫(-2016.6)
浙江嘉绍跨江大桥投资发展有限公司
副董事长、总经理、党委副书记:吕为昱
副总经理:李开土

【其他行政、事业、企业单位】
国土资源局
局长、党委书记:汪善明(-2016.3)
徐鸣阳(2016.3-2016.12)
党委副书记:沈金德
副局长:沈金德　苏志兴　吴国飞
纪委书记:薛明良
土地储备中心主任:沈　骏(2016.11-)
执法监察局局长:王之愈

国家税务局
局长、党组书记:袁大中
副局长:张锦铭　陈亨龙　裘耀华(-2016.3)
纪检组组长:姚顺龙
总经济师:沈剑芳(女,2016.1-)
总会计师:陆　勇(2016.1-)
稽查局局长:沈剑芳(女,-2016.1)
王金园(2016.1-)
海事局
局长、党委书记:寿中博
副局长:王　勤(-2016.6)　杨志成
叶伟明(2016.6-)　苏海强
纪委书记:王　勤(-2016.6)
苏海强(2016.6-)
气象局
局　长:杨育强(-2016.3)　朱菊忠(2016.3-)
党组书记:谢国庆(-2016.3)
朱菊忠(2016.3-)
党组副书记:杨育强(-2016.3)
副局长:林　迢(女,-2016.3)
钱光明(2016.3-)　陈金良
纪检组组长:朱补全
烟草专卖局(省烟草公司嘉兴分公司)
局长、经理、党组书记:陈月华
副局长:徐佳宏
副经理:陶文宇(女)
纪检组组长:孙德国
嘉兴出入境检验检疫局
局长、党组书记:蔡渭明
副局长:梅明华　黄　蔚(女)
乍浦办事处主任:王　练
嘉善办事处主任:钱　铮
海宁办事处主任:程光法
嘉兴海关
关长、党组书记:冯仲良(-2016.3)
马旭明(2016.3-)
副关长:潘炳华　张志芳　徐　超(2016.1-)
乍浦办事处主任:徐　超(-2016.1)
陈霖桑(2016.1-)
嘉善办事处主任:冯　叶(女)
海宁办事处主任:夏学庆
桐乡办事处主任:郑　冬
嘉兴海关缉私分局
局　长:潘炳华
政　委:许文忠
副局长:骆贤方
盐务管理局(盐业公司)
局长、经理:姜洪法
副局长、副经理:盛智良　徐　彪
嘉兴供电公司
总经理、党委副书记:韩志军(-2016.9)
陈　嵘(2016.9-)
党委书记、副总经理:孟宪琍
副总经理:王坚敏(-2016.3)
李付林(-2016.3)
沈一平(2016.6-)
王文华(女)　殷伟斌(2016.9-)
纪委书记、工会主席:王继如(-2016.3)
王培林(2016.3-)
总工程师:王坚敏(-2016.3)
殷伟斌(2016.9-)
总会计师:黄　颖(女)
邮政嘉兴市分公司
总经理、党委书记:金　聚
副总经理:乔建华　王健滨(2016.7-)
纪委书记:乔建华
嘉兴市邮政管理局
局　长:鲍武明
中国人民银行嘉兴市中心支行
行长、外汇管理局局长、党委书记:张一兵
副行长:朱　宏　赵承英(女,2016.8-)
纪委书记:赵承英(女,-2016.11)
钱淑芳(女,2016.11-)
工会主席:汤钟尧
中国银行业监督管理委员会嘉兴监管分局
局长、党委书记:崔安明(-2016.7)
党委副书记:周代丽(女,2016.7-)　沈新荣
副局长:周代丽(女,2016.7-)　毛志恒
陈　杰(-2016.4)　孙宏杰(2016.10-)
纪委书记:沈新荣
中国工商银行嘉兴市分行
行长、党委书记:林士强

副行长:洪跃庆(-2016.6)
艾　欣(女,-2016.3)
王崇敏(-2016.3)　程　涛
章晓仑(2016.4-)　朱华斌　吕　忠
纪委书记:洪跃庆(-2016.6)
卢福祥(2016.6-)
工会主席:马敏娟(女,2016.1-)

中国农业银行嘉兴市分行

行长、党委书记:李　萌
党委副书记:尤伟华
副行长:尤伟华　单伟平　谈翠晖(女)
顾志军　达瓦西琼(2016.10-)
纪委书记:谈翠晖(女)

中国银行嘉兴市分行

行长、党委书记:郭　林
副行长:陈元杰　顾　宇　陆　强　韩惠良
葛永哲
纪委书记:陈元杰

中国建设银行嘉兴分行

行长、党委书记:陈　强(-2016.3)
邱伟革(2016.3-)
副行长:袁龙豫　俞　璇(女,-2016.4)
朱金明　王妍而(女)
卢唐来(-2016.9)
韩菲菲(女,2016.4-)
纪委书记:朱金明

交通银行嘉兴分行

行长、党委书记:梁蕴旭(女)
副行长:徐　耀　陆建华　范建华(女)
董敬杰(挂职,-2016.5)

中国农业发展银行嘉兴市分行

行长、党委书记:张韩强
副行长:张丽玲(女)　翟建生
何贞云(2016.2-)
纪委书记:张丽玲(女,-2016.2)
何贞云(2016.2-)

浙江省农村信用社联合社嘉兴办事处

副主任:王月光、傅仲才

上海浦东发展银行嘉兴分行

行长、党委书记:沈建伟
副行长:袁爱山　陆旭平　吴福根(2016.7-)
纪委书记:张建华

中信实业银行嘉兴分行

行长、党委书记:朱　进
副行长:吴永明　陆亚明　吴　斌(2016.4-)

嘉兴银行

董事长、党委书记:夏林生
行长、党委副书记:陶　岚
副董事长:凌　华
副行长:章张海　阮　红(女)
纪委书记、监事长:陈煌生

中国人民财产保险股份有限公司嘉兴市分公司

总经理、党委书记:桂文东
副总经理:陈国良(-2016.10)　倪　啸(女)
张　立　苏　刚(2016.7-)
蒋晓峰(2016.10-)
纪委书记:陈国良(-2016.10)
蒋晓峰(2016.10-)
工会主席:苏　刚(2016.7-)

中国人寿保险股份有限公司嘉兴分公司

总经理:王忠伟(女,-2016.11)
党委书记:王忠伟(女,-2016.11)
胡永生(2016.12-)
副总经理:张世平　许汉丰　王兴平(-2016.11)

中国太平洋财产保险股份有限公司嘉兴中心支公司

总经理、党委书记:崔文波(2016.1-)
党委副书记:崔文波(-2016.1)
副总经理:崔文波(-2016.1)　吴金寿　刘露泽
纪委书记:吴金寿

中国太平洋人寿保险股份有限公司嘉兴中心支公司

总经理、党委书记:李爱良
副总经理:王　海(-2016.4)　方斌初
苏　葳(女,2016.7-)

中国平安财产保险股份有限公司嘉兴中心支公司

总经理:焦宏伟
副总经理:凌　云　李　访

中国平安人寿保险股份有限公司嘉兴中心支公司

总经理:郑晓杰
副总经理:袁　韵(女)　王建丰　高丰琴(女)
朱斌荣　陈延发　杨军晶(2016.6-)

王建忠

中国电信公司嘉兴分公司

总经理、党委书记:万晓东

副总经理:胡剑荣　屠海青　郭　民(-2016.12)

纪委书记、工会主席:胡剑荣

中国移动公司嘉兴分公司

总经理、党委书记:张锦卫

副总经理:盛　华　汪亚峰

纪委书记、工会主席:盛　华

中国联合网络通讯公司嘉兴市分公司

总经理、党委书记:徐国荣

副总经理:陈校明　俞林根　吴云峰

纪委书记:俞林根

浙江省石油总公司嘉兴分公司(中国石油化工股份有限公司浙江嘉兴分公司)

总经理、党委书记:徐　锋

党委副书记:金志明(2016.6-)

副总经理:金志明　陈增良　赖云飞

朱惠明(2016.4-)

纪委书记:金志明(2016.6-)

总会计师:张巍巍(女)

【中国人民政治协商会议嘉兴市委员会】

主席、党组书记:高玲慧(女)

副主席:王　淳(女)　李水根　马玉华

薛佳平　马邦伟　朱静绮(女)

邢海华　李　跃　孙建华(2016.3-)

七届常务委员(按姓氏笔画为序):

王　毅　王林林　王国英(女)

王登峰　方俊良　叶筱敏(女)

冯　丹(女,2016.3-)　曲建平

朱　军　朱　海　朱　樵　朱启丰

仲建锋(2016.3-)　任再平　孙　勤

孙　薇(女)　孙卫斌　孙旭阳

孙志龙(2016.3-)　芦苇岸　李开土

李成义　李轩渠

李秀蓉(女,2016.3-)　杨立公

吴重秋　吴晓阳　沈　盛　沈卫锋

张心桥　张永红(女)　张进喜　张颖杰

陆其祥　陈　俐(女)　陈天荣

金铁臣　周　军　周利春

郑新娣(女,-2016.2)　赵如英(女)

胡　晶(女)　俞红平(女)

俞燕锋(女)　俞霞萍(女)

施建松(2016.3-)　贾　鸣

顾秋莉(女,-2016.2)　徐鹿平

浦金英(女,-2016.2)　黄伟明

龚遂良　崔峪梅(女)

章一川(2016.3-)　章留明　章锡根

程利仲　释性空　鲍　忆(女)

薛家麒　戴　铭

秘书长:高梓福

副秘书长:施建松　张进喜　吴海松

姜　东(兼)　孙卫斌(兼)

程利仲(兼)　孙　薇(女,兼)

胡金祥(兼)　吴晓阳(兼)

徐谟光(兼)　顾小萍(女,兼)

提案委员会

主　任:崔峪梅(女)

副主任:李德忠　李　蒙(兼)　张春晓(兼)

金颖英(女,兼)

学习和文史资料委员会

主　任:叶筱敏(女)

副主任:周　军　王登峰(兼)

胡　晶(女,兼)　黄允钰(兼)

胡伯良(兼)

经济科技委员会

主　任:俞霞萍(女)

副主任:俞燕锋(女)　张雪荣(兼)

叶伟达(兼)　李轩渠(兼)

程利仲(兼)

文教卫体委员会

主　任:沈　盛

副主任:朱　樵　鲍忠良(兼)

沈　勤(女,兼)　黄伟明(兼)

杨志勇(兼)

社会法制委员会

主　任:曲建平

副主任:徐正方　徐静霞(女,兼)

张心桥(兼)　姚武强(兼)

港澳台侨委员会

主　任:顾太文

副主任:徐正方　张形芳(兼)
浦金英(女,兼,-2016.2)　姜　东(兼)

人口资源环境委员会

主　任:任再平
副主任:沈玉良　沈金德(兼)　朱　军(兼)
朱　海(兼)　朱　东(兼)
杜俐萍(女,兼)

委员工作委员会

主　任:秦　泓(女)
副主任:王　蕾(女,兼)　张颖杰(兼)
方俊良(兼)　蒋加伟(兼)

办公室

主　任:施建松
副主任:钟富根　徐　民
纪检组组长:夏志强
纪检组副组长:蒋新民

研究室

主　任:张进喜
副主任:杨鸿圣

【嘉兴市中级人民法院】

院长、党组书记:许惠春
党组副书记:顾进良
副院长:顾进良　徐静霞(女)　章伯凌　李忠平
纪检组组长:陆建林
政治部主任:吴建英(女)
审判委员会专职委员:汪　欣　徐元芬(女)
执行局局长:张惠谊(女)

【嘉兴市人民检察院】

检察长、党组书记:孙厚祥
党组副书记:王建红
副检察长:王建红　陶深明　李　越　郭军毅
纪检组组长:水红浙
政治部主任:黄　蕾(女)
检察委员会专职委员:尹立栋　杨连明
反贪局局长:郑美良

【中国人民解放军嘉兴军分区】

司令员:丁仕夫
政　委:王会能
参谋长:卞云坚
政治部主任:孙志龙
后勤部部长:姚健康

【民主党派和工商联】

中国国民党革命委员会嘉兴市委员会

主　委:李水根(-2016.10)
邢海华(2016.10-)
副主委:沈晓琴(女,兼)　姜　东(兼)
金颖英(女,兼)　吕新建(2016.10-)

中国民主同盟嘉兴市委员会

主　委:柴永强
副主委:孙卫斌　徐永良(兼)　杨立公(兼)
任　军(兼,2016.10-)

中国民主建国会嘉兴市委员会

主　委:戴　铭
副主委:程利仲(兼)
陈　俐(女,兼,-2016.10)
叶肖梅(女)　陆志芬(女,兼)
尤　源(兼,2016.10-)

中国民主促进会嘉兴市委员会

主　委:王　淳(女,-2016.10)
薛佳平(2016.10-)
副主委:孙　薇(女,兼)
顾玉峰(兼,-2016.10)　汪林青
顾云祥(兼)　彭文利(兼,2016.10-)

中国农工民主党嘉兴市委员会

主　委:金成胜(-2016.11)
张永红(2016.11-)
副主委:王　毅(兼,-2016.11)
龚遂良(兼,-2016.11)　胡金祥
费爱华(女,兼)
徐鹿平(兼,2016.11-)
陈　刚(兼,2016.11-)

九三学社嘉兴市委员会

主　委:马玉华
副主委:刘稚红(女,兼)
陈天荣(兼,-2016.10)　徐谟光
孔　俭(兼)　张少东(兼,2016.10-)

中国致公党嘉兴市委员会

主　委:赵如英(女)

副主委:刘惠娟(女,兼)　吴晓阳(兼)
张芳军(女,2016.7-2016.12)
张芳军(女,兼,2016.12-)

工商业联合会

主　席:薛佳平(兼,-2016.12)
张华明(2016.12-)
党委书记:叶伟达
副主席:叶伟达　孙昌佩　顾小萍(女)
兼职副主席:尤　源(-2016.12)
孙连清(-2016.12)
朱兴福(-2016.12)
许洪明(-2016.12)
吴小弟(-2016.12)
吴真生(-2016.12)
张汉良(-2016.12)
杨卫东(-2016.12)
沈兰冠(-2016.12)
沈国甫(-2016.12)
沈金荣(-2016.12)
沈锦坤(-2016.12)
陈正财(-2016.12)
周国建(-2016.12)
鲍　忆(女,-2016.12)
万晓东(2016.12-)　方光明
卢卫伟　刘　泳(2016.12-)
庄君新(2016.12-)　庄奎龙
朱在龙　严月根(2016.12-)
张　虹(女,2016.12-)
李继春(2016.12-)
汪剑平(2016.12-)
沈　珺(2016.12-)
沈卫锋(2016.12-)
沈小红(2016.12-)
陈玲瑛(女,2016.12-)
金惠明(2016.12-)
姚岳良(2016.12-)
赵其法(2016.12-)
夏林生(2016.12-)
莫国平(2016.12-)　盛富林
管建忠　潘建清

【群众团体】

总工会

主　席:沈利农(兼)
党组书记:张心桥
副主席:张心桥　沈禾丰(-2016.8)　丁曙明
高红慧(女)
经审委主任:朱　瑾(女)

共青团市委

书记、党组书记:朱永领
副书记:仲建锋　于会游　俞奕凌(女)

妇女联合会

主席、党组书记:陆　英(女,-2016.3)
副主席:冯　丹(女)　胡　苗(女)
屈　雯(女)　沈晓琴(女,兼)
顾小萍(女,兼)

科学技术协会

主　席:刘　君(女,-2016.3)
李轩渠(2016.3-)
党组书记:刘　君(女,-2016.2)
李轩渠(2016.2-)
副主席:李轩渠(-2016.3)　章　芸(女)
孙　明　郭保东(2016.7-)
王幸平(兼)　刘　霞(女,兼)
严从荃(兼)　沈向宏(兼)
陈秋荣(兼)　程旺大(兼)

社会科学界联合会

主　席:王登峰
副主席:黄允钰　顾志刚(兼)　徐连林(兼)
吕延勤(兼)　章康龙(兼)

文学艺术界联合会

主　席:金琴龙(-2016.3)　王一伟(2016.3-)
副主席:胡　晶(女)　田　耘(兼)
杨自强(兼)　高海金(兼)

残疾人联合会

理事长、党组书记:闻人庆(女)
副理事长:汤碧滨　金　龙　胡志敏

归国华侨联合会

主　席:章一川
副主席:娄新生(女)　朱海林(兼)
叶永平(兼)　陈　坚(兼)
袁　沅(兼)　常东亮(兼)

蒋加伟(兼)　蔡国伟(兼)
戴其丰(兼)

中国国际贸易促进委员会嘉兴市委员会

会　长:毛雪荣
副会长:王建光　钱　钧(兼)

红十字会

会　长:柴永强
党组书记:吴月荣(-2016.6)
常务副会长:吴月荣
专职副会长:傅琦红(女)　沈卫东

【县(市、区)主要机构】

中国共产党嘉兴市南湖区委员会

书　记:孙建华(-2016.10)
朱　苗(2016.10-)
副书记:朱　苗(-2016.10)
徐　军(2016.10-)
沈岱峰(挂职,-2016.2)
沈岱峰(2016.2-)
常　委:张顺荣　边明亮(-2016.12)
李建政(挂职,-2016.12)
陈天英(女,-2016.11)　徐建英(女)
吴　佳　毛扣祥　秦新春(-2016.12)
林　云(挂职)　黄国强(2016.11-)
濮新达(2016.11-)
钱学勤(2016.11-)

中国共产党嘉兴市南湖区纪律检查委员会

书　记:徐建英(女)

嘉兴市南湖区人大常委会

主　任:谢立昕
副主任:柴伟龙(-2016.12)　张培新
汪泽韵(女,-2016.12)
苏志强(-2016.3)　许　立　杜克强
黄　敏(女,2016.3-)

嘉兴市南湖区人民政府

区　长:朱　苗(2016.3-2016.11)
代区长:朱　苗(-2016.3)　徐　军(2016.11-)
副区长:徐　军(-2016.11)　李建政(挂职)
林　云(挂职)　濮新达(2016.12-)
孙旭阳(-2016.7)　柴荣明(-2016.12)
周　静(女,-2016.12)
霍忠华(援藏,-2016.10)
霍忠华(2016.10-)　许　翔
程小辉(挂职,-2016.7)　蔡立新
张庆庆(挂职,2016.7-)
张跃春(挂职,2016.7-)
周小明(2016.12-)
张芳军(女,2016.12-)
周军波(2016.12-)

政协嘉兴市南湖区委员会

主　席:赵建峰
副主席:祝秀平(女)　阮全海(-2016.2)
陆建良　冯琪钰(女)　孔　俭

嘉兴市南湖区人民法院

院　长:朱建宏(-2016.12)
代院长:宋　健(女,2016.12-)

嘉兴市南湖区人民检察院

检察长:陈伟良

中国共产党嘉兴市秀洲区委员会

书　记:朱海平(-2016.10)
吴炳芳(2016.10-)
副书记:吴炳芳(-2016.10)
吴　燕(女,2016.10-)
刘　君(女,挂职,-2016.2)
刘　君(女,2016.2-)
常　委:陈虎培(-2016.12)
高海忠(-2016.2)
程恩光(-2016.11)
陈天荣(-2016.11)
刘晓洪(-2016.10)
郭腾辉　王永法
凌学毅(挂职,-2016.6)
金　波(挂职,-2016.2)
金德贵(2016.2-)
谢立中(2016.2-)
王厚明(2016.10-2016.12)
周　静(女,2016.11-)
徐玉良(2016.11-)
鈕新良(2016.12-)

中国共产党嘉兴市秀洲区纪律检查委员会

书　记:陈虎培(-2016.11)
徐玉良(2016.11-)

嘉兴市秀洲区人大常委会
主　任:冯家俊(-2016.3)　董苗虎(2016.3-)
副主任:张国平　包雷耿(-2016.3)
　　　章世英(女,-2016.3)
　　　高海忠(2016.3-)　肖根华　沈金富
　　　邱根明
嘉兴市秀洲区人民政府
区　长:吴炳芳(-2016.11)
代区长:吴　燕(女,2016.11-)
副区长:陈天荣(-2016.12)　郭腾辉
　　　凌学毅(挂职,-2016.7)
　　　金　波(挂职,-2016.5)
　　　陆志芬(女,-2016.12)　徐永良
　　　沈凤兴　章　澜(-2016.5)
　　　田才让(挂职,2016.5-)
　　　蔡　达(挂职,2016.7-)
　　　王飞飞(挂职,2016.7-)
　　　帅朝晖(2016.12-)
政协嘉兴市秀洲区委员会
主　席:张少初(-2016.11)
副主席:胡建新　金颖英(女)　徐文祥
　　　孙　薇(女)　张　旦
嘉兴市秀洲区人民法院
院　长:冀友佳
嘉兴市秀洲区人民检察院
检察长:赵陆鸣(-2016.12)
代检察长:薛保其(2016.12-)
中国共产党嘉善县委员会
书　记:许　晴(女)
副书记:祁海龙(-2016.10)
　　　徐鸣阳(2016.10-)
　　　滕根林(-2016.11)
　　　陈天荣(2016.11-)
常　委:何全根(-2016.12)
　　　曹国良(-2016.11)
　　　毛永忠(-2016.11)　朱学军　曹雪龙
　　　宁卫东(-2016.10)
　　　沈康明(挂职,-2016.6)　武曜云(女)
　　　曹惠明　吴书雷(2016.10-2016.12)
　　　许红莲(女,2016.11-)
　　　顾新宇(2016.11-)
　　　沈伟强(2016.11-)
中国共产党嘉善县纪律检查委员会
书　记:毛永忠(-2016.11)
　　　许红莲(女,2016.11-)
嘉善县人大常委会
主　任:郑　明
副主任:张炳祥　何慧琴(女)　顾林法
　　　殳世平(2016.3-)　丁炳龙
　　　邹霞芬(女)
嘉善县人民政府
县　长:祁海龙(2016.3-2016.11)
代县长:祁海龙(-2016.3)　徐鸣阳(2016.11-)
副县长:何全根　曹国良(-2016.12)
　　　沈康明(挂职,-2016.7)
　　　殳世平(-2016.3)　高　嵩
　　　施晓松(-2016.12)　许春红(女)
　　　梁吉鸿(挂职,-2016.7)
　　　陆　军(挂职)　徐明良(2016.12-)
　　　郁伟华(2016.2-)
　　　谢光辉(挂职,2016.5-)
　　　陈江伟(挂职,2016.7-)
政协嘉善县委员会
主　席:冯　伟
副主席:吴建平(-2016.9)
　　　俞鹤祥(-2016.3)　丁金华(-2016.3)
　　　王秋儿　陆才华　阎靖华(女)
嘉善县人民法院
院　长:傅杨杰
嘉善县人民检察院
检察长:钟益民
中国共产党平湖市委员会
书　记:盛付祥(-2016.10)
　　　祁海龙(2016.10-)
副书记:刘中华　潘川弟(-2016.11)
　　　王道平(2016.12-)
常　委:姚田宝(女,-2016.12)
　　　梁晓英(女,-2016.11)
　　　徐春华(-2016.11)
　　　仲旭东(2016.11-)　傅金明
　　　陈敏红(女,-2016.11)
　　　严　政(挂职,-2016.6)

刘祥志(-2016.12)
吴金华(2016.11-)
徐　峰(2016.11-)
蔡国平(2016.12-)
钟伟华(2016.11-)
蒋娟芬(女,2016.11-)

中国共产党平湖市纪律检查委员会

书　记:徐春华(-2016.11)
徐　峰(2016.11-)

平湖市人大常委会

主　任:胡水良
副主任:刘耀明(女)　柯卫明　方向明
胡志梁　金玉珍(女)　陶明方

平湖市人民政府

市　长:刘中华(2016.2-)
代市长:刘中华(-2016.2)
副市长:王道平　严　政(挂职,-2016.7)
仲旭东(2016.12-)　顾玉峰
钱勇彪　蔡国平　何　健
濮新达(-2016.12)
沈　坚(挂职,-2016.8)
胡昊劼(挂职,2016.4-)
施冬材(挂职,2016.7-)

政协平湖市委员会

主　席:徐春林
副主席:王华根　方晓烈　俞明祥　邱其良
许　静(女)　周弟明

平湖市人民法院

院　长:赵　阳

平湖市人民检察院

检察长:曹国华(2016.2-)
代检察长:曹国华(-2016.2)

中国共产党海盐县委员会

书　记:沈晓红(女)
副书记:章　剑(-2016.11)
王碎社(2016.10-)
黄江莺(女,-2016.2)
孙雄伟(2016.2-)
常　委:田林华(-2016.12)
钱炳华(-2016.2)　李乐伦　王　坚
王临坤(挂职,-2016.6)　顾秋莉(女)
刘德威(-2016.6)
刘德威(援藏,2016.6-)
周永家(-2016.10)　于智勇(2016.2-)
陆忠祥(2016.6-)
俞路达(2016.10-2016.12)
宗晓慧(女,2016.11-)
黄华忠(2016.12-)

中国共产党海盐县纪律检查委员会

书　记:刘德威(-2016.6)　李乐伦(2016.11-)

海盐县人大常委会

主　任:黄江莺(女,2016.3-)
代主任:朱引良(-2016.3)
副主任:朱引良　崔用龙　马小平
朱蓓华(女)　沈连法　徐林春

海盐县人民政府

县　长:章　剑(-2016.11)
代县长:王碎社(2016.11-)
副县长:孙雄伟(-2016.3)　王　坚
王临珅(挂职,-2016.7)　陆忠祥
胡燕萍(女)　胡燕子(女,2016.12-)
高海华　陈建平　金进喜(挂职)
钱学勤(2016.3-2016.12)
李大治(挂职,2016.5-)
傅方正(挂职,2016.7-)

政协海盐县委员会

主　席:蔡志昌
副主席:肖钰鑫　郑其良　陆建根　董雪明
贺伟民

海盐县人民法院

院　长:宋　健(女,-2016.12)
代院长:黄　欢(女,2016.12-)

海盐县人民检察院

检察长:宋　跃

中国共产党海宁市委员会

书　记:朱建军(2016.4-)
副书记:戴　锋(-2016.10)
曹国良(2016.10-)
周红霞(女,-2016.12)
沈雨祥(2016.12-)
常　委:孙　群(-2016.12)
姚敏忠(-2016.12)　姚建新　王险峰

许金夫(-2016.10)　顾照荣
成　立(-2016.12)
陶咏椿(2016.11-)
王建坤(2016.12-)
彭林军(2016.11-)
郭　真(女,2016.11-)

中国共产党海宁市纪律检查委员会

书　记:王险峰

海宁市人大常委会

主　任:徐　辉
副主任:许煜威　朱祥华　孙浩彬　严海城
潘宇民　钱培伦

海宁市人民政府

市　长:戴　锋(-2016.11)
代市长:曹国良(2016.11-)
副市长:姚敏忠　王建坤　朱海英(女)
曹　毅　俞亚明
胡燕子(女,-2016.12)
金国强(挂职,-2016.7)
黄鸿鸿(女,挂职)
何　瑜(女,挂职,2016.5-)
沈铁蕾(女,挂职,2016.7-)
方　兴(挂职,2016.12-)

政协海宁市委员会

主　席:张炜芬(女)
副主席:郑进良　田　耘　高兴龙　邵小文
朱有田(-2016.2)　吴关佳　史丹夫

海宁市人民法院

院　长:李　斌(-2016.12)
代院长:陈建钢(2016.12-)

海宁市人民检察院

检察长:陈建钢(-2016.12)
代检察长:李　斌(2016.12-)

中国共产党桐乡市委员会

书　记:卢跃东(-2016.10)
盛勇军(2016.10-)
副书记:盛勇军(-2016.10)
王申峰(女,2016.10-)
蒋惠玲(女,-2016.12)
潘川弟(2016.11-)
常　委:陈千颂(-2016.11)
潘家春(-2016.12)　徐鸣阳(-2016.2)
严　培(-2016.12)　戴金明
朱明杰(-2016.4)　王永飞　陈林根
陶咏椿(2016.2-2016.11)
戚鸿峰(挂职,2016.6-)
潘敏芳(女,2016.12-)
周国强(2016.12-)
冯中海(2016.12-)
姜　玮(2016.12-)

中国共产党桐乡市纪律检查委员会

书　记:陈千颂(-2016.11)
王永飞(2016.11-)

桐乡市人大常委会

主　任:张林洪
副主任:闻金根(-2016.1)　沈建坤　沈济贤
曹荣金　孙　琦(-2016.3)
朱　红(女)　费玉林
张建林(2016.3-)

桐乡市人民政府

市　长:盛勇军(-2016.11)
代市长:王申峰(2016.11-)
副市长:朱明杰(-2016.5)
戚鸿峰(挂职,2016.7-)　冯中海
钱松华(-2016.12)　潘敏芳(女)
周国强　郑利民(挂职,-2016.7)
柳国彪(-2016.12)　邹志刚(挂职)
姜　玮(2016.3-)
郭贵恩(挂职,2016.5-)
杨加鸥(挂职,2016.7-)
朱伟强(2016.12-)
徐　刚(2016.12-)

政协桐乡市委员会

主　席:池晓明
副主席:周　民　陈　英(女)　孙晓东
顾根梁　李云飞　陈炳荣

桐乡市人民法院

院　长:许邦清

桐乡市人民检察院

检察长:沈小平(2016.3-)
代检察长:沈小平(-2016.3)

(邵羽辰)

农　业

综　述

2016年年底，全市有涉农镇（街道）66个，涉农村（社区）904个，有农村户数73.08万户，农村人口268.17万人，农村劳动力资源总数176.64万人，农村从业人员163.04万人，其中从事农、林、牧、渔业劳动力27.37万人。

全年全市农业总产值230.34亿元，比上年下降1.8%；农业增加值143.81亿元，增长0.1%。农民收入继续保持较快增长，2016年，农村居民人均可支配收入28997元，增长8.0%，剔除价格因素，实际增长6.1%，收入水平连续13年位居全省首位，城乡收入比下降到1.687∶1。年内，浙江省农业厅公布《2015年浙江省农业现代化建设进程综合评价报告》，嘉兴市农业现代化发展水平得分83.73分，居全省11个设区市第五位，基本实现农业现代化；在全省82个县（市、区）农业现代化发展水平综合评价中，嘉兴市各县（市、区）均跻身前29位，得分均在80分以上。

【嘉兴农展会】 1月27-31日，2016嘉兴农产品展销会在嘉兴国际会展中心举行。展会以“生态、精品、安全”为主题，通过展示、展销来宣传全市现代都市型农业建设成果，推广名特优新农产品，扩大农业交流与合作，促进农业转型升级和农民增收。展会设展位301个，有283家农业龙头企业、农民专业合作社、家庭农场参展。其中本地参展主体231家，省内8个地市参展主体46家，省外参展主体6家（新疆沙雅县3家、青海都兰县2家、四川九寨沟县1家）。此次农展会有22.8万人次前来参观购物，总销售额1534.69万元，比2015年嘉兴农展会增长19.31%。

【农业“一区一镇”建设】 2016年，嘉兴市全面启动“一区一镇”建设（产业集中布局、资源集约利用、产业互相融合的农业产业集聚区和特色鲜明、功能多元、内涵丰富的现代特色农业强镇），在已建成78个3.53万公顷省级现代农业园区基础上，打造农业“两区”（粮食生产功能区、现代农业园区）升级版。年内，海盐县凤凰农业产业集聚区、海宁市长安花卉特色农业强镇、平湖市新埭果蔬特色农业强镇被列入省级“一区一镇”创建项目。

【农业经营主体培育】 2016年，全市有市级以上农业龙头企业226家，其中国家级4家、省级28家。年内，浙江青莲食品股份有限公司、浙江美之奥种业股份有限公司在“新三板”上市，累计有7家涉农企业在主板和“新三板”上市。备案农民专业合作社974家，其中规范化合作社占45.9%，农业服务类合作社占22.3%，国家级、省级、市级示范性农民专业合作社分别为27家、72家和83家；工商注册家庭农场2011家，经营总面积1.58万公顷，其中省级、市级示范性家庭农场分别为45家和61家，AAA级信用家庭农场165家。

【发展休闲农业】 年内，全市加快发展休闲农业，促进第一、第二、第三产业融合。至年末，有全国休闲农业与乡村旅游示范县2个、示范点2个、星级示范企业10家，省级农家乐特色乡镇4个、集聚村19个、特色点33个，四星级经营点13

个、经营户5个,五星级经营点4个,全市农家乐休闲旅游接待游客2907.2万人次,直接营业收入20.4亿元。

【加快农民培训】 年内,全市加快推进农村实用人才和新型职业农民培育。全年培训农民55033人次,其中培训农村实用人才8927人次(含新型职业农民2565人次);农民转移就业技能培训11999人次;农业实用技术培训11173人次;其他普及型培训22934人次。建设完成省级现代农业科技示范基地31个,招收农广校中专生422名。

【"互联网+"农业】 年内,全市发展"互联网+"农业,加快电商拓市渠道建设,累计建成农业物联网试验示范基地22家,一批农业企业进驻淘宝网"特色中国"、一号店"特产中国"、浙江省名优农产品馆等线上平台,通过"基地+合作社+网络营销"联动模式,实现网上交易、仓储物流、终端配送一体化经营。

【农业生态建设】 年内,全市加快推进现代生态循环农业"十百千"工程建设,新认定示范主体62家,累计124家。强化畜禽养殖污染"线上线下"长效监管,7个县(市、区)均落实网格巡查责任人,实现线下监管全覆盖。深化生猪散养户"一县一策"整治,生猪养殖规模化率100%。加快推进秸秆收贮运体系建设,大力推广以还田利用为主的"五料化"(肥料化、饲料化、原料化、基料化、燃料化)利用模式,全年综合利用率94.1%,其中肥料化利用率67.8%。实施化肥、农药减量控害增效工程,推广测土配方施肥25.3万公顷次、农药减量控害应用技术面积11.6万公顷,推广商品有机肥10.4万吨,实施农作物病虫害专业化统防统治面积5.26万公顷,化肥、农药使用量分别比上年减少2502.6吨和146.3吨。全面启动农业"两区"土壤污染防治工作以及农药废弃包装物回收和集中处置工作,制定出台行动计划和实施意见,全市104个农田土壤污染常规监测点和72个农田土壤污染综合监测点完成定位、标志标牌建设和年度监测采样工作;回收农药废弃包装物604.2吨,其中87%得到集中处置。

【建设美丽农业】 年内,嘉兴市重点围绕田园环境洁化、生产设施改造提升、基础设施配套、清洁化生产等方面开展工作。全市落实专项经费1.2亿元、收集废弃物8515吨、清除田间垃圾11140吨、改造设施大棚57.1万平方米、改造生产管理用房11.4万平方米、整理杆线3321杆、复绿复耕1305公顷、新增田园景观点141个。

【农业行政执法】 2016年,全市出动执法人员7410人次,检查各类经营门店3496个次。开展"绿剑"系列集中执法行动3次,开展农产品质量安全、"绿剑"春季、"绿剑"秋季以及种子、农药、植物生长调节剂等专项执法检查6次;农业投入品质量监督抽检415批次,完成省下达任务指标的118.5%。全市立案查处农业行政违法案件96起,比上年下降9%,其中种子案件9起、农药案件21起、肥料案件35起、饲料及饲料添加剂案件9起、兽药案件10起、农产品案件12起;结案70起,罚没款金额144.3万元,实现检查发现违法行为查处率、抽检不合格农资产品查处率、投诉举报案件查处率3个100%。年内,海宁市农业行政执法大队承办的未取得生产许可证生产饲料案被农业部评为2016年度全国农业行政处罚优秀案卷和全国农业行政处罚优秀文书,平湖市农业行政执法大队被省农业厅评为2016年度全省农业综合执法示范窗口。省农业厅通报表彰的20个单个案件罚没款5万元以上的单位中,嘉兴市农业行政执法支队,海宁市农业行政执法大队、桐乡市农业行政执法大队名列其中,全年全市成功调处农业生产事故13起,比上年增长15.4%。

【"绿剑"系列集中执法行动】 2016年,全市组织开展"绿剑"春季、夏季、秋季集中执法行动3次,出动执法人员5426人次,检查农资生产经营单位2986家次、农资市场21个次,印发各类宣传资料3.06万份,立案查处违法案件52起,有效保障了农业生产安全和农产品质量安全。

【农资打假护农保春耕联合执法行动】 2016年,市农经局联合市公安局、市市场监管局、市质监局等印发《2016年嘉兴市农资打假护农保春耕联合执法行动实施方案的通知》,要求各县(市、区)结合各自特点,组织开展农资打假护农保春耕联合执法行动。市农经局、市公安局、市市场监管局、市质监局等部门联合组成3个督查组,分别对南湖区、嘉善县、平湖市、海盐县、海宁市、桐乡市开展农资打假专项督查。联合执法行动期间,全市各相关部门开展联合执法检查32次,出动执法人员284人次,检查企业、市场214个次,发现涉嫌违法行为线索7起。

【植物检疫】 2016年,全市有专职检疫员37人,兼职检疫员52人。全市产地检疫面积3480公顷,检疫合格种子1.25吨、种苗7.15亿株;签发植物检疫证书671份,调运检疫合格种子4.4万吨、种苗2.1亿株。4月,市政府和各县(市、区)政府、嘉兴经济技术开发区、嘉兴港区管委会签订《2016-2017年度嘉兴市重大农业植物疫情防控工作责任书》。年内,市农经局继续开展2016年度重大农业植物疫情防控工作考核,评定秀洲区、嘉善县、桐乡市、嘉兴经济技术开发区为优秀单位,其余单位为良好单位;开展植物检疫宣传月和植物检疫执法行动,检查种子种苗生产经营单位135家,立案查处检疫违法案件4起,结案4起,其中一般程序结案2起,罚没款530元;开展水稻细条病、黄瓜绿斑驳花叶病毒病、甘薯茎腐病等疫病的专项普查。2016年,全市未发现检疫性病虫害疫情。

【加拿大一枝黄花防控】 2016年,嘉兴市制定加拿大一枝黄花春、秋两季防控实施方案,召开除治现场会,开展防控检查,确保加拿大一枝黄花发生面积低于五年同期平均。2016年,全市加拿大一枝黄花春季发生面积759.86公顷次,零星发生面积582.81公顷次,防控面积965.61公顷次,其中喷药防除面积840.02公顷次,占总防除面积的87%。秋季发生面积498.63公顷次,零星发生面积392.22公顷次。全市春秋两季加拿大一枝黄花总防除面积1744.89公顷次,投入资金244.5万元,其中市、县两级财政资金121.5万元;投入人工3.42万工,使用草甘膦等药剂28.8吨,完成全年防除目标任务。

【农产品质量安全监管】 年内,全市加强农产品质量安全检测体系建设,开展农产品质量安全快速检测培训和技能大比武活动,提高整体检测技术水平。嘉善县、海盐县成功创建为省级农产品质量安全放心县,其中嘉善县被列入国家级示范县创建。以县级农产品质量安全追溯平台为基础,延伸推进镇(街道)等快速检测点数据联网与实时上传,全市纳入平台追溯管理的县级以上规模生产主体1500多家,其中省级以上农业企业、农民专业合作社和家庭农场实现全覆盖,做到生产有记录、信息可查询、流向可跟踪、质量可追溯。全年全市检查生产经营单位6248家次,查处问题15起,责令整改企业9家;累计开展各类农产品定量检测958批次,开展快速定性检测34322批次,农产品县级以上定量抽检综合合格率98.7%。全年未发生农产品质量安全事件。

(和玉昌 王才良)

粮 油

【概况】 2016年,嘉兴市粮食播种面积17.37万公顷,总产116.97万吨,按照省定"种植面积17.73万公顷、总产113万吨"的粮食生产任务,面积尚有不足,总产量超额完成。全市大、小麦播种面积4.75万公顷,比上年下降20.4%;总产19.74万吨,下降27.1%。其中小麦3.9万公顷,单产4175公斤/公顷,总产16.27万吨;大麦0.85万公顷,单产4069.7公斤/公顷,总产3.47万吨。全市晚稻播种面积10.04万公顷,增加0.16万公顷,增幅1.6%;单产8635.5公斤/公顷,下降0.1%;总产86.67万吨,增加1.24万吨,增幅1.5%。豆类、薯类和玉米等杂粮播种面积2.58万公顷,增加0.15万公顷,增幅6.2%;平均单产4089.1公斤/公顷,增长3.5%;总产量10.56万吨,增加0.95万吨,增幅9.9%,超额完成旱粮扩种0.1万公顷的任务。其中豆类种植面积1.65万公顷,总产5.49万吨;薯类0.29万公顷,总产1.95万吨;玉米面积0.33万公顷,总产1.81万吨;其他杂粮0.31万公顷,总产1.31万吨。油菜面积1.06万公顷,减少0.52万公顷,减幅32.9%;总产量2.66万吨,减少1.26万吨,减幅32.1%。

【推进粮食生产功能区建设】 2016年,全市建成粮食生产功能区0.91万公顷,完成省下达计划的121.9%,上图入库率达到99.5%。根据浙江省粮食生产功能区建设工作协调小组《关于进一步优化完善粮食生产功能区建设规划的通知》要求,年内,嘉兴市继续推进粮食生产功能区规划修编工作,优化粮食生产功能区布局。至年底,全市粮食生产功能区规划修编工作基本完成,累计认定粮食生产功能区1536个,总面积7.17万公顷。为全面掌握粮食生产功能区内农作物生产情况,及时发现和制止粮食生产功能区非粮化现象,根据省农业厅和省统计局要求,嘉兴市部署粮食生产功能区种植情况调查,真实反映粮食生产功能区内农业生产情况。

【粮食高产创建和攻关竞赛】 2016年,嘉兴市加快推进粮食高产创建。全市建设水稻千亩示范片36个,大小麦千亩示范片2个,马铃薯百亩示范方1个,大豆百亩示范方3个。市本级落实水稻高产攻关方8个。强化晚稻"两壮两高"栽培技术、病虫害绿色防控、测土配方施肥等先进适用技术的综合运用,推进农机农艺融合。11月,市、区两级农业技术骨干对市本级8个水稻高产攻关方进行实产验收,其中秀洲区王店镇农业技术服务中心组织实施的镇西村高产示范方以12679.5公斤/公顷的平均单产夺得第一名。

【获浙江省"河姆渡杯"粮食生产先进表彰】 2016年,全市落实粮食安全行政首长负责制,围绕稳粮增效,深入实施"藏粮于地,藏粮于技"战略,加大粮食生产扶持力度,推进粮食生产功能区建设,推进都市型现代农业建设,粮食生产保持稳定。嘉兴市粮食生产面积和总产量均居全省第一位,粮食单产水平持续提高。2016年,浙江省人民政府办公厅发文《关于表彰浙江省第二届"河姆渡杯"粮食生产先进单位和个人的通报》进行表彰,嘉兴市及平湖市获评粮食生产先进单位银奖,嘉善县农业经济局粮油站徐锡虎和桐乡市农业技术推广服务中心徐建强分别被授予"粮食生产先进工作者"称号,秀洲区王店镇花鸟港村颜国林被评为"优秀种粮大户"。

【新《中华人民共和国种子法》施行】 2016年1月1日,新修订的《中华人民共和国种子法》正式施行,修订内容涉及品种审定、种子生产经营管理和种子标签等各个环节。为全面贯彻落实新《中华人民共和国种子法》,嘉兴市多次组织《中华人民共和国种子法》专题培训班,宣传、解读新《中华人民共和国种子法》及配套办法,进一步规范种子生产、经营行为,推进全市现代种业发展。

(沈轶舒)

蔬菜与水果

【概况】 2016年,全市蔬菜种植面积8.7万公顷,与上年持平;单产31.2吨/公顷、增长1.5%,总产量272.4万吨、增长1.4%。主要种植作物白菜类15117.2公顷,榨菜6145.5公顷,莴苣3129.7公顷,茭白3682.5公顷,甘蓝3316.3公顷,番茄2784.3公顷。全市果用瓜生产面积9769公顷、下降0.8%,总产量29.6万吨、增长2.1%,其中西瓜生产面积5328公顷、总产量17.3万吨,甜瓜生产面积3188公顷、总产量9.2万吨。草莓生产面积593公顷,产量1.4万吨。全市食用菌种植面积533.8公

嘉兴农业投资有限公司工厂化种植蔬菜(王继程摄影)

顷，总产4.7万吨。年内，重点推广蔬菜穴盘育苗、喷滴灌、绿色防控等技术，推广防虫网面积600公顷、杀虫灯面积488.1公顷、性诱剂面积1224.9公顷、色板应用面积665公顷、喷滴灌面积3890公顷，培育穴盘苗6900万株、穴盘苗大田应用面积3377.3公顷。大棚蔬菜面积9819.1公顷，增长4.9%，其中8米大棚4846.6公顷，增长26.1%。

2016年，全市水果生产面积稳中有升，产量略有下降。总面积1.42万公顷，比上年增长1.1%；总产量33.4万吨，下降2.8%。主要水果的栽培面积为葡萄6686公顷、梨2500公顷、桃2316公顷、柑橘1303公顷。

【获浙江农业之最甜瓜擂台赛冠军】 5月19日，2016年浙江农业之最甜瓜擂台赛在萧山举行，全省各地的25支队伍参赛。评审专家随机选取参赛样品，按样品中心区域果肉糖度值高低进行排名，评出一等奖1个、二等奖4个和三等奖8个。嘉兴市组织6支企业代表队参赛，平湖市皇果葡萄专业合作社的甜瓜以糖度值18.6%夺冠，嘉兴市都市田野生态农业有限公司和嘉善县小白龙果蔬专业合作社获三等奖。

【嘉兴精品果蔬展销会】 7月16–17日，由市农经局主办，各县(市、区)农经局、市葡萄产业协会和嘉兴国际会展中心有限公司承办的2016嘉兴精品果蔬展销会在嘉兴国际会展中心举办。嘉兴市7个县(市、区)的70多家农业龙头企业、农民专业合作社、家庭农场参加展会，评选出金奖产品20个、优质奖产品25个。

【浙江省精品葡萄评比会】 7月27日，由浙江省农技推广中心和浙江省葡萄产业协会主办的2016年浙江省精品葡萄评比会在嘉善县大云镇碧云花园举行。全省63家农户(单位)选送的80多个葡萄样品参加评比活动。评委组按照果穗、果粒、色泽、肉质、风味、可溶性固形物(甜度)、专用包装进行评比打分，评选出金奖10个、银奖和优质奖若干。嘉兴市参评企业获三金五银的成绩，获奖总数在全省名列第一。

（徐亦成）

蚕 桑

【概况】 2016年，全市蚕桑生产呈萎缩态势，桑园面积14845公顷，比上年减少1199公顷，下降7.5%；饲养蚕种27.8万张，减少6.2万张，下降18.3%；蚕茧总产13839吨，减少3539吨，下降20.4%，其中春茧9035吨、下降21.4%，夏茧591吨、下降19.5%，秋茧4213吨、下降18.2%。全市五个蚕茧主产县(市、区)产茧量均减少，桐乡市、海盐县、海宁市、秀洲区、南湖区分别下降13.5%、25.9%、28.4%、32.0%和33.0%。全市养蚕农户11.59万户，减少17491户。收购蚕茧3506吨，减少1184吨；蚕茧平均收购价格每百公斤3259元，比上年下跌36元。全市生产实生桑苗0.8亿株，嫁接桑苗2.81亿株，主要销往广西、云南等外省市。

【桐乡蚕业技术合作走出国门】 2016年3月，桐乡市蚕业有限公司通过乌兹别克斯坦INTER SILK Pro(因特丝绸公司)，向苏河汉河州和布哈拉洲出口一代杂交蚕种秋丰×白玉6万张。4月，通过浙江省农科院出口希腊一代杂交蚕种秋丰×白玉2400张。8月，桐乡市蚕业有限公司与乌兹别克斯坦有关方面签订合作协议，乌方提供土地和资金，中方负责技术支持，成立蚕种场。12月，桐乡市蚕业有限公司根据乌方生产需要组织20万株桑苗、塑料折簇机、冷库设备、加温补湿器具、消毒机、蚕网、防干薄膜、干湿机、蚕用白纸、散卵盒材料等蚕用物资，用3个集装箱通过亚欧专列发往乌兹别克斯坦。

【桑黄规模化生产基地提档升级】 海宁宏欣农业生物科技有限公司从浙江省农业科学院蚕桑研究所引进珍稀药用菌桑黄栽培技术，2015年取得规模化栽培初步成果。2016年培育桑黄35万袋，收获桑黄干品约1900公斤，比上年增长20多倍。2016年年底，企业追加投资扩产改造，无菌接种车间、液体发酵车间、菌袋培养车间设施更加先进，近8万平方米栽培大棚即将投入使用，年生产能力将达到100万袋左右。

【海宁互联网+蚕室投入使用】 2016年，列入2015年省级现代农业提升发展资金项目——“全龄人工饲料四季养蚕示范”项目落户海宁市周王庙镇云龙村。项目实际投资85.7万元，其中省补资金75万元。项目集玻璃温室、地缘热泵空调、新型轨道式蚕台、高密度蚕框、农业物联网智能控制系统等新技术新设备为一体，采用全龄人工饲料饲养等新技术，实现四季养蚕示范；通过电脑或手机可实时监控蚕室环境温湿度和视频图像，远程控制各种环境调控设备。2016年年底，项目通过验收并开始示范应用，是全省率先推出的“互联网+蚕室”。

(周海明)

畜 禽

【概况】 2016年，全市畜牧业产值41.85亿元，比上年减少15.00亿元，下降26.39%。全年生猪饲养量70.83万头，减少61.68万头，下降46.55%。生猪出栏52.48万头，减少47.20万头，下降47.35%；存栏18.34万头，减少14.51万头，下降44.17%，其中能繁母猪1.77万头，减少1.39万头，下降43.99%。家禽存栏1044.34万羽，减少39.12万羽，下降3.61%；出栏3086.35万羽，减少568.56万羽，下降15.56%。羊存栏50.63万只，减少5.92万只，下降10.47%；出栏62.15万只，减少1.62万只，下降2.54%。以奶牛为主的牛存栏1327头，减少735头，下降35.65%。家兔存栏27.26万只，减少6.73万只，下降19.80%；出栏49.31万只，减少17.19万只，下降25.85%。全年肉、蛋、奶产量分别为10.57万吨、4.43万吨和0.98万吨，分别减少3.70万吨、减少1.46万吨和增加0.08万吨，下降25.96%、下降24.76%和增加9.06%。其中猪肉3.77万吨，减少3.02万吨，下降44.41%；禽肉5.36万吨，减少0.66万吨，下降10.95%；羊肉1.30万吨，减少0.02万吨，下降1.27%；兔肉1031吨，减少386吨，下降27.24%。2016年，全市兽药生产企业6家，年产值2.29亿元，下降3.69%；配合饲料生产企业69家、单一饲料生产企业3家，饲料添加剂及添加剂预混合饲料生产企业13家。全年饲料产量120.27万吨，其中配合饲料119.12万吨、浓缩饲料0.61万吨、预混料0.53万吨；饲料年产量超万吨企业30家，产量107.50万吨，占饲料总产量的89.38%。全市申报后备母牛补贴953头，申请补贴47.65万元，其中省财政补贴9.53万元。2016年，全市查处违法案件74起，罚款122.29万元，其中动物防疫类47起，罚款6.99万元；兽药饲料管理类27起，其中行政处罚19起、罚款115.3万元，移交公安6起。全市参加执业兽医资格考试107人，其中取得执业兽医师资格9人、助理执业兽医师资格15人。

【畜禽养殖效益】 年内，生猪价格先涨后跌，整体高位运行，全年猪粮比平均为8.54∶1，外三元毛猪年平均价格19.20元/公斤，每头肉猪盈利约500元，养殖效益好。肉禽养殖效益提升，肉鸡年平均价16.72元/公斤，每羽可盈利16-17元；肉鸭每羽盈利10-12元，肉鹅每羽盈利35元。全年鸡蛋批发价格为7.7元/公斤，每公斤成本为7.6元，几乎没有盈利。草食动物行情进入低谷，商品公羊出栏价格为22元/公斤，母羊价格为18-20元/公斤，羊肉价格为44元/公斤，养殖户亏损严重；兔毛价格约130元/公斤，比上年下降近30%；獭兔上半年行情低迷，一只2.5公斤的獭兔价格40元左右，四季度开始转好，每只2.5公斤重的獭兔可获利20元。

【养殖业转型升级】 4月末，市委、市政府召开全市生态市建设暨生猪养殖转型升级会议。5月初，副市长祝亚伟牵头召集环保、农经等18个市级部门(单位)，召开生猪养殖“两推一打”(推进生猪散养户全面退养、推进生猪规模养殖场全面提升，打击养殖污染环境等违法违规行为)联合行动专题部署会，成立工作组，全面开展生猪“两推一打”联合行动。至6月底，全市生猪“两推一打”联合行动成效显现，实现生猪100%规模化养殖。下半年，市农经局派2名业务骨干参与“市农村困难家庭帮扶工作领导小组”集中办公，推动农村困难群众助转、助产、助困工作落实。同时，全面推进畜禽规模场整治提升，推进存栏1500羽以上规模水禽场扩面整治(关停、拆除)。7个县(市、区)均按要求落实网格巡查责任人,实现生猪养殖乡镇线下监管全覆盖,南湖区有9个规模养猪场纳入全省云平台线上监管,全市畜禽养殖污染“线上+线下”长效监管网络初步建成。年内,浙江群大饲料有限公司种鸡场成功创建国家级畜禽规模养殖标准化示范场。浙江群大畜牧养殖有限公司种鸡场和嘉兴嘉华牧业有限公司入选全省“十佳”美丽生态牧场,嘉兴市科皇牧业有限公司等17家规模养殖场创建成为全省美丽生态牧场。11月30日,省委、省政府在金华召开全省畜牧业转型升级现场会,市农经局等3家单位、马纪良等9名个人获全省畜牧业转型升级先进表彰。

【全产业链建设】 2016年,嘉兴市推进有条件的规模养殖场不断延伸产业链。嘉兴嘉华牧业有限公司生产的“桐香”牌猪肉线上电子商务平台和线下直营门店市场份额不断扩大,并成为G20杭州峰会生鲜特许供应商。浙江青莲食品股份有限公司(简称青莲公司)在“新三板”挂牌,成为“新三板”“黑猪全产业链第一股”,全市累计有3家畜牧业龙头企业在“新三板”挂牌上市;“中国青莲·世界名猪文博园”成为嘉兴市民感受猪文化的首选之地。海盐县在通元湖羊交易中心举行第二届湖羊节,展示湖羊养殖、交易、加工产业链的整体发展水平。全省畜牧业转型升级暨农作物秸秆综合利用现场推进会在桐乡市举行,“秸秆—湖羊”模式得到广泛好评。

【嘉兴黑猪品种保护】 嘉兴青莲黑猪原种场有限公司所在双桥农场区域被列入城镇发展规划区,属禁养区,不适合继续开展保种工作。5月24日,市政府召开专题会议研究嘉兴黑猪原种场搬迁事宜,形成《专题会议纪要》,商定嘉兴黑猪保种工作继续由青莲公司承担。11月30日,市农经局与秀洲区政府签订《关于嘉兴黑猪原种场搬迁的相关协议》。至年底,嘉兴黑猪原种场完成搬迁工作,秀洲区支付青莲公司一定的搬迁补偿费用。年内,青莲公司申报了农业部2017年畜禽良种储备项目,拟在海盐县加快建设新的嘉兴黑猪原种场。

【死亡动物无害化集中处理体系建设】 2016年,嘉兴市开展无害化处理宣传、随意弃置死亡动物防控、河道保洁打捞等专项行动,覆盖全部规模养殖场和屠宰场。专项行动期间,未发现异常情况,未接到各县(市、区)关于河道保洁打捞处理漂浮死亡动物报告,无害化处理长效监管机制不断健全。2015年3月至2016年2月,组织开展病死猪无害化处理补助专项检查,情况良好。

【动物疫病综合防控】 2016年,全市未发生重大动物疫情。全市各类疫苗共免疫生猪576.32万头次,使用口蹄疫疫苗免疫牛羊135.56万头(只)次,使用禽流感、新城疫疫苗免疫家禽7492.46万羽次;累计监测样本8.50万份,各类免疫抗体合格率均超过农业部合格标准;累计调入备案5.39万批次,安全调入活畜禽467.19万头(羽)、动物产品1.56万吨。全市3个公路动物卫生监督检查站共检查运载车辆9.80万辆次,涉及活畜禽522.00万头(羽),动物产品8.11万吨;查获装载疑似染疫生猪的外省入境车辆11起,均按有关规定进行处置。全年检疫生猪350.30万头、牛羊23.81万头(只)、家禽5266.99万羽,检出病害家畜0.30万头、病害家禽1.39万羽,均按规定进行无害化处理。推进动物及动物产品检疫开证信息化,至9月,全部实现电子化开证,累计开具检疫证明43.53万张,其中动物检疫证明4.32万张、动物产品检疫证明39.21万张。推进动物疫病追溯体系建设,注册使用识读器759台,录入各类数据3.23万条,生猪二维码耳标使用量53.85万枚,耳标佩戴率100%。

【畜禽产品安全监管】 2016年,嘉兴市累计开展畜禽产品安全检测53.49万批次,其中养殖环节14.93万批次、屠宰环节38.56万批次,合格率99.99%。承接部、省级畜产品质量安全例行监测11次,累计抽检屠宰、流通环节畜禽肉、内脏、禽蛋、生鲜乳等各类样品289批次。市级组织开展养殖、屠宰环节“瘦肉精”专项监测,抽检尿样309批次,合格率100%。

【畜禽屠宰监管】 2016年,嘉兴市安排100万元专项资金,扶持屠宰企业改造提升,推动生猪定点屠宰企业减量提质,生猪屠宰企业缩减至24家(12家屠宰场和12家屠宰点),较上年减少3家。与企业签订质量安全责任书,明确畜禽屠宰企业主体食品安全第一责任。畜禽屠宰联合稽查队开展执法1108次,出动执法人员5042人次,检查生猪定点屠宰场、屠宰点和肉品经营户14308户次,查处违法案件3件,取缔私屠滥宰窝点6个,收缴违法产品309公斤,处罚违法人员3人。开展“三严专项行动”“扫雷专项行动”,累计发放各类宣传资料7043份,先后通过网络、媒体等方式宣传报道7次。举办专项培训班2次,培训人员47人。

【H7N9流感防控工作】 1月1日起,嘉兴市启动H7N9防控半月报,对辖区内家禽养殖场(户)、农贸市场、交易平台、野鸟监测点等场所开展地毯式排查,累计出动2453人次,巡查养禽场(户)3463个次,未发现异常情况;消毒养禽场(户)2118个次,使用消毒药4吨。年内,全市农经系统加大重点场所日常监测和紧急监测力度,针对人感染H7N9病例(全年共4起)及时开展溯源调查,并扩大抽样覆盖面,将家禽定点屠宰厂(点)纳入监测范围,确保监测不留空当、不留死角。完善应急机制,加强应急值守,做好应急处置。强化活禽调运监管,严格按规定开展家禽产地检疫和屠宰检疫。加强与卫生、市场监管等部门联系,强化信息沟通,形成工作合力。

(竺珊珊)

林　业

【概况】 2016年,按照省委、省政府林业工作会议部署和浙江森林考核责任书要求,结合“五水共治”、“三改一拆”、公路铁路沿线环境整治等中心工作,全市继续推进平原绿化扩面提质,完成平原绿化面积1772公顷,封山育林面积846公顷,四旁植树36.7万株,全年林木种苗花卉实际育苗面积10705公顷。2016年,全市签发木材运输证42323份、检疫证89572份;木材采伐证135份,建设项目使用林地许可3起,各项指标未突破采伐限额;审批野生动物类行政许可47件;办结林业行政案件29起,处罚29人次,罚款1.40万元。全年未发生森林火灾;加强林业有害生物防治,未发生成灾情况,成灾率控制在省下达指标以内。全市松材线虫病实际清理面积171.2公顷、清理枯死松树2658株,均超额完成年度计划。全年办理省级公益林变更调整2起,调出省级公益林92.87公顷,调入省级公益林92.87公顷,保持省级以上公益林保有量5714.2公顷面积不变。年内,南湖区大桥镇,桐乡市乌镇镇、濮院镇、崇福镇被授予“浙江省森林城镇”称号,南湖区凤桥镇新民村等19个村成功创建“浙江省森林村庄”,秀洲区王江泾镇洪典村等29个村被评为“嘉兴市绿化示范村”,平湖市澳多奇农庄有限公司获“浙江省生态文化基地”称号。年内,编制《嘉兴市湿地保护规划(2016-2020年)》,7个湿地入选省第二批重要湿地名录,桐乡市凤凰湖、秀洲区莲泗荡湿地获评省“十大最具特色湿地”。

【“两高”通道绿化整治】 2016年,市绿委办对“两高”(沪杭高铁、沪杭高速)沿线环境进行专项排查,研究制定沿线环境综合整治的意见建议,要求对主干道路通过新种、补植、改造、抚育等措施,完善林带长度和宽度,改善树木生长条件,提升通道绿化景观效果,并督促相关县(市、区)政府抓好绿化排查和管护工作。“两高”沿线累计清理地块57块,除草面积88.33公顷,补植树苗7495株,改善和提升全市重要通道沿线的绿化景观。8月29日,省绿化与湿地保护委员会、省住房和城乡建设厅、省交通厅、省林业厅联合发文公布“浙江最美绿化通道”的评选结果,嘉兴市南湖大道等6条通道入选。

【市林业局获全国绿化先进集体称号】 嘉兴市林业局坚持规划建绿、见缝插绿、“四边”增绿,高质量、高标准推进平原绿化建设。“十二五”期间,全市累计新增和改造平原绿化面积近1.47万公顷,超过省下达任务1627公顷,林木覆盖率提高到20%。2016年8月，嘉兴市林业局被全国绿化委员会、人力资源和社会保障部、国家林业局评为全国绿化先进集体，市林特技术推广总站高级工程师顾沈华被评为全国绿化先进工作者。

【新植1亿株珍贵树行动】 2016年，嘉兴市推进珍贵彩色健康森林建设和新植1亿株珍贵树行动。市绿化与湿地保护委员会制订下发《关于认真落实浙江省新植1亿株珍贵树种五年行动计划》，明确年度工作目标和要求，年末，又下发《关于下达2016年珍贵彩色树种省调控容器苗分配计划的通知》，将珍贵彩色树种省调控容器苗分配计划下达给各县（市、区），并要求加强珍贵树种造林的检查指导、全程监管。年内，全市完成"新植1亿株珍贵树"91.08万株，完成任务的119.1%；完成珍贵彩色森林建设214公顷，完成任务的107%。

【古树名木保护】 2016年，市绿化与湿地保护委员会印发《关于进一步加强古树名木保护管理工作的通知》，成立古树名木普查和保护工作领导小组，统一指导协调全市古树名木普查和保护管理工作。按照全省普查进度安排，各县（市、区）启动新一轮古树名木资源普查工作，全市开展古树保健活动21次，救治古树33株，其中国家一级古树3株。

【参加中国义乌国际森林产品博览会】 2016年，嘉兴市组团参加第9届中国义乌国际森林产品博览会，20家企业的特色林产品集体亮相，设置46个展位，其中16个精装红木展位、30个标准展位。参展范围包括家具及配件、木竹工艺品、木竹日用品、森林食品、茶产品、花卉园艺6大类。秀洲区天禾藏红花专业合作社的"楠琪"藏红花等4个产品获金奖，海宁市袁花红叶石楠园艺场的金叶水杉等12个产品获优质奖。

【开展"清网行动"】 10月19日，市林业局下发《关于加强鸟类等野生动物保护的通知》，在全市组织开展保护候鸟等野生动物"清网行动"。市、县（市、区）两级编制"清网行动"工作方案并公布举报电话。全市查处涉及破坏候鸟等野生动物资源的违法犯罪案件21起（刑事案件18起、行政案件3起），采取刑事强制措施21人，行政处罚3人。

（刘丽月）

【嘉兴市春兰精品展】 2月26–28日，由嘉兴市兰花协会主办、海盐县绮园景区管委会承办的2016嘉兴市春兰精品展在海盐县绮园景区举行。展会展出各县（市、区）兰友送展参评的精品春兰300余盆。经评选，三位兰友送展的兰花绮园红、霸王荷素和西神获得特别金奖，5盆精品获得金奖，15盆获得银奖。

【参加浙江省第七届花卉展示展销会】 3月17–20日，嘉兴市组团参加省农业厅主办的浙江省第七届花卉展示展销会暨浙江省蕙兰精品展，展出产品包括杜鹃、蕙兰、百合、天堂鸟、多肉植物、花卉种子等。市兰花协会为花展特别选送50盆精品兰花参加展示评选。碧云花园有限公司的杜鹃获得特别金奖，嘉德园艺有限公司的百合、江浩农业生态园的多肉植物、兰花协会的2盆蕙兰获得金奖，兰花协会的1盆蕙兰获得银奖。

花卉基地　　（王超英摄影）

【嘉兴兰花博览会】 4月8–10日，由嘉兴市农业经济局主办、嘉兴市兰花协会和嘉兴国际会展中心有限公司承办的2016嘉兴兰花博览会在嘉兴国际会展中心举办，展出各地兰花组织和兰友送展精品蕙兰300余盆。展会评出特别金奖3盆，分别是兰花“翠丰”“仙荷极品”和“关顶”；金奖5盆；银奖15盆。4月9日上午10点，举办兰花拍卖专场，成交兰花20余盆，交易额约15万元，其中兰花“新素心”拍出12.3万元高价。

【中国杜鹃花展览嘉善杜鹃再获金奖】 4月1日，第十三届中国杜鹃花展览启动仪式在无锡市惠山古镇举行，13个省近50个城市(单位)参加展览。嘉善县的嘉兴碧云花园、魏塘杜鹃盆景园、嘉善阿昌花卉盆景场、魏塘银都花圃和个人爱好者胡永华参展，获得室内展馆金奖4个。嘉善魏塘杜鹃盆景园获杜鹃花栽培特别金奖，嘉兴碧云花园、胡永华获杜鹃花栽培金奖，嘉兴市还获杜鹃花栽培银奖、铜奖共6个。本届杜鹃花展首次评出“全国杜鹃花栽培技能大师”10名，嘉兴碧云花园的潘菊明、花卉协会的胡永华获评。

（徐亦成）

海洋与渔业

【概况】 2016年，全市水产养殖总面积16869公顷，比上年减少3071公顷，减幅15.4%；工厂化养殖水体79.71万立方米，减少12.75万立方米，减幅13.79%。其中淡水养殖面积16554公顷，减少3142公顷，减幅15.95%；海水养殖面积315公顷，增加71公顷，增幅29.1%。全市水产品总产量151632吨，增加1012吨，增幅0.67%。其中海洋捕捞产量1127吨，增加434吨，增幅62.63%；海水养殖产量813吨，增加189吨，增幅30.29%；淡水捕捞产量26159吨，减少2吨，与上年基本持平；淡水养殖产量123533吨，增加391吨，增幅0.32%。全市渔业经济总产出591411万元，下降1.22%。其中渔业产出394336万元，下降2.28%；涉渔工业和建筑业总产出119875万元，增长1.05%；涉渔流通和服务业总产出77200万元，增长0.83%。2016年，全市实现渔业经济增加值189090万元，下降3.68%，其中渔业增加值154637万元，下降6.33%。全年水产品出口总量1024吨，贸易额622万美元，分别下降38.31%和33.17%。

【渔业基地建设】 2016年，全市通过农业部水产健康养殖示范场验收5家，其中第十一批农业部水产健康养殖示范场新创建2家、第六批农业部水产健康养殖示范场复查3家。本次验收对废水处理设施和正常使用提出明确要求，不达到标准一票否决。浙江运河湾农业科技有限公司通过考评，获2016年度“浙江省省级休闲渔业精品基地”称号。

【渔业转型】 年内，全市渔业累计完成生态化改造面积320.9公顷，投资1138万元，完成省定任务的150%；稻鱼共生轮作面积329.05公顷，投资552万元，完成省定任务的123%；划定整治水产禁限养区30公顷，投资440.8万元，完成省定任务的173%，其中甲鱼温室拆除面积2.7公顷，网箱拆除面积27.3公顷。饲料替代冰鲜鱼示范面积49.4公顷，完成省定任务的123.58%。

渔稻共生 （市农经局提供）

【渔业科技】 年内，嘉兴市引进泰国正大公司罗氏沼虾良种，推广罗氏沼虾“正大品系”苗种，“浙桂二号”“普瑞莫”“正大”品系南美白对虾苗等；开展“优鲈一号”引种和饲料替代冰鲜鱼试验，黑鱼全程饲料替代冰鲜鱼试验，试验取得初步成功。推广池塘循环水养殖模式，推动水产养殖主体改进观念、调整生产模式。2016年，全市建成循环水养殖跑道13条，有效水体达到3600立方米。

【基层渔技推广体系建设】 2016年，嘉兴市落实

“渔技顾问+首席专家+渔技指导员+责任渔技员+基地(龙头企业、合作社、家庭渔场)”的五级联动新型渔技推广机制,县(市、区)、镇(街道)渔技人员的责任区域覆盖到镇(街道)、村。全市确定渔业科技示范户649户;18个渔业科技示范基地,示范面积3547公顷,带动农户7455户,推广面积1.3万公顷。开展各类培训45期,培训4645人次。嘉善、桐乡水产站获得全国基层水产技术推广示范站称号。

【水产品质量安全监管】 2016年,市海洋与渔业局加强水产品质量安全监管。一是开展“三大一严”专项行动。印发《嘉兴市初级水产品安全隐患大抽查、大排查、大整治,严打击专项行动实施方案》,全市累计出动检查人员1084人次,检查水产养殖场1516个、水产苗种场59个,水产冷库1家、鱼药及饲料销售点5家,排查出的用药安全、尾水处理、“三项记录”(生产记录、用药记录、销售记录)不全等19项隐患,于8月前完成整改。全市举办质量安全相关知识培训36次,培训2316人次;发放告知书3734份,签订承诺书2327份。二是加强水产品质量安全监督抽检。全年完成省级监督抽样315个,市级监督抽样105个,县级抽样315个,其中市、县二级抽检样本数量比上年增加115个。完成农业部产地水产品质量安全监督抽样35个批次,水产苗种监督抽样10个批次,市场例行监测(风险监测)60个;省级投入品监督抽样15个批次。三是继续实施水产品质量生产管理可追溯体系建设。年内完成市级水产品生产质量管理平台建设,全市新增2个“四位一体”建设点和40个水产品质量安全可追溯点试点单位,10月举办追溯试点单位操作技术培训。市、县二级新增配备快速检测设备13套。

渔光一体化 (市农经局提供)

【水生动物疫病监测】 年内,嘉兴市继续承担国家水生动物疫病监测任务,其中南美白对虾成虾设置监测点2个,虾苗设置监测点8个,淡水鱼设置监测点6个,年内完成疫病采集样本32批次。5月27日,组织各县(市、区)实验室技术员在桐乡举办全市水产动物疫病检测技术操作交流会,并邀请专家开展全国水生动物疫病实验室能力测试培训。年内,市级水生动物疫病实验室通过农业部水生动物防疫系统实验室检测能力测试。

【开展海域“一打三整治”专项执法行动】 年内,市海洋与渔业局深化“一打三整治”专项执法行动,开展“幼鱼保护攻坚战”和“伏季休渔保卫战”。全面清理沿海滩涂违禁网具,清理滩涂串网57900米,各类违禁网具1万余顶(张),拆除网具竹桩7200多根;联合市场监管局等部门开展水产品交易市场、饭店、水产冷库等经营场所的幼鱼保护执法检查;联合公安、边防、海事等部门开展杭州湾海域伏季休渔专项执法检查;严厉打击省际流窜涉渔“三无”船舶,拆解涉渔“三无”船舶11条,清理取缔泡沫船筏21艘、橡皮摩托艇5艘;联合市经信委等部门对6家渔船修造企业进行现场检查;会同环保、水利等部门对入海排污口进行联合执法巡查。

【海洋管理】 年内,《嘉兴市海洋功能区划(2013-2020年)》和《嘉兴市海岛保护规划(2014-2020年)》通过市政府第53次常务会议审议;印发《关于进一步规范海域使用权出让前期协调工作的通知》,规范海域使用权市场化配置制度;推进嘉兴滨海港产城统筹发展试验区建设,完成平湖市独山港海港路南段新建工程、平湖市九龙山西沙湾1号区块拟出让海域2宗共24.4公顷的建设用填海指标预审;开展海盐县东段围涂二期工程6号海域、平湖独山1号区块4个填海工程竣工海域使用验收;召开平湖市九龙山南区围海工程对周边水动力和冲淤影响专题评审会,对华能嘉兴海上风电场项目水下噪声及电磁环境影响、鸟类影响、海洋生物资源影响、水动力影响等专题的审查，对浙能海上风电项目开展前期审查工作；收集生态环境监测数据和规划等相关资料，完成海洋生态红线区划的调查研究任务；继续推进县级海域动态监管能力建设项目，完成海域动态监视监测车采购、核心数据体系建设招标工作；完成嘉兴市大陆海岸线调查项目验收，组织开展海岛岸线调查项目的招标工作。

【海洋环境保护】 年内，市海洋与渔业局编制并向社会发布《2015年嘉兴市海洋环境公报》，制定《嘉兴市2016年海洋环境监测工作方案》，组织开展近岸海域趋势性监测、入海污染源监测、海洋灾害与风险监测等，全市海域监测总面积1504平方千米，设置监测站位77个，监测项目覆盖海洋水文、化学、放射性和生物生态等80余项，获取各类海洋监测数据5000余个。嘉兴海域海水环境质量状况总体有所好转，但因长期受长江、钱塘江等大江大河携带入海的污染物影响，无机氮、活性磷酸盐劣于第四类海水水质标准，水体呈重度富营养化状态；海洋沉积物监测指标符合第一类海洋沉积物质量标准；秦山核电站邻近海域放射性水平处于核电站运营前本底范围内。

【海洋与渔业行政执法】 年内，嘉兴市开展“碧海2016”“海盾2016”“护岛2016”等海洋专项执法巡查，组织专项巡查执法行动20次，派出执法人员150人次、船舶20航次、航时90小时、航程1350海里。获取海岛照片96张，摄像170分钟，更新海岛执法档案20个，全市辖区32个无居民海岛执法检查全覆盖。开展“春潮2016”“护渔2016”等渔业资源保护专项执法行动，查处电力捕鱼案件1800余起，清理各类违规网具5000余件。

【增殖放流活动】 年内，市海洋与渔业局继续推进水生生物资源增殖放流工作，严格实行增殖苗种招评标制度，不断提高增殖实效。全市投入增殖放流资金243.61万元，投放各类鱼苗11614.97万尾，其中嘉兴市区和市本级重点水域增殖放流各种鱼苗1312万尾，投入增殖放流资金36.34万元。

（徐卫国　沈东明）

农　机

【概况】 2016年，全市拥有农业机械总动力134万千瓦，比上年下降6.24%。农业机械原值17.35亿元，增长1.94%；农业机械净值8.85亿元，下降1.11%。农业机械28.16万台套，其中耕作机械1.63万台套、种植机械0.10万台、联合收割机0.12万台、植保机械1.52万台、排灌机械4.23万台、农产品粗加工机械0.66万台套、畜牧养殖机械0.29万台套、渔业机械3.20万台套、运输机械1.02万台。设施农业设备面积11706公顷，增长2.78%，其中连栋温室211公顷、日光温室13公顷、钢架大棚7446公顷、简易大棚4036公顷。全市农业机械化总投入1.71亿元，下降11.85%；农业机械购置资金1.13亿元，其中中央财政补贴2050万元、地方财政补贴1371万元、单位和集体投入1758万元、农民投入6092万元，补贴机具3258台，报废(更新)高耗能拖拉机603台。

【农业“机器换人”】 2016年，嘉兴市推广水稻栽植机械、植保无人机、旋耕施肥播种一体机等新型农机，农机作业动力水平达到82%，居全省第一位。全年完成机耕面积15.18万公顷，机播面积2.78万公顷，机收面积15.53万公顷，机电灌溉面积11.53万公顷，机械植保防治面积8.10万公顷。水稻机耕面积8.2万公顷、机械化栽植面积2.55万公顷、机收面积10.04万公顷，水稻耕种收综合机械率77.5%，比上年提高0.5个百分点；大小麦机耕面积3.49万公顷、机收面积4.69万公顷；油菜机收面积0.08万公顷，蔬菜机耕面积0.79万公顷；秸秆机械捡拾打捆面积0.39万公顷；机械化秸秆还田面积6.42万公顷；机械烘干粮食批次能力1.19万吨，粮食烘干保障率55%，烘干粮食45.42万吨；农田机械节水灌溉面积2.13万公顷；冷藏保鲜库存储量26.18万吨；水果机械分级作业量2.22万吨；设施栽培面积0.89万公顷；机械初加工农产品数量87.3万吨；农机运输作业量15017万吨千米。嘉兴市被列入全省首批农业领域“机器换人”示范县2个、示范乡镇(园区)5个、示范基地11个。

【农机社会化服务】 2016年,全市有农机化作业服务组织492个,服务人员5806人,其中农机专业合作社150个,服务人员4121人,作业服务面积6.13万公顷;农机户27702户,人员38572人。农机跨区作业面积6.09万公顷,外地机跨入作业面积8.62万公顷。新建水稻育秧、粮食烘干和农机维修等农机社会化服务中心28个,总数304个。有拖拉机驾驶培训机构2个,全年培训农机驾驶人13批次、512人次。完成农机化培训6211人次,其中培训农机操作人员2877人次。农机维修厂(点)282个、507人,其中三级以上维修点211个、391人;维修各类农机13.45万台次,其中维修拖拉机2.5万台次,维修联合收割机2661台次,维修运输机械3.44万台次。发布各类农机服务信息4655条,服务人数172.36万人次。全市农机经营单位3.29万家,实现农机经营(作业)总收入9.73亿元,比上年下降8.03%;农机经营(作业)总利润3.45亿元,下降5.48%。全年农业生产燃油消耗6.95万吨,其中农田作业2.31万吨,农业运输3.44万吨。

【农机安全生产】 2016年,全市签订农机安全生产责任书3124份,重点做好G20杭州峰会、世界互联网大会期间和农忙季节农机安全防范工作。全年开展安全检查1279次,出动执法人员3847人次,检查农机10247台次,查纠违章违法行为1865起,排查整改隐患542起;发放上道路拖拉机禁限行告知单1957份;建立外省籍拖拉机临时档案1387份,外省籍驾驶人纳入本地安全教育725人。登记变型拖拉机信息3625条,清理逾期变型拖拉机759台。年内发生拖拉机甲方事故23起,比上年下降4.2%;死亡10人(外省籍8人),上升14.3%;受伤15人,下降21.1%;直接经济损失2.96万元,下降1%;未发生较大以上农机事故和道路外农机死亡事故。

【政策性农机保险】 2016年,市本级开展政策性农机保险试点,通过政府采购公开招标程序,由人保财险嘉兴分公司和安信农保嘉兴支公司中标承保。海盐县、桐乡市也将农机保险纳入政策性补贴。年内,全市参保农机具531台(套),比上年增长41.2%,其中享受政策性补贴361台(套),占参保农机具总数的68%。

(沈火明)

农村经营管理

【农村土地承包经营权登记颁证工作】 年初,嘉兴市确定“试点县基本完成土地确权登记颁证工作,其他县(市、区)完成土地调查测绘量的80%以上”工作目标任务。9月19日,召开全市农村土地承包经营权确权登记颁证现场推进会;11月16日,召开土地确权登记颁证工作交流会。年内,制定下发《关于印发农村土地承包经营权确权登记颁证有关政策与问题解答的通知》,各级受理土地纠纷1670起,处理1604起,未出现大规模群体性上访;制定出台《嘉兴市农村土地承包经营权确权登记颁证档案管理办法》,举办土地承包管理信息系统培训班,率先启用全省统一的土地承包管理信息系统;建立土地确权登记颁证工作进度定期上报和例会制度,每月对确权登记颁证进度情况进行汇总上报,不定期进行通报,每月定期召开全市确权工作汇报交流会。11-12月,开展全市土地确权工作督查和测绘工作互检活动,保证确权测绘精度。至年底,全市有726个行政村部署开展土地确权工作,占应确权村总数的99.6%;完成承包地测绘户数43.8万户,占承包农户的86.2%;完成实测承包地面积12.77万公顷,实测地块原合同面积12.25万公顷,占二轮承包面积的90.2%;完成审核公示村102个,完善承包合同75854份。

【发展村级集体经济】 年内,嘉兴市对上一轮发展壮大村级经济扶持政策落实情况进行督查评价和审计整改,启动实施新一轮“强村计划”。制定出台《关于实施“强村计划”加快推进村级集体经济发展的意见》,提出到2018年年底在全市实现年经常性收入50万元以下的经济薄弱村全面转化、年经常性收入在100万元以上的村达到50%以上两个目标,并明确一系列的扶持政策。

制定出台《嘉兴市本级"强村计划"扶持项目与资金管理办法》,进一步加强和规范"强村计划"扶持项目与资金管理。探索总结"抱团取暖""飞地造血""退散进集"等嘉兴发展村级集体"强村九法",得到省委组织部的充分肯定。举办两期全市基层农经人员与市本级村干部培训班,宣传贯彻新一轮"强村计划",同时通过电视、报纸和微信公众号对政策进行宣传。年内,全市有意向县域抱团项目4个,涉及村次103个;镇域抱团项目23个,涉及村次189个,其中秀洲区34村秀洲光伏产业园抱团项目正式立项。

【深化农村集体资产产权制度改革】 年内,嘉兴市继续深化农村集体资产产权改革,推进农村集体资产、资源发包、出租和出让等经济活动统一进入集体产权交易中心交易。至年底,全市交易村级集体资产4743宗,交易金额3.24亿元,其中进入各级产权交易中心公开交易3341宗,占比70%。秀洲、平湖、海宁、海盐、桐乡等地基本实现农村集体资产阳光交易全覆盖;扩大政经分开试点探索,通过村股份经济合作社与村民委员会的职责划分、账务分设,探索股份经济合作社政经分离试点。年内,海宁、平湖等地57个村(社区)开展政经分离试点,基本完成组织功能定位、账户分设、资产分离、决策分离;鼓励股份经济合作社根据年度收益状况,适度开展股份分红,全市实现分红的村74个,股东分红6301万元,比上年增长40%;按照《农村集体资产股权备案和交易管理规则》和《嘉兴市农村集体资产股权质押贷款管理办法(试行)》,逐步扩大股权流转和股权抵押贷款试点,赋予集体股权更多权能。全市开展股权交易356宗,交易金额297.06万元,开展股权质押贷款39宗,贷款金额1177.45万元。

【推进农村土地流转】 2016年,嘉兴市制定下发《关于进一步加强农村土地承包经营权流转的通知》,建立土地流转准入审核和分级备案制度;加强工商企业租赁农地的监管,对工商企业租赁农户承包地严格准入门槛,监管合同执行过程,防范承包农户因流入方违约或经营不善遭受损失。年内,全市新流转土地面积7246.67公顷,累计流转面积8.81万公顷,流转率55.5%。其中开展整村流转的有91个村,涉及流转面积1.67万公顷;开展整组流转的有928个组,涉及流转面积8900公顷。年内,进一步完善土地流转风险保障机制,土地流转风险机制覆盖南湖、秀洲、平湖、海盐、海宁、桐乡6个县(市、区),筹集风险保障金6299万元,其中财政资金1593万元、村级资金1315万元、经营主体资金3391万元,完善土地流转风险的化解机制。全面开展土地流转经营权抵押,全市累计发放土地流转经营权证560张,权证面积7513公顷,累计发放贷款6.24亿元。

(陈卫红)

工　业

综　述

2016年,嘉兴市完成规模以上工业总产值7843.7亿元,比上年增长3.4%,总量列全省第四位,增速列全省第八位;规模以上工业增加值1543.7亿元,增长5.9%,总量列全省第四位,增速列全省第八位。其中规模以上制造业产值7124.6亿元,增长3.8%;规模以上制造业增加值1316.5亿元,增长5.8%。完成工业投资1225.4亿元,增长9.6%,总量和增速均列全省第三位,其中技改投资1023.3亿元,增长17.4%,总量列全省第三位,增速列全省第二位。全面完成上级下达的淘汰落后产能和节能降耗目标任务。

2016年,全市不断扩大工业有效投资,推进"机器换人"扩面升级行动,全年实施"机器换人"项目2267项,累计完成投资682.0亿元,比上年增长26.6%。全面实施光伏发电"走出去、走下去"活动,调整完善居民光伏发电补贴政策,推进"光伏应用进村入户"工程。年内,全市新增装机容量513兆瓦,投资约36亿元。扎实推进绿色制造重点项目建设,全年完成投资32.6亿元。2016年,全市工业投资增长9.6%,技术改造投资增长17.4%,分别比上年回落2.1个百分点和14.3个百分点,列全省第三位和第二位。

2016年,全市规模以上工业企业实现利润总额495.7亿元,增长25.9%,增速比上年提高18.5个百分点,高出全省平均9.7个百分点;主营业务收入利润率6.8%,比上年提高1.2个百分点。规模以上工业增加值率19.7%,比上年提高0.6个百分点;规模以上工业全员劳动生产率18.9万元/人·年,比上年增长6.9%。

2016年年底,全市高新技术产业、装备制造业和战略性新兴产业增加值分别为695.0亿元、418.6亿元和573.8亿元,增长9.9%、13.0%和5.3%,占规模以上工业增加值的45.0%、27.1%和37.2%,比上年提高2.7个百分点、2.2个百分点和8.8个百分点。八大高耗能行业增加值为737.6亿元,增长4.4%,占规模以上工业增加值的47.8%,下降0.9个百分点。

【实施互联网经济强市建设】 2016年,嘉兴市制定出台《关于建设互联网经济强市的实施意见》,发布《嘉兴市加快发展信息经济政策意见》,建立互联网经济目标责任制考核办法。组织实施互联网经济"十百千"工程,培育秀洲光伏小镇、乌镇互联网小镇、秀洲智慧物流小镇、嘉善归谷智造小镇4个省级互联网特色小镇和嘉兴科技城云创小镇、嘉善互联网特色小镇、海宁阳光小镇、桐乡健康智慧小镇、秀洲家居智能小镇、嘉兴蓝色智慧港口小镇6个市级互联网特色小镇;树立"互联网+工业"示范试点企业102家;完成规模以上电子信息制造业产值1047.3亿元,比上年增长13.8%。推进乌镇互联网创新发展试验区建设,乌镇获批国家互联网创新发展试验区。年内,嘉兴市举办首届中国产业互联网大会,组织开展以互联网经济为主题的对接交流活动,神州量子通讯沪杭量子干线、微医集团"乌镇互联网医院"、浙报传媒大数据交易中心等互联网相关项目有序推进。推动互联网+家纺、家装、家具、毛衫、箱包等传统行业,培育新动能。发挥电子信息龙头骨干企业的引领作用,闻泰通讯集团和浙江晶科能源,再次入围中国电子信息百强,排位第60位和57位,较上年前移29位和3位;天通控股、佳利电子、嘉康电子、昱能科技入围浙江省电子信息产业50强成长性企业。

【开展“退散进集”行动】 2016年,嘉兴市制定实施《嘉兴市推进“低小散”企业“退散进集”三年行动方案》和《嘉兴市关于处置“僵尸企业”的实施意见》,组织召开全市“低小散”企业“退散进集”工作会议,成立9个指导组,建立推进“退散进集”“僵尸企业”处置工作指导、协调、督查、通报、考核五大机制,深入推进“腾笼换鸟”(“退低进高”)和淘汰落后产能“百千万”行动。2016年,全市腾退低效用地项目357个,腾退面积820.65公顷,完成年度目标任务的123.1%;“低小散”企业(作坊)整治提升2929家,完成省任务的202.9%;处置“僵尸”企业83家,超额完成省任务;建设标准厂房92.1万平方米,超额完成省任务;淘汰落后产能17843台(套),淘汰落后产能涉及企业1092家,完成市级以上淘汰落后产能项目102项。

【培育军民融合产业】 2016年,嘉兴市贯彻执行国家推动军民深度融合发展战略,研究制定《嘉兴市军民融合产业目标责任制考核办法(试行)》,举办嘉兴市军民融合(航天)产业对接会,组织各地申报浙江省省级军民融合产业基地,动员全市企业参加中国首届军民两用技术创新应用大赛,承办第三届浙江省军民融合大会。

【开展降本减负行动】 2016年,嘉兴市深入推进工业领域的供给侧结构性改革,全面开展降本减负工作,制定出台《嘉兴市人民政府办公室关于进一步降低企业成本优化发展环境的实施意见》,降低制度性交易成本、税费、用工成本、财务成本、要素成本和物流成本。全年减免企业税费333亿元,其中出口退税180亿元,减免企业增值税36.1亿元。分项成本均有不同程度下降:通过两次降低电价,为企业节约用电成本2.49亿元;通过扩大电力直接交易试点范围,为纳入试点的所有企业节约用电成本6.96亿元;通过降低天然气价格,为市区企业节约用气成本3600万元。12月,全市人民币一般贷款加权平均利率5.57%,比年初下降0.15个百分点;规模以上工业企业每百元主营业务收入成本为85.2元,比上年下降0.8元。

【完成新一轮绩效评价】 2016年,嘉兴市完成2015年度4307家规模以上工业企业绩效评价。与2012-2014年相比,平均绩效水平整体有所提升。其中亩均税收从13.77万元/亩到14.52万元/亩,提高5.4%;亩均工业增加值从63.73万元/亩到68.38万元/亩,提高7.3%;单位能耗工业增加值从0.91万元/吨标准煤到0.97万元/吨标准煤,提高6.6%;单位排放工业增加值从559.87万元/吨COD到621.5万元/吨COD,提高11%;全员劳动生产率从13.67万元/人到14.7万元/人,提高7.5%。

(徐　露)

企业培育

【概况】 2016年,嘉兴市有规模以上企业5063家,大型企业80家、中型企业507家;销售收入超百亿元工业企业3家,销售收入超十亿元工业企业105家,销售收入超亿元工业企业1277家。全市工业主营业务收入列前100位企业的主营业务收入总额2830.85亿元,比上年增长6.4%,占全市规模以上工业企业主营业务收入的38.7%;实现利润260.79亿元,增长38.7%,占全市规模以上工业企业的52.6%。

【培育“三名”试点企业】 2016年,“三名”(知名企业、知名品牌、知名企业家)培育工作被正式列入嘉兴市政府对各县(市、区)的年度工作目标责任考核内容,全市“三名”培育工作形成省、市、县三级联动机制。至年底,全市有入围省级“三名”培育试点企业9家,其中华友钴业、万凯新材料、众成包装为2016年新入围的第三批省级“三名”培育试点企业;有嘉兴市级“三名”培育试点企业44家,其中2016年遴选入围的培育试点企业8

家；有县（市、区）级“三名”培育试点企业206家，其中嘉善县15家、平湖市50家、海盐县10家、海宁市31家、秀洲区40家、南湖区60家。嘉兴市结合企业发展现状和重点工作，充分挖掘加西贝拉、天通高新、佳利电子、雅莹集团等企业在自动化改造、兼并重组、企业研究院建设和内训机制等方面的典型经验，组织“三名”培育试点企业开展系列现场学习交流活动，推动“三名”企业互帮互助共同提高。同时依托社会组织开展主题讲座和现场辅导，帮助“三名”试点企业在履行社会职责、提高经营管理、转换发展动能等方面提升发展水平。

【提升企业管理创新水平】 2016年，嘉兴市选择具有代表性的区域、行业推进管理创新企业培育工作。浙江鼎美电器有限公司、嘉兴梦欣时装有限公司、闻泰通讯股份有限公司等12家企业列入2016年度省级管理创新试点企业；浙江金达创业股份有限公司被评为浙江省管理创新示范企业；巨石集团有限公司、加西贝拉压缩机有限公司、新凤鸣集团股份有限公司、浙江晶科能源有限公司、浙江金达创业股份有限公司获评第一届浙江省企业管理创新奖。同时，开展管理诊断服务，一方面，组织专家深入企业，对企业进行管理诊断咨询，提出有针对性的改善方案；另一方面，通过举办管理创新巡回沙龙等活动，运用精益管理理念助力企业发展，培育企业树立“工匠精神”。

【加强企业社会责任建设】 2016年1月1日，国家标委会发布的GB/T 36000-2015《社会责任指南》正式实施。嘉兴市通过组织学习和宣传活动，提高企业开展社会责任建设意识和水平。3月7日、22日，分别召开“三名”企业社会责任工作现场交流会和上市（或拟上市）公司社会责任工作现场交流会，由获得省企业社会责任优秀报告的优秀企业进行典型交流；4月7日，组织召开全市经信系统企业社会责任工作会，总结经验、落实工作部署；10月，召开中德纺织业社会责任圆桌会议，中德双方企业就社会责任话题进行交流和讨论，并通过利益相关方了解中国纺织业社会和环境标准的应用现状和成功案例；11月，配合欧洲对外贸易协会（FTA）和浙江省企业社会责任促进会承办“加强危化品管理、推进供应链企业社会责任”主题活动。年内，向省里推荐优秀社会责任报告和工作典型案例，收集责任报告35篇、典型案例19个。

【促进小微企业上规升级】 2016年，市经信委联合税务、统计部门，推进全市经信系统“小升规”专项工作。梳理一批新的“小升规”重点培育企业名单，确定全年目标任务；建立市、县、镇联动机制，每季度上报“小升规”工作进度，完善“小升规”企业培育信息库；各县（市、区）将目标任务分解到镇（街道），并落实扶持政策，通过财政补助、“小升规”典型企业媒体宣传等措施，鼓励小微企业上规升级。开展“转型发展服务年”活动，上门指导和帮助解决小微企业发展中面临的突出问题，为企业排忧解难；协调组织经信、工商、税务等部门及社会专业服务机构“进村入企”，为企业破解发展过程中遇到的困难。各地还通过土地绩效评价、完善园区准入机制等措施，指导企业转型升级，全年完成394家小微企业上规升级。至年底，嘉兴市规模以上工业企业达到5063家。

【发放小微企业服务补贴券】 2016年9月，市经信委联合财政局修订并发布《关于印发〈嘉兴市小微企业服务补贴券管理办法〉的通知》，启动小微企业服务补贴券工作。第二期服务补贴券继续向小微企业发放，对企业购买由服务机构提供的签约服务项目给予资金补贴。2016年服务补贴券的发放对象主要是在市本级注册登记、具有独立法人资格、运营规范、符合国家（省、市）产业发展方向的小微企业，优先支持初创型小微企业；发放面额分为2000元和3000元两种，每家企业最高可申领5000元，发放总金额120万元；为了提高服务质量，服务机构的选择范围不再局限于嘉兴市。第二期小微企业服务补贴券由嘉兴、上海、杭州17家服务机构为246家小微企业提供信用评价、技术创新、管理咨询、信息化应用、市场拓展、人力资源、财务管理等服务。

【完善融资担保体系】 2016年，市经信委完善融资担保体系，保障行业总体运行平稳、风险可控。嘉兴市有融资担保机构39家，发生代偿金额1.31亿元，比上年下降23.39%。代偿金额高于100万元的担保机构有17家，下降15个百分点；代偿金额超过1000万元的担保机构有7家，下降57%。代偿金额最大为海盐新诚信紧固件担保公司(4225.67万元)和海宁嘉丰担保股份有限公司(2075.72万元)。嘉兴市政策性担保机构基本实现各县(市、区)全覆盖，总体水平位居全省前列。年内，全市有国有及控股担保机构14家，在保余额占比41.57%，上升3.04个百分点。按照省经信委要求开展融资性担保机构经营许可证年审工作，全市39家担保机构全部换发经营许可证，其中18家担保机构完成问题整改。

(伏焕军　杜胜春)

现代化技术改造

【概况】 2016年，嘉兴市技术改造完成投资1023.25亿元，比上年增长17.4%，总量排名全省第3位，增速排名全省第2位。一季度、二季度和三季度，技改投资增幅分别为30.6%、31.1%和25.2%。工业投资全年完成1225.39亿元，增长9.6%，总量排名、增速排名均为全省第3位。

2016年，全市规模以上工业企业5063家，小微企业占总数的70.0%。实施现代化技术改造的企业3472家，占全部规模以上企业的88.6%。实施现代化技改企业数量最多的分别为桐乡市841家、海宁市800家、海盐县479家；实施自动化技改企业数占规模以上企业数的比重最高的分别为海盐县95.8%、秀洲区90.9%、海宁市90.4%；完成技术改造投资最多的分别为海宁市210.14亿元、桐乡市183.17亿元、嘉善县131.61亿元。

2016年，全市工业设备工器具购置额756.3亿元，比上年增长9.5%，占全市技改投资的73.9%。工业设备工器具购置额最多的分别为海宁市162.25亿元、桐乡市137.41亿元、嘉善县103.81亿元；工业设备工器具购置额占工业投资比重最高的分别为秀洲区68.1%、桐乡市65.4%、海宁市64.3%。

2016年，全市新增工业建设用地813.07公顷，占全市新增用供地面积的23.1%。新增工业建设用地面积最多的分别为海宁市175.47公顷、嘉善县175.27公顷、桐乡市121.67公顷；新增工业用地平均投资强度最高的分别为平湖市6975万元/公顷、桐乡市5655万元/公顷、嘉善县5550万元/公顷。

2016年，全市规模以上工业增加值1543.7亿元，比上年增长5.9%。规模以上工业增加值最多的分别为海宁市280.5亿元、桐乡市249.8亿元、海盐县218.9亿元；全市工业投资效率(近3年投入产出比)排名分别为嘉兴经济技术开发区以0.204排第一、南湖区以0.189排第二、海盐县以0.171排第三，全市平均值为0.113。

表1　**嘉兴市现代化技术改造、规模以上工业增加值等情况**

单位:亿元

地　　区	全年技改投资	增长(%)	全年工业投资	增长(%)	规模以上工业增加值	增长(%)
嘉兴市	1023.25	17.4	1225.39	9.6	1543.7	5.9
嘉善县	131.61	22.4	172.67	14.2	181.9	9.9
平湖市	117.58	22.7	152.57	13.5	173.1	5.3
海盐县	123.35	14.0	131.95	3.0	218.9	7.3
海宁市	210.14	11.0	252.25	11.1	280.5	5.2
桐乡市	183.17	12.0	209.97	8.2	249.8	2.0
南湖区	91.58	41.6	106.89	16.4	168.2	8.0
秀洲区	88.96	20.3	104.03	11.8	119.0	6.8
嘉兴经济技术开发区	32.36	61.9	42.42	13.1	90.4	7.0
嘉兴港区	25.09	-39.4	29.71	-44.9	105.5	6.2

【推进工业现代化技术改造重点项目】　2016年，全市420个工业重点项目开工403项，累计开工率95.9%；当年完成投资434.1亿元，完成率109.8%。其中新建项目208项，开工191项，开工率91.8%；计划竣工项目181项，实际竣工（含部分竣工投产）145项，竣工率80.1%。2016年，列入市“五个一批”工业重点项目383个，其中主导产业壮大项目135项、优势产业提升项目115项、先导产业培育项目98项、“两化”融合项目17项、创新成果产业化项目18项。全年实际开工项目375个，开工率97.9%。

【“机器换人”技术改造】　2016年，全市“机器换人”技术改造项目2267项，完成投资681.99亿元，实施“机器换人”企业2097家，分别比上年增长20.1%、26.6%和21.8%；实现规模以上企业“机器换人”平均项目数全覆盖，其中“机器换人”升级版—机联网项目当年实施88项，累计投资9.5亿元。至年底，“机器换人”投资额占全市技改投资和工业投资的66.6%和55.7%，比上年分别提升4.8个百分点和7.5个百分点。2016年，嘉兴市机器人与智能制造协会成立。嘉兴市海宁经编行业、桐乡化纤入围2017年浙江省“机器换人”试点行业；飞戎机器人科技公司、加西贝拉科技服务公司入围省级“机器换人”工程服务商名单目录。5月31日，全省制冷家电及其零部件行业“机器换人”暨机器人上下料应用专题现场会在嘉兴市举办；7月26日，举行全市“机器换人”数字化车间（工厂）现场推进会，连续举办10场“机器人应用”沙龙，全年全市组织实施65场以“机器换人”技术改造为主题的现场交流和技术对接会。全市评出“机器换人”示范企业37家、示范行业15个、工程服务公司16家、“机器换人”优秀工匠31人。2016年，嘉兴市列入“机器换人”重点项目310项，计划总投资351.5亿元，当年完成投资137.1亿元，新增工业产值824亿元，新增利润74.4亿元，减少用工17982人；列入“机器换人”特色项目262项，计划总投资14.5亿元，当年完成投资12.3亿元，减少用工5379人；新增工业机器人1465台，购置金额4.44亿元。实施“机器换人”现代化技术改造后，嘉兴市规模以上工业企业亿元工业增加值从业人数从上年的563人/亿元下降至522人/亿元，下降7.3%；规模以上工业企业全员劳动生产率（按可比价格）从上年的17.76万元/人上升至19.14万元/人，增长7.8%。规模以上工业企业全员劳动生产率最高的分别为嘉兴港区67.36万元/人、海盐县33.23万元/人、南湖区23.51万元/人，全员劳动生产率增长最快的分别为南湖区22.8%、平湖市13.2%、嘉兴港区13.2%；规模以上工业企业亿元工业增加值从业人数最少的分别为嘉兴港区149人/亿元、海盐县301人/亿元、南湖区425人/亿元。

【“零土地”技术改造审批改革】　2016年，嘉兴市实施“零土地”技改项目，涉及服装、通用设备制造、电气机械及器材制造等20多个行业，项目总投资794.50亿元，占全部技改投资的77.6%。其中经信部门实施“零土地”节能事项承诺备案项目859项，环保部门实施“零土地”环保事项承诺备案项目228项，规划建设部门实施“零土地”规划许可事项、施工许可事项承诺备案分别为63项、56项，安监部门实施“零土地”职业卫生事项承诺备案9项，气象部门实施“零土地”气象事项承诺备案53项，消防部门实施“零土地”消防事项承诺备案项目28项。2016年，节能、环保、规划许可、施工许可、职业卫生、气象、消防等事项实行承诺备案制项目数量分别完成省下达目标的859%、228%、126%、112%、18%、106%、56%。10月21日，全省推进工业企业“零土地”技术改造项目审批方式改革现场会在嘉善县举行，嘉善县针对企业历史遗留问题，推出“同步备案、同步整改、同步验收”工作机制。

【现代化技术改造投资】　2016年，全市战略性新兴产业、高新技术产业（制造业）和装备制造业分别完成投资356.38亿元、298.59亿元和452.00亿元，占全部工业投资的29.1%、24.4%和36.9%。在投资规模前20位的制造业行业中，新兴产业投资占比上升，其中电气机械及器材制造投资121.97亿元，汽车制造投资53.81亿元；传统行业投资占比下降，其中金属制品投资48.02亿元，纺织服装和服饰业投资50.05亿元,造纸及纸制品业投资33.46亿元,家具制造业投资25.49亿元,皮革、毛皮、羽毛(绒)及其制品业投资31.14亿元。2016年,八大高耗能行业(纺织业,造纸及纸制品业,化学原料及化学制品制造业,化学纤维制造业,石油加工、炼焦及核燃料加工业,黑色金属冶炼和压延加工业,非金属矿制品业,电力、热力的生产和供应业)完成投资445.56亿元,占全部工业投资的36.3%,比上年下降1.8个百分点。

(朱晓峰)

装备制造业

【概况】 2016年,嘉兴市装备制造业实现产值1974.7亿元,比上年增长13.4%,增速比上年提高7.1个百分点;实现工业增加值418.6亿元,增长13.0%,增速较上年提高6.1个百分点。装备制造业增加值占规模以上工业增加值比重为27.1%,提高0.5个百分点。汽车制造、电气机械和计算机通信设备增加值分别增长13.4%、21.6%和14.1%,均高于装备制造业平均增速。

【高端装备产业发展】 2016年,嘉兴市高端装备产业实现产值899.0亿元,占装备制造业产值的45.5%,比年初提高13.6个百分点,增加值192.2亿元,比上年增长7.1%。嘉兴市符合浙江省高端装备产业领域规模以上工业企业523家,其中新能源汽车及轨道交通21家、光伏及新能源装备58家、高效节能环保装备69家、智能纺织印染装备5家、现代物流装备33家、现代农业装备7家、现代医疗设备与器械12家、机器人与智能制造装备49家、关键基础件200家、相关新材料69家。2016年,嘉兴市将高端装备产业作为重点产业加以推进,按照《嘉兴市高端装备制造业重点领域导向目录》,着重发展智能制造装备、核电关联装备、光伏及新能源装备、环保装备、临港装备、农林机械、汽车及零部件、特种设备、电力电子通信设备9个重点领域以及相关关键基础件、新材料等领域。

【推动首台(套)产品研制及应用】 2016年,全市认定培育一批装备制造业重点领域首台(套)产品。8项装备产品被省经信委认定为省级首台(套)产品,其中国内首台(套)产品1项、省内首台(套)产品7项。嘉兴格鲁博机械有限公司自主研制的国内首台(套)产品"基于模块化设计的电机定子柔性自动化生产线"多项技术填补了国内空白。55项装备产品被市经信委认定为市级装备制造业重点领域首台(套)产品,其中属于机器人、高档数控机床、智能生产线、3D打印机等智能制造装备的有13项,占全部产品的23.6%,首台(套)产品的成套化、高端化、智能化水平进一步提升。2016年,嘉兴市出台《嘉兴市装备制造业重点领域首台(套)产品保险补偿实施方案(试行)》,提出对2016年起认定的市级以上首台(套)产品实行保险补贴政策,鼓励生产企业自愿投保,引导保险公司设立针对性专业险种进行承保,按照3%的投保费率上限,对投保企业给予80%的保费补贴,加快促进首台(套)产品的推广应用。2016年,亚达管道、亿缙机械、格鲁博机械、川页奇、同信机电5家企业的首台(套)产品保险补偿项目共获得市区工业发展资金补助72.73万元,投保额度3030.3万元。

【实施"1112"工程】 2016年,围绕《嘉兴市加快发展现代装备制造业三年行动计划(2014-2016年)》的整体部署,嘉兴市大力实施现代装备制造业培育壮大"1112"工程(培育10个工业园区、10家龙头骨干企业、100家核心配套企业,全市装备制造业规模以上工业总产值突破2000亿元),全市培育认定先进装备制造业特色专业园2家、龙头企业4家、实训基地3家。"1112"工程经过三年实施,到2016年,全市培育认定嘉善精密机械产业园、海盐核电装备产业园、平湖光机电产业园、海宁特种设备产业园、南湖汽车及零部件产业园、经开智能制造装备产业园、海宁太阳能利用产业园7家现代装备制造业特色专业园,东方菱日、加西贝拉、亚特电器、西子重工、敏惠汽车、津上精密、海利普电子、东明不锈钢、晶科能源、中达控股、昱辉阳光、晨光电缆12家龙头企业,嘉兴学院、嘉兴职业技术学院、嘉兴南洋职业技术学院、嘉兴技师学院、嘉善县中等专业学校、海盐县理工学校、嘉善信息技术工程学校、平湖高级技工学校8家实训基地，培育重点装备制造业核心配套企业近200家，基本完成“1112”工程提出的各项目标。

【推进智能制造装备产业发展】 2016年，嘉兴市出台《关于推进机器人及智能制造装备产业发展的实施意见》，提出实施“12355”工程，即力争三年内培育机器人及智能制造装备企业100家以上，产业规模260亿元以上，认定市级以上首台（套）产品300个，培育智能制造装备示范应用项目500个。重点实施招商引智、产业培育提升、协同创新、示范应用、平台建设五大专项行动，并提出“411”发展格局，即重点发展机器人、高档数控机床、3D打印装备、智能特色专用装备四大生产过程智能化装备业，重点发展新型传感器、减速器、智能仪器仪表等关键部件及精密轴承、高强度紧固件等基础件，重点发展与智能制造紧密相关的软件业及服务业。

【汽配产业转型升级专项服务】 2016年，市政府出台《推进五大传统行业转型升级专项服务方案》。年内，为了推进全市汽配产业转型升级发展，成立嘉兴市汽配专项服务组，通过现场走访、会议座谈、问卷调查等方式，了解和分析嘉兴汽配产业现状、行业特点和存在问题，并进行产业转型升级研究。嘉兴市汽配产业起步于20世纪80年代末，经过多年发展，产业规模不断增长，初步形成较完整的产业链。主要产品有装饰件、轮毂、钢圈、轴承、散热器、离合器、发动机部件、刹车片、车灯、转向马达、安全气囊、电磁开关、钢帘线、减震器、传动轴总成等。多家生产企业与宝马、奔驰、奥迪、大众等世界500强汽车整车生产厂家建立稳定的配套协作关系，但仍存在企业规模较小、产业链有待加强、缺乏核心技术、质量瓶颈仍需突破、专业化水平偏低等问题。汽配专项服务组提出建议，即明确产业地位，加强协同发展，强化引提并举，深化创新驱动，推进绿色制造；建设产业发展综合服务平台，开展企业创新试点示范，重点鼓励企业研发和“走出去”交流。

【智能制造试点示范发挥作用】 2016年，嘉兴市出台《嘉兴市加快推进智能制造发展三年行动方案（2016-2018年）》，明确实施智能制造的发展思路、目标、重点任务等，力争到2018年，实现智能制造装备产值260亿元以上，培育智能制造装备企业100家以上，组织实施智能化改造示范项目900项，规模以上工业企业“机器换人”覆盖面达到90%，制造业使用机器人密度达到150台/万人以上，规模以上工业企业全员劳动生产率年均提高10%以上，企业数字化研发设计工具普及率超73%，重点企业装备数控化率超48%，机器设备联网率超33%，认定数字化车间、智能工厂试点示范35个，试点示范项目运营成本下降20%，产品生产周期缩短20%，不良品率下降20%。2016年，嘉兴市推进培育智能制造试点示范项目，推荐一些企业项目申报国家级、省级试点示范，巨石集团“年产三十六万吨玻璃纤维智能制造新模式应用”项目获2016年工信部智能制造综合标准化与新模式应用项目立项。3月，省经信委、省财政厅公布2016年浙江省智能试点示范市县名单，秀洲区光伏新能源智能制造示范区被认定为省级首批智能制造示范区（全省6个），科博达“电子制造中心数字化生产车间”、佳利电子“基于云端一体化的微波介质陶瓷元器件数字化车间”、海得新能源“新能源高端电力装备智能制造应用试点”3个项目被评为省级首批智能制造试点示范（全省16个）。

【新装备推介活动】 2016年，嘉兴市举办10场新产品（新装备）推介会。首场推介会针对工业机器人、服务机器人及机器人关键零部件领域，主要展示推介奇翼科技“漫客服务机器人”、德欧电气“DO-83i&LDD系列总线伺服驱动器”、布鲁艾诺“数控机床机械手”、川页奇“精密轴二次智能加工中心”等企业的新装备产品；第二场推介会为数控机床关键功能部件专场，通过集中推介德欧电气“83i&LDD总线伺服驱动器”、恒锋工具的现代高效刃量具、华岭机电“数控机床用超大推力FW系列高精密直线电机”、永佳精密的机床夹具类产品等,展示嘉兴市近年来数控机床及关键功能部件行业所取得的成绩;第三场到上汽大众公司举办2016沪嘉两地汽车及零部件产业链合作交流会,组织全市30余家汽车及零部件企业参观上汽大众安亭工厂,并与上海汽车行业协会、上海汽车配件流通行业协会、上汽大众、上海申沃客车、上海万象大宇客车等7家整车及部件企业进行合作交流与精准对接;第四场组织6家汽车零部件企业到湖北襄阳考察智能制造及汽车产业发展,调研东风汽车、襄阳轴承、神龙汽车、金鹰重工、东风德纳车桥、美利信等企业,并互动推介嘉兴市汽车及零部件新产品新装备;第五场邀请全国汽车行业专家和电动汽车整车企业,举办2016新能源汽车产业交流会暨嘉兴汽车零部件推介会,组织全市50余家汽车零部件企业参会,与比亚迪、一汽、上汽等9家整车企业互动交流;第六场组织全市40余家智能制造企业参加18届中国国际工业博览会,与上海30余家智能制造企业、系统集成商、工程服务公司交流对接;第七场为平湖箱包行业智能制造装备推介会,集中推介平湖良机、三信智能等新装备;第八场为秀洲数控机床及关键功能部件推介会,集中推介亿缙机械、嘉湖机床、川页奇、哈挺机床等新装备;第九场为海盐先进机械加工及制造新装备推介会,集中推介欣兴工具、三维大通、迈思特管件等新装备;第十场重点推介浚泽光电"超短焦全高清激光工程投影机"、嘉兴压力容器厂"主轴测试系统平台JXRQ-J1"、微纳精密"Kondoo系列3D打印机"等智能教学装备领域的新产品、新装备。全年10场新产品(新装备)推介会参会总人数近千人,形成一系列项目合作成果。

(杨　康)

时尚产业

【概况】 时尚产业是嘉兴市"十三五"期间重点发展的八个"千亿产业"之一。2016年,全市时尚产业规模以上企业730家,其中时尚制造业规模以上企业537家,实现产值679.48亿元;时尚服务业规模以上企业193家,实现产值23.47亿元。

毛衫商贸市场　　(市经信委提供)

【建立时尚产业统计指标体系】 2016年,市政府出台《关于加快发展时尚产业的实施意见(2015-2020年)》,成立嘉兴市时尚产业发展工作协调小组及其办公室,明确市级相关部门和各县(市)工作联系网络。联合市统计局建立全市时尚产业数据统计系统;按照"自主品牌占主营业务收入比重达到70%以上"要求,对纺织服装、皮革制品、时尚家居、珠宝首饰、消费电子等行业进行统计,并调整完善时尚产业统计目录,将时尚服务业纳入时尚产业统计范围,建立较完善的时尚产业统计指标体系。5月,全省时尚产业工作会议在嘉兴市海宁召开,海宁市作重点交流发言。

【特色时尚产业基地建设】 2016年,嘉兴市加强五大特色时尚产业基地建设。一是时尚女装产业基地,依托市中心城区服装服饰业基础,整合南湖区、海宁市、平湖市等女装制造企业,打造全省时尚女装之都。二是时尚皮革产业基地,依托海宁皮革制品业基础,重点发展时尚皮衣、皮包、皮具制品,打造集设计、制造、交易、发布为一体的中国时尚皮革中心、国际知名的时尚皮革产业基地。三是时尚毛衫产业基地,依托桐乡濮院镇、秀洲洪合镇毛衫产业基础,提高行业装备、技术工艺和市场营销水平,打造全国最大的毛衫基地。四是时尚箱包产业基地,依托平湖市箱包产业基础,推进国际箱包城建设,打造国内知名的箱包产业基地。五是集成装饰(吊顶)产业基地,依托秀洲王店镇、海盐百步镇小家电、集成装饰

(吊顶)产业基础,结合秀洲王江泾镇智能家居等产业发展,强化品牌设计,打造国内知名的集成装饰(吊顶)产业基地。

【时尚产业平台建设】 2016年,嘉兴市加强时尚产业平台与网络体系建设,开展时尚产业和历史经典产业发展工作载体项目调查,上报西塘黄酒文化创意产业园、西塘服装辅料创意设计产业园等产业园项目16个,秀洲区智能家居·集成装饰展示体验中心等公共服务平台项目5个,濮院毛衫业升级创新服务基地等重大产业项目3个。2016年,海宁皮革时尚特色小镇、桐乡濮院毛衫时尚小镇、海盐百步集成家居时尚小镇、桐乡崇福皮草时尚小镇被认定为省级时尚特色小镇创建培育对象,海宁市成为全省6个特色时尚产业基地建设试点之一。海宁皮革时尚小镇、桐乡毛衫时尚小镇成功进入省首批特色小镇创建名单,桐乡时尚皮草小镇、海盐集成家居时尚小镇进入省特色小镇培育名单。

【时尚产业品牌培育】 2016年,嘉兴市开展省时尚产业重点企业和品牌申报工作。浙江雅莹集团有限公司、浙江中辉皮草有限公司、安正时尚集团股份有限公司、浙江卡森实业集团有限公司、新秀集团有限公司、浙江嘉欣丝绸股份有限公司(丝绸)6家企业进入浙江省时尚及丝绸、黄酒产业第一批重点培育企业名单;嘉兴捷顺旅游制品有限公司、浙江依爱夫游戏装文化产业有限公司、雪豹集团公司、浙江敦奴联合实业股份有限公司、浙江华悦木业有限公司5家企业进入第二批浙江省时尚产业重点培育名单;嘉兴市捷顺旅游、依爱夫游戏装、FED鞋业、DUNNU皮革、IN-SEE时装、宝家洁清洁用品、YINZUO箱包、品&智SAVWIS服装等25个品牌先后两批进入浙江省时尚产业重点培育品牌名单。开展时尚女装、皮革(皮草)、毛衫三个行业"十大品牌"的培育工作,确定"EP雅莹""金三塔""雪豹""兔皇"等30个时尚女装、皮革、毛衫品牌为嘉兴市第一批时尚产业重点培育品牌试点。

【时尚产业推介】 2016年,嘉兴市举办中国海宁潮国际博览会暨第二十三届海宁中国皮革博览会、中国平湖服装博览会暨平湖服装设计大赛等大型活动,成为时尚产业展、销、秀、赛、发布等为一体的专业化、市场化、国际化、品牌化的时尚盛事。同时,组织企业"走出去"参展。在2016中国国际服装服饰博览会CHIC(春季)上,平湖市政府、海宁皮革城、濮院毛衫城等分别组团参展。平湖22家参展服装企业洽谈客户5000余家,达成合作意向和签订合作协议客户200多家,确定订单5500多万元。

皮革时尚小镇创建　　(市经信委提供)

(张会锋)

节能降耗

【概况】 2016年,嘉兴市围绕"十三五"时期单位生产总值能耗下降18.5%的目标任务,加大产业结构优化,强化各项节能措施。年内,全市万元生产总值能耗下降2.7%,规模以上工业增加值能耗下降3.9%;规模以上工业能源消费总量1359.6万吨标准煤,增长1.8%;全社会用电量453.1亿千瓦时,增长9.62%;腾出用能空间29.1万吨标准煤。

【调整优化产业结构】 2016年,全市加大对工业新兴产业的培育和发展,实施服务业优先发展战略,调整经济结构,转变发展方式。推进八大高能耗行业转型升级,全市八大高能耗行业规模以上工业能耗1063.92万吨标准煤,占全市规模以上工业能耗的78.3%,比上年下降0.4个百分点。

全市三次产业结构得到优化,三次产业结构由上年的4.0∶52.6∶43.4调整为3.8∶50.9∶45.3,第三产业增加值比重提升1.9个百分点。规模以上高新技术产业、装备制造业、信息制造业增加值占规模以上工业增加值的45.0%、27.1%、12.9%,分别提升2.7个百分点、2.2个百分点、1.1个百分点。

【实施能源消费总量控制】 2016年,嘉兴市结合工业企业绩效评价办法和工业行业能效标准,充分发挥差别化电价的政策杠杆作用,全市执行差别电价企业696家,征收差别电价资金5198.7万元,倒逼工业企业提高资源能源利用效率。实施煤炭消费总量控制,出台年度用煤计划,强化集中供热,严格控制低效燃煤机组的煤炭消费,削减全市非电煤炭消费量,全年规模以上工业原煤消耗806.71万吨,比上年下降4.86%。优化调整能源结构,增加光伏新能源消费比重。到年底,全市累计受理光伏发电装机容量1397.56兆瓦,并网运行光伏项目容量1290.4兆瓦,其中分布式装机容量1076.75兆瓦、并网容量1017.99兆瓦,分别占全省的42.37%和48.83%,分布式光伏并网容量占全国的9.86%。

【严格产业准入管理制度】 2016年,嘉兴市继续加大工业固定资产投资项目节能评估和审查力度,对年耗标准煤5000吨及以下的项目全部委托下放到县级节能主管部门审批。改进能评工作机制,制定并印发《一般工业项目实施能评备案管理暂行办法》,对非八大高耗能项目和数据中心项目,一律实施能评备案管理。2016年,开展市级固定资产投资项目节能审查42个,总投资386亿元,总用能114万吨标准煤,否决2个高耗能项目。

【推进绿色制造发展】 2016年,嘉兴市加大节能技术改造的推广应用,围绕节能降耗、工业治水和电厂升级改造等领域,组织实施年度绿色制造重点项目计划,全市实施节能重点项目193项,总投资57.03亿元,项目全部实施后可节能72.73万吨标准煤,节水464.69万立方米。推进重点行业清洁生产审核与技术改造,以高能耗、高水耗、高排放的行业为重点,实施新一轮清洁生产审核,对使用或生产有毒有害产品的企业实施强制性清洁生产审核。年内,全市开展清洁生产审核企业195家。通过阶段性清洁生产审核,节电1.93亿千瓦时,节水806万立方米,实现经济效益3.39亿元,创建节水型企业23家。

【强化节能监察】 2016年,嘉兴市开展重点用能企业的能源监察,印发《2016年嘉兴市能源监察计划》,全年完成50家工业企业和22家公共机构的节能监察任务,提出整改意见231条。开展高效电机推广活动,印发《嘉兴市2016年电机能效提升实施计划》,提出推广高效电机20万千瓦、淘汰落后电机20万千瓦、电机系统节能改造10万千瓦的目标任务,到年底,全市超额完成电机能效提升目标。开展重点行业能耗限额标准的对标考核工作,完成全市印染、造纸、电力、化纤等行业新一轮能耗限额标准的对标考核,配合工信部、省经信委完成对全市水泥、钢铁行业的能耗限额标准考核工作。启动"万吨千家"智慧能源在线监测建设,市本级智慧能源在线监测平台即将安装调试。

【推进热电企业升级改造】 2016年3月,市经信委联合市环保局发布《关于印发2016年嘉兴市地方电厂改造升级行动方案的通知》,以G20杭州峰会和第三届世界互联网大会为契机,推进燃煤热电企业升级改造,实现行业清洁化、高效化和信息化发展。市政府将7家热电企业、16台锅炉的超低排放改造任务列入年度民生实事工程,建立逐月进度通报制度,定期开展督查。年内,全市所有地方电厂均开展升级改造,列入民生实事工程超低排放改造任务顺利完成,烟气污染物排放量得到有效控制。

【强化用能机制调控】 2016年,嘉兴市发挥市场在配置资源要素中的决定性作用和政府的推动引导作用,发挥用能权指标在能源"双控"(地区能源消耗总量控制和万元GDP单位能耗控制)中的倒逼作用。全市实施用能权交易134个,交易金额1693万元,交易用能权49万吨标准煤。运用市场机制降低企业用电成本，组织实施电力用户与发电企业直接交易扩大试点工作，全市有6400多家电力用户参与试点，为企业节省用电成本近4亿元。

（李晓春）

淘汰落后产能

【概况】 2016年，嘉兴市下达淘汰落后和过剩产能工作目标102项，主要涉及制革、印染、水泥、造纸等十三个行业的1088家企业；完成淘汰落后设备10200台（套）。

2016年，嘉兴市淘汰落后和过剩产能：炼钢行业过剩产能70万吨，制革行业落后产能9万牛皮标张，印染行业落后产能2.016亿米，医化行业落后产能16500吨，铸造行业落后产能2.15万吨，轧钢行业落后产能36万吨，织造行业落后产能8264.5万米，电镀行业落后产能6.5万升，化纤行业落后产能6万吨，造纸行业落后产能1.2万吨，烧结砖2.03万亿块标砖，机械行业落后产能9772.2万吨，建材（含扣板）行业落后产能876.4万吨、24530.4万平方米，木业行业落后产能9.8万立方米，轻工行业落后产能20545.2万件（只），太阳能行业落后产能35.9万吨，超额完成目标任务。

淘汰落后设备　　（市经信委提供）

【推进淘汰落后产能工作】 2016年，嘉兴市进一步推进淘汰落后产能工作。一是继续深化工业绩效评价。通过对全市规模以上工业企业全面调查和排序，建立工业企业绩效数据库，并按A、B、C、D进行分类管理，引导企业转型升级。二是加大政策支持力度。各县（市、区）制订淘汰补助政策，提高企业淘汰落后产能的积极性。三是实施差别化电价政策。全市执行差别电价企业696家，其中按限制类征收0.1元/千瓦时的企业274家，按淘汰类征收0.3元/千瓦时的企业260家，按其他类征收费用的企业162家（征收标准为0.2元/千瓦时和0.4元/千瓦时）。四是强化监督考核。进一步完善淘汰工作考核办法，从计划制定、任务完成和工作机制等方面，进行亮化赋分，对被列入国家、省淘汰目标任务并按要求完成的企业，在年度考核中给予加分；对未能按要求完成的，实行一票否决，取消年度各类评优评先资格。同时把淘汰落后和过剩产能工作与"退低进高（腾笼换鸟）"工作一起，列入各县（市、区）工作目标责任制考核。各县（市、区）成立领导小组及其办公室，建立月度报表制度、情况通报制度、督查考核制度等，全力推进"退低进高（腾笼换鸟）"、淘汰落后和过剩产能工作。

【淘汰落后产能】 2016年，嘉兴市通过淘汰落后和过剩产能，以及推进"四换三名"工程，产业结构得到优化，促进了节能减排和"退低进高（腾笼换鸟）"工作。全市节约标准煤31.7万吨；节水115.6万立方米；减少化学需氧量排放8.1万吨，减少二氧化硫排放815.1吨，减少氨氮排放217.3吨，减少氮氧化合物排放384.1吨；腾退低效工业用地393.14公顷，为新兴产业、先进产能发展，腾出了土地、用能空间和环境容量。同时，促进了全市生态环境的不断改善。1-10月，嘉兴市交接断面考核结果为优秀，出境水高锰酸盐、氨氮和总磷3项指标分别下降11.6%、27.6%和12.8%。

（张会锋）

交通　电力　水利

公　　路

【概况】 2016年，嘉兴市公路总里程8116.91千米，境内有高速公路12条，其中国家高速公路6条、省高速公路6条，普通国道公路5条，省道公路1条。全市公路密度以国土面积计算207.33千米/百平方千米，以人口计算23.30千米/万人，其中桐乡市最高为280.49千米/百平方千米、29.13千米/万人。全市815个建制村公路通达率100%。按行政等级分：国道（含国家高速公路）505.52千米，省道（含省高速公路）172.72千米，县道1871.74千米，乡道1954.32千米，专用公路96.88千米，村道3515.73千米。按公路等级分：高速公路393.06千米，其中国道278.63千米、省道114.43千米；一级公路791.26千米；二级公路689.19千米；三级公路1203.94千米；四级公路3769.62千米；准四级公路1254.04千米；等外公路15.81千米。另有城管里程39.03千米。按路面等级分：高级路面7789.61千米，其中沥青混凝土路面2698.49千米、水泥混凝土路面5091.12千米；次高级路面204.27千米；中级以下未铺装路面123.03千米。高级、次高级路面铺装率占总里程的98.48%。全市农村公路里程7438.66千米。绿化公路里程7680.91千米，占可绿化里程的97.59%。全市有公路桥梁7398座，总长355687.37延米，其中互通式立交桥17座、10565.78延米。按跨径分：特大桥20座、26426.29延米，大桥471座、146115.68延米，中桥2245座、92078.40延米，小桥4662座、91067.00延米。

2016年，嘉兴市列养公路里程8116.91千米，普通干线公路管养单位7家，下设公路养护工区（站、道班）17个，养护企业7家，收费公路经营企业6家，高速公路服务区9对。农村公路养护站38个，养护企业4家，收费公路经营企业1家。全市完成高速公路养护工程投资22100.92万元；完成普通国道、省道公路养护工程投资12155万元，其中预防性养护投资1420万元，中修工程投资5974万元，大修工程投资1845万元；农村公路养护工程投资67062万元。绿化资金投入36645万元。全市高速公路优良率100%；普通国道、省道公路优良率99.09%。

2016年，嘉兴市完成营业性客运量3000万人次、周转量210159万人千米，分别比上年下降2.8%、增长0.4%；完成营业性货物运输量11306万吨、周转量1195865万吨千米，分别增长13.8%、11%。货物平均运距106千米。全市有营运客车6144辆、总客位197785座，分别增长2.26%、7.2%。其中联网联控车辆（包括跨省、跨市班车、旅游包车）881辆、客位36048座，分别增长10.4%、14.55%；公交化运营车辆（包括城市公交、县内班车、跨县班车）2939辆、客位152441座，分别增长1.84%、6.06%；出租车2324辆、客位9296座，与上年持平。全市有营运货车30948辆、总吨位267008吨，分别下降14.98%、增长1.2%，平均吨位8.6吨，比上年增加1.4吨。其中普通货车25510辆、吨位118970吨位，分别下降17.73%、8.48%（其中厢式货车8556辆、吨位34901吨，分别下降15.64%、9.13%）；专用货车4193辆、吨位124443吨，分别下降2.49%、增长8.71%；危险货运车1245辆、吨位23595吨，分别增长13.8%、29%。全市道路旅客运输经营业户19户，其中班车客运业户13户；道路货物运输经营业户16829户，其中普通货运16497户。机动车维修业户2243户，汽车综合性能检测站7户，机动车驾驶员培训业户63户。全年完成汽车维修150万辆次，增长4.89%；完成驾驶学员培训14.6万人次，下降11.5%。道路运输从业人员62369人。2016年，全市完成物流基地投资18.61亿元，物流龙头企业投资1.68亿元，物流A级企业31家。

（唐偲嘉 朱 慧）

【普通公路建设】 2016年，嘉兴市国道、省道及重要县道完成投资16.81亿元，桐乡市洲甸公路新农村至史村段工程、桐乡市桐九公路客运中心至高铁火车站段改建工程和老01省道农发大道至海宁大道改建工程3个项目完成交工验收，平湖乍浦至上海兴塔公路一期工程、海盐至安吉公路桐乡凤鸣至洲泉段、海盐武原至海宁袁花公路工程等项目建设进展顺利，G524（08省道延伸线）秀洲新塍至王店公路工程完成施工图审批、施工及施工监理招投标，并开工建设。

【美丽农村公路建设】 2016年，嘉兴市公路部门围绕省政府下达农村公路建设“四个三千”目标（提升等级3000千米、路面维修3000千米、安保工程3000千米、港湾式停靠站3000个），加快美丽农村公路建设。年内，完成农村公路大中修256.2千米、提升等级160.5千米、安保工程75.5千米，建成公路港湾式停靠站337个，建成美丽乡村公路83条、406千米，累计完成项目投资17.6亿元。海宁、嘉善建成美丽公路示范县，海宁翁金线建成“美丽农村公路”样板路。

美丽农村公路 （市交通运输局提供）

【提升全路域环境质量】 2016年，嘉兴市公路部门推进公路边“三化”（洁化、绿化、美化）从高速公路、国道、省道向全路域拓展，部署开展公路沿线建筑物、非公路标牌等11项整治行动，累计拆除违章建筑1419平方米，清理堆积物1.5万立方米，拆除非公路标牌3155块，整治马路市场84个，完成公路边绿化种植32.6万株，草灌覆绿231.4万平方米。完成高速公路沿线广告牌整治任务，拆除广告牌330块，占全省拆除总量的58.7%。升级改造高速公路服务区9对，建成普通国道省道服务站20个，进一步完善公路服务功能。

【320国道嘉兴市区过境段项目终止收费】 2016年，嘉兴市公路部门根据省交通运输厅、省物价局、省财政厅《关于做好320国道嘉兴市区过境段项目终止收费有关事宜的函》规定，自2016年6月21日24时起，320国道嘉兴市区过境段项目终止收费。该收费项目为市政府还贷项目，此次取消的是320国道七星收费站、洪合收费站对出嘉兴的车辆（非浙F牌照）单向叠加收取的车辆通行费，本地车辆收费标准没有变化。

【推进公交示范城市创建】 2016年，嘉兴市公路部门持续推进公交示范城市创建，全面完成政府民生实事工程，新增城市公交运营里程130.5千米、公交车112辆、公交首末站3个、公交专用道10千米，新建和改造城市公交停靠站107个，优化市区公交线路39条，城市公交客运量达到9626.7万人次，比上年增长8.1%。

（吴建民）

【杭州湾跨海大桥北接线项目建设】 7月1日，杭州湾跨海大桥北接线（二期）项目全面开工。项目全长27.55千米，采用双向六车道高速公路标准建设，概算总投资55.94亿元。至年底，完成投资17.43亿元，完成年度计划的103.87%，完成交地总量的97.3%，完成农户拆迁总量的94.4%。项目在2016年度全省公路建设项目考核中获“优秀项目”;3个标段被评为全省公路水运工程“平安工地”省级示范合同段,5个标段被评为市级“平安工地”示范合同段。

12月28日,杭州湾跨海大桥北接线二期工程梁板架设
(夏灿摄影)

【钱江通道北接线工程启动建设】 12月12日,钱江通道北接线(杭浦至沪杭段)工程启动建设。项目连接沪杭、杭浦、杭甬三条高速公路,向北延伸接江苏省苏震桃高速,向南延伸接杭绍台高速,是环杭州湾地区接轨上海市、北通苏州市及苏州、嘉兴到萧山国际机场和绍兴市的最快捷通道,对打通整个浙江省南北通道具有重要意义。钱江通道北接线项目起点与沪杭高速公路相交,终点与钱江通道隧道相连,项目全长11.42千米,按六车道高速公路标准建设,设计速度为100千米/小时。路基宽度33.5米,桥梁宽度33米,涵洞与路基同宽,概算总投资21.18亿元。

【嘉兴公交IC卡系统升级】 2015年5月,嘉兴公交IC卡系统升级改造工程启动,将嘉兴公交IC卡由原来的M1卡升级为全面支持住建部、交通运输部双密钥的公交CPU卡。2016年9月底完成软件系统和车载机具等相关硬件设备的改造,10月28日正式发行公交IC卡新卡,12月10日提前实现与上海等住建部77个城市、交通运输部110个城市公交卡互联互通,成为全省率先实现交通运输部公共交通密钥应用。年内,通过增设临时服务网点、进社区、进企业服务等便民措施,推进发换卡工作,至年底市区累计发换卡24万余张,成为全国2016年交通运输部公共交通互通发卡量最大的城市。

【拓展新能源产业】 10月15日,杭州湾跨海大桥北接线高速公路南湖服务区屋顶光伏电站建成,成为浙江省首个高速公路服务区屋顶光伏电站,12月14日并网发电,日均发电量约800千瓦时,年均发电量25万千瓦时。10月26日,嘉兴市区首座LNG(液化天然气)加气站——公交东场LNG加气站投入运营,至年底,累计完成公交东场、客运中心两座LNG加气站项目投资900万元,累计完成加气量1643吨,第三座公交经开北分公司加气站项目进场施工。至年底,签协充电桩项目17个,协议建桩228个,完成国鸿九里路停车场等充电桩项目119个,平湖客运中心等充电桩项目开工建设。

10月26日,嘉兴市区首座LNG加气站——公交东场LNG加气站投入运营
(顾学锋摄影)

(浦天明)

铁　　路

【概况】 2016年,嘉兴车务段管辖沪昆、宣杭、沪杭高铁、宁杭高铁26个车站2个线路所,运营里程427千米,跨越沪浙两地,其中管辖沪昆线6个车站,分别为嘉兴、海宁(二等站)、嘉兴东(三等站)、长安镇、马王塘、斜桥(四等站);管辖沪杭高铁7个车站和春申、笕桥2个线路所,分别为嘉兴南以及代管的松江南、金山北、嘉善南、桐乡、海

宁西、余杭6个车站；管辖宣杭线10个车站；管辖宁杭高铁3个车站。嘉兴车务段设有行政办公室、党群办公室、营销科、安技科、劳人科、财务科、调度科、职教科、保卫武装科9个科室，有干部职工1086人。主要承担管内“四线”行车组织、运输组织和客货运业务。客运主要有高铁、动车组、新空特快、新空快速、新空普快、普通快速，以及假日列车、周末列车、朝发夕至和夕发朝至等系列，运输业务辐射全国各地。货运主要办理长三角货物快运和行李包裹运输业务。2016年，完成运输收入19亿元，发送旅客2207万人。

【嘉兴市轨道交通线网规划】 4月29日，市政府批复同意嘉兴市轨道交通线网规划，嘉兴市启动近期建设规划编制前期工作。根据嘉兴市轨道交通线网规划方案，嘉兴市轨道交通线网规划由5条线组成，总长度约300千米，市本级约150千米，1号线全长44.5千米，并规划Y线，其中一支规划到达温泉新城与乌镇，长20.4千米，另一支到达新塍，长10.3千米；2号线全长60.9千米；3号线全长45.3千米；4号线全长50千米；5号线全长69.4千米。

【沪乍杭铁路】 沪乍杭铁路工程是中国沿海铁路大通道、沪杭、华东南北二通道的重要联络线，与浦东铁路构成沿海大通道和沿江大通道的骨干联络线，成为沿海通道的重要组成部分。根据预可研方案，该线路自浦东铁路漕泾站引出，经平湖、嘉兴港区、海盐引入既有沪昆铁路海宁站。项目列入浙江省铁路建设“八八”计划，设计单位铁道第三勘察设计院集团有限公司编制工程可行性研究报告。

【通苏嘉城际铁路】 通苏嘉城际铁路工程是长三角城际网的骨干线路和沿海铁路客运通道的重要组成部分，也是浙江与苏北、苏锡常都市圈之间一条以城际客流为主、兼顾中长途客流的城际快速客运通道。线路经江苏苏州进入嘉兴境内接入沪昆高铁嘉兴南站，标准为双线电气化城际铁路，设计速度350千米/小时。年内，设计单位中铁第五勘察设计院集团有限公司修编完成工程预可行性研究报告。

（何　峰）

水　　路

【概况】 2016年，嘉兴市内河水运基础设施建设完成投资15.92亿元，完成省年度目标考核的114.53%，完成市交通局年度目标考核的112.11%，其中主干线航道建设完成投资14.06亿元，内河港口码头建设完成投资1.86亿元。航道养护建设完成投资0.89亿元。累计新增千吨级航道42千米，新建码头泊位16个，增加港口吞吐能力292万吨。全市完成水路货运量8762.40万吨，货物周转量159.63亿吨千米，分别比上年增长2.82%、9.49%。完成水路客运量48.17万人，增长25.89%。完成内河港口货物吞吐量8423万吨，集装箱中转量15.76万标准箱。全市有营运货船3593艘、154.16万载重吨，平均吨位429.06吨，其中内河营运货船3571艘、140.44万载重吨，平均吨位393.29吨，沿海营运货船22艘、13.72万载重吨，平均吨位6235吨。全市营运货船增加61艘，运力增加40.52万吨，船舶平均吨位增加107.32吨。全市辖区发生水上交通事故71起，死亡5人（其中1人失足落水），沉船10艘，直接经济损失200.57万元，未发生水运在建工程安全事故。全年检验船舶3955艘、98.83万总吨。其中完成内河船舶建造检验219艘、4.81万总吨；营运检验3736艘、94.02万总吨（海船营运检验53艘、12.86万总吨）。完成船舶设计图纸审查140套、船用产品检验219批次。完成港航事业费征收922.12万元，下降15.97%（不含船舶港务费）；通行费征收6393.61万元，下降7.24%。办理行政许可事项4140件、行政确认事项1225件，实施行政处罚案件816件，未发生行政复议和行政诉讼案件。

【推进重大项目建设】 2016年，嘉兴市基本建成杭平申线平湖段、海盐段主线，开工建设杭平申线桐乡段、沪昆铁路桥、海塘支线。年内开工京杭运河嘉兴段“四改三”工程、丁诸线航道320国道桥以北段,开工项目数量为历年最多。编制完成湖嘉申线嘉兴段二期的初步设计,浙北高等级航道网集装箱运输通道建设工程项目建议书获批复,乍嘉苏线航道"五改三"工程完成预可报告编制;杭申线"四改三"项目启动预可编制。

杭平申线平湖段建成 （市交通运输局提供）

【推进内河港口建设】 2016年,嘉兴市推进专业化、规模化内河港口码头建设。基本建成海宁港区尖山码头、环城河(海昌)作业区陆域主体工程,开工建设海宁长陆、丁桥镇公用码头工程等项目。建成海宁粮库、农标普瑞纳公司码头,开工建设海盐秦山南方水泥有限公司码头工程,桐乡巨石集团码头工程等项目前期进展顺利。

（吴可珍）

【提高水上安保能力】 2016年,市交通运输局健全与公安、毗邻海事等部门的联动协作机制,实施三级分类管控,通过多系统的数据资源共享和智能核查,实现水上全方位、全时段有效管控。设立水上交通管控点17个,累计投入安保力量7251人次,出动船艇2491艘次,核查船舶信息1.6万艘次,比对船员信息3.3万人次,查处各类违章船舶298艘次,实施拦截、滞留和劝返船舶452艘,圆满完成G20杭州峰会、第三届世界互联网大会水上交通安全保障工作。强化安全监管,全年完成1040艘本港船舶电子签证网上注册工作,累计检查船舶2.8万艘次、企业168家,纠正违章825起,罚款96.3万元。开展客运船舶专项检查,将景区视频监控接入市港航管理局专网。组织专家对33个危险品码头开展专项检查,开展船舶最低安全配员等专项整治;加大内河水上搜救和防污染能力建设力度,推动其纳入地方政府建设规划,引入社会力量参与水上应急抢险救助机制;全年办理危险品运输申报4717艘次,危险品运输量170.9万吨。

（吴建民）

【水运行业改革】 2016年,嘉兴市"按航道规划等级实施标准化养护""杭平申线—海河联运航道建设"等改革试点项目通过验收。开展工字型组合砌块、钢板桩等生态新型护岸在航道养护工程中的试点研究。参与制定《浙江省内河限制性高等级航道通航标准》,启用新版船舶动态管理系统,推进船舶监管模式改革。开展嘉兴内河港总体规划修编,编制完成嘉兴市内河岸线利用及产业发展"十三五"规划、嘉兴市海河联运联网航道"十三五"规划,完成全市内河港口岸线规划利用情况及泊位建设情况普查。

【绿色港航建设】 2016年,嘉兴市以"关停拆除一批,保留提升一批,规划建设一批"为指导原则,加快港口资源整合,全年关停码头324个,提升码头100个,公告注销港口岸线许可和港口经营许可251项,其中海宁港区全面完成内河码头整治工作,平湖、城郊港区码头整治工作受到市领导的批示肯定。严格船舶污染物接收作业监管,实行污染物接收送交情况跟踪检查,辖区接收处理船舶污染物92.02吨,市本级、海盐和嘉善建成油污水接收处理站各1个,海盐、海宁建成并投入运行污油水接收船各1艘。实施绿色航道港口工程,与国网嘉兴供电公司签订全市岸电建设框架合作协议,在芦花荡、西塘锚泊服务区等地建成岸电桩共35个,嘉善、海宁、海盐建成支持移动支付的岸电桩,岸电桩数量及技术水平领先全省;按照绿色循环低碳航道要求,杭平申线航道建设采用电力驱动、绿色照明等创新工艺。

【"法治港航"建设】 2016年,嘉兴市推行"四张清单一张网"建设,完成全市航政、工程类权力清单修订工作,启用省港航综合管理与服务平台并办理审批251件。基层站所"三基三化"(基层执法队伍的职业化建设、基层执法站所的标准化建设、基础管理制度的规范化建设)建设走在全省前列,编制"三基三化"建设指南,完成半数以上基层站所建设工作。重新修订《常见水路交通行政处罚法律依据和裁量基准》。

【"智慧港航"建设】 2016年,市交通运输局做好交通运输部"船联网"示范项目,完成嵌入RFID的电子船名牌的前期研发工作;升级移动巡航系统,提升水上安保工作水平;编制"智慧港航"一期项目建设方案,支持新船帮公司开发"滴滴打船"软件。

(吴可珍)

【提升航运市场服务能力】 2016年,嘉兴市航道通航环境不断改善,全年航道养护新建护岸16.07千米,维修护岸1.48万平方米,疏浚土方28.61万立方米,绿化养护209万平方米,补种绿化3.57万株,清除沉船等无主障碍物125艘次。完成浙江省第一艘LNG双燃料动力货船检验工作,做好全省内河最长扒杆起重船、塑料纤维等新型材质船舶的建造检验,首次开展涂料产品制造工厂认可工作。执行小微企业货物港务费免征及本港船舶长期在外省营运期间暂停缴纳通行费等政策,13家水运企业获奖励补助资金151.1万元。全面完成"十二五"期间内河船型标准化工作,完成拆解改造船舶455艘、累计发放补助资金2799.74万元;启动内河船型标准化政策延续工作,受理老旧船舶及小吨位船舶拆解申请77艘、涉及补助资金913.62万元。

【深化"最美行业"创建】 2016年,市交通运输局组织开展"建设水上美丽经济交通带"主题系列实践活动、"学习最美航标灯·争创最美窗口"活动,以全省交通运输系统最美示范窗口思古桥站为范本,推进嘉兴航区最美窗口创建,实现"最美窗口"建成率50%的创建目标;全市港航系统申报五星级美丽码头4个、最美品牌和窗口各3个、省级美丽航道1条、省级美丽航区2个、最美站所18个;深化行业文化培育,在中国第十二个航海日,嘉兴船文化博物馆刊登《人民日报》头版。

(吴建民)

电　力

【概况】 2016年,嘉兴市电力发电设备总容量1452.12万千瓦,比上年增加8.62万千瓦,年总发电量802.51亿千瓦时,增加38.86亿千瓦时。其中嘉兴发电厂、秦山核电、桐乡燃机设备容量1233.24万千瓦,年发电量730.9亿千瓦时,增加23.82亿千瓦时;新嘉爱斯热电有限公司等6000千瓦以上地方公用发电厂,设备容量75.75万千瓦,增加18.15万千瓦,年发电量38.91亿千瓦时,增加5.21亿千瓦时;民丰特纸公司等6000千瓦以上城乡自备电厂,设备容量56.68万千瓦,年发电量25.33亿千瓦时,增加3.69亿千瓦时。全年嘉兴市太阳能发电量8.26亿千瓦时,风力发电量2.25亿千瓦时。

2016年年末,全市电网供电设备35千伏及以上变电所277座,其中公用变电所192座,用户自备变电所85座,主变压器总容量4391.7万千伏安,35千伏及以上线路520条、总长5661.5千米。全市年供电量达417.75亿千瓦时,比上年增长7.82%。年售电量406.68亿千瓦时,增长7.89%。全社会用电量453.10亿千瓦时,增长9.62%。7月27日,嘉兴电网网供负荷695.97万千瓦,比上年增长6.07%。全市用电户数201.33万户,增加8.24万户,营业户数215.31万户,增加7.27万户。全市电网最高负荷为806万千瓦,增加75.3万千瓦,电网供电综合线损率2.65%,城网供电可靠率99.97%,城网电压合格率99.99%。

2016年,国网嘉兴供电公司下属5个县(市)供电公司,下辖11个部室,7个业务机构和8家集体企业。在编职工2489人,中级及以上专业技术资格852人,技师及以上技能资格2007人。固定资产原值(含县公司)237.24亿元,净值105.23亿元。上缴税金(不含所得税)9.82亿元,实现主营业务收入248.73亿元。全口径应收电费305.74亿元,实收305.74亿元,电费回收率100%,无陈欠电费,连续9年实现电费回收"双结零"。

2016年,国网嘉兴供电公司圆满完成G20杭州峰会、第三届世界互联网大会·乌镇峰会重大保供电任务,连续12年获全国"安康杯"优胜单位,累计安全日5498天。全年完成电网建设与改造总投资18.44亿元,投产110千伏及以上变电容量374万千伏安,线路79.1千米。500千伏洪明变电站等重点工程按期投产,500千伏桐乡变电站获国家优质工程奖和中国电力优质工程奖,建成全省首座110千伏模块化变电站沈荡变电站,城农网升级改造工程加快推进。深化构建"互联网+电力营销"智能互动创新服务体系,建成全省首个内河智能岸电水上服务区,全省首家实现高速服务区电动汽车快充站全覆盖。深化业绩考核和同业对标目标管理,提前完成集体企业年度改革改制任务,整合成立嘉兴恒创电力集团公司。2016年,国网嘉兴供电公司获省电力公司系统业绩考核第二名,同业对标综合标杆第三名,是全省唯一一家连续12年进入综合标杆的市供电公司。获全国工人先锋号、全国实施卓越模式先进企业、全国质量管理小组活动优秀企业、浙江省重点建设立功竞赛先进集体、省级模范职工之家、省公司精神文明先进单位、第9次获全市"五型机关"创建一等奖、嘉兴最具社会责任感企业等称号。1人获国家电网公司劳动模范,1人获浙江省五一劳动奖章,1人获国家电网公司优秀班组长,6人获省电力公司劳动模范,选派9名干部到蒙东、西藏那曲地区帮扶。10项成果被评为省电力公司及以上优秀管理创新成果(其中国家级1项),获得授权发明专利18项。

【建成全省首个内河智能岸电水上服务区】 7月27日,浙江省首个内河智能岸电水上服务区在嘉兴市芦花荡水上服务区投入运营。该工程位于杭申线航道、乍嘉苏线、湖嘉申线航道交汇处,建成9个自助式岸电充电桩,18个岸电接口泊位。首次将岸基供电设备运用于水上服务区,通过"油改电"的改造,降低运行成本、增加电能替代电量。船主可通过水上服务区刷卡使用岸电,取代原有的柴油发电机发电,实现内河零排放。嘉兴市港航管理局对在建的杭平申线平湖横塘桥锚泊服务区、海盐白苎锚泊服务区、元通待泊区、海宁双山锚泊服务区和桐乡锚泊服务区,按照标准设置内河码头岸电设施,做到同步设计、同步建设、同步运营。建成后的岸电桩具有标准化接口,可进行人际交互,刷卡接电,也可以进行费用、时间等信息查询,并可显示已运行状态和故障状态,提供故障声光报警等。国网嘉兴供电公司、嘉兴市港航管理局、国网浙江浙电节能服务有限公司对该服务区进行内河岸电建设,共同签署《进一步深化岸电项目建设合作协议》等,继续深化推进内河岸电建设项目,逐步实现"十三五"嘉兴市水上服务区岸电的全覆盖。

浙江省首个内河智能岸电水上服务区建设

(嘉兴电力局提供)

【500千伏洪明变电站投运】 11月23日,洪明变电站投运。500千伏洪明变电站位于海盐县元通街道凤凰村,是海盐首座、嘉兴市第5座500千伏变电站。洪明变电站于2016年3月开工建设,工程总投资3.53亿元,总用地面积3.5公顷。工程新增100万伏安主变压器1台,500千伏出线6回,采用一个半断路器接线;220千伏出线7回,采用双母线双分段接线;配电装置均采用GIS设备,按单母线接线。该工程由中国电力工程顾问集团华东电力设计院有限公司负责设计,浙江电力建设监理有限公司负责监理,浙江省送变电工程公司施工,国网浙江省电力公司检修分公司运行维护。全站配置智能辅助控制系统,实现视频安全监视、技防、环境监测等系统的智能管理,具有设备简洁化、网络归一化、设备集成化等特点,实现数据采集的数字化和系统操作的智能化。全面采用三维数字化设计,采用模块化装配式构支架,首次引入继保可视化系统,保护装置状态可通过继保在线监测显示器直接查看,电网智能化程度明显提升,嘉兴电网初步形成以低压配网到500千伏等的各个电压等级智能化网架。在项目

建设过程中，获评国家电网公司2016年输变电工程流动红旗称号。

11月23日，洪明变电站投运　（嘉兴电力局提供）

【高速服务区电动汽车快充站全覆盖】 4月21日，杭浦高速公路海宁服务区的电动汽车快充站通电，标志着嘉兴区域内的18个高速服务区实现电动汽车快充站全覆盖。2015年，国网嘉兴供电公司全面启动电动汽车快充站建设工程，率先在常台高速新塍服务区建成并投运浙江省首座电动汽车快充站，通过电动汽车的实车测试，接入车联网平台并投入运行。随后，在常台高速新塍服务区、沈海高速杭州湾跨海大桥北接线南湖服务区、沈海高速北岸服务区、沪昆高速嘉兴服务区、沪昆高速长安服务区、常台高速嘉绍大桥服务区、杭浦高速海宁服务区、杭浦高速平湖服务区、申嘉湖高速嘉善服务区双向各一座，建成投运18座高速公路服务区电动汽车快充站。同时，在五县两区城区商业密集、住宅密集区投建9座快充站，为嘉兴市民的绿色出行、低碳出行提供便利。至2016年年末，嘉兴市电动汽车快充站达29座，投运的各个快充站运行情况良好，累计充电4120次，充电量26492.62千瓦时。

【建成首个"四表合一"示范智能小区】 5月17日，嘉兴港区西塘桥镇姚家花苑小区成为嘉兴市首个实现"四表合一"的示范智能小区。2015年，为落实"便民、为民、惠民"服务举措，国家电网公司主导推进"四表合一"建设，利用用电信息采集系统资源，实现电、水、气、热四表数据集中自动采集。国网嘉兴供电公司成立"四表合一"工作小组，与地方政府联合发文《关于积极推进"四表合一"试点建设的通知》，优先推动在新建住宅小区中开展采集示范项目建设，以建设智能小区为切入点，支持和倡导有条件的新建住宅小区开展以电、水表合一采集为重点的"四表合一"建设。5月13日，完成232块智能水表的安装，实现"四表合一"数据一体化远程抄收模式。国网嘉兴供电公司将继续推广该项目，完善电、水、气领域的资源共享机制，打造新型用能服务模式、全面支撑智慧城市建设，减少抄表工作量和硬件重复建设。

【水上光伏项目并网发电】 3月2日，"五水共治"水环境治理光伏发电综合示范项目在秀洲区油车港镇上睦村并网发电。该项目总投资3亿多元，水域面积约53.33公顷，装机容量30兆瓦，采用"全部上网"的消纳模式，是市本级规模最大的渔光互补光伏电站项目。项目运行后，预计年发电量近3000万千瓦时，每年可节约标准煤0.91万吨，相应减少二氧化硫排放101.85吨、二氧化碳2.74万吨、一氧化碳2.39吨、二氧化氮105.13吨、烟尘123.04吨。该项目的投运，对加快"五水共治"水环境治理，减轻环保压力，有着重要的意义。

【首推居民线上办理用电业务】 2016年，嘉兴作为国网浙江省电力公司"互联网+电力营销"智能互动服务体系建设的试点，在全省首推居民线上办理用电业务，全力打造网上营业厅，实现"线上全天候受理，线下一站式办电"智能互动服务。用电客户可将"掌上电力"App下载到手机，点击进入居民申请用电，在填写好个人资料及上传身份证后，可不用出门，不用排队，一分钟在线上完成用电业务申请。线上申请后，该工单信息即时转入嘉兴快响服务组，并在第一时间与客户预约现场服务时间，一岗制作业人员会按约定的时间开展上门服务。同时，客户可以通过App实时查询业务进程信息，了解业务申请已完成的工作环节和后续步骤，并可对业务进行催办，真正实现业务进程信息全程公开透明。年内，"掌上电力"App线上办理用电业务已扩展至非居客户以及高压客户。

【"智能电网驱动智慧城市"获最佳创意奖等】 9月9-11日,国网嘉兴供电公司"智能电网驱动智慧城市"成果体系在第六届"中国智慧城市技术与应用产品博览会"展出,获得"浙江省智慧城市成果展优秀项目奖"和"最佳创意奖"。工业和信息化部原副部长杨学山、浙江省人大常委会副主任毛光烈、浙江省副省长冯飞等到智慧城市建设成果展区,对该系列建设成果给予高度评价。国网嘉兴供电公司通过互联网+电力规划、建设、运维、营销、信通、物资六大模块、八部短片进行全方位的展示,嘉兴恒创电力集团作为智能电网建设的重要组成也首次亮相。

表2 2016年嘉兴市全社会用电量按用电性质构成

类　　别	用电量(万千瓦时)	构成(%)	比上年增长(%)
全社会用电总计	4530970.54	100.00	9.62
农、林、牧、渔业	29523.80	0.65	12.18
工业	3685005.26	81.33	8.41
建筑业	38077.57	0.84	-13.26
交通运输、仓储、邮政业	52350.66	1.15	15.24
信息传输、计算机服务和软件业	22896.26	0.51	14.31
商业、住宿和餐饮业	163399.26	3.61	12.62
金融、房地产、商务及居民服务业	78923.95	1.74	24.43
公共事业及管理组织	98373.80	2.17	14.39
城乡居民生活用电	362420.00	8.00	19.15

表3 2016年嘉兴市全社会用电量按行政区人均水平构成

地　区	用电量(万千瓦时)	常住人数(万人)	人均年综合用电量(千瓦时)	人均生活用电量(千瓦时)
全市总计	4530970.54	461.40	9820	785
市区	1173723.00	124.18	9452	813
南湖区	450941.56	64.29	7014	873
秀洲区	722781.44	59.89	12068	748
嘉善县	533449.99	57.25	9318	871
平湖市	701731.47	68.61	10228	654
海宁市	793748.07	83.50	9506	780
海盐县	457909.74	44.42	10309	711
桐乡市	874957.85	83.44	10486	839

说明:全市用电量含110千伏、220千伏电网线路损耗

(邹凌宇)

秦山核电

【概况】 2016年,秦山核电9台机组的总装机容量654.6万千瓦,年发电量503.64亿千瓦时,9台机组未发生1级及以上核事件,安全、质量和环保指标全面受控。2016年,秦山核电获中核集团公司年度业绩突出贡献奖,全国电力行业企业文化建设示范单位、第六届全国电力行业设备管理工作先进单位,浙江省"安康杯"优胜单位等称号,

戚宏昶被授予全国技能能手称号，化学处化学分析三科化学运行班等获浙江省“工人先锋号”称号，“心灵港湾工作坊”被浙江省委宣传部、省政研会命名为“心灵港湾工作坊示范点”，《核电小苹果》获首届中国核科普奖一等奖，秦山核电公司代表队在2016中国技能大赛——全国核工业职业技能竞赛中获“核反应堆核级设备检修工”团体第一名，倪伟获“辐射防护工”职业决赛第一名，获中核集团公司“年度风险评估优秀单位”“年度内部控制评估优秀单位”“离退休先进单位”等称号，方家山核电工程获2015年度全省重点建设立功竞赛先进集体。

3月28–29日，国家国防科技工业局副局长王毅韧到秦山核电基地调研　（秦山核电提供）

【机组大修工作】　2016年，秦山核电严格执行机组大修标准化，全年组织实施9次大修，年内完成7次大修，大修工期均较计划有所提前。其中，秦山一厂1号机组第17次大修、秦山二厂4号机组第4次大修工期均小于30天，达到中国核电大修工期优秀指标。

【推进秦山核电一体化管理】　2016年，秦山核电加强“管理再优化”工作。按照集团公司“集团化运作、专业化经营”的总体思路，以及秦山核电专业化改革“三步走”战略，秦山核电通过精心设计、管理创新，设计既满足法人治理要求，又充分集约资源、实现秦山核电两个管理团队共同管理的改革方案。年内，改革方案获得上级部门、国家核安全局、国家能源局的认可，具备管理切换条件。

【科技创新及成果转化】　2016年，秦山核电取得能源行业核电标准主编单位16项，获得计算机软件著作权登记8项，实用新型专利授权26项，完成国防科技成果技术鉴定19项。“龙腾2020核电厂老化管理和运行许可证延续研究”项目实施方案及经费概算获批；动态刻棒技术研究项目达到国际先进水平，成功推广到福清核电等单位。

【专业化平台建设】　2016年，秦山核电成立核电技能培训中心、何少华工作室等20个专业中心，分别确定机构、职责及人员，编制运作思路方案并逐步开始运作。专业中心在对外服务交流会上得到业界高度关注和认可。秦山核电技能培训中心成为中国技能大赛全国核工业职业技能竞赛主办场。

【深化与战略伙伴单位合作】　2016年，秦山核电与中核检修有限公司、上海核工程研究设计院等单位开展战略对接，先后与原子能院、国家核电、山东核电、沧州核电等单位签署战略合作协议，对外服务“朋友圈”增至20家；参与三代核电标准建设工作，与福清核电签署华龙一号项目建设合作合同。开发对外服务产品，编制完成87份内容翔实的产品说明书，在国际核工展、国际核电运维大会、对外服务交流会上进行主题推介。

【参与巴基斯坦核电机组建设】　2016年，秦山核电完成巴基斯坦恰希玛核电3号、4号机组的调试工作。3号机组于12月6日投入商业运行，12月

11月17日，巴基斯坦C3核电机组首次达到满功率运行　（秦山核电提供）

28日通过巴方临时验收。4号机组于12月18日完成汽轮机非核蒸汽冲转节点目标。

【促进地方经济建设和环境建设】 秦山核电累计投资805亿元，年产值约180亿元，每年依法缴纳各类税费约35亿元，教育附加费约1亿元，累计缴纳各类税费约305亿元，有效地促进嘉兴和海盐地方的经济建设。至年底，秦山核电基地累计发电4328亿千瓦时，节约标准煤1.38亿吨，减排二氧化碳4.5亿吨，为地方环境建设做出贡献。

【中国核电城和核电科技馆建设】 2016年，秦山核电融合秦山核电文化与海盐传统文化，打造集核电生产、运行服务、研发和设备生产、文化宣传于一体的中国核电城。至年底，中国核电城引进项目60多个，总投资超过200亿元，集聚核电关联企业76家。年内，秦山核电联合海盐县，以企地共荣，合作共赢发展理念，加快核电科技馆建设，将秦山核电科技馆融入海盐旅游资源中，打造海盐旅游新名片，推动中国核电公众沟通科普宣传工作。

（岳兴华）

水　利

【概况】 2016年，嘉兴市水利工作以实施平湖塘延伸拓浚工程和扩大杭嘉湖南排工程为重点，统筹推进圩区治理、小农水重点县建设、中小河流治理和城防工程建设，全面落实最严格水资源管理制度，加强防汛防台抗旱工作，促进水生态文明建设。全年完成水利投资47.6亿元，完成年度投资计划的110.7%。嘉善县、平湖市、海宁市、桐乡市获得全省水利工作综合考核优秀。

年内，市防汛防旱指挥部组织7个防汛检查工作组，对全市各地防汛工作准备情况进行检查，对检查中发现的问题进行督办整改。针对前期防汛隐患大排查大整治中发现的问题，各地组织力量开展防汛隐患整改“回头看”工作，实行“销号制”管理。全年排查出堤防、河道、涉水工程、水闸、泵站、海塘等防汛隐患160处，并及时完成整改。同时，调整完善全市各县(市、区)76个镇级防汛防台指挥部成员和1106个村级防汛防台工作组人员，落实镇级责任人1092人，村级责任人4221人；细化基层责任网格，建立防汛责任网络11582个，网格责任人12657人，切实发挥基层防汛责任体系作用。对防汛薄弱环节、危化企业、出海船只、危险区域人员等情况进行排摸统计，修编完善和细化防汛防台预案，提高预案的可操作性。在汛前，编制完成各在建工程安全度汛方案、南排工程和市区城防工程等重点水利工程调度控制运行计划，并按规定报批和备案。开展市、县、镇、村四级防汛应急演练，市、县两级防汛防旱指挥部组织防汛演练10次，参演人员884人次，落实县、镇、村三级避灾场所1204处。落实全市县级以上防汛物资仓库面积7623平方米，并按照基层防汛防台体系规范化建设要求和实物储备与储备协议相结合原则，进一步规范镇、村级防汛仓库。各地组建以人武部和镇为单位的各级抢险队伍890个14823人。

年内，钱塘江南排工程4座出海排涝闸大修工程完成投资1571.33万元，完成率104.76%。南台头闸主体工程完成竣工验收并投入试运行，配套管理用房结顶，累计完成投资3469万元。长山闸大修工程进场修筑围堰，并完成临时房、临时交通道路建设工程，完成投资700万元。上塘河闸大修工程进场施工，完成投资220万元。盐官下河站闸大修工程项目建议书报市发改委审批，嘉兴市北部湖荡整治与水系连通工程可研报告

2016年4月，完成主体工程大修后的杭嘉湖南排工程南台头闸投入排涝运行　（郑文军摄影）

获省发改委批复，嘉兴市中心河拓浚工程（嘉善段）可研报告报省水利厅审查待批。组织完成杭嘉湖南排工程南台头二期等四条河道堤防以及沿岸24座水闸、嘉善县陶庄枢纽和红旗塘堤防（嘉善段）三项安全鉴定工作。完成海宁尖山97围区、01围区和海盐黄沙坞围垦工程验收，全市主要围垦工程全部通过验收。

年内，嘉兴市第5批小农水重点县全部完成项目建设任务，其中海宁市、秀洲区完成2013年、2014年、2015年三个年度验收；第6-8批小农水重点县（项目县）建设全部开工，完成投资1.07亿元。海宁市上塘河灌区完成工程建设任务；秀洲区长水塘灌区改造工程完成年度投资2167万元，累计完成投资2867万元。全市新增（改善）灌溉面积1.16万公顷，新增（改善）除涝面积7626.67公顷，新增节水灌溉面积7040公顷，改造中低产田4433.33公顷，新修加固堤防129.05千米，渠道清淤124.52千米，新增旱涝保收面积5553.33公顷。

年内，嘉兴市实行最严格水资源管理制度和考核，启动第二批（2016-2019）平湖、嘉善2个县（市）的节水型社会建设，加强水功能区水质监测和取水管理，强化计划用水，万元GDP用水量得到有效控制。《嘉善县节水型社会建设工作方案》申请报批，《平湖市节水型社会建设工作方案》完成发文。加快实施嘉兴市区贯泾港水厂水源生态湿地治理工程、石臼漾水源地新塍塘综合整治工程、海盐县千亩荡应急备用水源工程和海宁市泰山港生态湿地工程，完成秀湖水库竣工验收。

年内，市水利局加强依法管理河道，结合“世界水日”“中国水周”宣传活动，指导开展全市水法宣传工作。做好水利行政执法体制改革省级试点建设工作，深化水行政综合执法改革。做好市区河道巡查工作，拆除涉河违章建筑43.01万平方米。加强“阳光水利建设”，做好水利工程项目、施工企业等信息公开工作，进一步规范和监督全市水利建设市场交易行为。强化工程招投标监管，受理招标报名项目122个，概算金额16.78亿元，加强工程质量的控制工作，全年受理工程质量监督申请项目8个、项目划分审批8个，开展质监活动32次，印发质监活动纪要32份，印发单位工程质量核定意见书和质量监督报告30份。

【制定防汛“三张清单”】　2016年，嘉兴市经历了梅汛、太湖高水位、短历时强降雨以及“尼伯特”“莫兰蒂”“鲇鱼”“海马”等多个台风的外围影响，雨量总体偏多，嘉兴站超警戒水位时间129天，为历年之最，市域河网水位持续偏高，防洪排涝压力较大。各级防汛部门及时启动防汛应急响应，调度南排工程南台头闸投入运行145天、长山闸投入运行142天，排水时间为历年之最，外排涝水31.2亿立方米。特别是7月份太湖流域发生超标准洪水，嘉兴市立足最不利的防汛防台因素，制定“最坏打算、最强准备、最直接责任人”三张清单，全面排查梳理低洼圩区、城市易涝点、危化企业、海塘堤防等风险隐患，落实安全巡查、应急抢险、人员转移等各项具体措施和责任，确保防汛安全。

【重点水利工程完成年度建设任务】　2016年，平湖塘延伸拓浚工程和扩大杭嘉湖南排工程（嘉兴部分）两大流域骨干工程完成年度投资15.45亿元。平湖塘延伸拓浚工程6个河道工程标段全面开工，16座桥梁工程开工建设，完成年度投资6.36亿元，累计完成投资25.83亿元，其中独山干河工程为打通海河联运“最后一公里”提供了保障；杭嘉湖南排工程长水塘海宁段基本完工，其余13个河道标段正在施工，12座桥梁开工建设，

2016年11月29日，扩大杭嘉湖南排工程长山河海盐段施工现场　（唐寿良摄影）

南台头泵站、长山河泵站完成施工招标,完成年度投资9.09亿元,累计完成投资21.9亿元。对照国家、省下达的年度投资计划,平湖塘延伸拓浚工程总体完成率分别为115.8%和102.6%,扩大杭嘉湖南排工程总体完成率分别为109.5%和102.5%。

【推进水利工程标准化管理工作】 2016年,嘉兴市按照管理工作信息化、物业化、划界限权、管理手册编制等要求,推进水利工程标准化管理工作,全市完成2016-2020年度五年水利实施方案的制定和批复,落实200项水利工程管理责任主体,完成落实率100%。市本级及各县(市、区)全部出台公益性水利工程运行、管理和维修养护资金保障政策。全市列入2016年度水利工程标准化管理创建计划的60项工程,包括列入省级"五水共治"考核任务的15个项目,通过验收62项,完成率103.3%。

【实施河道综合整治】 2016年,全市累计完成河湖清污(淤)1358万立方米,完成率135.8%,清理河道长度1247千米。计划整治圩区1.13万公顷,完成整治面积1.37万公顷。列入"十二五"中小河流治理规划的16条流域32个项目基本完工。平湖、海盐、桐乡、嘉善4个全国中小河流综合治理重点县(市)及水系连通试点45个项目区全部开工,其中完工32个,累计完成河道治理1991.1千米,基本完成批复治理长度。列入省"十三五"中小流域建设计划的海宁长山河流域综合治理项目,完成治理30.07千米。

(包潇玮)

信息化建设与信息产业

综　述

2016年，嘉兴市把互联网经济和互联网产业确立为“首位经济”和“一号产业”，制定出台《关于建设互联网经济强市的实施意见》《嘉兴市加快发展信息经济政策意见》《嘉兴市互联网经济目标责任制考核实施办法》。嘉兴市被列为国家信息经济试点城市，乌镇互联网创新发展试验区升格为国家级试验区。全市“两化”融合指数79.81，居全省第三位；信息化指数94.63，列全省第四位。“互联网+工业”项目254项，计划投资20.6亿元，完成投资22.2亿元。全市电子信息制造业规模以上企业392家，完成工业总产值1047亿元，比上年增长13.8%，高于全市工业10.4个百分点；利润总额57.9亿元，增长5.2%。规模以上信息经济服务业完成营业收入104亿元，增长25.2%，增加值39亿元，增长7.4%，其中信息网络传输服务业实现营业收入61.85亿元，增长13.3%；影视数字内容服务业完成营业收入30.82亿元，增长47.48%；软件服务业完成11.88亿元，增长48.36%。全市信息产业投资项目142项，计划投资84.6亿元，实际完成投资93.7亿元，完成计划投资的110.7%。推进互联网特色小镇建设，乌镇互联网小镇和秀洲光伏小镇被列为省级特色小镇，秀洲智慧物流小镇和嘉善归谷制造小镇被列为省级特色小镇培育对象。有6个国家“两化”深度融合综合示范试点区、6个省软件和信息服务业基地、26家省“两化”融合示范试点企业、21家省个性化定制示范试点培育企业。

【世界互联网大会期间开展六大经贸活动】 11月，第三届世界互联网大会期间，嘉兴市重点开展六大经贸对接活动。一是对接世界领先技术成果发布会的嘉宾，对接发布者11人、助手22人；二是组织全市33家企业在互联网之光博览会上参展；三是举办国家级试验区和标杆市发布会，130多名专家、互联网企业代表和媒体代表参加活动；四是组织近8000名专业观众参观互联网之光博览会及双创发布会；五是组织106家企业及政府代表参加数字经济两大论坛；六是组织企业双创发布，11家企业进行新技术新产品发布。

【举办首届中国产业互联网大会】 10月21日，2016首届中国产业互联网大会在嘉兴市召开。大会以“制造互联融合创新”为主题，举办互联网创业创新、工业互联网、工业云和大数据、制造业新模式四个分论坛；宣传国家有关制造业与互联网融合发展的政策，发布制造业与互联网融合新概念、新产品；组织20余家企业布展，参会人员1000余人。

【开展建设互联网经济强市立功竞赛活动】 5–12月，嘉兴市开展“建功十三五·聚焦互联网”重点项目立功竞赛活动，凡列入嘉兴市《2016年全市互联网经济重点投资项目计划》，且产业投资项目投资额5000万元以上、互联网+制造业项目投资额3000万元以上的项目均属参赛范围。

【与中国互联网协会签订战略合作框架协议】 5月4日，市政府与中国互联网协会签订战略合作框架协议,双方就共同打造高端合作交流平台、合作推动“新动能·融创新”项目、共建互联网经济创新示范区、战略决策咨询合作、科技成果转移转化等方面开展战略合作,推动互联网经济快速发展。中国互联网协会理事长、中国工程院院士邬贺铨,市政府有关领导等出席签约仪式。

【成立嘉兴市互联网经济联合会】 8月12日,嘉兴市互联网经济联合会成立。联合会以“开放融合共创共赢”为宗旨,助力嘉兴市互联网经济强市建设。嘉兴市互联网经济联合会是由企业、高等院校、科研院所自愿共同组建的专业性、地方性、非营利性社会组织,下设软件与信息技术服务行业专委会、电子信息制造行业专委会、信息技术研究专委会、企业信息化促进专委会、电子商务行业专委会、互联网创新行业专委会、物联网行业专委会。主要面向企业组织开展技术咨询、技术协作、业务培训,组织互联网经济发展战略等软课题研究,向政府部门提出咨询建议等。

【互联网新业态、新模式】 2016年,嘉兴市逐渐形成互联网新业态、新模式。浙江大数据交易中心线上交易平台正式上线;乌镇率先开展5G车联网示范应用;国内首条沪杭量子商用干线项目建设完工;全国互联网分级诊疗创新平台乌镇互联网医院单日在线接诊量1.8万人次,达到三甲医院规模;美衫联、帘到家等传统块状优势行业平台建成;雅莹、鼎美、舒福德等传统服装、家装、家居龙头骨干企业新型商业模式形成;加西贝拉、福莱特玻璃、金元亚麻、巨石等企业逐步实现机联网;索菲亚家居、梦天木门、新秀箱包等企业向个性化定制方向发展;博创科技、新澳纺织等企业实施协同制造。

【推进两化深度融合】 2016年,嘉兴市制定市级两化深度融合项目补助操作细则,印发“常态化”申报两化深度融合项目补助通知。完成省两化融合示范试点企业和“互联网+工业”示范试点企业市本级的补助奖励460万元。2016年,嘉兴市两化融合发展指数79.81,比上年提高7.2,列全省第三位,其中海宁市进入全省前十位。至年底,嘉兴市已创建海宁市、桐乡市、平湖市和秀洲区4个两化深度融合国家示范区,南湖区装备电子(软件)产业基地示范区及嘉兴经济技术开发区两化深度融合国家示范区试点区。2016年,嘉兴市有26家企业被评为浙江省两化深度融合示范试点企业,其中示范企业10家、试点企业16家;21家企业被列为浙江省个性化定制示范试点培育企业;102家企业被评为嘉兴市“互联网+工业”示范试点企业,其中示范企业67家、试点企业35家;7家企业通过国家两化融合管理体系贯标评定。2016年,嘉兴市“互联网+工业”项目254项,计划投资20.6亿元,完成投资22.2亿元,完成年度计划的108%。在“互联网+工业”项目中,共有机联网项目88项,计划投资9.5亿元,完成投资10亿元,完成年度计划的105%。

【召开浦江创新论坛嘉兴论坛】 2016年,嘉兴市召开浦江创新论坛嘉兴论坛。论坛围绕“互联网与传统产业融合发展”主题,开展主题报告、案例分享、互动交流等活动。上海浦江创新论坛嘉宾团、国家和省“千人计划”代表,各个行业企业代表,省(市、县)相关部门代表等500余人参加论坛。

(周晓燕　吴佳伟)

电子政务

【行政权力网上透明运行】 2016年,嘉兴市根据权力清单和责任清单,建设全市统一的行政权力事项库,将市级部门(单位)5330项行政权力事项,通过“一张网”公开晒权,进一步推进行政权力规范运行。完成政务服务平台建设,初步实现以行政权力为主的行政审批网上申报、网上办理和网上反馈,累计办件量29.2万件。探索“一窗受理”模式,开展跨部门流程重构,改变以往办一件事要跑多个部门、重复提交资料的现象。

【嘉兴政务云应用能力位居全省前列】 2016年,嘉兴市加大资源整合力度,推进非涉密应用部署政务云平台，15家市级部门（单位）和海宁市、桐乡市等县（市、区）的156个应用系统陆续“上云”运行。容灾备份中心投入试运行，云计算技术与应用系统深度融合，政务服务进一步提升。

（李建强）

公共服务信息化

【完成新型智慧城市顶层设计评审】 2016年，嘉兴市智慧办联合中国电科项目组，调研50多个部门、县（市、区），听取意见，并多次召集各方座谈分析重点、难点，完成嘉兴新型智慧城市标杆市顶层设计方案，并通过专家评审。顶层设计规划嘉兴新型智慧城市建设的主要目标、建设任务和实施路径，提出1245计划，37个工程建设和57个重点项目。

【建成公共事务信息服务平台】 2016年，嘉兴市40余家市级部门单位相继接入公共事务信息服务共享平台，涵盖345万人户籍人口和180万人外来务工新居民人口的基础数据库以及个人、法人、信用、市民卡、个人健康档案、婚姻登记等多类专题资源库。数据量超过6000万条，据存量达到1.2T。基本实现公共事务信息资源的“同人同城同库”管理，为政府公共事务业务协同办理和构建“一体化经办”平台创造条件。通过公共事务信息服务平台，政府各部门实现数据共享交换，促进部门业务协同办理，提升办事效率。

【市民公共服务实现“一卡通”】 2016年3月，嘉兴市升级为全国第一批社保卡综合应用示范基地。市民卡（社保卡）实现省内和全市域以及上海长海医院和第一医院的异地就医结算“一卡通”；实现全市域持卡乘坐公交和租借公共自行车、在上海乘坐公交车、地铁和轮渡，以及全国77个城市的公共交通应用，至4月底，嘉兴人乘坐上海公交车、地铁和轮渡日均刷市民卡3700人次，上海人持上海城市交通卡在嘉兴乘坐公共交通设施日均达1200人次；实现全市域图书借阅；实现志愿者服务积分、考勤、会议签到以及退休人员体检管理等应用。

（吴佳伟）

社区与农村信息化

【推进智慧农业建设】 2016年，嘉兴市利用大数据、物联网、移动互联等信息技术，在秀洲区、桐乡市开展智慧农业建设。智慧农业平台向上对接省级智慧农业云平台，向下整合、接入物联网示范基地，实现省、市、区涉农信息资源共享。推进智慧畜牧建设，启用浙江省智慧畜牧业云平台嘉兴平台工作，完成相关监管对象的基本信息采集、录入和校对工作，提升行业管理、监督执法和服务主体信息化水平。

【开展农业应急指挥系统建设】 2016年，秀洲区、平湖市、海宁市、桐乡市被列入省农业厅农业应急指挥系统建设单位。建成省、市、区三级农业部门双向互联互通应急指挥系统，实现实时信息采集、生产监控、安全可视、在线监管、专家会商、决策指挥等功能，可以快速、有效处置各类突发事件，提升农业应急指挥信息化和智慧监管水平。

【推进农业物联网基地建设】 2016年，嘉兴市鼓励养殖企业建设具有自主知识产权的智能化管理系统、自动化操作系统和远程监护系统，为企业综合监控、生产管控、产品安全追溯管理、生产业务网上办公及疫病咨询专家系统等提供服务平台。整合责任农（渔）技推广示范项目建设农业物联网基地，完成22家物联网视频监控接入省智慧农业云平台工作。

【完善“96345”平台服务体系】 2016年，南湖区、嘉善县、平湖市、海盐县、海宁市、桐乡市“96345”社会公共服务信息平台完成全省联网，实现平台间服务数据自动统计、远程管理等目标。全年全市“96345”社会公共服务信息中心累计受理市民求助60.98万人次,日均求助量1670人次,服务回访满意率99.95%。

(吴佳伟)

基础网络建设与运营

【概况】 2016年,嘉兴市电信业务收入54.13亿元,比上年增长12.11%;固定电话用户105.43万户,下降10.7%;移动电话用户608.41万户,增长4.31%;互联网用户650.09万户,增长11.51%,城(省)域网出口带宽2320Gbps;免费开放WIFI公共场所605个。

【中国电信嘉兴分公司】 2016年,中国电信嘉兴分公司主营业务收入比上年增长0.80%,居全省第4位。光网覆盖率99.6%;互联网带宽升至1360G;嘉兴市区4G覆盖率达到98.6%,居全省第一位。移动用户份额15.40%,宽带用户份额56.81%,流量份额12.62%。新兴业务收入增长7.08%。天翼高清用户40万户;翼支付交易额较年初提升120%;物联网净增用户12.1万户;云业务快速增长,IDC和云平台收入均居全省第3位,"三朵云"(政务云、医疗云、教育云)建设打造标杆。1月,中国电信嘉兴分公司完成与各县(市)政府的签约,成为全省首个市、县全签约地市。年内,加快互联网+与各领域的合作,"政务云"项目围绕"一云两重惠民生"定位,实现本地网全签约;"医疗云"完成本地网签约,覆盖全市105所医院;"教育云"完成五个区域签约。

【中国移动嘉兴分公司】 2016年,中国移动嘉兴分公司移动通话客户超420万户,其中4G活跃用户近300万户;光宽带用户超60万户。建成4G宏站850个、室分450个、微站360个,4G网络总规模7400个站点,基本实现嘉兴市全覆盖。探索4G网络容量及速率提升新方法,在乌镇和嘉兴学院进行Pre5G试点,初步实现嘉兴学院校园网连续覆盖,并成功打造Pre5G全国示范点。推进"宽带中国"示范城市建设,新增驻地网覆盖45万户,覆盖总规模210万户,户籍覆盖率超140%。坚持发挥"移动信息专家"优势,助力嘉兴市新型智慧城市标杆市创建。

【中国联通嘉兴分公司】 2016年,中国联通嘉兴分公司加大4G网络投资力度,4G累计开通L1800站点1547个、UL2100站点573个,室分楼宇1545幢,4G网络人口覆盖率提升至93%,嘉兴市区4G下载速率从建网初期41Mbps提升到67Mbps。落实国家"提速降费"战略部署,至年底,4G网络累计覆盖宽带小区1421个,覆盖率40%;全市家庭覆盖74.33万户,覆盖率38%,其中城市家庭覆盖率57%。参与政府信息化平台建设,建设沃警务防控云、关护通、智慧消防、智慧园区、智慧旅游等标杆项目;推进B2I2C业务发展,先后开放滴滴王卡、腾讯王卡、蚂蚁宝卡等业务。

【嘉兴华数广电网络有限公司】 2016年,嘉兴华数广电网络有限公司参与无线城市、智慧交通、智慧旅游等建设,有线电视网络形成覆盖市本级城区和连接市本级各乡镇站、五县(市)的有线电视光缆传输网络。市本级有主中心机房1个、分中心机房4个,敷设光缆总长度4500千米,覆盖市本级城区已建配套住宅35万户。试点5个小区覆盖WIFI接入服务,作为嘉兴华数云宽带用户的免费增值应用,并推进嘉兴市区公共场所WIFI接入服务建设。推进老旧小区双向网络改造,实现光缆至单元接入用户近2.2万户;完成11个新建小区双向网络建设,实现光缆至单元接入新增用户近7000户。

【中国铁塔嘉兴分公司】 2016年,中国铁塔嘉兴分公司实现"政府统一管理、资源统一分配、铁塔统一建设"目标。嘉兴目标网规划全部完成。嘉兴全量物理站址6023个,其中铁塔自建1508个、存量注入4515个。嘉兴区域现状站点5522个,规划宏站3904个、微站2559个。全年累计承接塔类项目需求2984个,交付2552个。塔类租户2552户,年末站址共享率85.20%;平均站址租户1.57户,列全省第二位。

(吴佳伟)

电子信息产品制造业

【概况】 2016年，嘉兴市贯彻互联网经济强市战略，电子信息制造业规模以上企业完成工业总产值1047亿元，比上年增长13.8%，高于全市工业10.4个百分点，分别高于纺织、服装、化纤传统产业11.9个百分点、15.9个百分点、26.7个百分点；实现利润57.9亿元，增长5.2%。信息制造业增加值增长15.3%，高于规模以上工业9.9个百分点，在全市工业经济中的比重从2015年年底的12.14%提升至13.34%，对全市工业生产的增长贡献率49.2%，成为全市工业经济增长的新引擎。

【信息经济发展指数居全省第三位】 《2016浙江省信息经济发展综合评价报告》显示，2015年度浙江省信息经济发展指数为125.6%，嘉兴市在全省11个地市中列第三位。报告从基础设施、核心产业、个人应用和企业应用4个方面，用20个指标对全省11个地市和90个县(市、区)信息经济发展水平进行综合评价。嘉兴以97.3分居杭州、宁波之后排全省第三位。全省90个县(市、区)排名，嘉兴市五县(市)两区的总分均在前51名，其中南湖区第10名、秀洲区第11名、海宁市第17名、嘉善县第32名、桐乡市第33名、平湖市第37名、海盐县第51名。

【3家电子信息制造业企业产值超100亿元】 2016年，全市电子信息制造业总产值超100亿元以上企业3家，继浙江晶科能源有限公司和浙江昱辉阳光能源有限公司之后，闻泰通讯股份有限公司产值117亿元，位列3家百亿企业规模之首。全市规模以上电子信息制造企业中产值超20亿元企业7家，超10亿元企业16家，超5亿元企业29家，超1亿元企业145家，超1亿元企业比上年增加7家。闻泰通讯股份有限公司、浙江晶科能源有限公司2家企业入选全国电子信息百强企业，天通控股股份有限公司、嘉兴佳利电子股份有限公司2家企业入选中国电子元件百强企业。

【11家企业入选省电子信息产业百家重点企业】 2016年，嘉兴市的浙江晶科能源有限公司、闻泰通讯股份有限公司、浙江昱辉阳光能源有限公司、富鼎电子科技(嘉善)有限公司、日本电产芝浦(浙江)有限公司5家企业入选浙江省电子信息制造业30家重点企业，分别列第7位、第9位、第11位、第17位、第29位，入选企业比上年增加1家。闻泰通讯股份有限公司入选浙江省电子信息出口10家重点企业，天通控股股份有限公司、嘉兴佳利电子股份有限公司、关东辰美电子(平湖)有限公司、浙江嘉康电子股份有限公司、浙江昱能科技有限公司、浙江涵普电力科技有限公司6家企业入选浙江省电子信息50家成长性特色企业。

【参展中国互联网大会】 6月，由中国互联网协会主办的2016(第十五届)中国互联网大会在北京国际会议中心召开，大会主题为“繁荣网络经济建设网络强国”。市经信委组织嘉兴市12家互联网领域的相关企业和产品参展，嘉兴市乌镇互联网医院、汉朔电子价签、德景安全手机等吸引众多参观者，嘉兴展团在形象宣传、企业产品展示、市场开拓和寻求合作等方面取得较好成果。

【举办“问道长三角LED照明产业”论坛】 8月，“问道长三角LED照明产业”论坛在嘉兴市举行，论坛由嘉兴市LED半导体照明行业协会主办，邀请相关企业及政府代表、业界精英，共同探讨嘉兴市LED照明产业的发展方向。会议特邀三星(中国)市场总经理唐国庆、上海飞乐音响首席技术官童敏等嘉宾做主题演讲，中国半导体照明LED产业与应用联盟秘书长关白玉对行业发展前景做介绍。

【海宁市入选省级信息经济发展示范区】 2016年，浙江省经信委发布10个2017年浙江省级信息经济发展示范区名单，海宁市成功入围。示范城市将推进各类信息经济企业、机构、人才向示范基地集聚发展和创新发展，示范引领全省信息经济快速发展。

(周晓燕)

软件及信息技术服务业

【概况】 2016年,嘉兴市信息经济服务业规模以上企业87家,完成主营业务收入104.5亿元,比上年增长25.2%;增加值39亿元,增长7.4%。其中信息网络传输服务业完成营业收入61.85亿元,增长13.3%;影视数字内容服务业收入30.82亿元,增长47.48%;软件服务业收入11.88亿元,增长48.36%。全市软件业务(含嵌入式软件)收入36.43亿元,增长21.8%。其中软件产品收入10.1亿元,增长11.3%;嵌入式软件收入20.56亿元,增长37.6%。

【新增6家省级软件和信息服务产业基地】 2016年,全市新增3家浙江省软件和信息服务产业特色基地和3家浙江省软件和信息服务产业创业基地。南湖区、秀洲区、嘉善县被批准为浙江省软件和信息服务产业特色基地,分别获省财政600万元资金支持;桐乡市、海盐县、嘉兴经济技术开发区被批准为浙江省软件和信息服务产业创业基地,分别获省财政300万元资金支持。

【开展软件企业核查培训工作】 6月30日,嘉兴市举办软件企业核查培训会议,各县(市、区)经信主管部门和全市100多家软件企业参加培训。会上省经信委软件企业核查工作组对软件企业相关税收政策进行宣贯和培训,就软件企业核查工作程序、内容及要求进行解读,介绍人演示浙江省软件和信息技术公共服务平台和核查申报操作流程,并与企业就具体操作问题进行交流。

【嘉兴国际游戏&VR产业园项目落户秀洲】 6月25日,嘉兴秀洲国家高新区、浙江金控资本管理有限公司、杭州米趣网络科技有限公司三方联合主办的嘉兴米硕基金揭牌暨嘉兴国际游戏&VR产业园发布会举行,该项目正式落户秀洲区。嘉兴国际游戏&VR产业园位于嘉兴市秀洲区未来科技城,首期办公面积3万平方米,园区分为IP版权交易、游戏产业聚合、未来电竞馆、VR/AR创新孵化、动漫影视娱乐体验、动漫影视教育六大板块。

【秀洲区智能家居基地参展国际软件博览会】 5月26-28日,第二十届中国国际软件博览会在北京展览馆举办,秀洲区智能家居软件和信息服务业特色基地作为浙江团组唯一的园区代表首次参展博览会。博览会以“促进两化深度融合,服务制造强国建设”为主题,集中展示软件支撑中国制造2025、“互联网+”等发展取得的标志性成果,以及软件促进大众创业万众创新、保障信息安全等方面的新产品、新技术和新模式。作为浙江省首批软件和信息服务业特色基地,秀洲区旨在打造集聚高端资源的创新平台,培育具有核心竞争力的优势产业。

【浙江大数据交易中心落户乌镇】 4月1日,浙江日报报业集团与桐乡市人民政府举行建立全面战略合作关系签约仪式,浙江大数据交易中心落户桐乡乌镇。浙江大数据交易中心是一个提供数据交易服务的创新型交易场所,将通过各行业数据的流通交易,惠及更多传统企业转型升级,同时融通各行业数据与政府数据,提高医疗、社保、交通、环境、教育、就业等公共服务水平,完善公平普惠、便捷高效的民生服务体系。浙江大数据交易中心计划投资1亿元,线上交易平台于下半年正式上线。

(周晓燕)

电子商务

【概况】 2016年,嘉兴市围绕建设电子商务创新发展示范地,着力推动电商、商贸与开放型经济转型升级。全年嘉兴市电子商务网络零售额1113.12亿元,比上年增长33.21%,列全省第四位;居民网络消费额401.27亿元,实现顺差711.85亿元,列全省第三位;全市在重点监测第三方电子商务平台上共有活跃网络零售网店5.99万家,占网络零售网店总数的47.56%,活跃网络零售网店总数列全省第五位。全年嘉兴市累计实现跨境网络零售额(出口)超过4.78亿元,占全省的1.5%。电子商务就业创业直接解决就业岗位15.23万-15.92万个;间接带动就业岗位38.64万-40.40万个。2016年,嘉兴市在阿里巴巴评选的中国"电商百佳城市"中列第13位,五县(市)全部获评"电子商务百佳县",五芳斋、麦包包获评国家级电子商务示范企业,南湖区、海宁市、桐乡市获评省级电子商务示范县(市、区)。

嘉兴市电子商务产业园　　（市商务局提供）

【谋划电商发展】 2016年初,嘉兴市召开电子商务工作会议,研究落实电子商务发展工作。3月底,市政府在北京与阿里巴巴集团签署B2B电子商务建设合作协议和1688实力产业群示范园区项目意向书。2月,出台《关于大力发展电子商务加快培育经济新动力的实施意见》;5月,印发《关于加快农村电子商务发展的实施意见》《关于促进跨境电子商务创新发展的实施意见》。讨论制订《嘉兴市支持电子商务发展资金操作细则(试行)》,进一步完善政策支持的对象、范围。

【推进电商换市】 2016年年初,嘉兴市成立9个电子商务服务指导组,分别到各县(市、区)和嘉兴经济技术开发区、嘉兴港区进行电子商务发展服务指导,注重农村电商示范村创建,加快农村电商服务站建设;促进传统企业转型升级,推动企业利用电子商务提升质量和效益。6月底,市商务局、市农经局共同组织电商企业、协会到丽水学习发展农村电商经验,考察山山网络、丽水电商公共服务中心和"遂昌模式"——赶街。2016年,市商务局与人行嘉兴市中心支行合作共建农村电子商务服务站与银行卡助农服务示范点335个,探索打造与农村电子商务"嘉兴模式"相适应的网络支付服务体系。

【推动跨境电商发展】 2016年,海宁市、桐乡市、平湖市成功申报省产业集群跨境电子商务发展试点县(市、区),推动嘉兴市相关产业集群通过跨境电商拓展国际市场,提升嘉兴市产业产品的国际竞争力。8月15日,市政府召开会议研究深圳市一达通企业服务有限公司落户嘉兴事宜。9月28日,成立嘉兴市跨境电子商务协会,会员企业41家,涵盖全市跨境电商应用企业及跨境电商服务机构。12月1日,市商务局主办2016年嘉兴市跨境电商生态峰会,会议有跨境电商商家、传统外贸企业代表等800多人参加。

【开展电子商务示范创建】 4月,市商务局组织参加在浙江义乌举办的2016年中国国际电子商务博览会,以电商产业园为主体开展特色招商宣传活动,集中展示嘉兴市的8家园区、6家企业、淘宝特色馆、阿里巴巴产业带及嘉兴电子商务发展成就。2016年,桐乡市成功创建第三批电子商务示范县(市、区);海盐县横港村、桐乡市东安村被评为省级电商示范村;浙江优展信息科技有限公司、嘉兴市中农网上交易市场有限公司被评为农村电商龙头企业;桐乡市供销电子商务有限公司总经理王正啸被评为农村电商创业带头人。

省级电子商务创业创新示范基地——北科建创新园全景
（市商务局提供）

【筹建嘉兴特色馆】 嘉兴特色馆是由市商务局牵头推进的嘉兴农村电商的重点项目之一,从二季度开始,市商务局与承办企业探索特色馆的发展思路,谋划特色馆的规划蓝图,与有合作意向的单位规划嘉兴特色馆园区，并进行招商工作。4月底，2016年端午嘉兴粽子电商活动启动，至6月9日淘宝粽子产品销售额排名前十位的品牌中，嘉兴粽子品牌占8个，销售额达到3亿多元，其中五芳斋2.1亿元、真真老老2500余万元、荣庆和1800余万元、润之禧1500余万元，嘉兴粽子卖家占市场份额的80%。此外，嘉兴品牌粽子在京东端午大促销中销售额占全网的90%以上。

【优化电商发展环境】 2016年，嘉兴市探索实训式电子商务人才培养（培训）模式，构建多样化电子商务培训组织体系，成立嘉兴市电子商务创业联盟，加强与嘉兴学院、嘉职院、嘉兴技师学院等单位的合作，推进校企共建教学实践基地，全年认定嘉兴市创业基地91家，大学生创业园20家。深化电子商务“111”工程，共同举办跨境电商人才大赛、青年电商培训班、创业青年沙龙、青年创业培训进校园等各类培训、对接和竞赛活动，全年市级举办各类培训活动40余场次，县（市、区）举办各类互联网创业培训班、农特产品电子商务专题交流等相关培训活动89场次，培训和服务创业创新青年1万余人次。

（任伟杰）

无线电管理

【概况】 2016年，嘉兴市无线电管理局共受理无线电行政审批611项；配合省无线电管理局开展型号核准现场检查3次；核查广播电台现场7次，检查设备30台，对4家单位发放责令限期改正通知书；核查许可注销后卫星地球站现场1次；做好无线电台站年检、新设台检测等相关工作，检测专业通信设备184台。依法征收无线电频率占用费，征收率超过97%。完成国家、省下达的监测任务，全年利用固定站及小型站累计开展航空、铁路等重点频段固定监测7085小时；开展各类移动监测550小时，累计行程6679千米；分析排查监测中发现的不明信号，发现不明信号31个，全部查明信号来源。全年受理和查处干扰申诉27起；开展“伪基站”主动巡测59次，出动150人次，监测188小时，行程3499千米；配合公安部门检测“伪基站”设备9台次；累计监测发现或接到举报“黑广播”4起，并联合文化广电部门予以取缔。助力“智慧城市”建设，协助市经信委完成嘉兴公共场所无线WIFI覆盖工程三期热点补缺及点位延伸建设验收测试工作。做好高铁沪杭客运专线GSM-R频段监测保障工作，参与高铁在轨测试1次，撰写监测报告4份；做好国家级考试反作弊监测保障工作，严密监控考试期间考场周围无线电信号，全年配合市教育考试院、市司法局、市人社局等单位保障各类考试12次，发现查处作弊信号5起；开展执法检查，立案办理行政处罚案件3件，罚款6000元。参与G20杭州峰会、世界互联网大会乌镇峰会等重大活动的无线电保障，顺利完成保障任务。年内，根据浙江省无线电管理“十三五”规划，完善无线电管理技术设施建设，完成乌镇无线电监测指挥中心信息化设施建设，完成乌镇固定监测系统、移动监测车、海宁监测测向站、滨海小型站、隐蔽式无线电监测设备、数字综合测试仪、便携式频谱分析仪和无线电发射设备自动检测系统等项目的招标采购；完成《基于软件无线电技术的DMR数字对讲语音监听系统研究》课题研究工作。

【参与G20杭州峰会等活动无线电保障任务】 2016年，嘉兴市无线电管理局组织人员加入G20杭州峰会无线电保障团队。峰会前期参与台站清理和监测、路测工作，制订监测工作方案和应急预案，共检查单位683家，签订承诺停用协议28份，发放责令限期改正通知书56张；峰会期间参与频台管理和监测现场保障工作，开幕当天，在浙江西子宾馆管控无线电发射设备，协调、封存违法使用无线电台40台。在第三届世界互联网大会保障工作中，制订完善保障方案、应急预案，完善保障技术设施，开展会场周边电磁环境监测和执法检查，检查单位325家，签订承诺停用协议38份，发放责令限期改正通知书1张；加强会议期间核心区域设备管控工作，受理单位设台用频申请101家，检测无线电设备1772台，发放无线电台执照标签1972张。

【无线电管理基础技术设施建设】 2016年，嘉兴市无线电管理局推进完善无线电管理基础技术设施建设。完成乌镇无线电监测指挥中心信息化设施和固定监测系统建设；与中国通信服务股份有限公司浙江公司合作，完成近二十个点的布线和四个监测点的建设。完成桐乡市、平湖市、乍浦镇的无线电监测小型站用房采购，为构建嘉兴无线电监测小型站分布网建设打好基础。

【助力嘉兴经济社会发展】 2016年，嘉兴市无线电管理局协助市经信委完成嘉兴公共场所无线WIFI覆盖工程三期热点补缺及点位延伸建设验收测试，助力“智慧城市”建设；协调处理海盐电力230MHz网络干扰事宜，与中国普天信息产业股份有限公司合作完成嘉兴电力230MHz用频监测和干扰影响评估，为频率指配提供依据，助力“智慧电网”建设；指导无线电设备生产企业申办型号核准，全年完成无线电设备型号核准初审现场检查4次，为企业新产品投入生产提供服务。

【宣传新修订的无线电管理条例】 2016年12月1日，新修订的《中华人民共和国无线电管理条例》正式实施。为使相关单位、人员了解条例的主要内容，嘉兴市无线电管理局及时组织无线电用户单位、业余无线电爱好者开展宣传工作，召开条例宣传贯彻会议1次，开展条例内容学习培训2次，发表新闻报道2篇，印发条例单行本300多本，并通过有线电视、公交媒体、单位网站和微信公众号等途径开展新修订条例的宣传。

（封海加）

邮　　政

【概况】 2016年，中国邮政集团公司嘉兴市分公司累计完成邮政业务总收入51440万元，比上年增长10.19%。全市有邮政局（所）140个；邮路20条，总长度1986千米；城市投递路线208条，投递长度6098.4千米；农村投递路线250条，投递长度11711.53千米。全市机要件累计出口1.39万件，进口2.9万件，为党政军服务2万件。进口、出口、转口邮件总包量881.63万个。2016年，嘉兴市以“向善利民”“公共服务均等化”为切入点，构建城乡一体化的邮政普遍服务体系，为城乡居民提供便捷高效优质的邮政服务。至年底，全市884个村邮站累计投递报刊、邮件1020.48万件，日均投递2.83万件，便民服务系统累计提供服务11.67万笔，涉及服务金额1014.23万元；全市城市快递智能投递平台“E邮站”220个，累计投递包裹257万个；全市综合信息化报刊亭219个，其中新型报刊亭193个。全市“村邮乐购”电商服务点1480个，助力农产品返城和工业品下乡。至11月，嘉兴邮政完成邮区中心局二期改造工程，通过场地改造、增配分拣及胶带传输设备、增加转运趟车等，提升网运时限和包裹处理能力。2016年，嘉兴邮政获评浙江省国家安全人民防线建设优秀单位，洪合邮政支局被市总工会授予“嘉兴市工人先锋号”称号，全市机要通信质量无失密丢损，实现全省“四十一连冠”目标。

【春运公益期刊赠阅活动】 春节前夕，市文化广电新闻出版局、邮政嘉兴市分公司联合主办“温暖回家路，报刊伴您行”春运公益期刊赠阅活动。挑选《读者》《特别文摘》《时代邮刊》《半月选读》等知名品牌期刊共计3000余册，于1月28-31日期间在汽车北站候车厅内免费派发给返乡人员，供其旅途中阅读。通过公益期刊赠阅为返乡的务工人员送去嘉兴城市的人文关怀和嘉兴邮政等部门的暖心服务，配合党和政府做好“文化家园”“全民阅读”“书香浙江”等民生工作，树立多看书、看好书的文明新风尚。

【提升邮政优质服务能力】 3月29-31日，邮政嘉兴市分公司举办市本级金融网点服务质量提升培训班。培训内容包含仪容、仪表、仪态训练等，通过典型事例讲解、分组讨论、小组互查、情景剧排演等多种方式，使参训人员尽快掌握规范服务和优质服务的基本技能，进一步规范嘉兴邮政服务标准，统一服务形象，提升邮政网点服务质量。

【推行包裹区域经理制】 4月1日，为做好区域内邮政包裹寄递服务，畅通沟通机制，邮政嘉兴市分公司经过前期的人员选拔、培训、考核方案制定等工作，正式推行包裹区域经理制。嘉兴邮政将市本级分成市区以及七个农村片区，区域经理负责本区域内包裹快递市场的开拓、服务和支撑，协调本区域所辖网点间关系，做好网点包裹快递方面的督导、培训，以及区域内人员、车辆、用品用具等的管理和调控。

【保障G20杭州峰会期间邮政服务工作】 2016年，为做好G20杭州峰会期间邮政服务和寄递安全工作，邮政嘉兴市分公司制订安全保障应急预案、完善寄递安保工作机制，要求各县市分公司成立G20杭州峰会安保工作领导小组及相应工作片组(涵盖安全、服务、维稳、运输、信息等)，并与全市各县(市)公司签订寄递安全责任书。加强六个方面管控：落实视频监控、安检机等设施设备配置，确保人防、物防、技防措施到位；抓重点环节，落实收寄安全；监督把控常态化，方式多样促提升；注重窗口服务提升，确保用户满意；强化投递安全与服务；规范报亭经营、确保渠道安全。

【“传承历史、开创未来”主题邮展】 9月22-23日，嘉兴市“传承历史、开创未来”主题邮展在二环北路集邮门市店举行。邮展涵盖传统集邮、专题集邮、邮政历史、邮政用品、极限、青少年等类别共45部84框，吸引了嘉兴市的集邮爱好者及集邮基地学校的师生前来参观。邮展作品既有资深集邮爱好者展出的精品，也有新人新作，展示了嘉兴集邮文化广泛的群众基础。

【越秀北路邮政所开业】 9月28日，越秀北路邮政所开业，邮政所设综合邮政区、普通储蓄服务区、VIP服务区和24小时服务区、客户休息区等功能分区，并配有专业理财经理，为客户提供邮政储蓄、代收代付、结算、保险、基金、理财、报刊订阅、包裹寄递等全方位的邮政业务服务。越秀北路邮政所由原邮电路储蓄所及友谊路邮政所搬迁后重新开业，原邮电路邮政所照常营业，为市民提供邮政普遍服务及邮政增值服务。

9月28日，越秀北路邮政所开业　　　　(俞映丽摄影)

【举办“村邮乐购”培训班】 2016年，为配合市农办“千万农民素质提升工程”项目，邮政嘉兴市分公司联合市农办分别于5月、10月开展两期“村邮乐购”培训班。课程由理论课、实践课组成，理论课包括系统性的电商实用技能培训以及邮政业务叠加等；实践课主要是一对一的现场辅导。通过培训加强村级商超店主的电子商务意识，提升店铺管理和运营能力，掌握“互联网+”时代的操作技能，提升便民及村级政务等综合服务技能。

【服务第三届世界互联网大会】 11月16-18日，第三届世界互联网大会·乌镇峰会在桐乡乌镇举行。邮政嘉兴市分公司在互联网之光博览会展区、乌镇主题邮局两个区域为参会嘉宾提供邮政服务体验。邮政展厅以邮政农村电子商务、金融、包裹快递业务、便民服务等为主题，描绘现代

11月16-18日，世界互联网大会邮政展厅
(赵振栋摄影)

邮政发展方向。通过现场实景模拟、多媒体技术等方式,展示在广大农村推广电子商务产业的实用方案。同时,邮政展厅还向社会展示了中国邮政"一体两翼"发展格局下"金融翼"和"寄递翼"的发展情况。乌镇景区内的主题文化邮局展示了乌镇文化题材、互联网题材的集邮、明信片产品。此外,第一次参展的邮政无人机也吸引了不少人的目光。浙江邮政无人机邮路已经在安吉试点,此举将有助于提升农村地区物流传递作业效率。中国邮政还在现场展示了崭新的互联网服务方式,即通过邮政官方服务号,可以实现报纸、杂志等相关文化产品的网上订阅。

【开展"全民阅读"公益活动】 2016年,邮政嘉兴市分公司以"全民阅读,书香嘉兴"为载体,开展"全民阅读"公益活动。一是"全民阅读"进学校,在中小学开展"阅读伴我成长"系列活动,与各学校举行《意林》杂志进校园漂流活动。二是"全民阅读"进农村,利用农家书屋和村邮站平台做好宣传,并邀请专家举办"农林技艺"讲座,丰富农民的科学文化生活。三是"全民阅读"进社区,利用各街道、社区开展的"社区书屋"建设活动,送书进社区,并在社区内设摊巡讲,引导广大社区居民多读书、读好书。

(李　静)

城乡建设

综　　述

2016年，嘉兴市城乡建设部门以推进建设行业转型升级为主线，着力改善民生，理顺体制机制，全力打造绿色城建、民生城建、人文城建、智慧城建。全市城市建成区面积313.1平方千米，比上年增加19.98平方千米，其中市区建成区面积100.63平方千米，比上年增加1.93平方千米。

加强改革创新，国家级试点取得阶段性成效。年内，全市城乡规划建设管理部门"多规合一"试点工作基本实现期限、范围、底图、目标、数据、蓝图"六个一致"。市域总体规划底图母本通过市委常委会和市人大常委会审议，形成"市县一体+全域统筹+六改联动"的嘉兴模式。启动"多规合一"信息平台建设，基本形成初步方案。推进海绵城市建设，建立"六个一"（编制一套规划体系，创新一套融资体系，探索一套管控体系，制订一套技术体系，落实一套推进体系，创建一套考核体系）工作体系，把海绵城市建设纳入各县（市、区）年度工作目标责任制考核。7月起，全市城市规划区、各类园区、成片开发区范围内新建、改建、扩建项目全面执行海绵城市建设要求，并对建设项目进行海绵城市建设管控。全年海绵城市建设开工面积15.1平方千米、开工项目91个，其中完工项目36个，完成投资17亿元，达到国家考核要求。开启智慧嘉兴时空信息云平台项目建设，嘉兴被列入全国智慧城市时空信息云平台建设首批试点单位。地理信息共享平台应用部门和应用系统数量稳步增加。在全省率先开展天地图市、县级节点数据融合工作，完成全市域天地图数据和服务的整合。研发地理国情普查成果管理与服务发布系统。完成《嘉兴市第一次地理国情普查地图集》编制。

加强综合整治，推进省市中心工作。2016年，嘉兴市统筹推进"三改一拆"、镇村环境整治、"五水共治"等省市重点工作。全市完成"三改"面积3475万平方米，完成省下达任务的3.5倍；完成拆违面积1268万平方米，完成省下达任务的2.1倍。拆后利用率达到82%。海宁市成功创建"基本无违建县（市、区）"，平湖市、嘉兴经济技术开发区成功创建"无违建创建先进县（市、区）"。全市23个镇（街道）成功创建"无违建镇（街道）"，15个镇（街道）成功创建"基本无违建镇（街道）"，占全市镇（街道）总数的52%。全市完成3.8万多个问题点位的整治，其中整治农房立面1.7万户。完成蓝色屋面整治面积1497万平方米。在全省率先出台实施《关于深入推进镇村建设，加快打造江南水乡典范的指导意见》和《嘉兴市镇村环境整治提升三年行动计划》，启动15个示范镇的综合整治，组织开展"整治1条镇区主要街道、1个主要出入口或交通干线、1个老集镇、1个农民新社区或传统自然村落、1条主要河道"为主要内容的"五个一"整治工程，排出整治项目145个。10月，全市确定23个重点镇（街道）推进综合整治，启动全市70个小城镇环境整治规划。开展246个村庄规划编制，46个村成功创建省级美丽宜居示范村。全市新建污水管网391千米，新建改建雨水管网260千米，雨污分流127千米，管网清淤1336千米；推进市区黑臭河道治理，完成市区二环路内区块排水管网普查；完成提标改造污水厂5座。深化节水型城市建设，28家企业（单位)完成水平衡测试工作,24个节水型小区(单位)通过市级预验收,对787个用水户进行计划用水管理。编制完成《嘉兴市市区分质供水方案》。

加强产业转型,增强行业发展能力。2016年,全市城乡建设部门完成城市总体规划修改方案和历史文化名城保护规划的编制,实现与综合交通体系、海绵城市等重大基础设施专项规划、新编控规的全面对接。组织编制《嘉兴市历史文化名城保护规划实施行动计划》《嘉兴市区通信基站布点规划》《嘉兴市城市色彩专项规划》《嘉兴市地下管线综合规划》《嘉兴市中心城区地下空间开发利用规划》等专项规划,确定快速路红线和优化快速路节点方案。启动子城片区概念规划与城市设计、冶金片区城市设计、城景融合文旅一体景区概念规划(设计)、马家浜健康食品小镇城市设计和嘉兴市国际商务区核心区城市设计,均通过专家会审。5月,芦席汇历史街区保护性开发建设项目城市设计经市政府批复。年内,多次到上海市规划和国土资源管理局对接机场、港口和轨道交通等重大基础设施的规划建设;启动编制《沪嘉边界区域发展研究》《沪嘉轨道一体化规划研究》和《沪嘉通勤快线研究》;举办2期沪嘉规划论坛;与上海市规划院、上海市市政院多次对接,研究优化高铁站与城市交通的衔接、与机场等重要功能区的交通组织。出台《关于加快推进建筑业发展的实施意见》、《嘉兴市建委关于贯彻落实清理规范工程建设领域保证金工作的紧急通知》、企业信用评价办法等一系列政策措施。全市累计签订建筑业合同总额1258.5亿元(其中新签合同金额857.5亿元),完成建筑业施工总产值904.9亿元(其中省外完成产值199.4亿元),房屋建筑施工面积6892万平方米(其中新开工面积3152.8万平方米),从业人员22.7万人,上缴税金24.8亿元,利润总额11.9亿元。出台推进绿色建筑和建筑工业化发展的实施意见,全市新开工装配式建筑面积179万平方米。帮助企业对接试点项目,探索工程总承包实践,至年底,有2家企业获得省建设工程施工总承包试点资格。年内,全市完成房地产开发投资478.4亿元,比上年增长4.4%,增幅提高17.2个百分点,房地产开发投资占固定资产投资的17.15%。全市商品房竣工1078.09万平方米,增长76.2%;商品房销售1144.62万平方米,增长78.7%;商品住宅在售面积消化周期4.4个月,低于12-16个月的省平均去化周期。全市实现房地产业入库税收70.17亿元,下降0.4%。实现契税税收22.61亿元,增长39.4%。编制完成智慧城建建设方案,建设数据库,搭建管理平台和服务平台,构建网络系统安全体系。编制完成《嘉兴市基础测绘"十三五"规划》;嘉兴真三维项目建设实现968平方千米真三维数据采集入库及软件平台建设;完成高程控制测量、嘉兴市连续运行卫星定位服务系统维护、地理信息数据采集更新、大比例尺数字地形图更新、永久性测量标志保护和中央公园景观点建设等基础测绘项目。完善房地产信息监管平台建设,全年归集整理新增房产档案6万多宗,累计完成档案数字化扫描207.62万页。整理补建700余幢历史存量房楼幢信息。

加强民生实事,实现年度目标任务。2016年,嘉兴市区启动文生修道院片区、杉青闸片区、兰宝地块、城北路钢铁厂地块有机更新工作,征收住宅1435户、企业9家,征收面积89公顷,前三个地块签约率分别达到100%、99.5%和97.2%(城北路钢铁厂地块至年底暂未征收)。做好治堵工作基础设施专项组牵头工作,新建改建城市道路9.9千米,新增市区停车位4740个,开工建设人行过街设施1处。推进千里绿道网建设,新建绿道48.06千米,提升完善绿道16.2千米,全面完成省考核任务。年内,开展丙类住房安全鉴定,治理改造城镇危旧住房2286幢、99.2万平方米,完成年度任务的120%。市区新开工老旧住宅小区改造项目18个。全市新开工建设各类保障性安居工程29732套(户),提前完成省下达目标任务。编制完成县(市、区)农村危旧房改造"十三五"规划,改造农村危旧房254户。制定出台《嘉兴市区垃圾分类设施设置规范》《嘉兴市区垃圾分类设施标志、标识标准》。至年底,市区垃圾分类率国有企业87%,市级中小学校93%,市级机关、事业单位92%,居民小区59%;城市道路机扫率93%。推进市区餐厨废弃物资源化利用,6月,完成日处理400吨餐厨废弃油脂处理工程、日处理50吨餐厨废弃物应急(试验)处理工程和日处理300吨餐厨废弃物处理主体工程建设预验收。自7月起,市区收集餐厨垃圾1.3万吨,日均72吨。推进市区3座中型中转站建设和步云垃圾焚烧厂技改扩容,开展天德山应急填埋场环境整治。加强建筑施工安全、城市运行安全。全市建筑工程五方责任主体自查项目985个,查出问题项目517个,发现问题1939个,整改1744个,行业监管部门开展检查45次,检查项目337项,签发整改通知书286份,签发停工通知单14份。查处违法工程项目2个,罚款44.4万元。瓶装燃气实行实名制销售,全市76.5万户、182.72万个钢瓶全部实现实名登记,在省内率先采用二维码手段绑定钢瓶102.78万个,占全市钢瓶总数量的56.3%。全市开展实名制销售管控专项检查3000余次,下发整改通知书344份,停业整改供应站22个,查处跨区域违法经营14次;联合执法300余次,取缔无证经营点215个,查扣违法经营钢瓶2338个。

加强作风建设,提升依法行政能力。年内,城乡建设部门开展《嘉兴市南湖保护条例》《嘉兴市规划控制线管理办法》《关于加强住宅小区物业管理的实施意见》等地方性法规和规章的调研起草工作。《南湖保护管理条例》草案通过市政府常务会议审议与市人大常委会审议;起草完成《关于加强住宅小区物业管理的实施意见》;确定《嘉兴市规划控制线管理办法》编写大纲。举办各类城建职工培训61期,累计考试考核13875人(次),累计培训13872人(次),其中特种作业人员培训2215人(次)。举办全市建设系统职业技能大赛5项,组队参加全省建设行业职工技能竞赛3项,143名选手参加嘉兴市职工技能运动会,其中8名选手破格晋升为技师并获"嘉兴市技术操作能手"称号,77名选手获得高级工职业资格证书。组队参加全省建筑电焊工等3项技能决赛,4名选手获"浙江省技术能手"称号。申报浙江省建设科研项目13个,其中《嘉兴市海绵城市规划建设管理一体化信息平台》《建筑业企业管理制度如何适应当前建设市场的研究》《建筑废弃物处理及资源化利用》被列为省2016年度建设科研项目;组织申报市级社科研究课题,4个项目立项,其中《一带一路战略背景下沪嘉区域交通协同的路径探索研究》等3个项目被市社科联确定为2016年度嘉兴市哲学社会科学发展规划立项课题。《新时期嘉兴市的城市建设》和《城镇住房制度改革》两个党史专题在市委党史研究室征集编纂出版的《奋斗铸就辉煌》——嘉兴市改革开放新时期党史专题集(一)中发表。开展预约服务、周日值班服务、上门服务和绿色通道等便民服务。全年受理房产窗口房屋交易业务20532件,建筑面积178.2万平方米、成交金额122.8亿元,业务量比上年上升106%。年内,完成审核、接收城建档案180个项目(824个工程);新进城建档案入库12641卷;完成馆藏档案数字化扫描30755卷,馆藏档案数字化率达81.3%;全年接待利用1002人(次),利用档案4249卷,复印文字21485张、图纸4983张;完成社科联论文申报课题2个。

(朱家盛)

规划　测绘

【概况】 2016年,全市规划、测绘工作围绕建设"两美"江南水乡典范的目标,着力完善城乡规划体系,提升基础测绘服务保障能力。年内,筹备召开市城乡规划委员会全体会议1次、主任会议2次,审议重大建设项目选址和各类城乡规划等27项议题。审议《嘉兴市城市总体规划(2003-2020)(2015年修订)》《嘉兴市历史文化名城保护规划》《嘉兴市区通信基站布点规划》等重大规划,审议通过嘉兴市现代服务业产业集聚区秀洲区木桥港至庙云桥公路工程选址、320国道桐乡凤鸣至大麻段改建工程项目选址、嘉港燃气天然气综合利用工程(二期)选址、上海张江平湖科技园张江大道快速路主干道及连接线工程、杭浦高速海盐互通改造及连接线工程、220千伏狮岭输变电工程选址等重大项目选址,通过浙江中德(嘉兴)产业合作园概念规划及南片3-07、中心城区1-70、1-72、1-82、1-84(余北片区),1-05、1-07、1-80、1-19、1-88、1-90、1-98等单元控制性详细规划以及控规局部地块调整若干项。召开市城乡规划委员会办公室工作例会3次、市建委主任专题会议9次，以专报形式征求市领导意见24次。实施阳光规划工程，全年对630个项目进行建设项目批前公示和批后公布。启动新规管系统建设，加强建设项目批后监管，对南湖区、秀洲区和嘉兴经济技术开发区三个规划分局的规划行政许可项目进行抽查。2016年，市规划管理部门受理建设项目规划许可项目720件，其中选址项目158件、用地项目185件、建筑工程项目377件。竣工规划核实223件，受理申请上报浙江省住房和城乡建设厅规划选址项目8个。受理测绘行政审批事项135件，其中使用基础测绘成果审批115件，地图审批13件，丙、丁级测绘资质审核4件，测绘标志迁建3件；完成测绘项目备案1029件。嘉兴市测绘与地理信息局在2016年度全省测绘与地理信息工作考核中获优秀单位。

【完成嘉兴市域总体规划】 2016年1月，《嘉兴市域总体规划》通过市委常委会审议；4月，通过市七届人大常委会第三十九次会议审议。规划以全域规划为导向，以"将全市当作一个城市来规划"为主线、以"多规合一"为突破口，对区域关系与功能定位、动力机制与发展战略、空间框架与区域协调、"四线"划定与"多规合一"、交通体系与设施网络、规划实施与政策机制六个方面进行重点研究。明确嘉兴市域的总体定位是"现代化网络型田园城市"，强化嘉兴市域"浙江省全面接轨上海的示范引领区、长三角高科技成果转化重要基地和江南水乡典范城市"的城市功能。

【推动控制性详细规划实现全覆盖】 年内，市规划管理局按照"推动控制性详细规划在城镇增长边界范围内实现全覆盖"的总体要求，组织控制性详细规划的编制。启动老城区1-57单元、老城区1-49单元（修编）、西片4-24等10个单元的控制性详细规划的编制。完成16个控制性详细规划单元的规划报批工作。规范控制性详细规划管理，创新控制性详细规划编制方法，将1-25、1-65单元、1-49单元作为存量型控制性详细规划修编范例进行重点研究。

【推进重要地段城市设计】 年内，嘉兴市推进城市设计工作。完成民丰冶金片区城市设计、芦席汇历史街区保护性开发城市设计、嘉兴马家浜健康食品小镇城市设计等重要地段的城市设计，其中冶金片区的城市设计获得2016年度浙江省优秀城市设计试点项目。

【重新编制子城片区概念规划与城市设计】 年内，嘉兴市结合子城广场片区城市有机更新工作需要，重新编制子城片区概念规划与城市设计。4月，启动规划编制工作；6月，形成规划初稿；8月，规划初稿通过专家会审；年底前，全面完成规划编制。规划在三个方面有了重大变化：一是以"城市客厅"与"城市之眼"为总体定位；二是确定"文化基因、公共空间、容量适度"三项建设原则；三是不再考虑土地的经济效益与资金平衡，开发量从原来的42万平方米降低到5.9万平方米。

【编制重点规划】 年内，嘉兴市组织编制《城景融合、文旅一体景区概念规划（设计）》等重点规划。《城景融合、文旅一体景区概念规划（设计）》以历史城区为核心，对"月芦文杉""民丰冶金"等历史文化资源分布最密集片区进行研究，重点提出"绘制文化底图、重塑恢复整治、编制文旅之网、完善城景配套"四大策略。方案于7月13日向市政府领导做专题汇报，10月形成送审稿，10月26日通过专家会审。《城市色彩专项规划》于9月通过专家会审。规划对142平方千米中心城区进行整体色彩布局，并重点对历史文化名城及周边重点片区（8.8平方千米）、高铁核心区（7.6平方千米）两个重点片区进行建筑色彩详细规划；对中环南路、南湖大道（9.7千米）两条重要街道进行概念设计。

【开启智慧嘉兴时空信息云平台项目建设】 2016年，嘉兴市完成云平台国家试点城市立项工作。11月2日，智慧嘉兴时空信息云平台建设试点项目总体设计书通过专家组评审。成立时空信息云平台工作领导小组，将时空信息云平台建设列入全市"1245"（智慧嘉兴时空信息云平台1个基础；城市大数据中心、城市综合运营管理中心2个中心；惠民服务、精细管理、平安嘉兴、便捷支付四大应用;智慧小镇、街道、园区、社区、商圈五类试点)重点项目体系。11月,全国智慧城市时空大数据和时空信息云平台建设推进工作会在嘉兴召开。

【“天地图·嘉兴”参展互联网之光博览会】 11月,“天地图·嘉兴”参展第三届世界互联网大会·互联网之光博览会。年内,嘉兴市地理信息共享平台应用部门和应用系统数量稳步增加,市本级29个政府部门和企事业单位基于平台搭建49个应用系统;市建委与市公安局、市财政局、市交通局等10个政府部门、企事业单位建立长效合作机制,开展信息资源交换共享,至年底,获取各部门静态专题数据和动态信息资源200余万条;与58个政府部门和重点企事业单位签订“天地图”应用初步协议。年内,嘉兴市五县(市)全面推进数字城市地理空间框架建设,至年底,县(市)平台应用总数92个。在2016年度全国天地图县(市)节点服务评估中,嘉兴五县(市)均被评为五星级。

【启动基础测绘省、市、县联动更新试点】 2016年,市本级、桐乡市、海盐县以一次采集、省市互补、快速实时为主要目标,启动基础测绘省、市、县联动更新试点工作。确定嘉兴市基础测绘省、市、县联动更新试点方案,在更新机制、工作流程、任务分工、推送形式等方面提出创新要求。制定月、季、半年、年更新实施计划。

【完成城市真三维数据采集项目建设】 4月8日,《嘉兴市真三维数据采集项目技术设计书》通过评审。编写《嘉兴市城市三维模型数据规程》《嘉兴市城市三维建模技术规范》《嘉兴市城市三维数据库建库规范》。开发建设三维场景融合展示系统、三维辅助规划决策系统、三维数据库管理系统。实现968平方千米真三维数据采集入库及系统平台建设,其中精细模型7.8平方千米、标准模型49.5平方千米、基础模型67.6平方千米。

【开展应急测绘保障工作】 2016年,市测绘与地理信息局对城乡环境重点整治区域和主要公路铁路沿线进行无人机低空航拍,累计飞行面积636平方千米,采集视频区域50处。发挥地理信息综合服务保障优势,搭建“城乡环境综合整治指挥平台”,保障全市城乡环境综合整治工作和G20杭州峰会、第三届世界互联网大会召开。

(吴其生)

勘察　设计

【概况】 2016年,全市工程设计企业完成建筑设计面积1479万平方米,比上年下降2%。设计营业收入6.83亿元(含建设系统外设计企业),增长29%,其中电力行业比上年增加5021万元,建筑行业增加9753万元,公路行业增加3068万元,市政行业减少2241万元。勘察营业收入3101.43万元,增长20.9%。年内,全市23家企业申报资质核定、增项、延续申请,经住房和城乡建设部审批,浙江太一建筑装饰设计有限公司取得建筑装饰工程设计专项甲级资质,浙江恒欣建筑设计股份有限公司取得工程勘察专业类岩土工程(勘察)甲级资质;经省住房和城乡建设厅审批,批准新申请、增项资质8项,资质延续企业1家。至年底,全市建设系统有工程勘察企业6家,其中甲级资质企业3家、乙级资质企业3家;建筑设计企业19家,其中甲级资质企业9家、乙级资质企业10家。嘉兴市外勘察设计单位进嘉兴备案159个,其中新备案设计单位83家,延续备案设计单位64家,延续备案勘察单位12家。年内,全市4个施工图审查机构按照《嘉兴市房屋建筑和市政基础设施工程施工图设计文件审图管理办法》,进一步提高施工图审查质量。全年全市审图单位审查项目1458项(含装饰、幕墙,不计面积),审查面积2163万平方米,审查出违反强制性条文597条、违反“应”字条文6225条,审查市政项目462个。对审查出的违反强制性条文和“应”字条文的图纸,均提出相应意见建议。年内,全市评估民用建筑节能项目426个、总建筑面积1705.2万平方米。加强节能材料推广备案工作,年内办理节能材料备案63个,其中新备案企业16家,办理市外无机保温砂浆项目备案15个。年内,完成既有公共建筑节能改造工程面积10.7万平方米;完成用能监管项目5项;推进可再生能源在建筑中应用,完成可再生能源建筑应用面积475万平方米;推进绿色建筑发展,实施星级绿色建筑示范工程10项。

【3个项目获省建设工程优秀勘察设计奖】 年内,省勘察设计行业协会组织"钱江杯"优秀勘察设计评选,浙江宏正建筑设计有限公司设计的嘉兴戴梦得大厦整合改造项目和嘉兴市第二医院门急诊医技大楼项目获"钱江杯"(优秀勘察设计)综合工程设计二等奖,嘉兴市规划设计研究院有限公司设计的嘉兴市试点村王店镇庆丰村村庄规划项目获"钱江杯"(优秀勘察设计)综合工程设计三等奖。

【开展建筑节能与勘察设计检查】 9月,全市开展建筑节能与勘察设计综合检查工作,市、县两级抽查项目图纸和保温材料项目149个,其中市建委抽查50个。涉及勘察单位68家(次)、设计单位79家(次)、审图单位7家(次)、建设单位120家(次)、施工单位74家(次)、监理单位59家(次)。对勘察、结构设计、建筑设计等方面存在的问题进行通报,并通知项目所在地建设行政主管部门,督促有关责任单位整改。

(张文进)

建 筑 业

【概况】 2016年,全市完成建筑业总产值904.92亿元,比上年下降0.3%,其中市区258.14亿元,增长9.9%;完成省外建筑业产值199.36亿元,下降4.9%,其中市区50.8亿元,增长6.6%;房屋建筑施工面积6892万平方米,下降5%,其中市区2092.9万平方米,下降1%;实现利润总额11.94亿元,增长7%,其中市区4.15亿元,增长24%;上缴税金24.82亿元,与上年持平,其中市区6.26亿元,下降3%;从业人员22.7万人,下降5%,其中市区8万人,增长10%。

年内,全市有建筑业企业519家,其中特级资质企业1家、一级资质企业75家、二级资质企业179家、三级资质企业184家;有监理企业30家,其中甲级资质企业11家;有建设工程检测机构26个;有招投标代理机构23个,其中甲级资质机构11个;有造价咨询机构22个,其中甲级资质机构16个。年内,全市施工产值超亿元的企业137家,其中超5亿元的企业37家、超10亿元的企业17家、超50亿元的企业4家。至年底,全市有国家一级注册建造师2073人,注册造价工程师552人。

年内,全市办理建设工程招标项目1333个,中标金额240.91亿元,其中市区办理招标项目26个,中标金额1.49亿元。继续保持应招标工程招标率和应公开招标工程公开招标率100%。由市建筑业管理局办理的市区施工许可项目2个,造价1478.6万元;办理市外建筑施工企业进嘉兴备案309个、市外监理企业进嘉兴备案33个。全面推行建设工程合同网上备案制度,全市备案施工合同473个。严格执行《建设工程工程量清单计价规范(2013版)》,实行工程量清单招标,对项目招标文件中的工程量清单进行符合性备案,市本级备案工程量清单24个。根据《关于嘉兴市国有投资建设工程招标控制价、中标价、竣工结算价信息报送和公开管理工作的实施细则》,对建设工程施工招标控制价编制进行备案,市本级备案项目312个。5月,出台《嘉兴市房屋建筑工程和市政公用工程施工总承包企业信用评价办法(试行)》《嘉兴市工程建设监理企业信用评价办法(试行)》《嘉兴市工程造价咨询企业和招标代理机构信用综合评价办法(试行)》。10月,召开嘉兴市建筑劳务用工管理改革试点工作座谈会,并在6家企业中开展试点工作。

年内,市建筑业管理部门完成市区工程质量监督42项,面积70.3万平方米;监督项目中间结构验收工程1个(含单体),面积8.2万平方米;监督项目竣工验收6个(含单体),面积29.5万平方米。开展监督性检测,全年全市检测房屋建筑和市政基础设施项目1358个,累计工程材料(构配件)监督检测8391个批次,退场不合格材料350批次。其中市属项目58个,累计工程材料(构配件)监督检测293个批次,退场不合格材料29批次。12月,出台《嘉兴市建设工程结构实体质量抽样检验管理规定》,对嘉兴市行政区域范围内工程结构进行实体质量抽样检验。年内共创嘉兴市建筑安全文明施工标准化工地106项、嘉兴市“南湖杯”优质工程31项、浙江省“钱江杯”优质工程14项、浙江省安全文明施工标准化工地28项、国家优质工程奖1项、中国建设工程鲁班奖1项。

2016年,全市对1880项工程开展建设工程安全监督,受监面积5478万平方米,累计开展建设工程安全检查2555次,签发限期整改通知书2968份、停工整改通知书484份。开展建筑起重机械安全专项大检查,检查塔吊46台、井架16台、人货梯11台,签发督办通知单15份、执法建议书4份。5月9日,印发《2016年全市建筑施工安全隐患排查治理实施方案》。6月22日,举办嘉兴市建筑工程应急处置演练现场会。6月28日,召开嘉兴市建筑业工伤保险和《建筑施工安全管理规范》宣传会。6月,市建委出台《嘉兴市建筑施工扬尘治理实施方案》。7月,出台《嘉兴市建筑工地施工扬尘污染防治评价实施办法》。9月25日,举办建筑电焊工、测量放线工技能竞赛,4名获奖选手被授予“嘉兴市技术操作能手”并晋升技师职业资格,19名获奖选手晋升高级工职业资格。组织全市特种作业人员参加省住房和城乡建设厅组织的特种作业人员考试考核,406人通过考试获得证书,936人通过特种延期。组织企业主要负责人、项目负责人、专职安全生产管理人员继续教育培训,通过考核4100人,延期教育1514人。全年发生建筑施工安全生产事故4起,死亡4人。在全市开展住宅工程排气道质量专项检查、海绵城市建设工程质量安全大检查等。

年内,全市白蚁防治受理新建预防项目1098个、建筑面积2283.7万平方米。完成新建预防施工项目1055个、建筑面积2008.7万平方米。发送《白蚁预防工程竣工验收证明书》896份,施工面积与上年持平。全市收缴白蚁防治费3619.2万元,比上年增加906.2万元,增长33.4%。全市完成新技术运用项目13个、建筑面积182.5万平方米,埋设装置8554套,施工面积比上年增长44%。全市完成蚁害灭治单位1934家、面积28.2万平方米。全市完成白蚁防治回访复查项目1137个、建筑面积1556.7万平方米。年内,市白蚁防治学会编印《嘉兴白蚁防治》内刊4期,录用信息66篇(含4篇论文)。全市开展科普上街宣传与咨询活动11次,参与人数71人,印发各类宣传资料9860份,通过电视媒介宣传736次,《嘉兴日报》等报纸杂志宣传白蚁防治35次。嘉兴市白蚁防治所与省白蚁防治中心、浙江大学合作开展的省建设科研项目课题《白蚁监测控制装置的结构性能优化研究》于7月完成结题,并经省住建厅白蚁防治科研项目验收组验收通过。

【建筑行业企业三个信用评价办法出台】 5月12日,市建委出台《嘉兴市房屋建筑工程和市政公用工程施工总承包企业信用评价办法(试行)》《嘉兴市工程建设监理企业信用评价办法(试行)》《嘉兴市工程造价咨询企业和招标代理机构信用综合评价办法(试行)》,三个信用评价办法于6月12日起施行。全市各级建设行政主管部门将企业信用评价结果作为日常监管的重要参考依据,对不同信用等级的企业实行差异化管理。

【出台《嘉兴市建筑施工扬尘治理实施方案》】 6月12日,市建委正式出台《嘉兴市建筑施工扬尘治理实施方案》。方案明确全市从事房屋建筑和市政基础设施工程等有关活动的各方责任主体应履行的相应责任和义务。同时,进一步明确扬尘防治重点环节,并提出具体防治方案和要求。7月13日,出台《嘉兴市建筑工地施工扬尘污染防治评价实施办法》,对本区域内所有在建工程施工扬尘污染防治等级进行评价并实行挂牌公示。

【出台《嘉兴市建筑业发展“十三五”规划》】 7月26日,市建委印发《嘉兴市建筑业发展“十三五”规划》。“十三五”期间,全市建筑业增加值在2015年的基础上,按年均7%的增幅递增,到2020年年末实现增加值258亿元。

【首个“建筑工地流动党员临时党支部”成立】 8月18日,中共鸿翔控股集团有限公司委员会根据嘉兴市委组织部、嘉兴市委两新工委、嘉兴市建委党委的要求，组建嘉兴市第一个建筑工地流动党员临时党支部——双凤二期公寓房项目党支部。至年末，临时党支部有党员11名，其中鸿翔建设集团4名、业主城投公司1名、监理公司1名、木工钢筋工等5名。

【2家企业被确定为省工程总承包试点企业】 3月3日，浙江省住房和城乡建设厅公布浙江省工程总承包第二批试点企业、试点项目名单，浙江宏正建筑设计有限公司和巨匠建设集团股份有限公司被确定为浙江省工程总承包第二批试点企业。

【1项工程获中国建设工程鲁班奖】 11月27日，中国建筑业协会公布2016-2017年度第一批中国建设工程鲁班奖（国家优质工程）入选工程名单，浙江博元建设股份有限公司承建的晶晖广场工程获2016-2017年度第一批中国建设工程鲁班奖（国家优质工程）。

【1项工程获国家优质工程奖】 2016年，由中国施工企业管理协会组织评选，国家工程建设质量奖评审委员会组织审定，浙江南湖建设集团有限公司总承包的嘉兴经投商务大厦工程获2016-2017年度第一批国家优质工程奖。

国家优质工程——嘉兴经投商务大厦

（市建筑业管理局提供）

【14项工程获省"钱江杯"优质工程奖】 2016年，由省建筑业行业协会、省工程建设质量管理协会组织评选，经省住房和城乡建设厅审定，海宁市妇幼保健院迁建工程，易地新建海宁市第四人民医院，嘉兴市第二医院新建门、急诊医技大楼工程，晶晖广场，嘉兴市秀洲区洪合镇中心小学教学用房建设工程，南湖商务中心，嘉兴市秀洲区F1001工程，乌镇大剧院配套工程，易地新建浙江省人民医院海宁医院工程，平湖市财政地税综合服务中心工程，御上江南瑞园景观工程，沙雅县（新疆）嘉兴第一实验学校新建综合楼，嘉兴港区4.8万吨/日生活水厂工程，嘉兴市商务大道（长秦路—三环南路、三环南路—槜李路、槜李路—长水路）工程14项工程获浙江省"钱江杯"优质工程奖。

【28项工程被评为省安全文明施工标准化工地】 2016年，根据浙江省建筑业管理局《关于公布2016年度浙江省建筑安全文明施工标准化工地的通知》，海宁市科创中心三期工程，新建海宁市安澜学校工程，紫微大厦工程，嘉兴南洋职业技术学院迁建工程，浙江清华长三角研究院院区北区创新大厦B段，濮院滨河花苑二区二标段11#-13#、15#-20#楼工程，振东物流园区二期A区块项目（1#仓库、1#出货大楼及地下水泵房），桐乡市农产品物流配送综合服务基地项目，海宁市实验小学改造项目工程（1#、2#教学楼、连廊一、连廊二、行政楼、门卫），易地新建海宁老年大学工程，新建文苑小学（暂定名）工程，海宁中国皮革城六期批发中心工程，海宁市社会福利中心改扩建二期1#、2#公寓楼，嘉兴光伏科创园项目1-6号楼、地下室，经开2014-09号地块项目，海宁市欣河水泥有限公司厂房一、厂房二、综合楼，新中国际一期T1-T5号楼地下车库工程，桐乡市残疾人托养（庇护）中心项目（桐乡市精神病人福利中心），海宁市丁桥信用社综合用房工程，平湖市总商会大厦房建工程，嘉善县总商会嘉善商会大厦，金诺大厦工程，马桥街道环城河道拆迁安置房（东区）I标段、Ⅱ标段，淳朴园安置房工程，中南花园安置房工程一期，嘉兴银行大楼，德秀苑一期、二期，海宁市08省道南延供排水管道BT（投资建设—移交）项目28项工程被评为浙江省建筑安全文明施工标准化工地。

【2项成果获"浙江省建设科学技术奖"】 2016年，桐乡同德墙体建材有限公司参与的"建筑废弃物在新型墙体材料中的综合利用及应用技术

研究”项目和中元建设集团股份有限公司独立完成的“预拌混凝土‘三废’回收综合利用施工技术”项目分别被浙江省住房和城乡建设厅科学技术委员会评为“浙江省建设科学技术奖”二等奖和三等奖。

【1个项目被列入住建部装配式建筑科技示范项目】 2016年,平湖万家兴建筑工业有限公司部品生产项目被住房和城乡建设部列入2016年科学技术项目计划装配式建筑科技示范项目。

【建筑企业获省级工法1项】 10月23日,浙江省建筑业管理局公布2015年度浙江省省级工法,嘉兴市万盛建设股份有限公司的“小区隐形消防通道施工工法”获得省级工法。

(余女燕)

房地产业

【概况】 2016年,嘉兴市完成房地产开发投资478.4亿元,比上年增长4.4%,其中市本级完成投资173.31亿元,下降8.4%。全市房屋施工面积4401.19万平方米,增长0.1%,其中市本级房屋施工面积1647.8万平方米,下降1.3%。全市房屋新开工面积840.69万平方米,增长43.6%,其中市本级新开工面积265.46万平方米,增长18.9%。全市房屋竣工面积1078.09万平方米,增长76.2%,其中市本级房屋竣工面积418.28万平方米,增长134.1%。全市商品房销售面积1144.62万平方米,增长78.7%,超额完成省下达销售目标任务的251.56%,其中市本级商品房销售面积449.18万平方米,增长94.4%。全市新批准预售商品房773.29万平方米,增长7.91%,其中市本级新批准预售商品房230.62万平方米,下降18.8%。全市实现房地产业入库税收70.17亿元,下降0.4%,其中市本级房地产业入库税收26.15亿元,下降2.58%。全市城镇居民人均住房建筑面积39.14平方米,农村居民人均居住建筑面积68.2平方米。市本级商品房合同备案均价7695元/平方米,增长7.97%,其中商品住宅合同备案均价7752元/平方米,增长10.43%。年内,嘉兴市举办春、夏两季房地产博览会,分别成交商品房714套、381套,其中商品住宅701套、380套。至年底,全市有房地产开发企业595家,其中一级资质企业2家、二级资质企业17家、三级资质企业104家、四级资质企业177家、暂定级企业295家。市本级有房地产开发企业183家,其中一级资质企业1家、二级资质企业4家、三级资质企业43家、四级资质企业28家、暂定级企业107家。新成立物业服务企业21家,三级(暂定)升为三级资质企业10家,三级升为二级资质企业4家,二级升为一级资质企业1家。至年底,全市有物业服务企业377家,其中一级资质企业6家、二级资质企业25家、三级资质企业280家、暂定资质企业66家。市本级有物业服务企业184家,其中一级资质企业4家、二级资质企业13家、三级资质企业144家、暂定资质企业23家。至年底,全市实施物业服务面积12077.32万平方米,其中市本级4189.58万平方米。全市成立业委会555个,占物业管理在管住宅项目的58.24%,其中市本级成立162个,占物业管理在管住宅项目的33.33%。年内,全市归集物业专项维修资金10.73亿元,使用维修资金0.33亿元,其中市本级归集物业专项维修资金4.71亿元,使用维修资金0.15亿元。全市归集住宅物业保修金5亿元,返还保修金0.29亿元,其中市本级归集住宅物业保修金2.26亿元,返还保修金0.16亿元。市区危急维修资金使用192.03万元。

2016年,嘉兴市开展城镇危旧住房鉴定和治理改造。全面完成丙类住房安全鉴定。全市有3169幢、136万平方米城镇危旧住房需治理改造,其中C级房屋1492幢、87.1万平方米;D级房屋1085幢、27.7万平方米;无须鉴定直接列入改造范围房屋592幢、21.2万平方米。至年底,全市治理改造城镇危旧住房2286幢、99.2万平方米。

2016年,市建委加强商品房预售资金监管,市区(含嘉兴经济技术开发区)累计纳入商品房预售资金监管项目218个、建筑面积810.48万平方米、8.93万套,工程预算清册总额228.62亿元,其中118个项目被注销监管账户。至年底,监管项目100个、建筑面积387.86万平方米、4.91万套,工程预算清册总额128.18亿元。网上商品房合同备案撤销2600件。

2016年,市建委住房保障局办理国有土地范围内房屋登记65050件、建筑面积1769.2万平方米。其中初始登记208件、建筑面积228.4万平方米;房屋转移登记22647件、建筑面积248.61万平方米;变更登记453件、建筑面积32.7万平方米;更正登记108件、建筑面积1.15万平方米;产权注销登记70件、建筑面积8.16万平方米;抵押登记23579件、建筑面积731.84万平方米;房屋预告登记14956件、建筑面积176.87万平方米;房屋交易15733件、建筑面积179万平方米。推进库藏产权产籍档案电子化工作,全年房产档案归档6.78万宗,完成房产档案数字影像6.39万宗。房产预测绘成果备案234.1万平方米,实测绘成果备案245.3万平方米。与市建委行政审批处联合审批发放商品房预售许可证26件。

2016年,市建委多次组织开展房地产市场调研工作,完成房地产市场运行、商贸综合体矛盾化解、房地产供给侧结构性改革等调研材料。7月和8月,市建委分别对市本级60家和97家房地产经纪机构门店进行检查,10月联合物价、市场监督管理等部门对全市51个热销商品房楼盘销售行为进行专项联合检查。年内,尚城家园项目被浙江省风景园林学会评为"浙江省优秀园林工程金奖"。

【出台关于规范商品房销售管理的通知】 10月13日,市建委、市发改委、市物价局、市市场监督管理局、人行嘉兴市中心支行、嘉兴银监分局联合出台《嘉兴市建委等6部门关于进一步规范商品房销售管理的通知》,明确"加强商品房预售行为监管""加强房地产销售代理和房地产经纪监管""加强商品房预售资金监管""加强商品房交易价格监管""加强房地产广告监管"等商品房销售相关规定。

【市区实施限购政策】 自12月3日起,市本级实施住房限购。限购政策明确,在市区范围内暂停向拥有1套及以上住房的非本市户籍居民家庭出售住房,包括新建商品住房和二手住房。新建商品住房以网签平台商品房买卖合同签订时间为准;二手住房以网签平台房屋转让合同或房产交易部门房屋买卖合同签订时间为准。房地产开发企业、房地产经纪机构应凭不动产登记部门提供的购房人家庭住房登记证明签订商品住房买卖合同或二手房转让合同。违反限购规定的,不予办理相关房产交易确认手续和不动产登记。

【开展《浙江省物业管理条例》执行情况调研】 2016年年初,市建委配合市人大对全市贯彻执行《浙江省物业管理条例》情况进行调研。召开有市人大、市政府、行业主管部门、物业服务企业、街道(社区)、业委会、相关管理部门参加的立法调研座谈会,开展问卷调查及实地考察,了解全市物业管理总体状况,梳理出"物业服务指导价格偏低及上调困难、物管服务业税率较高、物业服务'三难'(收费难、停车难、执法难)突出"等物业管理工作中存在的主要问题,提出对策建议。2016年3月9日,市人大常委会主任刘冬生一行到市建委调研《浙江省物业管理条例》贯彻执行情况。

【开展物业服务示范项目创建】 2016年,嘉兴市开展物业服务示范项目创建活动。海宁康桥名城项目获得"浙江省物业服务示范项目";信达东郡、东湾花苑、乌镇雅园、名仕公馆、滨海一号、香湖名邸、玫瑰湾、怡和名城、曼哈顿花园、东方艺墅10个项目获得"2016年度嘉兴市物业服务示范项目"。

浙江省物业服务示范项目——海宁康桥名城

(市住房保障局提供)

【出台物业服务优质优价政策】 2016年,市住房保障部门与物价部门联合出台《关于嘉兴市本级前期物业服务优质优价申报和考评等有关问题的通知》,明确申报条件、申报材料、申报程序、考评认定等相关办法。同时,就2016年度申报的优质优价项目进行现场考评,上海锐翔上房物业管理有限公司申报的御缇嘉苑项目通过优质优价考评。

【市规划院和晶晖广场列入特色楼宇】 2016年,市建委对市本级2015年度办理初始登记的商务楼宇各类面积进行申报核查;印发《嘉兴市品质商务楼宇认定创建办法的通知》;出台《嘉兴市楼宇办嘉兴市建委关于印发嘉兴市建设行业特色楼宇认定和创建工作的通知》及《嘉兴市建设行业特色楼宇认定创建标准》,做好建设行业特色商务楼宇申报指导及数据审核工作。市规划院大楼作为规划设计特色楼宇,晶晖广场作为工程建设特色楼宇,列入嘉兴市第二批特色楼宇。

特色楼宇——晶晖广场　　（市住房保障局提供）

【推进城镇危旧住房治理改造】 2016年,嘉兴市推进城镇危旧住房治理改造工作。以签订目标责任书的形式分解落实治理改造任务;成立由市长任组长的嘉兴市危旧住房治理改造工作领导小组,设立办公室(市危改办);出台《关于进一步加快推进城镇危旧住房治理改造工作的实施意见》《关于进一步加强我市危旧住房安全动态监管的通知》;完成丙类住房安全鉴定和城镇危旧住宅治理改造工作三年行动专项规划编制;建立人防、物防、技防相结合的安全防范工作机制和常态化、网格化的房屋安全巡查制度;委托专业机构对城镇危旧住房实施动态监测,通过腾空、拆除、维修、征收、回购处置、监控等方式实施治理改造;市危改办建立定期通报、考核督查制度。

【房屋登记业务平稳移交】 2016年,市住房保障局根据市本级不动产统一登记要求,配合做好电子影像档案移交和人员整合。移交房屋所有权登记、抵押权登记、预告登记、在建工程抵押登记、解封登记和房屋登记等近2000万条电子影像档案,向不动产中心输送交易、登记业务骨干。制定房屋交易新制度,打造新流程。

（嘉兴市住房保障局）

市政公用事业

【概况】 2016年,嘉兴市市政管理部门围绕“优化路网结构和停车系统”,新建改建城市道路、增加专用停车位、改造老小区停车位、建设人行过街设施等基础设施项目。年内,全市城市(县城)道路总长度2248.2千米,新增城市(县城)道路长度79.7千米、道路面积4206.8万平方米,人均城市(县城)道路面积20.52平方米(含暂住人口,下同)。其中,市区城市道路总长度779.1千米,新增城市道路长度43.4千米、道路面积1338.3万平方米,人均城市道路面积15.58平方米。新建改建完成商务大道等8条城市道路,总长9.86千米;组织检测南湖大桥等144座桥梁。

2016年,全市城市(县城)天然气供应总量45650.5万立方米,比上年增加6634.4万立方米,增长17%;天然气用户528415户,增加79206户,增长17.6%。其中,市区天然气供应总量18458万立方米,增加1270万立方米,增长7.4%;天然气用户286674户,增加26111户,增长10%。全市液化石油气供气总量61308.3吨,减少499.7吨,下降8%;液化石油气用户327008户,减少27606户,下降7.8%。其中,市区液化石油气供应总量30207.6吨,增加1637.6吨,增长5.7%;液化石油气用户127982户,增加7000户,增长5.8%。开展瓶装燃气实名制销售管控。全年市区开展瓶装燃气管控专项检查1800余次，联合质监、公安及综合执法等部门联合执法80余次，查扣违法经营钢瓶860个；修订市区瓶装燃气星级供应站考核评比标准，开展星级供应站评比检查3次，气质抽检4次；组织全市瓶装燃气企业和市区管道燃气企业进行应急演练比赛和反恐装备演练。年内，完成天然气道路配套管线建设24.79千米，新建小区配套建设25952户，老小区配套建设3052户，工业公建用户配套建设159户。至年底，市区有5座CNG(压缩天然气)加气站运营，1座CNG加气站、2座LNG(液化天然气)加气站在建。

2016年，市区完成公共自来水供水量13259万立方米(含市本级9个建制镇供水量，下同)，管网水质综合合格率和管网压力合格率分别为99.8%和98.9%。城乡一体化供水一级管网二期工程完成工程投资额723.09万元，昌鸣路(320国道—城东路)、东升西路(秀洲大道—秀园路)、秀园路(新塍塘—东升西路)等城乡一体化供水环网工程进一步完善。继续开展节约用水工作，市区787家单位用户纳入计划用水管理，全年征收超计划用水单位660次，超计划用水量23.78万立方米，征收加价水费101.32万元。编制完成《嘉兴市市区分质供水方案(初稿)》。

【开展瓶装燃气实名制销售管控】 6月起，全市开展瓶装燃气实名制销售管控工作。实行瓶装燃气实名制登记、气瓶二维码绑定、开发瓶装燃气信息化管控平台，对钢瓶充装、销售、使用全过程进行跟踪追溯。出台《嘉兴市瓶装液化石油气管理办法》，从实名登记、钢瓶充装、经营管理、安全管理、用气管理、车辆管理、人员管理七方面规范全市瓶装燃气市场。至年底，全市76.5万户瓶装燃气用户登记在册，其中市区登记在册15万户；全市182.72万个钢瓶实现二维码绑定102.78万个，其中市区绑定20.5万个。

【检测桥梁144座】 2016年，市建委园林市政局组织对南湖大桥、菜花泾大桥等144座桥梁进行检测，主要对桥梁重点结构部位和外观进行检测、检查及评定，其中101座桥梁为常规定期检测，43座桥梁为结构定期检测。对检测不合格(D级)的8座桥梁进行维修加固，其中竹桥港桥维修加固于9月初完成。

【改造老旧住宅区】 2016年，嘉兴市继续开展老旧小区提升改造工作。改造范围为2000年以前建造的标准不高、环境卫生差、基础设施和综合配套不完善、群众反响强烈的老旧住宅小区，以及2000年以后建成的仍实行雨污合流排放的住宅小区。市区新开工老旧住宅小区改造项目18个，投资概算1.1亿元，改造面积34万平方米，受益人口1.7万人。其中列入市政府民生实事工程的6个项目全面完成，列入海绵城市建设的12个项目有序推进。

【抢修冻裂水表12万只】 1月22-26日，嘉兴市遭遇三十年一遇的寒潮冰冻天气，城市供水设施出现大面积水表、水管冻损现象。全市市政管理部门及时做好抢险救灾工作。全市(含县、市)处理各类供水设施维修13.8万起，水表冻裂约12万只，其中市区更换冻损水表4万只，涉及340个小区(未含乡镇)，占自来水用户总数的8%。春节前基本完成抢修任务。年内，市建委制定出台《住宅(冷水)供水管道及分户水表防冻设计要点》，修改完善城市供水突发事件应急预案，加大防冻宣传，推广专业化养护。

【推进"五水共治"工作】 2016年，全市建设系统继续推进"五水共治"工作。全市完成污水管网建设391千米，完成年度目标的150.4%；完成污水处理厂提标改造5座，开工1座。全市完成易淹易涝片区改造13处，完成年度目标的216.7%；新建排水管网134千米，完成年度目标的223.3%；提标改造管网141.1千米，完成年度目标的352.7%；雨污分流改造127.7千米，完成年度目标的440.3%；排水管网清淤1336.3千米，完成年度目标的133.6%；新增应急设备6100立方米/小时，完成年度目标的203.3%。全市新建供水管网552.4千米，完成年度目标的1381%；改造供水管网598千米，完成年度目标的1196%。完成大型雨水利用示范工程3项；建设屋顶集雨等雨水收集系统

597处,完成年度目标的199%;全面完成节水器具改造年度任务;完成一户一表改造2910户,完成年度目标的291%。

污水管网建设　　（市园林市政局提供）

【新建改造城市道路】 2016年,市区完成商务大道(百川路—余兴路)、万国路(320国道—桐乡大道)、广穹路与320国道交叉口改造、万兴路(庆丰路—三环东路)、南江路(万兴路—合作桥港)、康和路(中山西路—马泾港)大修、八字路大修、周安路(城东路—徐王路)改造8条道路工程,道路总长9.86千米。其中万国路(320国道—桐乡大道)、广穹路与320国道交叉口改造为联网路项目。继续推进三环南路贯通、三环东路接新07省道交叉口、三元路(城北路—东升路)、纺工路北延(含涵洞)、中山东路桥改造、万国路跨杭州塘大桥、茶园路跨长纤塘大桥等主要道路建设进程。其中,三环东路接新07省道交叉口、中山东路桥改造、茶园路跨长纤塘工程建设完成,三元路(城北路—东升路)、纺工路北延(含涵洞)工程进入施工阶段。

【新增停车位4950个】 2016年,市政管理部门继续加强对新建小区等建设项目配建停车位建设管理。完成南湖新区公共停车场、槜李路公共停车场、站前路公共停车场、裕隆广场配建停车位、宏润花园配建停车位、南湖一品配建停车位、宝格丽住宅小区配建停车位等停车设施建设,新增停车位4740个,其中公共停车位636个;完成洪兴花园、栅堰小区北片、望秀苑、城东路外贸宿舍4个老旧小区停车位改造,新增停车位210个。

【火车站北广场人行地下通道投入使用】 10月,城东路火车站北广场人行地下通道项目开工建设,工程概算50万元,12月竣工投入使用。该项目利用原人防工程口布通道,实现人行过街与地面交通分流,保障行人过街安全。

（嘉兴市园林市政局）

【中山东路桥改造工程竣工】 中山东路桥改造工程于2015年6月开工。2016年8月1日,中山东路桥改造工程项目完成部分施工,开放中山东路桥东西向交通和原环城东路(中山路以北段)交通。9月1日,完成甪里街下穿铁路路口渠化施工并开放交通。11月16日,中山东路桥改造工程项目通过竣工验收并全面开放交通。

中山东路桥完成改造　　（市园林市政局提供）

【启动中山路与越秀路交叉口人行过街天桥项目】 11月19日,嘉城集团正式启动中山路与越秀路交叉口人行过街天桥项目。项目总投资2333.2万元,为嘉兴市区第一座人行过街天桥,计划于2017年4月竣工。

【十八里大桥维修加固工程竣工】 2016年6月29日,十八里大桥桥梁通过验收并实现全桥通车。该桥位于南湖区广益路,2015年7月31日夜,由于桥下堆积物品起火,造成大桥部分梁板被烧灼损伤。2015年10月26日,嘉城集团启动对该大桥维修加固工程,总投资1155万元。

【中环南路、广益路综合整治工程】 8月1日，嘉城集团启动中环南路、广益路综合整治工程，项目总投资1.8亿元。该工程西起中环西路，东至三环东路，全长8.5千米(其中中环南路段5.3千米、广益路段3.2千米)，道路红线宽度60米，道路为六快两慢四幅路断面，其中三家桥至富润路段属于海绵城市建设示范区。工程主要包括道路基础设施整治提升、海绵城市改造、景观绿化提升以及附属设施等工程。

（周　理）

【启动有机更新房屋征收48万平方米】 2016年，全市启动有机更新房屋征收项目23个、建筑面积48万平方米，其中完成征收项目13个、建筑面积30万平方米。市区启动杉青闸片区、文生修道院片区、湖滨片区兰宝地块、城北路钢铁厂地块房屋征收，涉及居民1435户、企业9家，土地面积89公顷。杉青闸片区征收范围东至京杭运河、南至景帆苑小区、西至穆湖溪、北至穆湖溪支流，土地面积24.6公顷，征收户数610户、征收房屋面积3.7万平方米，至年底完成签约588户，签约率99.8%。文生修道院片区征收范围东至苏州塘支流、南至东升东路、西临京杭大运河、北至规划三元路，土地面积17公顷，征收户数613户、征收房屋面积3.2万平方米，至年底签约率100%。湖滨片区兰宝地块一征收范围东至泾水桥港，西至纺工路，南至长中港、凌公塘，北至南溪路；地块二征收范围东至兰宝变电站围墙、西至泾水桥港、南至农翔路农贸市场、北至农翔路停车场，土地面积20.5公顷，征收住宅180户、非住宅6户，征收房屋面积17.4万平方米，至年底完成住宅签约175户，签约率97%。城北路钢铁厂地块征收范围东北至城北路、西至斜港、南至百花新村，土地面积26.8公顷，征收户数32户(含非住宅)，拟征收房屋面积1.1万平方米，至年底暂未征收。至年底，子城片区原第一医院地块规划设计方案初步确定；湖滨二期地块由城投集团委托第三方(同济大学)制定开发方案；博海路片区地块于2016年9月18日作为商住用地由中国铁建房地产集团有限公司以总价11.25亿元拍得。

（嘉兴市房屋征收与补偿管理办公室）

园林绿化

【概况】 2016年，全市城市园林绿地面积14994.6公顷，其中新增园林绿地面积3710.4公顷，建成区绿化覆盖率、绿地率和人均公园绿地面积分别为41.3%、37.23%和14.28平方米。市区建成区园林绿地面积4379.97公顷，其中新增绿地面积201.37公顷，包括新增公园绿地面积58.39公顷、附属绿地面积142.98公顷。市区建成区绿化覆盖率、绿地率和人均公园绿地面积分别为45.27%、43.53%和13.95平方米。

【启动修编《嘉兴市绿地系统规划》】 2016年，嘉兴市启动新一轮《嘉兴市绿地系统规划》修编工作，重点突出海绵城市建设理念以及嘉兴市绿道网规划专篇。10月，完成修编项目的招投标；加强与编制单位对接，开展规划范围中市区和市域相关基础资料收集工作。年底，修编工作进入征求意见和修改阶段。

【加强市外园林企业进嘉兴施工监管】 2016年，市园林市政局启动市外园林企业进嘉兴临时管理程序，审核登记247名市外园林企业进嘉兴施工项目负责人的法人委托书、人员免冠照及电子文件、身份证、毕业证、职称证书、劳动合同、社会保险证明、企业资质证书、营业执照的原件及复印件等相关资料信息。对市外园林企业进嘉兴招投标人员进行IC卡系统登记录入，初步建立起市外园林企业进嘉兴施工诚信评估监管机制。

【加强城市园林养护监管】 2016年，市区园林绿化管理部门接收徐王路等23块绿地及绿道的养护任务，并与嘉城集团明确借道部分绿道的养护职责；完成莲馨公园等四边三化城市绿化再提升工程的绿化养护移交工作；增设绿地养护责任牌43块；开展绿化补植和设施更新维修，补植绿化25193平方米、乔灌木809株，修复环城河缆绳129根，更换各类树木支撑584套，对勤俭路、农翔路、栅堰路等部分破损树穴进行可渗透改造，铺设鹅卵石树池330个，维修树穴花坛168处，维修不锈钢护栏220米。

【开展行业展览和先进评选活动】 年内,市区园林绿化管理部门组织参加浙江省第九届插花艺术交流展,市区一名选手获插花展三等奖。开展2016年嘉兴市"南湖杯"优质建设(养护)工程评选活动,对63个(其中建设工程44个、养护工程19个)申报项目进行综合评审,评定52项"南湖杯"优质工程,并择优推荐申报省优秀园林工程,华府景苑景观绿化及室外附属工程等6个项目获省级优秀园林工程金奖,9个项目获银奖,1个项目获铜奖;开展全省安全、文明施工标准化工地评选,新华北路景观提升工程、麻泾港滨河绿化工程二期等4个工程被省风景园林学会评定为"2016年浙江省园林绿化安全文明施工标准化工地";开展市区园林式单位和居住区评选,授予盛世豪庭三期、海上新园景观绿化工程等4个居住区为"园林式居住区",36所科研楼为"园林式单位"。在海盐举办2016年嘉兴市第九届"大地杯"花卉工技能竞赛。

【开展"美丽家园"主题活动】 "3·12"植树节期间,市区园林绿化部门联合广播、电视、报纸、嘉报集团微信平台、宜居城市网等新闻媒体,通过手机短信、网络微博等信息化平台,开展"美丽家园"主题活动,宣传"绿化美化爱绿护绿",组织发起"市花进社区进学校""打造美丽阳台·田园风光在我家""绿色家园,播种希望""我为美丽城乡献一计·绿化美化金点子"等活动,向社区、学校、市民发放石榴、杜鹃等花苗万余份。

【新增2个"中国人居环境范例奖"】 3月,嘉兴市根据省住房和城乡建设厅《关于开展2016年度中国人居环境奖、中国人居环境范例奖预申报工作的函》文件要求,推荐南湖区凤桥镇桃源生态新城建设项目等3个项目申报中国人居环境范例奖,南湖区凤桥镇桃源生态新城建设项目、海宁市长水塘水源生态湿地项目被授予2016年中国人居环境范例奖。

【南湖大道获评浙江省"最美入城大道"】 2016年,根据浙江省绿化与湿地保护委员会《关于开展寻找"浙江最美绿化通道"活动的通知》精神,市园林部门开展南湖大道环境卫生综合整治和绿化美化补植,5月,完成南湖大道"最美入城大道"的申报组织工作。8月,南湖大道被评为浙江省"最美入城大道"。

【参加第十二届中国菊花展览会】 10月,嘉兴市组织参加在湖北荆门举办的第十二届中国菊花展览会。在本届菊展中,嘉兴市标准展台、百菊赛、专项品种标本菊银龙分水3个项目获金奖;专项品种标本菊的金背大红、墨萍、紫琅风姿,专项品种多头菊的金凤还巢、墨萍、银龙分水、钟声7个项目获银奖;专项品种标本菊黄浦锦绣项目、金凤还巢、紫燕翻飞、古刹金刚4个项目获铜奖。

【完成古树名木保护牌更新工作】 11月,市园林市政局启动并完成市区古树名木标识牌更新项目公开招标采购工作。至年底,完成市区古树名木及后备资源的保护牌更新、建档和拍照工作,完成挂牌229个,增设安装落地式保护牌46个,在落地式保护牌上设置古树名木二维码和监督电话等信息,倡导市民参与古树名木监督管理,提高全民古树名木保护意识。

【新增3个"浙江省园林镇"】 2016年,市建委根据《浙江省园林镇申报评审办法(试行)》和《浙江省园林镇标准(试行)》要求,组织开展省级园林镇创建申报工作。12月底,海宁黄湾镇(尖山新区)、平湖乍浦镇和新仓镇被省住房和城乡建设厅命名为"浙江省园林镇"。

【推进生态绿道建设】 2016年,嘉兴市根据省级绿道总体规划,重点加强省级1号线的建设,完善中心城区和各县(市)中心城区绿道网。年内,全市新建生态绿道48.1千米,其中市区新建生态绿道8.5千米。提升已建生态绿道质量,全市完善绿道16.2千米。

【植物园建设工程】 2016年,嘉兴植物园建设工程主要开挖五环洞河,新建桥梁两座。设置导游牌2套、导向牌30套、专类园介绍牌15套、植物铭牌400套、百度百科植物铭牌1000套、游园须知牌2套、引种登记牌1000套。完成植物园中间区域3户农户房屋拆迁,留1户未拆迁。

(嘉兴市园林市政局)

环境卫生

【概况】 2016年,全市清运生活垃圾86.1万吨,其中市区31.3万吨,比上年分别下降5.8%和6.3%;生活垃圾无害化处理率100%,其中全市生活垃圾焚烧83.35万吨,卫生填埋2.74万吨,市区生活垃圾全部焚烧处理。全市清运粪便10.3万吨,其中市区4.86万吨,与上年基本持平。全市道路清扫保洁面积4260万平方米,其中机械化清扫面积2956万平方米,机械化清扫率69.4%。市区道路清扫保洁面积1705万平方米,其中机械化清扫面积1586万平方米,机械化清扫率93%。全市有市容环卫专用车辆设备538辆,其中市区261辆,分别增加32辆和17辆。年内,嘉兴步云生活垃圾焚烧厂完成二期技改工程,设计处理能力达到1900吨/日,市区生活垃圾处理压力进一步缓解。

2016年,嘉兴市开展市容环境卫生工作先进集体和优秀城市美容师评选,秀洲区城乡环境卫生监管中心等10家单位被授予"嘉兴市城市市容环境卫生工作先进集体"称号;徐国忠等20名环卫职工被授予"嘉兴市优秀城市美容师"称号;海宁市环境卫生管理处等2家单位被授予"浙江省城市市容环境卫生工作先进集体"称号;项书红等11名环卫职工被授予"浙江省优秀城市美容师"称号。年内,为市区2300名环卫工人发放免费早餐、签订意外保险合同及提供健康体检。

【推进城市生活垃圾分类工作】 2016年,嘉兴市继续推进城市生活垃圾分类工作。至年底,市区生活垃圾分类总覆盖面74%,其中市级机关、事业单位覆盖面92%,市区国有企业、中小学校、居民小区覆盖面分别为87%、93%和59%。市区可回收设施设立小区30个,新增分类清运车辆8台、专线4条。

【餐厨废弃物资源化利用处理试点城市工作】 5月,市区餐厨废弃物资源化利用和无害化处理项目通过市发改委、市财政局、市建委联合组织的预验收。省发改委、省财政厅、省住建厅在嘉兴市联合组织召开嘉兴市餐厨废弃物资源化利用和无害化处理试点城市建设预验收工作专家审查会,项目基本满足无害化处置餐厨废弃物要求,通过专家会审。7月1日起,由嘉兴市绿能环保科技有限公司承担该项目的餐厨废弃物收集、运输及处置,对签协单位餐厨废弃物收集日产日清,应收尽收,日均收集量超过70吨。

餐厨垃圾处理厂 (市园林市政局提供)

(嘉兴市园林市政局)

城市管理

【概况】 2016年,嘉兴市综合行政执法局推进城市管理执法体制改革和综合行政执法体制改革,加强城市、农村和企业三大领域执法实践工作,开展业务讲习会和提升队伍综合素质讲评会16期,分批次组织全系统领导干部、业务骨干和新入职人员业务培训1200余人(次)。2016年,市综合行政执法局获评大气污染防治、保障服务重大国际峰会、"五水共治"、"三改一拆"先进单位。

【推进综合行政执法体制改革】 2016年,市综合行政执法局坚持“问题导向”“基层导向”“效果导向”相结合,把改变镇级行政执法权缺位作为改革切入点,构筑“一体制两机制”,集中解决基层治理中“看得见管不了”问题。形成综合行政执法“三级构架、基层为主”管理体制、“问题导向、相对集中”职能形成动态机制、“衔接有序、责任明晰”工作机制,持续推进基层综合行政执法“一机构一平台一张网”建设,解决镇(街道)行政执法主体资格缺失问题、基层党委政府执法管控日常指挥权问题、基层执法横向联合问题、基层一线违法行为发现处置不及时问题、执法责任制问题。对执法力量下沉做出制度安排,实现“80%以上执法任务在基层完成、80%以上执法力量配置到基层、80%以上执法保障落实到基层”的目标。承接并集中行使国土、环保、水行政、安全生产、城镇规划等领域329项行政处罚职能,提升基层治理能力和服务发展能力。

【提升执法管控绩效】 2016年,全市综合行政执法系统承办案件98806件,其中新划转领域905件,执法准确率达100%。城市领域组织开展“十乱”治理、“二环三路”专项整治、市容市貌网格化管理提升拓展和市本级小城镇镇容镇貌治理等行动,组织专项整治1300余次,查处各类城市管理违法行为7.5万余起,教育纠正不文明行为8.6万余人(次)。采取定人定点、延长管控时间到凌晨4点等措施,市区一环内无乱设摊现象,二环内固定无证摊位被全部取缔,流动摊贩数量比上年下降85%。市区市容市貌网格化管理道路由40条拓展到60条。完成“三城联创”、城市治堵等中心工作任务。农村领域突出职能划转涉及国土、环保、水行政管理78项违法行为查处,组织开展治理农村“三违三随意”(违法建筑、违法用地、违法排污,随意丢弃垃圾、病死动物等,随意占用河道、水资源等,随意损坏绿化、农用公共设施等)行动。开展拆违控违工作,查拆违法建筑1023.09万平方米,其中违建猪舍22.1万平方米,制止各类新的违建问题300余起。开展秸秆禁烧工作,贯彻执行《嘉兴市秸秆禁烧和综合利用条例》,组织执法检查督查2278次,发放宣传告知书5万余份,处置问题1322处,行政处罚333起,基本实现全市秸秆“零焚烧”。依法查处国土违法案件149宗,其中卫片案件98件,涉案土地面积46.26万平方米;开展涉水领域执法检查7471次,发现违法线索41起,立案查处24起。企业领域突出职能划转涉及安全生产领域的98项违法行为查处,组织安全生产系列专项执法行动6753人次,检查一般工商贸企业4272家,发现违法线索3074起,督促整改2913起,立案查处150起,责令停产停业企业11家。

拆除违法建筑　　　　(市综合行政执法局提供)

【推进民生实事工作】 2016年,市综合行政执法局与南湖区、秀洲区政府、9镇1街道以及市级相关部门协调对接,组织开展市本级十个小城镇镇容镇貌综合整治行动。推进9镇1街道153个治理项目落实和“洁净小镇”评选活动。完善“五合一”运行机制,协调处理各类信访投诉16518件,处置“110”社会应急联动指令6908件,办结率100%;发挥信息系统和视频监控平台作用,有效管控255个工地运输超载、渣土遗撒等问题,处理城市部件类、事件类问题22.11万件。

(惠正义)

小城镇建设

【概况】 2016年,嘉兴市市本级有9个建制镇,其中南湖区有大桥镇、新丰镇、凤桥镇、余新镇4个镇;秀洲区有王店镇、洪合镇、新塍镇、王江泾镇、油车港镇5个镇。省级小城市培育试点镇有王江泾镇和凤桥镇，其中凤桥镇是2016年新列入省级小城市培育试点镇；市级小城市培育试点镇有大桥镇、余新镇、王店镇、新塍镇，其中新塍镇是2016年新列入市级小城市培育试点镇。至年底，市本级9个建制镇户籍13.57万户、46.88万人，其中南湖区建制镇户籍5.29万户、16.84万人；秀洲区建制镇户籍8.28万户、30.04万人。9个建制镇建成区面积7042.4公顷，其中南湖区建制镇3755公顷、秀洲区建制镇3287.4公顷。2016年，南湖区大桥镇、新丰镇、凤桥镇、余新镇正在修编城镇总体规划；秀洲区王店镇、新塍镇、王江泾镇、油车港镇城镇总体规划已批复；洪合镇城镇总体规划通过专家认证并完成修改。年内，9个建制镇城镇建设总投资48.91亿元，用于房屋建设资金42.95亿元。新建住宅2054户、88.36万平方米；新建公共建筑13.03万平方米、生产性建筑95.58万平方米。投入市政公用设施建设资金5.96亿元，新增道路6.06千米、更新改造10.23千米；新建桥梁2座、更新改造4座；新增供水管道38.38千米；新增排水（污水）管道16.34千米；新增绿地面积77.92公顷。至年底，建制镇建有生活垃圾中转站62座，公共厕所211座。年内，9个建制镇所辖的150个行政村投入建设资金9.27亿元，其中房屋建设投资5.98亿元，新建住宅1398户、28.77万平方米，新建公共建筑1.46万平方米、生产性建筑0.1万平方米。新增道路36.51千米；减少供水管道30.67千米；新增排水（污水）管道沟渠21.21千米。年内，全市确定启动246个村庄的村庄规划和设计编制。至年底，241个村庄完成村庄规划和设计方案，77个村庄完成村庄规划和设计批复，83个村庄完成村庄规划和设计专家评审。年内，全市完成农房集聚建设12018户，完成农村困难家庭危旧房改造254户，分别超额完成年初市政府下达的目标任务。年内，桐乡市濮院镇被住房和城乡建设部认定为第一批中国特色小城镇，平湖市曹桥街道马厩村被住房和城乡建设部确定为国家级美丽宜居村庄示范，海盐县秦山街道永兴村被浙江省美丽宜居示范村工作领导小组确定为2016年度国家级美丽宜居示范村创建试点村。

【农房设计方案图集汇编】 年内，市建委委托浙江宏正建筑设计有限公司和浙江利恩建筑设计有限公司开展农房设计，经过征求意见，确定30个户型汇编成农房通用图集，发放到全市各镇和行政村。继续开展海盐县于城镇江渭村、南湖区大桥镇建国村等8个村庄的农房设计试点工作。

【省级美丽宜居示范村建设】 至年底，全市85个省级美丽宜居示范村中有53个通过省级验收，其中年内通过省级验收16个，平湖市广陈镇高新村和曹桥街道野马村被确定为省级优秀创建村。

【农村生活污水治理设施运维管理】 2016年，嘉兴市开展农村生活污水治理设施运行维护管理工作，制定出台《嘉兴市农村生活污水治理设施运行维护管理实施意见》，建设部门负责制定工作机制、实施办法和考核办法，明确运维管理模式及运维资金来源。至年底，全市建有12884个农村生活污水治理设施终端，其中集中式治理终端894个。6月20日、7月28日举办提高运维管理人员专业技能和业务水平的专题技术培训，250人参加培训。

【制定镇村环境整治提升三年行动计划】 2016年，嘉兴市推进镇村环境整治提升工作。1月中下旬，副市长张仁贵带领建委等部门负责人组成调研组，先后到各县（市、区）和江苏苏州、无锡等地调研。1月30日，市委书记鲁俊召集有关市级部门、县（市、区）、镇（街道）和村（社区）负责人座谈。5月24日，市政府印发《嘉兴市镇村环境整治提升三年行动计划》。

【启动小城镇环境综合整治三年行动计划】 2016年，嘉兴市建立市小城镇环境综合整治行动领导小组，将小城镇环境综合整治工作纳入市领导联系镇（街道）工作的重要内容。县（市、区）、镇（街道）均设立工作机构，落实党政班子领导联系制度。把小城镇环境综合整治任务层层分解落实到各级各部门，列入市委、市政府对各县（市、区）年度目标责任制考核的重要内容。制定印发《嘉兴市小城镇环境综合整治三年创建计划（2017–

2019年)》。在全市开展小城镇环境综合整治宣传月活动,营造全民共建共享、广泛参与的良好氛围。邀请省有关专家对省《技术导则》《技术指南》《考核验收办法》进行解读,组建由江、浙、沪30家符合资质要求的规划设计单位和60名规划、建筑、园林等方面的专家组成服务团,建立驻镇规划师制度,为各地规划编制提供指导、咨询服务。开展环境卫生综合整治攻坚行动和环境卫生综合整治百日攻坚行动。12月,全市首次部署开展环境综合整治攻坚行动、"道乱占"、"车乱开"专项整治项目百日攻坚行动,全市清理卫生死角1.49万处、清理垃圾17万吨,处理交通违法案件14.6万件,整治乱停车9.3万辆,清理乱堆物3.47万件,处理占道经营2.9万处,清除乱张贴乱涂写25.9万处。建立健全线乱拉治理机制,全市70个镇(街道)梳理确定线乱拉治理项目310项。制定《嘉兴市环境卫生综合整治督查考核办法》,建立健全常态管理机制。

(嘉兴市小城镇环境整治行动领导小组办公室)

新农村建设

【美丽乡村建设】 2016年,嘉兴市建立健全美丽乡村升级版推进机制,出台《嘉兴市本级美丽乡村建设资金管理办法(试行)》《嘉兴市美丽乡村精品线考核评价办法》《嘉兴市美丽乡村示范镇考核评价办法》以及《嘉兴市本级美丽乡村精品村考核评价办法》。继续深化美丽乡村示范创建工作,南湖区凤桥镇、秀洲区油车港镇、嘉善县姚庄镇、平湖市新仓镇、海盐县澉浦镇、海宁市黄湾镇与丁桥镇、桐乡市乌镇镇8个镇获2016年度浙江省美丽乡村示范乡镇称号。南湖区大桥镇倪家浜村、秀洲区洪合镇洪合村、嘉善县天凝镇洪溪村等27个行政村获2016年度浙江省美丽乡村特色精品村称号。继续开展优美庭院创建活动,新增市级优美庭院示范村48个,累计达到287个;市、县两级优美庭院示范户达到10万余户。启动省第五批11个历史文化村建设,其中重点村2个(海盐县澉浦镇六里村、桐乡市洲泉镇马鸣村)、一般村9个(嘉善县惠民街道惠通村、姚庄镇展幸村、陶庄镇汾南村,平湖市新仓镇三叉河村、广陈镇山塘村,桐乡市崇福镇湾里村、濮院镇西浜村、洲泉镇清河村、高桥镇骑力村);第二批11个历史文化一般村落通过省、市两级考核验收。

海宁市丁桥镇新仓村梁家墩美丽乡村建设
(海宁市丁桥镇新仓村提供)

【农村生活污水治理】 3月中旬,嘉兴市组织三个核查组,开展农村生活污水治理"回头看、找短板、促提升"专项行动,对2014-2015年度612个治理村主体工程进行全面检查,设施总体运行正常;完成投资金额8.4亿元,269个村完成图纸设计并开工建设,新增受益农户72000户。年内,市政府印发《关于加强农村生活污水治理设施运行维护管理的通知》,明确要求建立以县级政府为责任主体、镇政府(街道办事处)为管理主体、村级组织为落实主体、农户为受益主体及第三方专业服务机构为服务主体的"五位一体"县域农村生活污水治理设施运行维护管理体系,并成立由市建委牵头,市农办(市农业经济局)、市环保局、市财政局等部门组成的协调考核小组,确保农村生活污水治理设施高效稳定运行。

【农村生活垃圾分类处理】 2016年,嘉兴市推进农村生活垃圾分类处理工作。市财政把垃圾分类资金补助纳入美丽乡村建设专项补助资金,明确每建设一个垃圾分类处理点给予30万元资金补助,并每年给予10万元运作经费补助,以确保建成后能长期运转。年内,新列入农村生活垃圾分类收集处理省级试点村20个(平湖市5个,海宁市10个,桐乡市5个),累计32个,至年底,28个试点村基本实现生活垃圾分类投放，保洁员每天分类收集，垃圾处理设备运行正常；4个试点村垃圾处理中心基本完工。至年底，全市有394个村开展农村生活垃圾的分类收集与处理。

【特色小镇建设】 2016年，嘉兴市推进省、市两级特色小镇建设，形成“数量领先、质量争先”的工作格局。全市省级特色小镇创建累计达到9个、培育累计达到7个，列全省第二位，秀洲光伏小镇、嘉善巧克力甜蜜小镇入选省级示范特色小镇。年内，开展20个市级特色小镇创建工作，出台《2016年度市级特色小镇考评办法》，举办市级特色小镇规划建设统计监测工作业务培训班。9月下旬至10月上旬，市农办（市农业经济局）、市发改委、市经信委、市委改革办、市建委、市国土资源局、市文化局等部门组织开展特色小镇推进机制专项督察。2016年，全市29个省、市级特色小镇完成固定资产投资355.78亿元，入驻企业8193家，实现税收收入48.1亿元，引进“国家千人计划”人才72人、“省级千人计划”人才54人。

【小城市培育试点镇建设】 2016年，嘉兴市推进省、市两级小城市培育试点镇建设，开展第一轮13个市级小城市培育试点2015年度考评和绩效评估工作，实施第二轮15个市级小城市培育试点以及第三批3个省级小城市培育试点镇申报工作。南湖区凤桥镇、嘉善县西塘镇、平湖市新埭镇成功入围第三批省级小城市试点镇，数量与杭州市、宁波市、温州市同列全省第一梯队。嘉善县姚庄镇、桐乡市崇福镇、海宁市长安镇在2015年度省级小城市试点考核中获优秀，秀洲区王江泾镇获良好。2016年，全市20个省、市级小城市培育试点镇实现生产总值1253.5亿元，财政总收入127.2亿元，完成固定资产投资905.4亿元，分别占全市43个新市镇的68.2%、65.2%、64.5%。

【“三位一体”改革】 2016年，嘉兴市成立由市委、市政府分管领导为正副组长的市生产、供销、信用“三位一体”改革工作领导小组，起草的《嘉兴市深化供销合作社和农业生产经营管理体制改革完善“三位一体”农民合作经济组织体系的实施方案》，获省农村改革试验区工作联席会议批复。秀洲区、平湖市、海宁市三个省级推进县改革工作顺利进行，秀洲区完成区、镇两级农合联理事会、监事会选举工作，由区财政投入300万元作为农民合作基金原始资金，筹建秀洲区现代农业公共服务中心，组建王江泾镇农村资金互助会并开始运转；平湖市完善提升市、镇两级农合联组织体系，组建农民专业合作社联合社4家，农村资金互助会（社）5个；海宁市在许村镇开展农合联实体化运作试点，成立许村镇农村资金互助会。嘉善县、桐乡市、南湖区、海盐县“三位一体”改革方案获市领导小组批复，其中嘉善县和桐乡市全面完成镇级农合联完善提升工作。

【低收入农户人均收入增长18.1%】 2016年，全市围绕低收入农户收入倍增计划确定的目标任务，完善政策措施，整合各方资源力量，推进产业开发、培训就业、公共服务、金融服务、社会帮扶等工作。加大农村困难家庭帮扶力度，以生猪退养困难家庭帮扶为切入点，成立农村困难家庭帮扶工作领导小组，制定出台《嘉兴市全面构建社会“大救助”体系的意见》《嘉兴市本级支出型贫困家庭救助办法》《关于加快推进残疾人全面小康进程的实施办法》等政策，精准帮扶覆盖到每个困难家庭。2016年，全市低收入农户人均可支配收入11857元，比上年增长18.1%，完成省定目标任务。

（张　猛）

环境保护　气象

环境管理

【深化水环境治理】 2016年,嘉兴市深化水环境治理。实施工业污水排放全达标三年行动,205家省控以上废水重点企业污水排放达标率90.6%,比上年上升9个百分点。督促重点企业加强污水治理,全市303家重点企业安装废水刷卡排污系统,实现总量和浓度"双控"。推进污水收集处理扩容改造。督促6家污水处理厂加快提标改造,5家完成改造任务,联合污水处理厂完成形象进度80%;新建污水收集管网390千米,新增污水入网量18.5万吨。加快农村污染治理。推动生猪散养户退养转型,全市5642户生猪散养户全部退养,生猪存栏量削减至18.3万头;深入开展农村生活污水治理三年行动计划,累计完成污水集中处理农户58981户,铺设接户管网850千米。推进饮用水水源地水质提升行动。编制实施饮用水水源地环境保护规划,开展水源地达标整治,加强水质监测预警,防范硅藻、重金属锑等污染。实施水源地毗邻区生态有机农业示范区建设,保护和改善水源地水质。做好国家水专项工作,优化项目库建设,争取国家水环境治理专项资金2.5亿元。

【强化大气环境治理】 2016年,嘉兴市围绕"全年PM2.5浓度和重污染天数双降"目标,以工业废气治理为重点,开展治气专项行动。开展工业废气治理攻坚战。对28家热电企业实施烟气超低排放改造,完成8家企业22台锅炉改造任务。对59家万吨以上耗煤企业开展锅(窑)炉烟气治理,拆除锅炉39台、改造锅炉75台。淘汰燃煤小锅炉2101台,超额完成省定年度目标任务。对12个重点行业开展有机废气治理,完成109家企业治理任务。嘉兴发电厂8台共530万千瓦机组烟气超低排放改造工程全面建成投产,成为全国最大、机组最多的超低排放燃煤电厂。嘉兴50%的耗煤企业实现超低排放,每年可减排二氧化硫3800吨、氮氧化物3200吨、烟尘1800吨。推进交通尾气治理。全市淘汰黄标车1760辆,完成年度省下达任务的109%,成为全省在6月底之前完成年度任务的6个地市之一;淘汰老旧机动车1.2万辆;实现"国5"标准车用汽油、柴油全覆盖。推进城乡烟气治理。分别完成300人以上学校、500人以上机关企事业单位食堂油烟治理279家和52家,完成率分别为113.4%和136.8%;完成中型以上餐饮企业油烟治理923家,完成率103.8%。查处秸秆焚烧案件240起,处罚金额11.7万元。推进道路工地扬尘治理。落实建筑工地喷雾降尘、覆盖抑尘等设施七个100%。对全市358家加油站进行油气回收检查,对违规违法排放油气行为进行立案查处或停业整治,督促安装和使用油气回收装置。

【强化固体废物(危险废物)监管】 2016年,嘉兴市编制完成《嘉兴市危险废物和污泥处置规划(2016-2020年)》;建成全市固体废物和工业污泥处置全过程监管系统,推进危险废物排查和存量清零,完成42处污染场地调查;审批危险废物转移250批次,否决不符合安全规定转移申请8批次;开展全市固体废物、医疗废物处置暗访暗查,及时排除安全隐患。

【严把建设项目审批关】 2016年，市环保局坚持依法行政，严格环保准入，把好建设项目审批关，在项目环评审批中严格执行空间、总量、项目准入“三位一体”的环境准入制度和专家评价、公众评估“两评结合”的决策咨询体系，对选址不符合环境功能区规划、不符合产业政策、不符合清洁生产要求、不符合总量减排、不符合环境质量要求、不符合公众参与要求的项目，不予环评审批；对高污染、高能耗、“两高一资”等项目进行环保“一票”否决。在项目主要污染物总量准入审核中执行“减排、平衡、基数、交易”原则，对有新增主要污染物排放量的项目严格实行总量替代，对新增排污权指标，进行排污权交易，实行有偿获取。2016年，全市环保部门否决不符合准入条件的项目128个，否决投资金额35.3亿元，比上年分别上升42.2%和51.7%；对21699个违法违规建设项目开展清理整治，完成率100%，其中清理淘汰治理无望的低、小、散企业（或项目）6343家。

【深化排污权有偿使用机制】 2016年，嘉兴市将氨氮、氮氧化物两项指标纳入排污权交易，市发改委、市物价局和市环保局联合发文确定两项新增指标的有偿使用价格。委托第三方技术单位对市本级及嘉兴经济技术开发区的企业开展氨氮、氮氧化物初始排污权的核定和确认。公开全市印染、制革、造纸等六大行业492家重点企业吨排污权使用绩效。2016年，全市排污权有偿使用累计3100家，有偿使用金额11.43亿元；排污权交易累计2851笔，交易资金3.49亿元。

【规范推进第三方服务】 2016年，嘉兴市推进实行第三方服务机制，规范第三方服务行为。出台《嘉兴市加快推进环境第三方治理实施意见》，搭建信息共享平台——“嘉兴市环保医院”与“嘉兴环保产业园”，推进环境污染问题的专科诊断与专业施治；有64家企业开展环境污染第三方治理，比上年增加38家。污染治理模式逐步由“谁污染、谁治理”向“污染者付费，专业化治理”转变；规范第三方监测市场，制定实施《嘉兴市环境监测管理办法（试行）》；对29家环评编制机构考核考评和分级公示，规范收费和质量标准。

（贝　蕾）

环境监测与科研

【概况】 2016年，嘉兴市围绕生态建设、污染减排、“五水共治”、“五气共治”等中心工作，不断提高环境监测水平和服务决策能力。全市编制监测报告9991份，取得水、大气、噪声、土壤、近海海域等手工监测数据24.3万个，水站有效数据73.1万个，气站数据4969.1万个（分钟值）。全市完成竣工验收监测503个、委托监测844厂次，完成212家废水和39家废气省控以上重点监控企业、25家集中式污水处理厂、93家危险废物企业、31家省控以上重金属重点监控企业监督性监测。协同公安、检察部门，加强涉及“两高”司法解释样品分析和报告认定工作。

【加强环境质量综合评价】 2016年，市环保局做好环境质量评价工作，完成监测月报和环境质量、重点源监督性监测、比对监测评价、重金属企业监督性监测等季报、年报，全年编制监测月报12期、河长制周报50期。编制“十二五”期间嘉兴市环境质量报告书，报告书经省环保厅组织专家评审后获得浙江省三等奖。做好各类快报、专报，加强异常数据的分析，为环境决策提供技术支撑。做好G20杭州峰会和互联网大会的环境空气质量保障工作。与气象局观测台及预报处沟通形成《G20峰会期间环境空气质量预报预警会商方案》和《互联网大会期间环境空气质量预报预警会商方案》，开展每日空气质量预报预警，对未来5天的空气质量AQI发展潜势进行预报，形成预报（或预警）专报。

【加强环境监测能力建设】 2016年，嘉兴市完成挥发性有机物实验室分析能力和挥发性有机物空气自动监测采样系统项目招标采购工作；完成2个空气站国控站点运维、机动车简易工况法检测信息管理系统驻场维护服务、实验室搬迁、试剂耗材采购、仪器保养等项目招标工作;完成应急监测车改造升级。对应急监测车车载空气质量自动监测系统进行改造,利用空气站备机升级车载空气自动监测系统,具备移动式常规6指标的监测能力,应用于农村环境空气质量监测任务。

【加强环境监测科研】 2016年,市环保局发表《不同气团下嘉兴市春季气溶胶的粒径分布特征》等5篇专业论文,其中一篇发表在国际SCI期刊《The Science of Total Environment》。继续与上海交通大学合作,开展大气细颗粒物(PM2.5)来源解析及控制技术研究工作,建立源清单和特性数据库,为嘉兴市大气污染防治提供科学依据。参与江苏省大气环境监测与污染控制高技术研究重点实验室开放课题"嘉兴大气气溶胶新粒子生成机制与增长特性研究",10月结题。

(贝　蕾)

环境法制建设

【概况】 2016年,市环保局出台《嘉兴市环保行政处罚豁免清单(第一批)》。重新修订环保"黑名单"制度,全面规范环保"黑名单"企业的认定、发布、监管、解除等程序,进一步加大惩处力度。年内,曝光环保"黑名单"企业14家。举办全市环保行政执法人员培训,11名执法人员参加市法制办举行的法律素质测试。

【开展行政执法工作】 2016年,市环保局开展"百日执法"行动和大练兵大比武大提升活动,加强环保与公、检、法联动。全年查处环境违法案件1141件,罚款7548万元,比上年分别增长3.3%和27.3%,其中按日计罚案件27件,罚款1091万元,分别是上年的5.4倍和10.5倍;查封、扣押40件,停产、限产15件;向公安部门移送环境违法犯罪案件66件(受理55件),行政拘留12人,刑事拘留46人。

【加强法制教育工作】 2016年,市环保局联合人行嘉兴市中心支行和嘉兴银监分局举办环保"黑名单"制度媒体通气会,向社会通报环保"黑名单"制度。举行第二期环保法制矫正学堂,87家尚未完成"摘帽"的企业负责人在《嘉兴市环保"黑名单"企业整改承诺书》上签名并做出加快整改承诺。加强新修订《中华人民共和国大气污染防治法》《浙江省大气污染防治条例》和《中华人民共和国环境影响评价法》宣传,开展专题培训。联合嘉兴银监分局举办绿色金融银企对接会,10家银行机构与12家企业分别签署合作协议,签约意向金额33.6亿元。通过市环保局官方微博"嘉兴环境保护",编发、转发各类环保法律解读和环保知识。

【提升污染物在线监控运维质量】 2016年,全市已建污染物在线监测系统528套,其中废水430套、废气98套,基本实现市控企业全覆盖。通过政府买服务形式,委托专业技术公司对监测站点开展监理,提升全市在线监测设备运维质量,为日常在线监测执法工作提供有力依据。2016年,全市开展监理2072次,巡检8784次,发现问题3611次,下发联系单1833份。对全市22家省控废气企业开展在线监测执法比对,确保在线监测数据的准确性。

【实施环境监管"双随机"制度】 2016年,嘉兴市全面实施污染源日常环境监管"双随机"(随机抽取检查企业编号、随机抽取环保执法人员)制度,走在全省前列。1月18日,嘉兴市首次摇号"双随机"执法检查正式启动。年内,由公信力代表、新闻媒体全程参与和监督执法活动135次,抽查企业2125家。

【公开企业环境信息】 2016年,市环保局对行政处罚、行政审批、环保验收等信息予以全部公开,在嘉兴市环境保护局门户网站、"中国·嘉兴"网、嘉兴政务服务网等平台公布。2016年,全市向人行嘉兴市中心支行和嘉兴银监分局等单位报送企业违法信息、审批信息2583条,其中市环保局185条。

(贝　蕾)

环境保护宣传教育

【开展环保宣传和活动】 2016年，嘉兴市深入开展环境宣教工作和活动。在“两会”期间，运用市级媒体、“两微一网”开展环保宣传活动，增进社会共识。市环保局局长到嘉兴在线直播间接受“两美”嘉兴建设在线访谈，与网友和读者面对面分享嘉兴市生态环保工作成效。《嘉兴日报》以“嘉兴环保：争当‘绿水青山就是金山银山’理念的引领者、践行者”为主题，向社会通报2016年全市环保工作的“六大目标”和路径。主流媒体专访6名环保领域的代表委员，向社会公众解读政府工作报告中的“美丽城乡建设”和“治水治气治土”要求。运用媒体、“两微一网”通报治气工作，全面解读宣传“五气共治”，提升社会参与度。市环保局组成环保科普宣传队，举办环保开放日活动，开展公众环保科普宣传。组织全市各县（市、区）开展生态环保交叉探访活动，150多名“两代表一委员”、环保志愿者、媒体代表以及重点管控企业的代表等参加探访活动。围绕“6·5”世界环境日中国主题和“6·30”浙江生态日宣传要求，开展主题纪念宣传活动，全市出动人员7000多人（次）、悬挂电子标语5000多条、播放环保公益广告1200多次，发放环保袋、环保扇子、环保挂图等各类环保宣传资料10.8多万份，举办各类环保演讲和专题讲座100多场（次）、举行各类环保公益演出宣传活动30多场（次），接受群众咨询6000多人（次），受众人群超过10万人。

【深化公众参与“嘉兴模式”】 2016年，嘉兴市加快推动市环保联合会等环保社团组织的发展建设。支持环保联合会成功换届，实现有专职人员、有经费保障、有办公地点的目标。鼓励引导环保联合会具有专业职能的会员，深入社区、农村、学校、企业等场所组织开展环保宣传活动，宣传嘉兴市的环保形势与任务，参加各项志愿服务、环保“双随机”抽查和环保调查研究等。

【加强环保宣传平台建设】 2016年，嘉兴市在市级部门中率先搭建“两网”（市重要网站和网络名人）联动平台，推动社会公众进一步了解环保、理解环保和参与环保，构建多元共治的环境治理模式。加强网络安全，出台“两微一网”安全管理办法，进一步规范提升环保网络舆情防控能力。在G20杭州峰会和第三届互联网大会期间，成功处置和化解多次网络舆情事件。全市环保部门全部开通环保微信公众号，“嘉兴环境保护”微博粉丝量突破22万人，“嘉兴环保”微信推送信息185条，粉丝量近4000人。

（贝　蕾）

环境质量状况

【概况】 2016年，嘉兴市区空气质量指数优良率比上年上升，PM2.5浓度持续降低，城市环境空气质量有所改善；降水酸雨率有所下降，pH值上升，但酸雨污染仍较严重；全市73个市控以上地表水断面劣Ⅴ类所占比例下降1.6个百分点，高锰酸盐指数、氨氮、总磷浓度分别下降8.5%、22.1%、14.7%，地表水环境质量明显改善；声环境质量状况总体与上年持平。

【城市大气环境质量状况】 2016年，嘉兴市区、海宁市、桐乡市、平湖市、海盐县、嘉善县城市大气功能区均属二类区，执行环境空气质量二级标准，按照新的环境空气质量标准（GB3095-2012）评价，各县（市、区）细颗粒物（PM2.5）浓度均超过二级标准限值，可吸入颗粒物（PM10）除海盐县、海宁市、桐乡市外均超过二级标准限值，二氧化氮、二氧化硫、一氧化碳和臭氧均达标。嘉兴市区空气质量指数（AQI）优良率74.3%，比上年提高9.9个百分点；PM2.5浓度44微克/立方米，下降17.0%。嘉善县、平湖市、海宁市、海盐县、桐乡市空气质量指数优良率分别为77.5%、80.6%、80.9%、81.6%、81.3%，PM2.5浓度分别为41微克/立方米、37微克/立方米、47微克/立方米、38微克/立方米、42微克/立方米。全市酸雨率64.1%，比上年下降22.2个百分点；全市降水pH年均值5.28，上升0.45个单位，酸雨状况仍较严重。海盐县、海宁市、桐乡市的酸雨率达到90%以上,桐乡市的酸雨率比上年有所上升,海宁市和海盐县的酸雨率不变,其他城市均有所下降;海宁市、桐乡市的pH均值略有下降,其他城市有所上升。

【地表水环境质量状况】 2016年,嘉兴市地表水水质评价指标为《地表水环境质量标准(GB3838-2002)》,除水温、总氮、粪大肠菌群外的21项指标,评价方法采用单因子指数法。影响本年度地表水水质的主要指标为溶解氧、高锰酸盐指数、化学需氧量、五日生化需氧量、氨氮、总磷和石油类。全市73个市控以上地表水水质监测断面Ⅲ类及以上14个、Ⅳ类54个、Ⅴ类4个、劣Ⅴ类1个,分别占19.2%、73.9%、5.5%和1.4%。Ⅴ类和劣Ⅴ类断面所占比例比上年分别下降13.9个百分点和1.6个百分点,Ⅲ类及以上和Ⅳ类断面分别上升11.7个百分点和3.8个百分点;73个断面主要污染物高锰酸盐指数、氨氮和总磷平均浓度为5.3毫克/升、0.88毫克/升和0.185毫克/升,高锰酸盐指数、氨氮、总磷分别降低8.5%、22.1%、14.7%。全市8个饮用水水源地水质4个达到Ⅲ类水质标准要求,分别为嘉兴市区石臼漾水厂和贯泾港水厂、嘉善县太浦河水厂、海盐千亩荡水厂,平湖市广陈水厂、海宁第三水厂和泰山桥水厂、桐乡市果园桥水厂水源地水质为Ⅳ类水质。石臼漾水厂、贯泾港水厂、泰山桥水厂和千亩荡水厂4个饮用水源地水质类别有所改善,其他4个水源地水质类别无变化。

【近岸海域环境质量状况】 2016年,嘉兴市近岸海域水质污染严重,3个功能区的4个监测点位水质均为劣Ⅳ类,未达到相应功能类别要求;3个国控近岸海域环境质量监测点位的水质均为劣Ⅳ类,各测点的主要污染物为无机氮和活性磷酸盐。

【声环境质量状况】 2016年,嘉兴市功能区昼间、夜间和昼夜噪声综合超标率分别为9.6%、35%和22.3%,其中嘉兴市区功能区达标率较低,11个监测点中4个监测点的昼间噪声超标,9个监测点的夜间噪声超标。全市交通噪声超过70分贝路段63.08千米,占总路长14.0%,比上年下降1.8个百分点。嘉兴市区、嘉善县、平湖市、海宁市、海盐县和桐乡市的区域环境噪声平均值分别为53.6分贝、51.8分贝、52.2分贝、52.3分贝、54.8分贝和54.6分贝。

(贝　蕾)

气　象

【概况】 2016年,市气象局围绕"五水共治"、"五气共治"、生态市建设、海绵城市建设等中心工作,重点做好G20杭州峰会、第三届世界互联网大会等重大活动气象服务保障工作,桐乡市气象局被中国气象局表彰为全国重大气象服务先进集体,2个集体和8人次被中国气象局、省气象局和各级党委政府表彰为重大峰会保障服务先进集体和先进个人。年内,与市发改委联合编制印发《嘉兴市气象事业发展"十三五"规划》。

【强化公共气象服务】 2016年,嘉兴市气象"96121"声讯电话拨打量297.8万次,气象网站日平均点击率6100人次,气象防灾减灾手机短信受众551.2万人次,气象信息公众覆盖率93.7%,公众气象服务满意度86.5%。推进应急广播插播系统建设,实现400块显示屏和应急广播与分区预警发布平台无缝对接。融入粮食生产功能区建设,为全市3768户种养殖大户和家庭农场、512个农村专业合作社开展直通式气象服务。

嘉兴国家气象站开展"开放日"科普活动(市气象局提供)

【推进气象现代化建设】 2016年，全市新(改)建自动气象站9个，渔业气象站1套，气象现代化水平比2010年提高40%，比2015年提升5%。“天气预报准确率”“基层气象防灾减灾组织体系健全率”两个指标居全省首位，服务均等化领域指数居全省第二位。

【推进气象行政审批改革】 2016年，市气象局清理规范气象行政审批事项2项，其中取消1项；清理规范防雷中介服务事项4项，其中取消2项。气象行政审批融入市行政审批层级一体化改革，主动对接“四张清单一张网”，审批事项接入嘉兴政务网。全面落实“不再审批”改革，扩大“不再审批”覆盖面，推进承诺备案制改革从工业企业“零土地”技术改造项目扩大到全部气象审批事项。

【完善气象防灾减灾社会管理】 2016年，嘉兴市新增全国气象灾害防御标准化乡镇1个，省级标准化村(社区)28个，35个气象灾害防御重点单位通过气象灾害应急准备工作认证。全年培训协理员、信息员525人次，发送提醒短信412次。不断深化部门合作，与外部门的69个自动气象站、110个人工气象站、762块电子显示屏、216个实景摄像点实现共享。与市安监局联合开展气象防灾减灾重点单位和防雷重点单位安全监管，排查单位216家，整改到位率100%；与市、县公安系统建立联动机制，排查施放系留气球资质单位6家。

【加强气象科技创新】 2016年，嘉兴市气象局新增省气象局、地方科技局等科研项目5个，发表论文3篇；1人入选嘉兴市首批杰出人才培养，2人入选省气象局“青年科技英才”，3人获“嘉兴市技术操作能手”，1人获嘉兴市优秀共产党员。嘉兴市气象行业监测预警职业技能竞赛获市直机关“提素质、强服务、建功十三五”竞赛活动优秀组织奖。

(程慧萍)

名胜与旅游

综　述

【概况】 2016年，全市旅游系统贯彻落实国务院《关于进一步促进旅游投资和消费的若干意见》《关于加强旅游市场综合监管的通知》和《浙江省旅游条例》，加大旅游项目投资，加快旅游精品建设，推进产业融合发展；加强旅游市场监管，提升旅游行业品质；创新旅游宣传营销，完善旅游城市形象，旅游产业综合实力进一步增强。全市共接待海内外游客7893.81万人次，实现旅游总收入850.86亿元，比上年分别增长23.68%和25.45%，超额完成年度目标，实现"十三五"嘉兴旅游良好开局。至年底，全市共有A级景区65家，其中AAAAA级2家、AAAA级10家、AAA级19家、AA级34家；星级饭店54家，其中五星级7家、四星级11家、三星级36家；旅行社147家，其中具有出境组团资质的25家。全年旅游市场秩序良好，未发生一起行政复议、民事诉讼以及旅游安全责任事故。

（杨新宇　沈　宇）

南湖风景名胜区

【南湖旅游区综合整治工程】 2016年，南湖旅游区根据国家旅游景区质量标准，围绕旅游交通、游览服务、综合服务、特色文化、智慧旅游、旅游安全、资源和环境保护、综合管理等方面，投入3730.71万元，对景区5.86平方千米范围内的80.5万平方米绿化园林、休憩广场、游步道、厕所、停车场、标识标牌系统进行全面改造提升，景区主要区域和游客聚集点实现Wi-Fi全覆盖，景区旅游环境得到有效提升。

【南湖革命纪念馆文物定级工作】 2016年12月，浙江省文物鉴定审核办公室组织专家到南湖革命纪念馆进行馆藏文物等级鉴定工作。经过专家审查和鉴定，南湖革命纪念馆申报的108件馆藏文物中，有89件被确定为珍贵文物，其中一级文物7件，文物定级工作取得重大突破。

（薛蜜星　周　理）

旅游市场开发

【举办"喜迎G20　嘉兴旅游嘉年华"活动】 6月28日，市旅委组织所属各县（市、区）在杭州举办

"喜迎G20　嘉兴旅游嘉年华"活动启动仪式

（市旅委提供）

“喜迎G20、诗画浙江、乐游嘉兴——嘉兴旅游嘉年华”活动启动仪式,南湖、梅花洲、西塘、盐官、南北湖等20多家景区的近百个企业汇聚杭城参与“旅游嘉年华”活动,向杭州市民推出上千万元的旅游优惠和礼品。活动现场进行船模拼装、扎染制作、陶笛吹奏、菱画绘制、西瓜灯雕刻、梅花洲禅茶等演示,提供嘉兴粽子、桂花年糕、姑嫂饼、槜李、杨梅、葡萄等美食体验,举行了一场集文艺表演、旅游体验、网络互动于一体的会演活动,广泛传播嘉兴旅游文化。仅12月5日,根据手机信令大数据分析,嘉兴市重点景区来自杭州的游客超过10%。

【举行2016中外旅行商合作大会】 3月27–29日,2016嘉兴市中外旅行商合作大会暨运河国际旅游产品推广会在嘉兴举行。大会围绕“互联网+旅游”主题,深化与国内外旅行商、旅游联盟的紧密合作,推进新常态下“融合发展、合作共赢”旅游新格局。大会邀请美国、德国、澳大利亚、韩国、日本、克罗地亚共和国、塞尔维亚共和国、黑山共和国、斯洛文尼亚共和国、波斯尼亚共和国和马来西亚、越南、柬埔寨、尼泊尔等16个国家(地区)的旅行商,以及全国60家百强旅行社、国际邮轮公司、金棕榈在线旅游等500多家中外旅行商参加,总人数比上届增长近3成,其中外宾百余名。捷克、韩国和中国—东南欧洲商业协会等外方代表首次应邀出席。大会以国际化、市场化、专业化的合作方式,首次签订境外销售合同6份,涉及金额800万元;签订国内合同120份,涉及金额近亿元,打响旅游产品集中采购地品牌。

【发布四季旅游主题】 2016年,市旅委结合二十四节气,发布“休憩江南、水乡寻芳”“休憩江南、养心福地”“休憩江南、观潮寻香”“休憩江南、乡味连年”四季主题。围绕四季特色,举办嘉兴生态文化旅游暨南湖桃花节、乌镇戏剧节、西塘汉服文化周、江南网船会、南北湖旅游文化节、乌镇香市、乌镇当代艺术展、梅花洲灯光节、“5·19”中国旅游日嘉兴旅游惠民广场活动等16项旅游节庆活动。

桐乡乌镇景区　　（市旅委提供）

【旅游“接轨上海”取得新成果】 2016年,市旅委抓住上海迪士尼开园契机,开展旅游接轨上海系列活动。年初,与上海6个区(县)旅游协会签订战略合作协议,开拓上海客源市场。组织旅游企业到上海,与迪士尼园区对接迪士尼票务代理、线上预订、线路整合等业务,嘉兴假日国际旅行社和嘉兴行游天下旅行社分别取得迪士尼票务销售代理和组织青少年体验项目资质。11月,举办嘉兴旅游(上海)销售洽谈会,与上海近500家采购商进行对接,开展嘉兴旅游主题推介和2017嘉兴旅游新产品发布,商务会展旅游产品受到上海市场欢迎。

【联合主办中国会议与商务旅行论坛】 5月10–11日,市旅委与上海市旅游局、北京市旅游局、杭州市旅委、南京市旅委、宁波市旅游局、苏州市旅游局在上海国际会议中心联合主办中国会议与商务旅行论坛暨交易会。论坛引入商务旅行板块及业内交易会两大新内容,致力于打造高端的会奖行业交流互动平台,了解国际、国内会议会奖与商务旅游行业的现状与发展趋势,加强行业交流,为业内提供更多业务拓展机会。嘉兴市推出运河旅游、古镇旅游、滨海旅游等主题线路和产品,与上海会奖业进行互动洽谈,建立旅游会奖的长期合作机制。本次活动吸引海内外500家客商参加,60家企业参与论坛和交易活动,为企业搭建高端的会奖行业交流互动平台。

【联合开展杭州都市圈旅游营销】 为促进联盟

城市旅游发展和资源共享,7月10-15日,杭州、嘉兴、湖州、绍兴四地旅游部门以“江南绝色、吴越经典”为主题,联合到内蒙古和陕西开展旅游促销。促销团先后在呼和浩特、西安等地通过旅游推介会等形式开展现场产品销售,提升江南水乡的整体品牌形象。

【联合开展京杭大运河特色旅游推广】 2016年,市旅委联合运河沿线城市开展系列旅游推广活动。4月,嘉兴市参与国家旅游局委托杭州市旅委等组织的京杭大运河旅游推广活动,此次活动是中国大运河申遗成功后首次跨区域旅游策划,专家们用13天时间,对大运河沿线18个城市的旅游产品进行整理、评估和连线策划。4月13-14日,北京、杭州、枣庄、聊城、济宁、泰安等大运河沿线城市28名旅游专家到嘉兴,对嘉兴市大运河旅游资源及南湖旅游区、梅花洲景区等特色旅游产品进行考察,并选出“江南醉好——杭嘉湖”等14条运河旅游精品线路作为重点推广项目向海内外发布。年内,嘉兴市与运河沿线城市联合开展2016运河旅游美食精品展,嘉兴江南名庄的“金丝御鸭”“江南鱼头王”入选“大运河三十六味”。同时,由京杭大运河城市旅游推广联盟建设的京杭大运河旅游官网正式开通,“梦里水乡古船行——嘉兴”作为重点广泛宣传。10月,市旅委组织水乡船模型、南湖菱画参加第三届中国大运河庙会,集中展示大运河沿岸独特的民俗活动、庙会文化和特色旅游产品。

【拓展职工疗休养旅游市场】 2016年,市旅委与市总工会等部门开展合作,全面培育和开拓职工疗休养市场。与市总工会联合评选两批共63家嘉兴市职工疗休养(推荐)基地。年初,在嘉兴举行中国旅游合作联盟浙江省疗休养研讨会,全省11个地(市)的30家旅行商在梅花洲景区共商职工疗休养发展和线路产品开发。年中,市旅委和市总工会联合组织全市25家旅游企业到浙南温州、台州、金华,围绕“运河水城、秀美嘉兴”主题,开展职工疗休养旅游市场推广。加强与湖州、舟山、金华等地对接,全面拓展嘉兴职工疗休养市场。

【举办“不忘初心、常来嘉兴”旅游摄影大赛】 2016年8月,市旅委、市摄影家协会、嘉兴日报报业传媒集团联合开展“不忘初心、常来嘉兴”旅游主题摄影大赛。参赛作品要求取材于嘉兴境内各主要景区,通过专业化的镜头和生活化的视角记录最美嘉兴,呈现嘉兴旅游的自然景观、人文景观、民俗风情、和谐生活等。大赛征集到的260多位作者1500多幅(组)作品,经主办方评审并公示,评出一等奖作品1幅、二等奖作品3幅、三等奖作品8幅、优秀奖作品112幅。

【开展“诗画浙江,秀美嘉兴”媒体推广活动】 2016年,根据省旅游局部署,市旅委参与“诗画浙江”全媒体品牌推广活动。与浙江广电集团形成战略合作,就“诗画浙江,秀美嘉兴”品牌推广、信息整合、市场开发等展开全方位合作,从品牌推广、内容制作、服务体系、营销策略、传播渠道五大方面,实施多频道、多平台、多终端的品牌推广升级战略。先后与浙江之声在杭州举办“喜迎G20、乐游嘉兴”旅游嘉年华活动,与同程网联合推出旅游红包和网络订购嘉兴旅游产品优惠立减活动。参与浙江经视“诗画浙江——浙样红”、“局长谈旅游”、《48小时》大型旅游互动节目真人秀、“G20异域观察者—寻觅诗画浙江”专题片拍摄、“诗画浙江、爱在浙里”、《动力周末》带你游浙江、《有氧周末》等活动。同时,还参加“寻找浙江100个隐秘小镇”、2016“诗画浙江—G20畅游浙江”之线路大推广等活动,提升嘉兴旅游影响力。

【开展旅媒深度合作】 2016年,市旅委加强与嘉兴日报报业传媒集团合作,全年刊发《嘉兴日报·旅游周刊》50期、《南湖晚报—嘉财富·旅游》51期。继续深化《iTravel@嘉兴》电子杂志的编制,更加突出可读性,全年刊发电子杂志12期,累计刊发29期。加强与腾讯、新浪、网易等网络平台的合作,通过媒体采风、专题报道、微视推广等形式,进行全方位、多层面宣传。做好自媒体的旅游宣传营销,旅游官方微信微博发布各类资讯信息4700余条。

【拓展海内外旅游市场】 2016年,市旅委参与国家旅游局和省旅游局组织的各类旅游交易会。先后组织参加中国国际旅游交易会、中国国际旅游商品博览会、海峡旅游博览会、宁波国际旅展、东盟国际旅游博览会、国际海岛大会旅游博览会、香港浙江旅游周、捷克“假日世界”国际旅游博览会，以及印度、以色列等旅游促销会，扩大旅游对外交往和友好城市交流互访活动。组织参加浙江省旅游交易会、天津旅游产业博览会、“浙江符号”旅游商品宣传推广销售展，通过参加各类交易展会，将嘉兴南湖、月河、乌镇、西塘、盐官等特色旅游产品与周围景区融合串线，推出“江南运河古镇游”“滨海度假休闲游”等多条运河旅游产品，打响“运河水城、秀美嘉兴”旅游主题形象。展会期间，嘉兴市还通过各类座谈会、推介会以及走访当地旅行商，宣传推广旅游相关政策，开拓海内外旅游市场。

浙江省旅游交易会嘉兴展厅　　（市旅委提供）

【启动城市旅游整体形象品牌策划项目】 2016年8月，嘉兴市启动旅游整体品牌形象策划、城市旅游形象宣传拍摄项目。旅游品牌形象设计与宣传营销策划包括旅游品牌形象设计与视觉传达系统、旅游目的地全域化氛围营造体系、人机交互的更新优化设计、旅游产品规划及旅游要素包装、宣传营销体系策划、旅游VR视频系统设计与制作等内容。旅游形象策划设计项目被上海艾肯品牌策划有限公司以136万元中标，旅游形象宣传视频拍摄制作项目被世纪大象群（北京）有限公司以52.6万元中标。

【编制嘉兴全域旅游（手绘）智慧地图】 2016年，经过半年多时间编制，嘉兴全域旅游（手绘）智慧地图发行。地图以手绘形式全方位展示嘉兴特色旅游资源、交通线路，并专门开设市区旅游图、月河街区游览图、乌镇西栅手绘导览图。同时以绘画形式展示美食嘉兴、特色线路、旅游节庆、文化主题酒店、精品线路、民俗故事、自助线路等，直观呈现嘉兴特色旅游景点、旅游设施。该图由杭州麦扑文创团队手工绘制，把地图的实用性和艺术性融为一体，且具收藏价值。此外，手绘地图还将与高德地图进行融合，在移动终端高德地图上实现智能导向导览。

【开展旅游基础数据采集】 根据省旅游局要求，2016年下半年，市旅委开展旅游基础数据采集工作。制定统一的旅游及相关数据采集标准，对市、县二级旅游景区、宾馆饭店、特色餐饮、农家乐、休闲娱乐、旅行社、公共服务、旅游购物八大类数据进行采集、编目、分级，全市5136个旅游基础数据采集入库。旅游基础数据库实现分类归档、授权应用，并逐步构建科学数据分析系统，建立数据共享机制，发挥数据库的综合服务功能。

【完善智慧旅游智导体系】 2016年，嘉兴市全新开发基于高德地图的嘉兴旅游手绘地图智能导向导览系统，为游客提供更加便捷的导航、导游、导览、导购服务。加快数字景区智能WEB导游语音讲解系统开发，逐步与周边景区整合形成网络。加快智慧景区和智慧企业示范点建设，推进景区二维码导览系统建设，通过手机信令、视频、红外、门禁等监测方式加强游客流量监管，实现AAAA以上景区全部接入省旅游视频监控中心。完善“iTravels嘉兴”App软件升级，下载使用量超过570万次，继续保持全国同类产品前茅。完善“旅游商务平台——巨蟹旅行网”建设，强化嘉兴旅游在线服务和旅游产品营销与推广。整合旅游企业、旅游产品等资源，以景区、住宿、美食、休闲为重点，针对自助游客策划具有特色的旅游行程订制，编制相对完善的个性化行程，搭建全新服务平台。

（顾伟建）

旅游规划建设

【出台嘉兴市旅游业发展“十三五”规划】 9月1日,由市旅委、市发改委联合编制的《嘉兴市旅游业发展“十三五”规划》正式发布。规划提出把握全国旅游业进入新一轮“黄金发展期”的重要机遇,立足嘉兴社会经济发展新常态,充分发挥旅游业在经济转型升级、新型城镇化、“美丽嘉兴”建设中的重要作用;完善旅游产品体系,促进旅游业与相关产业融合发展,提升旅游城市整体形象,着力打造运河国际旅游休闲城市,把旅游业发展成为嘉兴市国民经济的战略性支柱产业、人民群众更加满意的现代服务业,把嘉兴建设成为国内一流的旅游目的地。

【开展景区创建提升及环境整治】 2016年,市旅委大力推进景区创A工作,嘉善西塘古镇通过国家旅游局AAAAA级景区验收检查;嘉善云澜湾温泉景区成功创建国家AAAA级旅游景区;平湖虫草博物馆、平湖伊佳林开心梦工场、海盐三毛乐园、桐乡森利园、桐乡恒基文化博览园5家景区被评定为国家AAA级旅游景区;平湖毛泽东同志新仓经验批示展示馆、平湖百玫生态农业科技园2家景区被评定为国家AA级旅游景区。同时,集中整治旅游景区环境,深入实施《浙江省旅游景区集中整治行动方案》,组织开展全市A级旅游景区整治大行动,并召开全市A级旅游景区整治提升工作现场会,对5家A级景区做出整改和警告处理。

嘉善云澜湾温泉景区 （市旅委提供）

【整治提升旅游厕所】 2016年是“旅游厕所革命”的攻坚年。嘉兴市通过政策引导、部门联动、资金补助、标准规范、监督考核等手段,加快实施《嘉兴市旅游厕所整治提升三年行动计划》。采取“新建与改建结合,养护与提升并举”的方式,对照国家旅游局新修订的《旅游厕所质量等级的划分与评定》标准,推进旅游厕所改建提升,对南湖、西塘、梅花洲等景区内的厕所新建、改建方案进行重点指导,同时加强A级旅游厕所的评定和督查工作。乌镇、西塘、南北湖、碧云花海等景区内按照AAA旅游厕所标准改造提升的“样板厕所”完成并投入使用。至年底,全市新建和改扩建旅游厕所158座,其中新建91座、改扩建67座。

【加大旅游项目招商与开发力度】 2016年,市旅委通过中国(宁波)—中东欧国家旅游合作交流会、嘉兴市旅游投资交流考察活动等招商活动平台,完成南湖区湘家荡大树房车营地项目、秀洲银杏·天鹅湖、嘉善“梦东方·梦幻嘉善”、平湖汉富蓝城“春风江南”、海盐丹佛斯科技乐园、海宁梦都影视城、桐乡华夏童话微电影、桐乡乌镇之花、嘉通蓝城嘉兴温泉小镇9个项目签约,协议总金额393.96亿元。全年共实施旅游开发项目82个,其中续建项目38个、新建13个、竣工31个,列入省、市重点项目14个。计划总投资1065.6亿元,年内实际完成投资77.19亿元。

嘉善“梦东方·梦幻嘉善”项目签约仪式 （市旅委提供）

【推进旅游产业融合发展】 2016年,平湖市浙江泛亚虫草博物馆、桐乡市华圣石斛园获批年度浙江省中医药文化养生旅游示范基地；桐乡市华旺毛衫业科技开发有限公司、桐乡市汇才红木家具有限责任公司、平湖市浙江伊思佳体育旅行装备有限公司获批年度浙江省工业旅游示范基地；嘉兴市南湖区凤桥镇三星村获批年度浙江省老年养生旅游示范基地；嘉兴湘家荡环湖景区获批年度省级生态旅游区。另外，嘉兴有机农业示范园、嘉兴梅花洲农业采摘基地、海宁上农蓝莓小镇、平湖市金稼园农业科技生态园、桐乡市石门湾四季果园、海盐海欣农业有限公司6家单位获批第二批浙江省果蔬采摘旅游基地。至年底，全市有各类产业融合示范基地44个。

（朱　岩　顾佳平）

【南湖湖滨区块规划研究】 2016年，嘉兴市根据城市有机更新规划、南湖景区提升规划和湖滨区块规划设计概念，经多轮规划方案研究，确定将南湖湖滨区域打造成以“1921”为主题，以红色旅游、体验式休闲、创意文化及城市服务功能为主线的旅游特色休闲区。

（薛蜜星　周　理）

旅游行业监管

【强化旅游安全管理】 2016年，全市旅游行业坚持“安全第一，预防为主、综合治理”的工作方针，以落实企业主体责任为主线，以深化“安全隐患大排查、大整治、大执法工作”专项行动为抓手，以防控重特大旅游安全事故为重点，推进旅游安全监管工作，顺利实现“安全、质量、秩序、效益”四统一目标，无一起安全责任事故发生。1–2月，市旅委开展春节元宵旅游行业安全生产大检查，营造安全、有序的旅游环境；3–4月，开展旅行社团队旅游用车安全专项督查；5月，开展平安护航G20和世界互联网大会旅游安全生产专项整治大行动以及五一黄金周安全生产大检查；7–9月，重点做好重大国际峰会期间嘉兴旅行社入杭团队检查工作；10–11月，重点做好世界互联网大会期间旅游安全生产工作，开展安盾3号安全生产执法检查活动、旅游接待用房隐患排查和安全防范工作；11–12月，重点做好嘉兴市旅游行业今冬明春火灾防控和岁末年初安全生产大检查。全年共排查旅游企业621家，发现整改隐患317处，整改率100%。

【护航G20杭州峰会和世界互联网大会】 2016年，为加强G20杭州峰会和第三届世界互联网大会的旅游安全监管，全市旅游部门抓好安全生产工作。年初，成立由主要领导任组长的G20杭州峰会和世界互联网大会维稳安保工作领导小组，组成综合协调、安全保卫、信访工作、舆情导控等服务组，制订《G20峰会维稳安保工作方案》《服务重大国际峰会维稳安保反恐工作专项督查方案》《平安护航G20和世界互联网大会旅游安全生产专项整治大行动方案》和《关于进一步加强世界互联网大会期间旅游安全生产工作开展安盾3号安全生产执法检查活动的通知》，进一步明确组织分工和工作要求，落实长效监管机制，坚决防止个人极端、暴力恐怖、重特大刑事、重大旅游生产安全和群体性五类事件的发生。完成备战阶段抓全行业排查，临战阶段抓隐患点督查，实战阶段抓多层次演练，决战阶段抓面对面安检四个工作阶段及各级防控的应急响应任务。

【开展平安旅游创建】 2016年，市旅委在全市旅游行业组织开展“平安护航G20”平安旅游创建活动，明确“四个更加”（安全设施更加完备、管理制度更加健全、管理机制更加完善、防范和处置能力更加提高）、“五个坚决”（坚决防止发生暴力恐怖事件、坚决防止发生重特大刑事案件、坚决防止发生个人极端事件、坚决防止发生重大生产安全事故、坚决防止发生重大群体性事件）工作目标，完成旅游企业创建面100%，达标率80%以上的目标。同时，评出52家平安景区，57家平安饭店和125家平安旅行社。

【开展旅游饭店创建】 2016年，全市新增星级饭店2家，分别是嘉兴捷顺商务宾馆（三星级）、海宁天鹅会大酒店（三星级）。至年底，全市共有星级饭店54家,其中五星级7家、四星级11家、三星级36家。新增绿色旅游饭店2家,分别是嘉兴泊金湾大酒店(银树叶级)、桐乡梵璞酒店(银树叶级)。至年底,全市共有绿色旅游饭店51家,其中金树叶级8家、银树叶级43家。省级特色文化主题酒店9家。

【旅行社行业规模持续扩大】 2016年,全市新设立旅行社14家,分别为嘉兴市寰游旅行社、嘉兴市环宇国际旅行社有限公司、嘉兴市顺途国际旅行社有限公司、嘉兴东山旅行社有限公司、嘉兴市万里旅行社有限公司、嘉兴浙风在线旅游有限公司、嘉兴市缘份旅行社有限公司、嘉兴悦享旅游有限公司、海盐艾特时代旅行社有限公司、海盐遨游天下旅行社有限公司、嘉兴周周旅行社有限公司、嘉兴光大旅行社有限公司、海宁市鹃湖旅行社有限公司、浙江来来旺旺旅游信息有限公司。注销旅行社6家,分别为嘉善金色假日旅行社有限公司、嘉善七彩旅行社有限公司、嘉兴市文华旅行社有限公司、桐乡新天地旅游有限公司、海盐国青旅游有限公司、桐乡新世纪旅游有限公司。截至年底,全市共有旅行社147家。

【举办"文明旅游"导游大赛】 11月,由市旅委、市文明办、市人力资源和社会保障局、市总工会联合组织的"2016年嘉兴市'文明旅游'导游大赛"在嘉兴豪仕登大酒店举办。经过各县(市、区)选拔,50名导游员参加决赛。本次大赛设导游基础知识和文化知识笔试、模拟导游讲解、导游技能知识问答、才艺表演四个部分,经过两天角逐,海盐云龙旅行社有限公司的金燕文夺得一等奖。

【开展文明旅游活动】 2016年,根据市文明办的统一部署,市旅委制定"迎接G20,人人讲文明——做文明有礼嘉兴人"活动方案,召开全市旅游行业工作会议;3月,市旅委联合相关部门举办"迎接G20,人人讲文明——做文明有礼嘉兴人"暨旅游志愿服务活动启动仪式;5月,开展全市旅游行业"迎接G20,人人讲文明——做文明有礼嘉兴人"窗口行业和餐饮行业专项督查工作;5-6月,根据《全国文明城市测评体系责任分解(2015-2017年版)》要求,以南湖区、秀洲区、嘉兴经济技术开发区范围内的省级旅游度假区、A级旅游景区、星级饭店、绿色和特色文化主题饭店及旅行社对外服务窗口为重点,开展"地毯式"文明旅游专项督查;6月,组织市本级星级宾馆、绿色饭店、100间以上客房宾馆饭店、A级旅游景区负责人参加"迎G20峰会,展文明嘉兴风采"启动仪式暨文明礼仪培训班。通过一系列举措,进一步推动文明旅游工作常态化和机制化,提高旅游企业和从业人员的责任意识。

【强化依法监管】 2016年,市旅委依据《中华人民共和国旅游法》和《浙江旅游管理条例》,推进地方制度体系建设,制定"谁执法谁普法"责任清单,规范行政处罚集体讨论决定、职能分离、过错责任追究三项制度以及17个行政处罚文书,创新开启企业负责人约谈、游客赔偿先付、旅游维权下乡等机制,运用交叉互检、随机抽查等形式,杜绝违法行为。2016年,全市取缔无证经营6起,处置投诉141起,协议理赔92001元。四个季度全省游客满意度排名,嘉兴市分居第3名、第5名、第3名和第5名。

(赵旭光　朱宇红)

科学技术

综　述

2016年，全市科技工作以创建省全面创新改革试验区为动力，抓好“科技体制改革、创新主体培育、创新平台建设”三大重点，优化创业创新环境，集聚创新资源，推进“两区一城一走廊”（全面创新改革试验区、省校合作示范区、科技企业孵化之城、沪嘉杭G60科技创新走廊）建设，和创新型城市建设。2016年公布的《2015年度设区市科技进步统计监测评价报告》数据显示，嘉兴市2015年度科技进步变化情况综合评价居全省第4位，其中一级指标中的科技投入综合评价居第3位，转型升级居第4位，技术创新、科技产出与创新环境排第6位；2016年度创新型试点城市（县、区）测评，嘉兴市居全省第3位。2016年，嘉兴市被评为国家知识产权试点示范城市工作先进集体，市科技局（地震局）被评为全国地市级防震减灾工作综合考核先进单位、浙江省市级防震减灾工作二等奖和2013-2015年度浙江省科技工作先进集体；市专利执法支队被评为全国专利系统先进集体。嘉兴市经省委省政府批准，成为全省首批全面改革试验区；嘉善县经国务院审定，成为首个县域科学发展示范点。平湖市科技大市场获评第八届“中国技术市场金桥奖”先进集体奖，平湖市科技局被评为2016年度国家、省县级防震减灾工作先进单位。平湖市、海宁市连续第三年被评为全省网上技术工作先进县市。桐乡市获省政府批复创建“省级乌镇大数据高新技术产业园区”；连续两届承办“中国创新创业大赛互联网及移动互联网行业总决赛”。海盐科技城建设取得新进展。南湖区通过省知识产权示范区创建考核验收；获批国家火炬特色产业基地（压缩机精密制造产业）。

（朱靖杰）

科技环境、人才与项目

【创建省科技改革创新试验区】 2016年11月，嘉兴市获省委、省政府批复同意创建省科技改革创新试验区，市委、市政府印发《嘉兴市全面创新改革试验实施方案》，实施方案包括嘉兴市重点突破的专项改革试点28项，全面创新改革试验区重大改革项目任务16项。同时，市委、市政府召开全市科技创新暨全面创新改革试验区建设动员大会，副省长冯飞、市委书记鲁俊、省科技厅厅长周国辉出席会议并讲话，对嘉兴市科技创新工作给予充分肯定。

【建立科技金融服务体系】 2016年，市科技局整合嘉兴市科技担保、科技质押、科技保险和科技信贷等科技金融服务资源，联合区域外专业科技金融服务机构在嘉兴市建立科技金融服务平台，为科技型企业提供融资服务，并进一步延伸科技银行、专营机构、科技保险等科技金融服务机构的网络布局，到年底，南湖区“基金小镇”吸引各类投融资机构（包含有限合伙企业和有限责任公司）2232家入驻，认缴资本3500亿元；成功搭建科技金融服务平台，成立嘉兴市科技金融支持的科技型中小企业认定机构，科技型企业数据库入库量1921家;建立科技专营机构13家,向科技型企业发放贷款余额11.96亿元;中国太平保险在嘉兴市设立全国首家专业性科技保险公司。全市科技创投、科技担保、科技保险等多元化的科技金融服务体系初步建立。

嘉兴科技金融企业服务节　　(市科技局提供)

【优化科技政策环境与服务】 2016年,市科技局不断增强实施创新驱动发展战略对科技创新工作的扶持力度,科技创新政策环境得到优化。牵头起草《嘉兴市全面创新改革试验实施方案》《建设具有长三角影响力的"科技企业孵化之城"三年行动计划(2016-2018)》《关于进一步推动科技创新的若干政策意见》等政策。建立鼓励企业创新的普惠机制,完善企业研发费用投入普惠性扶持政策。2016年,嘉兴市本级发放创新券292.46万元,科发资金预算安排重点向科技创新氛围营造、重大创新平台构筑、科技人才引育和国内外科技合作等相关科技创新条件与环境建设领域倾斜。

【科技人才建设】 2016年,市科技局实施"创新嘉兴·精英引领"计划,推进创新领军人才队伍建设。2016年,市科技局对1071名高层次人才申报的1085个人才项目,经过评审筛选,最终遴选出第七批"创新嘉兴·精英引领计划"项目126个;组织开展省领军型创新创业团队推荐申报工作,有2个团队入选2016年度省领军型创新创业团队(全省16个);支持秀洲高新技术产业开发区、嘉兴科技城、张江长三角科技城(张江平湖科技园)等科技人才创业创新平台建设。至年底,全市累计引育"国千"专家161人、"省千"专家136人。

【市级科技计划项目补助经费】 2016年,市级科技计划项目安排两批补助经费。第一批科技计划项目补助经费计划安排3298.115万元,当年实际下拨经费3110.115万元。其中软科学研究项目13项,补助经费59万元;产业关键共性技术研究项目32项,补助经费268万元;社会发展领域研究与示范应用项目80项,补助经费256万元;农业科技成果转化项目8项,补助经费150万元;高新技术产业化项目8项,补助经费150万元;科技型中小微企业创新孵化转化项目11项,补助经费130万元;专利实施转化项目6项,补助经费80万元;国家、省重大专项配套3项,补助经费330万元;科技创新环境与条件建设19项,补助经费1697.615万元;结转项目40项,补助经费177.5万元。第二批科技计划项目补助经费计划安排2419.165万元,当年实际下拨2415.655万元。其中国家、省重大专项配套3项,补助经费63.25万元;结转项目15项,补助经费60万元;创新环境与条件建设计划立项11项,补助经费1425.915万元;科技专项15项,补助经费870万元。

(吴俊波　杨文斌)

区域创新体系与高新技术产业

【概况】 2016年,嘉兴市高新技术产业增加值695.02亿元,居全省第3位,比上年增长9.9%;占规模以上工业增加值比重45%,居全省第2位。2016年,市科技局加强科技区域创新体系建设。一是推进高新区建设与发展。会同秀洲区委、区政府研究起草并提请市委、市政府出台《关于进一步加快嘉兴秀洲高新技术产业开发区发展的若干意见》,确立秀洲国家高新区以"创新高地、人才特区、生态新城"的总体目标。加强与省级有关部门联系、协调推动桐乡以乌镇互联网大会永久会址为核心、乍浦港区以化工基地为核心进行省级高新技术产业园区申报创建工作。8月,桐乡市创建乌镇大数据高新技术产业园区得到省发改委、省科技厅批准,乍浦港区的高新园区申报基本完成材料的撰写和修改。二是科技企业孵化器建设进入新阶段。正式出台《建设具有长三角影响力的“科技企业孵化之城”三年行动方案(2016-2018)》,要求全市以构筑新型孵化模式为核心,以集聚创业创新资源为途径,以激发创业创新活力为主线,持续推进“泛孵化器”建设,把嘉兴打造成为具有长三角影响力的“科技企业孵化之城”,推动全市经济转型发展。三是加强众创空间建设。正式出台《嘉兴市级众创空间认定与管理办法》,对市级众创空间的备案认定、评价考核和财政扶持等做出明确规定。

【高新技术园区(开发区)】 2016年,桐乡乌镇经省发改委、省科技厅批准,成功创建省级高新技术产业园区(定名为乌镇大数据高新技术产业园区)。至此,嘉兴市累计建成国家级高新区1个、省级高新区4个。

【高新技术特色产业基地】 2016年,市科技局围绕嘉兴市战略性新兴产业倍增计划,以嘉兴电子信息、无线通信、嘉善电子电声、平湖光机电、海宁磁性材料、纺织、包装材料、太阳能、海盐电子仪器仪表、桐乡特种纤维、秀洲新能源等为代表的高新技术特色产业集聚效应明显,产业群体发展加快。2016年,南湖区压缩机精密制造特色产业基地被认定为国家火炬特色产业基地。年内,嘉兴市有省级以上特色产业基地15家,其中国家级特色产业基地10家,基地建设在全省同类城市继续保持领先。

【科技企业孵化器】 2016年,市科技局推进“泛孵化器”建设。组织开展省级、国家级科技企业

生迪光电科技股份有限公司生产车间 (市科技局提供)

孵化器的申报和市级科技企业孵化器的认定工作。全年新增国家级科技企业孵化器2家、省级科技企业孵化器3家、市级科技企业孵化器9家。全市有市级以上科技企业孵化器28家,其中国家级科技企业孵化器8家、省级科技企业孵化器6家、市级科技企业孵化器14家,科技企业孵化器综合发展情况居全省第2位。至年底,在孵企业1627家,总孵化场地面积172万平方米,新增孵化面积56万平方米。

【众创空间建设】 2016年,市科技局贯彻落实《嘉兴市人民政府办公室关于加快发展众创空间的若干意见》,着力推进众创空间建设,起草制定《嘉兴市级众创空间认定与管理办法》,对市级众创空间的备案认定、评价考核和财政扶持等做出明确规定。全市有市级以上众创空间31家,其中国家级众创空间7家;众创空间场地面积17万平方米,拥有创业团队460个,创业人数3200余名。全市31家众创空间主要有示范推进型众创空间、投资促进型众创空间、专业服务型众创空间、创客孵化类众创空间四种类型。

【科技型企业】 2016年,市科技局贯彻落实《浙江省科技企业“双倍增”行动计划(2016-2020年)》,深入实施创新驱动发展战略。嘉兴市根据省科技厅下达的“十三五”时期实现科技型中小微企业、高新技术企业“双倍增”目标,加快培育省科技型中小企业,并按照国家高新技术企业发展壮大方向,促成一批高新技术企业做强、做大、做专、做精,成为掌握核心技术、拥有自主知识产权、具有国际竞争力的优质企业;不断强化企业创新主体地位,加大对企业自主创新的引导和支持,使企业真正成为凝聚人才、科技投入、创造知识产权、科技成果转化的主体。2016年,嘉兴市新增高新技术企业184家,累计培育高新技术企业669家。新增省科技型中小企业524家,累计培育省科技型中小企业2153家。高新技术企业和省科技型中小企业培育工作均完成省科技厅年度目标要求。

【企业研发机构】 2016年,市科技局推进“规模

以上工业企业研发机构全覆盖、亿元以上工业企业研发中心全覆盖”的“双覆盖”计划，引导鼓励企业加大科技投入和人才培养，建立企业研发(技术)中心和企业研究院，并与大院大所共建产学研联合开发试验基地，开发具有自主知识产权的高新技术产品，培养企业自身的高技术研发人才，从而加强企业技术创新源头建设，提高自主创新能力和创新水平。2016年，全市新认定省级企业研究院18家、省级重点企业研究院7家、省级高新技术企业研发中心44家、市级高新技术研发中心123家；累计建有省级企业研究院61家、省级重点企业研究院19家、省级高新技术企业研发中心298家、市级高新技术研发中心747家。

(柳燕华)

科技成果与科技合作

【科技成果申报评审】 2016年，嘉兴市有94个项目获市科学技术进步奖，其中一等奖5项、二等奖20项、三等奖69项；有7个项目获省科学技术进步奖三等奖。巨石集团有限公司主持的项目获国家科学技术奖二等奖。

表4

2016年嘉兴市获国家科学技术奖项目

项目名称	完成单位	奖励等级
高性能玻璃纤维低成本大规模生产技术与成套装备开发项目	巨石集团有限公司	二等奖

表5

2016年嘉兴市获浙江省科学技术进步奖项目

项目名称	完成单位	奖励等级
电机换向器专用酚醛模塑料的研制开发	浙江嘉民塑胶有限公司	三等奖
高密度分布式光伏电源并网运行技术与应用	国网浙江省电力公司嘉兴供电公司、上海电力学院、南京南瑞太阳能科技有限公司	三等奖
邻、对甲基苯磺酰氯及其衍生产品清洁合成技术	浙江嘉化能源化工股份有限公司、嘉兴学院	三等奖
智能沥青碎石同步封层车研究与应用	浙江美通筑路机械股份有限公司、长安大学	三等奖
双85PID-free高性能组件	浙江晶科能源有限公司	三等奖
D16膜结构高环保性汽车内饰面料	宏达高科控股股份有限公司	三等奖
新型3.4米聚烯烃热收缩膜生产线研制及产业化	浙江众成包装材料股份有限公司	三等奖

表6

2016年获嘉兴市科学技术进步一等奖项目

项目名称	主要完成单位	奖励等级
浙江省水质生物毒性和健康风险研究平台建设	浙江清华长三角研究院、浙江双益环保科技发展有限公司	一等奖
核电1000MW机组凝结水精处理系统装置	浙江海盐力源环保科技股份有限公司	一等奖
甘草甜素在大鼠I/R损伤中的保护作用	嘉兴市第一医院	一等奖
双85PID-free高性能组件	浙江晶科能源有限公司	一等奖
药用虫生真菌的产业化推广	浙江泛亚生物医药股份有限公司	一等奖

【举办科技对接交流248场次】 2016年，嘉兴市科技部门开展国内外科技合作交流，继续推进与上海、杭州等地以及浙商的科技合作交流。借助"百场科技对接"活动机制，市、县联动，资源共享，牵线搭桥，认真筛选成果，务实开展"百场科技对接"活动。全市举办科技对接交流活动248场次，邀请对接专家1615名，参加对接企业3523家，发布科技成果912项，解决企业技术难题712项。

【与沪杭签约项目800多项】 2016年，嘉兴市按照省委、省政府"主动接轨上海、积极参与长江三角洲地区合作与交流"的战略部署和嘉兴市深入实施"与沪杭同城"战略工作要求，通过科技对接、联席会议、合作交流等形式推进"与沪杭同城"战略工作。参与杭州都市圈、浙东经济合作区科技专业组工作。开展与中科院上海分院的合作，创新院地合作会商机制。全年举办科技对接交流活动200多场次，邀请对接专家1500多名，参加对接企业3000余家，发布科技成果900多项，解决企业技术难题600多项。签约与沪杭同城(长三角)科技合作项目800多项。

【与名校及科研院所共建创新载体】 2016年，嘉兴市坚持市县联动、政企联手、内外并举，与名校及科研院所共建创新载体，促进优质创新资源进入嘉兴市区域创新体系，形成区域性的优质科技资源集群。2016年，全市新增创新载体42家，共有创新载体272家。加大对博士后创业创新驿站的宣传力度，全市新增博士后创业创新驿站4家。

2016年嘉兴市技术经纪人培训班　　(市科技局提供)

【浙江清华长三角研究院】 至2016年年底，浙江清华长三角研究院有员工300余人，其中硕士、博士和副高级以上职称占比近50%；海外归国人员45人("国家千人计划"10人，"浙江省千人计划"15人)，外籍专家3人；中国科学院、中国工程院兼职院士5人；省、市重点科技创新团队6支。全年获批纵向科技项目22项，合同金额553.77万元；横向科技项目69项，合同金额4104.6万元。申请专利23项。发表SCI、EI、核心期刊收录论文59篇。获省部级科技进步三等奖1项，市科技进步一等奖1项。研究院所属浙华投资公司实现投资收益1300万元；红土创投累计投资28家企业，2016年实现税后净利润5116余万元。研究院在原硅谷基地基础上改组成立国际合作部，人才智库储备高科技项目、人才资源突破10万条，联系人1.1万人，组织四次海外清华学子浙江行活动及数十场海内外对接活动。2016年，全院共对接项目超过150个，车大志等4个项目团队签约落户嘉兴；推荐塔海森、王梅、唐云俊等近20人申报"浙江省千人计划"，其中塔海森获批。

【浙江中科院应用技术研究院】 2016年，浙江中科院应用技术研究院全职科研人员632人，其中"国家千人计划"7人(全职2人，柔性引进5人)，"浙江省千人计划"5人，高级职称130人，博士117人(海归博士25人)，硕士129人。引进中科院24家研究所在嘉兴建立工程中心23家、专业研究所3个、公共测试平台1个和产业创新联盟3个。研究院有建筑面积15.5万平方米，仪器设备价值2.53亿元，实验室48个，中试基地36个。研究院内41个创新团队孵化企业37家，累计注册资金15625万元，其中创新领军人才个人现金出资累计达7241万元。全年提供检测服务6780次，服务企业1013家；提供技术服务和技术难题咨询39次，服务企业32家；为企业提供成果转让15家，转让项目18个；科技支农、五水共治服务企业35家，治理黑臭河23条、28.76千米；建成低成本农村分散式生活污水处理装置2个，惠及农户273户。2016年，171个转化项目在嘉兴和浙江实现转移转化和产业化，转化新增产值82亿元，为企业创利税12.27亿元。依托中科院领军人才和技术成果转化,在嘉兴科技城形成中科院自主创业板块,园区内39家企业2016年实现销售7.55亿元,创利税5871万元。

(许来涛)

农业科技与科技新农村建设

【农业科技创新体系建设】 2016年,嘉兴市新增省级农业科技企业7家,累计155家;新增省级农业科技企业研发中心5家,累计84家。农业园区建设稳步推进,补助经费20万元配套资助浙江嘉兴(秀洲)农业高科技园区孵化器建设,主要用于种子研发中心、种苗繁育中心、精品农业示范中心等农业科技孵化中心的建立。补助经费50万元用于"嘉兴国家农业科技园区农业面源污染治理示范工程"项目,加快生态修复、环境治理等综合技术在嘉兴的引进推广和运用,保障粮食安全和生态环境安全。

【农业科技研发、成果转化及应用】 2016年,嘉兴市根据《嘉兴市本级现代种业发展项目与经费管理办法(试行)》,开展现代种业发展项目的申报、认定工作。年内立项现代种业发展项目7项,安排财政经费133万元,主要用于水稻、蔬菜等作物的新品种选育与引进等研究。配合嘉兴市晚稻高产创建"600行动",在全市晚稻播种面积10万公顷中,市农科院选育的水稻品种占全市晚稻面积的90%左右。11月12日,省农业厅、中国水稻研究所等单位专家对海宁市海昌街道双喜村机械移栽的常规晚粳稻新品种"嘉67"百亩高产攻关方实收测产,经去杂并折标准水分干谷,最高田亩产为814.8公斤,百亩方平均为794公斤,超过浙江省常规晚粳稻高产田和百亩方高产纪录(全省高产纪录分别为772.7公斤和747.7公斤)。2016年,嘉兴市育成的水稻品种继续成为浙、沪、苏南等长三角地区当家品种,并辐射到湖北、安徽、江西等地,年推广面积保持53.33万公顷左右,增产粮食1.6亿公斤,新增经济效益4.5亿元。优质高产晚粳稻新品种"秀水134""嘉58""嘉禾218"三品种种植面积占全市晚稻总面积的83.17%。市农科院开展"嘉兴市省级农作物种质资源保护项目"扁豆、雪菜、丝瓜等36个地方蔬菜、瓜果种质资源的调查收集、繁殖更新、鉴定评价工作;参加小黄瓜与甜瓜后续组合省级区试,以及在温州、金华、萧山的新品种展示;获得国家发明专利授权的水蜜桃保鲜技术推向应用,保鲜效果获得种植户的认可。年内,市农科院拓展并启动莲藕护色技术、槜李亲缘鉴定、食用菌育种与栽培技术等研究并取得成效,初步建成水生作物种质资源圃。

水稻品种选育　　(市科技局提供)

【科技特派员工作】 2016年,嘉兴市通过对接、培训等程序,共派遣市第六批科技特派员77名,比第五批多8名,5月派驻至全市镇、街道和部分企业。年内,对第六批77名科技特派员进行考核,经个人自我总结、入驻乡镇(街道)评议、派出单位评价、县(市、区)特派员办公室评定和市级审定,评定出徐龙生等22人为优秀科技特派员。

(柳燕华)

知识产权保护

【概况】 2016年,嘉兴市新增专利申请32208件,其中发明专利申请7975件,分别比上年增长22.2%和45.3%;新增专利授权19957件,其中发明专利授权1654件,分别增长6.2%和39.7%;发明专利申请和授权分别高出全省平均7.21个百分点和25.84个百分点,列全省第四位、第二位。

万人发明专利有效量10.62件(按457万人常住人口计算)。海宁市全年新增发明专利申请2202件,桐乡市发明专利授权325件,居全市首位。

【强化专利执法保护】 自2016年8月15日起,经市政府决定,各县(市、区)专利行政部门行使"调解专利纠纷,处理专利侵权纠纷,查处假冒专利、重复侵权"职能,市知识产权局推动专利行政执法权下放,专利行政执法关口前移。全年全市立案查处假冒专利案件168件,受理专利侵权纠纷及调解案件844件,假冒案件查处量及侵权纠纷调处量分别比上年增长33.3%和25%。嘉兴市专利执法支队被人力资源和社会保障部、国家知识产权局评为先进集体。加强知识产权维权援助中心建设,嘉善县获批省级知识产权维权援助中心。

【企业知识产权工作】 2016年,市知识产权局开展"清零""倍增"行动,对全市规模以上企业专利拥有状况进行调查摸底,确定发明专利"清零"与"倍增"行动重点服务对象,由县(市、区)、乡镇及中介服务机构组成问诊服务团开展上门服务。加大优势企业培育力度,全市新增国家知识产权优势企业1家,省级专利示范企业9家;累计拥有国家知识产权优势企业9家,省级专利示范企业143家,市级专利示范企业415家,建立起国家、省、市、县四级知识产权试点示范企业梯队。增强企业知识产权管理能力,推进企业知识产权贯标工作,引导各级专利示范企业申报及复核单位实施企业知识产权管理规范。2016年,全市新增贯标企业28家、贯标认证企业3家,累计贯标企业90家、贯标认证企业10家。

【知识产权运用服务】 2016年,市知识产权局开展专利权质押融资。通过专利权质押贴息政策,鼓励企业进一步挖掘自身无形资产价值,助推科技成果转化实施。全市发放专利权质押贷款35笔、金额2.33亿元。年内,开展专利保险工作,减轻企业维权成本,提升企业维权意愿;获批国家专利保险示范,全国首家太平科技保险公司获批筹建。全年13家企业的62件专利投保专利执行险,保险金额61.05万元。开展专利导航产业发展工程,依托国家级高新园区秀洲高新区,在光伏新能源等产业领域挖掘一批核心专利,鼓励企业开展信息检索和专利布局,实施《微网光伏发电系统关键技术专利分析与战略研究》。

2016年9月,嘉兴市举办专利撰写培训班(市科技局提供)

【加强知识产权宣传培训】 2016年,市知识产权局组织律师服务团分别在特色小镇、众创空间、高新园区举办知识产权保护专题培训及知识产权律师团巡回演讲,提升企业知识产权保护意识。举办青年企业家知识产权战略培训班、专利布局和信息分析等培训班,培养企业知识产权管理人才。以知识产权宣传周和专利周为契机,联合工商、公安、文化、法院等部门,在企事业单位、乡镇(街道)、社区、学校等开展宣传咨询服务活动,发放宣传资料2000余份。依托国家知识产权培训(浙江)基地,与团市委联合举办青年企业家知识产权战略高级研修班;针对"一带一路"企业举办涉外知识产权保护专题培训班,提升企业知识产权保护意识。在国家知识产权局指导下分别举办专利撰写和布局、专利分析利用实战培训班,提升企业专利撰写与分析能力,培训企业专利管理人员500余人次,为企业建立一支懂技术、能管理的知识产权人才队伍。

(王勇峰)

防震减灾

【概况】 2016年,嘉兴市防震减灾工作坚持市、县(市、区)联动,以提高综合防震减灾能力、提升社会服务水平为导向,继续加强防震减灾与经济社会的融合式发展,依法推进防震减灾各项工作,全市防震减灾工作获全国地市防震减灾综合评比先进单位,获全省防震减灾综合评比二等奖。市地震应急指挥中心获全国优秀地市级指挥中心。抓好地震监测台网运行质量,地震监测数据在全省质量评比中获第一名2项、第三名1项。

【抗震防灾】 2016年,全市地震部门完成防震减灾"十三五"规划编制。开展"5·12"系列防震减灾宣传教育活动;召开防震减灾科普示范学校(基地)师资培训研讨会;联合建设部门、媒体开展五代区划图的宣传贯彻工作,国家级防震减灾科普基地提升工程申报2017年政府投资计划。年内,平湖市开展的全省地震小区划试点工程完成验收和成果发布;市本级地震小区划试点工程——嘉兴市科技城地震小区划工程进入实施阶段。

【应急救援】 2016年,嘉兴市地震局开展地震系统内部演习,组织地震应急志愿者参加培训与演习,添置应急装备。申报嘉兴市地震风险评估与防范措施软课题,城市地震风险评估项目配合国家地震局、省地震局进行选点。防灾公园(应急避难场所)项目通过市发改委立项批复。

(钟 伟)

国内贸易

综　述

2016年，嘉兴市社会消费品零售总额1638.49亿元，比上年增长10.8%，增速回落0.2个百分点，较全省平均水平低0.2个百分点，总额与增速分居全省第七位和第九位。扣除价格变动影响实际增长9.3%，实际增速回落1个百分点。2016年，全市消费品市场运行呈现低开稳步增长态势，社会消费品零售额一季度增长8.9%、二季度增长11.5%、三季度增长11.1%、四季度增长11.5%。全年，乡村市场零售额268.3亿元，增长11.4%，城镇市场零售额1370.19亿元，增长10.6%，其中城区市场零售额776.58亿元，增长10.6%，乡村市场零售额增速比城镇市场零售额增速快0.8个百分点。全年，住宿餐饮业零售额171.57亿元，增长14.3%，增速提高1.2个百分点，批发零售业零售额1466.92亿元，增长10.4%，增速回落0.3个百分点，住宿餐饮业零售额增速比批发零售业零售额增速快3.9个百分点。全市消费市场（按行政口径）发展相对平稳，社会消费品零售额超300亿元的分别是海宁市370.22亿元、桐乡市327.87亿元、南湖区309.61亿元；社会消费品零售额不到200亿元的分别是嘉善县184.54亿元、平湖市181.66亿元、秀洲区140.23亿元、海盐县124.37亿元。社会消费品零售额秀洲区增幅11%、桐乡市增幅10.9%，高于全市平均水平；嘉善县和海盐县增幅与全市平均水平持平；南湖区增幅10.7%、海宁市增幅10.7%、平湖市增幅10.5%，低于全市平均水平。各县（市、区）增长速度差异缩小，由上年的1.3个百分点缩小到0.5个百分点。2016年各商贸企业加大网上促销力度，政府部门出台相关扶持政策，商贸企业电商销售增长迅速。2016年，全市通过公共网络平台实现销售（营业）的限额以上批发零售和住宿餐饮企业119家，比上年增加12家，占全部限额以上企业的6.9%，其中纯电商企业6家，比上年增加2家。119家电商企业实现零售额9.8亿元，增长31.5%，高出限额以上企业平均增长水平25个百分点，零售额占限额以上零售额的1.8%，提高0.6个百分点。2016年，全市有各类实体交易市场306个，成交额1836.32亿元，增长10.4%。至年底，全市有省级重点流通企业11家，省级商贸诚信示范企业18家，省级特色商业街5条，浙江省老字号品牌34个，其中中华老字号品牌5个。

【编制《嘉兴市商业网点“十三五”规划》】 2016年，市商务局会同市建委编制《嘉兴市商业网点“十三五”规划》。4月，委托嘉兴市规划设计研究院有限公司开展《嘉兴市商业网点“十三五”规划》编制工作，6月28日完成规划初稿，7月8日召开由市级有关部门和南湖区、秀洲区、嘉兴经济技术开发区（国际商务区）等单位参加的意见征求会，7月18日征求各县（市、区）商务主管部门意见，12月底前完成专家评审。

【开展促消费活动】 2016年年初，市商务局部署春节消费旺季的促消费工作，举办促消费活动11场，参与促销活动的40个商家实现销售额15.9亿元。4月1日至5月4日，全市组织开展消费促进月活动，共举办第十二届嘉兴汽车文化博览会（春季）、五一内购会、2016嘉兴第五届名品折扣展、2016海宁休闲购物节等促销活动20场,消费促进月期间24家单位实现销售额4.2亿元,比上年增长8%。

【举办嘉兴休闲购物节】 2016年,嘉兴休闲购物节以“幸福乐活·品质生活”为主题,举办嘉兴重点商家大联销、嘉兴第十一届(秋季)家博会、汽车商贸园首届欢乐购车节等活动25场,680家企业参与购物节,零售总额51.8亿元,比上年增长13.6%。同时,加强线上线下联动,50多家企业参加“双十一”线上活动,成交额23598万元,其中罗卡芙家纺、国金商贸、五芳斋、洁阳家居、雅斓电商等企业的成交额增幅超过30%。

【生活必需品市场应急保供】 2016年,市商务局印发《嘉兴市商务局防范灾害性天气生活必需品应急保供预案》,细化应急处置流程,做好防汛抗旱灾害性天气期间主要生活必需品市场的应对工作,确保储备充足,市场供应稳定。落实国庆期间的市场运行监测和分析。12月9日,举办全市商贸流通市场运行监测与统计培训工作会议,各县(市、区)商务主管部门业务科室以及全市商贸流通企业统计工作人员共150余人参加会议。

【试点示范项目申报验收】 2016年,市商务局组织申报商务部、省商务厅和省级行业(受省商务厅委托)各类申报项目。嘉信医药公司入选商务部第二批商贸物流标准化试点项目(全省第二批仅2家企业入选);嘉兴川山甲物资供应链有限公司入选商务部智慧物流配送示范企业(全国仅26家企业入选);3家企业入选新增省重点流通企业;10家企业入选全省“十二五”商贸百强企业,入选家数居全省地市第三位。与财政等部门对农产品流通连片推进试点项目进行审核和实地验收,全市6个项目通过验收,拟补助资金500余万元。指导企业申报2016年国家茧丝绸项目,其中浙江嘉欣丝绸股份有限公司“磁控溅射金属镀膜/真丝复合织物试制、特性研究与产品开发”项目和嘉兴金迈纺织科技有限公司“高品高效节能真丝数码印花关键技术的研究”两个项目入围。

【加快黄标车淘汰报废拆解】 2016年,市商务局加强报废公司的监督管理,G20杭州峰会和乌镇互联网会议期间,六次检查嘉兴市物资再生利用有限公司,规范操作流程,严格做好报废车辆登记、审核、档案管理。督促报废拆解公司加快拆解场地的建设,做好拆解场所的环评工作,并按照技术规范要求进行总体布局。加强对报废汽车拆解企业的监督管理,做好各类报废车(含黄标车)的回收与拆解监管工作。2016年,全市回收老旧车(含汽车和摩托车)5434辆,拆解2871辆,其中回收老旧汽车4909辆,拆解2346辆。

【推进废旧商品回收体系建设】 2016年,嘉兴市清理各类废旧商品回收点132个;落实25个回收点经营户入驻嘉兴经济技术开发区、秀洲区分拣中心,南湖区分拣中心于12月中旬竣工验收。印发市政府整治通告5000份,编发工作简报10份,清理工作进展通报8份,督查通报5份。6月初至7月上旬,市整治办每周一、三、五组织3次暗访检查,检查已改建、待改建垃圾中转站和待清理回收点。

【拍卖、典当、融资租赁行业监管】 2016年,嘉兴市21家拍卖企业拍卖成交金额19.9亿元,成交450场,佣金额2550万元。按照《典当行业监管规定》对典当企业定期检查,对经营情况不理想的企业负责人进行约谈,经核查,典当行没有虚假出资、抽逃资金现象,典当行资金来源没有境外资金流入、非法集资、吸收或者变相吸收存款等情况。全年市本级10家典当企业典当总额5.6亿元,比上年下降52%。引导和促进融资租赁服务实体经济工作,5月,市政府出台《关于加快融资租赁业发展的意见(试行)》,市财政局、市商务局、市金融办联合发文《嘉兴市融资租赁业发展补助资金操作细则》;争取省级扶持资金,有重点的落实融资租赁监管工作。1-11月,全市新增融资租赁实际投放额24.9亿元,融资租赁行业呈现两极分化现象,1/3企业业绩突出,2/3企业处于起步阶段尚无业务。

【组织实施民生实事工程】 2016年,市政府连续组织实施智能投递终端建设的民生实事工程，成立电子商务智能投递服务网络建设协调小组，制定实施方案和推进计划，全市建成公共、开发、综合的电子商务智能投递终端300个，其中住宅小区218个、商务楼宇29个、机关学校事业单位（含公司）53家，智能投递终端基本覆盖全市大型社区，满足了人民群众的新需求。

【干洗行业整治工作】 2016年，市商务局贯彻落实《洗染业管理办法》，制定干洗行业整治实施方案。落实属地责任，各地商务主管部门制定细化工作方案，督促干洗经营单位严格执行干洗行业废气全整治的各项工作要求。强化政策保障，按照“谁污染，谁治理”的原则，开启式干洗机更新、改造费用由干洗经营单位承担，各地商务部门争取地方政府各类扶持资金，对完成整改的干洗经营单位给予适当的奖励或补助，尽可能减轻干洗经营单位负担。

【开展“平安加油站”创建】 2016年，市商务局会同公安、安监、市场监管、质监、消防等部门，督促成品油经营企业做到安全防护到位，安全设施齐备。全市加油站安保设备改造（监控设备等）资金投入超过1000万元。多次会同有关部门开展联合督查。市商务局分三期开展明察暗访活动，对检查中发现的问题，发出书面整改通知书并约谈相关企业负责人。全年检查加油站400多家（次）。

【开展成品油市场整治】 2016年5月，市商务局会同市场监管、安监、消防、城管、环保等部门，共排摸出违法违规加油点51个（其中流动加油车9个、物流公司自备加油点28个、油品经营商店14个）。召开有关部门座谈会，向市政府提交《嘉兴市违法违规加油点调查报告》。6月，市商务局会同相关部门印发《嘉兴市开展违法违规加油点专项整治行动方案》。8月，配合公安部门做好成品油市场突出问题专项整治工作，消除成品油市场非法经营等各类安全隐患，维护成品油市场秩序。

（任伟杰）

专业市场

【嘉兴蔬菜批发市场】 2016年，嘉兴蔬菜批发市场实现总交易量128.14万吨，比上年增长6.9%；实现总交易额59.08亿元，增长9.9%，主要经营指标再创历史新高，经济效益和社会效益获得双丰收。2016年，整体搬迁市场地菜区、布局客菜区，市场总交易量明显增长，为进一步盘活市场二期交易提供了空间，为市场扩容增量创造了条件。以整治市场“三合一”消防隐患为重点，提高平安市场创建水平，实施企业股份制改造和新三板挂牌，成为浙江省第一家挂牌新三板的以农产品批发市场管理为主的商务服务业。

【嘉兴水果市场】 2016年，嘉兴水果市场加快推进品牌输出步伐，山东临沂市场动工；抓紧交易布局调整，进口水果区进入施工前期准备阶段；扩容量提升空间，粮油市场整体租赁签约、进口三品种提前迁移世界水果城交易。2016年，市场交易量、交易额分别为222.48万吨、173.82亿元，比上年分别增长12.27%和32.09%；主要集散品种柑橘橙、苹果、哈密瓜、芒果类、梨类分别完成交易量49.93万吨、21.94万吨、21.41万吨、16.6万吨、15.22万吨，占交易总量的56.23%。2016年，较多品种水果出现“小年”，品种结构调整，市场果品价格出现明显增长，平均价格指数达到7.81元/公斤，增长17.61%。2016年，市场进口水果交易继续保持高速增长，以龙眼、火龙果、榴莲为主的东南亚水果形成集散，三个品种的交易量比上年增长均超过300%，全年进口水果交易量10.68万吨，增长63.6%，交易额20.12亿元，增长58.2%，增长幅度远超国产水果。

【嘉兴汽车商贸园】 2016年，汽车商贸园发挥资源集聚优势，通过产业升级以及“退低进高”等措施，新增汽车专营店2家，园区整体销售情况与上年基本持平，累计完成市场交易额93.31亿元，比上年增长3.19%。其中小型汽车销售46083辆，增长6.74%，占全市总上牌量的46.94%，销售金额72.2亿元，增长6.25%；二手车销售25356辆，增长

0.32%,占全市总交易量的30.07%,占市本级总交易量的67%,销售金额17.56亿元,下降6.2%;商用车销售2588辆,增长0.66%,销售金额3.11亿元,增长0.96%。年内,嘉兴市汽车行情主要有以下特点:一是各汽车厂家为了抢占市场占有率,增加五县(市)的布点进一步下沉销售渠道,导致单店销售额持续下降,部分经销商甚至为了厂家返利出现销售价格倒挂现象;二是浙江省全面实行汽车环保国五排放标准,各汽车经销商提前应对,通过优惠促销、分销到国内其他地区等方式处理库存,新政对嘉兴市新车市场影响不大。三是受车管部门"车籍档案下放"政策影响,市本级二手车交易量影响较大。7月1日起,新修订的《浙江省流动人口居住登记条例》开始实施,对新居民购车影响较大。

【海宁中国皮革城】 2016年,海宁中国皮革城总客流量1433.2万人次,比上年增长6.96%。总部G座国际馆、H座批发中心、重庆海宁皮革城时尚广场、郑州海宁皮革城四个新市场先后开业,年内新增商户2100余户。至年底,皮革城商户总数达到11100余户,增幅23%。1月25日,市场采购贸易试点实施,引进经营主体和服务公司103家,成功举办首个国际采购商对接活动,吸引60多个俄罗斯采购商采购对接。全年完成出口2015笔,带动全市出口757笔,交货值18000多万美元。年内,新引进工业设计企业20家,末位淘汰5家,集聚专职设计人员600多人,实现设计服务收入15000多万元、设计成果转化值20多亿元,新增各类专利108项。公司将五期EF座四到六楼定位为孵化新的毛皮原料中心,至年底成功签约商户552户,占商铺总数的97.2%,其中A座集中搬迁248户。

【濮院羊毛衫市场】 2016年,濮院羊毛衫市场实现成交额345亿元,比上年增长10.2%;实现物流托运量26万吨,增长3.5%;市场卸货量12万吨,增长9.02%。投入市场建设与改造资金1.1亿元、基础设施建设资金1.5亿元。编制《濮院羊毛衫市场控制性详细规划》,推动市场发展方式从以数量为标准的粗放型增长向以质量为标准的集约型增长转变。市场从"淡旺季分明"向"全年无淡季"转变、从单一的批发市场向批零兼营的综合型市场转变、从毛衫单品向针织梭织融合发展转变,新型业态占比份额达41.6%。为适应互联网+应用普及的新形势,实现市场内"i-濮院"免费WiFi全覆盖,毛衫原材料和成衣交易均实现新型互联网支付无障碍。濮院羊毛衫市场门市部的电商供货参与率从2011年的58.1%上升到2016年的80.2%,业务订单占比从2011年的21.3%上升到2016年的41.5%。市场有浅秋、圣地欧、欧丝璐和纯爱等线上、线下联动发展的品牌企业,以及玛思蓓丝、花木兰、简狐和宝利博纳等线上知名毛衫品牌。年内,濮院羊毛衫市场通过纺织产业集群试点复评并在全国199个试点地区中再次获评"中国羊毛衫名镇"称号,获中国纺织服装电子商务公共服务示范基地等荣誉,濮院羊毛衫市场管理委员会获"纺织产业集群地区发展服务优秀奖(2014-2016)"。

【海宁中国家纺城】 2016年,海宁中国家纺城实现成交额79.8亿元,比上年增长1.5%。2016年家纺城IPO工作取得阶段性成果,取得由中国证监会下发的IPO受理通知书。召开中国家用纺织品春季、秋季博览会,两次博览会合计参访客商11.2万余人次,比上年增长34.9%;实现成交额合计29.02亿元,增长22.97%。服务家纺企业"走出去",市场会同海宁家纺协会等机构,多次组织企业组团参与中国进出口商品交易会、美国家纺高点展会等国内外家纺会展。2016年4月1日,家纺城新床上用品区正式对外营业,共吸引罗莱、水星家纺、老裁缝、紫罗兰、艾莱依等近140家床品企业进驻。开展市场电子商务公司一般贸易代理出口业务,全年实际代理出口436万美元,超额完成年初目标。年内,海宁中国家纺城获评中国家用纺织品行业协会和中国家纺工业联合会流通分会共同主办的"2015-2016年度金销奖·中国布艺活力市场"。

【洪合毛衫市场】 洪合毛衫市场(国有市场)由北交易区、南交易区、毛纱区3个交易区和燕湲园、物流中心2个配套区块组成,总占地面积12.48万平方米,有商铺2005间,市场从业人员

1.35万人。2016年,市场交易额90.11亿元,比上年增长7.6%;货物托运量6.85万吨,增长37%。为提升洪合毛衫市场品位,洪合镇国资公司嘉兴毛衫城投资发展有限公司和浙江汇龙投资发展有限公司以PPP模式共同开发毛衫电商众创基地。该项目总投资5亿元,占地7.07公顷,建筑面积10万平方米,商铺1400余间,同时配套办公、新品展示、人才公寓酒店等。主要模式是国资以土地出资,民营资本负责建设、运营和管理,并特许经营20年,经营期满后,该市场资产全部移交国资。同时,市场以“专业市场+互联网”理念,开发专门服务于毛衫产业的O2O/B2B垂直细分互联网供货平台“毛衫汇”平台,打造集“B2B模式+实体市场+电商平台服务+供应链系统管理+商业地产运营”为一体的互联网+商业运营企业和产业服务平台。

（任伟杰）

大型商场

【戴梦得购物中心】 2016年,戴梦得购物中心实现商品销售额7.12亿元,比上年下降13.78%,其中总店4.12亿元,下降16.9%,体育店1.73亿元,下降10%,连锁门店1.05亿元,下降4.33%,酒店0.22亿元,下降4.33%。年内,戴梦得联合江南大厦推出三期联合商圈活动,携手打造核心商圈的品牌效应和提升竞争力。此外,开展主题类促销活动43期。利用微信平台打造微商城,开展微信有礼等互动活动,微信公众号有粉丝3万余人。联合糯米网、美团网等,开展互联网线上活动,同时增加支付宝、微支付、云闪付、电信翼支付等,全年糯米网对商场的支持费用达37万元,云闪付在店庆期间支持费用18万元。新开乍浦东西大道超市、嘉善高级中学超市、泗洲中学超市3家门店,超市直营门店总数达到50家。

【江南大厦】 2016年,江南大厦实现商品销售额71571万元,总经营收入75831万元,综合经济效益6042万元,社会贡献额9048万元。年内,江南大厦商场管理实行骨干分片、分品牌包干负责,继续加大服务提升、卫生巡查、营业员仪容仪表监督力度,确保商场环境舒适整洁。对亏损项目进行关、停,共解散解除员工近600人。对新天地项目进行二次转型规划,并整合超市资源拓宽销售渠道。

【嘉兴万达广场】 嘉兴万达广场总建筑面积70万平方米、总投资约60亿元,有住宅、SOHO、购物中心三类业态,2016年总销售额5.053亿元,客流量超1200万人次。年内,嘉兴万达广场提高管理工作标准,实现广场安全运营。全年开展28次突发事件应急预案演练,完成4次全员消防灭火疏散演练。

【嘉兴八佰伴购物中心】 嘉兴八佰伴购物中心2013年4月动工,2016年1月15日正式开业,总建筑面积17.9万平方米,共有地下3层地上9层,规划有7大主题空间37类互动体验活动。2016年销售额7.2亿元,缴纳税收3000余万元,客流量超1100万人次。年内,嘉兴八佰伴共引进400多个国内外一线品牌,其中劳力士、万国、卡地亚、玛丝菲尔、恩裳、mo&co、哥伦比亚、jucyjudy等知名品牌首次入驻嘉兴,提升了禾城商业地位及商圈品质。加大投资引进强体验品牌,如2016年11月开业的MUJI等。同时逐步增加自营业务比重,12月底,嘉兴八佰伴母公司华地集团自营的AMEDEI巧克力、BABY+母婴集合店、I FORVIE杂货店等新业态店铺陆续开业。2016年嘉兴八佰伴共开展主题活动30余场。

【海宁大厦】 2016年,海宁大厦实现商品销售额3.24亿元,比上年下降3.4%;实现利润1012万元,下降4.35%;综合效益1177万元,下降3.6%;上缴税费546万元,下降21%。年内,海宁大厦主营业务为格力空调、晶弘冰箱、大松生活电器产品批发代理,全年家电批发销售额3.14亿元,下降3.2%,其中格力空调2.81亿元,销售额保持浙江省第一位。全年食品超市销售额935万元,下降32.5%;冷链物流配送中心储存肉禽、蔬菜(水果)751吨,冷饮8.5万箱,销售冰块180吨,冷藏费收入42万元;实现房产租赁收入366万元。年内,海宁大厦获海宁市"第十三届消费者信得过单位"称号。

【海宁华联大厦】 2016年,海宁华联大厦实现商品销售额11.84亿元,比上年下降2.83%;实现利润4044万元,增长2.13%。年内,海宁华联大厦进行品牌调整优化,全年新引进品牌174个,淘汰品牌184个。不断改善供应商结构,全年新引进供应商83家,淘汰72家。不断优化场地布局,淘汰三菱重工品牌,扩大美的、大金中央空调及品牌风管机的展示,全年空调销售额4443万元,增加838万元,增长23.1%。不断创新营销手段,全年共举行各种促销活动517次,印发各种宣传单页52期64万多张,打印广告纸2.79万张。组织八大传统节日促销活动,累计实现销售36755万元,占总销售额的31.04%。快速拓展连锁店,全年新开新桥、周王庙、丁桥、海棠四家新店。不断维护完善会员顾客,至年底,拥有会员16.79万名,比上年增加1.07万名;会员刷卡消费299.8万次,消费额61357万元,向会员顾客返利496万元。

【浙江东兴商厦】 2016年,浙江东兴商厦实现商品销售额10.57亿元。至年底,东兴商厦拥有直营门店81家,实现重点镇、街道和社区全覆盖。城北大型综合体东兴生活广场项目于2016年年底开业。

(任伟杰)

粮　食

【概况】 2016年,嘉兴市粮食局做好重大国际峰会维稳安保工作,落实安全储粮工作职责,按要求进行储粮定期检查,做好防虫隔热密闭工作,空调控温保持仓内粮温稳定,采取有效措施确保储粮安全;针对粮食进出仓较多的现状,落实装卸运输作业环节安全生产措施,时刻关注车辆、输送机械的运转情况以及工人工作状态,做好工作人员防暑降温工作;开展行业消防安全专项检查,先后对粮库、在建工地、出租房屋等场所的消防安全隐患排查整治情况进行全面检查。2016年,嘉兴市再获省级粮食安全责任制考核一等奖。

【粮食订单和收购】 2016年,全市国有粮食收储企业共收购小麦4927吨,其中省级储备轮换小麦入库3833吨,占订单的51.1%;市本级收购2493吨,其中省级储备轮换小麦入库1903吨。全市晚稻签订订单157850吨,比上年增加25858吨,增长20%;发放粮食订单预购定金276万元,比上年增加75万元,增长37%。全市安排固定收购点33个,临时收购点5个,磅秤77台,检化验仪器178台。国有粮食收储企业有烘干机219台,单批烘干能力达3390吨;除杂、输送机402台。全市国有粮食收储企业共收购晚稻谷19.72万吨,其中订单收购15.78万吨,占订单的99.99%;市本级、海盐县、桐乡市启动最低收购价执行预案收购农户余粮。

【粮食储备管理】 2016年,全市地方储备粮规模全部达到省政府确定的数量要求,地方储备各品种出库通过网上拍卖市场全部完成。各县(市)粮食局、粮食收储公司探索储粮新技术、新方法的应用,提高科学储粮水平。继续开展"星级粮库"创建活动,实施储粮精细化管理,坚持"一、三、七"(不安全粮一天检查一次、半安全粮三天检查一次、安全粮七天检查一次)粮情检查制度,确保库存粮油安全储存。有序推进智慧粮仓建设,在中心粮库广泛使用机械通风、环流熏蒸、空调控温、粮情测控"四合一"集成控制系统和富氮低氧气调储粮技术,提高储粮管理智能化和生态化水平。2016年,全市3个"四星级"中心粮库和4个"三星级"中心粮库均通过省粮食局"星级粮库"复评组考评。举办嘉兴市第三届粮油保管员技能竞赛,组织宣传《国有粮油仓储物流设施保护办法》《粮油安全储存守则》和《粮库安全生产守则》。

【粮库建设管理】 2016年,市粮食局推进全市储备粮库建设,升级改造储粮技术装备,全面实施"危仓老库"维修改造项目,不断提升收储能力。

4月28日，市本级中心粮库迁建工程开工，2017年秋粮即可实现入库，建成后的粮库将成为全省领先的集机械化、数字化、智能化、自动化为一体的现代化“生态粮库”“智慧粮库”。平湖市1.5万吨仓容储备库扩建并投入使用，有效缓解仓容不足问题。海宁市2.7万吨收储库建设于4月开工建设，建成后粮食收纳体系将更完善。嘉善县、海盐县和桐乡市启动的21个危仓老库改造功能提升项目全部完成。全年全市维修改造和功能提升仓容1.3亿公斤，购置各类仓储设备68台(套)，总投入资金1092万元，改善和提升了基层收纳库点的仓储条件和收储功能。

【成立嘉兴市粮油质量检验检测中心】 2016年，市粮食局创新粮食质量检验监测机构建设，通过与嘉兴出入境检验检疫局协调，10月21日，嘉兴市粮油质量检验检测中心挂牌成立，填补了嘉兴没有专业粮油质量检验检测机构的空白。年内，起草印发《关于切实加强粮食质量安全监管工作的通知》，对全市2015年度收获粮食(主要是小麦和晚粳稻)的卫生安全检测及企业履行质量安全主体责任情况进行全面检查，全市属地管辖的10家国有及国有控股企业签订粮食经营企业质量安全主体责任承诺书。同时，组织开展新收获晚稻质量调查、品质测报和粮食质量安全监测，并配合省粮食局开展粮食批发市场和新收获小麦的风险安全监测抽样。

【开展全社会粮油供需平衡调查】 2016年，市粮食局为全面掌握嘉兴市各类粮油企业购销存和社会粮油供需情况，继续开展社会粮食、食用植物油及油料供需平衡调查。调查显示，嘉兴市粮食生产稳定发展、粮食收购持续增加、粮食消费继续下降。全市粮食产需缺口128.1万吨，比上年增加16.26万吨，其中玉米和大豆缺口占77.49%；粮食对外依存度52.27%，比上年上升4.47个百分点。

【开展社会储粮专项调查】 2016年，市粮食局开展粮食产量收获、出售、消费和库存等方面调查。储粮专项调查显示，嘉兴市农村居民人均留粮269公斤，人均月消费口粮14公斤，家庭年平均饲料消费粮食570公斤；城镇居民人均储粮5.6公斤，人均月消费口粮6.5公斤。嘉兴市饲料加工和大米加工企业储粮数量下降，经济效益下降。

（盛觉慧）

供　销

【概况】 2016年，全市供销系统实现经营总收入416.1亿元，比上年增长15.6%；商品销售总额182.6亿元，增长17.3%；农产品市场交易额210.4亿元，增长26.8%；社会综合效益2.96亿元，增长16.25%。

【深化“三位一体”农合联综合改革】 2016年，全市供销系统深化“三位一体”农合联综合改革。一是重点助推平湖市、海宁市、秀洲区“三位一体”农合联综合改革省级试点的综合改革。指导、督导各试点单位全面完成县乡两级农合联的换届和执委会的建设任务，探索建立农民合作基金和农合联资产经营公司。市本级和各县(市、区)改革方案全部获批。全市有三分之二的镇级农合联实现实体化运作和功能提升。二是建设现代农业综合服务中心。由基层供销社牵头，结合农民专业合作社、综合服务社等建设，全市建成南湖绿农、平湖新仓、桐乡农资、海宁许村等10个现代农业综合服务中心。累计托管土地1333.33公顷、测土配方施肥7333.33公顷、农机作业2333.33公顷、统防统治6000公顷。三是探索发展农村合作金融，按照风险可控、惠农为主、合作举办的原则，建立小贷公司1家、农信担保公司7家、资金周转基金1家、资金互助会(社)10家和农民合作基金2个。全年累计为“三农”融资5.7亿元，缓解“三农”贷款难的问题。

【构建农产品流通服务体系】 2016年，全市供销系统健全集批发、展示、直销、配送于一体的流通网络。全市建成大小农产品批发市场13家，累计交易金额210亿元。嘉兴水果市场“内拓外扩”，租赁粮油市场拓展国内水果交易区,合建进口水果交易区,启动建设山东临沂分市场,全年交易金额达到174亿元,领先于长三角其他市场。海宁农产品批发市场启动二期扩建,平湖、海盐农产品批发市场规划迁扩建;海宁马桥、盐官和桐乡南日、濮院等镇级农产品交易市场相继建成开业。推进农超、农企、农校对接、配送直供,建成配送企业12家。发展农产品电商,建成淘宝、京东等6个地方馆,入馆企业200多家;组建电商企业19家、自建电商平台2家,全年累计交易金额4.6亿元。

【推进日用消费品企业转型发展】 2016年,全市供销系统引导和帮助日用消费品企业调整结构加快转型。桐乡东兴商厦新开大型综合体,嘉善东方大厦和海宁大厦调整业态,江南大厦调整市场布局,转让和关停中港城购物中心、洪合时代广场、王江泾大型超市,与上海富会国际合作,引进新理念新业态。

【庄稼医院和"网上智慧农资"平台建设】 2016年,全市供销系统推广测土配方施肥和双低农药农膜,保障农资储备,推进庄稼医院和"网上智慧农资"平台建设,不断扩大服务覆盖面。全市建成庄稼医院112家,其中网上庄稼医院4家,持证医生500多人。

【推进市区社有房产统一征迁】 2016年,市供销社参与镇村环境综合整治,盘活散落各集镇存量资产,推动"低、小、散、破"房屋土地等资产的拆迁腾退置换。全年,腾退土地4.67公顷、拆迁旧房4.1万平方米,对几十处房产进行立面粉饰和改造整修。

【废旧商品分拣集散中心建设】 2016年,市供销社推动废旧商品分拣集散中心建设,南湖区新丰废旧商品分拣集散中心等3个分拣集散中心建成并投入使用,初步构建起市区再生资源回收利用体系,全年回收各类废旧商品4.7万吨。同时,海宁废旧商品分拣集散中心建成,嘉善、桐乡回收利用体系完成规划,正在全面建设。

【开展农药废弃包装物回收工作】 2016年,市供销社联合市农经局、市财政局、市环保局制订出台《关于开展农药废弃包装物回收和集中处置工作的意见》,并通过农资供应网络在全市开展农药废弃包装物回收和集中处置工作。全市建成农药废弃包装物回收网点522个,全年回收各类农药废弃包装物800万个,有效降低农业面源污染。

(凌小军)

烟　草

【概况】 2016年年末,全市烟草系统从业人员846人(其中嘉兴市本级381人),实行全员合同制。2016年,嘉兴市烟草专卖局(公司)获得嘉兴市委市政府"五型机关"考核一等奖,全省烟草系统卷烟营销特别贡献一等奖,全省烟草系统县级局(分公司)对标工作整体第三名,获得全国烟草行业"精益十佳"个人,全省烟草系统创新奖二等奖1个、三等奖1个,宣传报道工作连续五年保持全省系统第一,档案工作连续六年评为优秀单位。全市烟草系统组织"春蚕志愿者"活动、开展"五水共治"、保障G20杭州峰会和世界互联网大会·乌镇峰会等安全保卫工作153次计922人次,参加无偿献血77人次共献血21200毫升。

【卷烟销售额86.44亿元】 2016年,嘉兴市烟草专卖局量价联动,实现经济效益稳步增长。全年销售卷烟18.94万箱,降幅全省最低;实现销售额86.44亿元,比上年增长0.41%,增幅全省第一;实现利税24.89亿元,增长5.23%;单箱销售额4.56万元,增长4.52%,结构水平继续保持行业第一。至年末社会库存1.07万箱,可销天数20.27天,比全省平均快7.5天,市场价格和市场状态总体稳定。定制品牌培育显效,"乌镇之恋"定制卷烟全年销售194.01箱,居全省第一位。2016年以4个特色"现代终端示范区"为重点,新建现代零售终端444家,现代零售终端比重达14%。

【专卖管理成效显著】 2016年,嘉兴市烟草专卖局充分借助"互联网+"创新技术，打假破网工作取得重大突破。全年查获涉烟违法案件1679起，查获违法卷烟10.74万条，案值2151.27万元。日常监管强化市场管理，开展"亮剑3号""利剑2号""百日会战"专项行动。全年查获网络案件8起，其中国标网络案4起、省标案1起。全年查获5万元以上真烟案件177起，比上年增加8起。通过深化阳光审批、简化申请材料、规范现场勘查、提升办理流程，进一步优化许可证管理。全年新办烟草专卖零售许可证1899件、变更110件、注销2515件、延续7439件。至年末共持证2.28万户，持证率4.97‰。

【企业管理转型提升】 2016年，嘉兴市烟草专卖局坚持"精益管理做除法"的工作思路，不断提升企业管理水平。全面开展分层分类对标管理，下辖5个县级局(分公司)在年终全省对标考核中位居前列。推进全员创新改进，坚持培育精益QC小组和重点创新小组，《卷烟终端数据对标在精益营销管理中运用》《烟草、工商烟草市场管理信息共享机制的研究与探索》分别获得全省系统创新二等奖、三等奖。推进配送中心非法人实体化运作和精益物流建设，提升物流核心能力，物流配送各项工作、费用效率连续多年保持全省领先水平。严格落实采购"三关三审"原则，全面推进办事公开民主管理同业务工作深度融合。全年公开招标项目104个，公开招标率93.1%，节约资金221万余元。制定全省系统首个市县一体化绩效考核管理办法，构建全员绩效考核体系；深化劳动用工分配管理，实现市县一体化规范管理。

（徐小蓉）

盐　业

【概况】 2016年是盐业体制改革前的最后一年，嘉兴市盐业公司抓好食盐市场监管，规范食盐市场秩序，确保食盐质量和供应安全，保障了全市盐业市场的稳定。全年实现营业收入24859万元，利润总额417万元，上缴税金1154万元。销售各类盐品100826吨，比上年下降11.5%，其中食用盐63004吨，下降10.3%(小包装盐销量20710吨，增长4.7%)。非盐商品销售9435万元；所有者权益12663万元，增长7.8%。

【调整食盐品种结构】 2016年，市盐业公司坚持"让人们吃得到吃得起更健康更喜欢的盐品"的经营理念，落实省集团公司食盐品种结构调整工作部署，不断调整推出中高端盐品，丰富食盐市场品种。多渠道展示各类盐产品：与嘉兴电视台《阿秀嫂》栏目签订为期一年的专题广告合约，加大新品推广宣传力度；参与并承办由市秀洲区绿色产品配送中心牵头的全区学校食堂管理负责人座谈会；利用嘉兴房交会等平台，打响浙盐品牌，塑造盐企的知名度和诚信度。3月底前，各类海藻碘盐、绿色平衡盐、绿色低钠盐、鱼子形岩盐、澳洲海盐、雪花盐等新品盐种陆续上市，更好地满足了不同人群的食盐消费需求。

【保障盐业市场供应】 2016年，全市盐业以保障市场供应为核心，调整经营重心，由食盐专营为主向多元经营过渡。全市盐业公司发挥行业优势，联合开展规模经营，确保盐业市场主导地位。一是抓好食盐销售。在现有网络渠道基础上，扩点增量，划分区域，进一步推行客户经理制，培育直达终端的网络体系。召开核心经销商会议，全面开展进市场、进企业、进学校活动，将营销网络向终端客户延伸。二是强化应急保障。年初，嘉兴遭遇寒潮侵袭，冰雪封道，全市盐业干部职工连夜开仓放盐，及时解决路政部门路面除冰融雪的需求。1月19–25日，全市共销售融雪盐800吨，其中市本级400吨。三是严把产品质量关。市盐业公司严密监控盐产品质量，切实履行食盐专营企业社会职责，保障餐桌上的安全，让市民吃上合格、放心的食用盐。四是确保腌制用盐供应。市盐业公司及时落实供应措施，海宁、桐乡、嘉善等盐业分公司提前组织各相关用盐单位和用户召开榨(雪)菜腌制用盐供应工作座谈会，了解榨(雪)菜种植面积及长势情况，落实腌制用盐备库，确保腌制用盐供应平稳有序。市本级全年销售腌制用盐1830吨。五是做好客户维护工作。重点用户明确专人跟踪服务，及时满足用户需求；一般客户加强联系，定期走访；对新增的用盐涉盐企业及时建立客户档案。

【拓展非盐商品销售】 2016年，市盐业公司组织各子(分)公司对现有经营状况、经营品种及营销模式进行交流研讨，共享信息资源，共谋非盐经济发展之路，为行业转型发展寻找新的经济增长点。一是探索优化分配和激励机制，工资收入向经营一线倾斜，充分调动员工的工作积极性。二是鼓励营销人员开发适销对路产品，对一些利润低、风险大的非盐产品实施淘汰；及时掌握市场动态及客户需求，适时调整营销策略和供应品种。2016年，市盐业公司新增氢氧化铝、白云石等业务，销售额达到900多万元。全市非盐商品销售收入9435万元，其中市本级7206万元。三是规范合同管理，制订相关规章制度，确保资金安全，加快资金回笼，避免资金安全隐患。

【加强盐业市场监管】 2016年，市盐务局支持和配合盐业体制改革，在过渡期内继续抓好食盐市场监管，规范食盐市场秩序。一是做好市场监管，确保食盐市场安全有序。进一步加强盐业市场特别是食盐市场的日常巡查，避免市场上出现用工业盐冲销小包装食盐和腌制用盐等“以工充食”案件的发生，杜绝各类不合格盐流入食盐市场。二是加强政策宣传，营造食盐安全良好环境。全市盐政人员把确保碘盐供应和食盐专营任务作为主要工作职责，将巡查与宣传融为一体，进一步提高用盐企业和经营户的食品安全意识。三是开展专项整治，实施市场有效监管。3月下旬至4月初，市盐务局组织各县(市)局开展蔬菜加工用盐专项联合检查行动，重点检查蔬菜加工用盐的进货渠道，通过对农户家中的蔬菜加工用盐进行抽样检测，严防出现非碘加工用盐充当口食盐现象。2016年，全市出动盐政执法检查2197人次；检查生产经营单位7947家，纠正盐业违法行为12起，查处1起，没收违法盐产品0.95吨。

【防治碘缺乏病日宣传】 2016年，市盐务局与卫生部门联合设点举行全国第23个防治碘缺乏病日活动。围绕“坚持科学补碘，建设健康中国”宣传主题，采取现场咨询、发放资料、悬挂横幅、布置展板等多种形式，向市民宣传普及碘盐科学知识，讲解碘缺乏病的危害及防治办法。现场解答群众的各类咨询，并向群众赠送盐品，宣传多品种盐知识和食盐安全，活动吸引了众多前来咨询的群众，取得了良好的宣传效果。

(柯　青)

餐饮业

【概况】 2016年，嘉兴市住宿餐饮业零售额171.57亿元，比上年增长14.3%，增幅提高1.2个百分点。住宿餐饮业增长高于全市消费品零售总额增长3.5个百分点，餐饮业成为嘉兴市消费升级的重要行业之一。2016年，市餐饮行业协会继续加强行业调查和经济数据的统计分析，开展行业发展数据统计，撰写《关于餐饮业营改增的情况反映和建议》《嘉兴市住宿餐饮企业营改增实施情况调查》《嘉兴市“浙菜”走出去调查问卷》等餐饮行业发展报告。与商务局联合对25家转型升级餐饮企业先进示范单位和19家阳光厨房建成企业进行表彰，并给予每家转型升级餐饮企业先进示范单位5万元、每家阳光厨房建成企业3万元的奖励，合计奖励资金182万元，是市餐饮行业协会工作史上的第一次。2016年，市餐饮行业协会协助配合餐饮界人大代表和政协委员深入调研，撰写政协提案两件；组织配合企业创建国家五钻级酒店，金悦王朝国宴中心获评国家五钻级酒店，嘉善金悦、桐乡东方、嘉兴江南印象和金悦港湾4家大酒店通过国家五钻级酒店复评；协助市场监管、环保、消防等部门建立安全警示和培训制度，不定期发布典型事故的案例分析；开展食品安全员培训，加强餐饮业的安全宣传和警示工作；热心社会公益活动，连续14年举办百桌千人“爱心年夜饭”大型公益慈善活动。

【推动餐饮业“营改增”改革】 2016年，市餐饮行业协会多次组织餐饮住宿企业开展“营改增”政策的情况摸底和税负情况调查，向国税部门，以及人大、政协和政府有关部门反映餐饮企业在实施“营改增”过程中遇到的困难，提出的意见建议，得到市、区两级国税部门和市人大、政协的高度重视。同时，市餐饮行业协会针对“营改增”实施的不同阶段，根据会员单位实际需要，组织三期大型辅导和一期规避风险研讨会，参加人数达400多人次，确保“营改增”改革的平稳过渡。

【组织餐饮企业到外地考察】 2016年，市餐饮行业协会制定“走出去”拓展发展思路行动计划，先后与浙江台州、山东济南等地的优秀餐饮企业开展交流活动。7月，组织会员单位35人到台州椒江花园山庄酒店和临海远洲国际大酒店进行为期两天的考察学习。11月，市餐饮行业协会组织会员单位32人到山东济南，对山东舜和国际酒店和山东凯瑞餐饮集团(凯瑞餐饮集团在山东济南有中央厨房、皇城根、老牌坊、高第街、城南往事等酒店)进行为期两天的考察，舜和国际酒店总经理陈强介绍了“三、三文化与酒店创新经营”酒店转型成功的经验。

【开展企业技能人才评价】 2016年，市餐饮行业协会开展企业技能人才自主评价工作。首期评价的24名企业技术人才获得不同等级职业技术资格认证。此项工作是嘉兴市餐饮业技能人才培养工作的创新之举，得到市人社局的充分肯定。

【承办中式烹调师比赛】 2016年，市餐饮行业协会承办第九届职工技能运动会——中式烹调师比赛。22名经各县(市、区)选拔产生的优秀选手参加比赛，经理论和实操两部分比拼，前三名获得嘉兴市技术操作能手并晋升中式烹调师技师国家职业资格，19名选手获中式烹调师高级工国家职业资格。年内，选拔5名选手参加浙江省中式烹调师技能比赛。

【搭建服务企业交流平台】 6月，嘉兴市餐饮行业协会和宁波餐饮业与烹饪协会共建友好协会。同月，中国烹饪协会在福州举办“第十一届中国国际餐饮食品博览会”，市餐饮行业协会常务副会长陈光华等15人参观考察博览会，了解美食食材、厨房设备、餐厅用品等情况，并与客商进行沟通。年内，市餐饮行业协会加强与上海多家展览公司的合作，签署战略合作协议，成为中国上海(国际)酒店设备及用品采购交易会、中国上海(国际)食品博览会和中国上海国际水展三家会展公司的常年合作支持单位，有120多名餐饮企业管理人员和党团员及工会干部赴展参观考察。

【开展烹饪公益活动】 2016年，市餐饮行业协会先后与强强餐饮公司、真真老老等餐饮企业联合，组织举办服务社区和市民的公益活动，先后在市区云东、西丽等5个社区举办“汤煲烹饪大赛进社区”活动，在月河街区举办端午“百粽宴”烹饪比赛活动等。市餐饮行业协会与市广电新闻频道联合，分别在金悦大酒店和月河街区举办嘉兴市第二届养身文化节专业组和民间组的养身菜烹饪大赛，通过现场烹饪表演、讲解和品尝，并通过广电频道微信、电台等现场直播，向市民宣传健康饮食知识。

【加强餐饮信息宣传工作】 2016年，市餐饮行业协会获评优秀社会组织和2016年度嘉兴市协会商会工作评估二等奖。全年刊登各类信息稿件157篇，其中行业动态17篇，行业咨询68篇，政策法规10篇，会员活动20篇，诚信建设2篇；各类照片154张。定期出版嘉兴市餐饮行业协会信息简报(双月出刊)，全年出刊六期，增加出刊《嘉兴餐饮》特刊一期。建立会员沟通诉求渠道，制定会员单位和个人来信来访接待制度和企业走访制度。全年处理咨询、投诉6件，走访企业65家次。

(杨平杰)

外经贸　口岸

对外贸易

【概况】　2016年，嘉兴市实现进出口总额2068亿元，比上年增长7.2%。其中出口总额1549.9亿元，增长9%；进口总额518.1亿元，增长2.4%。全市进出口增速高于全国、全省平均水平，进出口、出口、进口增速分别比上年提高15个百分点、12.1个百分点、21.5个百分点。进出口总额列全省第四位，出口总额列全省第五位。进出口增速列全省第二位，出口增速（含一达通出口额）列全省第一位，进口增速列全省第五位。全市进出口呈现前低后高、逐季回稳的态势。其中，第一季度进出口、出口和进口额同比分别下降0.2%、增长2.9%、下降8.4%，第二季度进出口、出口和进口额分别增长4.1%、增长7.8%、下降5.7%，第三季度进出口、出口和进口额分别增长5%、增长8.2%、下降3.7%，第四季度进出口、出口、进口额分别增长7.2%、9%、2.4%。

【对美国、欧盟和东盟出口增长稳定】　2016年，与嘉兴市有贸易往来的国家和地区214个，比上年增加6个。嘉兴市对美国出口414.3亿元，比上年增长12.1%，占全市出口总额的26.7%，比上年提高0.7个百分点；对欧盟出口353.6亿元，增长8.7%，占全市出口总额的22.8%，比上年微降0.1个百分点；对日本出口130.1亿元，增长2%，占全市出口总额的8.4%，比上年下降0.5个百分点。对东盟出口127.6亿元，增长21.2%，占全市出口总额的8.2%；嘉兴市对"一带一路"沿线国家出口增长14.3%。

【民营企业拉高出口增幅】　2016年，全市新增进出口权备案登记企业1194家，比上年增加204家。全市有出口实绩企业5507家，增加260家，其中民营企业新增256家、外商投资企业新增4家，出口主体进一步扩大。全市民营企业出口额840.8亿元，比上年增长10.9%，占全市出口总额的54.2%，提高0.6个百分点；外商投资企业出口额595.0亿元，增长6.8%，占全市出口总额的38.4%，下降0.8个百分点。小微企业、百强企业出口增长。全年出口实绩2100万元以下的小微企业4214家，出口总额202.32亿元，增长7.7%，占全市出口总额的13.1%，下降0.4个百分点。出口排名前100位企业出口额610.2亿元，增长3.7%，占全市出口总额的39.4%，提高0.9个百分点。

【一般贸易出口比重加大】　2016年，嘉兴市一般贸易出口1265.4亿元，比上年增长9.6%，占全市出口总额的81.6%，提高0.4个百分点；加工贸易出口270.6亿元，增长1.7%，占全市出口总额的17.5%，下降1.2个百分点。

【高新技术产品出口快速增长】　2016年，嘉兴市机电产品出口539.8亿元，比上年增长12.2%，占全市出口总额的34.8%，提高1.4个百分点。高新技术产品出口保持高速增长，出口97亿元，增长35.4%，占全市出口总额的6.3%，提高1.4个百分点。纺织品出口282.5亿元，增长6.5%，占全市出口总额的18.2%，下降0.5个百分点。服装产品出口242亿元，增长0.8%，占全市出口总额的15.6%，下降1.3个百分点。

【进口商品结构改善】 2016年，嘉兴市进口保持增长，进口商品结构逐步改善。前三大进口市场普遍增长，东盟、日本、欧盟分别比上年增长6.9%、5.6%、29.1%。全年全市有进口实绩企业2538家，比上年增加302家。其中前20位企业的进口总额178.7亿元，增长5.1%，占全市进口总额的34.5%。进口额超10亿元的企业有7家，其中进口增速高于全市进口增速的有4家。民营企业、外资企业分别进口219亿元、268.4亿元，分别增长3%、0.4%。嘉兴市进口有机化学品83.6亿元，增长0.3%；进口机械类产品、矿物燃油、钢铁制品分别增长13.4%、2.1%、17.7%；进口塑料制品、木制品分别下降6.5%、11.3%。

（徐伟强）

利用外资

【概况】 2016年，嘉兴市新批外商投资项目275个，比上年增加26个；合同利用外资45.67亿美元，下降6.3%；实际利用外资26.92亿美元，增长0.3%。合同利用外资和实际利用外资总量均列全省第三位。全市第一产业、第二产业、第三产业实际利用外资分别占全市实际利用外资的0.71%、69.01%、30.28%，第二产业制造业占绝对优势，实际利用外资比上年增长0.5%，其中高技术制造业增长迅速，合同利用外资和实际利用外资分别增长132.5%和25.2%。服务业利用外资呈现高端化发展趋势，商务服务、专业技术服务业实际利用外资分别为2.2亿美元和8625万美元，分别增长27.5%和5.3%。

【发达国家投资增长】 2016年，嘉兴市实际利用外资来源地前十强中，丹麦、日本、德国、荷兰、韩国、美国居前六位。西方发达七国的合同利用外资和实际利用外资分别增长47.3%和19.4%，德国投资增长迅速，合同利用外资和实际利用外资分别增长113.3%和201.6%。

【引进投资项目质量提升】 2016年，嘉兴市引进世界500强投资项目9个（外资项目7个）、总投资超亿美元产业项目23个，全球行业龙头企业项目2个，剔除重复计算因素，合计引进招大引强项目30个。引进总投资超20亿元、超50亿元项目各1个。全年引进总投资（增资）1000万美元以上大项目176个，合同利用外资36.64亿美元，占全市合同利用外资的80.2%，其中总投资（增资）3000万美元以上大项目81个，总投资（增资）5000万美元以上大项目47个，总投资（增资）超亿美元大项目23个。

【开发区引进投资作用提升】 2016年，嘉兴市省级以上开发区合同利用外资31.73亿美元，比上年增长12.6%，占全市合同利用外资的69.5%，提高11.6个百分点；实际利用外资19.39亿美元，增长3.2%，占全市实际利用外资的72%，提高2个百分点。全市引进的23个总投资（增资）超亿美元生产性项目中有14个项目落户在省级以上开发区。

（徐伟强）

对外经济技术合作

【概况】 2016年，嘉兴市对外直接投资项目中新批项目62个，对外直接投资额6.2亿美元，占对外直接投资总额的89.7%；增资项目18个，增资额0.71亿美元，占对外直接投资总额的10.3%。受国内外经济形势影响，嘉兴市企业对外投资增长迅速，项目总数和新设海外企业数创历史新高。全年对外投资中，部分产能相对过剩的制造业和房地产业成为“走出去”的主要群体。同时，以投资收益、资产配置管理为目的的基金合伙企业、文创企业和上市企业也成为“走出去”的新兴群体。

【大项目对外投资作用明显】 2016年，嘉兴市对外直接投资1000万美元以上的投资项目7个，投资额5.5亿美元，占对外直接投资总额的79.5%。其中，5000万美元以上的投资项目3个，投资额

4.8亿美元,占对外直接投资总额的70%。全市对外投资项目数量逐年增加,对外投资主体呈现多元化,对外投资规模以少量大企业、大项目占据主力地位。

【制造业成为对外投资行业之首】 2016年,嘉兴市对外投资三大行业依次是制造业、房地产业、批发零售业。制造业对外投资项目19个,投资额3.6亿美元,占对外直接投资总额的53.6%;房地产业对外投资项目4个,投资额2.1亿美元,占对外直接投资总额的29.9%;批发零售业对外投资项目50个,投资额1亿美元,占对外直接投资总额的14.9%。

【对外投资国别(地区)24个】 2016年,嘉兴市对外投资国别(地区)24个,美国、澳大利亚居前二位,分别是美国24个项目合计对外直接投资3.8亿美元、澳大利亚5个项目合计对外直接投资2.1亿美元。其中,嘉兴市落户在“一带一路”沿线国家的投资项目(新设和增资)15个,对外直接投资额2292万美元,主要分布在缅甸、马来西亚、乌兹别克斯坦、立陶宛、泰国、越南、柬埔寨、新加坡、印度尼西亚、巴基斯坦、埃及11个沿线国家。

(徐伟强)

服务外包

【概况】 2016年,嘉兴市国际服务贸易进出口额166.91亿元,比上年增长15.9%,其中出口额88.46亿元,增长12.12%,进口额78.45亿元,增长20.49%,全市服务贸易进出口额占服务和货物贸易进出口总额的7.47%。服务贸易出口三大领域为运输服务、旅游服务、计算机和信息服务,分别占服务贸易出口总额的35.04%、16.19%、13.71%,合计占比64.94%;进口三大领域为旅游服务、教育服务、其他商业服务,分别占服务贸易进口总额的39.56%、17.89%、17.52%,合计占比74.97%,出境游持续成为热点。

【项目结构调整优化】 2016年,嘉兴市运输服务、旅游服务、建筑及相关工程服务三大传统领域占服务贸易主导地位,其中建筑及相关工程服务进出口占服务贸易进出口总额的6.14%,排在十二大类服务贸易第七位,旅游出口服务占服务贸易进出口总额的16.19%,下降3.55个百分点;运输服务、旅游服务、分销服务、其他商业服务、教育服务是嘉兴市服务贸易进出口的主要领域,分别占服务贸易进出口总额的24.78%、27.18%、10.60%、10.08%、9.97%,合计占比82.61%。

【新兴行业增长迅速】 2016年,嘉兴市文化、娱乐和体育服务出口总额8745万元,增速列全省第一位;计算机和信息服务(国际服务外包)继续保持快速增长,出口增速58.21%,排在十二大类服务贸易第二位,占服务贸易出口总额的13.71%,提高4个百分点。

【国际服务外包】 2016年,嘉兴市在商务部服务贸易业务管理和统计系统注册的服务外包企业434家,其中有业务实绩企业264家,共完成离岸服务外包执行金额1.84亿美元,比上年增长47%。信息技术外包(ITO)、业务流程外包(BPO)、知识流程外包(KPO)合同执行金额比例由2015年的20:28:52转为2016年的16:26:58,高端的知识流程外包(KPO)提高6个百分点,工业设计、检验检测合同执行金额合计9.53亿元,占合同执行总额的51.25%。全市合同执行金额超过100万美元的企业70家,合同执行金额16.46亿元,占合同执行总额的88.54%,浙江日立解决方案软件服务有限公司等3家企业合同执行金额首次超过1000万美元。

(徐伟强)

国际贸易促进工作

【概况】 2016年,中国国际贸易促进委员会嘉兴市支会(简称市贸促会)以服务企业发展助推贸易转型升级,为促进企业贸易便利化服务。配合省贸促会“下基层、进企业、入展会”专项活动，帮助企业了解涉外商事方面的法律政策、外贸规则、防范法律风险、享受政策优惠以及应对国外的“双反”调查，推动企业“走出去”，全年走访服务企业150多家。同时，配合全省“智慧贸促金桥工程”建设，会员信息采集专项工作走在全省前列，至年底收到并审核入库嘉兴市贸促会会员企业填报信息667个，占全省入库会员企业数的48.4%，列全省地市首位。

2016年，嘉兴市签发原产地证49111份，比上年增长1.3%，通过在市主流媒体进行宣传，推动自贸协定项下优惠原产地规则的落实，共签发优惠产地证8541份，增长152.7%，签证金额5.7亿美元，全市出口企业享受国外关税优惠866.4万美元。出具国际商事证明书6350份，增长48.6%，代办使馆认证1611份，下降8.4%。签发ATA单证册16份，增长167%。新增注册会员企业414家，增长65.6%。4月、12月，分别举办二期原产地证知识培训班，全市280多家企业的300多名业务员参加培训。

【助推企业开拓国际市场】 2016年，市贸促会以贯彻“一带一路”倡议为主线，指导企业参加“一带一路”节点国家的国际展览，为会员企业开展国际产能合作、开拓国际市场创造条件，全市贸促系统共操作境外展项目25个，展位面积6165平方米(685个标摊)，随团参展737人次，接待客商8000多人次，意向成交8000多万美元。出展摊位数比上年增长92.5%。其中重点展团12个，规模最大的参展团为中国(迪拜)贸易博览会，参展企业55家，共有115个标摊，接待客商1200多人次，意向成交800多万美元。11月底，组织会员企业参加“浙江企业家代表团赴柬埔寨和印度尼西亚开展产业对接洽谈会”活动。

【对外交流合作工作】 2016年，市贸促会先后接待和拜访米奥兰特国际会展有限公司、香港贸发局、印度驻沪商务领事、越南浙江商会等有关机构及商协会，同时，与印尼工商总会、柬埔寨商会建立联系，宣传嘉兴投资环境、产业结构及外贸特点。同时加强横向联系，通过参加江浙贸促会联席会议，以及与浦东贸促会、安徽芜湖贸促会等进行工作交流，宣传嘉兴投资环境和产业结构，探讨合作共赢机会。

【服务开放型经济工作】 2016年，市贸促会参与全市电子商务发展服务指导工作，到嘉兴经济技术开发区及相关工业园区开展调查研究指导服务。参与嘉兴创新发展投资贸易洽谈会，组织开展跨境电商实操培训和人才大赛，联合嘉兴6所高等院校以及跨境电商协会，组织开展校园招聘活动，全市从事跨境电商业务的100多家企业参加现场招聘，推动嘉兴市跨境电商发展。

(毛旭东)

嘉兴(乍浦)港

【概况】 2016年，嘉兴港贯彻落实全省港口一体化重大决策，全面推进嘉兴港资产整合，顺利完成协议签署、资产划转。落实加强沿海港口岸线管理若干意见，独山港区A4、A5、A6号和乍浦港区E4及海盐港区南方水泥外海泊位等项目成功启用岸线使用联审评价，建立岸线联席会议制度。推进智慧港口建设，完成智慧港口顶层设计课题，嘉兴港危险货物港口安全信息系统投入运行，完成嘉兴港EDI中心数据对接。加强港口环境保护与治理，推动4家企业创建星级美丽码头。编制完成嘉兴港“十三五”发展规划。11月25日嘉兴港口岸扩大开放通过国家验收，实现全港域开放。2016年，嘉兴港完成港口建设投资10.3亿元，其中列入省交通运输厅计划项目完成投资5.3亿元。独山港区B28泊位、宁波航标处嘉兴航标站工作船码头完成交工验收；独山港区B23B24、海盐港区C3C4项目完成竣工验收；浙能独山煤炭中转码头部分投入试运行。加快推进海河联运“最后一公里”建设，乍浦塘闸桥正式批复立项，黄姑塘支线独山干河段正式开工，何家桥线内河港池出具规划选址意见，独山Ⅲ号内河港池部分试运行。2016年，全港外海生产性泊位增至48个(其中万吨级以上泊位35个)，内河泊位增至38个,全港码头年设计通过能力达到7914万吨。深化与宁波舟山港集团、上港集团的合作,推动集装箱码头产能充分释放,做强至宁波、洋山的内支线,推动煤炭及PTA等货种"散改集",加速货种结构调整。2016年,嘉兴港完成货物吞吐量6816.57万吨,比上年增长8.66%,完成集装箱吞吐量134.22万标准箱,增长9.31%;完成海河联运中转量1025.35万吨,增长4.14%。2016年,嘉兴港开展安全生产监督检查,出动检查人员344人次,累计检查港口生产经营单位115家次;签发现场安全检查意见书52份,提出整改意见311条,完成整改311条;签发整改指令书4份,提出整改意见17条,完成整改14条;审批危险货物港口作业3245批次;安全作业港口危险货物1015.5万吨,安全作业危险货物集装箱8305标准箱。深入开展最美行业创建,培树最美港航人物,打造最美港航品牌,推动美丽码头争星晋位。2016年,嘉兴港新创星级美丽码头4家,1家单位争创最美港航品牌,2人获浙江省港航系统最美人物称号,其中1人被评为浙江省交通运输行业百名最美。

【嘉兴港首次启用岸线使用联审评价制度】 1月12日,嘉兴港独山港区A4、A5、A6号泊位工程岸线使用通过联审评价。此次联审评价是嘉兴市政府出台《关于进一步加强沿海港口岸线管理若干意见》后,首次由嘉兴市港务管理局和嘉兴市海洋与渔业局牵头,启动嘉兴港岸线使用联审评价制度。

【嘉兴港首艘专业引航艇】 3月21日,嘉兴港首艘专业引航艇"嘉港引1"轮在乍浦一期码头顺利交付使用。"嘉港引1"轮是由太阳鸟游艇股份有限公司承建的新型玻璃钢引航快艇,长19米、宽5米,最大航速27节,船尾设有特殊的救助平台。该艇不仅能快速往返各港区完成接送引航任务,还能承担交通、巡视及救助等多项任务。

【列入省海洋港口"十三五"重点发展港区】 4月21日,《浙江省海洋港口"十三五"规划》出台,嘉兴港作为浙北地区唯一出海口,其所属独山、乍浦、海盐三港区均被列为全省海洋港口"十三五"重点发展港区。规划为嘉兴港三港区的发展指明了方向,独山港区重点发展液体化工、集装箱、煤炭、粮食运输,推进A区化工码头、B区集装箱码头、独山内河港池二区等项目建设;乍浦港区加快资源整合和功能调整,重点发展集装箱、液体化工和件杂货运输,推动煤炭等散货运输功能转移,推进乍浦内河港池二区、E区液体散货码头等项目建设;海盐港区主要为临港产业发展服务,推进海盐多用途码头、海盐秦山内河港池二区等项目建设。

【粮食码头扩建工程水工部分通过交工验收】 9月23日,嘉兴港粮食码头扩建工程(嘉兴港独山港区粮食码头二期工程)水工部分通过交工验收。该工程位于嘉兴港独山港区散杂货与多用途作业区岸线(B区)的西端,与已建粮食码头相接,工程总概算2.2亿元。建设规模为1个3万吨级(水工结构按靠泊5万吨级散货船设计和建设)通用泊位和2个工作船泊位,设计年通过能力85万吨,使用岸线215米。

【嘉兴港融入全省港口一体化发展】 10月19日,嘉兴港资产整合交接工作动员大会召开,嘉兴港开启融入全省港口一体化发展新时代。嘉兴港是浙北唯一出海口和国家一类开放口岸,具有区位优势和海河联运特色,港产融合发展度高。纳入省海港集团统一的全省港口发展平台为嘉兴港转型升级、做大做强港口经济提供了新机遇、注入了新动能。

【省海港委领导调研嘉兴海洋港口工作】 11月10日,省海港委副主任、省港航局局长胡旭铭率调研组一行到嘉兴调研海洋港口工作。胡旭铭对嘉兴港建设海河联运"最佳特色港"、带动区域经济发展"最佳产业港"、服务宁波舟山港及上海港"最佳合作港"的功能定位和"十三五"发展目标表示赞赏。12月21日,省海港委副主任张善坤率调研组一行到嘉兴调研海洋港口项目建设情况。张善坤一行现场查看乍浦D3、E1、E4泊位和Ⅱ号内河港池,独山A1、A3、A4、A5、A6、B13、B14

码头和Ⅱ号内河港池。听取港口重大项目建设、“十三五”重大建设项目规划、沿海港口岸线保护与岸线利用以及港口一体化发展情况工作汇报，对嘉兴港口项目建设工作取得的成绩给予充分肯定。

【嘉兴港口岸扩大开放通过国家验收】 11月24-25日，由海关总署（国家口岸管理办公室）会同公安部、交通运输部、国家质检总局和中央军委联合参谋部组成的国家验收组一致同意嘉兴港口岸扩大开放通过国家验收，嘉兴港实现全港域大开放。口岸扩大开放后将为港口腹地外向型企业的货物进出口提供更便捷、更经济的新通道，对加快嘉兴港功能布局调整优化和转型升级，推动嘉兴市开放型经济和浙江省海洋经济示范区北翼发展提供有力支撑。

【嘉兴港危险源信息查询系统通过验收】 12月14日，嘉兴港危险源信息查询系统通过项目验收，嘉兴港危险源实现信息化管控。该系统依托网络云平台，对港口危险货物输送管线和库区各类储罐的数据、压力泵站仪表位置等信息进行整合，具有危险品电子地图、危险品监控对象分布查询、危险品消控数据查询和危险品事故应急预案四大功能。

（蒋春艳）

2016年嘉兴港分货类吞吐量

表7　　单位：吨

货物分类	总计			出港			进港		
	合计	外贸	内贸	合计	外贸	内贸	合计	外贸	内贸
总计	68165746	11663891	56501855	17086887	2772546	14314341	51078859	8891345	42187514
其中：转口	20166206	86107	20080099	10083103	—	10083103	10083103	86107	9996996
内：船过船	—	—	—	—	—	—	—	—	—
1.煤炭及制品	32924122	82009	32842113	8286540		8286540	24637582	82009	24555573
其中：焦炭	—	—	—	—	—	—	—	—	—
2.石油、天然气及制品	5949770	1837146	4112624	1835392		1835392	4114378	1837146	2277232
其中：原油	—	—	—	—	—	—	—	—	—
成品油	4351615	385108	3966507	1833640	—	1833640	2517975	385108	2132867
液化气、天然气	173072	128327	44745	—	—	—	173072	128327	44745
3.金属矿石	247912	168207	79705	—	—	—	247912	168207	79705
其中：铁矿石	—	—	—	—	—	—	—	—	—
4.钢铁	2544502	—	2544502	37289	—	37289	2507213	—	2507213
其中：钢材	2538337	—	2538337	37289	—	37289	2501048	—	2501048
生铁	—	—	—	—	—	—	—	—	—
5.矿建材料	3465856	—	3465856	504539	—	504539	2961317	—	2961317
其中：砂	548578	—	548578	79070	—	79070	469508	—	469508
6.水泥	—	—	—	—	—	—	—	—	—
7.木材	38852	4632	34220	—	—	—	38852	4632	34220
其中：原木	—	—	—	—	—	—	—	—	—
8.非金属矿石	237689	—	237689	—	—	—	237689	—	237689
其中：磷矿	—	—		—	—	—	—	—	—
9.化肥及农药	—	—	—	—	—	—	—	—	—
10.盐	453637	58638	394999	—	—	—	453637	58638	394999
11.粮食	16886	—	16886	601	—	601	16285	—	16285
其中：小麦	1896	—	1896	—	—	—	1896	—	1896
玉米	14593	—	14593	204	—	204	14389	—	14389
黄豆	—	—	—	—	—	—	—	—	—
大米	—	—	—	—	—	—	—	—	—

续表7

货物分类	总计			出港			进港		
	合计	外贸	内贸	合计	外贸	内贸	合计	外贸	内贸
12.机械、设备、电器	4177	—	4177	3450	—	3450	727	—	727
13.化工原料及制品	6377069	3476795	2900274	467765	222818	244947	5909304	3253977	2655327
其中:橡胶	—	—	—	—	—	—	—	—	—
纯碱	4237	—	4237	4237	—	4237	—	—	—
14.有色金属	—	—	—	—	—	—	—	—	—
15.轻工、医药产品	10897775	4850016	6047759	3885034	2115987	1769047	7012741	2734029	4278712
其中:纸	—	—	—	—	—	—	—	—	—
日用工业品	—	—	—	—	—	—	—	—	—
糖	—	—	—	—	—	—	—	—	—
16.农、林、牧、渔业产品	283571	279571	4000	849	849	—	282722	278722	4000
其中:棉花	—	—	—	—	—	—	—	—	—
17.其他	4723928	906877	3817051	2065428	432892	1632536	2658500	473985	2184515
其中:集装箱重量	4684839	902342	3782497	2026339	428357	1597982	2658500	473985	2184515

(孟康利)

海　事

【概况】 2016年,嘉兴海事局办理船舶签证30188艘次,国际航行船舶进出口查验1760艘次,货物吞吐量6118.9万吨,集装箱吞吐量121.57万标准箱,分别比上年下降24.18%、增长22.65%、增长6.57%和增长15.11%。船舶载运污染危害性货物申报审批5479艘次,污染危害性货物吞吐量3759.8万吨,分别增长3.7%、5.8%。完成海船安全检查245艘次,内河船舶安全检查222艘次,外国籍船舶安全检查82艘次;开展海区巡航616艘次,巡航时间980小时,巡航里程5064.6海里,出动执法人员916人次。办理船舶登记57件;发布航行通(警)告41次,审批水工项目17件,开展船舶审核11次,辖区公司审核7次。辖区发生等级以上事故1起,沉船1艘。辖区水上安全形势总体保持稳定。2016年,嘉兴海事局获评驻嘉省部属单位工作目标责任制暨"五型"机关创建考核二等奖,获嘉兴市机关"提素质强服务,建功十三五"竞赛组织奖,嘉兴海事局机关党总支获市直基层党组织"十佳创新成果奖"、2016年市直机关"廉政文化进机关"成果展评选二等奖;嘉兴海事局工会获中国海员工会交通运输部海事局委员会"模范职工之家"称号;嘉兴海事局党群工作部获"浙江海事局2016年度优秀公务员集体"称号,海巡执法支队获"共创共建'平安大桥'先进单位"称号。

2016年8月,嘉兴海事局开展海上巡航检查(夏文建摄影)

【重大保障服务工作】 2016年,嘉兴海事局全面落实交通运输部和国家海事局相关工作要求,圆满完成G20杭州峰会各项水上保障服务工作。出动执法船艇195艘次,执法人员570人次,巡航里程7155海里,巡航时间1457.48小时。嘉兴海事局被评为交通运输部"G20杭州峰会交通运输安全保障成绩突出集体”，嘉兴海事局指挥中心、船舶监督处、海巡执法支队获评浙江海事局“G20杭州峰会水上维稳安保工作先进集体”，嘉兴海事局机关党总支获“嘉兴市级机关保障重大国际峰会志愿服务先进集体”。第三届互联网大会乌镇峰会期间，全面加强辖区水上安全监管工作，强化重点船舶的检查，顺利完成乌镇峰会的服务保障工作。

【推动嘉兴港口岸扩大开放通过国家验收】　2016年，嘉兴海事局推动嘉兴港口岸扩大开放，主动服务嘉兴海洋经济发展。走访嘉兴市口岸办、平湖市政府、海盐县政府和嘉兴港务管理局等口岸单位，协调交流口岸开放建设重点问题，调研和核查辖区拟开放码头单位，推动政府和码头企业不断完善船舶通航环境，提高辖区防治船舶污染海洋环境能力，加快口岸开放所需航道锚地、通关服务中心、船舶防污染和相关监管设施设备的建设，满足扩大开放后船舶航行、锚泊和港口防污染能力要求。2016年11月25日，嘉兴港口岸扩大开放顺利通过国家验收。

【强化现场监管和应急搜救】　2016年，嘉兴海事局先后组织开展打非治违、“两船”专项治理、“平安船舶”创建、安全生产月、内河航运市场秩序治理等专项行动，组织途经杭州湾跨海大桥南通航孔砂石运输船整治活动，全面强化对辖区船舶的现场监管，开展航经砂石运输船舶船东安全知识宣讲，保障航行和生产作业安全。做好应急处置，有序组织“卫鑫11”轮搜救工作。开展跨海大桥海上安保应急处置演练和杭州湾水域交通管制应急处置桌面推演4次，定期组织桥区水域应急拖轮测试和专项演练，加强与边防、海洋渔业等部门协作，成功救助“舟通58轮”患病船员，有效提升应急搜救效能。

2016年10月，嘉兴海事局成功救助患病船员，船务公司赠送锦旗　（刘俊摄影）

【服务海洋经济发展】　2016年，嘉兴海事局改进提升船舶交管中心（VTS）服务，加强交通流组织，提供信息服务24825次，避免险情4起，确保港口高效运行。服务海盐山水六旗等临港大项目建设，多举措保障安全生产。参与“五水共治”，参加嘉兴市城乡环境综合整治工作专项督查和河道整治督查，协助推进落实“河长制”等工作，配合参与“水环境综合整治”专项活动。落实《浙江省船舶排放控制区实施方案》，推进改善环境空气质量，促进航运绿色发展。修订政务公开指南，构建良好船舶运营环境。加强简政放权工作，统筹安排安全管理体系审核发证下放承接，做好嘉兴市内河体系航运公司监管和审核发证管理。推行危险品申报、国际航行船舶进口岸无纸化网上申报审批，实施船舶进出港电子签证。强化船籍港管理，实施“集约式”服务，不断提升嘉兴籍船舶质量。完善海河联运“绿色通道”，保障内河港池电煤、油等民生物资安全便捷运输。企业和船东、船员对嘉兴海事的满意度95.5%。

【编制实施“十三五”规划】　2016年，嘉兴海事局在总结评估“十二五”发展规划的基础上，坚持与贯彻上级要求相衔接、与服务经济发展相衔接、与体现嘉兴特色相衔接，科学编制“十三五”发展规划并推进实施。规划注重顺应浙江省海洋港口一体化发展趋势，积极服务嘉兴“海河联运”建设，全力支持嘉兴港口岸全域开放，促进港口竞争力的提升。结合嘉兴海事发展实际需求，突出完善基层机构布局、优化人事管理机制、加强专业队伍建设、加强青年队伍建设等建设目标和主要任务，使规划更加符合发展规律，更加科学合理。

（夏文建）

海　关

【概况】 2016年，嘉兴海关征收两税62.19亿元，比上年增长8.2%；监管进出口货物1160万吨、进出口集装箱47.9万标准箱、审核报关单13.3万份，分别增长22%、14%、14%；备案加工贸易合同4107份，备案进口金额20.96亿美元；为企业减免税款1.4亿元，列杭州关区第一位；稽查企业34家，移交案件7起，案值8262万元，涉税328万元。在特许权专项稽查行动中实现单票追税入库1905万元。打私工作成效明显，全年刑事立案8起，案值25.4亿元，涉税5.8亿元；办结行政案件26起，案值20.53亿元，涉税548.85万元。

2016年，嘉兴海关加强与联检单位和码头企业的联系沟通，推动嘉兴港全域开放顺利通过国家验收，并提前开展业务分析预测和人员机构配备规划，推动H986大型机检查验设备在口岸开放验收前落户独山港。加速特殊监管区域整合优化，协调推动嘉兴综合保税区顺利通过验收，促进保税加工、保税物流、保税服务多元化发展。参与地方招商引资活动，综保区跨境电商项目顺利推进。推进海宁市场采购贸易试点工作，全年市场采购贸易方式项下申报出口报关单2860票，金额1.87亿美元。以G20杭州峰会、第三届世界互联网大会安保工作为契机，全面开展安全隐患大排查并整改。切实强化监管场所安全管理，建立健全与安监、消防、港务等相关单位的联络沟通机制，开展危险货物进口资质审核，强化危险化学品全流程监控。发挥审价归类工作小组作用，开展批量复审及归类、特许权使用费、原产地管理等专项核查。建立税款入库定期监控通报制度，税款入库率明显提高。发挥稽查后续监管职能，进一步完善中介机构协助海关稽查工作机制。加强知识产权海关保护，全年共查处知识产权案件3起。

11月24日，嘉兴海关关员到乐高玩具制造（嘉兴）有限公司调研　（贾迪尔摄影）

【加强改革创新】 2016年，嘉兴海关全面推进区域通关一体化改革，深化关检合作"三个一"（一次申报、一次查验、一次放行）。扎实推进选查分离和"双随机"改革。进一步完善海河联运、水水中转、内支线转关等监管模式，不断提升水陆口岸和嘉兴港口岸功能。推进自贸区海关监管创新制度复制推广，细化已复制运作的7项服务制度。探索加工贸易企业自核单耗，引入中介机构参与手册（账册）核销，落实"商务部门取消加工贸易业务审批"政策，制订《加工贸易及保税监管业务办理时限清单》。持续推动企业诚信体系建设和AEO认证工作，高级认证企业、一般认证企业分别达到16家、484家，总数位居全省前列。

【副省长梁黎明到嘉兴调研】 7月27日，副省长梁黎明到嘉兴调研，考察海盐跨境电商企业发展情况，实地查看海宁跨境电商产业园、海宁海派海外仓和海关监管场所。梁黎明听取杭州海关和海宁市政府关于跨境电商和海宁市场采购贸易试点的情况汇报，就海宁市场采购贸易试点工作提出要求。省政府副秘书长陈宗尧、省商务厅厅长周日星、嘉兴市副市长盛全生、杭州海关副关长张翼等参加调研。

【杭州关区首家新造集装箱监管场所运营】 1月19日，杭州关区首家新造集装箱监管场所在嘉兴投入运营。该监管场所位于嘉善新华昌集装箱有限公司厂区内，于2015年12月28日通过嘉兴海关验收。正式运营后，企业将生产的集装箱运至该监管场所后即可直接办理报关手续，改变了以往新造集装箱必须运至上海、宁波等地集装箱堆场后再办理出口报关的情况。

【市场采购贸易方式在"海宁皮革城"实施】 1月28日，市场采购贸易方式在"海宁皮革城"实施。当日，"海宁皮革城"的首票市场采购贸易方式货物在嘉兴海关顺利申报出口。该票货物申报品名为"PVC钱包"、价值10.7万美元。这是浙江省内继义乌小商品市场后，第二个应用市场采购贸易方式的专业市场。该贸易方式在海宁实施后，外商在"海宁皮革城"购买的货物，可以在市场内"一站式"办理海关通关手续，改变了以往需要运到口岸进行报关的方式，为"海宁皮革城"的中小企业和个体经营户自主出口提供了便利。

【世界知识产权日系列宣传活动】 2016年，嘉兴海关组织学习知识产权相关法律法规，并结合"以案说法、探析法理"案例研讨活动，分析知识产权保护典型案例，切实提升执法水平；在口岸部门组织开展知识产权海关保护宣传活动，现场演示部分知名商标标识的识别手段，引导自主知识产权企业进行海关知识产权保护备案，主动维护自身权益；注重以"走出去、迎进来"的形式加强知识产权宣传，在外出走访企业及日常业务办理过程中主动向企业提供普法服务，发放《中华人民共和国知识产权保护条例》手册，营造浓厚的知识产权海关保护宣传教育氛围；联合公安局、法院开展知识产权联合执法活动，并在实际监管中加强关区间合作，建立联系配合机制，形成知识产权保护合力。

【海宁港区环城河作业区海关监管场所启用】 5月23日，嘉兴内河港海宁港区环城河(海昌)作业区海关监管场所启用。该监管场所为公路转关监管点。启用首日，嘉兴海关共监管集装箱28标准箱、货运量210吨。

5月23日，海宁港区环城河作业区海关监管场所启用
（陈杰摄影）

【全国打私办、总署财务司调研组到嘉兴调研】 7月4-5日，由海关总署财务司副司长郑婕和海关总署缉私局（全国打私办）副局长李云龙担任组长的全国打私办、海关总署调研组一行到嘉兴调研，实地了解动物生物处理厂等企业的基本情况、主要工艺流程以及无害化处理方式的成本及组成等内容，并听取了嘉兴海关关于打击皮草走私工作情况的汇报。浙江省政府打击走私办公室、杭州海关、嘉兴市政府有关人员参加调研。

【汇总征税业务改革】 2016年，嘉兴海关联合地方政府开展政策宣讲，主动对接符合条件的高资信企业，帮助申请企业开通上海、宁波、南京等多个口岸汇总征税资质；设置专人专岗负责该项业务，密切关注企业申报动态，通过H2010系统定期监控税单打印情况和参与企业纳税情况，确保税款安全及时入库；做好后续数据统计和监控分析工作，加强与杭州海关审单处、技术处等联系沟通，帮助企业解决疑难，保障通关顺利。全年，嘉兴辖区共有8家企业参与汇总征税业务改革，涉及税款约8844万元。

【助推特殊监管区域整合发展】 2016年，嘉兴海关完善嘉兴综保区海关监管方案，成功复制7项上海自贸区海关监管创新制度；严格按照综保区基础和监管设施验收标准，指导综保区管委会有序推进综保区辅助系统升级改造、内外卡口智能化建设，配合做好综保区验收工作；提前介入地方重大项目，做好政策咨询和指导工作，促成美国生物医药制剂产业化项目和中粮进口食品项目入驻嘉兴综保区，帮助乐高、生辉照明等大型企业优化保税业务流程，促进保税业务健康发展。

【强化加工贸易综合治税】 2016年，嘉兴海关加强与企业的联系沟通，及时掌握手册执行情况及内销计划，了解业务办理疑难并进行指导；加强风险分析和防控,对两次延期等高风险手册的执行情况进行跟踪分析,及时对存在倒挂等异常情况的手册采取税收保全措施,确保税款应收尽收;做好“先销后税,集中内销”的推广工作,在内销申报前对商品的价格、归类进行预审核,减少企业报关差错率,提升内销审批效率。

【助推嘉兴港口岸扩大开放】 2016年,嘉兴海关加强对海关监管场所的建设指导,完善落实封闭式管理和卡口管理要求;提升口岸通关便利化水平,落实预约通关、周末加班查验和卡口24小时监管,增设H986大型机检查验设备;拓宽嘉兴港口岸功能,完善“乍浦—宁波”“乍浦—舟山”内支线转关模式,推进海河联运、水水中转、散改集等监管模式。

【嘉兴综合保税区通过验收】 9月14日,杭州海关牵头组成的联合验收组对嘉兴综合保税区开展验收工作。经实地验收、综合评议等环节,嘉兴综合保税区顺利通过验收。杭州海关副关长胡方友和浙江省政府副秘书长陈宗尧签署《嘉兴综合保税区基础和监管设施验收纪要》。

9月14日,杭州海关副关长胡方友参加嘉兴综合保税区验收 (钱家乐摄影)

【虚假贸易管控】 2016年,嘉兴海关加强通关、监管、统计、稽查等部门综合管控,密切关注进出口数据异常变动情况,重点关注市场采购贸易模式及特殊监管区域“一日游”货物,强化数据分析和风险研判,有针对性加大查验力度;注重关企协作,通过企业调研、巡查、约谈等方式掌握辖区企业运行情况,定期开展关企座谈、送法上门等活动,宣传打击虚假贸易的相关政策法规,强化企业责任意识,从源头上防控风险;注重外部协作,加强与地方政府以及税务、外管、商务等部门的联系配合,不定期召开联席会议,互通虚假贸易风险线索,联合走访虚假贸易高风险企业,共同维护合理有序的通关秩序。

【提升审价水平】 2016年,嘉兴海关针对牛羊皮、大宗散货、资源性矿产品等辖区主要进口商品,通过价格调研等手段建立价格资料库,依托海关估价平台对比国内商品价格信息,对价格出现异常或变动幅度较大的商品开展专项价格分析,并启动价格预警机制;成立归类审价专家小组,定期召开专题会议,组织开展辖区主要进口商品调研,并依托审价微信群在线交流审价疑难问题;针对存在特殊经济关系、涉及特许权使用费的商品,加大对上游贸易环节发票等商业票据的审核力度,结合批量复核、风险分析等手段排查风险,提升审价工作质量。

【杭州海关验收嘉兴港区监管场所】 12月16日,杭州海关监管处、技术处对上港集团平湖独山港码头有限公司、嘉兴港海盐码头有限公司、平湖市独山港区港务有限公司3家监管场所进行现场验收,听取监管场所建设情况汇报,实地查看硬件设施和物流管理等方面情况,并现场反馈验收意见。

【推进社会信用体系建设】 2016年,嘉兴海关关注企业进出口情况、规范申报情况及违法违规情况等各项信用管理指标,开展企业实地巡查,保障海关信用等级管理质量;发布海关AEO政策和企业信用管理理念,定期组织召开报关企业和认证企业座谈会,宣讲海关信用管理制度,通报辖区报关差错情况,解答企业疑问,提高企业信用管理意识;主动融入地方社会信用建设工作,加强与发改委、打私办等政府部门的联系,加强信息共享和工作配合,建立社会信用体系建设领导小组联络员制度,定期上报信用体系建设情况,提升社会信用体系建设水平。

(严　红)

出入境检验检疫

【概况】 2016年,嘉兴检验检疫局完成出入境货物检验检疫13.86万批、61.08亿美元,比上年下降2.57%、1.35%。批次、货值分别占浙江检验检疫局业务量的21.18%、15.18%,业务量居浙江检验检疫局首位,其中出境11.91万批、30.4亿美元,分别下降2.11%、增长6.01%;入境1.95万批、30.68亿美元,分别下降5.33%、7.69%。出入境货物通关12.78万批、53.98亿美元,分别增长32%、18.05%。检疫出入境船舶1483艘,增长20.28%;检疫集装箱37.72万标准箱,增长13.53%;检出问题集装箱2542标准箱,下降5.22%,检出率0.67%,下降0.13个百分点。检出不合格4743批、5.51亿美元,增长29.1%、15.43%,分别占浙江检验检疫局的26.86%、11.31%;批次不合格率3.42%,上升0.84个百分点;货值不合格率9.03%,上升1.31个百分点。签发各类货物检验检疫证书1.08万份,下降7.16%,签发换证凭单、通关单等各类证单14.21万份,下降2.94%。签发各类产地证12.54万份,金额44.83亿美元,分别下降26.20%、16.49%。其中普惠制原产地证书3.8万份,金额14.02亿美元,分别下降0.93%、8.06%;一般原产地证书3.92万份,金额14.23亿美元,分别增长1.88%、下降5.18%;区域性优惠产地证书4.81万份,金额16.58亿美元,分别增长114.20%、101.46%。

2016年,嘉兴检验检疫局完成出入境人员检疫26844人次,比上年增长24.03%;发现各类症状69例,确诊传染病29例,分别增长91.7%和107.1%;完成出入境人员监测体检1675人次,增长6.21%;检出传染病54例,增长60%;截获病媒生物2388批、58种,增长28.39%、7.41%,全省首次截获病媒生物绯角尻麻蝇、温带臭虫和背点伊蚊,截获鼠类9批11只;连续两次处置入境船员寨卡病毒病染疫嫌疑事件。

2016年,嘉兴检验检疫局开展辖区实蝇监测和林木害虫布点监测工作,设置实蝇监测点17个,林木害虫监测点4个,杂草监测点20个;推进口岸动植物检疫规范化建设,增配口岸动植物检疫查验工具及防护用品;全年截获有害生物4284批、342种,增长7.94%、8.23%,其中检疫性有害生物1048批、44种,批次增长52.33%;一般性有害生物3236批、298种;全国首次截获有害生物12种,其中检疫性有害生物5种(黑材小蠹、圣代材小蠹、加州材小蠹、坡尾材小蠹、拟四粒材小蠹),占全国总截获数的19.23%。

10月20日,嘉兴检验检疫局在美国进口的废纸查验中截获不明鸟类尸体 (王轶星摄影)

【强化质量风险管理】 2016年,嘉兴检验检疫局围绕出口工业产品通报和退货调查,目录外商品监督抽查、C-RAPEX系统以及企业和消费者投诉问题,加强分析研判,做好风险预警,调查核实处理国外或地区工业产品通报案例11例,完成退运信息调查170批,抽检66批目录外样品,检出不合格22批,上报C-RAPEX系统质量安全风险信息275条,上报重大事项报告6个,提交专题动态报告1份,推动检验监管职能和管理方式向事中、事后、宏观质量管理转变。

【加强"放管服"改革】 2016年,嘉兴检验检疫局推进审批权限下放,优化检疫审批流程,印发《权力清单管理办法》规范权力清单管理,加强行政权力运行的制约和监督;公布"两个清单"和权力运行流程图;全面试点原产地证信用签证;优化进口废物原料查验模式,年降低作业成本约150万元,节省工时2.5万小时;制订出台《关于进一步促进外贸发展的若干意见》,推出五个方面18项举措,助推嘉兴外贸回稳向好;全年累计减免辖区企业出口检验检疫费1695万元;全年签发各类自贸协定原产地证书48114份、16.6亿美元,按照平均关税降低8%测算,全市出口企业享受自贸区成员国进口关税优惠折合人民币8.66亿元;促进外贸回稳向好工作专报获嘉兴市副市长盛全生批示肯定。

【G20杭州峰会安全保障】 5月底,嘉兴检验检疫局召开G20杭州峰会安全保障动员大会,成立领导小组,出台安保方案,完善应急预案,加大投入购置装备;建立核与辐射、生物、化学最小作战单元,落实口岸核生化反恐怖工作职责;建立健全网络安全保障机制,保持网络与信息安全的平稳态势,确保各信息系统安全可靠运行;严格执行领导干部带班制度和工作人员值班备勤制度,对内开展安全生产的教育和排查,对外开展重点企业进出口危险化学品及包装检验监管环节排查,做好源头管控,消除安全隐患。

【质量安全示范区创建】 2016年,嘉兴检验检疫局参与质量强市建设,通过完善管理机制,加强平台建设,建立预警机制,组织技贸壁垒应对培训,推动平湖出口服装国家级质量安全示范区、桐乡市出口杭白菊国家级质量安全示范区和海宁出口经编产品省级质量安全示范区创建工作。指导示范区完善建设保障体系、质量安全监管体系、风险管理体系和公共服务体系,构建“地方政府负总责、企业负主体责任、检验检疫部门监管、相关部门齐抓、行业协会协调、社会力量参与”的安全管理新机制,帮助示范区确立以技术、品牌、质量、服务为核心的出口竞争新优势,推动地方传统特色支柱产业健康发展。11月,平湖出口服装国家级质量安全示范区通过质检总局现场考核验收。

【服务转型发展】 2016年,嘉兴检验检疫局开展专题调研38次,走访地方政府部门、行业协会15个,走访企业26家,答复建议、解决问题、回应诉求47件。研究出台个性化服务措施,服务乐高玩具嘉兴工厂,4个月为企业节约押车费近300万元,同时加快企业物流速度;服务中粮进口食品公司华东仓储基地落户综保区B区;支持海宁皮革城开展市场贸易采购国家级方式试点,全年海宁市场采购贸易方式出口2776批、1.85亿美元。

【支持扩大开放】 2016年,嘉兴检验检疫局对接相关部门,将检验检疫工作与综合保税区、嘉兴港独山港区、海盐港区建设同步推进,制订科学需求方案和服务举措,为口岸建设提供政策和技术支持,全力助推开放进程。促进嘉兴港扩大开放和综保区优化提升,6月,嘉兴港独山港区、海盐港区通过省级预验收,并于10月通过质检总局组织的国家验收前预审查,11月25日通过国家验收,嘉兴港实现全域对外开放;9月,嘉兴综合保税区A区、B区通过浙江省政府组织的联合验收,12月7日,海关总署批复确认嘉兴综合保税区通过验收。

【智慧检验检疫建设】 2016年,嘉兴检验检疫局结合e-CIQ主干系统部署,分5个项目自主研发口岸业务系统,搭建口岸“智慧嘉检”后台支撑平台——“智检业务平台”口岸子系统,使口岸集装箱业务管理、船舶业务管理、综保区业务管理以及口岸移动执法更加科学化、系统化和精细化,为进一步推行口岸业务全过程智能化管理新模式奠定基础。

【首次检出恶性疟原虫感染病例】 4月18日,嘉兴检验检疫局检出1例恶性疟原虫感染病例。该患者为刚果金归国人员,回国不久便出现高热等症状。嘉兴检验检疫局组织人员对他进行流行病学调查和医学排查,并采集全血样本送保健中心实验室做进一步检测。经保健中心实验室疟原虫薄片镜检,疟原虫形态为环状体,大小约为红细胞直径的1/5,且厚血膜检测到镜下多簇环状体,结合患者的临床症状及流行病史确诊为恶性疟原虫感染病例,这是嘉兴检验检疫局首次检出该类病例。

【“四证合一”备案模式改革】 7月1日起,嘉兴检验检疫局联合市商务局、市贸促会,在全市五县两区开展对外贸易经营者“四证合一”备案模式改革创新,此举在全国尚属首次。“四证合一”是通过商务与检验检疫、贸促会建立信息数据互通共享机制，按照“一窗受理，一套资料，一次审核，一证四用”模式，将企业对外贸易经营类备案登记在三个部门依次申请办理，改为企业一套资料，一次申请，商务部门统一受理，检验检疫、贸促会和商务部门一次审核。检验检疫部门和市贸促会不再发放原产地企业备案登记表、报检企业备案表和申请原产地证书注册登记表，由商务部门在“对外贸易经营者备案登记表”上直接加注相关信息。至年底，全市212家企业受惠，节省费用11万元，节省300个工作日。

【梅山电机成为浙江首家全球维修企业】　上海电机集团梅山电机有限公司是一家专业从事高压电机维修业务的企业。2006年，梅山电机在嘉兴设立分公司，将生产基地全部迁到嘉兴，2016年1月，梅山电机首次接轨国际维修业务。浙江检验检疫局和嘉兴检验检疫局多次深入企业进行调研，了解产品的维修加工流程和料件、废弃物管理情况，制订《维修用途电机入境检验监管作业指导书》，建立对入境维修电机的全流程闭环监管模式，确保其维修过程中涉及的安全、卫生、环保等环节得到有效控制，2016年7月4日，梅山电机成为全省首家通过维修、再制造能力评估的全球维修企业。

【进口韩国丙烯严重短重获总局发布警示通报】2016年4-9月，嘉兴检验检疫局连续鉴定出四批韩国进口丙烯严重短重，短重率分别为21.47‰、13.83‰、10.31‰和19.75‰，合计短重124.38吨，国内收货人潜在经济损失9.23万美元。该四批货物均来自韩国“ULSAN”(蔚山)港，嘉兴检验检疫局检验鉴定工作人员在核实鉴定程序规范、数据无误后，一方面及时出具重量证书，帮助企业对外索赔；另一方面形成书面材料向上申报。国家质检总局及时在系统内发文对该案例进行警示通报，要求各口岸检验检疫机构加强对韩国“ULSAN”(蔚山)港进口丙烯的检验鉴定，认真核实装运港资料。10月24日，国家质检总局对嘉兴检验检疫局申报的连续鉴定出进口韩国丙烯严重短重发布了《关于发布一批海外高风险贸易港口和国际航行船舶的警示通报》。

【进口铜精矿短重成功索赔案例】　3月30日，嘉兴检验检疫局4批进口铜精矿严重短重成功索赔典型案例被总局检验司采纳通报。4批铜精矿共21082吨，货值3340万美元，重量鉴定结果为20892吨，短重190吨，国内进口企业依据嘉兴检验检疫局出具的重量证书成功获得索赔，挽回经济损失196万元。铜精矿伴生有黄金成分，是一种单价较高的矿种，为提高其计重精确度，嘉兴口岸采用衡器计重方式，并在卸货过程中严格按照铜精矿取制样规程进行取制样工作，由实验室检测样品水分含量，再结合衡器计重结果和水分检测值，计算出货物干态重量。嘉兴检验检疫局根据鉴定结果并第一时间出具重量证书，为国内进口企业索赔提供依据。

【推行内外销“同线同标同质”工程】　2016年是出口食品企业实施内外销“同线同标同质”(简称“三同”)工程的开局之年，嘉兴检验检疫局开展“三同”工程推进工作，成立“三同”工作组，向辖区企业宣传“三同”工作。组织召开由辖区企业参加的出口食品内外销“三同”工作宣传会；在《钱江晚报》、嘉兴电视台等媒体进行宣传；结合出口备案食品企业的年度监管，深入企业现场授课。2016年，嘉兴有4家出口食品生产企业顺利实施“三同”，海宁康尔福通过“三同”工程推广和宣传，提升工厂代加工知名度，国内贴牌代工达20余个。嘉善黄酒通过实施“三同”，提升品牌知名度，自主品牌“西塘”“汾湖”“西塘人家”“西塘1618”“西塘原香”系列产品覆盖浙江省、上海市、

6月23日，嘉兴检验检疫局到食品企业开展“同线同标同质”工程推进工作　　（王轶星摄影）

江苏省、山东省、福建省等省市。美丹食品通过“三同”工程,产品覆盖全国12个省市,4家企业销售额比上年增加2000万元。

【加快科检平台建设】 12月,浙江检科院嘉兴分院顺利通过CNAS/CMA复评审;7月,皮毛检验检疫中心实验室完成改造并运转;11月,水陆口岸现场办植物检疫现场实验室通过验收;3月,植物检疫常规实验室投入运转;9月,全面完成医学实验室CNAS和CMA体系换版工作。

【嘉兴市粮油质量检验检测中心成立】 10月21日,经嘉兴市粮食局、嘉兴出入境检验检疫局共同协商,嘉兴市机构编制委员会批复同意,嘉兴市粮油质量检验检测中心挂牌成立。该中心将依托浙江省检验检疫科学技术研究院嘉兴分院完善的质量管控体系和强大的技术检测力量,履行全市粮油产品质量定期检验检测、安全检验检测和原粮品质、卫生检验检测等职责;开展粮油产品质量检验检测技术咨询、指导、培训和粮油产品质量委托检测等服务。

10月21日,嘉兴市粮油质量检验检测中心挂牌成立
(王轶星摄影)

(朱其芳)

边防检查

【概况】 2016年,嘉兴边防检查站围绕嘉兴海洋经济发展和口岸开发开放大局,创新边检勤务模式,打造安全稳定的口岸出入境秩序。服务口岸大通关建设,确保独山、海盐港区通过国家口岸开放验收。推行“边检告知单”和“告船长书”,整合“网上便民信箱”“边检服务QQ群”“网上办证”等服务平台,研发嘉兴边检手机App。全年,办理各类网上申请1万余份,检查出入境(港)船舶1768艘次、员工26946人次,比上年分别增长15.4%、23.7%。开展“强军梦、强军行”系列文化活动,拨出专款20余万元用于文化建设,逐步形成集“红船精神长廊、廉政文化墙、军人核心价值观文化石刻、楼道励志文化和检查员之家”的警营文化体系。开展警营文化活动,在营区设立各种励志海报、横幅和宣传橱窗等,开展警营文化艺术节活动,活跃警营文化。与秀洲区文化馆签订文化共建协议,确保每月在警营放映电影。

【执法规范化建设】 2016年,嘉兴边防检查站开展执法突出问题排查整改活动与执法执勤安全专项教育整顿活动,采取邀请地方法制专家授课、到法院旁听庭审以及开展执法理念大讨论等方式,开展执法理念教育。通过一案一评、倒查梅沙系统记录、实时视频监控等手段加强内部执法监督,加大责任倒查力度,及时纠正执法不规范行为。全年,办理各类案件30起30人次,其中一般程序案件1起1人次、一般程序快速处理案件2起2人次、简易程序案件27起27人次。所有案件办理程序合法,手续完备,未发生行政复议、行政诉讼等情况。

海上边防检查 (嘉兴边防检查站提供)

【科技强警建设】 2016年,嘉兴边防检查站加强

信息化建设，投资150万元建成由75个高清摄像头组成的“专网专用”视频监控网络，实现所有码头区域视频监控全覆盖、全方位管控。投资20万元研发集基础信息、船舶动态、警力分布、高清监控视频、统计分析和勤务调度于一体的嘉兴口岸管控指挥系统，强化口岸勤务指挥调度工作。投资20万元研发嘉兴边检手机App应用，方便企业群众办理边检手续。投资102万元建成智能办公云桌面系统和数字化档案室，进一步提升工作效率，强化网络安全保密工作。

【构建口岸管控安全防护网络】 2016年，嘉兴边防检查站部署开展基础大排查、“固边1、2、3号”系列行动，突出重点人员、重点区域、重点时段管控，强化人员信息核查比对，做到不漏一人，不留死角。对化工品、危险品码头等重点区域派员蹲守，采取“地毯式”走访、“全景式”扫描等方式，对24家重点化工企业和55家涉外企业进行无缝隙排查，消除安全隐患。加大巡查工作力度，提高码头见警率，防止出现“管控真空”。年内处理各类查控报警事件1073起，查获网上在逃人员2人，查获违禁书籍等物品14件。3318边检艇开展海上巡查93次，累计巡航153小时、航程1189海里。

【构建情报信息预警管控网络】 2016年，嘉兴边防检查站充分发挥海港边防网络警务室的作用，开展“每日执勤监控、每周情报会商、每月形势分析”，获取各类情报信息11条，上报5条。采取重点航线四色预警，严格落实“5个百分百”（对每艘出入境船舶100%风险评估和轨迹回放、每名员工100%人证比对、重点国家人员100%行李物品检查、每艘载有重点国家船员的交通运输工具100%船体检查、每名口岸证件申请人员100%身份核查）工作机制，加强对353名重点国家人员的核查，对70艘往来重点国家船舶进行重点监护和船体检查，开展重点国家人员背景核查21次。

【构建口岸群防工作网络】 2016年，嘉兴边防检查站完善“三联勤”（科所艇联勤、警企联勤、警警联勤）协作机制。定期会同市公安局、市国安局、嘉兴海关、嘉兴海事局等有关部门共商建设一体化反恐防控体系。与上海金山出入境边检站签订建立船舶动态、执法执勤、情报信息和人员交流互通机制，定期开展锚地专项检查和联合巡查工作。与码头公司建立边检协管工作机制，与涉外企业签订安保协议，对75名保安和140名码头工人进行业务培训，建立“平安口岸红袖标”群防队伍，实现专业巡防队伍与义务巡防力量的有机结合，构建口岸群防工作网络。

（傅梦洋）

财税　金融

财　政

【概况】 2016年，嘉兴市实现财政总收入673.37亿元，比上年增长5.2%，其中一般公共预算收入387.93亿元，增长10.4%（同口径增长6.6%），占财政总收入57.6%；税收收入347.98亿元，占一般公共预算收入89.7%。全市一般公共预算支出442.19亿元，增长4.1%。市本级实现财政总收入213.71亿元，增长10.6%，其中一般公共预算收入124.2亿元，增长14.1%（同口径增长12.2%）。市本级一般公共预算支出152.67亿元，增长3.9%。2016年，市财政局连续14年被市委、市政府评为目标责任制暨"五型机关"考核一等奖。

【组织财政收入】 2016年，市财政局加强信息管税，推进"金税三期"上线，清理数据96万条，国地税共同清理漏征漏管户532户，实现征管系统顺利过渡。深化部门涉税信息共享运用，全市采集740万条第三方涉税信息，涉及税费105.66亿元。深化国地税合作，联合搭建办税服务平台，在全市范围内打造"半小时办税服务圈"。按税收入库数排名逐户走访10130户纳税人，开展"问需求、优服务、促改革"专项行动。支持实施浙商创业创新、"个转企"、"小微企业三年成长计划"、战略性新兴产业等，统筹安排涉企政府专项资金4.46亿元。强化社保费征管，改进嘉兴市社会保险费年度结算系统。全市入库社保费192.79亿元，增长15.5%。加强非税收入管理，污水处理费纳入政府非税收入管理。深化政府非税收入收缴电子化改革，支付渠道涵盖银联、网银、支付宝等。全市非税收入359.79亿元，增长58.2%。

【助力供给侧结构性改革】 2016年，市财政局下达去产能专项资金3436万元，压减粗钢产能55万吨，完成化解钢铁过剩产能目标任务。完善"亩产税收"评价体系，继续实施差别化减免土地使用税和房产税，对市本级评价为D类和一票否决的1022家企业不予减免，倒逼集约利用土地。落实房地产交易环节契税、营业税税收优惠新政，14万户次受益。支持实施棚户区改造货币化安置，全市完成1.18万户。完善住房公积金贷款政策，出台提高最高贷款额度、实施保底贷款等惠民新政。加快推进地方政府债券置换存量债务工作，全市置换存量债务469.45亿元，争取到全市地方政府存量或有债务转化政府债务额度90.99亿元。制定五年化债计划，落实具体化债措施。落实各项税费优惠政策，全市减免各项税费152.81亿元，涉企收费项目从50项减少到27项。5月1日起，全面推开"营改增"试点，细化70项"营改增"试点工作任务，完成8.84万户纳税人的税制转换，减轻全市试点企业负担21.93亿元。完善人才发展资金管理办法，实施人才改革试验区创建和"创新嘉兴·精英引领计划"；推进"泛孵化器""众创空间"等科技平台建设，全市建成市级以上科技企业孵化器19家；加深科技金融合作，设立科技支行信贷风险补偿基金7000万元。全市科学技术投入17.94亿元，比上年增长9.6%。

【加大产业基金扶持力度】 2016年，市财政局推动市政府出台《嘉兴市政府产业基金管理办法》，明确政府产业基金的宗旨、原则、组织构架、职责分工等内容。组建政府产业基金投资决策委员会，制订议事规则，明确政府产业母基金和区域基金的决策流程。实现政府产业基金县（市、区）全覆盖，至年底，全市各级政府产业基金规模80.75亿元，比上年增长9.5%；撬动社会资本投资额627.79亿元，增长207.2%。重点支持信息经济、健康、环保、旅游、时尚、金融、高端装备制造七大产业和现代农业，其中投资信息经济产业41.63亿元，占项目投资总额的67.7%；健康产业6.21亿元，占10.1%；环保产业5.67亿元，占9.2%。

【保障民生事业发展】 2016年，嘉兴市完善民生投入长效机制，全市各级财政用于民生发展类支出353.84亿元，比上年增长7.0%，占一般公共预算支出的80.0%，占比全省排名第一。筹措资金保障重大水利工程，落实“河长制”和“清三河”工作，完善水源地生态补偿机制，全市投入“五水共治”资金42.55亿元。对各县（市、区）出台与PM2.5考核下降挂钩的奖补政策，全市投入“五气共治”资金3.67亿元。海绵城市建设试点36个项目完工，55个项目在建，累计完成投资17.01亿元，其中财政资金11.77亿元。保障义务教育资源优质均衡，全市义务教育支出46.27亿元，增长8.8%，推动各县（市、区）通过“国家义务教育基本均衡县”评估，4个县（市）通过“省政府基本实现教育现代化县（市、区）”认定。支持农村文化礼堂建设，农村文化礼堂覆盖率全省第一。特设1000万元专项资金支持创建全国公共文化示范区，以东部地区第一名的成绩创建国家公共文化服务体系示范区。推进卫生信息化建设实施诊间结算，出台引进上海高端医疗资源的财政补助政策，安排基层医疗卫生机构财政补助资金1.77亿元。推动居家养老服务照料中心实现城乡社区全覆盖，成为首批国家级医养结合试点。加大社会救助力度，在全省率先出台支出型贫困家庭救助办法。全市社会保障和就业支出33.79亿元，增长22%。修订市本级美丽乡村建设资金管理办法。健全村级公益事业一事一议财政奖补机制。制定财政支持农业“三项补贴”政策综合改革实施意见。

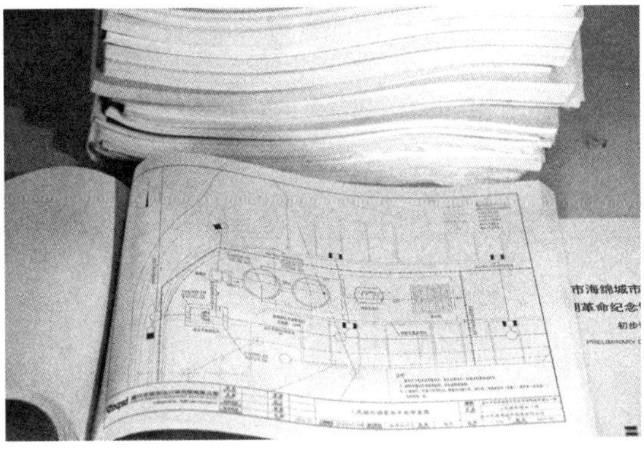

市财政局支持海绵城市建设　（陈玉华摄影）

【深化财政改革】 2016年，市财政局开展政府专项资金集中整治，推进七大政府专项资金管理清单全部公开，内容细化到补助对象、补助金额和政策依据。开展市级和县（市、区）政府及部门预决算公开情况专项检查，公开信息完整性、及时性和细化程度等方面存在的问题全面整改到位。全市所有县（市、区）财政总预算和“三公”经费预决算、市级部门（除涉密部门外）预决算全部公开。推进国库集中支付和公务卡改革，全市国库集中支付资金占比93.7%，比上年提高13.5个百分点。至年底，市级部门办理公务卡9819张，比上年增加753张；公务卡消费结算金额2739万元，增长15.8%。推进政府和社会资本合作，全市组织实施21个PPP项目，总投资574.33亿元。城东再生水厂工程入选第三批国家示范项目。深化政府购买服务改革，出台《市级政府购买服务项目审核管理办法》，建立政府购买服务项目联审机制，修订政府购买服务指导目录，从90项扩大到142项，全市政府购买服务支出19.63亿元，增长13%。

【强化财政监督管理】 2016年，市财政局组建内部控制组织管理架构，成立内部控制委员会，建立内部控制制度体系，强化内部流程控制。通过内控示范点建设，推进全市行政事业单位内部控制建设。深化公款竞争性存放，出台《市级行政事业单位公款竞争性存放管理暂行办法》，全市各级财政实施公款竞争性存放553.13亿元，到位率100%；各级单位实施公款竞争性存放141.55亿元，到位率100%。完善行政事业单位财务管理制度，出台预算单位课题研究经费、劳务费等一系列管理制度,结合新一轮公务用车制度改革,出台公务交通费、工作人员差旅费开支补充规定等配套财务制度。加强政府投资项目管理,市级政府投资项目结算审核298个,审定金额10.3亿元,净核减1.24亿元;项目竣工决算审核19个,审定金额17.6亿元,净核减0.15亿元。规范市级政府采购工程项目管理,加强政府采购活动现场组织管理。推进政府采购支持中小企业信用融资工作,在全省率先建立政府采购信用融资全市互联互通机制。推进管理会计应用试点,确定6家管理会计应用试点单位,建立院校与企业一对一合作机制,浙江亚特电器公司获得省管理会计应用试点优秀奖。

(徐力超)

国家税务

【概况】 2016年,嘉兴市国税部门累计组织税收收入435.69亿元,比上年增长11.3%。其中组织中央级收入268.26亿元,下降4.2%;省级收入7.56亿元,增长241.4%;市县级收入159.87亿元,增长46.3%。全市国税系统分别组织地方财政总收入、公共财政预算收入402.5亿元、159.87亿元,占同口径全市预算收入的59.8%、41.2%,国税贡献度分别提高2.8个百分点和10.1个百分点。2016年,全市国税收入呈现三大特点:一是"营改增"全面扩围,税收总量再创新高。全市国税收入规模突破400亿元,创历史新高,税收总量稳居全省第三位。全市新扩围"营改增"收入46.09亿元,占全市国税收入总量的10.6%。二是新兴产业表现突出,增长新引擎逐步形成。战略性新兴产业、装备制造业、高新技术产业分别完成直接税收(不含调库)82.67亿元、66.07亿元、32.95亿元,增长25.5%、15.7%、10.7%,占全市税收的24.3%、19.4%、9.7%,提高3.8个百分点、1.7个百分点和0.4个百分点。三是开发区和区域特色产业集聚效应显现,新兴经济形态成为税收亮点。全市14个省级以上开发区(园区)共入库直接税收收入118.29亿元,增长6.4%,对全市直接税收(不含新扩围"营改增")的增长贡献度达到37.5%。全市9个省级特色小镇共入库直接税收5.02亿元,增长22.3%。嘉兴市楼宇经济持续快速发展,共入库直接税收17.13亿元(不含新扩围"营改增"),增长33.3%。

【强化征管体制改革】 2016年,全市国税系统加强国地税合作,制定征管体制改革举措59项、国地税合作事项44项,推进嘉兴市国地税"服务深度融合、执法适度整合、信息高度聚合",桐乡市被评为全国百佳国税、地税合作县级示范区。全面推开"营改增"试点,全市8.75万户纳税人顺利实现"营改增"新旧税制过渡,四大新扩围行业实现税负普降。促进皮革城市场采购贸易方式落地,实现生产企业、外贸企业审核核准权限下放至所有县(市、区)国税局,全年共办理出口退(免)税179.89亿元,退税总量继续居全省第三位。持续释放政策红利,助推企业创新能力提升和供给结构优化,落实各类税收减免76.79亿元,其中高新技术优惠15.8亿元、小微企业优惠8.56亿元,分别增长16.3%和26.1%;鼓励企业扩大有效投入,全年落实不动产抵扣2.99亿元,受理固定资产(不含不动产)进项抵扣33.93亿元,拉动生产性设备投入233.52亿元。

5月1日,消费者拿到阳光码头海鲜豆捞开具的嘉兴市首张生活服务业增值税普通发票 (陆非凡摄影)

【提升科技兴税水平】 2016年,全市国税系统以"互联网+税务"为引导,全面深化信息管税,上线"金税三期"系统,为税收治理提供现代技术支持。以进一步深化税源专业化管理改革为总纲,完善税源风险管理组织架构，健全税源风险管理机制，做好各级税收风险任务应对工作和“个转企”百日专项风险应对工作。充分利用增值税发票系统升级版的数据资源，推进大数据的分析和运用。全领域完善各税种管理，提升大企业管理层级，完善税收预约裁定制度，巩固税企遵从合作关系，协助省国税局与嘉兴市韩泰轮胎签订全省首例外商独资企业税收遵从合作协议。打击跨国逃避税，建立非居民税源监控常态机制，提升非居民税收风险管理能力。

【优化便民办税服务】　2016年，全市国税系统以“改革·合作”为主题，分批推出三大类44项便民服务措施，根据纳税服务规范升级版要求，推动国地税联合大厅建设，多维度强化办税服务厅管理，推进办税便利化改革。探索网上办税，推行网上办税厅、移动办税平台、自助办税终端系统，“电子税务局”已具雏形。不断提升纳税信用含金量，落实全市纳税信用A、B级增值税一般纳税人取消增值税发票认证工作，通过“银税互动”为纳税人提供信用贷款5.35亿元。落实“省内通办”，合理简并纳税人申报缴税次数，实施“容缺受理”、涉税诉求集中快速处理等创新服务。提升大企业个性化纳税服务水平，重点做好服务“一带一路”国家战略相关工作，加大“走出去”企业税收扶持力度。

【加强依法治税工作】　2016年，全市国税系统不断完善税收法治基础机制建设，健全各级领导干部学法机制，开展法治税务示范基地创建工作。继续深化行政审批制度改革，加强税收执法依据清理，完善税收规范性文件清理、合法性审核以及备案审查制度。推进税收法律顾问和公职律师制度，建立公职律师办公室，构建“七位一体”大监督格局，持续改进重大税务行政决策管理办法。深化税务稽查改革，建立健全随机抽查制度和案源管理制度，开展税收专项检查和重点税源检查工作，创新“风险推送，定向稽查”，落实税收违法案件联合惩戒。2016年，市国税局获评嘉兴市“六五”普法先进单位。

8月10日，嘉兴市国家税务局公职律师办公室揭牌
（陆非凡摄影）

【加大绩效管理力度】　2016年，全市国税系统全面推行绩效管理，最大限度地激发国税干部的积极性、主动性和创造性；深入推动国税文化工程，推进全国文明单位创建活动，完善服务品牌建设；全面实施干部提能工程，通过“岗位大练兵、业务大比武”等活动，提高干部履职水平；在全省国税系统率先试点“大纪检”工作格局，打造廉洁效能税务生态；开展“严肃财经纪律年”活动，加大督促检查力度，提升各项工作的执行力；开展“千名党员进千企”专项活动，发动党员参与征管体制改革等重大任务。

2016年嘉兴市分税种国税收入完成情况

表8　　单位：万元

税　　种	2016年	2015年	增长（%）
税收收入合计	4356947	3916058	11.3
国内增值税	3127798	2710379	15.4
国内消费税	104594	79197	32.1
企业所得税	949521	918893	3.3
储蓄利息个人所得税	4	7	-42.9
车辆购置税	175030	207582	-15.7

2016年嘉兴市分县(市)国税收入完成情况

表9

单位:万元

单　　位	2016年	2015年	增长(%)
全市	4356947	3916058	11.3
市本级	1441518	1240461	16.2
海宁市	727200	642800	13.1
桐乡市	575024	549137	4.7
平湖市	610151	592727	2.9
嘉善县	448733	403377	11.2
海盐县	554321	487556	13.7
其中:海盐县域	257799	224480	14.8
秦山核电	296522	263076	12.7

(顾凯磊　温西湖)

地方税务

【概况】 2016年,嘉兴市地税部门组织各项收入465.01亿元,同口径增长13.7%。其中税收收入241.58亿元,同口径增长14.8%;非税收入223.43亿元,增长12.4%。市本级组织各项收入152.07亿元,同口径增长18.8%。其中税收收入81.43亿元,同口径增长22.2%;非税收入70.64亿元,增长15.2%。2016年,全市经济运行稳中有升,地税税收收入增长与生产总值增长相适应。受"营改增"影响,营业税入库43.35亿元,下降45.7%。企业所得税入库37.89亿元,增长14.12%,主要是房地产业企业所得税高速增长。个人所得税入库44.92亿元,增长8.9%,主要是工资薪金、财产转让所得个人所得税增长较快。非税收入占地税收入的48.1%,增长4%,主要因素为"营改增"影响和社会保险基金收入快速增长。2016年,市地税局连续14年被市委、市政府评为目标责任制暨"五型机关"考核一等奖。

【支持经济转型发展】 2016年,市地税局落实各项税费减免政策,全市办理各类减免税费71.91亿元。开展支持浙商创业创新税费政策效应和项目税收效应调研分析,以支持浙商创业创新为载体,鼓励扩大有效投资,培育地方经济税源。涵养培育优质税源,加强对省级特色工业设计示范基地、产业集聚区建设的服务和指导。贯彻落实支持小微企业所得税优惠政策,政策受惠面100%。与国税、科技部门联合制定《进一步加强研发费用加计扣除政策落实工作实施方案》,共同开展政策宣传和督导落实工作。强化政策导向,倒逼企业节约用地,市本级制造业试点企业2016年亩均税收12.53万元,非制造业亩均税收8.81万元,减免税额1.16亿元,其中A类企业占69.8%。国地税联合建立"走出去"企业清册,做好"走出去"企业税收政策辅导,预防税收风险。

【全面推开"营改增"试点】 2016年5月1日,嘉兴市建筑业、房地产业、金融业、生活服务业全面推开"营改增"试点,全市扩围4大行业共涉及纳税人约8.75万户,其中纯地税管辖户5.58万户、国地税共管户3.17万户。制定《嘉兴市全面推开营业税改征增值税改革试点倒排期工作计划》,分阶段细化60项试点工作任务,制订时间表和责任清单,做好基础准备、宣传培训、应急保障等各项工作,5月1日实现首日开票。发布《嘉兴市地方税务局关于营改增后纳税人销售其取得的不动产和其他个人出租不动产有关代征税款和代开增值税发票工作的公告》,编印代征代开办税手册1.5万份,发放"营改增"宣传资料2.69万份。2016年,全市地税部门代开增值税发票5.12万张,代征增值税2.74亿元,免征增值税8.69亿元。实现代征代开功能的地税办税服务大厅36个,代征点51个,税控设备183台。

【加强税收征管工作】 2016年,嘉兴市组织国地税合作启动仪式,召开首次国地税合作联席会议,签署合作备忘录,确定年度32项重点合作工作。国地税联合印发《关于联合开展大企业税收服务与管理合作工作机制的通知》,市、县两级国地税共同组建大企业个性化服务团队,联合为98家大企业提供个性化纳税服务措施。制定《嘉兴市国家税务局嘉兴市地方税务局关于联合开展纳税评估试点工作的通知》,对全市70家重点税源企业开展国地税联合纳税评估试点工作。推送税收风险计划指标13项30个指标,堵塞税收征管漏洞。财政、地税、国税联合制定《嘉兴市本级税收社会化绩效评价管理办法》。开展"个转企"百日转项行动,全市310户个体工商户完成"个转企"税务登记。

【"金税三期"上线运行】 10月8日,"金税三期"在嘉兴市上线。2016年,嘉兴市政府组织召开18个市级部门主要负责人参加的"金税三期"上线工作部署会议。从国税、工商、社保、公安等部门获取第三方涉税信息450多万条,国地税共同清理漏征漏管户532户,修改"国地税同户不同号"信息6500条。市地税稽查局、市地税三分局纳入全省11家小范围双系统运行工作试点单位,在嘉兴召开全省"金税三期"稽查业务操作指引集中研讨会议。制定《金税三期工程优化版推广上线双系统运行工作方案》,试运行期间组织人海压力测试。通过网站、微信公众号、电视台、报纸等平台开设"金税三期"专栏,发放宣传资料3万份,依托"纳税人学堂"组织"金税三期"业务专题培训,培训纳税人2.1万人(次)。运行当月,全市地税系统窗口累计受理业务量1.28万户(次),单笔业务平均办理时间4.5分钟,纳税人满意率97.9%,实现零投诉。

10月8日,"金税三期"在嘉兴市上线　　(陈玉华摄影)

【加强依法治税工作】 2016年,市地税局组织开展规范性文件清理工作,保留有效24件,废止失效24件、部分条款失效11件,并对清理结果进行公告。建立"双随机"抽查机制,明确随机检查清单、建立检查人员和检查对象名录库,制定随机检查实施细则。对"一照一码"登记制度改革执行情况等开展税收执法督察。全市共检查纳税企业1392家,其中重点检查485家、责成自查907家;查补金额2.03亿元,其中重点检查9634万元、责成自查1.06亿元。市本级检查纳税企业428家,查补金额7093万元。全市共上报大要案28件,查补金额6466万元;市本级上报大要案6件,查补金额909万元。

【规范纳税服务】 2016年,市地税局组建纳税服务局,整合市本级办税服务厅、延伸申报点、12366等纳税服务平台。推动国地税联合办税,全市有国地税共建办税服务厅7个,共同进驻政务大厅13个,6个国税办税大厅、5个地税办税大厅实现窗口互设。开展"优化流程、优化服务、提速增效"行动,按照"金税三期"岗位设置要求,梳理各项涉税业务流程,编印《"二优一提"工作手册》。开展"问需求、优服务、促改革"专项行动,按税收入库数排名对全市10130户纳税人逐户走访,提升纳税人满意度。开展"便民办税春风行动",推出10大类29项重点便民举措。贯彻《浙江地税纳税服务规范(2.3版)》,落实首问责任、限时办结、预约办理、延时服务、自助办税5项服务制度。开展2015年度纳税信用评价,市本级1.6万户纳税人参评,其中2664户纳税人被评为A级。

(孙飞翔)

银 行 业

【概况】 2016年，嘉兴市新增社会融资规模647.39亿元，比上年多增101.23亿元；如果还原地方政府债券置换因素，全市实际新增社会融资规模1116.84亿元，比上年多增348.32亿元。全市新增贷款367.08亿元，比上年多增88.52亿元；如果还原地方政府债券置换因素，全市新增贷款638.48亿元，比上年多增194.67亿元。全市非金融企业股票融资增加151.13亿元，比上年多增14.78亿元。全市新增债券净融资61.37亿元，比上年少增139.18亿元。年末，全市金融机构本外币各项贷款余额5286.90亿元，比年初增加367.08亿元，比上年多增88.52亿元，比上年增长7.46%，比上年同期提高1.46个百分点；12月末贷款余额、增量、增速分列全省各地市第7位、第4位、第3位。全市新增房地产贷款374.83亿元，比上年多增282.2亿元，其中购房贷款新增370.39亿元，比上年多增259.21亿元；全市新增水利、环境和公共设施管理业贷款43.64亿元，比上年多增17.12亿元；全市新增小微企业贷款198.29亿元，比上年多增35.23亿元，12月末，全市小微企业贷款余额1859.25亿元，比上年增长12.13%，增速高于平均4.67个百分点。年末，全市金融机构本外币各项存款余额6848.41亿元，比年初增加891.41亿元，比上年多增568.72亿元，比上年增长14.96%，比上年同期提高10.38个百分点。12月末存款余额、增量、增速分列全省各地市第7位、第3位、第2位。全市市外购房资金流入219.66亿元。全市新增非金融企业存款376.11亿元，比上年多增303.76亿元；新增住户存款307.86亿元，比上年多增105.87亿元；新增广义政府存款163.17亿元，比上年多增115.43亿元。12月，全市人民币一般贷款加权平均利率5.57%，比年初下降0.15个百分点，低于全省平均0.12个百分点。全市大型企业贷款利率4.54%，比年初下降0.13个百分点；中型企业贷款利率5.04%，比年初下降0.31个百分点；小型企业贷款利率6.01%，比年初下降0.23个百分点；微型企业贷款利率6.72%，比年初下降0.17个百分点。12月末，全市不良贷款余额47.44亿元，比年初下降12.69亿元；不良贷款率0.90%，比年初下降0.32个百分点，低于全省平均1.27个百分点，银行资产质量居全省首位。

2016年，人民银行嘉兴市中心支行被上级行评为综合业务考核A等行，获得中国金融工会颁发的全国“金融先锋号”等称号，被市委、市政府授予“五型”机关考核一等奖，绿色金融服务体系等工作先后17次被省市领导批示。

2016年嘉兴市银行业金融机构本外币存贷款情况

表10　　单位：亿元

机　构	存　款			贷　款		
	余额	增量	增长(%)	余额	增量	增长(%)
合计	6848.41	891.41	14.96	5286.90	367.08	7.46
农发行嘉兴市分行	64.35	18.71	41.00	166.90	22.11	15.27
工商银行嘉兴市分行	873.51	97.06	12.50	707.58	50.31	7.65
农业银行嘉兴市分行	1091.99	137.94	14.46	783.33	50.34	6.87
中国银行嘉兴市分行	430.82	42.26	10.87	420.28	6.84	1.66
建设银行嘉兴市分行	685.94	71.40	11.62	556.05	22.85	4.29
交通银行嘉兴分行	246.98	14.10	6.06	204.42	1.31	0.64
中信银行嘉兴分行	256.03	7.28	2.92	209.84	0.58	0.28
光大银行嘉兴分行	54.68	13.35	32.3	68.14	32.43	90.81
华夏银行嘉兴分行	49.76	7.82	18.65	72.20	16.75	30.21
平安银行嘉兴支行	74.25	−19.24	−20.58	64.46	−31.78	−33.02
招商银行嘉兴分行	57.27	−0.82	−1.41	76.15	23.97	45.93

续表10

机　　构	存　　款			贷　　款		
	余额	增量	增长(%)	余额	增量	增长(%)
浦发银行嘉兴分行	63.52	-10.04	-13.65	99.49	9.47	10.52
兴业银行嘉兴分行	164.25	46.84	39.89	137.83	-3.11	-2.21
民生银行嘉兴分行	51.18	2.04	4.14	64.37	-15.25	-19.15
恒丰银行嘉兴分行	34.27	7.44	27.75	33.79	-4.99	-12.86
浙商银行嘉兴分行	97.66	18.57	23.48	94.02	15.98	20.48
广发银行嘉兴分行	15.93	-6.57	-29.19	10.81	1.69	18.54
城市商业银行	581.58	136.39	30.64	396.47	59.55	17.68
邮政储蓄银行嘉兴市分行	292.02	56.23	23.85	126.66	40.36	46.76
村镇银行	54.63	7.20	15.19	62.03	7.49	13.74
农村合作机构	1539.52	207.33	15.56	932.07	60.16	6.90

【推进“金融服务结构性改革年”活动】 2016年，人民银行嘉兴市中心支行全面落实市政府《关于金融服务实体经济提质增效的实施意见》，服务供给侧结构性改革工作，重点助推“三去一降一补”(去产能、去库存、去杠杆、降成本、补短板)。一是贯彻稳健货币政策。围绕总量审慎，落实MPA评估体系、准备金平均法考核和定向降准等，定向降准释放资金6.69亿元，累放再贷款1.5亿元、办理再贴现4.4亿元。围绕发展多元融资体系，全市累计发放银行间市场债务融资121.5亿元。围绕督导有效，持续深化“2+N”信贷评估，完成对23家机构小微信贷评估和5个县域的涉农信贷评估。二是服务供给侧改革。出台《关于全力做好当前小微企业金融服务工作的通知》，抓好政策、服务、平台、产品、增信、督导和配套“七式集成”。开展“普惠金融三年专项行动”，牵头举办小微企业专场对接7次，推介项目524个、48亿元。全市新增小微企业贷款198.29亿元，占全省增量的23.5%，增量和增速居全省第3位、第1位。组建百名金融指导员队伍，帮助企业新增授信超过5亿元。加大担保还款方式创新，累计发放九大类担保方式创新贷款219亿元，累计推出缓解期限错配、减轻转贷压力的信贷产品57款、受益小微企业9743家、降低转贷成本超2亿元。抓好过剩低端产能出清，以“政策引导、融资渠道、产品服务、管理方式”“四大创新”打造绿色金融服务体系。三是强化有效投资。突出支持工业稳增长调结构增效益，重点对接国家海绵城市、特色小镇等建设，优化金融要素配置。12月末，全市金融机构对“615”重点投资项目合计授信1359亿元，其中重大项目银项现场对接会签约金额287亿元，签约企业家数和签约金额均创历年新高。

【推进金融“集成创新”】 2016年，人民银行嘉兴市中心支行全面落实市委、市政府《关于加快金融改革创新促进经济转型发展的意见》，全方位推进金融“集成创新”。一是推进省级科技金融改革创新试验区建设，探索“七合一”(政府+银行+担保+保险+创投+租赁+中介)科技金融模式，《金融时报》以“嘉兴三大组合拳破解科技型企业融资难题”进行宣传报道。二是推进农村金融改革，开展农村土地承包经营权抵押贷款全国试点，探索形成“确权先行、权能均享、标准引领、风险分担”的海盐模式。年末，该项贷款余额2.61亿元，比上年增长52.4%，占全省的28.8%。三是推进外汇管理改革，全口径跨境融资宏观审慎管理试点全省最早，跨国公司外汇资金集中运营管理试点参与企业全省最多。四是主动融入新型智慧城市建设，推动市政府出台《“智慧支付”工程三年行动规划》，在15个领域推广现代支付应用场景，全市手机支付等电子支付交易量比上年增长92%。“智慧支付”工程被省人民银行作为试点推广。

【优化金融生态环境】 2016年，人民银行嘉兴市中心支行加强金融管理，注重风险防控，维护嘉兴市良好的金融生态环境。一是全面改进跨境收支管理。强化窗口指导、专项考核与监测分析，探索本外币一体化监管，强化跨境收支行为监测，实施“跨境人民币政策进千企”走访活动，全年全市跨境人民币结算量390.78亿元。二是全面规范同业业务。结合辖区发生的商票托收拒付案件，推动市政府成立票据拒付事件协调处置小组。完善法人机构每月监测报告，重点把同业业务风险评估与银行机构潜在不良风险评估结合起来，起到较好警示作用。强化同业业务督查，共发现问题13个。开展同业银行结算账户检查，共检查同业银行结算账户164个。三是全力防范金融风险。加强法人机构风险监测、银行业资产质量监测、出险企业风险监测。完善浙北五县市跨区域风险联动处置机制，处置涉险信贷8.8亿元。与嘉兴中院签订合作协议，强化跨部门风险处置合力。大力打击电信网络新型违法犯罪。

11月11日与嘉兴中院签订合作协议，强化跨部门风险处置合力 （人民银行嘉兴市中心支行提供）

（姜弘毅）

【开展“优服务、促转升”专项行动】 2016年，嘉兴银监分局开展“优服务、促转升”专项行动，建立“七表一简报”监测通报机制，对完成不力的银行机构采取监管措施。全年选派52名金融指导员对接服务企业，解决问题86个，为企业减负450.5万元。至年底，全市银行业金融机构累计处置不良贷款70亿元，其中核销23亿元，不良贷款率0.9%，低于全省平均1.27个百分点，资产质量居全省首位。

【金融支持重点项目建设和制造业】 2016年，嘉兴银监分局联合市发改委、市经信委等部门举办2016年嘉兴市重点项目银项对接活动，全年有26家银行成功对接207个重点项目，贷款余额351.15亿元，对接项目总数和贷款金额分别比上年增长16.95%和12.79%。联合市经信委出台《关于嘉兴银行业支持制造业发展的指导意见》。

【金融支持小微企业和“三农”发展】 2016年，嘉兴银监分局加大政策支持力度，鼓励各类小微金融模式创新，推进支农产品创新扩面。至年底，小微企业贷款户数100847户，比上年同期增加11096户；小微企业申贷获得率95.02%，高于上年同期1.11个百分点。涉农机构“新三权”（农房财产所有权抵押、土地承包经营权抵押、农村集体资产股权抵押）贷款户数293户、余额2.28亿元，分别比年初增加52户、0.38亿元，涉农信贷产品余额840.15亿元。

【推动科技金融发展】 2016年，嘉兴银监分局在机构准入、业务规范、风险容忍等方面实行差异化监管，探索科技金融“嘉兴模式”。至年底，全辖设立科技专营支行2家、特色支行10家，其中年内新增特色支行4家；科技金融贷款余额532.7亿元，比年初增长24.4%，高于各项贷款增速17.7个百分点。

【推动市场化改革】 2016年，嘉兴银监分局指导嘉兴银行改组成立新一届董事会、监事会，探索建立职业经理人制度，通过公开化遴选、市场化招聘产生新任行长。推动辖内最后一家农合机构海盐联社股改工作，年内海盐农商行获浙江银监局批复开业，嘉兴在全省率先实现农商行模式全覆盖。

（姚伟强）

【农发行嘉兴市分行】 2016年，农发行嘉兴市分行存贷款余额231.25亿元，列全省第二位，其中存款余额64.35亿元、贷款余额166.9亿元。连续三年保持不良贷款无发生额和零余额。全年支农资金投放82.87亿元，比上年多投放15.17亿元，增幅22.42%，创历史新高。累计投放收储贷款6.87亿元，支持收储粮油2.23亿公斤，顺利完成三年增储计划。支持嘉兴"五水共治"，获批水利建设项目2个，审批金额44亿元，投放贷款24.39亿元；获批棚户区改造项目3个，审批金额32.5亿元，投放贷款6亿元。投放重点建设基金10.58亿元，支持项目16个，基金投资规模达27.82亿元，占全省基金总量的25.1%。使用PSL（抵押补充贷款）资金37.99亿元，支持项目7个。2016年，农发行嘉兴市分行经营绩效考核列全省系统第一位，实现"三连冠"，被推荐为农发行总行"五一劳动奖状"，辖内海宁、海盐、桐乡支行分别列全省县（市）支行综合经营绩效的第二名、第三名、第四名。

（郑健芬）

【工商银行嘉兴市分行】 2016年，工商银行嘉兴市分行各项贷款余额707.58亿元，新增50.31亿元。全年累计发放项目贷款80.18亿元，比上年多发放34.54亿元；年末制造业贷款余额222.8亿元，占全部公司类贷款余额的44.7%；创新支持科技型企业发展，成立科技城支行、高新支行两家科技支行，创新推出"e科贷"系列产品，科技型企业合作户数323户，贷款余额103.82亿元。与10家商业银行建立银团合作关系，牵头组建银团27个，组团总金额126.73亿元，分行承贷金额103.05亿元。发挥互联网金融优势，年末在"融e购"上线的嘉兴商户98户，C端交易金额4652亿元；为15家企业搭建"工银聚"电子商务平台，结算金额193.73亿元。至年底，不良贷款率0.83%，资产质量在全省系统和嘉兴同业均保持优良水平。

（钱敏洁）

【农业银行嘉兴市分行】 2016年，农业银行嘉兴市分行各项贷款余额783.33亿元，新增50.34亿元；新支持小微企业1248家，小微企业贷款增量12.83亿元；个人贷款余额270亿元，新增89.59亿元。以全市首家科技金融专营机构"农行嘉兴市科技支行"为平台，服务科技企业255家，发放科技金融专属产品"嘉科通"贷款49家、金额3亿元；金融助力"互联网+三农"发展，打造线上线下并行的"三农金融服务网"，优化农村在线买卖、代理业务、结算和融资服务，年末惠农卡总量达64.45万张，全年农户贷款增量8.2亿元，812台"惠农通"实现村村全覆盖，全年交易95.51万笔、金额10.77亿元。推进乌镇"智慧支付"项目升级，保持第三届世界互联网大会期间金融保障零差错、零故障、零事故。2016年，农业银行嘉兴市分行党委被中共中央授予"全国先进基层党组织"称号，是全国农行系统唯一一家获奖单位。

（徐　虹）

【中国银行嘉兴市分行】 2016年，中国银行嘉兴市分行各项存款余额430.82亿元，各项贷款余额420.28亿元。年内通过与海外分支机构联动、创新协议融资、协议付款、海外代付、内保外贷和海外直贷等方式，为企业在国际市场融资、获取海外低成本资金，帮助企业降低财务成本，为企业提供配套金融服务。2016年，国际结算业务量累计完成103.7亿美元，累计叙做票据融资业务22.35亿元，人民币贸易融资新增25.94亿元，办理人民币汇率避险业务20亿美元，债务保值业务23亿元。办理跨境业务累计完成65.84亿美元，跨境人民币双向资金池业务量7.48亿元。支持重大基础设施、重大产业、高新技术产业、社会事业、特色小镇等重点项目建设，对接支持重点项目39个，新增授信163亿元，投放贷款25.8亿元。叙做政府购买服务、股权基金、债券承销等表外项目11个，新增授信91亿元。全年不良贷款核销3.35亿元，年末不良贷款余额2.74亿元、不良率0.64%。

（曹　磊）

【建设银行嘉兴市分行】 2016年，建设银行嘉兴市分行各项存款余额685.94亿元，各项贷款余额556.05亿元，不良贷款率0.81%。年内，支持"十三五"规划重大建设、扩大有效投资、招大引强、特色小镇建设、棚户区改造等重点建设项目，投放固定资产贷款34亿元,通过理财资产池投放20亿元,以产业基金形式投放8.2亿元。成立20个小微特色支行,全年累计发放小微企业贷款43.88亿元。通过与建行集团公司联动,实现养老金直投融资5.1亿元;与嘉兴市政府达成10亿元人才创业投资引导基金合作,是全省首单、全国建行首单人才基金项目;为大型生产企业的上下游供应商创新推出全流程网上操作的网络保理服务"E点通",实现首笔业务办理。全年个人房贷新增46.4亿元,个人"快贷"授信额度4.51亿元,办理分期交易13.12亿元。开展以"智慧银行"为特征的轻型网点建设,年末全行手机银行活跃客户18.1万户,创新推出"云闪付"移动支付应用工具。

(高凤香)

【交通银行嘉兴分行】 2016年,交通银行嘉兴分行各项存款余额246.98亿元,各项贷款余额204.42亿元。年内,推进转型发展步伐,调整盈利结构,扩增非利息收入,全年实现非利息净收入超过2亿元,比上年增长30%。转型重点产品和新型业务对拉动全行中间业务收入增长起到重要作用,基金销售、理财销售、代理保险、贵金属业务等销售类收入成为零售条线中间业务收入新的增长点。公司业务收入结构更趋合理,投行业务、新型托管业务、公司理财业务、同业理财业务、银团业务等重点创新型业务创收占比超过八成,比上年增长68%。投行业务形成业务品种多样化、收入结构不断优化、项目储备梯度有序、团队建设成效显著的新局面。2016年同业存款日均余额达到10.01亿元,比上年增长210%;同业理财日均余额达到10.24亿元;借力"彩虹桥"代理业务,累计归集代理资金4.52亿元。

(胡国强　曹晓燕)

【中信银行嘉兴分行】 2016年,中信银行嘉兴分行总资产280.62亿元;各项存款余额256.03亿元,其中自营存款余额253.16亿元,新增7.28亿元;各项贷款余额209.84亿元,新增0.58亿元;不良贷款率0.74%,比年初下降0.19个百分点;实现利润1.42亿元,中间业务收入2.85亿元。年内,通过"商行+投行""表内+表外""境内+境外"等方式,推进重点政府平台及优质龙头客户合作,实现表内外资产投放655亿元(含贷款、银承、投行等);完成嘉兴棚户改造、崇福新市镇等5个,13.5亿元政府类重大项目。零售资产业务加大住房按揭和公积金网络消费贷款力度,个贷新增27.11亿元,增幅136.5%。

(周　琦)

【光大银行嘉兴分行】 2016年,光大银行嘉兴分行资产规模达到68.94亿元,比年初增长55.9%;各项存款余额54.68亿元,新增13.35亿元,增幅32.3%;各项贷款余额68.14亿元,新增32.43亿元,增幅90.81%。年内,助力实体经济,共投放小微企业贷款1180万元;支持民生工程,开展银政项目合作,全年累计实现政府类项目新增投放45.12亿元。

(张　婷)

【华夏银行嘉兴分行】 2016年,华夏银行嘉兴分行各项存款余额49.76亿元,比上年增长18.65%;各项贷款余额72.2亿元,比上年增长30.21%;实现利润1.81亿元,比上年增加0.33亿元,增长22.3%。年末小微企业贷款余额59.03亿元,总户数206户,比年初新增24.4亿元、114户;500万元(含)以下小企业授信余额1.64亿元、总户数140户,比年初新增1.17亿元、108户。2016年年末不良贷款率0.01%,资产质量保持良好。

(韩学文)

【平安银行嘉兴支行】 2016年,平安银行嘉兴支行各项存款余额74.25亿元,各项贷款余额64.46亿元。对公业务创新互联网金融服务,力推"橙E网"网络平台,免费向中小企业、物流伙伴、社会公共机构开放;与第三方信息平台广泛合作,交换订单、运单、发票等有效信息,集成"价值信息+供应链信用",推出全新的互联网融资产品,帮助中小企业利用商业信用和交易信息进行融资,降低信贷门槛和借贷成本。零售业务以市场为导向、以客户为中心,设计有平安银行特色的零售贷款产品,为客户提供优质的金融服务和产品,

2016年平安银行嘉兴支行合计发放贷款4亿元，新增小微企业及个人消费类客户936户，发放贷款1.9亿元。至年底，不良贷款余额8656.31万元，不良贷款率1.34%。

（沈梦露）

【招商银行嘉兴分行】 2016年，招商银行嘉兴分行资产总量78.51亿元，各项存款余额57.27亿元，各项贷款余额76.15亿元。年内，招商银行嘉兴分行支持重点基础设施项目、九大战略新兴行业；加强与南湖区科技城、清华长三角研究院等合作，加大科技型实体企业支持力度；加大对绿色经济支持，推进“绿色信贷”工程；全年债券承销总金额17.3亿元，零售贷款余额比年初新增18.95亿元。“智慧学校”项目获中国人民银行嘉兴市中心支行主办的2016年嘉兴市“智慧支付”现场体验技能竞赛创新奖。

（郑丽森）

【浦发银行嘉兴分行】 2016年，浦发银行嘉兴分行各项存款余额63.52亿元，各项贷款余额99.49亿元。牵头组建嘉兴市上市公司董秘俱乐部，举办并购业务主题沙龙，为上市公司提供泛市值管理等综合服务，获上市公司定增等泛市值业务15.6亿元；自营直投业务、理财对接私募证券化业务、股权基金业务均实现拓展；举办嘉兴市同业机构业务创新论坛，深化与市级同业机构业务合作。全年新增个贷20亿元，余额和新增均列浦发银行杭州分行经营机构第一，个贷余额在浦发银行全国120家二级分行中列第6位，保险销售、收单业务、靠浦E投等列浦发银行杭州分行全辖首位；公积金点贷在浦发银行杭州分行异地行中首家上线运行；在2016年浦发银行总行网点零售业务产能提升活动中多家支行跨入全国五星级网点行列。

（何文涛）

【兴业银行嘉兴分行】 2016年，兴业银行嘉兴分行各项存款余额164.25亿元，各项贷款余额137.83亿元。年内，全力助推“两富”“两美”嘉兴建设，支持嘉兴“五水共治”“三改一拆”“海绵城市”及小城镇环境综合整治建设。与嘉兴市五个县（市、区）签订《小城镇环境综合整治专项产业基金金融合作框架协议》，金额190亿元。2016年1月，联合嘉兴市金融办召开绿色金融债推介座谈会，为融资企业对接低成本金融债。全年为“615”重点项目累计授信22.4亿元，完成投放10.4亿元。

（马　靓）

【民生银行嘉兴分行】 2016年，民生银行嘉兴分行各项存款余额51.18亿元，各项贷款余额64.37亿元。年内，加大对传统行业企业技术改造、节能减排、发展循环经济的信贷支持，加大对优质中小企业的支持培育。在资产证券化、并购贷款、产业基金、私有化业务等投行业务审批上实现突破，对嘉兴市湘家荡投资有限公司、嘉兴市企业转型升级产业基金、嘉兴市海绵城市产业基金等项目，提供多渠道的金融服务方案。利用社区支行的区位优势，为市民提供优质的金融服务，按揭贷款业务快速发展。

（金　晔）

【恒丰银行嘉兴分行】 2016年，恒丰银行嘉兴分行各项存款余额34.27亿元，各项贷款余额33.79亿元。年内，通过“进社区”“走市场”“入学校”“跑企业”“去夜市”等方式拓宽服务半径；通过举办各类金融知识讲座、文艺演出、高温慰问等方式延伸金融服务途径；推出“恒丰—佳源”联名卡，与嘉兴市红十字会成立“恒丰银行丰裕爱心基金”、注入资金20万元，冠名赞助第三届嘉兴市见义勇为先进人物评选活动，发起“慈善一日捐”活动募集爱心善款3.13万元。

（钱春佳）

【浙商银行嘉兴分行】 2016年，浙商银行嘉兴分行各项存款余额97.66亿元，新增18.57亿元，增幅23.48%；各项贷款余额94.02亿元，比年初增加15.98亿元，增幅20.48%。以涌金存款池、票据池、资产池、结构化融资、非金债券承销、智慧存款、增金宝等系列产品驱动业务创新。年内上线“涌金票据池3.0”，推出“至臻贷”业务，支持创新业务快速发展。

(朱方烨)

【广发银行嘉兴分行】 2016年,广发银行嘉兴分行各项存款余额15.93亿元,各项贷款余额10.81亿元。公司业务重点营销国有控股类公司、上市公司及优质民营企业;尝试创新轻资本业务营销,完成杭州辖内首笔对公移动收单业务,总金额7.5亿元非标业务获批、引进多笔对公结构性理财产品;推进金融市场业务发展,加强对投行业务和金市业务知识、产品及实战案例的业务学习与培训。个人业务以渠道批量进件为手段,利用广建渠道、搭平台,推进各项业务快速发展。小企业金融业务坚持“小企业业务专营做”战略定位、小企业客户“批零兼营”原则,推出“快融通”“政采贷”等优秀金融产品,提高小企业融资效率。

(王　佳)

【嘉兴银行】 2016年,嘉兴银行总资产639.47亿元,比上年增加152.47亿元。各项存贷款余额分别为389.7亿元和269.16亿元,分别比年初增加62.7亿元和20.16亿元。全年累计实现净利润4.03亿元,比上年增长107.81%。全面启动市场化改革,制定五年发展规划,推进人事用工改革,构建垂直统一的授信管理体系,总行向各经营机构统一派驻风险总监,新建放款中心。在全省金融系统中参与发起“回归金融本质、服务实体经济”的倡议,与浙江金控、浙江股权交易中心等合作成立全市首个政府与社会资本合作产业基金。年内首家农村社区支行海盐百步小微企业专营支行开业。对科技支行实施专营和投贷联动,签约企业8家,有科技授信企业80家,授信总额6.1亿元,用信余额3.61亿元。

(顾晓光)

【湖州银行嘉兴分行】 2016年,湖州银行嘉兴分行加大政府项目投入,全年累放贷款16.45亿元,年末政府项目贷款表内外融资余额24.83亿元。对接“615”重点项目,2016年5个重大项目表内外贷款余额3.9亿元;年末制造业贷款余额15.47亿元,占全部贷款余额的40.4%。年末各类个贷余额4.86亿元,户均贷款3.05万元,占全部贷款余额的12.31%。年末不良贷款率1.47%。全年开展专题宣传43次,进行各项结算业务、信贷业务、安防工作检查112次。

(翁　璐)

【绍兴银行嘉兴分行】 2016年,绍兴银行嘉兴分行总资产65.84亿元,比上年增加23.41亿元,各项存款余额62.74亿元,各项贷款余额47.08亿元。全年实现营业收入32156万元;实现账面利润10364万元,比上年增加6200万元,增长146%。年内,主动对接重点项目,“615”重点项目合作企业4家,授信总额5.99亿元,贷款余额3.18亿元。全年制造业贷款余额19.39亿元,占全部贷款余额的41.19%;全年小微企业贷款余额38.54亿元,占全部贷款余额的81.86%,年内绍兴银行首家异地二级支行——海宁家纺城支行成立。

(叶月香)

【杭州银行嘉兴分行】 2016年,杭州银行嘉兴分行各项存款余额37.34亿元,新增9.68亿元,增幅35%;各项贷款余额51.64亿元,新增17.54亿元,增幅51%。6月13日,杭州银行桐乡濮院小微企业专营支行开业。年内,着力建设标准化小微金融服务团队,推广与濮院市场相适应的“抵易贷”“农户贷”“十年分期贷”等金融产品,全年累计放贷1亿元。杭州银行嘉兴分行积极与政府合作搭建科技金融服务平台,至年底,科技金融B、C类客户20户,贷款总额6300万元。

(柳晨萍)

【金华银行嘉兴分行】 2016年,金华银行嘉兴分行各项存款余额4亿元,各项贷款余额3.58亿元,小微企业(含个人经营性)贷款余额2.96亿元,占全部贷款余额的82.71%;个人贷款550户,金额9402万元,户均17万元。年内,开展结构性融资项目3个,金额6.5亿元。对接嘉兴城投公司,完成三期保本理财1.5亿元;组织“提速增效”“开门红”“周年庆”“零售产品营销专项竞赛”“火热仲夏”等各类营销竞赛活动。实行个人贷款网格化营销战略，年末，共有个人贷款授信客户850户，百灵卡授信630户。

（韩　梅）

【宁波银行嘉兴分行】 2016年9月12日，宁波银行嘉兴分行成立。至年底，共有员工88人，平均年龄低于30周岁，实现年轻化、专业化、知识化。年内，推出“白领通”“税务贷”“贸易融”等金融产品，形成网上银行、手机银行、微信银行等各类电子银行网络布局。

（蒋卓群）

【民泰银行嘉兴分行】 2016年，民泰银行嘉兴分行实现营业收入4999.49万元，实现利润180.87万元。年内，新增各类存款客户8707户，存款余额9.71亿元；贷款余额（含卡）8.46亿元，信用卡发卡2966张，新增1155张；推进“进村入居走市场”定点营销活动，了解居民农户的产品需求。强化风险管理力度，完善风险管理流程，至年底，重组转化不良贷款113笔、金额5981.16万元；现金清收不良贷款189笔、金额2479.85万元。

（吴　斌）

【泰隆银行嘉兴分行】 2016年，泰隆银行嘉兴分行资产总额19亿元，负债总额17.6亿元，实现利润总额0.46亿元。年内，泰隆银行嘉兴分行推进三项建设，夯实社区化经营模式；通过案例宣讲、合规宣誓、签署合规承诺函等形式提升全员风险合规意识。资产业务规模、贷款户数、发卡量较年初均实现翻一番。延续“泰隆佳节乐”“我带家人过国庆”等系列与客户、员工家属的互动活动，推出泰隆银行嘉兴分行微信公众号，参与“禾创贷”等项目。

（徐康越）

【稠州银行嘉兴分行】 2016年10月27日，稠州银行嘉兴分行成立。稠州银行嘉兴分行秉承“专注小微·服务社区”的服务理念，发挥城市商业银行的优势，致力于做小微企业的商贸金融伙伴。坚持“市场银行”的战略定位，按照“依托市场、跟随市场、服务市场”的经营思路，为客户提供特色化、差异化、多元化的金融服务。

（潘　敏）

【禾城农村商业银行】 2016年，禾城农村商业银行各项存款余额335亿元，新增52亿元，各项贷款余额167亿元，新增8亿元，资产质量在全省农信系统列第二位。年内，禾城农村商业银行不断深化社区金融便民服务设施，设立自助银行68家，ATM机226台、助农终端103台、POS机1240台、多媒体自助终端101台；加快推进农村电子商务建设，设立“丰收驿站”25个、农村电商合作共建点41个，建成“智慧菜场”3个。调查了解社区群众金融需求，推出ETC、白领贷、光伏贷、新居贷、汽车大额分期等信贷新品，首发理财产品2期，与社区的特约商户开展合作，提供医院代挂号、网络代购等增值服务。建立社区金融服务联络员队伍，聘请近1300名网格员。举办“家在南湖新区”文化系列活动，参加人数达3000人。

（沈丹园）

【邮政储蓄银行嘉兴市分行】 2016年，邮政储蓄银行嘉兴市分行累计投放信贷资金143.74亿元，余额143.79亿元，支持“三农”发展信贷资金50.87亿元，支持小微企业各类资金57.63亿元。2016年，新增贷款40.36亿元，新增存贷比81.74%。年内，嘉兴、桐乡、海宁3个棚户改造项目合计授信192.3亿元。支持制造业贷款余额30.64亿元，增速35.82%。发展科技金融，打造邮信通、税贷通等纯信用类创新信贷产品，科技金融贷款余额7823.22万元。2016年年末不良贷款率0.4%。

（娄勤超）

【秀洲德商村镇银行】 2016年，秀洲德商村镇银行力推优质企事业单位的合作贷款、住房按揭贷款等消费类贷款，年内共发放合作贷款12户，授信金额370万元。创新推出“德源贷”光伏贷款，通过银政银企对接，与多家光伏企业签订战略合作协议，共发放“德源贷”261户，贷款金额1152.47万元。年内发行银行卡1125张。开展特色支行创建工作，建成“小额信用特色支行”“小微特色织行”“温馨支行”“美食惠农支行”“消费科技支行”“麟湖兴农支行”6家特色支行。

（程 瑛）

保险业

【概况】 2016年,嘉兴保险业务规模平稳健康发展,经营能力不断提升,全年实现原保费收入137.74亿元,比上年增长26.9%,其中财产险保费收入55.23亿元,增长9.89%;人身险保费收入82.51亿元,增长41.58%。全市发生赔给付支出50.6亿元,增长5.04%。至年底,全市有市级保险机构54家(撤销史带财险嘉兴中心支公司,新增众诚汽车保险股份有限公司嘉兴中心支公司),其中财险公司27家、寿险公司27家,分支机构145个,会员覆盖率100%。

2016年,市保险行业协会继续通过保调委平台及时化解保险纠纷。全年受理来电、来访、来信、市长电话转办、114转接及外单位转来的信访投诉案件273件,其中有效投诉131件、咨询142件,比上年下降2.15%。当面调解并出具人民调解协议书的调解案件37件,涉及金额1417.02万元,调解达成一致金额1361.6万元,调解成功率100%。案件数量上升42.31%。调解完成后的执行率达到100%。6月初,嘉兴市保险行业协会制订《嘉兴市电梯责任保险项目实施方案(初稿)》。

5月4日,嘉兴市保险行业协会向市政府领导专题汇报嘉兴市商业车险条款费率管理制度改革工作有关情况,5月9日建立嘉兴市“费改”部门联席会议机制,全力保障“费改”实施。嘉兴市“费改”部门联席会议机制,涵盖嘉兴市交警支队、市司法局、市金融办、市运管局、市消费者权益保护委员会等部门单位。

2016年全国保险公众宣传日系列活动之嘉兴保险业走进万洲社区 （市保险行业协会提供）

11月30日,市保险行业协会联合嘉兴消保委为全行业近百名工作人员举办保险金融消费维权培训班。会上嘉兴市消保委为近两年新增的6家保险机构举行保险消费维权联络分站授牌仪式,全市54家保险机构维权联络分站实现全覆盖。2016年,市保险行业协会在嘉兴工商联行业协会商会工作评价中获得三等奖。

2016年财产保险公司业务情况

表11

单 位	保费收入(万元)	市场份额(%)	赔款支出(万元)
人保财险嘉兴市分公司	229297.47	41.52	118865.18
太平洋产险嘉兴中心支公司	69479.24	12.58	44481.42
平安产险嘉兴中心支公司	56938.47	10.31	25702.53
天安财险嘉兴中心支公司	11977.05	2.17	7675.54
中华联合嘉兴中心支公司	19706.94	3.57	11006.92
太平财险嘉兴中心支公司	4167.35	0.75	2767.08
华安财险嘉兴中心支公司	2842.16	0.51	1047.35
大地财险嘉兴中心支公司	16056.98	2.91	7862.68
永安财险嘉兴中心支公司	14433.79	2.61	8564.71
华泰财险嘉兴中心支公司	3310.76	0.60	3491.19
安邦财险嘉兴中心支公司	7847.09	1.42	3631.15
都邦财险嘉兴中心支公司	2543.37	0.46	2082.18
安盛天平嘉兴中心支公司	6345.50	1.15	4752.82

续表11

单　　位	保费收入(万元)	市场份额(%)	赔款支出(万元)
阳光财险嘉兴中心支公司	21376.77	3.87	11329.15
中银财险嘉兴中心支公司	3569.97	0.65	692.99
渤海财险嘉兴中心支公司	475.62	0.09	622.39
永诚财险嘉兴中心支公司	9352.94	1.69	8125.65
国寿财险嘉兴中心支公司	34954.10	6.33	22859.98
亚太财险嘉兴中心支公司	1424.68	0.26	721.92
长安责任保险嘉兴中心支公司	5483.45	0.99	3184.46
安诚财险嘉兴中心支公司	12980.59	2.35	7046.66
安信农业保险嘉兴中心支公司	813.91	0.15	590.23
浙商财险嘉兴中心支公司	9278.75	1.68	4876.65
英大财险嘉兴中心支公司	4866.72	0.88	2311.75
紫金财险嘉兴中心支公司	1841.86	0.33	814.74
泰山财险嘉兴中心支公司	890.13	0.16	130.37
合计	552255.66	100.00	305237.69

说明:民安财险嘉兴中心支公司更名为亚太财险嘉兴中心支公司

2016年人寿保险公司业务情况

表12

单　　位	保费收入(万元)	市场份额(%)	赔给付支出(万元)
中国人寿嘉兴分公司	271256.52	32.88	109473.15
太平洋人寿嘉兴中心支公司	95647.22	11.59	31407.06
平安人寿嘉兴中心支公司	120764.79	14.64	13347.85
新华人寿嘉兴中心支公司	30348.40	3.68	8747.30
泰康人寿嘉兴中心支公司	17426.94	2.11	7271.33
太平人寿嘉兴中心支公司	26242.24	3.18	1510.79
民生人寿嘉兴中心支公司	5637.43	0.68	113.35
富德生命人寿嘉兴中心支公司	28541.13	3.46	679.92
中德安联人寿嘉兴营销服务部	8913.33	1.08	802.87
中宏人寿嘉兴营销服务部	3711.16	0.45	284.77
光大永明人寿嘉兴中心支公司	285.81	0.03	9.31
农银人寿嘉兴中心支公司	15658.44	1.90	229.62
合众人寿嘉兴营销服务部	9314.88	1.13	628.12
陆家嘴国泰人寿嘉兴营销服务部	1051.94	0.13	289.72
人民人寿嘉兴中心支公司	38855.73	4.71	22454.88
华泰人寿嘉兴中心支公司	2448.35	0.30	461.44
人民健康嘉兴中心支公司	13288.34	1.61	129.24
信诚人寿嘉兴中心支公司	1795.23	0.22	737.03
正德人寿嘉兴中心支公司	10454.23	1.27	10.66
信泰人寿嘉兴中心支公司	2258.53	0.27	269.19
国华人寿嘉兴中心支公司	6141.39	0.74	287.24
英大人寿嘉兴中心支公司	181.42	0.02	10.46
平安养老嘉兴中心支公司	2946.08	0.36	1572.28
和谐健康嘉兴中心支公司	98934.88	11.99	40.41

续表12

单　　位	保费收入(万元)	市场份额(%)	赔给付支出(万元)
华夏人寿嘉兴中心支公司	3136.01	0.38	17.11
中韩人寿嘉兴中心支公司	1387.92	0.17	0.92
幸福人寿嘉兴中心支公司	8428.34	1.02	29.31
合计	825056.68	100.00	200815.31

表13

2016年新增设市级保险机构

单　　位	保险监管部门批准开业日期
众诚汽车保险股份有限公司嘉兴中心支公司	2016年7月

（李　月）

【中国人寿嘉兴分公司】 2016年，中国人寿嘉兴分公司实现总保费收入27.13亿元，比上年增长27.69%，五项主要保费类经营指标增速均创历史新高。总保费占市场份额32.88%，继续居市场第一。大力推进业务发展，个险渠道加强全市中高端平台的维护与创新，打造具有嘉兴特色的健康养老体验服务活动；团险渠道深度挖掘小额保险，持续发展法人业务，不断开拓新的业务增长点；银保渠道召开增值利益发布会，增强渠道合作活力。销售队伍实现扩量提质，举行新人签约培训班，加快发展银保规划师队伍，销售队伍总规模突破7000人。承办政保合作项目，小额保险在全市范围内实现县(市、区)全覆盖，覆盖乡镇(街道)66个，为全市916个村(社区)近50万名城乡居民和特殊人群提供风险保障，至年底小额保险系列产品赔款支出超过1350万元，并与“新农合”“新农保”等共同构建新型民生保障体系。开展计划生育家庭保险、独生子女平安保险、失独家庭保险等业务，全年承保各类计生对象40余万人次，赔付1002人次，支付赔款额1280余万元；主动服务弱势群体，开展老年人和残疾人保险，为海宁市17余万名老人提供保险，在嘉善县、海盐县、平湖市、海宁市、桐乡市开展残疾人保险，承保3.7万人，提高特殊人群抵御风险的能力。开展“3·15”消费者权益保护系列活动，让客户买保险更放心、办理赔更方便，至年底共服务个人客户233万人。在第26个“全国助残日”活动中，向嘉兴市特殊教育学校捐款2万元；在嘉兴市文明办和南湖区文明办主办的“嘉兴好人榜”发布活动中，向全市111位区级以上道德模范和嘉兴好人捐赠专项保险保障；在第三届世界互联网大会乌镇峰会中，为出席峰会的14000余名嘉宾、记者和工作人员免费提供意外伤害保险保障。2016年，中国人寿嘉兴分公司先后获“浙江省消费者信得过单位”、“嘉兴市消费者信得过单位”、集团公司“模范职工之家”、嘉兴品牌力量榜“最具市场影响力品牌”和“最具活力金融创新机构”等称号，获得“倡导诚信经营争当诚信先锋”“放心消费诚信承诺单位”奖牌。

（李　娟）

【人保财险嘉兴市分公司】 2016年，人保财险嘉兴市分公司车险实现保费收入17.41亿元，商业非车险实现保费收入4.9亿元，规模继续保持全省第一，政策性农险实现保费收入0.6亿元。全市系统实现保费收入22.93亿元，排名上升至全省第二位。实现报表利润总额1.99亿元，列全省第一位。实现车险利润1.1亿元，超额完成全年盈利指标，综合成本率低于行业平均5.64个百分点，车险综合经营发展能力在全省领先。商业非车险按照“发展模式、盈利能力、团队结构”三优化战略和“超目标任务、超市场平均、超全省平均”三超目标，优化配置商业非车险发展资源。责任险实现签单保费1.01亿元，比上年增长52.83%；家庭财产险实现保费1.04亿元，增长247.7%。意外险手机销售全省第二家规模破千万元；信用险保费增长44%，创历史新高。诉讼财产保全责任险458万元，列全省首位，进入全国二十强。首台（套）重大技术装备综合保险不到半年保费规模突破千万元。嘉兴人保之友俱乐部实现16万户客户绑定、22万户客户关注量，新车会员绑定率提升至30%。全年举办微信主题活动59次，增值服务13万人次，在服务中提升客户黏性，俱乐部绑定会员的整体续保率达82%，增值服务合作商家开拓至556家。车联网OBD安装数量3894台，行驶总里程1455万千米，累计56万小时。2016年，全市累计开展创新管理研修班、培训师技能培训班、新员工岗前培训班、EAP减压拓展培训、"百舸争流"系列拓展培训等各类培训334期，累计培训18422人次，其中管理类培训7期、销售类培训210期、专业技术类培训117期，网络培训班25期。

（金　峰）

【太平洋人寿嘉兴中心支公司】　2016年，太平洋人寿嘉兴中心支公司实现保费收入9.56亿元。个险完成新保标准保费83675万元，比上年增长75.7%；个险续期保费43117万元，增长25.2%；13个月保费继续率95.35%；25个月保费继续率93.72%。法人渠道完成非健险保费10051万元，增长19.1%；完成新保保费收入31664万元，增长29.7%，成为全省首家提前27天全面达成法渠年度业务指标的中心支公司。2016年个险继续以"稳健发展、健康持续"为工作主基调，提前128天完成全年目标任务。加强营销队伍建设，营销总人力从年初816人达到年末1382人，增长69%，年度月均健康人力达到587人，增长49%，为业务的可持续发展提供了有力的保障。深化落实传统营销转型发展，推动创新I08项目、服务营销、顾问营销渠道发展，不断提高非传统营销占比，构建个人渠道经营模式升级版的转型。强化营销基础管理、注重新人培训，推进主管自主经营。年内，承办全市城乡居民大病保险和经办市本级城乡居民基本医疗保险，承办嘉兴市本级及下辖平湖市、桐乡市、嘉善县政策性老年人意外伤害保险，稳步开展建筑业补充工伤保险。推动"太平洋寿险"App和官微绑定工作，以及移动端保全、理赔等新技术应用。2016年，公司先后开展"天网行动"非法集资综合治理工作、"两个加强、两个遏制"回头看专项自查工作、防范打击非法集资宣传月活动、《中华人民共和国反洗钱法》颁布实施十周年主题宣传活动等。2016年，太平洋人寿嘉兴中心支公司获得"2015年度浙江分公司系统先进集体""浙江省卫生先进单位"称号；通过"浙江省工商企业信用AA级'守合同重信用'单位"续展考核验收；被市委、市政府授予"嘉兴市保障服务重大国际峰会先进集体"称号。

（陶　佳）

【平安产险嘉兴中心支公司】　2016年，平安产险嘉兴中心支公司实现保费收入5.69亿元，比上年增长19%。营业网点遍布五县两区，从业人员236人。嘉兴平安产险依法合规经营，进一步加强基础管理，建立健全各项规章制度。同时，大力推进渠道深化工作，在所辖机构中完成车行、银保、直销、新渠道、个人代理人、综拓全渠道业务覆盖。大力拓展目标车行，提升优质车商合作数量；推动个人代理人的乡镇铺设工作；开展产寿联动、车型推动、续保专项推动等活动，助推综拓业务发展。为了更好地提升客户体验，嘉兴平安产险推出车险人伤在线理赔。通过LCC电话平台，平安车险人伤线上直赔实现与客户非面对面、即时交互，完成线上查勘、跟踪、咨询、定损支付、影像材料收集等理赔服务，实现全流程结案支付。

（胡沈冰）

【太平洋产险嘉兴中心支公司】　2016年，太平洋产险嘉兴中心支公司实现保费收入6.95亿元。2016年是公司的"客服制度强化年"，提出规范作业流程，降低差错频率；推进礼仪要求，改善客户界面；加强投诉管理，提升服务水平；落实督导制度，强化考核要求四个目标。下发《关于进一步加强投诉管理考核的相关通知》，建立投诉风险排查机制，建立健全投诉的预防和风险的防范意识；客户投诉处理坚持闭环管理原则，确保客户投诉在公司内部闭环化解；建立问责督导机制，按不同责任进行问责处罚。2016年，公司投诉处理及时率100%。做好车险直销人员转型工作，合理规划未来车险渠道化经营布局,公司完善组织架构,做好专业化团队建设前期工作,在家庭自用车领域实现“个人业务公司化、渠道化”的转型目标。

(陆云良)

【天安财险嘉兴中心支公司】 2016年,天安财险嘉兴中心支公司实现保费收入1.2亿元,实现利润614.28万元。2016年,财产险、非车个人、水险均实现正增长,并实现承保有利润。成功续保嘉兴台华集团、海宁学平险、海宁环卫共保项目、海盐交警大队雇主责任险、桐乡人防办意外险等优质非车业务,与客户及渠道保持良好的合作关系。在全市推广诉讼财产保全责任险业务,累计实收保费30万余元。采用直接成本率、满期赔付等指标管控车险渠道业务,保证销售费用向效益好的渠道倾斜和投放。从无赔、车型、车主年龄、出险率等方面进行分析,并根据分析结果调整核保政策。加强伤人案件的查勘,提高理赔数据准确性,为人伤提前调解积累基础。加强送修管理,促进渠道业务发展,与多家4S店、合作修理厂签订意向书,通过对送修数据多维度分析明确业务拓展方向。

(吴卫民)

【华泰财险嘉兴中心支公司】 2016年,华泰财险嘉兴中心支公司实现保费收入0.33亿元,完成全年预算的77.87%,比上年增长5.57%;实现净利润445.39万元。至年底,整体赔付率40.26%,综合成本率84.29%。至年底新开EA门店10家,关停2家,门店存量34家,提前完成开店任务,新开门店发展势头良好,为机构业务增长奠定了基础。坚持以集约化管理、专业化经营和差异化竞争为主要内涵的质量效益型发展战略,确保业务质量与经营效益。维护原有的重要客户,指定专人维护,定期沟通,提供优质的服务;开拓新客户,增加市场影响力,如桐乡中维的顺利签单,单笔保费超过200万元,是公司成立以来最大一笔单笔保费。

(吴彩琴)

【阳光财险嘉兴中心支公司】 2016年,阳光财险嘉兴中心支公司实现保费收入2.14亿元,比上年增长22.22%,综合赔付率50.46%。其中车险占89.35%,非车险占10.65%,意健险完成保费860.75万元,财产险完成保费1416.12万元。11月,阳光财险嘉善支公司作为全市唯一一家试点单位与嘉善县民政局签约“居家养老综合保险”项目,有效服务民生。12月,阳光财险嘉兴中心支公司首次中标“2017年度嘉兴市行政事业单位公务用车定点保险采购项目”,为推进政保合作项目的全面发展奠定了基础。车商、综拓渠道继续发挥主力渠道支撑作用,全年车商渠道保费收入6388.93万元,占全渠道保费的29.89%,增长65.33%,合作车商100余家,车商专员26人;综拓渠道保费收入3347.99万元,占全渠道保费的15.66%,增长117.15%,建立综拓团队2个,综拓专员16人。

(姚徐玥)

【国寿财险嘉兴中心支公司】 2016年,国寿财险嘉兴中心支公司实现保费收入3.5亿元,比上年下降1.92%,保费总量出现小幅萎缩,市场份额6.33%,下降0.76个百分点,继续排在市场第四位。全年车险保费收入28058万元,下降5.37%,占比80.28%;非车险保费收入6895万元,增长15.17%,占比19.72%,业务结构持续优化。全年综合成本率97.21%,下降8.48%;综合费用率28.22%,下降0.48个百分点;综合赔付率69%,下降7.99%,车险和非车险综合赔付率分别为73.45%和42.69%,下降6.95个百分点和15.27个百分点,全年实现承保利润924.03万元,其中实现非车险承保利润1436.99万元,增长177%,扭转亏损局面。2016年,公司持续推进渠道专业化发展,综合渠道实现保费收入7473万元,增长28.07%,增长率排名全省第三。全年营直销队伍实现净增员37人,其中个人代理人29人;调整车险、非车险业务结构,提高效益型非车险业务占比,非车险实现保费2275万元,占比30.4%。2016年,公司创新服务项目,在全市推广与驾图公司创新合作项目,全省推广量位居第一。继续加大车商提量扩面力度,修订出台《2016年车商业务管理办法》和《送回修工作管理办法》,完善送回修流程,为提升网点产能提供后台保障。

(郭剑飞)

【永安财险嘉兴中心支公司】 2016年，永安财险嘉兴中心支公司实现保费收入1.44亿元，其中车险保费收入11542.99万元，比上年下降10.12%；财产险保费收入2471.88万元，下降2.77%；意外险保费收入398.97万元，下降21.19%。总承保件数63649件，承保总金额693.75亿元；累计赔款19988件，赔款金额8564.71万元，简单赔付率59.43%。2016年，公司坚持以“不断创新思维、创新发展、创新管理、创新服务”为发展思想，不断强化管控；以“突出车险业务求发展、加大非车险业务增效益”为工作思路，不断求实创新；始终把“不碰监管红线”作为经营原则，坚持依法合规经营。

（徐　艳）

【平安人寿嘉兴中心支公司】 2016年，平安人寿嘉兴中心支公司实现保费收入12.08亿元，比上年增长33.27%，人身险保障额度789.88亿元；缴纳各项税费3228.88万元（含“营改增”前缴纳至省地税102.94万元，不含社保，统计口径税款所属期）；满期给付8681.98万元，年金给付405.87万元；理赔总件数7321件，增长31.5%，理赔总额4260万元。2016年，平安人寿嘉兴中心支公司先后获“3·15”嘉兴市诚信先锋、2015年度嘉兴市先进消费维权联络站、2015年度最具社会责任感金融企业等荣誉。公司以“国际领先的个人金融生活服务提供商”为目标，以“综合金融+”和“互联网+”两个模式，利用互联网技术不断提升客户体验，为客户提供“财富管理”和“健康管理”服务。公司结合总部“智享门店”概念，全面升级柜面软硬件，打造行业创新客户体验中心，通过服务流程创新及电子签名等新科技的应用，实现全部互联网入口、全部保全服务类型、全部客户的互联网保全服务。公司为客户打造线上+线下“至佳服务体验”，推出以专属“家庭医生”为核心的全面健康管理服务。

（吴慧蕙）

【太平人寿嘉兴中心支公司】 2016年，太平人寿嘉兴中心支公司实现保费收入2.62亿元。个险期缴（含产销寿）5794万元，达成率126%；年度NBV（含产销寿）3096万元，达成率123.9%；人力在册554人。期缴承保排列太平寿险系统第47位，比上年上升4个位次。嘉兴银保渠道保费1309万元，增长104%，达成率153%。综合开拓寿销产完成372.6万元，寿销养完成72.1万元，综合达成率107%。车险目标897万元，完成913.6万元，达成率101.9%；寿险目标167万元，完成186.8万元，达成率112%；产销寿承保完成122万元，排名全省第二位，完成下发任务。个险13月继续率达成97.3%、个险25月继续率达成98.5%，两项指标分列太平人寿浙江分公司第一位、第二位；银险13月指标达成率91%、银险25月指标达成率94.1%，两项指标均达成总公司考核指标；全年实收保费1.3亿元，达成率108.5%，达成率排名全省第二。太平人寿嘉兴中心支公司成为太平人寿浙江分公司唯一一家个险期缴、个险NBV、银保期缴、中石化（产+寿）、综开、续期五星指标全达成的机构。

（华静静）

【人民人寿嘉兴中心支公司】 2016年，人民人寿嘉兴中心支公司实现保费收入3.89亿元，完成年度计划的89.5%，比上年增长125%；其中新单期交保费7460万元，完成年度计划的201.7%，增长368%；中高价值期交保费3646万元，完成年度计划的117.3%，增长356%。个险渠道新单期交保费1722万元，完成年度计划的132.5%；银保渠道新单期交4281万元，完成年度计划的356.8%；收展渠道新单期交1068万元，完成年度计划的178%；互动渠道新单期交343万元，完成年度计划的68.8%；团险渠道新单期交46.67万元，完成年度计划的38.9%。2016年，寿代产业务取得新突破，全年实现1100万元，完成全年计划的125%。与人保财险联合举办客户联谊会，取得良好的效果。2016年，公司合规建设重点围绕“两两回头看”“反洗钱、反垄断”“内控合规框架建设”三方面工作，全面检视公司经营，提升公司治理能力与水平。

（蒋利胜）

【中国出口信用保险公司嘉兴办事处】 2016年，中国出口信用保险公司嘉兴办事处累计支持国内外贸易和投资458亿元，比上年增长17.7%。全年提供嘉兴企业海外买家的资信调查和评估授信服务4478件;全市累计新增海外买家信用授信127亿元,直接带动出口204亿元。全年嘉兴市出口企业新增案件262起,总金额2.9亿元,通过赔付及案件介入累计为客户挽回损失1.8亿元。全年累计支持1900余家小微企业贸易出口,覆盖面超过45%。持续研究中小微企业专属的信用保险产品,通过“互联网+信保”模式,实现中小微企业“零门槛”投保。全年与嘉兴所辖19家银行分支机构开展合作,支持企业获得银行融资19.2亿元,与湖州银行、嘉兴银行合作开展小微外贸企业信保项下专项信用贷款,全面服务小微企业。全年开展短期出口信用保险业务,实施针对性、差异化的承保政策,关注传统领域的转型升级新趋势,承保出口贸易417亿元,其中承保支持向新兴市场出口80.9亿元,承保机电、高新技术、农产品等八大重点行业出口35.8亿元。2016年,承保嘉兴市海外投资项目金额约5.1亿美元,其中为嘉兴市企业对“一带一路”沿线国家海外投资项目提供承保金额3.3亿美元。对晶科能源、加西贝拉等装备制造企业开展出口信贷业务培训,引导和鼓励企业转变传统贸易模式,利用出口信贷开拓成套设备出口业务,并与建设银行完成省内首笔特定合同保险项下的“建信通”融资,帮助晶科能源在未占用银行授信的条件下获得4000万元融资,拓宽了走出去企业融资途径。

(蒋 贞)

外汇管理

【概况】 2016年,国家外汇管理局嘉兴市中心支局(简称嘉兴市中心支局)围绕防范跨境资金流动风险和服务实体经济的工作主线,维护辖内国际收支平衡。2016年,全市跨境收支保持净流入态势,流出势头得到缓解。全年跨境收支总额383.34亿美元,比上年下降12.85%,其中跨境收入263.13亿美元,下降8.66%,跨境支出120.21亿美元,下降20.8%,跨境收支净流入142.92亿美元,增长4.87%。2016年,全市结售汇维持净结汇趋势,购汇大幅增长形势得以逆转。全年结售汇总额244.55亿美元,下降6.44%,其中结汇174.62亿美元,下降1.9%,售汇69.93亿美元,下降16.14%,净结汇104.69亿美元,增长10.64%。2016年,全市外汇存款维持较高水平,外汇贷款明显下降。至年底,外币存款余额31.45亿美元,比年初增加3.49亿美元,增长12.48%,外币贷款余额14.65亿美元,比年初减少16.37亿美元,下降52.76%。

【支持实体经济发展】 2016年,嘉兴市中心支局积极推动改革,切实支持实体经济发展。一是推动跨境融资宏观审慎管理改革。2016年5月,全口径跨境融资宏观审慎管理业务在全国推广,嘉兴市中心支局部署各项改革新政,促使全省前三笔跨境融资新政业务落户嘉兴,金额987万美元。至年底,全市办理外债签约登记113笔,金额7.79亿美元。其中通过比例自律管理方式借入外债24笔,金额9454万美元,得到嘉兴市分管副市长的批示肯定。二是推进跨国公司外汇资金集中运营管理。2016年,嘉兴市新增5家企业开展跨国公司外汇资金集中运营管理试点,累计试点企业19家,占全省试点企业总数的24%,位列全省各地市之首。至年底,全市试点企业跨境流入13.27亿美元,跨境流出11.20亿美元,累计净流入2.07亿美元。三是支持海宁皮革城“市场采购”贸易方式试点。指导海宁市支局推广实施《嘉兴市个人贸易外汇管理实施办法》,实施便捷的市场采购收结汇政策。海宁市政府出台提高出口收汇率的奖励补贴措施,进一步提高市场采购贸易背景的真实性和收汇率,规范市场采购发展。至年底,市场采购累计出口2860笔,金额1.87亿美元,市场采购贸易收汇37笔,金额140万美元。

10月14日,国家外汇管理局嘉兴市中心支局举办全市“外汇形势与跨境融资”政策宣讲会 (郑鹏摄影)

【提升外汇管理能力】 2016年,嘉兴市中心支局开展"我是监测能手"原创业务竞赛活动,提升监测与监管水平。多个监测案例材料被总局刊物采用,有部分转化为外汇检查成果,1篇材料获总局局长潘功胜批示。在全市范围内深入开展创新争优活动,全面提升外汇管理履职能力。要求各县(市)支局按照"一局一品"的标准实施创新争优项目,共实施7个创新争优项目。嘉善"无纸化手段便利企业贸易收支"项目全省试点,平湖本外币一体化主体监管实践项目获人行杭州中心支行行长殷兴山等领导的批示肯定,并纳入全省试点。

【维护国际收支平衡】 2016年人民币汇率处于双向波动与贬值预期通道,嘉兴市中心支局多措并举稳定预期,维护辖内国际收支平衡。嘉兴市中心支局及辖内支局多次组织汇率避险专题讲座,邀请外汇局及银行相关领域专家对外汇走势进行专业分析,并对相关汇率避险知识及产品进行介绍推广。全年举办汇率避险讲座10余场,参加讲座1000余人次。创设《国际收支管理提示函》,将日常管理中需要给银行的各类提示汇集到这一平台。严惩外汇违法违规行为,做好总局部署的两期流出项下外汇业务专项检查,全面排查总局下发的每一条线索;做好外汇检查自选动作,充分利用跨境资金流动与监测系统,对个人分拆、预付货款项下逃汇、非法买卖外汇、虚假贸易融资等案件进行重点查处。全年立案35起,收缴罚款753.5万元。

(关成卿)

证券　期货

【概况】 2016年,嘉兴市加快推动企业对接多层次资本市场,扩大直接融资规模。至年底,全市共有上市公司44家,过会待发企业2家,报会在审企业10家,备案辅导企业7家,建立挂牌上市和股改后备企业库,入库企业分别为217家和399家,全年新增股份制企业122家。全市上市企业数量居全省第5位,总市值3321.26亿元。全市证券和期货交易额分别为19936.14亿元和6136.07亿元。2016年,全市新增直接融资规模468.14亿元,比上年增长7.32%。其中股权融资规模150.94亿元,占全市直接融资规模的32.24%;债权融资317.20亿元,占全市直接融资规模的67.76%。

2016年,嘉兴市新增上市公司4家。其中巨匠建设集团股份有限公司于2016年1月12日挂牌香港联交所主板市场,首发募集资金1.8亿港元;浙江嘉澳环保科技股份有限公司于2016年4月28日挂牌上海证券交易所主板市场,首发募集资金2.16亿元;博创科技股份有限公司于2016年10月12日挂牌深圳证券交易所创业板市场,首发募集资金2.43亿元;博源控股有限公司于2016年10月31日挂牌澳大利亚证券交易所,首发募集资金1862.6万澳元。过会待发企业2家,分别是浙江荣晟环保纸业股份有限公司和安正时尚集团股份有限公司。报会在审企业10家,分别是浙江省新凤鸣集团股份有限公司、浙江台华新材料股份有限公司、合盛硅业股份有限公司、浙江晨丰科技股份有限公司、浙江鸿禧能源股份有限公司、浙江永泰隆电子股份有限公司、浙江双飞无油轴承股份有限公司、浙江瑞翌新材料科技股份有限公司、浙江长盛滑动轴承股份有限公司、海宁中国家纺城股份有限公司。上市辅导期企业7家,分别是浙江芯能光伏科技股份有限公司、浙江晨光电缆股份有限公司、浙江蓝特光学股份有限公司、巨匠建设集团股份有限公司、浙江振申绝热科技股份有限公司、福莱特玻璃集团股份有限公司、明新旭腾新材料股份有限公司。

2016年,嘉兴市分别新增"新三板"和浙江省股权交易中心挂牌企业44家和6家。至年末,全市有"新三板"挂牌企业68家,得到同意挂牌函企业1家,在审企业6家,与券商签约启动挂牌相关工作的企业63家。浙江股权交易中心挂牌企业138家,其中拟上市板1家、成长板26家、创新板111家。

【巨匠建设上市】 1月12日,巨匠建设集团股份有限公司在香港联交所主板挂牌上市,股票代码1459。巨匠建设上市发行13336万股股份,每股发行价1.35港元,募集资金1.8亿港元(折合人民币1.42亿元)。巨匠建设集团股份有限公司是浙江巨匠控股集团有限公司旗下以建筑工程施工总承包为主营业务的大型集团企业,业务覆盖国内多个省市、地区,有较强的综合竞争实力和区域竞争优势,是全国优秀施工企业、中国建筑业成长性百强企业和浙江省"建筑强企"。

【嘉澳环保上市】 4月28日,浙江嘉澳环保科技股份有限公司在上海证券交易所主板挂牌上市,股票代码603822。嘉澳环保上市发行1835万股股份,每股发行价11.76元,募集资金2.16亿元。浙江嘉澳环保科技股份有限公司主要从事环保型增塑剂的研发、生产与销售,经过多年的积累,已经形成以环氧类、石化类、多功能复合类三大系列为主的环保型增塑剂产品体系,以及辅助的环保型钙锌、钡锌稳定剂系列产品,被科技部火炬高技术产业开发中心评为"国家火炬计划重点高新技术企业"。

【博创科技上市】 10月12日,博创科技股份有限公司在深圳证券交易所创业板挂牌上市,股票代码300548。博创科技上市发行2067万股股份,每股发行价11.75元,募集资金2.43亿元。博创科技股份有限公司是一家由美国通信行业的资深专业人员回国创办的中外合资企业,公司致力于平面波导(PLC)集成光学技术的规模化应用,在波导集成器件芯片设计、器件测试和封装领域实力雄厚,拥有多项核心技术和世界领先的高效率生产工艺。

10月12日,博创科技股份有限公司在深圳证券交易所挂牌,图为董事长朱伟敲钟 (市金融办提供)

【博源控股上市】 10月31日,博源控股有限公司在澳大利亚证券交易所挂牌上市,股票代码BHL。博源控股上市发行9313万股股份,每股发行价0.20澳元,募集资金1862.6万澳元(折合人民币0.96亿元)。博源控股是嘉兴房企浙江佳源集团的全资子公司,致力于房地产投资和开发行业,打造了位于嘉兴市王江泾的城市商业综合体"佳源中心广场"。

【证券交易额19936.14亿元】 2016年,全市证券账户170.06万户,新增31.8万户。证券交易额19936.14亿元,比上年下降39.32%,其中股票交易额16021.02亿元,下降44.9%,基金交易额332.77亿元,下降60.24%。

【期货代理交易额6136.07亿元】 2016年,全市8家期货营业部,累计代理交易额6136.07亿元,下降65.28%。

表14

2016年嘉兴市上市公司情况

证券代码	股票名称	总股本(亿股)	累计募集资金(亿元)	总市值(亿元)	上市时间	上市板块
600796	钱江生化	3.01	2.55	37.46	1997.4.8	主板
600208	新湖中宝	85.99	162.76	357.73	1999.6.23	主板
600235	民丰特纸	3.51	10.33	37.27	2000.6.25	主板
600330	天通股份	8.30	34.41	86.78	2001.1.18	主板
002067	景兴纸业	10.94	25.00	73.08	2006.9.15	中小板
601002	晋亿实业	7.93	13.95	75.46	2007.1.16	主板
002144	宏达高科	1.77	8.06	39.98	2007.8.3	中小板
002188	巴士在线	3.00	19.04	87.93	2007.11.22	中小板
002206	海利得	4.87	19.70	93.26	2008.1.23	中小板

续表14

证券代码	股票名称	总股本（亿股）	累计募集资金（亿元）	总市值（亿元）	上市时间	上市板块
002343	慈文传媒	3.15	17.71	142.06	2010.1.26	中小板
002344	海宁皮城	12.83	31.41	145.21	2010.1.26	中小板
002381	双箭股份	4.29	11.16	50.01	2010.4.2	中小板
002404	嘉欣丝绸	5.21	7.37	47.07	2010.5.11	中小板
002522	浙江众成	8.83	11.14	158.90	2010.12.10	中小板
002562	兄弟科技	5.41	13.61	65.30	2011.3.10	中小板
601233	桐昆股份	12.32	62.40	176.91	2011.5.18	主板
002648	卫星石化	8.04	20.00	98.19	2011.12.28	中小板
002677	浙江美大	6.46	4.80	75.57	2012.5.25	中小板
002718	友邦吊顶	0.88	5.21	66.08	2014.1.28	中小板
603168	莎普爱思	1.77	8.62	74.68	2014.7.2.	主板
600176	中国巨石	24.32	79.51	239.32	1999.4.22.（2014.9.4迁入）	主板
600273	嘉化能源	13.06	54.61	125.53	2003.6.27（嘉化能源2014.9.9.借壳）	主板
603889	新澳股份	3.25	4.79	49.02	2014.12.31	主板
603799	华友钴业	5.93	22.66	208.45	2015.1.29	主板
300461	田中精机	0.67	1.32	42.56	2015.5.19	创业板
300488	恒锋工具	0.63	2.52	46.57	2015.7.1	创业板
603822	嘉澳环保	0.73	2.16	44.70	2016.4.28	主板
300548	博创科技	0.83	2.43	69.92	2016.10.12	创业板
小计		247.93	659.23	2815.00		
00496.HK	卡森国际	15.11	5.56	18.25	2005.10.20	港交所
00528.HK	金达控股	6.30	3.05	5.75	2006.12.12	港交所
Nyse.SOL	昱辉阳光	2.03	27.31	9.02	2008.1.3	纽交所
TMX.BOY	博元建设	0.16	2.00	0.51	2009.3.12	多交所
Nyse.JKS	晶科能源	1.26	20.78	133.49	2010.5.14	纽交所
WAYPORT [900130]	亚特电器（WAYPORT）	0.56	1.20	4.44	2010.7.23	韩国柯斯达克
02198.HK	中国三江化工	9.93	7.80	13.86	2010.9.16	港交所
ASX.KFG	康丰家纺	0.25	0.33	0.24	2012.4.20	澳交所
01673.HK	华章科技	6.01	1.60	12.47	2013.5.16	港交所
5538 F-东明	东明控股	1.68	0.81	10.59	2013.12.16	台交所
06865.HK	福莱特玻璃	18.00	7.75	27.69	2015.11.26	港交所
01197.HK	中国恒石	10.00	4.52	19.05	2015.12.21	港交所
01459.HK	巨匠建设	5.33	1.51	7.73	2016.1.16	港交所
ASX.BHL	博源控股	3.43	0.96	3.44	2016.10.31	澳交所
小计		80.05	85.18	266.53		
900955	海创B股	3.30	26.57	14.15	1999.1.18	主板
600555	海航创新	9.74	26.57	60.84	2001.3.28	主板
600567	山鹰纸业	45.51	39.16	164.76	2001.12.18.（吉安集团2013.6.14借壳）	主板
小计		58.55	92.30	239.75		
合计		386.53	836.71	3321.28		

（高舜阳）

经济管理与服务

计划管理

【发布“十三五”规划】 2016年3月,《嘉兴市国民经济和社会发展第十三个五年规划纲要》通过市人代会和政协会议审议、协商,并根据人代会审议意见及政协协商纪要修改完善后印发。梳理完善嘉兴市“十三五”规划“三个重大”方案,并将其中有关重点项目、工程、政策(改革)内容纳入相关专项规划中。推进嘉兴市“十三五”规划前期课题研究成果汇编、市县“十三五”规划纲要汇编、“十三五”规划重要文件汇编等工作。推进各专项规划编制工作,对各专项规划提出针对性的意见建议,强化规划纲要目标任务的落实及与各专项规划的衔接与统一。做好“十三五”专项规划的增补工作,涉及调整专项规划3项,新增重点专项规划4项,一般专项规划7项,登记备案规划2项。印发重点专项规划4项(科技创新“十三五”规划,金融业“十三五”规划,文化发展“十三五”规划,区域卫生规划)。参与“多规合一”试点《嘉兴市空间发展与保护总体规划》的编制完善工作,做好“三区四线”的科学划定。

【制定实施国民经济和社会发展计划】 2016年,嘉兴市发改委编制完成2016年嘉兴市国民经济和社会发展计划,经市七届人大第七次会议审议批准,由市政府下发执行。2016年,全市国民经济和社会发展主要调控目标为生产总值增长7%-7.5%;一般财政预算收入增长6.5%;固定资产投资额增长11%,其中重大基础设施项目、重大产业项目投资、高新技术产业投资、生态环保和环境治理投资均增长15%;社会消费品零售总额增长10%;进出口总额、出口总额适度增长;实际利用外资25亿美元;全社会研究与试验发展经费支出占生产总值比重2.75%;省定七大万亿产业增加值增长10%;推广应用工业机器人1000台;工业技术改造投资增长12%;“浙商回归”到位资金350亿元;个转企1500家左右;城镇居民人均可支配收入增长8%,农村居民人均纯收入增长8%;居民消费价格总水平涨幅3%左右;城镇登记失业率控制在4%以内;城镇新增就业人数6万人;职工基本养老保险参保人数212万人;万元生产总值综合能耗以及化学需氧量、二氧化硫、氨氮和氮氧化物排放量按省计划安排;“三改一拆”(完成剩余城中村改造)39个,完成90.8万平方米。为全面完成年度计划目标任务,嘉兴市推进创新驱动、项目攻坚、深化改革、转型升级、环境整治等各项工作,年内,大部分指标均完成预期目标。

【推进重大项目建设】 2016年,嘉兴市编制下达各类年度投资计划。省“411”计划项目安排项目99个,年度计划投资387.2亿元;市“615”重大项目计划安排项目502个,年度投资810亿元;市级政府投资项目安排项目206个,总投资481.7亿元,年度计划投资82.7亿元。编制下发《2016年市区城建计划》《2016年嘉兴市级政府投资项目信息化计划》和《2016年嘉兴市“五水共治”工程计划》等。开展重大项目前期攻坚,编制首批22个项目,总投资1600亿元,开展“百日攻坚四个一批活动”(前期攻坚一批、提前开工一批、加快推进一批、抓紧入库一批)。6月、9月分别开展重大产业项目和重大基础设施项目专题督察。全市34个项目入选国家专项建设基金，累计争取到专项基金33.93亿元。完成2016年第一批省重大产业项目申报，全市有12个项目列入省重大产业实施类项目，投资总额125.09亿元，项目总用地163.35公顷，入选项目数、投资总额和总用地均列全省第二位。全市8个省重大产业项目获得省国土厅指标奖励，累计获得奖励用地69.47公顷。

【深化重点领域改革】 2016年，嘉兴市深化资源要素差别化配置改革。出台《嘉兴市人民政府办公室关于科学应用工业企业绩效评价结果促进经济转型升级的意见》，实现规模以下企业全覆盖，并增加实际占用土地的非企业生产主体的评价，同时完善指标权重和分类占比、细化加分等特殊情况、深化结果运用等内容。开展新一轮（2013-2015）工业企业绩效评价，亩均税收14.57万元，比上一轮提高5.8%；亩均工业增加值68.38万元，提高7.3%；单位能耗工业增加值0.97万元/吨标准煤，提高6.6%；单位化学需氧量排放工业增加值621.5万元/吨，提高11%；全员劳动生产率14.7万元/人，提高7.5%。全市根据新形势要求不断调整结果应用，桐乡市对C类企业差别化电价暂不实施加价0.1元政策，对D类企业差别化电价0.3元暂降为0.2元，海宁市暂停B类企业差别化水价、差别化电价措施，并下调排污权指标基准价格，秀洲区全面开展氨氮、氮氧化物的初始排污权有偿使用。推进工业用地市场化配置改革，对符合产业导向的先进装备制造业、高技术产业、战略性新兴产业，以及工业企业绩效评价为A类等优先发展且节约集约的项目，采取地价修正系数下浮确定出让起始价，对不符合嘉兴产业转型升级但国家仍允许投资的产业用地，按照土地评估价格上浮不低于20%设定出让起始价。按照不同产业类型和特点，分别设定10年、20年、30年、40年、50年不等的出让年限。出台《2016年嘉兴市深化接轨上海工作实施方案》，明确七大对接行动、十个重点项目以及五十项具体工作，推进基础设施互联互通、产业融合协调发展、高端要素资源集聚、公共服务共建共享、体制机制对接联络等工作。推进行政审批层级一体化改革，使同一事项在全市按照审批内容、材料、要件、流程、时间、收费“六统一”规范审批，推广一窗受理审批新模式，推进投资项目高效审批改革。在全市推行建设、人防、气象、消防等施工图联合审批。桐乡市开展投资项目节能评估、水土保持方案、环境影响评价、安全评价等“多评合一”试点。嘉善县、海宁市探索以“负面清单制、企业依法承诺制、备案制和事中事后监管制”为主要内容的企业投资项目不再审批改革试点。加强审批中介服务改革，出台《关于规范行政审批中介服务工作的意见》《嘉兴市行政审批中介服务网管理办法（试行）》和《嘉兴市行政审批中介服务机构考核评价办法（试行）》。推进全市一体化的政务服务运行系统、基础数据库和网上办事大厅建设。

【实施服务业投资“百项千亿”工程】 2016年，嘉兴市编制实施全市服务业“百项千亿”工程计划，安排项目135项，总投资1549.8亿元，年度计划投资206亿元。其中，现代物流类项目29项，总投资193.5亿元，年度计划投资40.2亿元；科技与信息类项目24项，总投资198.6亿元，年度计划投资36.0亿元；现代金融类项目5项，总投资40.5亿元，年度计划投资8亿元；文化旅游类项目28项，总投资364.1亿元，年度计划投资45.3亿元；健康服务类项目15项，总投资451.2亿元，年度计划投资22.3亿元；其他服务类项目34项，总投资301.9亿元，年度计划投资54.2亿元。至年底，全市服务业“百项千亿”工程实际完成投资286.7亿元，完成年度计划投资的139.2%。其中，现代物流类项目完成投资46.1亿元，完成年度计划投资的114.7%；科技与信息类项目完成投资47.1亿元，完成年度计划投资的130.8%；现代金融类项目完成投资8.9亿元，完成年度计划投资的111.3%；文化旅游类项目完成投资45.3亿元，完成年度计划投资的100%；健康服务类项目完成投资31.4亿元，完成年度计划投资的140.8%；其他服务类项目完成投资108亿元，完成年度计划投资的199.3%。

（戴彧峰）

国有资产管理

【概况】 2016年,嘉兴市国有资产总量5308.26亿元,比上年增长10.27%;所有者权益2092.27亿元,增长14.5%。其中市级国有资产总量1555.76亿元,增长1.43%;所有者权益563.22亿元,增长15.13%。市级国有资产中基础设施占80.32%,社会公益事业占7.87%,工业占6.22%,商业占2.42%,金融业占2.18%,交通运输业占0.71%,服务业占0.28%。年内,市国资委对内设机构进行改革调整,将人事处、党建工作处整合为党建人事处,财务监管处、业绩考核处整合为考核评价处,设立改革与发展处(政策法规处)、综合稽查处,进一步完善监管体系,形成有利于企业改革的制度体制。

【开展"四降"专项行动】 2016年,市国资委深入推进供给侧结构性改革,在市属国有企业开展"四降"(降负债成本、降应收款项、降库存、降管理成本)专项行动,国有企业质量效益显著提升。全年市属国有企业实现营业收入105.95亿元,比上年增长7.77%;利润总额1.58亿元,减亏5.06亿元;整体债务规模下降13.67%,资产负债率下降6.42个百分点,综合财务成本下降0.68个百分点;压缩应收款项17.56亿元,占应收款总额的30.2%;盘活房产28.9万平方米,出让土地31.33公顷,回收资金30.4亿元;国有企业管理成本下降6.14%,人均管理成本下降3%。

【加快企业改革试点】 2016年,市国资委推动市属国有企业开展改革试点,发挥企业市场主体作用。嘉实集团整合内部金融资源组建金融控股有限公司,做大做强金融主业;成功引入上海青客公共租赁住房经营管理有限公司,建立战略合作伙伴关系,推进资产证券化。嘉源集团将管道、设计、物资三家公司进行股权改造和综合试点。嘉服集团围绕打造"品牌菜篮子"产业链,启动相关主体整合,引进职业经理人。嘉城集团与君澜酒店集团签订战略合作框架协议,嘉兴旅游发展有限公司启动实施人事制度改革工作。嘉兴银行实施市场化改革试点,制定小微化战略,加快发展零售业服务。

【探索多元化投融资机制】 2016年,市国资委充分利用多层次资本市场,大力推动企业股改上市,加快资产证券化步伐,年末4家企业完成股改工作,燃气集团国有股权管理方案获省国资委批复。推动国有资本与各类资本融合,创新企业投融资机制,2016年市属国有企业共完成投资48.1亿元。嘉源集团城东再生水厂实施PPP合作,引入社会资本3685万元。

【实施简政放权】 2016年,市国资委制定出台企业重大事项管理、对外投资管理及融资、担保及资金管理等一系列放权制度文件。企业重大事项管理规定,明确重大事项分类及审批、备案和报告管理流程;对外投资管理办法,下放嘉兴市域范围内所有经营性投资项目审批权限;企业融资、担保及资金管理办法,对企业融资事项由原来的逐笔审批改为年度计划管理,明确一般担保事项由企业自主决策。

【完善薪酬考核体系】 2016年,市委、市政府出台《关于深化市管企业负责人薪酬制度改革的实施意见》,严格规范市管企业负责人薪酬分配,建立与市管企业负责人选任方式相匹配、与企业功能性质相适应的差异化薪酬分配体系。市国资委与市属国有企业签订三年任期和年度目标责任书,实施分类考核,形成基本年薪、绩效年薪、任期激励相结合的薪酬结构。绩效年薪考核将企业分成功能类和竞争类,明确不同的考核重点,有关指标实行"菜单式"选择。

(严　裔)

物价管理

【概况】 2016年,嘉兴市居民消费价格总水平上涨1.8%。全年价格年初年末较高、年中较低。2月,受低温和节日因素影响同比上涨2.9%,涨幅自2014年4月以来最高,6月、7月较低,同比均上涨0.9%;全年价格环比有涨有跌,除2月上涨1.5%外,涨跌均在1个百分点以内。8大类商品和服务价格累计同比6涨2跌。其中,全年食品价格上涨5.9%,拉动消费价格总水平上升1.1个百分点,是影响全年居民消费价格走势的主要因素。粮油价格保持平稳,菜、畜肉类价格上涨明显,禽肉、水产品价格小幅上涨,蛋类、鲜瓜果价格小幅回落。全市工业品价格比上年上涨0.2%,拉动消费价格总水平上升0.1个百分点。劳动力供给不足及经济结构转换和服务业快速发展造成劳动力市场供需不平衡,服务价格上涨1.5%,拉动消费价格总水平上升0.6个百分点。受房地产市场升温影响,租赁房房租和自有住房价格分别上涨2.6%和1.9%,拉动消费价格总水平上升0.3个百分点。全市工业品出厂价格和原材料继续下跌。工业品出厂价格下跌2.4%,跌幅缩小1.2个百分点;生产者购进价格下跌3.1%,跌幅缩小3.4个百分点,9大类原材料燃料动力购进价格黑色金属材料类和农副产品类价格分别上涨0.2%和1.9%,其余有不同程度下跌。工业品购销价格跌幅差为0.7个百分点,购销价格差距缩小1.2个百分点。2016年,市本级查处各类价格违法案件19件(其中1件移送其他机关管辖),经济制裁总金额117.87万元,其中退还用户13.1万元、没收93.76万元、罚款11.01万元。全年承办(刑事)涉案财物价格鉴定488件,鉴定标的金额915万元,其中涉纪检监察案件13件,集体审议重大疑难案件的价格鉴定14件。年内,出台《关于嘉兴市本级前期物业服务优质优价申报考评和收费标准等有关问题的通知》,规范物业服务定价。10月,首次在药品专项检查工作中采用“双随机”(随机抽取被抽查医药单位、随机抽取执法人员名单)模式。10月,修订《嘉兴市市场价格异常上涨事件应急预案》,完善价格管理调控机制。

【降低非民用天然气价格】 4月20日起,嘉兴市天然气管网经营有限公司向市及县(市、区)燃气经营企业销售非居民用天然气的门站价格每立方米降低0.0126元;嘉兴市区和嘉兴港区非居民用天然气销售价格上限每立方米降低0.38元,分级价格做相应调整;明确“煤改气”用户和企业生活用气价格。

【落实降低电价相关政策】 1月1日和4月20日,嘉兴市先后两次降低工商业用电价格。市物价局协同市经信委审核上报2016年嘉兴市电力直接交易试点企业,扩大试点企业范围,使符合条件的企业享受到直供电优惠电价。年内,推荐参与2016年嘉兴市电力直接交易试点的电力用户6451个,其中新增加电力用户6409个,涉及用电量约144亿千瓦时。

【暂停、降低部分行政事业性收费】 1月,市物价局与市财政局、市减负办联合印发《关于进一步做好减轻企业负担工作的通知》。落实小微企业、养老医疗服务业、高校毕业生就业等减免收费基金政策。1月1日起,暂停19项行政事业性收费项目,暂停2项涉企行政事业性收费项目,降低2项涉企行政事业性收费项目收费标准。会同市财政部门在市本级选择10家企业,建立企业负担监测点,聘请监督员,进行实时监督。

【开展涉企收费检查】 2016年,市物价局部署涉企收费检查工作。会同市减负办,在县(市、区)每地选取2–3家企业进行收费情况摸底调查。派出检查组对司法鉴定收费进行检查,会同市财政等部门对农经、环保、建设等部门10余个单位进行检查。同时,加强对电子政务平台收费监管。

【健全社会价格监督体系】 2016年,市社会价格监督服务总站指导市区大型超市及总部在嘉兴的连锁超市公司完善内部价格管理机制,建立《错收价款退赔制度》。2月1日,嘉兴市区规模较大的13家超市均建立并实行公示错收价款退赔制度。全年指导社会监督组织开展102次交叉监督巡查,出动社会价格监督员757人次,指导和纠正超市各类价格违法违规行为80家次,接受超市价格咨询78家次,协助价格主管部门调查办理价格投诉26件次,市本级13家超市发生错收价款退赔358起,发放价格法规宣传资料400余份。

【加强价格政策宣传】 6月,市物价局参加市电子商务行业协会举办的2016第四期《电商价格规范》专题沙龙,与参会电商就企业在运营过程中网销价格标示等情形被举报投诉的事件进行交流讨论,帮助企业规范价格行为。加强医药价格政策宣传,为浙江省荣军医院、嘉兴市中医医院进行医疗服务价格和收费政策讲解,提高企业政策执行水平。做好嘉兴物价网的维护更新,及时加载政策和价格信息,全年受理网络投诉咨询70余件。

(杨　丹)

统　计

【概况】 2016年,嘉兴市统计局贯彻落实国家、省、市统计工作会议精神,围绕统计基础和统计能力两个提升目标,开创全市现代化服务型统计工作新局面,被市委、市政府评为"五型"机关创建一等奖。市统计局注重制度建设,年内修改审定通过《嘉兴市统计局行政工作规则》等13项局规章制度,形成用制度管权、按制度办事、靠制度管人的长效机制。全年组织开展统计课堂7期,组织统计职称考试,其中初级职称178人、中级职称156人、高级职称8人。加强统计信息化建设,稳步拓展联网直报的业务应用范围,完善联网直报系统功能。加载统计数据库数据,健全信息化管理制度,加强基础设施建设,保障信息安全。完善楼宇统计信息系统和统计报表智能系统建设。

【加强统计监测预警】 2016年,市统计局开展主要经济指标的预警预判,加强与发改、经信、财政、农经、建设、商务、交通、金融等部门的联系沟通,每月开展GDP模拟测算和预警预测分析。在工业、贸易、服务业等重点行业中选择358家重点企业作为联系对象,建立统计调查预报制度。推进投资统计"一项目一档案"工作,跟踪全市集中开工重大建设项目,及时反映扩大有效投资和重大项目建设进程。加强对经济责任目标进程的监测,建立健全目标进度情况监测报告通报制度,开展市委、市政府年度领导班子绩效考核评价和月度经济目标责任考核指标动态监测,提高监测预警频率。完善新兴领域的统计监测水平,不断改善和提高战略性新兴产业、高新技术产业、八大千亿产业、五大重点服务业、信息经济、海洋经济、民营经济、特色小镇等统计监测水平。

【强化数据质量监管】 2016年,嘉兴市进一步完善镇(街道)统计中心星级评价制度、深化统计"领头雁"培育工程、强化统计名录库维护管理工作、实施"万人培训工程"和统计联审辅导等,提高统计基层基础水平。深化统计自查自纠,推进"数据造假、以数谋私"和统计自查自纠专项治理工作,全年全市自查单位近万个。研究制订《嘉兴市统计局随机抽查工作细则》《嘉兴市统计局工作约谈制度》。强化统计普法执法,全市439名县处级、科级领导干部和1.6万名统计调查对象接受统计普法教育。全年对276家单位进行统计稽查,处理涉及统计违法单位44家。

【提升统计服务质量】 2016年,市统计局拓宽统计服务领域,提升服务质量,为嘉兴市经济社会"十三五"规划编制提供数据支持和统计建议。年内,组织撰写各类统计调查材料308篇,向市委提供《当前嘉兴经济社会转型发展面临主要"短板"及对策措施》。围绕以"拆治归"为重点的转型升级系列组合拳,主动服务"五水共治"、浙商回归、楼宇经济等中心工作,统计分析材料获得市委、市政府领导批示22次。承担全市社情民意调查20多项,率先在机关开展平安嘉兴调查电话调查,服务夺鼎创杯。新增按管理口径公布和使用统计数据,对月度塑封卡资料同步改版。编印《统筹发展走在前列综合实力再上台阶——"十二五"嘉兴发展成就统计资料》等。

【开展农业普查综合试点工作】 2016年,市统计局开展农业普查综合试点工作。平湖作为全省唯一综合试点地区,组织200多人,全方位、全过程测试第三次农业普查方案中627个指标,73条建议得到上级采纳。全市组织7400多名普查员,对68个镇(街道),5430个普查小区进行清查摸底，共排摸农户64.8万户、251.5万人，农业生产经营单位6500家，涉农二、三产业单位3300家，在全省率先完成清查摸底工作。首家探索摸清现代农业家底，为掌握嘉兴市农业一、二、三产业融合现状，在全省摸底表的基础上增加25个指标，同时，设计涉农二、三产业摸底表20个指标，对农产品加工、农产品批发、休闲农业与乡村旅游、农技推广指导、农资及劳务服务五大行业全面摸底，为嘉兴市农村一、二、三产业融合发展和农业供给侧结构性改革提供基础性数据依据。

【探索新兴领域统计】 2016年，市统计局与嘉兴学院共建嘉兴新经济统计研究中心，联合获批"浙江新经济统计研究嘉兴基地"；与复旦大学、华东理工大学等合作，与阿里研究院、清华大学等对接，完成《供给侧改革促嘉兴工业转型升级研究》《嘉兴信息经济发展研究》《嘉兴健康产业发展研究》等10项课题。"三新"统计试点取得新进展，嘉兴作为全省三家"三新"（新产业、新业态、新商业模式）统计国家试点城市之一，贯彻实施国家"三新"经济统计制度和国家试点研究工作，完成全市8000多个法人单位、1万多个个体户、5000多个住户的电子商务统计调查工作，深入观察分析嘉兴电子商务发展渗透状况，取得《嘉兴市"三新"统计监测指标体系研究》《电子商务：嘉兴传统制造业转型发展新变量》《电子商务经济活动总量测算方法初探》等有价值的研究成果。加强特色小镇监测工作，嘉兴作为全省唯一全域特色小镇统计监测规范化试点地市，通过研究特色小镇统计监测工作的组织模式、探索完善统计监测相关指标数据的统计方法、建立完备的台账资料等方式，规范特色小镇统计监测工作，三次在全省统计会议上介绍经验。

（严国丽）

国土资源管理

【概况】 2016年，嘉兴市获取新增建设用地计划指标1793.33公顷，其中获得省重点基础设施项目用地单列指标906.67公顷，获取省重大产业项目奖励指标229.8公顷，争取省级各类耕地保护奖励补助资金3.34亿元。全市建设项目用地供应总量3522.87公顷，土地出让总价407.85亿元，首次突破400亿元。2016年，市国土资源局连续八年被市委、市政府评为工作目标责任制暨"五型"机关创建考核优秀部门。

【推进国土资源供给侧结构性改革】 2016年，市国土资源局坚持计划指标竞争择优分配机制，采取"政府统筹与竞争择优"相结合分配使用机制，确保年度新增建设用地计划指标优先用于土地投入产出水平高的产业项目。深化工业用地市场化配置改革工作，全市共实施差别化地价供应工业用地139宗，修正地价金额3.98亿元。实行弹性年期出让工业用地67宗，面积52.67公顷。实施租赁方式供地10宗，面积7公顷。探索实施农村土地整治增减挂钩节余指标收储机制，市土地储备中心完成首个市级节余指标收储，收储对象为嘉善县西塘镇13.33公顷农村综合整治增减挂钩节余指标。开展土地市场诚信体系建设试点，在海宁市、平湖市率先开展试点基础上，将试点扩大到全市县（市、区），营造诚实守信的土地市场环境。制订印发《嘉兴市国土资源局关于开展村级土地民主管理创建活动的通知》，进一步发挥村级土地所有者对保护耕地、依法用地、依法管地的积极性和主动性。

【强化用地保障】 2016年，市国土资源局推进土地利用总体规划调整完善，《嘉兴市土地利用总体规划调整完善（2006-2020年）》上报省政府审查，全面完成县、乡级规划审查工作，并得到省、市政府批准实施。优化空间布局保障重大项目，全市审查审批规划局调整项目1177个，总面积3334.67公顷，保障了濮院古镇、三水六旗、G20杭州峰会涉及项目用地、丁诸线航道整治工程、G524新增国道等省重大基础设施项目、省重大产业项目用地。开展重大项目服务保障专项行动，组织对全市列入"省411、省重点、市615、百日攻坚"等项目用地保障情况进行调查摸底，成立9个重大项目用地服务保障组到各地开展服务保障工作,共保障项目469个、土地面积4862.2公顷,部分保障项目72个、土地面积1728.73公顷。

【严格耕地保护】 2016年,嘉兴市强化政府对耕地保护的责任,开展2015年度耕地保护目标责任制考核,海宁市政府、海盐县政府、平湖市政府获评优胜单位。全面划定永久基本农田,按照“数量不减少、质量有提高、布局更优化”的要求,全市划定永久基本农田17.3万公顷,其中市本级中心城区通过划定工作调优基本农田740公顷。推进“611”耕地保护工程,全市垦造耕地、垦造水田、“旱改水”、高标准农田建设、耕地质量等级提升、耕作层剥离等工作,均完成年度目标任务。完善耕地保护补偿激励机制,全市对建成的高标准基本农田和粮食功能区补偿标准不低于100元/亩,对集体经济薄弱村补助标准提高到180元/亩。全市耕地保护补偿资金拨付到位2.49亿元,其中争取省级补助资金0.77亿元。7月,全省基本农田保护补偿现场会在平湖市召开。

永久基本农田 (市国土资源局提供)

【深化农村土地综合整治】 2016年,市国土资源局推进农村土地整治由农村宅基地为主向全域整治转变,探索与“退散进集”工作有机结合,“退散进集”地块通过农村土地整治项目获取的增减挂钩指标用于“两创”中心建设,全市共批准立项“低小散”工矿用地整治面积50.47公顷。至年底,全市经省政府批准立项的农村土地整治项目528个,规划复垦新增耕地面积5125公顷,使用周转指标5125.4公顷,整治复垦面积累计完成4019公顷,占周转指标的78.41%。全年完成复垦面积727.53公顷,完成任务的127.03%。

【推进节约集约用地】 2016年,嘉兴市连续四年开展“已供土地抓开工、已建项目抓竣工”的供而未用专项行动,促进扩大有效投资。全市列入年度考核开工项目722项、面积1355.6公顷,实际开工项目671项、面积1270.6公顷,项目开工率92.94%、面积开工率93.73%。列入考核竣工项目数793项、面积1988.33公顷,实际竣工项目643项、面积1428.73公顷,项目竣工率81.08%、面积竣工率71.86%。开工、竣工项目数与面积数均超要求标准。加快存量土地盘活利用,全面摸清存量建设用地底数,组织对全市批而未供、供而未用、低效用地三类存量建设用地进行调查摸底,并细化到地块清单,建立账册。2016年,全市消化批而未供土地1343.87公顷,完成任务数的248.99%;盘活(供应)存量土地面积1192.53公顷,完成任务数的210%;实施城镇低效用地再开发529公顷,完成任务数的132%。做好房地产用地供应调控,按照中央“分类调控,因城施策”的要求,商服用地比上年安排量下降63.39%;严格商贸综合体管理,推行城市拆迁货币化安置政策,面对下半年市区商品房交易量显著放大,库存消化周期持续下降,地价持续走高等新变化,追加供应计划外商品住宅用地13宗,面积76.13公顷,平抑市场需求。开展节约集约模范县(市)创建,2016年,桐乡市被评为全国国土资源节约集约模范县(市)。至年底,嘉兴市已有海宁市、平湖市、嘉善县、桐乡市四个县(市)被评为全国国土资源节约集约模范县(市)。

【实施不动产统一登记】 2016年,嘉兴市政府成立由市长任组长,分管副市长任副组长、14个相关部门(单位)组成的不动产统一登记工作领导小组,办公室设在市国土资源局。市编委办批准成立嘉兴市不动产登记局和嘉兴市不动产登记服务中心(副处级公益一类事业单位),承担市本级土地登记、房屋登记等不动产登记工作,指导监督各县(市、区)不动产统一登记工作。5月30日,海盐县首发嘉兴市第一本不动产权证;9月26

日，市本级南湖区、秀洲区、嘉兴经济技术开发区（国际商务区）三个不动产登记服务分中心挂牌实施登记服务工作。针对下半年嘉兴市区房地产交易量显著放大、不动产办证业务量骤增的情况，市国土资源局及时启动应急预案，采取现场预约、电话预约、网上预约、优化流程等措施，疏通窗口排队、拥堵现象，引导有序办证，提升办证速度，确保不动产统一登记改革平稳有序。至年底，嘉兴市办理不动产登记总量列杭州市、宁波市之后，居全省第三位。

【加强矿政管理】 2016年，市国土资源局开展《嘉兴市矿产资源与地质环境保护规划（2016-2020年）》总体规划及五项专题研究的编制工作；制定印发《2016年嘉兴市地质灾害防治方案》，推进市政府与平湖市、海盐县、海宁市政府签订地质灾害危险点治理工作责任书，落实治理主体。推进土地质量地质调查工作，在全省率先开展为期三年的1:5万土地质量地球化学调查、建档及成果应用项目，实现市域全覆盖。联合省地质调查院在嘉兴有机农业示范园内挂牌成立“中国地质调查局农业地质应用研究中心土地质量研究示范基地”。启动“一县一品”土地质量地质调查成果应用试点（示范）工作，完成海盐县土地质量调查成果与土地管理“一张图”平台对接与数据共享。完成浙江海洋经济发展示范区（嘉兴）城市群地质调查项目，经中科院院士杨树锋等专家评鉴，成果达到国内领先水平。开展地面沉降与地下水监测工作，落实嘉兴市国家地下水监测工程建设任务，完成海宁市4眼国家级地下水监测井建设工作。全面完成矿山粉尘防治专项行动任务，足额征收矿产资源补偿费，全市收取矿产资源补偿费143.05万元，全额上交中央金库。年内，《嘉兴市秀洲区运河农场地热资源勘查项目》获浙江省“十二五”十大地质成果。

中国地质调查局农业地质应用研究中心土地质量研究示范基地挂牌仪式（市国土资源局提供）

【建设法治国土】 2016年，市国土资源局推进2015年度土地卫片执法监督检查。全市卫片执法检查工作立案违法用地183件，面积32.15公顷，耕地面积16.1公顷，违法占用耕地面积比例为1.81%。开展严格执法保护资源亮剑行动，部署“亮剑行动”专项工作。2016年，全市临时用地涉及违法行为完成整改305宗，面积108.93公顷，整改完成率95%。未依法处置违法用地完成整改2811宗，面积673.53公顷，整改完成率97%。全面落实行政复议法定职责，全年受理行政复议案件5件，行政诉讼案件4件（均胜诉）。做好全国和市“两会”、G20杭州峰会、乌镇互联网大会等重要节点时期的信访矛盾化解工作，确保重要时期的社会稳定。

【通过土地例行督察整改验收】 2016年，国家土地督察上海局对嘉兴市开展土地例行督察。根据要求，嘉兴市积极部署开展督察整改工作，经国家土地督察上海局认定，全市共完成各类问题整改3623个、面积2441公顷、金额86.39亿元，整改完成率分别为94%、94%、98%，顺利通过整改验收。

（严 伟）

审 计

【概况】 2016年，嘉兴市审计机关完成审计项目188个，查出违规金额56.99亿元，应上缴财政6603万元，应归还原渠道资金2982万元，应调账处理金额1.14亿元；已上缴财政4801万元，已归还原渠道资金1553万元，已调账处理金额8302万元；核减投资额3.47亿元；移送纪检监察部门处理事项12项，12人受到刑事处罚，17人受到党纪政纪处分；提交审计信息被上级采用81条，其中省审计厅采用34条,市委办、市政府办采用47条,审计报告、信息被市领导批示26篇次;获评全省优秀和表彰项目6个,优秀审计报告2篇,被省审计厅录用大数据审计案例8个,医保审计案例被审计署推广,市审计局获市级机关部门(单位)工作目标责任制暨“五型”机关创建考核一等奖。

【政策措施贯彻落实跟踪审计】 2016年,全市审计机关坚持把中央和省、市的重大决策措施在本地区的执行情况作为审计监督的重点,围绕“稳增长、促改革、惠民生”三大类重点政策措施落实情况,开展促进外贸稳定增长、浙商回归、学前教育政策落实情况等政策跟踪审计。在学前教育专项审计调查中撰写的《审计反映住宅小区配套幼儿园政策落地困难》《审计建议重视和加强学前教育师资队伍建设》2篇信息,分别被市领导批示,为完善新一轮学前教育推进政策提供了决策参考。在促进外贸稳定增长专项审计调查中撰写的《建议加大政策力度扶持外贸综合公共服务平台建设》的信息,市领导批示“市商务局研究推广‘嘉途通’做法,并出台支持政策”。

【市本级预算执行审计】 2016年,市审计局推进审计监督全覆盖,不断深化财政预决算审计,推动落实新预算法,促进提高公共资金绩效。市本级预算执行和其他财政收支审计的13个项目,运用大数据审计技术基本实现审计全覆盖,代表市政府在人大常委会上所作的《审计工作报告》,披露四大类49个问题,受到市人大常委会高度评价:“定位科学精准,审计全面完整,问题披露充分。”市政府高度重视问题整改,以交办方式部署相关部门(单位)整改,推动市、区两级政府及相关部门建立审计整改长效机制,出台制度14项。市人大常委会对同级审整改情况进行满意度测评,满意和基本满意率达100%。市审计局实施部门预算执行和公务支出公款消费专项审计,组织市本级235家单位对2015年公务支出公款消费情况进行自查,涉及决算收入54.15亿元、决算支出52.17亿元;市审计局抽查一级预算单位38家及其下属单位41家,及时发现因公出国(境)、公务接待、会议、培训等方面存在的不规范现象,推动财政部门出台文件,规范讲课费、稿费、劳务费等支出管理。

【社保审计】 2016年,市审计局实施基本医疗保险基金和医疗救助资金审计及市本级定点民营医疗机构基本医疗专项审计调查,运用大数据技术分析比对市本级和平湖市共152万人的医保数据,实地抽查14家定点医疗机构、5家定点零售药店和相关单位及个人,发现部分特殊困难群体未实现应保尽保、医疗机构违规收取诊疗项目费用、医保卡违规出借刷卡致使医保基金流失、中药饮片量费双控政策执行不到位、部分定点药店药品价格畸高等问题,向公安部门移送涉嫌骗保案1起,追回医保基金213万元,撰写的《审计利剑戳穿医保卡背后的非法交易》案例被审计署编入《全国医疗保险基金审计工作动态》。

【国企审计】 2016年,市审计局实施市本级公共交通运营管理情况专项审计调查,重点围绕公共交通的发展现状、发展目标、财政补助等情况开展调查,剖析公交行业运营管理中的主要问题和困难,对公交企业亏损现状、亏损因素等五个方面的问题在《审计工作报告》中反映,2篇审计信息被市委办采用,1篇被市领导批示,推动新一轮公交补助政策的执行。组织实施市级国资营运公司固定资产管理专项审计调查,摸清固定资产总量,摸清固定资产管理使用情况,对资产权证、资产建账、房产变更、房产招租等方面存在的问题在《审计工作报告》予以披露,2篇信息被市委办采用。

【农业与资源环境审计】 2016年,市审计局组织开展市本级扶持村级集体经济政策落实情况专项审计调查,实地查看强村计划建设项目,审计揭示薄弱村认定条件不尽合理、扶持薄弱村配套资金不到位、发展设施农业政策效应不明显等问题,2篇信息被市政府办采用,审计建议被吸收到新一轮《关于实施“强村计划”加快推进村级集体经济发展的意见》。全市审计机关开展“五水共治”政策措施落实情况专项审计调查,审计披露了农村生活污水治理项目不同步、收集纳管未全覆盖、污水收集后无法纳管外排等问题。

【政府投资审计】 2016年，全市审计机关完成对1437项工程的造价审计，送审金额107.48亿元，净核减金额7.81亿元；组织县（市）审计局开展对2015年度保障性安居工程交叉审计，审计中提交的有关公共租赁房管理问题、建立信息共享平台完善保障性安居工程审核机制、盘活保障性安居工程专项资金等10多篇审计信息，3篇被市领导批示，有力地促进问题的整改；市县审计机关针对工程建设领域突出问题开展专项审计调查，重点对政府投资项目现场管理、工程变更管理、住房维修基金管理、重点水利工程建设情况等进行审计调查，提交的专项审计调查报告为相关部门加强行业监管提供依据；市审计局提交的《市级政府投资建设项目工程变更管理情况专项审计调查报告》被常务副市长批示，促使建设项目业主扣回、扣罚或不予支付金额622.26万元。

【经济责任审计】 2016年，全市审计机关完成94名领导干部的经济责任审计，查处问题金额2.9亿元（其中管理不规范金额2.7亿元，违规和损失浪费金额0.2亿元），提出审计建议被采纳147条。市审计局按照市委《嘉兴市2016年党建工作要点》中探索“六责联审”的要求，选择王江泾镇和嘉兴港区作为“六责联审”工作试点，对两个单位党政领导干部所承担的“重大决策责任、任期经济责任、自然资源资产和生态环境保护责任、选人用人责任、机构设置和编制使用责任、工作绩效责任”同步联动实施“审议、审计、审查、审核、审评”，运用审计、组织、编办三部门合力，深化经济责任审计内容，“六责联审”的创新实践，列入2016年度“浙江审计十大事件”。市审计局推进经济责任审计全覆盖，完善规范内管干部经济责任审计，指导30个市级部门（单位）对81位内管干部的审计，查出管理不规范金额5.97亿元，促进完善制度85项。省审计厅高度重视嘉兴推进内管干部经济责任审计的工作经验和做法，在实地调研的基础上形成《浙江省部门和单位内部管理领导干部经济责任审计办法（试行）》。

【嘉兴港区审计】 2016年，市审计局实施嘉兴港区领导干部任期经济责任审计，在嘉兴港区首次按“六责联审”要求增加了“自然资源资产和生态环境保护责任”和“工作绩效审计责任”审计内容，审计运用大数据技术、实地勘察走访、延伸下属单位等方法，对财政财务管理、环境资源管理、工程建设管理以及下属单位存在的问题进行披露，提出审计意见和建议，推动嘉兴港区管委会出台4个有关规范内部管理的制度。

【大数据审计】 2016年，市审计局出台《推进大数据审计工作意见》，对数据采集、项目实施、基础建设、人才建设和保障措施等进行规划部署。探索市县一体化大数据审计，整合全市财政同级审、部门预算执行审计和三公经费审计等骨干力量，进行集中研讨分析，提升计算机审计应用能力；参加审计署和省审计厅的各类培训，7人取得计算机审计中级证书，2人被列为全省计算机审计专业领军人才，13人被列为全省计算机审计业务骨干人才；推进大数据审计技术方法的运用，市审计局实施18个大数据审计重点项目。全市审计机关总结提炼的大数据审计案例，被省审计厅采用8篇；市审计局申报的部门预算执行审计数据规划，被省审计厅列入编制任务计划。

【内部审计】 2016年，市审计局加强内部审计协会平台建设，重点推动农村集体经济审计，全面推进内管干部经济责任审计，深化国有企业、民营企业内部审计，履行对内部审计的指导监督职能；与市农业经济局联合出台《关于进一步加强农村集体经济审计工作的意见》，强化农村集体经济审计监督，推进农村财务管理规范化、制度化。市内部审计协会围绕建立制度、指导业务、培训人才等重点，开展服务会员活动，全年举办8期培训班，培训人数达1562人。

（吴国宗）

市场监督管理

【概况】 2016年，嘉兴市市场监管系统统筹推进“放、管、服”各项举措，发挥商事登记制度改革的作用,加强事中事后监管,优化服务举措支持创业创新,有力助推全市经济转型发展。全市实有各类市场主体40.4万户,比上年增长13.93%,资金总额11054.94亿元,增长42.43%。其中法人企业9.13万家,增长18.21%,实有个体工商户27.89万户,增长14.30%。

【促进大众创业创新】 2016年,嘉兴市深化商事登记制度改革,放宽企业住所(经营场所)登记条件,注册资本由实缴改认缴,推行“先照后证”,实行“五证合一、一照一码”,降低创业准入门槛。依托行政审批层级一体化改革,在全省率先完成审批权限的下放,将原市市场监管局登记的权限以授权和委托方式100%下放到县(市、区)市场监管局,并向基层便民服务中心延伸,打通便民“最后一公里”。全市新设立市场主体7.22万户,比上年增长22.15%,注册资本418.73亿元,增长127.31%。其中法人企业1.57万家,增长32.32%,个体工商户5.31万户,增长20.12%。

【加强信用监管】 2016年,嘉兴市企业工作年报率、个体工商户年报率、农民专业合作社年报率分别为91.81%、91.25%、93.23%。其中农民专业合作社年报率和企业工作年报率等多项指标位列全省前列。依托企业信用信息公示系统,对外公示企业信用信息,收录可供社会查询的全市市场主体总数40余万户。认定或续展的省级信用管理示范企业18家,申请认定或续展的市级信用管理示范企业132家。为全市企业上市、增资、招投标等出具信用监管证明40份。

【加强执法监管】 2016年,市市场监管局坚持“攻大奸、戒小过”,推进市场竞争执法和食品药品违法案件查处,全市查处违法案件2118起,其中大要案644起,罚没款7117.27万元,比上年增长64%,移送公安部门204起,增长100%。推进“双随机、一公开”工作,出台《嘉兴市市场监督监管局公示信息抽查“双随机”抽查人员选派工作实施办法》,对3008家被抽查企业年报公示信息进行审验。以“双随机”方式,排查“投资”“投资管理”和“投资咨询”类企业2302家,加强风险提示和线索抄告移交,查处案件2起。

【加强智慧监管】 2016年,市市场监管局推进业务系统、政务系统“入云”。推进网络主体建档和推进网络主体亮照(电子链接标识),健全食品进销电子化台账和药品电子监管追溯系统。推进民生实事项目,全市69家城区农贸市场中有49家完成质量追溯体系和快速检测体系“双体系”建设,在全市大型、特大型餐饮企业和学校食堂、养老服务机构食堂建设“阳光厨房”,累计完成851家。

【加强社会监管】 2016年,市市场监管局举行“3·15”消费维权大型活动,推进消费争议快速处理绿色通道和金融消费维权服务站建设。受理消费投诉举报1.9万余件。开展食品安全宣传周集中宣传,深化“四个你我”(我执法、你参与,我宣传、你传递,你点题,我检测,你举报、我查处)活动。推进食品安全科普展建设,7月省食品药品监管局在嘉兴召开现场会。

【推进小微企业三年成长计划】 2016年,市市场监管局摸清小微企业成长脉络,制定出台支持小微企业三年成长计划十项举措,合力帮扶小微企业成长。全市新增七大产业小微企业9628家;整治淘汰不达标、违法生产企业1537家;新增科技型小微企业482家;推动小微企业到浙江股权交易中心挂牌40家;个转企完成1781家,其中新转公司制企业占比100%;落实税费减免政策,减免税费5.81亿元;全市银行类金融机构向小微企业发放贷款余额697.28亿元;组织小微企业专场培训347场次,培训人员24801人。

5月13日,嘉兴市政府召开全市小微企业三年成长计划工作推进会 (市市场监管局提供)

【促进交易市场提升发展】 2016年，市市场监管局围绕省政府提出的“两个两万亿”目标，促进商品市场提升发展。2016年嘉兴市实体市场302个，成交额1836.32亿元，比上年增长10.38%。其中消费市场275个，成交额1520.72亿元，增长6.22%；生产资料市场26个，成交额315.3亿元，增长36.22%。新创建21家省级放心农贸市场，新创建2家四星级文明规范市场、8家三星级文明规范市场、11家二星级文明规范市场。

【深化商标品牌战略】 2016年，市市场监管局实施“三名”工程，构建“政府推动、部门助动、企业主动”的商标品牌建设战略格局，制定个性化培育方案和举措，建立完善商标品牌库(包含驰名、著名、集体、证明等商标)、商标品牌梯级培育后备库。继续把“信息、环保、健康、旅游、时尚、金融、高端装备制造”七大重点产业作为商标品牌培育的新重点，突出“现代新兴产业、特色农产品、产业集群、文化服务产业商标品牌和商标国际注册”五大商标培育增量重点，加大扶持力度，促进经济加快转型升级。全市新申报商标注册15071件，核准16007件，累计88084件。推进商标质押百亿融资行动，全市商标质押融资额3.2亿元。

【服务生物医药和高端食品新兴产业发展】 2016年，市市场监管局依托“创新嘉兴·精英引领计划”，登记注册生物医药项目70余个，形成高端食品产业集聚平台。嘉兴市服务雅培企业帮助解决废料利用的做法，受到省食品药品监管局局长朱志泉的肯定。

【推进食品安全市县创建】 2016年，市市场监管局创建浙江省食品安全市县、省级农产品质量安全放心县。召开全市推进浙江省食品安全市县创建工作现场会、《浙江省食品安全县(市、区)考评细则(2016版)》宣贯会。推进省级农产品质量安全放心县创建工作，落实属地管理责任和生产经营主体责任，推进机制创新，健全农产品长效保障机制，争取4个县(市)达到省级农产品质量安全放心县建设标准，推进嘉善县国家农产品质量安全县创建。

10月20日，嘉兴市食品安全科普宣传中心肉制品中心在海盐成立 （市市场监管局提供）

【开展食品安全“三大一严”专项行动】 2016年，市市场监管局开展食品安全“三大一严”(大抽检、大排查、大整治、严打击)专项行动。开展集中排查，对重点食品生产经营单位、小作坊、规模以上食用农产品经营主体和食品批发交易市场进行全面排查，共出动排查人员31912人次，检查重点品种生产经营企业9581家。抽检重点品种，共开展监督抽检2966批次，涵盖15大类食品，全市排查出重点风险隐患12个并完成整治。约谈违规企业，对违规食品生产经营单位、市场举办者进行约谈，明确整改期限，落实整改措施，全市约谈违规企业588家。查处关停非法违法企业，对隐患严重的企业责令停产整改，对非法生产经营行为和经整顿达不到安全生产条件的，坚决关闭取缔。全市共组织联合执法361次，行政立案325起，移送案件89起。

【推进食品药品平安系列创建】 2016年，市市场监管局开展“平安食品”创建。成立由市政府主要领导为组长的创建领导小组，制定工作方案，推进食品安全市县创建。整合食品生产许可监督评审、企业落实食品安全主体责任监督检查和重点随机抽查，开展“三合一”随机抽查，做好食品生产企业落实主体责任监督检查工作。制订《嘉兴市食品加工小作坊整治提升工作方案》，鼓励已取得食品小作坊生产许可证的个体工商户创造条件，到期申请取得食品生产许可证。开展“平安药品”创建。建立每季度一次的药品生产质量风险会商机制，严格按照GMP要求规范企业的生产行为，深入实施新修订药品GSP。开展“平安器械”创建。规范医疗器械行政许可工作。组织开展打击非法制售和使用注射用透明质酸钠行为专项行动、定制式义齿生产企业专项检查、医疗器械经营企业冷链管理专项监督检查、医疗器械流通领域违法经营行为整治、加强无菌和植入性医疗器械监督检查、体外诊断试剂安全风险隐患排查整治等专项监督检查工作。开展“平安餐饮”创建。开展春季、秋季学校食堂食品安全专项监督检查,推进网络订餐“净网行动”。在全市实行餐饮服务单位食品安全自查报告制度,795家餐饮单位开展自查报告,核查610家,自查发现问题935个,整改问题934个,整改完成率达99.89%。开展“平安保化”创建。做好国产非特殊用途化妆品备案后检查工作,完成209个产品的备案后检查,非特殊用途化妆品备案后检查率100%。完成化妆品生产企业换发证工作,开展美容美发专项整治,检查大中型美容美发化妆品经营单位1904家,美容美发化妆品使用单位1806家,对59家企业负责人进行约谈。开展保健食品等三类食品非法添加非法声称问题专项治理,对18家企业进行责令整改,立案查处5起。开展“平安食堂”创建。联合在全市开展“护航G20,创建平安食堂”活动,明确“五强化”要求(强化组织领导、强化制度建设、强化管理措施、强化宣传教育、强化资料建档),推进“四落实”措施(落实采购关、落实加工关、落实备餐关、落实消毒关),达到“三满意”(师生职工满意、政府部门满意、社会各界满意)。

8月23日,“舌尖上的科普——走进市场监管”亲子夏令营活动举行　　(市市场监管局提供)

【打造放心消费旅游景区“嘉兴样板”】 2016年,市市场监管局通过完善景区消费维权网络、消费争议快速处理绿色通道、异地游客网络维权和先行赔付等机制,构建消费投诉处理“反应快、受理快、处置快”的“三快”机制,并在全市旅游景区推广。开展以“全力护航G20、安全消费在嘉兴”为主题的嘉兴市旅游景区“春雷”整治行动,检查旅游景区餐饮单位5567家次,责令整改497家次,查处违法行为66起。

【重点行业和领域维稳安保】 2016年,市市场监管局开展打击传销工作。全市查办传销行政案件21起,打击传销团伙91个;教育遣散传销人员876人,解救人员3名。3个县(市、区)接受无传销县(市、区)创建考核。加强广告监管,约谈媒体单位,明确广告管理工作要求。加强G20杭州峰会广告市场、房地产广告和投资理财类广告等整治,重点查处虚假宣传和未经申请许可擅自使用G20杭州峰会标志,以及在广告中侵犯G20杭州峰会标志专用权的行为。立案查处违法广告案件85起。排查家政服务、超市、便利店(小卖部)7411家,整治存在问题的单位236家。开展无照经营综合整治,共发现无证无照经营户3658户,全市无照转有照达到2566户,立案查处无照经营案件135起。开展“红盾网剑”执法专项行动,检查网站(网页)3787家,查处网络案件125起。召集小超市业主召开约谈会,约谈小超市业主化解不稳定事项。

【保障世界互联网大会食品安全】 2016年,市市场监管局对供应第三届世界互联网大会的食品进行统一采购、统一检测、统一管理和统一配送。提前对接掌握供货商目录,开展资格审查,取消2家供货商的供货资格。对采购食品逐批进行检查,共检测风险高的预包装食品60批次,实施快检1617批次,对1份疑似不合格样品立即封存停用。加强食品安全风险评估,选派驻点监督人员,开展现场监督。对14家餐饮服务拟定点接待单位开展食品安全评估,从管理制度、原辅料购贮存、设施设备运行、餐饮具及用具的消毒保洁情况、从业人员健康管理等方面,加强现场检查和安全评估,提出整改意见70余条,建议取消不符合接待条件的餐饮单位1家。抽调安排78名监管人员,驻点25家世界互联网大会接待单位,按照重大峰会保障的工作流程、工作细则实施驻点监督工作。有效保障赴会要人、嘉宾和记者等4.8万余人次的饮食安全。

（罗建波）

质量技术监督管理

【概况】 2016年，嘉兴市质量技术监督局（简称市质监局）履行质量宏观管理和产品质量监督等法定职责，保障生产加工领域产品质量安全，服务经济转型和民生改善。全市国家级产品质量监督抽查283批次，合格272批次，合格率96.1%；省产品质量监督抽查1439批次，合格1398批次，合格率97.2%；嘉兴3C认证产品监督抽查合格率98.1%。全市建立国家法定计量检定机构的社会公用计量标准266项，授权开展专项检定的计量标准8项，部门企事业单位的最高计量标准79项。全年强制检定计量工作器具525058台（件），强制检定计量标准器具2301台（件）。全市共有各类在用特种设备102101台、压力管道5650余千米、气瓶193万个。完成在用特种设备定期检验47461台，其中锅炉内部检验1175台、锅炉外部检验2180台、压力容器全面检验5776台、电梯定期检验25588台、起重机械定期检验7070台、厂机定期检验5672辆。完成特种设备安装监督（验收）8841台，其中工业锅炉安装监检186台、电站锅炉安装监检5台、压力容器安装监检9台、电梯验收检验6838台、起重机械安装（验收）检验1803台。完成压力管道安装监检215千米。完成特种设备安全质量监督检验400839台，其中工业锅炉12台、压力容器3427台。完成监督检验压力管道元件149400个、气瓶产品248000只（251批）。

12月16日，新华社、人民网、《浙江日报》、浙江卫视等12家省级以上媒体对嘉兴市“三强一制造”建设进行专题采风

（市质监局提供）

【推进国家新型城镇化标准化试点项目建设】 根据《国标委、国家发改委关于扎实推进国家新型城镇化标准化试点工作的通知》，嘉兴被确定为全国首批10个试点城市之一。2016年，在智慧城市、公共文化示范区、美丽乡村、城乡一体化建设等领域，建立6大标准体系1043项标准，完成16项重点标准草案编制。海盐县全国农村综合改革标准化项目通过验收，农业生产社会化服务管理标准化工作获得代省长车俊批示肯定。以全市镇村公交一体化、南湖区“96345”社区求助服务、嘉善县养老服务业国家级标准化项目、嘉兴经济技术开发区居家养老服务省级标准化项目等为载体，推动嘉兴基本公共服务均等化。推进餐厨废油资源化利用国家循环经济标准化建设，服务生态立市。编制《特色小镇评价指南》，指导嘉兴市特色小镇梯度发展。2016年，嘉兴市3293家企业自我公开声明7057项标准，公开标准数居全省第四位。

【推进“全国质量强市示范城市”创建】 2016年，市政府出台《嘉兴市“十三五”质量发展规划》，将“标准强市、质量强市、品牌强市战略和浙江制造建设”纳入《嘉兴市“十三五”规划纲要》和《中国制造2025嘉兴行动纲要》。海宁市获批创建“全国质量强市示范城市”。嘉兴市质监局面向领导干部、企业、产业工人、中小学生、社会公众五类群体，深入实施“全民质量素养提升工程”，被国家质检总局在全国范围内推广。

【推进“浙江制造”品牌建设】 2016年，嘉兴市市长质量奖获奖企业从3家增至5家，并增设市长质量奖提名奖。全市共有147个产品（服务）申报浙江名牌，2个块状产业申报浙江区域名牌，22家企业申报市长质量奖，数量为历年最多。2016年，全市新增浙江名牌32件、嘉兴名牌74件。海宁经编产业园区获得“全国知名品牌创建示范区”命名。嘉善、平湖、海盐、海宁、桐乡五个县(市)均纳入全省“浙江制造”试点县。累计发布17项“浙江制造”标准,获得8张“浙江制造”认证证书。平湖新秀集团、桐乡双箭集团通过“浙江制造”与德国GS(TUV)双认证。

8月24日,副省长朱从玖到嘉兴调研“浙江制造”品牌建设工作 (毛海雁摄影)

【加强特种设备与产品质量监管】 2016年,市质监局按照市委、市政府“护航峰会、夺鼎创杯”工作要求,完成G20杭州峰会和第三届世界互联网大会安保任务,被国家质检总局评为G20杭州峰会保障工作突出贡献集体,连续第10年获得市级部门安全生产工作“先进集体”称号。完善特种设备安全工作机制,市政府在全省率先成立全市特种设备安全工作领导小组,实施领导小组成员单位特种设备安全工作综合考评,建立由政府购买第三方服务的电梯安全应急救援平台;加强特种设备隐患督查治理,完成G20杭州峰会、世界互联网大会核心区和重点区域3380台特种设备提前检验和保障性检验;开展液化石油气钢瓶整治,大型游乐设施、中小学校锅炉、电梯等特种设备安全检查。强化峰会国礼产品质量安全监督,做好“玉龙布艺、玛雅布艺、千百荟织造产品”G20杭州峰会相关用品质量管控。创新产品质量监督抽查方式,对在电商平台销售的室内加热器、羽绒服和旅行箱包等产品开展市场反溯监督抽查。围绕特种设备、建材产品、商品条码等重点领域开展蓝剑1-5号专项执法行动、计量惠民专项执法行动及公共检验检测机构专项执法行动,共出动执法人员10670人次,检查企业3811家,立案查处466起,其中移送公安5起,办理各类举报、申诉、咨询1052起。

【推动检验检测高技术服务业集聚区建设】 2016年6月,浙江省质监局在嘉兴召开环杭州湾国家级检验检测高技术服务业集聚区建设推进协调会,明确由嘉兴市牵头,杭州、宁波、嘉兴、绍兴四地联合创建“环杭州湾检验检测高技术服务业集聚区”。8月,环杭州湾检验检测集聚区建设总体规划编制完成,嘉兴市政府成立创建浙江(国家级)检验检测高技术服务业集聚区领导小组。嘉兴选址嘉兴科技城作为核心区,以新材料检验检测服务和检测装备制造为特色,集聚了电器、食品、环境等领域的27家获证检测机构。

【加强检验检测机构发展与能力提升】 2016年,国家中低温太阳能光热利用产品质量检验中心通过省质监局预验收,进入试运行阶段;浙江省智能集成家居产品质量检验中心提交检验检测机构资质认定。围绕实施实验室开放、智慧检测等10个重点项目,市质监局服务“大众创业,万众创新”工作,获得全省质监系统服务企业助力众创先进单位。

【行政审批制度改革】 实施政府职能向社会组织转移,市质监局明确市长质量奖评审、嘉兴名牌评审等6项职能列入转移事项,试点市光伏行业协会等8个协会实施质量管理、品牌培育等政府职能工作。深化行政审批制度改革,省质监局委托下放至市级办理的10项行政审批事项、委托下放至县(市、区)级办理的6项行政审批事项均于2015年9月承接到位。2016年,加强行政审批事项承接能力提升,强化对行政审批中介机构的监管,全省首张全程网上办理的工业产品生产许可证在嘉兴颁发。市质监局行政审批窗口被市文明委命名为市级文明示范窗口,全年四个季度均获行政审批中心“红旗”示范窗口称号。

【服务“五水共治”“五气共治”工作】 市质监局发挥牛桥港河道治理市级责任部门作用,协调嘉兴经济技术开发区、南湖区等相关部门对牛桥港河段实施水环境综合治理。2016年开展43次水质监测,其中Ⅳ及以上水质为30周,占69.8%,比上年提高50%。推动嘉兴市“五水共治”及相关产业标准体系建设，标准体系覆盖30多个行业，涉及建设、运行、维护、管理和评价各类标准2148条。助力密封件和输水管行业整治，共拆除密封件、输水管企业33家。促进高污染锅炉淘汰改造，实施高能耗企业事中事后质量监管，对全市4家钢铁获证企业、22家水泥获证企业开展质量管控。

（毛海雁）

行政审批及公共资源交易服务

【概况】 2016年，嘉兴市行政审批服务中心办结各类行政审批服务事项125.3万件，执收规费4794.3万元；单个事项平均办理时间3.15个工作日，比承诺办理时限和法定办理时限各提速62%和87%，实现窗口办件准确率、电子评价群众满意率、承诺事项按时办结率三个百分百。市公共资源交易中心共举办各类交易活动1713场次，进场参与交易的单位（个人）25640家，成交金额346.95亿元，为国家增收节支97.04亿元，分别比上年增长40.29%、59.88%、86.1%和612.48%。举办5期财政资金竞争性存放招标会，合计230.6亿元。其中，工程建设招标1230场次，中标金额133.4亿元，节约资金21.27亿元；政府采购331场次，采购金额7.33亿元，节约资金0.8亿元；资源要素交易152场次，成交总价171.22亿元，交易增值74.86亿元；医药采购34.99亿元。2016年，市行政审批服务中心抓住行政审批市县层级一体化改革省级试点工作，围绕“查准问题、补齐短板”，继续创新行政审批体制和服务机制，市县两级扁平化、一体化的新型审批制度基本建立，全市“简政放权、放管结合、优化服务”整体水平得到进一步提高。

【开展相对集中行政许可权改革】 2016年，市行政审批服务中心指导、协调南湖区建立行政审批局，从8月1日起，由审批局实施全区16个部门188个行政许可事项和37个服务事项，实现“一颗印章管审批”。建立17项管理制度，推动行政审批与事中事后监管协调联动、信息共享、无缝对接，实现审批、监管和执法的分离。行政许可项目平均承诺期限6.38天，提速60.73%。这一改革得到原常务副省长袁家军等上级领导的批示肯定，并在嘉兴召开全省试点工作会议。

【推广“一窗受理”审批新模式】 2016年，市行政审批服务中心对需要跨部门联办的审批项目，按照市场准入类、工程建设类和社会事业类三大类，实行“帮办服务、一窗受理、信息共享、同步审批、统一发证”，切实改变以往办一件事要跑多个部门、重复提交资料证明的现象，实现跨部门审批联动和无缝对接。

【推进企业投资项目高效审批改革】 2016年，市行政审批服务中心推进企业投资项目高效审批改革，项目审批周期最快压缩到45个工作日以内。开展“多图联审”，在海宁市、平湖市、南湖区先行试点。开发全市“多图联审”系统，设置统一对外的联合审批受理窗口与网上申报平台，由建设、人防、气象、消防等部门共同开展施工图联合审批，实行一次申报、一窗受理、并联审批、集中反馈、统一发证，审查时间从3个月缩短到半个月。探索“多评合一”。在桐乡开展投资项目节能评估、水土保持方案、环境影响评价、安全评价等“多评合一”试点，实现数据互联互通。开展不再审批改革，以嘉善县、海宁市为试点，深化核准目录外企业投资项目不再审批改革，简化流程、提高效率，共有34个项目纳入不再审批改革，其中开工22个、竣工12个；深化“零地技改”项目创新审批，实行承诺备案。

【加强行政审批中介服务改革】 2016年，市行政审批服务中心研究制定规范行政审批中介服务的意见和办法。引进130家中介服务机构进入嘉兴市场参与竞争，确保同一件质的中介服务机构达到3家以上。开发“淘中介”服务平台，有21类共800多家中介服务机构进驻“淘中介”平台，发布项目信息600多条，实现中介服务机构和委托人双向选择、快速配对、网上竞标。推动县（市、区）建立实体中介超市，挑选信誉好的90多家中介服务机构集中入驻。全市构建“网上为主、实体为辅、双向服务”的“淘宝式”审批中介服务新模式,中介服务收费降低30%左右,服务时间缩减50%以上。

嘉兴市建成行政审批“淘中介”网,助推行政审批提速提效 (陈瑶摄影)

【完善行政审批服务平台建设】 2016年5月,市行政审批服务中心完成整体搬迁,确保审批服务有序衔接、平稳运行。进一步完善咨询服务体系,实现无声排队叫号服务、自动样表机查询、多功能等待服务等。依托全省政务服务网,推进全市一体化的行政权力运行系统和“智慧审批”网上办事大厅建设,不断完善服务功能,各窗口审批服务事项统一在系统办理,“互联网+政务服务”智慧化水平得到进一步提升。

【探索公共资源交易市县一体化改革】 2016年,市行政审批服务中心贯彻落实中央整合建立统一公共资源交易平台的部署,制定《嘉兴市公共资源交易市县一体化改革实施方案》,探索公共资源交易市县一体化改革,提出统一交易平台、管理体制、制度规则、信息系统、专家资源、监管体制“六统一”的改革举措,并于8月底全面完成县(市)公共资源交易分中心的挂牌。通过优化管理体制和运行机制,加快构建全市规则统一、公开透明、协调联动、服务高效、监督规范的公共资源交易平台体系。会同市发改委清理全市招投标领域规范性文件,从制度层面实现全市规则的统一。

【深化资源要素市场化配置改革】 2016年,市行政审批服务中心会同市环保局等相关部门完善《嘉兴市排污权统一进场交易实施办法》等各类资源要素交易制度、规则和流程,加强县(市)资源要素交易工作的指导,推进各类资源要素统一进场、规范交易。完善市资源要素交易中心有限公司法人治理结构,确保资源要素交易规范有序。全市共举办资源要素交易1456场次,成交总价443.38亿元,交易增值153.05亿元。

【推进公共资源交易信息化建设】 2016年,市行政审批服务中心完善公共资源交易系统,健全CA认证、线上报名、网上缴纳保证金、下载招标文件、电子辅助评标等服务功能,促进招标阳光透明、便利高效。强化信息安全防护意识,提高信息安全水平,确保G20杭州峰会、乌镇峰会期间的网络安全。根据市县平台一体化整合要求,完成公共资源交易系统升级改造项目的立项,加快构建全市统一的公共资源交易电子服务系统。

【加强公共资源交易综合监管】 2016年,市行政审批服务中心加强工程建设、政府采购、土地及小车号牌拍卖开评标现场监管和政府投资项目招投标实时监管。会同市发改委下发《嘉兴市评标专家不良行为认定与记录办法(试行)》,规范评标专家管理。配合市建委建立建筑投标企业信用评价体系,修改国有建设项目招标评标办法,做好招标代理机构的信用评价和动态考核管理,实现建筑市场和招投标有机统一、联动推进。会同市财政局开展“阳光采购”行动,建立政府采购观察员制度,邀请社会代表、市场主体等全程参与、监督政府采购,优化采购环境,提高采购绩效。

8月30日,嘉兴市公共资源交易中心海宁分中心挂牌 (宋海励摄影)

【服务发展重点和民生实事项目】 2016年，市行政审批服务中心会同市发改委下发《进一步加强发展重点和民生实事项目招投标服务和保障工作的实施意见》，健全提前介入超前服务、容缺受理平行招标、规范代理提升服务、绿色通道优质高效、严格审核规范文本、优化流程提升效率、全面推进电子招标、强化评标过程管理八项举措，建立海绵城市、城市治堵项目"招标绿色通道"制度，进一步提高发展重点和民生实事项目的招投标效能。

【深化完善服务品牌建设】 2016年，市行政审批服务中心以"创品牌、优服务、提效能"为目标，创新和完善服务方式，进一步提高服务质量和效率，成功创建"阳光优家，SUNHOME"机关服务品牌，提高服务发展、服务基层、服务群众的能力。针对企业投资项目审批手续繁、环节多、时间长等瓶颈问题，精准优化模拟审批制、红色代办制、联合会审制"三制联动"审批服务制度，进一步推动项目审批提速增效。全市实施联审项目592项，模拟审批27项，代办投资项目2495项，确保全市重点建设项目审批、验收顺畅高效。继续实行错时、延时、预约、导办和周日轮值五项人性化便民服务制度，方便群众办事。开展"红旗"示范窗口和"服务明星"评选等创先争优活动，营造人人争当文明服务标兵的氛围，展示政务服务"第一窗口"良好形象。

（刘泽军）

安全生产管理

【概况】 2016年，嘉兴市保持全市安全生产形势基本平稳。全年全市累计发生各类生产安全事故490起，死亡271人，比上年分别下降14%和9.3%，未发生较大及以上生产安全事故。市安监局深入推进化工自动化安全控制系统改造提升，2016年获得省级安全生产专项资金补助166万元，带动21家化工企业投入资金2.33亿元。严格执行化工园区规划，提前介入审批项目，加大安全整治力度，降低"邻避"效应风险。围绕全市城乡环境综合整治工作，推进镇、村低小散企业"退散进集"专项行动。推动"老小差危"企业转型升级，推进不符合安全条件的化工企业搬迁关闭。把好"一票否决"审核关，全年对567家企（事）业单位的有关财政性补助、评优评先、奖励事项等进行安全生产审查，对10家企业的评优、财政补助等事项提出否决性意见。严格落实职业卫生监管工作，全市4310家企业进行职业病危害项目申报，其中新增1839家。加强安全生产培训考核，指导培训机构举办各类培训班335期，培训人员2.7万人（农民工除外）。市安监局获2016年全国"安全生产月"活动先进单位。

【健全安全生产体制机制】 2016年，市委、市政府出台《嘉兴市安全生产"党政同责、一岗双责"暂行规定》，实现"党政同责、一岗双责"法制化、制度化。市委常委及市政府领导按照分工督导各联系县（市、区）、镇（街道）安全生产综合整治情况。加大安全生产考核力度，年内市政府在对各县（市、区）政府目标责任制考核中，首次将安全生产作为二级指标，在市直部门"五型机关"考核中，将安全生产作为考核指标。市安监局完成全市安全生产"十三五"规划编制工作，起草《强化和落实企业安全生产主体责任三年行动计划（2016–2018）》，编写《工贸行业安全生产检查指导手册》，供各级政府及有关部门领导参考。

【推进事故精准防控】 2016年，市安监局制订《工贸行业防范生产安全事故实施方案》《危险化学品领域遏制生产安全事故实施方案》，推动基层开展风险辨识管控和隐患排查治理、区域性安全风险评估、列出安全生产较高风险企业、建立区域安全风险数据库等工作。严格危险化学品建设项目安全许可工作，共办理建设项目"三同时"审批35件，受省安监局委托办理许可证核发（换发、变更）40件，办理危险化学品经营许可证核发（换发、变更）85件。推进重大事故隐患挂牌督办工作，全市17家市级工贸企业重大事故隐患全部完成整改销号。新核准1331家三级安全生产标准化达标企业，其中新增181家，规模以上工贸企业安全生产标准化达标率95%以上。健全隐患排查治理机制,推广嘉兴市自主开发的"隐患排查治理信息系统",注册入库企业约2万家,其中约5000家企业自主开展线上隐患排查治理。推进智慧用电,在较高电气火灾风险的喷涂企业、人员密集的古镇客栈等安装使用约1000套"智慧式用电"系统。

【提升依法治安能力】 2016年,全市安监部门共执法检查各类生产经营单位6295家次,立案228件,罚没款1986.77万元。启动第三轮危险化学品生产企业巡回执法检查,共随机抽查67家危险化学品生产企业,对7家企业的违法行为进行立案查处,对38家企业予以公开曝光。加强安全生产联合执法,与市综合行政执法部门开展企业主要负责人、安全管理人员履行法定职责专项执法检查以及印刷、印染行业安全生产与职业卫生专项执法行动。会同市监察局对全市发生的生产安全事故责任追究落实情况进行专项检查。深化安盾系列执法行动,一季度开展烟花爆竹"打非治违"专项行动暨"2016安盾1号"安全生产执法检查,全市查获非法烟花爆竹4341箱,吊销经营许可证6家,行政拘留5人,刑事拘留4人,捣毁1处非法烟花爆竹生产窝点。二、三季度开展平安护航G20和世界互联网大会安全生产专项整治暨"2016安盾2号"安全生产执法检查,关闭企业8家,对5家企业采取停电强制措施。四季度开展以加强世界互联网大会期间安全生产工作为核心的"2016安盾3号"安全生产执法检查,确保大会期间全市安全生产形势稳定。

【推进重点领域专项整治】 2016年,市安监局深入排查整治危险化学品隐患,专门发函督促各地协调解决30家企业存在的安全隐患,落实相应安全措施。加快对人员密集区域化工企业的关闭、重组、转产、搬迁,全年累计关停危险化学品企业(装置)18家,整治提升安全生产条件30家。牵头建立嘉兴滨海区域安全生产应急管理协调联动机制,组织滨海区域联合应急演练。首次开展安全生产应急管理执法检查,新增2个市级安全生产应急救援基地,推进危险化学品企业视频监控系统建设,研究出台嘉兴市化工管廊安全管理指导意见。推进烟花爆竹专项整治,严格落实市本级"三环"区域以内禁止销售烟花爆竹工作。全面推行次氯酸钠替代氯气的自来水消毒工艺改造,全市所有自来水厂全部完成改造,每年可替代氯气使用量104吨。配合市发改委推进陈金输油管线2号迁建和3号隐患整治,提前完成油气输送管道安全隐患整治任务。

【G20杭州峰会和世界互联网大会安全生产保障】 2016年,市安监局组织开展安全生产综合整治大行动,分部门推进行业领域安全专项整治。建立季部署、月分析、周研判、日报告工作机制,定期分析协调督促各行业领域落实工作举措。完善"安全生产地图",梳理出全市562家安全生产重点监管企业,实行市、县、镇三级分级监管,开展多轮次、高密度、巡回式、全覆盖安全生产检查。在危险化学品、烟花爆竹等危险物品领域,采取敏感时期非常措施,对全市所有危险化学品(化工)企业动火作业采取提级审批,建立和落实"一企一策"保障安全生产。对烟花爆竹实行"实名、限量和限时"销售,并开展实名制暗查暗访活动,G20杭州峰会召开前收回全市14家批发企业和980家零售单位的经营许可证。

【安全生产改革创新】 2016年,市安监局强化安全生产社会化服务政策推动,市政府出台《关于进一步推进安全生产社会化服务工作的若干意见》,明确服务主体培育、服务内容和方式拓展、服务市场秩序规范和资金人才保障等政策。在秀洲区召开全市安全生产社会化服务现场会,推进中小微企业"标准化+服务"、危险化学品等高危企业"安责险+服务"等模式,推动形成企业自查、中介机构协查、执法部门检查"三位一体"安全生产共治机制。全市累计投保安责险企业120多个,合同金额500多万元,购买社会化服务企业约5000家,合同金额2500多万元。推进安全生产服务业集聚区建设,明确在秀洲区开展试点。秀洲区科技京城1号楼成为安全生产服务业特色楼宇,成功引入近30家中介机构。

(顾　俊)

中共嘉兴市委

综　述

2016年，嘉兴市实现地区生产总值3862.11亿元，比上年增长7.0%；城乡居民人均可支配收入分别为48926元和28997元，分别增长7.5%和8.0%；完成财政总收入673.4亿元，其中公共财政预算收入387.9亿元，增长10.4%。

2016年，全市完成固定资产投资2790.16亿元，比上年增长11.0%，其中工业投资1225.39亿元，增长9.6%，生产性服务业投资增长21.3%，重大基础设施、高新技术产业和生态环保投资分别增长57.7%、18.2%和113.3%。建成浙能独山煤炭中转码头、丹麦乐高玩具、飞利浦电器一期等重大项目，推进山水六旗主题乐园、濮院古镇开发、杭州湾大桥北接线二期等项目建设。

2016年，嘉兴市调整优化产业结构，促进经济转型升级。全市高新技术产业和战略性新兴产业增加值分别占规模以上工业增加值的45.0%和37.2%，均居全省第二位，规模以上工业企业利润增长25.9%。全年服务业增加值占比提高到45.3%。加快发展信息、楼宇、旅游、海洋经济，全年电子信息产业产值、电商零售额均突破千亿大关，互联网核心产业综合评价居全省第二位；面积5000平方米以上纳入统计的商务楼宇企业入驻率、注册率分别提高到83.4%和97.4%，实现税收46亿元，税收“亿元楼”增加到10座；全市游客接待量和旅游总收入分别增长23.7%和25.5%；嘉兴港完成货物吞吐量6816.57万吨，集装箱装卸量134.22万标准箱，分别增长8.7%和9.3%。

2016年，嘉兴市坚持创新驱动发展战略，全年发明专利授权量比上年增长46.1%，高新技术企业、科技型中小企业分别新增184家、524家，入围全省高新技术百强企业数量列全省第三位，新增“国千”专家31人，累计引育161人。

2016年，嘉兴市继续深化重点领域改革，推进供给侧结构性改革；全市可售商品房去化周期从16.2个月降至4.5个月；全市不良贷款率为1.02%，银行资产质量居全省首位；减免各类企业税费350.9亿元，其中出口退税179.9亿元；深化投资项目高效审批，多渠道提速提优环评等中介服务；提升综合行政执法能力，推动“一员多证”，加快由“管得着”向“管得好”迈进；深化资源要素差别化配置改革，坚持亩均产出、单位能耗和排放等综合评价，合理确定工业绩效评价的评价周期、适度区分行业特点；全面启动农民土地承包经营权确权工作，98.6%的村完成集体资产股份制改革。

2016年，嘉兴市加强土地要素保障，抓好以“低散弱”企业入园区集约发展、有条件农户进社区集中居住等为主要支撑点的土地综合整治。全市腾退低效用地766.67公顷，获取奖励指标221.73公顷，完成农村土地整治复垦720公顷。金融服务实体经济，加大PPP等政府和社会资本合作、规模以上企业股改上市等力度，各级财政筹集政府产业母基金72.8亿元，撬动金融资本和社会资本223.7亿元；新增上市公司3家、“新三板”挂牌企业44家，新增全社会直接融资468亿元。

2016年，全市实现进出口总额、出口总额2068亿元和1549.9亿元，分别比上年增长7.2%和9.0%，高于全省4.1个百分点和6.0个百分点，高于全国8.1个百分点和11.0个百分点。对外直接投资额6.9亿美元,增长13.3%。新引进世界500强和1亿美元以上项目29个,引进世界500强外资项目数量居全省第二位,市域首个整车制造、总投资200多亿元的德国宝沃汽车项目正式签约落户;实际利用外资179.4亿元,增长6.9%,总量居全省第三位,来自西方发达七国的实际利用外资增长超过19.4%,其中德资增速超过200%;“浙商回归”目标责任制考核连续四年列全省同档城市第一位。嘉兴经济技术开发区在全省国家级经济技术开发区考核中连续三年排名第二位,4个小镇入围第二批省级特色小镇创建名单,总数居全省第二位,中德、中荷、中法、中丹等产业合作园建设稳步推进。嘉兴港口岸扩大开放、嘉兴综合保税区通过国家验收。

2016年,嘉兴市加大对接沪杭力度。推进“四网一路一空港”建设,杭州至海宁城际铁路开工建设。长三角(沪嘉)产业协同创新区方案纳入上海市“十三五”工业转型发展规划。与第二军医大学签订合作协议,挂牌成立首批8个沪嘉联合诊疗中心,与上海在公交、医保互通等方面合作取得新进展。同时,援疆、援藏、援青和对口帮扶等工作有效推进。

2016年,嘉兴市实施城乡生活污水截污纳管、污泥固废整治、河湖清淤连通“三大工程”,完成清污(淤)1358万立方米,新建城镇污水管网381千米,全市跨行政区域河流交接断面水质考核连续保持优秀,73个市控以上断面中Ⅳ类及以上水体比重提高到93.1%,其中Ⅲ类及以上水体比重提高到19.2%,省控断面消除劣Ⅴ类水体。全面实施“海绵城市”建设,平湖塘延伸拓浚、扩大南排工程进展顺利,城市防洪、圩区整治、中小河流治理、海塘加固配套等工程统筹推进,市域外配水工程(杭州方向)确定线路。

2016年,嘉兴市推进秸秆焚烧、工业废气、机动车尾气、餐厨油烟、扬尘治理。完成所有燃煤锅炉和工业窑炉的脱硫设施建设改造,全年淘汰小锅炉2101台,8家热电厂在全国率先实现“超低排放”;首部地方性法规《嘉兴市秸秆露天禁烧和综合利用条例》正式实施;基本淘汰黄标车。市区空气优良率74.3%,比上年提高9.9个百分点,PM2.5浓度下降17个百分点。

2016年,嘉兴市深化“三改一拆”和城乡环境综合整治“五大行动”。全年改造旧住宅区、旧厂区、城中村3475.6万平方米,拆除违法建筑面积1268.9万平方米,拆改出土地1066.67公顷,拆后利用率82.7%。完成“两高”沿线农房外立面整治1.7万户。关停低小散码头324座。生猪散养基本实现退养,规模化养殖存栏量18.3万头。推进国际商务区、湘家荡区域等重要区块开发建设,完善智慧城市基础设施;抓好省级小城市培育试点,分类打造一批工业重镇、商贸强镇、旅游名镇、农业特色镇,巩固提升一批美丽乡村精品线、示范点。

2016年,嘉兴市办好民生实事。全年民生支出占一般公共预算支出的80%。新增城镇就业人员10.4万人,城镇登记失业率为2.87%。完善政府购买养老服务制度,居家养老服务照料中心基本实现城乡社区全覆盖,成为首批国家级医养结合试点。在全省率先出台支出型贫困家庭救助办法。农村文化礼堂覆盖率全省第一,考古发现国内罕见、较为完整的北宋时期子城城址和衙署遗迹,以东部地区第一名的成绩成功创建国家公共文化服务体系示范区。坚持教育优先发展,全面完成学前教育专项布局规划,南洋职业技术学院迁建工程(一期)、北大附属嘉兴实验学校建成启用。深化医疗、医保、医药“三医联动”改革,全省“双下沉、两提升”工作现场会在海宁召开,诊间结算、便捷支付改革成效显著,市妇保院二期开工建设,通过国家卫生城市复评。承办全省第二届女子体育节,完成市民体育健身中心开工准备。

2016年,嘉兴市深化“平安嘉兴”“法治嘉兴”建设,实现省级平安市、县(市、区)创建十一连冠“满堂红”。全年侵财型犯罪比上年下降14.8%,全市有效接警数、刑事警情数分别下降13.3%、15.9%。

2016年,嘉兴市推进全面从严治党。开展“两学一做”学习教育,抓好各级民主生活会和各类专题培训轮训班。开展纪念建党95周年系列活动,“红船精神是中国共产党的建党精神”理论研究被列入中宣部马克思主义理论研究和建设工程。树立创新型、担当型、服务型、廉洁型“四型”干部导向，看实干、凭实绩启用一批优秀干部。出台治理为官不为、改革创新容错免责等制度，选派后备干部到基层一线、重点工作锻炼。营造风清气正的换届环境，完成县(市、区)、镇(街道)党委换届工作。加强以基层党组织书记为骨干的带头人队伍建设，基层党建工作水平得到整体提升。全面履行党风廉政建设主体责任，健全完善审计、巡察、廉政约谈等制度，加强日常动态监管，推动管党治党责任落实。用好监督执纪“四种形态”，严格落实“一案双查”，健全党风廉政建设巡察制度，抓好省委巡视组反馈意见的整改落实。加强民主政治建设，支持人大及其常委会依法履行职权，抓好人大换届选举工作；推动政府依法行政、转变职能、优化服务；发挥政协政治协商、民主监督、参政议政的重要作用，支持政协做好换届工作；指导完成各民主党派、工商联换届，发挥工青妇等人民团体和社会组织的作用。

(姚沈敏)

重要党务与决策

【全市三级干部大会】 2月18日，全市三级干部大会在嘉兴大剧院召开。会议的主要任务是动员全市上下贯彻落实中央和省委要求，按照市委七届十一次全会的部署，干好“十三五”、奋力开新局，大力发展互联网经济、提升镇村建设水平，加快打造现代化网络型田园城市。市委书记鲁俊讲话，市领导林健东、刘冬生、高玲慧、胡海峰等出席会议。

【市委七届十一次全会】 1月18日，市委七届十一次全体(扩大)会议在市行政中心举行。全会深入学习贯彻中共十八届五中全会和省委十三届八次全会精神，听取和讨论市委书记鲁俊受市委常委会委托所作的工作报告，审议通过《中共嘉兴市委关于制定嘉兴市国民经济和社会发展第十三个五年规划的建议》。鲁俊就“建议(审议稿)”向全会做说明。市委常委会主持会议。市领导林健东、刘冬生、高玲慧、胡海峰等出席会议。

【市委七届十二次全会】 8月9日，市委七届十二次全体(扩大)会议在市行政中心举行。全会深入学习贯彻习近平总书记“七一”重要讲话精神，贯彻落实省委十三届九次全会精神，听取和讨论市委书记鲁俊代表市委常委会所作的报告，对“干好十三五、奋勇当标尖”进行研究部署，审议通过《中共嘉兴市委关于补短板的行动计划》。市委常委会主持会议。市领导胡海峰、刘冬生、高玲慧等出席会议。

【市委七届十三次全会】 9月18日，市委七届十三次全体会议在市行政中心举行。会议对现任市级领导班子及成员、法检“两长”和市纪委副书记进行民主测评和评议；对新一届市级领导班子成员，法检“两长”及市纪委副书记人选进行全额定向推荐；对新一届县(市、区)党政正职人选进行全额推荐。市委书记鲁俊主持会议。市领导胡海峰、刘冬生、高玲慧等出席会议。

【市委七届十四次全会】 11月7日，市委七届十四次全体会议在市行政中心举行。会议审议通过《关于召开中国共产党嘉兴市第八次代表大会的决议》，决定：中国共产党嘉兴市第八次代表大会于2017年2月在嘉兴召开。市委书记鲁俊主持会议。市领导胡海峰、刘冬生、高玲慧等出席会议。

【“推进重点工作、推动争先晋位”活动】 7月25-27日，嘉兴市启动2016年第一次“双推”活动，市领导鲁俊、胡海峰、刘冬生、高玲慧等率领各县(市、区)党政“一把手”、市级有关部门主要负责人等，集中实地查看各地重点工作推进情况，继续以互看互学、互比互促的形式推进重点工作、推动争先晋位。7月28日，嘉兴市举行“双推”工作总评会，集中点评各地在重点工作推进中的好经验好做法以及存在的短板与不足，并研究部署下一步工作。市领导鲁俊、胡海峰、刘冬生、高玲慧等参加会议。

【重大项目集中开工】 1月4日，浙江省扩大有效投资重大项目集中开工仪式在全省11个地市举行,嘉兴在海盐县浙江山水六旗国际度假区项目现场设分会场。全市集中开工重大项目56个,总投资586亿元。市领导鲁俊、林健东、刘冬生、高玲慧等领导参加开工仪式。7月22日,浙江省扩大有效投资重大项目集中开工仪式在省人民大会堂举行,嘉兴在海宁浙江国能新能源动力电池项目现场设分会场。全市集中开工活动,项目总投资2亿元以上的重大项目72个,总投资811亿元,年内计划投资199亿元。市领导鲁俊、胡海峰、刘冬生、高玲慧等出席开工仪式。

【创新驱动发展战略】 2016年,嘉兴市围绕率先进入国家创新型城市行列这一目标,以科技创新引领全面创新、驱动发展转型。加强创新平台建设。进一步深化全域创新大格局,嘉兴成为全省首批全面创新改革试验区。嘉兴科技城扩容升级迈出实质性步伐。2月26日,"嘉兴秀洲国家高新区建设推进会"在秀洲区举行,嘉兴秀洲国家高新区揭牌。实施高新技术企业"育苗造林"计划,大力发展科技金融、保险和科技大市场。全国首家科技保险公司——太平科技保险获批。2016年,全市发明专利授权量增长46.1%,高新技术企业、科技型中小企业分别新增184家、524家。壮大优化人才队伍。全年入围全省高新技术百强企业数量列全省第三位,新增"国千"专家31人,累计引育161人。9月26日,由中国工程院、中国科协、浦江创新论坛指导,中共嘉兴市委、嘉兴市人民政府主办的2016年"星耀南湖"精英峰会暨浦江创新论坛嘉兴论坛开幕。浦江创新论坛主席、科技部原部长、中国科学院院士徐冠华,中国科协书记处书记束为等领导、专家出席会议。10月12日,由中国工程院主办,中国工程院环境与轻纺工程学部、浙江大学、浙江省科协、中共嘉兴市委、嘉兴市人民政府承办的中国工程院第232场中国工程科技论坛在嘉兴市举行,主题为"面向水安全保障的工程与技术创新"。中国工程院、浙江省科协、浙江大学相关领导等出席会议。11月8日,2016年嘉兴创新发展投资贸易洽谈会开幕,30多个国家和地区的330多名客商应邀参会,签约合作项目37个,总投资113亿元。

【"补短板"工作】 2016年,嘉兴市委按照"成为浙江全面建成小康社会标杆省份的'标尖'"的发展新定位,组织开展找短板、补短板工作。7月19日,市委召开党外人士座谈会,就《中共嘉兴市委关于补齐短板争当标尖的行动计划(征求意见稿)》听取各民主党派、工商联负责人和无党派人士的意见建议。8月23日,市委印发《中共嘉兴市委关于补短板的行动计划》。10月8日,围绕"加快补齐嘉兴实体经济转型发展短板"的主题,嘉兴市举行市委书记与政协委员"面对面"协商会。市委书记鲁俊强调,实体经济是一个地区经济社会发展的核心和基础,嘉兴要咬定"干好十三五,奋勇当标尖"目标,不断加快实体经济转型发展步伐。

【镇村建设工作】 2016年,嘉兴市深入推进镇村建设,加快打造江南水乡典范。2月17日,市委书记鲁俊到嘉善县天凝镇和平湖市广陈镇就镇村建设开展专题调研,强调各地要把镇村建设放在更加突出的位置,加强统筹协调,突出规划引领,努力提升镇村建设水平,加快打造现代化网络型田园城市。4月20日,市委发出《中共嘉兴市委、嘉兴市人民政府关于深入推进镇村建设加快打造江南水乡典范的指导意见》。5月13日,全市城乡环境综合整治工作暨镇(街道)、村工作交流视频会议举行。6月23日,市委副书记、市长胡海峰到联系点南湖区嘉兴科技城(大桥镇)和嘉善县罗星街道,现场督查指导城乡环境综合整治工作,强调各级各部门要推动城乡环境综合整治向纵深发展,让老百姓有实实在在的获得感。7月19日,市委书记鲁俊到嘉善调研城乡环境综合整治工作,强调要坚持美化自然环境与优化社会环境相互促进,持之以恒深化城乡环境综合整治,让群众拥有更多获得感,加快把嘉兴打造成现代化网络型田园城市和国际化品质之城。11月1日,全市小城镇环境综合整治、美丽乡村建设和"三改一拆"工作现场推进会在海宁市举行。

【互联网强市建设】 2016年,嘉兴市委把发展互联网经济作为引领转型升级的"首位经济",推进互联网经济强市建设。1月7日,省委副书记、省长李强到嘉兴乌镇调研互联网创新发展工作，强调要积极顺应互联网发展大势，落实第二届世界互联网大会各项成果，充分利用乌镇峰会效应，进一步加快发展信息经济，推动全省经济转型升级；嘉兴要紧紧抓住省政府批复设立乌镇互联网创新发展试验区的机遇，大胆先行先试，努力成为全国“互联网+”发展的先行区。1月28日，中宣部副部长、国家网信办主任鲁炜到嘉兴，实地了解嘉兴互联网产业发展状况，对嘉兴在互联网产业发展中取得的成绩给予充分肯定，并希望嘉兴发挥先导作用，努力打造智慧城市标杆。2月25日，嘉兴市召开全市电子商务工作会议。市委副书记、市长林健东强调，要全力推进全市电子商务发展，使之成为嘉兴经济稳增长、促转型的新动力。7月13日，嘉兴市召开新型智慧城市建设领导小组(筹)第一次会议。市委书记鲁俊强调，要明确标杆定位，找准方向路径，落实项目载体，强化工作合力。中国电子科技集团公司总经理樊友山出席会议并讲话。8月4日，市委印发《中共嘉兴市委嘉兴市人民政府关于建设互联网经济强市的实施意见》。10月21日，以“制造互联，融合创新”为主题的首届中国产业互联网大会在嘉兴开幕。国家互联网信息办公室信息化发展局局长徐愈，工业和信息化部信软司巡视员李颖，浙江省人大常委会副主任毛光烈等出席会议。

【生态环境建设】 2016年，嘉兴市委全力打好治水、治气、拆违等攻坚战，推动生态环境持续改善。3月14日，省委副书记王辉忠先后到海宁新仓村、嘉善王家浜村和翠南村察看农村生活污水治理工作，到海宁砖窖港、洛塘河和嘉善白水塘、亭子桥港察看河道清淤工程进展情况，强调2016年各级各有关部门要按照绝不把“脏乱差、污泥浊水”带入高水平全面小康的目标，切实抓好“质量、创新、长效、宣传”四项重点工作，打一场平原河网地区农村生活污水治理的歼灭战。4月22日，嘉兴市召开2016年嘉兴生态市建设暨生猪养殖转型升级会议。市委书记鲁俊强调，干好“十三五”、奋勇当“标尖”，要加快补齐生态环境短板。要坚定目标方向、坚决深化生猪养殖业减量提质增收工作，持续巩固提升、抓好“公铁”沿线环境整治，精准聚焦聚力、推动水环境和大气环境不断好转，合力推动生态建设各项工作落到实处。市委副书记、市长胡海峰，市政协主席高玲慧等出席会议。9月12日，嘉兴市在平湖举行“五水共治”工作现场推进会。市委副书记、市长胡海峰出席会议并讲话。

【全国文明城市创建工作】 3月2日，嘉兴市召开“三城联创”(国家卫生城市、全国文明城市、全国志愿服务模范城)动员大会。市委副书记、市长林健东强调，要迅速掀起创建工作的新高潮，确保如期实现“三城联创”目标。9月9日，嘉兴市召开全市创建全国文明城市工作推进会。

【“法治嘉兴”“平安嘉兴”建设】 2016年，嘉兴市深化“平安嘉兴”“法治嘉兴”建设，连续11年获得“平安市”称号、连续10年获得“省级社会管理综合治理先进市”称号，所辖5县(市)两区连续11年获得平安县(市、区)称号。推进护航峰会夺鼎创杯“十大专项行动”，完成护航G20大会战和第三届世界互联网大会维稳安保任务。加大反恐处突力度，严格落实12项实名制、12类敏感物资等的管控机制。弘扬社会主义核心价值观，推进政府网站“安全加固”，加强对新媒体的引导和管理，用好官方微信微博公众号、手机App等新型主流媒体。开展治安大巡防、隐患大清查、矛盾大调解，深入化解信访积案，打造“乌镇管家”“红马甲”等群防群治品牌。推进大部门大警种制等公安改革，强化以社会治安防控“七张网”为重点的基层基础建设，严打各类违法犯罪活动，全年侵财型犯罪比上年下降14.8%，全市有效接警数、刑事警情数分别下降13.3%、15.9%。打击非法倾倒垃圾行为。启动“七五”法治宣传教育，推进地方立法工作，完成法院和检察院体制改革试点任务。11月18日，中华人民共和国首席大法官、最高人民法院院长周强到乌镇视察桐乡市人民法院乌镇人民法庭，调研指导法院工作，先后视察法庭审判楼、诉讼服务中心等场所，观看庭审录音录像、网上跨域立案、视频指导调解等信息化演示。

【护航G20杭州峰会】 2016年，嘉兴市完成护航

G20杭州峰会维稳安保任务。5月30日,嘉兴市召开市重大国际峰会维稳安保工作统筹协调小组第一次全体(扩大)会议。7月13日,嘉兴市召开全市建设法治嘉兴、平安嘉兴暨护航G20大会战推进会。市委书记鲁俊强调,护航G20杭州峰会是法治建设、平安建设的重中之重,各级各部门必须坚决打赢护航G20杭州峰会这场硬仗,坚决筑牢护航G20杭州峰会的铜墙铁壁。市委副书记、市长胡海峰主持会议。市委副书记、政法委书记孙贤龙部署护航G20大会战推进工作。8月4日,嘉兴市召开市重大国际峰会维稳安保工作统筹协调小组、市反恐怖工作领导小组会议暨护航G20维稳安保实战阶段工作部署推进会。8月10-11日,全市开展社会治安大清查大整治行动。

【党风廉政建设】 2016年,嘉兴市委坚持党要管党,从严治党,党风廉政建设和反腐败斗争取得新成效。2月1-6日,市领导鲁俊、林健东、胡海峰等,分别带队对7个县(市、区)、嘉兴经济技术开发区(国际商务区)、嘉兴港区的党风廉政建设主体责任、党委(党组)意识形态工作主体责任、基层党建主体责任落实情况进行检查,并在听取各主体汇报后提出要求。3月21日,省委副书记、省长李强带队检查嘉兴市落实党风廉政建设主体责任、意识形态工作主体责任和落实省委"十大整改行动"的情况。李强充分肯定嘉兴市三项工作取得的成效,并强调要进一步落实全面从严治党的主体责任,强化意识形态工作主体责任,深入推进省委十大整改行动,增强规矩意识和纪律意识。3月24日,省委检查组就嘉兴市落实党风廉政建设主体责任、意识形态工作主体责任和落实省委"十大整改行动"的检查情况做出反馈,在肯定成绩基础上提出相关建议。市委书记鲁俊代表市委作表态发言,市领导胡海峰、刘冬生、高玲慧等参加反馈会。

【党建工作】 2016年,嘉兴市进一步加强党的建设。7月1日,千名党员集中宣誓活动在南湖革命纪念馆举行,市委书记鲁俊领誓,市领导胡海峰、刘冬生、高玲慧等,及来自全市的千名党员重温入党誓词。7月14日,嘉兴市学习习近平总书记"七一"重要讲话暨"红船先锋"报告会在嘉兴大剧院举行。市委书记鲁俊强调,一定要深入学习领会习近平总书记"七一"重要讲话的精神精髓,始终以"干在实处永无止境、走在前列要谋新篇"的先锋姿态,干好十三五、奋勇当标尖。市领导胡海峰、刘冬生等出席会议,并为先进典型颁奖。7月20日,嘉兴市举行县级领导班子换届工作部署会暨农村基层党建、哲学社会科学和党校工作会议。市委书记鲁俊强调,要以鲜明的导向、严明的纪律、良好的风气抓好县(市、区)换届工作,以强烈的政治意识、政权意识和阵地意识抓好农村基层党的建设。10月31日,市委召开领导干部会议,传达学习中共十八届六中全会精神。会议强调,全市各地各部门和广大党员干部要认真学习贯彻党的十八届六中全会精神,推进全面从严治党各项部署,全力以赴做好当前各项重点工作,努力为干好"十三五"、奋勇当"标尖"提供有力保障,打下坚实基础。

(姚沈敏)

纪检监察工作

【概况】 2016年,嘉兴市各级纪检监察机关在全面从严治党中找准职责定位,不敢腐的目标初步实现,不能腐的制度日益完善,不想腐的堤坝正在构筑。组织"两学一做"学习教育,开展"找差距、补短板、树标杆、促提升"专项行动。推进县(市、区)、镇(街道)纪委换届工作,严格选任条件,拓宽选人视野,加大交流力度,选优配强纪委领导班子。加大教育培训和年轻干部培养力度,组织市县派驻机构干部参加集中培训,全年举办纪检讲坛7期,培训人数1200多人(次)。部署收看《永远在路上》《打铁还需自身硬》等专题片。出台纪检监察干部监督工作意见,做到从严监督、从严管理。对个别存在违纪问题的做出严肃处理,坚决清理出纪检监察队伍。

【强化政治监督】 2016年,嘉兴市把严明政治纪律和政治规矩放在首位,督促全市各级党组织和党员干部在思想上、政治上、行动上同以习近平同志为核心的党中央保持高度一致。围绕护航G20杭州峰会、筹办乌镇峰会等市委、市政府中心工作，出台纪律保障规定，强化监督检查，确保政令畅通。加大对“不作为、乱作为”问题的查处，对执行不力的典型问题进行通报曝光。组建换届工作纪律保障组，严明“九严禁”纪律要求，配合开展巡回督查，建立举报线索快查快结机制，出台干部任职履新纪律规定。严把干部选拔任用党风廉政意见回复关，2016年，市县两级纪委对1186名拟提任和转任重要岗位的干部进行廉政把关，市纪委对507名市党代表人选进行资格联审。抓好新修订党内法规的学习宣传，编印《以案释纪》教育读本，对新提任市管干部进行集体廉政谈话，开展“百千万”谈心式纪律教育活动。大力弘扬廉洁家风，举办“清廉家风”沙龙和专场演出，编印《嘉兴名人家风家训》读本，中央纪委网站对此专题介绍。发挥“南湖清风”网站、微信微博、电视栏目等媒体作用，举办第四届中国·桐乡廉政漫画大赛。

【压实管党治党责任】 2016年，嘉兴市全面落实主体责任，督促各级党委（党组）主要领导带头履责、以上率下，推动形成一级抓一级、层层抓落实的工作格局。深化党委（党组）履行主体责任情况报告制度，全市各级党组织全部向上一级党委、纪委提交书面报告，各县（市、区）、镇（街道）党委主要负责人均向上一级纪委当面报告履行主体责任情况，并接受纪委委员评议。抓好省纪委主体责任反馈意见整改工作，5个方面15项具体整改任务均由市领导牵头领办，逐项落实到位。强化动态监管，建立廉政提醒和点题汇报制度。严格责任追究，制定出台《嘉兴市党风廉政建设“一案双查”及结果运用暂行办法》，明确问责情形、处理形式和工作程序，以问责倒逼责任落实。2016年，对全市履行“两个责任”不力的19家单位和39名领导干部予以责任追究，对47起党内问责典型问题进行通报曝光，对发生重大违纪违法案件的14家单位实行“一票否优”。

【开展正风肃纪】 2016年，嘉兴市坚持高标准落实中央八项规定精神，紧盯重要时间节点和隐形“四风”问题，常态化开展正风肃纪。年内，全市开展正风肃纪检查419次，查处问题343个，处理违反中央八项规定精神问题80起，给予党政纪处分53人，对32起典型问题进行通报曝光。探索建立派驻机构一线督查、市纪委菜单式重点检查、财政审计部门廉情数据分析支撑的正风肃纪联动机制，对教育、卫生、国资系统开展专项检查。对市管领导干部国内公务出差乘坐交通工具情况进行专项检查。推进公款竞争性存放，专门出台具体管理办法，开展多部门联合督查。开展农村基层作风巡查，严肃整治侵害群众利益的不正之风和腐败问题。2016年，全市对563个村（社区）开展农村基层作风巡查，发现问题2127个，查处农村党员违纪案件369件。

【严格执纪审查】 2016年，嘉兴市准确把握监督执纪“四种形态”（党内关系要正常化，批评和自我批评要经常开展，让咬耳扯袖、红脸出汗成为常态；党纪轻处分和组织处理要成为大多数；对严重违纪的重处分、做出重大职务调整应当是少数；严重违纪涉嫌违法立案审查的应当是极少数），综合运用诫勉谈话、组织处理、纪律处分等多种方式，抓早抓小，动辄则咎。坚持无禁区、全覆盖、零容忍，始终保持惩治腐败高压态势。2016年，全市各级纪检监察机关受理信访举报2086件（次）；处置问题线索1096件，初步核实410件（次），谈话函询308件（次），了结325件（次）；立案649件，其中县处级5人、乡科级54人；给予纪律轻处分304人、纪律重处分401人，严重违纪涉嫌违法移送司法机关39人，为国家和集体挽回直接经济损失2895万元。发挥市委反腐败协调小组作用，健全工作机制，加强协作配合。发挥信访举报主渠道作用，实现信访件全程轨迹化管理。加强问题线索的集中管理和分类处置，建立会商制度，确保“零积压”。加强执纪审理工作，严格定性量纪，严把案件质量关，连续13年保持“零申诉”。注重纪法衔接，排查清理移送检察机关前未做出纪律处分、被判刑党员未受到党纪处分的情况，做好涉嫌违法犯罪党员“先处后移”工作。严格落实执纪审查安全责任制，开展安全工作大检查,对发现的安全隐患严肃整改,确保“零事故”。

【推进纪检体制改革】 2016年,嘉兴市全面启动监察体制改革试点工作,成立以市委主要领导为组长的试点工作小组,做好市县监察委员会组建、转隶等各项准备工作。探索派驻机构全覆盖后作用发挥新途径,健全完善工作报告、信访处置、片组协作、档案管理和考核等制度,规范“三重一大”(重大问题决策、重要干部任免、重大项目投资决策,大额资金使用)事项监督流程,强化对被监督单位领导班子及其成员的监督。2016年,市县两级派驻机构开展专项检查2217次,发现问题2002个,处置问题线索198件,给予纪律处分65人。借鉴巡视经验做法,整合部门资源,采取综合巡察与专项巡察相结合,对8家市级部门、40家县级部门、22个镇(街道)开展党风廉政建设巡察,发现问题971个,提出意见建议389条,督促整改落实、建章立制。市委“五人小组”专题听取年度巡察情况汇报。举办主体责任专题培训班,拓展巡察成果运用。协助市委出台党委巡察工作意见,市本级和7个县(市、区)全部建立党委巡察工作领导小组。

(季陈琨)

组织工作

【概况】 2016年,嘉兴市组织系统深入实施“四个年”活动(五大发展理念学习实践年、干部队伍建设全面提升年、基层党建工作整体推进年、最优人才生态精准服务年),推进领导班子和干部队伍建设,构建城乡统筹基层党建新格局,完善人才工作体制机制,落实党建工作责任制,为“十三五”发展开好局起好步提供坚强的组织保证。

加强干部队伍建设。2016年,嘉兴市落实中央、省委关于换届的新要求,创新换届考察举措,加强换届风气监督,严把代表委员资格关口,确保换届工作平稳有序推进。强化干部管理监督,构建干部工作“一点一员”监督网络,试点开展领导干部“六责联审”,探索干部选任“放下”机制。制定出台《关于激励干部干事创业治理为官不为的实施意见》《嘉兴市领导干部提醒、函询、诫勉和问责、调整实施办法》,全年实施提醒92人次、函询29人次,调整不适宜担任现职干部52人。突出理想信念教育,组织新提任市管领导干部集体种植“松柳林”,深化“红色线路·精品课程·经典案例”课程教育体系建设,“重走一大路·再现1921嘉兴故事”现场体验式教学项目被纳入中联部“接待外国政党干部培训团组参观路线和特色党建课程”项目库,全年120期5349名领导干部(其中省委主体班次10期524人)参加体验培训,接待俄罗斯和法国共产党、外国领事参赞等国外团队。以多向挂职、一线锤炼增强工作能力,全年选派干部到国家部委挂职28人、到省直属单位挂职30人、到镇(街道)等基层挂职295人,选派391人次干部到“五水共治”等中心工作部门锻炼。全年全市择优遴选37名“85”后干部实施年轻干部培养锻炼“启航计划”。

加强党的基层组织建设。2016年,嘉兴市实施三个“三年行动计划”。重点突出村级组织的“造血”功能和自我发展能力,制定第三轮村级集体经济发展壮大计划,创新“强村九法”发展模式。围绕纪念建党95周年,组织开展学习习近平总书记“七一”重要讲话暨“红船先锋”报告会、“红船颂”音乐会、千名党员集中宣誓、全国党刊嘉兴行、“红船杯”党建品牌评选、“七个一”红船组织生活、红船行·看发展、“知行论坛”、党员奉献周以及“七一”送温暖走访慰问10项系列活动。贯彻市委关于打造互联网经济强市的目标要求,推进互联网企业党建和党建信息化工作。承办全国干部网络培训标准化建设研讨会,启动全国首家“互联网+干部教育”体验中心建设,运用互联网思维“六化同步”推进干部网络培训,“企情在线”“民情在线”信息化平台建设得到省委组织部肯定,“红船党建云平台”系统获评全国党建信息化最佳案例。

打造人才发展最优生态。2016年,嘉兴市发布《嘉兴人才发展蓝皮书(2016)》,制定《“十三五”人才发展规划》,制订出台《关于打造最优人才生态促进人才优先发展的若干意见》,指导人才工作重点领域、重点部门制定配套政策或实施细则，构建“1+1+X”的制度体系。完善全球招才网络布局，总结域外孵化器“带土移植”运作机制，深化与浙江清华长三角研究院合作，推进硅谷、悉尼、圣地亚哥、纽约、伦敦、波士顿、慕尼黑、法兰克福8地海纳孵化器建设。建成“三站十一点”海外人才工作站点和14个域外孵化器，其中硅谷孵化器累计入孵项目43个，带土移植15个。举办第9届“星耀南湖”精英峰会，共设置15项主题活动。中科院院士、科技部原部长徐冠华被聘请为市政府高级顾问。创新设立“红船服务”总联盟。2016年，全市新增“国千”专家31人、累计引育161人；新增“省千”19人，累计引育136人。全市注册落户领军人才企业达到531家，上市企业9家，领军人才创业企业销售收入超亿元以上17家，营业收入突破40亿元。院士专家工作站达到58个，博士后科研工作站23个，直接创造经济效益20多亿元。

【实施接轨上海“四大计划”】 2016年，市委组织部制定出台《关于组织工作服务深化接轨上海的若干举措》，全面实施“沪·育、沪·挂、沪·联、沪·溢”四大计划。实施“沪·育”计划，深化与中国浦东干部学院等院校的战略合作，充分利用院校智力、信息、技术等资源，采取“混合编班、交互学习”等方式开展干部联合培训，推动发展理念和能力水平深度接轨。实施“沪·挂”计划，把实施选派干部到沪挂职锻炼“五个一批”列入《2016年嘉兴市深化接轨上海工作实施方案》，坚持“定人定向”选派干部对接上海资本、人才、信息等各类资源，实现干部培养锻炼与经济社会发展互促共赢，推动干部管理和项目资源深度齐轨。全年累计选派到沪挂职干部68名，其中市级机关部门21名、县（市、区）47名。实施“沪·联”计划，建立党建工作结对交流机制，由各县（市、区）与上海有关部门、镇（街道）结对形成“同盟联建”关系，实行党员“双向共管”机制，推动党建资源和党员管理深度并轨。实施“沪·溢”计划，做好名校优才引进“三年行动计划”，加大“柔性引才”力度，持续引入上海高端人才、高端要素及重点项目，推动人才科技和产业平台深度合轨。

【开展领导班子集中换届】 2016年，市委组织部科学设计换届考察流程图，压茬推进专题调研、换届考察、专项分析、人事调整等36项具体任务，创新采取市领导分领域分条线正向推优反向推劣、领导干部署名推荐、反向推荐、向组织说说心里话（个人意愿申报）等举措，深入考准考实干部。建立提前介入、联合审查、层层把关、应急处理“四项机制”，严把代表委员政治关、素质关、结构关。完善换届风气监督制度体系和操作规程，加强宣传教育和巡回督查。县（市、区）党政领导班子中40岁左右年轻干部占20.4%，女干部占19.6%，具有镇（街道）正职经历的干部占59.5%；镇“80”后党政正职18名，占23.7%，通过竞争性选拔方式充实15名土地、规划、村镇建设、金融、互联网经济等专业人才进入班子。

【构建干部工作“一点一员”监督网络】 2016年，嘉兴市创新设立干部工作“观察点·监督员”，打造干部日常管理监督平台和换届风气监督网络。市、县两级组织部门在机关部门单位、新闻媒体、村（社区）等设立605个干部工作观察点；从老干部、“两代表一委员”、基层一线干部群众等群体中择优选聘207名干部工作监督员，构建一个横向到边、纵向到底的干部工作日常监督网络。出台《干部工作观察点建设实施意见》《干部工作监督员管理办法》，配套制定“观察点·监督员”运行六项制度，推动“一点一员”在干部日常表现特别是“八小时外”表现情况监督、换届风气监督等工作中发挥作用。在县（市、区）确定22个干部工作观察点，探索开展规范化建设和示范点培育。7月22日，《浙江日报》以“嘉兴600工作观察点监督眼睛直接安到干部家门口”为题对嘉兴做法进行报道。

【推进“五大党建”】 2016年，嘉兴市创新探索新领域新业态基层党建，深入推进青春党建、民生党建、区域党建、网络党建和党群带建。深化青春党建，举办“党在我心·青春燃梦”知行论坛，培育一批“80后”“青春书记”。拓展区域党建，深化街道“大工委制”和社区“大党委制”，在全省率先制定《特色小镇党建工作指导意见》，推进市场党建、产业链党建、楼宇党建等区域化党建新模式。创新网络党建,以世界互联网大会永久落户嘉兴为契机,探索实践"党建+互联网"模式,以因企制宜抓"点"、依托产业串"线"、区域统筹扩"面"为重点,推进互联网企业党的组织和工作覆盖,选树嘉兴第九区九仔党支部、市电子商务协会党支部、海宁中国皮革城网络科技有限公司联合党支部等特色典型;深化"红船党建云平台""企情在线""民情在线"等信息化平台建设,推进互联网党建运用,依托实体支部同步组建开放互动的"网络e支部",打造"红色e家园"阵地,培育组建"网络红军"队伍,实施把骨干党员培养成网络意见领袖、把网络意见领袖培养成党员的"双培养"工程,形成"互联网上党旗红"局面。

【创建"红船服务"总联盟】 5月,嘉兴市成立"红船服务"总联盟,打造信息、政策、人才、党务等各类资源互联互通互享平台,集成提供政府部门服务、资金项目对接。总联盟下设侨商、政务、金融、校企合作、"三强"、双创、众创、商会8个子联盟和7个县(市、区)分联盟,整合25家职能部门、10余家金融机构、"一员三师"创业助理团、创业导师等资源,联合推进服务功能再提升、服务机制再优化。建立"红船服务"总联盟微信公众号,发布最新政策信息、服务动态、工作热点,开展总平台、子(分)平台和企业、人才间的互动交流。定期组织交流座谈、开展专场专项对接活动,帮助企业落实需求、反映问题、解决困难。实行部门轮值制度,每晚6点30分至8点30分接待来访的各类企业、人才,提供政策信息、投融资对接、招聘服务、法律咨询及市场对接等服务。开展"人才夜市""金融服务专场""红船服务日"等对接活动20余场,帮助人才、企业协调解决问题200余个。

(尚艳威)

宣传工作

【概况】 2016年,全市宣传思想战线深入贯彻落实中共十八大、十八届历次全会和省委、市委全会精神,认真学习宣传贯彻习近平总书记系列重要讲话精神,坚持正确政治方向和宣传导向,以纪念中国共产党成立95周年为契机,围绕中心、服务大局,整体工作呈现向上向好态势,为嘉兴干好"十三五"、奋勇当"标尖",提供有力的思想保证、舆论支持和文化条件。

理论武装工作。将习近平总书记系列重要讲话精神作为全市党委(党组)中心组理论学习重点,把《习近平总书记系列重要讲话读本(2016年版)》《胡锦涛文选》作为必读书目,举办市委常委"两学一做"专题学习暨"红船论坛"报告会,邀请省委宣传部常务副部长胡坚作专题辅导报告。全年市委中心组集中学习14次,举办"红船论坛"报告会10场,县(处)级党委(党组)中心组集中学习1178次,其中县(市、区)140次、市级机关部门(单位)1038次。市委理论学习中心组在《浙江日报》刊发理论文章《着力建设全面小康示范区》。承办纪念建党95周年理论研讨会暨"党的十八大以来党建思想与浙江实践"论坛,共收到全国各地征文205篇。中宣部《党建》杂志社"不忘初心,继续前进"理论与实践研讨会、《半月谈》2016形势政策宣传教育座谈会、全省思想政治研究会市级网络会议在嘉兴市召开。完成马克思主义研究工程《红船精神研究》第三章《红船精神是中国共产党的建党精神》研究。在《光明日报》推出《弘扬"红船精神",始终走在时代前列》专版。编写出版《红船精神:启航的梦想(中、英文版)》,在第23届北京国际图书博览会上首发。开展中共十八届六中全会精神、党中央治国理政新理念新思想新战略等重大主题宣讲活动,由市委领导带头,组织全市县(处)级领导干部到基层开展宣讲。全市组建宣讲团队163支,有宣讲人员2260名,开展宣讲6644场次,受众人数21万多人次。办好"南湖讲坛",运用微信群、"文化有约"等扩大受众面,共举办讲座19场,直接受众2800多人次。

新闻舆论工作。开展"治国理政新理念新思想新战略"、中共十八届六中全会精神、建党95周年、"两学一做"等系列重大主题宣传报道。围绕阶段性重点工作,做好"五水共治"、"三改一拆"、深化改革、海绵城市建设、民生实事等宣传报道,开展“坚守实业，坚持创新”大型新闻行动等，仅经济宣传就推出报道6500余篇（条），全面展现党的诞生地在政治、经济、社会、党建等各个领域的生动实践。组织中央和省级新闻媒体，开展庆祝建党95周年、“中国·嘉兴端午民俗文化节”十周年纪念、第三届世界互联网大会等重大主题外宣活动。“七一”前夕，新华社、央视、中新社等20多家中央、省级及省外媒体，对嘉兴纪念活动进行多角度宣传报道，央视《新闻联播》连续两天播出嘉兴纪念活动。嘉兴端午民俗文化节期间，央视共进行两场新闻连线直播、网络直播，在线观看人数超过10万人，点赞20多万次。围绕护航世界互联网大会，讲好嘉兴故事，提升城市影响，刊发乌镇峰会相关稿件1800余篇，各类新媒体平台刊发信息500多条。开展“微力无穷孝声回家”“美丽家园·我的梦”等网上主题宣传。召开全市贯彻党的新闻舆论工作座谈会精神专题会议。加快推动媒体融合发展，嘉报集团旗下新媒体集群累计用户达50多万户，嘉广集团加大新媒体和频道官方微信推广力度，禾点点手机客户端用户近50万户。

精神文明建设工作。深入宣传阐释社会主义核心价值观，征集各类公益广告作品181件，制作墙体公益广告4800平方米。策划制作“点赞‘最美嘉兴人——最美职工’”等相关网络专题24个，刊播信息3536篇。印发《全国文明城市创建动态管理措施（负面清单）》，实施月度专项督查机制，梳理文明创建重点难点问题40个，完成省城市文明程度指数测评迎检工作。新命名1个市级文明行业、7个文明街道、25个文明社区、56个文明示范窗口。建立“万张红榜送好人”活动季报制度，共评出“嘉兴好人榜”好人60人，入选“浙江好人榜”50人，入选“中国好人榜”6人，好人数居全省首位。在全省首创好人卡关爱制度，营造全社会尊敬礼遇道德模范的良好氛围。每月举办道德讲堂总堂活动，全年开展道德模范基层宣讲24场、“故事会”活动16场。开展“迎接G20，人人讲文明——做文明有礼嘉兴人”活动，组织相关主题活动4300余场，参与人数近20万人次。深化“星级文明户”创建，开展“最美家庭”等创评活动，共入选省级“最美家庭”17户，创成市级“优美庭院”示范村180个，不断推进全市好家风建设。开展“春泥计划”主题活动5000场次，吸引未成年人5万多人次参与。市本级选取18所中小学校作为文明校园创建示范学校。推进乡村学校少年宫建设，合计中央支持的项目学校26所，县级以上补助资金188万元。举办第一届嘉兴市志愿服务项目创投大赛，收到志愿服务项目120个。全面启用“志愿汇”网络平台，开启智慧公益服务，至年底注册志愿者达69.8万人，占全市常住人口数15.6%。

文化强市工作。推进国家公共文化服务体系示范区创建工作，以总分东部地区第一获评第二批国家公共文化服务体系示范区。建立政府向社会力量购买公共文化服务机制，启动向社会力量购买剧院公共演出服务工作。制定出台《嘉兴市文化精品工程重点项目扶持管理办法》，加大对原创优秀作品的扶持力度。纪录片《南湖女杰王会悟》《我的革命生涯》等作品被列入浙江省第十一批文艺精品扶持项目。制定《嘉兴市体育事业和体育产业“十三五”规划》，举办浙江省第二届女子体育节、嘉兴市第四届市民运动会、省第九届幼儿体育大会暨省幼儿特色体育表演大赛等系列群体活动。承办“心连心”艺术团到嘉兴慰问演出活动，中宣部副部长景俊海，省委宣传部部长葛慧君等给予肯定。举办2016中国·嘉兴端午民俗文化节，开展“红船颂”全国美术展系列活动，“红船精神·美术解读”全国美术创作研讨会、“感受党的诞生地风采”全国美术名家采风活动等，持续开展“双百双千双万”系列送文化活动等群众性文化活动。制定出台嘉兴市文化产

2016中国·嘉兴端午民俗文化节开幕式

（市委宣传部提供）

业"十三五"规划,明确文化产业发展总体思路、空间布局和主要产业。首次以"三展合一"方式举办2016嘉兴书展·童博会·文创精品展,吸引280多家知名文化企业参展,累计10万多人次观展,现场总成交额275万余元。举办2016嘉兴深化接轨上海主题宣传暨文化产业(上海)推介交流会,50多家上海文化产业投资商及媒体应邀参加推介会。完善《嘉兴市级文化产业发展专项资金管理办法》,对35个文化平台和文化项目进行扶持,确保扶持资金公开透明。持续推进文化礼堂建设,已建成464家,覆盖率居全省第一。

【第三届世界互联网大会】 11月16-18日,以"创新驱动造福人类——携手共建网络空间命运共同体"为主题的第三届世界互联网大会在嘉兴乌镇召开。在大会开幕式上,中国国家主席习近平通过视频发表讲话,中共中央政治局常委刘云山作主旨演讲,来自全球110多个国家和地区、16个国际组织的1600名嘉宾共聚一堂展望互联网发展前景。世界互联网大会组委会高级别专家咨询委员会审议并通过《2016年世界互联网发展乌镇报告》。嘉兴市落实中央和省里的决策部署,以"人人都是主人翁、个个都是东道主"的高度自觉,全面动员、全力投入,确保第三届世界互联网大会精彩圆满成功举办。

【中央电视台"心连心"艺术团慰问演出】 5月26日上午,中央电视台"心连心"艺术团慰问演出在嘉兴市南湖革命纪念馆七一广场举行。周涛、董卿、张泽群、马跃4位央视知名主持人和杨洪基、吕继宏、陈思思、张也、阎维文等老中青艺术家亮相舞台。中宣部副部长景俊海,省委常委、宣传部部长葛慧君,省政协副主席张泽熙以及相关市领导,嘉兴市各行各业先进人物、老党员、老干部代表及企业工人、机关干部、大中学生、部队官兵等3000多人观看演出。整场慰问演出主题突出,阵容强大,分"寻梦启航""同舟共济""云帆高挂""追梦领航"四个篇章;以"从嘉兴辐射全国、从全国聚焦嘉兴"的视角,以艺术化的形式演绎,完成"中国道路、中国精神、中国故事"的内容表达,其间所展示的嘉兴元素丰富多彩。该慰问演出于7月3日晚18时30分在央视综艺频道播出。

中央电视台"心连心"艺术团到嘉兴慰问演出
(市委宣传部提供)

【中国·嘉兴端午民俗文化节】 6月9-11日,由浙江省文化厅、中共嘉兴市委、嘉兴市人民政府主办,嘉兴市节庆活动组委会承办的2016中国·嘉兴端午民俗文化节举行。文化节围绕"嘉兴端午·中国味道"主题,突出民俗性、趣味性、群众性特色,先后举办端午南湖龙舟竞渡、端午裹粽大赛、"五彩香囊迎端午"系列活动、端午子胥庙会、"端午粽乡情·月河中国味"系列活动、端午掼牛全国争霸赛、2016年嘉兴书展·童博会·文创精品展、"民俗文化与美丽乡村"2016年嘉兴端午国际学术研讨会、"嘉兴杯"全国端午文化摄影大展、端午南湖踏白船表演赛10项活动,每天游客达1万多人次。

【农村文化礼堂建设】 2016年,嘉兴市围绕"文化地标、精神家园"的目标,注重农村文化礼堂机制建设,立足长效运行,建、管、用、育一体化推进

农村文化礼堂建设　　(市委宣传部提供)

农村文化礼堂建设。建立文化专职管理员、文化下派员、文化志愿者、农民文体团队等队伍，全年共投入1.64亿元用于农村文化礼堂建设，全力打造具有嘉兴地方特色的文化品牌。至年底，全市累计建成农村文化礼堂464家，覆盖58.73%的建制村，覆盖率居全省首位，在全省率先实现农村文化礼堂建设先进县“满堂红”。

（朱振宇）

统一战线工作

【概况】 2016年，全市统战系统贯彻落实中央、省委、市委统战工作会议精神和《中国共产党统一战线工作条例（试行）》及《中国共产党浙江省委员会统一战线工作实施细则（试行）》，召开统战工作会议，制定《中国共产党嘉兴市委员会关于进一步加强统一战线工作的实施意见》，成立由市委主要负责人担任组长的统战工作领导小组，全面部署统战工作；推动健全党委统一领导、统战部门牵头协调、有关部门各负其责的统战工作协调机制，健全“大统战”工作格局。

2016年，全市统战工作在民主党派、无党派人士中深化坚持和发展中国特色社会主义学习实践活动，以“守法诚信、坚定信心”为重点推进理想信念教育实践活动，进一步增强非公有制经济人士对中国特色社会主义道路的信念、对党和政府的信任、对企业发展的信心和对社会的信誉。结合党内“两学一做”活动，在党外人士中发起“两学一跟”（学各党派各团体章程、学习近平总书记系列讲话、弘扬老一辈优良传统跟中国共产党走），切实把思想和行动凝聚到市委、市政府的各项决策部署上来。支持民主党派、无党派人士把制定和实施全市“十三五”规划作为议政建言的首要内容，深入基层调查研究，提出有建设性的意见建议，探索“嘉兴市统一战线智库”建设，组织党外专家学者参加有关调研、视察和协商活动，引导其围绕发展互联网经济、提升镇村建设水平、供给侧结构性改革等资政建言献策。年内，市各民主党派、工商联和无党派人士累计提交议（提）案、大会发言及社情民意460多件，不少意见建议被党委、政府采纳。

2016年2月，市委召开统战工作会议（市委统战部提供）

2016年，全市统一战线组织实施同心·聚力“十三五”活动，协调统一战线各方力量，服务市委、市政府“拆治归”转型攻坚战，持续开展“同心·治水”行动，统一战线成员累计捐款、投款总额超过2.9亿元；发挥各商（协）会、侨商联平台作用，牵线浙商回归项目28个，投资总额71亿元。在生猪退养、G20杭州峰会和互联网大会安保工作中，按照市委统一部署，抓好有关突发事件的预防和安全隐患排查，市委统战部被授予先进集体，多名干部受到省委、市委通报表彰。

2016年，民族宗教领域保持和谐稳定。全市召开少数民族服务管理推进会，深化民族团结进步创建活动，培育海宁市硖石街道西山社区、桐乡市濮院镇羊毛衫市场等7家示范单位。开展文明敬香、建设生态寺院等活动，平安宗教场所创建继续在全省领先。制定出台全省第一部《民间信仰活动场所管理规范》，承办全省民间信仰工作现场会和民间信仰文化研讨会，嘉兴市民间信仰依法管理再创新经验。支持宗教界弘扬优秀传统文化，承办全省汉传佛教讲经交流会，组织“国法与教规”培训，倡导宗教界慈善捐助活动，引导宗教与社会主义社会相适应。

2016年，市委统战部促进非公有制经济“两个健康”（非公有制经济健康发展、非公有制经济人士健康成长）发展，学习、传达、贯彻习近平总书记在全国政协民建、工商联界别委员联组会上的重要讲话精神。按照省委办公厅、省政府办公厅《关于构建新型政商关系的意见》，及时组织调研,研究嘉兴市构建以“亲”“清”为要义的新型政商关系的长效机制。密切与海外重点人士、重点侨团的联系,发挥留学人员组织在吸引和凝聚海外高层次人才方面的作用,促进海内外的合作交流。贯彻中央港澳工作方针,支持同乡会社团建设,组织乡亲进行“国情考察”;到港澳两地开展联络联谊,举办港澳青年“国情教育”,接待“未来之星冬聚浙江”代表团等。

2016年,市委统战部做好党外代表人士培养选拔工作,县(市、区)人大、政府、政协换届时,按要求配备党外领导干部,有三分之一的镇政府(街道办事处)领导班子中配备党外干部。做好市政协换届人事有关工作,提出规模界别、委员结构、人选条件等意见,与各有关方面协商委员的初步人选名单。参与市人大换届选举领导小组、换届工作部门联席会议、选举工作委员会等工作,统筹推荐党外人大代表候选人。加强基层统战工作,充实基层统战队伍,助力各县(市、区)深化“一县一品”创建活动。镇(街道)换届时,配备专、兼职统战委员和统战干事,部分任务重的镇(街道)配备民宗专职干部。

【迎接省委专项督查】 2016年,省委开展统战工作专项督查,督查内容65项、督查指标78条。市委统战部牵头各相关部门认真做好自查、迎检工作,并对各县(市、区)组织延伸检查。省委督查组在督查中对中共嘉兴市委贯彻落实中央和省委关于统一战线系列重大决策部署情况予以肯定;省委常委、统战部部长王永康在督查反馈中

2016年6月,省委常委、统战部部长王永康率省委督查组到嘉兴市开展统战工作专项督查,听取市委专题汇报
(市委统战部提供)

指出,嘉兴市统战工作在中心工作中作为明显,有思路、出亮点、出经验。按照督查意见,嘉兴市制定了5个方面15条整改措施,并会同有关部门推进整改。同时,落实县级党委统战部部长由同级党委常委担任,推动解决党外代表人士队伍建设、基层统战力量配备等重点难点问题。

【完成民主党派、工商联换届工作】 2016年是各民主党派、工商联集中换届之年。市委多次听取换届情况汇报,市委主要领导和分管领导亲自审定换届方案并做出重要批示。市委统战部会同市委组织部严把人事关、政治关,在协商一致的基础上,形成统一共识,保证市委意图的贯彻落实,确保整个换届工作平稳顺利。年内,市各民主党派、工商联相继召开换届大会,选拔出政治过硬、能力出众、作风扎实的领导干部,选配出素质优良、优势互补、团结协作的领导集体,得到市委和各民主党派省委会、省工商联的高度肯定,得到民主党派、工商联广大成员的广泛认可。换届后,嘉兴市举办新一届民主党派市委会班子成员读书会,市委主要领导到会作形势报告,在组织交替的基础上,更好地实现政治交接。

【探索新的社会阶层人士统战工作】 2016年,市委统战部开展新的社会阶层人士统计调查,掌握规模数量、思想状况,并重点对私营和外资企业管理技术、中介组织和社会组织从业人员等基本情况进行摸底,完成《嘉兴市新的社会阶层人士工作的调查与思考》调研报告。建立由统战部门牵头、党政有关部门参加、社会有关团体参与的联席会议制度,并召开联席会议研讨职责分工,明确新的社会阶层人士的工作任务。重视思想政治工作,以党外知识分子联谊会为平台,以乌镇世界互联网大会为媒介,对新经济组织和新社会组织中的知识分子、“海归”创业者、新媒体从业人员代表和网络意见领袖,采取适应他们特点的方式方法,加强团结教育,引导他们发挥积极作用。

【新生代企业家培育工作】 2016年,市委统战部牵头实施新生代企业家“511”培养计划,提升企

业素质。率先在全省建立新生代企业家联席会议制度和联席会议成员单位联系新生代企业家机制，成立市新生代企业家联谊会党支部，落实新生代企业家挂职锻炼制度。推动非公有制经济实现代际传承。年内，先后在香港理工大学、中央社会主义学院等举办各类政治理论、经营管理研讨班，累计培训新生代企业家1000余人(次)。

(袁　斐)

对台工作

【概况】 2016年，嘉兴市台办贯彻上级对台工作精神，在中央和全省对台工作会议召开后，4月1日，市委常委会专题听取市台办关于嘉兴市对台工作情况的汇报。5月16日，召开全市对台工作暨市委对台工作领导小组(扩大)会议，传达贯彻上级对台工作会议精神，回顾总结近年来嘉兴市对台工作情况，研究部署当前和今后一个时期对台工作。

推进嘉台两地经贸合作。年内，成功举办2016浙江·台湾合作周——“创新嘉兴合作共赢”系列活动；组团到台湾开展精准招商；到福建漳州举行“嘉兴市农业招商推介会”；推进铠嘉电脑、典发食品等重大台资项目的跟踪服务工作。全年新批台资项目33个，总投资10.8亿美元(比上年增长8%)，合同台资8.4亿美元(增长29%)；全市累计批准台资项目1461个，总投资143.4亿美元，合同投资95.7亿美元。

拓宽服务台商台企渠道。11月，开展“送政策、释疑惑、摸情况、解问题”为主题的台资企业服务月活动，深化重点台资企业联系制度。同时，组织台商代表参加“浙洽会”“嘉洽会”等活动，举办“台商新春酒会”“台商沙龙”等活动。继续为台商就医、子女入学、参政议政、提升发展等做好服务。调处台商投诉求助案件，受理台商投诉和求助67起，办结61起，切实维护台商的合法权益。

开展对台交流交往活动。2016年，全市组织公务赴台团组38批307人次，商务赴台团组169批407人次。举办海峡两岸同胞端午裹粽友谊赛、第七届和第八届“嘉兴·南投两岸邻里节”、“情牵两岸·根系嘉兴”台湾嘉兴籍青少年寻根之旅、跨越海峡——第三届嘉兴·台湾摄影作品交流展、第五届海外台湾留学生“科技之旅”冬令营等涉台交流活动。

加强对台宣传涉台教育工作。召开全市对台宣传工作成员单位会议，市委常委、宣传部部长陈越强出席并讲话。举办全市涉台干部培训班、“南湖讲坛”台海形势专题报告会、市级部门窗口行业涉台教育专题讲座，做好到台湾团组的行前教育、辅导。同时，市台办领导到基层单位、学校、企业、社区、部队开展涉台教育。宣传嘉兴市优越的投资环境和台商投资兴业的典型事迹，邀请台湾媒体记者到嘉兴采访，做好“入岛宣传”；6月，“创新浙江·孵化未来”海峡两岸媒体采访团到嘉兴市进行联合采访。此外，利用简报和网站等载体，加强涉台工作信息交流，扩大嘉兴市对台工作影响力。

【嘉台两地高层交流互访】 2016年，市台办先后接待台湾“立法委员”许淑华、原国民党副主席黄敏惠、南投县副县长陈正升、南投市市长宋怀琳等台湾高层人士到嘉兴市参访交流。同时，嘉兴市人大常委会副主任张志伟，市政协副主席李跃、邢海华等市领导先后率团到台湾参访，拜会相关重要人士和企业。

【举办台湾合作周嘉兴专场活动】 9月，市台办首次举办2016浙江·台湾合作周——“创新嘉兴

2016年9月，浙江·台湾合作周嘉兴专场活动——“创新嘉兴　合作共赢”系列活动开幕仪式　(市台办提供)

合作共赢”系列活动，有22个合作项目顺利签约，总投资10.9亿美元，市四套班子领导及各界嘉宾200多人出席开幕式。同时，分别开展互联网经济、科技服务业、光伏新能源三个产业对接活动，并举行嘉兴台资企业转型升级成果展、两岸青年创业创新论坛等专题活动。

【对台招商引资工作】 2016年，市台办把招商引资作为部门工作重点。收集台商投资意向信息，邀请台商到嘉兴投资考察，并做好项目的协调工作；协助有关招商主体开展招商活动，聘请招商顾问，设立招商点。年内，顺利引进台资项目：典发健康食品项目正式签约落户嘉兴市经济技术开发区，项目总投资1.5亿美元；已落户嘉善的世界500强企业台湾富鼎电子科技，投资1.05亿美元开发富准精密模具项目，打造嘉善光纤通信制造和互联网终端设备制造全产业链基地。

【促进台湾青年创业创新】 2016年，市台办继续完善嘉兴市台湾青年创业中心建设，举办“寻梦嘉兴”青年台胞座谈会，推进台湾青年学生实习交流，关注台商二代创业创新工作，促进台湾青年创业创新。这项工作被列为市七届政协第61次主席会议议题，得到市政协主席高玲慧充分肯定。

【举办“嘉兴·南投两岸邻里节”】 6月，市台办邀请台湾南投县水里乡的15户家庭共19人到嘉兴市参加活动，水里乡钜工村、民和村、北埔村分别和南湖区联丰村、桐乡市新联村、海宁市华丰村签订邻里友好结对协议；12月，邀请南投县议员代表团20人，在南湖区联丰村举办两岸樱花林捐赠仪式，南投县向嘉兴市捐赠500株台湾樱花树，同时，南投县东山里、军功里分别和桐乡市庆丰社区、海盐县宜家社区签订邻里友好结对协议，营造“两岸一家亲”氛围。

2016年12月，在南湖区联丰村举办两岸樱花林捐赠仪式
（市台办提供）

【举办嘉兴·台湾摄影作品交流展】 9月，市台办举办“跨越海峡——第三届嘉兴·台湾摄影作品交流展”，展出两岸摄影家的优秀照片100幅，展示嘉台两地自然风光和风土人情。交流展还邀请台湾高青摄影学会代表团到嘉兴市参访，并与嘉兴市摄影家协会座谈交流。本届摄影展优秀作品还分别在嘉兴市、南湖区和秀洲区行政中心等地巡回展览。

【举办台湾嘉兴籍青少年寻根之旅】 7月，市台办举办“情牵两岸·根系嘉兴”台湾嘉兴籍青少年寻根之旅，邀请台湾的嘉兴籍青少年及家长共16人回家乡参加活动。参观南湖革命纪念馆、嘉兴市博物馆、平湖莫氏庄园、李叔同纪念馆、海盐博物馆、张元济图书馆、张乐平纪念馆等人文场馆，游览南湖、梅花洲、九龙山、南北湖等风景名胜，进一步加深台湾嘉兴籍青少年对祖国大陆及家乡的认识和感情。

【邀请台湾大学生到嘉兴暑期实习】 7-8月，市台办邀请14名台湾大学生到嘉兴市9家单位进行为期一个月的暑期实习，为丰富他们的实习生活，举办一系列交流联谊活动，包括走进企业谋划未来、共享两岸粽子文化、两地大学生联欢晚会等，加深两地青年间的了解和友谊。

【举办海外台湾留学生冬令营】 12月，市台办举办冬令营，邀请32名海外台湾留学生和28名上海交通大学学生到嘉兴市参访。冬令营的主题是“城市治理与发展共享”，通过参观嘉兴市乌镇世界互联网峰会会址、互联网工业园等科技场所，展示大陆科技创新实力，吸引他们到大陆创业就业，推动两岸关系发展。

（欧　宇）

政策研究工作

【概况】 2016年，市委政研室牵头起草市委、市政府重要文稿6个，开展重大课题研究约10个。市委政研室牵头组织提炼形成的《创新“新仓经验”推进农合联》《公民个人信用评价系统建设》创新案例在第四届浙江省公共管理案例评选中获“十佳案例”和“优秀案例”。

第四届浙江省公共管理案例评审组现场考察座谈会
（市委政研室提供）

【起草市第八次党代会报告】 2016年，市委政研室牵头制定《市第八次党代会报告》起草工作计划方案，成立由市领导牵头和有关部门参与的起草工作组，部署开展创新驱动、深化改革、城乡统筹、接轨上海、生态环境、民生福祉、平安法治建设、全面从严治党8个子课题专项研究，到省外兄弟地市学习考察，开展各县（市、区）专题调研，重点听取和研究各部门、各条线未来5年发展定位和思路。把握“三结合”（坚持把握上级精神和体现嘉兴特色相结合、坚持继承与创新相结合、坚持真抓实干和责任担当相结合）原则，起草市第八次党代会报告，历时5个月。经过多轮意见建议征集和修改完善，形成《勇立潮头、勇当标尖、以优异成绩迎接建党一百周年——鲁俊同志在中国共产党嘉兴市第八次代表大会上的工作报告》。

【开展服务决策重点课题研究】 2016年，市委政研室研究形成《2016年度市级领导重点调研课题方案》。牵头组织开展“查补短板”系列工作，研究形成《中共嘉兴市委关于补短板的行动计划》和《嘉兴市补齐“短板”、争当“标尖”的对策思路研究》。开展镇村建设情况专项调研，牵头起草市委市政府《关于深入推进镇村建设加快打造江南水乡典范的指导意见》。深入分析嘉兴市户籍人口城镇化的现状、动力、障碍和工作方向，形成《嘉兴市提升户籍人口城镇化思路与对策研究》；调研梳理湘家荡管理体制变化中取得的成效和存在的问题，形成《关于湘家荡管理体制调整工作推进情况的调研报告》；形成《“水上嘉兴”建设的思路与对策研究》《积极发展装配式建筑、加快推进新型建筑工业化》《佳源集团打造国内社区养老“第一品牌”的框架思路及启示》《嘉兴市加快养老服务业发展举措研究》《国内十种养老服务创新做法及启示》《对推进我市养老服务业“一核十化”发展的框架建议》《完善燃机热电联产政策、加快清洁能源替代、全面推进“五气共治”进程》《事中事后监管实例分析》等调研报告，为市委、市政府提供决策服务。

【参与接轨上海服务工作】 2016年，市委政研室起草全市接轨上海年度工作计划，形成市委市政府《2016年嘉兴市深化接轨上海工作实施方案》。开展接轨上海“两个无差别、三个更好”（市场规则、政府办事规则与上海无差别，产业配套条件、政府服务效率和人居生活环境更好）专题研究工作，梳理嘉兴市在接轨上海工作中存在的差距和短板，形成《嘉兴接轨上海工作对比研究》课题报告，提出26条具体政策建议。配合市发展改革委起草形成《嘉兴市全面接轨上海示范区实施方案》，并牵头负责对县（市、区）接轨上海工作开展年度考核等。

【推进新一轮户改工作】 2016年，市委政研室深入开展新一轮户改专题调研，形成《关于深化我市户籍制度改革的思路和对策研究》调研报告。测算农业转移人口市民化成本，会同市公安局、市新居民事务局、市统计局开展新居民落户意愿抽样调查。牵头起草《嘉兴市人民政府关于进一步推进户籍制度改革的实施意见》。制定《推进户籍制度改革专项督察工作方案》，对市户改领导小组成员单位和县(市、区)开展户改专项督察。统筹各有关条线制定"户籍迁移管理、新居民积分管理办法、完善农村产权制度,以及教育、就业和社会保障、卫生计生、住房保障、临时救助办法"8个配套政策,推进全市域新一轮户改工作。

【开展城乡环境综合整治百日攻坚行动】 2016年,市委政研室全程参与指导嘉善县和干窑镇开展城乡环境综合整治百日攻坚行动,并研究提出环境整治过程中相关问题的具体解决办法。到嘉善县、干窑镇现场督查指导16次,参加会商座谈会15次,整理领导讲话16篇,整理和撰写文字8万余字,形成指导组《工作志》4册。

【提升"两刊一库"建设水平】 2016年,市委政研室创新办刊理念和思路,强化主题宣传和影响力。全年出刊《新嘉兴》12期,刊发文章200余篇、70多万字,编发《嘉兴政研》18期、《嘉兴改革》9期。发挥全市调研联席会议作用,梳理汇总全市年度重点课题300余个,确立重点跟踪课题25个,协同开展合作课题11个。与中国社科院上海研究院、安邦咨询等研究机构签署合作协议,相继开展《嘉兴市本级发展楼宇经济体制机制创新研究》《嘉兴现代保险服务业发展研究》《嘉兴市承接上海非核心功能疏解的对策研究》等课题研究。举办"打造国际化品质之城:愿景与求索"高端智库论坛,邀请亚洲最大战略咨询智库——野村综研以及上海城市规划设计院、浙江大学人口研究所的10名专家及有关人士建言。

"打造国际化品质之城:愿景与求索"高端智库论坛
(市委政研室提供)
(汤烂烂)

档案、党史、地方志工作

【概况】 2016年,嘉兴市档案局接待档案资料利用者1692人次,提供档案资料2042卷,复印档案4661页,出具档案证明1908份。推进民生档案远程利用服务工作,全市通过远程利用平台累计受理查档4860人次,出具证明3329份,复制档案7328页。开展第五批档案接收工作,完成40家单位接收任务。推进馆藏档案鉴定开放工作,共鉴定档案3412件,开放档案732件,累计开放档案2万余件。做好馆藏档案安全管理工作,完成12万卷馆藏档案整理搬迁清点工作。年内,嘉兴市档案局与嘉兴市发改委联合印发《嘉兴市档案事业发展"十三五"规划》。进一步完善"权力清单""责任清单",编制《市档案局公共服务项目清单》。全市8个镇(街道)建成镇(街道)档案馆或档案管理服务中心,探索试行"村档镇管"模式。

2016年,嘉兴市委党史研究室加强改革开放新时期党史专题征编工作,完成专题初稿126个,其中基本定稿57个。收集整理全市历年出版的党史书籍,开展数字化加工工作,扫描党史书籍161本6万多页。2016年,嘉兴市地方志办公室加强嘉兴市志初稿合编工作,推进基础稿编撰工作。加强年鉴编纂工作,11月,《嘉兴年鉴(2016)》出版发行。推进旧志整理工作,校勘《光绪嘉兴府志》35卷。2016年,嘉兴市档案局加强与新闻媒体的交流合作,全年发表宣传稿件65篇。联合"网易嘉兴"网站开展档案史志宣传。开展以"档案与民生"为主题的第五届"档案馆日"活动。发挥"档案史志宣讲团"作用,为各单位提供菜单式宣讲服务。"嘉兴档案"微信公众号累计推送图文消息1454条,文字87余万字,图片3000余张,40余万人次共享利用相关数据。

【首次开展联动执法检查】 2016年,嘉兴市档案局首次尝试跨区域联动执法。4月,从各县(市)抽调档案业务骨干,围绕档案管理体制、资源建设、信息化建设、安全保障、服务利用等方面,对各县(市、区)部分涉民单位、执法部门、经济开发区(园区)、镇(街道)、行政村等开展档案行政执法检查，大部分检查对象能依法加强档案工作的组织领导，完善档案管理体制，并按照“简化整理、深化检索、强化利用”和馆室一体化、文档一体化的新要求，改变管理方式和手段，实现计算机辅助档案管理。检查组根据现场检查情况，通过档案行政执法检查情况反馈单、档案局行政提醒书、档案行政执法检查（责令改正）通知书等形式，督促检查对象整改，并由属地档案行政管理部门进行复查。

【推进档案登记备份工作】 2016年，嘉兴市档案局完成72家市级机关部门单位数字化成果档案登记备份工作，容量62GB。完成5家单位业务数据在线登记备份，容量2420.6GB。完成14家单位业务数据和2家电子公文脱机登记备份工作。做好“市备省”“县备市”和专业档案馆馆藏数据登记备份工作，容量19.7TB。完成嘉兴市档案局馆藏档案数据备份工作，容量5.4TB。完成与衢州市档案局馆藏全部数据异地登记备份，容量3.42TB。

【启动数字档案安全管理整治专项行动】 3月10-15日，嘉兴市及所属县（市、区）档案局集中开展“找数字档案管理短板、补数字档案管理短板”档案安全管理整治首次专项行动。专项行动由嘉兴市档案局统一部署，市、县（市、区）档案局分级负责自查和整改。专项行动重点对数字档案馆（室）和登记备份应用系统承载网络的合规性、安全管理制度建设的全面性、数字资源安全存储和利用风险的可控性，系统使用人员日常操作的规范性等内容查短板、补短板。通过检查整改治理，各应用系统中长期闲置的账户全部得到清理，系统开（销）户登记审批手续得到规范，用户身份密码管理工作得到强化，档案数据资源库分级分类管理规则得到有效执行，市和县（市、区）档案局领导、各档案业务应用系统核心管理员和具体应用人员的安全风险防控意识得到加强，“互联网+档案”“政务网+档案”“局域网+档案”安全管理长效机制建设水平得到提升。

【启动档案核心数据保全工作】 2016年，嘉兴市档案局贯彻落实全省档案安全体系推进会精神，采用档案数据安全管理外包服务、本地化管理方式，启动档案核心数据保全工作。10月9日，嘉兴市档案局与档案专业技术公司签订档案核心数据保全服务合同，部署数字档案数据保全应用系统，并将市数字档案馆和集中式数字档案室管理系统进行一体化集成，全面推进数字档案馆（室）归档数据实时检测、实时预警、实时保全工作，确保档案数据的安全性、可用性、完整性。

【开展第五批档案接收工作】 2016年年初，嘉兴市档案局下发《关于开展第五批档案接收工作的通知》，接收立档单位2008年年底前形成的永久、长期（或30年）保存的文书档案、业务档案、照片档案、声像档案、实物档案、会计档案等。通过各立档单位自检，档案部门抽查，做到合格一家，接收一家。至年底，接收嘉兴市人大、嘉城集团等40家单位移交的文书档案1717卷、76838件、电子目录99700条、电子全文93469件；业务档案652卷；会计档案328卷；照片档案554张；音像档案21盘；实物档案77件。

【开展档案文献史料征集工作】 2016年，嘉兴市档案局向社会发出档案征集令，广泛征集反映嘉兴市各个历史时期具有保存价值的各种门类、不同载体的档案文献史料，同时成立档案文献史料征集小组和鉴定专家小组，负责日常征集工作。年内，征集到支那事变画报及嘉兴征收田赋、土地测会费等民国时期档案7件；《中华人民共和国婚姻法》宣传连环画、绍兴文戏（滴笃板）《三笑》、红旗塘治水工程等嘉兴解放初期档案10件；嘉兴“文化大革命”时期报纸，褚辅成、田炳章及褚一飞有关材料，各种会议出席证、代表证等档案资料32件。

【推进市志续修工作】 2016年，嘉兴市地方志办公室推进《嘉兴市志（1991-2010）》编纂工作。加强初稿和基础稿审核工作，对大事记、中共嘉兴市委、南湖、教育、文化、文献著述等编章进行重点审稿，提出进一步修改意见；挑选、输录文献著述编的诗文、楹联、民间传说等，对碑记所记载的内容进行核实，对人物传、人物补遗的入传标准、撰写要求提出建议意见。至年底，市志编辑部累计完成初稿合编291章1268节、455万字,分别占应完成数的100%、100%和108.5%;形成基础稿37编233章、326万字,分别占应完成数的80.43%、80.07%和81.5%,人物编、文献著述编、县(市、区)概况编等基本形成基础稿。

5月27日,嘉兴市召开二轮修志工作推进会
(市档案局提供)

【《嘉兴年鉴(2016)》出版】 11月,《嘉兴年鉴(2016)》出版。年初,嘉兴市地方志办公室根据年度特点和地方特色,对2016版年鉴框架进行调整和完善,特载篇增设"嘉兴市国民经济和社会发展第十三个五年规划建议""嘉兴市国民经济和社会发展第十三个五年规划纲要",专记篇增设"'三严三实'专题教育""第二届世界互联网大会",嘉兴概貌篇增设"全面深化改革""法治嘉兴建设"分目,信息化建设与信息产业篇增设"电子政务"分目。3月嘉兴市地方志办公室开始征集初稿,9月下旬完成三审三校,9月底《嘉兴年鉴(2016)》样稿送方志出版社审查,10月底通过方志出版社审查。全书设36个篇目、258个分目、1755个条目,有74个表格、24页彩页,版面字数120.6万字。

【《南湖英烈》出版】 "七一"前夕,《南湖英烈》由中共党史出版社出版,并分发到各机关、团体、企事业单位和中小学校。年初,嘉兴市档案局、市委党史研究室制定《南湖英烈》编纂方案,明确责任分工,收集相关资料图片,组织力量开展编辑工作。《南湖英烈》共25万字,配随文图片100多张,收录45名新民主主义革命时期牺牲的嘉兴籍英烈,或在嘉兴战斗过的有较大影响的非嘉兴籍英烈的事迹,以纪念中国共产党成立95周年,缅怀革命先烈。

【《嘉兴方言》出版】 年内,《嘉兴方言》由方志出版社出版。该书由嘉兴市档案局编辑,是嘉兴市本级第一部记录嘉兴地方性语言的史料性专著,被列入浙江省百项档案编研精品名录。全书47.5万字,共分五章,前四章分别从概说、语音、词汇语法和谚语民歌故事四个方面对嘉兴老城区方言进行研究和介绍,第五章主要采用对照的方式对广义的嘉兴方言作简要介绍,并对嘉兴市区、嘉善、平湖、海盐、海宁、桐乡六个地方方言进行比较。《嘉兴方言》用传统方言学的研究方法,描写嘉兴方言语音的全貌,包括声母和韵母、单字调和两字组连读变调、音韵特点、内部差异及同音字汇,展示嘉兴各县方言的语音概貌,概括出嘉兴方言的特点,揭示其演变的趋势。

【馆藏档案精品《秀州钟》出版】 2016年,馆藏档案精品《秀州钟》出版。《秀州钟》是嘉兴秀州中学早期校刊,创刊于民国11年(1922)4月1日,由学校爱国会、青年会、校友会等联合创办,内容包括学校大事记录、师生变化情况、所开课程、各类团体等信息,以及师生们发表的各种学术论著、诗歌(新体诗、旧体诗词)、戏剧、小说及杂文等。2003年1月,《秀州钟》入选第一批《浙江省档案文献遗产名录》。《秀州钟》通过大量的历史资料、图片,从档案的背景和由来、内容价值以及管理利用等方面进行全面解读和揭示。

【签署"嘉兴档案"与"市民之家"战略合作协议】 2016年,嘉兴市档案局与嘉兴市社会保障事务局签署"嘉兴档案"与"市民之家"项目战略合作协议。嘉兴"市民之家"手机平台是嘉兴市社会保障事务局基于移动互联网建设的政府公共事务服务的App综合服务平台,为嘉兴市民提供公共服务、生活服务等"一站式"惠民服务。"嘉兴档案"是嘉兴市档案局基于微信公众号平台定制开发,以推送嘉兴地方档案资料,开展嘉兴记忆、档案公共服务的应用系统。嘉兴市档案局与嘉兴市社会保障事务局根据"创新、协调、绿色、开放、共享”理念，共同推进“嘉兴档案”和“市民之家”的互通融合、延伸应用工作，为市民提供安全、快捷的政府网上公共服务。

【命名首批地方档案文献史料个人工作室】 2016年，周荣先工作室、方林峰工作室、金身强工作室和张卫东工作室被嘉兴市档案局、嘉兴市档案学会命名为首批地方档案文献史料个人工作室。年内，出台《嘉兴市地方档案文献史料个人工作室认定命名和管理办法》，决定在民间档案文献史料收藏爱好者中命名一批地方档案文献史料个人工作室，用于开展地方档案文献史料的收集、编研和展陈，进一步拓展征集、保护和利用嘉兴地方档案文献史料渠道，提升档案文献史料民间遗存抢救保护水平，推进全市民间档案文献工作的规范化管理。设立地方档案文献史料个人工作室在全省属于首创。

【开展档案宣传咨询进社区活动】 6月2日，嘉兴市档案局在南湖街道万洲社区开展“档案与民生”——“档案馆日”档案宣传咨询进社区活动。宣传活动围绕“档案与民生”主题，通过制作宣传展板、发放宣传资料、开展现场咨询等方式，对档案法律、档案知识、编研成果、档案利用、家庭建档等进行科普宣传，扩大档案工作的社会影响力。

6月2日，嘉兴市档案局在南湖街道万洲社区开展档案宣传咨询进社区活动 （市档案局提供）

【长三角城市档案局长联席会议在嘉兴召开】 11月23-25日，第十七届长三角城市档案局长联席会议在嘉兴召开，长三角地区南京、苏州、扬州、泰州、镇江、常州、无锡、南通、杭州、宁波、温州、湖州、绍兴、舟山、台州、嘉兴16个城市档案局负责人参加会议。与会代表围绕档案事业发展“创新、互联、融合、共享”主题进行交流和研究，共同探讨档案事业的创新发展、协调发展、绿色发展、开放发展、共享发展。嘉兴市档案局通过建设“开放共享的档案馆”“百姓家门口的档案馆”“公众口袋里的档案馆”，延伸了档案利用服务新渠道；通过开展数字档案馆（室）、电子文件在线归档系统建设，汇聚了档案资源增长点；通过开展档案志愿者、民间地方档案收藏爱好者、个人地方档案工作室培育和孵化，整合了社会组织（个人）参与档案事务的新力量，为档案工作转型升级发展做出开创性实践，嘉兴档案工作的经验做法得到与会代表的充分肯定。

（吴勤勤）

老干部工作

【概况】 2016年年底，全市有离休干部915人，其中享受厅（局）级待遇25人，享受县（处）级待遇438人，享受科级及科级以下待遇452人；抗日战争时期参加革命工作的159人，解放战争时期参加革命工作的756人；属行政编制265人，属事业编制278人，属企业编制372人。

2016年，市委老干部局抓好离退休干部思想政治建设和党支部建设。组织元旦、春节走访慰问和厅（局）级离退休干部迎春茶话会活动。围绕庆祝中国共产党成立95周年、纪念红军长征胜利80周年，开展老干部讲红色故事，图片展览和电影展播、老干部书画集邮展、摄影展，老干部文艺汇演等活动。在全市离退休干部中开展“助力‘G20’、互联网大会，夕阳展风采”10项系列活动。举办厅（局）级离退休干部读书会和老干部形势报告会，举办离退休干部党支部书记培训班和党建研究班，在市直单位离退休干部党员中开展“学党章党规、学系列讲话，做合格党员”学习教育。完善居家养老服务网络、医疗保健服务网络和离休干部全天候困难帮扶网，对40余名有特殊困难的离休干部及其配偶(遗孀)进行帮扶,支出帮扶资金近9万元,40名离休干部的无固定收入配偶(遗孀)的医疗费用得到保障,对40名离休干部进行临终一次性特殊补助4万余元。巩固和提升市老干部活动中心、老年大学“满意家园”“全国示范老年大学”“全国敬老文明号”创建成果,老年大学不断完善教学体系,开设班级174个,学员7841人(次)。嘉兴老年大学被中国老年大学协会评为首批“全国示范老年大学”。2016年,海宁市委组织部副部长、老干部局局长卢建明被评为全国老干部工作先进个人,3个老干部工作先进集体和8名老干部工作先进个人被评为全省先进。编撰12期《嘉兴老干部工作信息》,刊发来稿292篇。

【举办离退休干部读书会】 11月21-26日,市委老干部局举办读书会,组织55名厅(局)级离退休干部集中学习。读书会期间,市委书记鲁俊介绍当前嘉兴经济社会发展形势;市委常委、组织部部长连小敏通报全市组织工作情况,并主持召开老干部座谈会,听取老干部意见建议;市委常委、纪委书记陈刚介绍当前嘉兴市纪检工作。老干部们听取上海市委党校教授的专题辅导,参观考察嘉兴经济技术开发区(国际商务区)经济社会发展情况及平湖国际进口商品城。

嘉兴市厅(局)级离退休干部读书会 (屈凡彦摄影)

【开展“助力‘G20’、互联网大会,夕阳展风采”活动】 2016年,市委老干部局联合市委组织部、市人力社保局在全市离退休干部中开展“助力‘G20’、互联网大会,夕阳展风采”活动。发出“助力‘G20’、互联网大会,夕阳展风采”倡议书;组织“让‘G20’、互联网大会来到你身边”巡回演讲;开展“寻找最美离退休干部党支部书记”活动;举办“我心中的‘G20’、互联网大会”书画摄影展;举办“喜迎G20共庆党华诞”文艺会演;开展“红色记忆系列访谈”活动;开展“大手拉小手,齐绘G20、互联网大会”现场书画活动;广泛宣传G20、互联网大会;在老年大学开展主题征文、主题摄影比赛;组织老干部走基层看变化。

6月30日,开展“大手拉小手,齐绘G20、互联网大会”书画活动 (王洪斌摄影)

【“弘扬党的优良传统争当‘双优’工作者”活动】 2016年,市委老干部局在全市老干部系统和市级部门中开展“弘扬党的优良传统争当‘双优’(优秀老干部工作者、优秀党务工作者)工作者”主题征文活动,旨在坚定老干部工作者的理想信念。活动收到论文25篇,向省老干部局推荐上报15篇,其中获一等奖2篇、二等奖1篇、三等奖5篇。

【评选最美离退休干部党支部书记】 2016年,市委老干部局通过树立离退休干部党支部书记与时俱进、发挥作用的先进典型,宣传老有所学、老有所为等方面的感人事迹,在全市范围内评选出32名最美离退休党支部书记,并把离退休干部党支部书记的先进事迹编辑成《嘉兴市最美离退休干部党支部书记事迹汇编》一书。

【提高离休干部特需经费标准和医疗待遇】 2016年,市委老干部局与相关部门沟通,明确从2016年1月1日起,市直部门(单位)离休干部特需经费标准由每人每年500元调整为每人每年1000元。统一全市离休干部医疗费管理目录,开展离休干部市域内异地就医“一卡通”结算平台建设，提高离休干部医疗待遇。

（屈凡彦）

机关党建工作

【概况】 2016年，中共嘉兴市委直属机关工作委员会(简称市委直属机关工委)注重强化市委、市政府重点工作考核，优化考核框架体系和评优方式，深化分类考核，注重年终考核与日常督查相结合，注重考核结果的反馈和运用，营造服务大局、争先晋位的浓厚氛围。到7个县(市、区)和10多个市级机关部门开展“为官不为”专题调研和整治，形成《嘉兴治理庸政懒政“为官不为”情况调研报告》，相关经验纳入省工委的调研报告。培育书法、绘画、乒乓球、羽毛球、网球、台球、摄影、瑜伽、太极、足球、篮球11个文体团队建设，3000多名机关干部报名参加。开展疗休养工作，组织7条线路，有18批次700多名干部职工参加。2016年度市委直属机关工委获市委市政府“年度目标责任制暨五型机关创建”考核一等奖、“嘉兴市重大国际峰会保障服务”先进集体、“五水共治”优秀部门等。

【开展“提素质、强服务、建功十三五”竞赛】 2016年，市委直属机关工委首次会同市总工会、市人社局在全市机关部门(单位)中开展“提素质、强服务、建功十三五”业务技能竞赛活动，确定竞赛项目15个，采取县市联动，初赛决赛、理论实践结合方式。全市有5000多名干部职工参加竞赛。

【举办“知行论坛”】 2016年，市委直属机关工委以“是什么滋养了我们的灵魂”“党在我心·青春燃梦”“创新·担当·有为”为主题，以“让身边人说身边事，用身边事教育身边人”的方式，举办第14期至16期“知行论坛”。以“学用结合、以知促行、知行统一”为要求的新型机关思想政治工作方法得到上级的肯定。在南京举行的2016年长三角机关党的工作研讨会上，嘉兴作为浙江唯一的地级市就“知行论坛”进行经验介绍。

【组织“1+X”组团帮扶】 2016年，市委直属机关工委开展“生活生产双帮扶、党内党外双关爱”活动。建立机关党员特色服务队95个，市直机关284个在职基层党支部与306户困难家庭结对，帮助解决工作、生活上的实际困难。7500名市级机关部门(单位)在职党员到居住社区报到，机关党组织到结对村(社区)报到，有一技之长的机关党员到96345党员志愿者总站报到。

【推进“知行者+”志愿服务】 2016年，市委直属机关工委组织开展第二批“知行者+”申报。组织市直机关部门的党员干部职工参与市区公交安全员志愿服务活动，市直机关1791名公交安全志愿者完成18条线路193辆车的安全劝导工作；在市直机关党员中组织开展“党徽闪耀在社区、平安建设我参与”活动，2043名党员到社区报到并参与志愿服务活动；组织党员志愿者到结对村(社区)以及居住地参与平安大巡防等活动。

【加强机关作风建设】 2016年，市委直属机关工委出台《机关纪工委履职细则》等规范性文件，厘清机关纪工委、部门机关纪委、市纪委派驻纪检组等主体关系。举办市直机关纪检工作培训班，对市直各基层党组织机关纪委书记、纪检委员等100多人进行业务培训，提高履职能力。在机关部门(单位)开展正风肃纪检查4次，检查单位13家次。协调9个党组织关系在工委的垂管单位开展专项检查、交叉检查3次，承担市纪委交办的正风肃纪移送函5件。准确运用监督执纪“四种形态”，开展谈心谈话19人次。指导相关单位纪检部门办理案件5件，处分党员5人。

（庄正祥）

党校工作

【概况】 2016年，中共嘉兴市委党校(简称市委党校)坚持“党校姓党”根本原则和“质量立校、人才兴校、创新强校、从严治校、开放活校”的办学方针,以《打造长三角乃至全国有影响力的红色学府发展规划(2016-2020)》为引领,自觉服务全市工作大局,开展办学质量提升年、科研咨政强化年和队伍建设优化年“三个年”活动及“补短板”行动,推动校园异地新建工作,全年举办各类干部培训班288期2.67余万人次。2016年,市委党校蝉联全省党校系统先进集体,连续第三年获市级机关部门、单位工作目标责任制暨“五型”机关创建考核一等奖,全年工作获中央党校、省委党校和市委市政府多项批示肯定。

【制定“十三五”发展规划】 2016年,市委党校在全省党校系统率先制定“十三五”规划,出台《打造长三角乃至全国有影响力的红色学府发展规划(2016-2020)》。确立“质量立校、人才兴校、创新强校、从严治校、开放活校”的办学方针;明确深化主体班次、对外培训、社会宣讲“一体两翼”的干部教育培训格局和构建学术科研、咨政科研、工作研究“三位一体”的科研工作格局;提出到2020年年末,逐步形成一批理论教育和党性教育特色品牌课程、一批高质量科研和决策咨询成果、一批在省内外有一定影响力的名师、一批适应教学科研需要的优势学科、一批规范化示范性现场教学基地、一套科学化规范化管理制度、一批现代化实训实验室、一个优美良好的校园环境,教学质量、科研水平、人才队伍、办学条件、管理机制等各方面都有明显提高,整体办学水平走在全省党校系统前列,初步建成长三角乃至全国有影响力的红色学府的目标定位;并细化制定四大类、32个小项的“十三五”发展主要指标。

【突出主课主业】 2016年,市委党校完成全市市管县处级干部学习贯彻中共十八届六中全会精神集中轮训。举办第三期党性教育专题研讨班,形成理论学习、体验教学、党性分析各占三分之一的“三三制”党性教育教学新模式。落实市领导到党校讲课制度,市委副书记孙贤龙参加第一期“求是读书沙龙”活动,带头讲理论课并与干部、教师代表座谈交流。全年,理论教育和党性教育内容在各长班培训中占75%,其中党性教育内容占25%以上。开展“重走一大路·再现1921嘉兴故事”现场体验式教学班次120期5349人次,其中省委党校主体班次10期,对口支援班次8期。1名教师的《一大代表人生轨迹和坚定理想信念》获省精品课奖。教师教学测评全部在90分以上,优秀课率近100%,学员到课率99%以上。

【创新教学培训形式】 2016年,市委党校连续第二年举办上海浦东·嘉兴县处级领导干部联合培训班;连续第五年与南通市委党校联合举办中青班并举行五周年总结会;与井冈山市委党校互授党员干部培训基地。举办为期三个月的全市“85后”年轻干部能力提升班。开发并录制《新型城镇化道路及嘉兴实践》等5部专题教学片,入选“全国行政学院网络课程”,入选率占全省党校系统三分之一。海宁、海盐两个点分别被列入第三批省干部教育培训现场教学示范基地和省社科院现场教学基地,新开发使用互联网经济等现场教学点11个。全年举办“求是讲堂”12期3100多人次。学员学习培训成果丰硕,28项调研成果获市领导批示肯定。服务全国干部教育培训工作,全年举办中国浦东干部学院、河北省中青班等来自全国16个省市的干部培训班次75期4876人次,与省委党校、浙江大学和上海财经大学等高等院校开展合作,联合举办在职研究生学历教育班9个,挂牌成立省委党校首批研究生党性教育基地,形成总量大、层次高、覆盖广、反响好的对外培训交流和学历教育模式。

【做强科研咨政】 2016年,市委党校聚焦重大基础理论问题、市委市政府中心工作和社会热点难点问题,组织开展一系列对策性、经验性、前瞻性调查研究。立项市级及以上各类课题25项,其中省部级及以上课题9项、市社科规划课题10项,公开发表论文(专著)20篇(部),获省党校系统优秀决策咨询成果省市组一等奖1项、省党校系统特色小镇征文一等奖1项、市社科优秀成果一等奖1项等。组成跨学科课题组撰写《嘉兴互联网经济强市建设案例教程》,投入主体班教学运用,获得市委书记等4位市领导的批示肯定。撰发《决策参阅》11期,两期获得市长等3位市领导的批示肯定。承办由嘉兴市委和省委党校联合举办的第三届“红船精神与科学发展”理论研讨会，中央党校、省社科联、省委党校以及全国“红地标”党校等领导和专家学者参加。市党建研究会二届五次常务理事会和理事会召开，全年重点调研课题立项179项，覆盖嘉兴市党建工作的各个重要领域，评选出获奖论文42篇，为领导决策提供高质量、高价值的科研咨政成果。

2016年《决策参阅》获多位市领导批示肯定

（市委党校提供）

【加强队伍建设】 2016年，市委党校根据全国、全省、全市党校工作会议精神，经报市编委批准，设校长1名（由市委领导兼任），副校长4名（其中主持日常工作的1名副校长为正县处长级），新设教育长1名（副县处长级），科级领导职数由21名调整到22名，人员编制从98名调整为93名。对4个内设机构进行职能调整和更名：培训部更名为干部教育学院，强化对外培训及在职研究生学历教育工作；继续教育处更名为市情研究中心，加强市情调研分析、研讨和咨政服务等职能；基础理论教研室更名为基础理论（统战理论）教研室，增加统一战线理论的教学和研究工作职能；文史教研室更名为文化与社会学教研室，更好地承担文化、历史、社会等学科的教研任务；增设南湖分校工作处，主要承担省委党校南湖分校的相关工作。调整后，市委党校内设管理机构8个，教研机构6个。年内，开展新一轮中层干部竞聘上岗工作，提拔一批政治坚定、能力过硬、能堪重任的中层干部，轮岗交流一批中层干部，营造干部能上能下、能进能出的良好氛围。全年聘任新一批兼职教师27人，有针对性地选派优秀人员参加培训深造117人次，提升人员队伍的能力素质。

【做实社会宣讲】 2016年，市委党校成立“两学一做”学习教育和党的十八届六中全会精神宣讲团，精选专题161个，开展“红色讲坛”八进（进机关、进企业、进镇街道、进农村、进社区、进校园、进军营、进网络）活动，编辑出刊《“红色讲坛”成果汇编》。与市委宣传部联合举办两期全市基层宣讲员培训班，培训基层骨干宣讲员600余人次。与市委组织部、市委党史研究室和嘉广集团等部门联合推出“红船旁的空中党校”100讲专题活动，印发7000册《“红船旁的空中党校——学党章、立规矩”微党课40讲》，发放给全市机关各部门（单位）党员干部。举办“讲奉献、有担当，做红船旁的好干部”等四期道德讲堂活动，其中承办一期全市道德讲堂总堂活动。全年共开展各类宣讲250场次，市县联动开展宣讲1073场次，1人获全省“十大基层优秀宣讲员”称号。

【“智慧党校”建设】 2016年，市委党校推进信息化建设，与嘉兴学院实现数字资源共建共享，成为全省唯一的共享浙江行政学院在线学习平台的地市级党校。“中共一大与红船精神”数据库项目获全国党校系统图书馆数字资源建设特别奖（全国仅两家地市级党校获此殊荣），“嘉善县域科学发展示范点建设”特色资源库通过省委党校专家组终验。承办省社会科学信息学会2016年度学术年会。经省委党校抽查复核，以排名第一的成绩获全省市委党校信息化建设考核优胜单位。

【建成使用“求是书吧”】 2016年，市委党校投资近30万元建成开放自助式“求是书吧”，陈列基础理论、时政、政治、经济、社会、文学、生活休闲等各类书籍1000余册，并配有自助电子借阅机1台，系统内置有3000册精品图书，可通过扫描二维码下载，实现“随时、随地、随手”阅读。书吧投入使用后，举行第一期“求是读书沙龙”活动，网易新闻手机客户端一周浏览量近4万人次,营造出“爱读书、读好书、善读书”的浓厚氛围,得到市领导的肯定。

12月12日,举办第一期“求是读书沙龙”活动
(市委党校提供)

【提升校园文化】 2016年,市委党校弘扬“忠诚、求实、创新、卓越”的党校人核心理念,打造具有党校品味、党校风格、党校气度、党校形象的“红船旁党校”校园文化。突出嘉兴建党圣地和党校“红色学府”的特点,完成“红船精神”文化墙、校铭石、宣传文化走廊、灯箱、宣传栏等校园文化二期工程,与已建成的1个校史陈列室、1个党员活动室和多个宣传文化墙共同构成具有党校特点的党建文化阵地。开展“党群读书月”、推荐一批优秀好书、开展一次读书体会交流等活动,着力建设书香校园。开展形式多样、喜闻乐见的教职工文化活动,组队参加省委党校“歌唱祖国”歌咏比赛(获三等奖)、南湖区绿道趣味骑行大赛(获团队银奖)、市直机关羽毛球赛等竞赛活动,举办第十四届校园运动会和全市党校系统第十二届联谊运动会,着力建设活力校园。

(杨骁晨)

嘉兴市人民代表大会

综　　述

2016年,嘉兴市人民代表大会及其常务委员会坚持人民主体地位,围绕全市工作大局,认真履行法定职责,充分发挥代表作用,精心指导换届选举,不断加强自身建设,全面提升基层基础。

助推经济社会发展。2016年,市人大常委会围绕市委中心工作和重大决策部署,做出决议决定14项。贯彻落实监督法,综合运用法定监督形式,加强监督工作。关注全市经济社会发展,听取和审议市政府关于上半年全市经济社会发展情况和下阶段主要工作安排的报告,促进人代会目标任务的完成。按照绿色发展要求,突出农田水利标准化建设,听取和审议市政府关于嘉兴市农田水利基本建设情况的报告。按照统筹发展、协调发展要求,听取和审议市政府关于嘉兴市市域总体规划暨“多规合一”编制工作的报告,并开展专题询问。专题听取市政府关于扶贫、土地节约集约利用、学前教育、“三小一市场”食品安全监管等工作情况的汇报,促进政府改进工作。常委会领导带队深入基层走访群众,深入企业督查安全生产,全力服务保障G20杭州峰会和第三届世界互联网乌镇峰会重大活动。

加强预算决算审查监督。2016年,市人大常委会听取和审议计划、预算、审计工作报告,审查和批准决算,加强对审计整改落实情况的跟踪检查。稳妥开展全口径预决算审查监督和财政资金的绩效监督。关注市级政府性债务的管理情况,加强对政府性债务的日常监督,督促防范和化解债务风险。加强对市级政府重大投资项目的审查监督,实行立项建设和管理的全过程监督。

推进法治嘉兴建设。2016年,市人大常委会加强地方立法和法律监督,监督“一府两院”依法行政、公正司法,不断推进法治嘉兴建设。《嘉兴市秸秆露天禁烧和综合利用条例》《嘉兴市制定地方性法规条例》两部法规分别经市人大常委会会议和人代会审议通过正式实施。《嘉兴南湖保护条例》经市人大常委会会议审议通过报请省人大常委会批准。加强对地方性法规执行情况的监督,维护法规权威。制定地方立法听证办法和地方立法咨询制度,建立基层立法联系点和立法咨询专家库,推进科学立法、民主立法。加强备案审查制度和能力建设,按照“有件必备、有备必审、有错必纠”的要求,对规范性文件进行备案审查。市人大常委会重点对食品安全、大气污染防治等相关法律法规及执行情况开展检查。审议“六五”法制宣传教育工作情况的报告,听取司法体制改革试点工作和全市检察机关监所检察工作情况的汇报,进一步促进法治嘉兴建设。

发挥代表主体作用。年内,市人大常委会做好代表履职服务保障工作、代表换届选举和任免工作,加强代表小组活动的指导,坚持把换届选举工作作为重点任务来组织实施。邀请代表列席和参加常委会重要会议和活动,听取和审议代表建议办理情况的报告,继续实行重点建议重点办理、市人大常委会领导牵头督办、代表与承办单位联合专题视察,坚持市人大常委会组成人员联系代表、代表联系群众制度,开展市人大常委会领导定期接待代表日活动,深化“两站一平台”建设,开展查找“短板”、核查年收入4600元以下贫困人口脱贫情况、“人大代表走进校园宿舍,关爱大学生健康成长”等代表主题活动,充分发挥代表“一线”作用。

加强人大自身建设。2016年市人大常委会开展“两学一做”活动,以“严、准、好、实”的要求改进工作作风;健全常委会及机关学习制度,加强政治理论学习,落实从严治党主体责任;加强人大制度和法律法规的学习,提高市人大常委会组成人员、常委会机关干部法治思维和依法履职能力;加强调查研究,深化“五型三化”机关创建活动;加强人大新闻宣传工作,办好人大宣传信息载体,扩大人大制度和人大工作的影响力。重视代表换届选举、人事任免等工作,贯彻中央、省委和市委关于换届选举工作文件精神,严格执行宪法、地方组织法、代表法和选举法等法律的有关规定,坚持党的领导、充分发扬民主、严格依法办事,指导县、镇人大代表换届选举工作,依法做好市人大代表换届选举工作。

(杨　勇)

重要会议

【市七届人大七次会议】 1月25-29日,嘉兴市第七届人民代表大会举行第七次会议。会议应到代表389名,实到代表372名。会议举行3次全体会议,4次主席团会议。会议听取和审查政府工作报告;审查批准计划、预算报告;听取和审查市人大常委会、市中级人民法院、市人民检察院工作报告。会议依法选举胡海峰为嘉兴市人民政府市长,朱海平、王马青、朱伟为嘉兴市第七届人民代表大会常务委员会副主任。组织大会选举干部进行宪法宣誓。会议期间,10人以上代表联名提出的议案45件,经大会主席团表决通过,45件议案均转为建议、批评和意见处理。大会收到代表提出的建议、批评和意见(含议案转建议)252件。

【市七届人大常委会会议】 1-12月,嘉兴市七届人大常委会举行会议9次,审议“一府两院”专项工作报告31个,做出决议决定14项,任免国家机关工作人员35人次。

1月21-22日,嘉兴市七届人大常委会举行第三十六次会议。会议听取和审议市政府关于嘉兴市国民经济和社会发展第十三个五年规划纲要编制情况的报告;听取和审议市政府关于2015年国民经济和社会发展计划执行情况及2016年国民经济和社会发展计划草案的报告;听取和审议市政府关于嘉兴市2015年全市和市本级预算执行情况及2016年全市和市本级预算草案的报告;审议《嘉兴市制定地方性法规条例(草案修改稿)》,以议案形式提请市七届人大七次会议审议;审议通过市七届人大常委会关于召开市七届人大七次会议的决定;审议并通过《嘉兴市人民代表大会及其常务委员会选举或任命的国家工作人员宪法宣誓办法》;讨论并通过市人大常委会2016年工作要点;书面讨论市人大常委会工作报告(讨论稿);书面讨论政府工作报告、市中级人民法院工作报告、市检察院工作报告(讨论稿);书面讨论市人大各专门委员会工作报告;书面审议市人大常委会关于2015年规范性文件备案审查工作情况的报告;表决通过有关人事事项。

2月19日,嘉兴市七届人大常委会举行第三十七次会议。会议听取和审议市政府关于《嘉兴市土地利用总体规划(2006-2020年)》2014年调整完善情况的报告;听取和审议市政府关于朝阳路(文贤路—庆丰路)建设工程项目情况的报告;听取和审议市政府关于提请审议嘉兴市棚户区改造项目国家开发银行及其他金融机构贷款相关事项的议案;审议通过《嘉兴市第七届人民代表大会常务委员会关于嘉兴市棚户区改造项目国家开发银行及其他金融机构贷款相关事项的决议》;审议通过《嘉兴市秸秆露天禁烧和综合利用条例》,报请省人大常委会批准;审议并通过《市七届人大常委会关于延期召开市七届人大七次会议的决定》;表决通过有关人事事项。

3月18日,嘉兴市七届人大常委会举行第三十八次会议。会议审议通过市七届人大常委会代表资格审查委员会关于补选的市七届人大代表的代表资格审查报告;听取和讨论市七届人大七次会议筹备工作情况的汇报；讨论提出市七届人大七次会议日程、议程、各项名单草案和选举办法草案等；讨论并通过市七届人大七次会议列席人员名单；表决通过有关人事事项。会议决定接受林健东辞去嘉兴市人民政府市长职务的请求；决定任命胡海峰为嘉兴市人民政府副市长；决定胡海峰副市长为嘉兴市人民政府代理市长。

4月27–28日，嘉兴市七届人大常委会举行第三十九次会议。会议听取和审议市政府关于《嘉兴市域总体规划》暨“多规合一”编制工作情况的报告，并进行专题询问；听取和审议市政府关于《嘉兴市土地利用总体规划(2006–2020年)》2014年调整完善情况的报告；听取和审议市政府关于嘉兴市贯彻实施母婴保健法情况的报告；听取和审议市政府关于嘉兴市南湖大道区块海绵城市建设工程等18个海绵城市试点建设项目情况的报告；表决通过有关人事事项。

6月29–30日，嘉兴市七届人大常委会举行第四十次会议。会议听取和审议市政府关于嘉兴市大气污染防治法律法规执行情况和“五水共治”工作情况的报告；听取和审议市人大常委会执法检查组关于检查嘉兴市大气污染防治法律法规执行情况的报告；听取和审议市中级人民法院关于全市法院贯彻执行修改后行政诉讼法情况的报告；听取和审议市政府关于浙江省嘉兴市钱塘江海塘南排长山闸大修工程项目情况的报告；表决通过有关人事事项。会议期间，还举办关于大气污染防治法和浙江省大气污染防治条例法制讲座。

8月29–30日，嘉兴市七届人大常委会举行第四十一次会议。会议听取和审议市政府关于2016年上半年全市经济社会发展情况和下阶段主要工作安排的报告；书面审议市政府关于2016年上半年嘉兴市国民经济和社会发展计划执行情况及下半年主要工作的报告；听取和审议市政府关于嘉兴大剧院设备设施大修工程项目情况的报告；书面审议市政府关于2016年上半年嘉兴市本级财政预算执行情况的报告；听取和审议市政府关于嘉兴市本级2015年度财政决算情况的报告，审议通过《嘉兴市第七届人民代表大会常务委员会关于批准嘉兴市本级2015年度财政决算的决议》；听取和审议市政府关于2015年度嘉兴市本级预算执行和其他财政收支的审计工作报告；书面审议嘉兴市人民代表大会财政经济委员会关于2015年度市本级财政决算的审查报告(草案)；听取和审议市政府关于提请审议嘉兴市本级2016年地方政府债务限额的议案，审议通过《嘉兴市第七届人民代表大会常务委员会关于批准嘉兴市本级2016年地方政府债务限额的决议》；听取和审议市政府关于嘉兴市法治宣传教育“六五”基本情况及“七五”规划情况的报告，审议通过《嘉兴市第七届人民代表大会常务委员会关于开展第七个五年法治宣传教育的决议》；表决通过有关人事事项。

10月27–28日，嘉兴市七届人大常委会举行第四十二次会议。会议听取和审议市政府关于嘉兴市农田水利建设与管理情况的报告；听取和审议市政府关于《嘉兴市城市总体规划》修改情况的报告；听取和审议市政府关于《嘉兴市历史文化名城保护规划》编制情况的报告；听取和审议市政府关于市级政府投资项目情况的报告；审议《嘉兴市南湖保护条例(草案)》；会议补选高兴夫为浙江省第十二届人民代表大会代表；会议还表决通过其他人事事项，并组织新任命干部进行宪法宣誓。

11月28日，嘉兴市七届人大常委会举行第四十三次会议。会议审议并通过《嘉兴市第七届人民代表大会常务委员会代表资格审查委员会组成人员名单》《嘉兴市人民代表大会常务委员会关于嘉兴市第八届人民代表大会代表名额和选举问题的决定》《嘉兴市选举工作委员会组成人员名单》。

12月28–29日，嘉兴市七届人大常委会举行第四十四次会议。会议听取和审议市政府关于嘉兴市2016年度环境状况和环境保护目标完成情况的报告；听取和审议市政府关于2015年度市本级预算执行和其他财政收支审计整改情况的报告，并通过满意度测评；听取和审议市教育局、市农业经济局分别关于2016年审计工作报告反映问题整改落实情况的报告；听取和审议市政府关于市七届人大七次会议上代表提出的建议、批评和意见办理情况的报告；听取和审议市政府关于提请批准调整2016年市本级和市级预算的议案;审议并通过市七届人大常委会关于批准2016年市本级和市级预算调整方案的决议;审议并通过《嘉兴市南湖保护条例》,报请省人大常委会批准;审议并通过《嘉兴市人民代表大会常务委员会关于规章备案审查的规定》;讨论并通过市人大常委会2017年工作要点;表决并通过《嘉兴市第七届人民代表大会常务委员会关于接受林健东辞去浙江省第十二届人民代表大会代表职务请求的决议》;决定接受林健东辞去浙江省第十二届人民代表大会代表职务;补选钱建民为浙江省第十二届人民代表大会代表。会议还表决通过其他人事事项,会议组织新任命干部进行宪法宣誓。

【市七届人大常委会主任会议】 1-12月,市七届人大常委会举行主任会议24次,听取"一府两院"及有关部门专题工作汇报44项。

1月15日,市七届人大常委会举行第七十二次主任会议。会议听取和讨论市政府关于嘉兴市"十三五"规划纲要编制情况的汇报;书面讨论市政府关于2015年国民经济和社会发展计划执行情况及2016年国民经济和社会发展计划草案的报告;听取和讨论市政府关于2016年市级财政预安排1000万元以上及拟新建总投资3000万元以上政府投资项目的汇报;听取和讨论市人大财经委关于2016年市级财政预安排1000万元以上及拟新建总投资3000万元以上政府投资项目的初审意见;书面讨论市政府关于2015年全市和市本级预算执行情况及2016年全市和市本级预算草案的报告;听取和讨论市人大财经委关于2015年市本级预算执行情况及2016年市本级预算草案的初审意见;听取和讨论市人大常委会代表工委关于市七届人大五次会议优秀代表建议评选和代表活动先进小组、代表履职先进个人评选情况的汇报;讨论《嘉兴市制定地方性法规条例(草案修改稿)》;讨论市人大常委会2016年工作要点(讨论稿);讨论市人大常委会工作报告(讨论稿);听取市人大内司委作市检察院有关人事事项的说明;讨论关于召开市七届人大七次会议的决定草案;讨论关于《嘉兴市人民代表大会及其常务委员会选举或任命的国家工作人员宪法宣誓办法(草案)》及其说明(讨论稿);讨论关于市七届人大常委会第三十六次会议召开时间和主要建议议题的汇报;书面讨论市人大常委会关于2015年规范性文件备案审查工作情况的报告、市人大各专门委员会工作报告、市人大常委会2015年信访工作情况的汇报和2015年全市人大宣传信息用稿计分情况通报。

1月21日,市七届人大常委会举行第七十三次主任会议。会议听取和讨论市人大法制委关于《嘉兴市制定地方性法规条例(草案修改稿)》修改情况的说明;讨论提出嘉兴市人大常委会关于提请审议《嘉兴市制定地方性法规条例(草案)》的议案(草案)。

2月3日,市七届人大常委会举行第七十四次主任会议。会议听取和讨论市政府关于《嘉兴市土地利用总体规划(2006-2020年)》2014年调整完善情况的汇报;听取和讨论市政府关于朝阳路(文贤路—庆丰路)建设工程项目情况的汇报;讨论《嘉兴市人大常委会2016年立法计划(草案)》;讨论《嘉兴市秸秆露天禁烧和综合利用条例(草案)》审议结果的报告和草案修改稿;听取市七届人大七次会议有关筹备工作情况的汇报;讨论市七届人大七次会议日程、议程、各项名单草案;讨论市七届人大七次会议列席人员名单(讨论稿);听取市人大内司委作市检察院有关人事事项的说明。

2月17日,市七届人大常委会举行第七十五次主任会议。会议听取有关人事事项;听取和讨论市政府关于嘉兴市棚户区改造项目国家开发银行及其他金融机构贷款相关事项的汇报;讨论关于延期召开市七届人大七次会议的决定(草案);讨论关于市七届人大常委会第三十七次会议召开时间和主要建议议题的汇报。

2月19日,市七届人大常委会举行第七十六次主任会议。会议听取和讨论市人大法制委关于《嘉兴市秸秆露天禁烧和综合利用条例(草案修改稿)》修改情况的说明和《草案表决稿》。

2月25日,市七届人大常委会举行第七十七次主任会议。会议讨论市七届人大常委会第三十七次会议审议意见。

3月11日，市七届人大常委会举行第七十八次主任会议。会议听取和讨论市政府关于民丰集团搬迁二期实行就地改造并转型发展方案的汇报；讨论关于市七届人大常委会第三十八次会议召开时间和主要建议议题的汇报。

3月18日，市七届人大常委会举行第七十九次主任会议。会议听取市委组织部有关人事事项通报；听取和讨论了市人大内司委关于市中级人民法院、市检察院有关人事事项的说明；听取关于补选的市七届人大代表的代表资格情况的说明；听取市七届人大七次会议筹备工作情况的汇报；提出市七届人大七次会议日程、议程、各项名单草案和选举办法草案等；提出市七届人大七次会议列席人员名单（草案）。

3月31日，市七届人大常委会举行第八十次主任会议。会议听取和讨论市政府关于贯彻执行《物业管理条例》情况的汇报；听取和讨论市人大城建环资委关于贯彻执行《物业管理条例》调研情况的汇报。

4月21日，市七届人大常委会举行第八十一次主任会议。会议听取市委组织部有关人事事项通报；听取和讨论市政府关于扶贫开发工作情况的汇报；听取和讨论市人大农委关于扶贫开发工作调研情况的汇报；听取和讨论市政府关于嘉兴市南湖大道区块海绵城市建设工程等18个海绵城市试点建设项目情况的汇报；听取和讨论市政府关于《嘉兴市域总体规划》暨“多规合一”编制工作情况的汇报；听取和讨论市人大城建环资委关于《嘉兴市域总体规划》暨“多规合一”编制调研情况的汇报；书面讨论市政府关于嘉兴市贯彻实施母婴保健法情况的汇报；听取和讨论市人大教科文卫委关于嘉兴市贯彻实施母婴保健法调研情况的汇报；听取和讨论市检察院关于全市检察机关监所检察工作情况的汇报；听取和讨论市人大内司委关于全市检察机关监所检察工作调研情况的汇报；听取和讨论关于大气污染防治执法检查和“五水共治”专项督查工作的实施方案；讨论关于市七届人大常委会第三十九次会议召开时间和主要建议议题的汇报；书面讨论2016年一季度全市人大宣传信息用稿计分情况通报。

5月5日，市七届人大常委会举行第八十二次主任会议。会议讨论市七届人大常委会第三十九次会议审议意见。

5月27日，市七届人大常委会举行第八十三次主任会议。会议听取和讨论市政府关于嘉兴市地方政府性债务管理情况的汇报；听取和讨论市人大财经委关于嘉兴市地方政府性债务管理情况的初审意见；听取和讨论市政府关于《促进商贸综合体和专业市场规范健康发展的若干意见》起草情况的汇报；听取和讨论市人大常委会基层立法联系点工作办法及基层立法联系点名单（讨论稿）；讨论确定市七届人大七次会议重点建议。

6月20日，市七届人大常委会举行第八十四次主任会议。会议听取市委组织部有关人事事项通报；听取和讨论市政府关于土地节约集约利用情况的汇报；听取和讨论关于嘉兴市土地节约集约利用情况的调查报告；听取和讨论市政府关于钱塘江海塘南排长山闸大修工程项目情况的汇报；听取和讨论市人大内司委关于全市法院贯彻执行修改后行政诉讼法工作情况的调研报告；书面讨论市中级人民法院关于全市法院贯彻执行修改后行政诉讼法工作情况的报告；听取和讨论市人大常委会执法检查组关于检查嘉兴市大气污染防治法律法规执行情况的报告；听取和讨论市人大城建环资委关于嘉兴市“五水共治”工作情况的调查报告；书面讨论市政府关于嘉兴市大气污染防治法律法规执行情况和“五水共治”工作情况的报告；听取和讨论关于2015年度市本级财政决算草案及市级部门决算草案审查工作方案；讨论关于市七届人大常委会第四十次会议召开时间和主要建议议题的汇报。

7月6日，市七届人大常委会举行第八十五次主任会议。会议听取和讨论市七届人大常委会第四十次会议审议意见；讨论关于“三小一市场”食品安全监管工作的视察方案；书面讨论2016年上半年全市人大宣传信息用稿计分情况通报。

7月20日，市七届人大常委会举行第八十六次主任会议。会议听取和讨论市中级人民法院关于司法体制改革情况的汇报；听取和讨论市检察院关于司法体制改革情况的汇报；听取和讨论市政府关于嘉兴市“三小一市场”食品安全监管情况的汇报;听取和讨论市人大教科文卫委关于嘉兴市“三小一市场”食品安全监管情况的调查报告;听取和讨论嘉兴银行关于市场化改革以来的情况汇报。

8月22日,市七届人大常委会举行第八十七次主任会议。会议听取市委组织部有关人事事项通报;听取和讨论市政府关于嘉兴市属国资国企深化改革实施方案情况的汇报;书面讨论市政府关于2016年上半年全市经济社会发展情况和下阶段主要工作安排的汇报;听取和讨论市政府关于2016年上半年嘉兴市国民经济和社会发展计划执行情况及下半年主要工作的汇报;听取和讨论市政府关于嘉兴大剧院设备设施大修工程项目情况的汇报;听取和讨论市人大财经委关于2016年上半年全市经济社会发展情况及下半年工作的调查报告;听取和讨论市政府关于2016年上半年嘉兴市本级财政预算执行情况的汇报;听取和讨论市政府关于嘉兴市本级2015年度财政决算的汇报;听取和讨论市政府关于2015年度嘉兴市本级预算执行和其他财政收支的审计工作汇报;听取和讨论市人大财经委关于2015年度市本级财政决算的审查报告(草案);讨论嘉兴市第七届人民代表大会常务委员会关于批准嘉兴市本级2015年度财政决算的决议(草案);听取和讨论市政府关于嘉兴市本级2016年地方政府债务限额情况的汇报;书面讨论市政府关于嘉兴市法治宣传教育“六五”基本情况及“七五”规划情况的报告;讨论嘉兴市第七届人民代表大会常务委员会关于开展第七个五年法治宣传教育的决议(草案);讨论关于市七届人大常委会第四十一次会议召开时间和主要建议议题的汇报;组织观看《镜鉴——衡阳、南充违反换届纪律案件警示录》。

9月6日,市七届人大常委会举行第八十八次主任会议。会议听取和讨论市政府关于嘉兴市城市总体规划修改情况的汇报;听取和讨论市人大常委会关于2016年上半年全市经济社会发展和财政预算执行情况的审议意见(讨论稿);听取和讨论市人大常委会关于2015年度嘉兴市本级预算执行和其他财政收支审计工作报告的审议意见(讨论稿);听取和讨论市人大常委会关于嘉兴大剧院设备设施大修工程项目情况的审议意见(讨论稿)。

9月28日,市七届人大常委会举行第八十九次主任会议。会议听取和讨论市政府关于2014年以来市级政府重大投资项目建设情况的汇报;听取和讨论市政府关于嘉兴市促进学前教育优质发展情况的汇报;听取和讨论市中级人民法院关于全市法院执行工作情况的汇报;讨论《关于推进全市人民法院执行工作的意见(讨论稿)》;讨论《嘉兴市人民代表大会常务委员会立法工作程序(讨论稿)》《嘉兴市地方立法技术规范(讨论稿)》。

10月21日,市七届人大常委会举行第九十次主任会议。会议听取市委组织部通报有关人事事项;听取市人大常委会代表工委汇报个别省人大代表补选事项;听取和讨论市政府关于《嘉兴市南湖保护条例(草案)》及其说明;听取和讨论市人大城建环资委关于《嘉兴市南湖保护条例(草案)》的审议报告;听取和讨论市政府关于《嘉兴市历史文化名城保护规划》编制情况的汇报;听取和讨论市政府关于嘉兴市医疗急救血液管理中心等项目情况的汇报;书面讨论市政府关于嘉兴市农田水利建设与管理情况的报告;听取和讨论市人大农委关于嘉兴市农田水利基本建设情况的调查报告;讨论关于市七届人大常委会第四十二次会议召开时间和主要建议议题的汇报;书面讨论2016年三季度全市人大宣传信息用稿计分情况通报。

11月4日,市七届人大常委会举行第九十一次主任会议。会议听取和讨论市七届人大常委会第四十二次会议审议意见;听取和讨论市政府关于旅游“一法一条例”执行情况的汇报;听取和讨论市人大民宗外侨委关于旅游“一法一条例”执行情况的调研报告;听取和讨论市政府关于加强城市道路管养的代表建议办理情况的汇报。

11月28日,市七届人大常委会举行第九十二次主任会议。会议讨论《嘉兴市第七届人民代表大会常务委员会代表资格审查委员会组成人员名单(草案)》、《嘉兴市人民代表大会常务委员会关于嘉兴市第八届人民代表大会代表名额和选举问题的决定(草案)》、《嘉兴市选举工作委员会组成人员名单(草案)》、关于市七届人大常委会第四十三次会议召开时间和主要建议议题的汇报。

12月20日，市七届人大常委会举行第九十三次主任会议。会议听取市委组织部有关人事事项通报；听取和讨论了市人大内司委关于市中级人民法院、市检察院有关人事事项的说明；听取和讨论市政府关于2015年度市本级预算执行和其他财政收支审计整改情况的汇报；书面讨论嘉兴市教育局、嘉兴市农业经济局分别关于2016年审计工作报告反映问题整改落实情况的报告；听取和讨论市政府关于2016年市本级和市级预算调整情况的汇报；讨论关于2016年市本级和市级预算调整初步方案的初审意见；讨论关于批准2016年市本级和市级预算调整方案的决议（草案）；听取和讨论市政府关于市七届人大七次会议重点建议办理情况的汇报；书面讨论关于市七届人大七次会议上代表提出的建议、批评和意见办理情况的报告，关于嘉兴市七届人大七次会议代表建议办理工作情况的报告；听取和讨论市政府关于落实市人大常委会主任会议《关于嘉兴市住宅小区物业管理工作的意见》情况的汇报；书面讨论市政府关于嘉兴市环境状况和环境保护目标完成情况的汇报；讨论关于市七届人大代表活动先进小组、代表履职先进个人和市七届人大七次会议代表优秀建议推荐情况的汇报；讨论《嘉兴市南湖保护条例（草案）》审议结果的报告和草案修改稿；讨论《嘉兴市人民代表大会常务委员会关于规章备案审查的规定（草案）》；讨论《嘉兴市人大常委会2017年立法计划（草案）》；讨论《嘉兴市人大常委会2017年监督工作计划（草案）》；讨论市人大常委会2017年工作要点（讨论稿）；听取和讨论关于市七届人大常委会第四十四次会议召开时间和建议议题的汇报。

12月28日，市七届人大常委会举行第九十四次主任会议。会议听取市人大常委会代表工委关于接受个别省人大代表辞职并补选个别省人大代表事项的汇报；听取和讨论市人大内司委关于市检察院有关人事事项的说明。

12月29日，市七届人大常委会举行第九十五次主任会议。会议听取和讨论市人大法制委关于《嘉兴市南湖保护条例（草案修改稿）》修改情况的说明和《草案表决稿》。

（杨　勇）

主要工作

【代表换届选举和人事任免工作】 2016年，市人大常委会把换届选举工作作为重点任务来组织实施，开展前期调研，强化对新情况新问题的分析研判，形成换届工作指导意见。成立换届选举联席会议、换届选举工作委员会，交流情况、沟通信息、落实措施。主任会议成员分工联系指导县乡人大换届选举工作，督促把好代表候选人的政治关、结构关、素质关，严肃换届选举法纪。坚持党管干部与依法选举任免干部相统一，坚持任前见面和法律知识考试制度，落实宪法宣誓制度，提高任命干部的法治意识和人大意识。全年任免国家机关工作人员35人次。

【加强县乡人大工作和建设】 2016年，市人大常委会贯彻中央和省委关于加强县乡人大工作和建设的相关文件精神，坚持抓基层、打基础，强履职、促发展，开展“县镇人大组织建设年”活动，组织开展“镇人大工作规范化建设”试点工作，提高县镇（街道）人大工作和建设水平。密切与县、镇（街道）人大工作联系，加强工作指导；加强与上级人大和兄弟人大的交往，促进工作互动与交流；健全专委会和工作委员会与对口职能部门工作联系制度，增强工作合力，推进人大工作不断发展。

【加强民主立法和科学立法】 2016年，市人大常委会坚持党对立法工作的领导，充分发挥人大在立法中的主导作用。《嘉兴市秸秆露天禁烧和综合利用条例》《嘉兴市制定地方性法规条例》两部法规分别经市人大常委会会议和市人民代表大会会议审议通过并实施。《嘉兴南湖保护条例》经市人大常委会会议审议通过并报请省人大常委会批准。加强地方法规的宣传和执行情况的监督，维护地方法规的权威。建立基层立法联系点制度，出台市人大常委会立法工作程序和嘉兴市地方立法技术规范，建立地方立法咨询专家库，完善立法项目库，推进民主立法和科学立法。开展地方政府规章、规范性文件备案审查工作，提高备案审查质量。全年受理群众来信107件405人次,接待来访12批18人次,及时转交“一府两院”及有关单位研究处理。

【加强对法律法规贯彻执行情况监督】 2016年,市人大常委会组织开展对嘉兴市大气污染防治“一法一条例”执行情况的检查。为促进依法行政、公正司法,听取和审议市中级人民法院关于修改后行政诉讼法贯彻执行情况的报告。结合国家计划生育政策的完善,听取和审议市政府关于嘉兴市贯彻实施母婴保健法情况的报告,促进嘉兴市母婴保健工作持续、健康发展。听取和讨论市政府贯彻执行省物业管理条例、省旅游条例情况的汇报,提出意见建议。审议“六五”法制宣传教育工作情况的报告,听取司法体制改革试点工作和全市检察机关监所检察工作情况的汇报,进一步促进法治嘉兴建设。

【代表履职服务保障工作】 年内,市人大常委会加强代表小组活动的指导,创新活动形式,丰富活动内容。邀请代表列席和参加常委会重要会议和活动,向代表通报工作情况,组织代表开展专题调研、专题视察和执法检查等,拓宽代表知情知政渠道。听取和审议代表建议办理情况的报告,要求承办单位切实改进办理工作。继续实行重点建议重点办理、常委会领导牵头督办、代表与承办单位联合专题视察等做法,进一步提高代表建议办理满意率和问题解决率。市人大常委会首次将《关于加强城市道路管养的建议》列为主任会议督办的重点建议,主任会议专门听取和讨论市政府及有关部门关于加强城市道路管养的代表建议办理情况的汇报,并进行实地视察,进一步推动代表建议的办理。坚持常委会组成人员联系代表、代表联系群众制度,开展常委会领导定期接待代表日活动。深化“两站一平台”建设,发挥其在密切联系群众中的作用。开展查找“短板”、核查年收入4600元以下贫困人口脱贫情况、“人大代表走进校园宿舍,关爱大学生健康成长”等代表主题活动,发挥代表“一线”作用。

嘉兴市七届人大七次会议优秀建议名单

表15

提出单位或代表	建议名称
王中佳代表	关于围绕发展互联网经济全面实施嘉兴“智慧支付”工程的建议
朱金松代表	关于加快提升市镇工业园区建设的建议
沈楚赓代表	关于建设立体化交通是治理市区交通拥堵问题的当务之急的建议
徐新泉代表	关于筹建嘉兴市儿童医院的建议
孙连清代表	关于加强城市道路管养的建议
孙军代表	关于加快农业领域机器换人的建议
赵丹凤代表	关于继续加强水环境治理的建议
俞晓叶代表	关于进一步加强食品安全综合协调机构建设的建议
钟璇、张建荣、李明等代表	关于禁止燃放烟花爆竹的建议
陆富荣代表	以“互联网+”助推嘉兴传统行业转型升级的建议
张钱兴代表	关于尽快启动钱江通道北接线工程的建议

(杨 勇)

优秀议案(建议)选录

【关于建设立体化交通是治理市区交通拥堵问题的当务之急的议案】 市七届人大七次会议第2号议案转建议

近年来,随着我市经济社会快速发展和城市化进程的加快,汽车及其驾驶人呈爆炸式增长态势。截至2015年底,全市机动车保有量达156.05万辆,其中汽车91.60万辆,增长15.7%;机动车驾驶员152.82万人，其中汽车驾驶员133.20万人，同比增长16.8%。然而，城市道路等交通配套基础设施增长速度远远跟不上交通发展需求，交通需求与交通资源之间的矛盾、潮汐高峰流量与道路实际通行能力的矛盾日益突出。像杭州、上海等一线城市一样，交通拥堵问题已成为制约我市城市发展、功能品位提升、困扰居民生活的亟待解决的热点难点问题。主要存在以下问题：

1.缺少城市快速路，城市道路通行速度缓慢，公交优先战略难以施展。由于嘉兴市区缺少城市快速路，平交路口信号延迟严重，城市道路整体通行速度较慢，也使得公交运行速度较慢，市民选择公交出行的意愿较弱，公交优先战略难以施展。

2.缺少立交设施，潮汐高峰流量已超过道路路口实际通行能力，信号延时严重。高峰时段部分道路节点流量已经大大超过平交路口实际通行能力，高峰时段拥堵严重。

3.缺少立体化人行过街设施，行人过街与车辆通行需求矛盾突出。如市区中山路、禾兴路等主要商业中心道路交叉口行人流量巨大，平面路口通行已经不能满足行人过街需求与车辆通行需求。

与此同时，随着城市化进程的不断推进，市区平面道路的建设资源即将枯竭，平面交通后续发展空间十分有限，城市交通拥堵问题将愈加突显。因此，合理开发和科学利用城市地上和地下空间，实现城市交通立体化发展，是治理我市交通拥堵问题的当务之急。

1.发展城市立体交通符合发展趋势。为实现“对外交通高速化、对内交通快速化”的目标和要求。将城市交通发展的中远期规划与近期目标相结合，以规划建设城市立体交通来促进城市交通体系的完善和发展，应对未来城市道路交通与经济社会事业协调发展符合城市发展趋势。

2.发展城市立体交通具有超前意义。交通的快速发展已经不容置疑，特别是城市交通呈几何级增长趋势，而城市高架和BRT(快速公交)的规划和建设都有相当长的过程，因此对道路交通的预测、制定政策、规划建设需要很大的超前性，发展城市立体交通迫在眉睫。

3.发展城市立体交通能够节约土地。在城市外环建造高架等快速路，在城市中心繁华地段建造地下通道或过街天桥，利用嘉兴城市的上部和地下空间安排一部分交通量，实现城市交通的立体化发展，是缓解嘉兴地面交通发展矛盾的有效出路，而且能够节约大量的城市土地资源。

4.发展城市立体交通能够节约资金。建设立体交通，仅需要在原有平面道路用地基础上进行规划建设，所需用地和拆迁量相对较少。因此，综合考虑交通工程、用地拆迁两大因素，发展城市立体交通比平面交通更省钱。

城市立体交通主要包括两大类：一是面向行人以及非机动车的慢行立体过街设施，二是面向机动车的立体交通，即机动车的“上跨下穿”。在目前城市平面交通不能满足城市交通发展需求的背景下，建议本着城市保护与开发相结合的原则，综合考虑城市的形象品位、文化内涵、发展沿革以及实际交通需求，通过对道路节点的立体化改造、建设城市快速路、建设行人立体过街设施等有计划地逐步建设立体化路网结构，平衡交通功能，挖掘空间道路潜力，有效地提高路网整体通行能力。针对当前存在的问题，提出以下建议：

1.以中环北路、中环西路、双溪路、长水路为框架，建设市区快速路。鉴于中环北路、中环西路、双溪路、长水路连接南湖区、秀洲区、国际商务区、经济开发区等重要城市组团，沿线地块高强度开发，交通需求较大，建设快速路能满足上述区域交通需求，提升嘉兴市区路网整体通行速度，利于施展公交优先战略。

2.对现阶段道路节点进行立体化改造。将广益路中新07省道路口、320国道桐乡大道路口等道路节点进行立体化改造，消除道路通行节点，提升路口通行能力。

3.建设市区行人立体过街设施(可以是过街天桥，也可以是地下通道等过街设施)。应优先启动建设中山路禾兴路口、中山路建国路口、中山路越秀路口的人行立体过街设施，还有嘉兴第一医院、荣军医院跨越中环快速路的立体过街设施，通过立体交通提升交叉口的通行能力，实现路口车辆与行人各自“畅流”，化解行人过街需求与车辆通行需求的矛盾。

附:

市治堵办对市七届人大七次会议
第2号议案转建议的答复

自2013年以来,市委、市政府根据省委、省政府的要求,大力推动以公交优先发展、道路基础设施完善、交通严管严治等为主要内容的城市治堵工作,致力于破解城市"行车难、停车难"等问题。但随着城市化进程加快,要从根本上解决城市道路交通拥堵,仅靠平面交通已远远不能满足人民群众的实际出行需求,需要借鉴上海、杭州和苏州等地的经验做法,引入立体交通理念,发展城市立体交通,以切实缓解交通日渐拥堵的"瓶颈"。对此,我们非常赞同代表们提出的建设立体化交通的几点建议。

一、关于以中环北路、中环西路、双溪路、长水路为框架,建设市区快速路

城市快速路网是一个城市主骨架和交通的大动脉,完善的城市快速路网体系,可有效缓解城市交通压力,支撑城市空间拓展,引导城市结构布局优化整合。为此,市建委早在2005年就组织编制《嘉兴市城市综合交通规划》,提出建设"两环七放射"快速路网的规划构想。2014年启动综合交通规划修编工作,并将快速路网作为规划的重要专题,进行深入论证,初步确定"一环七放射"的快速路网布局方案,即以中环西路、中环北路、双溪路、长水路形成高架型式的快速环。但在专家会审中,专家综合考虑周边地块开发情况和远期规划控制等方面的要求,认为高架环的东线线位应再做进一步比选,最终确定快速环线由中环西路、中环北路、三环东路、长水路组成。目前已完成规划方案的修改完善工作,即将上报市城乡规划委员会审议议题。同时,我市着手开展快速通道建设试点,于2015年通过工程改造、交通组织等措施建成6.55千米南湖大道快速通道,今年还将实施商务大道(中环南路—三环南路段)快速通道建设,该工程已列入2016年民生实事项目。

二、关于现阶段道路节点进行立体化改造

广益路—新07省道、320国道—桐乡大道两个交叉口已在相关控制性详细规划单元编制过程中进行立交用地的控制预留,为这两个道路节点的立体化改造奠定基础;但为了更好地发挥城市路网的整体效益,这两个交叉口的立体化改造将与城市快速路网规划协调考虑,待快速路网规划方案基本确定后,我们将积极推动工程项目实施。

三、关于建设市区行人立体过街设施

为有效解决人车矛盾、实现人车分离,并满足过街需求、保障行人过街安全,市建委于2015年3月开始研究编制《中环内人行过街设施规划》,规划在人车矛盾集中区域(中环以内)统筹考虑了城市人行过街设施设置和总体布局,为今后几年人行过街设施,特别是立体人行过街设施的建设提供依据。目前,该规划已通过专家会审,将于近期上报市城乡规划委员会审议。本次规划按照对立体过街设施的需求程度和实施难易情况等,共设置七处立体过街设施,并提出项目实施时序,依次为:中山路(火车站)、望吴门广场地下空间配套工程、中山路—越秀路、禾兴路(梅湾街区)、中山路(子城)、中山路—禾兴路、中山路(旭辉广场),主要分布于交通性主干道沿线、人流集中区域、交通枢纽以及事故多发点等区域。以上立体过街设施设置位置,已将你所建议的中山路上的重要路口和节点考虑在内。同时,根据《2016年嘉兴市城市道路交通治堵工作方案》,明确2016年建设中山路与越秀路交叉口人行天桥和城东路火车站北广场地下人行通道,目前分别在方案比选和优化设计阶段。

【关于加快提升市镇工业园区建设的议案】 市七届人大七次会议第16号议案转建议

工业园区是工业项目建设的主要载体,是开展招大引强的有效平台,是发展区域工业经济的重要依托。当前,南湖区市镇工业园区(功能区)建设虽已初具规模,现拥有1个省级开发区——嘉兴工业区,6个工业功能区,5个创业中心。截至2015年底,全区工业园区(功能区)规划建设总面积110.9平方千米,目前已开发面积54.6平方千米,历年累计进区企业1497家,总用地面积

37.8平方千米，从业人数73671人；基础设施历年累计投入73.3亿元，企业固定资产历年累计投入622.7亿元；2015年实现现价工业总产值540.9亿元，利税总额15.23亿元；2015年实际利用外资1.54亿美元，引进市外内资28.56亿元。在标准厂房建设方面，全区工业园区（功能区）规划标准厂房建设总面积276.2万平方米，截至2015年底累计竣工面积已达188万平方米，历年累计入驻企业841家，从业人数21669人。

一、存在的主要问题

1.要素瓶颈日益凸显。南湖区作为嘉兴中心城区，建设发展工业强区客观上受到一定的要素制约。土地资源严重缺乏，规划中位于余新北部的国际商务区建设，七星镇湘家荡旅游度假区的加快开发，均对全区工业用地的拓展产生影响。高达99.2%的农保率，也使工业发展用地严重紧缺，既制约了老企业的扩建，也严重影响了新投资项目的落地和开工。此外，作为城市主城区，对环境的要求更为严苛，企业节能减排、污染企业的关停并转等任务严峻。

2.规划较为粗疏。从各镇工业功能区建设的实际情况看，主要存在规划档次偏低，建设水平不高的问题。具体表现在功能区建设规划缺乏前瞻性、科学性，产业发展导向尚不够明确，项目引进缺乏对产业发展具有辐射作用的龙头企业，难以形成整体优势和规模效应。

3.服务支撑体系能力弱。园区的魅力在于良好的投资环境与完善的生产服务体系，而从当前园区内技术开发研究中心、质量检测中心、企业贷款担保公司、培训服务及其他支撑体系数量、质量和建设、发展的情况来看，我区工业园区（功能区）服务支撑体系较为脆弱，服务的效能和水平有待进一步提高。

4.信息化建设滞后。园区作为走新型工业化道路的载体，必须将信息化建设作为园区技术创新的主要抓手，以信息化带动工业化，不仅能支持企业建立现代营销系统及电子商务，而且能大大加快企业运作流程，优化企业资源配置。但在这方面，我区工业园区（功能区）做得还不够，多数镇（街）工业功能区（创业中心）和园区企业信息化建设滞后，信息化人才匮乏。

二、对策建议

1.深入实施“四大提升”工程。按照集聚、集群、集约、创新、绿色发展的要求，科学统筹，优化规划，加快实施市镇工业园区形象升级、功能升级、产业升级、管理升级四大提升工程。着力提升平台承载能力，通过争取增量、盘活存量，拓展工业平台的发展空间，全力推进平台的基础设施建设，实现工业化与城镇化的同步发展。着力强化工业平台的配套功能，积极引进和设立公共服务机构，建立完善面向园区企业和项目服务的信息发布、技术研发等公共服务平台，力争实现公共服务平台辐射全覆盖。支持发展工业地产项目，加快建设标准厂房、企业职工公寓及相关商业设施等配套项目。积极推进创业创新中心建设，引导中小企业集约发展。结合“三改一拆”、“五水共治”、公铁沿线整治等工作，加大园区生态化、智慧化改造，实现绿色、创新，提质、增效。

2.强化资金、用地保障。围绕破解各类要素制约，进一步强化和优化支持平台建设的各类保障。加强资金保障，按照“政府主导、市场运作、多元投入”的原则，加大财政投入，鼓励民间资本积极参与园区建设，加强工业园区融资平台建设。鼓励社会力量、企业创建“两创”平台，对符合产业导向，固定资产投资2亿元以上或产业规模10亿元以上的企业产业园，对符合“两创”型产业园予以重点考核和奖励。加强用地保障，在每年新增用地指标之中，对工业园区建设用地予以重点保障支持，确保新增用地的30%以上和“退低进高”腾出的全部土地用于工业。加大土地整治力度，形成的占补平衡指标重点用于工业园区项目建设。各镇（街道、园区）加大征地拆迁力度，为规划落地、项目布局创造条件。

3.着力提高招商引资质量。狠抓大项目引进、落地、达产这一关键，推动有效投资实现较快增长。土地资源要向集约程度高、规模效益好的工业平台倾斜，各工业平台要向“高大强、小精尖特”两类项目倾斜，进一步细化完善各工业平台的项目准入要求，以优质重大项目的引进积极争取空间和土地指标。

4.进一步加强工业投入。围绕工业有效投入和产出，进一步强化项目准入，突出“双均”（亩均、人均)理念,促进各工业平台的产出能力有效提升。进一步加大对现有企业的培育力度,积极引导企业加快技术创新和改造,大力实施“机器换人”装备提升和“产品换代”创新驱动计划,有效提升企业生产效率和产出能力。

附:

市经信委对市七届人大七次会议第16号议案转建议的答复

一、基本情况

(一)市镇工业园区情况:截至2015年底,全市共有市镇工业园区54个,总规划面积48.58万亩,累计已开发面积21.34万亩,进区企业1.07万家,从业人员50.6万人。基础设施投入累计292.3亿元,企业固定资产投入累计3552.6亿元。工业总产值3876.3亿元,其中规上企业工业总产值3171.9亿元,占全市规上工业的41.9%。南湖区市镇工业园区5个,占全市的9.3%;总规划面积3.8万亩,占7.8%;累计已开发面积2.14万亩,占10%;进区企业1103家,占10.3%;从业人员4.77万人,占9.4%。基础设施投入累计43亿元,占14.7%;企业固定资产投入累计376.6亿元,占10.6%。工业总产值314.2亿元,占8.1%;其中规上企业工业总产值267.4亿元,占8.4%。

(二)创业中心(标准厂房)情况:至2015年底,全市创业中心等各类标准厂房累计已建成1078万平方米,入驻企业3602家,从业人员11.5万人,2015年工业产值578.8亿元。其中市级创业中心38家,标准厂房总规划面积540万平方米,累计建成383.9万平方米,员工公寓累计建成29.1万平方米,综合楼建成44.4万平方米。入驻企业2225家,从业人员5万人,入驻企业实现工业产值248.8亿元。南湖区创业中心等各类标准厂房累计已建成188.08万平方米,占全市的17.4%,入驻企业841家,占23.3%;从业人员2.17万,占18.9%;2015年工业产值153亿元,占26.4%。其中南湖区市级创业中心4个,占全市的10.5%,标准厂房累计建成77万平方米,占20%;员工公寓3.5万平方米,占12%;综合楼累计竣工2.55万平方米,占5.7%。

二、主要工作和做法

(一)积极鼓励平台转型升级。市委市政府一直十分重视平台的提升。2006年以来,市委市政府及有关部门相继出台市镇工业园区达标升级考核办法、转型升级考核办法、“二次创业”转型升级评价办法,突出集聚、集群、集约、创新、绿色发展要求,认定了一批特级、甲级、乙级等市镇工业园区,对市本级获认定的园区分别给予30万元–100万元的建设奖励资金。出台创业中心达标考核办法,积极引导创业中心完善功能配套,更好地服务广大中小企业发展。积极推进特色园区建设。每年召开工业园区建设大会,召集县(市、区)、镇(街道)主要领导与会,努力统一思想,提高认识,落实工作措施,扎实推进园区形象升级、功能升级、产业升级、管理升级。强化规划引领,2014年,市政府出台《嘉兴市本级产业发展规划》(嘉政发〔2014〕83号),加强基础设施和公共服务功能的规划建设和投入。开展园区生态化改造,首批有凤桥工业园区等7个作为市级试点,自2014年启动改造工作,现计划内各重点项目已基本完成实施。2016年启动智慧园区建设,目前前期各项工作正在有序开展。

(二)积极保障工业用地。我局全面落实市委、市政府“工业强市”战略部署。一是强化政策保障。2014年,市区出台了计划指标管理办法(嘉政办发〔2014〕66号),明确年度指标50%使用于土地使用效率较高和投入产出较高的优质产业项目,其中优质工业项目安排比例不低于30%;全力保障工业用地需求,在市政府与各县(市、区)政府签订的节约集约用地目标责任书中,明确年度工业用地供应量占供地总量30%以上,其中优势产业和新兴产业用地占工业用地供应总量的50%以上;二是优化安排规划空间和用地指标。对符合条件的重点工业项目,通过规划调整完善、办理规划局部修改,积极给予空间保障,并通过省、市、县(区)三级联动方式,及时给予安排用地指标保障。以南湖区为例,2015年仅嘉兴工业园区、科技城两个园区安排用地1073亩(其中计划指标425亩),计划指标安排量占南湖区年度计划总量的36%。三是创新工业用地供应管理方式。紧紧抓住我市工业用地市场化配置改革试点契机，试行工业用地差别化供地、差别化地价、弹性年期和分阶段出让管理，积极保障优质项目落地。

（三）提供多渠道金融服务和支持。各部门合力加大对园区及企业发展的金融支持。如商务部门与省进出口银行建立的金融服务开发区长效合作机制框架下，重点支持南湖区各市镇工业园区基础设施、产业配套等项目向省进出口银行申请信贷资金；支持和促进嘉兴科技城及其他各市镇工业园区和区内企业与全省融资租赁企业在园区重点建设项目、区内企业技术改造升级等方面合作开展融资租赁项目。金融部门引导银行业金融机构加大对园区内实体企业、基础设施建设等的信贷投放。推动农业银行与嘉兴经济技术开发区、农发行与海宁高新技术产业园区、进出口银行与秀洲高新技术产业园区、交通银行与平湖独山港区签订合作协议。市金融办、市国土资源局、嘉兴银监分局研究出台《嘉兴市农村土地整治增减挂钩节余指标质押融资实施办法》。围绕省科技金融改革创新试验区创建，建立"嘉兴科技金融服务平台"，推广股权、知识产权、专利权质押以及投贷联动等新型科技金融产品和服务模式。

（四）加大工业有效投入和产出。积极破解新常态下经济发展难题，以创新投资提高工业经济发展质量效益，重点围绕打造"十大产业链"，实施以"机器换人""零土地"技改为主的智能和绿色技术升级改造，集中精力推进重大项目，加快传统行业转型升级。对工业投资抓早抓紧抓实，1月开始，市政府先后出台《嘉兴市人民政府关于做好2016年扩大有效投资工作的意见》（嘉政发〔2016〕1号）、《嘉兴市人民政府关于做好2016年度工业创新投资工作的意见》（嘉政发〔2016〕5号）、《嘉兴市人民政府办公室关于下达2016年全市工业投资招商引资外贸出口金融和科技创新目标任务的通知》（嘉政办发〔2016〕4号），下达"全年工业投资增长11%、技术改造投资增长12%"的目标任务和各县（市、区）和有关部门年度目标，定目标、明任务、出措施、抓落实。建立市、县二级领导联挂重点项目机制，组织专人加强重点项目推进，集土地、环境、能源等资源，确保重点项目顺利建设。同时扩面升级机器换人。制定"555机器换人"行动目标，组织实施以"机器换人"为主要内容的工业投资现场会，多场机器人应用咖啡沙龙现场会，以典型案例示范机器人在上下料、打磨、切割等方面应用，宣传"机器人"购置补助标准，引入融资租赁服务。

（五）大力实施浙商回归。加强要素保障和服务，出台《关于引导浙商总部回归、资本回归和人才科技回归的实施意见》，形成具有针对性、系统化的政策体系，对浙商回归项目在土地、融资要素上给予保障。加强项目推进服务，建设回归平台。探索"园中园"形式建设浙商回归园区，着力打造总部经济、研发设计、科技孵化、物流配送等浙商回归示范园区，形成"差异化、特色化"和"基地型、品牌型"的产业发展格局。推进项目落地，创设了"一个项目签约、一名领导挂钩、一个班子跟进、一周跟踪情况、一月协调问题、一抓到底落地"的"六个一"项目推进机制。各县（市、区）成立浙商服务中心，受理咨询、事项，提供推介项目，收集发布信息等。2012年我市支持浙商创业创新目标责任制考核位列全省第二，2013年以来三年蝉联同档城市第一。2012、2013年我市列入省浙商回归重大项目9个，获得新增建设用地计划指标奖励583亩；目标责任制考核先进单位获得新增建设用地计划指标奖励900亩，共1483亩。吸引浙商设立功能性机构考核，有5个县（市、区）荣获省先进单位，获得奖励资金6000万元。

三、下一步打算

（一）深入实施工业园区"四大提升"工程。2014年，在全市工业园区大会上，市领导明确要求，深入实施工业园区"四大提升"工程，加快推进市镇工业园区形象升级、功能升级、产业升级、管理升级。在前期推进7家园区生态化改造试点的基础上，下一步进行扩面实施，加快推进智慧园区建设。结合今年市委市政府提出的深入推进镇村建设加快打造江南水乡典范的工作要求，进一步完善园区基础设施，加大园区"绿化、洁化、亮化、美化"建设。通过"退低进高"和"退散进集"等措施，大力推进园区外企业进园集聚发展。以工业园区为载体加快推进传统低端中小企业实现转型升级。围绕十大产业链，明确产业定位、完善功能配套、培育产业集群,打造“专业园区”“特色园区”“精品园区”,大力培育发展特色小镇。加大产业和产业链招商力度,围绕主导产业招大引强,重点引进行业龙头企业、世界500强企业以及产业链上下游关联企业,形成完整产业链条。建立健全园区创新体系考核机制,注重园区高新企业创建,注重研发设计,注重培育园区品牌,着力打造品质园区。

(二)大力推进浙商回归“一号工程”。围绕“招大引强”,着力提升回归招引精准性。注重项目招引对象筛选。继续推进浙商创业创新信息收集、建库工作。加强项目前期包装设计。加强对推介项目可行性研究,为浙商回归招引提供翔实的信息需求和决策依据。强化项目具体对接互动。列出浙商回归路线图和项目对接进度表,着力引导浙商回归发展高端装备制造业、现代服务业、总部经济、“治水”等重大项目。开展保姆式服务行动,积极搭建专题式服务平台,深入开展督评式推进活动,着力提升项目推进落实率。切实提升审批服务效率,创新完善政策要素保障,做强项目承载平台,着力优化投资环境。

(三)进一步优化金融供给结构。深入开展政银企合作系列活动,组织开展开发性、政策性金融机构金融政策宣讲,组织银行业创新服务发展专项行动,引导商业性金融机构积极向上争取新增信贷指标、总行直贷、单列信贷计划、不良核销等政策,大力推广农村土地整治节余指标质抵押贷款等新型融资模式,进一步缓解工业园区融资压力。提升金融资源配置效率。加快完善科技金融风险补偿资金运行机制,健全科技型企业数据库,加强“嘉兴科技金融服务平台”建设,推广复制科技专营支行的成功经验,统筹推进科技支行、科技保险、科技担保等科技金融专营机构建设,大力发展知识产权、股权、应收账款等质押融资和投贷联动融资服务模式,力争2016年科技型企业贷款增速高于全部贷款平均增速。加快发展政府引导基金,对接省内外大型投融资平台,组建结合地方特色的产业基金,通过参股、配套投资、直接投资等手段,撬动社会资本向重点工业园区建设和创业创新领域集聚。

(四)进一步创新投资铆足后劲。围绕我市重点培育产业领域内的大项目、好项目,强化全方位服务。积极鼓励引导落户企业扩大投资、技术改造、增资扩股和兼并重组。加大绿色创新投入,改造五大传统行业。认真实施嘉兴市政府《推进五大传统行业转型升级专项服务方案》(嘉政办发〔2016〕32号),在印染、汽配、造纸及纸制品、服装、五金机械等五大传统行业,选择3家以上不同类型的企业开展试点。落实专项服务指导组人员深入研究指导试点企业瞄准同业标杆,推广机器人应用,创新生产模式,推行绿色技改和智能制造,着重在产品技术、工艺装备、能效环保等方面提升水平。紧盯市“五个一批”重点工业项目,加大攻坚力度,确保项目顺利推进。发挥企业、市场和政府作用,“机器换人”深入推进。加强在传统行业领域的推广深度、推动产业结构调整、带动我市技术服务和装备制造发展。主攻智能制造、撬动智能经济,积极推动嘉兴“机器人应用”朝着更高形态发展,鼓励企业尝试流程制造、离散制造、柔性生产等智能制造技术,探索智能车间、智能工厂的建设,撬动智能经济的破土成长。

嘉兴市人民政府

综　述

2016年，嘉兴市实现地区生产总值3862.11亿元，比上年增长7%；完成财政总收入673.4亿元，其中一般公共预算收入387.9亿元，分别增长5.2%和10.4%；城镇和农村居民人均可支配收入分别达到48926元、28997元，分别增长7.5%和8%。

2016年，全市实现农业增加值136.91亿元，比上年增长0.9%。粮食播种面积17.37万公顷，粮食总产量117万吨。年末全市生猪存栏18.3万头，比上年末减少14.5万头，下降44.2%。种植业增加值比重提高到67.5%，牧业比重下降到16.6%。海盐县凤凰农业产业集聚区、海宁市长安花卉特色农业强镇、平湖市新埭果蔬特色农业强镇被列入省首批“一区一镇”试点。

2016年，全市规模以上工业实现增加值1543.7亿元，比上年增长5.9%。其中，高新技术产业、装备制造业增加值分别为695亿元、418.6亿元，分别增长9.9%、13%，占规模以上工业增加值比重分别为45%、27.1%。规模以上工业企业利税761.8亿元，增长17.5%；利润652.6亿元，增长25.9%。

2016年，全市实现服务业增加值1704.7亿元，比上年增长9.1%，对GDP的贡献率56.6%，拉动GDP增长3.9个百分点。全市社会消费品零售总额1638.5亿元，增长10.8%。商品房销售面积1144.6万平方米、销售额872.9亿元，分别增长78.7%和89.7%。嘉兴港货物吞吐量6816.6万吨，集装箱吞吐量134.2万标箱，分别增长8.7%、9.3%。全市金融机构人民币存、贷款余额分别达6630.2亿元、5185.2亿元，分别增长14.8%和9.9%。

2016年，全市完成固定资产投资2790.16亿元，比上年增长11%。基础设施投资620.3亿元，增长17.7%；工业投资1225.4亿元，增长9.6%，其中工业技改投资1023.3亿元，增长17.4%；服务业投资1526.24亿元，增长11.8%；房地产开发投资478.40亿元，增长4.4%。实际利用外资26.92亿美元，增长7.6%。“浙商回归”到位资金390亿元。

2016年，全市实现进出口总额2068亿元，比上年增长7.2%。其中，出口1549.9亿元，增长9%；进口518.1亿元，增长2.4%。机电和高新技术产品出口分别达到539.6亿元和96.9亿元，增长12.2%和35.3%。

科技创新力度加大。2016年，全市财政用于科技支出17.9亿元，比上年增长9.6%。研究与试验发展经费支出占地区生产总值比重达到2.8%。新产品开发经费支出116.5亿元，增长5.7%。实现新产品产值3127.3亿元，增长10.7%；新产品产值率39.9%，同比提高2.1个百分点。新增省级企业研究院18家、高新技术企业184家。全国首家专业科技保险公司落户嘉兴。新增发明专利授权1654件。国家、省“千人计划”专家分别达到161名、136名。

重点领域和关键环节改革深入推进。推进“放管服”改革，开展相对集中行政许可权、核准目录外企业项目不再审批等改革试点，推行“一窗受理”审批模式，建成统一政务咨询投诉平台，综合行政执法权扩大到21个方面776项。深化资源要素差别化配置改革，建成市县一体的公共资源交易平台。深化农村产权制度改革，推进农村土地承包经营权确权登记颁证工作。制定出台推进户籍制度改革的实施意见,全面实施居住证制度改革试点。

环境整治成效明显。深化“五水共治”,新建城镇污水管网391千米,完成河道清淤1358千米,市控以上断面四类及以上水质达到93.1%。实施“五气共治”,推进12个主要行业、28家燃煤热电企业、59家年耗煤万吨以上企业为重点的工业废气整治任务,市区PM2.5浓度同比下降17%,空气质量优良率达到74.3%。

城乡面貌进一步改善。实施“三改一拆”和“无违建”创建,完成“三改”面积3475.6万平方米,拆除违法建筑1268.9万平方米,新增平原绿化1733.33公顷。启动中心城区南湖湖滨、杉青闸、文生修道院等片区有机更新,海绵城市示范区项目建设顺利推进,全市完成城镇危旧房治理改造99.2万平方米。开展城市交通治堵,中心城区新建改建城市道路9.9千米,建成中山东路桥下穿通道,中山路越秀路人行天桥主体工程完工。实施小城镇环境综合整治行动,完成农房改造集聚1.2万户,培育美丽乡村示范镇8个、精品村28个。

民生保障持续加强。2016年,全市各级财政用于民生支出353.8亿元,比上年增长7%,占一般公共预算支出的80%。新增城镇就业10.4万人,城镇登记失业率控制在2.9%以内。基本养老保险、基本医疗保险参保人数分别达到290万人、386万人。发放各类救助金2.4亿元,新开工保障性安居工程住房29584套。

社会事业加快发展。2016年,嘉兴市获批国家医养结合改革试点,居家养老服务照料中心实现城乡社区全覆盖。以东部地区第一的成绩成功创建国家公共文化服务体系示范区,农村“文化礼堂”覆盖率全省第一,子城遗址发掘取得重要成果。推进教育现代化县(市、区)创建,深化国家特殊教育改革实验区、职业教育现代学徒制试点等改革,南洋职业技术学院新校区、浙江大学国际联合学院建成启用。积极接轨上海高端优质医疗资源,与解放军第二军医大学“一校三院”开展全方位紧密型合作。健全完善“双下沉、两提升”、分级诊疗、家庭责任医生签约“三位一体”医疗服务模式,推行便捷支付诊间结算,通过国家卫生城市复评。开展全民健身运动,举办第四届市民运动会,承办省第二届女子体育节。

(冯执一)

重要政务与决策

【七届市政府第五十一次常务会议】 1月19日,七届市政府举行第五十一次常务会议。会议讨论《嘉兴市国民经济和社会发展第十三个五年规划纲要(讨论稿)》《关于嘉兴市2015年国民经济和社会发展计划执行情况及2016年国民经济和社会发展计划草案的汇报》《关于嘉兴市2015年全市和市本级预算执行情况及2016年全市和市本级预算(草案)的报告》《关于2016年市级部门预算(草案)编制会审情况的报告》《2016年政府工作报告(讨论稿)》;听取《关于要求批准轨道交通线网规划的汇报》《2016年嘉兴市市级政府投资项目计划》《关于2016年当年市级财政预安排1000万元以上及拟新建总投资3000万元以上政府投资项目情况》《嘉兴市海绵城市试点建设市级政府投资项目》《嘉兴市级政府投资建设项目情况汇报〔嘉兴市宏兴幼儿园普罗旺斯园区装修项目、朝阳路(文贤路—庆丰路)工程项目、嘉兴市本级洪涝台灾害监测预警系统项目〕》;书面交流《全市安全生产工作情况汇报》。

【七届市政府第五十二次常务会议】 4月7日,七届市政府举行第五十二次常务会议。会议听取《新〈环保法〉解读和我市贯彻执行情况的汇报》;讨论《关于加强环境监管执法的通知》《关于深入推进镇村建设加快打造江南水乡典范的指导意见》《嘉兴市提升镇村建设水平三年行动计划》《嘉兴市加快发展现代服务业行动计划(2016-2020年)》《中国制造2025嘉兴行动纲要》《关于加快融资租赁业发展的意见(试行)》《关于进一步加快嘉兴秀洲高新技术产业开发区发展的若干意见》。

【七届市政府第五十三次常务会议】 4月28日,七届市政府举行第五十三次常务会议。会议学习《嘉兴市秸秆露天禁烧和综合利用条例》；讨论《嘉兴市海洋功能区划(2013-2020年)》《嘉兴市海岛保护规划(2014-2020年)》《嘉兴市农业"两区"土壤污染防治行动计划》《2016年嘉兴市政府投资信息化项目计划(草案)》《城东再生水厂工程政府与社会资本合作(PPP)实施方案》；听取《关于市消防支队申请记功的情况汇报》。

【七届市政府第五十四次常务会议】 5月26日，七届市政府举行第五十四次常务会议。会议学习《浙江省畜禽养殖污染防治办法》；讨论《嘉兴市统一政务咨询投诉举报平台建设实施方案》《关于促进商贸综合体和专业市场规范健康发展的若干意见》《关于进一步降低企业成本优化发展环境的实施意见》《关于加快发展现代服务业的若干政策意见》《嘉兴市(市级)政府投资项目资金管理办法(修订)》《嘉兴市长水塘长盐塘水文化生态长廊建设工程政府与社会资本合作(PPP)项目实施方案》《嘉兴市级政府投资建设项目情况汇报(市钱塘江海塘南排长山闸大修工程、市公安局交通警察支队车辆管理所区域内板块优化工程项目、嘉兴港通关服务中心智能化工程项目、市公交IC卡系统升级改造项目、市"智慧医疗"区域卫生信息化建设项目)》。

【七届市政府第五十五次常务会议】 6月8日，七届市政府举行第五十五次常务会议。会议学习《浙江省流动人口居住登记条例》；讨论《关于进一步推进户籍制度改革的实施意见》《关于建设互联网经济强市的实施意见》《关于实施"强村计划"加快推进村级集体经济发展的意见》《关于同意南湖区七星街道、东栅街道行政区划调整的批复》。

【七届市政府第五十六次常务会议】 7月6日，七届市政府举行第五十六次常务会议。会议学习《中华人民共和国保守国家秘密法》；听取《生猪养殖转产转业情况汇报》《关于浙江南湖金融资产交易中心有限公司的情况汇报》《关于嘉兴市2016年市级政府投资项目财政性资金收支计划的报告》；讨论《关于全面建立困难残疾人生活补贴和重度残疾人护理补贴制度的实施办法》《关于促进新能源汽车推广应用的若干意见》《嘉兴市企业信用联合奖惩实施办法(试行)》《嘉兴市政府职能向社会组织转移暂行办法》《嘉兴市级政府投资建设项目情况汇报〔嘉兴"智慧港航"建设(一期)项目、中共嘉兴市委党校学员宿舍及教室改造工程〕》。

【七届市政府第五十七次常务会议】 7月20日，七届市政府举行第五十七次常务会议。会议学习《行政机关公务员处分条例》；对上半年全市经济形势进行分析研究；听取2016年度市政府民生实事项目进展情况汇报。

【七届市政府第五十八次常务会议】 8月5日，七届市政府举行第五十八次常务会议。会议学习《中华人民共和国教育法》；讨论《G20峰会嘉兴市环境质量保障方案》《关于进一步加快推进我市城镇危旧住房治理改造工作的实施意见》《关于2015年度嘉兴市本级预算执行和其他财政收支的审计工作报告》《关于深化市管企业负责人薪酬制度改革的实施意见》《嘉兴市推进"低小散"企业"退散进集"三年行动方案》；听取《嘉兴市公共资源交易一体化改革实施方案》《关于2016年上半年嘉兴市本级财政预算执行情况的报告》《关于嘉兴市本级2015年财政决算的报告》《嘉兴市级政府投资建设项目情况汇报(嘉兴大剧院设备设施大修工程项目、嘉兴市运河文化展示馆工程)》《嘉兴市公务用车制度改革总体方案》《嘉兴市市级机关公务用车制度改革实施方案》。

【七届市政府第五十九次常务会议】 9月1日，七届市政府举行第五十九次常务会议。会议学习《浙江省消防条例》；讨论《嘉兴市人民政府关于加快推进残疾人全面小康进程的实施办法》《嘉兴市本级临时救助办法》《嘉兴市本级支出型贫困家庭救助办法(试行)》《关于加快发展体育产业促进体育消费的意见》《关于进一步推进安全生产社会化服务工作的若干意见》《嘉兴市全民科学素质行动计划纲要实施方案(2016-2020年)》；听取《嘉兴市级政府投资建设项目情况汇报(高家洋房修缮及环境整治工程、盐官枢纽雨污分离改造和主厂房屋顶处理工程、嘉兴市医疗急救血液管理中心、嘉兴市防灾公园一期项目、贯泾港水厂一级水源保护区防护隔离工程)》《嘉兴市地表水水质提升行动计划(2016-2020年)》"1+3"文件。

【七届市政府第六十次常务会议】 9月28日,七届市政府举行第六十次常务会议。会议学习《浙江省政府信息公开暂行办法》;讨论《嘉兴南湖保护管理条例(草案)》《嘉兴市政府规章制定程序办法(草案)》《关于促进外贸回稳向好的若干意见》《嘉兴市文化发展"十三五"规划》《嘉兴市级政府投资建设项目情况汇报[嘉兴市区交通信号协调控制优化项目、嘉兴在线新闻网站安全加固项目、嘉兴市市场监督管理局交换网络升级改造项目、太湖流域(嘉兴地区)环境监测监控中心大楼信息化建设项目、嘉兴市安监局安全生产综合监管信息平台项目、嘉兴边防检查站营房迁建工程概算调整、智慧国防项目]》;听取《嘉兴市2015年市级"七项发展资金"执行情况和2016年安排计划》。

【七届市政府第六十一次常务会议】 10月20日,七届市政府举行第六十一次常务会议。会议学习《网络预约出租汽车经营服务管理暂行办法》;讨论《第三届世界互联网大会嘉兴市环境质量保障方案》《嘉兴市安全生产"党政同责、一岗双责"暂行规定》;听取《关于深化出租汽车行业改革的意见》《嘉兴市网络预约出租汽车经营服务管理暂行办法实施细则(试行)》《2016年度嘉兴市外国专家"南湖友谊奖"评审情况汇报》《嘉兴市级政府投资建设项目情况汇报(中山路与越秀路口人行过街天桥建设工程、嘉兴残疾人康复中心工程、嘉兴市社会保障事务局公共事务一体化服务平台项目、嘉兴市区文物保护单位安防系统建设项目、嘉兴市爱心助残信息服务平台项目)》。

【七届市政府第六十二次常务会议】 12月14日,七届市政府举行第六十二次常务会议。会议学习《浙江省社会养老服务促进条例》;讨论《关于全面构建社会"大救助"体系的意见》《嘉兴滨海新区国民经济和社会发展第十三个五年规划纲要》《嘉兴市人力资源和社会保障发展"十三五"规划》《关于开展建立各类事业单位统一登记管理制度改革试点的实施意见》《"811"美丽嘉兴建设行动方案》《关于嘉兴市2016年市本级和市级预算调整的报告》;听取《嘉兴市综合交通运输"十三五"发展规划》《嘉兴市人民政府行政规范性文件清理情况汇报》;书面讨论《全市禁毒工作汇报》。

【推进政府购买服务】 2013年国家提出推广政府购买服务以来,嘉兴市相继出台《政府向社会力量购买服务管理办法(暂行)》《嘉兴市政府职能向社会组织转移暂行办法》《嘉兴市财政局关于落实推进政府购买服务扩面试点工作的通知》《嘉兴市级政府购买服务项目审核管理办法(试行)》等一系列政策文件。2016年,嘉兴市政府购买服务指导目录包括公共服务和政府履职辅助性服务142项内容,比上年增加52项;政府购买服务支出18.6亿元,同比增长46.5%;市级政府购买服务中公共服务占比达84%,文化有约、居家养老、城乡公交、城市保洁等事关民生的公共服务作为政府购买服务试点项目取得初步成效。

【深化权力清单、责任清单工作】 2016年,嘉兴市按照持续推进简政放权、放管结合、优化服务的总体要求,进一步优化公共权力运行改革,建立健全部门权力清单、责任清单动态调整机制,推动权力清单再"瘦身"、责任清单再"强身"。完成市县两级政府部门权力清单比对规范,实现与省市县三级权力基本目录库的对接;全面取消非行政许可事项,向社会组织转移政府职能150项。同时,将部门年度重点工作目标任务和基本公共服务事项纳入责任清单,公布市县两级政府部门2.0版权力清单、责任清单。

【完成统一政务咨询投诉举报平台整合升级】 7月,《嘉兴市统一政务咨询投诉举报平台建设实施方案》出台,除110、120、119等紧急类热线外,以“12345”市长电话为基础，有效整合市级19个部门28条政务服务热线，统筹建设集消费投诉、经济违法行为举报和行政效能投诉为一体，统一、便民、高效的政务咨询投诉举报平台。平台以“12345”一个号码对外，接受公众咨询、投诉、举报等事项，按照“属地管理优先”和“谁主管、谁负责”原则，分类处置，按责转办。调整完善管理体制，明确市信访局为平台主管部门，下设市“12345”政务热线服务中心，具体承担“12345”政务热线的接收转办、督办评价等日常运行工作。各县(市)建设分平台，并延伸到镇(街道)，形成市、县、镇三级联动网络。9月30日，嘉兴市本级及所辖各县(市)在全省率先将政务热线管理系统数据信息整合接入省统一政务咨询投诉举报平台，标志着全市政务热线整合工作顺利完成。

【嘉兴港口岸实现全域开放】 根据交通运输部公告，自2016年12月20日起嘉兴港口岸正式扩大对国际航行船舶开放，标志嘉兴港口岸实现全域开放。嘉兴港是浙北地区唯一的国家一类开放口岸和海上贸易通道，自东向西由独山、乍浦、海盐三大港区组成，其中乍浦港区于1996年对外国籍船舶开放。口岸扩大开放申报工作自2007年正式启动，历经10年历程，2016年11月口岸扩大开放通过国家验收组验收，嘉兴港口岸开放由乍浦港区扩展至独山、海盐港区，全港新增开放岸线34.2千米25个泊位(本次验收新增10个泊位开放)纳入对外开放范围，形成全港域大开放格局。

【新一轮机关公务用车制度改革】 2016年9月，嘉兴市完成新一轮机关公务用车制度改革。此轮车改是在2010年公务用车制度改革的基础上进行的，车改机构范围为全市各级党政机关和参公事业单位，参改人员涉及在编在岗厅局级及以下机关公务员、参公人员和行政编制工勤人员共2.3万人。经过本轮车改，嘉兴市取消一般公务用车，所有涉改车辆均于9月10日前封车，仅保留必要的机要应急调研用车、特种专业技术用车、执法执勤用车2700余辆，整体节支率为8.24%。

【不动产统一登记工作全面实施】 2015年10月，嘉兴市正式启动全市不动产统一登记工作，将原来分散在国土资源、建设、农经等部门的土地、房屋、林地、草地、海域等登记职责统一整合到国土资源部门，并成立嘉兴市不动产登记局和嘉兴市不动产登记服务中心。2016年5月30日，海盐县颁发嘉兴市第一本不动产权证。其他县(市)也陆续实施不动产统一登记工作。9月26日，嘉兴市不动产登记服务中心南湖区、秀洲区、嘉兴经济技术开发区(国际商务区)分中心挂牌，正式开展不动产登记业务，这标志着嘉兴市不动产统一登记工作全面实施。2016年下半年，市本级房地产交易量和不动产登记量骤增，嘉兴市及时启动应急预案，调集各方力量充实到登记工作第一线，采取现场预约、电话预约、网上预约、优化流程等措施，引导群众有序办理不动产登记业务。截至2016年年底，嘉兴市不动产登记总量列杭州、宁波之后居全省第三位。

【建设环杭州湾检验检测高技术服务业集聚区】 根据省政府统一部署，由嘉兴市牵头，嘉兴、杭州、宁波、绍兴四地共同建设环杭州湾国家级检验检测高技术服务业集聚区。嘉兴市以南湖区嘉兴科技城为核心区，建设环杭州湾检验检测高技术服务业集聚区嘉兴分园，已集聚电器、食品、环境等领域的27家获证检测机构。目前，环杭州湾检验检测高技术服务业集聚区建设总体规划编制完成，将由省政府上报国家质检总局、国家发改委审批。

【国家特殊教育改革实验区建设】 嘉兴市承担“国家特殊教育改革实验区”改革试点任务，制定《嘉兴市“国家特殊教育改革实验区”实施方案》，出台全市医教结合、随班就读和送教上门指导意见，为特殊儿童成长创造更加优良的条件。医教结合方面，与嘉兴市第二医院、上海复旦大学附属儿科医院等医疗机构密切合作，建立顾问医生、治疗师进校等多种医教结合模式；随班就读方面，全市有卫星班5个，随班就读学生214人，建成资源教室33个，配备资源教师145人；送教上门方面，全市适龄残疾儿童全部纳入送教上门服务范围。至年底,全市有特殊教育学校6所,1107名在校学生,6-14周岁适龄残障少年儿童入学率达到99.63%。

【基本公共卫生项目"国考"夺冠】 嘉兴市卫生计生系统强化重基层、重基本的理念,加强基层卫生机构标准化建设,全市基层卫生机构标准化率达95%以上。基层医疗卫生机构全面提供与其功能定位相适应的公共卫生和常见病、多发病的诊疗、康复、双向转诊等服务。全面开展基层岗位大练兵,组织知识竞赛和技能比武,选拔人员参加全省比赛,获团体一等奖、团队项目一等奖。7-8月,国家卫生计生委、财政部联合对全国19个考核地区[18个省(区、市)和新疆生产建设兵团]开展2015年度国家基本公共卫生服务项目考核,嘉兴市代表浙江省接受考核,取得98.10的高分,获第一名。

【国家卫生城市创建通过复审】 嘉兴市做好国家卫生城市复审迎检工作,开展卫生创建、健康教育与健康素养促进行动、病媒生物防制、改水改厕等城乡爱国卫生运动,开展"安全健康保峰会""小城镇环境综合整治""五水共治""四边三化""三改一拆"等专项整治行动,开展控烟系列宣传和控烟活动。4月,通过省复查组对创卫工作的现场检查,并就复查组提出的46个问题进行集中整改,9月上旬通过全国爱卫会专家的暗访。

【成为第二批国家公共文化服务体系示范区】 自2013年10月以来,嘉兴市全力推进国家公共文化服务体系示范区创建工作,累计投入创建经费8.4亿元;完善公共图书馆服务体系国家示范项目,创造出文化馆总分馆的"嘉兴经验",形成农家书屋与公共图书馆融合发展的"嘉兴做法";打造"文化有约"服务品牌,搭建供需高效对接的服务网络;试点开展文化事业单位法人治理结构改革等。截至2015年年底,嘉兴市创建规划主要指标达标率100%,对照第二批东部验收标准,各项指标均达到"优秀"。2016年8月31日,嘉兴市以东部地区第一的优异成绩成功创建成为第二批国家公共文化服务体系示范区。

【构建社会"大救助"体系】 2016年12月,嘉兴市出台《关于全面构建社会"大救助"体系的意见》,梳理八大类25个方面的政府主导、部门协同、相互衔接的社会救助政策。出台《支出型贫困家庭救助办法》《临时救助办法》配套政策,首次将家庭医疗、就学等刚性支出较大导致实际生活水平低于低保标准的家庭纳入救助范围,将常住人口困难群众纳入临时救助范围。截至2016年年底,全市有低保对象19474户、30353人,1037户支出型贫困家庭纳入低保,低保人数同比增长30.5%。开展政策扶持一批贫困户、结对帮扶一批困难户、造血脱贫一批潜力户、助学成长一批贫困生、救治康复一批病残户"五个一批"活动,实施"教育助学项目、部门结对帮扶项目、光伏扶贫项目、农业助产帮扶项目、公益岗位推介项目"五大帮扶项目,使困难家庭的实际困难得到有效缓解。

【推进医养结合试点工作】 2016年,嘉兴市被国家卫生计生委、民政部列为首批国家级医养结合试点单位。市老年公寓大桥分院、嘉善县老年公寓、平湖市当湖街道养老服务中心、海宁市颐康养护院4家机构被确定为首批省级医养结合示范点。研究出台《嘉兴市"医养结合试点"实施方案》,提出实施"1234"行动计划,即编制一个规划——《嘉兴市医养结合发展规划》;构建二个平台——老年照护统一需求评估工作平台、医养结合服务信息平台;创新三项制度——医养结合社会保险支持制度、医养扶持制度、医养结合行业监管制度;推进四项工程——社区居家医养结合提升工程、机构医养结合促进工程、专业医养护机构发展工程、医养结合人才队伍建设工程。

【"多规合一"试点工作】 嘉兴市域总体规划作为"多规合一"的底图母本,分别于2016年1月、4月通过市委常委会和市人大常委会审议。按照国家发改委、住房和城乡建设部、国土资源部、环境保护部四部委的要求,上报试点工作成果,形成"市县一体+全域统筹+六改联动"的嘉兴模式,通过市县一体,统筹发展和保护的关系,确保一张蓝图干到底；通过全域统筹，统筹生产、生活、生态三大空间，优化空间布局；通过六改联动，统筹规划、建设、管理三大环节，提升政府治理体系和治理能力现代化，基本实现城市总体规划、土地利用规划、环境功能区规划和国民经济与社会发展“十三五”规划在期限、范围、底图、目标、数据、蓝图上的“六个一致”。

【海绵城市试点建设】 嘉兴市将海绵城市建设与“五水共治”、老旧小区改造、交通治堵、城市有机更新等重点工作有机结合，建立“六个一”工作体系，即编制一套规划体系、创新一套融资体系、探索一套管控体系、制订一套技术体系、落实一套推进体系、创建一套考核体系，全面推进海绵城市工程项目建设。从2016年7月1日起，全市城市规划区、各类园区、成片开发区范围内新建、改建、扩建项目全面执行海绵城市建设要求，并对建设项目进行海绵城市建设管控。同时，加强海绵城市建设的精准宣传，提高广大市民对海绵城市的知晓率和支持率。2016年开工面积15.1平方千米，开工项目91个，其中完工项目36个，完成投资额17亿元，达到国家考核要求。

【小城镇环境综合整治启动】 2016年，嘉兴市在全省率先出台《关于深入推进镇村建设加快打造江南水乡典范的指导意见》《嘉兴市镇村环境整治提升三年行动计划》，先行启动15个示范镇的综合整治，开展以“整治1条镇区主要街道、1个主要出入口或交通干线、1个老集镇、1个农民新社区或传统自然村落、1条主要河道”为主要内容的“五个一”整治工程，排出整治项目145个。10月，根据全省小城镇环境综合整治工作部署，全市又确定23个重点镇（街道）推进综合整治，启动全市70个小城镇环境整治规划。结合美丽镇村建设，开展246个村庄规划编制，46个村成功创建省级美丽宜居示范村。

【完成5个省级交通综合改革试点项目】 2016年，嘉兴市全面完成智慧交通一期、政府购买公交服务、水路养护体制改革、道路运输行业信息监管体系建设、县级交通质监机构示范点建设5项省级交通综合改革试点任务并通过验收。智慧交通一期创新建立交通大数据，建成综合信息服务平台和综合交通应急指挥中心；政府购买公交服务改革实行站运分离，实现公交专营，并完善购买服务的政策体系；水路养护体制改革全面放开航道养护市场，健全航道养护管理体制和运行机制，开展航道标准化养护；道路运输行业信息监管体系建设推进数据中心建设、道路运输监管体系等建设，基本完成客货维驾出租行业全覆盖；县级交通质监机构示范点建设推进嘉善县城乡统筹科学发展县级交通质监机构示范点建设，通过省县共建，探索形成一套适应县域公路水路质量安全监管的新模式。

【互联网经济强市建设】 2016年，嘉兴市制定《关于建设互联网经济强市的实施意见》，发布《嘉兴市国民经济和社会信息化“十三五”规划》，出台《嘉兴市加快发展信息经济政策意见》《嘉兴市互联网经济目标责任制考核实施办法》，全力推进互联网经济强市建设。全年规模以上电子信息产业完成产值1047.3亿元，比上年增长13.8%；培育“互联网+工业”示范试点企业102家；创建互联网（信息经济）特色小镇10个；城（省）域网出口带宽达到2320Gbps；“两化”融合指数为79.71。嘉兴市被列为国家信息经济试点城市，乌镇互联网创新发展试验区升格为国家级试验区。

【启动全面创新改革试验区建设】 2016年12月，省委、省政府正式批复嘉兴市全面创新改革试验实施方案，预示着嘉兴市作为浙江省区域创新副中心在科技创新工作上又迈上了新台阶。全面创新改革任务分三步进行：启动准备阶段（2016年7-12月），成立领导小组，制定实施方案，分解落实相关工作任务；组织实施阶段（2017年1月至2018年12月），制定阶段性工作推进计划，明确各阶段工作目标、具体任务、完成时间节点，每半年召开分析会，及时协调解决实施过程中重大问题；评估总结阶段（2018年6-12月），全面梳理创新改革试验区工作，对主要目标、任务完成情况开展评估,总结经验,为全省创新改革工作提供经验和示范。

【嘉兴综合保税区整合优化通过验收】 2015年1月,国务院发函批准同意嘉兴出口加工区(A区、B区)整合优化为嘉兴综合保税区(A区、B区)。嘉兴综合保税区(A区、B区)管委会根据《海关特殊监管区域基础和监管设施验收标准》和有关规定,对围网1.9934平方千米(其中A区1.33平方千米,B区0.6634平方千米)的基础和监管设施进行建设完善。2016年9月,杭州海关会同省发改委、省财政厅、省商务厅等部门组成联合验收组,对嘉兴综合保税区围网范围内的基础和监管设施进行验收。联合验收组同意嘉兴综合保税区(A区、B区)通过验收并报海关总署等国家有关部委审批备案。12月,海关总署批复同意验收结果,嘉兴综合保税区正式封闭监管、开关运作。

【筹建全国首家科技保险公司】 太平科技保险股份有限公司(筹)由太平财产保险有限公司等九家企业共同发起设立,初定注册资金5亿元,注册地为嘉兴市南湖区。2016年6月获得中国保监会《关于筹建太平科技保险股份有限公司的批复》(保监许可〔2016〕459号),目前正积极开展筹建工作,等待中国保监会验收开业。公司将充分发挥太平集团资源协同作战,为科技产业及其产业链提供专业的风险保障,重点培育科技保险产品、科技应用、人才队伍、央企担当、协同作战等方面经营特色。

【2016年度民生实事项目完成】 一是加大城市治堵力度。开工建设三元路(东升路—城北路)和纺工路下穿铁路工程,完成周安路(城东路—徐王路)拓宽工程建设。完成中心城区中山路与环城东路交叉口立体化改造工程。完成中山路与越秀路交叉口人行天桥和火车站地下人行过街设施建设。开工建设望吴门广场地下人防工程。建成广益路(三环东路—夏霖路)、广益路(中环东路—三环东路)、中山路(信达路—新洲路)3条公交专用道,完成幸福家园、平安家园2个公交首末站建设和商务大道(中环南路—三环南路)1条快速通道建设,建成公交停靠站55个。二是深化"五水共治"。全市累计清淤河道1358千米,新建城镇污水管网391千米,开工建设城东再生水厂。农村生活污水接入污水处理终端(管网)农户达7.2万户。三是加大雾霾治理力度。全市淘汰改造燃煤小锅炉2074台,完成8家热电企业22台锅炉改造任务。淘汰黄标车1760辆,"国5"标准车用汽、柴油实现全覆盖。开展秸秆露天焚烧执法巡查840次,行政处罚金额14.1万元。实现全年市区PM2.5平均浓度、市区重污染天数"双降"目标。四是加强食品安全管理。市区19家农贸市场建成质量追溯体系和快速检测体系,隆兴、洪波、秀中3家市区农贸市场建成电子结算系统,完成65家学校食堂"阳光厨房"、30家大型和特大型社会餐饮"阳光厨房"及5家养老机构"阳光厨房"建设。五是继续改造老旧住宅小区。完成南湖区新嘉街道栅堰北片、望秀苑、解放街道外贸宿舍、建设街道建南公寓、建设街道安乐路市政府宿舍和嘉兴经济技术开发区嘉北街道洪兴花园(北区)6个老旧小区改造验收。开工建设新兴街道绝缘厂宿舍、南湖街道菱香坊、皇冠小区、新嘉街道兴波苑1-7幢、12-13幢,竹桥苑20-24、5、11、17幢和电子社区锦绣苑1-13幢6个老旧小区改造。六是开展市本级小城镇镇容镇貌治理。整治镇区道路路面和立面51条,完成道路拓宽、管线下埋等项目49项。开展市场、学校、医院、闹市、窗口、背街小巷、城中村、城郊接合部八大区域专项整治1673次,拆除乱搭建35.8万平方米。整治清理环境死角3040处,清理垃圾1350余车。提升城镇出入口空间景观、城镇公园绿地空间景观和河湖空间景观41处。七是试行医院便捷支付诊间结算。市中医院、市一院、二院、妇保院、武警医院、荣军医院、浙江新安国际医院7家市级医院诊间结算系统上线运行,智慧结算110.6万笔。八是关爱环卫工人。为约2300名环卫工人提供免费早餐、免费体检和购买人身意外伤害保险。九是启动市残疾人康复中心建设。开工建设市残疾人康复中心项目。十是加快电商服务网络建设。推广建设社区"E邮站"等电子商务投递终端,新建"E邮站"300个。

(糜克明　陈锡乐)

信访工作

【概况】 2016年，全市信访系统办理群众信访事项24332件（批）次，其中接待群众来访4646批次16603人次，批次比上年增长1.26%、人次下降4.16%；办理群众来信2202件次，增长3.29%；办理网上信访2442件次，增长1.08%；政务热线整合后办理群众来电15042件次。

2016年，市信访局争创省级文明单位，与浙江子城律师事务所联合开展“信禾先锋”志愿者活动。举办信访系统“提素质、强服务、建功十三五”知识（技能）竞答比赛。深化“践行‘勤善和美’价值观，争做解民忧、化民怨最美信访干部”主题教育实践活动，开展全市“最美信访干部”、信访积案化解能手和化解优秀案例评选活动。嘉兴市信访局被确定为国家信访局党组书记、副局长张恩玺的基层联系点。全省信访工作目标管理责任制考核嘉兴市获优秀。在2016年度市级机关部门、单位工作目标责任制暨“五型”机关创建考核中，市信访局获一等奖。

11月18日，国家信访局领导到嘉兴市调研信访工作
（市信访局提供）

【推动信访长效机制落到实处】 年初，市政府与各县（市、区）、各部门（单位）签订2016年度信访工作目标管理责任书，各地、各部门（单位）根据实际对责任书进行细化和分解，层层抓落实。全市党政领导干部阅批群众来信、定期接待群众来访、下访约访和领导包案等活动常态化开展。年内，市委书记专题会议多次研究信访突出问题，党政领导带头督查和协调处理疑难复杂信访事项。坚持问题导向，立足源头治理，抓好来信来访来电、网上信访、复查复核等基础性业务的规范化办理，推动各地开展“三无”（无越级访、无集体访、无重复访）县（市、区）创建活动，稳步提高信访工作整体水平。

【确保信访稳定】 2016年，市信访局坚持“全市一盘棋”，不断完善各项工作机制，完成重要会议、重大活动期间的信访工作任务。G20杭州峰会、第三届世界互联网大会·乌镇峰会期间，按照市委、市政府总体要求，提前谋划，强化措施，优化方案，补齐短板，发扬连续作战、能打胜仗的工作作风，以前所未有的力度做好信访稳定工作，以最佳的战绩完成最艰巨的任务。市信访局被评为浙江省G20杭州峰会工作先进集体、市保障服务重大国际峰会先进集体。高度关注“五水（气）共治”“三改一拆”等重点工作推进中的信访矛盾，加强排查，提前介入，主动协调，确保重点工作平稳进行。

【推动信访事要解决】 2016年，市信访局完善信访事项办理机制，努力提速增效，把提高初次信访事项办理质量和效率作为重中之重来抓，严格落实事权单位初信初访首办责任制，提高初次信访办理过程和结果的满意度。推动信访积案化解，全市排查梳理出252件信访积案和突出问题进行挂牌集中交办、督办，打响信访积案化解治理攻坚战。推进复查复核工作制度化、规范化及信访听证和评议终结机制建设。配合公安机关依法处置进京非访、缠访闹访以及到中央和国家机关扰序滋事等违法信访行为，着力规范信访秩序。

【开展信访督查专项行动】 2016年，市信访工作领导小组、市委组织部联合发出通知，部署开展以“补短板、化积案、创标杆”为主题的信访督查专项行动。坚持问题导向，立足源头治理，每月对全市面上信访办理情况进行网上检查督查，对差错件、瑕疵件进行通报整改。开展5轮实地督查，走访50多个镇（街道）及县（市、区）级部门。

通过信访督查专项行动,着力推动矛盾化解,全面落实稳控责任。

【落实信访改革措施】 2016年,嘉兴市启动统一政务咨询投诉举报平台建设工作,全面整合“三来一投”(来信、来访、来电、网上投诉),推动渠道畅通。市信访局增挂嘉兴市统一政务咨询投诉举报平台管理办公室牌子,承担市级平台的建设、管理等工作,增设政务热线管理处,设立嘉兴市“12345”政务热线服务中心。嘉兴市“12345”政务服务热线在13个部门基础上增加17个。推动法定途径分类处理群众投诉请求工作,31个市级部门(单位)编制和公布“法定途径分类清单”。市信访局会同市司法局联合下发《关于认真做好律师参与市县领导接访下访工作的实施意见》,使律师参与市、县两级领导干部下访接访活动更加规范、更具实效。

(王　刚)

法制工作

【概况】 2016年,按照市委全面深化法治嘉兴建设的目标要求,市法制办制定《嘉兴市人民政府2016年立法工作计划实施方案》,明确2016年全市立法项目。根据年初立法计划安排,制定《嘉兴市人民政府规章制定程序办法》,出台嘉兴第一部地方性法规《嘉兴市南湖保护条例》。7月,完成市政府立法咨询专家库建设,聘请34位省内法学、语言学、城乡建设与管理、环境保护、历史文化保护等方面的专家、学者组成市政府立法咨询专家库,并制定专家库管理办法。全面推进政府法律顾问制度,健全政府法制机构人员为主体、专家和律师参加的法律顾问工作机制,实现市、县、镇三级政府和市级部门法律顾问全覆盖。狠抓法治政府建设评议考核,印发《关于开展2016年度法治政府建设(依法行政)考核评价工作的通知》,从依法履行政府职能、推进行政决策科学化民主化法治化等七个方面,对县(市、区)政府和市级部门的依法行政工作进行评议考核,海宁市等3个县(市)政府以及市司法局等12个市级部门被评为2016年度法治政府建设(依法行政)工作先进单位。抓好行政处罚结果信息公开工作,4月,市法制办对市、县两级行政执法部门贯彻落实《浙江省行政处罚结果信息网上公开暂行办法》的情况进行抽查,抽查20个市级部门的105个案卷和县(市、区)级17个部门的67个案卷,对公开工作中存在的问题,督促有关部门及时纠正。加强政府法制信息编撰工作,制定《嘉兴市政府法制信息工作考核办法》,明确各县(市、区)政府法制办和市级各行政执法部门的报送标准,市法制办全年采用政府法制信息990余条,上报省法制办信息600余条,其中155条被省办网站采用。

【规范性文件合法性审查及备案】 2016年,市法制办审核户籍制度改革、重度残疾人护理补贴等规范性文件96件,提出合法性审查意见76条。抓好行政规范性文件备案工作,市政府制定的50件行政规范性文件均在规定的期限内向省政府和市人大常委会报备并在中国嘉兴门户网上公布,所属各县(市、区)政府向市政府报备312件,市级部门统一登记编号并报备35件,通过备案审查纠错12件,确保政府制定的文件依据合法、程序合法、内容合法。组织清理2015年年底前市政府制定的各类规范性文件550件,清理结果经七届市政府62次常务会议审议通过。开展行政合同合法性审查工作,预防和减少合同纠纷,全年审核以市政府名义对外签署的各类框架协议、招商协议等12件,提出合法性审查意见20条,无因行政机关合同引起的诉讼或仲裁案件。

【行政复议应诉】 2016年,市法制办抓好行政复议和行政应诉工作,落实“法定途径优先”理念,受理行政复议案件77件,审结65件,其中运用调解方式结案13件,调解率20%,撤销或确认违法4件,纠错率6.2%。完善行政复议听证制度,组织听证24件,公开听证率37%。全面实行行政复议决定网上公开,将行政复议决定在嘉兴市政府法制门户网站公开,使被复议的具体行政行为以及复议机关做出的行政复议决定“暴露在阳光下”,接受社会的监督。全年收到一审行政应诉案件17件,无败诉案件,对涉及信息公开、水利、房屋拆迁等领域的行政应诉案件,市法制办组织全市法制干部全过程参加旁听法院庭审活动,提高法制系统工作人员的法律意识、程序意识和证据意识。

【加强行政执法工作】 2016年,嘉兴市开展市政府常务会议学法活动,通过“以案说法,以案释法”的形式反映本地、本部门在工作中遇到的难点、热点问题,组织市政府常务会议学习《中华人民共和国保守国家秘密法》等10部法律法规规章。组织市级部门行政执法人员法律素质测试,提高行政执法人员的执法能力,37个市级部门的一名领导和320名一线行政执法人员参加测试,并对测试成绩进行全市通报。开展行政执法案件评查工作,从100件行政许可、行政处罚和行政强制案卷中评选出10件优秀行政执法案卷,对评查中发现的问题,形成书面评查报告反馈各有关单位进行整改。开展行政执法办案能手评比表彰活动,15名一线行政执法人员以PPT的形式现场宣讲执法办案过程,由市中级人民法院、市检察院及各县(市、区)法制办负责人组成的评委组对参赛人员进行点评和计分,最终评选出10名“行政执法办案能手”。建立健全政府法制监督协作工作机制,面向全市范围公开招聘25名市政府特邀行政执法监督员,颁发聘书和“嘉兴市行政执法监督证”,制定《嘉兴市人民政府特邀行政执法监督员工作规则》,进一步拓宽行政执法监督渠道,丰富行政执法监督手段。

【受理仲裁案件458件】 2016年,嘉兴仲裁委员会办理各类仲裁案件458件。其中,商品房、房屋买卖合同纠纷330件,物业服务合同纠纷48件,建设工程合同纠纷21件,买卖合同纠纷13件,其他纠纷46件。涉案标的额54896万元。

附:仲裁案例

申请人豆××与被申请人浙江××有限公司商品房销售合同纠纷一案,申请人依据仲裁条款于2016年3月31日向本委申请仲裁。请求裁决:1.裁决被申请人履行为申请人办理房屋权属登记的合同义务。2.本案仲裁费用由被申请人承担。

申请人选定江××为仲裁员、首席仲裁员,被申请人未选定仲裁员、首席仲裁员。因双方当事人未一致选定首席仲裁员,仲裁委员会根据《仲裁规则》的规定,指定张××为首席仲裁员,本案由张××、江××、阮××组成仲裁庭进行审理。

本案于2016年9月20日开庭进行了审理,在审理过程中,双方都表示愿意调解,经仲裁庭主持,双方当事人自愿达成如下调解协议:

一、被申请人浙江××有限公司于2016年12月31日前向申请人豆××提供办理××商贸城2F幢D单元21003号商铺商品房权属登记至申请人豆××名下的相关材料,并协助申请人豆××办理上述商品房产权登记过户手续。

二、申请人豆××于2016年12月6日前向被申请人浙江××有限公司支付上述第一项所涉商品房的购房余款本金262678元。被申请人浙江××有限公司放弃要求申请人豆××支付逾期付款违约金的权利。

三、本案仲裁案件受理费13041元、案件处理费1304元、合计14345元,由申请人豆××承担7173元,被申请人浙江××有限公司承担7172元。公告费300元,由申请人豆××与被申请人浙江××有限公司各半承担。

上述协议,符合有关法律规定,仲裁庭予以确认。

本调解书经双方当事人签收后,即具有法律效力。

(王立权)

体改工作

【概况】 2016年,嘉兴市正在实施的省级以上经济体制改革试点项目34个,其中国家级改革试点项目22个,省级改革试点项目12个,实现每个县(市、区)至少分别有一项国家级改革试点和一项省级改革试点的目标。

【深化资源要素差别化配置改革】 2016年,嘉兴市深化资源要素差别化配置改革。出台《嘉兴市人民政府办公室关于科学应用工业企业绩效评价结果促进经济转型升级的意见》,实现规模以下企业全覆盖,并增加实际占用土地的非企业生产主体的评价,同时完善指标权重和分类占比、细化加分等特殊情况、深化结果运用等多个内容,使评价工作更加科学有效。开展新一轮(2013-2015年)工业企业绩效评价,与上一轮(2012-2014年)相比,亩均税收从13.77万元/亩提高到14.57万元/亩,提高5.8%;亩均工业增加值从63.73万元/亩提高到68.38万元/亩,提高7.3%;单位能耗工业增加值从0.91万元/吨标准煤提高到0.97万元/吨标准煤,提高6.6%;单位排放工业增加值从559.87万元/吨COD提高到621.5万元/吨COD,提高11%;全员劳动生产率从13.67万元/人提高到14.7万元/人,提高7.5%。优化评价结果应用,各地根据新形势要求不断调整结果应用,桐乡市对C类企业暂不实施加价0.1元政策,对D类企业差别化电价0.3元暂降为0.2元,海宁市暂停B类企业差别水价、差别电价措施,并下调排污权指标基准价格,秀洲区全面开展氨氮、氮氧化物的初始排污权有偿使用。完善要素交易平台。

【推进工业用地市场化配置改革】 2016年,嘉兴市推进工业用地市场化配置改革。一是实行差别化供地方式,2015年以来,全市分阶段管理出让工业用地490宗,土地面积873.13公顷。二是实行差别化地价政策,对符合产业导向的先进装备制造业、高技术产业、战略性新兴产业,以及工业企业绩效评价为A类等优先发展且节约集约的项目,采取地价修正系数修正下浮确定出让起始价,对不符合嘉兴市产业转型升级但国家仍允许投资的产业用地,按照土地评估价格上浮不低于20%设定出让起始价。2015年以来,全市实施差别化地价供应产业项目203宗,修正地价金额5.71亿元。三是实行弹性出让年限,按照不同产业类型和特点,分别设定10年、20年、30年、40年、50年不等的时间。2015年以来,全市实行弹性年期出让工业用地113宗,面积117.27公顷。

【深化完善"接轨上海"体制机制改革】 年内,嘉兴市深化完善"接轨上海"体制机制改革。一是建立健全工作推进体系。加强组织领导,建立以市委书记鲁俊为主任,市长胡海峰为第一副主任、市委副书记孙贤龙和常务副市长楼建明为副主任,39家市级部门和县(市、区)党委主要负责人组成的成员委员会。二是落实任务清单,出台《2016年嘉兴市深化接轨上海工作实施方案》,明确七大对接行动、十个重点项目以及五十项具体工作。健全工作机制,建立办公室议事制度、督查考核制度和季度报送制度。三是推进七大对接行动。推进政策规划对接、基础设施对接、人才科技对接、产业合作对接、开放平台对接、公共服务对接等七大对接和五十项具体工作落实。四是推进重点领域突破。推进基础设施互联互通、产业融合协调发展、高端要素资源集聚、公共服务共建共享、体制机制对接联络等工作,完成接轨上海的基础设施对接项目17个,通过上海引进内资项目220个,来自上海人才创新创业申报项目200个,从上海引进人力资源服务机构4家,吸引上海高层次人才83名,并在社保结算、教育合作、互访对接等方面均有进展。

【推进杭州都市经济圈转型升级综合改革试点】 年内,根据《杭州都市经济圈转型升级综合改革试点三年实施计划(2014-2016年)》2016年工作任务的要求,嘉兴市重点突出在加强体制、机制、政策等方面与都市圈各城市的对接融合,一批重大改革和建设项目取得实质性进展。积极准备并参与杭州都市圈第七次市长联席会议的相关活动,会议围绕"全面深化改革、共推转型升级"主题,强调要着力在重要领域和关键环节改革上取得实质性突破,在杭州都市圈率先建成充满活力、富有效率、更加开放、有利于科学发展的体制机制。杭州至海宁城际铁路即将开工,计划总投资136.11亿元,项目采用PPP模式,社会资本占65%。嘉兴市与杭州都市圈各城市的医疗卫生、文化教育、公交"一卡通"和电信、供水供气等一批民生要素资源合作进一步深化。嘉兴市多家医院与杭州的省级医学院校建立起合作、托管、共建共管关系。浙江大学国际联合学院(海宁国际校区)于2016年9月正式开学,有150名大学生入读;占地面积达25.87公顷的浙江机电职业技术学院长安校区即将建成启用;浙江理工大学科学与艺术学院(桐乡校区)项目推进顺利。2016年1-10月,全市利用内资引进来自杭州的项目251项,计划总投资396.5亿元,其中本年项目151项,计划总投资81.32亿元。

【推进乌镇互联网创新发展试验区建设】 2016年,嘉兴市推进乌镇互联网创新发展试验区建设。一是全方位确立首位经济地位。出台《嘉兴市建设互联网经济强市的实施意见》,提出把互联网经济作为首位经济、互联网产业作为"一号产业",推进乌镇互联网创新发展试验区建设、打造"互联网经济强市"的战略目标。二是全区域推进重点平台建设。加快提升乌镇核心区互联网体验和国际化合作交流功能,提升嘉兴科技城主平台互联网产业集聚和协同服务功能,提升秀洲高新区和嘉兴经开区国家级平台创业创新和示范试点功能,加快推进产业示范基地和信息经济类特色小镇创建。三是全行业培育引进重点项目。全市信息经济重大投资项目399项,入驻新项目以新技术、新业态、新模式项目居多,乌镇互联网医院的单日在线接诊量达到一家三甲医院的规模。四是全社会推进智慧城市建设。全面启动新型智慧城市建设工作,组建市新型智慧城市建设领导小组,建设一批在第三届世界互联网大会期间展示的成果,嘉兴港区与航天科技集团合作建设的嘉兴港区智慧化工园区(一期)项目成功签约。五是全维度开展对接交流。全市各级政府和部门通过多种活动,开展互联网经济交流合作。"星耀南湖"精英峰会、浦江创新论坛嘉兴论坛等高层次、高规格论坛活动分别以互联网+融合发展、互联网创新创业、互联网经济为主题进行对接交流。

【推进投融资体制改革】 2016年,嘉兴市推进投融资体制改革。制定投融资体制改革推进工作方案,建立市领导联系投融资体制重大改革项目工作组,着手起草嘉兴市投融资体制改革实施意见。开展投融资体制改革督查。由市发改委牵头,市财政局、市国资委、市金融办参与,开展对县(市、区)深化投融资体制改革的专项督查。创新投融资方式。争取国家专项建设基金,2016年,嘉兴市两批专项基金有34个项目入选,累计争取到专项基金33.93亿元;与政策性银行对接,国开行5年内对嘉兴市新增融资不少于800亿元,17家发行人共发行企业债券27支,募集资金326.7亿元。完善PPP项目库建设。系统编制全市PPP项目库52项,申报43个项目争列国家、省发改委PPP项目推介名单,申报杭州至海宁城际铁路等5个项目争取PPP项目前期经费国家中央预算内资金。加快项目落地。规范政府与社会资本合作项目审批流程,市发改委批复完成审批望吴门地下停车场项目、市区路灯LED改造、城东再生水厂等5个PPP项目实施方案,其中3个项目顺利实施。推进企业投资便利化。推广企业"零地"技改项目政府不再审,建立市县统一、纵横联动的投资项目在线审批监管平台,实现项目信息在线推送。

【全面推进车改工作】 根据全省公务用车制度改革总体部署,经前期摸底、节支率测算、总体方案报批等准备工作,嘉兴市于9月6日印发《嘉兴市公务用车制度改革总体方案》和《嘉兴市市级机关公务用车制度改革实施方案》以及《嘉兴市市级机关公务交通费管理办法》《嘉兴市市级机关工作人员差旅费开支补充规定》《嘉兴市市级公务用车集中使用管理办法》《嘉兴市市级公务用车派驻管理办法》《嘉兴市市级执法用车派驻管理办法》《关于进一步严明公务用车使用管理纪律的通知》等配套政策和相关纪律规定,9月10日正式对市级77个部门进行封车,各县(市、区)于9月20日全部封车到位。全市有涉改人员23312名,其中市级机关4161名,涉改车辆3251辆,其中市级机关574辆,公务交通补贴层级划分厅级、处级、科级、科级以下四档,补贴标准分别为每月1690元、1040元、650元、550元,全市可保留车辆2769辆,其中市级机关514辆,全市车改后节支率测算为8.24%,其中市级机关7.5%,符合省规定要求。

(周少朝)

人事工作

【概况】 2016年,全市人事人才工作在全面推进"创新嘉兴·精英引领计划"的同时,加强专业技术人员管理服务,推进高层次人才队伍建设。年内,推荐省"151人才工程"第三层次培养人员42人,6人入选。核准公布各类专业技术资格16955人、执业(职业)资格2351人。全市组织8万多人次参加专业技术人员公需科目考核培训,实施9期高研班项目,其中省级重点类1期,省级一般类2期,市级高研班6期。全市完成国家级和省级引进国外技术、管理人才项目31项,获得资助119.6万元。4名外国专家入选省"外专千人计划",1名外国专家入选省"海外工程师",2名外国专家获省"西湖友谊奖"。4家公司获得浙江省企业博士后工作站设站资格,4名在站博士后获得省博士后科研项目择优资助,4名博士后获得省博士后研究人员生活补助和安家补助。2名高层次海外归国人员申报的课题入选"留学回国人员科研活动择优资助项目"。全年全市举办各类现场招聘活动564场,其中大型、专业型招聘活动100多场,跨地区招聘100多场,提供就业岗位60余万个。引进各类人才4.5万名(高层次人才3511名)。嘉兴人事人才网注册会员单位48846家,登记简历55万余份,发布职位信息15.3万条,日均点击量约10万人次。全市安置1名公务员、3名事业单位工作人员随军家属,推出2个国有企业岗位面向随军家属定向招聘。全市接收安置军转干部90名,随调家属7名,其中安置在各级机关及参公事业单位60名,比例高达91.25%,安置在事业单位7名,另有10名自主择业。落实退休人员"两项待遇",组织开展书画展、摄影展等活动。

【公务员管理】 2016年,全市各级机关计划考试录用公务员543人,实际录用535人,继续实行所有面试考官异地交流,进一步提升嘉兴市"阳光考录"品质。规范实施选调生"村官"考录工作,全市计划录用选调生"村官"20人,实际录用20人。完成29名人民警察学员招录工作。组织科级干部培训班、公务员初任培训班、军转干部上岗培训班、知识更新培训和专门业务培训等,参与总人数达4000多人次。开展2015年度考核工作,全市实际参加考核14897人,其中确定为优秀等次的2653人,因连续三年考核优秀被授予三等功的489人。办理转任审批107名、调任5名,核准科级非领导职务职数和任职资格56人,办理公务员录用审批4次494人、公务员登记2批次558人。完成2015年度公务员统计工作。完成全市公务员信息采集、校核、录入和汇总建库工作。全面推进公务员平时考核工作,出台《嘉兴市级机关公务员"责绩对账"平时考核工作实施办法(试行)》,建立统一的公务员平时考核平台。

【事业单位岗位管理】 2016年,嘉兴市加强事业单位岗位设置动态管理,及时调整、核准事业单位岗位设置方案和工作人员岗位聘任认定工作,嘉兴市属32家事业单位进行岗位设置方案调整,岗位聘任认定745人;因受到处分,降低聘任岗位2人,开除4人。推进事业单位公开招聘工作,采取市县联动,统一网上报名、统一考试时间、统一安排试卷,规范分类公开招聘,突出监督指导,分行业实施原则。年内,嘉兴市属事业单位通过公开招聘,实际聘用工作人员472人,其中硕士研究生155人,博士研究生4人。强化事业单位工作人员年度考核备案制度、规范操作程序、严控优秀比例、优化考核结果的运用。2016年,嘉兴市属事业单位工作人员应参加年度考核9526人,实际参加考核9310人,未参加考核216人;实际参加考核人员中,确定优秀等次1636人,合格等次7672人,基本合格2人。

【收入分配和职称改革】 2016年,嘉兴市不断深化收入分配制度改革,建立在岗儿科医生的岗位补贴,对从事儿科医疗服务累计满30年的儿科医生,发放一次性退休补贴;对医疗卫生事业单位的护士,上浮2级薪级工资。及时调整机关事业单位工作人员基本工资标准及离休人员离退休待遇，退休人员生活补贴按规定兑现。完成266家企业的2016年企业薪酬调查工作，发布384个职业（工种）和不同专业技术等级工资指导价位、5种不同学历的人力资源市场工资指导价。深化职称制度改革。会同有关部门制定出台《嘉兴市卫生高级专业技术职务评聘工作方案》和《嘉兴市中小学教师职称评价条件（试行）》，首次组织开展嘉兴市高级专业技术资格评审工作。

【高层次人才引育】 2016年，嘉兴市全面推进“创新嘉兴·精英引领计划”，吸引1071名海内外高层次人才申报人才项目1085个。通过资格审查、产业化导向评估、综合网评（技术评审和产业化评审）、综合答辩等环节，最终入选创业创新领军人才及项目126个，其中创业类115个，创新类9个，外专类2个。在“创新嘉兴·精英引领计划”的带动下，全市新增国家“千人计划”专家31名，累计161名；新增省“千人计划”专家19名，累计136名。

【新增高技能人才2.67万人】 2016年，嘉兴市组织维修电工等11个职业工种的技师培训考核和心理咨询师等10个职业工种的培训和统考，2466人参加。全市49个行业协会、1156家企业参与企评工作，涉及职业工种80个，参加企评员工16036人次。组织44名选手参加全国网站设计、移动机器人、时装技术等11个项目比赛，平湖市职业中专的全小兰和学校另一位选手参加第四十四届世界技能大赛全国选拔赛（时装设计项目），取得第一名和第八名；组织100多名选手参加茶艺师、数控车工、焊工、模具设计师等20多个工种的省级技能竞赛，其中省级一类竞赛：数控车工获第三名、数控铣工获第五名、模具设计师获第四名、机修钳工获第四名、电子商务师获第五名；举行嘉兴市职业技能竞赛，设25个技能竞赛项目，参加竞赛人数500人，产生65名技师和331名高级工。建设技能大师工作室，2家入选省级技能大师工作室，认定市技能大师工作室8家。完成第三批嘉兴市首席技师的评选，新产生12位“嘉兴市首席技师”。选拔推荐12名技工院校业务骨干参加“金蓝领”高技能人才国内（外）培训班。举办工业机器人技术应用等10期高技能人才培训研修班。指导海宁技师学院（筹）成功创建省级高技能人才公共实训基地；指导平湖市职业中等专业学校时装技术专业（时尚类）纳入世界技能大师浙江集训基地；指导嘉兴技师学院的电气自动化设备安装与维修专业和桐乡技师学院（筹）的电子商务专业入选省级品牌专业；同意海宁技师学院（筹）新设化纤生产技术专业；组织全市技工院校教师、学生300多人次参加语文课教学、会计专业技能等10多项比赛，获得6个一等奖。全市新增高技能人才2.67万人。

【实行阳光审批】 2016年，嘉兴市围绕“规范审批、阳光运行、优质服务、高效便民”的总体思路，进一步优化行政审批服务办事流程，试行审批服务窗口“柜员制”综合经办模式，全面改革职工退休审核、劳动能力鉴定等经办模式。全年各类行政审批服务事项承诺件办结率100%，无一例投诉件和不满意件。进一步精简和下放行政许可事项，落实放权事项的事中事后监管职责和“双随机”执法检查制度。加强行政审批服务标准化建设，全面规范全市人力社保系统行政审批事项要素，制定审批内容、申报材料、审批要件、审批流程、审批时间、审批收费“六统一”标准，严格按照规定的流程进行操作，规范行政审批行为。落实部门权力清单和责任清单制度，完善政务信息公开制度，健全网上办事大厅运行机制，行政审批承诺办理时间比上年缩短27%，科学、规范、便捷、高效的行政审批服务“快速通道”基本形成。

（吕　臻）

机构编制工作

【概况】 2016年，嘉兴市积极探索基层治理体系建设，印发《关于深化镇（街道）行政管理体制改革的意见》和《关于构建基层“四个平台”工作的实施意见》，组织开展全市“四个平台”建设示范镇（街道）模拟考核。2016年，全市统一社会信用代码赋码540个，其中机关单位472家，群众团体

63个,其他5个。开展机关事业单位域名注册、网站标识加挂工作,机关事业单位网站全部加挂网站标识。全市2506家事业单位全部按时申报法人年度报告,2477家事业单位法人年度报告书在市县两级机构编制部门门户网站集中公示。开展市及县(市、区)6家文化馆、博物馆等文化类事业单位法人治理结构改革试点。

【优化公共权力运行改革】 2016年,嘉兴市优化公共权力运行改革,建立健全部门权力清单、责任清单动态调整机制,推动权力清单和责任清单制度改革。组织开展并完成市县两级政府部门权力清单比对规范,实现与省市县三级权力基本目录库的对接;全面取消非行政许可事项,向社会组织转移政府职能150项;将部门年度重点工作目标任务和基本公共服务事项纳入责任清单,公布市县两级政府部门2.0版权力清单、责任清单。组织编制全市43个镇、30个街道和23个功能区的权力清单、责任清单,于3月底向社会公布,实现权责清单制度市县镇三级全覆盖。

2月3日,嘉兴市编委办会同市发改委召开全市深化权力清单和责任清单工作会议 (市编委办提供)

【建成统一政务咨询投诉举报平台】 7月,嘉兴市政府办公室出台《嘉兴市统一政务咨询投诉举报平台建设实施方案》,整合市级19个部门28条政务服务热线,建设政务咨询投诉举报平台。9月30日,嘉兴市本级及所辖各县(市)在全省率先将政务热线管理系统数据信息整合接入省统一政务咨询投诉举报平台,全市政务热线整合工作完成。

【深化综合行政执法改革】 2016年,嘉兴市印发《深化综合行政执法工作实施方案》,综合行政执法权扩大到21个方面776项。加强基层综合行政执法机构、基层综合行政执法联动平台、基层综合行政执法网格体系等"一机构一平台一张网"建设,初步实现全市各镇(街道)全覆盖。建立健全市县镇三级联合执法协调指挥机制,重点明确市环保局等业务主管部门与综合行政执法部门协作配合事项。

【推进政府职能转变和机构改革】 2016年,嘉兴市强化机构和职责整合,进一步精简和规范机构设置。调整完善并重新印发23个市级机关部门(单位)"三定"规定,进一步明确部门职责、内设机构、领导职数等事项。理顺市级部门之间职责关系,划分部门职责边界,强化部门责任,重点明确餐饮服务食品、酒类食品、药品流通等9项职责分工。协调推进"双随机一公开"事中事后监管制度,推进"一单两库一细则"(随机抽查事项清单、市场主体名录库、执法人员名录库、随机抽查细则)建设。至2016年12月底,环保、市场监管、发改(物价)等21个主要承担市场监管职能部门完成"一单两库一细则"建设,并实施"双随机"抽查监管,其余部门基本完成"两库"建设,实现随机抽查事项至少达到本部门监管执法事项的70%、其他行政执法事项的50%目标。印发《嘉兴市政府职能向社会组织转移暂行办法》,向社会公布第一批150项政府职能向社会组织转移事项目录。

【推进各类事业单位统一登记改革试点】 2016年,嘉兴市率先在市属教育、卫生领域开展各类事业单位统一登记管理制度改革试点。12月25日,嘉兴市政府办公室印发《关于开展建立各类事业单位统一登记管理制度改革试点的实施意见》,市编委办制定《嘉兴市民办事业单位设立登记暂行办法》和《嘉兴市民办事业单位法人治理结构暂行办法》等配套政策。遴选确定嘉兴一中实验学校为首批试点单位。完成原登记的"其他组织利用国有资产举办的事业单位法人"清理规范。

【开展机构编制审计】 2016年,嘉兴市编制机构编制审计指标体系,并将其与选人用人、重大事项决策、经济责任审计等捆绑实施,促进机构编制审计规范协同机制建设,重点开展2个部门(单位)的“六责联审”,完成4家单位的机构编制审计,发现科级领导干部配备、人员混编混岗、实名制管理等八个方面问题,提出整改措施6项。

【促进机构编制优化配置】 2016年,嘉兴市建立机构编制实名制管理联席会议制度,强化部门协作、共建共享。严格用编用职审核,编制使用优先保障市委市政府中心工作,优先保障民生事业,优先保障政策性安置,优先保障“补短板”,优先保障高层次紧缺人才用编需求。2016年,核准40个市级机关部门使用行政编制113名、岗位合同工数额5名,核准43个市级部门使用科级职数145名;核准166家市属事业单位使用775名事业编制、95名岗位合同工数额,65家市属事业单位119名科级领导职数。

（杨　力）

合作交流工作

【实施与沪杭同城战略】 2016年,嘉兴市调整实施“与沪杭同城”战略工作委员会成员,制定《2016年嘉兴市深化接轨上海工作实施方案》,明确七大对接行动、十个重点项目以及50项具体工作,完善《嘉兴市2016年度深化接轨上海工作考核实施办法》。推进沪乍杭铁路、钱江通道北接线二期、杭州湾大桥北接线二期等重大基础工程建设,杭州至海宁城际铁路开工建设,对老沪杭铁路开行通勤列车开展可行性论证。推进嘉兴军民合用机场建设,修编可行性研究报告。开通嘉善经济技术开发区—上海松江地铁南站通勤车,平湖新埭—上海高铁金山北站、平湖经济技术开发区—高铁嘉善南站公交专线。全市15家省级以上开发区(高新区)与上海重点平台签订合作协议。全市引进上海企业770家,到位资金258亿元。引进上海高层次人才280名,新建院士专家工作站13家,选派68名干部赴上海挂职,干部联训学员101人,专题研训学员410余人(次)。与上海开展合作共建创新载体15个,签约科技合作项目159个。全市教育系统实施教育合作项目14个,合作办校3所,结对学校46所,培训交流4062人(次)。与上海医疗合作项目23个,赴上海交流培训775人(次),邀请专家讲学179人(次),新增与上海合作开办医院6家。与第二军医大学签订框架协议,与其下属的上海长征、长海、东方肝胆三甲附属医院联合在嘉兴市建立八大诊疗中心,在长海医院实现医保异地联网结算,嘉兴市民卡(公交卡)在上海地铁、公交等实现一卡通。

【开展浙商回归工作】 2016年,嘉兴市实施“一把手”“1+2+3”(牵头召开1次工作推进会,挂钩联系1家省外商会和盯引1个重大项目,服务推进3家浙商回归企业)领衔制,全市党政主要领导联系省外浙江商会10家、浙商回归重点企业10家、挂钩推进浙商回归重点项目30个。编制近200个重点招引项目推介册,组织开展各类招商推介活动150多场,推介项目300多个。5月,举行2016深圳嘉兴商会“嘉兴行”活动。7月,在2016浙商回归(北京)专题活动上,总部基地江南城、浙江南湖金融资产交易中心、国安精进股权投资基金3个项目签约,总投资26亿元。9月13日,在富悦大酒店举行嘉兴市第二届浙(禾)商大会,推出项目247个,11个项目达成初步投资意向,总投资达130.7亿元。11月,在2016年天下浙商家乡行活动中,嘉兴富通国际科技有限公司特种光纤光缆生产等4个项目签约,总投资41亿元。11月,举办2016嘉兴创新发展投资贸易洽谈会,合作项目37个,意向投资超过100亿元。12月,在广东举行嘉兴市留学人员恳谈会暨创业创新环境推介会,有100多个计算机人工智能、资本产权管理项目有意向来嘉兴。推进浙商回归园区建设。开展走访慰问活动,全市走访浙商771人、浙商家属362人,开展联谊活动15场(次),邀请重点浙商674人参加。嘉广集团新闻综合频道《嘉兴新闻》推出“浙(禾)商贺新春”节目。完善市县二级联动的浙商服务体系,搭建“浙商之家”平台。年内,市浙商服务中心累计接收浙商咨询电话461个,集中受理事项258个,提供招商项目155个,提供优惠政策24条。2016年,嘉兴市完成浙商回归到位资金390亿元,完成市定任务数的111.43%,其中产业项目到位资金309.96亿元,资本回归项目到位资金80.04亿元,七大产业和特色小镇项目占重大项目到位资金的90%以上。15个省浙商回归重大产业项目中,已供土地项目14个,开工建设项目11个,投产1个。9个省级盯引项目全部签约,190个市县两级盯引项目签约141个。世界浙商大会签约的10个项目全部开工;浙商回归北京专题活动签约的3个项目,2个完成注册,1个正式运营。2016年,嘉兴市浙商回归工作列全省目标责任制考核第一,成功实现"五连冠"。以"幸福回嘉·共筑梦想"为主题的浙商回归工作,获得嘉兴市机关服务品牌。

9月13日,嘉兴市第二届浙(禾)商大会召开(盛建生摄影)

【嘉兴市民卡、公交卡在上海实现互联互通】 12月10日起,新版公交卡、市民卡可以在上海地铁刷卡使用。12月29日起,新版公交卡、市民卡可在上海公交车、轮渡上使用。嘉兴市民卡、公交卡实现在上海公共交通领域联通应用。2016年12月10日至2017年1月10日,嘉兴市民卡、新版公交卡在上海刷卡50518笔,总金额104958元。

【共建"沪浙毗邻地区一体化发展示范区"】 3月18日,嘉善县与上海金山区在枫泾古镇签订"共建沪浙毗邻地区一体化发展示范区"战略框架协议。根据框架协议,嘉善县姚庄镇和开发区(惠民街道)与相毗邻的上海金山区枫泾镇作为共建范围。共建示范区区域总面积233平方千米,常住人口23万余人。协议明确两地共同推进产业经济一体化、社会治理一体化、生态环境一体化、交通网络一体化、旅游资源一体化"五个一体化"发展。

【举办中外公共管理学院院长论坛】 5月29日,嘉兴市委、市政府与上海交通大学联合主办中外公共管理学院院长论坛(上海—嘉兴)。来自美国、澳大利亚、新加坡及上海交通大学等国内外高校的近20名公共管理领域专家到嘉兴实地走访、研讨交流,为嘉兴城市治理建言献策。此次论坛是嘉兴接轨上海的一项重要举措,分享上海高校高端城建智慧的一次有益探索,对于嘉兴优化城市规划建设、提高城市治理水平、增添城市发展活力具有积极的意义。

【市政府驻上海联络处按实运作】 8月1日,市编委下发《关于嘉兴市人民政府合作交流办公室(嘉兴市人民政府驻上海联络处、嘉兴市经济技术协作办公室)有关机构编制事项的通知》,明确嘉兴市人民政府驻上海联络处设立办公室、对外联络部2个内设机构,核定工作人员6名。

【开展对口支援和山海协作工程】 2016年,嘉兴市对口支援四川省阿坝州九寨沟县、黑水县帮扶项目6个,支援财政专项资金1655万元;对口支援重庆市涪陵区帮扶项目6个,支援财政专项资金252万元;对口支援丽水市帮扶项目15个,支援山海协作专项资金1050万元。开展对口帮扶培训工作。设立专项培训费25万元,举办四川阿坝州、重庆涪陵区、丽水市等对口地区村干部和致富带头人培训班4期,培训村干部和农村致富带头人150名。

【实施新一轮东西扶贫协作工作】 12月29日,全省东西部扶贫协作工作专题会议明确新一轮东西扶贫协作工作任务,嘉兴市增加结对阿坝州的若尔盖县,2017年至2020年安排财政资金4494万元;海盐县结对宜宾市屏山县,2017年海盐县财政安排400万元,嘉兴市财政安排300万元,省财政安排300万元。从2018年开始,省、市、县三级财政出资以2017年为基数每年递增5%。

【开展国内区域经济合作交流】 5月19-22日，第十八届渝洽会——中国（重庆）国际投资暨全球采购会在重庆召开，嘉兴市组织浙江美大实业股份有限公司参展，洽谈客商数千人，现场销售额近20万元。11月3-6日，第十六届西博会（中国西部国际博览会）在成都召开，嘉兴市组织嘉兴锦宁纺织品有限公司、桐乡市大麻丰达丝织有限责任公司2家企业参展，签订意向订单50余万元。

（冯建松）

外事工作

【概况】 2016年，嘉兴外事积极参与国际峰会。G20杭州峰会期间，全市外侨系统选派10余人驻会工作；与公安、安全等部门保持紧密联系，加强境外非政府组织在嘉管理工作；提高防范意识，研究制定《G20峰会期间我市加强邀请外国人来华管理工作的若干措施》，把好外国人到华第一关。第三届世界互联网大会期间，市外侨办派员驻点服务，参与非警卫重要外宾接待、外事接待人员培训和嘉宾接站等工作，并具体承担法国前总理德维尔潘和澳大利亚前总理霍克2位前政要的主要联络及接待工作。

会同市委组织部设计“重走‘一大’路——再现1921嘉兴故事”“互联网发展与智慧小镇建设”等教学考察项目，得到中联部认可。市委书记鲁俊会见由中联部部长宋涛陪同考察的蒙古人民党主席、国家大呼拉尔主席米·恩赫包勒德率领的蒙古人民党代表团。市委副书记、市长胡海峰会见到乌镇参观访问的捷克总理索博特卡一行30多人。市人大常委会主任刘冬生、市政协主席高玲慧分别会见韩国江陵市议长、日本富士市市民代表团。市委副书记孙贤龙会见法国共产党全国理事会成员、国际部副部长洛朗-米盖勒·佩雷阿为团长的法国共产党青年干部考察团。市委常委、军分区政委王会能会见墨西哥高级军官代表团。嘉兴市还先后接待俄共中央主席团成员、中央书记，俄国家杜马自然资源、财产和土地关系委员会第一副主席尤·维·阿福宁为团长的俄罗斯联邦共产党青年干部考察团，以及阿根廷、智利、墨西哥等8国媒体记者考察团等。

全力参与“一带一路”倡议。以友城为纽带，增进交往。起草“一带一路”沿线国家友城拓展方案，明确今后一段时期友城工作目标。年内，经省外侨办批准，嘉兴市与墨西哥伊拉帕托市建立友好关系，与德国新明斯特市友城结好工作进展顺利，积极推动与法国瓦勒德瓦兹省、芬兰伊马特拉市建立经济合作伙伴关系。全年接待来自友城的团组15批90人次。此外，协助民营企业申办APEC商务旅行卡，为民营企业开拓国际市场创造条件，全年办理95批95人次。以活动为载体，加强往来。市友协、市外侨办邀请德国栋茨多夫话剧团到嘉兴市演出，增进嘉兴市群众对德国文化的了解。邀请芬兰伊马特拉市的艺术家到嘉兴市考察，深入探讨文化和教育合作事宜。

服务嘉兴市经济社会发展。经市外侨办牵线，嘉兴经济技术开发区与德国石荷州经济技术促进中心签署战略合作伙伴关系。邀请友城知名企业、国际组织及美国、德国、瑞士、意大利等国驻沪总领事等团组52批、515人次到访，涉及政府、经贸、教育、文化、旅游等众多领域。陪同市领导拜会乌兹别克斯坦、匈牙利、丹麦、芬兰等10余家使领馆和机构。参与深化接轨上海行动计划，开展与驻沪领馆、德国驻沪机构对接活动23次，涉及16个国家。依托上述资源和渠道，邀请友城和驻沪领馆官员，以及客商代表30多人参加嘉洽会，深入交流经贸领域合作；市长胡海峰、副市长盛全生会见与会外宾，盛赞本届嘉洽会是历年来国际化程度最高的一届。邀请5家驻沪总领馆代表参加嘉兴经开区招商大会暨重大项目签约仪式。配合市海绵办举办中澳城市可持续发展和水资源管理研讨会，邀请包括研究机构、规划建筑设计和技术公司等60多名代表，与嘉兴市相关行业的70多位代表以研讨的形式探讨海绵城市的建设理念，以及在建设过程中碰到的难题，现场考察指导嘉兴市的工程建设。配合市治水办和水务集团邀请德国污水处理专家为水环境治理“问诊把脉”。支持企业邀请外国技术管理人才到嘉兴开展短期服务，办理邀请外国人到华1642批2197人次。加强校际交流,与国外结对学校互动频繁,平湖高级技工学校与2025中德职教合作联盟及德未特国际教育集团签订2025中德职教合作项目。

加强因公出国(境)管理。认真贯彻全省因公出国工作会议精神,严格按照“有事才去,因事定人,完事即回”原则,把好审核审批关。全年全市派出因公出国(境)团组347批960人次,其中赴欧美招商团组95批。完善海外领事保护机制,建立健全市县两级“境外嘉兴籍公民和驻外机构安全保护工作联席会议制度”。加强预防型领事保护工作,开展境外安全和领事保护宣传教育工作,强化安全风险监测、预警发布和风险管控,提高嘉兴市公民和驻外机构应对安全风险的自救能力。会同相关部门加强在嘉外国人管理服务工作,协调解决数起医疗、子女教育等难题,妥善处理新加坡籍人员突发身亡等涉外事件。

开展南湖友谊奖评选活动,东海橡塑总经理小川雄一、乐高玩具制造有限公司高级副总裁、总经理黄德志获奖。开展“亲商安商”外资企业走访活动,市政协主席、市友协会长高玲慧及市友协副会长、副市长盛全生一行深入企业了解情况,协调解决外企外籍人士面临的困难。举办“优秀在禾外籍人士”宣传报道活动、“在嘉外国友人情系嘉兴”海盐站活动、外国友人端午民俗文化节裹粽大赛活动等,增进彼此友谊,分享创业经验,丰富文化生活。

【德国石荷州州长访问嘉兴】 5月9日,德国石荷州州长托斯滕·阿尔比希率政府代表团、企业代表团一行50多人到嘉兴市考察。市长胡海峰会见代表团一行,并与托斯滕·阿尔比希州长进行会谈。副市长盛全生陪同考察。胡海峰简要介绍嘉兴的历史概况、人文环境、区位交通以及经济社会发展情况。胡海峰说,德国一直是嘉兴的重要合作伙伴,是嘉兴第三大出口流向国、第六大进口来源国和第十大投资来源地。目前,嘉兴已经有92家德资企业,2015年和德国的进出口贸易总额达到14.78亿美元。2014年,中德两国签署《合作行动纲要》,为落实这一框架精神,在省政府关心支持下,嘉兴规划建设4.04平方千米的浙江中德(嘉兴)产业合作园,目前有十多家德资企业正在洽谈,相信产业园建成以后,将会进一步推动双方交流合作,嘉兴也将积极为入园企业提供更加规范有序的市场环境、高效便捷的政务环境以及公平公正的法治环境,力争将产业园打造成为中国制造2025和德国制造4.0合作的成功典范。希望代表团一行在本次参观访问过程中更加深入地了解嘉兴、认识嘉兴,寻找更多的合作机遇,为两地共同发展做出贡献。托斯滕·阿尔比希对嘉兴的盛情接待表示感谢。嘉兴优美的环境、优良的区位交通优势和蓬勃向上的发展势头给他留下了非常深刻的印象,他对浙江中德(嘉兴)产业合作园的发展前景看好并充满期待。他表示,石荷州与嘉兴在多个方面有着非常大的合作潜力,希望今后双方进一步加强合作,密切交流,将双方友好关系往来推上新的台阶。当天,嘉兴经济技术开发区与石荷州经济技术促进中心签订战略合作协议。两地的企业代表、相关产业平台进行经贸合作洽谈。代表团一行先后前往雅培(嘉兴)营养品有限公司、马家浜健康食品小镇、浙江中德(嘉兴)产业合作园等进行参观,并对乌镇互联网医院和乌镇景区进行考察。

5月9日,嘉兴市与德国石荷州签署战略合作伙伴关系协议 (市外侨办提供)

【捷克总理访问嘉兴】 6月19日,乌镇迎来捷克总理索博特卡一行。索博特卡是在应邀出席第三次中国—中东欧国家地方领导人会议和第二届中国—中东欧国家卫生部长论坛期间赴乌镇参观访问的。市长胡海峰会见索博特卡一行并陪同访问。胡海峰向捷克贵宾简要介绍嘉兴经济社会发展情况及地方风土人情,并介绍乌镇已成功举办两届世界互联网大会，并成为世界互联网大会永久会址。索博特卡对嘉兴和乌镇取得的成就表示赞赏，双方还就两地经济交流和人员来往等进行探讨和交流。乌镇小桥流水、粉墙黛瓦，青石为路、小巷幽深，给索博特卡一行留下深刻印象。

【丹麦驻华大使访问嘉兴】 9月29日，丹麦驻华大使戴世阁在丹麦驻沪总领事普励志等人陪同下专程访问嘉兴，市长胡海峰会见代表团一行。双方就两地密切的经贸人文往来和姐妹城市交流进行探讨。胡海峰指出，乐高集团、丹佛斯集团等丹麦企业落户嘉兴，特别是乐高工厂，是目前浙江省引进的投资总额最大、行业品牌档次最高的外商投资项目。2015年嘉兴与丹麦的进出口总额为2.5亿美元，两地合作还有很大拓展空间。戴世阁则表示，嘉兴与丹麦的关系历史久远，基础深厚，嘉兴与里比市，海盐与松德堡市都结为了友好城市。此外，嘉兴正在大力推进海绵城市建设和水环境治理项目，而丹麦在此领域有着丰富的经验和先进的技术，希望两地可以在水污染治理和水资源管理方面开展进一步的合作。戴世阁大使一行还实地考察了乐高嘉兴工厂和丹弗斯海盐工厂。

【蒙古人民党主席、国家大呼拉尔主席访禾】 10月17日，蒙古人民党主席、国家大呼拉尔主席米·恩赫包勒德率领的蒙古人民党代表团到嘉兴市考察。中联部部长宋涛、中国驻蒙古大使邢海明，嘉兴市委书记鲁俊等陪同考察。蒙古人民党代表团一行对海宁中国皮革城、浙江雪豹服饰有限公司进行参观考察。考察团一行听取海宁市有关领导、企业家代表就该市经济社会发展和企业发展等情况所作的简要介绍。米·恩赫包勒德表示，通过参观考察，代表团对嘉兴皮革产业在推动经济社会发展中取得的各项成就留下深刻印象。受限于技术、市场等“短板”，目前蒙古国每年有接近70%的皮革无法完成自主加工。推动皮革加工领域的发展、建立基层皮革加工工厂，是蒙古国人民党下一阶段的重要工作目标。会上，米·恩赫包勒德代表蒙古国发出邀请，希望海宁企业家代表和有关领导前往蒙古国开展调研和考察，促进双方在皮革、皮草等行业的交流，为两国经贸产业的合作发展打下基础。对此，中联部部长宋涛表示，蒙古是推进“一带一路”倡议实施过程中一个重要的“支点国”。加强与蒙古国经济合作，建立友好关系，将极大促进双方经贸发展和友好往来。希望今后有更多有实力的海宁企业家前往蒙古国，在打造海外仓库、合作发展皮革城项目等方面，双方进一步加强学习交流，通过将海宁皮革加工产业的资金、技术、市场等优势与蒙古的丰富皮革资源加以融合，实现互利共赢、共同发展，造福两国人民。据了解，2015年，嘉兴市对蒙古出口额548万美元，同比增长263.4%。嘉兴市对蒙古出口的主要商品包括塑料及其制品378万美元；家具、寝具及灯具62万美元；木浆及纸板45万美元。

10月17日，蒙古人民党代表团考察嘉兴市皮革产业
（市外侨办提供）

【俄共中央主席团成员、中央书记访问嘉兴】 11月17-18日，应中联部邀请，以俄共中央主席团成员、中央书记，俄国家杜马自然资源、财产和土地关系委员会第一副主席尤·维·阿福宁为团长的俄罗斯联邦共产党青年干部考察团一行20人到嘉兴市访问。市委常委、副市长卜凡伟会见考察团一行。卜凡伟指出，嘉兴区位优势独特、文化底蕴深厚、交通便捷、产业基础完备，作为世界互联网大会的永久举办地，嘉兴面临着千载难逢的发展机遇，也为中俄双方扩大合作交流创造了更多空间。他表示，嘉兴愿同俄方一道共同努力，扎实推进各领域合作，为增进两国人民的友谊做

出应有的贡献。尤·维·阿福宁表示,嘉兴在稳妥推进经济社会发展和承办国际性大型峰会方面的经验让人印象深刻,值得学习和借鉴。考察团在进一步助推两国间友好交流与合作的同时,更应该发展地方间的友好合作关系。他说,2017年11月7日是伟大的十月革命100周年纪念日,是全世界共产党人的重要日子,希望以此为契机,进一步推动双方的务实合作,为两国人民的友好交往添砖加瓦。访问期间,考察团一行还赴秀洲区考察嘉欣丝绸公司、秀洲国家高新区展示馆、秀洲农民画艺术中心,并参观中共"一大"会址及南湖革命纪念馆。

表16

2016年嘉兴市部分出访团组情况一览

出访时间	团长职务、姓名	人数	出访地点	出访事由
4月20-29日	副市长盛全生		英国、德国、以色列	经贸活动
5月1-7日	市政协副主席朱静绮	6	香港	工作交流
6月19日至7月4日	常务副市长楼建明	1	新加坡	培训
7月16-24日	市政协主席高玲慧	6	新加坡、越南	友好访问
8月7-14日	市人大常委会副主任张志伟	6	日本、韩国	友好访问
9月10-17日	市委常委、开发区党工委书记何炳荣	6	美国、阿联酋	经贸洽谈
9月25日至10月3日	副市长赵树梅	6	克罗地亚、以色列	友好访问
9月25日至10月3日	市政协副主席马邦伟	6	匈牙利、俄罗斯	友好访问
11月17-24日	市政协副主席王淳	6	芬兰、丹麦	医疗卫生洽谈
11月20-27日	市人大常委会副主任金成胜	6	捷克、德国	招商引资
11月27日至12月4日	副市长柴永强	6	澳大利亚、新西兰	文化教育洽谈
12月1-5日	市委副书记孙贤龙	5	香港	工作交流
12月19-26日	副市长祝亚伟	6	奥地利、以色列	项目洽谈

表17

2015年嘉兴市部分团组接待情况一览

到访时间	团组名称	团长职务、姓名	人数	出席领导
1月8日	巴西中国经济贸易促进会访问团	陈捷	2	
1月12日	澳大利亚驻沪总领馆领事代表团	商务领事倪凯芸	3	
1月13日	匈牙利外交部代表团	外交和对外经济部副部长拉斯洛·萨博	5	
1月13日	2018韩国平昌冬季奥运会民间志愿团	韩国江陵市佳平初等学校校长闵泳裴	4	
1月16日	匈牙利中央银行代表团	中央银行行长马托奇	5	
1月22日	美国肯恩大学代表团	常务副校长菲利普·康奈利	10	林健东
2月1日	中国阿拉伯交流协会	副会长兼秘书长秦勇	2	
2月2日	德国污水处理专家	多曼	4	
2月23-24日	澳大利亚驻沪总领馆活动	商务领事倪凯芸	2	
2月27日	加拿大安大略省哈密尔顿市友好城市联络官	古念华	1	
3月4日	韩国驻上海总领事	韩硕熙	4	林健东
3月14-16日	日本大阪府大东市议会议员团	三川武	1	
4月11-13日	中澳城市可持续发展及水资源管理合作论坛		59	张仁贵
4月22日	芬兰议会农林委员会代表团及芬兰驻沪领事馆代表团	主席雅利·莱帕先生	14	赵树梅
5月9日	德国石荷州州长代表团	托斯滕·阿尔比希	60	胡海峰
5月23日	韩国江陵市韩中友好协会代表团	咸大植	14	
5月23日	瑞士驻沪总领事代表团	霍力轩	2	盛全生

续表17

到访时间	团组名称	团长职务、姓名	人数	出席领导
5月27日	韩国济州韩中交流协会	梁洪喆	10	
6月6日	克罗地亚中国东南欧企业联合会会长	马里奥·伦杜利克	2	
6月9日	美国驻沪总领事馆领事处官员	谢梦兰	1	
6月19日	捷克总理代表团	索博特卡	48	胡海峰
6月29日	发展中国家女官员参与社会管理能力建设研修班		58	
7月3日	法国瓦勒德瓦兹省经济代表团	菲利普·舒赫	5	
7月29日	德国栋茨多夫话剧演出团	格哈特·克拉纳	27	高玲慧
9月22日	韩国江陵市政府副市长	金喆来	5	盛全生
9月29日	丹麦驻华大使	戴世阁	4	胡海峰
10月11–13日	韩国江陵市议会团	曹永敦	14	刘冬生
10月17日	蒙古国人民党主席团一行	米·恩赫包勒德	20	鲁　俊
10月18–21日	日本富士市市民友好访问团	山田正明	15	高玲慧
11月5日	南美知名媒体记者团		13	
11月7–8日	美国驻沪总领事馆外联处官员	外联处长费曼舒	2	
11月7–8日	以色列驻沪总领事代表团	总领事安迈凯	3	
11月7–8日	捷克驻沪总领事代表团	总领事理查德·卡尔帕奇	4	
11月7–8日	法国瓦勒德瓦兹省经济代表团	国际事务处处长刘泉江	1	
11月7–8日	芬兰驻沪总领事代表团	总领事万伯阳	1	
11月7–8日	韩国驻沪总领事代表团	总领事韩硕熙	4	
11月7–9日	芬兰伊马特拉市友城代表团	市长林图能	5	
11月10日	丹麦驻沪总领事代表团	总领事普励志	1	
11月17–18日	俄罗斯联邦共产党青年干部考察团	俄共中央主席团成员、中央书记,俄国家杜马自然资源、财产和土地关系委员会第一副主席尤·维·阿福宁	20	卜凡伟
11月18–19日	法国共产党青年干部考察团	法国共产党全国理事会成员、国际部副部长洛朗–米盖勒·佩雷阿	9	孙贤龙
12月2–6日	江陵市友协协会团	会长咸大植	3	高玲慧
12月3日	墨西哥高级军官研修班	墨西哥国防部陆空军大学校长巴耶霍中将	10	王会能
12月7日	德国哈勒市代表团	伍尔夫·艾玛·伯奇乐	3	
12月8日	印度驻沪总领事	古光明	2	鲁　俊
12月13日	美国洛克维尔市姐妹城市委员会代表团	陈鹰	2	

（许　叶）

侨务工作

【嘉兴市侨商会第三届会员大会召开】 1月20日，嘉兴市侨商会召开第三届会员大会，全市120余名侨商汇聚一堂，共谋发展。省外侨办、省侨联、省侨商会有关领导，市委常委、组织部部长连小敏，市人大常委会副主任金成胜，市政府副市长柴永强，市政协副主席、市委统战部部长朱静绮等出席第三届侨商会就职典礼。市外侨办党组书记、主任朱永明，市外侨办党组副书记、侨联主席章一川，市委社工委副主任沈建良，市外侨办副主任朱海林全程出席会员大会、三届一次理事会及就职典礼。

【市侨商服务联盟联席会议召开】 5月3日，嘉兴市举行“红船服务”总联盟暨市侨商服务联盟联席会议。会议总结交流各服务联盟工作，研究部署下阶段服务企业(人才)和侨商工作。省外侨办副主任王通林,中国侨商会副会长、省侨商会会长廖春荣,省侨联副主席、省侨商会常务副会长陈乃科到会指导。市委常委、组织部部长连小敏参会并讲话。副市长盛全生,市政协副主席、市委统战部部长朱静绮,市外侨办主任朱永明,市侨联主席章一川以及各县(市、区)、嘉兴经济技术开发区、嘉兴港区侨商服务联盟领导小组负责人,市服务联盟各成员单位负责人及侨商企业代表100余人参加会议。

【首届海商大会举行】 10月17日,2016首届海商大会在海宁举办,海内外600余名海商参会。会上有29个重点项目成功签约,总投资额近300亿元,其中总投资额超过50亿元项目有3个,分别为许村镇的艺创小镇项目、经济开发区的汽车轮毂制造项目和国际现代新材料包装产业园项目。签约项目以工业实体经济为主的18个项目,总投资175.9亿元,占投资总额的60%。嘉兴市外侨办组织侨商代表20余人参加会议。

【2016香港巡回展览在嘉兴市展出】 11月16日至20日,由香港特别行政区政府驻上海经济贸易办事处(驻沪办)主办的"同根同心·共创双赢"2016香港巡回展览在嘉兴八佰伴生活广场举行。香港巡回展一方面向市民宣传两地同心、共创双赢的信息,另一方面也向市民介绍香港的独特优势、最新经贸及社会情况。

【参与"侨资企业西部行"】 11月22–26日,根据国务院侨办"侨资企业西部行"活动部署和省外侨办具体指导,市侨商会组织经贸考察团到吉林省开展投资考察。考察团由市侨商会会长戴其丰带队,由13家侨资企业共16人组成,侨商产业涉及汽车配件、精密制造、光伏发电、医疗、灯具照明、服装、建材、房地产等多个领域。吉林省外侨办及所属市县有关领导出席相关活动。

(张晓栋)

政协嘉兴市委员会

综　　述

2016年，市政协牢牢把握团结民主两大主题，紧紧围绕中心、服务大局，切实履行政治协商、民主监督和参政议政职能，建言献策。

政协七届五次全体会议围绕“一府两院”工作报告和“十三五”规划纲要开展集中协商，着重就全市经济社会发展各方面广泛协商议政。召开专题协商会议，围绕《中共嘉兴市委关于补齐短板争当标尖的行动计划》重大决策开展政治协商。常委会议聚焦嘉兴市实施创新驱动发展战略，就推进大众创业创新议题开展重点协商。主席会议重点围绕“五水共治”长效机制建设开展专题协商，就平安建设、大气污染治理内容进行专题视察。协商讨论优化嘉兴市留学归国人员创业发展环境。各专委会分别就农村电商发展、调整完善土地利用总体规划等开展对口协商，政协各界别先后就中小微企业创新、青年就业创业、完善城区旅游发展规划等开展协商，努力助推“十三五”发展规划良好开局。积极献策经济转型发展。以“加快补齐嘉兴实体经济转型发展短板”为主题，开展市委书记与政协委员“面对面”专题协商。主席会议就加快滨海开发建设、接轨上海、安全生产等重大议题开展视察协商，各专委会和各界别分别就市区旅游开发建设、帮扶困难侨企及发展生产性服务业、推进智能制造、社会资本参与全市建设等热点难点问题开展对口协商和调研，积极为经济发展建良言、献良策。始终聚焦深化改革攻坚。常委会议围绕深化医疗卫生体制改革，提高市民健康水平议题开展重点协商，努力助推“健康嘉兴”建设。各专委会就协会商会诚信自律机制建设、文艺繁荣和精品工程建设等开展对口协商，各界别就海绵城市试点、国家特殊教育改革实验区建设、新市镇建设等开展协商，助力各项改革措施切实全面推进。发挥好政协经济研究会、社会发展研究会、文化发展研究会等社团作用，围绕互联网经济示范区、依法治市、文化发展等开展课题调研，进行征文研讨，有效服务发展大局。

关注民生。主席会议重点围绕深化“五水共治”长效机制建设等开展专题协商，就平安建设、大气污染治理等内容进行专题视察。各专委会和界别依据自身特色，围绕公共交通出行、基础教育教师队伍建设、农村生活污水治理、妇女儿童公益服务、护工队伍建设、社保基层服务平台建设等深入调查研究，广泛协商建言，推动各项民生事业健康发展。发挥好民主监督员的作用，完善联动配合、知情保障机制，增强工作合力，市政协响应省政协工作部署，开展三级政协联动、万名委员同行、落实“五水共治”长效机制专项集体民主监督。建立经常性监督工作交流制度，17个民主监督小组先后围绕营改增、“多规合一”、医养结合、二孩政策、智慧交通建设以及各部门党风廉政建设情况等开展重点监督，得到市纪委市监察局的充分肯定。优化提案全程服务，做好重点提案领导领办、专类提案集中督办、热点提案公众督办、历年提案“回头看”和民主评议部门办理工作等，七届五次会议以来立案的378件提案全部办理完毕，发挥提案参政献策、议政为民的作用。发挥反映社情民意优势。收到社情民意447条,报送市领导31期,获批示18人次,转送部门160条;上报省政协128期,被采用20期,获批示4人次,转送全国政协3期。加大政协履职宣传,运用“政协之窗”“政协话题”“政协·民生议事厅”等媒体专栏,组织好常规宣传,开展好深度报道,为民生问题积极呼吁。完成《嘉兴文史汇编》第7册、《爱国教育家顾惠人》和《嘉兴文史》资料征编,并举办顾惠人生平及教育思想研讨会。

密切与市各民主党派、工商联、无党派人士和人民团体的联系合作。组织港澳台侨委员围绕“进一步推动嘉兴经济社会协调、可持续发展”主题,与市委、市政府主要领导座谈协商;视察嘉兴市台湾青年创业情况。相关界别就鼓励民资、侨资、台资等社会资本参与嘉兴市PPP项目建设开展界别协商。多次组织港澳台侨特邀委员考察嘉兴市及周边地市经济发展情况,共同探讨新形势下台侨资企业转型升级发展,促进交流合作。主办“跨越海峡”嘉兴·台湾摄影作品交流展。加强与民族宗教界代表人士的经常性沟通,征求对民族宗教工作的意见建议,主动参与“民间信仰事务管理工作课题”调研,推进民间信仰活动场所制度化、规范化管理。

固本强基,提升政协委员和机关干部的能力水平。推进政协理论研究,围绕协商民主机制等内容征集论文29篇,举办理论研讨会,并精选论文报省政协理论研究会参评,有10篇论文分获一、二、三等奖。参与护航G20杭州峰会、互联网大会维稳安保、公交车安全员、结对(居住地)社区治安大巡防等志愿服务活动。参与全国文明城市创建工作,开展党员志愿服务、困难户走访慰问、送书画送卫生进乡村进社区、结对村和社区共建工作等活动。组织开展科教扶贫、送医送药、助学解困等服务群众系列活动。梳理本届以来的履职成果和经验,开展资料、纪念册整理汇编。完成本届以来委员履职评估工作,推进委员履职能力提升。加强机关自身建设,扎实推进机关党建,市纪委派驻纪检组,持续推进作风建设和党风廉政建设。

(胡　犟　王存乡)

重要会议

【市政协七届五次会议】 2016年3月24-28日,政协嘉兴市第七届委员会第五次会议在嘉兴举行。会议审议通过高玲慧代表政协嘉兴市第七届委员会常务委员会所作的工作报告和李水根代表政协嘉兴市第七届委员会常务委员会所作的提案工作情况的报告,选举1名副主席、6名常务委员。会议听取和审议了胡海峰代市长所作的政府工作报告和《嘉兴市国民经济和社会发展第十三个五年计划纲要(草案)》及其他报告。会议号召,市政协各参加单位和全体政协委员在中共嘉兴市委的坚强领导下,紧紧把握团结和民主两大主题,服务发展大局、主动献计出力,顺应民生期盼、积极监督建言,深化合作共事、广泛凝心聚力,为加快“两富”“两美”嘉兴建设,高水平全面建成小康社会而奋斗!

【市政协七届二十次至二十四次常委会议】 1月28-29日,市七届政协举行第二十次常委会议。会议学习中央经济工作会议精神;审议通过关于召开政协嘉兴市第七届委员会第五次会议的决定和有关文件。会议决定政协嘉兴市第七届委员会第五次会议于2016年2月24日在嘉兴举行。会议审议通过政协嘉兴市第七届委员会第五次会议议程(草案)、日程(草案)、大会分组办法和小组召集人名单以及政协嘉兴市委员会2016年工作要点。会议审议通过市七届政协常委会工作报告,推定高玲慧为报告人,审议通过市政协七届四次会议以来提案工作情况的报告,推定李水根为报告人;会议协商讨论嘉兴市政府工作报告(征求意见稿)。会议分别听取市政府关于市政协七届四次会议以来提案办理情况的通报,市政府关于市政协七届十六次常委会议和市委关于市政协七届十七次常委会议意见建议办理情况的通报,市财政局关于嘉兴市2015年全市和市本级预算执行情况及2016年全市和市本级一般公共预算(草案)的情况通报。会议审议通过重点提案遴选与督办试行办法,开展了2015年提案办理工作民主评议。市委常委、市政府常务副市长楼建明，副市长祝亚伟到会通报有关情况。市人大常委会副主任金成胜应邀参加会议。市政协主席高玲慧在会议结束时简要回顾市政协2015年的重要工作，并就做好2016年工作和开好市政协七届五次会议提出明确要求。

2月19日，市七届政协举行第二十一次常委会议。会议审议通过关于延期召开市政协七届五次会议的决定。会议审议通过市政协七届五次会议分组办法和小组召集人名单。会议听取有关人事事项说明，同意郑新娣、顾秋莉、浦金英3位同志辞去市七届政协常务委员、委员职务，撤销费飞金市七届政协委员资格，增补冯丹、仲建锋、孙建华、李永宪、章一川为市七届政协委员，通过市七届政协副主席候选人建议名单、市七届政协常务委员候选人建议名单。

3月27日，市七届政协举行第二十二次常委会议。会议听取市政协七届五次会议分组讨论情况的汇报，审议通过市政协七届五次会议选举办法（草案），市七届政协副主席、常委候选人名单，市政协七届五次会议总监票人、总计票人、监票人名单（草案），并决定提交选举大会审议。会议审议通过市政协七届五次会议提案审查情况的报告（草案）和市政协七届五次会议决议（草案），提交大会审议。

5月31日，市七届政协举行第二十三次常委会议。会议学习省政府《关于大力推进大众创业万众创新的实施意见》和省委十三届九次全会报告，协商讨论推进嘉兴大众创业创新。中共嘉兴市委常委、常务副市长楼建明通报推进全市大众创业创新工作情况。9个课题组进行大会发言。市政协主席高玲慧在会上讲话。会议建议，一要凝聚发展共识，深化创业创新理念。二要把握关键环节，激活创业创新潜力。三要营造良好环境，释放创业创新活力。

8月29日，市七届政协举行第二十四次常委会议。会议学习习近平总书记在全国卫生与健康大会上的重要讲话、《浙江省深化医药卫生体制改革综合试点方案》和《关于建设“健康嘉兴”的实施意见》，协商讨论“深化医疗卫生体制改革，提高市民健康水平”。市政府副市长柴永强通报全市深化医疗体制改革，提高市民健康水平工作情况。围绕10个课题进行讨论。会议认为，近年来市委、市政府始终把深化医改作为改善民生、促进发展的大事要事来抓，不断加大投入，创新工作机制，覆盖城乡居民的基本医疗卫生制度不断健全，医疗卫生服务能力和综合实力得到有效提升，初步形成“城乡一体、区域统筹、全面覆盖、有序开放”的医疗卫生事业发展新格局。会议指出，深化医疗卫生体制改革，提高市民健康水平事关民生民利，既需要总结好前几年的成绩和经验，也需要重视相关问题的解决：如何做好改革的顶层设计，从“管办”分离要求出发，调整完善组织架构，理顺管理体制，增强改革合力；如何深化分级诊疗改革，加强基层医疗机构和人才队伍建设，提高基层医疗服务能力；如何完善医保政策，鼓励社会办医，推进“医养护结合”，缓解卫生资源不足；如何加大医疗卫生和体育事业投入力度，大力发展健康产业，促进“健康嘉兴”建设，等等。这些问题作为当前医疗卫生与健康事业的痛点和薄弱环节，需要相关部门加以重视，并积极吸纳委员们的意见建议，加快补齐短板，努力推动相关工作再上新台阶。会议强调，政协工作要始终坚持履职为民的初心，在思想认识上始终牢记政协的人民性，在履职实践上始终聚焦民生福祉，在工作作风上始终坚持群众路线，在线上线下密切联系服务群众中拓展反映民声、引领民意的途径渠道，切实做到民心贴得紧、民情摸得准、民智荟得齐、民力聚得拢、民困帮得实。

【市七届政协第五十至第六十二次主席会议】 1月21日，市七届政协举行第五十次主席会议。会议听取市检察院2015年工作情况通报，听取市国土资源局关于《嘉兴市土地利用总体规划（2006年-2020年）》（2014年调整完善成果）编制说明，听取市建委关于《嘉兴市域总体规划》编制情况的通报。会议审议市政协七届二十次常委会议议程（草案）、日程（草案），审议关于召开政协嘉兴市第七届委员会第五次会议的决定（草案）、政协嘉兴市第七届委员会第五次会议议程（草案）和日程（草案）、邀请列席人员范围（草案）、各次大会执行主席及主持人名单(草案)、分组办法和小组召集人名单(草案)、联组座谈会安排(草案)。会议审议政协嘉兴市第七届委员会常务委员会工作报告(征求意见稿)、关于提案工作情况的报告(征求意见稿),分别推举报告人。会议审议政协嘉兴市委员会2016年工作要点(草案),市委、市政府、市政协2016年度重点协商工作计划,政协嘉兴市委员会2016年度协商计划以及市政协各专委会2015年工作总结。

2月18日,市七届政协举行第五十一次主席会议。会议听取市委常委、市委组织部部长连小敏和市委统战部的人事说明,审议关于同意郑新娣等同志辞去市七届政协常务委员、委员职务的决定(草案);关于撤销费飞金市七届政协委员资格的决定(草案);市七届政协委员增补名单(草案);市七届政协副主席候选人建议名单(草案);市七届政协常务委员候选人建议名单(草案);市政协七届五次会议选举办法(草案)。会议审议通过市七届政协委员界别调整名单。会议听取市政协七届五次会议筹备情况汇报,审议关于调整市政协七届五次会议召开时间的决定(草案)、市政协七届五次会议分组办法和小组召集人名单(草案)、市政协七届二十一次常委会议议程(草案)和日程(草案)。会议听取市文化局关于马家浜文化博物馆建筑设计进展情况的通报,认为经过前期的反复研讨,精心筹划,几易其稿,提出的马家浜文化博物馆建筑设计方案合理可行。

3月15日,市七届政协举行第五十二次主席会议,视察嘉兴市安全生产工作情况。与会人员赴南湖区大桥镇化工园区,实地视察浙江荣泰科技企业有限公司和浙江卫星控股集团。市安监局汇报全市安全生产工作情况。会议认为,近年来,嘉兴市牢固树立安全生产“红线意识”和“底线思维”,狠抓各项工作落实,有力促进安全生产形势持续稳定好转,安全生产整体水平明显提升,为嘉兴市“两富”“两美”建设创造良好的安全生产环境。会议指出,安全生产既是经济和社会问题,也是重大的政治问题。会议建议,思想上要更加重视、更加警惕。责任上要更加明晰、更加担当。工作上要更加精准、更加周全。会议听取市政府关于民丰集团实行就地改造并转型发展方案的通报。会议建议,一是要进一步加强民丰集团运营体制机制的研究,激活企业的活力。二是要进一步加快引进战略合作伙伴,希望引进具有相关业界背景的民营资本。会议审议通过市七届政协第二十三次常委会议调研方案。

3月25日,市七届政协举行第五十三次主席会议。会议审议有关人事事项,审议市政协七届二十二次常委会议议程(草案),审议市政协七届五次会议提案审查情况的报告(草案)、市政协七届五次会议决议(草案)。

4月26日,市七届政协举行第五十四次主席会议。会议协商讨论优化留学归国人员创业发展环境。与会人员实地视察浙江省留学人员创业园嘉兴科技城园区、浙江省留学人员创业园秀洲园区和博为科技有限公司、嘉兴德康医疗器械有限公司,听取市人力社保局关于优化留学归国人员创业发展环境情况的通报和市政协港澳台侨委关于课题调研情况的汇报。市政府副市长祝亚伟应邀参加会议。会议认为,市委、市政府高度重视招才引智工作,加大对留学归国人员的引进力度,吸引和集聚一大批海外高层次人才,对促进嘉兴市创新驱动战略实施、经济转型升级发挥重要作用。但在生活环境质量、创业政策体系、服务保障建设等方面还存在不足,政策的系统性、针对性还不够,重引进、轻后道服务还一定程度存在。会议建议,一是要围绕为核心人才铸造“触角”更长、更具生命力的服务链,千方百计

4月26日,市七届政协举行第五十四次主席会议,与会人员视察浙江省留学人员创业园嘉兴科技城园区(张刚辉摄影)

地营造更加优良的创业发展环境。二是要做到“扶上马后送一程”，进一步深化思想认识，不断优化环境；完善各项政策，落实落细举措；努力拓宽渠道，加大招才引智；主动搭好平台，深化细化服务，在现有基础上按需服务，引好、留好、育好人才，在政策环境上做到“上下一盘棋”，努力造就嘉兴人才高地，为嘉兴市经济社会发展提供更有力的支撑。会议审议通过市七届政协主席会议成员分工、市政协2016年重点工作安排、各专门委员会2016年度工作计划、2015年度提案办理工作民主评议情况，审议通过关于调整市七届政协部分界别活动组组长的决定。

5月13日，市七届政协举行第五十五次主席会议，专题视察委员履职平台建设。与会人员实地视察秀洲区王江泾镇政协委员联络室，听取秀洲区关于经济社会发展环境情况的介绍和关于王江泾镇政协联络室情况的汇报。各县(市、区)政协围绕委员履职平台建设进行交流发言。会议认为，嘉兴市的政协委员联络室自创建以来，在党委政府的重视支持下，抓平台建设不停步，抓作用发挥不懈怠，树立政协工作的品牌。作为一项探索性的工作，政协委员履职平台建设工作面临着全新的挑战和要求，需要积极应对。会议要求，在新的形势下，要正确认识，把准定位。政协委员联络室是基层委员履行职责的平台，是密切联系群众的平台，是党委政府与基层群众开展民主协商的平台。要最大限度地发挥好委员的主体作用，推动政协工作向基层延伸、政协影响力向基层拓展。要完善制度，规范工作。进一步明确工作的职责定位和人员的分工配置，进一步规范各项工作，做到有计划、有内容、有活动、有作为。要立足现有平台，积极拓宽思路和渠道、完善体制机制，进一步扎根基层、助推发展、联系群众，凭借更多的渠道、更好的载体、更广的平台来服务和促进政协委员履职尽责。会议审议通过市政协七届二十三次常委会议议程(草案)、日程(草案)，市政协七届二十四次常委会议调研课题方案、市政协七届五次会议重点提案建议名单，审议通过2015年度委员履职情况文件。

6月29日，市七届政协举行第五十六次主席

6月29日，市七届政协举行第五十六次主席会议，与会人员视察秀洲区新塍镇思古桥村牌娄桥港河道整治
(张刚辉摄影)

会议，协商讨论嘉兴市深化“五水共治”长效机制建设。与会人员实地视察秀洲区新塍镇思古桥村牌娄桥港河道整治、农村生活污水处理设施及西文桥喷水织机污水处理站的运行情况。与会人员听取市治水办关于全市“五水共治”工作情况的通报。市政协九个“五水共治”监督调研组分别围绕监督调研情况进行交流发言。市政府副市长祝亚伟应邀参加会议。会议认为，市委、市政府高度重视生态环境建设工作。2012年以来，嘉兴市坚持科学治水、依法治水、全民治水，用四年多时间实现生态建设“三个重大转变”：发展理念大转变，走上绿色发展的新道路；环境质量大转变，实现以四类水为主体的水质；实现全民治水大转变，形成共治共建共享的新格局。嘉兴市生态环境总体转好，但全市“五水共治”还存在着一些问题和不足，也面临着不少的矛盾困难。会议指出，要坚持合力治水不动摇。充分认识治水的长期性和艰巨性，确保思想不松、干劲不减、精力不散，持之以恒、久久为功。要紧盯难题不放松，紧扣问题导向，科学分析问题、深入研究问题，弄清问题性质、找到症结所在，做到对症下药、有的放矢。要把“五水共治”和转型发展紧密结合起来，加快提升传统产能，加速发展新兴产能，补齐生态环境这块短板。要合力共治不懈怠。努力调动一切有利因素，凝聚一切积极力量，引导各方理解、支持、参与，形成共治共管、共治共享的工作格局；坚持长效治水、常态治水，着力优化水环境、水项目、水制度等各项要素供给，

突出“五水共治”项目建设管理、资金筹措使用、日常管护、生态补偿等各类长效机制的建设和落实。会议强调,嘉兴市两级政协组织要上下齐心,推进持续治水。要形成各方合力,加强协同治水,要区域联手,推动系统治水。

7月29日,市七届政协举行第五十七次主席会议,协商讨论嘉兴市滨海开发建设。与会人员听取市滨海办关于嘉兴滨海新区开发建设工作情况的汇报和市政协研究室关于滨海新区开发建设的调研情况的汇报。市委常委、市政府常务副市长楼建明到会讲话。会议认为,在市委、市政府的坚强领导下,经过全市上下特别是滨海新区广大干部群众的艰苦努力,十年间滨海新区经济总量快速增长,各项数据可圈可点,已成为全市发展的新热土、新亮点。步入“十三五”,滨海新区如何主动应对新情况、新挑战,继续保持发展势头,会议建议:要进一步凝聚共识,增强加快滨海新区发展的紧迫感责任感;进一步合力攻坚,举全市之力推进滨海新区开发建设;进一步创新措施,迈出滨海新区发展新步伐。

9月14日,市七届政协举行第五十八次主席会议,听取湘家荡区域开发建设工作和市政协各专委会工作情况的汇报。会议认为,湘家荡区域管理体制调整以来,强化大局意识,发扬拼搏精神,敢于担当,迎难而上,空间形象全面提升、功能配套不断完善、社区管理日趋成熟、队伍管理全面加强,各项工作取得新的突破。市政协也将一如既往地关心关注和支持湘家荡区域加快发展。会议听取各专委会关于上半年工作情况的汇报。2016年是本届政协的收官之年,围绕做好下一步工作,会议要求,要切实增强“三个意识”:重要地位意识、主动作为意识、探索创新意识。要坚持做到“三个到位”:工作重点到位、协处关系到位、狠抓落实到位。必须正确处理好与党政对口职能部门的关系,处理好上下级对口专委会的关系,处理好与联系界别的关系,处理好与其他专委会的关系,处理好与办公室、研究室的关系。积极营造“三种氛围”:营造融洽和谐、愉悦工作的团结氛围,营造主动担当、积极干事的工作氛围,营造感召力强、感情浓厚的凝聚委员氛围。会议传达学习《中共中央关于辽宁拉票贿选案查处情况及其教训警示的通报》精神。

9月20日,市七届政协举行第五十九次主席会议,督办重点提案《关于加快老城区旅游开发的建议》。市旅委通报该重点提案的办理情况,市委统战部等部门书面汇报会办意见,与会人员围绕提案内容进行交流发言。市政府副市长张仁贵作为重点提案领办领导,在听取意见建议后讲话。会议认为,近年来市委、市政府高度重视旅游业发展,取得长足的进步。同时,针对嘉兴市旅游业发展中存在的旅游产品单一、配套措施不足、开发机制不全等“短板”问题,会议建议,统筹协调扎实推进旅游业发展。要牢牢把握“统筹谋划、整体考虑”和“功能完备、景点纷呈”这两个基本着力点,将旅游和文化相融合,赋予旅游业更强的生命力和传承力;将建设和运行管理相协调,真正做到旅游项目建一个、成一个、活一个;将“智囊团”的作用切实发挥好,请专家、引能人来“把脉”,共同为老城区旅游发展注入新的活力。会议希望,市旅委等部门认真吸收借鉴会上大家的意见建议,再接再厉抓好提案办理落实。政协各参加单位和广大政协委员,继续发挥自身的特长优势,共同为旅游业发展献计出力。

10月25日,市七届政协举行第六十次主席会议,专题视察嘉兴市接轨上海工作情况。与会人员实地视察嘉善县上海人才创业园、太库(嘉善)科技孵化器有限公司、嘉善经济技术开发区喜力

10月25日,市七届政协举行第六十次主席会议,与会人员视察嘉兴市接轨上海工作情况　(张刚辉摄影)

啤酒厂，上海张江平湖科技园、平湖国际进口商品城以及平湖枫叶国际学校。分别听取嘉兴市合作交流办以及嘉善县、平湖市介绍的有关接轨上海方面的进展情况，并进行讨论交流。市委常委、常务副市长楼建明应邀参加会议并讲话。会议认为，近年来，嘉兴市深入实施“与沪杭同城”战略，坚定不移把接轨上海放在重中之重的位置，在基础设施、产业合作以及公共服务对接方面取得显著成效。会议指出，接轨上海发展战略，事关嘉兴发展全局，是决定嘉兴“十三五”时期能否勇立潮头、当好“标尖”的首位战略，要进一步统一思想、强化认识、切实增强不进则退的危机意识和狠抓落实的责任意识，点面结合，形成合力，强势推进。要进一步强化督查考核，对相关工作实效开展评估，按照“具体化、项目化、节点化”要求，切实强化责任落实和氛围营造，提高对接实效。全市各级政协组织和广大政协委员要一如既往地全力助推接轨上海工作的深入开展。

11月22日，市七届政协举行第六十一次主席会议，专题视察嘉兴市台湾青年创业情况。与会人员实地视察浙江茂山制衣有限公司和嘉兴市台湾青年创业中心，听取市台办关于嘉兴市台湾青年创业情况的介绍，与会人员进行讨论交流，副市长盛全生参加会议并讲话。会议认为，近年来，嘉兴市的对台经贸工作，特别是台湾青年在嘉兴市就业创业工作取得显著成效。会议指出，加强与台湾青年的沟通交流，是统战工作特别是对台工作的重要内容，有助于让两岸青年深入了解彼此的社会、文化、生活，增进相互认知，融合彼此感情，增强民族认同、国家认同和历史认同，有着重大而深远的政治意义。各级各部门要进一步提高认识，营造一个支持就业、鼓励创业、激励创新的良好外部环境，让广大台湾青年能扎根、能发展，能结出硕果。要学习借鉴周边省市的工作经验和方法，立足嘉兴实际，出台一些有针对性、可操作，又有一定含金量的政策。要进一步加大对台湾青年创业中心的支持力度，强化人力、物力、财力保障，齐心协力把它建设好、发展好、利用好。

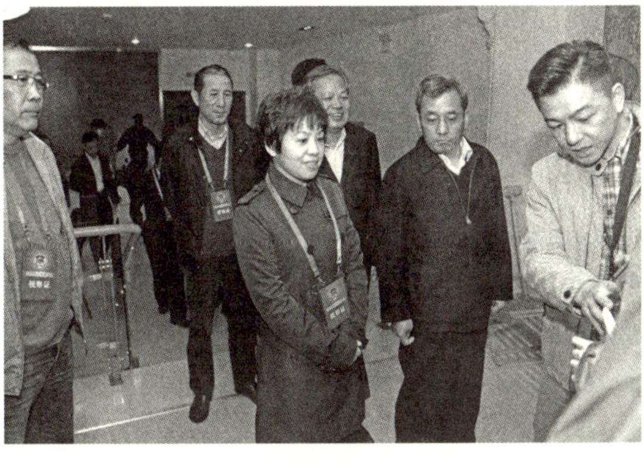

11月22日，市七届政协举行第六十一次主席会议，与会人员视察嘉兴市台湾青年创业情况　　（张刚辉摄影）

12月26日，市七届政协举行第六十二次主席会议，视察嘉兴市大气污染整治情况，听取平安嘉兴建设情况通报，审议有关事项。上午，与会人员实地视察浙能嘉华发电有限公司，听取市环保局关于嘉兴市大气污染治理工作的情况通报。市政府副市长祝亚伟就嘉兴市大气污染治理的现状、难点和下一步工作思路进行深入阐述。会议认为，今年初以来，嘉兴市协调推进“加大雾霾治理”民生实事项目，各项工作抓得紧、重点明，做得实、效果好，“五气共治”阶段性成效明显。会议认为，“五气共治”既是环境问题、民生问题，也是重大政治问题，治理工作任重道远。为此，会议建议：要咬定目标、盯牢重点来抓源头治理。大气污染治理既要通过阶段性限产停产，减少污染物排放来治标，更要通过加大节能环保技术投入，加快产业转型升级和淘汰落后产能，从根本上减少污染企业来治本，促进大气环境有根本改善。要拓展思路、转变理念来抓管理创新。及时总结在秸秆禁烧和建筑工地扬尘管控等方面的有效做法，探索推进“治气网格长”制度，并及时总结提炼，形成创新经验和成功典范，为浙江“五气共治”提供“嘉兴范本”。要提高认识、形成合力铸造治气“统一战线”。要强化宣传教育，着力提高企业和市民参与“五气共治”的自觉意识、配合意识，努力形成社会治理的良好氛围。市政协也将把大气污染治理作为履职重点，持续跟踪、连续关注。下午，与会人员听取市委政法委关于嘉兴市平安建设的情况通报。市委副书记、政法委书记孙贤龙就平安嘉兴建设在抓责任落实和机制落地、健全防控体系和夯实基层基础等方面的经验做介绍。会议认为,面对2016年G20杭州峰会要求高、任务重、措施细、标准严的维稳安保任务,嘉兴市表现出色、成绩斐然,为实现"夺鼎创杯"目标打下坚实基础。但平安建设始终在路上。为此,会议建议:一是保持状态决战决胜。"夺鼎创杯"不是目的是手段,需要通过努力工作和奋勇冲刺,坚持不懈,持之以恒,来最终实现区域平安,实现百姓安全感提升、幸福感增强。二是突出重点综合施策。经过这么多年的励精图治,已经逐步形成平安建设的良好格局,积累丰富的工作经验和较为成熟工作机制,下一步要在"防、化、控、打"等方面综合施策,做足文章,提升实效。三是强化机制系统治理。要善于总结积累,形成经验,上升为体制机制,形成完备的工作体系。针对当前矛盾多发高发期,更需要健全长效机制,以机制管控,铸牢"平安防线"。市政协仍将一如既往地关心支持平安建设工作,继续为加快嘉兴市经济社会发展、增进人民福祉、打造幸福民生做出更大的贡献。会议审议通过市政协2016年度社情民意先进集体和先进个人名单、市政协七届五次会议以来优秀提案名单、市七届政协优秀界别活动组和优秀委员名单、市八届政协委员培训工作总体方案(建议稿)。会议审议市政协七届二十五次常委会议议程(草案)、日程(草案),审议《市政协提案审查立案实施细则》(讨论稿),决定提交市政协七届二十五次常委会议审议。会议听取市委统战部有关人事说明,审议关于撤销张少初、张月华市七届政协委员资格的决定(草案),决定提交市政协七届二十五次常委会议审议。

(胡　翚　王存乡)

主要工作

【召开书记与政协委员"面对面"专题协商会议】 10月8日上午,以"加快补齐嘉兴实体经济转型发展短板"为主题,开展市委书记与政协委员"面对面"专题协商。委员们积极就补齐嘉兴市实体经济转型发展短板,推进完善实体经济发展体制、机制、环境、载体、平台、人才、管理等,创新思维,凝聚智慧,多角度、深层次广泛调研,形成调研报告31篇。会上,17名委员与市委书记及相关部门领导开展面对面协商,会后梳理成28个方面95条意见建议,得到市委书记鲁俊高度评价。市人力社保局、市环保局等部门深化意见建议办理,召开办理工作座谈会,向委员当面反馈办理情况。

【开展"五水共治"专项民主监督活动】 2016年,市政协继续开展三级政协联动、万名委员同行、落实"五水共治"长效机制专项集体民主监督。年内,全市各级政协建立治水工作联系点171个,设立监督调研组106个,组织各种类型的小分队250个,实地查看各类开发区(产业集聚区)71个,乡(镇、街道)123个,村(社区)965个,企业1017家,巡查河道7402千米,发现问题681个,已整改589个,正在整改92个,提出意见建议757条,被党政部门采纳512条,有力地助推"五水共治"工作。

5月24日,市政协主席高玲慧到桐乡市崇福镇督查环境综合整治工作　(张刚辉摄影)

【开展提案办理工作民主评议】 2016年,市政协专题对2015年提案办理工作进行民主评议。根据《政协嘉兴市委员会提案办理工作民主评议办法(试行)》和《政协嘉兴市委员会2015年度提案办理工作民主评议实施方案》的要求,1月28日下午,市经信委、市民政局、市环保局、市交通局等4家提案办理单位主要领导在市政协七届二十次常委会议上介绍2015年主办提案的办理情况。参与评议的政协委员从五个方面进行现场打分。形成提案办理民主评议意见向市政协主席会议汇报后，以专报形式向市委、市政府督考办和市政府办公室及相关评议单位进行通报。

（胡　翚　王存乡）

优秀提案选录

【关于深化农村产权交易体系建设的建议】 市政协七届五次会议第32号提案

一、基本情况

中共十八届三中全会《决定》指出：要赋予农民更多财产权利。健全完善产权交易体系、加快农村产权交易流转是关键环节，只有在农民充分行使完整权能的基础上，进一步激发和盘活农村各类资产，使资源资产化、资产资本化、资本股份化、股份市场化，才能更好发挥市场对资源配置的决定性作用，促进农民财产性收入的快速增长。近年来，我市持续深化农民承包地、农村集体资产和农户宅基地等农村产权制度改革，在此基础上全面推进农村产权交易市场建设，促进城乡要素市场化流转，取得初步成效。但总体看，农村产权流转交易体系建设尚处于初始发展阶段，从运行情况来看还存在不少问题。

二、主要问题

1.农村产权交易基础薄弱。总体看，农村产权交易平台分散，交易品种单一，交易活力不足。如2015年全市农村产权交易总单数6000多宗，其中农村承包土地流转占56%，农村集体资产租赁转让占32%。这里除法律法规限制部分农村产权进入市场，交易市场宣传服务不到位、鉴证公证效力不强等因素外，也有农村产权确权不到位、赋权不充分的因素。各类农村产权的确权登记颁证是农村产权流转交易的基础，由于农村产权管理部门不一，产权的确权登记工作分别由国土、农业、建设等部门负责，涉及的产权内容、产权主体、权能范围等各有差异。当前，各项产权的确权登记工作进度也各不相同，且工作量和工作难度相当大。

2.政策措施保障不够有力。尽管不少地方对这项工作比较重视，制定一些政策，也安排一定的资金，但总体上这项工作的相关政策配套不够，保障不够有力。除嘉兴市级交易中心和海宁市交易中心通过编委审批属于事业法人机构，其余各级交易中心均属县、镇两级农业部门的内设机构，机构性质决定目前进入交易中心的交易产品仅仅局限于农业部门承担监督管理职责的农村土地流转以及集体资产交易，其他产权的交易无法进入到农村产权交易机构，个别地方即使纳入进来，在交易过程中也存在管理和监督上的障碍。同时农村产权交易工作人员力量不足，全市各级农村产权交易中心专职从业人员仅有10人，大部分由农经人员甚至会计代理中心的会计人员兼任，未经过专门的上岗培训，因此从业人员专业素质普遍较低，直接影响农村产权的交易质量。

3.农村产权交易服务中介缺失。在实际运作中，缺少专业从事农村产权评估、担保及法律等中介服务的机构，制约农村集体股权、农村集体资产等产权的交易，大大降低农村产权进场交易的效率；另一方面，中介服务机构都是提供市场有偿服务的，而目前农村产权交易又是不收费的，因此在一定程度上也增加农村产权交易的成本，影响农村产权交易进程。

三、意见建议

1.明确农村产权交易机构性质。农村产权交易市场是政府主导、服务“三农”的非盈利性机构，是为各类农村产权依法流转交易提供服务的平台，因此应统一将其性质确定为公益类事业单位，由财政提供日常运行经费，在交易活动中对农村集体经济组织、农民个人采取无偿服务的方式，以激活农村产权流转的原动力。

2.加快农村产权确权登记。扎实做好各类农村产权的确权登记颁证，为农村产权流转交易奠定清晰的产权基础。各地各有关部门要加大工作力度，切实做好农民承包地、农户宅基地、农房、农村集体资产等各类农村产权的确权登记颁证工作，要按照不同的产权类别，确定目标和任务，做到权利清晰、颁证到户（人）、登记（备案）

入库。

3.拓展农村产权交易功能。进一步拓宽各级农村产权交易中心的交易品种,规范土地流转和集体资产交易,在法律法规框架内,积极探索开展集体建设用地使用权、农村房屋所有权、农村闲置宅基地使用权等其他产权的交易活动,进一步激活农村资本市场。同时整合现有的农村产权交易中心、招投标中心等交易平台,近期内可整合到公共资源交易中心开展农村产权交易活动,今后可统一整合到市场化运行的产权交易平台,实现资源共享,成本节约。

4.完善农村产权交易制度体系。要健全完善规范的市场管理制度和交易规则,对市场运行、服务规范、中介行为、纠纷调处、收费标准等做出具体规定,建立健全产权交易信息平台建设、农村产权交易管理服务、农村产权抵押担保、农业风险保障机制等方面的扶持政策,以保障农村产权交易市场功能得到充分发挥。

5.强化农村产权交易体系建设保障力度。要进一步统一思想认识,加强组织领导,相关部门要各负其责,协作配合,合力推进农村产权交易体系建设。特别是在机构编制、人员力量、运行经费上要给予保障,确保农村产权交易体系正常运行。引导中介服务机构为各类农村产权交易提供法律咨询、产权评估、融资担保、交易、公证等配套服务。同时,要通过加强培训,提高从业人员的业务素质,培养、建立一支业务能力过硬的农村产权流转交易队伍,逐步提高农村产权交易专业化水平。

附:

市政协七届五次会议 第32号提案的办理情况

嘉兴市农村产权交易市场建设已迈出实质性的一步,但从运行情况来看还存在不少问题:农村产权交易机构性质不明、农村产权交易基础薄弱、农村产权交易功能发挥不足、农村产权交易保障力量薄弱、农村产权交易服务中介缺失等。下一步,我市将针对当前存在的问题,加大工作力度,进一步深化农村产权交易市场建设,重点要从以下几个方面着手:

(一)明确农村产权交易机构性质。农村产权交易市场是政府主导、服务“三农”的非盈利性机构,是为各类农村产权依法流转交易提供服务的平台,因此应统一将其性质确定为公益类事业单位,由财政提供日常运行经费,在交易活动中对农村集体经济组织、农民个人采取无偿服务的方式,以激活农村产权流转的原动力。同时,为促进农村产权交易市场的可持续发展,要积极探索农村产权交易服务市场化的运作机制,在农村各类产权交易过程中提供产权审核、信息发布、公开竞拍、交易鉴证等服务时,按照不同的交易项目,对受让人采用不同的计费标准,逐步使农村产权交易市场走上良性运作轨道。

(二)加快农村产权确权登记。扎实做好各类农村产权的确权登记颁证,为农村产权流转交易奠定清晰的产权基础。各地各有关部门要加大工作力度,切实做好农民承包地、农户宅基地、农房、农村集体资产等各类农村产权的确权登记颁证工作,要按照不同的产权类别,确定目标和任务,做到权利清晰、颁证到户(人)、登记(备案)入库。同时要完善各类产权确权登记信息管理系统,为产权交易信息化运作管理提供数据基础。

(三)拓展农村产权交易功能。进一步拓宽各级农村产权交易中心的交易品种,规范土地流转和集体资产交易,扩大农村集体资产股权抵押流转试点范围,拓展小型水利设施使用权、农业类知识产权、农村建设项目招标、产业项目招商和转让等交易内容,在法律法规框架内,积极探索开展集体建设用地使用权、农村房屋所有权、农村闲置宅基地使用权等其他产权的交易活动,进一步激活农村资本市场。同时整合现有的农村产权交易中心、招投标中心等交易平台,近期内可整合到公共资源交易中心开展农村产权交易活动,今后可视情统一整合到市场化运行的产权交易平台,实现资源共享,成本节约。

(四)完善农村产权交易制度体系。要健全完善规范的市场管理制度和交易规则,对市场运行、服务规范、中介行为、纠纷调处、收费标准等做出具体规定,严格实行统一规范的业务受理、信息发布、交易签约、交易鉴证、档案管理等制度。要建立健全产权交易信息平台建设、农村产权交易管理服务、农村产权抵押担保、农业风险保障机制等方面的扶持政策,以保障农村产权交易市场功能得到充分发挥。同时,农村产权流转交易监督管理委员会要会同相关部门,强化监督管理,开展定期检查和动态监测,防范产权交易风险,确保市场体系规范运行。

(五)强化农村产权交易市场建设保障力度。要进一步统一思想认识,加强组织领导,相关部门要各负其责,协作配合,合力推进农村产权交易市场建设。特别是在机构编制、人员力量、运行经费上要给予保障,确保农村产权交易市场正常运行。要加快培育中介服务组织,引导中介服务机构为各类农村产权交易提供法律咨询、产权评估、融资担保、交易、公证等配套服务。同时,要通过加强培训,提高从业人员的业务素质,培养、建立一支能准确把握法律法规政策,知识范围宽广,业务能力过硬的农村产权流转交易队伍,逐步提高农村产权交易专业化水平。

【关于加快推进“月芦文杉”片区旅游开发建设的建议】 市政协七届五次会议第71号提案

一、基本情况

嘉兴运河文化资源极其丰富,其中“月芦文杉”(月河、芦席汇、文生修道院、杉青闸)片区的资源最为集中、积淀最为深厚。加快推进该片区旅游开发建设,对于打造嘉兴运河国际旅游休闲城市具有重要的推动作用。

(一)加快“月芦文杉”片区旅游开发建设是推进嘉兴旅游业大发展的现实需要。近年来,嘉兴旅游业发展呈现良好态势。但相对全市而言,市区旅游产品竞争力还不强,人均旅游消费水平还不高。加快推进“月芦文杉”片区旅游开发建设,有利于增强中心城市旅游的综合竞争力和核心带动力,加快形成全市大旅游发展格局。

(二)加快“月芦文杉”片区旅游开发建设是打造运河国际旅游休闲城市的内在要求。南湖旅游区是目前嘉兴市所拥有的2个国家AAAAA级旅游景区之一,但除南湖湖心岛、南湖革命纪念馆以外,其他各个景点小而散,形不成较高的旅游价值。加快“月芦文杉”片区旅游开发建设,是南湖旅游区进一步建设的需要,也是打造运河国际旅游休闲城市建设的内在要求。

(三)加快“月芦文杉”片区旅游开发建设已有一定基础。一有独特的资源优势。二有较好的基础框架。三有月河的案例借鉴。

二、主要问题

(一)思想认识不深。对旅游业作为培育经济新的增长点的重要抓手缺乏足够认识;对“月芦文杉”片区旅游开发建设在打造运河国际旅游休闲城市中的重要作用,以及是推动市区旅游业大发展的重要机遇缺乏足够认识。

(二)规划制定滞后。嘉兴市区新一轮旅游业发展总体规划、“月芦文杉”片区旅游开发建设专项规划和重要景点(节点)建设规划等亟需加紧编制,尽早明确。

(三)精品意识不强。标志性广场和精品建筑缺乏,旅客集散中心和停车场等综合配套设施建设滞后,文旅融合不够紧密。

(四)推进力度不大。受诸多因素制约,当前“月芦文杉”片区的旅游开发建设总体推进力度还不大。

三、意见建议

(一)围绕目标,科学规划

一是按照“彰显资源特色、串联旅游线路、打造旅游精品”的原则,编制好全市及市本级旅游发展专项规划。二是围绕打造运河国际旅游休闲城市的目标,并以“全景”的意识,制定好“月芦文杉”片区旅游开发建设区域规划。三是高起点、高标准做好文生修道院、芦席汇历史街区等各主要景点以及“月芦文杉”片区旅游开发综合配套建设详规的制定工作。

(二)突出重点,打造精品

将文生修道院作为“嘉兴大运河历史博物馆”,内设中国大运河文化、漕运历史文化、嘉兴运河文化等展示以及相关3D专题片播放厅等板块,集中展现嘉兴运河文化特色,使之成为游客了解嘉兴历史文化的重要窗口和“月芦文杉”片区旅游板块的重要景点。

对望吴门广场和月河历史街区停车场区域地块进行改造,具体在北丽桥南侧恢复“望吴门”,并在两侧建设一定长度的标志性城墙。同时将望吴门广场、月河历史街区停车场改建为运河文化广场。

关于芦席汇历史街区的保护、利用和开发,一方面要尽可能恢复其原有的街巷肌理,尤其要重点抓好沿河、秀城桥至分水墩、秀州路(鱼行街)三条骨干街巷建设;另一方面要全面恢复明清时期江南民居建筑,切忌规划建设二层以上现代大体量建筑。

在分水墩恢复水天庵宗教场所,同时设置分水“水工”模拟沙盘,展示当年分水墩水利功能。

关于落帆亭保护和利用:一是在沿运河恢复御码头;二是沟通落帆亭与端平桥之间沿河游步道;三是挖掘当年杉青闸官舍和宋孝宗历史文化,丰富落帆亭的旅游文化内涵。

对嘉禾北京城沿运河长廊按照明清建筑风格进行改造,并对其经营业态向旅游相关产业进行转换,使其与“月芦文杉”片区旅游开发建设融为一体,发挥相应的功能。

关于“月芦文杉”片区旅游开发综合配套建设问题。一是在东升路北侧与文生修道院南侧闸前街旧城改造地块建设“月芦文杉”片区游客集散中心和停车场,并将其作为嘉兴市区对外旅游接待的游客集散副中心和主要停车场之一。二是加快建设“月芦文杉”片区游步道。陆路:南线,月河历史街区—荷花堤桥—运河西广场—望吴门—运河东广场—秀城桥—芦席汇历史街区—端平桥;北线,月河历史街区—北丽桥—嘉禾北京城沿河长廊—东升路—落帆亭(另在嘉禾北京城沿河长廊与分水墩之间,通过架设一座木结构步行拱桥,与端平桥一起分别与月河历史街区贯通);东线,芦席汇历史街区—沿运河绿道—文生修道院。水路:一方面做好“月芦文杉”段水上巴士、游船及配套码头建设;另一方面与船游嘉兴(环城河)相衔接。三是按照“全景”要求抓好区域内绿化、亮化工程。四是在“杭州海关嘉兴分关”遗址地,按照其原貌恢复其正面墙体建筑。

(三)注重结合,丰富内涵

一是加强历史文化研究,编好嘉兴故事,并通过展示馆、导游词等将其充分展示。二是抓住大运河申遗成功契机,进一步加大对外推介宣传力度。三是切实制定好旅游人才队伍建设规划,充分利用本地高等院校资源,加快旅游人才的引进和培养,尤其是加强对导游队伍的建设。

附:

市政协七届五次会议
第71号提案的办理情况

一、关于统筹规划整合开发运河旅游资源

嘉兴因运河而生,因运河而荣,以运河文化为代表的水乡文化是嘉兴最具地域特色的传统文化。从现状来看,嘉兴运河遗产资源丰富,江南水乡古镇特色鲜明;旅游产品有一定基础,综合开发优势明显;嘉兴主城区城市有机更新步伐的进一步加快,为沿运河区域公共空间的开发创造新的机遇,依托大运河世界文化遗产的品牌,加快市区水上旅游休闲的发展,也是后运河时代的方向。整合运河资源,不仅有利于嘉兴市实施大旅游战略,构建市区内具有一定规模总量的旅游景区,与外围景点形成“众星拱月”的布局结构,也有利于提升嘉兴市中心城区功能水平,打造出一个高品质的市域“核心”区。整合“月芦文杉”片区旅游资源,加快运河旅游产品开发,对于全市旅游发展具有促进作用,同时也具有一定的可行性。

近几年,市委、市政府高度重视运河旅游的开发,2014年出台《关于促进旅游业改革发展加快打造运河国际旅游休闲城市的实施意见》(嘉委发〔2014〕25号),明确提出全力打造运河国际旅游休闲城市的目标,同时也出台一些具体的行动计划和工作措施,如《嘉兴市区旅游发展规划(2011-2020)》《嘉兴市中心城区有机更新三年行动计划》《嘉兴市区旅游目的地建设三年行动计划》等。今年,市旅委编制《嘉兴市旅游业发展“十三五”规划》,同时完成《嘉兴运河旅游发展专题研究》,进一步理清思路。在全市旅游发展大会上,市委、市政府提出要加快培育以“运河”为主题的核心吸引物,以运河沿线王江泾、“月芦文杉”(月河、芦席汇、文生修道院、杉青闸区块)、温泉、濮院、石门、崇福、长安七个节点为主线,推动运河流经的中心城区、秀洲、桐乡、海宁四地的联动发展,规划建设运河古城、运河古镇、运河温泉、运河湿地、运河绿道、运河船游、运河民俗等一批特色旅游项目和产品。中心城区要按照“一体两翼”的总体思路,全面推进城市旅游化改造,以市区核心旅游资源为“主体”,紧紧抓住“大运河”申遗成功的重大机遇,结合城市有机更新,全力打造体现运河文化以及其他多元文化为主要内容的运河古城(即“月芦文杉”)板块。可以看到,嘉兴市正在朝着打造运河国际旅游休闲城市的方向努力。

市级有关部门也高度重视运河资源整合这项工作,市建委牵头文化等相关部门在《嘉兴市历史文化名城保护规划》中对历史资源进行梳理和保护,为了在保护方法上寻找与市场的结合点,进行《关于打造主城区城景融合、文旅一体大景区》的课题研究,提出通过老城区文、旅、商、办、住一体的大景区,实现“依托文物、跳出遗址、激活市场、回馈保护”的良性循环。通过大景区的规划,空间上实现“单个景点”向“全域景区”转变,服务上实现“各自配套”向“统筹配套”转变现处于思路阶段。2015年,市建委还牵头完成《运河沿线城市设计》等相关研究,结合文化主题塑造、老城特色提升、风貌结构控制、文化资源整合、水绿慢行游线、水乡风貌整治等多个方面,共同构建作为江南水乡典范的运河特色旅游城市。

二、关于加快推进“月芦文杉”片区开发建设

为加快市区旅游资源整合,嘉城集团作为市区旅游开发营运的主要企业,从体制机制调整到项目开发建设都在积极努力。嘉城集团在2015年初对南湖旅游区范围内原有的多家国有经营企业主体进行整合重组,组建嘉兴旅游发展有限公司,将市区范围内的南湖景区和月河、梅湾、芦席汇三大历史街区,以及沙龙宾馆、月河客栈两家酒店统一纳入新公司经营管理。月河街区、梅湾街区、芦席汇街区作为嘉兴市中心的三大历史街区,既有嘉兴历史的承载,又有各自不同的特点和定位,梅湾街重点定位在打造适合商务消费为主的商业休闲街区;月河街区重点定位在打造适合市民休憩为主的、传统文化产业聚集的历史街区;芦席汇则是定位在展现江南城市水乡慢生活的水乡文化产业聚集的历史街区。目前,月河和梅湾街相对成熟,业态基本形成,为适合市场需要也还在不断调整,对“月芦文杉”片区而言,芦席汇是关键,也是下一步市区旅游开发的重点。围绕“月芦文杉”片区的开发,2016年,嘉城集团加快推进三项工作:一是推进芦席汇历史街区项目。根据市政府对芦席汇街区“抓紧上、马上上”的工作要求,委托浙江大学设计研究院编制芦席汇街区保护开发概念规划和城市设计方案,方案对整个片区的整体定位、功能布局、文化挖掘、产品策划、交通组织等进行详细的规划和研究,目前该项目的设计成果已获市政府批复,建筑设计方案正在抓紧报批,计划年内开工建设。二是启动文生修道院、杉青闸片区征收工作。文生修道院、杉青闸片区今年将全面实施房屋征收工作,同时,整个“月芦文杉”片区的旅游开发概念性规划已着手编制,目前正在进一步深化过程中。三是积极打造“运河水城　船游嘉兴”旅游产品。为进一步彰显水城特色,加强内部资源的整合力度,特别是三大街区与南湖景区相结合,策划特色产品,完善市区水上运营线路,朝着“有看头、有玩头、有吃头、有购物、有体验、有产业”的方向发展,进一步打响“运河水城　船游嘉兴”的休闲品牌。

三、关于芦席汇街区的保护、开发和利用

芦席汇街区保护开发概念规划和城市设计方案已由市政府审批同意,根据目前的设计方案,主要从以下几个方面考虑:

主题定位。根据市委七届九次全会精神和全市旅游业发展大会提出的“促进旅游业改革发展加快打造运河国际旅游休闲城市”的目标,结合嘉兴历史文化名城保护、城市有机更新等规划要求,芦席汇区域主要定位为充分体现江南运河文化的精品主题文化街区,重点展现江南城市水乡慢生活的水乡文化产业聚集区。在功能业态上与嘉兴城区其他历史街区相互补充,以精品民宿客栈、配套休闲商业为主,为游客营造深度体验型的休闲度假文化氛围。

开发理念。为保护好历史遗存,传承城市文脉,芦席汇历史街区的保护性开发将在街区原有的街巷肌理上,尽力恢复和保留原状;在建筑风格的表现上,彰显嘉兴地域特色。在建筑的层高和整体风貌的协调性上,将进行严格的控制。同时将开发中的使用功能与这些江南水乡城市居住特色和文化特色有机结合,做到历史的原汁原味、景观的丰富视觉、休闲的乐趣感受,力求形成嘉兴北片的古城风貌。

业态布局。芦席汇街区目前已有部分文化场馆、特色餐饮、新兴传统商业馆等一批商家进驻,初步显现出江南老嘉兴"慢生活"的特色风貌。同时该区域内待开发部分,规划占地面积约50315平方米,根据主题定位,拟以"建筑形态创新、经营业态创新、旅游体验创新"为切入点,以休闲经济为基础,以文化旅游为内涵,依托"百年秀城桥"等历史文化遗存,做足运河的文章,以"小桥流水人家"的个性精品主题客栈为龙头,打造餐饮、娱乐、文创、休闲的综合体,充分展现"运河故里乡愁"文化底蕴。

【关于深入推进嘉兴市分级诊疗工作的若干建议】
市政协七届五次会议第129号提案

一、基本情况

自2014年嘉兴市开展分级诊疗试点工作以来,各地积极推进,取得一定成效,但"小病在社区、大病进医院、康复回社区"的就医新格局尚未形成。截至2015年底,全市共有医卫机构1388家,其中市属医院4家,县级公立医院(含专科)31家,社区卫生服务中心(乡镇卫生院)78家,社区卫生服务站768家。基层首诊占比61.64%,同比提高1.74个百分点。市级双向转诊信息平台启用。全科医生签约服务、居民健康管理服务1+X(基本服务+特殊服务)工作等制度有序探索。平湖当湖中心医院口腔科等特色专科培育稳步开展。总之,医疗服务体系、机制、能力日趋完善。

二、主要问题

1.趋高就医,基层医疗服务能力有待提升

一方面,医改后,乡镇卫生院基层医疗服务能力弱化,医务人员流失,诊疗人次增长缓慢。另一方面,群众对基层机构的医疗能力和水平缺乏信心,存在趋高就医现象。以嘉善为例,基层门急诊人次仅占全县总量47%。

2.人才匮乏,考核激励机制有待健全

一是乡镇医务人员收入低,且地区差别大。如平湖市在职人员人均年收入为9万元-16万元,而嘉善人均不到7万元。二是基层医务人员编制不足,结构性矛盾突出。人员流失严重,临床医师少,护理、检验、医学影像人员缺乏,相关设备长期闲置,部分科室长期瘫痪。三是医疗机构之间、同一机构人员之间收入趋向"平均化",未能充分体现按劳分配的原则。

3.保障乏力,推进合力有待加强

一是部分乡镇(街道)卫生院基础建设滞后,财政补助标准低且区域间不平衡,医疗用房缺少,难以开展基本医疗服务。二是在医保资金到位不及时、基本药品"零差率"销售导致基层业务收入锐减等情况下,财政对医疗设备更新、编外人员工资等方面补助乏力,基层医疗机构运营艰难。三是多数卫生院优胜劣汰的用人机制未形成,奖励从事基本医疗营收的有关医改政策未兑现,致使基层服务积极性不高,创收意愿不强。四是财政、社保、物价等部门协作有待加强,加快推进分级诊疗有关政策落地。

4.信息孤立,转诊平台、制度有待完善

一是信息平台覆盖面有限。嘉兴市转诊信息平台覆盖市级、县、镇三级医疗机构,省级及省外医院尚未连接;省级转诊信息平台尚未建立。市转诊系统与社保信息系统尚未连通,患者转诊信息不能实时传输。二是双向转诊渠道不畅,制度不严。上转容易、下转难,"双向"变"单向";存在病人先私自转诊、后强制开单现象。

三、意见建议

1.补齐短板,提升基层医疗服务能力水平

一是建设稳定的人才队伍。科学核定基层医疗机构编制,实行定编定岗定员,强化"待遇留人";加大应届毕业生定向培养力度,开展面向基层的医师、护士定向培养工作,加快本土化医学人才培养;加大全科医生的培养、培训力度;探索鼓励高校毕业生到基层工作的新机制,强化"制度留人"。二是鼓励发展模式创新。鼓励基层医疗机构积极探索多元化办医模式,鼓励专科协作、重点托管、分院建设等形式合作，积极培育资源纵向整合的医疗集团或医联体等深入合作，最终形成发展共同体、利益共同体。三是全面推广社区签约医生制度及医生多点执业政策。

2.强化保障，充分调动基层医疗服务积极性

一是资金保障。改变财政拨付机制，建立与医疗服务量、质挂钩的拨付机制。加大基层医疗机构的硬件投入，确保基础设施建设、医疗设备购置资金及时到位。提高全科医生基层工作待遇，强化社区责任医生签约服务保障。二是制度保障。借鉴平湖等(县)市先进做法，深化基层医疗机构薪酬制度改革，体现多劳多得、优劳优得。实施提高基层就诊报销比例、降低医保报销起付线等优惠，完善医保差别化报销政策。适当增加基层医疗机构慢性病、专科治疗等药品的使用品种。严格执行转诊制度，对不合规范转诊的不予报销。三是技术保障。认真贯彻落实省、市级“双下沉”有关政策，确保足额、优秀的管理和医务人员下沉基层，大手牵小手，使基层的技术水平“取信于民”。

3.鼓励创新，破除分级诊疗推进瓶颈

一是创新利用“网联网+”，做好两大平台“加法”。建设县级“医疗信息平台”，实现卫生服务系统信息互联互通，重点打通乡镇与县(区)级医院的双向转诊。运用好“健康云平台”，实现远程会诊、PACS系统的对接，充分共享全县医疗资源乃至市、省医疗资源。同时，通过信息平台，公开并及时更新医疗信息。二是创新利用社会资本，做好政府负担“减法”。借鉴上海闵行区等先进经验，通过PPP模式建设卫生综合服务平台，减轻政府负担，激发企业活力，跨越信息孤岛鸿沟。

4.加强引导，转变基层群众就医观念

一要明确卫计、宣传部门等责任主体，加强引导宣传，通过电视、报纸等传统媒体向群众广泛宣传各级医院的功能服务、医改政策、双向转诊制度、报销制度等，转变民众就医观念，合理引导民众分级诊疗。二要利用微信公众号等新媒体对公众进行健康、就医知识的教育，培养良好的养生保健习惯和合理的就医观念。

附：

市政协七届五次会议
第129号提案的办理情况

市委、市政府高度重视分级诊疗工作，2015年2月市政府办印发《关于开展分级诊疗推进合理有序就医的实施意见》(嘉政办发〔2015〕12号)。同年7月，原市卫生局出台《关于做好分级诊疗双向转诊工作的通知》(嘉市卫发〔2015〕122号)。2016年市卫计委又专门出台《关于进一步深化医疗联合体建设构建新型城乡一体化医疗服务体系的实施方案》(嘉卫计发〔2016〕159号)。2015年6月底前，五县二区均出台分级诊疗试点工作方案及相关配套文件。2015年11月6日，市政府在海宁市召开优质医疗资源“双下沉、两提升”暨分级诊疗工作现场会，推进各项工作落到实处。2016年4月19日全省“双下沉、两提升”工作现场会议在海宁召开。

(一)补齐短板，提升基层医疗卫生服务能力

一是深入推进“双下沉、两提升”工作。调动市级公立医院资源下沉积极性，市级四所三甲医院分别全面托管南湖区、秀洲区、桐乡市的5所基层医院。同时，推动市级三甲医院与县级医院专科合作，目前已建立专科合作12个。各县(市)启动县域“医联体”模式，实施县级医院对口帮扶辖区基层医疗机构，目前县级医院下沉乡(镇)卫生院已实现全覆盖，使得群众在家门口就能享受到三甲医院的优质医疗服务，全市以县(市)为单位区域内就诊比例均已达到90%以上。

二是加强基层人才能力培养。各县(市、区)均通过鼓励高校毕业生到基层工作、定向培养、基层卫生技术人员轮训等措施，加大基层医务人员的招聘力度和岗位培养力度，确保基层医务人员能“引得进、留得住”。2015年开始，市卫生计生委组织开展基层卫生综合技能竞赛，对镇村两级的专业卫生技术人员进行考试，营造比、学、赶、超氛围。我市代表队连续两年在全省基层卫生技能比武中获得团体第一名的好成绩。启动中西医结合人才培养工程，市本级和海盐县举办“西学中”培训班，推进中医药参与城乡社区卫生服务能力。

三是积极培育基层医疗机构的特色专科。2013年,嘉兴市率先在全省开展基层特色专科评审,得到省卫计委肯定在全省推广。至今已评选出20家嘉兴市基层特色专病(专科)的单位。特色专科经重点培养和扶持,在合理诊疗、规范操作、新技术应用、科研水平等方面明显提升。在特色专科带动下,基层医院业务明显增长。

四是全面实施责任医生签约服务。根据《嘉兴市人民政府办公室关于推进责任医生签约服务工作的实施意见》(嘉政办发〔2015〕96号),指导各地向居民提供及预防、保健、康复、健康管理为一体的综合性、连续性服务。截至2016年6月底,全市有效签约人数617299人,签约率为25.71%,提前完成省政府20%的年度目标要求。

(二)强化保障,完善基层医疗卫生机构财政补助政策

市财政局2014年调整居民医保参保人员健康体检标准,并逐步提高。2015年市财政局和市卫生计生委出台《关于完善市级基层医疗卫生机构财政补助政策的意见》(嘉财社〔2015〕222号),增加对基层医疗卫生机构实施药品零差率补助,将公共卫生服务经费标准调整为按常住人口给予40元购买服务;还增加基层医疗卫生机构标准化建设补助、基层医疗卫生人才建设补助、基层重点学科(特色专科)建设补助、优质医疗资源下沉补助、责任医生签约服务工作补助以及基层卫生服务信息化建设补助等一揽子扶持基层医疗卫生机构可持续发展的财政政策。2015年底责任医生签约服务经费标准增加到人均120元,与单位、团队和个人绩效分配等直接挂钩。进一步完善薪酬激励政策,医疗机构内部可设立责任医生津贴。签约服务费专门用于经考核评价认定提供有效服务的责任医生团队的报酬,不纳入绩效工资和其他应得的奖补经费总额。该政策对吸引卫技人才到基层就医、提高基层卫技人员积极性、引导基层首诊的分级诊疗体系建设起到了一定促进作用。

(三)鼓励创新,推进智慧医疗优化服务流程

一是开通"健康嘉兴"掌上应用,构建"一站式"健康信息平台。"健康嘉兴"掌上应用系统整合市级各医院的医疗资源和数据,实现挂号、预约挂号、查医生、查费用、查报告单、查询体检结果等功能,大大缩短排队挂号候诊的时间。市民通过该应用还可以实现查询献血信息、计划免疫信息,了解慢性病防治、预防保健、健康养生等知识。目前"健康嘉兴"App已覆盖市属三甲医院、省荣军医院及秀洲区基层医疗机构。

二是推广诊间结算项目,打造付费"零排队"就诊流程。由市卫生计生委牵头,市财政局、人力社保局、社保事务局等部门配合,在市级医院全面推开诊间结算项目,病人检验、药品等相关费用支付环节直接在医生诊室完成,省去反复排队的麻烦。在各市级医院全面配置自助设备,门诊病人和住院病人通过自助机可实现自助发就诊卡、自助挂号、自助预约、自助取预约号、自助费用结算、自助取检验报告单、自助取放射胶片及报告、自助发票打印全程"一条龙"。市级6家医院共有98台门诊自助机、130台住院自助机投入使用。截至9月底,各市级医院智慧结算总量达629786笔,以每笔结算至少10分钟排队计算,仅市级医院智慧结算一项工作已使全社会节省时间成本约10.5万小时。再加上病人分时段预约挂号减少的候诊时间和多次往返医院取报告、取药的时间,节约的时间更加可观。智慧医疗使人民群众直接感受到政府在缓解"看病累、看病繁"问题上所做的努力和取得的成效,达到群众得实惠,政府得民心的效果。今年二季度市卫生计生委首次对4所市属公立医院开展的患者满意度第三方评价结果显示,患者总体满意度达90.38%。

(四)优化机制,积极引导群众到基层首诊

一是实行当地医疗机构首诊制。对常见病、多发病引导群众就近、就地基层医疗机构诊疗,除疑难、急危重症及复杂疾病外,一般首诊不到城市三级医院。截至2015年底,全市基层医疗机构诊疗人次占比为61.64%,较2014年提高1.74个百分点,据职工医保统计数据分析,市本级三级医院住院费用占比2014年下降3.38%,门诊费用占比下降2.87%,基层医疗机构费用占比逐步增高。

二是健全差别化医保支付制度。基本医疗保险制度建立以来,嘉兴市十分重视发挥社区卫生服务机构在疾病诊疗过程中的基础性作用,通

过设置“医保支付差别化”积极引导参保人员到基层就医。目前，现行的居民医保和职工医保在社区卫生服务机构发生的门诊费用报销比例分别比市级医院高出20-30个百分点，住院费用报销比例高出10-15个百分点。另外，对转诊、转院实行登记备案管理，参保者确因病情需要转往市外三级医院的，先自费10-20个百分点；如参保者不按照登记备案管理，自行前往市外医院就医的，需先自费30个百分点。

三是建设区域医疗资源共享中心。各县（市、区）根据区域实际，相继建立临床检验中心、影像诊断中心、病理诊断中心、消毒供应中心、药品配送中心、远程会诊中心等医疗卫生资源信息共享平台，截至目前全市共建有各类区域医疗资源共享中心26个。通过区域共享中心的建设，充分发挥区域内县级医疗机构的设备、人才、技术等资源优势，为基层医疗机构提供强大的技术支撑，实现良好的资源整合效益。

四是建立双向转诊信息平台。全市各级各类医疗机构均建立双向转诊办公室，由专人负责转诊事宜，畅通转诊渠道。嘉兴市于2015年8月1日起在全市所有医疗机构，启用市级双向转诊信息平台，海盐县已将市平台植入区域内各医疗机构的诊间系统。截至2016年8月底全市共有14692人次通过双向转诊系统进行两级转诊，畅通上下级医院间的转诊流程，减少居民往返办理转院证等手续，从信息化的角度为推进分级诊疗工作奠定基础。

民主党派和工商联

民革嘉兴市委会

【概况】 2016年，中国国民党革命委员会嘉兴市委员会(简称民革嘉兴市委会)发展党员13名，平均年龄40.7岁，中高级职称7人，都是机关事业单位及新阶层骨干，具有一定的参政议政能力。5月，南湖区总支部、桐乡市总支部和秀洲区支部更名为基层委员会。至年底，有党员221人(1名党员转出)，下设3个基层委员会，14个支部。年内，民革嘉兴市委会开展坚持和发展中国特色社会主义学习实践活动，基层组织负责人以上骨干党员和机关干部到广东省开展“观故居，走多党合作之路”活动，先后参观廖仲恺、何香凝故居博物馆，参观蒋光鼐故居和三谭纪念馆，增强对多党合作、风雨同舟的认识和决心。纪念孙中山诞生150周年，开展“四个一”系列活动，即读一本书——《孙中山传》；听一次讲座《建军·北上·逝世——晚年孙中山的不懈奋斗》；举办一次纪念孙中山诞生150周年暨祖统知识竞赛活动；开展一次主题征文活动，编印《继承中华志、共筑中国梦——纪念孙中山先生诞生150周年征文选》。重视后备干部培养，推荐6位党员参加民革浙江省委会举办的基层骨干培训班。年内，评选18名党员为民革嘉兴市六届委员会优秀党员，在民革嘉兴市第七次代表大会上进行表彰。徐臻被评为民革全国机关工作先进个人。

12月21日，民革嘉兴市委会成立三十周年纪念大会举行 (民革嘉兴市委会提供)

【做好换届工作】 4月，民革嘉兴市委会着手布置换届工作。与各基层组织班子成员进行个别谈话，征求下一届委员会班子人选建议，听取部分骨干党员和老领导、老党员意见，召开六届二十一次市委(扩大)会议，调整市直属支部党员，使每个支部力量相对均衡；组织县(市、区)基层换届，多次听取当地中共党委和统战部意见，要求各基层按照程序推举委员候选人，机关还向每位党员发出“关于基层组织换届致党员的一封信”，8月上旬，顺利完成三个基层委员会、六个支部的换届工作。8月，启动市委会换届工作，召开民革六届二十四次市委会(扩大)会议，讨论通过换届工作方案，成立换届领导小组和工作小组，并报省委会备案；9月，召开民革六届二十五次市委会(扩大)会议，对民革六届市委会集体和市委会主委、副主委个人述职进行评议打分，书面推荐七届市委会委员及主委、副主委(秘书长)人选，确定15人作为民革嘉兴市第七届委员会委员候选人建议名单，上报省委会批准。10月22-23日，召开民革嘉兴市第七次代表大会，开幕式上，省政协副主席、民革省委会主委吴晶到会祝贺并发表讲话。民革省委会副主委计时华，市领导高玲慧、孙贤龙、沈利农、祝亚伟、朱静绮，市各民主党派、市工商联和有关部门主要负责人应邀出席会议。会议民主选举产生由15名委员组成的民革嘉兴市第七届委员会，邢海华当选为主委，沈晓琴、姜东、金颖英、吕新建为副主委，吕新建兼任秘书长；选举出席民革浙江省第十四次代表大会代表，并对今后五年的工作任务进行安排部署。同时汇编嘉兴民革参政议政成果集，反映民革嘉兴市第六届委员会取得的成绩。

10月22-23日，民革嘉兴市第七次代表大会召开
（民革嘉兴市委会提供）

【履行参政党职能】 2016年，民革嘉兴市委会领导参加中共嘉兴市委、市政府召开的各类通报会、民主协商会、约谈会、征求意见会和民主评议会，知情明政，提出意见、建议，体现党派履职能力。市委会领导参加各类政治协商12次，牵头完成市各民主党派与中共嘉兴市委专题协商课题《加强镇村建设，全力打造江南水乡典范》的组织、起草、征求意见及定稿等。围绕嘉兴市经济社会发展中的重大问题和群众普遍关心的热点问题，结合前期调研工作，建言献策，履行职能，累计提交大会发言2篇、集体提案4件、民革界别组提案2件。党员中的4名人大代表、19名政协委员共提建议11件、个人提案31件。在县（市、区）“两会”中，民革南湖区总支部、秀洲区支部、桐乡市总支部和嘉善县支部及党员个人，累计提交大会发言、建议、提案32件。民革嘉兴市委会在市政协全会上作《发展农村电商，促进经济增长》和《关于加强我市知识产权保护的建议》的发言。集体提案《关于加强存量工业用地管理的建议》以及《关于培育规范中介机构承接政府购买服务的建议》被市政协评为优秀提案，民革第二界别活动组和袁献民、殷慧雯、沈健等多名委员分别被评为市政协七届优秀活动组和优秀委员。信息工作获全市统战系统信息考核一等奖，黄高明被表彰为优秀信息员。年内，市委会还在市政协常委会上两次作大会发言，内容涉及“完善政策支持、促进创业创新”“加强知识产权保护，为实体经济发展护航”等。参与民主监督工作，充分发挥各类监督员的民主监督作用，引导27名担任省、市、县各级特约（特邀）人员的民革党员针对经济社会发展中的难点热点问题，了解情况，运用建议、提案、课题调研、视察督查、民主评议、反映社情民意等形式，开展民主监督活动。

【开展社会服务】 2016年，民革嘉兴市委会女党员利用周末和节假日，前往嘉兴市福利院看望结对孤儿和其他小朋友。9月，丽水市遂昌县北界镇苏村发生山体滑坡，民革嘉兴市委会发出捐款倡议，党员捐献爱心善款2.74万元。10月，民革嘉兴市委会和嘉善县支部为嘉善县、秀洲区以及嘉兴市经济技术开发区的部分困难家庭捐赠奶粉，所赠奶粉出自民革爱心企业家，捐赠价值近20万元。

【继续做好祖统工作】 2016年，民革嘉兴市委会做好联谊接待工作和文化交流工作。9月，接待“台湾两岸姐妹交流互助协会”等到访；12月，参与接待第五届海外台湾留学生“科技之旅”冬令营（嘉兴行）人员等。加强与对口联系单位市台办的沟通，开展交流活动，组织祖统委成员、骨干党员和有海外、港澳台关系的党员听取《当前台海局势与对台工作》专题讲座，了解新时期台湾民意对岛内政治格局的影响。7月和12月，市委会领导参加嘉兴市台办举办的嘉兴市“两岸邻里节”活动，与台湾南投县南投市三民里的代表共叙同胞之情，进一步拉近两地民众距离，推动两地交流交往。10月，市政协副主席、市委会主委邢海华带队到台考察交流，与台湾有关人上加强联系。年内，民革市委会、基层组织、党员接待台企、台胞、台属20余次，并开展民间交流活动；选送党员参加省委会到台交流活动，以乡情、亲情、友情为纽带，广泛开展联络联谊。年内，党员曹丽娟因招商工作成绩突出,获评“民革全国祖统工作先进个人”荣誉称号;党员冯杰作为唯一一位民间研究者入选银泰公益基金会“蒋氏家族与中国近现代史研究计划”研习营,从事蒋氏家族与中国近现代史研究,在国家、省部级等报刊刊登文章20余篇。

(徐　臻)

民盟嘉兴市委会

【概况】 2016年,中国民主同盟嘉兴市委员会(简称民盟嘉兴市委会)发展新盟员45名,其中大学以上学历43名,高级职称33名,平均年龄38.8岁。至年底,全市有盟员814名。南湖区等8个总支委员会升格为基层委员会,市第一医院、市中医院、市第四高级中学新建民盟支部。至年底有基层委员会11个,市直属支部2个,基层委员会下属总支2个,支部56个。年内,民盟嘉兴市委会获全国“坚持和发展中国特色社会主义学习实践活动先进集体”称号,嘉善县基层委员会获评民盟中央社会服务工作先进集体,嘉善县基层委员会、秀洲区基层委员会获评民盟浙江省委会2015-2016年先进盟组织,孙勤等16名盟员获评民盟浙江省委会2015-2016年先进盟员。盟员在本职岗位上积极进取,以出色的工作业绩,树立嘉兴民盟良好的社会形象。如石火明获《中国校园文学》第二届教师文艺作品评选二等奖、第二十二届中华圣陶杯中学生作文大赛指导教师二等奖;徐建群获第18届“语文报杯”全国中学生作文大赛写作指导一等奖;申海明获由中国气象学会主办的2016校园气象科普教育论坛优秀辅导员称号;田耘被授予浙江省“优秀基层河长”;曾正君被授予浙江省坚持和发展中国特色社会主义学习实践活动先进个人称号;金月华被授予“第十五届浙江省优秀企业家”荣誉称号;陈辉获评浙江省地税局2015年度规费工作成绩突出个人;杨硕林主编出版《社交礼仪》教材,并被评为省“三育人”先进个人。

3月22日,政协民盟界别组参加“五水共治”民主监督“万千行”活动　(民盟嘉兴市委会提供)

【建言献策】 2016年市“两会”上,民盟嘉兴市委会和政协民盟界别组向政协大会提交大会发言3篇,集体提案6件。盟员人大代表和政协委员们提交人大建议10件、政协提案47件,其中《关于进一步优化我市“大众创业万众创新”政策环境的建议》被列为市政协七届五次会议重点提案。在市政协七届五次会议上,《关于加快推进我市科技创投融资体系建设的建议》等6件提案被评为优秀提案。全市各基层组织也在县(市、区)两会上积极建言献策,全市7个县(市、区)基层组织向政协大会提交大会发言7篇,集体提案32件;盟员人大代表和政协委员提交人大建议9件,政协提案88件。

【参与民主协商】 年内,民盟嘉兴市委会多次参加中共嘉兴市委与各民主党派市委会的政党协商。在中共嘉兴市委召开的“大力发展‘楼宇经济’培育经济发展新增长点”专题协商会上,主委柴永强作《构建完善综合服务体系,提升楼宇引商安商能力》的发言。参加政协专题协商,民盟嘉兴市委会先后在市政协七届二十三次、二十四次常委会上,作题为“互联网时代金融服务小微企业创新发展的对策建议”和“关于改革和完善我市中医药健康服务体系建设的建议”的专题发言。围绕“加快补齐嘉兴实体经济转型发展短板”主题,市政协召开市委书记与政协委员“面对面”协商会,4名盟员就审批改革、职业教育、金融补短板等问题提出建议。

【课题调研和社情民意工作】 2016年,民盟嘉兴市委会继续坚持专委会与基层组织课题调研的“双轮”驱动。围绕党委政府的中心工作和民盟的特色优势认真选题，确立并完成9个年度重点、重要调研课题，课题内容涉及教育文化、科技创新、特色小镇建设、互联网经济和接轨上海等领域，海宁市委员会等9个基层组织和经济委员会等4个专委会领衔或参与课题调研。参与民盟省委会课题招标，完成民盟省委会2016年调研课题《我省全面接轨上海的路径与制度保障问题研究》。年内，市委会报送社情民意信息67篇，其中全国政协采用1篇，民盟省委采用51篇，市政协采用19篇。盟员孙勤等4人获评民盟省委会反映社情民意信息工作先进个人。参加民盟省委会举办的以“加强基础教育师资队伍建设”和“助推供给侧结构性改革，聚焦激活民间有效投资”为主题的“盟声·议政”教育论坛和经济论坛，民盟嘉兴市委会及盟员提交论文10篇，徐永良、费玉林等多名盟员在论坛上交流发言。

【换届工作】 2016年，民盟嘉兴市委会领导班子到县(市、区)和直属单位开展换届工作调研，并与统战部门协商沟通。换届期间，会同统战部门和单位党组织认真把好基层组织领导班子的推荐、考察等重要关口，顺利完成基层组织换届工作。7月起，民盟嘉兴市委会制定市级换届工作方案，成立换届工作领导小组，坚持民主协商与按程序办事相结合，有序推进市委会的换届工作。9月底，完成第八届市委会领导班子届末述职评议、第九届市委会委员候选人的民主推荐和考察工作。10月23-24日，召开民盟嘉兴市第九次代表大会，选举产生由19名委员组成的民盟嘉兴市第九届委员会，柴永强当选为主任委员，孙卫斌、徐永良、杨立公、任军当选为副主任委员。

【重温盟史教育活动】 2016年，民盟嘉兴市委会以纪念中国民主同盟成立75周年和嘉兴民盟组织成立六十周年活动为契机，通过召开纪念座谈会，举办盟史教育专题讲座，参观民盟传统教育基地，参加纪念中国民主同盟成立75周年暨全省民盟盟员著作签名本展和李公朴、闻一多殉难70周年纪念活动，撰写纪念体会文章等，重温盟史。

【盟务活动多样化】 2016年，民盟嘉兴市委会继续推进“盟员之家”建设，市文化卫生基层委员会、海盐县基层委员会、南湖区基层委员会和嘉兴第四高级中学支部先后建成“盟员之家”。举办民盟嘉兴市第三届运动会，11个基层委员会和2个直属支部组成12支代表队，140多人参加比赛。继续发挥民盟华夏书画学会的特色作用，主办吴野洲师生中国画联展、协办“墨上花开，丹青咏春”艺墅家美术馆·张耀煌邀请嘉兴书画名家九人展，参与民盟浙江华夏书画学会会长联席会议暨采风创作活动。12月底，开展“规范化支部”和“特色支部”创建活动，根据创建办法，经过现场考察，评选出平湖教育支部等3家规范化支部和嘉善农经支部等4家特色支部。

【促进社会服务品牌化】 2016年，民盟嘉兴市委会在秀洲区残疾人康复指导中心启动“康康公益行”活动，借助“民盟博爱专项基金”项目，作响“康康行动”扶残助残活动品牌。依托民盟中央远程教育“烛光行动”，选定南湖创业学校和南湖国际实验中学为北京四中数字校园合作捐赠和帮扶对象，促进优秀教育教学资源均衡发展，并通过结对帮扶、集中培训学习等形式，帮助提升学校的整体教学水平和教学质量。联合嘉兴市直属教育基层委员会，在南湖创业学校举办“与人工智能握手”为主题的科普活动。连续第三年组织民盟浙江华夏书画学会嘉兴分会会员到菜花泾社区开展“文化进社区、春联送上门”活动。

4月10日，民盟嘉兴市委会举行民盟远程教育“烛光行动”北京四中数字校园合作学校捐赠签约仪式

（民盟嘉兴市委会提供）

（韩　璐）

民建嘉兴市委会

【概况】 2016年,中国民主建国会嘉兴市委员会(简称民建嘉兴市委会)下属桐乡市总支、南湖区总支升格为基层委员会,至年底有市区直属基层委员会1个(下设支部4个),总支2个(下设支部4个),市区直属支部6个;县(市、区)区域性基层委员会5个(下设支部17个)。全年发展新会员29名,平均年龄35.48岁,中级以上职称11人,本科以上学历28人。至年底,全市民建会员总数为508名,其中经济界人士464名,占会员总数91.34%;新社会阶层会员217名,占会员总数42.72%。年内,市委会组织市委委员、基层组织主委、企业家会员等学习习近平总书记在全国政协十二届四次会议民建、工商联界委员联组会上的重要讲话;邀请政研室领导作学习中共十八届五中全会精神专题讲座,还就如何围绕十三五规划建议履行党派职责跟与会人员做了深入探讨。市委委员在民主党派班子成员读书会上、新会员在培训班上,先后听取市委党校老师所作的中共十八届六中全会精神专题辅导,充分理解从严治党对全面建成小康社会、实现中华民族伟大复兴的中国梦的重大意义。

【召开第十次代表大会】 2016年,市委会多次召开主委会议,成立换届工作领导小组,制订换届工作方案。召开第九届委员会届末总结评议大会,对第九届领导班子及成员进行民主评议。通过两轮谈话推荐方式,充分听取市委委员、基层组织、专委会及老领导的意见,拟定第十届委员会委员及主副委候选人建议名单,由主副委带队对拟任委员进行考察。下发《代表名额和产生办法》,由各基层组织选举,最终产生165名代表名单。10月30-31日,民建嘉兴市第十次代表大会召开,市委副书记孙贤龙、省委会副主委郑亚莉代表中共市委、省委会向大会致贺词,省委会主委陈小平、市委统战部部长朱静绮发表讲话。与会代表学习中共十八届六中全会和习近平总书记在建党95周年上的重要讲话精神,审议戴铭主委所作的《不忘初心共奋进、凝心聚力谋发展,为嘉兴高水平全面建成小康社会再做新贡献》的工作报告,并通过大会决议。会议选举产生19名委员组成的第十届委员会,戴铭当选主任委员,程利仲、叶肖梅、陆志芬、尤源当选副主任委员,任命叶肖梅为秘书长。

【在"两会"上履行职能】 2016年,嘉兴市政协七届五次、七届人大七次会议期间,市委会提交大会发言2件,团体提案3件;个人提出提案28件,个人建议9件。市委会提交的《推进我市农村公路等级提升的建议》、委员刘湘国的《抓住"世网"大会落户契机,大力发展我市信息经济》、委员谭旭峰的《关于加快推进政府职能转移的建议》被评为市政协优秀提案,张敏华代表提出的《关于提高我市政府投资效率的建议》被评为市人大优秀建议;戴成英代表被评为市人大代表履职先进个人。副主委程利仲执笔的《我市企业家再创业意愿研究》、副主委陆志芬执笔的《关于进一步巩固和完善"双下沉、两提升"长效机制的几点建议》分别在市政协七届二十三次、二十四次常委会上进行发言,为嘉兴市创业创新、深化医疗改革等中心工作建言献策。

【开展民主协商】 2016年,民建嘉兴市委会参与、做好统战部民主协商选题工作,确定"镇村建设"作为今年民主协商的主题。选派骨干会员等参加统战部组织的上海专题培训,听取发改委、经信委等的专题汇报,到湖州市安吉县、海宁市袁花镇、平湖市新仓镇等地实地调研,完成《参加关于使用大数据手段提高镇村劳动者参保率的建议》的报告供民主协商使用。根据市政协计划,准备"市委书记与委员面对面"协商会材料,到海盐县等地开展调研,由委员陈杰执笔完成《大力发展农村电子商务,降低农产品流通成本》的调研报告,供市委领导参考。

【社情民意工作】 2016年,市委会根据民主党派建议直通车制度有关精神,由主委戴铭率领调研组先后到南京、苏州、重庆实地考察。上报《关于打造嘉兴北部交通枢纽的建议》《关于推进我市轨道交通项目建设的建议》两篇课题专报,得到市委、市政府领导的重视,并批示转呈有关部门进行研究和落实。年内,市委会收到并转发社情民意20多篇,被省委会录用8篇,被市政协录用3篇,被中央统战部、省政协、省委统战部、中共嘉兴市委录用各1篇。

【完成基层组织换届】 2016年,为做好民建基层组织换届工作,市委会下发《基层组织换届工作意见》。主副委听取会员意见,多次与市直基层组织主委进行沟通,与县(市、区)基层组织所在地统战部进行协商,酝酿新一届领导班子成员。6月底至7月初,8个市直基层组织率先完成换届工作;7月至11月,5个县(市、区)基层组织也逐个完成换届,成立新一届领导班子,为基层组织进一步规范化发展奠定了基础。

【开展骨干会员与新会员培训】 2016年,市委会参加市委统战部组织的民主党派班子成员读书会,听取鲁俊书记全市经济社会发展情况通报,及专家对中共十八届六中全会和多党合作理论专题辅导。同时,开展新会员培训班,培训新会员近60名,邀请省社院、市委党校老师、市委统战部领导给新会员讲授中共十八届六中全会、民主党派的发展历史和统战理论知识等,为新会员今后履行职能打好基础;组织市委委员、基层组织负责人、参政议政骨干、企业家代表等参加省委会、市政协、市委统战部的各类培训班,提升自身水平和履职能力。

【开展会员企业调研服务】 2016年,民建嘉兴市委会开展会员企业调研活动。主副委带队走访会员企业,宣传习总书记重要讲话精神和国家方针政策,并帮助解决实际困难。省委会主委陈小平、专职副主委郭吉丰、副主委郑亚莉等领导多次到嘉兴会员企业,送去关心与帮助,了解会员企业的现状,倾听他们的意见和诉求。全年各级组织领导走访、调研会员企业100多次。

【引导会员回馈社会】 2016年,民建嘉兴市委会依托民建中央"思源工程"与市委统战部"同心"品牌,推动广大会员特别是企业家回馈社会、奉献爱心。经不完全统计,全市民建会员通过各种途径捐款总计196万元,其中为"五水共治"捐款26万元,红十字会捐款79万元,捐资建校、结对助学49万元,为新农村建设捐款42万元。组织开展三下乡活动5次,为社会提供各类专业知识培训3500余人次,会员企业新吸纳劳动力400余人。张敏华被评为全国民建社会服务先进个人,建华企业家协会和刘泳等7名会员被评为省民建社会服务先进集体和先进个人。

【配合民建中央领导到嘉兴调研】 2016年,民建嘉兴市委会配合上级领导,做好接访、调研工作。全国人大常委会副委员长、民建中央主席陈昌智带队就民建中央专题"关于培育新生中小城市的调查研究"到桐乡调研,听取关于新生中小城市建设发展情况,尤其是统筹城乡综合配套改革与扎实推进小城市培育试点镇、特色小镇"两镇"建设工作的汇报。全国人大常委会委员、民建中央副主席辜胜阻到嘉善县姚庄镇、大云镇和秀洲区王江泾镇,调研小城市试点建设和特色小镇建设,提出要做精传统产业、做大高新产业、做全配套设施的发展思路,实现由小镇发展成新型城市的转变。民建中央组织部部长李世杰到嘉兴调研基层组织发展工作,听取市委会工作报告,尤其是2014年市级组织建设研讨会后市委会做出的努力和改进,各基层组织负责人也就组织建设中遇到的问题和困难进行交流发言,李世杰对市委会取得的成绩给予充分肯定。

(吴　云)

民进嘉兴市委会

【概况】 2016年,民进嘉兴市委会发展会员41人,平均入会年龄38.1岁,大学本科及以上学历37人,其中硕士7人;中高级职称32人。年内,市委会开展换届工作,民进嘉兴直属支部换届,首次实现与市委会换届工作同步进行。原直属医卫支部拆分为直属第二医院支部、妇幼保健院支部和中医院支部,直属支部从10个增加到12个。支部班子候选人均全票当选,各直属支部新当选班子成员平均年龄42.6岁,其中"80后"9

人。同时,领导县(市、区)组织换届,除嘉善、平湖两个县级地方组织外,其余县(市、区)组织统一更名为基层委员会。

【召开民进嘉兴市第八次代表大会】 2016年,根据民进省委会及中共嘉兴市委的安排部署,民进嘉兴市委会下发《民进嘉兴市委会关于县(市、区)组织换届工作的意见》《民进嘉兴市委会关于做好市委会换届工作的实施意见》《民进嘉兴市第八次代表大会代表名额及代表产生办法》等文件,成立由市委会主要领导任组长的换届工作领导小组,布置届末考察评议工作及委员候选人推选工作。10月28-29日,民进嘉兴市第八次代表大会召开。大会选举产生民进嘉兴市第八届委员会,薛佳平当选主委,孙薇(女)、汪林青、顾云祥、彭文利当选副主委,汪林青兼任秘书长。

【开展纪念侯家声诞生100周年系列活动】 2016年,市委会开展纪念侯家声诞生100周年系列活动。做好会史资料的收集、整理,完成省委会《浙江民进前辈录》编撰;召开纪念嘉兴民进创始人侯家声诞生100周年座谈会;组织力量编写《侯家声传》,并印发单行本;举办纪念民进成立70周年文艺联欢会,并合唱侯家声先生作曲的歌曲《南湖颂》;组织力量编写《嘉兴民进志》,完成志史资料收集整理工作。

【宣传工作】 2016年,民进嘉兴市委会继续编印及赠阅会刊《嘉兴民进》;改版嘉兴民进网站,提升网站界面美观性和内容可读性;运行"嘉兴民进"微信公众号,全年推送各类会内动态、学习资料200余篇。组织编印《足音——民进嘉兴市第七届委员会履职剪影》和《视野——民进嘉兴市第七届委员会参政议政成果集》,宣传市委会五年来的工作成绩。

【参政议政工作】 2016年,民进嘉兴市委会参与民主协商,参加市委、市政府、市政协、市委统战部组织召开的各类座谈会、情报通报会、意见征求会10余次,围绕"十三五规划""政府工作报告""补短板""重要人事通报"等议题进行政治协商,政协民进界别组被评为嘉兴市七届政协优秀界别活动组。开展专题调研,形成题为《我市企业在创业创新过程中的负担情况与周边省市比较研究》的报告,并在市政协七届二十三次常委会议上作专题发言,推动政府出台《嘉兴市人民政府办公室关于进一步降低企业成本优化发展环境的实施意见》。"两会"期间,提交政协集体提案3件和个人议案、提案31件,内容涉及经济发展、公共交通、食品安全、教育文化等多个领域。其中《"毒"情形势严峻禁毒刻不容缓》被评为市政协七届五次会议优秀提案,市委副书记、市长胡海峰点名肯定调研成果;大会书面发言《重视农村工业品电子商务助推农村经济发展》被评为重点提案,受到中共嘉兴市委书记鲁俊的肯定并批示。继续做好社情民意工作,编发社情民意近70条,并以专报形式向中共嘉兴市委、市政府报送《关于嘉兴机场建设模式和打造长三角物流中心的建议》《关于加快推进量子信息科技产业布局发展的建议》等三则信息。年内,市委会获评市政协2016年度社情民意先进集体二等奖。

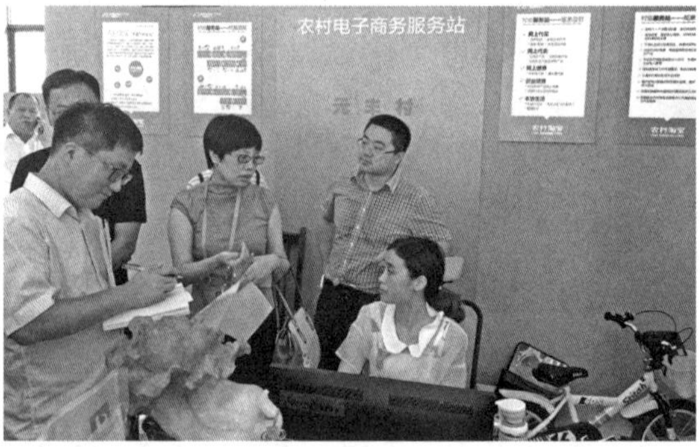

6月30日,民进嘉兴市委会专题调研农村电商发展现状
(民进嘉兴市委会提供)

【社会服务工作】 2016年,市委会开展"送医、送教、送文化、送温暖"四大传统社会服务活动,医卫界会员坚持29年每月到社会福利院送医问诊,并专门成立服务基金;组织教育界会员为"同心·名师工作室"(王江泾精英学校)支教,授课内容拓展到心理学、体育、急救知识等课程;书画界会员依托嘉兴开明画院开展笔会交流,参与民进中央"春联万家"行动;鼓励经济界会员参与社会公益活动,相关会员参与民进中央定点扶贫贵州黔西南工作。

1月19日,民进嘉兴市委会、嘉兴开明画院举办"春联万家"公益活动（民进嘉兴市委会提供）

开展"自助"公益助学,会同会员企业青鸟社工服务中心联合开展助学,通过参与义工服务获取助学金;举办专场招聘,继续组织会员企业参与嘉兴学院应届毕业生招聘会,累计提供近千个工作岗位,达成就业意向近300个。助推嘉善县域科学发展示范点建设,先后3次配合省委会邀请会内旅游专家对嘉善特色小镇建设进行调研。弘扬"微公益"思想,组织会员参与"书香彩虹"公益活动,收到各类捐赠书籍661册,全部送往贵州省金沙县。

（傅诚鹏）

农工党嘉兴市委会

【概况】 2016年,中国农工民主党嘉兴市委员会(简称农工党嘉兴市委会)召开5次市委扩大会议、10次主委办公会议。全年发展新党员32名。至年底,全市有农工党党员736名,其中医卫界481名,占65.4%;文教界89名,占12.1%;科技界29名,占4%;其他界别137名,占18.5%;离退休占45%,中高级职称占83%。年内,完成市、县两级农工党组织换届,并对相应组织进行撤并升级,7个县(市、区)总支升格为基层委员会;新成立嘉兴经济开发区支部,市直属综合支部分设成综合一和综合二2个支部,撤并药品支部,进一步优化基层组织。至年底,全市基层组织调整为16个,其中基层委员会7个,总支2个,支部41个(直属支部7个)。全年出版《嘉兴农工》三期;向农工党省委会、市政协、市委统战部报送及网站发布各类宣传信息120余条;编辑出版七届市委会《参政议政成果集》《七届委员会风采集》。抓好《前进论坛》发行工作,连续第14年被农工党中央评为《前进论坛》征订先进集体。年内,市委会被农工党省委会评为"2016年度农工党全省宣传工作先进集体""2016年度全省理论研究工作先进集体",被市政协评为"2016年度社情民意工作先进集体"。2名党员撰写的《民主党派县级组织参加协商民主的实践与探索》和《发挥民主党派界别在政协履行职能中的作用》分别被农工党中央评为2016年度理论研究优秀论文一、二等奖。1名党员撰写的《从人格化到制度化——协商性政治监督的完善路径研究》被市政协评为理论研讨会优秀论文三等奖。

【围绕中心履职能】 2016年,市委会9名市人大代表、26名市政协委员参加"两会"。通过"两会"平台,会员们向市政协提交集体提案4件,个人提案27件,个人建议5件;集体提案《关于深入推进嘉兴市分级诊疗工作的若干建议》作大会口头发言,并被市政协评为优秀提案;2篇个人提案获评优秀提案。各县(市、区)基层委农工党组织共向当地政协提交提案89篇,其中16篇提案被县(市、区)政协评为优秀提案或重点提案;另有多篇议案、建议获奖。5名党员分别被评为嘉兴市七届政协优秀委员、嘉兴市代表履职先进个人。嘉兴市农工党界别组、海宁市农工党界别组分别被嘉兴市政协、海宁市政协授予2016年"优秀界别组"称号。年内,选派5名参政议政骨干参加2016年上海复旦大学协商民主专题研讨班学习,提升履职能力。开展调研走访,年初,嘉兴市农工党界别政协委员、人大代表走访部分市、县医院和基层医疗机构,调研嘉兴市医疗资源布局情况及分级诊疗政策实施状况。走访卫生计生职能部门、医疗机构和群众,多角度、全方位开展"全面二孩政策"实施情况调研,撰写的调研报告《完善全面两孩政策配套促进嘉兴市人口优质均衡发展》在市政协常委会上作口头发言,并被《新嘉兴》《嘉兴社会科学》《嘉兴政协》等刊物刊登。围绕专题民主协商主题,派员与兄弟党派组成联合调研组,到海宁袁花镇、平湖新仓镇三叉河村,调研嘉兴市镇村建设情况，提交题为《完善基层医疗资源配置增强镇村医疗服务功能》的子课题，为党委、政府决策服务。此外，五县两区基层委深入基层调研，撰写课题14篇，其中平湖市、海盐县各1篇课题获当地县(市)级调研课题二、三等奖。在七届市委会收官之际，编辑出版七届市委会《参政议政成果集》，收录文章251篇，为参政议政工作积累资料。开展民主监督，七届主委参加市四套班子的“双推”活动，先后联系硖石、干窑、天凝等镇(街道)，为第三次乌镇互联网大会、G20杭州峰会护航出力。市委会参与中共嘉兴市委关于“提升镇村建设水平”、《中国共产党浙江省委员会统一战线实施细则(试行)》、《补齐短板争当标尖的行动计划》等民主协商，提出意见建议。全市各级组织中，担任民主监督员的党员，聚焦聚力治水、治气、治堵、“三改一拆”等改革发展重点领域，查找问题、助补短板。2016年，海宁市基层委驻市场监管局、城投集团的民主监督小组均被评为海宁市政协优秀民主监督小组，监督小组撰写的案例《农村聚餐的规范化及长效管理探索》《实施农村公路提升改造满足百姓出行需求》分别获海宁市政协案例评比一、二等奖。2016年，市委会向农工党省委会、市政协、市委统战部各报送社情民意信息24篇，被市政协授予社情民意工作二等奖；各县(市、区)基层委报送社情民意信息156篇，内容涉及医疗卫生、交通、农业、水利等关乎百姓切身利益的民生问题。2名党员被嘉兴市政协评为反映社情民意先进个人。

【召开农工党嘉兴市第八次代表大会】 2016年11月，农工党嘉兴市第八次代表大会召开，根据中共嘉兴市委、农工党省委会有关民主党派市委会换届工作的意见和要求，选举产生由19名委员组成的新一届市委会班子。张永红当选为新一届主委，胡金祥、费爱华、陈刚、徐鹿平当选为副主委，胡金祥兼秘书长，市委会顺利实现政治交接。

2016年11月，农工党嘉兴市第八次代表大会召开

(农工党嘉兴市委会提供)

【社会服务促和谐】 2016年，全市各级组织继续立足自身定位和优势资源，通过医疗服务、扶贫帮困、岗位建功等方式服务社会，为社会和谐与进步尽力。一方面持续开展医疗义诊服务。市委会坚持每月选派党内医卫专家到结对的姚庄镇卫生院坐诊，开展“传、帮、带”服务。以第九届“中国环境与健康宣传周”和第二十八届“国际科学与和平周”为契机，开展2次大型送医下乡免费义诊活动，党内医卫专家参与人数累计30余人次，免费赠送价值8000余元的常规药品，受惠群众1000多人次。此外，各基层组织与市委会创新服务方式，开展多种形式的社会服务：南湖区基层委确定对口联系服务社区，定时定点对居民进行健康辅导；秀洲区基层委继续开展服务周活动；嘉善基层委坚持“冬病夏治”，在各镇(街道)设医疗点10余个，贴敷病人6000余人次；平湖基层委携手当湖街道女党员合唱团、长青艺术团，为消防官兵们义诊义演；海盐基层委结合联合国糖尿病日、世界艾滋病日等疾病宣传日活动，开展健康讲座，宣传健康知识；海宁基层委在富春骨伤中医馆开设固定社会服务点，成为海宁中医服务品牌，全年义诊病人1300多人次；桐乡基层委组建以许亦农主委为团长，以桐乡市一院、二院、中医院的农工党党员为主要成员的“同心·医疗服务团”等。另一方面实施扶贫帮困。10月，市委会响应浙江省委统战部和农工党省委会号召，发动全市各级组织，为丽水市山体滑坡事件捐助救灾款2.3万元；继续结对两名大学生，为他们提供助学金，帮助他们顺利继续学业。企业家党员沈平向市福利院、市救助站无偿捐助150套出口级单人床。南湖区基层委全年为困难家庭扶贫助学捐款、捐物价值共计5000多元。海盐县基层委坚持结对通元中学和澉浦中学各1位贫困家庭学生，给予助学对象生活上和学习上的关爱。海宁市基层委发动广大党员积极参与义工

志愿者组织，为公益事业出资出力，同时，通过党派法律援助站，全年为困难弱势群体办理法律援助案件20件，义务提供法律咨询60余次。

农工党嘉兴市委会的企业家党员沈平向市福利院、市救助站无偿捐助150套出口级单人床，同时看望福利院儿童

（农工党嘉兴市委会提供）

（姜燕凤）

致公党嘉兴市委会

【概况】 2016年，致公党嘉兴市委会发展新党员10名，平均年龄35.6岁；党员102名，其中侨海关系的占73.5%。年内，致公党嘉兴市委会被致公党浙江省委会评为宣传工作先进集体，获得致公党浙江省“我身边的致公党员”演讲比赛两个二等奖、一个优胜奖和优秀组织奖，被嘉兴市政协评为2015年度社情民意先进集体三等奖，2件提案被嘉兴市政协评为优秀提案。

【致公党嘉兴市第二次党员大会召开】 11月1–2日，中国致公党嘉兴市第二次党员大会在市月河客栈大酒店召开。中国致公党浙江省委员会副主委杜时贵，中共嘉兴市委副书记孙贤龙，副市长祝亚伟，嘉兴市人大常委会副主任朱伟，市政协主席高玲慧，嘉兴市政协副主席、市委统战部部长朱静绮，嘉兴市各民主党派、工商联、知联会等涉侨单位以及有关部门，中国致公党杭州市委会、宁波市委会、温州市委会等领导应邀出席开幕式。致公党嘉兴市第一届委员会主任委员赵如英主持开幕式，并作工作报告。大会审议通过致公党嘉兴市第一届委员会工作报告和大会决议，选举产生12名致公党嘉兴市第二届委员会委员和10名将出席致公党浙江省第六次代表大会代表；召开致公党嘉兴市第二届委员会委员第一次全体会议。经过民主选举，赵如英当选第二届委员会主任委员，刘惠娟、吴晓阳、张芳军当选副主任委员，任命张芳军为秘书长（兼任）。嘉兴市政协副主席、市委统战部部长朱静绮出席闭幕式并讲话。

【开展“我身边的致公党员”主题教育活动】 年内，市委会将开展“我身边的致公党员”主题教育活动作为2016年坚持和发展中国特色社会主义学习实践活动的一项重要内容。一是采访先进典型，对党员中热心党派工作、为党派工做贡献大或在本职岗位上做出显著成绩的致公党先进典型进行专题采访，整理先进典型材料。二是开展支部之间的交流互动，请老党员和先进典型党员介绍他们入党以来履职体会，围绕“三个什么”、怎样做一名合格的致公党员等议题展开讨论。三是做好正面宣传，在党派微信群、QQ群中广泛宣传我身边的优秀致公党员的先进事迹。四是选派党员到杭州参加全省“我身边的致公党员”演讲比赛，获得两个二等奖、一个优胜奖，嘉兴市委会获得优秀组织奖。嘉兴的两名获奖党员还在致公党中央宣讲团·杭州巡讲报告会上宣讲。

9月22日，致公党嘉兴市委会获得全省“我身边的致公党员”演讲比赛两个二等奖、一个优胜奖和优秀组织奖

（致公党嘉兴市委会提供）

【抓好参政议政工作】 2016年，在嘉兴市政协全会上，市委会提交大会发言2篇，团体提案7件。

《关于积极培育发展我市跨境电子商务的几点建议》被列为市政协重点提案，受到市领导的高度重视和市商务局、嘉兴海关、嘉兴商检等部门的重点办理，并促成市政府《关于促进跨境电子商务创新发展的实施意见》出台。《关于积极培育发展我市跨境电子商务的几点建议》和《深化农村产权交易体系建设的建议》被市政协评为优秀提案。同时，市委会开展重点课题调研，《加快构建和完善与简政放权相适应的事中事后监管体制机制的建议》入选致公党中央2016年全国政协十二届四次会议致公党界别集体提案，浙江省政协十一届四次会议致公党界别大会发言和集体提案；《关于补齐农业科技创新和成果转化短板的几点建议》在浙江省政协十一届十七次常委会上作大会发言；《从压力型体制看嘉兴市河长制的制度逻辑》等2件发言稿在致公党沪苏浙皖长三角区域合作发展论坛上，代表致公党浙江省委会作书面发言。提案《关于进一步推动我市大学生创业创新的建议》《深化医保支付方式改革，促进医疗医保融合发展》先后在市政协第二十二、二十三次常委会议上作大会发言。

【开展“寻短板”“补短板”主题活动】 年内，市委会组织开展“寻短板”“补短板”建言献策主题活动。先后带领党员到嘉兴市经济开发区、秀洲区、南湖区、桐乡市、平湖市等地实地调研，上报致公党浙江省委会、嘉兴市政协、中共嘉兴市委统战部并转交有关部门社情民意信息30多条。《“三农”领域存在的主要“短板”和对策建议》《建议加快发展政府产业基金》《加快完善我省“互联网+”制度建设》《推进我省农业“供给侧改革”的建议》等多条建议被省委统战部、省委会、嘉兴市政府有关部门采用。

【开展社会服务】 年内，致公党嘉兴市社会服务基地——南湖区支部法律援助工作站，继续开展法律咨询、法治宣传等活动，为有关当事人提供代拟法律文书、申请法律援助等服务，接待来电来访群众150人次，协助办理法律援助案件16件；组织党员先后到新塍镇、油车港镇开展“医路相伴，健康服务在您身边”等送医送药下乡专项服务活动，发放健康宣传资料800多份，赠送药品、急救包等价值3000多元，服务群众900多人次；组织开展“党派联社区”送温暖、送科技等活动，分批为300多名小学生组织科技讲座和科技实践活动，为自闭症孩子捐款5000元，为白血病孩子捐款1万元；党员中的教育骨干为王江泾镇精英民工子弟学校开展“同心·名师工作室”支教活动；党员中的志愿者走访结对的孤寡老人、失独家庭、贫困学生，为他们送去爱心和温暖。

9月10日，致公党嘉兴市委会组织医卫专家到油车港镇开展“医路相伴，健康服务在您身边”专项活动

（致公党嘉兴市委会提供）

【开展服务侨资企业专项活动】 2016年，市委会与市外侨办联合开展“走侨资企业解难题”活动，先后走访浙江上杨商业设备科技股份有限公司、平湖进口商品城、嘉兴洁阳家居用品有限公司、嘉兴市弘发机动车配件有限公司等企业。同时，对到嘉兴市投资兴业侨商服务体系建设进行专题调研，撰写上报《关于充分发挥嘉兴市侨商服务联盟应有作用的建议》社情民意，得到市委常委、宣传部部长连小敏的批示和有关部门重点办理，并为市侨商服务联盟解决人员编制和办公场地等问题。

【指导基层支部完成换届】 年内，市委会按照上级有关基层组织换届工作要求，召开组织工作会议暨支部换届动员大会，完成基层支部领导班子和主委述职、民主评议工作，按照有关换届程序，指导各基层支部完成换届，并成立市直属综合第三支部。至年底，嘉兴市委会有支部7个。

（廖　晓）

九三学社嘉兴市委会

【概况】 2016年，九三学社嘉兴市委会下属秀洲区支社、海盐县支社升格为秀洲区基层委员会、海盐县基层委员会，调整部分市区直属支社人员，新设立综合四支社。至年底，全市有基层委员会6个（内设18个支社）、直属支社11个。全年发展新社员24名，平均年龄38岁，其中女社员10人，高级职称9人，单位中层以上骨干15人。至年底，全市有社员561名。年内，全市各基层组织如期召开社员大会，选举产生新一届领导班子，顺利完成换届工作。

2016年，出刊《嘉兴九三》社讯3期，编辑出刊《历程——九三学社嘉兴市委会第七届委员会工作汇编》（画册）、《九三学社嘉兴市委会第七届委员会参政议政成果选编》。

【九三学社嘉兴市第八次代表大会】 8月13日，九三学社嘉兴市委会召开七届二十一次（扩大）会议，对换届工作进行动员部署。9月23日，召开七届二十二次（扩大）会议暨届未总结评议大会，民主推荐新一届市委会班子。10月26-27日，召开九三学社嘉兴市第八次代表大会，158名代表出席大会。大会学习习近平总书记在庆祝中国共产党成立95周年大会上的讲话，听取并审议七届社市委工作报告，选举产生新一届社市委委员。在社市委八届一次全体会议上，选举马玉华为主任委员，刘稚红（女）、徐谟光、孔俭、张少东为副主任委员，任命连育彬（女）为秘书长。大会期间，九三学社浙江省委、中共嘉兴市委、市人大、市政府、市政协领导出席会议，社省委专职副主委马永信、中共嘉兴市委副书记孙贤龙和中共嘉兴市委统战部部长朱静绮等领导分别讲话。

10月26-27日，九三学社嘉兴市第八次代表大会召开
（九三学社嘉兴市委会提供）

【参政议政、民主监督】 2016年，社市委主要领导参加中共嘉兴市委、市政府各类征求意见会、通报会、座谈会等协商议政会，分别就《政府工作报告》、嘉兴市本级经济发展等内容提出意见建议。在市政协七届五次全会上，就《把握"互联网+"发展趋势，加快推进"两化"深度融合》《抓住机遇、统筹规划，加快推进"月芦文杉"片区旅游开发建设》等3件调研报告作大会发言；在市政协七届二十三次、二十四次常委会议上，分别作《关于进一步加强创业创新载体建设的建议》和《加大力度、强化统筹，大力推进智慧医疗体系建设和健康服务》专题发言；在市政协"书记与委员面对面"专项民主协商会上，就《大力发展生产性服务业，加快推进嘉兴制造2025》专题发言。2016年市"两会"上，社市委提交团体提案5件，九三学社界别组集体提案2件，代表委员个人提交人大意见建议7件、提案27件。7个集体提案分别受到中共嘉兴市委书记鲁俊和其他市委、市政府领导的批示，其中《关于进一步改进褚辅成史料陈列室展陈和管理的几点建议》被列为重点提案。由省人大代表连育彬提交的社市委调研报告《关于加强农业标准化建设，促进现代生态农业发展的建议》被省十二届人大四次会议列为重点建议。县（市、区）基层组织也分别向当地"两会"提交团体提案14件，人大意见建议4件，个人提案56件。在市政协七届四次会议以来优秀提案评选中，社市委团体提案《关于加快发展现代装备制造业的建议》《发挥优势、抢抓机遇，着力推进嘉兴滨海地区新一轮发展》被评为优秀提案。社市委调研报告《大力发展楼宇经济，培育经济发展新增长点》获2015年度全市党政系统优秀调研成果三等奖。年内，社市委收到信息、社情民意76条，其中采用并上报社省委、市政协和统战部的信息社情民意55条，被社省委、市政协和统战部采用53条。2016年，社市委获评社省委参政议

政先进市级组织荣誉称号和市政协社情民意工作先进集体一等奖。

九三学社嘉兴市委会主委马玉华参加市政协第42号提案《把握“互联网+”发展趋势,加快推进“两化”深度融合》现场办理会　　（九三学社嘉兴市委会提供）

【社会服务】 2016年,社市委会同南湖区基层委员会通过到结对村南湖区余新镇黎明村走访,组织专家进村开展大型义务咨询服务活动,为该村“爱心援助基金”捐款,与贫困家庭学生结对帮扶等,直接参与新农村建设。开展“九三科普巡回讲座”,将“九三科普巡回讲座”与九三学社省委“九三科技服务月”结合起来,与嘉兴市委宣传部“南湖讲坛”、南湖社区教育学院等联合开展活动;组织讲师团专家开展“五水共治”、医疗保健等方面讲座6场,宣传科普知识,倡导科学生活,受益学生、群众近600人。另外,向18名辅成教育集团优秀毕业生颁发了第六届“辅成奖学金”。年内,广大社员在本职工作中获得多项荣誉和成果,为嘉兴市的经济社会发展再做新贡献。翟昌林获嘉兴市第十一届十大杰出青年荣誉称号;沈在林被市人大常委会聘请为嘉兴市地方立法咨询专家,叶朝霞、罗义英被市人民政府办公室聘请为市政府立法咨询专家。许金明领衔的项目获浙江省建设工程“钱江杯”,孙瑜瑾领衔的作品荣获浙江省广播影视文艺奖广播综艺节目一等奖。徐一兰、孙鸣、孙浩彬等主要完成者参与的项目成果获2015年度浙江省科技进步二等奖。在2016年嘉兴市科学技术奖评选中,翟昌林主持的项目获得一等奖,范举红参与的项目获得一等奖,肖旺频等4人次参与的项目获得二、三等奖。在嘉兴市第十届自然科学学术奖评选中,范永根、钟雪明等4人次领衔的项目获二、三等奖。

（迮育彬）

嘉兴市工商联

【概况】 2016年,嘉兴市工商业联合会(简称市工商联)会员数22638家,比上年增长15.02%。全市7个县(市、区)工商联全部达到全国“五好”标准,平湖市、海盐县工商联被评为首批浙江省“五优”县级工商联;秀洲区、桐乡市工商联被评为全省工商联系统先进单位。2016年,市工商联服务G20杭州峰会、乌镇互联网峰会,16次到联系镇、街道开展维稳安保督查。开展“找短板、补短板”活动,深化“百企联百村、合力治污水”专项行动,三年中组织企业联挂、认领河道550条,累计捐款2.9亿元。制定下发《“千企帮千村”精准扶贫行动实施方案》,开展结对社区、帮扶村活动。年内,组织民营企业家座谈学习习近平3月4日在全国政协民建、工商联界委员联组会上重要讲话精神,《嘉兴日报》整版刊发学习体会文章。邀请博鳌论坛原秘书长龙永图为300名企业家作高峰论坛,邀请全国工商联副主席、传化集团董事长徐冠巨解读习近平3月4日在全国政协民建、工商联界委员联组会上讲话的精神实质。按照习近平总书记提出推动政策落地落细落实的要求,组织开展“走企业、送政策、解困难”活动,全年走访企业370多家。围绕构建新型政商关系,协助起草嘉兴市相关政策文件。2016年,市工商联牵头5部门制定两年12家行业协会商会组建计划,建立嘉兴市时尚产业协会等7家。成立嘉兴经济技术开发区长水街道商会;成立嘉兴市黑龙江商会、嘉兴市重庆商会,市内异地商会总数达到17家;成立重庆市嘉兴商会和海南省嘉兴商会,市外嘉兴商会总数达到12家。修订完善行业协会商会评价办法、市内异地商会评价办法、市外嘉兴商会考核办法;制定《市外嘉兴商会联动机制》,召开首次市外嘉兴商会联动会议。嘉兴市电子商务行业协会、嘉兴市秀洲区新塍商会、嘉兴市湖北商会被评为2016年浙江省工商联规范化建设示范商会。

【参政议政】 2016年,市工商联围绕制造业企业成本、基层商会建设等课题发放调查问卷500多份,形成《关于嘉兴市非公有制经济人士队伍建设研究》等调研报告6篇。汇编《调研成果选编(2012-2016)》,收集调研报告57篇。参与政治协商,工商联及工商联界别委员在各级"两会"上提交提案100多件。市工商联在政协大会上作《关于抓住"走出去"机遇,引导民营企业参与"一带一路"建设》的发言;《关于推进我市组建基层商会互助资金会的建议》被列为重点提案;《关于在"新常态"下提振我市民营企业发展信心的建议》被评为优秀提案。围绕"加快补齐嘉兴实体经济转型发展短板"的主题,组织工商联界别委员参加"面对面"协商座谈会。年内,首次邀请10名民营企业家参加省委经济工作电视电话会议。

【助推浙商回归】 2016年,市工商联助推浙商回归,组织召开市外嘉兴商会座谈会,10多名会长受到市领导慰问;组织深圳嘉兴商会"嘉兴行"活动,考察7个县(市、区)的平台项目;组织200多名企业家参加嘉兴市第二届浙(禾)商大会;组织商协会10多次开展接轨上海活动;承办2016商会大会,全国500多家企业参会。2016年,全市通过市外嘉兴商会直接引进或协助引进项目28个,总投资71亿元;助力市内异地商会引导外籍企业家来禾投资。

【加大服务民企力度】 2016年,市工商联加大服务民企力度,编印《助推民营企业转型升级政策汇编(二)》等,赠送企业500多本。开展金融服务指导员入驻企业活动,派驻10多名指导员入驻民营企业。举办"创业创新、助推发展"民企专场招聘会,组织民企128家进场招聘,提供就业岗位4154个。与市检察院、市公安局先后制定出台《关于在保障和促进非公有制经济健康发展中加强协作配合的意见》《关于在服务保障非公有制经济健康发展中加强协作的通知》等文件,履行协调劳动关系三方会议成员单位职责,参与劳动争议调解工作;组织40多家企业参观第三届世界互联网大会"互联网之光"博览会。全年发布各类信息资讯3000多条。

【召开嘉兴市工商联第七次会员代表大会】 12月22-23日,嘉兴市工商业联合会、嘉兴市总商会第七次会员代表大会召开。浙江省工商联副主席尹健到会祝贺并发表讲话。市领导刘冬生、高玲慧、孙贤龙、连小敏、盛全生、朱静绮,市各民主党派、人民团体和各有关部门主要负责人应邀出席会议。大会学习贯彻中共十八届六中全会精神、习近平总书记系列重要讲话精神,回顾总结市工商联、总商会过去五年的工作,明确今后五年的工作目标和任务,选举产生以雅莹集团董事长张华明为主席、会长的新一届工商联、总商会领导班子。

12月22-23日,嘉兴市工商业联合会、嘉兴市总商会第七次会员代表大会召开 (市工商联提供)

【商协会党建建设】 2016年,市工商联成立嘉兴市广东商会、黑龙江商会、新生代企业家联谊会党支部,所属商协会党支部达到34个,实现党的组织和工作全覆盖。开展党员组织关系摸底工作,所属商协会共有在册党员142名,流动党员222名。修订出台《嘉兴市工商联所属商协会党组织党建强、人才强、发展强评价办法》,连续两年在商协会党支部书记中开展党建述职活动。

(印惠丽)

群众团体

嘉兴市总工会

【开展立功竞赛和劳动竞赛】 2016年，市总工会联合市治水办、市水利局在两大"五水共治"重点项目（平湖塘延伸拓浚工程、扩大杭嘉湖南排工程）开展立功竞赛，联合市经信委开展"互联网+制造业"和"互联网产业"项目立功竞赛35个，联合市电力局开展"乌镇峰会电力保障"立功竞赛。在全市重点工程中抓好18个竞赛示范项目，以点带面，推进全市127个市级以上重点工程开展立功竞赛。以职工技能运动会和技能大赛为载体，市、县、镇层层发动，三级联动，开展职工职业技能比武，助力制造业强市建设。举办市级一类竞赛21项、市级二类竞赛12项。全市1.78万余家企业开展职工岗位练兵、技能比武活动，参与职工达112.6万人。紧扣企业创新驱动、产业升级、提质增效、节能减排等，发动全市企业开展小发明、小创造、小革新、小设计、小建议职工众创竞赛，引导职工立足岗位创业创新创优。全市广大职工提出合理化建议、金点子50218件，采纳实施20611件。推进嘉兴工匠队伍建设。实施"百名高技能人才晋级，千名技能带头人培养，万名一线职工培训"活动，396人获得高级工、技师资质证书，选聘各级职业技能带头人1181人，开展职工技能培训5.8万多人次，18050名职工获得职业技能资格等级证书。评选嘉兴市"工人发明家"10名，鼓励广大职工创新创业，推动嘉兴经济创新发展。同时，通过选树劳动模范、"五一"奖章，推广以职工名字命名的先进操作法，大力弘扬工匠精神，培育更多"嘉兴名匠"，推动嘉兴从"制造大市"向"制造强市"转型升级。

【构建和谐劳动关系】 2016年，嘉兴市推进和谐企业（园区）创建。以劳动关系和谐企业、和谐园区创建为抓手，健全完善评价和创建机制，全市参与创建企业9800家。年内评选表彰市级和谐劳动关系先进企业51家、先进园区3个。累计58家企业和15个园区被评为省级以上和谐劳动关系先进企业、园区。通过网站、微信宣传30家企业善待员工创建和谐劳动关系的特色做法，引导企业构建和谐劳动关系。开展严防企业欠薪专项行动。深化企业工资支付月报机制，加强欠薪预警，以劳动关系和谐促进社会稳定。在全市开展"万企职工迎峰会"活动，教育引导广大职工增强主人翁意识和大局意识。深入开展工资集体协商"要约行动"，不断提高协商的质量和效果。全市累计有9100家企业开展工资协商，签订工资集体协议。签订区域性工资协议1360份（覆盖企业26900多家），签订行业性协议41份（覆盖企业1100家）。推进以职工代表大会为主要形式的企事业民主管理制度，全市国有集体企业职工代表大会建制率和厂务公开建制率均为100%，非公有制企业分别为92%和86%。健全三方四家协商机制，建立健全劳动争议调解体系和运作机制，全市建立劳动争议调解组织6630个。开展转产转型"四助"专项行动。生猪养殖转产转型是嘉兴市委、市政府深化"五水共治"、建设美丽嘉兴的重大举措。全市各级工会发挥组织优势，为转产转业职工和职工家庭提供助困、助业、助学、助医帮助。市总工会下拨专项资金，县（市、区）工会配套资助1187户转产。为2000多人组织开展中式面点、养老护理、家政服务等培训32场次，举办招聘会11场，提供就业岗位2000余个。发动企业为困难职工提供公益虚拟岗位60个。

【开展“四送”服务】 2016年，嘉兴市开展“四送”服务。一是高温“送清凉”，劳动保护促安全。高温期间，市四套班子领导亲自带队慰问高温作业的职工，送清凉饮料、保健用品，督促企业落实各项降温政策措施，保障职工身体健康、生产安全。市总工会发放慰问金74万元，全市各级工会慰问企业2563家，发放慰问款1483万余元，慰问职工33万余人次。各级工会持续以“安康杯”竞赛为抓手，推进企业安全文化建设。全市参赛企业1.2万多家，参赛职工73万多人。开展“查事故隐患，提合理化建议”活动，4200多家企业参加，参与职工18万人，提出合理化建议1万多件，采纳3800多件。二是四级“送培训”，提升技能促发展。市、县、镇、企业工会四级联动开展技能培训，通过职工点单、工会买单、送教到企等途径，提高培训的针对性、实效性，组织3万多名职工参加免费职业技能和创业培训。全市各级工会开展春风行动专场招聘会45场，提供免费就业服务23000多人次。三是真情“送温暖”，关爱职工暖人心。开展以“服务企业、情暖职工”为主题的“送温暖”活动，救助困难职工3910人，发放慰问金728.9万元。四是大病“送救助”，医疗互助促共享。深入推进职工医疗互助保障工作，前二期参保职工61.2万多人，13790名职工报销医药费1187.35万元，年内第三期参保职工达46.5万人，报销医药费1175.54万元。同时，落实337户大病救助和“爱心透析”专项救助80.05万元。

【开展“中国梦·劳动美”活动】 2016年，市总工会开展“中国梦·劳动美”主题活动。一是开展“朵朵鲜花送劳模”。联合嘉广集团开展“朵朵鲜花献劳模”走访活动，开播“劳模故事”专栏，深度报道嘉兴劳模的感人事迹，弘扬劳模精神，在全社会形成尊敬劳模、学习劳模、争当劳模的良好氛围，传递正能量。二是广泛发动点赞“最美职工”。联合嘉广集团开设《点赞最美职工》《争当工人发明家》《在工地》系列节目，展示职工风采。在《嘉兴日报》、嘉兴在线、嘉兴工会微信平台组织职工群众点赞，推送《寻找最美工匠》系列报道。三是组织职工亮出“好声音”。联合市委宣传部、市委“两新”工委和嘉广集团开展“建功十三五、唱响好声音”比赛，设置9个分赛场，组织比赛16场，近千名职工参加，网络访问量超10万人次，投票超过3万人次。举办“南湖职工心向党”纪念建党95周年职工文艺汇演，教育引导职工听党话跟党走。开展“创美丽厂区”行动。美丽厂区是美丽浙江、美丽嘉兴建设的有机组成部分，也是改善劳动环境、实现体面劳动的需要。通过部署发动、示范引导、机制激励、营造氛围，市、县、镇三级联动，推进“创美丽厂区(企业)、建快乐车间、做文明职工”专项行动，全市1500多家企业开展创建活动，建成快乐车间2300多个。以创建行动为平台，融入企业职工文化、职工素质提升等内涵要求，发挥企业广播、宣传栏、QQ、微信等作用，“声屏报网”互动，不断扩大创建活动影响力，受到党政领导、企业和广大职工的欢迎。深入开展“送文化”活动。深化企业职工文化“八个有”建设，扩大职工书屋建设的覆盖面，新创建全国职工书屋4家，省级职工书屋25家，市级职工书屋60家，引导职工多读书、读好书。推进互联网+工会建设，推动市、县(市、区)和镇(街道)工会开通工会微信公众号，企业工会建设微信群，通过网站、微信等媒体平台拓宽传播渠道，扩大工会影响力。以巩固全国文明城市创建成果，迎接G20杭州峰会为契机，开展“做文明有礼嘉兴人”活动。

(李建红)

共青团嘉兴市委

【概况】 截至2016年年底，嘉兴市有28周岁以下青年567128人，团员179014人，县(市、区)团委7个，基层团委388个、团工委45个、镇团委44个、街道团(工)委29个、团总支326个、团支部9384个，团市委直属团委43个、团总支3个。全市有专职团干部178人。

高举理想信念大旗。年内,团市委开展"我的中国梦"主题教育实践活动,组织"与信仰对话""与人生对话""十八岁成人仪式""红领巾心向党"等主题教育活动,举办少先队纪念建党95周年"红色寻宝"、纪念红军长征胜利80周年青少年诗歌朗诵大赛等活动。开展第十一届嘉兴市"十大杰出青年"、第五届嘉兴市"十大青年创业风云人物"、"美德少年"等评选,推出一批优秀青少年典型。组织农村青年致富带头人、创富好青年、返乡大学生等举办青春创富故事汇,吸引青年返乡创业。加强新媒体建设,策划开展"纪念五四手抄团章"、最美志愿者瞬间、风尚团组织评选等线上活动,以及"百团添万绿"、"以鱼洁水"保护母亲河行动等线上线下互动活动。至年底,"青春南湖"微信公众号粉丝数超过10万名,综合评价在全国地市团委中名列前茅。

3月12日,团市委、市志愿者协会主办"百团添万绿"保护母亲河植树活动　(王振宇摄影)

完善青少年建功体系。年内,团市委实施青年护航"G20"峰会行动,成立10支"护航峰会夺鼎创杯"平安志愿者服务大队;开展"红领巾喜迎G20"主题活动,参与队员3000余人。深化预防青少年违法犯罪工作,构建"专业人员+社工+志愿者"结对帮扶模式,与969名重点青少年进行结对。通过成立各级农村青年创业导师团,开展电商创业和高效生态农业发展专题培训。开展青工技能比武、青年文明号创建、"喜迎G20,青工5S"行动等"青"字号品牌工作。全市各级团组织培训各类青年5621人次,组织青年上岗见习781人次,带动就业2361人。启动第二批"共青示范河"评选,开展"五水共治"主题绘画大赛、"喜迎G20共护母亲河"小甲鱼领养、"书香换花香,绿意传情意"图书换绿植等活动,开展共青团助力美丽生态牧场试点创建工作。深入推进关爱新居民子女志愿服务行动、青年志愿者助残"阳光行动"等志愿项目。在火车站、医院等场所建立志愿服务工作站,常态化开展志愿服务活动。做好世界互联网大会等重大赛会志愿服务工作。做精"万封家书传亲情"等品牌活动。启用"志愿汇"管理平台,不断提高注册志愿者的科学化管理水平。

推进青少年民生服务。年内,团市委召开青年之声和新媒体平台建设工作部署会,出台相应考核办法。至年底,嘉兴市青年之声平台收到各类问题1.6万余条,"志愿服务联盟百名专家团"回答数1.4万余条,点赞数近万次。同时,依托"12355"热线及拾星者青少年社工事务所,为遇到困难的青少年提供公益服务。开展嘉兴市青年创业大赛,参与第五届长三角农超对接洽谈会、省农博会,推荐优秀项目参加第三届"创青春"中国青年创新创业大赛。全年累计扶持农村青年创业小额贷款总额1.8亿元,完成创业小额贷款733笔。全市各级团组织参与建设的村级电商服务站点158个、市县两级青年电商创业园和孵化基地33个。开展全市青少年暑期社会实践工作,推荐在校大学生参与企业实践岗位锻炼并举行成果分享会。开展"红船少年学科星"科技夏令营活动,赴北京与杨利伟等航天科学家面对面。开展"精实助学计划"行动,资助40万元,帮助80名家庭困难的高中毕业生圆大学梦。对沙雅县提供三年共计10万元"红船助学金"。

牢筑团组织基层基础。年内,团市委探索推进产业建团模式,建设园区、中小企业、农村合作组织团工委。开展互联网行业单位、网络产业集中地区团建工作摸底调研,指导县(市、区)开展互联网行业团建。推进"青年之家"综合服务平台建设,开展市级示范性"青年之家"综合服务平台评选。做好发展团员调控工作,实行发展团员编号制度,严格履行入团程序和手续,确保发展团员工作质量。持续推进工作项目化运作,全年确定71个市级重点项目,力求工作的针对性和实效性。完善干部交流制度，做好镇（街道）团委书记培养人选及高校教师、金融系统干部的挂职工作。举行“学讲话、话改革、谋发展”机关专题开放日，邀请各界青年代表走进团委机关交流座谈。开展“用脚步丈量青情——共青团大脚掌走基层”主题实践活动，市、县（市、区）、镇（街道）基层团组织整体联动，深入基层开展调研走访。分层分类提升队伍专业化水平，举办全市基层团干部、共青团系统信息员、中学团委书记、青年文明号负责人、志愿服务汇管理员等专题培训班。

年内，团市委获得第三届世界互联网大会（乌镇峰会）志愿服务先进集体、嘉兴市重大国际峰会保障服务工作先进集体、2015年“五水共治”工作先进集体、2015年度浙江省优秀志愿服务项目等多项荣誉。

【举行“嘉兴市十大杰出青年”评选活动】 2016年，团市委举行的第十一届“嘉兴市十大杰出青年”评选活动历时两个月，吸引各行各业各类杰出青年候选人80多名参评。团市委前期在《嘉兴日报》整版宣传二十位候选人相关事迹，录制颁奖典礼实况电视节目，通过“十杰”自我介绍、VCR事迹及评委点评等形式，使广大的电视观众全面了解其成长轨迹。依托南湖青少年网、嘉兴人网、嘉兴共青团微博等新媒体，通过网络投票，号召网民参评，提高知晓率；开展微博互动，以转发、评论促进先进事迹传播率。最后经过报纸、网络和组委会综合评价，评选出第十一届“嘉兴市十大杰出青年”十名和“嘉兴市优秀青年”十名。十大杰出青年分别是吕小华、杨德威、李友发、李安猛、吴金洪、宋振明、周强、孟国芬、夏鼎、翟昌林。团市委创设各类平台，在暑期邀请历届杰出青年走进大学校园为大学生作事迹宣讲报告，让杰出青年走进普通青年中，带领广大青年创业创新。

5月3日，市领导接见“嘉兴市十大杰出青年”（谈晓阳摄影）

【举办“百汇杯”嘉兴市青年创业大赛】 自2016年9月启动，历时3个月的“百汇杯”嘉兴市青年创业大赛决赛于11月22日在嘉善举行。本次比赛自启动以来，通过组织发动、媒体宣传、高校宣讲等方式向全社会创业青年广发“英雄帖”，广大青年踊跃参与，收到各类青年创业项目81个，内容涵盖电子商务、健康产业、生态环保、文化创意、智能制造等多个领域，覆盖嘉兴五县两区、各大高校、相关孵化平台、众创空间等市内青年创业集聚领域，同时还延伸至上海、杭州等周边城市以及中国美术学院等国内知名高校。在前期组织各领域专家评委书面评审后，有16个项目脱颖而出，入围决赛。决赛现场，决赛项目负责人进行现场路演，评委专家对项目进行现场提问，经过激烈角逐，最终多功能组合型材料的开发与产业化项目获得一等奖，发呗——发你所想，推你所爱和“爱找事”App兼职平台2个项目获得二等奖，wuhu动画人空间—国内最大的动画人平台、美铸-高性能特种石墨碳化硅坩埚产业化和2微米光纤激光器3个项目获得三等奖，其余9个项目分别获得优胜奖。决赛后，团市委将塘巢创客空间等8家单位认定为嘉兴市首批“青创空间”，并将其融入全市“1+7+N”的青年创业园区体系内。赛后，活动组委会继续对参加大赛的项目进行跟踪创业帮扶。

【推进“青年之声”平台建设工作】 2016年，团市委推进“青年之声”平台建设工作，直接面向广大青年开展联系与服务。召开全市“青年之声”工作部署会，对各县（市、区）“青年之声”平台建设和运行协调机制、值班制度、问题分办、内容审核、微信群建设等提出明确的考核要求。依托团市委“青春南湖”微信公众号、嘉兴青年官方微博、南湖青少年官方网站宣传推广“青年之声”工作平台，巩固嘉兴青年发“声”阵地。围绕青年在学习成才、创业就业、权益维护、情感婚恋等方面的现实需求，对接民政、人社、新居民局等单位争取各项资源。联系市青年企业家协会、市拾星者青少年社工事务所等社会组织,联合嘉兴19楼、嘉兴人论坛等互联网企业,广泛招募有相关专业和工作背景的志愿者,通过"青年之声"工作平台,开展各类青年帮扶活动,如"青年之声·要抱抱不要校园暴力"快闪活动、"青年之声"——"青亲恋"平台启动仪式暨"微微一笑遇见你"交友趴,并为浙江省"青年之声·亲青筹"平台推广嘉兴站活动项目募集善款24万余元。

(高祥慧)

嘉兴市妇女联合会

【概况】 2016年,嘉兴市有镇(街道)妇联(妇工委)73个,村(社区)妇代会(妇联)1172个,"两新"组织(新经济组织、新社会组织)中建有妇女组织4960个,设妇女工作联络员3560名。全市直属系统妇委会(妇工委)207个(不含乡镇所属)。市本级有民主党派妇委会9个,家庭教育学会、女企业家协会等妇女团体7个。年内,市妇联获浙江省实施妇女儿童发展规划(2011-2015年)先进集体、2011-2015年全市法治宣传教育先进集体、2015年度市级治安综合治理先进集体。

健全创富建功服务体系。2016年,嘉兴市市本级用于女性创业小额贷款贴息专项资金36.21万元,三区同比配套资金贴息额度1197万元,受惠妇女75人。举办"架金桥·促发展"妇女就业促进活动,全市举办女性专场招聘会50场,服务妇女26836名。落实市委市政府关于城乡环境综合整治和生猪养殖转型发展的工作部署,开展促进生猪产业转型发展·助推妇女转产转业专项行动。举办首届家庭农场女负责人培训班、SYB创业培训和IYB优化企业培训班。成立首家助推妇女创业的茉莉花女性创客家,与女企业家主办的"北斗创客家""星尚创客空间"达成合作意向。举办"寻访美丽乡村·助力巾帼创业"系列活动,推动妇女创业发展。开展"转型发展服务年"系列活动,举办"庆三八"金融法律知识讲座、"改革添活力·发展谋新篇"政策对接会等。接轨上海,参加"性别平等与企业社会责任——2016上海妇女发展国际论坛"。召开全市"巾帼文明岗"创建工作研讨会,开展"服务G20,岗岗展风采"活动。复查市级以上"巾帼文明岗",持续推动岗村、岗企、岗岗结对。全市建成市级以上文明岗1009个,其中全国岗35个,省级岗300个。响应全国妇联"巾帼脱贫行动",推出"爱分享·关爱特困妇女项目",市本级募得捐赠资金近10万元。

健全权益维护保障体系。在妇女和家庭中深入开展法治宣传服务,评选"法治宣传服务品牌"。开展"助力法治嘉兴·巾帼在行动"送法下基层活动,创编情景剧演出60场。举办"女性流动法治课堂",开展妇女维权知识"四进"(法律知识进家庭、文化科技进家庭、道德礼仪进家庭、节能安全进家庭)巡回讲座。联合嘉兴广播电台、《嘉兴日报》《南湖晚报》等媒体大力宣传反家暴工作。举办《中华人民共和国反家庭暴力法》专题讲座100余场次。推进"平安家庭"创建,开展"妇女学法律·守法创平安"微信法律知识竞赛。开展"七无五防"(无纠纷、无事故、无毒品、无赌博、无暴力、无邪教、无犯罪;防拐卖、防盗窃、防抢劫、防隐患、防艾滋)宣传教育,积极参与"护航峰会·夺鼎创杯"群防群治,实施家庭隐患排查化解、特殊家庭管控帮扶等五项举措。启动第六轮"不让毒品进我家"活动。依托阳光家庭社工事务所,服务有需求的妇女儿童及家庭3000余人次。加强婚姻家庭纠纷人民调解工作,市婚姻家庭纠纷调解中心全年受理纠纷116起,出具人民调解书5份。举办全市妇联系统维权干部培训班,召开妇女维权工作交流会,开展"优秀妇女维权案例"评选,参与农村妇女土地权益维护工作。规范信访接处,完善"12338"妇女维权热线运作,市县两级妇联收到来信来访来电507件。全面完成"十二五"妇女儿童发展规划目标任务,监测评估报告获省一等奖。制定出台嘉兴市"十三五"妇女儿童发展规划,确定"加强妇女儿童服务阵地建设"等16个实事项目。开展庆祝"六一"国际儿童节"美德少年"颁奖典礼暨电视文艺汇演。实施城乡妇女"两癌"检查项目,救助困难乳腺癌患病妇女38名,救助资金23.86万元。

健全和谐家庭建设体系。开展寻找"嘉禾最

美家庭”暨“百户文明家庭”评选活动，10户家庭获市级“最美家庭”、10户家庭获市级“最美家庭”提名奖。9户家庭获省级“最美家庭”、26户家庭获省级“绿色家庭”，50户家庭获省文明家庭，赵广同家庭、郁顶华家庭、何屹家庭获全国“最美家庭”，许伟平家庭获首届全国文明家庭称号。首次联合嘉兴军分区开展嘉兴市“最美军嫂”评选表彰活动。举办“十佳嘉兴最美全家福”评选活动，10157人次参与投票。开展“徒步让家庭更幸福”环保公益体验活动，350名妇女参与。深化家庭教育指导服务体系建设，建立“菱花馨香·亲子有方”家庭教育微信课堂，开设月度家教讲座（微课）。开展“科学家教城乡行”和“亲子穿越”活动，举办家庭教育沙龙、家校合作论坛，开设父母成长工作坊，组织亲子融合活动和讲座54场，受益家长达10200人次。完善年度指导课程菜单，编印《家庭教育优师优课》，表彰优秀讲师，开展优秀论文征集评选。复评36所省级示范家长学校，启动新一轮市级申报。打造“菱花”亲子驿站社区家庭教育服务品牌，覆盖30个社区。召开好家风建设推进会，举办“我们的家风·嘉禾榜样”展演会，发布《树立好家风嘉兴行动宣言》。设立家风课堂，开展“树家风·促党风·带民风”主题活动。

健全美丽示范培育体系。举办“迎接G20·美丽庭院我先行”活动，开展“优美庭院”互学互促互评互访和最美系列评选活动，编印《嘉兴市优美庭院集锦》画册。开展垃圾分类知识推广，举办“爱护地球从厨房开始”PPT大赛，实施“美丽酵主”巾帼护水行动。全市新创建市级“优美庭院”示范村49个，累计创建市级“优美庭院”示范村287个，各级“优美庭院”示范户达10.2万户。探索妇女儿童公益项目规范管理，完善项目申报、立项、签约、交流、评审等程序，完成困境妇女帮扶、女性健康服务等11个公益项目。加强公益服务团队的培育与志愿者队伍的指导，支持女性社会组织为妇女儿童开展精准服务，安排项目资金71万元。会同市体育局等部门协办省第二届女子体育节，历时5个月，参与人数超5万人次。省首届“巾帼杯”女子篮球赛在海宁市举办。承办“五彩香囊迎端午”系列活动，开展香囊技艺传承、展示评比和香囊达人现场制作比赛，展出作品680件，央视7套进行专题拍摄。邀请援疆（藏、青）干部家属开展“做香囊·寄相思”亲子活动，组织“带着香囊寻缘”社区相亲活动。承办发展中国家女官员参与社会管理能力建设研修班嘉兴现场教学活动，23个国家58位女官员现场考察嘉兴妇女社会工作、本土传统文化、妇女创业发展等。

健全固本强基支撑体系。赴温州乐清学习全省加强和改进基层妇联组织建设的试点经验，召开全市专题工作研讨会。推进女企业家协会、家庭教育学会、农产品女经纪人协会、女摄影家协会、女律师委员会等女性社会组织建设。举办妇联干部读书会、市属妇女组织负责人培训班。市妇女儿童活动中心新一轮建设列入嘉兴市国民经济和社会发展“十三五”规划。市妇女儿童公益服务中心的运作进一步规范。推进嘉兴市妇联微信公众号建设，建立妇女工作网评员队伍，在全国地市级妇联微信公众号传播指数每周排行榜中多次进入50强。开展“两学一做”学习教育，完成专题讨论等规定动作，党组成员先后为机关和结对村党员干部上专题党课。加强机关党的建设，规范党内政治生活，落实党建责任制，自觉执行党风廉政各项规定。开展“一下移两下沉”（重心下移、力量下沉、服务下沉）专项工作，全市镇以上妇联干部均确立联系点，建立QQ群和微信群373个，带送服务126个，直接服务妇女群众35550人。省妇联委托第三方调查的报告显示，市妇联“一下移两下沉”工作的总体满意度位居全省第二。

【发展中国家女官员研修班到禾开展现场教学】 6月29日至7月2日，2016年发展中国家女官员参与社会管理能力建设研修班一行58人到嘉兴开展现场教学。研修班学员分别来自墨西哥、智利等23个国家。嘉兴市副市长祝亚伟为女官员们的到来致欢迎词，并介绍嘉兴经济社会发展的现状；市妇联副主席冯丹介绍嘉兴妇女事业的发展情况。学员们先后参观考察浙江五芳斋实业股份有限公司、浙江嘉欣丝绸股份有限公司、嘉兴市阳光家庭社工事务所以及海宁市盐官镇桃园村的优美庭院创建工作、嘉善县魏塘街道魏中村的妇女之家建设等，对嘉兴市在本土文化传承、

发展中国家女官员研修班到嘉兴开展现场教学
(市妇联提供)

性别平等推进、妇女参与社会管理、妇女平等依法行使民主权利和平等参与经济社会发展、保护妇女儿童权益、推动民主法治进程等方面的成果与经验进行现场学习。此次现场教学既加强发展中国家对嘉兴市情、民情和文化的了解,又进一步增进中外妇女交流与友谊,顺利完成教学任务,达到预计的教学目标,受到外国友人的好评。

【开展"寻访美丽乡村·助力巾帼创业"活动】 从6月到年底,市妇联开展"寻访美丽乡村·助力巾帼创业"系列活动。通过电台推荐、招募、组团的方式,组织市民先后走进海盐澉浦、海宁尖山、平湖新仓、嘉善姚庄、桐乡石门、南湖七星、秀洲新塍等地寻访、体验美丽新农村,品尝、采购特色农产品,了解女能手的创业故事。每次活动由各县(市、区)妇联推荐参观优美庭院示范村一个,考察学习妇女领办的从事观光农业包括农家乐、创意农业、家庭农场一个。通过系列活动,展示美丽乡村建设成就,扩大妇女创业典型知名度,助推农产品销售。

【深化反家庭暴力工作】 《中华人民共和国反家庭暴力法》2016年3月1日起施行,嘉兴市第一时间召开实施《中华人民共和国反家庭暴力法》工作电视电话会议暨《中华人民共和国反家庭暴力法》实施培训会,组织全市妇联系统的妇女干部骨干培训。同时对预防和制止家庭暴力工作委员会成员单位联络员开展专题培训。推动反家暴各项工作机制建设,全市发出家庭暴力告诫书176份。重视"妇女维权合议庭"、妇联干部人民陪审员制度建设,落实家暴受害者人身保护裁定工作,全市发出人身保护令4份。通过"12338"婚姻家庭服务热线、婚姻家庭纠纷调解中心、妇女法律援助工作站等服务平台,向广大妇女和家庭提供服务。2016年,全市各婚调机构受理各类婚姻家庭纠纷1924件,纠纷调解率达95%以上。

11月25日,开展"反对家庭暴力、共享美好生活"宣传活动
(市妇联提供)

【开展家庭教育服务】 2016年,市妇联建设家庭教育微信家长群和家长QQ群,线上有固定家长近4000人。对微群里的家长开设每月一期家庭教育微课、微论坛,由17位国内知名专家上课。每周一期的家庭教育微广播,分享科学家教优秀文章300多篇。选择优秀合适的家庭教育书本制作语音书,在微广播里分章节推送。联合《南湖晚报》成立嘉兴市家庭教育学堂,开设"亲子有方"父母成长工作坊和举办亲子融合活动,每月一期举办家庭教育沙龙,打造线上与线下相结合的家庭教育的立体平台。

【开展"树家风·促党风·带民风"主题活动】 2016年,嘉兴市以智慧家教理念引导家风向美。组织"亲子有方·共同成长"机关干部家长辅导专场和"传承好家风"道德讲堂专场巡讲,营造良好氛围。以最美家庭故事引导民风向善。举办"我们的家风·嘉禾榜样"展演会,展示近年来嘉兴涌现的最美人物、最美家庭的感人事迹,邀请专家学者解读点评,传播家风正能量。以清廉家风传统引导党风向好。推荐《傅雷家书》等优秀书目,供

3月4日，举办"我们的家风·嘉禾榜样"展演会

（市妇联提供）

党员干部及青少年学生学习教育。参与"家风守廉"沙龙活动，邀请领导干部及家属代表，围绕"共筑拒腐巢""共抵奢侈风""共传家风事"等话题，交流学习心得，分享家风故事，传承家风美德。寓教于乐（潜移默化）活动引导世风向上。结合优美庭院讲堂进农家、墙体画宣传、香囊制作等活动，宣传清廉家风。

（吴　敏）

嘉兴市科学技术协会

【概况】 2016年年底，嘉兴市科学技术协会有所属市级学（协）会66个；县级科协5个，县级学（协）会170个；企事业科协53个。年内，举办以"面向水安全保障的工程与技术创新"为主题的第232场中国工程科技论坛，30多位院士、专家参加。开展科技领域资政建言，推出一批高质量的重点课题和研究报告。加强学会组织建设，提升

中国工程院第232场工程科技论坛在嘉兴举行

（市科协提供）

学会服务能力，承接政府转移职能18项。做好优秀科技工作者举荐工作，浙江中科院应用技术研究院院长陈秋荣获评"十佳浙江省优秀科技工作者"，王涛、金金元、赵春财等被评为"浙江省优秀科技工作者"。加强"南繁精神"和创新团队、优秀科技人才创业创新事迹宣传，关心关爱青年科技人才成才成长，继续实施青年科技人才"育才工程"，连续第9年举办青年科技人才"七夕"联谊活动，切实关心科技工作者的成长成才。

【助力经济转型发展】 2016年，嘉兴市自入选中国科协"创新驱动示范市"的一年中，已与中国电子学会等4个全国性学会和省计算机学会等4个全省性学会，分别在相关领域开展交流与合作。年内，与中国电子学会合作的首个项目"2016中俄工程技术论坛"顺利举办，并达成2017年春举办"首届世界AR/VR产业与技术大会"的合作意向，助推嘉兴市打造未来虚拟现实、增强现实产业高地。与省计算机学会合作嘉兴信息技术产业"助力工程"，针对互联网经济，开展技术咨询等；签署浙江工业大学计算机学院研究生实习基地协议，并在企业建立创新驿站开展技术合作攻关。此外，在核电、光伏产业，水环境治理等方面与上级有关学会合作也取得一定成效。

【加强与海外科技社团对接】 2016年，市科协依托中国科协"海智计划"专家资源，联合浙江清华长三角研究院，加强与海外科技社团对接，开展清华海外学子浙江行、海智专家嘉兴桐乡行等活动，促成400余名海外高层次人才到嘉兴（浙江）进行对接交流，促成嘉兴佳利电子股份有限公司微波通信元器件等6个项目落地。牵线比利时皇家科学院院士、根特大学教授卢克·塔尔维与浙江中元建设和巨匠集团签约建立院士专家工作站；牵线德国水处理专家莫妮卡、斯蒂文、科博，多次到嘉兴造纸、电力、化工企业进行高浓度工业废水处理项目和河道水体磷处理技术项目考察对接，达成入户嘉兴的意向。

【新建院士专家工作站13家】 2016年，市科协牵线院士与企业对接，新建院士专家工作站13

家。全市已认定市级院士专家工作站66家,其中全国优秀院士专家工作站2家、省级院士专家工作站11家。建站单位与60多位院士签约合作项目271项(其中国家级项目28项、省部级项目125项),有效转化项目118项,直接带动企业投入专项科研经费5.5亿多元,新增产值46亿元,新增利税8亿元。

【推动全民科学素质顶层设计和实施】 2016年,市科协编制和组织实施《嘉兴市全民科学素质行动计划纲要实施方案(2016–2020年)》,围绕“互联网+”“五水共治”等内容推出“天天话科普”系列宣讲活动300多场。承办浙江省2016年全国科普日活动以及中科院老科学家科普演讲团科普教育基地经验交流会,连续第9年邀请中国科学院老科学家科普演讲。促成《智慧嘉兴》科普微视频,在市区350多辆车载公交和101个电子显示屏上滚动播放。举办首届“院士引航·追梦科学”夏令营活动,全市20名学生走进北大、清华等高校院所,与嘉兴籍院士互动交流。开发上线“嘉兴科普网络书屋”,实现五县(市、区)同步覆盖。

【中国工程院工程科技论坛在禾举行】 2016年10月12日,中国工程院第232场工程科技论坛——“面向水安全保障的工程与技术创新”,在嘉兴富悦大酒店举行。30多位院士、专家就水资源绿色利用与废水处理、地下水保护与修复、饮用水安全保障、海绵城市规划与建设等重大课题建言献策,为嘉兴市进一步推进“五水共治”与“海绵城市”各项建设和环境治理的顶层设计,提供新思路、新方法,并为嘉兴市承担“十三五”太湖流域水专项和科技治水提供技术咨询和人才支撑。

(曹阿超)

嘉兴市残疾人联合会

【概况】 2016年,嘉兴市政府印发《关于加快推进残疾人全面小康进程的实施办法》《嘉兴市残疾人事业发展“十三五”规划》《关于建立本市困难残疾人生活补贴和重度残疾人护理补贴制度的通知》《关于进一步加强残疾人康复和托养服务体系建设的意见》等文件,市残联围绕残疾人工作重心开展残疾人组织规范化建设,推行村(社区)残疾人专职委员公益性岗位选聘工作,逐步落实相关待遇。全市有镇(街道)残疾人专职委员74人,村(社区)残疾人专职委员811人。建立健全助残志愿者管理机制,全年新增注册助残志愿者432人。研发市残联与市社保公共事务平台对接系统、嘉兴市本级残疾人辅助器具适配补贴审批系统和市残联微信公众号,“嘉兴市爱心助残信息服务平台”立项。年内,市残联配合G20杭州峰会、第三届世界互联网大会召开,对全市持证残疾人开展摸底调查,制定安全隐患处理预案;继续将残疾人权益维护内容纳入“平安建设”考核内容。加强残疾人法律救助机构建设,完善以县(市、区)中心为主网、县(市、区)残联中心为专网、镇(街道)工作站为点网的三级法律救助网络;注重信息无障碍,市及5个县(市、区)政府、市及各县(市、区)残联门户网站建成信息无障碍服务系统。开展“全国助残日”等主题活动,评选“最美残疾人”,营造全社会关心、帮助残疾人的良好氛围。加强残疾人事业宣传报道,市、县电视台开播手语新闻栏目,广播电台开播残疾人专题节目,《嘉兴日报》刊登“残疾人工作专栏”每月一期;电视、电台、报纸、公共汽车车载电视等媒体定期播放残疾人公益广告片。承接残疾人基本服务状况和需求专项调查动态更新全国试点工作,承办2016年度总结会议,试点经验在全国推广。9月26日,在国务院残疾人工作委员会召开的第五次全国残疾人事业工作会议上,嘉兴市被授予“十二五”期间全国残疾人工作先进单位称号,是全省11个地市中唯一一个获得此项荣誉的城市。

【加大社会救助力度】 2016年,市残联加强残疾人扶贫力度,低收入残疾人家庭精准帮扶率达100%。城乡残疾人人均可支配收入分别为29871元和22668元,比上年增长7.9%和10.2%。全面实施“四项补贴”，有16967名残疾人享受困难生活补贴，28404名残疾人享受重度护理补贴，9706名残疾人享受康复补贴，55244人次残疾人享受社会保险补贴，“四项补贴”目标人群覆盖率分别为98%、98%、100%和98.62%，均居全省第一位；推进残疾人住房保障工作，对77户农村残疾人家庭危旧房实施改造，为348名残疾人实施无障碍设施进家庭项目；做好精神病防治工作，对纳入医疗救助的精神残疾人门诊服用基本抗精神病药物个人自付部分实行全额保障。全市投入各类补助资金1.55亿元。

【加大创业就业扶持力度】 2016年，嘉兴市残疾人新增就业524人，劳动年龄段有就业能力和就业意愿的残疾人就业率90.1%，居全省第一位。政府残工委成员单位带头安置残疾人，全市单考单招残疾人5人。扶持残疾人从事电商就业，开展知识技能培训和孵化工作，培训残疾人853人。配合做好残疾人生猪退养工作，落实保障措施，开展就业推荐，实现残疾人生猪养殖扶贫基地全部转产转业。配合地税、财政部门征收残疾人就业保障金，全市征残疾人就业保障金2.24亿元，比上年增长4.2%。承办全省按比例安置残疾人就业会议，加强残疾人辅助性（庇护性）就业，工作经验在全省、全国会议上交流推广。承接全省社会助残、志愿助残试点，承办全省残联工作现场会，嘉兴工作经验在全省推广。

【提升助残、康复服务水平】 2016年，嘉兴市基本建成残疾人综合服务、康复、托养等设施，建成残疾人辅助性就业（庇护性照料）机构78家，安置残疾人1320人；镇、村两级结合国家级医养结合工作试点，为残疾人提供基本康复、托养照料、居家安养等服务。开展残疾人就业政府购买服务项目。继续做好残疾人免费乘坐公交车工作，全市有68251名残疾人办理“爱心卡”，占持证残疾人的75.2%，当年刷卡407.93万人次。推广残疾人辅助器具适配、肢体功能障碍患者康复前移等补贴制度，提升康复服务保障水平。开展助听助明助行和残疾儿童基本康复服务项目，实施“三助”行动项目5574例，残疾儿童抢救性康复项目287例，并将残疾人纳入基层责任医生签约服务范围，服务费个人承担部分予以全额补助。

【残疾人康复中心建设】 2016年，市残疾人康复中心建设被列为市政府民生实事项目。项目选址在嘉兴市南湖区东至凌塘路、南至城东路、西至菜花泾、北至东升路地块，总用地面积约12948.2平方米（1.29公顷），总建筑面积约28037平方米（其中地上1.9万平方米、地下9037平方米），总投资1.247亿元。年底前完成开工前准备工作，预计2017年3月正式开工。该工程项目由嘉城集团全程代建。建成后的残疾人康复中心将按照“大康复专业、小综合门诊”的定位要求，与嘉兴市中医院合作建设二级残疾人康复中心。

【残疾人教育】 2016年，市残联加快推进残疾人义务教育，完善送教上门机制，巩固以抢救性康复为主的学前教育，发展以职业教育为主的残疾人高中阶段教育，适龄残疾人接受“十五年”教育比例达92.6%，居全省第一位。开展残疾人学生救助活动，扶持贫困残疾人学生和贫困残疾人家庭子女1141人。加大残疾人职业技能培训力度，举办市第四届残疾人职业技能竞赛，开办培训班113期，有2060名残疾人免费得到职业技能和农业技术培训。参与国家特殊教育实验区创建活动，建成市特殊教育学前教育分中心，形成教育、医疗、康复等多领域的合作机制，特殊教育工作得到副省长熊建平肯定性批示。

【开展残疾人文化体育活动】 2016年，市残联举办第四届残疾人摄影比赛及优秀摄影作品展、残疾人农民画作品展、残疾人健美操比赛等活动，其中“追梦”嘉兴市残疾人农民画展览在浙江画院开展，嘉兴市代表队获得浙江省首届残疾人健身操大赛一等奖。重视残疾人体育文化示范基地创建活动，有市级以上残疾人文化体育示范基地22家，其中全国基地2家，省级基地5家；年内创建省级基地1个，市级基地6个。做好里约残奥会备战、参赛工作，承接国家残疾人皮划艇集训任务，嘉兴市运动员获得里约残奥会银牌1枚。

【嘉兴最美残疾人评选】 为表彰先进，树立榜样，切实推动社会主义核心价值体系建设，2016年，市政府残工委组织开展嘉兴市“最美残疾人”评选宣传活动。经各县(市、区)政府残工委推荐、公众投票、综合评审，徐培兴等10人获市“最美残疾人”称号，李月祥等6人获市“最美残疾人”提名奖。

【国际特奥会东亚区领导人会议在禾召开】 11月8-10日，国际特殊奥林匹克委员会东亚区领导人会议在嘉兴市召开。会议交流特殊奥林匹克运动在全球以及东亚区内的发展情况，并为国际特殊奥林匹克东亚区2015-2016年优秀教练员颁奖。国际特殊奥林匹克委员会官员、国际特殊奥林匹克东亚区官员、东亚地区的成员组织中国、中国香港、中国澳门、中华台北、韩国和蒙古国的特殊奥林匹克委员会领导人以及受表彰的教练员30多人参加会议。浙江省残联副理事长吴一农、副市长祝亚伟、市残联理事长闻人庆参加会议开幕式。副市长卜凡伟、市政府副秘书长仲旭东、市残联理事长闻人庆等领导参加中国特奥委会、嘉兴市政府招待宴会暨特奥东亚区2015-2016优秀教练员表彰仪式，并为优秀教练员颁奖。会议期间，与会代表参观嘉兴市阳光智障(孤独症)幼儿教育康复中心，观看学前特奥融合幼儿运动员展示活动。与会人员对嘉兴的特奥融合教育工作进行了肯定，国际特奥东亚区总裁顾抒航女士在接受媒体采访时也给予很高评价。

(史宝芳)

嘉兴市文学艺术界联合会

【概况】 至2016年年底，嘉兴市有国家级文艺家协会会员203名、省级会员959名、市级会员2746名。

2016年，市文联围绕中心工作，推出重大项目，为建党95周年献礼。先后推出纪念中国共产党成立95周年“红船颂”全国美术作品展览嘉兴巡展活动，承办“民俗文化与美丽乡村”2016年嘉兴端午国际学术研讨会，首次在浙江美术馆举办“乡愁的维度”嘉兴市百年美术作品展览。

2016年，各类文艺活动不断，先后举办巴金《随想录》青少年朗诵比赛、嘉兴市第五届中国画展、“书香嘉兴”嘉兴市女职工书法篆刻作品展、第二届“嘉兴杯”全国端午摄影大赛、嘉兴市第三届摄影艺术展、“我的视界·我的梦”嘉兴市第四届残疾人摄影赛优秀作品展、第十六届卡西欧少年儿童电子键盘大赛浙江省选拔赛、纪念汤显祖逝世400周年词曲雅集、首届“嘉兴故事我来讲”故事比赛、嘉兴市第二届微电影节等各类文艺创作展示活动；开展嘉兴丽水“山海文艺协作”五周年成果展、“丝乡行”嘉兴、绍兴、湖州、苏州美术作品联展、中国·嘉兴国际漫画双年展(沈阳)巡展、“跨越海峡”第三届嘉兴·台湾摄影交流展等各类跨地区文艺交流活动。

2016年，嘉兴市文艺工作者深入生活，潜心创作，推出一批佳作。在文学与民间文艺方面，界愚、但及、詹政伟、吴文君、杨自强、草白、张敏华、邹汉明、王学海等在《十月》《小说界》《上海文学》《青年文学》《当代小说》《中国诗歌》《中国美学研究》等刊物上发表一大批文学作品和文艺研究作品。草白的短篇小说集《我是格格巫》获2015年度浙江省青年文学优秀作品奖。曹琦创作的反映嘉兴抗战历史的长篇小说《七天七夜》即将由浙江文艺出版社出版发行。在视觉艺术方面，吴恒冰、沈岩亮、兰晓星获“沙孟海奖”第九届全浙书法大展二等奖。章柏年入选“浙江书坛名家二十一人精品展”。应函频的摄影作品《无法存留(组)》入展2016“徐肖冰杯”中国纪实摄影展。在“城市·故事”全国主题摄影大展中，苏惠民获得“最佳城市摄影师”，张兵获得“最佳人气摄影师”。周向阳的作品《郎教头》获浙江省第四届群星视觉艺术大展兰花金奖。在表演艺术方面，越剧大戏《五姑娘》参加浙江省第十三届戏剧节演出。原创舞蹈《哈头》获2015浙江省群众舞蹈比赛舞台舞蹈创作奖兰花金奖、舞台舞蹈表演奖兰花金奖及优秀音乐奖，并参加第七届华东专业舞蹈展演。俞冰的《善恶一念间》、梁铮的《第一次收礼》、顾涯的《飞来飞去的手机》获得2016中国故事节枫泾故事会展演活动“中国好故事”

称号。王斌获浙江省第五届故事会讲故事金奖。桐乡三跳《兰花指》作为优秀节目受邀参加第七届全国少儿曲艺展演。越剧小戏《百合》、桐乡花鼓戏《望蚕讯》、越剧小戏《审孝》分别获"中华颂"全国小戏小品曲艺展演金、银奖。吴冰瑶获2016年第二十届"中国少儿戏曲小梅花"荟萃活动金花奖。在影视艺术方面，专题片《乌镇》获全省广播影视政府奖纪录片系列片一等奖。纪录片《南湖女杰王会悟》、纪录片《中国历史上的腐败和反腐败》入选浙江省文化精品扶持工程第十一批项目。

2016年，市文联为完善文艺精品创作生产激励机制，不断加大政策引导，搭建交流平台。与市委宣传部和市文化局联合出台《嘉兴市文化精品工程重点项目扶持管理办法》，文化精品工程专项扶持资金增至每年500万元。年内有长篇小说《阵痛》、民俗专著《嘉兴节日志》等26部文艺作品及文艺活动项目获得财政扶持。

2016年，全市范围内举办各类学术研讨、展览展演、培训讲座，为文艺人才培养创造条件。9月12-14日，市文联举办全市文艺人才培训班，集中培训近百名文联干部与文艺骨干，深入贯彻习近平总书记在文艺工作座谈会上的重要讲话精神，加强文艺形势、文艺理论、地域文化等的学习和交流。市电影家协会、嘉兴文学院先后举办"微电影的创作与实践"系列讲座、嘉兴文学创作交流会、改稿会等。浙江民间文艺"映山红"讲堂长期落户海宁。罗海玲、张猛入选浙江省第四批新荷计划人才库；沈水明（美术）、费志涛（工艺）入选2016年度浙江省造型艺术青年人才培养"新峰计划"。

2016年，市文联及其各文艺家协（学）会发动广大会员投身基层，推进文艺志愿服务。元旦、春节、"三五"学雷锋日、"三八"妇女节等各大节日，市书协、市美协、市摄协、市诗词楹联学会的文艺志愿者发挥自身优势，先后在商场、社区、农村文化礼堂、图书馆、高铁站等地为市民开展迎春风送温暖志愿服务。特别是5月23日"中国文艺志愿者服务日"前后，市文联向全市文艺界发出倡议，号召广大文艺家坚持深入生活、扎根人民，投身文艺志愿服务事业；全市文联系统纷纷组织文艺志愿服者小分队深入基层，开展慰问演出、辅导培训、展览展示、"结对子、种文化"等形式多样、内容丰富的文艺志愿服务活动。"到人民中去"嘉兴市文艺助力全面小康志愿服务主题活动在平湖市乍浦镇举行，舞蹈培训、书法辅导、摄影展览、文艺演出，丰富和活跃了基层群众的精神文化生活。市摄协举办秀洲区王店镇村嫂摄影队摄影交流、创作活动，市音协举办文艺志愿者进社区慰问演出，市诗词楹联学会在嘉兴学院举办诗词基础系列讲座等。

至年底，全市累计建成镇（街道）文联55个，覆盖全市70%以上镇（街道）。为发挥乡镇文联的独特作用，市文联启动实施《乡镇文联建设的"嘉兴模式"》课题调研项目，联合嘉兴职业技术学院，研究探索新形势下乡镇文联履行职能的新思路、新举措，9月13日召开全市乡镇文联建设研讨会、专家座谈会，取得初步的调研成果。

2016年，市文联搞好自身基地建设。推进"高家洋房"的修缮及环境整治工程项目进程。办好市文联"两刊两网"——《烟雨楼》文学季刊、《文化嘉兴》文化季刊和嘉兴文艺网、中国端午文化网。"文艺嘉兴"微信公众号共推送微信83期，计328条。

【"红船颂"全国美术作品展览嘉兴巡展】 7月12日，庆祝中国共产党成立95周年全国美术作品展览嘉兴巡展暨第四届"红船颂"全国美术活动在南湖革命纪念馆开幕，活动由中国美术家协会、嘉兴市人民政府主办，浙江省美术家协会、中共嘉兴市委宣传部、嘉兴市文化广电新闻出版局、嘉兴市文学艺术界联合会承办。活动由全国美术作品展览嘉兴巡展、"红船精神·美术解读"全国美术创作研讨会、"感受党的诞生地风采"全国美术名家采风三个项目组成，巡展展期为7月12日至25日。本次展览有95件中国画、油画、版画、综合材料等作品参展，均是从中国文联、中国美协主办的"庆祝中国共产党成立95周年全国美术作品展"入选的133件作品中遴选出来的。7月12日下午，在嘉兴国际沙龙宾馆召开"红船精神·美术解读"全国美术创作研讨会。7月13日，全国美术名家走进南湖和月河，感受党的诞生地风采，采风创作。

【2016年嘉兴端午国际学术研讨会】 6月9-10日,由中国民俗学会、嘉兴市节庆活动组委会办公室联合主办的“民俗文化与美丽乡村”2016年嘉兴端午国际学术研讨会在浙江嘉兴举行,它也是2016中国·嘉兴端午民俗文化节的一项重要活动。来自国内外的40余位专家学者出席研讨会。研讨会聚焦当前中国美丽乡村建设的热点,借鉴国内外乡村建设与保护模式,从中外民俗文化保护、传承的角度,研究民俗文化与美丽乡村融合的策略、途经、机制与模式,探讨中国美丽乡村建设的现实途径,特别注重总结和研究嘉兴传统民俗文化在当前美丽乡村建设中的助推作用。2016年一季度,会议面向海内外专家特约征稿并向社会公开征稿,收到来自21省(市)的论文和调查报告67篇,评出入选论文20篇。研讨会上,汇聚前三年研究成果的专著《二十一世纪中国民俗节庆文化的“嘉兴模式”》首发。

【嘉兴市百年美术作品展览】 11月30日至12月9日,“乡愁的维度”嘉兴市百年美术作品展览首次在浙江美术馆举行。展出154幅嘉兴美术作品,其中来自全市17家博物馆、纪念馆的蒲华、李叔同、丰子恺、陆维钊、钱君匋、徐邦达等近现代画家作品41件,以“美丽嘉兴·美好生活”为主题创作的当代画家作品113件。这次展览较为全面地展现了百年来嘉兴的美术发展轨迹,系统完整梳理百年美术文脉。

【第十届嘉兴市文学艺术南湖奖评选】 2016年底,第十届嘉兴市文学艺术“南湖奖”评审工作揭晓。老作家王福基获荣誉奖,青年作家蒋话、青年舞蹈编导王赟获新苗奖,海宁皮影艺术团皮影戏《水漫金山》、张界愚中篇小说《新记》、费胤斌篆刻《印堂胤斌朱迹》、朱松年画《吉祥钱塘》4件作品获创作奖金奖,草白短篇小说集《我是格格巫》等31件作品分获创作奖银奖和铜奖。本届南湖奖,进一步完善了评奖办法,增加奖项数量,并提出下一届“南湖奖”要扩大奖励范围、提高奖励额度的修订计划。

(沈　蕾)

嘉兴市社会科学界联合会

【研究成果被《中国共产党的九十年》采纳】 《中国共产党的九十年》一书由中央党史研究室主编、经中央批准于2016年6月26日出版。书中采纳了嘉兴市委宣传部、嘉兴市社科联、嘉兴学院红船精神研究中心共同完成的《中国共产党早期组织及其成员研究》中“中共早期组织58名成员”的观点,详细列出了成员名录,这是嘉兴市社科研究成果首次被中央权威著作采纳。中组部、中宣部等部门发文要求各地各部门认真组织学习《中国共产党的九十年》。

【深化红船精神研究宣传】 2016年,嘉兴市社科界深化红船精神理论研究。弘扬“红船精神”的探索与实践研究被推选为浙江省2014-2016年社会科学界十大学术关注之一;《红船精神领航中国梦》一书被评为2016年全国优秀社会科学普及作品;参与完成中宣部马克思主义理论研究和建设工程2015年重大实践经验总结课题“红船精神研究”,该课题由省委常委、宣传部部长葛慧君任组长,嘉兴学院承担具体研究工作,市社科联承担市委常委、宣传部部长陈越强负责的《红船精神是中国共产党的建党精神》研究,成果由浙江人民出版社出版。编写《红船精神:启航的梦想》(中、英文版)。该书作为国家外文局《中国共产党精神》系列多语种图书的首篇,以讲故事形式、图文并茂地阐释红船精神的形成和内涵,揭示红船精神与中国梦的内在联系和时代价值,旨在让中国共产党的建党精神——红船精神传出国门、唱响世界,填补对外系统介绍中国共产党精神的空白。在《光明日报》推出红船精神专版。6月28日《光明日报》以圆桌对话形式推出《弘扬“红船精神”,始终走在时代前列》专版,约请市委常委、宣传部部长陈越强等4人,围绕“在历史的视角下,‘红船精神’的意义在哪里?”等三个主题,展开理论阐释。

【中共一大嘉兴南湖会议课题研究】 市社科联组织开展中共一大嘉兴南湖会议课题研究,经多地调研考证，查找史料，于2016年4月底完成初稿，邀请北京、上海、浙江的12位国内党史专家进行审读，得到充分肯定。6月26日，中央党史研究室原副主任、中共党史学会副会长李忠杰在《人民日报》发表《伟大的历史起点——关于中国共产党成立的若干重要史实》，对该项研究成果给予高度评价，认为“这是到目前为止，有组织地对南湖会议进行的最系统、最全面、最深入、最细致的一项研究，是在广泛查阅档案资料、走访有关人士、仔细考证辨析基础上得出的最新结论”。根据专家审读意见和收集到的新史料，开展四轮集中统稿修改工作，形成阶段性成果。

【以嘉兴为重点的省综合改革试点理论研究】 从2016年4月起，省社科联开展之江青年“浙江改革发展”专项研究，以浙江省特别是嘉兴市域内正在推进的各项改革和创新实践为主要观察“样本”，总结经验，建言献策。同时，市社科联在全市同步组织开展嘉兴市省级以上改革试点专项研究，从63项省级以上改革试点中筛选出20个重点项目，发动全市社科研究工作者参与。承办“浙江省综合改革试点”理论研讨会。研讨会由省社科联主办，市社科联会同市委改革办承办。在研讨交流的82项成果中，有53项成果是以嘉兴重点领域改革和创新实践为研究案例而形成的，其中28项由“嘉兴改革发展研究”课题评审后推荐入选。精心策划宣传报道。12月7日，《嘉兴日报》头版头条刊登《解析“嘉兴样本”探索改革新路》一文，以侧记形式对研讨会和整个改革发展专项研究活动进行全面报道。次日，《嘉兴日报》微信公众号又以《全省100多个搞社会科学研究的人集聚嘉兴，到底为了啥?》为题，图文并茂进行生动宣传。12月24日、25日，《嘉兴日报》理论版分两期推出改革发展研究专版；浙江新闻客户端推出全面深化改革系列专题，对10个嘉兴改革样本进行深入解读。这是嘉兴市首次运用传统媒体和新兴媒体融合报道社科工作的一次有益尝试，取得明显效果。

【承办全省纪念建党95周年理论研讨会】 6月28日，由省委宣传部等5个省级部门和嘉兴市委联合主办，市委宣传部和市社科联共同承办的浙江省纪念中国共产党成立95周年理论研讨会暨“党的十八大以来党建思想与浙江实践”论坛在嘉兴市举行。省委常委、宣传部部长葛慧君，中央党史研究室原副主任石仲泉出席会议并讲话，来自全国社科界的100多位专家学者参加。在61篇获奖论文中，嘉兴市作者占了10篇，研讨会论文选编由浙江人民出版社出版。

【开展社科学术研讨(沙龙)活动】 年内，召开全市社会科学界第六届学术年会暨市社科联四届二次理事(扩大)会议，中国科学社会主义学会副会长、省社科联原副主席蓝蔚青研究员出席并作辅导报告。依托市社科院各研究所，举办以“嘉兴市循环经济与嘉兴转型发展”“明清时期嘉兴的科学技术”“社会风险防控与社会秩序建设”等为主题的学术研讨活动，活跃学术交流氛围。

【第二十一届社科优秀成果评选】 2016年，市社科联开展市第二十一届社科优秀成果评选，收到申报成果144项，其中著作24项、论文120项，分类评审出优秀成果41项，其中著作5项、论文36项。

嘉兴市第二十一届社会科学优秀成果(著作类)

表18

等级	题目	作者	单位
二等奖	环境资源交易理论与实践研究	刘晓红等	嘉兴学院
	民间艺术	胡永良等	海盐县文化局
三等奖	产业转型升级与税制优化问题研究	刘颖	浙江财经大学东方学院
	汉画像石图像艺术与汉代生死观	刘茜	嘉兴学院
	埃利希·弗洛姆类伦理思想研究	许惠芬	嘉兴学院

嘉兴市第二十一届社会科学优秀成果(论文类)

表19

等级	题目	作者	单位
一等奖	嘉兴中心城区打造运河风情文化旅游带的研究与思考	朱　彦、孙中华、孙　燕	南湖区解放街道
	论“新仓经验”的时代价值	金治平	平湖市委党校
	明清时期嘉兴士族记忆的建构与重塑——以梅溪镇为例	方　佳	海盐县行知中学
	中共“一大”南湖会议时期嘉兴的反帝反封建活动——基于《申报》嘉兴史料的历史解读	方福祥	嘉兴市委党校
	生涯规划教育新视野:嘉兴区域推进的路径及反思	陆福根	嘉兴教育学院
二等奖	嘉兴市“医养结合”现状与对策研究	王卫忠	嘉兴市卫生系统思想政治工作促进会
	经济新常态与嘉兴税收走势分析及对策研究	袁大中、张有贵、蔡黎明、温西湖	嘉兴市国家税务局
	加快推进嘉兴县域经济向都市区经济转型的研究	宋忆雯、蒋烨瑾、金燕萍、唐铁球	嘉兴职业技术学院
	嘉兴特色农村土地流转调研	吴红卫、管一佳、刘新毅	国家统计局嘉兴调查队
	关于推进县域基本公共文化服务“两化”的实践与思考	田林华、郭章洪	海盐县委宣传部
	南湖区“基层负担重”集中整治行动的调查与反思	姚建光	南湖区民政局
	“三新”与王氏之学的再思考	王学海	海宁市张宗祥书画院
	吕留良的医书著述及其在清代医学的影响	姚春兴	嘉善县图书馆
	《新塍半月刊》《少年新塍》与马克思主义在嘉兴的早期传播	凌冬梅	嘉兴学院
	短期焦点解决模式在中职班主任工作中的运用	虞夏骏、纪忠华	桐乡市卫生学校、嘉兴教育学院
	美国STEM教育监测述评	许海莹等	嘉兴教育学院
三等奖	就地城镇化与单户城镇化的比较研究	汤钟尧、钟志文	嘉兴市金融学会
	论红船精神的党建价值	赵金飞	嘉兴学院
	嘉兴纳税百强企业比较分析及促进海盐企业做大做强的对策	陆剑虹、金学锋、郭秋敏、戴志阳	海盐县国家税务局
	促进科技成果转化的区域创新政策体系构建——以嘉兴为例	王晓辉、蔡　霞	嘉兴学院
	以“社工督导+项目引导”推进志愿服务制度化建设的实践探析	孙立瑾	南湖区委宣传部
	推进海盐村经济合作社股份合作制改革的思考	陈绍宏、李建卫、张　平、刘　斌	海盐县委政研室
	环太湖区域协同创新模式研究——以嘉兴市为例	朱莹莹、周敏华、王晓燕	嘉兴市委党校、平湖市委党校
	南湖区加快大科技城建设　打造浙江省科技创新副中心核心区研究	陈金荣、倪卫华、钱　苗、顾骅珊	南湖区科技创新发展调研课题组

续表19

等级	题目	作者	单位
三等奖	“五水共治”背景下嘉兴绿色内河航运物流发展研究	李朝敏	嘉兴职业技术学院
	嘉兴文化旅游产业的新媒体发展策略研究	吴欢超	浙江财经大学东方学院
	“互联网+”电子商务战略下推进产业融合发展研究——以嘉兴为例	李玉清	嘉兴职业技术学院
	海盐“朱状元”传说的流变与考证	朱　韬	海盐高级中学
	嘉兴海塘非物质文化遗产保护与传承研究	王　娟	嘉兴学院
	明末嘉兴文人助佛行为研究——以文人居士为中心的考察	王火红	嘉兴学院
	探索大学生创新创业教育途径	邹建良	嘉兴职业技术学院
	学为中心，学导融合——小学数学“学导式教学”的多元实践	朱德江	南湖区教育研究培训中心
	新版课标视域下“问题解决”的定位与教学设计思考——以人教版《义务教育教科书·数学》的使用为例	费岭峰	南湖区教育研究培训中心
	高中英语读写结合课ACTIVE教学模式的构建与实践	张　强	平湖中学
	大数据时代的“数据解读”——以《经济生活》中的经济数据为例	褚宝福、鲍　静	嘉善高级中学
	例谈历史探究思维的培养	朱　悦	海宁市鹃湖学校

【应用对策研究】 年内，市社科联开展课题评审立项工作，设置建设全面小康社会“标尖”补齐短板研究等16个指南类课题，以及嘉兴地方历史文化类和自选类课题，收到研究成果390项，对符合条件的371项成果组织专家进行二轮评审和文本复制检测，评出75项2016年度市社科规划立项课题、24项市社科联重点课题，择优出版《2016嘉兴市社会科学优秀课题成果汇编》。开展《加快市级媒体融合发展的对策建议》课题研究，该课题由市委常委、宣传部部长陈越强担任组长，市社科联会同浙江工业大学、嘉报集团、嘉广集团联合承担研究任务，研究成果刊登于《浙江宣传信息》第90期。开展《嘉兴建设全国“互联网+”发展先行区的思考与对策建议》课题研究，调研报告以提案和交流发言形式提交市政协七届五次会议，被评为市政协优秀提案。

2016年度嘉兴市哲学社会科学发展规划立项课题名单

表20

类别	课题名称	负责人	推荐单位
	一、当代发展类		
一类	嘉兴中心城市功能提升研究	张全跃	嘉兴市统计学会
	要素市场化配置综合配套改革路径研究——以海宁市样本为例	潘霄雅	浙江财经大学东方学院
	“一带一路”战略背景下沪嘉区域交通协同的路径探索研究	李国明	嘉兴市城乡规划建设管理委员会
	行政区划变迁与嘉兴城市能级演变：历史、现状与对策	袁锦贵	嘉兴职业技术学院
	基于深化接轨上海提升嘉兴城市功能及其路径研究	朱永根	嘉兴市发展和改革委员会
	嘉兴市文化产业政策及执行状况研究	陈国强	嘉兴市委党校
	“十三五”时期嘉兴打造党建高地的思路与对策研究	敖考权	嘉兴市委组织部
	从“五水共治”到海绵城市建设	王贤萍	嘉兴市城建档案学会

续表20

类别	课题名称	负责人	推荐单位
一类	嘉兴市多式联运发展对策研究	诸柏生	嘉兴市交通运输局
	构建符合五大发展理念的干部实绩考核体系研究	刘玉成	嘉兴市委组织部
	跨境电商环境下嘉兴外贸企业的转型路径分析	胡小玲	同济大学浙江学院
	嘉兴互联网经济强市战略背景下的人才策略研究	王　剑	嘉兴职业技术学院
	供给侧改革视角下企业综合绩效评价机制的研究——以平湖市为例	陈　琳	平湖市社会科学界联合会
	聚焦农业供给侧:县域粮食安全的现实困境和对策路径——以平湖市为例	陈舟风	平湖市社会科学界联合会
	加快推进嘉兴文化强市建设研究	诸　萍	嘉兴市委党校
	社会治理创新与维稳风险防控研究——基于海宁市公众评议疑难信访案件模式	孙　岩	海宁市社会科学界联合会
	经济腹地视域嘉兴经济发展制约因素研究——基于同南通的比较	何明星	海盐县社会科学界联合会
	发挥市场决定性作用与优化税收调节职能的研究——以嘉兴市为例	莫建林	嘉兴市税务学会
	农村“电商创客”群体创业现状及培育对策研究——基于嘉兴“淘宝村”的实证分析	郑　雪	海盐县社会科学界联合会
	试析海宁市城际铁路PPP项目的股权结构设计	龙怡娟	海宁市社会科学界联合会
	嘉兴深度对接上海的出路与选择	周荣春	海宁市社会科学界联合会
	推进镇村违法建筑治理工作的实践与思考	骆小民	嘉兴市城乡规划建设管理委员会
	关于统筹推进嘉兴经济开发区北部区域经济社会发展的调研与思考	徐连林	嘉兴市委党校
二类	城市经济背景下嘉兴老城区转型发展的路径研究——以南湖区解放街道为例	俞益东	南湖区社会科学界联合会
	嘉兴科技人才与高新技术产业协同发展研究	邢　磊	嘉兴学院
	南湖区养老服务工作对策研究	徐文煦	南湖区社会科学界联合会
	加快桐乡市古镇旅游开发的思考	宁　越	桐乡市社会科学界联合会
	防治内河船舶污染水域环境对策研究	叶永平	嘉兴市交通运输局
	从人口现状探索嘉兴市商品房去库存的路径	丁智萍	同济大学浙江学院
	“海绵城市”理论视角下嘉兴市水生态文明建设研究	朱小烽	嘉兴学院
	民营经济活力指数构建与应用研究——以嘉善为例	沈禹希	嘉善县社会科学界联合会
	基于创新和开放的海宁中国皮革城发展战略研究	袁良华	海宁市社会科学界联合会
	嘉兴市全面两孩政策下生育意愿和生育行为现状及对策分析	吴　燕	嘉兴市人口学会
	嘉兴“众创空间”视域下的高职学生“众创”过程中存在的问题与对策研究——以嘉兴南洋职业技术学院机电工程分院为例	郑金杰	嘉兴南洋职业技术学院
	关于构建和谐医患关系的心理影响因素及对策研究	王莉佳	同济大学浙江学院
	从“供给侧”视角推动全民阅读推广的调研	吕佳兰	嘉兴市图书馆学会
	全力打造互联网经济强市 加快建设全国互联网经济发展先行区——创业创新视野下的新思考	周春华	嘉兴市政府办公室
	深化“院地合作”机制创新研究——基于嘉兴实践的回顾与前瞻	林　晨	嘉兴市委党校
	区域协同发展背景下深化嘉兴接轨上海的对策研究——基于产业发展的视角	朱莹莹	嘉兴市委党校

续表20

类别	课题名称	负责人	推荐单位
二类	南湖新区发展“互联网+企业集聚区”的思考	吴　佳	南湖区社会科学界联合会
	接轨“山水六旗”——加快海盐城市发展的思考与建议	陈云松	海盐县社会科学界联合会
	协商民主:嘉兴社会治理新方式的研究	余　剑	嘉兴市委党校
	基于文化创意视角的西塘古镇特色旅游发展研究	张迺英	同济大学浙江学院
	全球价值链分工与嘉兴产业转型升级路径的选择:“机器换人”视角的分析	李　萍	嘉兴学院
	特色小镇在城乡统筹发展中的作用研究——以嘉善城乡统筹试点实践为样本	顾志明	嘉善县社会科学界联合会
	商业中心区中小市场矛盾防范与化解——以南湖区建设街道商业中心区为例	傅国平	南湖区社会科学界联合会
	金融类特色小镇发展思路与路径研究——以南湖基金小镇为例	汪　军	南湖区社会科学界联合会
	基于国家级高新技术区建设背景下的高技能人才队伍建设研究——以嘉兴秀洲高新区为例	徐秋香	嘉兴南洋职业技术学院
	新形势下县域媒体创新发展对策研究	陈敏红	平湖市社会科学界联合会
二、历史文化类			
一类	张元济与中国印刷文化的现代转型	周　敏	嘉兴学院
	明清嘉兴家族女性作家的时空分布及特征	李　菁	嘉兴学院
	近代中国首要英文报纸《字林西报》所载嘉兴新闻的翻译与研究	王争宵	同济大学浙江学院
	嘉兴近代进步报刊史(1897-1949)	凌冬梅	嘉兴学院
	沈泽民与马克思主义在中国	张建琴	嘉兴学院
	论茅盾小说中的文化地理因素	汪　娟	嘉兴学院
	清代海宁士绅阶层与地方公益慈善事业研究	林香娥	浙江财经大学东方学院
	凤喈桥市镇兴起的地理与经济环境考	李旻悦	南湖区社会科学界联合会
	浙西海塘古籍史料的开发与利用	王　娟	嘉兴学院
二类	吴藕汀的嘉兴地方文化记忆考述	吴　剑	嘉兴学院
	嘉兴地区传统婚嫁服饰艺术特征与文化传承研究	刘　鹤	嘉兴学院
	陆陇其廉政思想的当代价值与启示	单智伟	嘉兴学院
	嘉兴古镇发展形态与复兴问题研究	张镇西	海宁市社会科学界联合会
	文学、铁路与海宁潮:1930年代的“风景”再发现	易永谊	浙江财经大学东方学院
	李维钧考略	张风帆	嘉兴南洋职业技术学院
	政治对陈学昭及其创作的影响	郑红霞	海宁市社会科学界联合会
	张廷济《清仪阁金石题识》探析	陈荣军	嘉兴学院
	1840年前海宁中外交流研究	高　扬	浙江财经大学东方学院
	明清时期海宁地方小志研究	蔡敏敏	浙江财经大学东方学院
	民间美术学视域下的嘉兴灶画图案探究	沈懿旻	嘉兴南洋职业技术学院
	嘉兴人文精神的历史熔炼	方福祥	嘉兴市文史研究会
	嘉兴江海民间舞蹈艺术初探	刘　平	嘉兴职业技术学院

续表20

类别	课题名称	负责人	推荐单位
三、红船精神研究类			
一类	“红船精神”与习近平思想建党理论的关系研究	郭维平	嘉兴学院
二类	多维视域下红船精神与长征精神比较研究	李益模	嘉兴市党的建设研究会
	首创精神在马克思主义早期中国化进程中的地位与作用	邱辰禧	嘉兴学院
	新形势下推进红船精神“内化于心”问题研究	杨晓伟	嘉兴学院

【社科普及月活动与基地建设】 10-11月，围绕“坚定文化自信，共建‘两美’嘉兴”主题，市、县两级以“接地气，聚人气”为出发点，采取“请进来，走出去”的办法，联动开展为期两个月的社科普及月活动。各县(市、区)、所属各学会(协会、研究会)、在禾高校、各级社科普及基地等开展社科下基层、指导讲座、咨询服务、展览、理论研讨等活动400余项。加强社科普及基地建设，新增秀洲区新塍镇、嘉善县西塘古镇两个省级社会科学普及基地。

【社科队伍阵地建设】 2016年，全市社科界学习贯彻习近平总书记在全国哲学社会科学工作座谈会上的重要讲话精神，结合深化“基层工作加强年”活动，开展基层社科工作找短板工作，到相关县(市、区)蹲点调研，并召开多个座谈会听取意见建议。加强基层社科联组织建设，嘉善县、海宁市社科联被评为2016年度全国先进社科组织。加强学会管理，通报表扬2015年度嘉兴市社科工作先进个人，包括21名学会管理先进工作者、20名社科研究先进工作者、17名社科普及先进工作者。办好《嘉兴社会科学》，全年出刊4期。

(胡勤芳)

嘉兴市台胞台属联谊会

【加强嘉台两地交流交往】 5月28日，市台联邀请嘉兴市120多名台胞台属和本地居民，通过裹粽比赛共度端午佳节，加深友情。6月和12月，配合市台办分别举办第七届和第八届“两岸邻里节”，接待南投县水里乡和南投市的台胞到嘉兴市参访，并举办两岸樱花林捐赠仪式，进一步加深两地基层民众之间的感情。协助市台办开展嘉台两地大学生交流联谊、嘉兴籍台湾青少年寻根之旅、海外台湾留学生“科技之旅”冬令营等涉台活动。接待台湾同胞到访。3月27-28日，台湾“立法委员”许淑华一行26人到嘉兴，先后参访海宁市、桐乡市、南湖区、嘉善县等地，与当地民众及台企负责人进行座谈交流，嘉兴市领导接待。年内，市台联还参与接待南投县妇女代表团、两岸媒体联合采访团、南投县水里乡农会参访团、南投县议会参访团等到嘉兴考察参访。

【组织团组拜访在台乡亲】 2016年，市台联安排公务团组到台湾考察期间拜访乡亲，介绍嘉兴经济社会发展情况，促进双方感情和交流。如海盐澉浦镇台联第四次组团到台湾探亲访友，桐乡妇女交流团到台湾探望在台大陆配偶和同乡会，嘉兴市本级到台湾团组也多次探望在台大陆配偶、嘉兴学生、同乡会等。

春节前夕，市台联领导走访慰问在嘉兴的台胞台属

(市台联提供)

【指导基层换届】 2016年，市台联重视加强台联基层组织建设。11月和12月，海盐县台联、桐乡市台联分别召开第七次台胞台属代表大会，市台联及时指导县(市)台联开展换届选举工作，配齐配强基层台联班子，有关领导出席会议并讲话。

【参政议政】 "两会"期间，12名台联界别政协委员参加会议，围绕全市中心工作和台胞台属关注的热点难点问题，以提案形式参政议政，提交各类提案10多件，并撰写《推动台资企业转型升级的对策研究》等大会发言材料，反映台胞台属呼声。8月23日，市台联组织侨台界别委员到市建委参加关于嘉兴市房地产开发建设界别协商座谈会；10月8日，在召开的书记与政协会员"面对面"协商会议上，委员们围绕"加快补齐嘉兴实体经济转型发展短板"主题建言献策。同时，组织台联界别委员们多次到基层调研，了解社情民意，提高参政能力。

【注重实情调研】 2月和12月，市台联会领导带队多次到海盐县、嘉善县和平湖市等地进行调研，实地走访嘉兴恒锋工具有限公司、浙江溢闳光电科技有限公司和浙江金享亿服装有限公司等，与企业负责人进行座谈交流，听取企业生产经营情况，并专程看望澉浦镇台联工作人员，了解基层台联工作状况以及台属企业、台胞台属基本情况。

【举办表彰活动】 9月9日，在市台办、市台联协调和推动下，嘉兴市实验小学举办第十一届"陆廷贤园丁奖"颁奖仪式，有34名优秀教师受到表彰。市台办副主任章建琴出席仪式并讲话。11年间，有248名嘉兴市实验小学的优秀教师获得"陆廷贤园丁奖"的表彰。

(施美玲)

嘉兴市归国华侨联合会

【概况】 2016年，嘉兴市归国华侨联合会(简称市侨联)发挥海外人才工作站点作用，组织230余名海外高层次人才携带电子信息、生物医药、装备制造、节能环保等领域的200多个项目参加国际人才交流与合作大会、"星耀南湖"精英峰会等活动。参与"红船服务"总联盟每周轮值服务和开展"侨商服务月"活动，与相关部门先后走访调研100多家侨商海归企业，了解企业发展中遇到的困难和问题，统筹多方力量帮助协调解决。继续开展请进来工作，全年接待美国巴克来银行副总裁蒋晏韬、英国中华总商会副主席殷杰、丹麦奥尔堡大学教授李彤博士、加拿大湖首大学秦文胜博士、留德中国物理学者协会副主席沈剑威博士、中澳绿色能源考察团、越南浙江商会以及美国嘉兴联谊会等80多名嘉兴海外英才、海外侨商及海外华人华侨专家。实施"归侨侨眷关爱工程"，举办归侨侨眷迎新座谈会、"心系归侨侨眷，共度金秋重阳"活动，走访慰问侨界群众160余人次。年内，配合省侨联开展全球"万家海外中餐馆·同讲中国好故事"活动，积极向海外侨团和侨商宣传中餐业合作联盟活动的意义，做好与嘉兴市对口的越南、丹麦、卢森堡3个国家4个城市联络联谊对接工作，完成162家中餐馆申请表格发放填写任务。参与举办"红船颂"——庆祝中国共产党成立95周年音乐会，旅法青年钢琴家吴牧野倾情演奏，省、市侨界代表人士与近千名观众一起欣赏。

【启动海燕集结行动计划】 8月，市侨联助力海外学子成长，服务海外学子创新创业，举办第二届海燕集结行动计划嘉兴营活动，牛津大学、多伦多大学、南澳大学、埃塞克斯大学等十多个国家高等院校的近30名嘉兴籍海外留学生，通过开

第二届海燕集结行动计划嘉兴营活动(市侨联提供)

展拓展团队训练、红十字知识救护培训、创业创新企业考察、对话海归创业等系列活动,感知嘉兴发展、拓展知识面,更好地涵养新侨资源。

【拓展留学人员回国实践基地】 2016年,中信证券嘉兴营业部、平湖市长红公益发展中心、平湖进口商品城、浙江星月药物科技有限公司、嘉兴邦尔骨科医院等5家企业先后挂牌设立嘉兴市留学人员回国创业创新基地、留学人员回国实践基地,使全市留学生回国实践基地增至13家。作为嘉兴市在金融和医疗卫生系统建立的这两个海外留学人员回国实践基地,中信证券嘉兴吉杨路营业部主办"盈在未来"海外留学生暑期精英班,嘉兴邦尔骨科医院为嘉兴市归侨侨眷、归国留学人员开通绿色通道,开展为侨服务。

【推动侨界政协委员参政议政】 市"两会"前夕,市侨联组织侨界政协委员进行专题调研,帮助侨界政协委员履行职责。组织开展"养老产业发展""新农村"专题视察调研活动,提高提案质量。召开"房地产开发建设"专题协商座谈会,为有关部门研究政策提供依据。市"两会"期间,侨界政协委员提交提案13件,其中嘉兴侨联《关于进一步发挥百年沪杭铁路的客运作用,开行嘉兴至上海、杭州通勤列车的建议》《关于加快推进镇村建设的意见建议》被列为市政协重要提案,《关于发挥社会力量作用,完善我市人才公寓布局的建议》被评为嘉兴市政协七届五次会议以来优秀提案。

【嘉兴侨联微信公众平台正式发布】 3月28日,在嘉兴市侨联六届一次主席会、常委会议上,市侨联主席章一川正式启动嘉兴侨联微信公众平台。该平台的上线是新一届侨联领导班子创新侨联工作手段和为侨服务载体的一项重要举措,标志着嘉兴市侨联已构筑起"互联网+侨联"工作新模式,形成线上线下齐头并进的工作格局。嘉兴侨联微信公众号设置互动平台,包括侨家大院、侨联动态、海外人才工作、嘉兴侨商、海外联谊、涉侨政策、建言献策、通知公告、意见建议等栏目,主要用于发布嘉兴侨联工作信息,传达涉侨政策,倾听侨界诉求,协调侨界难题,为侨界创业创新提供资讯等。

【举办"亲情中华·欢聚嘉兴"侨界人士迎新晚会】 为进一步凝聚侨界正能量,唱响"侨家大院"影响力,12月22日晚,由省侨联指导,嘉兴市侨联主办,浙江侨界艺术团、嘉兴"侨家大院"六大社团、嘉兴市海华武术馆、南湖区留联会及南湖区民族之家共同协办的"亲情中华·欢聚嘉兴"侨界人士迎新联谊晚会在嘉兴南湖音乐大厅举行。省侨联副主席张维仁出席晚会并致辞,市政协副主席马邦伟及市委办、市人大民宗外侨委、市政协港澳台侨委、市委宣传部、市委统战部、市外侨办、致公党嘉兴市委会等相关部门负责人出席晚会。嘉兴市侨联主席章一川,市侨联副主席娄新生、朱海林、戴其丰、叶永平、蒋加伟、蔡国伟,侨界六大社团负责人及近500名侨界群众观看演出。

12月22日晚,"亲情中华·欢聚嘉兴"侨界人士迎新联谊晚会举行 (市侨联提供)

(李勇军)

嘉兴市红十字会

【概况】 2016年,嘉兴市红十字会获评"省红十字人道传播工作先进单位""2016年省红十字应急救护师资教学技能大赛组织奖",有3个红十字组织和5名个人获评"省红十字人道促进奖",有2家爱心企业和1名爱心人士获评"省红十字博爱功勋奖铜奖”,有5个红十字志愿组织和8名红十字志愿者获评“省红十字奉献服务奖”。各县(市、区)红十字会理顺管理体制,普遍增加领导职数和工作人员。市红十字会制定出台《嘉兴市红十字事业“十三五”发展规划》,并被纳入嘉兴市经济和社会发展规划目录。全市建立镇(街道)红十字会69个,建会率94%,建立村(社区)红十字会24个,红十字团体会员达297个,个人会员45976人。市红十字会加强对县(市、区)红十字会的指导,建立健全“1+7”创新工作联创制度、日常工作协作交流制度、重点工作年度报告制度和市红十字会领导联系基层制度。海宁市创建为浙江省第二批“红十字工作示范县(市)。

南湖区程晔成功捐献造血干细胞　(市红十字会提供)

2016年,全市筹集社会救助款物618.09万元,使用409.49万元。其中市本级筹集281.06万元,使用151.39万元。新设立“朝聚之光·点燃希望”项目,首期筹资100万元用于救治白内障患者。新增“爱的红手环”项目,为易走失人群发放红手环8000条。红十字博爱送万家、爱心病房、爱心助学、博爱超市、爱肾基金、职业病救助、艾滋病红丝带关爱、金种子爱心工程、韩泰爱心基金、恒丰银行丰裕爱心基金、电力红船爱心基金等品牌项目有序开展。中国红十字会总会“小天使”项目救助7人、23万元;省红十字会“母婴平安”项目救助130人、22.46万元;省红十字会“朝聚光明”项目救助390人、81.14万元。常务副市长楼建明、副市长柴永强对救灾备灾仓库建设专门批示,新增120平方米仓库用房。市、县两级红十字会全部建立备灾救灾仓库,全市总面积达495平方米。

2016年,全市培训救护员14784人(次),取证率占户籍人口0.4%;普及培训69727人(次),占户籍人口1.9%。在南湖、海宁培训师资108名。建立师资库,进行分级管理。把救护培训课程纳入红船网领导干部网络学院课程。海盐县、海宁市、桐乡市与电视台合作摄制《红十字会喊你学急救》。年内,全市新增造血干细胞志愿者采集入库400人,实现造血干细胞捐献6人。新增器官捐献志愿者36名,实现捐献5人,新增遗体捐献志愿者26名,实现捐献6人。海宁南关厢素食馆对当地造血干细胞捐献者每例慰问1万元;嘉善县文明办和县红十字会分别对器官捐献者每例慰问1万元。

2016年,市红十字会在市级及以上报纸刊出信息110条、97821字,其中图片40张、头版6个、整版4个。应邀在中国红十字会总会“五大发展理念与红十字事业”研讨会上专题发言,介绍经验。在市级以上报纸、期刊发表、获奖论文13篇(次),其中《基层红十字会工作方法论》被红十字总会评为全国优秀论文,另有6篇论文发表在《中国红十字报》。《以五大发展理念为引领,建设具有嘉兴特色的新型红十字组织》发表于《新嘉兴》2016年第11期。《应急救护的中国渊源》在《中国红十字报》连载,并被各级主流媒体转载。推荐器官捐献者邵紫燕、造血干细胞捐献者陈亚强、向市红十字会捐款的章忠泉参评“浙江好人”,其中,邵紫燕、陈亚强入选5月“浙江好人”,章忠泉入选7月“浙江好人”。

2016年,全市建立学校红十字会330个,实现中小学建会全覆盖。在秀洲区建成集红十字文化传播、急救培训、生命教育、心理疏导等为一体的“嘉兴市红十字青少年生命教育体验馆”。选定试点,选送师资参加省训,启动“探索国际人道法”课程。年内,有4所、8所学校创建成为省红十字示范校、达标校。水上应急、手足情修甲等红十字志愿者服务队常年开展志愿服务活动。红十字爱心俱乐部召开第二届会员代表大会,完成换届工作。红十字志愿者连续第3年为嘉兴端午民俗文化节和世界互联网大会·乌镇峰会志愿服务。“小候鸟水上安全营”志愿服务项目成为中国红十字总会培育资助项目,在嘉兴市尚属首次。

【张剑获评中华骨髓库“五星级志愿者”】 1月,中国造血干细胞捐献者资料库管理中心表彰中华骨髓库“五星级志愿者”,嘉兴市红十字志愿者张剑榜上有名。张剑于2014年5月为一位云南籍孩子捐献造血干细胞,成为第一个桐乡籍成功捐献造血干细胞的志愿者。他2次参加造血干细胞运送志愿活动,参加无偿献血20余次,发动妻子成为器官捐献志愿者。参加捐献造血干细胞、器官捐献、无偿献血等宣传活动,发动身边朋友20余人加入中华骨髓库。近五年,张剑先后发动组织爱心义卖募捐5次,为10多位贫困学生牵线一对一的资助。抗击“灿鸿”台风时,带领志愿者驰援受灾严重的余姚。张剑先后被评为“浙江省红十字公益之星”、“嘉兴好人榜”上榜好人、“桐乡市第三届道德模范”、“最美桐乡人”。桐乡市委书记卢跃东特别批示:“张剑的善行壮举向全社会传递了博爱心和正能量,他是桐乡机关干部的好榜样。”

【举办纪念“5·8”世界红十字日活动】 5月7日,嘉兴市纪念第69个“5·8”世界红十字日暨红手环发放仪式在智富城广场举办。活动分三个阶段进行。第一阶段是以“红手环爱相随·红十字暖人心”为主题的红手环发放仪式。副市长柴永强为红手环捐赠单位“嘉兴酒运达公司”颁发捐赠证书,到场领导为老人代表现场发放并佩戴红手环。第二阶段是广场文艺演出,红十字志愿者们给现场群众表演捐献造血干细胞等内容的文艺节目。第三阶段是广场志愿活动。开展无偿献血,招募造血干细胞入库志愿者活动。红十字志愿者开展现场爱心义卖、健康关怀服务、现场急救演示等志愿服务。

5月7日,纪念第69个世界红十字日暨红手环发放仪式
(市红十字会提供)

【红十字志愿者水上紧急救援】 8月24日傍晚,嘉兴市红十字志愿者冯庆强在小南湖水域救起一名江西籍溺水小伙。因天气炎热,江西上饶的胡立军下水游泳,因体力不支下沉。正在附近进行水上安全巡视的冯庆强发现后,当即抄起救生棒,跃入水中奋力施救。胡立军被拖上岸,转危为安。周边群众纷纷为红十字志愿者的行为点赞。2016年暑期,市红十字水上应急救援队在南湖周边水域进行安全巡查,劝阻群众在水边的不安全举动,开展水上紧急救援,救起9名溺水者。

(严明强)

政 法

综 述

2016年，全市政法战线围绕打造长三角最具安全感城市的目标，完成护航G20大会战和第三届世界互联网大会维稳安保任务，实现省级平安市、县(市、区)创建“十二连冠”“满堂红”，在全省率先夺取平安金鼎。

坚持党政主导、齐抓共管，健全问题联治、工作联动的工作机制。贯彻落实《浙江省平安建设和社会治安综合治理领导责任制实施办法》，围绕“三场会战”(确保G20杭州峰会和乌镇峰会顺利召开，确保如期夺取平安金鼎)，出实招、出硬招、出狠招、下猛药，圆满完成“护航峰会·夺鼎创杯”行动。建立平战结合的12类58项机制，抓统筹协调，抓基层基础，确保维稳安保各项工作整体联动、步调一致、高效运转。构建“一屏一圈一网”立体式重大国际峰会安保体系，开展四次全市社会治安大清查大整治集中统一行动。组建暗访督查组，开展“挑刺式、对抗式、抄底式、常态化”暗访检查，并将暗访检查情况与年度目标责任制考核相挂钩，推动全市、行业主管部门以及企事业单位的责任落实。开展信访积案化解治理攻坚战，探索建立嘉苏沪三地护城河联防协作机制，有效稳控重点人员。加强网络安全检查，严格值班值守，应急处置达到秒级响应。严格落实快递企业“三个100%”制度，大力推进瓶装液化气实名制，二维码绑定率57.8%，强化散装汽油购销实名登记管控。对工作进展不力的部门开展履职约谈。各县(市、区)、嘉兴经济技术开发区、嘉兴港区全面落实属地责任，实现重大峰会维稳安保的目标。

坚持打防结合、标本兼治，确保公共安全平稳有序。出台《社会治安防控体系2016–2017年建设方案》，推进打黑除恶、缉枪治爆等专项行动，严厉打击“盗抢骗”“黄赌毒”“食药环”犯罪。开展4次治安大清查，坚持领导带班、市县联动、全员发动，对全市进行拉网式清查，G20杭州峰会、乌镇峰会期间全市刑事警情数分别下降41%、43%。完善特警武警“三联”工作机制，进一步提高见警率，组织发动党员干部、治保力量、志愿者积极开展社会化大巡防，有效震慑和挤压违法犯罪行为。2016年，交通事故、火灾事故形势总体平稳，比上年分别下降6.54%和39.31%。至2017年春节，全市刑事、治安、交通事故、火警报警数与上年同期相比分别下降37.1%、1.67%、50.49%、66.8%。人民群众的安全感满意度96.81%，高于全省平均水平0.38个百分点。

坚持依法治理、综合施策，提高矛盾纠纷化解能力。针对重大项目建设等可能产生的社会风险，健全落实社会稳定风险评估机制，全年共开展稳评234项，暂缓12项，停止4项。排查重大矛盾25件，实行领导挂帅、督促化解，成功处置海盐垃圾发电厂选址引发扰乱公共秩序等一批涉稳案(事)件。专题研究重要敏感信访案件工作，依法打击处理进京妨害社会管理秩序、利益诉求群体违法犯罪等行为。积极稳妥处置嘉兴市高发的涉专业市场、城市商贸综合体等系列案件，依法审执结涉桐乡市世贸中心、南湖区中港城、秀洲区江南数码港等2074件案件。开展全市律师参与化解和代理涉法涉诉信访案件工作,在平湖召开推进会,下发《关于律师参与化解和代理涉法涉诉信访案件实施办法(试行)》。推进多元化纠纷解决机制试点工作,完成秀洲区矛盾纠纷化解平台建设和南湖区物业纠纷调解试点。全面启动“七五”普法,深入推进公共法律服务体系建设,把法治宣传教育和解决群众身边法律问题结合起来,提升法治宣传教育实效。

坚持科技引领、信息支撑,增强“两网融合”工作实效。围绕信息化、精细化、扁平化的目标,全力推动网格化管理与省平安建设信息系统融合:一是推进市县镇三级综合指挥平台建设。全市9个县(市、区)和73个镇(街道)全部完成建设任务,接入全省平安建设信息系统、公安视频监控系统,开通综治视联网视频会议系统均达到100%。全市综合指挥平台场地面积总计达到6634平方米,接入视频监控71340个,配备平台管理人员245名,建设经费2614万元。二是拓展信息采集报送渠道。全面推广信息采集“以奖代补”工作机制,继续推广运用平安建设信息系统和“平安通”移动终端,全市共配备“平安通”6128个,配备率占网格总数的107%;安装注册“平安浙江”App共287158个,占全市实有人口数的4.93%;系统新增录入各类事件43万件,落实并发放“以奖代补”经费341万元。三是加强网格队伍建设。按照“1+X+Y”模式推广组建网格管理队伍,在县、镇两个层面全面加强网格业务培训。全市共划分网格5730个,配备专兼职网格管理员17930名,其中专职网格员1640名。

坚持多方参与、群防群治,形成共建共享新局面。利用广播、电视,以及微信、微博、“平安通”等媒介,开展“平安志愿者征名”“平安达人”“平安,我领跑”、文艺会演等,社会各界有10.5万人报名参与平安志愿服务,全市7.4万名党政干部,全部到结对社区报到,亮明身份、做好表率。举办平安志愿者誓师仪式,一级给一级授旗,强化指挥、畅通指令。通过“万员巡防保平安”“万个网格创平安”“万点排摸治隐患”“万人志愿护峰会”“万企职工迎峰会”“万户家庭促和谐”六大活动载体,建立10支护航峰会安保平安志愿服务大队,大力推广乌镇管家、南湖义警等经验做法,峰会期间,全市约12万名志愿者参加社区巡逻,1791名公交安全志愿者完成18条线路193辆车的安全劝导等工作,有效震慑各类违法犯罪,取得良好效果。

【建立重大国际峰会维稳安保长效机制】 年内,嘉兴建立重大国际峰会维稳安保长效机制,即12类58项机制,由市委副书记、政法委书记孙贤龙,市委常委、公安局局长金志,市委常委、常务副市长楼建明,市委常委、宣传部部长陈越强共同签发,正式发文。突出抓标准,各机制的牵头部门、责任单位研究制定操作方案、标准规范和具体举措,实打实地运用到实战中,提升应对各类风险的发现、防范、化解、管控能力。突出抓重点,强化重点要素实名管控机制,在寄递物流、民爆危化品、散装汽油、瓶装燃气、交通客运以及出租房、民宿(农家乐)、网吧、通讯卡销售等重点领域,做到实名制全覆盖;完善重点要素源头控制过程跟踪机制,实行敏感物资身份编码、销售信息等与公安联网,推动大数据运用,做到信息手段全覆盖;完善重点地区、重点目标、重点部位防控措施,进一步强化车站、学校、商场、医院等人员密集场所的人防物防技防措施,分门别类制定和落实监测预警、基础管控、巡逻防控,做到防范和应急措施全覆盖。

【律师参与化解和代理涉法涉诉信访案件机制】 年内,在平湖召开全市律师参与化解和代理涉法涉诉信访案件工作推进会。出台《关于律师参与化解和代理涉法涉诉信访案件的实施办法(试行)》。该规定,律师受各级司法行政机关委派,义务参与各级法院、检察院、公安局涉法涉诉信访接待,引导信访当事人通过法定程序解决信访事项,对符合条件的案件和当事人引导法律援助、案件申诉和司法救助事项,并为法院、检察院、公安局提供意见建议。市司法局与市公安局联合制定《律师参与化解和代理公安机关涉法涉诉信访案件的实施办法(试行)》,市检察院、市法院先后建立律师值班接待室,安排律师参与公益法律咨询服务。律师参与政法部门涉法涉诉信访化解工作在全市全面推开。

【开展平安宣传】 年初，市委政法委联合市委宣传部制定出台《2016年全市平安宣传工作实施意见》。针对群众性文艺活动接地气的特点，市平安办专门为十二年平安创建创作《平安有你》平安嘉兴建设主题歌，把群众对平安的企盼通过歌曲的形式在全市范围内传播。12月26日，联合市委宣传部、市文化局在市广电集团630演播厅举办全市平安文艺作品大赛暨汇报演出，对优秀节目进行评选表彰，演出的成果刻录成光盘下发到各村（社区）。6月新开设平安嘉兴公众微信号，每个工作日发布三条微信，助推平安宣传。开展"我为平安建设献一计"金点子有奖征集活动，共征集到涉及社会治安、生态环境安全等方面的点子1599条。开展"平安护航G20"政法微电影进基层展播1500余场次，观看人数19万人次；开展护航G20摄影作品征集、平安宣传进村入户等活动。

【打造"乌镇管家"群防群治品牌】 2016年10月10日，在全国社会治安综合治理创新工作会议上，中央政法委书记孟建柱充分肯定"乌镇管家"：G20杭州峰会举办前后，浙江省充分发挥"乌镇管家"等数万个社会组织作用，化解一大批矛盾纠纷，提高平安建设水平。《省委政法委简报》第37期刊发"桐乡市打造'乌镇管家'群防群治品牌"。具体是：结合"两约"修订，吸收三级法律服务团成员参加"乌镇管家"日常运转，把"乌镇管家"纳入村规民约、社区公约和行业规章内容，推动此项工作成为居民自觉。依托镇社会服务管理中心、综治工作站两级平台，分别建立"乌镇管家"管理之道办公室和管理小组，按网格划分建立工作站及若干联络小组，每个联络小组10名信息员，每个信息员负责约10户居民或一单元。至年底，共设"乌镇管家"管理小组20个，工作站90个，联络小组277个，吸收村（社区）层面信息员1380名，单位行业信息员1301名。注重平台运用，把市、镇、村三级社会治理综合指挥网络运用于"乌镇管家"工作，依托镇社会治理综合指挥室，建立"乌镇管家"信息处理中心，实行全天候24小时值班制度，做好信息梳理等日常工作。管理指导办公室进行每周汇总分析，每月综合研判，年终工作总结。"乌镇管家"信息员通过平安通App等途径报送信息，至2016年11月底已报送各类信息近6000条，处置率达95%以上。采取"以奖代补"方式，建立"乌镇管家"奖励基金，重点建立以"一事一奖"和"积分累计"为主要内容的奖励措施。

【建立暗访检查和扣分赎回模式】 2016年，全市政法机关建立完善"暗访检查—通报整改—再检查—问责"的工作模式，把重点行业、涉恐敏感物资、重点人员、实名制等责任，落实到具体的镇（街道）、村（社区）和责任人。一是暗访检查常态化。由市维稳安保办、市反恐办牵头，按照"轮回式、对抗式、抄底式"的模式，从相关部门专门抽调20名人员，每天集中到一个县（市、区），综合采取实景对抗式测试、到群众家中走访核实、抽取人员物品名单进入相关信息系统核查比对等方式进行，每月开展3轮、每轮为期8天，市督考办、市维稳安保办、市反恐办结合暗访结果进行扣分通报并发给各地；至年底，全市开展20人暗访检查工作10轮，暗访检查全市2103个单位（场所），发现问题隐患2614个，促进问题发生率从30%下降至11%。二是暗访结果挂钩责任制考核。暗访检查情况纳入对县（市、区）、市级部门（单位）的阶段性重点工作考核，对督查暗访发现问题隐患的县（市、区）、市级行业主管部门，每发现一个问题隐患在年度目标责任制考核中先行扣0.1分；各县（市、区）、各行业主管部门在15日内依法依规对责任单位和责任人问责的，每问责一起可赎回0.1分；对再次检查发现问题未整改的，加倍扣分，不能赎回并启动相应的问责机制；对工作受到省领导批示肯定或在会上表扬的，或受到省级部门书面肯定的，实行奖励，每次加0.1分。三是严肃开展法纪问责。由市纪委、市检察院牵头，对因工作责任心不强、该落实的措施没有落实、该消除的隐患没有及时消除而引发重大案（事）件和责任事故的，严格追究直接责任人和相关负责人责任。

（俞民译）

公　安

【概况】 2016年,嘉兴市公安机关以打赢G20、乌镇峰会和率先"夺鼎创杯"三大硬仗为主线,年内,共接报刑事警情64064起,比上年下降15.86%;破获刑事案件23891起,移送起诉犯罪嫌疑人11506人,上升1.38%,继续保持命案全破。2016年,全市公安系统共立集体一等功2个、二等功44个、三等功46个、嘉奖51个,个人一等功6名、二等功82名、三等功275名、嘉奖546名。

2016年,嘉兴市公安局内设28个职能处室(队、所)和政治部,下属事业单位4家、企业1家,下辖南湖区、秀洲区、经济技术开发区(国际商务区)、港区分局,嘉善县、海盐县公安局,平湖市、海宁市、桐乡市公安局,有派出所86个(含水上、边防派出所),实有民警5141人,其中大专以上文化程度占98.7%。

【完成G20杭州峰会及乌镇峰会安保任务】 2016年9月、11月,G20杭州峰会、乌镇峰会分别在杭州、嘉兴举行。嘉兴市公安局按照G20杭州峰会与乌镇峰会两个安保共同部署、融合推进的思路,成立市委常委、公安局局长金志任组长的峰会安保工作领导小组,制定安保方案,明确目标任务,狠抓工作落实。启动安保要情"一把手"背书制度和每日风险隐患清零制度,出台加强和改进派出所建设等八个文件,按照"全省保嘉兴、嘉兴保桐乡、桐乡保乌镇"和外松内紧、梯次趋紧的原则,构建以人民为中心的"一屏一圈一网"立体式重大国际峰会安保体系("一屏"即建立一道环嘉兴安防屏障,"一圈"即布防一个环桐乡环乌镇安保圈,"一网"即织密一张镇区网格状防区网),实现点线面有机结合、条与块紧密衔接,水、陆、空及网上网下一体,打造重大国际峰会安保嘉兴模式。开展"平安护航G20大会战"十大专项以及"春雷""清雷""净雷"等行动,对可能影响峰会安全的重点人、事、物等治安元素,实施两轮全方位、地毯式的基础排查和安全隐患整治。年内,共新登记流动人口249138人次,注销195901人,排查境外人员10755名,登记关注人群836人;共建警务室微信群8241个,"微信警务室"和"嘉兴公安"公众号群友均突破50万人,开展宣传防范10万次,提供服务1.7万次,搜集群众举报线索1300条,抓获违法嫌疑人130人。

【深化公安改革】 2016年,嘉兴市公安局推进全国出入境管理信息系统"互联网+"理念的改革试点;全面推行驾驶人考试自主报考约考全国试点工作、网上补换机动车行驶证和驾驶证、驾驶人考试分科目收费和网上收费,为群众提供"互联网+交管服务";在全省率先完成办案中心、物证中心、案管中心"三中心"规范化建设;围绕"案、人、物"三大核心要素,全面推进"三位一体"执法管理机制建设;实施受案立案改革,制定出台《嘉兴市公安机关关于受案立案制度改革的意见》,实行以市、县、派出所三级案管中心实体化运作为支撑的受案立案管理新模式。年内,共落地公安部、省政府和省公安厅改革试点项目21项,公安部、省公安厅在嘉兴召开的推广嘉兴公安改革经验现场会10场,全国各地到嘉兴考察交流的公安机关考察团200余批次。

【实现命案全破】 2016年,嘉兴市公安机关实现连续第九年命案全破。年内,共发破命案42起,先后破获南湖"3·5"杀死2人、伤2人案件,秀洲"1·14"杀死2人案件,桐乡"10·18"持枪抢劫杀害黑车司机案等重大案件。

【开展打击网络涉枪犯罪行动】 8-12月,市公安局开展"8·01"打击网络贩枪专案行动。其间,共核查各类线索827条,核查率100%;刑事拘留涉枪犯罪嫌疑人78名,收缴各类枪支414支、各类枪支配件4124件,铅弹2836发。平湖、海盐各侦破1起特大网络贩枪案件。

【深化打黑除恶工作】 2016年,市公安局出台《全市公安机关主动排查经营深化打黑除恶工作意见》,建立涉黑涉恶线索分类研判制度,组织经营侦控。年内,共研判经营有关线索508条;摧毁黑恶势力团伙128个,抓获团伙成员690人,侦破涉黑涉恶案件654起,比上年分别上升7.21%、8.32%、

6.51%。得到省委副书记、政法委书记王辉忠，省委常委、公安厅厅长徐加爱等的批示肯定。

【开展打击侵财犯罪专项行动】 3月21-22日，嘉兴市公安机关以电信网络新型犯罪为重点，以打开路、打防结合，遏制侵财案件高发态势。其间，共破获侵财案件8970起，起诉侵财犯罪嫌疑人4028名，破获跨区域、系列、团伙犯罪案件48串550起；受理电信网络诈骗案件8622起，比上年下降10.01%；破获电信网络诈骗案件5092起，上升482.61%，其中破获10万元以上案件31起，100万元以上案件6起。

【打击整治网络侵犯公民个人信息犯罪行动】 2016年5月10日至2017年1月，市公安局按照《嘉兴市打击整治网络侵犯公民个人信息犯罪专项行动工作方案》成立市局领导挂帅的打击整治网络侵犯公民个人信息犯罪专项行动领导小组，并于2016年5月12日召开全市打击整治网络侵犯公民个人信息犯罪专项行动部署会，全面部署开展该专项行动。年内，全市共侦破“侵犯公民个人信息”类案件42起，抓获犯罪嫌疑人339人，其中部督案件2起，省督案件2起。

【严厉打击经济犯罪】 2016年，嘉兴市公安经侦部门围绕“G20、乌镇”两大峰会安保，开展打击互联网领域侵权假冒“2016—云剑行动”、打击骗取出口退税和虚开增值税专用发票犯罪、“猎狐行动”、打击地下钱庄违法犯罪等专项行动。年内，共立经济犯罪案件454起、破338起，分别比上年下降10.5%、19.5%；涉案价值50.5亿余元，上升126%；侦办部督案件4起、厅督案件6起，抓获犯罪嫌疑人691人、移送起诉602人。

【做好禁毒工作】 2016年，嘉兴市公安机关坚持“以打开路、以防为先，以人为本、以治为基，联动融合、创新驱动”，不断强化禁毒打、防、管、控、宣、戒等业务工作，圆满完成两大“峰会”禁毒安保及年度各项禁毒任务。年内，全市共打击3-5人团伙25个，6人以上团伙9个，侦破部目标案件4起，省目标案件16起，抓获毒品犯罪嫌疑人590人，查处吸毒人员2830人(次)，强制隔离戒毒669名，缴获各类毒品40余千克；新发现的吸毒人员比上年下降23.1%。市禁毒委被省禁办评为2016年度市级禁毒工作创先争优单位。

【侦破生产销售假冒伪劣农药案】 4月11日，嘉兴市公安局会同秀洲区公安分局，联合市局食药环支队、技侦支队和桐乡、湖州德清、河南淮阳等公安机关，侦破年内首起跨省生产销售假冒伪劣农药案，抓获犯罪嫌疑人8名，摧毁生产、销售假冒伪劣农药窝点4处，扣押制作假冒伪劣农药母液12桶1.2吨、涉嫌假冒伪劣农药2万余箱、各类假冒商标8万余份，涉案价值800余万元。

【深化反恐区域协作联动】 2016年，嘉兴市公安机关结合嘉兴实际，与新疆喀什地区公安局签订《嘉兴市公安局、喀什地区公安局警务交流合作协议(2016-2018)》，确定常态协作、资源共享、互利共赢的合作原则，并通过互派人员交流、情报信息共享、案件线索协查、重大任务互助等举措，开展全方位警务交流合作，实现相互支援、优势互补、共同提高，最大限度地消除嘉兴市的暴恐隐患和现实危害，确保全市社会大局稳定。年内，共选送赴新疆喀什地区跟班学习交流业务骨干2批42人；喀什公安机关选派支援嘉兴反恐工作精干业务力量30人。

【开展缉枪治爆专项行动】 3-12月，嘉兴市公安局开展缉枪治爆专项行动。其间，全市共收缴各类枪支343支、子弹16782发、炸药120千克、黑火药4千克、雷管643枚、管制刀具781把；立案查处涉枪案件70起(其中刑事案件37起)，采取刑事强制措施50人，治安处罚32人；立案查处涉爆(烟花爆竹)案件19起(其中刑事案件5起)，采取刑事强制措施6人，治安处罚13人。

【严厉打击涉黄涉赌违法犯罪行为】 2016年，嘉兴市公安机关保持对涉黄涉赌违法犯罪行为高压态势。年内，共侦破获涉黄涉赌刑事案件557起，采取刑事强制措施1421人；查处涉黄涉赌治安案件1762起，行政处罚7120人；收缴赌博游戏机2390台,整顿取缔涉黄场所193家。侦破公安部督办黄赌案件8起,侦破率列全省第一位。

【户口清理整顿】 2014-2016年,嘉兴市公安局开展户口登记管理专项清理整顿工作,全面清理嘉兴市户口登记管理中存在的"错、重、假"等问题,确保户口和居民身份证号码准确性、唯一性、权威性。全面复核2005年以来的外地迁入户口、收养户口以及无户口人员恢复户口的卷宗材料。其间,累计清理重复户口398个,清理应销未销户口453个,其中死亡未注销户口395个,服现役未注销户口35个,出国(境)定居或入籍未注销户口23个;累计清理纠正户口登记项目差错1772个。嘉兴市无相片人员清理和重点存疑数据核查完成率100%。2016年,经省公安厅户口清理整顿检查组验收,嘉兴市公安局被评为全省户口清理整顿工作市级成绩突出集体。

【推进居民身份证异地受理试点】 7月1日,嘉兴市公安局建立运行顺畅、高效完善的居民身份证"三项制度",在全市74个派出所户籍窗口开设居民身份证异地受理、挂失申报和丢失招领窗口,成为全省率先实现所有派出所户籍窗口均可受理异地受理、挂失申报、丢失招领的地市公安机关。年内,居民身份证异地受理省份由原来的江西1个省增加到28个省(市、自治区),受理申请4465人次,发放异地身份证3316张。

【全国出入境系统试点工作】 嘉兴市于2015年9月被公安部、省公安厅确定为全国公安出入境管理信息系统试点城市后,市出入境管理部门坚持主动作为,全警参与系统研发;坚持业务培训和测试演练并重,采取小班集训与全员培训、骨干领衔与人人过关、专业授课与上机操作三结合方式,全面提升出入境民警、职工系统操作和信息化运用水平。2016年4月16日,全国系统在嘉兴市试点上线运行。5月17日,浙江省公安厅全国版出入境管理信息系统现场推进暨全省公安出入境管理工作会议在嘉兴召开;7月22日,通过对控制对象管理、境外人员住宿登记管理、基层境外人员管理、案事件管理等系统子模块进行统一操作,流程规范,实践"闭环式"管理理念,提升基层境外人员管控的能力和水平。嘉兴市公安局出入境管理局圆满完成试点工作任务,全国系统上线后窗口受理速度提升30%。

【交通事故防控工作】 2016年,市公安交警部门以制定"十三五"交通安全管理规划为契机,强化道路交通安全治理工作,严格落实较大道路交通事故责任倒查追究制度,推动落实企业主体、行业监管等责任,建立新建道路配套交通安全设施审核机制和通车道路隐患动态排查机制,推进官方微信、"交通拍客"App等新媒体建设,开通"交管12123"手机App并具备规定功能;推进"文明交通行动计划",深化"公路交通安全防控、交通安全源头管控、城市智慧交通管控"三大体系建设;依法查处"酒驾""毒驾"等十类重点交通违法行为。年内,嘉兴市大型营运客车、校车、危化品运输车的报废率达到100%,大型营运客车、校车、危化品运输车、中型客车、重中型货车和农村面包车检验率分别达到98.9%、98.3%、99.9%、95.4%、97.1%和91.6%;挂牌整治道路安全隐患省级2处、市级2处、县级4处;交警支队官方微信关注用户突破15万个;开展针对嘉兴市的"春雷、清雷、净雷"系列、针对城市的"畅行禾城"系列以及针对公路和农村的"决战双峰会"系列等整治行动11项,查处各类交通违法行为254万起,其中现场查处53万起、酒驾7583起、毒驾126起。

【城市道路治堵】 2016年,市公安局向市委、市政府提交《关于市区治堵问题及对策建议的报告》,着力解决城市道路基础设施不完善等源头性、基础性、机制性问题;配合政府有关部门抓好中山东桥二期改造、纺工路下穿、望吴门广场改造等大范围施工的交通组织管理。市局交警支队牵头抓好交通秩序专项行动组工作,进一步完善交通管理设施,强化交通科技应用,推进城市交通秩序综合整治。年内,共投入交通设施维护费908万元,完善交通标志1500余块、交通标线6.7万平方米、隔离护栏3800余米;开展主题城市交通秩序整治行动4个,查处交通违法行为6.6万起,其中现场查处2.1万起;查扣"三小车"52辆,行政拘留、罚款各2人。

【完成省市黄标车淘汰任务】 2016年，市公安局当好党委政府参谋，将黄标车淘汰任务落实到各县（市、区）及乡镇（街道），实行“人盯人、人盯车、人盯单位”工作责任制；会同环保、交通等部门严格黄标车注册、转入登记和所有人管理，停办黄标车尾气排放、安全技术、综合性能三项检测业务；应用公安综合手段、抽调警力配合属地政府远赴10余个省市找人、寻车，圆满完成省定黄标淘汰任务。

【强化便民服务措施】 2016年，市公安交警部门严格落实省11项交管改革措施，拓展互联网交通安全综合服务平台应用功能，全面推行驾驶人考试自主报考约考全国试点、网上补换机动车行驶证和驾驶证、驾驶人考试分科目收费和网上收费等工作；落实公安部第139号令，取消异地限制，方便流动人口跨省市办证，放宽残疾人驾车条件，调整定期体检制度。年内，互联网平台有注册用户31万，访问量达1410万次，网上办理交管业务115万笔，其中交通违法罚款网上支付16.7万笔、占总量的29%。

【特警红鹰突击队建设】 2016年，市公安局着眼“打得赢”工作目标，以实战化训练为抓手，以最小作战单元建设为载体，强化特警攻坚处突能力。3月9日，市委常委、公安局局长金志为特警红鹰突击队授旗。年内，突击队共完成防暴训练1149小时；专业训练861小时，装备训练189小时，体能训练308小时。成功处置“8·5”贩毒案抓捕、“8·31”涉恐对象抓捕、涉黑嫌疑人抓捕等6次暴力性案件任务，抓获嫌疑人15人，其中刑事拘留4人、行政处罚6人，缴获冰毒700余克、管制刀具8把；完成处置“4·11”嘉兴市区出租车罢运、“4·21”海盐西塘桥、网约车聚众堵路等群体性事件378次；参与其他群体性事件备勤任务323次。红鹰突击队参加全省公安特警突击队培训班交流对抗比赛获第二名。

【全面防控消防隐患】 2016年，市公安消防部门以隐患整治为中心，突出重点排查区域，把好“排查关、执法关、源头关、协同关”；落实隐患火情协同巡逻机制；打造“十户联防”群防群治安保模式；出台《2016年关于深化“创人民满意消防队伍”活动的意见》《嘉兴市公安消防支队“创人民满意消防队伍”九项承诺》；落实《窗口人员行为规范细则》。年内，共开展集中排查行动和专项整治7轮，依法实施行政传唤8人，关停单位486家。审验专班对会场消防审批进行技术服务指导20余次，检查单位、民房1.9万家次，消除消防隐患4582处；累计服务消防市级审批项目255个、县级632个，服务办理“零土地”技改项目18个，培训“微笑服务”文职人员106人；嘉兴市累计被评为“红旗窗口”22次，获得“服务之星”称号12人次，收到锦旗22面、感谢信23封，群众满意率97.8%。

【做好警卫工作】 2016年，市公安警卫部门以警卫勤务和队伍“两个安全”为目标，聚焦中心、防范风险，补齐短板、精准发力，全力打赢G20杭州峰会和乌镇峰会要人警卫攻坚战，推进全市警卫工作和队伍建设新发展。年内，完成刘云山、李岚清、马凯、杨汝岱、王乐泉等党和国家领导人，捷克总理索博特卡、塞内加尔总统萨勒、印度尼西亚总统佐科、蒙古人民党主席米恩赫包勒德、柬埔寨副首相贺南洪、科摩罗副总统赛义德·萨鲁玛、汤加副首相肖西·索瓦莱尼等重要外宾视察、参观、途经的警卫任务54批、第三届世界互联网大会·乌镇峰会一类会议1批，省、市交办任务4批。

【开展“三位一体”执法管理机制建设】 2016年，市公安局按照省公安厅《关于全面推进“三位一体”执法管理机制建设的指导意见》要求，对全市公安机关办案中心、物证中心、案管中心场所建设进行督促指导。全市公安机关围绕“人、案、物”集约化、标准化、流程化、精细化管理，构建“三个中心”及“三室”运行的“三位一体”制度。公安信访职能均调整至公安法制部门，实行对外一个窗口要求，针对不同情况引导案件、信访分流。年内，全市9个县级公安机关均建设案管中心并实体运行,全市79个公安派出所办案区二次升级改造完成78个、案管室77个、物证室78个。

【110接处警工作】 2016年,全市共受理110报警234.2万起,比上年下降6.88%;有效报警123.4万起,下降13.28%;处警96.5万起,下降13.04%;接报刑事警情6.4万起,下降15.86%,其中命案39起,“两抢”警情205起;受理群众各类求助和救助报警8.3万起,开展社会应急联动7.0万起。

【G20、乌镇峰会战时思想政治工作】 7月6日,市公安局出台《战时思想政治工作规范(试行)》,明确领导干部、政工干部、党团组织三类责任主体及战前、战中、战后三个阶段任务。建立工作标准及基本流程,形成战时思想政治工作完整任务链。在峰会安保前夕全面开展民警家访,发放《致全体民警家属的一封信》;安保期间组织家属战地慰问、组建“家政服务队”、举办警营托管暑假班,争取广大民警家属理解支持。安保期间用足用好“三个火线”机制,共火线提拔干部82名;组织全市公安机关火线入党34名,火线立二等功集体3个、个人7名,立个人三等功113名。

【创建正规化基层所队】 2015年6月起,市公安局以思想政治工作、党建工作、实战教育训练、内部管理、警民关系建设、警营文化建设、从优待警和纪律监督为重点,开展全市公安队伍正规化建设基层示范点争创活动,并确定基层所队争创单位23家。2016年,省、市两级公安机关同步开展公安队伍正规化建设示范单位争创,市局依托局领导带班督查工作机制,每季度随机抽取各地“两所一队”开展实地暗访,实时掌握、督导各地队伍正规化建设项目推进情况。通过固定影像资料、形成检查日志,确定2016年全市公安队伍正规化建设基层示范单位10家。嘉兴市公安局南湖区分局、海宁市看守所、平湖市公安局当湖派出所被评为2016年度全省公安队伍正规化建设示范单位。

【“全面深化公安改革嘉兴样板”宣传】 2016年,市公安局以公安改革为宣传工作重点。对接公安部新闻中心及人民公安报内参部,介绍南湖分局大警种制改革。3月2日,人民公安报《公安内参》以题为《大警种制改革“南湖样本”调查》全面报道改革举措并配发评论;3月21日,《人民公安报》正报头版头条刊发《嘉兴市公安局南湖分局大警种改革趟出新路·大警种制破解警种机关化、专业警种化》报道,并配发《改革要科学谋划、稳步推进》评论文章;各省官方微博、微信转发该报道。制作电视新闻《浙江嘉兴:运用信息化手段保“实名制”安全》,于3月19日在央视新闻频道《法治在线》栏目播出,并作为寄递业改革三种有效模式之一在全省推广。4月26日,《人民公安报》聚焦嘉兴市派出所改革“组合拳”,刊发长文《嘉兴:通过改革提升派出所工作效能》。5月,《人民公安报》《浙江日报》及《嘉兴日报》分别在头版头条报道嘉兴市出入境全国信息系统试点,促进“试点”成为“示范”。年内,全国前来考察学习的单位有200余家。

【启动全市公安物联网建设工作】 2016年,市公安局积极推动RFID物联网技术与公安工作有效融合。6月6日,印发《嘉兴市公安局关于推进全市公安物联网建设的通知》,并召开全市公安物联网建设推进会。围绕峰会安保维稳需求,率先在重点人、重点物、重点场所管控等基层基础领域开展物联网应用,在通往安保主要区域的沿线进行布点,实现信息获取由“接触式”向“非接触式”转变、安全防范由“被动”向“主动”转变。年内,全市布建RFID读头4377个,发放电子标签9.1万余张,自动采集各类轨迹数据5.3亿余条,基本实现全市主要区域全覆盖。

【建成嘉兴市公安局警示教育基地】 7月,市公安局在市看守所内建立警示教育基地,总面积600平方米,总投资70余万元。警示教育基地分警示展览厅、廉政文化厅和警示教育厅三部分,收集全省、全市公安民警、协辅警违法违纪的一些典型案例,通过传统+科技的手法,将警示教育实体化、大众化。年内,共接待受教育人员64批次2045人。

(陈小全)

检 察

【年度荣誉】 2016年，全市检察机关有8个集体和24名个人在业务竞赛、评优评先中获得省级以上荣誉，其中1个集体和3名个人获得国家级荣誉。在市级机关部门、单位工作目标责任制暨“五型”机关创建考核中，市检察院连续第五年获一等奖。在全省检察机关综合绩效考评中，嘉兴检察机关名列全省第三位，海宁市检察院、桐乡市检察院被评为2016年度省级先进基层检察院。

12月23日，市检察院开展以服务非公企业为主题的“检察开放日”活动 （市检察院提供）

【依法惩治刑事犯罪】 2016年，嘉兴市检察机关共批准逮捕犯罪嫌疑人4630人，提起公诉10449人。坚持打击犯罪与保障人权并重，对不构成犯罪或证据不足的，决定不批捕452人、不起诉39人；贯彻宽严相济刑事政策，对无社会危险性、犯罪情节轻微的，决定不批捕1248人、不起诉799人。不批捕、不起诉人数比上年分别上升37.2%和28.3%。认真落实未成年人犯罪分案办理、合适成年人到场、附条件不起诉等制度，最大限度做好涉罪未成年人的教育、感化和挽救工作。

【依法严惩职务犯罪】 2016年，全市检察机关共立案查办贪污贿赂犯罪84人，渎职侵权犯罪36人。查办贪污贿赂大案74件，占96.1%；查办科级以上领导干部15人，含处级领导干部4人，厅级领导干部1人。查处行贿犯罪24件24人。结合办案深化职务犯罪预防，开展同步预防、预防调查、警示教育、犯罪分析217件次，结合办案向有关单位提出预防职务犯罪检察建议19件，向社会提供行贿犯罪档案查询8290次。市检察院开展建筑领域职务犯罪案件剖析，形成预警报告，推动市住建局出台配套制度。

【依法加强诉讼监督】 2016年，全市检察机关共监督刑事立案104人，其中20人被判处三年有期徒刑以上刑罚，纠正漏捕8人，监督撤案1件。办理刑事抗诉27件，法院改判10件。开展捕后羁押必要性审查，建议释放或变更强制措施被采纳的161人；开展集中清理判处实刑罪犯未执行刑罚专项活动，共收监执行73人；开展财产刑执行专项检察，经监督纠正的已执行人数130人；开展社区矫正监管执法活动监督，监督收监执行罪犯34人。审查民事行政申诉案件162件，向省院提请抗诉或向法院提出抗诉和再审检察建议90件。办理行政执法监督案件50件，助推依法行政。强化对审判人员违法行为的调查，积极查处虚假诉讼，维护司法秩序，促进司法公正。

【做好重大国际峰会维稳安保工作】 2016年，围绕G20杭州峰会、第三届互联网大会乌镇峰会等重大活动，全市检察机关强化组织领导，主动将平安护航任务融入各项日常工作。准确把握自侦案件办案时机和方式，妥善办理各类刑事犯罪案件，全面排查信访积案化解不稳定因素，联合相关部门督查车站、加油站、寄递企业网点等重点单位安全隐患。市检察院分别联合市纪委、市公安局、市邮政管理局等单位，先后出台强化寄递渠道安全责任、加强护航任务落实情况督查等意见，建立常态化机制，预防和惩治峰会维稳安保工作中的渎职犯罪，得到省委、市委领导批示肯定。

【全面推开司法体制改革】 2016年，市检察院、海盐县检察院作为浙江省司法体制改革试点单位，完成第一批、第二批员额检察官遴选和检察官、检察辅助人员及司法行政人员分类定岗工作，对内设部门职能进行适度整合，并着力推进司法责任制改革。嘉兴市其余6个基层检察院在省检察院和市检察院的统一部署下，完成首批员额检察官遴选工作。全市共遴选出员额检察官211人，市检察院入额38人。

2月24日,市检察院首批员额检察官进行宪法集体宣誓
(市检察院提供)

【服务非公经济发展和特色小镇建设】 2016年,市检察院制定《关于服务保障非公有制企业健康发展的工作意见》,并与市工商联共同出台专门意见,推进服务举措落地见效;以服务保障省级特色小镇建设为切入点,制定《服务特色小镇发展的实施意见》,保护创新企业知识产权,依法惩治职务犯罪,营造廉洁政务环境。工作中,妥善把握办理民营企业职务犯罪案件的力度和时机,慎重采取拘留、逮捕强制措施,慎重查封、扣押、冻结涉案民营企业财产,既依法惩治涉企犯罪,又最大限度降低办案对企业正常经营的影响。

【查办五起处级以上领导干部职务犯罪案】 2016年,市检察院立案侦查中国建设银行浙江省分行原副行长苏克(正厅级)受贿案、嘉兴市综合行政执法局原局长沈国强(正处级)受贿案、嘉服集团原副总经理钱祖根(副处级)受贿案、秀洲区政协原主席张少初(正处级)受贿案、嘉兴市农业经济局原副调研员陈桂林(副处级)滥用职权、受贿案。

【开展"两个专项"整改活动】 2016年,全市检察机关开展保障律师会见权和文明办案"两个专项"整改活动,着力规范司法办案行为。市检察院开展侦查阶段案件质量评查活动,在文书制作、夜间审讯、涉案财物处理等方面查找出不规范问题14个,以情况通报形式印发各基层院加强整改。推动构建良性互动的新型检律关系,市检察院与市司法局联合出台《关于依法保障检察环节律师执业权利有关问题的意见(试行)》,保障律师诉讼权利前延后伸。年内,全市检察机关共接待律师申请会见、阅卷等2179人次,办理职务犯罪案件限制律师会见16件16人,占立案人数的13.3%。

(朱凌佳)

法　　院

【概况】 2016年,全市法院受理各类案件89061件,审结87458件,比上年分别下降3.7%和上升2.6%;其中市中院受理5055件,审结5055件,分别上升18.3%和27.6%。全市一线法官人均结案227.6件,上升11.3件;生效裁判息诉率、民商事案件调撤率、执行标的清偿率等主要指标居全省前三位。

2016年,全市法院新收一审刑事案件7077件,审结7186件,比上年分别下降5.1%和上升0.28%;判处8877人,其中判处五年以上有期徒刑305人,判处缓刑、管制等非监禁刑3608人。坚决严惩严重影响人民群众安全感的犯罪,审结故意杀人、故意伤害、抢劫、绑架、强奸、放火、涉黑涉毒等案件575件。重拳打击人民群众反映强烈的犯罪,审结危害食品药品安全、校园家庭暴力、恶意欠薪、医闹房闹等案件132件;开展治理通信(网络)新型违法犯罪专项行动,审结案件175件,判处491人。保持反腐肃贪高压态势,严格落实"两高"关于职务犯罪的司法解释,抓好新旧法律衔接与量刑平衡,审结贪污、贿赂、渎职等职务犯罪案件90件,判处103人,其中处级3人、科级68人。贯彻"教育、感化、挽救"方针,发布未成年人刑事审判白皮书,落实庭前帮教、圆桌审判、档案封存、判后回访等工作,判处未成年犯232人,下降38.8%。严格规范减刑、假释、暂予监外执行工作,依法减刑、假释209人。

2016年,全市法院新收一审民商事案件48088件,审结47950件,比上年分别下降9.9%和2.6%;坚持调判结合化解矛盾,案件调解撤诉率达59.2%。推进家事审判方式改革,全市设立18

个"维护妇女儿童合法权益合议庭"，审结婚姻、继承、赡养、扶养、抚育等案件4538件，颁发人身安全保护令4份。健全与行政机关、人民调解、商会行会、仲裁公证等的诉前多元化解纠纷机制，委托或共同调处案件2136件。坚持难案精审、简案快审的繁简分流工作机制，采用小额诉讼、实现担保物权等速裁程序审理案件1787件，努力减轻当事人诉累。加大司法救助力度，缓、减、免交诉讼费198.51万元，让经济确有困难的当事人打得起官司。

2016年，全市法院新收一审行政案件565件，审结490件，比上年分别上升21%和26.6%；判决行政机关败诉案件32件，占全部案件的6.5%。严格审查行政非诉执行案件1455件，准予执行1284件，分别上升26%和62.1%。全面推进行政机关负责人出庭应诉，推动将出庭应诉率纳入法治政府建设考核，开庭案件行政机关出庭应诉率达73.7%。深化司法与行政的良性互动，继续召开多层级的府院联席会议，实现案件信息和工作信息的常态化交流共享。加强司法建议工作，规范行政执法行为，促进堵漏建制，助推法治政府建设。

2016年，全市法院新收各类执行案件21298件，执结18830件，比上年分别下降19.9%和21.6%。围绕在2017年年底前基本解决执行难的目标任务，出台《落实"用两到三年时间基本解决执行难问题"的实施细则》，争取市委、市人大、市政府发文支持，举全市之力向执行难宣战。健全与公安、银行、国土等部门的网上"点对点"查控机制，处置车辆873辆、房产8936套、土地使用权590宗；借助执行指挥中心的快速反应能力，落实24小时执行备勤制度，公安机关协助控制被执行人1462人，特别是在G20杭州峰会、第三届世界互联网大会期间控制被执行人301人，起到有效震慑作用。加强失信联合惩戒力度，拘留、罚款、曝光、判刑、限制出境被执行人9039人次，并将失信被执行人信息纳入嘉兴公民信用评价系统。开展为期三个月的夏季集中执行行动，集中突破涉群体性和社会稳定案件、涉民生案件和涉特殊主体案件5514件。加强执行宣传工作，出台"基本解决执行难"宣传工作方案，召开专题新闻发布会，公布嘉兴地区100名典型失信被执行人，为解决执行难营造良好的舆论氛围和法治环境。

推进基本解决执行难工作新闻发布会（市法院提供）

【推进司法体制改革】 2016年，全市法院坚持"积极、稳妥、有序、顺利"的改革思路，全面推开司法改革。稳步推进人员分类管理，严格执行员额比例和法官入额标准，遴选入额法官209名，在全省率先建立青年干警岗位锻炼、员额法官定期研修等制度，促进审判资源的优化配置。健全审判权运行机制，组建并运行"1+1+1"的审判团队，尽力配备司法雇员，并明确员额法官办案量、建立均衡分案机制，中院首批35名员额法官办结案件2316件，比上年上升56.5%，其中院、庭长办结案件1230件，上升41.7%。严格落实司法责任制，改革裁判文书签发机制，中院员额法官直接签发裁判文书4802件，占所有裁判文书的95%；院、庭长签发裁判文书253件，下降84.8%；完善审委会议事规则，建立专业法官会议制度，制定院、庭长权力清单，确保让审理者裁判、由裁判者负责；在全省率先出台关于法官审判权限处理的具体规定，明确司法责任的追究情形和限权、停权、退出员额等处置措施，进一步提升法官"谁办案谁负责"的责任意识。

【推进刑事诉讼制度改革】 2016年，全市法院落实浙江省防止冤假错案33项制度，贯彻疑罪从无原则，实行非法证据排除规则，通知证人、鉴定人、侦查员出庭作证32人次，为877名可能被判处三年以上有期徒刑的被告人通知律师出庭辩护，坚守防范冤假错案底线。健全轻微刑事案件快速办理机制,加强与公安、检察机关的沟通协调,运用案件信息网上流转平台,推进裁判文书简化改革,在看守所建设刑事审判专用房,审结轻微刑事案件1685件,不断提高轻微刑事案件办理质效。

【助推经济转型升级】 2016年,全市法院依法助推供给侧结构性改革,向市委市政府提交清理"僵尸企业"的专题报告,受理破产案件55件,审结19件;打通执转破的正常路径,受理执转破案件24件;通过领导包案、专项督办、多方协调等方式,审结涉桐乡世贸中心、南湖中港城、秀洲江南数码港等专业市场、城市商贸综合体案件2471件。加强金融债权司法保障,与人民银行嘉兴支行签署关于防范金融风险的合作框架协议,开展银行不良资产处置专项活动,审结金融债权案件3100件,标的额73.5亿元,比上年分别上升26%和17.8%;规范和引导民间投融资,准确把握P2P网贷、众筹等新型投融资行为的司法政策界限,审结民间借贷案件7274件,标的额36.8亿元,上升17%和7.8%,防范区域性金融风险。高度关注宏观政策变化引起的楼市波动,审结涉土地出让、建设工程、房屋买卖租赁等案件4336件,化解房地产库存风险,促进楼宇经济发展。

【保障创新驱动发展】 2016年,全市法院推进知识产权要素式简易审改革,审结案件491件,案件调撤率达76.2%;配合省高院完成中央媒体"知识产权司法保护浙江行"活动,开展每年一度的知识产权宣传周活动,并承办首届"三知论坛",营造全社会保护知识产权的浓厚氛围。承接世界互联网大会永久落户乌镇的溢出效应,妥善审理涉网络金融、电子商务、软件和信息技术服务等案件,助推嘉兴发展互联网经济、打造互联网经济强市。依法助推与沪杭同城,连续八年召开嘉善、平湖、上海金山三地法院跨省执行协作联席会议,为接轨沪杭提供有力司法保障。平等保护中外主体,审结涉外民商事案件92件,在全省率先尝试微信涉外送达,保障"浙商回归""一带一路"等战略实施。

首届"三知论坛"举行 (市法院提供)

【促进"两美"嘉兴建设】 2016年,全市法院依法支持"三改一拆""五水共治""五气共治",出台《关于依法助推我市城乡环境综合整治工作的意见》,审结污染环境犯罪案件30件,判处93人;全面推行"裁执分离",开展清理国土案件执行"积案"专项整治活动,审结行政机关申请强制搬迁、拆除违法建筑案件743件,准予执行率90.3%。把握嘉兴首次被赋予地方立法权的机遇,贯彻落实首部关于秸秆禁烧的地方性法规,出台《关于依法贯彻执行嘉兴市地方性法规的十条意见》,助推提高环境保护地方立法质量。依法支持全市各项改革试点,出台23条司法保障举措,助推嘉善县域科学发展示范点第二阶段建设。

【加强法院信息化建设】 2016年,全市法院加强审判流程、裁判文书和执行信息三大公开平台建设,开展庭审网络视频直播、微博微信图文直播等55件次,累计上网公开裁判文书14.4万份,并将1.6万人纳入全国法院失信被执行人曝光平台。推进庭审记录改革,完成审判法庭的高清数字化改造,运行庭审智能语音识别系统,适用庭审记录改革案件20796件,占全部开庭案件的64.9%。推进"零佣金"的网络司法拍卖,网拍1444件,网拍率100%,成交率91.8%,总成交额24.7亿元,为当事人节省佣金5312.9万元;推进大宗涉企网拍与地方招商引资的对接,完成单笔1000万元以上网拍34次,有效盘活涉困企业土地、厂房等存量资产。继续运行新诉讼费、执行款管理系统,开展执行暂存款集中清理活动,受到当事人、律师和法官的一致好评。

(曹铭千)

司法行政

【概况】　2016年，全市有司法所74个，工作人员484名；人民调解委员会2204个，调解员8602名；律师事务所95家，律师1014名；公证处6个，公证员34名；基层法律服务所26家，基层法律服务工作者202名；司法鉴定所3个，鉴定人34名。2016年，国家司法考试嘉兴考区共有1291人报名参加，通过158人。2016年，市司法局被中宣部、司法部表彰为全国"六五"法治宣传教育先进单位、全国第五届法律援助工作先进集体，被省委、省政府表彰为法治浙江建设十周年先进集体，被省司法厅荣记集体三等功，并被表彰为全省系统2016年度考核优秀单位。被市委、市政府表彰为"保障服务重大国际峰会先进集体"，并蝉联"市级机关部门工作目标责任制暨'五型'机关创建考核一等奖"、全市"五水共治"先进集体。

2016年嘉兴市律师业务相关数据

表21

项目(单位)	数据	项目(单位)	数据
律师事务所(家)	95	办理行政案件(件)	465
律师(名)	1014	办理非诉讼案件(件)	385
担任法律顾问(家)	3213	解答法律咨询(次)	6506
办理刑事案件(件)	3512	代写法律文书(份)	1831
办理民事案件(件)	23921		

2016年嘉兴市公证业务相关数据

表22

项目(单位)	数据	项目(单位)	数据
公证处(个)	6	国内民事公证(件)	33317
公证员(名)	34	涉外公证(件)	8766
办证(件)	42461	涉台港澳公证(件)	378

2016年嘉兴市基层法律服务业相关数据

表23

项目(单位)	数据	项目(单位)	数据
基层法律服务所(家)	26	调解纠纷(起)	528
基层法律工作者(名)	202	解答法律咨询代写法律文书(件)	7517
担任法律顾问(家)	262	办理法律援助(件)	88
代理诉讼(件)	3185	代理非诉讼(件)	319

【法律服务】　2016年，市司法局出台《嘉兴市司法局服务经济转型发展的实施意见》，组织八个专业法律服务团，以服务领军人才企业、浙商企业、楼宇经济等为重点，深入开展法律服务"百千万"工程、法律顾问扩面提质工程、公证服务提效工程、法治宣传助力工程、化解涉企矛盾纠纷和谐工程"五大工程"。优化《法律服务企业范例选编》《服务企业法律风险防范30招》、"服务企业"微信公众号三大法律服务产品，为转型发展提供优质高效的法律服务。发挥司法行政职能优势，围绕"三改一拆"、"五水五气共治"、城乡环境综合整治、新农村建设等重点工作，开展法治宣传、法律服务、矛盾纠纷化解、困难群众的法律援助等工作。深化法律顾问制度，引导各级政府及村(社区)法律顾问参与重大决策法律意见、重要规范性文件合法性审查、重大涉法事件、重大项目谈判与合同签订等活动，为政府依法决策、依法行政开展全程法律服务。

【重大峰会保障】 2016年,G20杭州峰会和第三届世界互联网大会相继在杭州和乌镇召开,市司法局采取各种有效措施,抓好矛盾纠纷排查化解,抓好社区服刑人员和刑满释放人员管控,抓好强制隔离戒毒场所安全稳定。两大峰会期间,由局领导带4个专项督查组,先后开展5轮安全稳定工作专项督查,走访40个镇(街道)、160个村(社区),共发布5次督查通报。严格实行网络安全防范、全天候值班、应急演练等一系列内控制度。其间,无一例矛盾纠纷上交,全市社区服刑人员和刑满释放人员无一例脱漏管和再犯罪,峰会安保工作得到市委、市政府和省司法厅的通报表扬。

【公共法律服务体系建设】 2016年,市司法局完成市委、市政府公共法律服务体系建设三年行动计划各项任务指标,在全省率先全面建成市、县、镇、村四级"窗口化、综合性、一站式"公共法律服务平台和公共法律服务网络平台。深入开展镇级公共法律服务中心(站)规范化星级评创活动,全市62家中心(站)达到星级标准,占总数的84%。完成公共法律服务网络平台二期工程建设,提升拓展网上预约、网上办事、地理信息查询系统等功能。上级部门和省内外同行近百批次到嘉兴调研、交流。

【法律援助】 2016年,嘉兴市进一步扩大法律援助覆盖面、降低援助门槛,将涉及婚姻家庭、食品药品、就业、就学等一系列与民生紧密相关的事项纳入援助范围。深入开展"农民工讨薪""敬老爱老,法护夕阳红""法律援助进军营"等六大专项行动,开通"绿色通道",免予经济困难证明,加大重点特殊人群权益保护。依托各级公共法律服务平台,发挥法律援助窗口主导作用,完善检察院、义工协会、企业等新建行业法律援助工作站站点建设。健全首问负责、援务公开、限时办结等制度,发挥法律援助公正、便民、高效原则。加强"无盲点"质量监管,做到"应援尽援,应援优援"。全年共为群众办理法律援助案件4186件,受援人数1.3万人,其中10人以上群体性欠薪案件237件。群体性欠薪法律援助工作得到市委书记鲁俊和市委副书记孙贤龙批示肯定。

【人民调解】 2016年,嘉兴市健全矛盾纠纷动态排查、分析、研判等机制,从源头上减少和消除矛盾纠纷。特别是围绕G20杭州峰会和第三届世界互联网大会、"五水共治""五气共治"、经济转型发展等中心工作,狠抓重点时段、重点领域矛盾纠纷调处。对排查中发现的重大、复杂疑难纠纷,及时启动人民调解与行政调解、司法调解工作衔接联动机制,协调有关部门,组织专门力量集中攻坚化解。同时,进一步健全人民调解组织建设,巩固完善行业性专业调委会,全面建成县级人民调解委员会。深入开展品牌建设,打造南湖老娘舅、以新调新等一批人民调解特色品牌。2016年,全市有人民调解组织2204个,调解员8602名;全市共受理各类矛盾纠纷35407件,成功调处35097件,调处成功率99.12%。

【特殊人群管教帮扶】 2016年,嘉兴市健全完善组织动员、排查摸底、信息研判、教育稳控、应急处置、督查检查等平战结合稳控机制。加强社区矫正执法规范化建设,全面推行社区矫正网上执法,严格落实社区矫正两个"八小时"、请销假等制度。实现社会组织参与社区矫正服务项目试点县级全覆盖,村(居)社区矫正工作站管理项目化、职责清单化、考核标准化的"三化"运行模式初步形成。成功争取将全市社区矫正经费保障标准提高至3000元,高于全省平均水平50%。全年社区服刑人员脱漏管率"零发生"、再犯罪率0.04%,远低于省控指标。市强制隔离戒毒所积极履行强制隔离戒毒职能,全力推进《戒毒工作纲要》规范运行,全面实施"四四五"戒毒模式,积极创新教育矫治方式,努力提高教育戒治质量和成效,确保场所持续安全稳定。

【法治宣传教育】 2016年,嘉兴市出台《嘉兴市法治宣传教育领导小组关于在全市公民中开展法治宣传教育的第七个五年规划(2016-2020年)》,启动"七五"普法工作。领导带头学法用法,市委常委会会前学习党内法规、市政府常务会议会前学法形成常态。推进"谁执法谁普法"制度,健全社会法治宣传教育机制和媒体公益普法制度,深化"法律八进",加强公务员、青少年、新居民等重点人群学法用法。围绕“三改一拆”“五水共治”“五气共治”等重点工作，先后开展法治助力经济转型发展、“护航G20、互联网大会，普法在行动”、《嘉兴市秸秆露天禁烧和综合利用条例》宣传月、“宪法宣讲嘉兴行”等活动。加强法治文化建设，开展法治漫画、法治征文和法治公益广告等法治文化活动系列征集评选活动，推进法治宣传长廊、法治公园、法治广场建设以及法治文化进礼堂等法治文化阵地建设工作，全年新建各类法治文化阵地146个。加强新媒体普法。完善嘉兴法治宣传网，开发上线“嘉兴普法”微信公众平台，设置广播《小崔说法》《小鹿热线》《老娘舅工作室》等54个法治专题专栏，依托公交移动电视的583个终端显示屏和华数开机屏，推送法律知识。

【司法基层基础建设】 2016年，全市有73个司法所被命名为星级规范化司法所，创建成功率为98.6%，居全省第一，其中五星级20家、四星级25家、三星级28家，五星级创建成功率居全省第一。全市3家司法所被司法部表彰为“全国模范司法所”和“全国先进司法所”。县级社区矫正中心建设稳步推进，在全省率先实现全覆盖。强制隔离戒毒所伙房（医疗）用房基建项目正式开工建设。全市沿街落地的公共法律服务平台实现市、县、镇三级全覆盖，村级平台建成率达97.49%。在全省星级司法行政法律服务中心创评中，嘉兴市星级建成率71.43%，居全省第一。推进基层依法治理，2016年创建市级以上民主法治村（社区）72个，评选诚信守法示范企业17家。

（朱颖玉）

武　装

综　述

2016年，嘉兴军分区坚持备战主导，参加省军区组织的军师团三级应急指挥机构演练；组织全区113名专武干部比武考核；举办第二届“百名优秀红船民兵连长”比武活动，打破5项训练纪录；师团两级机关干部军事训练考核达标率98%，比上年提升3个百分点；组织操舟机骨干集训、情报信息员培训和应急拉动演练；组织预备役防化团参加全省预备役部队军事训练考核。展开“精准抓建基层”试点探索。承办省军区后备力量基层工作会议，开设4个现场观摩点，专题介绍军分区精准抓建基层做法，获得高度评价。依法抓好基层建设，细化明确各级各类人员“权力清单”“责任清单”；推进基层单位规范化建设，加强安全管理“六个规范”，组织冬季和暑期两个“百日安全竞赛”，落实日抽查、周巡查、月排查、季分析制度。南湖区人武部投入72万元规范基层设施配备，嘉善县人武部推开镇、村两级试点建设。贯彻军民深度融合理念，把“智慧国防”建设纳入市委议军会专题研究，推动成为嘉兴市新型“智慧城市”建设重点行动之一。围绕“六个转进”，组织力量展开重点难点问题研究，并指导桐乡市人武部试点先行。推动国防动员市、县、镇三级应急联动指挥体系建设，部分县区末端完成率达70%。桐乡市人武部“智慧国防”一期建设成效显著，成为省军区乃至国防动员系统的标杆单位。海盐县人武部牵头促成82家企业进入军民融合产业群。做好随军未就业家属安置以及军人子女就学等军人军属权益保障工作。加强征兵宣传感召力，大学生征集比例连续三年突破50%，居全省前列。年度重点工作综合考评列全省第一。

（何先锋）

国防教育与政治动员

【组织党管武装工作综合考评】 12月底，军分区政治部、嘉兴市委组织部成立军地联合考评组，采取查阅台账资料、随机抽查核对、现场点验查证等方式，对各县（市、区）党管武装工作进行综合考评。考评组区分组织领导、国防动员、基层武装工作、加分项目、双拥工作以及军分区党委综合评定等项目，进行逐条细化考评打分。其中，军民融合的得分取自基层规范化建设“评星挂牌”综合检查折算后的分值。第一名桐乡市(2.85)、第二名海盐县(2.78)第三名平湖市(2.77分)、第四名海宁市(2.59分)、第五名南湖区(2.57分)、第六名嘉善县(2.38分)、第七名秀洲区(2.28分)。机关考评工作组对检查中发现的矛盾问题以书面形式向军分区党委首长专题汇报，并提出解决问题的思路办法。

【开展全军“精准抓建基层”试点工作】 7月，军委国防动员部工作组到嘉兴军分区调研了解基层建设情况，并实地察看“智慧国防”建设、基层街道规范化建设，明确嘉兴军分区作为国防动员系统五个师级试点单位之一。嘉兴军分区拟制出台《精准抓建基层双“26”条工作规范》，编发

《精准抓建基层工作指南》。11月，军委政治工作部调研组对军分区精准抓建基层情况进行调研，对嘉兴后备力量基层全面建设情况给予高度肯定，并确定军分区作为国防动员系统唯一"代表队"，列入全军各军兵种八个试点单位之一。12月，嘉兴军分区先行探索的精准抓建基层做法以新闻稿形式在解放军报刊发。

（何先锋）

【发挥千名网军作用】 2016年，嘉兴军分区积极发挥千名网军作用，加强涉军舆情管控引导。在G20杭州峰会、乌镇峰会期间，军分区千名网军利用微信、微博、客户端等渠道，加大网上巡视监督力度，全面收集掌握处理网上舆情尤其是涉军、涉峰会内容，积极抢占舆论阵地，壮大主流声音，成为两次峰会舆论引导的生力军。

（李勇智）

【开展国防教育主题宣传周活动】 2016年，嘉兴市开展国防教育宣传教育活动。一是大力开展国防安全形势宣讲活动。9-11月，市国教办组织人员专门编写《当前海上安全形势与国家安全发展战略》宣讲提纲和PPT课件，下发至各县（市、区）国教委和市国教委成员单位，市县两级联动开展"百场国家安全形势报告"活动。全市举办国防安全形势宣讲105场，普及人数20000多人。二是大力开展"传承红色基因，共建巩固国防"主题宣传教育活动。9月21日至10月9日，嘉兴市委宣传部、遵义市委宣传部、嘉兴军分区政治部、市直属机关工委在嘉兴市南湖革命纪念馆举办《长征与遵义会议——纪念红军长征胜利80周年展览》，参观人数4万人。三是大力宣扬先进典型。加大"八一光荣榜"43名三等功人员和2016年嘉兴市"十佳最美军嫂"的宣传力度，在报纸、电视、网络、手机新媒体上重点宣传。制作电视典型宣传节目7期，在报纸、网络、新媒体上刊播先进典型事例15次。四是中小学集中开展"五个一"（举行一次国旗下讲话、召开一次国防主题班会、出一期国防教育黑板报、观看一次"军人荣誉墙"、举办一次国防知识宣讲活动）红色熏陶活动。全市各中小学组织国防知识宣讲192场，组织观看"军人荣誉墙"活动320场。五是开展其他国防教育特色活动。结合抗日战争胜利纪念日、纪念"九一八"事变等重要时机，通过主题演讲、专题讲座、法律咨询、知识竞赛、图片巡展、播放影片等形式，开展教育宣传活动。

【省级国防教育基地命名揭牌】 10月11日，浙江省人民政府办公厅命名平湖市抗击日军登陆遗址群为省级国防教育基地，并举行揭牌仪式。该基地占地3200多平方米。2016年，开展入党（团、伍）宣誓、缅怀先烈和各种形式的宣教，参观展览活动38次，受教育人数3.2万多人（次）。

【建设嘉兴国防教育主题公园】 2016年，市国教办在嘉兴市中央公园内建设嘉兴国防教育主题公园，内容分为国防里程篇、国防精神篇、国防战役篇、国防警示篇、周边环境篇、国防力量篇、国防知识篇、人民防空篇、国防动员篇、国防教育篇10个篇章，投入资金30万元，于2016年年底前建设完成并对外开放。

（张根仁）

军民共建

【防抗超强台风"尼伯特"】 7月9-11日，2016年第1号超强台风"尼伯特"影响嘉兴市。军分区现役官兵于8日8时起进入应急状态，24小时在岗在位。动员集结民兵预备役人员3185人，落实冲锋舟41艘，橡皮艇65艘，操舟机38部，铁锹、铁镐1970件，转移危房群众12人，加固堤坝50米，得到省军区首长和嘉兴市委、市政府领导的高度肯定。

【参加G20杭州峰会安保】 7月下旬起，按照四个等级备勤要求，动员民兵预备役官兵1155人、各型装备车辆32台、各类物资器材45300余件（套），在营区集中驻训备勤，担负秦山核电基地核事故应急救援和杭州市及周边地区反恐维稳、抢险救灾机动支援任务。8月下旬至9月7日,出动民兵7242人次,对全市11个省级、33个市级反恐怖重要目标周边和42个入杭村道卡口,组织"三班倒"24小时不间断的军地联合治安巡逻和卡点检查,其中各路口卡点检查人员67107人、车辆33283辆,盘查可疑人员506人,协助控制吸毒人员4人,没收不明液体340瓶(桶)、钢管3根、刀具66把、铁锤2袋。8月中下旬,组织预备役防化团以参加G20杭州峰会安保核化应急处突行动为课题进行全过程演练,80人参加,动用各类车辆23辆,防化装备器材140余件(套)。G20杭州峰会安保备勤达成省军区首长提出的八个"一点小事也不出"和"零差错"目标。

(帅奇星)

【参加第三届世界互联网大会安保】 第三届世界互联网·乌镇峰会安保期间,军分区师团两级动员民兵预备役1883人,出动民兵8115人次,参加安保备勤、治安巡逻、卡点检查等工作,检查人员16580人(次),车辆9022辆(次),查获管制刀具6把,协助民警抓获网上逃犯和法院协管人员各1名,完成安保任务。

(方良坤)

【筹划展开"智慧国防"建设】 2016年年初,省军区赋予嘉兴军分区"智慧国防"建设试点。5月,市委议军会议专题研究"智慧国防"建设方案。市委市政府确定把"智慧国防"建设项目作为嘉兴"新型智慧城市标杆市"建设的重要组成部分,作为《嘉兴市新型智慧城市建设2016年-2018年行动计划》"七大行动"之一,协调落实建设经费1800余万元。省军区司令员、政委多次到嘉兴检查指导。军分区首长多次到军地相关单位调研,深入了解掌握驻地相关部门信息化建设情况,研究确定"四个一"建设(健全"一张网",形成"一幅图",构建"一个中心",开发"一套平台")。12月中旬,在嘉兴市公共资源交易中心完成软件与硬件的招投标。

(傅建军)

【承办全省军民融合产业发展大会】 11月30日,由浙江省经信委、中国空间技术研究院、省军区司令部、嘉兴市政府联合主办,嘉兴市经信委、国防科技工业成果推广转化研究中心、中国空间技术研究院航天生产力促进中心、嘉兴军分区司令部具体承办的第三届浙江省军民融合产业发展大会在嘉兴召开。全国、全军302家行业部门、科研院所和企业的代表631人参加会议。会上,工业和信息化部发布《军用技术转民用推广目录(2016年度)》,举行"浙江省军民融合产业示范基地"授牌、"长三角军民融合创新发展研究院"及"中国空间技术研究院——嘉兴军民融合促进中心"成立揭牌仪式,国家国防科工局、军委装备发展部、中国空间技术研究院、浙江省军区有关领导分别作主题报告,并组织开展军民产业发展对接交流活动。数十家中央研究院所和军工央企分别与浙江省多家单位或企业现场签订战略合作协议,其中涉及嘉兴的有10个,项目涉及真空低温、大数据监测、保温材料、太阳能光热、智慧国防等领域。秀洲高新园区和南湖区科技城(清华长三角研究院)两大省级军民融合产业示范基地被正式授牌。嘉兴市政府与中国空间技术研究院签订战略合作框架协议。

【开展军民融合产业目标责任制考评】 2016年,嘉兴市继续将军民融合发展纳入市对县年度目标责任制考评体系。5月23日,市经信委牵头制订出台《嘉兴市军民融合产业目标责任制考核办法(试行)》,设定政策支持、活动推进、"军技转民"、"民企参军"等六大方面考评内容。12月下旬,市经信委会同嘉兴军分区司令部,成立军地联合考评组,对5县(市)2区军民融合产业发展工作进行考评,海盐县人民政府获得一等奖,南湖区、秀洲区人民政府获得二等奖,海宁市、桐乡市、嘉善县、平湖市人民政府获得三等奖。

(史高翔)

【开展扶贫帮困活动】 2016年,嘉兴军分区组织官兵、职工和民兵预备役人员参加扶贫帮困活动。军分区各单位与30多个村(社区)进行结对扶贫共建,参与地方村级集体经济壮大工程,以争取市财政补助、企业投资等方式,为贫困村解决资金困难。协调驻地部队开展"百连结百户"活动,驻地100多家连级单位同100多户贫困户进行结对帮困,利用建党、建军、春节等时机到贫困户走访慰问,为因病致贫的困难户联系医疗卫生单位为他们送医送药,全年慰问物品、救助款近10余万元。

(彭 峰)

民兵 预备役 兵役

【组织专武干部"训练月"活动】 4月11-14日,军分区采取"集中授课、集体作业、个人练习、训考结合"的方法,组织全区113名专武干部在平湖市民兵训练基地进行强化集训与考核,重点对基础理论、案例分析、轻武器射击、枪支分解结合和识图用图等课目进行训练与考核,考核成绩全部合格。

【组织第二届"百名红船民兵连长"大比武】 5月16日,军分区在平湖市民兵训练基地组织第二届"百名优秀红船民兵连长"比武竞赛活动。比武竞赛按照"精准射击、精熟操作、精细协作"的要求,重点进行手榴弹投掷、300米武装组合、3000米跑、军事三项对抗、非整百米精度射击等6项内容考核。全市112名民兵连长参加,打破训练纪录5项,消耗56式7.62毫米普通弹51750发。

(帅奇星)

【参加全省民兵预备役干部骨干跨区联训】 6月下旬至7月上旬,军分区采取统一计划、多点同步实施的方法,组织全区无线通信、情报侦察、应急维稳等7个专业共34名民兵预备役骨干参加跨区联训。6月29日至7月7日,嘉兴陆军预备役防化团围绕"训练规范化、管理制度化、准备常态化"三个重点,在浙江省防化兵训练中心完成全省53名民兵预备役防化分队干部骨干核化救援专业承训任务。

(方良坤)

【开展民兵预备役部队组织整顿】 2016年,全市民兵预备役组织整顿工作按筹划设计、部署任务、全面展开、巩固提高四个步骤组织实施。2月中旬,军分区与市政府联合下发《关于部署2016年国防动员和后备力量建设任务的通知》,成立由军分区司令员、政委任组长的组织整顿工作领导小组。3月中旬,军分区组织民兵预备役部队整组业务培训。4月27日至5月5日,军分区组成检查组,采取查看资料、拉动队伍、逐人验证、抽查询问、现场检查和电话抽查等方法,对7个县(市、区)和预备役防化团26支重点分队2012人进行拉动点验,平均到点率96.3%。

【组织基层武装工作业务培训】 3月4-5日,军分区在平湖市民兵训练基地组织基层武装工作业务培训。培训采取法规学习、授课辅导、讨论交流、队列训练、考核排名相结合的办法进行。3月5日,对参加此次集训的76名专武干部集中组织业务知识考核和队列会操,各县(市、区)总评成绩均达到良好以上。

【组织民企民兵预备役清查整顿】 6月至8月,军分区指导辖区内7个县(市、区)和预备役防化团对全时编有民兵预备役的民企开展清查。对清查过程中发现的矛盾问题,及时协调地方党委、政府抓好整改;对之前批准设立武装部,但不符合浙委发〔2013〕19号文件规定的8家企业,会同嘉兴市委、市政府重新审核上报省委、省政府和省军区审批,确保非公经济组织武装工作发展的正确方向。

(徐明华)

【完成夏秋季兵员征集任务】 2016年,嘉兴市坚持以提高兵员质量为核心,加强征兵宣传,抓好兵员征集。指导各县(市、区)完成辖区院校征兵普查和5200名应届大学、高中毕业生问卷调查。军地联合把全市16023名18周岁公民、9275名嘉兴籍大学应届毕业生和参加高考的8654名高中生名单,下发基层武装部,逐户逐人"一对一"发动。依托全国征兵网,将所有高中应届毕业生和大学生全部纳入应征对象。全市适龄青年登记率达99.8%以上,网上报名比例和大学生预征对象确定率以15%左右比例递增。开展大学生征兵宣传月活动。推开《全国征兵体检信息化管理系统》网络版使用,累计投入经费120多万元。全市上站体检7441人,合格2714人,其中大学生预征对象3326人。市、县、镇层层签订大学生征集责任书,初定大学生兵员达不到任务比例的不得召开定兵会,双合格大学生没有进入定兵名单的必须向市征兵办逐一说明情况,建立大学生征集日报告和周通报制度。通过全程指标牵引、精确施控,倒逼大学生优先征集规定落实。全年完成新兵征集任务,兵员质量连续三年走在全省前列。

【完成直招士官招收任务】 2016年,全市开展士官招收工作。5月23日,市征兵办下达《关于做好2016年从普通高等学校毕业生中直接招收士官的通知》,明确南湖区招收3名,秀洲区招收2名,其他单位为1名。全市网上报名46人。6月23日,市征兵办在南湖区人武部设立体检站,应招士官参加体检53人,合格14人,通过政治考核最终招收6人(南湖区3人,秀洲区、平湖市、嘉善县各1人)。8月8-12日,6名直招士官自行报到。

【完成女兵征集】 2016年,嘉兴市展开年度女兵征集工作。全市参加网上报名应征女青年429人,确定初选预征对象168名。经县(市、区)初步审核,不合格和自动放弃44人,8月11日,市征兵办在南湖区人武部开设体检站,上站124人,经初检合格93人。8月15-16日,92名初检合格应征女青年参加省征兵办在省人武学院组织的综合素质考评和体检,合格45人,经政治考核和走访调查符合征集条件45人。9月12日,经省征兵办综合评定,全市43名双合格应征女青年被审批定兵。其中大学毕业生5人、在校生24人、高校新生14人;兵员来源:南湖区13人、秀洲区1人、嘉善县4人、平湖市12人、海盐县1人、海宁市3人、桐乡市9人。

【组织智慧仓库建设】 2016年,军分区将“智慧仓库”纳入“智慧国防”体系建设。5月中旬前,展开仓库建设隐患问题清理排查,梳理出弹药库监控摄像机不符合防爆要求、武器库防护门不够坚固、库区动态监控有盲区、消防器材型号不达标等基础设施问题5大类12个,纳入整治方案。协调省军区业务部门和海康威视厂家,对“智慧仓库”系统建设方案进行二次论证,5月18日,军分区向省军区上报《嘉兴军分区“智慧仓库”建设方案》。6月,报送项目建设相关材料,落实经费43万。10月下旬至11月上旬,协调中标单位浙江图讯公司3次到现场进行勘察对接,签订项目施工合同和保密协议。11月中旬,正式启动建设,12月底硬件建设工程基本完成。

(陈　军)

【开展民兵“红旗党支部”创建活动】 2016年,嘉兴军分区把民兵红旗党支部创建活动列入党建基础工程。年初,制定创建目标计划,明确责任分工。7月,军分区政治部、嘉兴市委组织部联合办班,对全市146名基干民兵预设党支部书记进行集中培训。年内结合民兵整组点验,军分区对民兵党组织结构设置进行抽查检验,“红旗党支部”党员比例、干部党员比例以及退伍军人比例不足的,一律不予过关。12月,由军分区政治部、市委组织部组成联合考评组,对各县(市、区)创建情况进行现地验收。

(何先锋)

武装警察部队

【概况】 2016年,武警嘉兴市支队开展“强军风采”及纪念建党95周年、纪念长征胜利80周年系列文化活动。7月8日,组织“铁心跟党走”主题演讲比赛,基层中队11名选手参赛。开展以百日安全竞赛、“人人为安全、安全为人人”为重点的群众性创安活动,组织安全大检查、“三库”清理整治、枪弹安全及密码安全专项清查整治。推进执勤方式优化改革和战备建设,抓勤务规范、执勤隐患治理和“五防一体化”建设,组织“卫士—16”演习、教练员集训和“魔鬼周”训练等各类演训。全年先后完成G20杭州峰会、第三届世界互联网大会重大安保任务和春运执勤、城市武装巡逻、核燃料押运等各类临时性勤务。支队连续31年实现执勤无事故。支队桐乡市中队被国家G20杭州峰会筹委会评为“安保贡献突出集体”，支队被省委、省政府评为“安保工作先进集体”，被武警部队评为“维稳工作先进单位”。制定《一队一案》指导意见，开展“外学成武、玉环和杭州三中队，内学桐乡、二中队”活动，抓好经常性培训，修订完善《支队落实〈纲要〉日常考评实施办法》，实行“分层次竞争、按比例升降”季度考评模式。2016年，支队连续5年被总队评为“基层建设先进支队”，被武警部队评为“基层建设标兵支队”。司令部被总队评为“先进司令部”，政治处被总队评为“先进政治机关”，后勤处被总队评为“先进后勤机关”。直属大队被总队评为“基层建设先进大队”，支队直属大队第二中队被总队评为“基层建设标兵中队”并记集体三等功，桐乡市中队、海盐县中队、直属大队第一中队、嘉兴市中队被总队评为“基层建设先进中队”。嘉善中队班长郭佳琦被评为第十九届“中国武警十大忠诚卫士”提名奖，支队被中宣部、武警部队评为“全国党建知识竞赛优秀组织奖”和“纪念红军长征胜利80周年知识竞赛先进单位”，2名官兵被总队表彰为“十佳”政治教员，直属大队第二中队政治指导员龚大威被表彰为武警部队“十佳”政治教员，并立个人二等功一次。

8月25日，G20杭州峰会嘉兴南湖高速公安检查站武装执勤　（陈波摄影）

【组织万米长跑赛】　5月4日，武警嘉兴支队举行第二十八届“五四青年杯”万米长跑赛，来自11家基层单位的33名选手参加。五中队、桐乡市中队、直属大队第一中队获团体前三名，五中队战士吴伟新以35分30秒82的成绩夺得第一名并打破支队纪录。

【举办G20杭州峰会警戒设卡勤务试点集训】　6月29–30日，武警嘉兴支队举办G20杭州峰会警戒设卡勤务试点观摩集训。嘉兴、湖州、金华、衢州、丽水、绍兴支队等单位分管领导、机关干部和分队干部骨干，以及总队机关、训练基地相关人员参加集训。重点对编携配装、兵力部署、情况处置三个内容进行演示，组织参训人员现地观摩阵地建设，政治环境布置、后勤保障及各类台账资料的规范。

【组织第一届通信业务比武】　10月27日，武警嘉兴支队举行第一届通信业务比武。基层中队三级网维护员和勤务中队通信班战士17名选手参赛。比赛设置基础理论、三级网监控、电视会议系统和三级网结构等科目。海盐中队战士魏浩然、勤务中队战士周志鹏、五中队战士袁东升获个人前三名。

10月27日，武警嘉兴支队举行第一届通信业务比武　（周志鹏摄影）

（陈　杰）

人民防空

【概况】　2016年，嘉兴市人防办推进以应急应战核心能力建设为重点的人防各项工作。稳步推进人防应急应战建设。平湖市、海盐县地下人防基本指挥所信息系统建设通过验收并投入使用,实现全市五县(市)人防指挥所地上地下建设满堂红。加强镇(街道)民防应急指挥中心的建设、管理和使用。全年完成4个民防应急指挥中心建设任务,全市有40个镇(街道)完成民防应急指挥中心建设。启动新频点、新技术的升级工作,实现市人防控制中心对全市各个警报器的群控和单控。全市所有警报于“5·12”防灾减灾日进行防空与防灾警报信号试鸣。组织开展全市重要经济目标单位宣传教育和防护工作的互观互检活动。完成“浙江金盾-16”演习相关任务。

规范实施人防工程建设。委托市城市规划设计院组织编制《嘉兴市区地下空间开发利用“十三五”规划》。全市8个自建工程按计划实施。严格政策落地,“结建”标准执行到位,“结建”工程快速增长。开展“三清三查三确保”专项活动,对752个人防工程进行安全使用和防护功能检查。完成各县(市)和秀洲区的人防质量监督下放工作。推进嘉兴市望吴门广场地下停车场和火车站地下人防工程过道建设。

开展人防宣传、法制工作。组织开展“五进”示范点创建主题活动,初步形成“一县一品牌,一县一特色”的宣传格局。推进国家防空防灾宣传教育技能训练(嘉善)基地项目建设,完成设计方案评审等前期工作。利用“3·1”国际民防日、“5·12”防灾减灾日等时间节点开展宣传教育,全市有73个镇(街道)、120个社区、212所学校、30家企业参与宣传活动,受教育人员20余万人次。开展执法人员轮训工作,结合人防宣传教育“五进”工作,大力推进人防法制宣传。

开展民防各项工作。继续推进基层人防规范化建设示范和常态化建设,26个镇(街道)完成示范单位创建。指导基层人防建设,并与市民政局配合做好国家和省级综合减灾示范社区(村)的考核与检查工作,以及避灾点的双挂牌工作。加强对县(市)的指导,海宁市依托兄弟科技有限公司、桐乡市依托兆达经贸公司,分别成立道路危险化学品事故应急救援队伍。注重民防特救队建设,重编《嘉兴市民防嘉化化学事故应急特救队制度选编》。结合“5·12”防灾减灾日活动,组织民防救援队伍、民防志愿者队伍7支200余人,开展多项演练。全年处置化学事故18起,其中厂级事故2起,道路事故15起,其他事故1起,挽回直接经济损失300余万元。

(徐仁法　黎毅鹏)

【完成“浙江金盾-16”演习任务】 7月26日,“浙江金盾-16”跨区域支援绍兴演习在绍兴举行,嘉兴市作为燃气抢险抢修演习现场指挥信息保障单位参加演习。嘉兴市人防指挥部派出机动指挥车、信息采集车各一辆,技术保障人员8名,重点演练“情况受领、机动开进、快速展开、综合保障”等内容,通过卫星、微波、4G等技术进行信息采集、传输,并送达绍兴市人防指挥部和嘉兴市地下指挥所,完成各项保障任务。

【组织移动指挥车拉练】 11月21-25日,嘉兴市人防办组织五县(市)6辆移动指挥车到浙江衢州、江西上饶、江西景德镇和安徽黄山等地,开展移动指挥车远程野外拉练,总行程1000多千米。重点检验移动指挥车之间的电台、卫星通信联络,移动指挥车与市人防办的电台、卫星固定站之间的互联互通,以及超短波单兵图传、微波图传、升降摄像等内容。

【组织“5·12”警报试鸣和防灾减灾周活动】 5月11-18日,嘉兴市人防办组织市及县(市、区)人防办开展“5·12”警报试鸣和防灾减灾宣传周系列活动。内容主要有防空防灾警报试鸣、人口疏散和救援演练、宣传咨询、公益宣传片播放、防灾知识讲座等。全市52个镇(街道)、87个社区、212所学校、30家企业等组织各类演习演练近400场,参加人员近20万人次,开展宣传咨询讲座等活动近50场,受众近20万人。

(张　灵)

【举办民防应急救援和志愿者队伍骨干培训】 10月27日,嘉兴市民防局在海宁市举办全市民防应急救援和志愿者队伍骨干培训班。培训应急救援中的一些技能和各种救援绳结的打法和使用，以及溺水自救和救人的一些基本要领。南湖区、秀洲区和嘉兴经济技术开发区及五县(市)的人防办带队领导、工作人员及民防志愿者骨干60余人参加培训。

【举办民防化救队伍骨干培训】 12月8日，嘉兴市民防局在嘉兴嘉化物流有限公司举办全市民防化救队伍骨干培训活动。学习危险化学品的分类、防护、辨识、救援注意事项和道路危险化学品救援的基本程序。嘉化民防特救队就道路危险化学品事故泄漏、个人防护、现场分析、堵漏和实施倒罐等作了示范性演练。南湖区、秀洲区和嘉兴经济技术开发区及五县(市)的人防办带队领导、工作人员及民防化救队员近60人参加培训。

【处理杭浦高速纯苯泄漏事故】 3月21日7时20分左右，杭浦高速海宁市周王庙镇云龙村段发生纯苯泄漏事故，民防救援人员立即赶到现场。浙江恒逸物流有限公司一辆装有30吨纯苯的运输车，侧翻在高速公路路基下方，车上纯苯发生轻微泄漏。民防救援人员查看事故现场后建议立即实施倒罐，并联系民防特救队协助救援。10时30分左右，民防特救队携救援倒罐设备赶到现场，并顺利实施倒罐。事故于16时30分左右处理完毕，无人员中毒伤亡。

3月21日，杭浦高速海宁市周王庙镇云龙村段纯苯泄漏事故现场　　（市人防办提供）

（徐朱连）

教　育

综　述

2016年,全市共有各级各类学校671所,在校学生66.84万人,招生18.80万人,毕业生18万人。

科学编制"十三五"教育发展规划。编制完成《嘉兴市教育现代化发展"十三五"规划》,配套制定《嘉兴市现代职业教育"十三五"规划》《嘉兴市教育信息化"十三五"规划》《嘉兴市教师队伍建设"十三五"规划》等各项子规划。修编完成《嘉兴市区中小学布局规划》,启动实施全市幼儿园布局建设专项规划,教育资源布局更加合理。

开展教育现代化县创建。平湖市通过浙江省基本实现教育现代化县评估,共有海盐、海宁、桐乡和平湖4个县(市)成为浙江省基本实现教育现代化县,嘉兴市教育现代化总体水平居于全省前列。2016年有14所义务教育学校通过省级标准化学校验收,全市义务教育学校省级标准化比例达93.57%。

推进教育领域综合改革。首次实行普通高中学段制管理,全市有9所学校被省教育厅确定为"深化普通高中课程改革和适应高考招生制度改革典型经验项目学校",10所学校成为省级普通高中学科基地。义务教育阶段学校全面进入课改,评选出28所嘉兴市中小学综合实践活动课程样本学校。国家特殊教育改革实验区建设进展顺利,制定出台《嘉兴市"国家特殊教育改革实验区"实施方案》,印发实施全市医教结合、随班就读和送教上门指导意见。职业教育现代学徒制试点持续推进。嘉兴技师学院等6所职业院校被列为省级现代学徒制试点单位。推进"2025中德职教合作项目",签署《中德职业教育合作框架协议》《中德合作高技能人才培养合作协议》,与2025中德职教合作联盟、德未特国际教育集团联合打造2015中德职教合作示范基地。

加强教师队伍建设。制订《嘉兴市教育高层次人才引育工程实施意见》,从紧缺人才引进、丰富高层次人才培养体系、加强政策支持等方面加大力度。发挥"特级教师工作室"的引领作用,打造教师队伍领军人物,年内全市共产生1名省杰出教师、10名省农村突出贡献奖教师、21名省"春蚕奖"、8名省"绿叶奖"、8名省中小学师德楷模和200名第五批嘉兴市中小学名教师、72名市属优秀教师和教育工作者。2016年,全市义务教育学校交流1168人,其中交流校长209人,交流骨干教师267人,城乡学校师资配置更加均衡。

健全公益普惠的学前教育服务体系。推进县级统筹、镇级配合的学前教育管理模式。推进幼儿园项目建设,全市共开工建设幼儿园47所。2016年竣工新建幼儿园15所,完成改(扩)建幼儿园9所,新增幼儿园学位5480个。海宁市被教育部列为"国家学前教育改革试验区"。

提升镇村教育发展水平。制定出台《关于强化镇级教育服务功能、提升镇级教育品质的实施意见》,发挥城市优质教育资源的引领带动作用,推动城市优质教育资源向农村"下沉",辐射带动农村学校和薄弱学校。加强集团化办学和城乡学校共同体建设,全市共建立教育集团30个,涉及学校57所。成立城乡学校共同体59个,参加学校176所。

提高高中教育教学质量。普通高中特色发展水平进一步提升，全市有省一级特色示范高中8所，省二级特色示范高中13所。2016年全市高考一本上线人数达3535人，一本上线率首次突破18%，实现六年连增。中等职业教育发展成果丰硕，2016年浙江省中等职业学校职业能力大赛全市共获17金33银45铜，金牌数保持全省第三。2016年浙江省普通高职（单考单招）上线率96.6%，其中本科上线人数占全省的24.6%，成绩位居全省前列。

（钟长明）

基础教育

【概况】 2016年，全市有幼儿园315所。等级幼儿园304所，占幼儿园总数的96.5%。已定级园儿童覆盖面占97.1%。省一级幼儿园50（含分园）所，省二级幼儿园111所，省二级及以上幼儿园比例达53%。全市在园3-5周岁幼儿121087人，适龄儿童入园率99.6%。全市67个镇、街道都建立中心幼儿园，中心幼儿园公办比例达100%。全市已创建40个学前教育先进、示范镇（街道），占全市镇（街道）总数的59.7%。全市共有普通中小学316所，在校学生40.48万人。其中小学146所，在校学生24.65万人；初中134所，在校学生10.36万人；高中36所，在校学生5.48万人；特殊学校6所，在校学生1097人。全市义务教育入学率和巩固率均为100%，初升高比例达99.04%。

嘉兴一中化学创新实验室　（市教育局提供）

【国家特殊教育改革实验区建设】 2016年，嘉兴市国家特殊教育改革实施区建设顺利推进。制订出台《嘉兴市国家特殊教育改革实验区实施方案》。深入推进“医教结合”试点项目，制定《嘉兴市特殊教育医教结合实施方案》，配备医教结合专用设施设备，举行主题现场会和医校协同主题论坛，医教结合理念行为明显提升。随班就读成效初显，召开全市随班就读工作推进会、资源教室建设现场会、随班就读“一人一案”现场会和随班就读工作总结交流会，个别化教学和补救性教学得到保障，融合教育成效得到进一步彰显。送教上门机制更加完善，制定《国家特殊教育改革实验区送教上门实验方案》，送教模式初步形成，送教上门制度化、科学化、体系化、多样化不断得到彰显。

（潘蔚萍）

【第二轮学前教育三年行动计划全面完成】 嘉兴市不断扩大优质学前教育覆盖面，构建较为完善的学前教育公共服务体系。2016年出台《关于做好全市幼儿园布局建设专项规划编制工作的指导意见》和《嘉兴市本级住宅小区配套幼儿园建设及管理实施办法》，从政策层面破解小区配套幼儿园难题、增加公益普惠资源。年内，嘉兴市第二轮学前教育三年行动计划全面完成。8月，副省长郑继伟对嘉兴市的学前教育发展批示：“嘉兴学前教育公共服务体系建设的成效令人振奋。各地应向嘉兴学习，认真补齐短板。”

（陈春艳）

【部分高中招生加分项目取消】 2016年，嘉兴市深入推进中考改革，取消体育、艺术、科技类等高中招生加分项目，保留国家和省规定的政策类加分项目和分值，具有体育、艺术、科技类特长的学生可以参加普通高中学校特长生招生。

【省深化义务教育课程改革推进会在禾召开】 11月30日到12月1日，浙江省深化义务教育课程改革推进会在嘉兴召开。全省各地的90个县（市、区）的教育部门汇聚嘉兴，考察“嘉兴模式”，学习“南湖经验”,先后听取嘉兴市教育局和南湖区教文体局的经验介绍,并分成6个小组,分别参观走访南湖区的6所中小学。省教育厅副厅长韩平肯定嘉兴的经验和做法。

【参加浙江省班主任基本功大赛成绩优异】 10月17–19日,第五届浙江省班主任基本功大赛在杭州举行。全省共有各设区市选拔的67位选手参加,比赛分为笔试和面试两个环节和小学组、初中组、高中组三个组别。比赛内容为教育教学基本原理、活动课设计、教学案例分析等。嘉兴市6名教师参加比赛,2名教师获一等奖,2人获二等奖,2人获三等奖。

【省级绿色学校创建】 11月9日,浙江省绿色学校考核验收组到嘉兴市开展第八批省级绿色学校考核验收工作。考核验收采取集中汇报、查阅台账和现场抽查的方式进行,嘉兴市共17所学校通过考核并被命名为浙江省绿色学校。

(安志飞)

【嘉善成立2所高校附属学校】 3月,嘉善县与上海师范大学、浙江师范大学签订合作办学协议,成立上海师范大学附属嘉善实验学校和浙江师范大学附属嘉善实验学校,实现嘉善县与高校合作办学的零突破。

(周　峰)

【耀华国际教育学校落户桐乡】 国际教育连锁机构耀华国际教育学校落户桐乡,2016年主体校舍基本建成,计划于2017年招生开学。

【桐乡市互联网学校开播】 9月,桐乡市互联网学校开播。该校是经桐乡市机构编制委员会批准设立的具有独立法人资格的公益类事业单位。学校设于桐乡市教育局内,包括在线课堂、互动答疑、优课频道、名师工作室和网络资源五大栏目。它依托智慧教育云平台,为以中小学生为主的不同群体提供多样化的网络学习空间与在线学习服务。

(陈中华)

中等职业教育

【概况】 2016年,全市有全日制中等职业学校18所,其中中等专业学校8所,在校生22686人;职业中学7所,在校生19894人;技工学校3所,在校生5644人。2016年,全市全日制中等职业学校毕业生15496人,招生数16941人。全市从事中等职业教育的专任教师3149人,“双师型”教师1554人,占专业课和实习指导教师比例达86.82%,聘请兼职教师710人。

【中等职业教育质量提升行动计划】 2016年,嘉兴市多个浙江省“中等职业教育质量提升行动计划”创建项目获得批准,其中中职名校立项单位3家,中职名师及名师工作室立项单位6家,中职大师及大师工作室立项单位6家,中职品牌专业立项单位4家,中职优势特色专业立项单位4家,示范学习型城市2个,现代化成人学校6个,成教品牌项目4个。

【在省级和国家级职业能力大赛中创佳绩】 2016年,全市各中职学校在省中职学校学生职业能力大赛中,技术技能类比赛获一等奖17个、二等奖33个、三等奖45个;职业素养类(文明风采)比赛获一等奖19个、二等奖25个、三等奖41个;职业素养类(创新创业)比赛获一等奖17个、二等奖21个、三等奖27个。在2016年全国职业院校技能大赛中职组比赛中,获一等奖5个、二等奖13个、三等奖3个;在第十二届全国中等职业学校“文明风采”竞赛中,获一等奖12个、二等奖11个、三等奖9个、优秀奖16个。

【中职学校学生升学比例扩大】 在2016年浙江省普通高职(单考单招)招生考试中,嘉兴市2774考生上线2624人,上线率94.6%,比全省平均上线率高出12.1个百分点;有762名学生上本科线,占全省本科招生人数的20.8%。“五年一贯制”“3+2”及“五年制学前教育”升学人数2339人,技能拔尖人才升学人数9人,升入全日制高等院校的学生占中职毕业生的33.4%。

【市第十一届中等职业学校技能节】 2016年，嘉兴市第十一届中等职业学校技能节由市教育局、市人力资源和社会保障局联合举办，嘉兴教育学院承办，共设16个专业类别57个比赛项目，全市16所职业学校的757名选手参加比赛，共产生个人金牌83枚、银牌123枚、铜牌171枚，获奖选手468人次。

【第二届职业教育活动周】 5月8-14日，嘉兴市举办以"弘扬工匠精神，激发职教活力"为主题的第二届职业教育活动周。开展"阳光学生"、"最美教师"和"美丽校园"的评选、职业学校开放日、校企互动活动、职教改革发展成果展示、便民服务活动及中职学校系列体育赛事六大类活动。

【省级现代学徒制试点】 2016年，嘉兴技师学院、嘉兴市建筑工业学校、嘉善信息技术工程学校、平湖市职业中等专业学校、平湖高级技工学校五所中等职业学校入选省级现代学徒制试点单位，借助试点经验，逐步建立起政府引导、行业参与、社会支持，企业和职业院校双主体育人的嘉兴特色现代学徒制。

（龚　磊）

高等教育

【概况】 2016年，全市有高等学校12所，在校学生10.31万人，专任教师3337人。其中普通高校6所，在校学生6.54万人，专任教师2418人；高职学院2所，在校学生1.27万人，专任教师577人；成人高校4所，在校学生2.49万人，专任教师342人。

【嘉兴学院】 2016年，嘉兴学院有越秀、梁林和平湖3个校区，校园面积120多公顷。包括独立学院在内有全日制在校生24700余人，成教在册学生1万余人。有教职工1800余人，其中具有高级职称教师560人，正高职称教师133人，博士学位教师410人。设有52个本科专业，涵盖经济学、法学、教育学、文学、理学、工学、医学、管理学、艺术学9大学科门类。有国家级特色专业2个，省级重点（建设）专业10个，国家级实验教学示范中心1个，省级实验教学示范中心5个，省级重点实验室1个，省工程技术研究中心1个，省院士专家工作站1个。学校教学科研仪器设备总值2.9亿元，图书馆藏书178万册，电子图书170余万册。

2016年，嘉兴学院引进各类人才108人，其中国家级人才2人，学科带头人3人，学术带头人1人，优秀博士8人，具有3个月以上国（境）外经历人才8人；柔性引进高水平人才7人，其中"双聘院士"1人（中国工程院院士杨小牛受聘担任数理与信息工程学院院长）、外聘教授6人，国家级人才引进与院士级人才柔性引进实现零的突破；新增省151人才工程第二层次培养人员1人、首批嘉兴市杰出人才10人、攻读博士学位教师10人、博士后进站研究教师3人、国内访学教师5人、出国（境）学习教师31人。新增聘任高级专业技术职务6人、副高专业技术职务31人，新认定"双师型"知识结构教师69人。

2016年，学院出台《关于进一步加强应用型建设的指导意见》。新增中兴通讯ICT学院、亚特机电学院、嘉兴学院温商学院、嘉兴学院互联网金融学院、北大青鸟创意设计学院、互联网+会计教学一体化改革、嘉兴地方金融发展研究院、新华人寿保险合作等校企合作人才培养改革项目，材料与纺织工程学院获中国纺织工业联合会"2016全国纺织行业人才建设示范院校"称号。临床医学专业获批"十三五"省优势专业建设项目。新增省级教学成果奖一等奖2项、二等奖1项。

2016年，学院首次培育重大成果和重点项目11项，获省部级以上科研项目立项83项，其中国家级基金项目19项（国家自然科学基金13项、国家社会科学基金6项）；获省部级科技成果奖项6项。与澳大利亚南昆士兰大学联合组建中澳先进材料与制造研究院，牵头组建的浙江省嘉兴光伏应用技术创新服务平台获批省级创新平台，新增省级平台浙江省中国特色社会主义理论体系研究中心——嘉兴学院基地。

2016年学院共录取新生6117人。2016届毕业生初次就业率96.16%，考取研究生318人，出国出境升学深造74人。组织1.5万人次学生参与各类社会实践和志愿服务活动,网络工程专业2014级一班团支部获2016年全国高校“活力团支部”称号。2016年,学院累计在国(境)外交流学习本科生349名,比上年增长157%,其中新获经费资助学生180名,增长386%,资助经费71万元,增长91.9%。因公出国(境)教师44批次,增长91.3%。新增国外校际合作大学10所,与德国2所合作院校联合培养硕士生。出台《嘉兴学院外国留学生奖学金管理办法》,全年培养长短期留学生110人。

(李朋朋)

【同济大学浙江学院】 2016年,同济大学浙江学院校园占地面积55.33公顷,校舍建筑面积29万平方米,其中教学科研行政用房15万平方米,教学仪器设备5700万元,图书93万册。设有土木工程系、建筑系、交通运输工程系、机械与汽车工程系、电子与信息工程系、经济与管理系、珠宝系、会计系、外语系、中德学院、基础教学部、体育教学部12家教学单位。学校新增汽车服务工程、建筑电气与智能化、宝石及材料工艺学3个专业。至年底,学校有全日制在校生9306人,2016年招生2419人,毕业生2484人,毕业生就业率达94.2%。2016年,学校2名教师入选首届嘉兴市杰出人才工程;2名青年教师获国家留学基金委资助公派出国访学;2名青年教师考取同济大学在职攻读博士,多位教师进行海内外访学或参加学术会议;多名教师到企业挂职锻炼。2016年,学校申报纵向科研项目29批次,立项16项,登记备案横向科研项目14项,发表文章170篇、申请专利5个、出版教材专著6部。2016年,学校完成交通系沥青实验室、机械系金工实验室、珠宝系宝玉石鉴定实验室、经管系实验室、会计系实验室、电信系供配电与电器学实验室的建设。与125家企事业单位签订合作协议。首推12门双创类公共选修课,举办8期创业大讲堂;开设6个创业实验班。形成95名校外创业导师,建成创业园、生态岛、实验中心、商务花园、嘉兴市众创空间、科技企业孵化器6大基地作为校内实践平台。32个创业项目入驻创业园;形成创投基金500万元、校友创投基金100万元的资金支持。2016年,学校“奥克兰·同济康复医疗设备中心”和“建筑结构检测研究中心”初见成效。筹建“同济大学浙江学院土壤修复实验室”和“同济大学浙江学院新材料结构研究中心”。与嘉兴第二医院、上海市阳光康复中心、同济大学附属医院、上海国际汽车城新能源汽车运营服务有限公司、国家磁浮交通工程技术研究中心等进行科技合作与交流。2016年,学校拓展国际合作与交流,与德国、美国等11个国家和地区16所大学建立合作交流关系。聘请美国、西班牙和加拿大4位外籍教师承担课程教学;推进与德国伊尔梅瑙工业大学的双学士学位合作项目,德国伊尔梅瑙工业大学教师定期来校为中德交流班学生集中授课。向澳门科技大学推荐14名学生攻读硕士学位,7名毕业生经推荐进入日本中部大学攻读硕士研究生,4名毕业生经推荐进入韩国庆熙大学攻读MBA。

5月8日,同济大学浙江学院举办嘉兴市第一届结构设计竞赛 (付辉古摄影)

(徐涓涓)

【嘉兴职业技术学院】 2016年,嘉兴职业技术学院占地55.33公顷,校舍总面积25万平方米,图书馆馆藏图书246万余册(其中纸质图书55.5万册),全校在岗教职工458人,其中专任教师369人,正高职称15人,副高职称112人,博士研究生14人,硕士研究生252人。2016年底有全日制在校生9200余人,招收三年制新生3089人。设有农业与环境分院(建筑分院)、机电与汽车分院、信息技术分院、工商与旅游分院、外语与贸易分院、纺织与艺术设计分院、社科部体军艺部、继续教育分院8家教学单位。有商品花卉、动物防疫与检疫、机电一体化技术、报关与国际货运等专业39个，其中国家支持发展专业2个，省优势专业3个，省示范重点建设专业3个，省特色专业8个。

7月26日，市委、市政府到校召开动员大会，宣布嘉兴职业技术学院与嘉兴广播电视大学实行合署办学。年内，学院编制完成“十三五”事业发展规划，着力构建“都市农业、智能制造、信息产业、现代商贸、时尚设计”5个特色专业群，园艺技术、机电一体化技术等3个专业列入省级优势特色专业。开展第五届“十佳”优质课评比，入围国家专业资源库2项，1门课程立项为首批省级精品在线课程。推进课堂教学改革，获嘉兴市市属高等教育教学成果一等奖4项、二等奖6项。参加全国职业院校技能大赛，获一等奖3项、二等奖2项。参加2016全国大学生数学建模竞赛，获国家级和省级一等奖各1项。参加省级职业技能大赛，获省一等奖6项，二、三等奖53项。学生体育竞赛成绩突出，获国家级一等奖5项、二等奖8项；省级一等奖15项，二、三等奖38项，承办2016全国掷球精英赛及省级赛事2项，获得2018年世界女子大金属球锦标赛承办权。

2016年，学院出台高层次人才引进政策，引进高层次人才1名，优选到岗新教师16名，3名教师入围省“151人才”、市首批杰出人才等各级人才项目。组织出国出境培训27人次，国培省培（访工访学）50人次，挂职和进企锻炼65人。共晋升正高职称3名，副高职称12名。

2016年，学院加强继续教育工作，共招收新生1447人，各类在册在读成人教育、继续教育学生超过4500人。完成基层农技人员知识更新、农村实用人才、新农村建设人才等各类培训78期5052人，累计组织鉴定6395人次。招收录取第九届农民大学生118名，开发编写农民学院乡土系列教材，出版《嘉兴美丽乡村建设规划设计》等教材8本。加强农民培训实训实践基地建设，30多家单位作为农民学院学员培训教学实践基地。

2016年，学院开展教育部人文社科、省哲社等项目申报47批次，申报项目284项，立项省部级课题4项，其中省公益性技术应用项目1项、省社科规划项目3项，市厅级科研项目40项，纵向到款204万元。鼓励教师开展社会合作与横向技术服务，签约横向项目25项，横向到款133万元，较上年增长30%。申报科技成果奖6批次，获市第十届自然科学学术奖一等奖1个、二等奖2个、三等奖5个。鼓励教师专利申报与成果发表，共获得授权发明专利48项，发表论文205篇。

（俞乔筠）

【嘉兴南洋职业技术学院】　2016年，嘉兴南洋职业技术学院招收新生1555人，报到率为95.67%；至年底，在校生共4518人。学院设有船舶与建筑工程分院、商务贸易分院、机电工程分院、财经管理分院、继续教育学院、基础教学部6个教学单位。开设有建筑工程技术、工程造价、船舶工程技术、机械制造与自动化、模具设计与制造、机电一体化技术、电气自动化技术、会计、工商企业管理、互联网金融、国际贸易实务、计算机应用技术、视觉传播设计与制作、报关与国际货运、商务英语15个专业（方向），较上年新增1个专业，其中省级特色专业2个，省级优势专业立项5个，校级优势专业2个，校级重点建设专业5个。2016年，学院有专兼职教师342人，其中校内专任教师211人，行业企业兼职教师131人；高级职称教师占比23.97%，研究生学历（学位）教师占比69.67%，“双师”素质教师占比81.51%。教师省市级立项课题38项，在嘉兴市教学成果奖申报中，获得一等奖2个、二等奖4个。2016年，学院先后与美国贝茨学院、美国田纳西州立大学、新西兰Unitec理工学院、澳大利亚墨尔本坎培门理工学院、昆士兰TAFE学院开展中外合作办学项目洽谈，与台湾圣约翰科技大学、台湾东南科技大学开展交换师生项目、海外实习、专业共建项目及科技竞赛等合作项目。先后选派学生、教师骨干到加拿大凯布莱恩文理学院、澳大利亚布里斯班TAFE学院、美国北伊利诺伊大学艺术设计专业、德国埃尔福特手工业协会进行培训进修。2016年，学院学生有148人次获得省级以上技能大赛奖项，其中一等奖9人，二等奖44人，三等奖77人。学院2016届毕业生初次就业率97.71%，毕业生实现在沪、杭、甬等长三角城市国家军工、船舶制造、中外合资以及大中型企事业单位的就业。学院全年有75名学生被浙江财经大学、浙江师范大学等省内本科院校录取,专升本升学率为4.89%。

2016年7月1日,学院从塘汇路839号正式搬迁至秀洲区大德路999号新校区。新校区规划用地38.67公顷,建筑面积为18万平方米,总投资6.3亿元,其中一期已建成24公顷,建筑面积15万平方米,于9月1日正式启用。学院现有教学行政用房总面积12.83万平方米,教学科研仪器设备资产总值4135.87万元,教学科研仪器设备资产当年新增值2303.58万元,一体化教室面积38911.23平方米,纸质图书37.64万册,电子图书45056GB。

嘉兴南洋职业技术学院校园　　　　(单慧珺摄影)

(吴小波)

【嘉兴广播电视大学(嘉兴城市大学)】 2016年,嘉兴广播电视大学与嘉兴职业技术学院实行合署办学。2016年学校市本级共招收学历教育新生1504人,在校生3983人,毕业生1523人;全市电大系统共招收学历开放教育新生7129人,在校生17135人,毕业生4489人。2016年,学校完善小班预约制、课程网上教学、“特殊课程预约制”等创新举措,试点课程的学生通过率达90%以上。全年完成各类培训3.5万余人次,其中自主培训10416人次,公益培训2.3万余人次,合作培训1957人次。教职工队伍整体素质不断提高,在省电大第五届多媒体学习资源比赛、首届信息化应用创新大赛、开放教育网上教学活动比赛、青年教师技能比赛、说课比赛中,均取得较好成绩。教师队伍科研水平持续提升,年内全校获得9个不同类别的项目立项,包括国家开放大学课题立项1个,科研创新团队1个和教学创新团队1个。学校文明创建、综合治理、普法、结对共建等工作均取得较好的成绩,继续保持省级文明单位、卫生单位、节水单位等荣誉称号,平安校园达到AAAA级标准。

(王　艳)

【嘉兴教育学院】 2016年,嘉兴教育学院设有9个党政综合机构和业务部门,即党委、纪委、学院办公室、教务处、高中教学研究处、职业教育研究处、义教教学研究处、师资培训处、教育科研与信息处、监察室。主要承担全市中小学教师和教育行政干部的培训、培养,负责教育教学业务的指导与管理,开展教育教学研究,检查督促教育方针和有关教育教学政策法规的落实情况,承担教育系统有关学术团体的日常管理。全年,举办培训班100多期近万人次,成人学历教育在册学员1000人以上,圆满完成5400名考生的普通话测试任务。高考重点上线率突破18%,比上年提升1.6个百分点。中考数学命卷获得省级A评。普通高职招生考试上线率94.6%,比全省平均上线率高出12.1个百分点;共获116枚省级以上职业能力大赛奖牌,继续名列全省前列。全市课题立项722项,结题900项,教学成果获奖221项;全院课题立项18个,结题34个,论文发表76篇。学院现有教职工74名,其中正高职称4人,副高职称55人,教研员41人,师训员16人,科研员9人。管理的学科有幼教、小学、初中、高中、中职等122个。

(黄东有)

民办教育

【概况】 2016年,全市有民办高校5所,民办中小学30所(不含民办新居民子女学校),民办幼儿园150所。其中民办高校在校学生3.51万人,占全市高校在校生总数的38.8%;民办普通高中12所,在校学生1.38万人,占全市普通高中在校生总数的25.1%;民办初中18所,在校学生1.57万人,占全市初中在校生总数的15.17%；民办中等职业学校4所，在校生12116人，占全市中等职业学校在校生总数的27.99%；民办小学12所，在校生11176人，占全市小学在校生总数的4.5%；民办幼儿园在园学生数4.6万人，占全市幼儿园在园学生总数的37.36%。

【新居民子女教育】 2016年，全市有新居民子女学校30所，全市新居民子女在校学生14.06万人（小学11.24万人、初中2.82万人），市本级义务教育阶段新居民子女在校学生4.32万人（小学3.57万人、初中0.75万人）；全市在公办学校就读的义务教育阶段新居民子女有9.74万人（小学7.67万人，初中2.07万人），全市公办学校吸纳新居民子女入学平均比例为69.28%。

（周凤琴）

成人教育

【概况】 2016年，全市有成人高等教育学校4所，在校生24897人，招生9349人，毕业生12072人，专任教师342人；成人中等专业学校6所，在校生710人，招生260人，毕业生744人，专任教师142人。全市有乡镇成人文化技术学校63所，全部为省级标准化乡镇成校。全市农村成人文化技术学校有专职教师341人，兼职教师2803人。职成教学校面向社会开展家政培训、新型农民、企业职工等非学历培训达99.85万人次。

【全民终身学习活动周启动】 10月22日，2016年浙江省暨嘉兴市全民终身学习活动周启动仪式在嘉兴市凌公塘主题公园内的南湖文化艺术中心举行。启动仪式用精彩的文艺节目向与会代表呈现一场主题为“学习，让生活更美好”的嘉兴市全民终身学习成果展示的盛宴，并且发放包括文化名人、名桥、名特产等多个篇章在内的嘉兴市社区教育“百名工程”地方特色课程系列教材，全省终身教育成果汇编，以及“乐学家园——嘉兴全市全民终身学习活动安排”等资料。

【市本级社区教育及中职课程改革新政出台】 2月，市教育局会同市财政局出台《嘉兴市本级社区教育经费使用管理办法（试行）》，引导、扶持和促进社区教育规范管理，加强调查研究，加快内涵发展、特色发展，进一步巩固和发展社区教育建设成果，积极创建学习型城市。5月，市教育局会同市财政局出台《嘉兴市本级中等职业教育课程改革经费使用和管理办法（试行）》，充分发挥专项经费的引导、激励作用，提高教育资金使用绩效。

【嘉兴市职业教育与成人教育协会成立】 12月1日，嘉兴市职业教育与成人教育协会、嘉兴市职业学校体育协会召开成立大会。协会的成立，为嘉兴市职成教工作和职业学校的体育工作搭建学习交流、共谋发展的平台，助推嘉兴市职业教育与成人教育事业和中职体育事业的发展。

【扫盲教育培训工作】 2016年，全市计划扫盲培训任务20026人，实际完成扫盲培训25366人，完成率126.67%，19593名脱盲人员完成信息更改。海盐县教育局等三个单位被评为省级扫盲先进集体，查杰慧等5人为省级扫盲先进个人。海宁市袁花镇成校校长在浙江省扫盲工作表彰会上发言。

【家政服务人才培养培训工作】 2016年，全市中职学校共招收家政类新生1772人，在校生3032人。海宁卫生学校、桐乡市卫生学校招收家政类专业新生1640人，当年培养数1071人。嘉善信息技术工程学校招收家政学生35人，当年培养数35人。镇（街道）成校（社区学院）家政服务培训16362人次。

（周凤琴）

教育督导

【概况】 2016年，嘉兴市教育督导部门以实现教育现代化为目标，坚持督政督学并举、监督与指导并重的方针,促进教育公平、均衡与协调发展,督政、督学、评估监测三位一体的督导体系不断健全,督导权威性、科学性进一步增强。一是首次成立嘉兴市人民政府教育督导委员会,进一步完善教育督导机构。委员会由市政府分管副市长柴永强任主任、市教育局局长周建新和市政府分管副秘书长王伟荣任副主任。二是聘任嘉兴市第七届兼职督学。共聘任兼职督学69名,由市政府及有关部门处室长及县(市、区)的教育专家组成,聘期3年,共同参与开展教育督导工作。三是开展督政专项检查。四是推进基本实现教育现代化县(市、区)创建工作。五是做好浙江省义务教育标准化学校复核工作。至年底,嘉兴市义务教育学校280所,标准化学校达标率93%。六是做好省特色示范高中创建工作。年内4所学校被评为省二级普通高中特色示范学校。

【专项督政检查】 2016年上半年,嘉兴市人民政府教育督导委员会下发《关于开展第二轮学前教育三年行动计划实施情况专项督查的通知》,组织开展学前教育专项督查,对三个区和五县(市)进行督政检查。2016年下半年,嘉兴市人民政府教育督导委员会办公室下发《关于开展职业教育校企合作专项督查的通知》,开展职业教育校企合作督政检查,对五县(市)进行专项督查。督查组人员由市政府有关部门(单位)人员和相关专家组成,分别由市教育局局长周建新和市政府副秘书长王伟荣带队,听取当地政府工作汇报,实地考察幼儿园(学校),形成督查报告,书面向当地政府部门进行通报。

【教育现代化县(市、区)创建】 1月,省教育厅、省人民政府教育督导委员会办公室下发《关于公布第二批基本实现教育现代化县(市、区)名单的通知》,嘉兴平湖市经评估认定达到基本实现教育现代化的标准,给予公布。下半年嘉善县、南湖区和秀洲区申报创建教育基本现代化县。至年底,嘉兴市五县二区中,4个县(市)为教育基本现代化县,3个县(区)完成申报工作。2016年首次将教育现代化县创建评估列入嘉兴市政府对县(市、区)政府的考核。

(邱晓冬)

【省普通高中特色示范学校创建】 4月14-29日,嘉兴市第四高级中学、嘉兴高级中学、上海外国语大学附属宏达高级中学、浙江省桐乡第二中学四所学校通过浙江省普通高中二级特色示范学校创建评估。

(汪伟成)

教师队伍建设

【概况】 2016年,全市有教职工51442名,专任教师42646名。其中高等教育(包括普通高校、高职学院和成人高等教育)教职工4356名,专任教师3337名;中等职业教育(包括普通中专、成人中专、职业高中、技工学校、其他机构和附设中职班)教职工3236人,专任教师2863人;普通中学教职工18828人,专任教师17269人;小学(含特殊教育和一贯制学校小学部分)教职工12025人,专任教师11433人;幼儿园教职工12997人,专任教师7744人。全市幼教、小学、初中、普通高中专任教师的学历合格率分别达到99.99%、100%、99.98%和99.84%;其中小学、初中、普通高中专任教师的学历合格率分别高出省平均0.01、0.09和0.34个百分点。幼儿园教师专科及以上学历达到96.01%,比上年提高2.21个百分点;小学教师专科及以上学历达到97.19%,提高0.78个百分点;初中教师本科及以上学历达到94.34%,提高0.86个百分点;高中教师研究生学历(学位)达到8.44%,提高0.38个百分点。

【高级职称(职务)评审】 2016年度,全市教师评审(审定)正高级教师10人;副高级职称703人,其中中专高级讲师14人,副研究员13人,高级实验师1人,中小学(幼儿园)高级教师675人。

【教师资格认定】 2016年,全市共认定各类教师资格人数2020人,其中高级中学教师158人,中等职业学校教师75人,中等职业学校实习教师11人,初级中学教师345人,小学教师691人,幼儿园教师740人。

【中小学教师专业发展培训】 2016年,全市教育系统继续全面实施中小学教师专业发展培训制度,4716名教师以自主选课形式进行完成90学时集中培训,全市中小学教师全年总计完成397.11万学时的培训量,其中自主选课267.41万学时,全面完成省教育厅和嘉兴市教育局的培训目标任务。2016年全市有8人参加浙派名校长培养工程名校(园)长培训,23人参加浙派名师名校长培养工程名师培训,214人参加中小学教师省级培训,92人参加中小学教师国家级培训。

【义务教育阶段学校教师校长轮岗交流】 2016年,全市义务教育学校教师符合交流人数4707人,实际参与交流948人,占符合交流条件的20.14%。其中符合交流条件的骨干教师1167人,交流202人,占符合交流条件的17.31%;符合交流条件的校长205人,交流136人,占符合交流条件的66.34%。

【师德楷模评选】 年内,嘉兴市启动第二届市级师德楷模评选。出台《关于开展2016年省、市优秀教师暨中小学师德楷模评选工作的通知》,评选表彰8名省中小学师德楷模,20名市中小学师德楷模,8名市属中小学师德标兵。

【名优教师评选】 年内,嘉兴市开展新一轮名优教师的评选工作。共产生1名省杰出教师,10名省农村突出贡献奖教师,21名省“春蚕奖”,8名省“绿叶奖”, 200名第五批市中小学名教师,72名市属级优秀教师和教育工作者。

【市直属学校教师招录工作】 2016年,市属学校(单位)新进教职工27名,其中商调专技人员3名;按文件精神从民办学校回归2名;高层次、紧缺人才招聘7名;面向社会公开招聘教师12名;免费师范生招聘1名;通过人社局公开招聘专技人员2名。

（郭保林　蒋培丽　吴娟民）

教育科研

【概况】 2016年,全市教育科研立项课题780项,浙江省教育科学规划课题立项32项,其中一般规划课题28项,省体卫艺专项课题4项;省教研立项课题37项,其中教研重点课题3项,一般教研课题34项;嘉兴市教育科研规划立项课题252项,嘉兴市教育科学微型课题立项231项;嘉兴市教研员专项课题31项,首批深度创新应用项目专项课题58项。嘉兴市属级教育科学规划立项课题61项,嘉兴市属级教育科学规划微型课题78项。2016年全市教育科研结题课题900项,其中省级教育科学规划立项课题结题43项,省教研课题结题45项;嘉兴市教育科学规划重点课题结题24项,嘉兴市教育科学规划一般课题结题264项,嘉兴市微型课题结题283项,嘉兴市教研员专项课题结题9项,嘉兴市教改专项课题结题8项,嘉兴市名师培养工程第四轮研究课题结题97项,嘉兴市“促进学生有效学习与健康成长的综合评价研究”教改专项课题结题95项,嘉兴市现代教育技术专项课题结题32项。

【教育科研质量深化年】 2016年是“教育科研质量深化年”,一是优化科研管理,夯实科研基础。以科学、客观、公平、公正为原则组织好各级各类课题的评审工作,规范课题过程管理,提升科研工作管理水平。加强高考改革和职教改革升学考试研究,抓好义教段“促进学生有效学习与健康成长的综合评价”教改专项课题后期研究工作,探索以提升学生学习力为中心的教学综合改革。加强省级以上立项课题、嘉兴市重点课题的论证和全程指导工作,对原创性和创新性较强的课题实行跟踪指导。加强各类课题的中期研讨活动,分语文、数学等7个专场举办嘉兴市微型课题中期研讨活动,组织专家与289项课题的负责人开展面对面交流。开展省、市人民政府教学成果奖评审工作。开展嘉兴市第七轮教育科研基地申报工作,162所学校评为市教育科研基地,嘉兴一中等39所学校评为嘉兴市优秀教育科研基地。二是深化研训一体,实现科研转型。办好嘉兴市教育科研骨干教师高级研修班和中小学教师论文写作辅导班,共培训学员174人。抓实课题培训,省、市级课题培训班全年开办6期,其中省规划、省教研立项课题负责人培训2期,省、市级规划课题结题培训和市级微型立项课题结题培训2期,嘉兴市立项规划课题和微型课题培训班2期。坚持科研引领,扶持农村学校和相对薄弱学校的教育科研工作,到南湖区余新中学、余新小学和桐乡市高桥新区中心学校开展教育科研下乡活动2次,提升农村教师的教科研水平和素养。亲近教育教学现场,开展《亲子的体悟:家庭教育叙事》征文活动,编撰出版家庭教育故事读本。开展长三角"我的教改试验"征文评选活动,收到征文184篇,推荐20篇优秀征文参加"黄浦杯"长三角城市群"我的教改试验"教育征文评选活动。三是服务基层需求,强化市属管理。加大市属学校教育科研的指导工作,提升基层学校科研指导的服务能力,采用课题负责人汇报和专家评议指导相结合的方式,开展市属级教育科学规划微型课题中期研讨活动,集中研讨课题83项。搭建科研片组活动平台,以"学习·分享·践行"为主题开展教师成长沙龙、青年教师教科研素养培养论坛、"走班制教学与选修课程的开设"主题研讨等科研片组活动。举办嘉兴市属级2016年度教育科学规划立项课题负责人培训活动,78项"微型课题"和61项一般课题的负责人参加培训。四是拓展心育路径,提升辅导水平。加强心理健康教育研究,探索"理论培训—课堂观摩—模拟演练—实践提升"心理健康教育研训一体模式,以培训带教研,以教研促培训,有针对性地开展学生个别心理咨询及咨询督导工作,推进全市心理健康教育教研工作的深入开展。抓好省中小学心理辅导一级站建设工作,全市现有一级辅导站12所。开展教师全员心理培训,组织实施中小学心理健康教育专兼职骨干教师心理专题培训,做好浙江省学校心理教师C证面试工作。召开以"积极心理学视角下的同伴交往"为主题的第十八届"南湖之春"教育教学改革成果展示之心理健康教育专场展示活动,来自浙江省、嘉兴市及各县市区200多位教师参加活动。举行嘉兴市中学青年教师心理专业技能大赛,理论考试与微型课比赛相结合,提升青年专兼职心理教师的专业水平,评出一等奖5名,二等奖7名。开展嘉兴市第四届中学生校园心理剧比赛。以"关注幼儿情绪表达,健全幼儿人格发展"为主题,举办幼儿"情绪表达"心理研讨活动,开展幼儿心理活动课观摩研讨、幼儿心理健康教育论坛等活动。开展中小学生心理问题检测工作,全面筛选心理问题,结合心理咨询记录及班主任与心理委员的日常观察确定心理高危学生名单,逐步建立心理危机识别体系。开展亲子辅导研究与培训,开发亲子教育课程,构建家庭支持系统,预防心理危机事件,嘉兴市实验小学成为浙江省首批中小学亲子辅导示范校。举行嘉兴市属学校心理危机干预与个案同伴督导研修活动,开设学校危机干预的操作与思考专题讲座,探讨心理辅导典型个案经验。五是加强信息工作,完善图书管理。做好《嘉兴教育》《嘉兴教育学院学报》和《教育信息资料》的编辑工作,强化责任意识,拓展办刊思路,关注当前热点及理论前沿,发挥名优教师的科研引领作用,刊载教科研人员撰写的具有专业水准的高品位文章,服务学校和教师,做好教育信息传播和成果推广应用工作。《嘉兴教育》出刊12期,《嘉兴教育学院学报》和《教育信息资料》各出刊4期。

【14项成果获省级教学成果奖】 2016年,全市教育科研成果获浙江省人民政府教育教学成果奖14项。嘉兴市实验小学《基于"自适应学习"理念的数字化学习模式构建研究》获浙江省基础教育教学成果奖一等奖,嘉兴市教育研究院《攀缘架构与协同实施:生涯规划课程的嘉兴样态》等8项成果获二等奖;平湖市职业中等专业学校《基于"三环递进、五维十段"的中职技术技能型人才培养策略研究》和海宁市职业高级中学《激创·试创·合创:中职学生三段式创业教

育模式的创新实践》2项成果获省职业教育教学成果奖一等奖,海盐县理工学校《教学任务包为引领的汽修实训课程教改实践研究》等3项成果获二等奖。

【107项成果获市级教学成果奖】 2016年评出嘉兴市人民政府教育教学成果奖107项,其中嘉兴市基础教育教学成果奖一等奖15项、二等奖35项,职业教育教学成果奖一等奖11项、二等奖26项,嘉兴市属高等教育教学成果奖一等奖8项、二等奖12项。

【举办嘉兴"南湖心育论坛"】 5月24–25日,以"研究学生学习心理,促进学生全人发展"为主题,嘉兴市举办"南湖心育论坛"暨江浙沪中小学心理活动课研讨活动。北京师范大学教授边玉芳作《读懂孩子的学习心理》主题报告,华东师范大学教授庞维国作《从学习曲线看学生的学习心理》报告,杭州师范大学教授刘宣文和傅素芬围绕心理咨询与辅导和心理危机识别与干预作互动式报告。六位区域教育部门或心理教研负责人,三位学校领导参与"南湖心育论坛"主题交流。上海市闵行区、江苏省无锡市、浙江省苍南县和嘉兴市的8位中小学心理教师围绕小学生和初中生"学习心理",展示学习情绪辅导、学习毅力锻炼等8节精彩的辅导活动课。本次活动由嘉兴教育学院、南湖区教育文化体育局主办,南湖区教育研究培训中心、南湖区教育学会承办,北京师范大学南湖附属学校、浙江省北京师范大学南湖附属学校教育基金会协办,浙江、江苏、上海、河北等地中小学心理健康教育领导、心理健康教育教师350余人参加。

（黄东有）

教育投入与装备

【概况】 2016年,全市教育经费总投入118.81亿元,人均教育经费2575元,其中国家财政性教育经费总投入97.24亿元。生均财政性教育费支出逐年提高,其中小学15099元、初中23531元、高中22470元、中职20210元。落实国家、省、市义务教育阶段免学杂费、免教科书和中职学费政策,2016年,全市义务教育阶段免学杂费61万人次、共计7088万元、免费提供教科书20661万元;享受中职免学费学生9.18万人次、免学费共计15357万元。落实国家助学金和学生资助政策,2016年,全市教育投入资助贫困学生5.21万人次、共计2862万元。

2016年,全市投入教育装备经费2.16亿元,比上年增加0.75亿元,累计全市教育技术装备资产总金额达到16.6亿元,比上年度增长15.7%。全市中小学生均占有教育技术装备金额为4070.22元,比上年净增567.17元。全嘉兴市教育系统已装备计算机11.27万台,计算机总值达4.52亿元,网络及外部设备总值1.5亿元,多媒体教学设备总值2.6亿元。全市教育系统普通中小学生机比为3.44∶1,其中中学3.1∶1,小学3.91∶1,有效生机比为4.94∶1(有效计算机指使用时间在7年以内且能够满足当前教育教学要求的计算机)。

2016年,全市有311所中小学拥有校园网,占中小学校总数的97.19%,其中中学96.93%,小学97.45%。全市中小学校共有16153套多媒体,其中普通教室有10183套多媒体,班级多媒体普及率为100%。全市中小学校拥有各类实验室和专用功能教室9213个,实验室及功能教室仪器器材设备总值3.42亿元。2016年度省资助创新实验室项目共28个,总预算建设资金为953.3万元。省资助资金金额为220万元,地方配套预算资金为595.9万元。

2016年,全市普通中小学图书装备经费总投入0.26亿元,累计藏书总额为2.24亿元。320所中小学建有图书馆(室),占学校总数的100%。总藏书量0.17亿册(不含电子图书),生均藏书43.66册,比上年生均净增1.88册。

2016年,全市获浙江教育资源公共服务平台特色空间活动一等奖3个、二等奖4个、三等奖15个、省级特色空间63个。获全省中小学教师信息技术应用创新大赛一等奖5名、二等奖7名、三等奖4名,连续三年获得优秀组织奖。在浙江省中小学优秀自制教具评选活动中嘉兴市获组织奖，嘉兴市的作品获一等奖2个、二等奖3个、三等奖5个、鼓励奖15个。参加“浙江之星”为主题的网络征文评选活动，共获一、二、三等奖37篇，并获省优秀组织奖。

【制定嘉兴市智慧教育“111”行动计划】 2016年，制定出台《嘉兴市智慧教育“111”行动计划(2016-2018年)》，计划三年内搭建1个智慧教育云服务平台，实施100所智慧校园示范校，建设100个智慧教育深度创新应用项目和200个创新实验室(学科教室、教育综合实践基地、专业实训中心、创客空间)。

【6所学校成为省数字校园示范学校】 8月，嘉兴市第一中学、嘉兴市实验小学、上海外国语大学秀洲外国语学校、平湖职业中专、海盐元济高级中学和海宁市第一中学6所学校被授予“浙江省数字校园示范学校”称号。

【“书香校园”和“书香少年”评选】 年内，秀洲区王江泾镇中心小学等5所学校被评为2016年全省“书香校园”称号；嘉兴市秀洲实验小学姜期菲等11名学生为2016年全省“书香少年”。

【第十七届全国中小学机器人比赛获佳绩】 年内，第十七届全国中小学机器人比赛(电脑制作)活动嘉兴取得一等奖1个，二等奖2个，三等奖1个。

(张新良)

语言文字工作

【第十九届全国推广普通话宣传周活动】 9月，嘉兴市举办第十九届全国推广普通话宣传周活动，并承办“浙江省青少年经典诵读比赛”和浙江省推普周重点活动启动仪式，省政府副秘书长、省语委副主任李云林、省教育厅副厅长韩平出席活动。

【推进语言文字规范化试点】 平湖市作为“区域推进语言文字工作”省级试点县(市)。3月，嘉兴市语言文字工作委员会办公室现场观摩试点街道评估情况，平湖市的语言文字规范化试点推进工作经验在“浙江省语言文字工作座谈会”上进行典型发言。6月7日，平湖市接受省教育厅语言文字工作委员会办公室的实地查看并得到充分肯定。

(陈春艳)

文　化

综　述

2016年，嘉兴市深化文化体制改革工作，稳步推进政府购买公共服务政策落实，由市文化广电新闻出版局牵头，会同市财政局、市体育局于3月中旬联合发布《关于政府向社会力量购买公共文体服务的实施办法（暂行）》，为开展向社会力量购买公共文体服务工作提供政策保障。完成文化发展"十三五"规划编制，经过调研起草、征求意见和专家论证等环节反复修改，经市政府常务会议审议确定，提交"两办"正式发文。参与深化接轨上海工作，从文化人才对比研究、公共文化服务等方面主动对接上海，力求实效。

2016年，嘉兴市以示范区创建为抓手，不断提升公共文化服务水平。一是以东部地区第一的优异成绩成功创建国家公共文化服务体系示范区。自2013年10月获得示范区创建资格以来，嘉兴市扎实推进国家公共文化服务体系示范区创建工作，切实落实文化惠民各项措施。创建期内，市财政每年增设创建专项资金1000万元保障重点创建项目。至2015年年底，全市实际投入创建经费达8.4亿元。完善公共图书馆服务体系国家示范项目；创造文化馆总分馆的"嘉兴经验"；形成农家书屋与公共图书馆融合发展的"嘉兴做法"；"两员"制度实现全覆盖并在全省推广；试点开展文化事业单位法人治理结构改革。3月，中国社会科学出版社正式出版汇集33个创新案例的《嘉兴市公共文化服务创新案例》一书。上半年，顺利通过文化部组织的制度设计研究评审、创建过程管理考核、群众满意度调查、实地验收检查和验收集中评审五个环节验收。5月中旬，市委副书记、市长胡海峰和副市长柴永强带队参加示范区验收集中评审，最终嘉兴市以集中评审东部地区第一，以及制度设计、实地检查、过程管理、满意度测评总分第一的优异成绩，成功创建国家公共文化服务体系示范区。二是推进重点文化设施建设。抓好嘉兴博物馆二期、嘉兴市图书馆二期、嘉兴市非遗展示馆、嘉兴美术馆和嘉兴文化艺术中心"四馆一中心"的建设。博物馆二期续建完成外部工程建设；图书馆二期工程于11月开工建设；完成嘉兴大剧院设备设施大修工程立项和可行性研究报告等前期项目，12月开工建设；抓好嘉兴市文艺中心（市美术馆）项目前期工作。协调图书馆、博物馆区域海绵城市建设工程事项，确保该区域海绵城市建设项目的顺利开工。三是扩大文化服务品牌影响力。深化"文化有约"平台建设。全年开展公益性文化服务项目（活动）1462个、8540场次，网站总访问量突破450万次，直接受益群众达150万人次，在示范区创建实地验收中获专家高度肯定。同时，探索推动社会力量参与"文化有约"项目，与26家民营文化机构开展合作，向社会推出多个公益性服务项目。推进农村文化礼堂建设。制定服务菜单及详细活动方案，推进文化礼堂建设和服务标准化。至年底，全市建成农村"文化礼堂"443家，开展"送戏下乡"千余场。发挥"两员"作用，探索农村文化礼堂"建、管、用"一体化发展，建立长效机制，有效对接群众文化需求，成为百姓的"文化殿堂"、精神家园。推动全民阅读活动，打造"书香嘉兴"品牌。启动2016"书香嘉兴"系列活动，有13个主题活动贯穿全年，发布嘉兴市全民阅读指数调查的初步研究成果,嘉兴市居民阅读总指数位居全省第二。

2016年,嘉兴市强化核心价值观导向引领作用,重大文化活动和文艺创作成果丰硕。文化活动方面,成功举办庆祝中国共产党成立95周年全国美术作品展览嘉兴巡展暨第四届“红船颂”全国美术活动。巡展结束后,由嘉兴美术馆对精选的部分作品进行收藏。协力参与“2016中国·嘉兴端午民俗文化节”系列活动,成功举办“民俗文化与美丽乡村”2016年嘉兴端午国际学术研讨会,《二十一世纪中国民俗节庆文化的“嘉兴模式”》在研讨会期间首发。配合做好中央电视台“心连心”艺术团慰问演出及“红船颂”——庆祝中国共产党成立95周年音乐会有关工作。“乡愁的维度——嘉兴市百年美术作品展”在浙江美术馆成功举办。文艺精品创作方面,与市委宣传部、市财政局联合印发《嘉兴市文化精品工程重点项目扶持管理办法》,健全完善嘉兴市文化精品创作生产管理机制,对26个原创优秀作品进行扶持。开展第十届嘉兴市文学艺术南湖奖评选,共有35件作品获奖。纪录片《南湖女杰王会悟》、长篇小说《我的革命生涯》等入选浙江省文化精品扶持工程第十一批项目。吴恒冰、沈岩亮、兰晓星获“沙孟海奖”第九届全浙书法大展二等奖。大型越剧《五姑娘》参加省第十三届戏剧节展演。专题片《乌镇》获全省广播影视政府奖纪录片系列片一等奖。文化交流方面,继续开展与新疆沙雅的文化互动与走亲,举办“大漠情、水乡韵”专场演出。与台州市共同举办好区域文化联动,开展视觉展览、讲座展示、乱弹表演等活动。深入推进嘉兴——丽水“山海协作”系列文艺创作交流活动,举办“山·海·人”嘉兴丽水“山海文艺协作”5周年成果展。引进多场精品展览,如中国文字博物馆《汉字——中华优秀传统文化的载体》等。

2016年,嘉兴市牢固树立保护优先理念,文化遗产管理利用工作卓有成效。一是历史文化名城保护水平不断提高。提出加快历史文化遗产保护立法的建议,为嘉兴国家历史文化名城保护提供法律法规保障。加强大运河世界遗产的监测和管理,严格落实大运河(嘉兴段)遗产保护规划。马家浜考古遗址公园建设取得实质性进展,规划设计基本确定,马家浜文化博物馆项目完成前期工作。子城遗址经过一年多的考古发掘取得重大成果,发现北宋时期城墙、建筑等衙署遗迹,受到国内文物考古界高度肯定。《嘉兴子城遗址保护规划》《子城遗址保护与展示方案设计》正在编制之中。子城遗址整体申报第七批浙江省文物保护单位。配合规划建设部门,加快推进子城、月芦文杉、湖滨、民丰与冶金厂等重点片区的城市有机更新,加强文物古迹及周边环境的保护,进一步传承和彰显城市历史风貌。二是文物保护基础工作进一步夯实。一方面,深入实施不可移动文物保护修缮。完成文物单位安防系统、高家洋房、汪胡桢故居高平房等工程项目的立项及方案编制工作。开展范蠡湖、文星桥、王店米厂苏式粮仓、杜家桥等10余处文保单位的修缮工程。省级以上文物保护单位“四有”档案工作全部完成。另一方面,圆满完成全国第一次可移动文物普查工作。历时三年的第一次可移动文物普查成果显示,全市国有文物收藏单位共收藏可移动文物总数57691件(套),其中一级文物有88件(套)。嘉兴博物馆社会服务能力不断提升,联合市教育局、《南湖晚报》举办“嘉禾印象——我身边的文化景观”画信比赛,有75所学校3000多学生参与。加强博物馆际交流,引进中国文字博物馆、烟台市博物馆等特色题材展览,收到良好效果。三是非遗保护和传承工作扎实开展。成功承办第11届浙江省非物质文化遗产节暨2016浙江省“文化遗产日”主场城市(嘉兴)系列活动,嘉兴市第三个非遗文化客厅——嘉兴灶头画主题展示馆正式对外开放。承办“流水潺湲”浙江省非物质文化遗产传统音乐会,让市民了解非遗文化。完成第五批市级非物质文化遗产项目申报、省级非物质文化遗产项目、国家级非物质文化遗产代表性传承人申报,共有37项市级项目、8项省级项目申报成功。开展“美丽非遗进文化礼堂”等非遗活动。做好《运河记忆:嘉兴船民生活口述实录》《嘉兴传统体育、游艺与杂技》《嘉兴传统舞蹈》《嘉兴传统戏剧》《嘉兴曲艺》等非遗书籍的编辑出版工作。

2016年,嘉兴市注重创新拓展,文化产业发展不断壮大。加强文化产业发展平台建设。组织16家文化企业参展第十一届义乌文交会，展位数达65个，实现洽谈交易额400余万元；获得优秀组织奖二等奖，3家企业获得优秀参展企业奖，2家企业连续两年获得工艺美术金奖。做深做细省级文化产业示范基地申报工作，推动嘉兴市联众实业投资有限公司成功申报省级文化产业示范基地。做好2016年度中央财政文化产业发展专项资金申报工作，向省推荐嘉兴梅花洲景区江南运河民俗小镇、嘉善国际木雕城、江南传媒文化创意产业园、游戏装文化全产业链平台4个项目。拓展提升国有文化企业。嘉兴电影集团旗下湖州梅地亚影城、桐乡濮院银河电影两个新建影城借助移动互联网售票优势，经营业绩均超预期目标；嘉兴电影博物馆影城建成并投入使用。加快演艺市场培育发展，嘉兴大剧院不断拓展项目，以推进政府购买公共文体服务为契机，用好政府购买演出服务专项财政资金，引导和支持剧场提供更多演出剧目和服务；推出文化惠民卡通过票价惠民引导市民进入剧场，2016年文化惠民卡的销售额17.59万元。推动落实《关于推动“稳增长、促发展”加快文化产业发展的若干工作重点》等相关政策，取得明显成效：全市通过年度核验印刷企业1513家（打印复印除外），印刷业资产总额391.1亿元，其中规模以上重点印刷企业57家，资产总额109.26亿元，工业总产值104.39亿元，工业增加值19.22亿元，利润总额6.42亿元，对外加工贸易额2.29亿元。其中绿色印刷企业达到9家，走在全省前列。通过年度核验的出版物发行单位398家，出版物销售总额64912.47万元。据统计，全市有文化经营单位1292家，其中互联网上网服务营业场所683家，歌舞娱乐场所386家，游艺娱乐场所161家，演出场所22家，文艺表演团体17家，演出经纪机构23家，发展势头良好。

2016年，嘉兴市加大文化市场执法和管理力度，行业监管工作规范有序。围绕文化市场平安建设主线，突出场所安全生产、文化产品内容、市场经营秩序三个监管重点，加大执法力度，深入开展集中整治和专项治理行动，努力营造健康繁荣、群众满意的文化市场秩序。开展“黑网吧”专项整治行动。联合相关部门对全市“黑网吧”进行集中整治，至10月底全市强制取缔“黑网吧”62家，教育引导业主自行关停80家；办结案件246件，罚款109.5万元，没收非法所得5.3万余元。深入开展“扫黄打非”工作。贯彻落实全国“扫黄打非”第二十九次电视电话会议精神，制定下发“护苗2016”“清源2016”“固边2016”“净网2016”四大专项行动及利用云盘传播淫秽色情信息专项整治行动方案，要求各县（市、区）根据实际，制定本地、本单位行动方案，着力开展好各项行动。开展侵权盗版及非法出版物集中销毁活动，集中销毁盗版音像制品2.6万余张，非法书报刊9000余册，非法电子游戏机100余台。开展“绿书签”等系列宣传活动，通过张贴宣传海报、派发“绿书签”、关注微信公众号等方式，加强对法律法规的宣传，营造良好氛围。积极推动网吧转型升级，开展“上网服务场所管理长效机制试点”和“上网服务行业转型升级试点”工作，鼓励网吧探索多种业态和经营方式。全市有网吧706家，转型升级网吧334家，转型升级率43.9%，形成“网咖”“电子竞技”“网吧+咖啡+书吧”等多元化的融合模式。部分网吧通过联营、合作等经营管理方式，提高市场竞争力。

（嘉兴市文化广电新闻出版局）

专业文化

【嘉兴大剧院全年专业演出81场】 2016年，嘉兴大剧院引进专业演出81场，其中国外团队15个，演出16场；国内团队15个，演出65场，吸引7万余人次观看演出。引进优秀剧目有：大型多媒体歌舞剧《三国志·江山美人》，再现三国时期气势恢宏的场景；白俄罗斯国家芭蕾舞团《芭蕾之夜——世界经典芭蕾舞剧集锦》，优美的舞姿赢得观众如雷掌声；《谁主沉浮》“党建之路”，艺术再现中国共产党诞生的经典一幕；中央民族歌舞团大型舞剧《仓央嘉措》和杭州杂技总团大型杂技魔幻剧《飞天梦》，演员精湛的技艺折服现场，赢得几乎满场的票房成绩。此外还有大型民族交响套曲音乐会《丝路粤韵》、越剧《五女拜寿》、《五朵金花》民歌金曲演唱会等节目。儿童剧演出既有享誉中外的世界童话经典,又有探索未来的科幻系列。《疯狂的废纸世界》《超能陆战队》《白雪公主》《外星人总动员》《美女与野兽》等儿童剧座无虚席,社会效应显著。文化惠民工程持续深入,文化有约项目、场次大幅增加,文化惠民卡惠民效果明显,惠民卡平均价格45.6元。继续推进雏鹰计划万里行公益儿童剧演出。特邀浙江儿童艺术剧团为全市少儿带来40场大型公益儿童剧《琪琪的红舞鞋》,并在"文化有约"网开通免费预约观看渠道,为4万余儿童观众献上一道公益文化大餐。

【越剧《五姑娘》首演】 6月13-14日晚,由市委宣传部、市文化广电新闻出版局、市文学艺术界联合会联合打造,市戏剧家协会等单位联合创排的大型越剧《五姑娘》在嘉兴大剧院演出。20世纪50年代,嘉善籍戏剧家顾锡东将《五姑娘》的故事写成12场越剧大戏剧本。《五姑娘》以嘉善农村富家女五姑娘与长工徐阿天之间超越生死的爱情故事为主线,展示当时广阔的杭嘉湖一带城乡的社会现实与错综复杂的社会画卷,展现五姑娘、徐阿天的勤劳、善良、聪慧和对美好爱情的追求,赞颂美好的爱情。本次的越剧大戏《五姑娘》由嘉兴市戏剧家协会秘书长严旻操根据顾锡东先生原著整理改编,特邀浙江越剧团国家一级演员华渭强与原嘉兴市越剧团优秀花旦王建丽担纲主演,动员嘉兴市戏剧家协会的骨干力量,邀请省内外知名导演及舞美、作曲、灯光、服化专家,致力于打造一台小制作、大立意、故事性强、可看性强并富于鲜明地域特点的舞台综合艺术。此剧于9月19日在桐乡大剧院参加省第十三届戏剧节初评演出。

【启动歌舞剧《五色螺》编剧工作】 针对"五色螺传说",市非遗保护中心进行深入挖掘,搜集、整理,对资料进行存档,同时也对相关的民间老艺人进行抢救性记录与保存,在与省里几位专家老师多次沟通的基础之上,最后决定以歌舞剧的形式,计划完整且唯美的展现《五色螺》这个优美的神话故事。《五色螺》剧本先后修改9稿,明确6位主创人员,主要由浙江歌舞剧院、省文化馆专业干部担任。并于9月召开剧本论证会,主创人员,省、市相关专家,市文化局副局长陈云飞,市文化局公共文化处、市文化馆、市非遗中心、市歌舞团相关负责人参加会议,明确剧本内容及下一步工作计划。

【嘉兴市歌舞团】 2016年,嘉兴市歌舞团下基层演出90场,其中包括文化礼堂活动20余场、文化走亲活动5场、公益性活动2场、下部队活动3场,遍及农村、社区、工厂、部队、学校、新居民聚集区,总受益群众近20万人次。参加"永远跟党走,庆祝建党95周年"活动,新编创作品6个。送演出至嘉兴边防检查站,参加庆"八一"双拥晚会,参加两岸一家亲·共圆中国梦嘉台两地大学生联欢晚会。10月,嘉兴市歌舞团到新疆与沙雅进行文化交流,参加2016年"掀起你的盖头来·沙雅国际胡杨节"胡杨金秋游系列活动的启动仪式。完成湖州、绍兴、台州三地文化走亲任务。在浙江省第十届排舞大赛中获得青年组金兰花奖;舞蹈《潮·随想》在缤纷长三角"浦东泥城杯"舞蹈创作节目邀请赛中获优秀表演奖。2016年,嘉兴市歌舞团新增加演员10名,至年底,有演员27名。

(吴美莲　秦　怡)

社会文化

【制度设计课题通过文化部评审】 1月13-15日,文化部在中央文化管理干部学院开展第二批国家公共文化服务体系示范区创建城市制度设计研究课题验收评审。经过成果审核介绍、成果展示汇报、专家现场提问和专家打分评审等环节,嘉兴市最终以东部地区总排名第二的优异成绩顺利通过验收。这标志着嘉兴市公共文化示范区创建验收工作迈出完美第一步。制度设计研究是推动示范区创建体系化、规范化、标准化的科学方法,是示范区创建的重要环节和重要内容。嘉兴市组建由市领导任顾问,本地公共文化专家、各级文化行政部门负责人及公共文化单位实践经验丰富、理论功底扎实的专业人员组成的"三三制"课题组,并聘请有关专家担任学术指导。在经过为期两年多的深入调研及多次召开座谈会、研讨会、论证会提炼总结后，形成“1+5+X+2”系列成果：即1个总报告，《嘉兴市城乡一体化公共文化服务创新研究》；5个分报告，《嘉兴市公共文化体制机制改革创新研究》《嘉兴市文化馆总分馆服务体系研究》《嘉兴市公共图书馆中心馆—总分馆服务体系标准化研究》《文化有约：“互联网+”公共文化服务平台创新研究》《嘉兴市基层公共文化队伍“两员”制度研究》；若干由制度设计研究成果转化而来的政策文件、标准规范，以及1本创新案例集成和1份委托第三方开展的公众满意度调查报告。

【省公共文化服务体系示范创建】 1月27日，浙江省文化厅公布浙江省公共文化服务体系示范创建结果，命名30个乡镇（街道）为省文化强镇，100个村（社区）为省文化示范村（社区），通过对98个乡镇（街道）的省文化强镇复查，通过对736个村（社区）的省文化示范村（社区）复查，认定15个项目为省公共文化服务体系示范项目。嘉兴市秀洲区洪合镇、南湖区新丰镇、海盐县澉浦镇、平湖经济技术开发区（钟埭街道）、嘉善县魏塘街道5个镇（街道）被评为新创建的省文化强镇；秀洲区油车港镇澄溪村、南湖区凤桥镇永红村、嘉兴经开区嘉北街道紫溪社区、嘉善县罗星街道和合社区、平湖市广陈镇龙萌村、海盐县元通街道青莲寺村、海宁市海洲街道双凤村、桐乡市屠甸镇汇丰村8个村（社区）被评为新创建的文化示范村（社区）。嘉兴市经省文化厅复查合格的省文化强镇共8个，其中2011年4个（平湖市新仓镇、嘉善县姚庄镇、海宁市盐官镇、桐乡市石门镇），2012年1个（桐乡市崇福镇），2013年3个（嘉善县陶庄镇、海宁市许村镇、桐乡市梧桐街道）。经省文化厅复查合格的省文化示范村（社区）62个。同时，《海盐县文化工作员下派制度建设》被评为浙江省公共文化服务体系示范项目。

【获评第二批国家公共文化服务体系示范区】 4月13-15日，嘉兴市创建国家公共文化服务体系示范区检查验收汇报会在市行政中心6号楼举行，以文化部公共文化司副司长陈向红为组长的检查验收组一行听取嘉兴市创建工作总体情况汇报，查看台账资料，并实地抽查基层公共文化设施。5月16日，文化部在中央文化管理干部学院召开第二批示范区创建验收集中评审会议，嘉兴市市长胡海峰和副市长柴永强带队参加，全面系统介绍嘉兴市示范区创建的工作成效并现场回答专家的提问。评审会上，胡海峰表示，嘉兴的公共文化示范区创建永远在路上，将以此次集中评审为新起点，进一步深化完善，巩固提升，全力做好示范区后续建设和管理工作，继续为全国探索路径、积累经验、做出示范。最终，嘉兴市以东部组第一名的优异成绩通过集中评审。此次评审是示范区创建验收的最后一个环节，之前嘉兴市已先后顺利通过制度设计课题评审、创建过程管理考核、群众满意度测评、实地验收检查4个环节。8月31日，从国家公共文化服务体系示范区创建工作会议上传来喜讯，嘉兴市以总分东部地区第一的成绩获评第二批国家公共文化服务体系示范区，“嘉兴经验”作为典型在会上进行交流。两年多来，嘉兴市示范区创建撬动市、县、镇各级财政及社会力量对公共文化建设的集中投入，至2015年年底，全市实际投入经费达8.4亿元。群众的获得感与日俱增，嘉兴市公共图书馆服务体系城乡覆盖率达3万人/馆，高于日韩，接近英美水平。形成中国·嘉兴端午民俗文化节、中国·嘉兴国际漫画双年展、乌镇戏剧节等特色文化品牌，为群众奉上一道道文化大餐。“嘉兴的创建工作抓住了公共文化服务提高质量和提升效能的关键。”北京大学教授、文化部国家公共文化服务体系建设专家委员会主任李国新说。创建期间，“嘉兴经验”“嘉兴模式”在实践中得到深化和推广，围绕“城乡一体化公共文化服务创新”主题，着力破解公共文化领域具有普遍意义的突出矛盾和问题。“后示范区创建时期”，嘉兴将实施公共文化服务质量和效能持续提升、公共文化与文化产业融合发展、公共文化社会化促进、公共文化供给侧改革、公共文化创新研究五大工程，继续为全国做出示范。

【钱大礼作品展在嘉兴展出】 4月28日，由浙江美术馆、嘉兴市文化广电新闻出版局联合主办，嘉兴市文化馆承办的浙江美术馆流动美术馆展览项目之钱大礼作品展在嘉兴市文化馆开展。此次展览共展出著名书画家钱大礼先生的作品41幅,既有书法篆刻,又有山水画和花卉蔬果小品,展现了一代"海派"书画名家回归自然的绘画境界。

【第四届"红船颂"全国美术活动】 7月12日,庆祝中国共产党成立95周年全国美术作品展览嘉兴巡展暨第四届"红船颂"全国美术活动在南湖革命纪念馆开幕,吴长江、田宇原、马锋辉、刘冬生、高玲慧、卜凡伟、张志伟等领导出席开幕式。本届美术活动由中国美术家协会、嘉兴市人民政府共同主办,浙江省美术家协会、中共嘉兴市委宣传部、嘉兴市文化广电新闻出版局、嘉兴市文学艺术界联合会承办,活动由全国美术作品展览嘉兴巡展、"红船精神·美术解读"全国美术创作研讨会、"感受党的诞生地风采"全国美术名家采风3个项目组成。本次展览有95件中国画、油画、版画、综合材料等作品参展。7月12日下午,在嘉兴国际沙龙宾馆召开"红船精神·美术解读"全国美术创作研讨会。7月13日,全国美术名家走进南湖和月河,感受党的诞生地风采,采风创作。

【第九届"石榴奖"校园文化艺术节】 8-11月,由市文化广电新闻出版局、市教育局联合主办,市文化馆、市图书馆承办的嘉兴市第九届"石榴奖"校园文化艺术节举行。本届艺术节主要活动内容有:中小学生才艺(表演类)大赛,由语言类、声乐类、器乐类(不含钢琴)、舞蹈类四个比赛项目组成;"建设美丽嘉兴、创造美好生活"中小学生现场绘画大赛;中小学生"书人书语"微视频大赛;"禾源书香"——嘉兴市中小学生电子书创作大赛。经艺术节评委会评选,评出奖项177个,其中"石榴奖"167个,优秀辅导奖6个,优秀组织奖4个。

【8个文化馆通过文化部一级评定】 根据《文化部办公厅关于开展第四次全国文化馆评估定级工作的通知》精神,经自查、评估、公示等环节,9月26日,浙江省文化厅转发《文化部关于命名一二三级文化馆的决定》,嘉兴市8个文化馆被评定为一级文化馆。全市各级文化馆依托"两员"队伍,率先创造文化馆总分馆"嘉兴经验";试点开展文化事业单位法人治理结构改革,理事会超过半数理事面向社会公开招募,体现利益相关方共同协商管理的现代治理理念;通过嘉兴市"文化有约"平台,将文化资源打包成项目,以"菜单式"预约等形式向人们提供各类公共文化服务,有效对接群众文化需求;整合各级文化馆优质资源,将各类公益演出、培训辅导送到农村文化礼堂,打造精神家园,打通公共文化服务"最后一公里"。本次评估定级,为加强文化馆管理,优化资源配置,增加经费投入,充分发挥文化馆职能作用,创新服务方式,提高文化馆服务效能,开创文化馆事业发展打开新局面。

【五地一校油画写生及作品联展在嘉兴举行】 11月1日,由浙江省美术家协会、嘉兴市文化广电新闻出版局主办,浙江省油画家协会、五地美术家协会、浙师大美术学院、嘉兴市文化馆、嘉兴市美术家协会协办的第八届浙江省五地一校(金华、丽水、衢州、嘉兴、舟山和浙师大)油画写生及作品联展在嘉兴市月河历史街区启动。本次活动以"运河古城·两美嘉兴"为主题,有近40名油画家参与,以油画为载体,通过写生、展览和学术研讨等形式,开展艺术交流。在为期3天的活动中,油画家们前往嘉善西塘和秀洲区的王店、新塍等地进行采风创作。

【第十四届"社区之声"文艺调演】 11月21日晚,由嘉兴市文明办、嘉兴市文化广电新闻出版局、嘉兴市委社工办、嘉兴市广电集团主办,嘉兴市广电传媒有限公司、嘉兴市文化馆、海宁市文化馆承办的第十四届嘉兴市"社区之声"文艺调演之戏剧小品大赛在海宁市文化馆剧场举行。来自嘉兴市各县(市、区)的16支队伍参加演出。本届"社区之声"文艺调演以戏剧、小品为表演形式,除了对嘉兴市群众性戏剧、小品的创作和表演水平的促进和提高外,更是鼓励群众走上舞台当主角,用群众的视角发掘日常生活中的正能量。经大赛评委会评选,南湖区南湖街道桂苑社区选送的《遇事想开点》、海宁市硖石街道永丰村选送的《愿望》、嘉善县西塘镇朝南埭社区选送的《碰瓷》3个节目获一等奖,平湖市独山港镇全塘社区等选送的5个节目获二等奖，桐乡市梧桐街道百乐社区等选送的8个节目获优秀奖。

【第十届乡村文化艺术周】 12月9-16日，由市委宣传部、市文化广电新闻出版局主办的第十届嘉兴市乡村文化艺术周暨第三届网络春晚节目选拔活动在市文化馆及部分乡镇举行。本届乡村文化艺术周以“建设文化礼堂弘扬传统文化”为主题，由开幕式暨2016嘉兴市村级民间精品文艺节目展演、“戏韵禾风”嘉兴市传统戏曲陈列展、闭幕式暨2016嘉兴市调龙灯大赛等活动组成。通过展演、展示村级民间精品文艺、本市传统戏曲和舞龙表演等，全方位地展现嘉兴市乡村文化的巨大潜力和在文化礼堂建设中的喜人成果。最终评选出2016嘉兴市村级民间精品文艺节目展演金奖3个、银奖5个、优秀奖8个，“戏韵禾风”嘉兴市传统戏曲物件陈列展金奖3个、银奖4个，2016嘉兴市调龙灯大赛金奖3个、银奖5个、优秀奖4个。

【参加全省乡镇综合文化站评估定级】 2016年，浙江省文化厅开展全省第六次乡镇综合文化站评估定级工作。全省有1316个乡镇综合文化站参加评估定级，2017年年初省文化厅公布评估定级结果，全省有1206个乡镇综合文化站达到三级以上乡镇综合文化站标准，其中“特级综合文化站”171个、“一级综合文化站”379个、“二级综合文化站”282个、“三级综合文化站”374个。嘉兴市73个镇（街道）文化站全部参加评定，其中27个文化站被评为特级站，占全市文化站总数的37%，特级站率位居全省第一；42个文化站被评为一级站，占全市文化站总数的58%，一级站率位居全省第一。一级站和特级站总数69个，一级站以上占比94.52%，遥遥领先于其他地区。这与近几年来嘉兴市以国家公共文化示范区创建为抓手，高度重视基层公共文化建设密不可分。嘉兴市制定基层公共文化设施建设补助政策，构建文化馆“中心馆—总分馆”服务体系，镇（街道）综合文化站建设水平得以全面提升。

【拓展“文化有约”供需对接创新平台】 近年来，“文化有约”通过供给模式创新，以“互联网+公共文化服务”打造综合性、一站式平台，精准对接群众文化需求，已成为嘉兴公共文化服务的一张金名片。2012年，文化部领导对此项工作给予肯定并批示。该项工作获首届浙江省宣传思想文化工作创新奖。2014年，“文化有约”被列入嘉兴市政府“十大民生实事项目”。自2013年7月网站改版以来，“文化有约”网站访问量已突破400万次，形成“夕阳红e族”“帮兄弟回家”“小石榴艺苑”“零距离赏宝”“最炫民俗风”“科学棒棒堂”等一系列品牌。2016年，“文化有约”实现电脑互联网端、手机客户端、数字电视端三大服务平台的互联互通、同步运行，以“菜单式”预约服务形式，为老百姓提供免费培训、辅导、讲座、演出、展览、场地等公共文化服务。“文化有约”已从系统内的图书馆、文化馆、博物馆、美术馆等，拓展到系统外的科技馆、工人文化宫、青少年宫、妇女儿童活动中心等公共文化场馆，并延伸到各县（市、区），同时吸引近30家社会力量兴办的文化机构积极参与，实现跨部门、跨行业、跨地域公共文化资源的有效整合。至2016年12月，“文化有约”共推出培训、展览、演出等各类公益性文化活动13292场次，直接受益群众达150万人次。

【实施“双百、双千、双万”工程】 2016年，嘉兴市开展“双百、双千、双万”系列活动，推动落实文化惠民。全年全市广场文艺演出1892场次，观众1231164人次；电影放映1846场次，观众411769人次；歌舞戏曲下乡演出2513场次，观众1392275人次；电影下乡12272场次，观众1819208人次；万册图书下农村进社区367894册。举行队伍培训3947次，参加人数110970人次；讲座展览2186场，文化走亲602次。

（秦　怡）

文物　博物

【中国木版年画精品展】 1月1日至2月15日，“中国木版年画精品展”在嘉兴博物馆举行。展览汇集苏州桃花坞、河北武强、河南朱仙镇、天津杨柳青、山东杨家埠、四川绵竹、山西绛州、湖南滩头8种不同风格的年画100件(组)。展览期间,嘉兴博物馆推出年画“套版印刷”和“雕版印刷”活动,让观众零距离体验年画制作技艺。

【汉字——中华优秀传统文化载体特展】 2月25日,由嘉兴博物馆、中国文字博物馆联合主办的“汉字——中华优秀传统文化载体特展”在嘉兴博物馆开幕。展览由“汉字的起源与发展”“汉字的研究与传播”“汉字的艺术与创意”三个部分组成,展出有关中国汉字的128件文物。展览期间,嘉兴博物馆推出“活字印刷”“小小篆刻家”“知识问卷”等相关配套活动。

【嘉兴地区馆藏明代书画展在兰溪展出】 3月3日,“明色传馨——嘉兴地区馆藏明代书画展”在兰溪市博物馆展出。本次展览汇集嘉兴、平湖、嘉善三馆馆藏明代书画精品,内容上主要从山水、人物、花鸟、书法四方面进行展示,名家有董其昌、项圣谟、吴伟、宋旭等。通过展览,促进嘉兴、兰溪两地之间的文化交流,同时也反映嘉兴地区的文化底蕴和馆藏特色。

【“百年海派展”在河南安阳展出】 3月18日,由嘉兴博物馆和中国文字博物馆联合主办的“百年海派——嘉兴博物馆馆藏海派书画精品展”在河南省安阳市开展。此次展出的嘉兴博物馆馆藏海派书画分4个部分,通过77幅书画作品展示海派风貌:一、海纳百川,展示嘉兴画家在海派兴起过程中的巨大作用。二、笔砚生计,展示海派书画市场化的特点。三、林泉旧梦,展示海派山水画的特点。四、金石意趣,展示“碑学”“金石”书风的兴起和以金石入画的风气。

【湖北枣阳九连墩楚墓玉器特展在嘉展出】 3月25日,由湖北省博物馆、嘉兴博物馆联合主办的“玉魂国魄——湖北枣阳九连墩楚墓玉器特展”在嘉兴博物馆三楼禾缘展厅开幕。该展览共遴选190件(组)玉器和123件成套的棺饰青铜璧,分“神奇楚墓·九连墩墓地”“楚墓瑰宝·君子比德于玉”“楚玉之魂·灵秀与精巧之神韵”3个单元,以图文并茂的形式展示楚玉的精美外形及其所蕴含的丰富文化内涵。展览期间,嘉兴博物馆推出“秘密花园之七彩玉魂”等相关配套活动。

【烟台市博物馆馆藏鼻烟壶特展在嘉展出】 4月28日,由嘉兴博物馆与烟台市博物馆联合主办的“掌上乾坤——烟台市博物馆馆藏鼻烟壶特展”在嘉兴博物馆开幕。展览展出烟台市博物馆馆藏鼻烟壶200件精品,分“流光溢彩——玻璃鼻烟壶”“莹润剔透——玉石鼻烟壶”“五彩缤纷——瓷鼻烟壶”3个单元,呈现清代在欧洲鼻烟潮流下所发展出特有的鼻烟壶文化,同时欣赏集中西工艺大成的鼻烟容器之美。展览期间,嘉兴博物馆推出“感受掌中珍玩体验指尖上的博物馆”等主题活动。

【“中国共产党创建史”图片展在遵义开展】 6月25日,由嘉兴市委宣传部、遵义市委宣传部共同主办,嘉兴南湖革命纪念馆、遵义会议纪念馆联合承办的“开天辟地——中国共产党创建史”大型图片展在遵义会议纪念馆开展。嘉兴市委常委、宣传部部长陈越强出席开展仪式并讲话。此次展览展出照片图板90块,通过中国共产党成立的历史背景、过程和一大代表生平介绍,向观众真实地展示中国共产党的成立是开天辟地的大事变。此次展览也是中共嘉兴市委庆祝建党95周年系列活动之一,图片展随后在福建厦门、山东临沂、山西武乡等地相继展出。

【南湖革命纪念馆被授予中央国家机关爱国主义教育基地】 7月18日,中央国家机关工委在嘉兴南湖革命纪念馆举行授牌仪式,授予嘉兴南湖革命纪念馆“中央国家机关爱国主义教育基地”称号,中央国家机关党工委宣传部第一副部长赵建华、省直机关工委副书记王义、嘉兴市委副书记孙贤龙出席授牌仪式。授牌仪式由王义主持,赵建华和孙贤龙分别在仪式上讲话和致辞,赵建华代表中央国家机关工委为南湖革命纪念馆授牌。

【召开子城遗址考古勘探成果专家论证会】 7月19-20日,嘉兴市召开嘉兴子城遗址考古勘探成果专家论证会。会议由浙江省文物考古研究所、嘉兴市文化广电新闻出版局（文物局）主办。省文物局副局长郑建华、嘉兴市副市长柴永强等领导出席会议。嘉兴市人民政府副秘书长王伟荣，北京大学文博历史学院院长杭侃、中国人民大学教授包伟民等专家以及省考古研究所、嘉兴市有关部门领导参加会议，对嘉兴子城遗址的价值给予一致肯定，并就后续考古发掘、保护、利用和展示工作提出具体指导意见。7月19日下午，领导和专家们在嘉兴子城遗址考古勘探工地召开考古勘探工地现场会，实地踏看考古勘探工地，并认真听取省考古所考古领队研究员郑嘉励的工作汇报，详细了解考古勘探情况。7月20日上午，在嘉兴沙龙国际宾馆召开考古勘探成果专家论证会。

【市长胡海峰调研子城片区文化遗产保护工作】 8月25日，市长胡海峰一行专程调研嘉兴子城片区文化遗产保护工作。在子城遗址考古现场，胡海峰听取浙江省文物考古研究所研究员对子城遗址考古发掘的情况介绍，提出子城片区的规划建设要树立文化遗产保护优先理念，进一步加强对嘉兴子城遗址发掘与展示，科学编制保护规划，加快推进子城片区建设。要求抓紧启动高家洋房保护修缮工程，提升周边环境风貌，通过文物的合理利用发挥好文保单位的社会效益。

【经典动画与传统文化展】 8月25日，由嘉兴博物馆、温州博物馆联合主办的“动画中国风——经典动画与传统文化展”在嘉兴博物馆开幕。该展览以青少年为主体观众定位，以中国传统动画的发展为主线，提炼中国动画表现形式中的传统艺术元素。展览分四个单元，第一单元回顾从20世纪20年代开始，中国动画走过90多年历程的发展概况；第二单元展示水墨动画、木偶动画、皮影动画、剪纸动画等主要的传统艺术表现形式；第三单元介绍中国动画中所蕴含的传统文化要素；第四单元简述嘉兴漫画。展品涉及水墨画、木偶、皮影、剪纸、折纸、戏曲服饰、民族乐器、传统年画、嘉兴博物馆馆藏书画等162件，同时运用投影机播放经典动画片18篇。展览期间开展“软陶传统动画”“把动漫穿上身”“观看经典动画”等配套活动。

【纪念红军长征胜利80周年展览】 9月21日，由嘉兴市委宣传部、遵义市委宣传部、嘉兴军分区政治部、嘉兴市委直属机关工作委员会联合主办，嘉兴南湖革命纪念馆和遵义会议纪念馆共同承办的大型主题展览《长征与遵义会议——纪念红军长征胜利80周年展览》在嘉兴市南湖革命纪念馆展出。嘉兴市委常委、宣传部部长陈越强，遵义市委宣传部部务会成员、市委讲师团团长曾征以及各主办承办单位的相关领导和驻嘉部队部分官兵出席开幕式并参观展览。该展览运用大量珍贵的历史图片以及文字和视频，展现红军长征中波澜壮阔、可歌可泣的革命历史，深刻阐释伟大的长征精神和遵义会议精神。

【马家浜考古遗址公园概念性规划论证】 10月17日，召开《马家浜考古遗址公园概念性规划》论证会。嘉兴市建委、市旅委、嘉兴经济技术开发区规划分局和经投集团等有关单位参加会议。会议邀请浙江省文物局副局长郑建华、省文物考古研究所所长刘斌和研究员芮国耀、复旦大学教授高蒙河、中国美院风景建筑设计院赵思霓等组成规划评审专家组。会议认为，《马家浜考古遗址公园概念性规划》总体符合经国家文物局同意、省政府批准的《全国重点文物保护单位马家浜遗址保护规划》，较好地处理了古文化遗址的保护、展示与利用之间的关系，整体思路明晰、定位准确，为马家浜考古遗址公园深化方案设计奠定了基础。

【新昌大佛1500年纪念特展在嘉展出】 10月22日，由浙江省博物馆策划、嘉兴博物馆与新昌博物馆联合主办的“佛崎天姥——新昌大佛1500年纪念特展”在嘉兴博物馆三楼禾缘展厅揭幕。该展览分为“佛现越地”“东南佛土”“佛光遍照”三个部分，展品涉及佛像、佛塔、佛经、造像、堆塑罐、铜镜、鸡首壶等，种类多样，造型各异。汇集浙江省博物馆66件（组），以及东阳、天台、萧山、绍兴、柯桥、上虞、诸暨、嵊州等博物馆38件（组）馆藏精品，系统讲述中国佛教浙江发展的历史脉络，全面呈现博大精深的浙东佛教文化。既是一次在历史长河中与佛的对话，更是一场浙江佛学文化的饕餮盛宴。展览期间推出“童绘佛像”“佛教文化讲座”等活动。

【中共创建史与存俄档案文献学术研讨会】 10月26日,由浙江省委党史研究室、中国中俄关系史研究会和嘉兴南湖革命纪念馆联合举办的“中共创建史与存俄档案文献学术研讨会”在嘉兴召开。浙江省委党史研究室、中国中俄关系史研究会、嘉兴市委宣传部等有关部门的领导以及来自省内外的党史专家学者、论文作者等50余名代表参加研讨会。嘉兴市委常委、宣传部部长陈越强致开幕辞,浙江省委党史研究室主任金延锋致辞。中国社会科学院学部委员、中国中俄关系史研究会原会长、中国社会科学院俄罗斯东欧中亚研究所原所长李静杰研究员做主旨报告。中央党史研究室科研管理部原副主任、中国中俄关系史研究会常务理事、研究员姚金果作专题讲座。学术交流中,9位专家、论文作者围绕大会主题结合自己观点进行深入的探讨。最后,浙江省委党史研究室副主任曾林平总结讲话。

【省文物局局长柳河调研嘉兴文物保护工作】 11月17日,浙江省文物局局长柳河一行实地调研嘉兴市文物保护工作。柳河对全国重点文物保护单位马家浜遗址、嘉兴天主堂,浙江省省级文物保护单位嘉兴子城进行实地考察,现场听取情况介绍。嘉兴市文化广电新闻出版局副局长陈建江汇报嘉兴市近年的文保工作及今后的打算。柳河肯定嘉兴市文物保护工作的成绩,并指示要突出重点、抓住机遇、总结经验,稳步推进各项工作的落实,特别是嘉兴博物馆公共文化工作的经验,在全省都属于领先,一定要提炼总结,向全省推广。

【举办全市田野考古培训班】 11月29-30日,嘉兴市举办全市田野考古培训班。此次培训班是嘉兴文物考古队成立后的第一次培训,全队16名学员参加。培训班的课程分为理论培训和现场实践两个方面。理论课程分别邀请省考古所方向明、芮国耀和郑嘉励三位专家讲授。

【嘉兴海派书画精品展在桐庐展出】 12月29日,由嘉兴博物馆、桐庐博物馆联合主办的“百年海派——嘉兴博物馆馆藏海派书画精品展”在桐庐博物馆开幕。本次展览展出嘉兴博物馆馆藏海派书画作品68幅,分“海纳百川”“笔砚生计”“临泉旧梦”“金石意趣”四部分展示,汇聚包括张熊、蒲华、吴昌硕、沈曾植等海派名家的作品。通过展览,促进嘉兴、桐庐两地之间的文化交流。

（李晓明）

非物质文化遗产

【“最美非遗人”颁奖典礼在嘉善举行】 2月1日,由嘉兴市非物质文化遗产保护中心主办,嘉善县非物质文化遗产保护中心、嘉善县文化馆、嘉善县影剧院执行承办的嘉兴市第九个“服务传承人月”系列活动之“最美非遗人”颁奖典礼在嘉善影剧院举行。半墩表演队、嘉善非遗保护中心、冯嘉生、陈洁翔等35个团队和个人分别获得最具活力团队、特别贡献奖、优秀组织奖、最佳传承奖、非遗保护杰出人物5个奖项。由市民通过微信平台票选出的“我最喜爱的十大嘉兴非遗项目”也在活动当天公布,海盐腔、海宁皮影戏、蓝印花布印染技艺等10个项目荣获“我最喜爱的嘉兴非遗项目”称号。同时,还举行《我们的故事——嘉兴市非物质文化遗产项目代表性传承人口述实录》首发赠书仪式。颁奖典礼上,传承人以走红毯的方式入场,并在签名墙上签名、合影留念。

【承办省“文化遗产日”主场城市系列活动】 6月11日,是中国第11个“文化遗产日”。当天,在嘉兴南湖之畔,中国·嘉兴端午民俗文化节、2016“文化遗产日”暨第11届浙江省非物质文化遗产节主场城市(嘉兴)活动举行。浙江省文化厅副厅长陈瑶,嘉兴市副市长柴永强等领导,省、市有关部门、非遗保护专家以及新闻媒体出席本次活动。2016中国·嘉兴端午民俗文化节突出“嘉兴端午,中国味道”主题,既展现地域文化内涵,又挖掘端午民俗元素,成为保护嘉兴端午习俗这一国家级非物质文化遗产的有效载体和嘉兴百姓的节日盛宴。11日上午,“魅力非遗‘粽’意嘉兴”

非遗特色活动相继开展，裹粽品粽"粽"艺大观共享端午习俗，吃"五黄"、喝"午时茶"清香端午宴送来舌尖上的非遗，观香囊、做香囊"女儿工坊"传承民俗文化，一笔一画"绘扇送吉祥"把祝福送给亲朋好友。第三个非遗文化客厅——嘉兴灶头画主题展示馆也在南湖之畔勺园正式对外开放，以国家级非遗项目嘉兴灶头画为特色，采用动态技艺展示和静态实物展览相结合的方式，营造出如同家中客厅一样的保护和传承氛围。非遗客厅通过手工糕点制作、刺绣、竹刻、剪纸等丰富的非遗体验活动，让广大群众可听、可看、可学、可玩，零距离接触非遗、体验非遗、传承非遗。"蓝印花布端午系列展"同时在嘉兴市文化馆开幕，结合端午元素，通过不同图案与样式的蓝印花布料、染制工具以及蓝印花布工艺品，在夏日里为市民奉上一道文化盛宴。作为2016浙江省"文化遗产日"主场城市（嘉兴）系列活动的重头戏，当晚，由浙江省文化厅、嘉兴市人民政府主办，嘉兴市文化广电新闻出版局承办的"流水潺湲"浙江省非物质文化遗产传统音乐会在嘉兴大剧院精彩上演。整场音乐会分为《风》《水》《和》三个篇章，来自全省7个地市的9个具有代表性的传统音乐节目进行展演，古筝合奏、昆曲十番、浙派古琴、江南丝竹以及平湖派琵琶、舟山锣鼓等，让观众亲身感受传统音乐的魅力与浙江省悠久的历史和深厚的文化积淀。

【嘉兴"戏韵禾风"传统戏曲陈列展】 12月9–16日，嘉兴"戏韵禾风"传统戏曲陈列展在嘉兴市文化馆一楼展厅开展。嘉兴市非遗保护中心共收集戏曲服饰30套，乐器、道具65件，照片105幅，书籍、唱本资料46件；集中展示嘉兴传统戏曲非遗项目海宁皮影戏（人类）、平湖钹子书（国家）、海盐腔（省级）、桐乡花鼓戏（省级）、桐乡三跳（省级）、海盐牌子（省级）、嘉善宣卷（省级）等；邀请包括越剧、海宁皮影戏、平湖钹子书、海盐腔在内的4个剧种连演8天，给禾城市民带来一场文化盛宴。"戏韵禾风"戏曲陈列展分为水乡京华、越韵吴风、梨园拾遗三部分，通过戏曲行头、砌末、乐器、剧本、戏台的综合性展示，结合活态演出、动态表演录像轮播，让观众能从视觉、听觉上全方位感受嘉兴戏曲非遗项目的古今面貌，倾听禾城深情的吟唱。嘉兴共有省级以上戏曲类非遗项目8项，其中海宁皮影戏已列入人类非物质文化遗产代表作名录。本次活动得到社会各界的广泛关注，《光明日报》《嘉兴日报》《南湖晚报》等多家媒体对戏曲展进行报道，光明网、中国新闻网、凤凰网、搜狐新闻等网站纷纷转载。中国文明网专门对国家级非遗项目平湖钹子书的展演进行全程网络直播，让戏曲爱好者足不出户便能欣赏到原汁原味的嘉兴曲艺表演。

【8个项目被列为省非遗代表性项目】 12月30日，浙江省人民政府公布第五批浙江省非物质文化遗产代表性项目名录98项，嘉兴市民间文学：乾隆与海宁的传说（海宁市），传统美术：凤桥竹刻（南湖区）、纸凉伞灯彩（秀洲区）、乌镇竹编（桐乡市），传统技艺：南湖画舫制作技艺（南湖区）、盘窑技艺（嘉善县）、桐乡桑剪锻制技艺（桐乡市），传统医药：吴氏中医内科（嘉善县）8个项目被列其中。至此，嘉兴市有省级非遗代表性项目70项。

【公布非遗代表性项目传承人】 2015年12月，嘉兴市文化广电新闻出版局开展第三批嘉兴市非物质文化遗产代表性项目代表性传承人的申报和评审工作。经各地认真推荐、申报，专家评审委员会评审、社会公示和复审，2016年2月，确定林天仁等88名传承人为第三批嘉兴市非物质文化遗产代表性项目代表性传承人。此次入选的传承人所属项目包括民间文学、传统音乐、传统舞蹈、曲艺、传统戏剧、传统体育、游艺与杂技、传统美术、传统技艺、传统医药、民俗等类别。至此，嘉兴市有国家级非遗代表性项目代表性传承人8人，省级51人，市级187人。

（秦　怡）

图书事业

【概况】 2016年，嘉兴市图书馆顺利完成国家公共文化服务体系示范区创建中图书馆的各项指标和重点项目,社会效益得到显著提升。其中,嘉兴市本级总分馆服务体系建成包括1个总馆、2个区分馆、12个乡镇(街道)分馆、32个村(社区)分馆及323个流通站的服务网络。全年接待读者354.39万人次(其中乡镇分馆124.36万人次);新办理借书证28186张,有效借书证总计20.6万张;文献外借227.5万册次(其中乡镇分馆文献外借68万余册次)。全馆新增文献21.4万余册(件),其中新增印刷型图书156700册,数字图书5万余种,VCD等电子读物4201片;新订期刊2883种,新订报纸638种,全馆总藏量累计约311万册(件)。嘉兴数字图书馆读者有效访问累计411余万人次,数据库访问累计4313余万人次,其中2016年度读者有效访问91.3万人次,数据库访问998.5万次,文献传递统计26.1万次。2016年,嘉兴市图书馆举办各类报告、讲座92场。其中由市委宣传部主办、市图书馆承办的"南湖讲坛"23场;各类展览213场(总馆49场,送展览到基层82场次,汽车图书馆82场)。总分馆举办各类读者活动5459次(主题活动2503次,馆员荐书498次,共享工程影视播放2458次)。

【通过国家公共文化服务体系示范区验收】 2016年5月,嘉兴市以全国总分第一的成绩通过第二批国家公共文化服务体系示范区验收评审,嘉兴市图书馆服务体系建设被验收小组专家认为是示范区创建的重要亮点,在地区乃至全国具有推广和示范意义。按照嘉兴市创建国家公共文化服务体系示范区的验收要求,嘉兴市图书馆严格落实14项与图书馆相关的指标,在验收中各指标全部达到优秀。其中主要指标为,嘉兴市公共图书馆服务体系人均藏书1.66册(示范区创建指标优秀为1.2册以上),人均年增新书0.13册(示范区创建指标优秀为0.05册以上),平均每册藏书年流通率1.12次(示范区创建指标优秀为1.1次以上),市、县两级图书馆人均年到馆次数2.43次(示范区创建指标优秀为0.6次以上)。

【完善城乡一体化公共图书馆服务体系】 2016年,嘉兴市图书馆完成塘汇街道、城南街道、长水街道等4家社区分馆的建设,开通团市委、市电力局、市福利院等10家图书流通站,同时新建智慧产业园、中级人民法院2家24小时自助图书馆。嘉兴市汽车图书馆正式投入使用,在市本级设立31个固定服务点,以村、社区为主,还包括新居民子女学校、部队、福利院、养老院等。读者可在车上办理图书借阅证、图书借还与阅览、上网浏览、查阅图书馆的海量数字资源、参与阅读推广活动等。2016年开展258次服务,每次服务都在2个小时以上。办理借阅证约1500张,借书18200多册,约2万多人次到车借阅。车上图书更新5000多册,漂流杂志500多册。除了基本服务外,汽车图书馆每月定期开展形式多样的读者活动,如"阅路绘本故事会"、"贝贝国学"少儿数字阅读体验、"好书有约"流动推荐专架、共享工程电影展播、主题图片展等,全年累计开展活动150余场。

【图书馆数字服务】 在数字图书馆建设与利用方面,2016年嘉兴数字图书馆的读者有效访问量91.3万人次,数据库访问998.5万次,文献传递统计26.1万次。在手机阅读方面,2016年嘉兴移动图书馆用户登录28万人次,点击量为551万次,文献传递2.5万次。另外,2016年引进27台超星歌德电子书借阅机,放置于图书馆总分馆、街道、医院、银行和政府办事大厅等地,方便读者直接将自己喜爱的电子书下载到手机上阅读,全年电子书借阅机下载量30959册。在电视图书馆方面,嘉兴电视图书馆共分"嘉图概览""共享工程""讲坛讲座""课外学习""职场充电""嘉禾往事"等12个子栏目,有3000多册藏书及上千个小时的音视频内容,2016年电视图书馆的总访问量134余万次,视频总点播数13万余次。在数字资源宣传推广方面,2016年图书馆工作人员先后到市人力资源社保局、海宁市图书馆、嘉兴第一医院等,进行嘉兴数字图书馆利用辅导讲座;与嘉兴市五县(市)公共图书馆合作,举办"第二届E阅读明星积分赛活动",以积分竞赛的方式鼓励市民使用"嘉兴市民学习中心"的数字资源,活动期间的浏览量约15万次。此外,2016年继续建设嘉兴地方文献数据库平台,搜集在嘉兴出版或跟嘉兴地方文化相关的图书、期刊、报纸网络、博硕士论文、视频等全文文献。作为全省第一个地方文献数据库平台，该平台将在地方文献保护与传播上起到极大的作用。

【图书馆活动品牌化】 2016年，嘉兴市图书馆以"文化有约"为平台，打造一系列常态化的品牌活动，如"帮兄弟回家"、"夕阳红e族"电脑培训班、"市民E课堂"培训、红十字生命e课堂、"两会"专题信息服务、"禾禾"少儿活动、"南湖讲坛"、"快乐读写直通车"、"好书有约"等。其中，"禾禾"已经成为图书馆优质少儿活动的品牌，包括"禾禾"故事会、"禾禾"英语角、"禾禾"科普站、"禾禾"手工坊等。2016年，嘉兴市图书馆总分馆举办779场禾禾系列活动，近万人次参加。"夕阳红e族"电脑培训班，嘉兴市图书馆总分馆联动，针对老年读者推出一系列电脑操作与网络应用的基础培训课程，既丰富老年人的业余生活，也提高他们利用信息的能力。2016年，嘉兴市图书馆总分馆业举办495场培训活动，总计超过5000人参加。

【古籍工作】 2016年，嘉兴市图书馆加大古籍普查力度，推动馆藏古籍的整理、清点和编目工作，完成古籍普查工作。此外，对陆氏家族捐赠的1111册古籍和617件书画作品中的部分精品，编辑出版《嘉兴市图书馆藏陆氏捐赠书画古籍珍品图录》。重印《光绪嘉兴府志》。为进一步推动中国传统文化，图书馆古籍部还推出"雕版印刷体验活动"，采用现场教学与实际体验相结合的方式，唤醒市民对传统文化的传承和保护意识。

【图书馆二期建设项目开工】 嘉兴市图书馆二期(古籍善本藏书楼)工程总建筑面积为11300多平方米，地下一层车库，地上一层为亲子阅读和少儿阅览空间，二层为创客空间和多元文化体验馆，三层为古籍善本书库和古籍阅览室，四层为读者活动空间。二期工程于2016年5月通过规划审查，6月取得市发改委初步设计批复，10月取得建设工程规划许可证，11月1日施工招标结束，福达工程建设股份有限公司中标。11月23日，市图书馆举行二期工程开工仪式。

【志愿者参与图书馆服务】 2016年，有3913人次的志愿者参加图书馆的志愿服务，累计服务时间超过6000小时，为图书馆提供整理书架、举办活动、读者服务、协助日常馆务等工作。其中，来自嘉兴学院、同济大学浙江学院青年志愿者服务总队、同济大学浙江学院会计系团委、嘉南洋机电工程分院党员青年先锋队等的志愿团体长期为图书馆提供志愿服务。

【举办"世界读书日"系列活动】 4月23日，2016"书香嘉兴"系列活动启动仪式在嘉兴市图书馆启动，并发布《2015年度嘉兴市居民阅读调查初步成果报告》，一场以"书香嘉兴，崇文厚德"为核心的阅读风暴席卷禾城，嘉兴市图书馆总分馆联动推出40余项阅读推广活动，带领4000余名市民读者共同体验阅读之"美"。主要活动有：品读——朱生豪与莎翁的"不解之缘"、荐阅——让阅读成为城市的"主旋律"、参与——图书馆"触手可及"。通过多项主题活动同时段开展，拉近市民读者与图书馆的距离，让市民读者多角度、多元素的亲身体验图书馆服务。

【嘉兴汽车图书馆打造阅读活动新阵地】 自3月正式投入使用以来，嘉兴汽车图书馆定时、定点为36个服务点提供服务145次，开展活动35场，办理借阅证1000余张，借书7000多册，服务人口约6万余人，为基层的百姓提供多元的阅读体验。汽车开到哪里，服务就"流"到哪里，一个"行走着"的"迷你型"图书馆把"守株待兔"式的被动服务改变为"送书上门"的主动模式，架起城乡文化传递的桥梁，不仅让市民读者了解、知晓图书馆的服务功能，也让市图书馆总分馆的特色少儿阅读活动街知巷闻。汽车图书馆与总馆、分馆形成的动静结合图书馆服务网络，深入基层播撒阅读的种子，打造阅读活动新阵地，将公共文化服务的硕果切实送至百姓身边。

【嘉兴市新华书店有限公司】 2016年，嘉兴市新华书店有限公司实现销售17663万元，利润总额为1445万元。其中教材营销中心完成销售11600万元，同比增长800万元，增幅7.7%。市场营销中心销售1281万元，其中团购部销售完成841万元,增长23万元。公司有员工130余人,营业面积4500平方米,拥有2个市区门市部、1个乡镇门市部和18家连锁书店。年内,嘉兴文化传媒广场项目工程主体建筑全面完成,进入附属设备安装阶段,有望在2017年全面竣工验收。项目定位及业态规划进一步优化,2016年落实酒店、影城、书业融合平台三大核心业态。以"爱阅读、畅童玩、乐生活"为主题的嘉兴书展在6月9-11日举办。为期3天的书展,累计客流6.5万人次,销售122.5万元,与市图书馆联办的"新书免借"活动,读者借阅793册,另有多家学校单位进行采购。积极探索电商运营、大力推进线上营销、线上线下互动模式,谋求电子商务和传统书业的融合发展。2016年书店推进的线上营销移动支付功能日剧完善,卖场开通微信支付、支付宝支付,并成功入住阿里口碑端。卖场的很多营销活动,都开通微信支付和支付宝支付,营销成果明显。教育装备业务方面,成功参与"嘉兴市第四高级中学语文、数学学科素养拓展教室"建设,并通过验收交付使用,取得较好口碑。

(宋　波　秦　怡)

文化市场管理

【概况】 2016年,全市有文化经营单位1403家,其中互联网上网服务营业场所747家,歌舞娱乐场所404家,游艺娱乐场所174家,文艺表演团体18家,演出场所24家,演出经纪机构26家,互联网文化经营单位10家。全市出动检查人员14760人次,检查经营场所19239家次,受理举报(督查)50件,行政立案调查284件,办结案件283件,罚款1119500元,没收非法所得54156元,停业整顿22家次,吊销许可证3家次,移交司法机关追究刑事责任案件2件。2016年,嘉兴市文化市场行政执法支队、海宁市文化市场行政执法大队分别被国家版权局评为全国打击侵权盗版有功单位;海盐县文化市场行政执法大队办理的一起非法设立广播电台案被文化部评为全国十大案件。

【启动文化市场黑名单管理机制】 为加强文化市场内容监管,加大对严重违法经营主体的惩戒力度,促进行业诚信自律,7月7日,嘉兴在全市试行文化市场黑名单管理制度,即日起有以下严重违法情形之一的经营主体,将被列入黑名单:一是擅自从事文化市场经营活动,被文化行政部门(文化市场综合执法机构)或者其他部门处罚两次以上的;二是被文化行政部门或者文化市场综合执法机构吊销许可证的;三是因欺骗、贿赂等不正当手段取得的许可证、批准文件被文化行政部门撤销或者因伪造、变造许可证、批准文件被文化行政部门或者文化市场综合执法机构行政处罚的;四是未经许可擅自从事涉外、涉港澳台营业性演出业务,或未经许可擅自举办涉外、涉港澳台营业性演出活动的;营业性演出活动中,从事淫秽色情表演等禁止情形,造成恶劣影响的;演出活动中以假唱、假演奏或其他手段欺骗观众、恶意炒作、操纵市场,造成严重社会影响的;五是网络文化企业经营含有《互联网文化管理暂行规定》第十六条禁止内容的文化产品和服务,严重违反有关法规规章,被文化行政部门或文化市场综合执法机构处罚两次以上的;六是网吧场所一年内两次被查获接纳未成年人行为的;歌舞娱乐场所接纳未成年人,造成严重社会影响的;七是电子游戏游艺场所设置赌博机型机种,造成严重社会影响的;八是法规规章规定的其他情形。被列入黑名单的文化产品及经营主体将作为文化行政部门的重点监管和审查对象,取消被列入黑名单的文化产品评奖评优资格,取消被列入黑名单的经营主体的表彰奖励、政策试点、政府采购、政策性资金及项目扶持等资格,其法定代表人或者主要负责人依法不得担任新设立文化市场经营主体的法定代表人或者主要负责人。

【"扫黄打非"工作督查】 为维护"G20杭州峰会"期间意识形态安全和文化安全,全面推进2016年"扫黄打非"工作,8月24-26日,嘉兴市"扫黄办"联合文化、公安、市场监管、综合执法、邮政等部门相关人员组成督查组对各县(市、区)落实"扫黄打非"专项行动情况进行督导检查。此次督查组共分两个小组,采取实地检查与听取简要汇报相结合的方式，重点围绕“护苗2016”“清源2016”“净网2016”“秋风2016”“固边2016”五大专项行动的开展，对书店、印刷企业、邮政报刊亭等有关主要场所进行督查。督查组检查书店11家，印刷企业10家，邮政报刊亭7家。从检查情况看，全市出版物市场和印刷企业总体比较平稳，各项规章制度的执行比较规范，但也存在实体书店和邮政报刊亭面临萎缩，有关印刷企业五项制度落实方面需进一步加强等问题。

【开展歌舞娱乐场所曲库整治行动】 5月，嘉兴市全面检查歌舞娱乐场所曲库情况，以依法查处播放含有禁止内容曲目行为，有效删除有害文化信息，努力净化社会文化环境为行动目标。专项整治行动以召开部署会议、组织自查自纠、集中开展整治，分步骤层层推进。全市组织执法力量，逐一清查辖区内歌舞娱乐场所曲库，发现含有禁止内容曲目的场所，依法依规予以立案查处。同时，通过有效途径，加大对经营业主的宣传教育力度，讲解传播有害文化信息所产生的社会危害及要承担的法律责任，增强业主守法、文明、诚信经营意识。

【开展艺术品市场集中检查】 年内，为贯彻落实文化部新修订的《艺术品经营管理办法》，加强艺术品市场管理，促进艺术品市场健康有序发展，嘉兴市文化市场行政执法支队对艺术品市场开展集中检查。执法人员重点检查艺术品经营单位是否在文化部门备案，艺术品进货来源渠道是否正规，是否明码标价，是否含有禁止内容等；对已备案单位进行规范指导，对未备案单位提供相关部门联系方式，督促其及时办理经营所需证照及备案手续。检查中发现，两家艺术品经营单位对场所内代售的书画作品均未标明作者、年代、尺寸、销售价格等信息。执法人员责令当事人规范经营，守法经营，并开具整改通知书。据不完全统计，嘉兴市有各类美术品经营单位上百家，群众对艺术品的需求量逐步增大，艺术品也在嘉兴慢慢打开市场。经营内容涉及绘画作品、书法篆刻作品、雕塑雕刻作品、工艺美术作品等多个门类，经营活动涉及美术品的收购、销售、装裱等各个方面。

【开展印刷企业专项检查】 6月上中旬，嘉兴市开展印刷企业专项检查，主要检查辖区内印刷企业是否存在承印验证制度未落实、举报标志和印刷企业“五项制度”未张贴、证照未上墙悬挂、未能提供日常检查登记本、无承印台账资料等违法违规行为。重点检查承印验证、承印登记、印刷品保管、印刷品交付、印刷活动残次品销毁五项制度落实情况。本次专项检查出动30人次，检查印刷企业42家次，检查中发现一家印刷企业涉嫌变更住所未向原批准设立的出版行政部门备案，现已立案调查。检查还发现个别印刷企业存在一些安全隐患，检查人员当场责令企业负责人立即整改，要求企业对员工进行经常性的安全教育和培训，员工要熟悉各项安全生产条例和技能；要求企业安全生产责任制要落实到人，杜绝一切不安全的隐患。

【开展网吧、娱乐场所禁毒联合执法检查】 8月1日，嘉兴市文化市场行政执法支队配合市公安局禁毒支队，对市辖区网吧、歌舞娱乐场所禁毒工作进行突击检查。本次联合检查内容主要有三个方面：一是张贴禁毒宣传标识，歌舞娱乐场所要将禁毒警示标志牌、宣传画张贴在场所出入口、走道、包厢等明显位置，并在电视、电子屏幕上显示和播放禁毒宣传材料；网吧场所的每一电脑屏保上都须有禁毒标识。二是与辖区内每一家歌舞娱乐场所签订禁毒管理责任书，要求场所负责人与管理人员、全体从业人员之间层层签订禁毒管理责任书。三是各娱乐场所开展自查自纠、落实场内巡查制度，并做好巡查台账资料。从本次检查情况来看，全市歌舞娱乐场所禁毒工作总体情况良好，各场所负责人能重视禁毒工作，有较强的防患意识和管理意识，每家场所禁毒标志牌等均能上墙张贴。但检查中也发现场所管理人员与从业服务人员的责任不够明确，对禁毒工作的日常巡查制度不够落实，对新进从业人员禁毒知识的培训宣传不够到位。

【取缔无证照网吧】 8月22日，接群众举报，嘉兴市文化市场行政执法大队联合经济开发区派出所、经济开发区教文体局重拳出击，查实取缔一家无证照网吧。该无证照网吧位于嘉兴市中环西路28号富悦大酒店4楼,网吧内空间小设备多,环境卫生差,存在较大安全隐患。执法人员现场进行取证,查扣相关上网设备,现案件正在进一步调查之中。

【月河历史文化街区消防安全督查】 10月20日,嘉兴市文化广电新闻出版局局长金琴龙、副书记王蕾带队,对嘉兴市月河历史文化街区进行消防安全工作督查。金琴龙一行与嘉城集团月河历史街区负责人、南湖区消安办、新嘉街道进行会晤,交流近年来月河历史街区存在的消防隐患以及采取的各项消防安全措施。嘉兴月河历史街区自2008年9月28日修缮整治开放以来,存在着建筑群砖木结构、耐火等级低、消防设施与现行国家规范冲突等消防安全隐患。嘉城集团近年来加大对消防安全方面的投入,成立专职消防队,由12名消防队员组成,同时配备2艘消防艇;同时,月河街区也成立由保安和商家组成的义务消防队,实行24小时值班制度。月河历史街区在日常管理制度方面也严格落实,建立消防应预案,消防安全责任实施网格化管理,上至嘉城集团董事长下至月河街区保安,都纳入网格内部。在消防基础设施建设方面,月河历史街区增加消费设施设备的数量,加强建筑群之间的防火分割,并聘请专家走访调研,确保消防设施与景区的实际情况相符。

【开展文物检查交流】 12月6–9日,嘉兴市、县(市、区)两级文物监察机构组成交叉检查组,对丽水地区的文物保护单位进行检查交流。检查组一行先后检查丽水地区的庆元县、龙泉市、云和县和莲都区的国家、省两级文物保护单位。此次检查,以文物保护安全工作的组织领导、岗位职责、巡查制度、标志牌及文字说明、文物本体保护、消防安全隐患自查自检和违法行为查处情况等内容为检查重点,同时听取当地文物监察机构及文保单位的管理制度及工作介绍,并就文物保护、文物巡查、文物执法等问题进行交流和探讨。本次共检查“龙泉大窑遗址”“浙江大学龙泉分校旧址”等全国重点文物保护单位7家及“吴文简祠”等省级文物保护单位4家。检查组就此次交流检查发现的问题现场作了反馈,对文物的保护管理与合理利用提出意见建议。

(何静华　董燕艳)

文化交流

【嘉兴·丽水“山海文艺协作”五周年活动】 1月11日,“山·海·人”嘉兴·丽水“山海文艺协作”五周年成果展在嘉兴大剧院开幕。嘉兴市委副书记、市长林健东宣布展览开幕,嘉兴市委常委、宣传部部长陈越强,丽水市委常委、宣传部部长陈建波出席开幕式。此次五周年成果展展出两地艺术家美术、书法、摄影优秀作品200多件,主题突出、题材广泛、创作手法多样,既有两地艺术家潜心创作的原创力作,也有两地艺术家互访时的采风精品。当晚,“山·海·人”嘉兴·丽水“山海文艺协作”五周年民间文艺精品会演在嘉兴大剧院举行。5月12日,“山·海·人”丽水·嘉兴“山海文艺协作”五周年视觉艺术成果展在丽水美术馆开幕。展览展出两地艺术家创作的美术、书法和摄影作品共240余幅,体现两地自然风光、风土人情、人文历史及社会发展情况,展示两地在“山海文艺协作”中结下的丰硕成果。5月11–14日,嘉兴市文联还组织美术、书法、摄影创作骨干到丽水采风,与丽水艺术家一起创作交流。

【嘉兴、绍兴、湖州、苏州美术作品联展】 4月5日,“丝乡行——嘉兴、绍兴、湖州、苏州美术作品联展”绍兴巡展在绍兴市文化馆开幕,展出作品近50件,来自嘉兴、绍兴、湖州、苏州四地的文联领导和画家们出席开幕式。开幕式上,嘉兴市文联主席王一伟致辞。

【参加中国(义乌)文化产品交易博览会】 4月27–30日,第十一届中国(义乌)文化产品交易博览会在义乌国际博览中心举行。嘉兴市16家企业组团亮相,其中两家企业进驻中心馆展示。在本届文交会上,嘉兴市文化广电新闻出版局获得优秀组织奖；嘉兴温克尔曼乐器有限公司和桐乡市丰同裕蓝印布艺有限公司获得最佳参展企业奖；“乌镇印象·枕水人家”获得工艺美术奖金奖；竹刻《千里传书》贴青屏风获得工艺美术奖铜奖。展会期间成交和达成意向成交额达300多万元，在展示嘉兴文化的同时也获得较好的经济效益。

【嘉兴端午国际学术研讨会】 6月9-10日，由中国民俗学会、嘉兴市节庆活动组委会办公室联合主办的“民俗文化与美丽乡村”2016年嘉兴端午国际学术研讨会在浙江嘉兴举行。来自国内外的40余位专家学者出席研讨会。研讨会上，汇聚前3年研究成果的专著《二十一世纪中国民俗节庆文化的“嘉兴模式”》首发。

【嘉兴沙雅两地文化走亲活动】 7月11日，新疆卫视品牌栏目《掀起你的盖头来》走进嘉兴，在梅花洲景区为禾城百姓献上一场主题为“民族团结一家亲”的文艺演出。本次“大漠情·水乡韵”嘉兴专场演出由新疆电视台、嘉兴市委宣传部、嘉兴市文化局、嘉兴市援疆指挥部和新疆沙雅县委、县政府联合主办，是嘉兴沙雅两地文化走亲活动的重要组成部分。来自沙雅县的演艺人员有50余人，涉及沙雅县文工团的演员、民间艺人、农民画家、老党员代表、草根达人等。《掀起你的盖头来》是新疆卫视首档大型文化娱乐服务类节目，每周日晚8时15分播出，以“走基层、看变化、大联欢”为主题，深入基层、贴近群众。本次文化走亲从以往主要由沙雅县和嘉兴市两地之间的活动，提升到将新疆卫视品牌栏目引入到两地的文化交流中，进一步扩大影响力，宣传嘉兴援疆情。新疆沙雅县是嘉兴市对口支援地，从2012年起，沙雅和嘉兴两地的文化交流活动日益活跃，不断开展的文化合作和文化走亲活动成为推进两地社会发展的一张金名片。

【韩国江陵师生走进嘉兴非遗文化客厅】 7月12日，韩国江陵的老师、同学们与禾城师生一起在嘉兴勺园非遗文化客厅“零距离”走进非遗，体验嘉兴民俗文化。嘉兴非遗中心为中韩师生准备“草木染”、包粽子、传统糕点体验等一系列好吃好看好玩的非遗文化“大餐”。

【第三届嘉兴·台湾摄影交流展】 9月28日，“跨越海峡——第三届嘉兴·台湾摄影作品交流展”在嘉兴市图书馆开展。嘉兴市政协主席高玲慧、副主席李水根、秘书长高梓福，市委宣传部副部长王登峰，市台办主任张形芳等出席开幕式。同时出席活动的还有台湾高雄高青摄影学会的代表团成员。本次摄影展征集到两地摄影作品500多幅，展出作品100幅，其中嘉兴摄影家和业余摄影爱好者拍摄的作品50幅，台湾高雄高青摄影等学会和在嘉台胞拍摄的作品50幅。开幕当天同时举办两岸摄影协会交流座谈会。

【嘉兴·绍兴文化走亲】 10月19日晚，由绍兴市文化广电新闻出版局、嘉兴市文化广电新闻出版局主办，绍兴市文化馆、嘉兴市文化馆、平湖市文化广电新闻出版局、越城区文化馆、柯桥区文化馆、上虞区文化馆和嵊州市文化馆等共同承办的禾风越韵——嘉兴·绍兴文化走亲绍兴专场演出在平湖市文化馆剧场举行。文化走亲，丰富了两地群众文化服务的内容，实现资源共享和优势互补。

【中国·嘉兴国际漫画双年展巡展】 12月2日，中国·嘉兴国际漫画双年展（沈阳）巡展在辽宁美术馆开幕，展览由中国美术家协会、嘉兴市政府主办，辽宁省美术家协会漫画艺委会、中国漫画创作基地（嘉兴）办公室、浙江省美术家协会、浙江省漫画家协会、嘉兴市文化广电新闻出版局、嘉兴市文联承办，有80多幅中外优秀漫画作品参加巡展。中国美协漫画艺委会主任徐鹏飞、浙江省漫画家协会主席俞志达等领导及辽宁省漫画作者和漫画爱好者代表近百人参加开幕式。开幕式后举行座谈会，中国美协漫画艺委会、浙江省漫画家协会、辽宁省美协，以及嘉兴方面的专家代表参加座谈会。

（沈　蕾　秦　怡　吴美莲）

传　　媒

综　　述

2016年，嘉兴市新闻宣传工作以中共十八大、十八届历次全会精神为指导，认真贯彻落实习近平总书记系列重要讲话，特别是“2·19”“11·7”重要讲话精神，坚持团结、稳定、鼓劲和正面宣传为主的方针，围绕中心工作，把握舆论导向，改进新闻宣传工作，做大做强做精重大主题报道，加强和改进突发事件和社会热点舆论引导。坚持新闻例会、新闻通气会等新闻管理制度，加强新闻工作者队伍建设，完善落实各项考评体系，发挥新闻内参作用，提升新闻舆论的整体水平，推动新闻事业健康发展。

政治宣传。开展习近平总书记“治国理政新理念新思想新战略”宣传，开设“治国理政新理念新思想新战略”专题专栏，及时转载摘播上级媒体重要稿件，并对党建工作、法治建设、保障民生等工作进行报道，反映各地各部门的新思路、新举措、新成效。开展中共十八届六中全会宣传，开设“全面从严治党”专题专栏，全面总结“十二五”以来，嘉兴从严治党、打造党建高地的生动实践和显著成效；开设“学习贯彻六中全会”专题专栏，解读会议精神，报道各地、各部门（单位）和党员干部以坚强的党性、强烈的责任感和出色的业绩“干好十三五、奋勇当标尖”的生动局面。开展“两学一做”学习教育活动宣传，开设“两学一做进行时”“两学一做当先锋”等专题专栏，报道各地各部门开展“两学一做”的进展情况、典型做法、经验成效。全年刊发报道1000余篇（条）。开展纪念建党95周年宣传，开设《来自党的诞生地的报告》《寻找最具活力党支部》等专题专栏，展现党的诞生地在政治、经济、社会、党建等各个领域的生动实践。做好“心连心”艺术团“七一”慰问演出、千名党员集中宣誓、“红船颂”音乐会、“红船先锋”报告会等纪念建党95周年系列活动的宣传。

“两会”宣传。制定专题宣传方案，按照会前、会中、会后三个阶段做好宣传报道。市级新闻媒体强化选题策划，通过开设专栏、现场直播、专家点评、网络互动等方式进行全方位报道，推出专题专栏30余个，刊发稿件800余篇（条）。围绕代表委员风采，开设“代表委员风采”“两会面对面”等专题专栏，根据相关建议提案，展现代表委员关注国计民生、社情民意、认真履职的风貌。围绕“两会”热点，开设“两会聚焦”“两会议事厅”“阿德跑两会”“两会新观察”等专题专栏，对供给侧改革、互联网经济、民生实事工程等一批市民关注的热点话题进行报道，传递两会“好声音”。围绕政府工作报告，强化解读评论，对发改、建设、交通等20余项2016年重点工作进行深度的梳理解析。

经济宣传。年初，制定下发《2016年度经济建设宣传报道意见》，明确年度报道重点。年中，召开经济宣传工作座谈会，对经济宣传工作进行专题部署。市级新闻媒体坚持“经济宣传是头版、头条”理念，刊播相关稿件6500余篇条。市委宣传部、市经信委、市科技局等9家单位联合开展“坚守实业、坚持创新”大型新闻行动，以“新闻+活动”“日常+深度”“线上+线下”的报道形式，宣传报道一批“坚守实业、坚持创新”的企业经营管理者。《嘉兴日报》开设“坚守实业、坚持创新”专栏、《南湖晚报》推出“坚守实业、坚持创新——寻找嘉兴‘工匠精神’”大型系列报道、嘉兴在线推出《坚守实业、坚持创新》大型网络专题、嘉广集团新闻频道推出“坚守实业、坚持创新——嘉兴百企发展报告”系列报道，刊播相关稿件320余篇（条）。开展科技创新宣传，通过开设专题专栏、制作专题片等形式，宣传“十大科技创新人才”“十大科技创新成果”和“十大创新型企业”。做好星耀南湖精英峰会、第二届浙禾商大会、嘉洽会、台湾合作周等一系列重大活动的宣传报道。

G20杭州峰会宣传。以护航G20杭州峰会为主题，就交通、旅游、安全生产、消防等G20各项安保工作开展高密度的宣传，并刊播大量公益广告，峰会前后共刊发转载相关稿件1800余篇条。用好“嘉兴发布”、市级新闻媒体所属“两微一端”、新闻客户端等新媒体平台，推送相关消息500余条，阅读量逾100万人次。

第三届世界互联网大会宣传。围绕会前、会中、会后三个阶段，开设专题专栏20余个，刊播稿件1000余篇（条）。市级新闻媒体推出“城之变@嘉兴互联网时代”、《小镇三年间》等专题专栏，持续报道“乌镇效应”为嘉兴互联网经济发展带来的红利。推出“第三届世界互联网大会乌镇峰会特别报道”，围绕会议议程、会议的开幕式、互联网之光博览会和各类论坛以及做好东道主服务好互联网大会等进行全方位、多角度、深层次报道。

“美丽嘉兴”建设宣传。做好以生猪养殖业转型发展、小城镇环境综合整治、治水、治气、治废等为主要内容的“美丽嘉兴”建设宣传。开设《五水共治、美丽嘉兴》《我是河长》（第三季）《三改一拆进行时》等专题专栏10余个，刊发相关报道2000余篇条。围绕“两推一打”（推进生猪散养户全面退养、推进生猪规模养殖场全面提升、打击生猪养殖污染环境等违法违规行为）行动，通过综述、消息、评论等多种形式，全面、客观地报道生猪养殖减量提质工作。围绕小城镇环境综合整治工作，推出蹲点报道《干窑38度》，深层次、全方位、全景式展现“干窑环境综合整治百日攻坚行动”的举措进展成效，进一步凸显基层广大党员干部攻坚克难、奋发向上的精神面貌。

社会主义核心价值观宣传。强化“最美嘉兴人”系列专题专栏，做到宣传常态化、长效化、品牌化。推出“嘉兴党员”“最美志愿者”“优秀村干部”“最美职工”等系列专栏，以及道德模范、身边好人等一批先进典型宣传，弘扬24字的社会主义核心价值观、“勤善和美”当代嘉兴人共同价值观。加大公益广告宣传力度，做好“梦娃”“讲文明树新风”系列公益广告的刊播。

社会建设宣传。持续关注文化、教育、医疗、就业、社保等各项社会民生事业，重点做好2015、2016年十大民生工程进展成效、成功创建国家公共文化服务体系示范区等民生保障工作宣传。加强“平安建设”宣传，对防恐、安全生产、消防安全、公共安全等方面工作情况和经验做法进行报道，并刊播平安出行、防范诈骗、禁毒禁赌等方面公益广告。开展“市区禁止销售、燃放烟花爆竹”工作宣传，制定专题方案，通过政策宣传、舆论监督、公益广告、网络宣传等多种形式，有效提升“双禁”工作宣传的覆盖面、参与度。

（张巍卿）

报　纸

【概况】　2016年，嘉兴日报报业传媒集团（简称嘉报集团）有各类从业人员311人，其中采编人员216人，具有中级职称以上的189人，其中有高级职称的47人。全年编印《嘉兴日报》362期4420版，《南湖晚报》362期8072版，日报、晚报发行量

11月5日，由嘉兴日报主办的2016嘉兴市首届“月河印巷·旗袍美人”评选大赛启动　（嘉报集团提供）

分别为6.11万份、10.89万份。年内200多件新闻作品获市级以上新闻奖,其中浙江新闻奖一等奖7件,“视觉1+”获浙江新闻名专栏,《抗战原色》获省重大主题报道策划创新奖。继获浙江省“五个一”工程奖和树人奖后,电视片《红船驶进中国梦》获国内出版最高奖——第六届中华优秀出版物提名奖。《嘉兴日报》和嘉兴在线分别蝉联“中国十大地市党报”和“全国地方网络媒体十大最具影响力品牌”。嘉报集团被评为2015年度全市“三改一拆”“无违建”创建工作先进单位、市区治理城市交通拥堵工作先进集体和2011-2015年全市法治宣传教育先进集体。

【重大主题报道】 2016年,嘉报集团发挥“红船旁党报”的独特优势,将重大主题报道置于全国的大背景下,充分挖掘嘉兴元素,增强其针对性、实效性和感染力。针对建党95周年、G20杭州峰会和乌镇峰会这些重大主题“同题作文”,嘉报集团造足舆论声势,不惜篇幅、版面,精心策划“寻找最美党支部”“聚焦G20”“城之变@嘉兴互联网时代”等各具特色的宣传报道活动。互联网大会乌镇峰会报道是每年嘉报集团重大主题报道的重中之重,嘉报集团以地方党报的全球视野,连续三年推出中英文对照的乌镇峰会特刊,跨媒体联动进行多元化传播,展现全媒体报道别样风采。两报一网动态报道与深度报道相结合,新闻报道与系列评论两手抓,唱响主流媒体的好声音。嘉报集团构建立体化、多层次的传播体系,不断丰富报道手段和呈现方式,对峰会进行全景式、全方位、全天候的报道,达到较好的传播效果。嘉兴日报微信公众号头条推出《嘉兴网友五问互联网大咖!你们为何而来又带走什么?》,设置“为何而来、留下了什么、带走了什么、前两届说过的话兑现了多少、这究竟是秀场还是能碰撞出火花的舞台”五个问题,请参加峰会的各路互联网大咖回答,信息量大,吸引年轻读者的关注。面对建党95周年这一重大宣传主题,《嘉兴日报》着眼于做好“嘉兴作文”,充分挖掘党建高地新闻资源,联手市委组织部推出“寻找最具活力党支部”活动,借助拥有12万粉丝的嘉兴日报微信公众号,面向社会征集报道优秀党支部,让广大党员干部发现身边的典型,让年轻的记者追寻身边的典型,让广大的读者品评学习身边的典型。《南湖晚报》联合市委组织部推出“为了誓言——纪念中国共产党成立95周年”特别报道,结合红船精神、工匠精神,挖掘和聚焦党的诞生地的基层党员精彩故事。此外,“两报一网”通过动态报道、专栏宣传、专题集纳等形式,宣传报道各地“两学一做”学习教育和贯彻落实中共十八届六中全会精神的进展情况、典型做法和活动成效。开设“两学一做进行时”“两学一做当先锋”“弘扬红船精神,加强党的建设”“学习贯彻六中全会精神,推进全面从严治党”等一系列专栏,累计发稿800余篇。嘉兴在线还推出“两学一做”学习教育专题,整合集纳中央和省市以及各地相关报道和新闻动态,使之成为党员学习的重要平台。

【中心工作报道】 城市治堵、“三改一拆”、经济转型升级等是市委、市政府“抓常抓细抓长”的中心工作。2016年,嘉报集团紧贴嘉兴市年度工作重点,以创新为灵魂、服务为核心,以更宽的视角、更深的思考、更多的形式、更浓的笔墨,做新做强中心工作宣传报道。两报一网开设相关专题专栏25个,全年新闻舆论工作获市领导批示表扬36次。针对嘉兴市经济新常态,策划一系列全新的经济报道栏目。做好“双坚”(坚守实业、坚持创新)新闻行动报道工作。日报开设的专栏报道近50个典型,晚报以“工匠精神”为切入口,策划推出“坚守实业、坚持创新——寻找嘉兴‘工匠精神’”系列报道,每篇报道以产品为主线,邀请权威专家点评,并形成记者手记,整版推出,图文并茂。充分发挥报网融合传播的特点,两报一网累计发稿1000余条。联合市委组织部、市经信委、市科技局精心打造“创赢1+1禾商新动力”大型全媒体新闻行动,通过系列深入的代表人物访谈,勾画清晰的禾商群像,关注他们在转型升级、创业创新过程中的所思所想、经验得失,梳理禾商精神的时代新内涵和禾商创业创新的新模式。该项目还与嘉兴在线联动,每期制作访谈视频,与日报版面同时发布,通过网页、微信、客户端等多渠道进行推广,取得良好的传播效果。

【民生报道】 2016年,嘉报集团坚持贴近民意、服务民生,彰显主流媒体社会责任。关注教育、医疗、就业、社保等各项社会民生事业,宣传市委、市政府进一步提高就业服务的精准性、增收工作的有效性、公共服务的普惠性、平安建设的严密性,努力促进社会和谐稳定。《嘉兴日报》以争创平安创建“十一连冠”为目标,做好“平安嘉兴”建设的宣传,重点关注火灾隐患排查、城镇危旧住房治理改造、防范处置欠薪、金融风险防范处置、社会治安防控等工作。《南湖晚报》从强化用户意识入手,把发展用户、聚集用户作为抓手,优化民生报道,在气象、老娘舅、财经、楼市周刊、金融周刊、汽车周刊等版面上不断推出新栏目、开展新活动。联合市消保委推出“汽车你我他”栏目,架起车主与保养维修店之间的沟通桥梁,引起行业的关注,受到社会好评。此外,晚报继续在老年读者和小记者领域发力,依托《快乐老年周刊》和《成长周刊》,实现受众全覆盖的同时也为激烈竞争中的报业市场开辟新领域。

【《南湖晚报》启动全媒体中心】 2016年,作为嘉报集团媒体融合先行者,《南湖晚报》率先打破原先采编部门结构,启动拥有全新理念和任务的全媒体中心,下设采访中心、编辑中心和经营中心,打通采编、经营、99全媒体等的整体传播链,探索走出具有晚报自身特色的媒体融合发展之路。同时,进一步理顺和健全新媒体运营机制,出台记者、编辑考核和奖励办法,对官方微信的设计、内容、流程等进行优化提质,全媒体记者、编辑参与热情高涨,不断推出有思想、有温度、有品质的内容,时常出现阅读量超10万次的头条文章。

【构建强大新媒体矩阵】 2016年,嘉报集团以精心运营的“两报一网”微博、微信和“掌上嘉兴”客户端为核心,其他30多个微信公众号为矩阵,坚持“互联网+”,构建新闻内容一稿多端、即时播发的全媒体运营体系,提升新闻传播力和媒体发展力。其中日报微信公众号粉丝数达12万人,头条平均阅读量超5000次,日阅读量最高超10万次。为了提高12万粉丝的黏合度,《嘉兴日报》又在微信公众号开设“嘉兴商城”,免费让嘉兴本地品牌和本地企业进驻,一方面以实际行动支持实体创业者,另一方面通过多种形式的信息服务,让粉丝进得来、绑得住、动起来。12万粉丝的日常良好互动,也为及时有效传递党委政府的声音赢得主动权。晚报微信公众号粉丝也达10多万人,在全国权威新媒体24小时榜中多次跻身前十。视觉中心在2016年第四季度独具匠心推出10个专题、38个整版的系列影像报告《匠·心》,并通过网站、微博、微信、微视频、H5等实现全媒体、立体化传播,引导读者(受众)走近嘉禾工匠,感受执着匠心,通过影像的力量展示江南文化,彰显文化自信。一块京砖、一粒稻谷、一只粽子、一枚纽扣、一缕蚕丝……《匠·心》影像报告题材有全国乃至全球具有相当影响力的嘉兴制造,有颇具嘉兴特色的独特传承,有透着浓郁江南味道的文化遗产,有呈现出丰富水乡特点的时尚元素。从“一”入手形象化报道内容,用普通人物和平凡故事展现宏大的时代主题。

【构造个性化媒体生态圈】 2016年,嘉报集团打造“服务+新闻”的功能性平台,从单一的纸媒转型成为涵盖互联网、移动客户端、微信微博矩阵等各种媒介形态的全媒体。晚报推出吃遍嘉兴、嘉兴亲子、老嘉兴、嘉兴小记者等各具特色的新媒体,并以此为依托,线上线下联动,构造独特的媒体生态圈,进一步增强网络凝聚力和市场占有力。至年底,各类用户达到60万户。

(陈振巨)

广播 电视

【概况】 2016年,嘉兴市广播电视集团(简称嘉广集团)以“平台拓展年”为主题,以“强优势、补短板、拓平台、做标尖”为抓手,全面深化品质广电、活力广电、和谐广电建设。保持业务水平全省领先优势、节目收听收视率和市场占有率本地强势地位,广播3个频率市场占有率73.2%,同比提高0.6个百分点;电视3个频道市场份额28.6%,占据本地收视第一集团位置。新闻创优保持全省领先;市本级广电系统经营创收总收入4.38亿元,其中嘉广集团本部经营创收1.18亿元,广告收入位居全省广电系统第二集团首位,综合实力站牢全省广电系统第二集团排头兵位置。年内,集团获“金长城传媒奖·2015中国十大影响力城市电视台”“2015-2016年度融合创新十大影响力城市电视台”称号。全年集团33件作品获得省级政府奖,其中一等奖6件,保持全省广电系统第一集团行列,尤其是省播音主持奖实现突破,摘取4个一等奖中的2个。广播电视在全省对农服务工程考核中双双获得优秀;电视《嘉兴新闻》、广播《嘉广早新闻》在全省市级台新闻栏目编排抽评中分获第一名和第三名。在4月召开的第十一届中国传媒大会上,交通经济频率获评“金长城传媒奖·2015中国十大影响力城市广播”,《出行早高峰》获评“金长城传媒奖·2015中国最受听众喜欢电台栏目”。在首届中国广播电视媒体融合发展年会暨2015-2016年度全国广播电视媒体融合影响力指数发布会上,集团及旗下的新闻栏目《小江播报》《新闻一线》分别入围“2015-2016年度融合创新十大影响力城市电视台及广播电视栏目”。至年底,嘉广集团有各类从业人员625人(含市本级镇、街道广电站141人),其中在编员工265人,聘用员工360人;具有中级职称163人,高级职称50人。

“美丽嘉兴·人文江南”异地采访活动开机仪式

(嘉广集团提供)

【纪念建党95周年报道】 6月27日,嘉广集团举办的《纪念建党95周年——来自党的诞生地的报告》全媒体行动启动仪式暨嘉广集团新闻客户端App禾点点下载用户突破18万发布仪式在南湖革命纪念馆一楼大厅举行。此次全媒体行动由全媒体系列新闻报道、网络·新媒体互动、广播·新媒体党课等组成,围绕创新、协调、绿色、开放、共享五大发展理念,全方位展现党的十八大以来党的诞生地嘉兴在经济、政治、文化、社会和生态文明各项事业建设上取得的可喜成绩,以及百姓对美好生活的祝福和向往。活动播出广播、电视新闻报道40多篇,网友上传“幸福歌声里”“幸福微视频”90多次。集团3个广播频率及“禾点点”新闻客户端分别播发《红船旁的“空中党校”》100讲。同时,配合央视网、省卫视先后推出红船旁15分钟的网络直播及6分钟专题、《我是党员》特别访谈节目以及“7月1日南湖革命纪念馆前的千人宣誓活动报道”等,展示党的诞生地党员干部不忘初心、努力奋进的精神风貌和良好形象。拍摄被列入省委宣传部纪念建党95周年系列活动之一的大型党史人物纪录片《南湖女杰王会悟》。

【经济报道提振发展信心】 在经济发展进入新常态、经济下行压力加大、情况复杂多变的背景下,嘉广集团坚持“稳中求进”总基调和经济宣传是“头条主角”理念,深挖特色典型,提振发展信心,凝聚发展共识。年内,广播电视开设《奋起开新局拼搏开门红》《起步十三五奋勇当标尖》《坚守实业坚持创新——嘉兴百企发展报告》《稳增长促发展》《走企业看发展》《南湖科技创新驱动》等经济类专题报道10多个,累计播出相关报道1500多篇。全年广播电视主新闻节目《嘉兴新闻》《嘉广早新闻》的头条中,经济报道占一半以上。特别是广播、电视及“禾点点”App同步推出的大型系列报道《坚守实业坚持创新——嘉兴百企发展报告》,走访100家企业,挖掘一批坚守实业、坚持创新的企业经营管理者典型,提炼各企业不同的发展路径、成功经验、亮点模式,给人以启示;展现全市企业家在经济下行压力加大背景下依然坚守实业、沉着应对、迎难而上、实现转型飞跃的精神气质,为全市经济又好又快发展传递信心。

【《我是河长·第三季》大型新闻行动】 2016年,是嘉兴“五水共治”重大战略部署的攻坚之年,也是实施“十三五”水环境治理规划的开局之年。为进一步聚焦聚力推动“五水共治”，建设美丽嘉兴，嘉广集团特别推出《我是河长·第三季》大型新闻行动，包括《最美河长》《最美护河人》《最美河道》三大系列，全方位、多角度展示嘉兴在推行“河长制”下的治水成效及存在的短板。同时，创新形式，通过“禾点点”、电视、广播、微信等多个渠道发起招募行动，发动社会公众参与到新闻行动中，由党代表、人大代表、政协委员和若干社会监督员组成“治水评议团”，于10–12月深入五县(市)四区治水一线，抽查9条河道，看治水成效，补治水短板。从10月18日起《嘉兴新闻》等栏目播出“治水评议团”巡河的系列报道，采制的27篇新闻稿件累计播出81篇次。“禾点点”及时推送相关报道，受到社会公众的广泛关注。市委书记鲁俊对此专门批示：“嘉广集团连续3年开展《我是河长》系列报道，围绕中心、服务大局，影响大、效果好，体现了主流媒体的担当和能力，为嘉兴市坚决打赢治水攻坚战营造了良好的舆论氛围，值得肯定。”

【“重走大运河”大型新闻行动】 2016年6月22日，在中国京杭大运河申遗成功两周年纪念日暨《我们的大运河》活动十周年之际，由嘉广集团主办，市政协文史委、市旅游委员会、市交通运输局以及市港航管理局等单位协办的“重走大运河”大型新闻行动启动仪式在嘉兴船文化博物馆举行。大型新闻行动“重走大运河”从杭州出发，沿着京杭大运河一路向北走访13个运河城市，围绕运河经济、运河文化和运河美食三大主题，重点聚焦运河申遗成功前后各地在历史街区、文化遗存，特别是申遗点(段)的保护及活化利用，大运河功能保护、水运资源利用和可持续发展等方面的实践和思考，以及运河饮食文化传承等进行采访。新闻行动历时两个月，其间通过电视3个频道、“禾点点”App等播出相关报道170篇，沿途开展宣传推广活动近20场，发挥媒介最大的传播效应。11月4日，全国政协副主席李海峰率领全国政协文史委大运河保护专题组一行到嘉兴调研，指名要求审看嘉广集团有关“重走大运河”大型新闻行动的汇报片，在审看汇报片后给予高度肯定和评价，“十年间你们两次拍摄大运河，这是要有魄力的，这个就是责任和担当”“‘重走大运河’我觉得是我们媒体对大运河申遗工作和文物保护整个一个推进。通过你们对大运河的认知，把更多的群众保护大运河的热情都激发起来”。

“重走大运河”大型新闻行动启动仪式(嘉广集团提供)

【第三届世界互联网大会报道】 11月16–18日，第三届世界互联网大会在乌镇举行。嘉广集团全媒体新闻中心在总结前两次乌镇峰会报道的基础上，按照上级要求和部署，提早启动会前报道，认真策划会中报道，制定详细报道方案，并抽调精兵强将组织实施，推出《我眼中的峰会·看见》《宇虹观察》等专栏，会中还首次在大会主会场乌镇互联网国际会展中心设立分演播室，广播、电视、“禾点点”等传统媒体与新媒体联动报道。至11月18日，播出报道近200条。乌镇峰会报道全方位、多维度展现乌镇峰会3年来嘉兴、乌镇承接峰会红利、锐意改革进取的精神风貌和丰硕成果，传播效果显著。

【《红船旁的“空中党校”》专题节目】 7月11日晚，由市委组织部、市委党史研究室、市委党校和嘉广集团联合打造的《红船旁的“空中党校”》专题节目在新闻综合频率《新闻晚报》节目中首播，节目同时在“禾点点”客户端、红船领航微信公众号上同步播出和推送。该专题节目围绕“两学一做”学习教育主题，按照“学党章”“学党史”“学先锋”三个系列，以主持人原文导读和专家通俗解读的方式，将党章、党史学习与先锋党员、身边典型事迹相结合。节目每期时长3分钟，共计100期。嘉广集团新闻综合频率、音乐生活频率和交通经济频率参与《红船旁的“空中党校”》节目制作与播出。节目受到全市基层党组织和党员的关注,跟着广播学党章成为党员必修课,仅红船领航上的点击率超210万次,节目还得到全国党建工作者的认可。

【媒体融合发展】 嘉广集团顺应传统媒体与新兴媒体融合发展时代趋势,结合实际全面实施“互联网+”行动,以全媒体新闻中心和“禾点点”客户端建设为重点,建立健全媒体融合发展体制机制,加快媒体融合发展。一是全媒体新闻中心运作规范化。制订出台《全媒体新闻中心岗位职责与规范》《全媒体新闻中心主任(副主任)考核细则》《全媒体新闻中心记者、编辑考核细则》,建立晨会、晚会、周会、月度夜学等制度,完善全媒体中心融合发展机制和规范流程、考核细则,在全省尚属首创。二是“禾点点”影响力家喻户晓,成为集团全媒体“拳头产品”。年内下载量突破40万,日开机次数超10万次,活跃度在5%以上,在全国同一平台多家媒体新闻客户端中名列第三。三是“两微一端”新媒体矩阵形成。嘉广集团累计开办微信公众号11个,粉丝数超过117万,其中交通经济频率官方微信用户突破15万人。四是试水“广电+”跨界融合,助力融合发展。新闻综合频道(全媒体新闻中心)面向市场打出“嘉兴最专业的视频服务商”品牌;公共频道以“电视+”模式打造“嘉有旺铺”购物平台;电视少儿节目中心举办“节目+”少儿培训,建设本土最专业最权威的少儿培训基地;“应急智慧广播+”开启智慧嘉兴信息化项目服务外包新模式等。

【“应急智慧广播+”信息化项目】 “应急智慧广播+”是在做好日常对农宣传的基础上,基于“互联网+”思维和技术,聚合智慧城市、美丽乡村、平安社区、“五水共治”、智慧公交以及无线WIFI等项目的智能广播系统。4月,嘉广集团专门成立“智慧城市”信息化项目建设工作领导小组,顺应“互联网+”和“智慧城市”建设大势,依靠市本级乡镇广电工作良好积淀,发挥自身技术、人才和网络优势,组织技术运维中心、科技公司等部门积极探索“应急智慧广播+”信息化项目,创设并依托“嘉视云”“嘉视眼”平台,推进信息化项目工作,如为秀洲五水共治办开发“秀洲智慧河道”系统平台,为南湖区、经开区开发五水共治微信公众号,为王店镇开发王店平安综治平台等。年内,在市本级各镇(街道)签约信息化项目51个,项目金额700多万元。“应急智慧广播+”既满足党委政府和基层组织日常宣传、应急信息快速发布的需要,又实现综合服务与社会管理职能,起到“战时应急、平时宣传”作用。3月23-26日,在北京召开的第二十四届中国国际广播电视信息网络展览会(CCBN)公共服务论坛上,嘉广集团向来自全国各地的领导、专家介绍嘉兴市本级农村“应急智慧广播+”建设的实践与探索。在该论坛上做应急广播专题交流的,仅嘉兴市一家。

【第五届观众听众节】 9月21日晚,以“走到一起来,有你更精彩”为主题的2016嘉兴第五届观众听众节开幕式在市广电中心630演播室举行。第五届观众听众节为期3个月,坚持开放办节,创新主体活动,打造广电亲民品牌,服务与回馈广电受众。在开幕式上,《我是河长》第三季招募社会监督员参与治水公益行动、广电主播助力自闭症儿童公益行动两大公益行动正式启动。除开幕式外,还包括与主播同行三大主题活动(湘家荡迷你马拉松、嘉兴市第二届健康养生文化节、嘉兴市第三届“最美童声”少儿歌唱大赛暨“最美童模”选拔赛)、三大嘉年华演出、国庆七天摇摇乐以及亚洲群星演唱会等活动。12月10日晚,2016嘉兴观众听众节闭幕式暨亚洲群星演唱会在市体育中心举行,嘉广集团主持人与歌星同台,用歌声感谢观众听众一路相伴,一路同行。第五届观众听众节整个活动累计吸引近百万人次参与。

(胡宏宾)

新闻网站

【概况】 2016年,嘉兴在线新闻网(www.cnjxol.com)日点击量超过125万人次,注册用户60万户，每天发布各类新闻信息2000余条，被新华网、人民网、浙江在线等中央级、省级网媒以及其他网络媒体年转载稿件2万余条，先后获“全国地方网站十大最具价值品牌”“中国地方网站十佳品牌”“全国地方网络媒体十大最具影响力品牌”等称号。网站有在职员工45人，下设综合新闻中心、编辑互动中心、频道经营中心、设计制作部，嘉兴文明网、城市新图网。2016年，网站每个月都举办线上各类投票、抢票活动，线下与周边城市景区合作的网友摄影活动等，同时形成由联合采访、公益进社区、最美医务工作者、十大风云人物等大型活动串联起来的活动高潮。其中，“文化惠民、服务便民”——爱在红船旁公益系列活动进社区活动被南湖区委宣传部评为2016年区优秀网络文化项目一等奖。年内，充分利用健康频道、旅游频道、汽车频道、金融频道、房产频道五大综合频道的信息资源，不断完善频道的专业性，着力于搭好平台，吸引有关资源的不断进入。嘉兴在线与市旅游局合作的《iTravel@嘉兴》旅游电子杂志平稳运行，2016年入选浙江省出版最高奖项“树人奖”评选，获得入围奖。

【加强新媒体宣传报道工作】　2016年，嘉兴在线围绕市委市政府中心工作开展宣传报道工作。通过新闻平台维护、新闻栏目维护、搭建网络专题、管控和引导本网的舆论导向、开展互动宣传等形式开展。宣传上重点开展“治国理政新理念”、G20杭州峰会、世界互联网大会、建党95周年、嘉兴两会、“坚守实业、坚持创新”、“两学一做”、最美嘉兴人等核心价值观宣传等，以及清明、端午等节日宣传，抗击寒潮、台风等极端天气宣传等，包括持续做好治堵、治水治气、“三改一拆”等专题宣传，和本地有关的网络专题搭建20余个。嘉兴在线除了搭建常规的“红船载起中国梦——庆祝建党95周年”大型网络专题外，还精心策划推出反映普通党员风貌的网络专题“我是党员”。在平台建设上，完成几十个新闻栏目、两报数字报、嘉兴在线微博微信、嘉兴发布微博微信、嘉兴网上文化礼堂一网两微、嘉兴手机报、南湖手机报、秀洲手机报、嘉兴在线互动社区等10多个平台的新闻宣传、维护工作和互动管理工作。

【开展重大主题报道和专题运作】　2016年，嘉兴在线开展《“创赢1+1”禾商下午茶》系列访谈、《创客纪录》系列纪实片2个专题的制作工作。其中，《“创赢1+1”禾商下午茶》是定位在嘉兴的企业家访谈，通过《嘉兴日报》和“嘉兴在线”两大媒体平台首发，文字报道结合视频展现的方法实现报网联动，运用“嘉兴第一财经”“嘉兴在线”等移动媒体推送。年内该专题在腾讯网发布14位嘉兴企业家访谈精华短片，累计点击量突破6万人次。而《创客纪录》系列纪实片是通过纪录“草根”初创者的心路历程，展现创业、创新的现实语境，与《“创赢1+1”禾商下午茶》访谈专题形成两种“创业”相呼应的局面。同时，这种微纪录片的尝试也获得一定的成功，年内完成6部作品，分别提交市委宣传部选送省市多项展播、评选活动。针对2016年的乌镇峰会，设计《心向乌镇》系列报道，立足资源、能力的实际情况，通过嘉兴本地互联网从业者、志愿者的主观视角，来展现大会的各个侧面以及对嘉兴的积极影响。整个报道系列历时峰会前后十余天，保持每天有稿件发布。此外，嘉兴在线还承担任务密集的嘉兴两会新闻报道工作，保证会议直播、录播，以及在线原创新闻视频、图片、文字的实时报道。同时，还与《嘉兴日报》合作，共同完成连续五场两会代表委员在线直播访谈。

【策划大型活动直播】　2016年，嘉兴在线策划制作的大型活动主要包括在线风云人物颁奖典礼、日报金马奖颁奖典礼、品牌力量榜颁奖典礼、新增的电竞大赛直播活动。其中的电竞大赛持续两天，每天直播量超过8小时。做好南湖讲坛、道德讲堂、科技大讲堂三项录制工作，在声画质量上坚持一贯的高水准。

【创新开设VR新闻频道】　2016年，嘉兴在线引进VR设备用于新闻传播，同时网站、微信和App也初步搭建开设VR栏目频道。运用VR技术，年内在世界互联网大会、浙禾商大会以及一些日常活动中，制作一批VR新闻稿件。VR和新闻如何集合，以何形成特有的传播形式，都在进一步积极探索中。嘉兴在线推出的乌镇峰会大型网络专题,引入最新潮的VR虚拟技术,开设的“VR+”栏目共推送21篇VR稿件,内容涵盖现场新闻、峰会花絮等,让网友们身临其境体验乌镇峰会的盛况。“VR+”栏目以通栏横幅形式在专题页面显著位置呈现,增加专题的美感和时尚。这些VR稿件除了在PC端展示外,还在手机客户端、微信公众号等同步适配传送,实现一稿多发,获取不同受众的关注。很多年轻网友用VR眼镜观看后,大呼过瘾。VR技术的引入,让2016年的乌镇峰会报道更加夺人眼球。

【提升网络技术保障】 2016年,为应对G20杭州峰会和乌镇世界互联网大会期间的安全保障工作,嘉兴在线成立网络与信息安全工作领导小组,开展等级保护测评及整改,制定应急预案,实行关键时期的24小时技术值班制度和落实网络媒体零报告制度等。峰会之前组织技术力量对所有系统进行安全检查、分析、整改。技术保障部门为网站提供大量的保障服务工作。2016年,技术保障部门还开启安全加固项目的立项报告及招投标工作,同时,组织力量自主开发一些应用软件,主要包括网页变动检测软件、文件实时备份系统、历史资料库系统等。

（陈振巨）

新闻出版和广播影视管理

【加强报刊管理】 年内,全市做好嘉兴市公开出版的5种报纸,1种期刊的年度核验工作。做好驻嘉兴的4家记者站和嘉报集团派驻县(市、区)的7家记者站的年度核验及综合评估工作。做好28种刊形内部资料、24家企业报形内部资料的年度核验和换发新证工作。做好报刊审读工作。2016年编发《报纸审读通报》22期。做好记者证年检的初审工作。

【加强行业管理】 2016年,嘉兴市印刷企业开展年度核验工作,全市1513家印刷企业通过年度核验,并对全市印刷业发展数据进行全面详细分类统计汇总。做好2016年出版物发行单位年度核验换证工作,全市469家出版物发行单位参加年检,398家通过年度核验,排出嘉兴市2015年度销售总额、年零售数量前50名的图书。做好新闻出版业调查统计工作,抽样单位均在规定时间内完成在线填报工作,出版物印刷企业、数字印刷企业、网上书店均按要求进行相关信息系统的网上填报工作。

【开展全民阅读活动】 2016年,围绕“书香嘉兴”品牌建设,制订《2016“书香嘉兴”系列活动方案》和《第二届“书香嘉兴”读书节系列活动》,深化全民阅读活动,推动学习型嘉兴建设,推动全民阅读活动进基层、进农村、进社区、进校园、进企业、进机关、进家庭。4月23日,在嘉兴市图书馆举行2016“书香嘉兴”系列活动启动仪式,市文化局发布由中国新闻出版研究院对嘉兴市全民阅读指数进行调查的研究成果,对嘉兴的全民阅读情况向社会说明,对县(市、区)的全民阅读情况进行排名。开展“我的书屋,我的梦”征文活动。7月15日,以农家书屋为平台,组织各县(市、区)利用学生暑期开展读书征文,充分调动学生读书的积极性、主动性,鼓励学生参与阅读实践活动,全市选出小学组37篇、中学组36篇优秀作品参加全省评比。开展全民阅读专家巡展巡讲系列活动。5-10月,市文化局和市新华书店、市邮政发行公司共同开展国学、写作、农林技艺、养生保健等适合“三农”的主题内容专家讲课,并开展送书下乡等活动。8月10日,首批浙江省全民阅读示范家庭评选活动揭晓,嘉兴市经过公平、公正、公开,层层选拔推荐、评选的冯成、金凌云、李平三个家庭荣获首批浙江省全民阅读示范家庭称号并授予证书。

【提升农家书屋服务水平】 2016年,嘉兴市全面完成农家书屋与公共图书馆服务体系资源整合,借助农家书屋图书自动化管理系统,在提供更多更好的农村题材出版物的同时,实现与公共图书馆业务管理系统的互联互通、纸质资源的通借通还和数字资源的共享共用,切实解决农家书屋资源少、更新慢等问题,保障农民群众多元化的阅读需求。

【国家新闻出版广电总局调研组到嘉兴调研】 3月8日，国家新闻出版广电总局印刷发行司副司长高世讫、中宣部出版局图书处副调研员王为衡、财政部文资办二处牛珂一行到嘉兴市调研考察出版物发行和农家书屋工程。调研组一行走访南湖区大桥镇十八里桥书店和位于市区八佰伴的漫书咖，了解农村出版物发行小连锁经营模式和发展情况，并与经营者进行交流，亲自在电脑上进行网上选书、购书操作，对嘉兴的农村出版物发行模式予以肯定。嘉兴市建成农村出版物发行小连锁网点60家，实现了覆盖所有镇的目标任务，为农民提供健康正版的图书。调研组到南湖区湘都农村社区的农家书屋考察，听取市文化广电新闻出版局对嘉兴市农家书屋的资源整合、资金使用、图书更新及书屋的运行管理情况介绍，对嘉兴市的农家书屋给予肯定并寄予希望。

【推进软件正版化工作】 2016年，嘉兴市将政府机关使用正版软件工作列入市督考办对市级机关部门、市直属单位目标责任考核内容。利用"4·26"世界知识产权日，加强政府机关使用正版软件宣传。组织各县(市、区)政府机关和市级机关部门对本单位软件使用情况进行全面自查，重点检查操作系统软件、办公软件和杀毒软件使用情况，填报《机关单位软件使用情况统计表》；建立健全市、县政府机关软件正版化主体责任和责任人信息，6月20日完成《市县政府机关单位软件正版化工作责任信息表》的填报，建立责任人档案数据库。调整嘉兴市使用正版软件工作领导小组成员单位，召开全市软件正版化工作会议，印发《正版软件管理工作指南》。要求市级机关各部门、直属各单位依照"指南"要求，结合软件正版化工作年度考核任务，重点对软件使用管理制度建设和台账管理方面存在的不足及时进行修改完善，并认真填写《软件使用情况明细表》，市使用正版软件领导小组办公室于12月中旬开展全市政府机关软件正版化工作专项检查。检查结果作为考核评分依据。至年底，全市政府部门采购操作系统7170套，办公系统348套。

【广播影视安全播出工作】 2016年，嘉兴市强化意识形态管理，围绕春节、全国"两会"、峰会等敏感时期，加强安全值守，落实安全播出监管责任，确保万无一失。重点抓好G20杭州峰会和第三届世界互联网大会乌镇峰会安保工作，召开全市广播电视安全播出管理工作会议，及时传达上级有关精神，印发《嘉兴市广播电视安全播出保障工作方案》，制订《嘉兴市原农村电影放映员信访维稳事件应急预案》，对全市各安全播出责任单位多次开展实地检查，严格执行重大事件事故报告、领导带班值守等制度。加强应急预案的修订和演练工作，G20杭州峰会前夕，开展全市广电安全播出应急演练，并指导督促各广电单位完善安全播出应急预案，做好安全防范工作。积极发挥安全播出管理协调领导小组办公室的职能，与公安、无线电管理等部门建立信息通报机制、联动工作机制，合力推进广电安全播出工作。完成嘉兴市广播电视监测中心建设工作，通过该项目的实施，实现对有线数字电视、无线广播电视信号全面综合监测，实现以市广播电视监测中心为核心，覆盖5个县(市)的广播电视监测系统，确保广播电视节目的优质、安全播出。

【推动电影市场健康发展】 2016年，全市新增影院8家，至年底，全市有影院38家，影厅(银幕)220个(块)，同比分别增长26.67%和34.15%。全年城市影院放映电影372836场，观众7370901人次，较好地满足了群众日益增长的精神文化需求。其中，嘉兴电影集团旗下湖州梅地亚影城、桐乡濮院银河电影两个新建影城借助移动互联网售票优势，经营业绩均超预期目标；嘉兴电影博物馆影城于9月建成并投入使用，以其浓郁的电影文化氛围、优质的服务质量赢得观众好的口碑。

【深化广电惠民工程】 2016年，嘉兴市抓好农村应急广播体系"建、管、用"工作，按照"平战结合"要求开展使用管理，做到平时对农服务、战时应急发布，推动农村应急广播的长效使用。实施农村电影放映工程，全年全市农村电影放映12452场，观众达1766904人次，超额完成年度下达的12036场放映任务。推进农村电影放映体制改革,通过调整放映结构、加强映前宣传、严格监督考核等措施,规范农村电影放映行为,提高放映质量和社会效益。举办第八届嘉兴大学生电影节,丰富大学生的精神文化需求,营造良好的校园文化氛围。着力提升广播电视节目创优创新工作,在2015年度省级广电政府奖评选中,全市获省级政府奖57个(获“浙江省广播电视新闻奖”的节目同时获同级别“浙江新闻奖”),其中年度政府奖一等奖5个,二等奖17个,三等奖35个(含对农节目政府奖二等奖4个,三等奖1个);2015年度对农节目考核获优秀奖5个,鼓励奖5个。

【举办第八届嘉兴大学生电影节】 10-12月,市委宣传部、市文化广电新闻出版局、市教育局、团市委联合举办第八届嘉兴大学生电影节。本届大学生电影节继续秉承“大学生电影节大学生办”的宗旨,围绕纪念中国共产党建党95周年和长征胜利80周年这一主题,开展中外优秀影片展映、电影配音大赛、电影歌曲大家唱等活动。其间,各高校积极发动、精心组织,把大学生电影节各项活动与高校文化建设紧密结合,丰富大学生的精神文化需求,营造良好的校园文化氛围。在校大学生们踊跃参与电影节有关活动,增进对中外电影最新动态的了解,提高对电影艺术的欣赏水平和审美能力,展现当代大学生的精神风貌。

【开展镇(街道)广电站广播自办节目抽评】 为加强基层广电宣传阵地建设,促进全市乡镇广播电视站广播自办节目质量不断提高,11月下旬,市文化广电新闻出版局组织对全市镇(街道)广播电视站广播自办节目开展抽查评选工作。本次抽评要求全市各镇(街道)广电站报送指定一周的广播自办节目,有38家参评单位选送节目进行评审。经评委会评选,嘉兴市王店镇广电站《梅里之声》等十个参评节目被评为“十佳”节目,平湖市当湖街道广电站《东湖之声》等十个参评节目获鼓励奖。

【举办“永恒的莎士比亚”表演吟诵活动】 4月23日,在莎士比亚逝世400周年纪念日和一年一度的世界读书日之际,市文化广电新闻出版局、市广电学会、市广电集团联合举办“永恒的莎士比亚”——莎翁剧作、朱生豪宋清如作品欣赏暨表演吟诵活动,全市广电系统和嘉兴学院精心选拔16个节目参加现场演出,各广播电视台播音主持人和嘉兴学院的大学生朗诵爱好者约500人参加活动,产生良好的社会反响,营造出读好书、赏经典的良好氛围。

(孙文波　王春燕)

体　育

综　述

2016年,全市体育工作以加快"动感禾城健康嘉兴"建设为目标,以优化体育工作发展环境为重点,出台《嘉兴市体育事业和体育产业发展"十三五"规划》《嘉兴市全民健身实施计划(2016-2020年)》,为新周期体育工作发展提供遵循。制定实施《嘉兴市体育局关于向社会力量购买公共体育服务实施办法(暂行)》等文件,推动体育部门由"办"体育加快向"管"体育转型。成功承办全国蹦床冠军赛暨里约奥运会选拔积分赛、浙江省第二届女子体育节、浙江省幼儿体育大会、浙超联赛等十余项重大赛事活动,策划推出专题类体育电视栏目《嘉兴体育视界》和"动感禾城"官方微信平台,进一步营造推进全民健身的社会氛围,为全市"十三五"发展开局起步做出贡献。

浙江省幼儿体育大会在嘉兴举行　　（市体育局提供）

落实国家战略,提升公共体育服务水平。实施"四提升四覆盖"工程,推动全民健身运动深入开展。一是着力提升体育创强工作水平。推进指导秀洲区成功创建省级体育强区,嘉善、海盐两地体育强县复评,推动南湖区、嘉善县、桐乡市申报省体育现代化试点县和南湖街道先进街道创建;对7个体育特色乡镇、3个现代化镇(街道)和3个城市先进社区进行创建评估。二是着力提升场地设施建设水平。围绕市政府民生项目"环河(湖)健身长廊工程"和"全民健身活动工程",开展市区街道范围内健身路径现状的摸底,编制350余份健身点电子档案。推动实施"小康体育村升级工程"100个,兴建"社区多功能公共运动场"等各类体育健身设施52个,评定市级美丽乡村·全民健身广场(体育休闲公园)14个。推进公共体育设施、学校体育场地设施向社会开放,全市符合开放条件的中小学校和其他公共体育设施开放率达100%。三是着力提升群体活动组织水平。承办全国成人游泳锦标赛、全国地掷球精英赛、浙江省第二届女子体育节、浙江省幼儿体育大会等省级以上群众体育赛事,其中女子体育节有全省102个代表团(队)报名参赛,参与人数5万余人次;幼儿体育大会设置16个项目,参与人数近5000人。举办嘉兴市第四届市民运动会、嘉兴端午民俗文化节龙舟竞渡活动及中国南湖公开水域邀请赛等品牌活动,近15万人参与其中。成功申办2018世界女子大金属球锦标赛。四是着力提升健身服务指导水平。新成立排球、田径等6个市级体育协会,指导体操、足球等协会换届,推进市级体育协会季度工作例会制度,起草《嘉兴市青少年体育俱乐部管理办法》,扶持发展各类省级体育俱乐部94个。开展游泳技能公益培训、水上救生员培训活动,受益覆盖近1万人。

全年培训各级社会体育指导员、非奥项目教练员等基层体育骨干1600人。

创新培养模式,提高竞技体育人才质量。突出备战十六届省运会重点,以优化业训布局和创建新周期高水平基地为抓手,不断提升竞技实力。一是加快人才培养。巩固深化体教结合,市男子足球项目与市实验小学、市实验初级中学教育集团施行"市队联办",经开区实验小学挂牌成立武术套路训练基地。组织田径、游泳、羽毛球等项目运动员参加"奥基"集训,全年安排田径、游泳等34项次竞技体育赛事。全市注册运动员7168人,市少体校全年招生148人,审批二级运动员82名,向省申报一级运动员18名,向省体职院输送运动员41名。年内嘉兴籍运动员在世界赛中获1金1银,在亚洲赛中获2金1铜,在全国赛中获3金9银6铜。二是加强基地创建。推荐嘉兴市少体校为2017-2020周期国家级高水平体育后备人才基地备选单位;嘉善县汾湖水上运动中心、平湖市少体校、海宁市少体校、桐乡市少体校、嘉兴国际网球中心为省级高水平体育后备人才基地备选单位。嘉兴市少体校、海宁市少体校被国家体育总局田径运动管理中心命名为全国田径少儿撑竿跳高基地。三是抓好队伍保障。全年举办市级皮划艇、赛艇、举重、网球、校园足球教练员、裁判员培训班共8项次。举办2016年嘉兴市中小学生体育竞赛、市第三届青少年学生阳光体育运动会、市第四届幼儿趣味运动会、市青少年校园足球校级联赛和体育教练员、裁判员、师资等培训活动近10项次,邀请省队游泳、体操、羽毛球等重点项目的专家顾问在日常训练、常规比赛中给予指导,提高科学训练水平。四是搭建赛事平台。承办2016全国蹦床冠军赛暨里约奥运会选拔积分赛、"迎春杯"省青少年儿童游泳锦标赛、省青少年田径锦标赛、田径冠军赛等省级以上竞技体育赛事。蹦床冠军赛吸引来自全国13支蹦床队,204名运动员参加,中央电视台体育频道对比赛进行现场直播。举办市青少年排球、举重、乒乓球、篮球、足球、田径、游泳等12项市级赛事,完成市第四届幼儿趣味运动会6个大项的比赛。成立嘉兴市青禾足球俱乐部,协调做好浙超联赛嘉兴主场备战保障工作。

围绕经济中心,推动体育产业提档升级。建立市体育产业发展联席会议制度,出台《嘉兴市人民政府关于加快发展体育产业促进体育消费的若干政策意见》《嘉兴市体育产业特色楼宇认定创建标准》,鼓励引导体育企业利用闲置标准厂房发展体育经济。做好大型体育场馆免费低收费开放补助资金申报工作,全市5个场馆获得补助资金110万元。推荐本市11个体育产业优秀项目申报省体育产业发展资金,6个项目成功入库;组织7个体育赛事类项目申报市级服务业发展资金补助。开展全市体育产业专项调查,701家体育企业或组织入库。加强游泳场所监管,举办3期救生员和1期游泳社会体育指导员培训班,新培训初级救生员142名,新培训游泳教员49名。发挥体育在深化"沪杭同城"、加快接轨上海等中心工作中的作用,选派干部到上海体育国家大学科技园和平湖市九龙山管委会挂职锻炼,联系上海体育国家大学科技园和阿里体育集团来嘉进行项目考察并形成合作意向。定期上门走访市体育产业投资有限公司、老爷车大厦,协调推动全民体育健身中心项目建设。做好体育彩票销售监管,2016年全市体育彩票总销量达8.02亿元,再创历史新高。推进行政许可办理一次性告知、限时办结等制度,年内受理行政许可案件3件,均在承诺期限内办结。开展全市体育行政执法案卷评查、体育行政执法证件清理等工作。组织申报浙江省运动休闲旅游示范基地、精品线路和优秀项目,海宁尖山高尔夫入选2016年浙江省运动休闲旅游优秀项目。开展海宁盐官站百里钱塘生态绿道骑行,海盐南北湖站探索·山水定向之旅和秀洲新塍探索·文化之旅等运动休闲体验游系列活动,推动体育、旅游、休闲服务等行业的深度融合发展。

(李　平)

竞技体育

【备战十六届省运会】 年初,召开全市训竞工作会议,全面部署训练竞赛工作,并对十六届省运会周期和“十三五”期间全市竞技体育工作进行再谋划、再部署、再动员。全年市少体校招生148人，全市注册运动员7168人。有乒乓球、排球、足球、篮球、摔跤、跆拳道、柔道、拳击、举重、射击、射箭、击剑、自行车、帆船14个项目的运动队到北京、山东、武汉、福建、安徽等地进行夏（冬）训交流训练、比赛。组队参加2016年浙江省青少年（儿童）45项次省锦标赛和冠军赛。按省锦标赛成绩统计口径，嘉兴市取得金牌52.5枚、奖牌总数181.5枚、总分2429分的成绩，金牌数位列全省第七，奖牌数及总分位列第五位。加大人才培养输送力度，做好“浙江省奥林匹克重点体育后备人才”申报、集训工作，组织田径、游泳、羽毛球等项目运动员参加“奥基”集训，向省体职院输送运动员41名，其中转正12人，转试训4人。规范运动员等级审批程序，全年审批二级运动员131名，向省申报一级运动员25名。

【嘉兴籍运动员取得好成绩】 2016年，嘉兴籍运动员在世界杯、世青赛中获2金2银2铜，在亚锦赛中获3金，在全锦赛中获3金13银7铜。其中，吕嘉琪在体操世界杯系列赛中获平衡木冠军、全国体操冠军赛中获高低杠冠军，高海燕在帆船世界杯系列赛中获女子470级冠军，李丹、杨秋英在亚洲锦标赛上获赛艇女子四人单桨冠军，冯吕栋在亚洲举重锦标赛上获77公斤级抓举冠军，刘思琪在全国艺术体操个人冠军赛中获成年个人团体总分冠军，王凡在里约奥运会上打入16强（排名第9），创下中国队奥运会该项目历史最好成绩。

【推进基地建设】 2016年，嘉兴市成立国家级、省级高水平体育后备人才基地创建工作领导小组，具体布置新周期嘉兴市基地创建工作，确定创建目标，指导迎评工作。年内，嘉兴市少体校被确定为（2017–2020）周期国家级高水平体育后备人才基地备选单位；嘉善县汾湖水上运动中心、平湖市少体校、海宁市少体校、桐乡市少体校、嘉兴国际网球中心被确定为申报（2017–2020）周期省级高水平体育后备人才基地备选单位。嘉兴市少体校、海宁市少体校被国家体育总局田径运动管理中心命名为首批全国田径少儿撑竿跳高基地。嘉兴市实验小学、嘉兴市实验初级中学教育集团、海盐县滨海中学被评为2016–2019周期浙江省“阳光体育后备人才基地”。

【推进体教融合】 2016年，嘉兴市坚持“突出重点、发展优势、扶持弱项、适度增项”的方针，推进体教融合，进一步优化调整项目结构，发挥普通学校的优质教育资源和体校的师资优势，适当扩大市队市（县、区）办、校办、联办的范围。继女子足球和市实验小学和秀州中学体教结合的合作意向之后，2月中旬与市实验小学、市实验初级中学教育集团达成市男子足球项目“市队联办”合作协议；4月上旬，在市经开区实验小学挂牌武术套路训练基地。年内与市教育局联合举办2016年嘉兴市中小学生体育竞赛、市第三届青少年学生阳光体育运动会、市第四届幼儿趣味运动会、市青少年校园足球校级联赛和体育教练员、裁判员、师资等培训活动。安排田径、游泳等34项次赛事和8项次各类培训，有万余名青少年学生参与中小学生体育竞赛，100多所幼儿园、3000余名幼儿参加幼儿趣味运动会，5000余名足球健儿参与校园足球活动。结合省体育局科教下基层活动，举办市级业余训练教练员、体育教师培训班，组织教练员参加各级各类培训。邀请省队游泳、体操、羽毛球等重点项目的专家顾问在日常训练、常规比赛中给予指导，提高教练员训练水平。

（申　超　李　平）

群众体育

【加强全民健身顶层设计】 2016年，编制印发《嘉兴市全民健身实施计划（2016–2020年）》（嘉政发〔2016〕65号），明确“1675”（“1”个指导思想、“6”个工作目标、“7”个“进一步”和“5”个方面的保障措施）的全民健身目标体系，为新周期全民健身活动开展提供政策遵循。各县（市、区）结合区域特色编制本地区《全民健身实施计划（2016–2020年）》。制定实施《2016年嘉兴市游泳救生公益大培训活动总体方案》《嘉兴市青少年体育俱乐部管理暂行办法》等，对《嘉兴市“美丽乡村·全民健身广场”、“美丽乡村·体育休闲公园”评定办法(试行)》相关评定条件做调整补充。

【“三会合一”办好重要节会活动】 2016年，嘉兴市将浙江省第二届女子体育节、浙江省幼儿体育大会和嘉兴市第四届市民运动会等重要节会活动有机整合，以“三会合一”理念办活动。浙江省第二届女子体育节设竞技类、趣味类、展示类三大板块28个大项、173个小项，全省102个代表团(队)来嘉参赛，是继十四届省运会后，嘉兴市承办的参与人数最多、影响力最大的省级群众性体育活动。嘉兴市第四届市民运动会以3月5日的2016安利纽崔莱健身跑暨嘉兴市第四届市民运动会田径(路跑)活动开幕，10月11日闭幕，历时8个月，设26个大项，4大运动板块，举办各类各级赛事活动近3000场，参与群众超过15万人。浙江省幼儿体育大会自5月22日开始，有3大项在嘉兴举行，参与幼儿和家长5000余人。三项节会联合举办，累计参与超30万人次，吸引省内外20余家权威媒体密集报道，再度提升了嘉兴的城市综合影响力。

浙江省第二届女子体育节在嘉兴举行(市体育局提供)

【巩固创强争先工作】 年内，指导和推动秀洲区成功创评成为浙江省体育强县(市、区)，全市实现继省级体育强镇、小康体育村之后的第三个“全覆盖”满堂红，城乡体育均衡发展水平再进全省前列。指导嘉善县、海盐县顺利通过体育强县复评。推动城南街道、建设街道申报创建省级城市体育先进街道；推动7个体育特色乡镇、3个现代化镇(街道)和3个城市先进社区开展省级评估。开展省级体育创强工作检查，全市省级体育先进街道覆盖率达95%；省级体育先进社区覆盖率达65%。

【加快全民健身设施建设】 年内，修订和完善《嘉兴市“美丽乡村·全民健身广场”“美丽乡村·体育休闲公园”评定办法(试行)》，出台《嘉兴市区公共室外全民健身设施管理维护试点工作实施办法》，强化场地设施建设维护等制度保障。开展市区街道范围内健身路径现状的摸底，推动实施“小康体育村升级工程”100个，新建市级“美丽乡村”全民健身广场、体育休闲公园12个，增加30片标准球类运动场地。有6个项目被评定为省级中心村全民健身广场、体育休闲公园。持续推进公共体育设施、学校体育场地设施向社会开放工作，全市符合开放条件的中小学校和其他公共体育设施实现100%向社会开放。

【加强全民健身公益志愿服务】 2016年，嘉兴市将第六季全民健身公益大培训与全国“7·16”游泳健身活动周浙江分会场启动日活动有机结合，以游泳救生为主题，分别开展游泳技能普及提高、水上救生、防溺水宣讲等系列培训活动19项次，受益群众达1万人以上。倡导市级体育社团全民健身志愿服务，年内，12个市级体育协会推出体育志愿服务活动34项，累计开展近5000次志愿活动。

【扶持发展基层体育队伍】 2016年，嘉兴市扶持发展各类省级体育俱乐部94个，新培训发展等级社会体育指导员1200多人，达到“每千人至少拥有2名社会体育指导员”标准，基本覆盖全市城市社区、中心村。开展嘉兴市首届最美社会体育指导员评选活动，10人获得最美社会体育指导员称号，13人获得最美社会体育指导员提名奖称号。依托省级社会体育指导员和非奥项目培训基地，整合单项体育协会资源，扩大业余教练员、裁判员和专项社会体育指导员队伍。全年培训基层体育骨干1600人。

【推进政府购买体育服务】 2016年，嘉兴市研究制定政府向社会力量购买公共体育服务的实施办法，推动羽毛球、篮球、桥牌、网球、足球等10余家市级体育协会被认定为具备承接政府职能转移和购买服务资质的社会组织。全年，市本级用于政府购买群众性体育服务的经费达180万元，依托社会力量参加、组织、承办的各类活动262场次，其中国际级赛事9次、全国级赛事35次、省级赛事61次，组织近13万人参与体育运动。

【推进体育协会实体化建设】 2016年，嘉兴市出台《关于进一步加强市级体育社团“三化五有”建设的实施意见》，年内完成市武术、门球、老年体协、羽毛球、足球、体操等市级协会换届。新成立国际象棋、电子竞技、女子体育、排舞、职业学校体育协会等6个市级体育协会，市级体育协会总数达34家。根据《嘉兴市市级体育社团考评补助办法》，组织80%以上的市级协会参加社会组织评估，9家获评AAA等级、14家获评AA等级、4家获评A等级，通过创评推动协会的“三自”能力不断加强。

【开展国民体质监测】 2016年，嘉兴市推进实施《3-69周岁公民体质健康评价等级标准》和《小学、中学、大专院校体育与体质监测标准》，加大“体卫合作”力度，开展体质测试和跟踪服务，完成户籍人口千分之五样本量的监测指标，累计测试15715人次。根据《2015年浙江省国民体质监测公报》结果显示，嘉兴市国民体质监测样本合格率达94.3%，位居全省第二。

（李　平）

体育产业

【优化体育产业发展环境】 2016年，嘉兴市进一步优化体育产业发展环境。建立嘉兴市体育产业发展联席会议制度，加强体育产业发展工作的组织领导和统筹协调。制定出台《嘉兴市关于加快发展体育产业促进体育消费的若干政策意见》《嘉兴市体育产业特色楼宇认定创建标准》。莲泗荡传统水上休闲运动项目基地、游泳场馆无线防溺水警报系统、2016年全国女子排球冠军赛等11个优质项目分别入选省、市体育产业发展项目库，共获得补助资金375万元。开展全市体育产业专项调查。建立全市体育产业名录库，入库体育企业或组织701家。

【完成体育产业增加值核算】 年内，市体育局与市统计局联合开展2015年全市体育产业增加值核算工作。统计结果显示：2015年全市体育产业总产出120.89亿元，创造增加值38.40亿元，占GDP的比重为1.092%，比上年上升0.18个百分点，其中体育服务业创造增加值10.32亿元、体育制造业15.95亿元、体育销售业11.85亿元、体育建筑业0.27亿元。

【拓展体育产业宣传媒介】 年内，市体育界与市级媒体开展合作，营造加快体育产业发展的良好氛围。参加各级各类体育产业展会，组织莱茵鸿翔体育产业有限公司和浙江正星健身器有限公司等知名体育产业企业参加2016第七届中国·长三角国际体育休闲用品博览会。参加在绍兴举行的浙江省第五届运动休闲旅游节。

【加强游泳市场的监管】 2016年，嘉兴市举办3期救生员和1期游泳社会体育指导员培训班，新培训初级救生员142名、游泳教员49名，对上年取得上岗证的374名救生员进行统一复训。招募游泳场所义务监督员，围绕水上救生员配置数、水质监测和游泳培训班管理等方面，对游泳场所开放进行日常监督。对经开区游泳场所已获得高危险性体育项目经营资格并符合条件的游泳场所给予投保公众责任保险经费补助。对嘉兴市本级范围内符合条件的小区游泳场所实行2000-8000元的开放补助。

【体育彩票年销量突破8亿元】 嘉兴市持续落实“一把手”工程，2016年，全市体育彩票销量为8.02亿元，首次突破8亿元，比上一年度销量增长近1亿元，同比增幅14%，呈现持续快速健康的发展态势。

（李　平）

卫　生

综　述

2016年，全市有各级各类医疗卫生服务机构1447个，其中医院65所，妇幼保健院(所)7所，社区卫生服务中心(卫生院)79所，社区卫生服务站761个，卫生监督所8个，疾病预防控制中心7个。全市卫生机构从业人员总人数35941人，其中卫生技术人员31131人，占86.62%，平均每千人拥有医生数2.96人、护士3.76人。全市有病床24467张，平均每千人拥有医院床位6.95张。医疗卫生服务能力不断提升，群众对医疗服务满意度进一步提高。

制定“十三五”卫生计生事业发展系列规划。《嘉兴市区域卫生规划(2016-2020年)》由市政府印发，《嘉兴市卫生计生事业发展“十三五”规划》由市发改委和市卫生计生委联合印发。

深入实施“与沪杭同城”战略，接轨上海优质医疗资源取得突破性进展。市政府印发《接轨沪杭优质医疗资源做强做优医学学科的实施意见》，市卫生计生委制定医学学科建设、领军人才培养、柔性引才、上海医疗专家资源库建设等方面的系列配套文件。市政府与第二军医大学合作，双方签订战略合作协议，联合举办联合诊疗中心，并开展大型义诊活动。在这一合作影响下，更多上海医疗资源主动寻求与嘉兴合作。复旦大学附属华东医院与第一医院共建“张国桢肺部微小结节诊疗中心嘉兴分中心”。嘉兴市妇幼保健院分别与上海市第一妇婴保健院和上海交通大学医学院附属新华医院签约合作。嘉兴老百姓能够真正在家门口享受到上海优质医疗服务。

逐步构建合理有序的分级诊疗模式，医疗资源利用效率进一步提高。实现市到县和县到镇优质医疗资源下沉“全覆盖”；并通过建立临检中心、医学影像中心等，初步实现医疗资源县域内共享，有效提升全市医疗服务整体水平。拉开基层、县级、区域外就诊的医保报销差距，镇、县、市、省级医疗机构起付标准阶梯式提高。开发启用双向转诊信息化平台，建立双向转诊绿色通道，实行24小时连续服务，畅通医院间转院流程，逐步扭转群众“崇高就大”的就医倾向。推进基层责任医生签约服务，为群众提供基本医疗、基本公共卫生和个性化健康管理服务，有效签约率达22.56%。加快推进“智慧医疗”建设项目，市政府“诊间结算”民生实施项目圆满完成，群众就医体验进一步改善。全市基层医疗机构就诊率超60%，县域内就诊率90%以上，基层首诊局面初步显现。嘉兴市被国家卫计委确定为开展分级诊疗工作试点城市；省委、省政府在海宁市召开现场会推广嘉兴经验。

医药卫生事业发展体制机制进一步理顺。7月，市政府调整市医改领导小组成员，由市长担任组长，市医改办从市发改委调整到市卫生计生委，新增市经信委、市商务局、市国资委、市残联为成员单位，市卫生计生委、市发展改革委、市财政局、市人力社保局分管领导兼任办公室副主任，便于强化三医联动，实现整体协同。深化公立医院改革，确保“均次费用零增长”，严格执行药品、耗材集中招标采购制度，抓好“廉药降负”工作，落实医院运行成本核算制度，全面推行院务公开，巩固完善基本药物制度，三甲医院根据省卫计委部署全面停止门诊患者静脉输注抗菌药物。做好政策扶持引导，社会资本办医空间进一步拓宽。鼓励、引导、支持社会资本建立嘉兴市医疗资源相对短缺的老年病、康复、护理、儿童、肿瘤专科等医疗机构，加强医疗机构开业前的执业验收工作，严格机构准入。进一步引导和促进社会资本举办医疗机构，在人才引进、流动，学术环境，土地供应，投融资，医疗保险，税收优惠，设备配置，投资奖励机制等方面加大政策扶持。5月，嘉兴市被确定为第四批公立医院改革国家联系试点城市。

基层医疗卫生服务能力进一步提升。全市基层卫生机构标准化率达95%以上，基层医疗卫生机构全面提供与其功能定位相适应的公共卫生和常见病、多发病的诊疗、康复、双向转诊等服务。全面开展基层岗位大练兵，组织知识竞赛和技能比武，选拔人员参加全省比赛，获团体一等奖、团队项目一等奖。嘉兴代表浙江省接受国家基本公共卫生服务项目考核，获全国第一名。

抓好医疗服务、医疗质量和医疗安全管理，市级公立医院就医环境进一步优化。根据2016年政府投资项目计划，稳步推进市妇保院二期工程、急救血液管理中心项目、中医院急诊综合楼项目、二院立体停车库和一院停车场五个基建项目。实施进一步改善医疗服务三年行动计划，制定100条配套细则确保落实。推进医务社工工作，4所市属三甲医院招募志愿者4850人，累计为病人提供1.5万多小时的服务，有效促进医患沟通。深化优质护理服务活动。创新病区护理服务，改进护理工具；建立出院患者电话随访机制；加强手术患者安全管理，制定手术室坠床/跌倒预防制度及流程。全面落实医疗质量和安全管理。加强医疗机构依法执业管理，全面清理医疗机构承包科室或变相承包科室行为。严格执行《关于医疗机构审批管理的若干规定》和医疗机构设置审批备案管理制度，加强医疗机构执业验收管理，严格执行《医疗机构基本标准》。市属公立医院成立医疗质量管理考核办公室，加大临床路径管理、PDCA和QCC等质量管理工具的应用力度，扩大临床路径病种和覆盖面。健全市、县二级联动的医疗质量控制组织体系，加强监督检查，及时有效发现问题，做好指导和管控。

公共卫生管理保持规范有序。加强呼吸道传染病防控，做好H7N9禽流感联防联控工作，加强流感哨点监测，每月对监测工作开展分析，及时研判疫情趋势。强化艾滋病高危行为干预和HIV感染者及病人的管理，完善监测检测和咨询网络，加强重点人员监测，与教育部门联合开展学校艾滋病防治专项行动。全面启动肠道门诊监测工作，抓好结核病人的治疗、管理工作，全球基金耐多药结核病人治疗管理项目顺利开展。加强手足口病疫情报告、业务培训和宣传。巩固慢病防控示范工作，开展死因、慢性病、伤害监测，推进社区慢病防治，落实网络直报工作，不断提高监测质量。抓好规范化预防接种门诊和星级门诊创建，全市所有84家预防接种门诊全部达到规范化要求。加强疫苗运输、贮存、使用的管理，全面实施疫苗冷链温度实时监控预警系统，建立疫苗统一采购配送制度、交接验收制度、登记核查制度，做到接种的疫苗能有效溯源和跟踪。加强环境、职业和食品风险监测，对中央空调、医院消毒质量、有毒有害企业等开展环境卫生质量监测。全力抓好G20杭州峰会和世界互联网大会医疗卫生保障任务，圆满完成医疗服务、卫生应急、传染病防控、精神卫生保障、病媒生物防制、血液供应、食品安全风险监测、公共卫生场所卫生监督、生物安全、安全生产、维稳安保、舆情监测引导等各项任务。全市卫生计生系统开展各类暗访督查和交叉检查40多次，各医疗卫生机构会同公安、消防等部门开展贵宾急救、反恐、消防等应急演练30余次，在乌镇会议中心、高速出入口派驻120急救车值守，组建骨干医疗保障队进驻乌镇，高效开展优质服务。

严格监督执法，“法治卫生”建设稳步推进。全面落实简政放权，下放全部13个行政审批事项到县级卫生计生行政部门，对下放事项严格事中事后监管，确保规范合法。对省卫生计生委委托下放的25项行政审批项目全部做到一审一核。开展母婴安全、游泳场所卫生安全、口腔诊疗安全三大“健康卫士”系列行动。深化打击非法行医专项行动，加强对有证医疗机构的监督。全面推进饮用水在线监测设点布局。开展社区饮用水卫生检测示范项目建设。开展校园卫生安全专项行动、饮用水卫生监督检查和职业病防治法等相关法律法规落实情况检查。加强传染病防治的监管和消毒产品监督管理,对二级以上医疗机构开展自查和抽查。同时,开展餐饮具集中消毒企业在线监控,并将卫生安全监管列入政府食品安全专项行动。

市区国家卫生城市复审迎检工作顺利完成,城乡卫生面貌持续改善。全市居民健康素养水平提高至17.5%。指导平湖市接受全国健康促进县(浙江仅2家)考核验收获高分。桐乡市被列为38个全国健康城市建设首批试点城市之一。牵头做好国家卫生城市复审迎检工作。4月,通过省复查组对创卫工作的现场检查,对复查组提出的46个问题进行集中整改。9月上旬,通过全国爱卫会专家的暗访。

(周国光)

卫生监督

【概况】 2016年,全市受理卫生监督投诉举报事项157件,均按时办结。处罚各类卫生计生违法案件312件,罚没款259.02万元,移送公安机关追究刑事责任案件5起。2016年全市无公共场所、饮用水卫生等方面突发公共卫生事件发生。全市开展移动执法,现场监督信息使用移动端录入占比达到92.02%。

【"健康卫士"一号行动】 2016年,全市各级卫生监督机构开展母婴保健技术服务监督检查专项行动。检查医疗机构123家,监督检查覆盖率100%。对严重违反《中华人民共和国母婴保健法》《中华人民共和国计划生育法》的3家医疗单位和个人实施行政处罚,计行政罚款13.2万元,没收违法所得2.8万元,吊销"医疗机构执业许可证"1家。

【"健康卫士"二号行动】 2016年,全市各级卫生监督机构开展游泳场所夏季保健康专项行动。卫生监督部门对游泳场所监督检测覆盖率及水质监测结果公示率为100%。2016年,嘉兴市有营业性游泳场所131家,6-8月,全市抽检268家次,合格227家次,合格率84.70%。全市立案查处20家,处罚金额10.94万元。桐乡市卫生监督所还开展"泳池水质,你点我测"活动,开展错时执法。

【"健康卫士"三号行动】 2016年,根据省所统一安排,全市卫生监督机构开展为期三年的口腔诊疗安全专项整治。加强口腔诊疗机构消毒效果监测,采集无菌包120份、合格116份、合格率96.67%;车针灭菌效果135份、合格130份、合格率96.30%;使用中的消毒液48份、合格48份、合格率100%;口腔治疗用水344份、合格212份、合格率61.62%。

【加强医疗服务市场监管】 2016年,嘉兴市严厉打击无证行医,依法取缔非法行医场所133家,实施行政处罚的非法行医案件54起,计行政罚款65.73万元,没收违法所得37.68万元,没收药品和器械价值84万元。移送公安机关追究刑事责任案件5起(其中致人死亡案件1起、使用性病假药1起、使用医疗美容假针剂1起、因二次处罚后再次非法行医移送公安机关追究刑事责任案件2起)。推进"依法执业守护健康"行动,全市对有证医疗机构实施行政处罚14家,行政处罚16.28万余元,没收违法所得6.23万余元,吊销医疗机构"医疗机构执业许可证"2家,吊销医疗机构诊疗科目1家。全市对医疗机构内医护人员个人实施行政处罚3起,其中医师警告2人,暂停执业1人(暂停执业9个月)。

【加强传染病防治监管】 2016年,全市开展二类疫苗接种监督检查工作,对辖区内预防接种门诊和疾病预防控制机构100%进行突击监督检查,未发现疫苗管理方面的问题。开展医疗机构实验室生物安全督导检查,对各县(市、区)卫计局及下辖的一家大型医疗机构的病原微生物实验室生物安全进行督导检查。开展消毒隔离监督检查和监测工作,六家医院消毒质量监测采集各类样品235份,其中合格样品为220份,合格率为

93.62%。全市二级以上医疗机构的医疗废物实现实时远程在线监控全覆盖，并加强基层医疗机构医疗废物处置管理，各类医疗废物专用收集容器均配置到位。

【加强消毒产品监管】 2016年，对全市取得有效"消毒产品生产企业卫生许可证"的66家生产企业，抽检各类消毒产品89份，合格89份，合格率为100%。全市所有30家餐饮具集中消毒单位均建立相对人管理档案，建档率100%，企业按年度提交的自查报告率100%，重点生产环节电子监控探头安装率96.55%。全年对餐饮具集中消毒单位抽检113批次，抽检样品1130份，合格1117份，合格率98.85%，对餐饮具集中消毒单位因产品抽检不合格实施行政处罚8家。

【加强职业与放射卫生监管】 2016年，嘉兴市做好全市职业健康检查机构和职业病诊断机构的监督指导工作。探索双随机监管模式进行事中事后监管，完善专家评查制度，结合《职业健康检查报告书》的书面质量监测和年度考核，以信誉评级为推手，促进全市职业健康检查机构和诊断机构的进一步完善，提升全市职业健康检查和职业病诊断的能力。以核医学和放射治疗为重点，加强放射诊疗监管。举办粉尘作业人员DR胸片摄片技术、噪声职业健康检查规范、放射工作人员的岗前培训班等，尝试卫生监督员小班化培训，提高培训的效果。

【加强公共场所卫生监管】 2016年，嘉兴市开展公共场所量化分级管理工作，确定全市A级单位79家，B级单位500家，C级单位6816家。对重点公共场所开展卫生监测，全市抽检各类公共场所396家，合格351家，合格率为88.64%。继续在全市公共场所实施卫生管理员制度，在省系统信息平台录入辖区公共卫生管理员基本信息等数据，实行动态管理和即时查询。

【推进生活饮用水在线监测】 2016年，全市对18家集中式供水单位、43家涉水产品生产企业和79家二次供水单位进行监督检查，监督检查覆盖率100%。全市监测水样456份，合格率为98.90%，其中出厂水监测31份，合格率100%；管网末梢水监测306份，合格率99.67%；二次供水监测119份，合格率96.64%。市区2台饮用水在线监测设备全面监控市区饮用水卫生质量，全市12家A级供水单位对出厂水进行实时监控，省财政拨款项目16台在线监测设备全部投入运行，实现全市饮用水在线监测全覆盖，建立完善市政供水的水质预警体系及异常数据的调查和处理程序。

【开展校园卫生安全健康行动】 2016年，全市卫生监督机构开展校园卫生安全健康行动，对全市349所中小学校（含分校）和普通高校进行监督检查，覆盖率100%。检查表明，学校突发公共卫生事件应急预案制定、校长为学校卫生安全第一责任人、学校传染病疫情报告、登记管理制度和学校生活饮用水管理等学校日常卫生工作得到比较好的落实。市县两级卫生监督部门对83所中、小学校（43所乡镇或村、40所县城）的传染病防控、常见病和多发病防治、学校生活饮用水卫生、教室和生活环境、突发公共卫生事件应急等学校日常卫生工作进行综合监督评价，综合监督评价结果为优秀的学校51所，合格的32所，完成国家和省年度学校卫生监督抽检和综合评价工作，全市学校未发生重大传染病疫情。

（周国光）

疾病控制

【概况】 2016年，嘉兴市疾病预防控制中心同时挂牌嘉兴市精神卫生指导中心，有核定编制76人，在编职工69人（其中3人市卫计委借调），其中专业技术人员65人，正高级职称10人，副高级职称13人，中级职称28人；学历结构为博士1人，硕士25人，硕士在读6人；编外合同制人员23人；离休人员2人，退休40人。有嘉兴市第六批新世纪专业技术学科带头人3人，后备学科带头人6人；嘉兴市卫生系统第六批"351人才"后备学科带头人1人，优秀青年人才3人。

【有效应对禽流感、流感】 以嘉兴市第一医院作为国家流感哨点监测医院、嘉兴市疾控中心流感实验室为国家网络实验室。市网络实验室2016年采集流感样病例标本1053份。对所有标本进行核酸检测,检出阳性标本171份,阳性检出率为16.24%,其中新甲H1型74份、季H3型流感54份、Victoria型40份和Yamagata型3份。对全年所有流感样病例标本开展病毒分离工作,分离到阳性标本114份,阳性分离率为10.83%,其中新甲H1型68株、季H3型18株、Victoria型26份和Yamagata型2株。此外对流感监测哨点医院开展发热门诊督导检查,针对督导中发现的问题,及时协调解决,以提高流感监测工作水平。2016年报告4例人感染H7N9禽流感病例。根据浙江省疾病预防控制中心要求,并结合本地疫情形势,全年在全市范围内开展禽流感外环境监测工作。全市采集禽流感外环境样本797份,采样场所涉及城乡活禽市场、禽类规模养殖场(户)、家禽散养户集中地区、家禽屠宰加工厂、候鸟栖息地等6类,样本类型包括笼具表面涂抹样、宰杀禽类案板(工具)表面涂抹样、粪便、饮水等6种。其中,检出甲通阳性187份,甲通阳性率23.46%;H7亚型核酸阳性60份,H7亚型阳性率7.53%;采样涉及场所176处,H7亚型核酸阳性场所39处,场所阳性率22.16%。通过对监测数据分析发现,嘉兴市外环境标本H7N9阳性率较高的月份主要集中在1-3月及11-12月。在疫情高发月份,及时开展风险评估,向联防联控办通报相关监测结果,并提出多项防控措施,同时向市民发出公共卫生预警信息,有效控制人感染H7N9禽流感疫情的发生风险。

【有效处置各类传染病疫情】 2016年,全市报告甲乙丙类传染病发病22种共31542例,报告发病率为687.94/10万人,比上年上升14.88%;报告死亡40例,报告死亡率为0.87/10万人,上升48.14%。

【艾滋病、性病防控】 2016年,嘉兴市加强基层艾滋病实验室建设,将高危干预和快速检测工作结合起来,以社区为基础,扩大检测范围,加大检测力度,深入开展艾滋病防治工作,全市社区HIV快速检测覆盖率达100%。通过加大监测检测和完善防控各个环节,全年全市进行HIV抗体检测807489份,发现阳性感染者和病人353例,其中艾滋病人107例,感染者246例,比上年增长37.4%;全市累计纳入国家免费抗病毒治疗病人1234例,在治1053例;对各类高危人群干预月均覆盖率达到85%以上;完成自愿咨询检测9311例。全市网络直报性病病例5种(梅毒、淋病、尖锐湿疣、生殖器疱疹、生殖道沙眼衣原体感染)7705例,同比上升7.09%。其中梅毒下降4.04%,淋病上升20.51%,发病例数最多的病种为淋病,报告2574例,占总报告病例的33.41%。

【血吸虫病防治】 2016年,嘉兴市全面落实查螺任务,全市68个乡镇706个村开展春季查螺,查螺面积8107758平方米,调查环境数为24327个,系统抽样查螺框数1599046框,环境抽样查螺框数3172328框。查到有螺面积4640平方米,其中秀洲区2540平方米,平湖市100平方米,而嘉善县的有螺面积2000平方米为复现钉螺面积。嘉善县、秀洲区和平湖市三地政府和卫生行政部门高度重视,在市疾控中心的业务指导下,结合当地实际环境类型,制定消灭残存钉螺技术方案,积极开展灭螺工作,采用药物喷洒、土埋、沿岸筑灭螺带和环境清理等综合灭螺措施进行灭螺。秋季进行复查复灭,以后三年要做好巩固性灭螺工作。采用血清学监测13270人,阳性88人,阳性率0.66%,其中外来传染源输入查病11538人,血清学阳性69人,阳性率0.60%。粪检125人,其中血检阳性中粪检人数88人,未检出粪检阳性。对血吸虫病血清学阳性并适合治疗者,进行病原扩大治疗,治疗54人。2016年全市管理晚期血吸虫病人699人,对晚血病人进行内科救助,晚血救助率100%。全年新增晚血43人,死亡72人,年底遗留晚血627人。

【开展碘缺乏病防治】 学生甲状腺和尿碘监测:2016年全市各县(市、区)疾控中心检查8-10周岁非住校学生1476人,甲状腺I度肿大19人,II度肿大0人,甲肿率1.29%,甲状腺肿率未大于5%;采集尿碘1476人,尿碘中位数值为158.3微克/升。

学生盐碘含量监测：2016年全市各县（市、区）疾控中心监测1474份食用盐。监测结果：碘盐1398份，碘盐覆盖率为94.87%；检出非碘盐76份，合格碘盐1323份，碘盐合格率94.97%，合格碘盐食用率为90.14%；碘盐中位数为23.12毫克/千克。孕妇尿碘、碘盐监测：2016年全市各县（市、区）疾控中心共采集孕妇尿样735份和735份食用盐。监测结果：尿碘中位数为129.58微克/升；碘盐702份，碘盐覆盖率为95.41%；检出非碘盐33份，合格碘盐654份，碘盐合格率93.14%，合格碘盐食用率为89.03%；碘盐中位数为23.30毫克/千克。

【实施国家免疫规划】 2016年，嘉兴市入库第一类疫苗158.86万剂、一次性注射器111.36万支；出库第一类疫苗142.06万剂、一次性注射器100.92万支。接种二类疫苗19种700793剂次。脊灰疫苗基础免疫180878人次，加强免疫76312人次，查漏补种9698人次。麻疹风疹基础免疫56552剂次，麻腮风复种61680剂次，春、秋季查漏补种麻疹风疹2547人，麻腮风2893人。初三学生接种32643人，外省大一新生接种6028人，医务人员接种500人次，应急接种5024人次。全市报告AFP20例，15岁以下儿童AFP报告发病率3.67/10万。报告甲肝36例、乙肝1092例、麻疹54例、乙脑2例、百日咳9例、风疹25例、流行性腮腺炎435例、水痘948例，无脊灰、流脑和白喉报告。报告死亡1例（乙肝）。

【慢性非传染性疾病防控】 2016年，嘉兴市开展死因、慢性病、出生和医院急诊伤害监测，推进县级区域卫生平台及县以上医疗机构和省慢性病信息系统的数据对接工作。开展第4次居民死亡、慢性病漏报调查和成人行为危险因素监测工作。全年全市报告户籍人口死亡24806例，年报告死亡率7.10‰；报告户籍人口糖尿病14808例，肿瘤13564例，冠心病急性事件1743例，脑卒中13777例；6家哨点医院报告伤害病例29697例。2016年嘉兴市居民根本死亡原因居前五位的依次为：恶性肿瘤、脑血管病、呼吸系统疾病、心脏病、损伤与中毒。规范社区慢性病管理，各医疗单位完善35岁以上内科首诊病人测量血压工作，全年全市高血压患者登记数为488257人，按常住人口计算发现率为11.44%，健康管理率53.28%，规范管理率65.49%，血压控制率67%；糖尿病患病人数127676人，按常住人口计算发现率为2.99%，健康管理率52.13%，规范管理率64.95%，空腹血糖控制率62.09%。登记在册的严重精神障碍患者16864人、常住人口报告患病率3.68‰，严重精神障碍患者在册管理率98.63%，规范管理率93.00%、服药率66.08%、病情稳定率99.43%。

【结核病防治工作】 2016年，嘉兴市加强业务技术指导，每季度对定点医院、社区卫生服务中心开展督导，及时发现工作中存在的问题，通过建立工作流程、完善各类制度、外聘省级专家，进一步提高结核病诊疗水平。报告登记活动性肺结核患者1699例，其中新涂阳肺结核801例。针对前几年屡有学校结核病聚集性疫情发生，嘉兴市关口前移，加强对社区卫生服务中心结核病责任医师培训，提高医务人员敏感性，同时规范流调流程，严防学校结核病聚集性疫情发生。全年全市五县二区所属学校仅发生一起学校结核病聚集性疫情。开展耐多药肺结核防治工作，全市各定点医院对174例可疑耐多药肺结核患者进行筛查，筛查率104.19%，发现23例耐多药肺结核患者，14例患者纳入规范化治疗，纳入率69.57%。市疾控中心联合市防痨协会连续五年申请到福彩公益基金，通过政府购买社会服务的形式向肺结核患者表达一份爱心。

【实施免疫规划规范化培训体系建设】 2016年，按《嘉兴市免疫规划规范化培训实施方案》和《实施细则》开展新上岗人员理论、实践一体化教学和考核，强化在岗人员培训、考核和管理。编印《嘉兴市免疫规划规范化培训手册》，梳理规范性文件、培训体系、实施内容、工作流程和教学成果，展示实践基地的教学经验和特色工作，实现全市接种门诊优质资源全面共享。通过两年的规范运行，2016年年底认定魏塘街道等9家教学基地为“嘉兴市免疫规划实践教学基地”。组建实践教学师资队伍，2016年表彰23名市级优秀带教老师。“嘉兴市免疫规划规范化培训”在全省会议以及兄弟地市的学术活动中进行多次经验交流。配套推进预防接种标准化、精细化管理工作。2016年市疾控中心编制完成《2016版嘉兴市预防接种风险评估现场操作手册》和《嘉兴市预防接种门诊5S管理操作指南》,试点开展接种门诊5S现场管理,进一步提升预防接种服务能力。

【深化食品污染物检测工作】 2016年,嘉兴市在市疾控中心为中心实验室、各县(市、区)疾控中心为分中心实验室的区域实验室建设基础上,建立和完善具有本地特色的"市县一体、区域协作"食品污染物检测工作模式,强化全市的整体布局,集中区域优势资源。在市疾控中心的统一协调下,7家市(县)疾控机构根据不同的设备配置与检测特长分别承担相应监测任务,市疾控中心做好培训、技术指导和质量控制。食品污染物检测工作模式运行顺畅,检测质量稳定,并结合特长建立壬基酚、双酚A、稀土元素、无机砷等重点污染物检测方法,全市整体的食品安全风险监测能力明显提升。

(周国光)

医　疗

【概况】 2016年,全市政府办医疗机构门急诊病人3221.16万人次,住院人数62.99万人次,分别比上年增长2%和10%。病床使用率:县级以上医院103.59%,比上年上升3.38个百分点;基层医疗机构56.89%,上升4.19个百分点。2016年,全市急救中心出动救护车29270次,抢救各种危重病人20736人。

【"智慧医疗"体系建设】 2016年,嘉兴市以建设"国家信息惠民试点城市"和"全国新型智慧城市标杆市"为契机,在"健康嘉兴"建设过程中,依托互联网厚植优势,着力打造贯通全流程、覆盖全市域、适用全人群,高效、便捷的智慧化就医服务体系,提升居民就医获得感。一是建设"健康嘉兴"掌上应用系统(含App和微信公众号),整合市级各医院的医疗资源和数据,实现智能导诊、挂号、预约挂号、排队叫号、查医生、查费用、查报告单、查体检结果等便民服务,大大缩短患者排队挂号候诊时间。二是市政府将"便捷支付诊间结算项目"列为民生实事工程,医疗费用支付可直接在医生诊室完成,使病人省去到付费窗口反复排队的麻烦。10月底,该项目覆盖市属医院、部队医院和民营医院等不同医疗机构。三是在各市级医院全面配置自助设备,门诊病人和住院病人通过自助机可实现就医各环节自助服务。四是启动建设市级人口健康信息平台建设,同时建设区域影像、心电等共享中心,发挥市级医院优势专业,为基层医疗机构提供会诊、质控、教学等服务。市第一医院建立区域影像中心,连接市级医院和市本级区级医院的影像系统,实现疑难影像病例线上会诊功能。市第二医院建立区域心电中心,连接各级各类医疗机构及120急救系统,实现各医院及急救车上心电数据的实时共享。通过区域心电系统建设即时传输诊疗信息,大大缩短患者的抢救时间,提高抢救效率。第三方调查结果显示,群众对智慧医疗总体满意度高达98.78%。副省长成岳冲对此做出批示肯定,《浙江日报》也进行专题报道。

【与第二军医大学开展深度合作项目】 8月16日,嘉兴市政府举行"第二军医大学与嘉兴市人民政府推动军民融合深度发展共建医学实践红色基地签约仪式",市长胡海峰代表市政府与第二军医大学校长孙颖浩签订框架协议。嘉兴市第一医院、嘉兴市第二医院、嘉兴市妇幼保健院、嘉兴市中医医院同时与第二军医大学附属长征、长海、东方肝胆医院签订具体合作协议。10月27日,市政府举办"接轨上海——沪嘉联合诊疗中心授牌暨大型义诊活动启动仪式",双方共建消化病联合诊疗中心、肾脏病联合诊疗中心、泌尿外科微创诊疗中心、急危重症联合救治中心、肝胆外科联合诊疗中心、胰腺专病联合诊疗中心、心血管疾病联合诊疗中心、烧伤联合诊疗中心8个联合诊疗中心。随后,来自上海的42位顶尖专家与嘉兴专家一对一组合，开展“传承长征精神，接轨上海医疗，服务百姓生活”大型义诊，现场服务718名疑难病患者。联合诊疗中心覆盖第二军医大学最突出的优势专科，合作规格、规模空前，成为嘉兴医疗卫生发展历程中里程碑事件。双方深度医疗合作开展后，将形成产、学、研融合一体化的合作共赢格局，全方位提升嘉兴医疗技术水平。

10月27日，市政府举办“接轨上海——沪嘉联合诊疗中心授牌暨大型义诊活动启动仪式”　（周国光摄影）

【推进中医药事业发展】 2016年，市卫生计生委印发《嘉兴市中医药事业发展“十三五”规划》。巩固基层中医药工作先进单位建设成果，推动嘉善县、南湖区、秀洲区积极创建全国基层中医药工作先进单位。全市15家基层医疗机构完成国家中医药管理局的基层中医馆建设项目，并列入国家“基层医疗卫生机构中医诊疗区（中医馆）健康信息平台”项目试点单位。浙沪第七届基层中医药工作会议4月在海盐召开。强化中医药人才队伍建设，举办第四届“西学中”培训班，全市121位学员参加。开展全市中医护理竞赛活动，赛后选派优秀代表队参加全省中医护理综合技能竞赛并获团体三等奖。开展综合医院中医药工作示范单位创建，嘉兴市第二医院于11月1日接受全国综合医院中医药工作示范单位的现场评估。强化中药饮片使用管理和费用控制，市卫生计生委与市人力社保局联合下发《关于进一步加强中药饮片使用管理的通知》。浙江泛亚生物有限公司和华圣生物科技有限公司被省旅游局等三部门命名为浙江省中医药文化养生旅游基地。

【开展市级公立医院患者满意度第三方评价】 为科学、客观、公正地评价医院服务质量与水平，提高公信力和社会参与度，市卫生计生委通过公开招标，确定专业调查公司，从2016年第二季度开始，在4家市属公立医院开展患者满意度第三方评价工作，每季度抽取有效样本6000个，并对定量、定性调查结果进行独立、封闭式综合分析、赋分，形成每季度评价报告。2016年调查总体满意度为91.02%，4家医院均达到90%以上，处于相对较高水平。市卫生计生委针对测评反映的问题分层次、分单位进行督导、整改，并对整改成果再次进行测评反馈，形成“测评—改进—再测评”的有序管控流程，有效提升医院工作人员整体的业务素质、服务技能和服务意识，深化医疗服务规范化、标准化、精细化管理。

【无偿献血工作】 2016年，全市无偿献血47806人次，比上年增长4.24%。其中全血44438人次，增长4.59%；血量14.9吨，增长4.16%；机采血小板3368人次，比上年下降0.15%；机采血小板量4691.4单位，增长7.04%；初复检血液标本47946份。一次献血300毫升和400毫升的比例达88.73%；成分输血率99.9%；临床用血和机采成分血100%来自无偿献血；血液检测率、血液检测准确率达到100%；全年无血液安全事故发生。2016年，嘉兴市被国家卫生计生委评为全国无偿献血先进市（2014-2015年度），被省委、省政府评为浙江省无偿献血先进市（2012-2015年度）；市中心血站党支部获市“红船先锋”基层党组织和市先进基层党组织称号。

（周国光）

妇幼保健

【概况】 2016年，全市有妇幼保健机构7家，其中三级甲等妇幼保健院1家，三级乙等妇幼保健院1家，二级甲等妇幼保健院1家，二级乙等妇幼保健院2家，妇幼保健所2家。2016年，嘉兴市活产总数为54723例，其中本地活产数32551，本地户籍孕产妇死亡4例,死亡率12.29/10万,嘉善县和秀洲区分别连续16年和15年未发生本地孕产妇死亡。非本地户籍孕产妇有3例死亡,死亡率为13.53/10万;新生儿死亡率1.38‰,婴儿死亡率2.09‰,5岁以下儿童死亡率为2.76‰;非本地婴儿死亡率3.11‰,5岁以下儿童死亡率4.47‰。出生缺陷总发生率24.26‰,比上年略有下降。产前筛查率97.63%,新生儿疾病筛查率99.86%,新生儿听力筛查率99.85%,提前完成《联合国千年发展目标》。剖宫产率持续下降,2016年43.22%,比上年下降4.14%。

【妇幼保健硬件设施建设】 年内,市妇保院二期工程建设按期推进。海宁市妇幼保健院异地搬迁并投入使用,新院获浙江省建设工程"钱江杯(优质工程)"称号。初步完成南湖区妇幼保健计划生育服务中心(妇幼保健所)组建方案,平湖市和嘉善县将加快妇幼保健院建设纳入"十三五"规划。

【落实妇幼重大公共卫生服务项目】 2016年,全市新增叶酸应服用人数23421人,实际服药人数22699人,服用率为96.92%,服用依从人数21262人,服用依从率93.67%,叶酸知识知晓率98.57%。落实分娩补助项目,嘉兴市有城镇户籍产妇数36602人、农村户籍产妇数15553人,实际补助人数14770人,补助资金738.5万元。年内农村妇女"两癌"检查在全市全面铺开。2016年要求完成宫颈癌国家任务数16719例(其中海宁、平湖HPV项目各3000例),完成乳腺癌国家任务数2800例。实际完成宫颈癌检查16949例,完成率101.38%;乳腺癌检查2803例,完成率100.11%。检出宫颈癌癌前病变37例,宫颈癌1例;无乳腺癌癌前病变检出,检出乳腺癌1例。预防"艾梅乙"母婴传播,本年度监测孕期妇女67033例,其中接受HIV检测67032例,孕期HIV阳性检出率0.24‰(16/67033)。2016年全市53883例产妇中,HIV检测率99.99%(52879/53883),其中产妇孕期HIV检测率97.82%(52709/53883)。孕期妇女中接受梅毒检测67032例,检测率100.00%(67032/67033)。全年53883例产妇中,接受梅毒检测53880例,产妇梅毒检测率99.99%,其中产妇孕期梅毒检测率97.86%(52732/53883)。产妇仅产时梅毒感染率12.20‰(14/1148)。全市孕期接受乙肝表面抗原检测孕妇67032例,检测率100.00%(67032/67033),检出乙肝表面抗原阳性孕妇2622例,孕期乙肝表面抗原阳性检出率3.91%。全年53883例产妇中,接受乙肝表面抗原检测53880例,产妇乙肝表面抗原检测率99.99%,其中产妇孕期乙肝表面抗原检测率97.88%(52740/53883)。产妇仅产时乙肝表面抗原阳性检出率7.89%(90/1140)。2016年乙肝表抗阳性产妇数2129例,所娩活产数2154例,新生儿高价免疫球蛋白接种数2152例,接种率99.91%。2016年艾梅乙孕期免费筛查补助1440181元,全年预防艾梅乙母婴阻断传播补助经费达1875770元。

【健全孕产妇安全保障体系】 2016年,嘉兴市针对全面两孩政策实施后,孕产妇管理救治工作面临的许多新情况、新问题,全面加强孕产妇管理服务和临床救治工作。市卫生计生委建立嘉兴市危重孕产妇救治工作领导小组,组织开展妇幼健康管理专题调研,印发《关于进一步加强孕产妇保健管理及救治工作的通知》,制定《嘉兴市孕产妇保健管理及救治工作方案》,从健全危重孕产妇救治工作组织体系,提升孕产妇保健及危重孕产妇救治保障能力,提升危重孕产妇救治的医疗服务能力和加大目标责任制考核力度4个方面强化孕产妇保健管理及救治能力建设,督促指导各县(市、区)出台相关管理制度,制定相应工作方案,规范完善预案,狠抓制度落实,切实保障母婴安全。嘉兴市妇幼保健院牵头建立危重孕产妇救治工作协调小组,负责危重孕产妇救治具体工作,协调专家小组成员参与救治、会诊,协助病人转诊,畅通救治绿色通道。市级医院相关学科专家组成危重孕产妇救治工作专家小组,参与危重孕产妇会诊和现场救治,提供应急处置技术指导。调整围产保健协作组,参与制定危重孕产妇救治应急预案和技术方案,开展相关评审,提出相关预防措施。举办"全市产科危急重症及产后出血专题培训"。

(周国光)

基层卫生

【概况】 2016年,嘉兴市有81家社区卫生服务中心(乡镇卫生院),751家社区卫生服务站,实现基本医疗20分钟服务圈,中心和站实行紧密型一体化管理,一体化管理率100%。全市有甲等乡镇卫生院33所,乙等乡镇卫生院14所,全国示范社区卫生服务中心1家,省百强社区卫生服务中心1家,群众满意的乡镇卫生院23所。全市基层医疗机构核定床位3257张,实际开放床位3129张;核定人员编制6777人,实际在岗8848人。

【推进县乡村一体化综合管理改革】 2016年,嘉兴市在镇村紧密型一体化管理率100%的基础上,总结前几年嘉善县、海盐县乡村一体化综合管理省级试点工作经验,促进县域人才、技术、信息和管理等医疗卫生资源统筹配置。各县(市、区)同时启动县域医疗资源整合,相继建立临检中心、影像中心、病理诊断中心、心电会诊中心、消毒供应中心等32个。23个基层医疗机构与市、县级医院建立医联体协作,提升医疗质量和服务能力,实现区域资源的共享。

【全面推进家庭医生签约服务】 根据《嘉兴市人民政府办公室关于推进责任医生签约服务工作的实施意见》,市卫计委指导各地向居民提供集预防、保健、康复、健康管理为一体的综合性、连续性服务,全面实施责任医生签约服务扩面提质工作。至年底,全市所有基层医疗卫生机构全面开展签约服务工作,签约人群以老年人和慢性病人等重点人群为主。家庭医生借助签约居民诊间预约平台、健康嘉兴掌上App及志愿者服务等多种便民措施,加快培育责任医生签约服务培训基地和签约服务工作示范单位。通过培训基地和示范单位,采取带教见习、专题培训、结对帮扶等多种形式,推广成熟的签约服务做法和经验,以点带面在县域内推进规范有效的签约服务。年内,全市培育8家示范单位。至年底,全市有效签约人数79.88万人,签约率为22.94%。

【完善居民健康管理】 2016年,全市城乡居民电子健康档案建档率达82.1%、合格率90%,老年人健康管理率为65.65%、体检表完整率为74.32%,高血压、糖尿病、严重精神障碍患者健康管理率分别为46.94%、42.03%和47.04%,规范管理率分别为64.36%、64.02%和68.25%,0-6岁儿童健康管理率、0-3岁儿童系统管理率分别为99.07%、96.48%,孕产妇系统管理率、产后访视率分别为95.30%、98.86%。按项目要求实施适龄儿童预防接种,建证建卡率为100%,一类疫苗接种率均达到规定要求,入学入托接种证查验率达100%。肺结核患者管理率为96.04%、规则服药率为94.36%、患者/疑似患者转诊率为100%。传染病疫情报告率为100%,开展卫生监督协管工作机构比例和信息报告率均为100%。城乡居民电子健康档案动态使用率达到58.96%。通过电话、问卷等方式调查,各县(市、区)城乡居民知晓率和满意度、医务人员的满意度平均都在95%以上。

【省基层卫生岗位练兵和技能竞赛获得佳绩】 10月14日,嘉兴市组队参加浙江省基层卫生岗位练兵和技能竞赛总决赛,代表队由南湖区余新中心医院吉俊儒、张春燕和李艳组成团队组以及南湖区新丰镇医院朱其亮、秀洲区王江泾医院林赵红、南湖区大桥镇医院王亚萍组成个人组共6名队员组队参赛。经过三天的激烈角逐,嘉兴市获得代表队一等奖、团队项目第一名,李艳获得团队个人护理组第一名,被授予"2016年度浙江省基层卫生技能标兵",吉俊儒、朱其亮、林赵红被授予"2016年度浙江省基层卫生技能能手"称号。

【获国家基本公共卫生服务考核第一名】 嘉兴市大力推进国家基本公共卫生服务重大项目建设,实施优质医疗资源倍增工程。2016年7-8月,国家卫生计生委、财政部联合对全国19个考核地区[18个省(区、市)和新疆生产建设兵团]开展2015年度国家基本公共卫生服务项目考核,嘉兴市代表浙江省接受考核,取得98.10的高分,位居项目考核第一名,获得国家级考核专家组的肯定和高度评价。

(周国光)

医教科研

【完善继续医学教育工作】 2016年,全市各级各类医疗卫生机构举办国家级继续医学教育项目74项、省级继续医学教育项目39项、市级继续医学教育项目403项,继续开展远程继续医学教育工作。

【加强基层卫生人才培养及培训】 2016年,嘉兴市各县(市、区)均通过鼓励高校毕业生到基层工作、定向培养、基层卫生技术人员轮训等措施,加大基层医务人员的招聘力度和岗位培养力度,确保基层医务人员能“引得进、留得住”。定向培养基层卫生人才116人、城乡公共卫生人才36人、基层复合型公卫骨干7人、社区护士144人。开展基层卫生综合技能竞赛,对镇村两级的专业卫生技术人员进行考试,营造比、学、赶、超氛围。8月20日,组织全市各社区卫生服务中心、乡镇卫生院从事全科医疗、公共卫生、社区护理的2830名专业卫生技术人员参加“全科医生”“公共卫生”“社区护理”三个项目的理论知识竞赛,据统计,全市社区医疗平均成绩85分、护理86.65分、公卫90.42分。参与“浙江省基层卫生服务能力提升项目”活动,全市选派60余名基层医务人员参加浙江省基层卫生协会举办的“基层糖尿病首席医生”项目培训。

【开展住院医师规范化培训工作】 2016年,市卫生计生委与市财政局联合下发《关于做好住院医师规范化培训补助资金安排落实等工作的通知》,对全市住院医师规范化培训基地在过程管理、经费发放和使用等方面进行现场评估。成立嘉兴市住院医师规范化培训专家咨询团队,承担基地评估、质量控制和技术咨询等工作。举办面向住院医师规范化培训基地管理人员的专职管理干部培训班。完成2016年度对住培学员的结业考核和年度考核(完成结业考核401人)。12月,接受省卫生计生委专家组对嘉兴市卫生计生部门及10家住培基地、2家新增基地的全面检查。

(周国光)

医疗卫生体制改革

【启动公立医院改革国家试点工作】 根据国家公立医院改革试点工作要求,10月26日,市政府印发《嘉兴市综合医改暨深化城市公立医院综合改革实施方案》(嘉政发〔2016〕54号),结合嘉兴医改工作实际,深化完善配套政策,联动推进公立医院改革和医改整体工作,重点在三医联动、薪酬制度改革等方面加强创新突破,同时把医养结合作为嘉兴医改的自选动作明确具体目标措施,推荐海宁市为嘉兴市综合医改先行先试县(市、区)。

【控制医疗费用不合理增长】 2016年,嘉兴市以合理用药、合理检查为抓手,全面开展医疗质量大检查,强化药品零差率、检验检查项目合规收费。县级以上医院每门诊人次收费水平为198.1元,比上年增长4.68%,其中药品费89.32元,增长2.77%;基层医疗机构每门诊人次收费水平为89.79元,增长6.93%,其中药品费53.85元,增加3.59元,增长7.14%。全市县级以上医院每出院病人负担医药费用8563.96元,增长4.83%,其中药品费2368.59元,增长2.75%;基层医疗机构每出院病人负担医药费用因病种结构调整而呈一定增长。

【推进“双下沉、两提升”工作】 2016年,嘉兴市按照“群众得实惠、医院添活力、医改有突破”的

4月19日,浙江省“双下沉、两提升”工作现场会在海宁市中心医院召开 (市卫生计生委提供)

要求，探索上级医院与下级医疗机构“全面托管、重点托管、专科合作、医疗联合体”四种形式的合作，全面下沉优质医疗资源和人才，整体提升医疗服务能力和效率，打造“双下沉、两提升”嘉兴样板。年内实现6家省级医院下沉5个县（市）医院全覆盖；市属综合性医院覆盖县（市）二甲以上综合性医院和市本级三个区基层医疗机构；市中医医院覆盖县（市）中医医院和市本级三个区基层医疗机构；市妇保院覆盖县（市、区）妇保院（所）；县（市）级医院覆盖辖区内基层医疗机构“五个全覆盖”，全市基层医疗机构诊疗量占全部诊疗人次的66.19%，较2012年提高近10个百分点，医疗收入较托管前平均增长20%以上。

【推进社会资本办医】 2016年，嘉兴市加强医疗机构设置审批，鼓励、引导、支持社会资本建立嘉兴市医疗资源相对短缺的老年病、康复、护理、儿童、肿瘤专科等医疗机构。全市社会办医354家，占25.5%；社会办医床位数占总床位数的29.41%。探索“民办公助”合作办医模式。在不涉及产权、股权前提下，鼓励公立医院结合自身优势加强对民营医院的扶持，推动嘉兴市医疗资源紧缺项目的社会办医疗机构能够尽快按照标准化、规范化建设和运行。市属4所三级甲等公立医院分别与4家民营医院（嘉兴雅达国际康复医院、嘉兴老年医疗中心、嘉兴悦程妇产医院、嘉兴梅花洲中医康复医院）签订管理和技术合作协议。

（周国光）

爱国卫生

【概况】 2016年，嘉兴市围绕市区巩固文明卫生城市、创建卫生城市（县城、镇、街道）和城乡环境卫生整治目标，开展卫生创建、健康教育与健康素养促进行动、病媒生物防治、改水改厕等城乡爱国卫生运动，完善目标管理和考核评价制度，建立健全各级创卫长效管理机制，推动体制和机制创新。推进城市污水处理管网逐步向农村延伸工作，实施城乡供水、城乡垃圾收集处理、城乡道路建设、城乡污水处理一体化建设。推进健康素养提升工程，做好禽流感等重点传染病防控工作。举办中医健康大讲堂活动，开展中医健康素养和中医药防治知识“进农村、进社区、进学校、进企事业单位、进家庭”活动，开展控烟系列宣传和控烟活动。

【推进城乡卫生创建活动】 2016年，嘉兴市调整充实“五城联创”领导组织及迎检办，完善工作措施，通过市区国家卫生城市复评工作。结合文明指数测评工作，对各街道环境卫生进行明察暗访并在《嘉兴日报》公布排名。加强市区环境卫生监督检查，开展市区卫生基础设施调查。嘉兴市、海盐县全面巩固国家卫生城市（县城）工作，通过国卫复查。平湖市高分通过“全国健康促进县”验收。推进健康城市建设，全市申报嘉善、海盐、海宁、桐乡四个县（市），7个镇，51个村为省级健康城市（县城）、健康村镇试点。全市3个镇、3个街道分别成功创建国家卫生镇、省级卫生街道。

【市区除四害工作】 2016年，嘉兴市抓好市区除四害工作，改革完善市区除四害工作市场化制度，做好四害密度监测。海宁市完成省病媒生物防制试点工作。按照统一部署、统一时间、统一用药等要求，全面开展城乡春秋季灭鼠活动，有效控制鼠害的发生和危害。平湖市、桐乡市通过省病媒生物C级评估认可工作。根据全省保峰会的要求，加强灭蚊工作。

【推进健康素养提升工程】 2016年，嘉兴市开展健康促进学校、健康促进医院创建工作，新创建健康促进学校1所、健康促进医院5所。开展“嘉兴市重点科普项目”嘉兴市全民健康素养促进行动。推进健康素养巡讲活动，在市科学大讲堂举办“吃动平衡、走向健康”讲座。2016年全市讲师团成员举办健康讲座2863场，受益16.41万人次。开设嘉兴市中医健康大讲堂，继续开展全市中医健康素养和中医药防治知识“进农村、进社区、进学校、进企事业单位、进家庭”活动。围绕艾滋病防治日、世界卫生日、无烟日宣传等内容开展系列活动721次,累计受益27.52万人次。利用新媒体拓宽健康教育传播面。市本级联合教育局及南湖区计卫局两个手机报平台推送健康科普短信,全市在主流媒体开展宣传报道2446篇次;通过网站发布健康信息1465篇,推送短信、微博7328条、微信1465条。规范资料制作与分发,全市发放控烟、慢病防控、传染病防控等各类宣传资料200余种,共101.67万份;全市印制健康教育资料78种115.42万份。根据中国疾控中心慢病中心统一部署,组织南湖区、嘉善县、海宁市、桐乡市四个慢性病示范区约622人参加首届"万步有约"职业人群健走激励大奖赛,取得较好成绩,在全国200多个参赛队伍中海宁市综合排名第18名。

(周国光)

社会生活

计划生育

【概况】 2016年，嘉兴市各级部门实施“全面两孩”政策，改革完善计划生育服务管理，提升妇幼保健和计生技术服务水平，落实计生优先优惠政策。全市户籍人口上报出生人口38530人，计划生育率99.12%，辖区内无计划生育率低于85%的镇（街道），国家免费孕前优生健康检查目标人群覆盖率达91.42%，出生人口性别比为108.18，计划生育奖励优惠政策落实率100%，育龄妇女免费享有国家规定的计划生育/生殖健康服务覆盖率达到90%以上；流入育龄妇女计划生育基本公共服务覆盖率达到90%以上，各项指标全面完成省考核要求。市妇保院二期工程开工建设。嘉兴首家高端妇产医院——嘉兴悦程妇产医院开业运行。全市全年发放计划生育奖扶金7874.71万元、特扶金4367.94万元，惠及8.27万人。开展独生子女安康保险、特殊家庭父母安康保险、女性安康保险工作，全市全年投保81万人，986人获得理赔，赔付率65%。帮扶困难计生家庭，全年征集“微心愿”2111个，兑现2039个。

【实施全面两孩政策】 2016年1月1日，全面两孩政策实施。嘉兴市各级计生部门及时做好全面两孩政策宣传、落实工作。据测算，嘉兴市户籍人口约28万人是全面两孩政策的受益者，但25-34岁二孩生育旺盛期的育龄妇女仅占20%左右，高龄高危的孕产妇急剧增加。受2014年、2016年两次生育政策调整的影响，2016-2017年嘉兴市会迎来一个生育小高峰。在全市范围内开展已婚育龄妇女生育意愿调查，在被调查的6500名妇女中，总体生育二孩意愿不高，不愿意生育占50.15%。

【深化计生服务管理体制改革】 2016年，全市计生系统进一步深化计生服务管理体制改革。一是简化生育服务证办理程序。全面推行生育登记服务制度，对生育两个及以内孩子的，不实行审批，准备生育的夫妻可凭身份证、结婚证、户口本（或居住证）和婚育情况承诺书在结婚登记之日起至生育前，到一方户籍地或现居住地镇（街道）计划生育管理机构主动办理生育登记，以方便享受与生育相关免费服务。全市全年发放《生育登记服务卡》27677张，其中一孩12835张、二孩14842张。二是推进流动人口服务管理均等化。开展流动人口健康促进示范企业、学校和家庭建设，推进流动人口健康教育、健康促进的宣传服务与计生服务项目有机融合。发挥已经创建的省、市级规范化服务中心的作用，为流动人口提供计划生育、生殖健康、优生优育等知识，为流入已婚育龄妇女提供计划生育“三免费”服务。2016年，全市有26个镇、街道的服务中心达到省级规范化服务中心标准。流动人口管理服务和健康促进工作得到上级肯定。

（周国光）

新居民事务

【创新居住证制度】 2016年，嘉兴市新居民事务局出台《嘉兴市人民政府办公室关于做好新型居住证制度实施工作的意见》,建立"全员登记、依规领证、凭证服务、量化供给"四项新的制度,对所有外来人员进行信息登记,由新居民个人按照合法稳定住所、合法稳定就业、合法连续居住的基本条件,主动申领证件,强化居住证的法定凭证功能,将新居民个人情况和实际贡献转化为相应分值,对应提供服务。印发《关于进一步加强证件管理的通知》,严格规定证件受理申领审批,确保IC卡居住证按时发放。2016年,全市发放7.1万张IC卡居住证。

【完善新居民积分管理】 2016年,嘉兴市新居民事务局出台《关于进一步调整完善新居民积分制管理办法的意见》,新居民凭证享受"六项服务、七项便利",主要是可凭证异地申办护照和港澳台通行证、机动车登记、申领机动车驾驶证,参加职业资格考试、申请授予职业资格、免费办理计划生育服务登记等。推进居住证积分制管理,让符合条件的新居民享受梯度化公共服务,全市累计2.88万名新居民子女凭积分入读公办学校,262户新居民家庭入住公租房,684名新居民享受免费旅游服务,享受职业技能(学历)教育资助409人、就业扶持17人。推出需求服务站、应急救助、意外伤害保险和慈善助医等举措,率先在全省实施新居民计划生育服务管理卡制度,累计发放管理卡约70万张,免费为新居民子女进行预防接种。开展法律援助"农民工工程",建立四级援助网络和法律援助掌上平台。为25万新居民投保人身意外伤害保险,累计赔付423万元。

【提升新居民综合素质】 2016年,嘉兴市新居民事务局开展新居民"法治、德治"双百活动(百场法治宣传进新居民、新居民身边人身边事百场巡讲活动)。启动新一轮新居民法治文化示范点评创活动,累计命名18家市级法治文化示范点。组织开展"新居民建设新家园服务月"和"文明礼仪我践行"系列活动。新居民李修振入围新一届"浙江好人榜"。组织"共建美丽嘉兴、共享美好生活"为主题的新居民系列文体活动。完善新居民参政议事制度,全市有176名新居民议事委员。深化新居民再组织化建设,加强与商会、协会等社团和行业组织的联系与协作,向镇、村(社区)拓展延伸新居民和谐促进会组织。畅通诉求表达渠道,鼓励新居民参与社区事务,建立健全新居民调解组织建设。

新居民双百活动启动仪式　　(市新居民事务局提供)

【助力G20、互联网大会】 2016年,嘉兴市新居民事务局成立G20杭州峰会和第三届世界互联网大会维稳安保工作领导小组,下发《关于开展全市新居民基础信息百日排查的实施意见》《全市流动人口登记管控专项整治工作方案》,开展流动人口登记管控专项整治行动。按照"街不漏巷、巷不漏房、房不漏户、户不漏人"和两个100%的要求,组织开展新居民基础信息大排查,做到"人来登记、人走注销"。专项行动期间,全市登记新居民229.2万人(次),查验新居民信息694万人(次),注销新居民信息208.4万人(次)。新居民登记率、注销率、登记信息准确率分别达到94%、93%、93%。加强对全市15个测报点的实时监控,做到重大事件、重大问题和重要信息第一时间上报,按时做好重大峰会期间的周报、日报工作。开展居住出租房屋安全整治专项行动,组织协管员对出租房屋开展"逐栋、逐层、逐套、逐户、逐人"排摸,新增登记备案居住出租房屋6.6万户,注销出租房屋4.9万户。配合公安机关开展治安清查整治行动,集中整治群租集聚等非法行为。组织12次专项督查对基础信息进行重点抽查,抽查新居民2176人,发现未登记人员108人,登记率95%。做好阶段性地总结分析和通报,下发通报5期。2016年12月底,全市登记在册新居民262.3万人。

(张　鲁)

民政工作

【概况】 2016年，全市民政（社会）部门推进构建社会“大救助”体系，加大救助力度。深化双拥创建，全面落实优抚安置政策，嘉兴市再次荣获“全国双拥模范城”称号，实现“三连冠”。推进适度普惠型儿童福利体系建设，加强留守儿童摸底排查和关爱保护。组织开展“慈善一日捐”活动，全市有276个部门和单位、27670人参加捐赠，募集善款459.75万元。开展慈善助医、助学、助困等活动，全年救助支出1410余万元，救助困难群众7621人次。推进福利彩票发行工作，年销售福利彩票12.71亿元，发布《2015年嘉兴福利彩票社会责任报告》。加强福利企业监督管理，确保企业优惠政策和残疾职工各项保障待遇落实到位。加强平安边界建设，开展界线联检工作。推进市第二次全国地名普查补查工作，启动《嘉兴市地名志》的编纂工作，平湖市、海盐县、桐乡市出台《地名文化遗产保护实施办法》。全市挖掘地名文化遗产保护名录1177条。海盐县澉浦镇入围浙江省第一批“千年古镇”地名文化遗产名单。市城乡规划委员会审议通过《嘉兴市中心城区城市道路路名指示牌设置规划》。2016年，嘉兴市办理国内结婚登记24533对、离婚登记8010对，补发婚姻登记5980本。办理涉外婚姻结婚登记52对、离婚13对。加强流浪乞讨人员救助管理，开展“冬送温暖、夏送清凉”专项救助工作。2016年，全市救助流浪乞讨人员2306人（次）。部署开展“殡葬服务提升年”活动。组织全市第八次海葬，76位逝者的骨灰撒入大海。

【完善社会救助政策体系】 2016年，嘉兴市出台《关于全面构建社会“大救助”体系的意见》，梳理八大类25个方面的政府主导、部门协同、相互衔接的社会救助政策。创新出台《支出型贫困家庭救助办法》和《临时救助办法》配套政策，首次将家庭医疗、就学等刚性支出较大导致实际生活水平低于低保标准的家庭纳入救助范围，将常住人口困难群众纳入临时救助范围。年内，全市有1037户支出型贫困家庭得到救助。

【建立困难群众“一户一档”信息平台】 2016年，嘉兴市充分发挥基层自治组织、社区工作者等作用，开展摸底调查，为低保标准1.5倍以内的困难家庭建档立策，并根据不同困难和需求，构建分层、分类的需求信息库，形成困难家庭大数据信息平台，做到困难家庭“底子清”“需求明”。同时，依托社保平台，完善家庭经济收入核对机制，为精准救助提供基础信息支撑。

【加大困难群众救助力度】 2016年底，全市有低保对象19474户、30353人，全年支出低保金1.41亿元。城镇、农村低保的月平均补助水平分别达到527.01元/人、478.98元/人，超过低保标准的79%和72%。年内，启动困难群众基本生活价格补贴联动机制，发放一、二季度困难群众基本生活价格补贴。加大医疗救助力度，按照人均不少于20元的标准，筹集医疗救助资金8110万元，全年救助困难群众19.1万人（次），直接支付医疗救助资金5803.77万元。资助参保26469人，资助金809.26万元。加强临时救助，按照人均4元标准筹集临时救助资金1823.2万元，全年支出临时救助资金3012.34万元，救助困难群众4.52万人（次）。

【落实普惠型儿童福利保障政策】 2016年，嘉兴市继续完善困境儿童基本生活保障制度，全市发放困境儿童基本生活费975.3万元。开展贫困家庭残疾儿童集中养育康复项目——“添翼计划”，为嘉兴市7-18周岁的贫困家庭、重病和残疾儿童提供为期3个月的集中养育、特殊教育和康复训练。通过摸底、走访、评估等步骤，确定参与“添翼计划”儿童13人，年内进行康复治疗的儿童6人。2016年，在平湖市、嘉善县新建综合性福利院。

【保障改善优抚对象生活】 2016年，市民政局按照自然增长机制及时调整重点优抚对象抚恤补助标准，提标幅度达到10%以上，及时发放优抚对象季度物价补贴。开展困难优抚对象人性化救助活动，及时发放困难优抚对象救助金。大力实施“关爱功臣”活动，组织4057名义务兵父母免费参加体检，组织848名重点优抚对象参加短期疗休养活动，对市区54户特殊困难优抚对象家庭实施人性化救助。

【完成年度退役士兵安置工作】 2016年,嘉兴市进一步规范退役士兵安置工作,制定《市本级部分退役士兵安置考试考核办法(试行)》。2015年冬季退役义务兵自主就业经济补助城镇标准达到56380元,农村37673元,发放自主就业经济补助6144.96万元。开展退役士兵职业技能教育培训专项检查,政策知晓率达100%。指导完成2016年夏秋季退役士兵接收安置工作,接收安置退役士兵1304人。

(钱 熠)

社区、社团、社工建设

【概况】 2016年,全市有镇(街道)73个,其中镇43个、街道30个(含涉农街道22个),分别是南湖区4个镇、7个街道,秀洲区5个镇、2个街道,嘉兴经济技术开发区4个街道,嘉兴港区1个镇,嘉善县6个镇、3个街道,平湖市5个镇、3个街道,海盐县5个镇、4个街道,海宁市8个镇、4个街道,桐乡市9个镇、3个街道。全市有城乡社区1158个,其中城市社区371个(含城镇社区117个),分别是南湖区72个(含城镇社区14个)、秀洲区31个(含城镇社区23个)、嘉兴经济技术开发区27个、嘉兴港区11个(均为城镇社区)、嘉善县50个(含城镇社区15个)、平湖市37个(含城镇社区8个)、海盐县44个(含城镇社区6个)、海宁市64个(含城镇社区23个)、桐乡市35个(含城镇社区17个)。全市有行政村787个,分别是南湖区54个、秀洲区113个、嘉兴经济技术开发区1个、嘉兴港区9个、嘉善县104个、平湖市86个、海盐县85个、海宁市159个、桐乡市176个。至年底,全市城乡社区专职工作者6955人,其中城市(含城镇)社区2422人、农村社区4533人。2016年,省民政厅组织开展首批省级社区工作领军人才遴选活动,嘉兴市南湖区袁芳,秀洲区俞勤明等10人被评为首批省级社区工作领军人才。平湖市当湖街道"大力推进三级友邻网络建设,打造社区治理新格局"和海宁市"探索城乡社区社工人才队伍职业化建设路径,创建自治共治善治的社区发展模式"主题被浙江省确认为第一批"省级社区治理和服务创新实验区"。

【城乡社区建设】 2016年,嘉兴市投入9000余万元新建、改扩建城乡社区服务中心62个,市福彩公益金投入850万元资助34个精品社区,提升城乡社区服务能力。制订印发《关于加强社区、社会组织、社会工作专业人才建设与联动发展促进基层社会治理创新的意见》《关于加强城乡社区协商的实施意见》《关于进一步深化村(居)务公开工作的意见》。2016年9月,公布确定南湖区凤桥镇永红村、解放街道凌塘社区等32个村、社区为全市村(社区)协商和村(居)务公开工作示范观察点。推进城乡社区对口见学活动,至6月底,全市1158个城乡社区全面完成对口见学活动,同步完成"中国社区"标识在城乡社区服务中心室外醒目位置悬挂工作。

【新塍镇国家实验区创建通过结项验收】 11月2-4日,民政部派出以南开大学周恩来政府管理学院唐忠新教授为组长的专家组,对嘉兴市秀洲区新塍镇国家级社区治理和服务创新实验区进行结项验收。秀洲区新塍镇"全国社区治理和服务创新实验区"初步形成以"社会机制主导,政府、社会与市场良性互动合作"的社区发展体制机制创新模式,初步建成社区治理体制先进、公共服务完善、镇容卫生优良、老镇活化出彩、城乡一体发展、社会文明和谐的现代社区雏形。民政部专家验收小组对实验区做实社区基础、破解特色课题、统筹社区治理等方面给予充分肯定,结项验收结果"合格"。

【开展首届社区社会工作优秀案例评选】 9月,市民政局在全市开展"社区社会工作优秀案例"和优秀"村规民约、社区公约"征集评选活动。经各地筛选报送和专家评审,评出社区社会工作优秀案例一等奖5篇,二等奖10篇,三等奖15篇和"十佳村规民约""十佳社区公约"。同时从获奖作品中筛选出村规民约、社区公约各8篇推荐到民政部参加全国优秀村规民约、社区公约评选;筛选出12篇获奖优秀案例推荐到省民政厅参加第三届全省优秀社区社会工作案例评选。

【"96345"社会公共服务信息平台】 2016年,全市“96345”社会公共服务信息中心累计受理市民求助60.98万人次，日均求助量1670人次，服务回访满意率99.95%，工作继续走在全省前列。2016年，南湖区、嘉善县、平湖市、海盐县、海宁市、桐乡市“96345”社会公共服务信息平台完成全省联网，实现平台间的互联互通、码号落地、服务数据自动统计、远程管理等目标。

【持续推进和谐社区创建】 2016年，嘉兴市持续推进“五星级”和谐示范社区创建，至年底，全市累计创建“五星级”和谐示范社区721个，其中城市社区302个，农村社区419个，覆盖率分别为81.4%和53.2%。配合市文化局等开展第14届嘉兴市“社区之声”文艺调演——戏曲小品大赛暨第三届网络春晚节目选拔，全市有16个社区获得优秀小品节目展演奖。至年底，全市城乡社区社会工作室累计达到730个，其中城市社区391个，农村社区339个。至年底，全市累计登记、备案生活服务类、公益慈善类、文体活动类、专业调处类、经济合作类、环境保护类等城乡社区社会组织12394家，其中城市社区5485个，农村社区6909个。

（江茂宏）

【社会组织综合党委全覆盖】 2016年，按照中共中央办公厅《关于加强社会组织党的建设工作的意见（试行）》要求，嘉兴市、县（市、区）全部建立社会组织综合党委，负责不适宜属地管理和行业主管部门不能归口的社会组织（包括直接登记社会组织）党建工作，并落实编制，落实人员，实体运作。同时，实现党建工作与注册登记、年度检查、等级评估“三结合”“三同步”。在社会组织申请筹备、登记时，通盘考虑和指导党组织的建立，填写社会组织党建承诺书与党员调查表，做到社会组织和党建工作同步筹备、同步推进；在对社会组织的日常监管中，把党建工作列入社会组织等级评估、年度检查中，做到同步考核、同步推进。嘉兴市党建工作得到《南方都市报》《光明日报》《经济日报》等多家中央媒体的报道。

【推进行业协会商会与行政机关脱钩工作】 2016年，嘉兴市加快推进行业协会商会与行政机关脱钩工作。成立由市政府领导任组长，市发改委、市民政局、市委组织部（市委“两新”工委）、市编委办、市直机关工委、市工商联、市经信委、市财政局、市人力社保局、市商务局、市审计局、市外侨办、市国资委、市文广新局、市机关事务管理局为成员的嘉兴市行业协会商会与行政机关脱钩联合工作组，负责组织实施脱钩方案，推进全市性行业协会商会脱钩工作。

【推进政府购买社会组织服务工作】 2016年，市民政局对2015年公布的第一批嘉兴市级具备承接政府职能转移和购买服务资质的社会组织进行重新认定，剔除不符合资质条件的社会组织14家。对2016年申报的第二批嘉兴市级具备承接政府职能转移和购买服务资质的社会组织开展认定工作，符合条件的市属社会组织38家。至年底，嘉兴市级具备承接政府职能转移和购买服务资质的社会组织有180家。

【加强社会组织培育发展中心建设】 2016年，市民政局制定出台《关于进一步加强全市社会组织培育发展服务中心建设的意见》文件。全市建成47个社会组织培育发展服务中心，其中市级1个，区级培育中心7个，街道（镇）级培育中心39个。全市社会组织培育发展服务中心场地总面积近3万平方米，成功孵化近200家机构，基本构建完善主体多元化、运行机制多样化、组织体系网络化、培育服务专业化、服务平台标准化的发展格局和市、县、街道（镇）三级联动的社会组织培育体系。

【加大城乡社区社会组织培育力度】 2016年，嘉兴市扎实推进“三社联动”，大力培育城乡社区社会组织。制定出台《关于进一步加强城乡社区社会组织培育发展工作的实施意见》及《中共嘉兴市委办公室、嘉兴市人民政府办公室关于加强社区社会组织社会工作专业人才建设与联动发展促进基层社会治理创新的意见》，在注册登记上实行“简、免、宽”政策，降低门槛，简化手续。连续三年举办城乡社区社会组织公益创投大赛，62个城乡社区社会组织公益服务项目获得117万元资金支持。全市登记城乡社区社会组织480家。

【开展年度检查和财务审计工作】 2016年,嘉兴市加强社会组织年度检查工作,年检率达到99%。对拒不参加年检的,对其负责人进行约谈,并给予通报批评。利用变更、年检、换届等机会,逐步有序换发社会组织新证书。2016年,市级换证率达到72%,全市换证率达到80%。抽取120家社会组织开展财务审计。此项工作连续4年,有400多个社会组织接受财务审计。对审计中发现问题比较严重的57个社会组织下发整改通知,责令限期整改。

【加强社会组织自身建设】 2016年,嘉兴市加强社会组织自身建设。8月3-4日和8月10-12日,在市委党校举办两期社会组织负责人能力建设培训班。市属社会组织500余人参加培训。举办市级异地商会首届创新发展高峰论坛,16家市级异地商会代表以PPT演示或现场演讲的形式,从商会如何创新管理、发展创新、运营创新、作用发挥、民主办会等方面作具体阐释。积极推动社会组织参与社会治理,广泛开展行业协会自律与诚信创建和民办非企业塑造品牌活动。

(郑希羚)

【持全国证社工突破3000人】 2016年,市民政局(市委社工办)会同市委人才办、市人力社保局、市财政局联合印发《关于做好全市机关事业单位参加2016年度全国社会工作者职业水平考试的通知》。全市报名考试6588人,考试合格人数2074人(其中初级1720人,中级354人),两项指标均占全省的近三分之一,是全市前八年持证人数总和的近2倍,人力社保部、民政部在浙江省地级市中首次设立考点。至年底,全市累计持证社工人数6136人(嘉兴证2764人,全国证3372人),持全国证人数比2015年增长160%,持证数和持证率均居全省前列。全年引进北大等社会工作专业硕士及以上高层次人才13名,各类社工机构新招录社工专业大学生94名。

【加强社工人才培训教育】 2016年,市民政局(市委社工办)会同市委组织部、市委政法委在上海交通大学举办"创新社会治理专题研讨班",全市50多名领导干部参加培训。会同市人力社保局举办"全市专业技术人员继续教育和现代服务业高级研修班"和"嘉兴市多元主体下社区治理能力和实务技巧提升高研班",近百名专业社工参加培训。12月5日,由民政部主办的全国企业社会工作专题研修班在嘉善县开班,来自全国20个省、市、自治区的103名代表参加此次研修班。全市全年举办社工人才培训教育班206场次,培训社工29953人次。

【推进专业社工平台建设】 2016年,市民政局扎实推进专业社工机构培育发展,通过免注册费、财政补助开办费和整合资源、项目补贴等方式,加大扶持培育力度。2016年,全市有社工机构736个(民办机构192个、单位内设机构54个、城乡社区社工机构490个),社工机构数在全省居首位。推进社工机构示范化建设,深化与复旦大学等高校的全方位合作,采取"项目合作、督导引领、人才培养"等方式,提升社工机构能力。嘉兴市阳光家庭社工事务所、秀洲区芯悦社工事务所、平湖市和谐家庭社工事务所3个机构获"2015年度全国百强社会工作服务机构"称号,嘉兴市孝慈为老服务中心和海盐县桂之韵社工事务所获"首届全省优秀社会工作机构"称号,12家单位成为全省首批社会工作培训和实训基地,6个案例和6个项目获全国首届"最暖心社工故事、最具影响力社工项目"称号。

【加大本土专业督导团队建设】 2016年,嘉兴市继续组织人员参加"全国行政和实务专业督导培训计划",2人成为第三批全国社工行政督导,4人成为第三批全国社工实务督导,全市累计有12人成为全国行政和实务督导。委托浦东新区社工协会开展"嘉兴市社会工作本土督导人才培养项目",对首批10名本土助理督导师学员实施专业实训。各县(市、区)基本建立"人才+项目"的"师徒式"社工实务督导制度,全年聘请省内外56名教授专家,对全市社工机构1000多名社工和299个社工服务项目进行630次实地专业督导。

【1个项目获得中央财政资金立项支持】 2016

年，全市继续推进“社会工作实务工程”，鼓励公益服务性、专业社工类社会组织在为老服务、社会救助、青少年教育、社区矫正、残疾人照料等领域广泛开展专业服务。全年累计开展专业社工服务项目295个，提供个案、小组、社区服务8000多次，服务居民群众30多万人次。嘉兴市青鸟社会服务中心的“‘三叶草’关爱失独家庭项目”获得民政部50万元社会工作服务示范项目（C类）立项支持，这是嘉兴市第二次获得中央财政资金支持立项的专业社工服务项目。

【8人获评“2016年度全国百名社工”】 2016年，在第八届全国社工年会上，嘉兴市有8人获评“2016年度全国百名社工”（海盐县桂之韵社工事务所主任王国琴，桐乡市社会福利中心主任吴小勤，嘉兴拾星者青少年社工事务所总干事曾鹏，平湖市民政局党组成员、市社工协会会长何鸣宇，平湖市三叶草社工服务中心主任王晓珍，桐乡市第七中学校本主任高炳坤，海盐县民联社工服务中心主任虞雪松，海宁公益社工师事务所总干事许艳萍）。在首批全省“十佳”优秀社会工作者评选活动中，嘉兴市南湖区民政局董晓萍获“全省优秀社会工作者”称号。市委社工委在全市组织开展“三社”工作“四优”评选活动，评选出20个“社区治理服务创新优秀奖”、20个“优秀社会组织”、30名“优秀社会工作者”和8家“社会工作考试优秀组织奖”。

（徐国炎）

老龄工作

【概况】 2016年，嘉兴市加快推进以居家为基础、社区为依托、机构为补充、医养相结合的养老服务体系建设，老龄事业各项发展取得明显成效。6月，嘉兴市被列为第一批国家级医养结合试点单位，市民政局被全国老龄办、最高人民法院、最高人民检察院、公安部、民政部、司法部表彰为“全国老年法律维权工作先进集体”。

【社区居家养老服务照料中心城乡全覆盖】 2016年，嘉兴市围绕城乡20分钟左右养老服务圈布局，完善城乡一体的居家养老服务网络，全市累计建成1132家社区居家养老服务照料中心，其中城市360家、农村772家，基本实现城乡社区全覆盖。开展照料中心等级评定，全市评定AAA以上照料中心480家，配套运行补助4037万元。推进专业社会组织托管模式，全市有386家照料中心采用。推进养老服务信息平台建设，老年人、养老机构、照料中心等信息全部入库，养老服务需求评估、养老服务补贴、老年优待证办理等养老业务实现网上申报审批。推广居家养老服务“一键通”系统，全市有4387名老年人安装“一键通”终端。

【加强养老机构建设】 2016年，嘉兴市加强养老机构建设。公办养老机构建设取得明显进展。确定采用PPP的模式异地新建市老年公寓（东升路部），项目选址在市区东升路以南、凌塘路以西地块，占地1.6公顷。民办养老机构发展迅速。全市有养老机构111家，总床位32968张，每百名老年人拥有床位3.73张。推进养老机构安全规范运行，至9月底，全市有67%的养老机构完成消防整治工作。养老机构“阳光厨房”被列为市政府2016年民生实事项目，首批有40家养老机构改造厨房设施设备。

【启动国家级医养结合试点】 2016年，嘉兴市启动医养结合试点工作。成立以市长任组长，分管副市长任副组长，市级有关部门主要领导为成员的医养结合试点工作领导小组，负责组织、协调和指导工作。市民政局与市卫计委、市财政局、市人力社保局起草医养结合试点工作实施方案，市政府分管领导多次召开会议进行讨论研究，提出修改意见。根据嘉兴市医养结合工作实际，提出建立长期护理保险制度、推进医养结合信息化建设、推进老年照护统一需求评估工作、推进民办老年护理院建设四项任务。

【关爱老年人工作】 2016年，市民政局加强老年人关爱工作。11月，以市老龄委名义出台《加强关爱空巢老人工作的意见》。与市委组织部联合举办“红色同心圆、关爱空巢居”党员志愿服务活动,组建以党员志愿者为骨干、社会爱心人士为后援的"红色同心圆"空巢居服务队。老年人意外伤害保险实现户籍老人全覆盖,全市参保户籍老年人约74万人、投保金额1331万元。加强老年人法律援助,与市司法局联合出台《关于开展老年人法律服务和援助工作的实施意见》。在社区层面导入社会工作服务,增强特殊困难老人的社会融入度和社会支持度,提升其生活质量。重阳节期间,会同市慈善总会慰问市本级620名低保户中的失能、失智、失独和高龄老年人,以及百岁老人、抗战老兵等,发放慰问金62万元。

【开展老年人文体工作】 2016年,市民政局开展各项老年人文体工作。深化老年电大规范化实体化办学,全市春、秋两季招收老年学员26万人(次),比上年增长9.62%。10月,开展以"敬老爱老,全民行动"为主题的敬老月系列活动,与市文明办、市广电集团等联合举办大型文艺演出、金婚庆典等活动,举办全市老年书画展,组织开展全市"十佳敬老企业"和"十佳孝心儿媳"评选活动。联合市文化广电新闻出版局举办以"春满禾城、幸福夕阳"为主题的优秀老年书画展,60幅作品参展。

【推进老年宜居环境建设】 2016年,市民政局继续推进老年宜居环境建设。抓好"老年友好城市"创建,加大对南湖区创建首批浙江省"老年友好城市"工作的指导和支持力度,争取市财政首批资助创建资金300万元。抓好第二届"敬老文明号"创建活动,全市评选市级"敬老文明号"94个,上报全国"敬老文明号"4个、省级"敬老文明号"11个。11月2日,由新华社、《金融时报》、《第一财经日报》、《21世纪经济报》等8家中央媒体组成的采风团到嘉兴市,重点对"敬老文明号"创建情况进行采访。

(徐国娇)

劳动就业

【概况】 2016年,全市城镇新增就业10.42万人,帮助城镇失业人员再就业4.56万人,就业困难人员再就业1.56万人,失业保险参保净增人数3.74万人,农村电商扶持创业4021人,农村电商带动就业2.83万人,城镇登记失业率2.87%,社会就业率91.01%。

2016年,嘉兴市进一步完善失业保险体制机制,全市自2016年5月1日至2018年12月31日,对失业保险费单位缴费实行临时性下调,费率由1.5%降为1%。全市全年发放稳岗补贴资金11015.38万元,涉及7272家企业,完成2家钢铁企业(淘汰落后产能企业)443名职工安置工作。在全市范围内开展64150个法人企业用工情况的日常监测,完成全市企业经营和用工情况月监测统计样本企业955家。参加2016浙江省技能人才校企合作洽谈会,提供3598个岗位,与省内外技工(职业)院校达成合作意向227项,嘉兴市学校提供实习生9258人,与市内外企业达成合作意向100余项。赴武汉参加湖北省高校毕业生供需见面会暨离校未就业毕业生招聘会,与当地6所高职院校签订人力资源长期合作协议。

2016年,嘉兴市制订出台《嘉兴市创业贷款实施办法(试行)》《嘉兴市本级促进就业创业专项资金管理办法》《嘉兴市网络创业认定管理办法》《嘉兴市创业基地认定管理办法(试行)》,加大对城乡劳动者尤其是重点群体的创业扶持力度。深化创业平台建设,加强创业项目、创业师资、创业导师"三库"建设。全市有创业服务机构115家,征集创业项目631个,创业导师179人。筹备嘉兴市大学生红船"两创"孵化中心。实施创业圆梦和创业引领计划,组织参加第二届"中国创翼"青年创业创新大赛,1个项目晋级决赛并获得优胜奖,4个项目获"创翼之星"称号。举办2016"星耀南湖·雁归圆梦"嘉兴市大学生互联网创业精英赛,征集创业项目30个,10个项目入围决赛。做好"奇思妙想浙江行"系列工作,配合省人社厅拍摄本地创业典型,推荐"E"游乌镇创业项目参加2016年"奇思妙想浙江行"创业大赛总决赛。2016年,全市有1696名高校毕业生实现自主创业,带动就业7196人。实施《嘉兴市农村电子商务创业小镇建设三年行动计划(2016-2018年)》。认定嘉兴市创业基地129家,大学生创业园24家。建立县级服务中心15个、村级电商服务站471个,村级服务站人数615人。全市建立农村电商创业服务机构102个,吸纳创业导师117个,征集创业项目600个,认定创业小镇10个。

2016年,嘉兴市组织开展就业援助月、“春风行动”、“人力资源合作交流月”、“就业援助月”、“高校毕业生就业服务月和服务周”等公共就业服务专项活动。全市举办各类公共招聘活动491场,32600家用人单位累计提供就业岗位700329个,进场求职520548人次,达成就业意向226895个,求人倍率为1.35。发放“春风卡”71085张,提供劳动维权服务和法律援助12038人次。走访就业困难人员和零就业家庭319户,帮助就业困难人员实现就业人数928人,保持“零就业家庭”动态消零。帮助就业困难人员享受政策7825人,招用就业困难人员并享受扶持政策的企业1230家,企业招用的登记认定的困难人员2927人。全面优化企业境外员工的就业管理服务,落实加强外国人、台港澳人员就业管理工作的有关规定。2016年,办理外国人就业许可证347人,台港澳人员就业证119人,办理外国人就业证延期1273人,台港澳人员就业证延期86人。做好行政审批权限下放工作,各县市独立开展审批工作。深化基层人力社保平台建设,起草全市基层人力社保平台规范服务建设的指导方案,全面推行基层人力社保服务清单制度。

2016年,嘉兴市深入推进《嘉兴市深入开展“双爱”活动计划(2014-2017年)》。全市规模以上企业“双爱”活动参与率100%,2016年劳动合同签订率99.2%,已建工会企业集体合同签订率97.60%。全市行政许可劳务派遣单位203家,为无法实行标准工时的771家企业许可特殊工时制度。加强劳动保障监察执法,巩固“不欠薪嘉兴”城市品牌。组织开展欠薪整治专项行动,建立企业劳动保障信用等级评价制度、企业欠薪信息部门联合预警防控制度、舆情监测与应对制度。健全劳动执法监管机制,全市主动监察用人单位15389个,开展劳动保障书面审查4.9万个。完善企业欠薪治理机制,为1.55万名劳动者追回被拖欠工资和赔偿金1.89亿元。全年受理举报投诉案件3519件,向公安机关移送涉嫌拒不支付劳动报酬案件51件,判结18件。强化劳动人事争议预防和调处工作,全市各级劳动人事仲裁机构全年立案受理案件2631件,涉及劳动者5922人,结案率94.2%,总调撤率78.8%,结案经济标的13628万元。全年基层劳动争议调解机构受理劳动争议6671件,调解率93.4%。全市人力社保系统处理群众来信285件494人次,接待群众来访578批2892人次,其中集体访41批1954人次。加强“12333”电话咨询服务,全年全市接电话咨询316720个。

(吕　臻)

社会保障

【概况】 2016年,全市职工养老、医疗、工伤、生育、失业保险参保人数分别为210.8万人、208.5万人、169.4万人、145.6万人、118.7万人(市本级分别为61.8万人、64.8万人、43.3万人、41万人、35.9万人),其中职工基本养老首次新增参保17.9万人,基本医疗、工伤、生育、失业保险参保人数分别净增9.2万人、4.4万人、8.1万人、3.7万人(市本级分别净增3.9万人、3.4万人、2万人、0.9万人、1.2万人),完成率分别为298%、317%、222%、406%、150%(市本级分别为282%、340%、290%、122%、107%)。全市城乡居民养老保险和城乡居民医保参保人数分别达68.6万人和178.4万人(市本级13.5万人、35.4万人),全市户籍居民养老保险参保率98%,城乡居民基本医疗保险参保率98.5%。全年各项社会保险基金收入282.4亿元,支出273.8亿元,累计结余359亿元(市本级收入82.01亿元,支出81.49亿元,累计结余95.66亿元)。市本级16.53万名企事业离退休人员、8.28万名城乡居保人员养老待遇按时足额发放,月均发放养老金4.17亿元。全年结算职工医疗保险待遇1.53万人次、城乡居民医保待遇1.27万人次、工伤保险待遇2187人次、生育保险待遇9168人次,发放各种社会救助29199人次。市本级2.5万个参保企业网上申报社保业务实现全覆盖,全年网上办理参保增减业务21万人次,占该业务总量的94%。市本级实现参保登记、缴费基数申报、开具社保证明、居民医保报销、转院就诊备案等80多项社保业务在镇(街道)受理或直接办理,基层平台业务量达14万人次,占同类业务总量的22%。"嘉兴市民之家"手机App具备个人信息一站式查询、个人信用评价、医保购药、市民卡自助服务等功能,自谋职业参保服务模块完成功能内测,累计下载用户8万人。11月,"市民之家"网上服务平台作为嘉兴市"互联网+"行动计划的重要成果在第三届互联网大会展示。初步建立全市统一的含就业状态14大项、152小项数据的人力社保信息资源数据库,并接入省全民参保登记数据管理系统,基本实现全民参保登记数据与社保业务系统、人口户籍数据及就业状态数据的实时对接与更新。推进被征地居民养老基本生活保障制度与职工基本养老保险衔接并轨。印发《关于加强罕见病医疗保障和救助工作的通知》。制定出台《嘉兴市基本医疗保险定点医疗机构协议管理办法》。进一步规范工伤认定和劳动能力鉴定,完善就业失业登记管理办法。加强社保基金电子监管,健全社保欺诈查处和防范体制机制。加快推进阳光医保监管平台建设,至12月底,监管平台上线运行医保监管规则超过7000条,在市本级316家定点医药机构部署事前提醒系统,占定点医药机构总数的81%,全面启用事后审核系统。定期排查基金疑点信息,开展退休审核审批、失业保险业务专项检查。

【实现沪嘉医保、公交"一卡通"】 2016年,嘉兴市推进市民卡与上海公交、医保互联互通以及省市医保异地联网结算。12月初,嘉兴市民卡正式加入住建部全国77个互联互通城市平台,实现市民卡市域公交一卡通和在上海地铁、公交的刷卡应用。市社保局与上海长海医院实现系统对接,开展"点对点"医保跨省异地联网结算,嘉兴市本级参保人员可以在该院实时刷卡就医结算。当月,嘉兴人刷卡乘坐上海公交、地铁和轮渡日均达到2400人次,上海人在嘉兴刷交通卡乘坐公交车日均超过500人次。

12月14日,嘉兴市社保局与上海长海医院举行异地联网结算服务签约仪式 (市社保局提供)

【首次同步调整企业和机关事业退休人员养老金】 2016年,嘉兴市完成企业和机关事业单位退休人员养老金调整工作。第一次按照基本养老金调整办法调整退休人员待遇,首次同步调整机关事业单位和企业退休人员基本养老金。至9月底,市本级14.7万名企业及1.04万名事业退休人员养老金按时足额调整发放到位。调整后,市本级企业退休人员月人均基本养老金增加169元,人均基本养老金达2426.8元。

【实施企业社保费减负系列政策】 2016年,嘉兴市集中实施企业社保费减负系列政策。降低职工基本医疗保险、工伤、失业、生育保险缴费比例,落实稳岗补贴,惠及市本级2.1万个用人单位,减轻企业负担5.9亿元。出台《嘉兴市人民政府办公室关于进一步降低企业成本优化发展环境实施意见》。2016年5月1日至2018年12月31日,对失业保险费单位缴费实行临时性下调,费率由1.5%降为1%。·会同财政局、地税局联合下发《关于调整工伤保险费率等问题的通知》,从2016年6月起,除一类行业外,市本级二类至八类行业用人单位工伤保险费率暂下浮一档,按本行业基准费率的80%执行。市本级20908家用人单位确定行业费率,其中有18872家(占90.26%)一至四类行业用人单位的工伤保险费率低于原执行的企业工伤保险费率,工伤保险费从原0.8%降至0.5%水平。印发《关于阶段性降低职工基本医疗保险费的通知》,对全市范围内2015年底职工医疗保险基金支付能力达到12个月以上的统筹地区,统一临时性下浮职工基本医疗保险比例,即在2016年7月向地税缴纳职工基本医疗保险费单位缴费部分不再征收。

【社保卡综合应用升级为全国示范基地】 2016年,嘉兴市从全国社保卡综合应用试点地区升

11月24日，嘉兴社会保障市民卡（金融卡）首发仪式举行 （市社保局提供）

级为示范基地，市民卡公共服务、社会保障、公用事业、金融服务等功能应用进一步拓展。启动嘉兴社会保障市民卡加载金融功能建设工作，首次发行社保金融市民卡。农行、农信联社、邮储银行获批作为首批在全市可制发社保金融市民卡的金融机构，2016年制发社保金融市民卡89万张。

（吴铭杰　吕　臻）

住房保障

【概况】 2016年，嘉兴市新增低收入家庭租赁补贴保障家庭215户，启动城镇棚户区改造29732套（户），完成征收货币补偿安置12533户；基本建成各类保障性安居工程22400套，竣工21870套，交付入住18900套。其中，市本级新增低收入家庭租赁补贴保障家庭20户，启动城镇棚户区改造6700套（户），完成征收货币补偿安置646户；基本建成各类保障性安居工程3138套，竣工1036套，交付入住1175套。低收入家庭保障户数和各类保障性住房建设量、基本建成量、竣工量和交付入住量均超过省政府目标任务考核要求。

危旧直管公房异地新建项目——乌桥公寓 （市住房保障局提供）

2016年，嘉兴市坚持城镇中低收入家庭住房保障公平化、普及化。市本级保障性住房按照属地保障原则，继续由各区政府（管委会）负责制订本辖区内年度保障计划、出台保障细则、核定保障对象和分配管理等工作。年内，各区政府（管委会）相继出台《2016年度经济适用住房管理实施细则》和《公共租赁住房管理实施细则》。市本级申请经济适用住房的人均收入审核标准从2015年的30139元提高到2016年的32654元，将原规定2010年1月1日之后转让的房屋纳入核定住房面积，调整为2011年1月1日之后转让的房屋纳入核定住房面积。年内，市本级受理经济适用住房申请359户，符合经济适用住房申请条件并公示的家庭266户，247户家庭获得保障，其中122户选择实物房源，125户选择货币补贴，19户家庭因各自原因放弃保障资格。市本级受理160户家庭公共租赁住房申请，经审核和公示，136户家庭符合申请条件。

2016年，市本级经济适用住房住宅中心售价为2400元/平方米，自行车库售价为1200元/平方米，超出本次可享受的经济适用住房建筑面积部分中心售价为4200元/平方米。年内，三区经济适用住房货币补贴标准为购买建成区范围内经济适用住房1650元/平方米，购买各建制镇经济适用住房1320元/平方米。年内，市本级公共租赁住房租金补贴标准为低收入有证困难家庭每月15元/平方米，低收入无证困难家庭每月13元/平方米，中等偏下收入住房困难家庭每月10元/平方米。

2016年，全市发放职工一次性住房补贴791人、687.95万元，出售公房230套、建筑面积11853.5平方米，回收售房资金471.8万元。其中市本级发放一次性住房补贴480人、480万元，出售公房49套、建筑面积2441.32平方米，回收售房资金89.24万元。市本级发放经济适用住房货币补贴121户、1331.7万元,发放公共租赁住房租金补贴647户、411.5万元。完成房改房上市审核1411户,经济适用住房上市审核172户。

2016年,市区受理申请直管公房购房92户,建筑面积5199.3平方米。做好2015年排危地块遗留住户的思想工作,征求未启动排危地块住户意见,开展各类检查巡查25次,调整和完善排危方案。年内,安排公房维修住户195户,维修面积2000多平方米,投入维修资金77.7万元。开展安全咨询8次,发放宣传资料1800多份,发放维修服务联系卡1800多份。关封已腾迁的36户公房,面积约1286平方米。开展危旧房技术监测试点工作,在永丰一弄、塘坊北弄和桥东街3处危旧直管公房上加装高精度倾斜仪、裂缝仪。

市建委领导到东栅街道永丰弄开展危旧直管公房检查
(市住房保障局提供)

至年底,全市累计归集住房公积金479.43亿元,归集余额176.08亿元。新增开户缴存单位2787家,新增缴存职工9.68万人,净增缴存职工3.79万人,实缴职工人数达到48.28万人,制度保障覆盖率达到统计部门公布的上年在岗职工人数的67.39%,比年初提高5.28个百分点。累计向15.56万户工薪家庭发放公积金个贷332.06亿元,个人住房公积金贷款余额为197.96亿元。住房公积金继续保持资产优质、低逾期率运作,年末个人贷款逾期率为0.029‰。全年实现住房公积金增值收益2.61亿元,当年提取廉租住房补充资金0.64亿元。

(陆　芳)

【全市归集住房公积金75.27亿元】 2016年,全市归集住房公积金75.27亿元,完成年度预算的123.7%,比上年增长19.06%。提取住房公积金53.75亿元,完成年度预算的127.07%,增长22.86%。其中职工购房提取住房公积金22.18亿元,增加27.65%;归还个人住房贷款本息提取22.97亿元,增长22.88%;离退休提取4.4亿元,增长6.63%。全年新发放住房公积金贷款2.09万笔,贷款金额68.28亿元,完成年度预算的165.09%,增加15.52%。全年住房公积金用于职工住房消费122.03亿元。2016年住房公积金的运行特点:一是扩面工作超额完成,归集额稳步上升;二是新政助力楼市高涨,资金使用需求旺盛;三是资金运营风险可控,增值收益符合预期;四是化解流动性不足,全力支持职工住房消费。

(刘　剑)

消费者权益保护

【概况】 2016年,全市各级消费者权益保护委员会加强消费救助、消费教育、消费监督和自身队伍"四大体系"建设,全年共受理消费者投诉8144件,比上年上升23.04%,其中涉及商品类投诉6183件,上升37.64%;服务类投诉1961件,下降7.80%;为消费者挽回经济损失1460.05万元,较好地维护消费者的合法权益。

2016年,嘉兴市消保委加强消费维权组织和网络平台建设,在众多行业建立消费维权联络机构,如银行业、保险业实现机构全覆盖,并建立金融消费纠纷调处的第三方机构——嘉兴市金融消费纠纷调处中心,有效调处各类金融消费纠纷;在嘉兴"3·15"维权网、嘉兴电子商务"3·15"消费维权网加大资金投入和充实人员力量,使网站成为受理消费者投诉的重要渠道,先后处理各类消费投诉达300多起。

【商品类消费投诉处理】 2016年,全市商品类消费投诉6183件,占总投诉的75.92%。其中日用百货类1714件,家用电子电器类1530件,烟、酒、饮料、食品类925件，交通工具类830件，其他类535件，建材类364件，房屋类239件，农用生产资料类26件，医药及医疗用品类20件。从单一商品来看，首位是日用百货类中的服装、鞋帽投诉，共有980件，占商品类投诉的15.85%；其次是家用电子电器类中的手机投诉，共有822件，占商品类投诉的13.29%；第三是交通工具类中的汽车投诉，共有730件，占商品类投诉的11.81%。

2016年嘉兴市商品类消费投诉情况

表24　　单位：件

商品类别	2016年	2015年	比上年增长(%)
日用百货类	1714	948	80.80
家用电子电器类	1530	1234	23.99
烟、酒、饮料、食品类	925	782	18.29
交通工具类	830	660	25.76
其他	535	451	18.63
建材类	364	216	68.52
房屋	239	163	46.63
农用生产资料类	26	21	23.81
医药及医疗用品类	20	17	17.65

【服务类消费投诉处理】 2016年，全市服务类消费投诉1961件，占总投诉的24.08%；其中居民服务类394件，其他服务类365件，修理维护服务类266件，餐饮服务类255件，非现场购物类106件，互联网服务类105件，电讯服务类104件，文化娱乐服务类96件，旅馆服务类90件，装饰装修服务类54件，培训服务类41件，中介服务类27件，金融服务类18件，快递服务类13件，保险服务类11件，公共设施服务类11件，旅游服务类4件，医疗服务类1件。从单一服务来看，首位是居民服务类中的美容美发服务投诉，共有294件，占服务类投诉的14.99%；其次是餐饮服务类投诉，共有255件，占服务类投诉的13.00%；第三是修理维修服务类中的汽车修理服务投诉，共有166件，占服务类投诉的8.47%。

2016年嘉兴市服务类消费投诉情况

表25　　单位：件

服务类别	2016年	2015年	比上年增长(%)
居民服务	394	393	0.25
其他	365	420	-13.10
修理维修服务	266	211	26.07
餐饮服务	255	268	-4.85
非现场购物	106	240	-55.83
互联网服务	105	61	72.13
电讯服务	104	97	7.22
文化娱乐服务	96	153	-37.25
旅馆服务	90	73	23.29
装修装饰服务	54	37	45.95
培训服务	41	57	-28.07
中介服务	27	17	58.82

续表25

服务类别	2016年	2015年	比上年增长(%)
金融服务	18	21	-14.29
快递服务	13	31	-58.06
保险服务	11	21	-47.62
公共设施服务	11	15	-26.67
旅游服务	4	8	-50.00
医疗服务	1	4	-75.00

【开展消费宣传教育】 2016年,嘉兴市消保委紧扣“新消费、我做主”年主题,借助消费教育中心、消费教育示范基地、消费教育学校“三大”载体,通过电视、广播、报纸、网络“四个”阵地,采取走进社区、农村、学校、企业、市场“五种”形式,开展内容丰富的各类消费教育活动。举行“3·15”活动。全市开展广场宣传咨询服务活动112次,参与人数达到2831人,现场展出宣传板块373个,发放各类宣传资料百余种共有156018份,向前来参加活动的消费者提供消费咨询7724人次,提供商品检测服务270件,提供投诉受理195件,发布各类消费维权信息126篇。市消保委在《南湖晚报》举行“3·15”消费维权状况权威发布会,并参与嘉兴广播交通频率的行风热线直播。发布消费警(提)示。全市共发布各类“3·15”消费警示104条,嘉兴市消保委结合典型侵权的曝光开展警示教育,通过向《市场导报》《南湖晚报》《嘉兴广电报》等媒体报道案例40多起,并与苏州市、湖州市消保针对往年节日消费中存在的侵权共性问题,共同通过当地媒体和网络信息平台,联合发布节日购物消费、旅游消费和年夜饭消费“三大警示”。嘉兴市消保委在消费警示发布后,还重点组织开展了旅游消费和年夜饭消费“两项”网上消费者调查活动,发布旅游消费和年夜饭消费调查报告。组织经营者约谈。全市以约谈等方式开展对经营者的消费教育活动13次。平湖市消保委对具有地方产业特色的57家平湖童车网商进行集中约谈,嘉善县消保委对涉及投诉量较多或增幅较大的各个行业26家经营者进行集中约谈。通过集中约谈教育,促使经营者针对自己存在的问题,健全、落实各项消费保护制度以及提高自己商品和服务的质量。

【加强消费监督】 2016年,嘉兴市消保委继续突出对重点领域、重点商品的消费监督,并运用手机微信公众号等互联网+智慧消保,以构筑消费监督新高地。如市消保委与浙报集团嘉兴分社联合,通过“浙里嘉兴”手机App和微信公众号,发布2016年“3·15”消费投诉热点行业维权征集令,发动广大消费者提供相关线索,组织实施对消费投诉热点行业的专项监督行动。年内,嘉兴市消保委制订《嘉兴市保健行业消费维权社会共治三年行动计划》,组织对保健品经营者及相关从业人员的《中华人民共和国食品安全法》《中华人民共和国广告法》《中华人民共和国消费者权益保障法》的法制教育培训,指导行业协会对会员单位实施持证上岗制度,活动备案登记等多项制度,推动保健品经营的骨干商家向消费者公开发布“百日无理由退货”的承诺,并建立70万元的消费保护预赔金制度。嘉兴市消保委开展争创“浙江省放心消费示范区树样板”活动,在嘉兴建陶市场命名“消费者信得过单位”50家,并动员市场主办方和市场内经营品牌家具的100多商家向消费者共同做出消费权益保护上的书面承诺——《家具维修终身负责制》,实行由消保委和消费者对其公开承诺的消费监督。嘉兴市消保委与《南湖晚报》共同建立汽车投诉信息共享、消费投诉共处的监督机制,在《南湖晚报》上建立汽车投诉专栏,设立汽车经营者消费侵权行为的曝光台。

【加强队伍建设】 2016年,嘉兴市消保委坚持走消费维权社会化之路,积极发挥党员在“两学一做”中为人民服务的工作热情,进一步壮大消费维权的社会力量,使队伍建设在成为缓解消费矛盾的"稳压器"、处理消费问题的"除尘器"、平衡消费关系的"调节器"、构建消费和谐的"助推器"等方面发挥突出作用。全市建立消费维权义工队伍28支，消费维权义工人数701人。新建"嘉兴市金融消费维权讲师团"，与市市场监管局联合组建"嘉兴市食品安全义工监督队"等义工队伍。嘉兴市消保委开展"3·15"集结号服务品牌创建活动，成立了"嘉兴市消费维权党员先锋服务队"，并在各个行业成立27支党员先锋服务小分队，广泛吸收社会各行各业的党员志愿者参加，报名参加人员达到120多人，通过在消费维权中先进性表现，在消费维权队伍中进行榜样示范。嘉兴市消保委组织党员志愿者开展"消费维权你我相位"主题活动，并由党员志愿者走进百家困难家庭开展献爱心，市消保委专门设计制作了扶贫帮困的"爱心卡"，有的党员志愿者以缴纳一次特殊党费作为对自己的要求，向市区的一些贫困家庭赠送为期一年的大米和食用油，以提高社会困难群体增强面对未来的信心。

（沈佳丽）

民族　宗教

【**概况**】　2016年，全市民族宗教系统深入落实《城市民族工作条例》《宗教事务条例》，服务中心大局，坚持依法行政，确保全市民族宗教领域的和谐稳定。新成立市民族宗教事务服务中心，民

2016年9月12-13日，全省民间信仰工作会议在嘉兴召开　　（市民宗局提供）

宗工作力量得到明显加强。年内，市委办、市政府办先后就宗教违法建筑处置、回民墓地搬迁、流动穆斯林礼拜点等问题，召开各类专题协调会8次，推动重难点问题解决。在党员干部中开展马克思主义宗教观教育，通过市委党校"求是讲堂"、主体班等平台，宣讲党的宗教工作基本方针和宗教政策法规，提高各级干部对宗教工作的认识和做好宗教工作的能力。省民宗委《浙江民族与宗教》杂志、市委《新嘉兴》杂志分别刊载民宗经验文章，形成多个具有嘉兴特色的民族宗教工作亮点和经验。至年底，全市有登记开放宗教活动场所175处，其中佛教场所80处，道教场所2处，伊斯兰教场所1处，天主教场所14处，基督教场所78处。

【**助力G20杭州峰会、互联网大会安全稳定**】　2016年，市民宗局为助力G20杭州峰会、第三届世界互联网大会安全稳定，制定《嘉兴市民宗系统安保工作方案》，召开联席会议，明确工作任务。对场所安全工作进行全面摸底排查，集中力量解决宗教场所的突出问题和薄弱环节，消除问题隐患，确保G20杭州峰会、第三届世界互联网大会期间宗教领域的安全稳定。

【**坚持宗教中国化方向**】　2016年，市民宗局组织五大宗教团体、场所主要负责人开展"寻梦中国·正言正行"活动，组织全市宗教团体负责人"红色之旅"教育实践活动，举办宗教界人士、场所负责人、骨干信徒"国法与教规"培训班12期，参训人员2672人次。组织开展"佛教团体建设年"活动，指导市佛教协会承办全省汉传佛教讲经交流会，在省美术馆举办"还至本处"佛教书、画、印作品展，在市图书馆举办全省佛、道教书画作品巡展。编印《嘉兴佛教》宣传册，举办嘉兴市第六届汉传佛教讲经交流会，9名教职人员围绕"慈悲·圆融·宏博"主题，应机施教，解惑释疑，促进宗教团体建设。

【**开展民族团结进步创建工作**】　2016年，市民宗局研究确定海宁市硖石街道西山社区、桐乡市濮院镇羊毛衫市场等7家培育示范单位，开展民族团结进步"六进"创建工作。召开全市少数民族

服务管理推进会,相关单位交流创建工作的成效和经验。组织人员到外来少数民族群众中,帮助他们解决实际困难;宣传党的政策和城市管理法律、法规,教育引导他们遵纪守法,自觉服从城市管理的有关规定,理性维护自己的合法权益。做好穆斯林“开斋节”“古尔邦节”服务保障工作,确保清真寺宗教活动规范有序、安全稳定。

【加强宗教管理】 2016年,市民宗局按照《浙江省依法行政示范单位评定办法》的规定,3次专题研究依法行政工作,全市受理行政许可事项83件,准予许可83件,未发生执法程序不规范、案卷不规范、具体行政行为被撤销等情况。按照“保护合法、制止非法、遏制极端、抵御渗透、打击犯罪”的原则,和政法、公安、安全等部门加强协调,健全信息工作网络,依法处置非法宗教活动。全面开展文明敬香、创建生态寺院活动,确定23处示范场所,细化创建标准,制作宣传图版,推动创建活动向深度广度拓展。巩固深化宗教教职人员认定备案、宗教教职人员社保、宗教活动场所财务监督管理三个专项工作成果,形成持续稳定的长效工作机制,夯实宗教工作的基层基础。

【创新民间信仰事务管理】 2016年,市民宗局制定下发《关于实行民间信仰活动场所登记编号管理的实施方案》,指导秀洲区刘王庙举办第八届“江南网船会”;承办全省民间信仰文化研讨会,促成全省第一个民间信仰文化研究基地落户刘王庙。制定发布全省第一部《民间信仰活动场所管理规范》。下发《关于开展民间信仰场所文明创建活动的实施意见》,明确8个方面41条标准和4项“一票否决”事项;通过召开动员会、举办培训班等形式,将活动的指导思想、目标要求、创建标准等,宣传到每一个民间信仰活动场所,引导民间信仰事务管理逐渐进入制度化、规范化的轨道。2016年,完成第二批105处管理场所的纳入登记。同时,将涉及民间信仰活动但不符合登记编号管理条件的293处场所列入社会综合治理范围,明确属地管理责任,全面完成民间信仰活动场所规范化管理任务。

(李 力)

人民生活

【城镇居民收入列全省第四位】 2016年,嘉兴城镇居民人均可支配收入48926元,比上年增长7.5%,剔除价格因素,实际增长5.6%。嘉兴城镇居民人均可支配收入比全省平均水平(47237元)高1689元,连续第五年列全省11个设区市的第四位。其中,城镇居民人均工资性收入30857元(比上年增长5.3%),比全省平均水平(26656元)高4201元。工资性收入占城镇居民可支配收入的63.1%,高出全省平均水平6.7个百分点。城镇居民工资性收入对城镇居民收入增长的贡献率为45%;城镇居民人均经营净收入6202元(比上年增长7.5%),比全省平均水平(7126元)低924元。经营性收入占城镇居民可支配收入的12.7%,比全省平均水平低2.4个百分点;城镇居民人均财产净收入4353元(比上年增长16.5%),比全省平均水平(6381元)低2028元。财产净收入占可支配收入的8.9%,比全省平均水平低4.6个百分点;城镇居民人均转移净收入7515元(比上年增长12.5%),比全省平均水平(7074元)高441元。转移净收入占可支配收入的15.4%,比全省平均水平高0.4个百分点。财产净收入和转移净收入增长较快,主要原因是城镇居民理财意识的增强及享受养老金呈稳中有升的态势。

【县级城镇居民收入差距缩小】 2016年,嘉兴城镇居民人均收入水平居全市前三位的分别是海宁市(51954元)、海盐县(50216元)、嘉善县(50021元);增速水平居全市前三位的分别是南湖区(8.1%)、秀洲区(8.0%)、海宁市(7.5%)。嘉兴市内县域间城镇居民人均可支配收入高低差为7883元,相当于低收入地区城镇人均可支配收入的17.9%,收入差距较上年有所缩小。

【城镇居民生活消费支出增长10.8%】 2016年,嘉兴城镇居民人均生活消费支出28313元,比上年增长10.8%,剔除价格因素,实际增长8.8%。生活消费支出增长高于可支配收入增长3.3个百分点。

【城镇居民居住、交通通信等支出快速增长】 2016年，嘉兴城镇居民人均居住消费支出5991元，比上年增长24.3%；人均交通通信消费支出6114元，增长26.6%；人均其他用品和服务消费支出724元，增长14.4%。三项消费支出增速居八大项消费支出前三位，均保持两位数增长。

【城镇居民生活用品及服务支出增长平缓】 2016年，嘉兴城镇居民人均食品烟酒支出7892元，比上年增长3.0%，恩格尔系数27.9%，下降2.1个百分点。人均衣着支出1659元，增长0.9%。人均生活用品及服务支出1612元，增长3.1%。

【城镇居民教育文化娱乐等支出占比下降】 2016年，嘉兴城镇居民人均教育文化娱乐消费2810元，比上年增长2.9%；人均医疗保健消费1511元，下降9.1%。两项支出分别占生活消费支出的9.9%和5.3%，分别下降0.8个百分点和1.2个百分点。

【农村居民人均可支配收入增长8%】 2016年，嘉兴市农村居民人均可支配收入28997元，比上年增长8.0%，剔除价格因素，实际增长6.1%。嘉兴农村居民人均可支配收入水平比全省平均数高出6131元，连续第13年列全省11个设区市首位；农村居民人均可支配收入增速为8.0%，比全省平均低0.2个百分点，列全省第9位，比增速最高的丽水低1.7个百分点。其中，农村居民人均工资性收入18596元，比上年增长9.3%。工资性收入是农村居民收入的主要来源，占可支配收入的64.1%，对农村居民收入增长的贡献率达到73.1%；农村居民人均经营净收入7545元，比上年增长3.9%；农村居民人均财产净收入1107元，增长3.4%，占可支配收入的3.8%，占比下降0.2个百分点；农村居民人均转移性净收入1749元，增长17.5%，占可支配收入的6.0%，占比提高0.5个百分点。

【县级农民收入水平差异】 2016年，嘉兴各县级区域农村居民人均可支配收入水平，最高为海宁市30200元，最低为秀洲区27765元，最高与最低之间差距2436元，差异程度不到10%。嘉兴各县级区域农村居民人均可支配收入增速，嘉善县、桐乡市、海盐县和南湖区分别为8.5%、8.3%、8.2%和8.1%，均超过全市平均。全市范围内农村居民收入增幅的高低差为1个百分点，低于全省2.5个百分点的差异度。

【农村居民生活消费支出增长7.7%】 2016年，嘉兴农村居民人均生活消费支出18864元，比上年增长7.7%，剔除价格因素，实际增长5.8%。农村居民人均生活消费中占比居前三位的分别是食品烟酒、交通通信和居住消费。其中，农村居民人均食品烟酒支出5761元，比上年增长10.9%，占人均生活消费支出的30.5%。食品烟酒支出增长较快的原因是价格增长。农村居民人均交通通信支出4048元，增长1.5%，占人均生活消费支出的21.5%；农村居民人均居住消费3897元，增长17.1%，占人均生活消费支出的20.7%。居住消费增长快速的原因与2016年嘉兴房产市场活跃有关。

【农村居民耐用消费品支出稳定增长】 2016年，嘉兴农村家庭汽车每百户拥有量为56辆，较上年增长14.3%，每百户增加7辆；摩托车每百户拥有量为51辆，减少13.5%，每百户减少8辆；助动车每百户拥有量为160辆，增长7.4%，每百户增加11辆。嘉兴农村家庭每百户拥有移动电话267部，接入互联网188部，占比为70.3%，仅低于城镇居民3.4个百分点；每百户拥有计算机116台，接入互联网106台，占比达91.4%。嘉兴农村家庭每百户拥有的电冰箱、微波炉、彩色电视机、空调和热水器分别为101台、68台、224台、212台和103台，分别增长3.0%、7.3%、6.0%、10.1%和7.1%。

（李霞萍）

人　　物

新任市领导简介

胡海峰　1972年11月生，安徽绩溪人，研究生学历、管理学博士，1998年5月参加工作，1995年5月入党。2009年12月至2013年5月浙江清华长三角研究院院长、党委书记(2012年9月至2013年1月在中央党校第三十三期中青年干部培训一班学习)；2013年5月至2013年11月嘉兴市委副书记(挂职)，浙江清华长三角研究院院长、党委书记；2013年11月至2014年3月嘉兴市委副书记(挂职)，浙江清华长三角研究院党委书记；2014年3月至2015年4月嘉兴市委副书记、政法委书记(挂职)，浙江清华长三角研究院党委书记；2015年4月至2016年3月嘉兴市委副书记、政法委书记、党校校长(保留正厅长级)；2016年3月至今嘉兴市委副书记、市长，市政府党组书记。

王会能　1964年9月生，浙江东阳人，大学学历，1983年9月参加工作，1985年7月入党。1983年9月至1987年7月南昌陆军指挥学院步兵指挥专业学习；1987年7月至1990年12月南昌陆院一大队二队三区队任副连职区队长(1988年9月至1990年7月在军事教育学院军事理论专业学习)；1990年12月至1993年6月任南昌陆院军政训练

大队二十四队二区队正连职区队长；1993年6月至1993年11月任南昌陆院政治部副营职干事；1993年11月至1996年6月任南京军区政治部干部部科干处副营职干事；1996年6月至1999年6月任南京军区政治部干部部科干处正营职干事；1999年6月至1999年12月任南京军区政治部干部部科干处副团职干事；1999年12月至2002年6月任南京军区政治部干部部科干处副处长；2002年6月至2004年6月任南京军区政治部干部部科干处正团职干事；2004年6月至2005年8月任南京军区政治部干部部科干处处长；2005年8月至2007年6月任南京军区政治部干部部调配处处长；2007年6月至2010年8月任第十二集团军×××师政治部主任；2010年8月至2011年12月任第十二集团军×××师副政委；2011年12月至2012年12月体制编制调整自行编外；2012年12月至2016年9月任嘉兴军分区政委；2016年9月至2017年3月任嘉兴市委常委、军分区政委。

朱海平　1963年10月生，浙江平湖人，中央党校大学学历，1981年8月参加工作，1982年12月入党。1979年9月至1981年8月湖州师范学校学习；1981年8月至1984年3月平湖县乍浦镇小学教师、总辅导员；1984年3月至1990年8月先后任平湖县团委副书记、书记(1988年9月至1990年8月在省委党校党政管理专业培训班学习)；

1990年8月至1991年10月任平湖市委组织员（正科级）；1991年10至1994年5月任平湖市白马乡党委书记、人大主席；1994年5月至1996年1月任平湖市委组织部副部长；1996年1月至2000年10月任海盐县委常委、组织部部长（1996年11月至1998年7月在杭州大学研究生课程进修班经济管理专业学习结业，1999年4月至1999年7月在省委党校中青班学习）；2000年10月至2001年2月任海盐县委副书记、组织部部长；2001年2月至2002年5月任海盐县委副书记；2002年5月至2003年4月任嘉兴市委组织部副部长（2000年8月至2002年12月在中央党校法律专业本科班学习）；2003年4月至2003年7月任嘉兴市纪委副书记、市委组织部副部长；2003年7月至2006年12月任嘉兴市纪委副书记、市监察局局长（2004年5月至2004年7月在省委党校领导干部进修班学习，2006年3月至2006年7月在省委党校中青年干部培训班学习）；2006年12至2007年2月任桐乡市委副书记、代市长；2007年2月至2011年11月任桐乡市委副书记、市长；2011年11月至2016年2月任嘉兴市秀洲区委书记；2016年2月至2016年3月任嘉兴市人大常委会党组成员，秀洲区委书记；2016年3月至2016年10月任嘉兴市人大常委会副主任、党组成员，秀洲区委书记；2016年10月起任嘉兴市人大常委会副主任、党组成员。

王马青　1964年5月生，浙江海宁人，省委党校研究生学历，1985年8月参加工作，1987年8月入党。1981年9月至1985年8月杭州大学历史系文博专业学习；1985年8月至1988年3月嘉兴市委办公室科员；1988年3月至1991年3月嘉兴市委政研室科员；1991年3月至1996年6月任嘉兴市委政研室调研一科副科长（1992年7月至1992年12月在上海市黄浦区挂职锻炼，1993年1月至1994年12月兼任市委办福士达实业公司副总经理，1995年1月至1995年9月借调市优势工程办工作，1995年9月至1995年12月在嘉兴市第7期中青班学习）；1996年6月至1997年7月任嘉兴市委政研室调研一处处长；1997年7月至2000年11月任嘉兴市体改委副主任、党组成员；2000年11月至2001年9月任嘉兴市体改委主任、党组书记；2001年9月至2003年11月任嘉兴市体改办主任、党组书记（1999年1月至2002年5月在省委党校经济学专业研究生班学习）；2003年11月至2005年1月任嘉兴市国资委主任、党委书记，市委企工委书记，市体改办主任、党组书记；2005年1月至2006年12月任嘉兴市国资委主任、党委书记，市委企工委书记；2006年12月至2007年1月任嘉兴市国资委主任，市经贸委党组书记；2007年1月至2009年11月任嘉兴市经贸委主任、党组书记；2009年11月至2011年10月任嘉兴港区管委会主任、党工委副书记，嘉兴出口加工区管委会主任，市港务局局长（2009年3月至2011年1月在清华大学EMBA硕士学位班学习）；2011年10月至2015年8月任嘉兴港区党工委书记；2015年8月至2016年2月任嘉兴港区（嘉兴综合保税区）党工委书记；2016年2月至2016年3月任嘉兴市人大常委会党组成员，嘉兴港区（嘉兴综合保税区）党工委书记；2016年3月至2016年10月任嘉兴市人大常委会副主任、党组成员，嘉兴港区（嘉兴综合保税区）党工委书记；2016年10月起任嘉兴市人大常委会副主任、党组成员。

朱　伟　1959年6月生，浙江海盐人，中央党校大学学历，1976年11月参加工作，1985年12月入党。1976年11月至1978年10月海盐县城郊公社下乡知青；1978年10月至1982年2月海盐县武原税务所专管员；1982年2月至

1984年9月海盐县财税局办事员;1984年9月至1986年8月江西财经管理干部学院财政专业大专班学习;1986年8月至1993年1月先后任海盐县财税局企业财务股办事员、副股长、外企财务股副股长、企业财务股股长、县经济发展投资公司副经理;1993年1月至1993年6月任海盐县财税局副局长、党组成员;1993年6月至1995年5月任海盐县财税局局长、党组副书记;1995年5月至1997年11月任海盐县财政局局长、党组书记,地税局局长;1997年11月至1998年10月任海盐县副县长(1996年11月至1998年9月在杭州大学经济管理专业研究生课程班学习,结业);1998年10月至2002年12月任海盐县委常委、常务副县长(1996年8月至1998年12月在中央党校函授学院经济管理专业本科班学习);2002年12月至2006年12月任嘉兴市南湖区(秀城区)委副书记(2003年6月至2005年5月在中国政法大学宪法与行政法学专业研究生课程班学习,结业);2006年12月至2007年6月任嘉兴市审计局党组书记、副局长;2007年6月至2009年11月任嘉兴市审计局局长、党组书记;2009年11月至2011年4月任嘉兴市经贸委主任、党组书记;2011年4月至2016年2月任嘉兴市发展改革委主任、党组书记,2011年11月兼市服务业发展局局长;2016年2月至2016年3月任嘉兴市人大常委会党组成员,市发展改革委主任、党组书记,市服务业发展局局长(兼);2016年3月至2016年4月任嘉兴市人大常委会副主任、党组成员,市发展改革委主任、党组书记,市服务业发展局局长(兼);2016年4月至2016年11月任嘉兴市人大常委会副主任、党组成员,市发展改革委党组书记;2016年11月起任嘉兴市人大常委会副主任、党组成员。

孙建华 1962年10月生,浙江绍兴人,大学学历,1982年8月参加工作,1985年5月入党。1978年12月至1982年8月浙江农业大学植保专业学习;1982年8月至1984年8月任嘉善县凤桐公社干部;1984年8月至1990年6月先后任嘉善县劳动人事局办事员、人事股股长;1990年6月至1993年5月任嘉善县人事局副局长、党组成员(1992年2月至1992年6月在嘉兴市委党校中青班学习);1993年5月至1997年11月任嘉善县人事局局长、党组

书记;1997年11月至2002年2月任嘉善县委常委、纪委书记(1996年11月至1998年9月在杭州大学经济管理专业研究生课程进修班学习,2001年3月至2001年6月在省委党校中青年干部培训班学习);2002年2月至2002年11月任嘉善县委副书记、纪委书记;2002年11月至2006年12月任嘉善县委副书记;2006年12月至2010年4月任嘉兴市交通局局长、党委书记,2008年1月兼高速公路建设指挥部副总指挥,2008年4月兼杭州湾跨海大桥管理局副局长(2006年3月至2008年1月在清华大学经济管理学院高级管理人员工商管理硕士学位班学习);2010年4月至2011年4月任嘉兴市发展改革委主任、党组书记;2011年4月至2011年11月任嘉兴市政府秘书长、党组成员,市政府办公室党组书记;2011年11月至2016年2月任嘉兴市南湖区委书记;2016年2月至2016年3月任嘉兴市政协党组成员,南湖区委书记,嘉兴科技城党工委书记;2016年3月至2016年10月任嘉兴市政协副主席、党组成员,南湖区委书记,嘉兴科技城党工委书记;2016年10月至2016年11月任嘉兴市政协副主席、党组成员,嘉兴科技城党工委书记;2016年11月起任嘉兴市政协副主席、党组成员。

(邵羽辰)

英模人物

刘云良 1966年出生,中共党员,现任平湖市保丽洁服务有限公司总经理。曾获嘉兴市劳动模范、浙江省优秀共产党员、浙江省就业创业优秀个人等荣誉。1987年毕业于浙江机械工业学校,同年8月被分配到平湖机床厂工作。一年后,他被提拔为车间副主任,此后又担任车间主任、支部书记等职。1996年年初,机床厂成立分厂,他又被任命为分厂厂长。1999年年底,在市

场经济浪潮的冲击下，平湖机床厂面临转制，他主动下岗，离开企业，决定自己创业。2000年年初，他筹集8万元资金，成立平湖市首家清洁公司——保丽洁专业清洁中心。和随同他一起从企业下岗的4位同事共同干起了高层建筑物外墙保洁这一行当。公司开业两个多月，一笔业务都没有。他说如果他一个人的话，过日子应该没有问题，但员工们工资还是要发的，这样下去不是苦了员工们。当时他口袋里的钱越来越少，到最后就连女儿的压岁钱也拿出来发工资。他硬是调整心态，放下架子，拉下面子，开始不停地跑单位，向单位介绍保洁业务，一家过了再一家，一次不行跑两次三次……甚至有的单位他一进办公室的门，他们就说，你怎么又来了，他还是笑嘻嘻地、不厌其烦地向他们介绍保洁业务。终于，在他的努力下，公司接到成立以来的第一笔业务，是原广电大楼的外墙清洁。当时正值年关，天气特别冷，阵阵刺骨的寒风吹得人们都往屋里躲，而他不管天气怎样寒冷，为了来之不易的第一笔业务，亲自带领四位员工像蜘蛛一样挂在十几层楼的高空进行作业，一天工作下来连站都站不稳。由于缺乏实践经验，最初的清洁工作进行并不顺利。两天下来，才洗掉300平方米，而且效果也不怎么理想。第三天他们五人呆呆地坐在楼顶上，任凭寒风撕面。他心想，只有请师傅进行指导。但师傅哪儿去请呢，武汉太远，上海不熟悉。这时有个员工说道，到上海去找找看，或许能碰到。于是他立刻带上这位员工，借了点钱，直奔上海。他们一下长途汽车，就抬着头走路，在高楼上找那些蜘蛛人，他俩饿着肚子，忍着口渴，一直到傍晚总算发现在一幢高楼上，有人在清洁。他们记住了公司的名称，然后查询114，找到公司的负责人，他们讲明来意，说尽好话，那位经理总算答应派一个人去指导，但要的价确实太高，500元一天，还不包括吃住。他一咬牙，带上师傅直返平湖。功夫不负有心人，一个星期后，他们出色地完成大楼的外墙清洁工作，不仅赢得客户的肯定，而且还在平湖清洁市场打响第一炮。到年底业务量逐步增多，公司才逐渐步入正轨，到2001年，已经有不少单位开始主动打电话来咨询业务。这时，他又想到，平湖的高层建筑少，如果光靠外墙清洁这点业务，真是十分有限，而且也只需要四五个人够了。公司要想长期发展下去，要想吸收更多的下岗工人进来，必须进一步拓展业务，在创业路上要有所创新。于是，他把目光瞄准室内保洁这一清洁领域。通过努力，这一年，他们与一家较大的公司签订第一张保洁合同。为确保服务质量，他招收4名下岗女工，亲自培训，从礼仪礼貌到业务技能，从现场讲解到实地操作，全方位地给她们培训。随着时间的推移，公司的业务订单逐步增多，尽管营业额不高，但也做得乐此不疲。2002年10月，由于业务的需要，他又开设一家洗涤部，吸收5名下岗工人及一名就业困难人员。说起这名就业困难人员让他印象较深，他姓沈，是袜厂的下岗工人，是组织介绍过来的困难户，乍一看，满脸的胡子、花白的头发、破旧的穿着，一副让人心酸的样子。并听说他到过好几个单位干过，时间都不长。同时也了解到他本人比较老实又离婚，带一个儿子，爷俩住在一间十多平方米的小阁楼，家中一贫如洗，家徒四壁。当时他脑中的第一想法就是这样的人作为现在的他应该要帮助，而且也有能力帮助。于是他毫不犹豫地拿出100元钱，让他去洗澡理发，并对他说做服务行业要的是精神面貌。第二天那位老沈到公司报到，他就耐心地做思想工作，让他珍惜工作岗位，理解组织上的关心和帮助。老沈也很高兴地穿上工作服，走上新的工作岗位，平时他一有空就跟他拉拉家常，并规劝他不要去玩牌，晚上早点休息，这样既有利于自己的身体，又能保证第二天的正常工作。通过一段时间的督促及帮助，老沈像换了一个人似的，苦活累活抢着干，收入也提高很多。一晃七八年过去，他有时开玩笑说，幸亏进保丽洁公司，生活才算正常。因此，到现在他也算是洗涤部的一名骨干。刘云良也时常想，只要工作得法，任何人都可以改变。虽然公司的业务在不断扩大，但从事企业生产管理10多年的经历告诉他，质量是企业的生命，只有过硬的质量和真诚的服务，才能为公司赢来更多的客户。记得在2002年8月

底,公司接到国税局的一笔大业务,要求他们在国庆前完成新建成的国税大楼的清洁工作,当时的国税局大楼,在平湖的所有建筑中算是数一数二的。他就想:这可是公司接到的一笔最大业务,搞好了没准还是个提高知名度的机会呢。但时间这么短、任务那么重、天气又这么炎热,再说装修队伍还没撤走,而且当时公司的清洁机械化程度又不高、专业的清洁员工又不多,万一接下来又搞不好怎么办?最后,他决定豁出去了,接!他至今都记得,为保证质量和进度,那几天,他精心编排清洁计划,合理安排调度,每天到现场,一边检查监督工程的进度和质量,一边与工人们一起从早到晚地干,由于进出的施工人员实在太多,原来搞好的楼层检查下来,还是通不过,为不影响计划,他就带领员工们通宵达旦。一个月后,他们终于保质保量地完成任务,而且还与国税局签订了长期的保洁合同。有这样一次特殊的经历,"保丽洁"的品牌效应逐渐凸现。许多单位在听说他们接过这样的业务后,都放心地把业务交给他们,而他们回报给合作单位。凭着良好的信誉和服务,公司不断发展壮大,在这十多年的创业发展过程中,人员已经由当初的5人增加到500多人。不仅如此,一系列荣誉也接踵而至:保丽洁公司被评为"下岗再就业模范示范岗""96345星级加盟单位""历届平湖市消费者信得过单位""第七、八届嘉兴市消费者信得过单位""嘉兴港区市场化运作先进集体""嘉兴市就业先进单位""全国家庭服务千户百强先进单位"等,而他自己也先后获得"金平湖十佳创业之星""嘉兴市劳动模范""浙江省优秀共产党员""浙江省就业创业优秀个人"等荣誉。在他的创业过程中,让他感受最深的是:下岗并不可怕,只要你转变观念,确定目标,保持信念,就一定能找到施展自己才能的一方天地。同时他时刻铭记自己是一名党员,倡议组建公司工会委员会、公司党支部委员会,处处起带头模范作用。他关心体贴员工,要求管理人排摸贫困职工家庭,对贫困职工家庭每年进行慰问;帮助街道困难户解决工作生活问题,让他们充分体会工会和党组织的温暖;主动和3户就学困难家庭结对子,让孩子无忧无虑的学习;参加"劳模进校园"活动,宣扬劳模精神,支持当地文化教育事业发展。他在日常工作中,时刻牢记回报社会,为政府分忧,帮助更多的下岗失业、拆迁失地的人员实现再就业。在公司每一次招工时,他总会先考虑下岗工人。如今,他的公司已吸纳城镇下岗职工40多人、失土农民400多人及部分外来务工人员。有人因为在工作中碰到熟人,怕面子上过不去,而产生这样那样的想法。他就会主动找他们谈心,帮助他们调整心态。他总是说,下岗又怎样?做清洁工又怎样?工作只有岗位不同,没有贵贱之分,凭自己的劳动赚钱,没有人会看不起你,除非是自己看不起自己。在保丽洁,他提出一句话:为美丽而工作。这是公司的服务承诺,更是公司的奋斗目标。自从2004年他把原来的清洁中心改名为保丽洁服务公司,如今,他们保丽洁公司已经从外墙清洗、室内清洁逐步延伸到室内保洁、垃圾收集、道路养护、绿化管理等。公司在创业和发展过程中,注重创新,但始终在保洁领域中做文章,不断延伸保洁内涵,逐步进入新农村建设的四位一体保洁、城市环卫提高机械化作业水平等环卫事业和公路养护等交通事业这些新的领域。公司也决心通过努力,不断拓展业务,吸收更多的企业下岗职工和农村失地人员为政府分忧,为美化城市、净化环境做出自己的贡献。2016年被授予全国五一劳动奖章。

张利华 女,1979年出生,大专学历,现为浙江雅莹集团有限公司研发技术部经理。先后获得秀洲区十佳高技能人才、嘉兴市首席技师、"秀洲区技能大师工作室"认证、"嘉兴市张利华技能大师工作"认证、"浙江省张利华技能大师工作室"认证、浙江省五一劳动奖章。张利华,凭借自己对时尚行业的衷心热爱和独特见解,不断突破。1996年,刚满18岁的张利华进入嘉兴永利来有限公司(浙江雅莹前身)的缝纫车间;1998年,张利华开始从事放码、拷板、样衣指导工作;1999年,被公司选派去上海东华大学进修服装设计与制版技术,张利华以优异的成绩结业。2003

年，时任EP雅莹牌主制版师的张利华着手组织团队对公司客户群的体型特征进行研究，根据公司产品的销售情况，进行基本版型库的建设，许多珍贵的经典、流行版型得以收集、保存，基板多达上百款，覆盖外套、风衣、大衣、衬衫、裙子、裤子、连衣裙和T恤等品类。2013年起，在张利华的管理下，基板库的数据录入电脑系统，与制版师的工作系统相连接，方便调用，提升工作效率和产品研发的成功率。随着时装市场的日臻成熟，顾客追求服装更加大方、合体，这个需求带来制版行业中立体制版的日益盛行，制版师对人台的依赖也越来越强。但是国内的大多数人台都是根据人体净体尺寸来研制的，而人台尺寸又是从2003年国家女体调研的数据中得来的，在实际工作中张利华意识到应该研发出适合自己品牌的人台。她多方奔走，从零售团队那里获取核心顾客群的体型数据，从东华大学获取中国35-45岁女性的基本体型特征，又寻找优秀的人台制造供应商，将人体数据运用到新人台上。经过十一次的打样、修改、完善，多方合作，克服许多技术和材料上的困难，最终将雅莹核心客户群的体型数据完美地运用起来，研发出适合EP雅莹的人台。目前这一人台已经在公司制版师、样衣师手中使用多年，通过这个人台做出的产品明显更加符合EP雅莹顾客群的体型。2004年，张利华组织成立一个连衣裙版型研究的主力小组，加班加点、争分夺秒对连衣裙袖窿、胸量、腰节等部位的尺寸进行多维度研究，平衡这些关键部位的数据关系。最后这个研究小组创造出丰富的连衣裙版型，满足顾客在不同场合对连衣裙的需求，EP品雅莹的连衣裙销量一路上扬，领先于市场上很多品牌。2006年至2010年担任EP品牌技术经理期间，张利华自行编制工作计划报表，合理安排每个制版师的工作，形成团队互补、协同作战的模式，强化每个版师在单个品类的专项技术能力，树立标杆作用。随着EP雅莹品牌的壮大和定位的清晰，“中国传统文化”和“女性时尚元素”成为EP雅莹品牌气质的两大关键词。为了更早、更纯熟地布局中国风在时装中的应用，张利华组织建立手工坊——通过老手工艺人和现代化的工艺手法相结合，将中国传统元素（比如盘扣、编织等）和当下流行元素的融合，让越来越多的手工元素出现在EP雅莹的产品上。2013年，她亲临苏州，拜访著名的民间艺术家郑叶青老师，并邀请她与EP雅莹长期合作，将精致的苏绣工艺运用进新产品上。公司为世博特制的霓裳华服，更是在用时尚的语言礼敬自然。张利华带领的团队，和公司的设计师一起，将大自然最纯粹的材料，竹藤棉麻毛丝丝缕缕，糅合了传承千百年的编织、针刺和印染工艺，用现代立体裁剪和3D成型技术，在服装上完成光与影、型与行的多方位体验。全国纺织品标准化技术委员会邀请张利华代表雅莹作为主要单位参与《针织工艺衫》行业标准制定工作。她带领的技能工作室已经被授予“浙江省技能大师工作室”和“嘉兴市高技能人才创新工作室”，2016年被授予全国五一劳动奖章。

钱辛慰　1960年1月出生，中共党员，现任加西贝拉压缩机有限公司机加车间副主任。曾获嘉兴市首席技师、嘉兴市劳动模范等荣誉。浙江省钱辛慰技能大师工作室的负责人。钱辛慰是加西贝拉公司机加车间副主任，高级技师。他长期在车间从事设备维修、技术改造和设备管理工作。他是通过自学，在实践中锻炼成才的一名高技能人才。他不仅具有很强的设备维修、调整和创新改造技能，而且善于培养人才、带领团队。他爱岗敬业、勤于学习，技术精湛、勇于创新，具有强烈的敬业精神和出色的职业道德。他是加西贝拉压缩机有限公司第一位高级技师，创建“浙江省钱辛慰技能大师工作室”，成绩显著，贡献卓越，先后被评为公司“十大突出贡献者”“公司劳动模范”“技术尖兵奖”“道德文化奖”“突出贡献奖”“嘉兴市首席技师”“嘉兴市十佳高技能人才”“嘉兴市职业技能带头人”“嘉兴市劳动模范”。钱辛慰在学中干，干中学，边实践边钻研，练就了一身独到的维修本领，解决众多进口设备故障。多年来，他破解3项进口设备专利，成功组织实施4台价值5000多万元意大利进口BERARD设备的深度维

修和5台德国、意大利、日本进口无心磨床主轴的精修,组织BTB曲轴箱生产线两孔垂直度CPK低等技术攻关。如意大利BERARD公司制造的K924曲轴箱组合加工专机精镗补偿装置,该装置结构非常复杂,是公司的专利技术。近3年来,钱辛慰带领开展质量提升、自动化改造、设备提效、新品量产、安全提升等重点攻关工作,助力公司生产经营活动,多项技术创新获得国家、省、市级创新奖。他带领首席技师工作室成员成功完成技术创新412项、组织完成QC活动50多项、自制设备21台套,为公司节约设备采购费用190多万元。公司2006年实施的"200"项目和2013年推进的"500项目"是省、市重点项目,是产品自主研发、工艺自主确定、设备自主选型、机器换人的压缩机生产线的示范项目。设备多,任务重,工艺复杂,产品精度高,面对一系列的难题,他以自己精湛的技术业务,敢打敢拼的作风和强烈的团队意识,带领团队出色地完成项目建设。加西贝拉公司进口设备多、精度要求高。部分设备经过十几年运转,故障率上升,故障突发性增强,给设备维修、质量稳定带来很大难度。钱辛慰攻克、化解一个又一个难题,每年完成设备维修项目达360多项。是设备精度和完好率的保护神。如曲轴箱K923工作台出现故障。钱辛慰当天出差在上海,得到设备出现故障的消息后,以最快的速度办完出差任务,顾不上吃午饭,就赶到现场,投入到紧张的设备抢修中,凌晨把整个工作台全部拆下后,他才回家休息。第二天早上7时又出现在抢修现场,投入到紧张的设备安装中,直到晚上10点设备抢修安装完成。其间,他因长期从事设备维修而累积的腰椎突出病又犯了,同事们要送他回家休息,但他不肯,坚持将设备抢修完成后,才拖着疲惫的身体下班休息。由于设备故障的不确定性,钱辛慰深更半夜赶赴现场抢修设备的例子举不胜举,但他毫无怨言。他注重班组、技师工作室团队每位成员的提升。在设备维修团队中,他总是把技术耐心地传授给年轻人,特别是新来的大学生,经过钱辛慰的耐心指导,有7位大中专毕业生进入中层管理岗位,15位同志成为车间、公司的设备维修、技术骨干;8位大中专生从维修走上技术开发、设备管理等岗位。为公司产品世界领先夯实人才基础。为满足公司人才发展的需求,特别是技能型人才的需求,钱辛慰以"首席技师工作室"为平台,组织开展技能培训、技能比武和项目攻关。他的首席技师工作室开展专业技能培训178次,参加培训人数2200人次,累计课时5200小时,组织技能比武40多项次,培养技能人才280名;完成设备提效、质量攻关、新品量产、物流改善、环境安全提升等技术创新项目累计412项,创造经济效益1305.18万元。2016年被授予全国五一劳动奖章。

黄宏盛 1981年10月出生,中共党员,大学学历,现任国网嘉善县供电公司运维检修部主任。曾获国网浙江省电力公司劳动模范、国家电网公司优秀专家人才后备,国网浙江省电力公司优秀专家人才嘉兴市最美嘉兴人·最美职工、嘉善县劳动模范、浙江省电力公司安全生产先进个人、嘉兴市优秀职工、嘉善县职业技能带头人、嘉善县"乔克杯"青年十杰、嘉兴电力局第四届十佳青年等荣誉。黄宏盛一直立足岗位创新,自参加工作以来,解决各类专业技术难题8项,获得国家专利10项,在各类期刊发表论文8篇。其中2篇论文在中文核心期刊发表,1篇论文参加国际大电网会议交流,1项管理创新成果获全国电力企业管理现代化成果一等奖,1项管理创新成果在省行协获奖,1项科技成果获国网公司青年创新创意大赛银奖,3项科技成果在浙江省电力公司获奖,2项科技成果经鉴定达到国际领先,2个QC成果获全国优秀质量管理小组。1篇典型经验入选浙江省电力公司典型经验库,1个项目获浙江省电力公司"追求卓越"项目优秀项目,2项管理创新成果在浙江省电力行业协会分别获得一、二等奖。黄宏盛在岗位工作中每年都有创新和突破,擅长结合部门工作以及岗位工作中的难题积极开展创新性研究,分别完成整定单管理系统的开发、变电站后台监控系统防病毒系统建设、变电站监控系统数据异地在线备份与信息查询、AVC遥控核对平台的研

制等成果，其中《缩短雷雨季节电网故障发现时间》等QC成果获全国优秀质量管理小组称号，部分成果在全国处于领先地位。2014年，针对分布式光伏信息接入的难题，黄宏盛提出一体化解决方案，并研发完成国内首套分布式光伏并网接口一体化装置，在不增加设备尺寸大小的情况下，将原来需要四套设备才能完成的功能整合在一套设备中，为光伏项目业主至少节省成本50%，节省设备安装空间，简化设备安装调试，缩短光伏企业并网调试工期，推动嘉善地区分布式光伏产业发展及清洁能源的接入。截至2015年5月，嘉善地区已并网发电的15座10千伏并网分布式光伏电站、12座380伏并网分布式光伏电站全部采用该装置，在浙江嘉兴、温州、衢州以后有江西九江等180多个现场得到应用，并已经在全国得到推广应用。国内主流媒体中央人民广播电台、《浙江日报》、嘉兴电视台、人民网、国网公司工作动态、《国网公司手机报》等均进行报道。依托分布式光伏并网接口一体化装置完成的“混合通信环境下区域分布式光伏信息采集与运行监控系统的研究与应用”的科技项目，经中国电科学首席专家、浙江大学教授等专家组鉴定，项目整体达到国际先进水平，其中分布式光伏一体化装置国际领先，成果获得浙江省电力公司2013年度县级供电企业科技成果奖一等奖。2013年，他负责完成《基于电网运行态势的层次化配网保护监控系统的研究与应用》项目能有效提交嘉善地区重要负荷的安全可靠供电水平，技术水平经鉴定达到国际水平。在技术创新的同时，黄宏盛还针对专业管理中的难题进行创新与实践，总结形成管理创新成果《关于优化分布式光伏发电经济安全并网模式的创新与实践》，成果获得浙江省电力行业企业管理创新成果二等奖。总结形成《分布式光伏电站运维模式的探索与实践》，成果获得全国电力行业企业管理创新成果一等奖。黄宏盛负责电力企业生产系统中实时性、稳定性要求最高的系统之一调度自动化系统的运行、维护、检修工作，自从开始承担起这套系统的运行维护，就履行起岗位职责，手机24小时开机、无论刮风下雨还是电闪雷鸣，只要系统出现任何问题，他都会第一时间赶赴现场解决处理。在黄宏盛和同事们的努力下，SCADA系统十三年来一直安全稳定运行，为电力生产提供可靠的技术支撑。经过多年的实战磨炼，黄宏盛已经熟练掌握自动化及通信、信息专业技术知识，实现一专多能，有效缓解部门抢修人员紧张的局面。“有黄宏盛在，自动化系统我们不用担心。”经常能听到部门领导、同事这样评价黄宏盛和他所负责的自动化系统。如何让这些青年职工尽快完成学生到岗位能手的转变，关系到企业的发展与电网的发展，黄宏盛始终将师带徒及青年职工的培养作为一项重要工作来做。在承担师带徒工作中，黄宏盛不仅无私地将自己的知识技能以及心得体会教给四个徒弟，更注重以言传身教的方式教会他们认真负责的工作态度，攻坚克难的工作作风，尊敬领导、友爱同事的做人道理，为企业人才队伍的建设及技术传承做出应有的贡献。2016年被授予浙江省五一劳动奖章。

李光华　1970年12月出生，高中文化，1994年到浙江恒越绢纺公司工作，现任公司一分厂副主任。曾获海盐县劳动模范、嘉兴市优秀新居民、第四届浙江省优秀职工等荣誉。20多年如一日，从一个外来普通员工做起，先后担任质检员、班组长、车间副主任、公司支部纪检委员。1994年刚进公司，为尽快掌握操作技术，他除正常上班虚心学习，下了班还找到车间主任要求到另一个班去学习，只要同意让他去另外一个班学习就行，不要任何加班费和学徒工资，他在最短的时间内学会多种操作技术。1996年12月被二分厂制棉车间提升为质检员，在此期间他坚持原则，车间员工一视同仁，包括自己亲戚，只要质量不符合要求一律退货，返工或罚款，确保和提高产品质量。2000年被公司提升为生产班长，管理100多人班组，历任班长6年，没发生过损失千元以上的安全生产事故。2006年年终被评为公司建厂以来第一个安全生产班组。班组产量、质量、成本，每年在前列。2007年公司提升他为车间副主任，他充分发挥团队精神，敢抓敢管，会管会算，出色地完成公司下达

的各项任务。在担任生产副主任期间完成生产工艺改造创新,节约成本累计500多万元。产品质量客户满意率99.8%。为了完成生产任务他下班后很少上街,而时常在车间看到他的身影,特别是担任分厂副主任,充分发挥他住在厂里的优势,车间无论是深更半夜还是刮风下雨他是随叫随到,从无怨言,20多年来累计加班一万余小时,从没要过加班费和其他要求。2013年"菲特"台风来袭,车间全部进水,当晚没轮到他值班,但他接到电话后马上到车间组织抢救并把情况及时反映给公司,从当晚11点一直到第二天晚上,20多个小时泡在膝盖深的水里面带头搬货和搬电机,水没退去的四天时间里,他天天带领一批人浸泡在水里搬运和清理。就连他老婆也心痛地流眼泪,并且劝他说差不多就行了,他却回答说:"我不带头谁带头,我是党员,又是副厂长,我不管谁来管。"洪水退后的十几多天时间里,他不分白天黑夜的在车间现场指挥抢修,晾晒半成品,为尽快恢复生产和减少损失尽心尽力,十多天瘦了十来斤,脱水后的半成品一百多吨在车间平顶上抢天气翻晒收回,十几天下来他又黑又瘦,但他从无怨言。20多年来,李光华以厂为家,爱厂如家,家里再大的事是小事,厂里再小的事是大事,小孩子满6个月才回家看望第一次,最长的一次是2001年到2007年六年没回过家看望父母,为了让其他同事年三十都能吃上团圆饭,每年年三十值班表上都少不了李光华的名字。他经常以自己外出务工的实际经验,吸引自己的老乡来务工,他出面招收的员工近300人次,自己的亲戚朋友就有30多人,是公司的生产主力军。李光华不但工作出色,技术过硬,他还富有感召力,正义感,公司外来员工几百人,来自五湖四海,因琐事相互顶嘴,吵架在所难免,只要有他出场劝阻总会大事化小,小事化了。20年来他调解的大小矛盾一百多起,他说不但要自己带遵纪守法,并且要带领教育身边的新老居民遵纪守法,和睦相处,为海盐和谐社会而努力,为提高新居民素质而努力。李光华1994年进入浙江恒越绢纺公司工作,为尽快掌握操作技术,他经常加班跨班。李光华在平凡的工作岗位上做出不平凡的业绩,在特殊的新居民群体中起到模范作用。2016年被授予浙江省五一劳动奖章。

许金良 1960年2月出生,中共党员,现任桐乡市崇福镇景卫村社区卫生服务站站长。他曾获"全国优秀乡村医生"、嘉兴市优秀共产党员、"感动浙江卫生十大人物"、嘉兴市"红船先锋"共产党员、"浙江省优秀共产党员"、"中国好人榜"、桐乡市首届道德模范、嘉兴市第三届道德模范、桐乡市撤县建市20年十大贡献人物等。许金良,一个普普通通的乡村医生,凭借出色的医术和对农民的真挚情感,带给一方百姓健康与幸福,也赢得众多老百姓的心。许金良始终把维护农民的健康利益作为自己的首要职责,以强烈的进取心、责任心和爱心,尽心竭力为群众治病、解难,做群众的贴心人。1980年参加工作以来,许金良除了白天看门诊,晚上利用空闲时间看书,做笔记,摘良方、验方、单方,他不但精通内科、中医外科,还熟悉儿科、五官科等,甚至有疑难杂症病人经他治疗后康复痊愈。每天来社区卫生服务站看病的人有近百号,年门诊接待约3.3万人次,有本村、本镇的,也有附近乡镇的。生于农村、长于农村的他,深知种田人生活的艰辛,尽可能给病人提供方便,让病人少花钱,看好病。许金良始终坚持量病开方,合理用药,把价格便宜、药效高的药开给病人。一剂药能治好的病,坚决不开两剂;无须打针的,就坚决不打。非用昂贵药品不可时,他也会事先征求病人的意见,然后才决定是否开处方。时常为一些困难的病人免费诊治,有些病人因病情变化需到上级医院治疗,只要许金良有时间就陪同前往,并向接诊的医生详细介绍病史,许金良经常利用中午、晚上时间去随访慢性病人,从事公共卫生服务工作。景卫村有一位老党员,患类风湿性关节炎已多年,后又因患脑中风,终日瘫痪在床。可是,老人的子女又都在外地工作,身边没有人照顾。许金良每天利用中午或晚上时间上门诊治,看到病人生活不能自理,就主动帮助病人擦背、洗脚、倒尿壶,经近两个月的精心治疗,老党员病情明显好转。中夫村一位中年男子因患脊椎神

经瘤，出现病危症状，接到病人家属的电话后，许金良背起药箱就往病人家里赶。半个多月连续出诊，不管刮风下雨，坚持每天上门看病。在“非典”、禽流感、霍乱、甲型H7N9流感防控期间，许金良走村进户，分发宣传资料，宣传防病知识。作为一名社区医生，还需参与公共卫生工作，他所在的社区卫生服务站被多次评为公共卫生项目工作先进站。2016年被授予浙江省五一劳动奖章。

柯贤湖　1975年2月出生，中共党员，现任嘉兴市宏丰机械有限公司机加车间主任。曾获嘉兴市和浙江省高技能人才工作室；2014年荣获嘉兴市职业技能带头人、嘉兴市工人发明家等荣誉。柯贤湖自2006年参加工作，从一线普通员工做起，一直扎根在机加工车间。他带领团队进行新品开发、设备技改、质量攻关、挖潜降耗、技术创新，在各方面取得成果。公司的设备从当初的手动加工到液压自动加工、从组合机床加工到现在的机械手智能加工。他带领团队对机加车间的老旧手动加工设备进行液压自动改造，组织对华意压缩的大压机的新品开发和新生产线的改造，2013年对公司曲轴生产线进行设备升级改造，及曲轴机械手智能改造。加西贝拉和华意压缩95%机架新品试制由他的创新团队完成从图纸到实物的转化。成功开发洗衣机轴承座生产线。柯贤湖和他的团队每年针对车间的常发、重发的质量隐患进行质量攻关，每年立项二十个以上技改课题以提高产品质量、降低制造成本、提高市场竞争力等。2014年客户对曲轴箱定子面平面度提高要求，柯贤湖组织人员对此进行质量攻关，通过改进工装设备和反复实验，最终获得客户的认可，产品供不应求。在2015年7月公司开展质量月活动中，柯贤湖带领团队开展26项质量攻关及改进项目，通过后继跟踪产品质量明显提升，巩固市场占有率。这些年他带领团队通过不断的设备技改、技术创新，使公司的单件加工成本明显下降：对绗磨刀接杆的技改使原来0.12元的刀具成本降到现在的0.07元；曲轴平头设备夹具的改进由0.02元下降到现在的0.002元；由他主导创新的强力快速切削法使用工成本节约1/3生产效率提升3倍，该操作法在2012年荣获嘉兴市先进操作法。工作中柯贤湖注重发挥各自和整体的优势，真诚切实地承担起责任，倾己所能，将自己的经验毫无保留的传授给徒弟，经过他们自身的努力，团队成员中已有不少同志在公司里担任起重要职位，成为宏丰公司发展的中坚力量。在服务好宏丰本公司业务的同时，他还多次为贵枫机械、永大消防有限公司、虹云机械、鑫洲机械和永生橡塑等周边企业及兄弟公司提供设备维修、曲轴箱加工的技术服务，为他们解决生产过程中实际困难。因此他荣获2014年职业技能带头人的光荣称号。在国内外经济复杂多变，全球经济增长放缓，行业形势十分严峻的背景下，宏丰公司于2011年成立了柯贤湖创新工作室。他结合公司发展的需求和人员专业的单一性，该工作室刚成立时由各部门和各车间的高技能人才和具有各种专业特长的9人组成，通过工作室这个平台相互学习共同提高，使团队的整体水平更加完善，经过五年多的运作，工作室人员不断增加，已有成员20余人。通过这个平台柯贤湖把优秀人才汇聚在一起，在各项创新、技改、攻关、人才培养、节能降耗、技术服务活动中充分应用工作室这个团队，打造宏丰公司知识产权，从2013年至今已申请16项实用专利。他和他的团队（工作室）荣获省、市高技能人才工作室，本人也荣获2015年工人发明家称号，为企业的持续有效发展做出贡献。2016年被授予浙江省五一劳动奖章。

吴松明　1975年9月出生，中共党员，1995年8月参加工作，二级警督，现任嘉兴市公安局交通警察支队直属三大队教导员。曾获嘉兴市“世博安保”之星，嘉兴市公安局“红船卫士”优秀共产党员，在全国八残会安保期间荣立个人三等功

一次,2012年任建设中队中队长期间在中共十八大安保中,中队被省公安厅记集体三等功一次,曾获浙江省优秀人民警察,“嘉兴市我最喜爱的十大人民警察”,“浙江好交警”等荣誉。从警20多年来,不论是作为普通民警,还是身为大队领导,他都一如既往,每天工作10多个小时,累计查处各类交通违法56500余起,无一投诉。近两年来,带领大队民警出色完成全国文明城市复评、城市治堵检查、G20杭州峰会、“乌镇峰会”安保等重大任务,查处酒驾362起,查扣非法营运的“三小车”387辆,通过他的严格管理,辖区内未发生一起重大恶性交通事故。为改善市区交通拥堵,吴松明趁着执勤间隙,蹲守在辖区车流拥挤的路段测车流量和车速,上门入户征求市民和驾驶员的意见,并驾车反复试验,在核心城区率先实施“交通微循环”组织。通过在城区19条背街小巷内设置单行线,挖掘背街小巷的交通潜能,缓解主干道交通压力,有效缓解嘉兴市区“行车难”问题,获得上级领导的充分肯定,迅速在整个嘉兴实施推广。吴松明工作坚持“以情感人、以理服人、以诚待人、以心换心”。2013年8月,在“三小车”整治行动中,他查处驾驶无牌无证残疾三轮车进行非法营运的陈某。当时,陈某拒不接受处罚,甚至把妻子和两个小孩带到大队部,称要吃住在大队,除非将车归还。吴松明没有以怒制怒,而是晓之以理动之以情,让陈某认识到错误,主动接受处罚。作为大队教导员,吴松明坚持用“诚心+耐心”“爱心+细心”来带队伍,积极团结、关心、帮助同事。2014年3月,大队一名协警被检查出患有尿毒症,需大量费用治疗,他了解情况后,带头组织大队内部捐款,并与街道、单位其他部门沟通联系,为患病协警募集善款7.1万余元。2016年被授予浙江省五一劳动奖章。

王黎梅 女,1961年10月出生,中共党员,现任嘉兴市第一医院麻醉疼痛医学中心护士长。工作30多年,她一直在自己选择的护理专业里辛勤工作着。从急诊科到传染科,从呼吸科到心内科、肾内科,从干部病区到重症医学科(ICU),从麻醉科到疼痛医学中心,她的足迹几乎留在每一个一线护理岗位上。从中专自学到本科,从护士

晋升到主任护师,从小小的护士成长为一个护理教育、护理科研、护理管理的人才,当年22岁的她是医院里最年轻的护士长,如今,55岁的她依然担任麻醉疼痛医学中心护士长,她的成长经历最精确地诠释“白医天使”的神圣内涵。曾获“嘉兴市十佳医护工作者”“嘉兴市十佳护士”“浙江省优秀护士”“浙江省三八红旗手”“全国卫生系统先进工作者”“嘉兴市好护士”,王黎梅在工作中一直践行着这样一种信条:一切以病人为主,病人的舒适是第一位。她这种忠于职守的责任感,赢得伤患者的敬重与信任,善待病人是她留给医护人员最深的印象,她用实际行动倡导病人没有贵贱贫富之分。对未办缴费手续的危重病人,她总是说:“先抢救!”ICU是封闭式管理,24小时只有半小时家属可以探视病人,王黎梅非常理解在门外焦急等候的家属,总以换位思考的思维去理解家属,特别注重与家属的沟通和宣教,在护士中也特别强调这方面的工作,要求严格执行接待探视人员流程,减少不必要的误会与纠纷,她带领全科护理人员以最大的努力和责任心去做好每一项护理工作,去赢得病人和家属的心。在其他护士看来难以沟通的患者家属,她均能很好沟通,还能得到家属的配合与感谢。凭着丰富的实践经验与学识,王黎梅不断开拓创新,在ICU护理技术中带头实现新发展、新突破。她在护理气管切开(或气管插管)病人中发现一个小小的现象:人工气道的气囊随着时间的延长,会造成漏气,使通气效果下降,可是教科书记载人工气道气囊需定时放气,这是为什么呢?带着这个问题,王黎梅与科内人员一起展开临床研究,发现目前临床广泛使用的高容低压气囊,不应定期放气而应定期充气才能保证有效通气。此后,她申报课题《人工气道气囊压力检测和定时放气的研究》,经过三年的努力,最终完成这项课题,获得市科学技术进步奖、浙江省医药卫生科技创新奖三等奖。完成一项课题,王黎梅继续

寻找解决更加疑难的问题，人工气道的气囊上分泌物吸引一直没找到有效的方法，因此，她带领ICU的团队在一次性吸引器的基础上改进研制声门下吸引器材，经临床应用取得良好效果，成果“持续声门下分泌物稳压吸引器材的研制及临床效果观察”，2015年获得嘉兴市科学技术进步二等奖。她既重视护理科研和论文的撰写，又重视护理教育，成功举办国家级继续教育项目：《基层医院呼吸机相关性肺炎的发生及护理新进展》《基层医院手术麻醉后延续监护的安全护理及新进展》。人们称她为当代学术型的护理工作者，但她觉得自己在科研、教育方面还有很多疑惑需要解答，还有很多知识需要充实，也许正因为有这样一种心态，她的敬业精神才能常年不懈。2016年被授予浙江省五一劳动奖章。

（陈云建）

知名专业人士

詹正云　1962年7月生，浙江温岭人，1988年留学美国，取得有机化学博士学位，长期从事不对称催化反应及其应用的研究工作。2003年回国创业，现任浙江赞昇新材料有限公司总经理。先后主持国家级和省部级等20余项创新研究项目，作为唯一发明人拥有30多项发明专利，建立起以新型高效催化剂的研发和应用为核心，高分子新材料和新药研发生产及其催化工艺优化为重点的技术创新平台。国家“千人计划”特聘专家、嘉兴市十大科技创新人才、嘉兴市高层次领军人才。

胡红生　1976年9月生，安徽舒城人，中共党员，工学博士（后），教授。曾任嘉兴学院机械系副主任、测控与机械电子技术研究所所长，现任

嘉兴市机械工业联合会副秘书长、嘉兴嘉嘉减震技术市级研发中心主任、浙江通泰轴承有限公司技术顾问、嘉兴和邦安全技术有限公司技术专家。2016年3月博士毕业就职于嘉兴学院，从事机电一体化关键技术、机电系统智能检测与控制、汽车零部件关键技术、智能装备与故障诊断等方向的教学与研究工作，先后主持及参与完成省部级以上课题20余项，发表核心期刊论文50余篇，授权专利30余项，其中发明专利12项；先后获得嘉兴市科技进步三等奖、嘉兴学院优秀成果奖、嘉兴市自然科学优秀论文一等奖、嘉兴市自然科学学术奖二等奖等。科研方面，现为汽车零部件关键技术研究嘉兴市科技创新团队负责人，复杂机电装备健康状况监测与控制学校重点团队负责人，嘉兴市机电一体化共性关键技术科技创新团队核心成员，浙江省机电电子工程省级重点学科核心成员，浙江省机器换人机械手应用指导组专家、浙江紧固件行业机器换人指导组副主任等。教学方面，副主编教材2部，主持完成1项浙江省高等教育教学改革项目、1项浙江省高等教育课堂教学改革项目，指导学生各类创新创业项目10余项，指导浙江省大学生挑战杯竞赛一等奖1项、二等奖1项。近年来，先后获得浙江省“新世纪151人才工程”第二层次人才、浙江省高校中青年学科带头人、浙江省高校优秀青年教师资助计划人选、嘉兴学院首届勤慎学者、嘉兴学院第二届教学名师等称号。

伍　鹏　1973年7月生，湖北人，中共党员，博士研究生，现任嘉兴华岭机电设备有限公司总经理，浙江大学教授（兼任）。在日本东京大学获得工学博士学位，在超精密数控机床、半导体等装备领域有多年的研发工作经验。回国后创办嘉兴华岭机电设备有限公司，成功研制数控机床、半导体设备、液晶制造、LED制造设备相关的关键核心功能部件——高性能直线伺服电机、力

矩电机、精密主轴、运动平台,以及数控机械等自主知识产权的产品。获得国家“千人计划”特聘专家、浙江省“千人计划”特聘专家、浙江省151人才工程第一层次培养人员、浙江省“钱江人才”计划、嘉兴市创新创业精英引领人才、嘉兴市特聘专家、嘉兴市新世纪专业技术带头人、嘉兴市“南湖百杰”、南湖区科技城优秀企业家等称号。嘉兴华岭机电设备有限公司研制的超精密纳米小尺寸数控机床获得2011年度“中国机械工业科学技术奖一等奖”,“数控机床用超大推力FW系列高精密直线电机”产品获得浙江省经信委的2015年度国内首台套重大产品。

穆罕默德·西拉理(Mohamed Mosaad Abdelhamid Hilali) 1976年8月生,埃及人,现任浙江凯盈新材料公司首席技术执行官。2015年8月毕业于美国佐治亚理工学院并获电子工程博士学位。是世界上第一个太阳能电极材料专业博士,在美国从事太阳能电池表面金属化研究十多年。拥有21项美国太阳能专利(含申请)、50篇太阳能专业论文,是美国IEEE2011年太阳能电池电极材料分会主席。自2012年创办浙江凯盈新材料公司以来,一直从事太阳能正银浆料的研发工作。负责研发的多款产品经权威部门鉴定,“其技术指标与国内外知名企业杜邦和贺利氏生产的同类产品相当”。产品实现经济效益3000万元。公司申请国家发明专利9项,获得授权1项。先后获得浙江省特聘专家、浙江省“千人计划”专家、西湖友谊奖、中国政府友谊奖、嘉兴市十大科技创新人才等称号。

(吕　臻)

逝世人物

李佃杰 山东省垦利县人,男,1926年9月出生,1945年2月加入中国共产党,同时参加革命工作。历任山东省垦利县政府民政科副科长,浙江省缙云县新建区委书记。1952年后,任浙江省卫生厅副科长,省建筑工程局政治处科长,省建筑公司工会副主席,省城市设计院副院长,省工业设计院党委办公室主任、党委副书记,省人事局科技干部处副处长,嘉兴县委副书记,嘉兴(县级)市委副书记、代市长、市长,嘉兴市委统战部部长、嘉兴市政协副主席等职。1993年12月1日离职休养(副地厅级待遇),2016年12月6日在杭州逝世,享年90岁。

孙镜秋 又名孙茂铿,男,山东省枣庄市人,1921年12月出生,1942年5月参加革命工作,1942年8月加入中国共产党。1942年5月后,任山东省铜山县六区中队战士、司务长、副分队长、助理员。1945年6月后,任山东省铜山县新河四区副区长、区长,华东干部纵队华东局民运部土改复查组组长。1949年2月后,任浙江省嘉兴地委政策研究室民运部干事、财贸部干部科科长,嘉兴专区供销社办事处主任、嘉兴专署商业局局长、供销社主任,嘉兴县委常委、副县长、县委副书记,嘉兴市人大常委会主任兼嘉兴市委副书记等职。1983年12月离职休养(享受厅局级政治生活待遇),2016年1月15日在嘉兴逝世,享年95岁。

(屈凡彦)

县(市、区)

南 湖 区

【概况】 南湖区为嘉兴市人民政府驻地和全市政治、经济、文化中心。位于杭嘉湖平原腹心地带，沪杭、乍嘉苏、杭州湾跨海大桥北岸连接线等高速公路以及沪杭铁路、京杭大运河贯穿境内，交通便利，区域位置优势明显。周边与秀洲区、嘉善县、平湖市、海盐县接壤。2016年年底，辖4个镇、9个街道，58个行政村、85个社区(居民委员会)，总面积438.99平方千米。年末，户籍总人口49.78万人，比上年末增加0.64万人，其中城镇人口37.6万人，人口出生率10.56‰，死亡率6.19‰，人口自然增长率4.37‰。

2016年，南湖区实现地区生产总值451.6亿元，比上年增长7.8%，增速列全市第二。其中，第一产业增加值14.6亿元，比上年下降0.9%；第二产业增加值172.22亿元，增长7.6%；第三产业增加值264.82亿元，增长8.4%。按户籍人口计算，人均生产总值102163元(按年平均汇率折算为15381美元)，增长6.8%。实现一般公共预算收入21.2亿元，增长7.6%，列全市第三。固定资产投资309.6亿元，增长15%，列全市第三。实现社会消费品零售总额259.9亿元，增长10.8%。服务业增加值264.8亿元，增长8.4%。销售收入2000万元以上规模工业增加值168.2亿元，增长8%，其中高新技术产业增加值70.9亿元，增长17.5%。完成合同利用外资4.9亿美元，实际利用外资2.35亿美元，引进区外内资68.9亿元，均超额完成上级考核任务。城镇、农村居民人均可支配收入分别为44120元、27910元，均增长8.1%，增速分别列全市第一、第四。

抢抓机遇，创新为先，转型升级迈出新步伐。实施创新驱动战略，全社会R&D经费支出占生产总值比重达3.1%，居全市首位；信息经济发展水平综合评价结果位列全省县(市、区)十强、全市首位，成功创建国家火炬特色产业基地、省知识产权示范区、省信息经济发展示范区。工业经济提质增效，规模以上工业企业实现利税总额51亿元、利润总额32.72亿元，分别比上年增长59.9%、96.2%，装备制造业增加值56.01亿元，增长19.6%，三者增速均列全市首位。现代服务业转型发展，生产性服务业快速增长，完成投资80.54亿元，增长64.8%，实现网上零售额130亿元，增长30.5%。

破立并举，敢为人先，改革创新结出新硕果。国家级相对集中行政许可权试点改革取得阶段性成果，成立区行政审批局，打造“环节最少、效率最高、服务最优”的行政审批“南湖模式”，改革试点成效得到省、市领导充分肯定。嘉兴市不动产登记服务中心南湖区分中心顺利运行，办理不动产统一登记业务46293件。国家可持续发展实验区、浙江省创新型试点城区建设全面推进。财政领域改革全面深化，产业基金先行先试，浙华武岳峰、容湖、容江三个子基金实现投资4亿元。

统筹推进，协调发展，城乡建设展现新面貌。全力推进“五水共治”“五气共治”，实现生猪散养户全面退养，跨行政区域交接断面平均水质首次实现Ⅲ类水、考核优秀，成功创建省“清三河”达标区，空气质量优良率达到74.3%。强势推进“三改一拆”“无违建创建”，拆除各类违法建筑

130.7万平方米、“三改”315.8万平方米,分别完成目标任务的217.8%、394.7%。加快老城区改造,有序推进21个海绵城市项目建设和147幢危旧房改造,配合推进文生修道院、杉青闸片区、兰宝地块征收工作。实施码头整治行动,56个经营性码头全面关停,61家企业自备码头规范提升。启动小城镇环境综合整治,完成沪杭高速嘉兴东出口改造,有效提升嘉兴城市东大门形象。

以民为本,共享发展,民生福祉得到新提升。财政用于民生各类支出16亿元,占一般公共预算支出的82.4%,顺利推进8件政府民生实事项目。完善社会“大救助”体系,落实各项优扶政策,惠及困难群众71510人次。深化名校大院合作办学,筹建北师大南湖附校中港路校区。建立分级诊疗制度,责任医生签约服务93926人。创新社区治理,在全市率先推行全科社工模式。畅通便民渠道,设立启用统一政务咨询投诉举报服务中心。加强食品安全监管,启动食品安全城市创建。

6月28日,“清三河”反弹隐患排查拉网行动专项督查
(南湖区档案局提供)

【嘉兴科技城扩容升级】 4月28日,嘉兴科技城举行开发建设动员会,部署嘉兴科技城体制调整有关事宜,动员全区上下进一步统一思想、提高认识,加快推进科技城的开发建设。根据《中共嘉兴市委、嘉兴市人民政府关于进一步加快嘉兴科技城发展的若干意见》(嘉委发〔2015〕18号)、《嘉兴市机构编制委员会关于调整完善嘉兴科技城开发建设管理体制的通知》(嘉编〔2015〕46号)和《中共嘉兴市委办公室、嘉兴市人民政府办公室关于印发〈中共嘉兴科技城工作委员会、嘉兴科技城管理委员会主要职责、内设机构和人员编制规定〉的通知》(嘉委办发〔2016〕9号)等嘉兴科技城机构编制、人事安排的相关文件,按照“市区共建、以区为主”和“精简统一效能”的原则,设立新的嘉兴科技城党工委和管委会,作为市委、市政府派出机构,实行与南湖区委、区政府合署的管理体制,行政级别为正处级。嘉兴科技城党工委书记、管委会主任分别由南湖区委、区政府主要领导兼任。按照精简、高效、扁平化原则,新的嘉兴科技城下设“两办六局”8个内设机构。除公安、司法、行政审批、综合执法、市场监管等工作由南湖区政府部门行使外,其他经济社会管理职能均由嘉兴市政府、南湖区政府授权或委托嘉兴科技城管委会行使。升格后的嘉兴科技城核心区域范围,由原来的3.65平方千米扩展至29.5平方千米,包括原嘉兴科技城、嘉兴工业园区(大桥镇)西区南区、余新曹庄集镇、湘家荡平湖塘以北部分区域。实际管理区域还包括大桥镇全域,总面积约100平方千米。嘉兴科技城的战略定位是打造“省校(院地)合作示范区、接轨上海先行区、科技改革试验区、成果转化孵化区、信息经济集聚区”,成为省区域创新体系副中心核心区和嘉兴城市新中心。以科技服务业为发展先导,进一步突出信息技术和高端装备制造两大主业,着力建设中国(嘉兴)互联网产业示范园主平台,建设国家互联网(华东)数据中心和中国网络空间研究院嘉兴分院。嘉兴科技城与嘉兴工业园区(大桥镇)的强强融合,可以有效解决科技城的空间不足问题,整合各自优势,进一步提升推动工业先进制造业的能力,实现科技成果孵化和科技产业发展的两翼并进。

【嘉兴市南湖区行政审批局成立】 7月21日,嘉兴市南湖区行政审批局挂牌成立。成立后,区住建、农经、市场监管等16个部门的188项审批职责,都由区行政审批局直接实施审批事项,并统一使用行政审批局专用章,形成“一口受理、一章审批、内部流转、限时办结、全程监督”的“车间流水线”运转模式。作为嘉兴市唯一的全国相对集中许可权试点,南湖区不断深化行政审批制度改革,推行模拟审批、联合审批,加快推进“一窗受理、五证合一(一照一码)”、中介机构监管等工作,增强行政审批制度改革活力。运用“互联网+”,率先试水合伙企业全程电子登记,并在嘉兴市首推企业注册全程电子化登记模式,推进“智慧审批”大厅建设,实施“先照后证”“注册资本认缴制”等多项改革,同时将个体户注册等部分行政审批业务延伸至市区银行网点。运用互联网大数据手段,通过完善“一张网”、开展“多评合一”“多图联审”等“一体化”审批方式,逐步实现“让材料和数据多跑腿,让群众和企业少跑路”的目标,“网上申请、在线服务、快递送达”的贴心、便捷服务,提升群众和市场主体对南湖区审批服务的满意度。

7月21日,嘉兴市南湖区行政审批局挂牌成立
(南湖区档案局提供)

【诞生首个国家火炬特色产业基地】 12月9日,科技部火炬高技术产业开发中心公布2016年第二批国家火炬特色产业基地名单,国家火炬南湖压缩机精密制造特色产业基地名列其中,成为嘉兴市唯一入选基地。至此,南湖区首个国家火炬特色产业基地正式诞生。国家火炬特色产业基地是科技部为培育高新技术产业集群或创新集群而开展的一项重要工作。国家火炬计划产业基地具有创新能力强、主导产业特色鲜明、产业链关联度大等特点,在同行业中有示范、带动作用,并对地方经济发展有较高的显示度和支撑作用。南湖压缩机精密制造行业致力于变频压缩机研究,打破跨国公司在变频领域的垄断,特别是行业龙头企业加西贝拉压缩机有限公司已成为全球单一地区最大的压缩机研发制造企业,综合竞争力位居国内行业首位、全球第二。浙江格兰德机械有限公司、嘉兴宏丰机械有限公司等骨干企业与加西贝拉相配套,压缩机精密制造产业产值快速增长,占机电装备产业的44.55%,成为全区工业经济中最具活力和竞争力的产业之一。同时,创新创业科技服务机构和产业的发展、企业创新载体的建设和一系列保障特色产业发展的政策措施,为压缩机精密制造行业发展及产业链集聚培育提供有力保障和支撑。

【博创科技成为区首个登陆创业板企业】 中国证券监督管理委员会创业板发行审核委员会2016年第21次发审委会议审核通过博创科技股份有限公司(以下简称“博创科技”)首发申请上会(IPO),9月26日,博创科技开始申购,10月12日正式上市,成为南湖区首个成功登陆创业板的企业。博创科技首次公开发行2067万股,公司发行价11.75元,发行市盈率22.97倍。本次发行募集资金主要用于平面波导集成光电子器件产业化项目、MEMS集成光器件研发及产业化项目。公开发行后公司股本总额为8267万股。博创科技成立于2003年7月,前身为浙江博创科技有限公司,2008年9月整体变更改组为中外合资股份有限公司,现注册资本6200万元,旗下有1家全资子公司和1家分公司。博创科技是一家从事光纤、光元器件等业务的高科技公司,是国内最大的平面波导集成光学器件制造商,2008年被认定为国家高新技术企业,承担多项国家级科研项目,拥有发明专利10项、实用新型专利10项。

【水环境质量时隔十余年再现Ⅲ类水】 2016年,南湖区水质实现历史性突破,时隔十余年再现Ⅲ类水,全年12个月区域交接断面水质考核首次实现月月优秀,且从6月开始平均水质稳定在Ⅲ类水。近年来,南湖区以切实改善水质为目标,依照辖区现状进行重点攻坚,围绕截污、治污等主要环节,强化源头控制、深化污染治理。2016年在清淤145千米河道、提升三河管护标准、完成嘉兴工业园区东区改造和54家重点企业整改、散养户全面退养、生活污水重建管的基础上,全面实施精准治水。7月下旬,在辖区范围内集中开展三级“河长”大巡河行动,区、镇、村三级“河长”对联系河道进行巡查,拉网式排查“清三河”反弹隐患,及时督促整改到位。全年投入6.79亿元实施21个治水项目,保障“五水共治”良性推进。在市考核断面预警、32条区级河长河道预警监测体系的基础上,新增骨干河道预警点50个、村级河道预警点67个,累计监测点位达到251个,设立水质公示牌,实现水质问题“靶向治疗”。同时,扎实开展“三改一拆”、城乡环境综合整治等工作,加快城乡建设步伐,促进城乡环境面貌提升,生态环境质量得到持续有效的改善。

【举办第十四届“南湖之春”经贸活动】 第十四届“南湖之春”经贸活动从年初持续至4月底,其中主体日活动时间为4月22日至23日。活动以“相聚南湖·共谋发展”为主题,围绕集中推进、平台提升、投资合作、项目开工(开业、投产)四大板块,力求招商引资出实绩、项目推进抓落实、平台提升促优化。4月23日,举行第十四届“南湖之春”经贸活动投资说明会暨嘉兴科技城建设推进会。嘉兴市政协副主席、南湖区委书记、嘉兴科技城管委会党工委书记孙建华致欢迎词,南湖区委副书记、区长,嘉兴科技城管委会主任朱苗作南湖区投资环境推介。签约仪式上,共有35个项目现场签约,还有23个内外资项目由各主体自行签约。本届“南湖之春”活动共签约内外资项目58个,其中外资项目19个、内资项目39个,总投资170亿元。签约项目涵盖先进制造业、信息电子产业、金融投资业、电商产业、现代服务业等多个领域。其中,总投资亿元以上的大项目36个,注册资金1亿元以上的内资项目13个,注册资金3000万美元以上的外资项目5个。参加本届“南湖之春”主体日活动嘉宾超500人,应邀参加活动客商168人,其中外商76人,新客商154人,新客商占比达91.7%。此次“南湖之春”投资说明会同时也是嘉兴科技城经批复扩容升级后的建设推进会。

4月23日,第十四届“南湖之春”经贸活动暨吉祥新材料股份有限公司开工典礼 (南湖区档案局提供)

【成功创建省软件和信息服务业特色基地】 3月10日,省经济和信息化委员会、省财政厅公布2016年浙江省软件和信息服务产业基地(园区、小镇)名单,全省共17个区域入围,南湖区成功入选省软件和信息服务业特色基地。近年来,南湖区依托嘉兴科技城、清华长三角研究院、中科院应用技术研究所等核心平台,经过十年发展,培育一大批软件和信息服务业龙头骨干企业,软件和信息服务业行业发展迅速。2015年软件主营业务收入10.32亿元,占全市规模的36.9%;2016年软件主营业务收入上升至15.35亿元,同比增长48.74%。软件业中的主导产业特色鲜明,动力强劲。围绕通讯电子嵌入式软件、电子装备嵌入式软件和物联网嵌入式软件等领域,聚集一批重点和优势骨干企业。闻泰通讯每年一大步,实现跨越式发展,产值、利润均得到快速增长。德景电子、天通精电、新力光电、谱创仪器、亿恒测试技术、中科院科民仪器等一大批企业成绩喜人。同时,软件和信息服务业门类不断丰富。国内领先的时尚箱包网站麦包包,推出“麦动互联网供应链”,从B2C模式转型至B2B模式,搭建企业与企业之间的输送平台,打造服装箱包产品的网上批发市场,用互联网打通流通环节,成为电商产业的一面旗帜。

【南湖区成为省级知识产权示范区】 9月,南湖区以优秀成绩通过省知识产权局组织开展的省区域知识产权示范创建工作考核,成为省级知识产权示范区。2013年,南湖区被省知识产权局列为省级知识产权示范创建区。全区建立以政府主导、部门协作、多方参与的知识产权管理工作服务体系，形成区、镇(街道、园区)、企业三级工作管理体系；构建专利示范镇、专利示范企业、知识产权示范学校三级专利创新体系；创新建立基层科技服务中心、知识产权执法部门联动机制、政策引导基金、“1+X”科技服务团队等，形成“区科技局+基层科技联络员+专业机构”三级联动的服务模式。全区专利授权总量由创建前2012年末的1277件增长到2209件，年均增长20%；其中发明专利授权量由156件增长到202件，年均增长9%。万人发明专利拥有量由创建前的8.03件增长到11.54件，名列全市首位。全区注册商标由创建前的3683件增长到5307件，年均增长20%，示范创建期间新增注册商标1624件，主导修订国家和行业标准7项；参与制订国家标准和行业标准11项；培育市电子商务专业商标品牌基地1个；建设国家级服务业标准化试点项目1个，为全市首个国家级项目；省级服务业标准化试点项目2个。全区累计拥有中国质量奖提名奖1个，全国质量奖1个，省质量奖1个、市质量奖4个、区质量奖12个、浙江名牌25个、嘉兴名牌44个、驰名商标2件、省著名商标22件、市著名商标94件。

【3家企业入榜省高新技术百强】 5月13日，浙江省高新技术企业协会第一届第五次理事会暨2016年浙江高新产业论坛在杭州召开，会议发布2016浙江省高新技术企业百强榜单，南湖区闻泰通讯股份有限公司、振石集团东方特钢股份有限公司和加西贝拉压缩机有限公司3家企业入榜，全部跻身全省前50名。近年来，南湖区以省级高新技术产业园区建设为重点，深入实施科技型企业梯度培育计划，围绕高新技术企业和科技型企业“双倍增”的目标，强化科技型企业后备库建设，着力推进高新技术骨干企业再上新台阶。全区64家高新技术企业已经成为科技创新的主体，在转型升级过程中发挥关键性作用。闻泰通讯从一个小型手机设计公司跻身全国手机ODM三商三甲，成为小米、华为、魅族、联想等品牌手机生产商，几乎每6个闻泰员工中就有一名是科研人员，2015年新增授权专利33个，全年产值比前一年同期提升72%，在此次全省高新技术百强企业中名列14位。东方特钢立足生产不锈钢工业板方面的优势，在开发特种不锈钢工业板的关键生产技术和产业化方面不断探索创新，2015年授权的19个专利中，有4个是发明专利，在此次全省高新技术百强榜中名列18位。加西贝拉凭借技术创新“稳扎稳打”，2015年全年产值37亿元，列此次全省高新技术百强第42位。

【引进“长江学者”创业项目】 11月3日，嘉兴科技城创新创业平台成功引进“长江学者”专家金耀初教授的签约仪式在嘉兴科技城举行，其创业项目人工智能云平台同步落户嘉兴科技城。这是南湖区引进的第一个“长江学者”创业项目，开启嘉兴市引才创业的全新领域。金耀初是德国波鸿鲁尔大学神经信息研究所工学博士，英国萨里大学计算科学系“计算智能”首席教授，教育部“长江学者奖励计划”讲座教授，芬兰国家技术创新局“芬兰讲座教授”，曾先后担任浙江大学电机系副教授、本田研究院(欧洲)主任科学家、智能系统应用技术委员会主席等职，出版专、编著及会议论文集9本，发表学术论文200余篇，获美国、欧盟和日本专利共7项。此次落户嘉兴科技城的项目，是基于计算智能、机器学习及计算神经科学等先进技术研发的新型云平台，具有人工智能算法、数据优化和稀疏数据优化等功能，可广泛应用于金融、医疗、教育、智能制造、智慧城市等诸多领域。

【摩贝获第六届中国侨界创新企业贡献奖】 9月1日，中国侨联第六届新侨创新创业成果交流暨联盟成立大会在北京举行。嘉兴摩贝信息技术有限公司(以下简称“摩贝”)获得“中国侨界(创新企业)贡献奖”，并成为中国侨联新侨创新创业联盟理事单位，摩贝网CEO常东亮博士成为中国侨联新侨创新创业联盟理事。摩贝是由毕业于苏黎世联邦工学院联邦理工生物技术博士、国家重点实验室副主任、生物医药和化学行业国内顶级的科研领军人才常东亮博士于2011年在嘉兴科技城创办的，公司运营的化工及医药中间体电子商务交易综合服务平台摩贝网，以“互联网+”形式实现“流量入口+现货商城+金融服务”完整交易服务闭环,为全球近2万家供应商和4万余家采购商在平台上实现品质检测、质量担保、信用担保和商品交易。摩贝线上交易份额约占全球化学品线上交易的40%,是化学品电商行业的典型代表。作为具有创新精神的互联网创新企业、业界黑马,摩贝网以第14的排名,一举成为2016年中国B2B行业百强企业、化工领域冠军。

【“宇宙大世界”开工奠基仪式在湘家荡举行】 4月23日,“宇宙大世界”项目在湘家荡正式开工,中国航空航天事业多位专家及省、市有关领导参加项目开工仪式。这个定位于与迪斯尼、环球影城等世界知名品牌比肩且具有相当规模的大型高科技文化综合体项目,是一个以太空为主题,集娱乐体验、教育特训、技术转化、产品研发、文化传媒、农业观光等多功能于一体的高科技文化旅游项目,分为太空高科技体验训练、太空星球之旅、太空产品开发、太空文化传媒、太空观光农业及服务配套六大板块。2015年5月项目正式启动。项目总投资100亿元。当天开工的是太空高科技体验训练板块,将以太空特训体验为主要内容,针对国内外大中小学生、时尚人群和宇航高科技爱好者,开展航天高科技普、训练和体验式、参与式、互动式教育特训活动。分为室内外太空体验训练营、太空小镇、太空主题酒店,预计在2020年率先建成并开放。

4月23日,“宇宙大世界”开工奠基仪式举行

(南湖区档案局提供)

【嘉兴八佰伴购物中心开业】 1月15日,嘉兴八佰伴购物中心开业。嘉兴八佰伴购物中心位于嘉兴中山路、越秀路交叉口西南新兴街道区域,是南湖区重点引进培育的重大服务业项目,2012年引进,2013年4月开工,只用了两年半的时间竣工并开业。项目总用地3.2公顷,总建筑面积17.7万平方米,总投资12.5亿元,地上9层,地下3层,400多个入驻品牌,具备购物、休闲、文化、餐饮各类功能,全方位满足市民生活的各种需求。八佰伴购物中心开业,成为南湖区继拥有市中心核心商圈、南湖新区城市副中心之后,又一起商贸发展大事件。

【南湖互联网金融学会成立】 12月25日,嘉兴市南湖互联网金融学会举行成立大会,全国首个研究金融科技的社会团体落户南湖区。区委副书记、代区长徐军出席大会,并为学会成立揭牌。来自全国各地的40余位金融界精英参加会议。该学会由南湖互联网金融学院发起成立,学会将面向全国互联网金融行业,为广大会员提供一个交流见解、探讨实际问题的平台。会员不仅可以分享南湖互联网金融学院的研究成果和行业资源,还可以享受到学会为会员企业提供的员工职业教育和认证、管理层高端培训等系列性服务。西南财经大学中国金融研究中心博导、教授李建勇当选南湖互联网金融学会第一届会长。学会于当天举行第一次研讨会,与会专家及会员围绕“金融科技前沿”主题各抒己见,共同探讨金融科技的未来发展。

【中国人居环境范例奖花落凤桥】 2016年年底,住房和城乡建设部公示2016年中国人居环境奖获奖名单。2017年年初,发布《住房和城乡建设部关于2016年中国人居环境奖获奖名单的通报》,凤桥镇桃源生态新城建设项目荣获2016年度“中国人居环境范例奖”,全省共有4个项目获此奖项,凤桥镇桃源生态新城建设项目是市本级唯一入选项目。该项目位于南湖区凤桥镇,占地面积86.67公顷。以余云公路为界划分为两个部分,公路以南33.33公顷为桃源系列房地产项目,公路以北53.33公顷为配套梅花洲景区项目。在项目建设过程中重视古建筑、历史遗迹的修缮保护,用8年时间还原凤桥古镇的水乡生态面貌,建成梅花洲景区,使具有千年历史文化底蕴的梅花洲重现于世;重建1500多年前建成的石佛寺;保护复壮生长了1300多年的古银杏树;修缮有着1250多年历史的三步两爿桥和300多年历史的明清老宅,实施冯家大院抢救性修缮工程等。同时,项目开发建设与镇区旧城改造、景区提档升级等工作相结合,推动当地房地产、旅游、商贸物流等现代服务业的迅猛发展。2016年,凤桥镇还荣获全省十大春意小镇之"休闲旅游怡人小镇"称号,凤桥镇"世外桃源"最美村落群建设列入省农村综合改革试点项目,三星村还获评"2016·美丽浙江——外国人眼中的最美乡村",是全省12个、嘉兴市唯一获此殊荣的乡村。

【大部门大警种制改革的"南湖样本"】 12月1日,省公安厅在浦江县召开现场会,宣布在先期试点工作成功的基础上,在全省全面推进大部门大警种制改革。2015年9月起,省公安厅开展全省县级公安机关大部门大警种制改革试点,嘉兴市公安局南湖分局和浦江县公安局被确定为试点单位。经过一年多的大胆尝试,改革在试点单位不断发展完善。南湖公安分局原有内设机构32个,整合后,变为5个执法执勤中心(执法执纪监督中心、国内安全保卫中心、刑事犯罪侦查中心、治安管理中心、交通管理中心)、3个综合部门(政治处、警令处、警务保障处)、1个直属部门(拘留所),每个机构下设立若干副股级机构。南湖公安分局的大警种制改革坚持"小步快走",第一步:派出所去全职化。明确派出所的主要职能是强化区域社会治安整体控制,派出所警力专司基层基础、巡逻防控、服务群众等工作。第二步:改刑事打处二元机制为三级架构。改"刑侦大队—派出所刑侦中队"的刑事打处二元机制为"刑侦大队—刑侦队—派出所刑侦探组"刑事打击三级架构,并推进刑侦队侦查、技术、办案三方专业化建设。第三步:机关"瘦身"下沉警力。下沉的警力一部分充实到刑侦队和交警中队,一部分转岗为社区民警,下沉警力数占机关原有警力数的三分之一,并建立合理的用人、考核机制。改革后,南湖区警情下降数和群众满意度均跃升至全市第一,民警工作量、工作压力最大程度上得到缓解,为全省的改革提供了"范本"。省公安厅改革办对改革试点进行全面评估和深入论证,认为改革总体成功,并具有可复制性和可推广性。

【湘城入选百家社区宣传思想文化示范点】 3月,中宣部办公厅命名全国100个"社区宣传思想文化工作示范点",南湖区七星街道湘城社区入选全国百家社区宣传思想文化工作示范点。湘城社区成立于2011年8月。社区围绕"七彩湘城·幸福家园"的社区精神,整合提升文化活动资源,建设集思想引领、道德教化、文明倡导、文化熏陶于一体的社区文化综合体——"文化家园",为建设文明和谐新社区孕育浓厚的文化氛围。社区建有30多米长的文化长廊,展示社区风采、和睦邻里、崇德尚贤、美好家园。开辟湘城百姓讲堂,月月有宣讲。开展"寻找最美家庭""身边好人擂台""志愿服务之星评比"等最美系列评创活动,用身边人、身边事感染人、教育人。建有1200多平方米的多功能室内文化活动中心,内设书画室、排舞室、健身室、多媒体活动室、图书室等功能。培育嘉美乐队、腰鼓队、排舞队等5支文艺特色团队,有文艺骨干178人,文艺爱好者1000多人,社区之歌《我家住在湘城里》得到居民广泛传唱。探索"一社一品"文化品牌建设,形成"母婴月""敬老月""睦邻节"等一批文化活动项目。建有用于健身休闲、文化记忆、演艺娱乐等活动的1500平方米的文化广场,设置170平方米的舞台,方便居民开展文化活动。推行"邻里守望V行动"志愿服务项目,把志愿文化融入居民的生活。

【周根荣家庭获评全国五好文明家庭】 5月15日,全国妇联举行2016全国"最美家庭"揭晓暨全国五好文明家庭表彰大会,新丰镇竹林村周根荣家庭获评"第十届全国五好文明家庭"。这是周根荣家庭继荣获"2015年度第三季度浙江省最美家庭"后再获全国性荣誉。周根荣家庭原是竹林村最大的生猪养殖户,是区镇养殖示范户。从1985年开始从事生猪养殖,拆前猪舍面积3650.2

平方米,年平均收入40万元至50万元。为响应党和政府的号召,配合“三改一拆”工作,周根荣家带头签协议,按时拆除全部猪舍。之后,周根荣结合自身实际和市场需求,探索转产转业新路子,办起家庭园艺农场。他儿子成立“嘉兴市绿森园艺有限公司”,从事香樟、榉树和紫薇等苗木的种植,规模达到7.33公顷。他儿媳成立“嘉兴市森荣现代农园”,主要从事花卉、盆景、苗木的种植、销售,探索贵妃鸡生态养殖,并尝试在不同季节推出各种和农耕文化相结合的休闲活动。2016年又尝试农家乐服务,带动周边农户庭院扮美扮靓,助推该村美丽乡村建设。

【葛莉获评全国法律援助工作先进个人】 9月,司法部表彰第五届全国法律援助工作先进集体和先进个人,南湖区法律援助中心主任葛莉获评第五届全国法律援助工作先进个人,是嘉兴市仅有的两名获此殊荣者之一,也是南湖区首个全国法律援助工作先进个人。葛莉,1975年出生,2005年调到区法律援助中心工作。在受援群众眼中,她侠骨柔肠,专业干练;在法援律师眼中,她思路清晰,细致周到;在同事眼中,她视野开阔,不断创新。她凡事亲力亲为,总是冲在最前面,热心尽力地援助弱势群体。为了能和受援人更好地沟通交流,她努力学习,取得国家二级心理咨询师资格。她主持工作后,组织举办学法讲座,开展以案释法活动,提升队伍专业性。她着力推动法律援助工作的“织网”“落地”,在工、青、妇、残、法院、人武部等部门建立14个援助工作站,在全省率先建立首个致公党法律援助工作站,还在各镇、街道构筑起南湖区法律援助三级平台,实现法律援助“零距离”“零等待”服务。11年来,在她的带领下,南湖区法律援助中心共受理援助案件3114件,挽回各类经济损失7876.8万元。南湖区受援人满意率都达到100%。

【成立全市首家特殊儿童家庭支持中心】 5月17日,南湖区成立特殊儿童家庭支持中心,属全市首家。该中心将集聚多方资源,专为自闭症等特殊儿童提供政策保障,同时通过邀请专家、学者为特殊儿童及家庭提供教育、康复护理、心理疏导等公益服务,并搭建微信服务平台,以特殊家庭为单位,开展家庭间交流互动,共同为全区残疾儿童提供关爱和可持续的帮助。同时,中心还将会与普通幼儿园或小学、社会上的企事业单位等进行联谊,开展一些志愿者活动、一对一辅助活动或献爱心送温暖活动;通过重大节日的公益宣传活动,如全国自闭症日、助残日等引导全社会了解、理解、尊重和接纳特殊儿童,并为特殊儿童搭建融入主流社会的桥梁。

【2所小学学生获少年儿童发明奖项】 8月2日,由中国宋庆龄基金会、中国发明协会共同主办的第十二届全国“宋庆龄少年儿童发明奖”颁奖典礼在贵阳举行。南湖区三水湾小学学生吕丹扬的发明作品《用手感应的方式掀放马桶盖和马桶圈并自动冲水》获得本次比赛金奖。吕丹扬凭借作品中富有科技含量的机器人程序和冷静、大方的现场答辩获得评委的好评。5月,由浙江省青少年科技创新协会、浙江省科技馆共同主办的浙江省“第十二届宋庆龄少年儿童发明奖”评选活动中,余新镇中心小学赵金苇、沈宇超、应宛霖、张玥、黄望赣5名学生的发明均获得一等奖,蒋唯奇、沈童童、蔡俊杰、周晗煜、朱云鹏5名学生的发明均获得二等奖,邹鸿睿、金佳琪2名学生的发明均获得三等奖,学校获得集体优秀组织奖,该校成为本届比赛中获奖项最多的学校。三水湾小学重视科技教育,先后有两名学生获得宋庆龄少年儿童发明奖参赛资格,获得一金一铜的好成绩,学校获评中国少年科学院科技教育基地。余

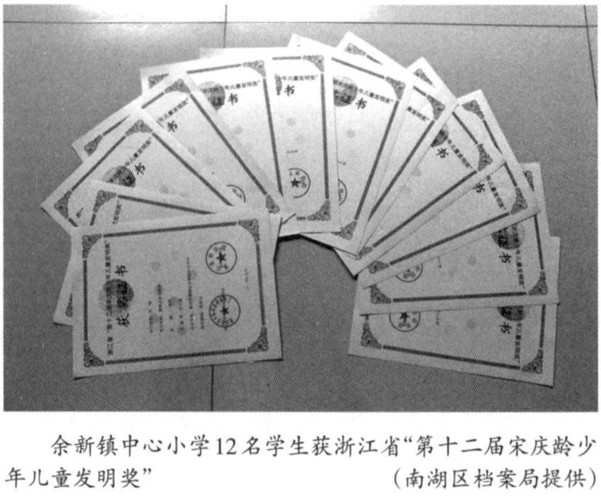

余新镇中心小学12名学生获浙江省“第十二届宋庆龄少年儿童发明奖” (南湖区档案局提供)

新镇中心小学以农村科技小发明教育为载体,通过举办科技节活动,培养学生的创新意识和能力,学校先后获得“全国十佳科技教育创新学校”“浙江省十佳科技学校”“嘉兴市青少年科技特色学校”等荣誉,是宋庆龄少年儿童发明奖的“常客”。

【朱水源获省希望工程贡献奖】 5月26日,浙江希望工程实施25周年纪念大会在杭州举行,100个个人和单位分获浙江希望工程25周年“贡献奖”“优秀建设奖”“园丁奖”“希望之星”和“模范希望小学”五类奖项。省青少年发展基金会授予南湖区南杨社区退休工人朱水源“浙江希望工程25周年贡献奖”,这是对朱水源24年如一日持久开展帮困助学事业的嘉奖。朱水源是一位普通的共产党员,1992年经省“希望工程”办公室牵线搭桥,成为浙江省第一批“希望工程”参与者。24年来,朱水源累计从自己微薄的收入中捐资近20万元,先后结对40多名贫困学生,助学范围遍布全省。还曾独自去过景宁、云和、泰顺等相对贫困的地区,资助那里上不起学的贫苦孩子。朱水源的家庭经济条件并不好,至今仍住在只有51平方米的老宿舍内,但多年来他对助学的事毫不含糊。

【世合理想大地获“新城市主义宪章奖”】 2016年,南湖区世合理想大地凭借其可持续发展的理念与自然和谐共生的规划设计,荣获“新城市主义宪章奖”,这是世合理想大地获得的第九项国际荣誉。世合理想大地区域面积超过11平方千米,其中3平方千米为田园小镇,由8平方千米的绿色农业景观所环绕,衣、食、住、行、娱乐、教育、医疗设施齐全,建有北湖公园、种植公园、湿地公园三大主题公园,12项生态景观。项目住宅建设使用地源热泵、中水系统、光伏瓦片等高科技手段,成为低碳环保的节能绿色住宅。世合项目的规划团队是世界顶级设计事务所之一的美国SOM建筑事务所,整体景观规划由美国旧金山SWA主导设计,成功地将城市融入自然,既有田园的舒适感,又有城市的现代化,打造更舒适、健康的宜居宜业的理想大地。

【残疾人“两项补贴”实施办法出台】 10月14日,根据市政府建立困难残疾人生活补贴和重度残疾人护理补贴制度有关文件精神,区民政局、区财政局、区残联联合印发《嘉兴市南湖区困难残疾人生活补贴实施办法》和《嘉兴市南湖区重度残疾人护理补贴实施办法》(以下简称“两项补贴”),南湖区“两项补贴”覆盖范围及补贴力度均有提高。按“两项补贴”实施办法,申请困难残疾人生活补贴应为家庭人均收入在低保标准150%以下的残疾人或本人收入在低保标准150%以下的劳动年龄段残疾人,补贴标准按照当地低保标准30%比例计发,并随低保标准调整而动态进行调整。申请重度残疾人护理补贴应为生活不能自理且需要长期照护的重度残疾人和其他精神、智力残疾人,其中长期照护是指因残疾产生的特殊护理消费品和照护服务支出持续6个月以上的,补贴标准根据照护服务费用支出情况,分生活完全不能自理、基本不能自理、部分不能自理三档,对应的补贴每人每月分别为500元、250元和125元。其中家庭不具备照料条件经当地民政部门、残联组织批准由机构托养照料服务的残疾人,在补贴标准基础上上浮50%。补贴标准根据当地经济社会发展水平、护理支出变化等情况适时调整。至年底,全区共有637名残疾人列入困难残疾人生活补贴,2913名残疾人列入重度残疾人护理补贴。全年度共下发补助资金885.11万元,其中,困难残疾人生活补贴147.07万元,重度残疾人护理补贴738.04万元。

【花园村村歌获全国村歌大赛4大金奖】 12月10日,南湖区大桥镇花园村村歌《幸福花园里》在北京人民大会堂唱响。该村歌参加第八届全国村歌大赛,一举获得“十大金曲奖”、作词金奖、作曲金奖以及好声音金奖共4个大奖。2013年10月,花园村文化礼堂建成。按照农村文化礼堂建设村村有村歌的要求,2015年,区文化馆组织区内外专家到花园村实地采风,酝酿村歌创作。歌词作者区文化馆馆长陈哲峰入村走户,实地感受,体验生活。“石龙桥头刻着温暖的记忆,清溪桥下流过岁月的痕迹,鹤间草堂,朱贞故里,插柳栽梅香飘满地……”“花开春风里,人儿也美丽,你的花园里,我的花园里,农家的好日子就在幸福的花园里。”歌曲贴近生活的歌词,专业人士的作曲,融入了花园村的人文历史,抒发了村民幸福欢愉的情感,一经推出,深受村民喜爱。该村舞蹈队专门就村歌编排歌伴舞,村歌歌伴舞是每次村里活动表演的保留节目。

【区公办中小学体育场馆全面开放】 2016年,南湖区中小学体育场馆100%对市民开放,全年居民进校健身近60万人次。为推进全民健身,2008年,南湖区市区所有公办中小学体育场地设施开始向社会开放。2014年,为满足农村居民的健身需求,全区所有乡镇公办中小学校体育场地设施开始陆续向社会开放。至2016年,全区共有26所公办中小学31个校区的体育场地设施向社会开放,开放有田径场30个,足球场30个,体育馆17个,篮球场80片,乒乓球室18个及室外体育设施等。全区公办学校体育场地设施向社会公众有序开放,市民按一定的“准入制度”要求,在各校规定的开放时间里可以进校健身。

【凌公塘公园至湘家荡绿道全线贯通】 12月底,湘家荡绿道正式全线贯通,实现湘家荡景区与南湖新区凌公塘生态绿道的“无缝对接”,成为区间一条绿色纽带。湘家荡绿道工程是2016年南湖区八项政府民生实事工程之一。该绿道南起南湖新区顾泾港大桥处,北至湘家荡游客服务中心,基本属于南北走向,全长6.8千米,于2016年9月开工建设。与其他普通绿道不同,湘家荡生态绿道贯通城区和城郊,从顾泾港大桥到湘家荡游客服务中心分为城市型绿道、郊野型绿道和景区型绿道不同类型的景观。从凌公塘绿道到胜利农桥段属于城镇型绿道,以城市体验、公园休憩、社区活动为特色。胜利农桥至沪杭铁路沿线段属于郊野型绿道,以户外活动、亲水活动、拓展活动为特色;其中途经的有“城市绿肺”之称的400公顷的东郊生态林,约35万株的苗木总量,有香樟、杜英、桂花、重阳木、黄山栾树、黑杨、银杏、湿地松、红叶李、紫薇等40余个品种,突出嘉兴绿绕水、水融城的水都绿城特色。从沪杭铁路段至湘家荡游客服务中心段属于景区型绿道,以绿色出行、观光和旅游为主色。

【建设街道获评省城市体育先进街道】 2017年1月25日,省体育局公布2016年浙江省体育强镇(乡)、城市体育先进街道、体育特色乡镇等名单,南湖区建设街道获评“2016年浙江省城市体育先进街道”,这是该街道继被授予浙江省小康型老年体育街道后,在体育事业上获得的又一荣誉。建设街道重视发展体育事业,初步形成“组织网络社会化、场地设施多样化、健身指导科学化、体育活动生活化”的良好局面。成立和调整街道全民健身工作领导小组、街道社会体育指导站、街道老年体育协会等体育组织机构,在辖区6个社区设立社会体育指导分站和老年体协指导分站,形成较完备的体育网络体系。街道把发展体育事业经费列入财政预算,克服中心城市社区用房面积少的难题,整合资源,先后投入300多万元用于体育阵地设施建设,提升街道文体活动中心和社区文体活动室的硬件设施。街道还积极引导鼓励民营企业资本资助体育设施建设、赞助体育活动经费,营造全社会合力兴体育的良好氛围。

(陈天传)

秀洲区

【概况】 秀洲区东临南湖区、嘉善县,南连海盐县、海宁市,西接桐乡市,北靠江苏省苏州市吴江区。全区总面积547.73平方千米,下辖5个镇、4个街道、113个村民委员会、45个居民委员会。2016年年底,户籍总人口38.6万人,其中非农业人口18.1万人,人口自然增长率4.1‰。

2016年,全区实现地区生产总值307.8亿元(小口径,下同),比上年增长7.4%。完成一般公共预算收入18.1亿元,增长10.1%。城镇居民人均可支配收入44072元,农村居民人均可支配收入27765元,分别增长8%和7.5%。各项安全、节能减排、生态环境指标均控制在上级下达的指标以内。

项目建设全力推进。全区完成固定资产投资219亿元,比上年增长13.5%。宝湾物流供应链、秀洲高新装备创业中心等66个重大项目集中开工。10项省重大产业项目、20项省重点建设项目和9项省"411"重大项目完成年度投资任务,项目总数位居全市前列。项目用地有效保障,新增建设用地252.33公顷,盘活存量99.33公顷。投资结构持续优化,重大基础设施项目、重大产业项目、高新技术产业投资分别增长90.5%、73.2%和18.1%。

招商选资扎实开展。整合秀洲国家高新区、街道招商队伍,组建上海驻点、挂职招商组。完善激励机制,积极开展社会化招商。举办2016嘉兴秀洲经贸洽谈会、秀洲区重大项目签约仪式等活动。全区实现合同利用外资7亿美元,实际利用外资2.3亿美元,分别比上年增长52.1%和2.1%。完成市外内资实到资金71.3亿元,增长12.6%。引进浙商回归项目74个,省外到位资金46.1亿元。完成进出口总额145.2亿元,其中出口126.3亿元,分别增长3%和5.9%。

发展平台加快建设。调整优化体制机制,全力推进秀洲国家高新区建设,光伏小镇入选省十大示范特色小镇,光伏新能源智能制造示范区入选省2016年度智能制造示范区。整合设立并获批省级浙江秀洲经济开发区,智慧物流小镇、智能家居小镇列入市级第一批特色小镇创建名单。稳步推进北部湿地平台建设,"银杏·天鹅湖"等项目进展顺利。

产业质效稳步提升。实现销售收入2000万元以上规模工业增加值119亿元,比上年增长6.8%,完成工业投资104亿元,增长11.8%。高新技术产业、装备制造业、新能源新材料产值分别增长12.9%、14%和3.3%。"两化"融合加快推进,成功创建省"两化"深度融合国家综合性示范区。完成"机器换人"投入38.1亿元,增长14.1%。"退散进集"扎实推进,淘汰落后产能涉及企业130家,腾退低效用地88.83公顷。实现服务业增加值142亿元,增长8.7%,社会消费品零售总额89亿元,增长11.1%。商务楼宇入驻率63.5%,实现税收6.5亿元。接待国内外游客193.6万人次,实现旅游总收入24亿元。深化农业"两区"建设,新建粮食生产功能区800公顷,建设省级千亩以上核心功能区2个。持续推进畜牧业减量提质,全面清退生猪养殖散户。

科技创新不断增强。新增国家高新技术企业19家、省级科技型中小企业45家、省级科技企业孵化器2家、省级重点企业研究院1家、省级企业研究院2家。农行秀洲科技支行、工行秀洲科技支行获批成立,设立1000万元科技支行信贷风险补偿基金。申请专利3740项,授权专利2498项,分别比上年增长13.9%和22.5%。新增省名牌产品1个、市著名商标6件。新引育国家"千人计划"6人、省"千人计划"3人、省领军型创业创新团队2个、市级"精英引领计划"项目21个。启动"秀湖双百计划"。嘉兴人力资源服务产业园升级为省级人力资源服务产业园。

各项改革纵深推进。扎实推进镇(街道)综治工作、市场监管、综合执法、便民服务"四个平台"建设。深化光伏产业"五位一体"创新综合试点,光伏发电项目累计并网120兆瓦,光伏"进村入户"并网1126户。王店镇、新塍镇列入第二轮市级小城市培育试点。全面开展第三次全国农业普查和农村土地承包经营权确权登记颁证工作。深化供销合作社和农业生产经营管理体制改革,完善"三位一体"农民合作经济组织体系。实施不动产统一登记。完成新一轮公务用车制度改革。

"五水共治"成效显著。全区跨行政区域河流交接断面水质考核首次实现优秀。全市首创"秀洲智慧河道"系统,推行"互联网+"治水。全面实行村(社区)镇级以下河道监测点水质季度考核。累计河湖清淤206万立方米。完成喷水织机污水处理站提标改造4座、中水回用工程4座。新建城镇生活污水管网56.2千米,小集镇污水管网实现全覆盖。治理农村生活污水21272户。完成王新圩区二、三期整治工程,堤防加高加固18.5千米。开工建设第八批中央财政小型农田水利项目。

"五气共治"统筹推进。全区环境空气质量优良率达74.3%,PM2.5平均浓度比上年下降16.9%。淘汰拖浆行业燃煤小锅炉(土炉)232台。淘汰黄标车161辆。完成挥发性有机废气整治企业34家。淘汰小印花加工作坊66户。落实施工扬尘防治“七个100%”长效监管机制。全面实施秸秆禁烧,推进秸秆还田为主的综合利用。

“三改一拆”全力攻坚。开展涉安拆违整治、“蓝色屋面”整治、农村存量违建清理和港口码头整治等专项行动,全区完成“三改”面积359.6万平方米,拆除违法建筑172.4万平方米。洪合镇完成“无违建镇”创建验收。关停经营性码头60个。推进以农房立面改造和农业养殖棚舍清理为重点的“公铁”沿线整治,完成环境整治点5087处。

城市品质有效提升。完成新一轮秀洲国家高新区城市建设提升行动计划,当年投入70.3亿元。拓展城市边界,开发建设高家桥集镇。开展市文化艺术中心、区图书馆、区全民健身中心项目前期工作,浙师大附属秀洲实验学校、南洋职业技术学院投入使用。完成洪兴西路、嘉铜公路拓宽改造等骨干道路提升工程。完善绿化和市政管养体制,探索市场化运营模式。智慧城管平台一期基本建成,城市管理智能化水平进一步提升。

镇村建设稳步推进。投入13.2亿元,实施49个新市镇提升项目。完成沪杭高速王店等4个出入口环境整治和桃园等4个老旧集镇提升。治理改造城镇危旧房19.8万平方米。启动美丽乡村升级版建设,实施18个精品村建设,油车港镇成功创建首批省级美丽乡村示范镇,潘家浜村等4个村获评省美丽乡村特色精品村,王店镇建林村成功申报国家级美丽宜居示范村。建成优美村庄17个、优美庭院1000户、优美厂区33个。健全长效保洁机制,推进农村生活垃圾分类收集和资源化处理。启动新一轮“强村计划”,实施“28+6”强村光伏产业园项目。

基础设施日趋完善。持续推进东方路延伸、思古大桥改造等交通重点工程建设。完成农村公路改造提升100千米。推进城市治堵工作,新增城市停车位1900个,完成中山西路秀洲段公交专用道改造,新建港湾式停靠站20个。推进洪合镇、油车港镇客运枢纽站建设。实施电力、通信等管线下地工程。完成绿化景观提升项目21个,新增绿化面积168.33公顷。

保障能力全面提升。城镇登记失业率控制在3%以内,社会养老保险覆盖率98.5%,城乡居民医疗保险覆盖率99.7%。推进省级养老服务业综合改革试点,村(社区)居家养老服务照料中心实现全覆盖,完成6家敬老院设施改造提升。深入开展困难群众帮扶,发放各类社会救助资金4754万元。全面落实困难残疾人生活补贴和重度残疾人护理补贴制度。

社会事业全面发展。启动中小学教育、学前教育22个项目建设,完成投资1.1亿元。加大无证办学点整治力度,推进学前儿童看护点建设,完善新居民子女积分制入学管理。深化与上海外国语大学、浙江师范大学的合作办学,教育质量稳步提升。完成医疗卫生基础设施投资8800万元,新塍医院、洪合镇卫生院、高照街道社区卫生服务中心、王店镇老年安养护理中心主体工程完工。“双下沉、两提升”工作成效明显,责任医生重点人群签约率达46.2%。油车港镇成功创建市本级首个国家卫生镇。顺利实施全面两孩政策。推进区、镇两级妇幼保健和计划生育技术服务工作深度融合,成功创建新一轮全国计划生育优质服务先进单位。

平安建设全面推进。完善多元化解体系,创新“红马甲”巡防工作,推进“网格化管理、组团式服务”和平安建设信息系统“两网”融合。全年化解各类矛盾纠纷3194件,信访量下降2%,刑事警情数下降10.2%。洪合镇综合整治工作成效明显。启动“七五”普法。开展“三大一严”专项整治行动,全年未发生重大食品药品安全事件。创新开展安全生产社会化服务,建设安全生产服务业集聚区,引进服务机构22个,服务各类企业658家。

【嘉兴首家国家高新区在秀洲区揭牌】 2月26日,嘉兴秀洲国家高新区建设推进会在秀洲区会展中心举行,会议由浙江省科技厅党组书记、厅长周国辉主持。会上,科技部高新司副司长曹国英宣读国务院关于同意嘉兴秀洲高新技术产业园区升级为国家高新技术产业开发区的批复。经国务院批准,嘉兴秀洲高新技术产业园区升级为国家高新技术产业开发区,定名为嘉兴秀洲高新技术产业开发区(简称嘉兴秀洲国家高新区),升级后的嘉兴秀洲国家高新区将实行现行的国家高新技术产业开发区政策。科技部党组成员、副部长阴和俊,浙江省委常委、常务副省长袁家军,嘉兴市委副书记、市长林健东等共同为嘉兴秀洲国家高新区揭牌。嘉兴秀洲国家高新区起步于1997年12月成立的秀洲工业园区;2001年10月,秀洲工业园区提升为嘉兴市级开发区;2006年4月,经浙江省政府批准、国家发改委审核同意,正式被确立为省级工业园区;2011年2月,浙江省政府同意秀洲工业园区升级为省级高新技术产业园区,并于同年3月由浙江省政府向国家正式申请升级为国家高新区;2015年9月,经国务院批准正式升级为国家高新区。在揭牌仪式现场,上海交大智能制造产业项目、中国农业发展银行战略合作项目、嘉兴纳米技术工程研究院项目、柔性铜铟镓硒太阳能电池项目、嘉兴学院大学科技园项目、睿德信机器人产业基金项目、北科建"互联网+"产业基金项目等总投资61亿元的7个项目现场签约,落户嘉兴秀洲国家高新区。

2月26日,嘉兴秀洲国家高新区建设推进会举行
(秀洲区史志办提供)

【浙江秀洲经济开发区揭牌】 10月18日,浙江秀洲经济开发区正式揭牌。浙江秀洲经济开发区总规划面积5.96平方千米,依托优越的交通区位优势、科技人才资源,突出"智慧、智能",构建"现代服务业和先进制造业"二业互动发展平台,通过多园联动,实现资源共享、发展共赢,全力打造先进制造业、现代物流业互动发展示范区,接轨上海、融合发展先导区,改革开放和体制创新先行区,招才引智和科技创新引领区。8月24日,省政府批复同意整合设立浙江秀洲经济开发区,实行省级经济开发区政策,按照"规划统一、功能互补、产业互动、资源共享"的发展思路,以嘉兴现代物流园、智能家居产业园和智能家装产业园为基础,旨在更好发挥开发区在创业创新、经济转型等方面的引领作用,提升全区经济发展水平。至10月,已有300多家工业企业和180多家现代物流企业入驻,初步形成以礼海、舒福德电动床等企业为代表的智能家居产业,以鼎美、美尔凯特等企业为代表的智能家装产业,并培育形成以川山甲、上海物贸为代表的一批供应链管理企业,以dhl、顺丰、德邦物流为代表的一批第三方物流企业,以未名信息、捷玛科技为代表的一批"互联网+物流"企业。浙江秀洲经济开发区将以智慧物流产业为依托,大力培育物流装备产业,全力打造智慧物流示范基地;以智能家居产业为重点,大力发展智能家居和品牌家具,全力打造国内领先的以智能家居为主题的特色产业基地;以智能家装产业为引领,重点发展顶、墙等居室空间的集成装饰产业,全力打造全国领先的智能家装产业基地。至2020年,力争培育三个(智能家居、智能家装、智慧物流)超100亿元的产业集群。

【秀洲区企业"新三板"集中挂牌】 9月22日,秀洲区企业"新三板"集中挂牌仪式在全国中小企业股份转让系统公司举行。此次挂牌的企业有浙江米科光电科技股份有限公司、浙江华尔特机电股份有限公司、浙江美之奥种业股份有限公司、浙江索纳塔建筑材料有限公司4家公司。(1)浙江美之奥种业股份有限公司位于洪合镇,是该镇继蓝特光学后,第二家挂牌"新三板"的科技型企业,股票代码为838036。该公司成立于2006年6月,属下有两个全资子公司:杭州三雄种苗公司、美之奥(美国)生物技术公司;另附属作物分子设计育种中心、研究试验农场和种子生产基地,为省级农业科技型企业,也是浙江省首批8个重点培育的农作物种业繁育推一体化企业之一。2013年成功引入浙江省千人计划1名,培育"拿比特西瓜""沃尔多甜瓜""绿雄90西兰花""丸美甘蓝”等一系列优良蔬菜瓜果品种。2014年以来,与中国农科院、浙江大学、华南农业大学、金华农科院等签订科技合作协议,聘请相关专家为公司技术支撑;(2)浙江华尔特机电股份有限公司位于新塍镇,是该镇首个挂牌企业,股票代码为836753。该公司于2003年入驻新塍镇,2015年9月完成股改,是一个集研发、设计、生产、销售为一体的管状电机企业制造商。华尔特机电公司拥有80多项国家专利,并牵头制定管状电机的国家标准,已连续6年被认定为国家高新企业。“新三板”为中国多层次资本市场体系的重要组成部分,因其实行注册制及挂牌门槛相对较低、时间相对短的特点,秀洲区积极鼓励科技型、成长型企业优先考虑“新三板”挂牌,目前,全区已成功挂牌“新三板”企业6家;(3)浙江米科光电科技股份有限公司位于王店镇,股票代码为836737。该公司成立于2003年3月,于2015年10月完成股改,主要从事集成吊顶、浴霸贴牌生产以及童车的研发、生产和销售。米科股份自设立以来一直专注于集成吊顶和浴霸的研发、生产和销售。主要客户包括欧普照明、广东美的厨房电器制造有限公司、浙江德力西国际电工有限公司、惠州TCL照明电器有限公司、四季沐歌(洛阳)太阳能有限公司、青岛澳柯玛生活电器有限公司,并拥有自主品牌“快乐娃”童车。(4)浙江索纳塔建筑材料有限公司位于新塍镇,股票代码为839089。该公司成立于1982年3月,是一个致力于生产蒸压加气混凝土砌块的民营企业。引进并采用当前世界上先进的空中翻转六面切割生产工艺,实现年生产能力50万立方米,并于2005年通过ISO 9001质量体系认证。公司还依托上海同济大学的技术资源,利用选矿废渣(粉末)、工业废渣(脱硫石膏)为主要原材料,生产优质新型墙体材料,创新资源综合利用水平,保证公司的工艺技术。

【入选省“两化”深度融合国家综合性示范区域】 10月28日,省经信委、省财政厅联合印发《关于公布2017年省两化深度融合与农村信息化示范区域名单》,秀洲区被列为8个省两化深度融合国家示范区域之一。近年来,秀洲区以信息化带动工业化,加快提升工业企业信息化应用水平,将“两化”深度融合作为全区重点工作,区域基础环境、工业应用和应用效益水平快速提升。其中,信息经济综合评价得分99.73,全省排名第24;先后创建省“两化”深度融合国家综合性试点区、省软件和信息服务业特色基地(智能家居)、省智能制造示范区(平台)。2015年2月,区委、区政府印发《关于推进“两化”深度融合发展信息经济的实施意见》,明确工作目标:到2017年,信息经济成为全区经济的重要组成部分,信息经济占比达到20%,智慧城市建设取得明显成效,信息化指数达到1.0,“两化”深度融合发展指数提高到60以上,积极建设嘉兴市“两化”深度融合实验区,努力创建省级“两化”深度融合示范(试点)区。另外,秀洲区还通过建立区级“两化”深度融合促进中心,形成“政府推动+行业机构专业运作+专家智库+工业产业联盟+技术应用平台+行业信息化服务”的完整工作链。同时还积极培育第三方信息技术研发、咨询服务机构,建立上海交大(嘉兴)科技园、北科建嘉兴创新园等,并建立嘉兴市现代物流公共信息平台,引进培育IBM、日立、川山甲、派利等多个专业性的第三方信息技术与咨询服务机构,积极筹建融资服务平台,已设立规模为10亿元的嘉兴市秀湖创业创新投资基金。至年底,全区信息经济核心产业规模以上工业企业45家,实现工业增加值14.7亿元,同比增长24.2%,占全区规模以上工业增加值的12.4%。全区“两化”融合发展指数达到75.01,信息化发展指数为0.921。福莱特玻璃集团股份有限公司被认定为国家“两化”深度融合管理体系贯标试点企业。雅莹集团、舒福德2家企业被认定为省两化融合示范试点企业。鼎美智装等13家企业被评为嘉兴市互联网+工业示范试点企业。

【举行接轨上海现代服务业招商推介会】 4月7日,秀洲区政府和秀洲高新区联合举办的2016秀洲区接轨上海现代服务业招商推介会在上海举行。活动围绕“接轨上海、招商推介、共享共生”这一主题,以实现上海、秀洲服务业无缝对接为目标,主动推介高新区服务业发展环境为重点,解读上海服务企业落户秀洲的优势。活动主要由高新区重要招商平台北科建嘉兴创新园、上海交大嘉兴科技园介绍园区环境和产业发展方向。8月17日，区委办、区政府办联合印发《秀洲区进一步加强接轨上海工作实施方案》，明确“产业融合发展有新举措，平台合作共建有新突破，高端要素集聚有新成效，公共事业合作有新进展，政策规划更为完善，交通出行更为便捷，两地交流更为密切”为主要目标，将积极推进实现从政策规划、产业发展、平台共建、人才科技、公共服务、交通设施、两地交流等七大领域的对接行动，全面接轨上海。2016年，秀洲区实现合同利用外资7亿美元，实际利用外资2.3亿美元，市外内资71.3亿元，引进科技型成长中小项目99个；引育“国千”人才7人、“省千”人才1人、“长江学者”1人，新增省级重点企业研究院1个，入围市级精英引领计划评审项目21个；累计落户来自30多个国家的外资企业超300家。

【嘉兴毛衫城电商众创基地开工建设】 4月18日，嘉兴毛衫城电商众创基地在秀洲区洪合镇开工建设。该基地位于洪合镇320国道与洪新公路交叉口。项目采用BOT方式，由嘉兴毛衫城投资开发有限公司与浙江汇龙投资发展有限公司共同打造。项目总投资约4.1亿元，总占地面积约7.07公顷，总建筑面积约7.5万平方米。基地内规划建成毛衫电商供货实体展示平台、质量监管中心、人才公寓、大型餐厅、商务酒店等。该项目以生产型传统销售模式与电商供货销售模式相结合的全新模式为主定位，采用“只租不售”的国有产权租赁经营模式。软件方面，打造全球毛衫网商供货电商平台(B2B)与全国各大电商平台形成合作，利用互联网大数据优势为商户提供设计、销售等信息服务，供应链金融服务，打造线上线下互融发展的现代化新型市场。该项目将于2017年建成并投入使用。

4月18日，嘉兴毛衫城电商众创基地开工仪式
(秀洲区史志办提供)

【中德智能制造人才培养基地项目签约】 8月11日，秀洲区举行嘉兴南洋职业技术学院——秀洲区人民政府校地合作暨中德智能制造人才培养基地项目签约仪式。嘉兴南洋职业技术学院成立于2002年，是省政府正式批准的全日制高等职业技术学院，位于秀洲区大德路北端的嘉兴南洋职业技术学院新校区，规划用地38.67公顷，建筑面积18万平方米，总投资6.3亿元。一期建设面积24公顷，建筑面积15万平方米。新校区建成实训基地8个、省级示范实训基地1个、实训中心26个、实训室百余个。此次签约项目是嘉兴南洋职业技术学院“双元制”教学示范基地，引进德国“双元制”教学设备、开发双元制课程体系、遵循“双元制”考评标准，培养高技能人才；基地将建设成综合开放技术服务平台与职业技能培训与鉴定中心，面向秀洲区企业提供人才培养服务，为学院与秀洲区政府全面合作开始。

8月11日，中德智能制造人才培养基地项目签约仪式
(秀洲区史志办提供)

【嘉兴现代物流园获称首批全国示范物流园】 7月8日，2016年全国物流园区工作年会在湖南长沙市召开，嘉兴现代物流园被授予“首批全国示范

物流园区”称号。嘉兴现代物流园位于嘉兴主城区西南侧,紧邻沪杭高速、乍嘉苏高速出入口和320国道。一期控制性规划面积约4平方千米。至2016年7月,园区已引进上海百联、德国DHL等世界500强企业5家,区域型总部基地10个。在龙头企业的带动下,集聚上下游企业200多家,形成供应链管理、快递业、电子商务、高端仓储、区域配送、第三方物流和第四方智慧物流等主导产业。

7月8日,嘉兴现代物流园被授予“首批全国示范物流园区”称号　　(秀洲区史志办提供)

【秀洲区与扬州市邗江区签约缔结友好区】 11月28日,秀洲区与扬州市邗江区签约缔结为友好区。邗江区为扬州市的主城区之一,是古扬州的发祥地。该区民营经济基础良好,特色产业集聚程度较高,形成了装备制造、汽车及零部件为主导,户外休闲及纺织服装、电子电器电缆为特色,新能源、新光源、新材料、生物医药健康等四大战略性新兴产业为重点的产业发展格局,培育了扬力集团、牧羊集团、扬锻集团、虎豹集团等一大批行业龙头企业,享有中国压力机之乡、钣金之乡、服装之乡、玩具之乡、建筑之乡等美誉。2015年,该区实现地区生产总值660亿元,规模以上工业产值超千亿元,综合实力位列中国市辖区百强第28名,居苏中第一。秀洲区与邗江区友好关系的正式确立,标志着邗江区和秀洲区的交流合作进入新的阶段,将以此为新起点,围绕双方产业的差异化和互补性,加强合作对接、互通供需信息、促进要素流动、强化产业协同,努力推动双方在经济领域务实合作,共同促进两地经济社会又好又快发展。

【秀洲国家高新区与新城、高照街道职责调整】 5月25日,区编委会下发秀洲国家高新区与新城街道、高照街道职责调整的通知。调整分两方面:一是将新城街道、高照街道二、三产业经济发展职能划入秀洲国家高新区,保留两街道农业经济发展职能。二是说明新城街道、高照街道主要承担辖区内社会事业发展和管理职能。以此次职能调整为契机,将进一步研究如何整合优化“三地”统计资源,探索建立高新区大统计工作新模式,以更好地服务高新区发展建设。

【王店镇入选全国农村优秀学习型乡镇】 12月1日,中国成人教育协会农村成人教育专业委员会教育部社区教育研究培训中心印发《关于公布第三批全国农村优秀学习型组织及开展第四批学习型组织遴选工作》的通知,秀洲区王店镇入选“第三批全国农村优秀学习型乡镇”。近年来,王店镇以“构建终身教育体系,创建学习型乡镇”为宗旨,围绕打造“特色产业强镇、现代物流重镇、生态文化古镇、统筹城市乡镇”的目标,深化“两城四园”大平台建设,以提高全镇居民科学文化思想素质和劳动力技能为抓手,积极开展创建“学习型乡镇”活动,不断丰富人民群众精神文化生活。常规学习培训以职业技术培训、青少年教育、社区老年教育、成人学历教育等四类为主。特色品牌建设创建上,以王店镇村嫂摄影队为重点。该摄影队成立于2008年,至2016年年底成员100多人,2014年12月,曾被省文化厅评为浙江省优秀视觉艺术创作群体。

【新塍镇入选浙江绿色生态示范小镇】 5月16日,由浙江省网信办、浙江省社科院指导,浙报传媒·浙江在线主办的“诗画浙江、春意小镇”榜单公布,秀洲区新塍镇成功入选绿色生态示范小镇。新塍镇曾先后荣获国家园林城镇、国家生态镇、全国社区治理和服务创新实验区、浙江省文明镇、教育强镇、体育强镇、历史文化村镇、东海文化明珠等荣誉称号。该镇将“生态立镇”定为城镇可持续发展的基调,以沪秀园林和“小蓬莱”景区等发展为旅游产业发展的“样板点”和“集散地”。该镇是秀洲区“美丽镇村”建设“升级版”中的一个典型,秀洲区将紧扣规划引领、产业提升、基础设施、生态环境、公共服务五大重点,围绕全域提升“美丽镇村”建设,立足“一盘棋”“一本账”,协调推进促提升、同心共筑升级版现代化田园新秀洲。

【光伏小镇入围经信领域省级行业标杆小镇】 11月21日,省经信委印发《关于公布经信领域省级行业标杆小镇》的通知,确定13个特色小镇入选,分别为信息经济类特色小镇(4个)、时尚产业类特色小镇(3个)、高端装备制造类特色小镇(4个)、历史经典产业类特色小镇(2个)四大类。其中,秀洲光伏小镇入围高端装备制造类特色小镇。该小镇规划范围东至秀新路,南至返修港,西至新塍大道,北至东升西路,规划空间独立连片,规划面积2.9平方千米,建设面积1.99平方千米。2016年以来,秀洲光伏小镇着力打造“精而美”高颜值特色小镇、“特而强”产业集聚高地和“聚而合”产城融合新平台,以光伏制造和光伏发电为轴心,以光伏服务和光伏旅游为延展,紧密围绕“光伏概念”主题式发展,致力建设成为全国知名的特色化光伏智能制造中心、全球领先的光伏技术研发创新区、国内一流的分布式光伏发电规模化应用示范区和全国产业支撑明显的新型城镇标杆。2014年12月,省政府在秀洲区创建嘉兴光伏高新技术产业园区,2016年1月,光伏小镇入选省第二批特色小镇创建名单,5月,光伏小镇成功跻身十大省级示范特色小镇。至年底,光伏小镇内注册落户项目90余个,其中征地建设项目25个。小镇内企业固定资产投入17.83亿元,其中特色产业投入11.7亿元;实现工业产值50.4亿元。嘉兴光伏科创园21万平方米孵化器基础设施建设已完成并投入使用。

【洛东圩区自动化管理系统工程试运行】 5月15日,秀洲区新塍镇洛东圩区自动化管理系统工程投入试运行,该工程是秀洲区首个圩区智能化项目,也是市本级首个自动化运行管理的农村圩区。洛东圩区东依新塍塘北支、南临乌镇港和来龙桥港、西北靠澜溪塘,总面积2726.67公顷,圩区涉及7个行政村,21个闸站、2.34万人口,其中耕地面积1700公顷。该圩区于2014年启动整治改造工程建设,2015年梅汛期投入试运行,工程建设内容包括加高加固堤防12.75千米,新建排水渠道23千米,新建水闸管理道路3750米,新建、拆建单闸4座,新建、拆建、改造闸站17座,工程总投资6770.05万元。此次试运行的自动化管理系统为一套集在线监测管理系统、水泵闸门自动化控制技术、视频监控系统等多项运用于一体的综合信息化管理系统,通过控制中心建设平台,实现视频集中储存和闸门泵站的远程控制,范围包括洛东圩区内新建和改建的闸站16座、单闸4座,建设主控制管理中心1处、副控制管理中心1处、决策中心1处。该项目的试运行,能进一步提高圩区管理科学化、信息化水平,有效加强新塍镇的防洪能力建设。

【二个镇入选市特色小镇创建名单】 3月14日,市特色小镇规划建设工作领导小组公布嘉兴市第一批20个市级特色小镇创建名单,秀洲智慧物流小镇(王店镇)和秀洲智能家居小镇(王江泾镇)名列其中。其中秀洲智慧物流小镇(王店镇)为省级特色小镇培育对象,该镇规划面积4平方千米,将以嘉兴现代物流园为基础,围绕现代物流产业链,秉承绿色科技、集约发展的理念,构建以资源整合为核心的供应链集成总部中心、以数字化应用为特色的展示交易平台、以智慧物流为支撑的物流产业基地。秀洲智能家居小镇(王江泾镇)则编制了中国智能家居产业示范园发展规划,全面实施智能家居产业规划,加快打造“中国智能家居城”。通过建园区、育龙头、抓招商、出政策,重点加大美国500强礼恩派、意大利米兰映像、德国礼海电器等龙头企业培育力度,以龙头企业为核心,初步形成以电动床和家用功能沙发为主的智能家居集群,形成从电机—铁架—成品完整产业链。根据创建要求,市级特色小镇3年要完成30亿元的固定资产投资额,并围绕各自的产业特色加快汇集各类高端要素,形成新的竞争优势,努力培育成国内外行业的“单打冠军”。

【新塍镇建成全国社区治理和服务创新实验区】 11月3-4日,民政部专家组对新塍镇创建第二批

"全国社区治理和服务创新实验区"工作进行实地验收。专家组实地考察新塍镇公共服务中心、新塍·全国社区治理实践基地、基金会办公室、新塍镇古镇区、凤舞社区及虹桥社区。新塍镇2014年被正式授牌"全国社区治理和服务创新实验区",作为全国第二批31个实验区中唯一的镇级单位,也是全省唯一的入选单位,两年多来,先后创新"社会机制主导的三种工作模式",即"社区公益资金社会化来源模式、以社育社管社的社会组织运作模式、政社联动的社区治理发展模式";创立"社区党组织、居委会、社区社会组织、驻辖区单位、社区居民"共同参与的"五位一体社区协商机制"等工作机制,摸索一套"社会组织培育孵化流程",即"挖掘、引导、培训、扶持、管理、激励、助推"的"七步法工作方法",实践了社会组织和社会组织党组织"双培育双孵化",打造了居民广泛参与社区治理的"塍益580"志愿服务品牌等,已形成"社会机制主导,政府、社会与市场良性互动合作"的社区发展机制新模式。

【洪合镇郁顶华家庭入选省"最美家庭"】 4月12日,浙江省文明办、浙江省妇联联合公布2015年度浙江"最美家庭"名单,秀洲区洪合镇"嘉兴汇顺纺织染整有限公司"总经理郁顶华家庭入选。此次评选,全省共有100户家庭入选,其中嘉兴市本级仅1家。郁顶华本人同时还担任金都景苑业委会副主任。该家庭关注社会公益事业,关心困难人群,关爱弱势群体,热心资助贫困地区,热衷社会公益活动。2015年7月,发起"爱心光明行"活动,奔赴云南、四川救助300名白内障患者实现复明。活动中,郁顶华一家捐出救助金额6万元。

【《国泰民安》卷轴画获银奖】 10月24日,秀宏集团子公司秀洲农民画公司选送的《国泰民安》真丝织锦横轴获2016年中国(杭州)工艺美术精品博览会银奖。此次博览会由中国轻工业联合会、杭州市人民政府主办,是中国工艺美术行业最高水平的艺术盛会之一。《国泰民安》的参展是农民画公司首次亮相全国性工艺美术博览会,该画由秀洲农民画代表性传承人张金泉创作,经农民画公司设计制作再现国家级非遗项目王江泾网船会盛景。2016年以来,秀洲农民画公司按照全区短板查找对策措施中提出"擦亮农民画金字招牌,形成农民画产业体系建设;加强农民画精品创作和对外交流,不断扩大对外影响力"的要求,依托各类艺术会展交流活动,组织跨区域甚至跨国的农民画展览。

(吴海红)

嘉 善 县

【概况】 嘉善县地处太湖流域杭嘉湖平原,位于浙江省东北部,东邻上海市青浦、金山两区,南连平湖市、嘉兴市南湖区,西接嘉兴市秀洲区,北靠江苏省苏州市吴江区和上海市青浦区。全县总面积506.88平方千米,下辖3个街道、6个镇,104个行政村,50个城市社区。2016年年底,全县有户籍人口389121人,比上年末增加1615人,其中城镇人口167791人。全县户籍人口出生率7.98‰,死亡率7.03‰,自然增长率1.09‰。全年迁入人口2345人,迁出人口1155人,人口机械增长率3.06‰。据1%人口抽样调查结果推算,年末全县常住人口57.25万人,比上年增加0.19万人;城镇人口比重为56.3%,比上年提高2.1个百分点。

2016年,嘉善县实现地区生产总值456.95亿元,比上年增长8.3%,增速列全市第一。其中第一产业增加值24.05亿元,比上年下降0.9%;第二产业增加值246.22亿元,比上年增长8.7%;第三产业增加值186.68亿元,增长9%。三次产业结构由上年的5.5:54.8:39.7调整为5.2:53.9:40.9。按户籍人口计算,人均生产总值117675元,(按年平均汇率折算为17716美元),增长8.1%。全年财政总收入73.17亿元,增长9.2%,其中一般公共预算收入41.8亿元,增长17.3%。一般公共预算支出47.51亿元,增长8.2%。固定资产投资336.52亿元,增长14.2%,其中工业生产性投资172.67亿元,增长14.2%,合同利用外资7.17亿美元,实际利用外资5.09亿美元;实际利用县外内资85.3亿元;外贸进出口总额232.73亿元,增长9%,其中出口180.11亿元,增长8.8%;全社会消费品零售总额184.54亿元,增长10.8%;城市居民人均可支配收入50021元,农村居民人均可支配收入29514元,分别增长7.4%、8.5%。

县域科学发展示范点建设砥砺前行。嘉善县科学发展示范点建设第一阶段建设成效得到中共中央总书记习近平等中央领导批示肯定,省级以上重点改革试点扩面提速,新的《发展改革方案》由国家发改委批复实施,示范点建设有了新蓝图。

现代农业稳中求进。2016年,全县预计农林牧渔业总产值48.82亿元,按可比价格计算,比上年下降1.3%。全年粮食播种面积21052公顷,下降6.5%,油菜籽播种面积15533公顷,下降18.7%;蔬菜播种面积570公顷,下降0.2%;果用瓜播种面积2309公顷,比上年增长6.1%;花卉苗木播种面积1180公顷,下降4.5%。全年粮食总产量14.49万吨,下降5.7%;蔬菜总产量60.89万吨,增长4.7%。至2016年年底,全县累计流转土地面积11146.67公顷,农村承包土地流转率49.24%。有县级以上农业龙头企业39家(其中省级4家、市级22家),家庭农场258个(其中省级示范性6个、市级示范性5个),注册资金1.6228亿元,各类农民合作社201个(其中省级示范性合作社14个、9个进入国家级示范性合作社目录),累计验收通过现代农业综合区2个、主导产业示范区6个、特色农业精品园4个。新增粮食生产功能区1580公顷,建立农业产业准入负面清单,完成生猪养殖业转型升级,创建成国家农产品质量安全县。全县现有农业地方标准17项,三品总数114个,总面积15587.5公顷,其中无公害农产品99个,面积15326.67公顷,绿色食品14只,面积1293.33公顷,有机农产品1只,面积6.8公顷。

工业经济量质并举。2016年,全县工业增加值225.75亿元,可比增长9.2%,占全县生产总值的比重为49.4%。规模以上(年主营业务2000万元及以上)工业企业712家,工业总产值1090.54亿元、规模以上工业增加值181.9亿元,分别比上年增长7.5%、9.9%,增速均列全市第一;“2+2+2”(大力发展壮大电子信息、先进装备制造两大主导产业,培育发展节能环保、通用航空两大成长型产业,做精做强品牌木业家具、高档纺织服饰两大传统产业)产业投资、产值占比分别为72.2%、76.2%。全县规模以上工业战略性新兴产业、高新技术产业和装备制造业增加值分别比上年增长6.7%、13%和15.4%,占规模以上工业增加值比重分别为37.34%、41.14%和46.65%。大力推进“退散进集”,腾退企业821家、面积298.75公顷,整治高污染燃料锅炉677台,连续15年列浙江省利用外资“十强县”。积极落实“三去一降一补”(去产能、去库存、去杠杆,降成本,补短板),为企业减免各类税费14.2亿元。

推进现代服务业。列入国家全域旅游示范区创建名单,西塘古镇通过AAAAA级景区验收,云澜湾温泉成功创建国家AAAA景区,巧克力甜蜜小镇成为全省示范特色小镇。全县接待海内外游客1338.58万人次,旅游总收入150.33亿元,分别比上年增长12%和21.9%。其中西塘景点接待国内游客760.95万人次,比上年增长3.1%;接待境外游客17.66万人次,比上年下降16.5%。引进总投资52亿元的梦幻嘉善项目。出口加工区升格为国家级综合保税区,中荷产业园成为全省首批国际产业合作园。新增税收超千万元楼宇2幢。

创新能力不断提高。高新技术产业投资、规模以上工业高新技术产业增加值分别比上年增长86%、13%。新增省级企业研究院2家。获批“浙江制造”品牌认证试点县。成立创新发展基金、善信留学报国产业基金,设立欧美同学会·中国留学人员联谊会海归创业学院嘉善学院,全县累计集聚“国千”“省千”专家58名,R&D(研究与开发)支出占GDP比重为2.8%。

治理生态环境,改善城乡面貌。持续推进治水拆违。全年综合治理河道92.4千米,完成清淤262.4万立方米,创建成为省级“清三河”达标县。累计拆除违章建筑248.3万平方米,完成“三改”599.7万平方米,整治彩钢棚464.8万平方米,拆除、整治码头堆场289个。开展高污染燃料锅(窑)炉“零点一号行动”,拆除锅炉677台。淘汰黄标车348辆,清理浮船沉船10470艘,清理废旧物资收购点606个。百日攻坚成效显著。完成干窑集镇、新泾港,平黎公路、兴善公路、白水塘路沿线、高铁南站周边环境整治。取缔606个废品收购点。加强生态文明建设,环境整治取得显著成绩,干窑镇新泾港、平黎公路沿线及高铁南站周边等区块发生巨大变化,首次出现监测断面二类水质,交接断面水质考核连续3年保持优秀。创建全国文明城市,联动推进"四美"建设,生态市建设工作列全市第一。生态能源发电项目建成使用,生活垃圾无害化处理率100%。城镇低效用地再开发108.73公顷。

统筹城乡发展,提升城市品位。加快中心城区建设,完成体育路下穿沪昆铁路改扩建、"水乡明珠"环岛改造、吴镇书画院建设等工程。高铁新城上海人才创业园开园,签约太库等项目81个。深化村镇建设,启动小城市环境综合整治。西塘镇、天凝镇分别入选省、市小城市培育试点。巧克力甜蜜小镇获省考核优秀和"示范小镇"称号,新增市级特色小镇创建对象3个。洪溪村等4个村入选省"美丽乡村"特色精品村,建成美丽村居、美丽庭院16273户,完成农房集聚改造1975户。完善基础设施,湾北二期(杭州湾跨海大桥北接线二期工程)、丁诸线(南星桥港)航道整治等工程进展顺利。完成西部水务提标改造工程,新建污水管网35千米。2016年,全县建筑业增加值20.68亿元,比上年增长4%。具有建筑资质的独立核算企业完成建筑业总产值34.89亿元,增长24%。完成房屋建筑施工面积296.86万平方米,增长11.5%,其中新开工面积109.27万平方米,下降6.6%。

深化对外开放,优化发展环境。纵深推进接轨上海,与金山区共建沪浙毗邻地区合作发展示范区,实现交通卡沪善互通,医保卡在上海第一人民医院刷卡结算。提高投资引资质量,加强蹲点招商、以商招商、中介招商,引进格科微电子、科比特无人机等一批高精尖项目,新批工业投资亿元以上项目43个。实施有效投入三年行动计划,富通光通信等项目进展顺利,铠嘉电脑一期等项目建成投产。"浙商回归"省外到位资金60亿元。提升平台承载力。嘉善经济技术开发区中荷产业合作园开园,喜力啤酒一期建成投产。浙江姚庄经济开发区实现排名晋位,新引进精密机械等产业项目11个。归谷科技园新引进卫星遥感等项目38个。启动罗星、大云等一批"两创"中心建设。

推进社会事业,增进民生福祉。继续完善社会保障。五大保险净增50094人。实施支出型贫困家庭基本生活救助。建立困难残疾人生活补助和重度残疾人护理补贴制度。全力推进省级养老服务业综合改革试点,出台长期护理保险制度,成为全省养老服务业综合改革试点,实现居家养老照料中心社会化运营、流动服务车全覆盖。新增公租房租赁补贴保障家庭200户。全年提供就业岗位3.48万个,年末城镇登记失业率2.9%,与上年持平,城镇失业保险覆盖率99.7%。年末全县有职业介绍机构25个,全年举办各类劳动力招聘活动46次,举办各类职业技能培训201期,培训结业人数7606人。均衡公共服务。启用浙师大附校、吴镇教育集团硕士小学,完成无证托幼机构整治。开通全国首家县级健康热线12320,医疗就诊卡实现一卡通。举办"慈善孝贤"暨了凡善学思想研讨会。通过国家公共文化服务体系示范区验收。和谐社会环境。实现省平安县创建"十一连冠",获"中国法治政府奖提名奖"第一名,圆满完成G20杭州峰会、世界互联网大会的安保任务。整合设立12345政务咨询投诉举报平台。推进安全生产专业化、信息化、社会化建设,安全生产形势总体稳定。整治、取缔无证网吧122个。深化食品安全基层责任网络建设,四大领域责任保险实现全覆盖。

加强政府自身建设和干部队伍建设。扎实开展"两学一做"(学党章党规,学系列讲话,做合格党员)学习教育,切实履行党风廉政建设"一岗双责"。高质量办结人大建议135件和政协提案165件。建立县镇村三级城乡环境整治作战室,创新重点工作局长蹲点破难机制。全面启动"七五"普法。完成县、镇(街道)两级换届工作,正风肃纪形成高压常态,党群干群关系进一步密切。

【县域科学发展示范点建设砥砺前行】 2016年,嘉善县全局动员部署,全面统筹推进,全力营造氛围,开展县域科学发展示范点第二阶段建设。制订印发《示范点建设第二阶段五年行动计划(2016-2020)》,着力打造示范点建设升级版。编制示范点建设展示点培育计划,申报打造展示点79个。第一阶段6项主要发展指标总体实现预期目标,综合配套改革提前圆满收官,24项改革列入省级以上试点,116项任务中有108项正有序推进。全省推进工业企业“零土地”技术改造项目审批方式改革现场会在嘉善召开。做好示范点第一阶段建设自查评估工作,形成示范点建设第一阶段实施情况自评总报告及产业、城乡、开放、民生、改革、党建等6个专题评估报告。组织配合中国行政体制改革研究会等单位对示范点建设第一阶段实施情况进行第三方评估,形成第三方评估总报告以及产业、开放、城乡、民生、改革等5个分报告。4月中旬,习近平、张高丽、王沪宁、栗战书等中央领导在第三方评估专报《县域科学发展的成功实践——浙江嘉善县域科学发展示范点建设成效评估及建议》上做重要批示,指明示范点第二阶段建设的目标和方向。继续加强与国家有关部委及省市有关部门衔接,全年,有31位省部级领导、13个国家部委、67个省级部门,共105批次副厅级以上领导到嘉善调研指导示范点建设。其中,省委书记夏宝龙两次到嘉善县指导示范点建设,省委副书记、代省长车俊专程实地调研指导示范点建设,国家发改委地区司副巡视员张东强实地调研示范点建设,省发改委(省协调办)5次到嘉善指导支持示范点建设。县领导多次带队赴国家发改委、省委省政府汇报示范点建设情况。注重实践经验和阶段性建设成果总结,梳理形成示范点建设经验成果34篇和创新案例19篇。做好示范点建设经验在全市推广工作,形成发展经验、改革试点等10个可学可借鉴的“嘉善模式”。

【成立嘉善县人才创业服务中心】 4月,嘉善县人才创业服务中心成立。该中心位于高铁新城上海人才创业园内,由嘉善县政府与华夏幸福基业共同打造,为入驻上海人才创业园的企业与创业者提供全方位一站式服务,营造创业氛围、培育创业土壤、集聚创业精英,进一步助推“大众创业、万众创新”。中心将围绕“创业服务清单”“优惠政策清单”“客户经理制”的“二单一制”服务内容,为人才创业提供企业注册、人事代理等政务服务,法律咨询、财务咨询等专业服务和宿舍租赁代理等生活服务;为入驻企业提供政策宣传、解读、受理、审核、兑现等优惠政策服务;为入驻企业和创业者提供入驻“企业全程服务制、咨询客户跟踪服务制、专业服务信息推动制”等一站式优质服务,构建“政务商务合一、政企联动互通”的服务模式。20家企业现场办理入驻手续,领取营业执照。

【城乡环境整治百日攻坚】 5月,嘉善举全县之力,开展城乡环境整治百日攻坚行动。既回应了群众期待、增强了群众获得感,又整治出了发展的空间,努力构筑转型升级的高地,构筑法律的高地、文明道德的高地和人民美好生活的高地,演绎“嘉善速度”,得到省委书记夏宝龙肯定。新泾港治理,仅用5天时间完成河道西侧5家企业的拆迁,15天完成区域整体规划设计,50天建成草莓休闲园;城中村拆违,金家堰区块仅用一天时间拆除违建的3家企业、50间店面、2幢出租房、2幢农民房;100天内,完成干窑集镇、新泾港,平黎公路、兴善公路、白水塘路沿线、高铁南站周边环境整治;清理606个废品收购点。全县共拆除违章码头吊机133家,干窑、姚庄辖区内经营性的沙石料码头堆场、平黎公路主要路段(大云至西塘景区)沿线码头堆场全部拆除。南北大动脉平黎公路整治中,仅用一个月时间整改问题203个,仅用4天时间完成10千米沿线绿化交地工作。

【出台《养老服务业综合改革实施方案》】 8月,出台全省首个县级《深化养老服务业综合改革实施方案》,确定养老服务设施建设水平、搭建智慧养老服务平台、建立医养护一体化机制、建立长期护理保险制度、建立护理人才培养激励机制、建立养老服务标准化管理制度、建立养老服务评估体系、建立依老养老志愿服务机制、推进养老产业健康发展等九大改革任务。通过推行养老机构信息化、智能化建设和公办养老机构护理床位改扩建,提升养老机构建设水平;通过建立综合服务型、原居安养型、护理康复型、嵌入照护型等特色明显的居家养老服务照料中心,完善照料中心设施;通过推行远程监控、无线呼叫等智能化技术手段,创建智慧养老社区,推进城乡社区适老化改造,提高居家养老服务水平。建立县智慧养老平台和流动健康服务指导中心、老年家政服务指导中心、老年人就餐配送指导中心、老年人紧急援助中心四大中心,通过建立需求受理、供给派单、上门服务、服务反馈、抽查评估、绩效考核一体的闭环管理机制,提高为老服务资源的有效配置,形成“一网九圈百站”[一网,即智慧养老服务网;九圈,即实现9个镇(街道)村村相通的健康流动服务圈;百站,即全县154个社区居家养老照料中心全覆盖]的智慧养老服务新模式。通过探索建立政府、市场、老年人三方供需对接机制,明确社会化运营,确保智慧养老服务网络良性运作。

【富士康华东区首家科技体验店落户西塘】 5月,作为西塘互联网智造小镇培育、建设的重要组成部分,富士康科技集团旗下电商品牌——富连网西塘体验店在古镇西塘开业。富连网是富士康旗下的3C数码网上购物平台,作为华东地区首家将科技、旅游、餐饮跨境融合的体验店,富连网西塘体验店以1店2创3C以及6大互动体验为运营理念,并与国际连锁餐饮品牌星巴克咖啡合作,提供约20个国际品牌的商品,商品属性几乎涵盖全年龄段、全商品性质,还有近60种由富士康代工制造的智能商品。一方面,将‘线上’与‘线下’有机结合,实现企业与用户之间互动,另一方面,在体验店打造创意区和创客空间,在全国各地布局创业创新平台,响应‘大众创业万众创新’国家战略,使富士康从单一制造企业向制造、创新、服务一体化转型。

【获省级“腾笼换鸟”考核先进】 5月,嘉善县获2015年度浙江省“腾笼换鸟”考核先进单位称号。2014年,嘉善县被列入省级“腾笼换鸟”综合试点县,同年,初步完成织造(喷水织机)行业专项整治工作,948户8165台织机全部淘汰并通过验收,200户7037台织机集中入园和集中纳管,累计建设污水管网1.3万米。2015年,完成织造(喷水织机)行业专项整治收尾工作,集中推进226户6391台织机,原地提升改造7个污水处理站。全力推进小木业整治,制订“一厂一方案”,排出整改意见716条,并全部整改完毕。打通5条消防通道,设立8个应急消防取水平台,13家企业实施关停,拆除厂房1.15万平方米。38家企业完成蒸汽管网接入工作,55台锅炉完成淘汰拆除。加快推进纽扣行业整治,改造提升372家企业(户),整合入园126家,关停淘汰192家。推进污水管网建设9.15千米,新建废水处理设施286家、217套,新建废气处理设施103套,新改建粉尘收集装置188套,企业内部新建、改建雨污管线近60千米。全县腾退项目60个,面积102.78公顷,完成市下达任务的118.6%,“换鸟”项目9个,面积63.73公顷。

【嘉善成为首批国家农产品质量安全县】 12月,继成功创建浙江省农业标准化综合示范县、浙江省农产品质量安全放心示范县、浙江省农产品质量安全可追溯体系示范县后,嘉善县被农业部命名为第一批“国家农产品质量安全县”,为嘉兴市唯一获此殊荣的县(市、区)。经过近两年的创建,在农产品质量安全工作方面实现监管智慧化、农产品质量安全可追溯、社会化共治水平和农产品质量安全水平提升。运用创新思维,引入“互联网+”、物联网以及云数据技术,结合全县监管实际,创新开发“农安嘉善智慧监管App”,并作为“模板”在全省范围内推广。全县有794个农业生产主体纳入智慧信息平台,138个示范点中,236名村、镇、县三级监管人员都配备“农安嘉善”智慧监管移动终端,将巡查、抽检、检测等信息及时上传到追溯平台,实现对农产品生产全程实时监控。同时,建设139个农产品可追溯示范基地,通过“二维码”对产品赋予“身份证”,实现农产品生产过程、包装、检测和销售全程信息跟踪。

【嘉兴出口加工区B区升格为综合保税区】 9月,嘉兴出口加工区B区通过省级验收,升格为综合保税区。该次验收受国务院办公厅委托,由省政府副秘书长陈宗尧带队,省发改委、省财政厅、省国土资源厅等10个部门组成的联合验收组,在实地察看嘉兴出口加工区B区相关监管及配套设施建设情况,全面了解运作情况后,综合评议,通过验收。嘉兴出口加工区B区自2015年1月31日获批,至2016年9月,基本完成总投资9240万元的保税仓库一期建设。园区累计落户企业7家,总投资6.5亿美元,包括世界500强富士康集团投资的富鼎电子(嘉善)科技有限公司、全国500强富通集团4.0光通信全产业链项目、中粮进口食品项目等。园区各项指标增幅居全省海关特殊监管区前列。

【入选全国社会工作专项服务示范地区】 11月,嘉善县被民政部确定入选第二批全国社会工作服务专项示范地区。2014年,嘉善县作为浙江省唯一、全国首批企业社会工作试点地区,制订实施《全国企业社会工作试点方案》,在全县9个镇(街道)选取10家不同类型的重点企业为试点企业。2015年,培育33家企业作为第二批试点单位,创新打造"幸福企业·和谐家庭""幸福企业·企员共创"等系列社工服务品牌。全县有持证社工588人、社工机构17个,其中企业社工35人、企业社工机构1个,累计开展小组活动157个、个案324个,有效排除员工矛盾356起、劳资纠纷179起。出台《社会工作人才扶持激励办法》和《社会组织扶持激励办法》,进一步扶持专业社工人才和社工机构发展。

【设立国内首个留学报国产业基金】 6月3日,在嘉善县举行的欧美同学会·中国留学人员联谊会首届高研班论坛上,全国首个留学报国产业基金——善信留学报国产业基金正式设立。该基金将为欧美同学会·中国留学人员联谊会成员在嘉善县创业创新提供投融资等方面保障,旨在嘉善县培育有竞争力和影响力的顶级企业。欧美同学会副秘书长、《留学生》杂志社社长许睢宁,县领导滕根林、沈康明、朱学军出席论坛开幕仪式。论坛为期3天,其间还前往浙江省第二个"千人计划"产业园——中国归谷嘉善科技园、县城市规划馆、上海人才创业园及西塘祥符荡旅游文化小镇实地参观考察。

【排污权首次公开拍卖】 4月13日,嘉善县首次在县公共资源交易中心开展排污权公开拍卖。排放权是指控制一定区域内温室气体、主要污染物等的排放总量,再将其划成配额分给不同的排放单位形成的权利。排放权交易建立在"排放有偿"的理念之上,通过排放配额的交易流转实现总量控制的目标。该次拍卖中,拍卖标的有COD排污权7.31吨,SO_2排污权0.43吨,NH_3-N排污权1.08吨,NOX排污权0.98吨。经过96次举牌,9家企业拍卖成交,其中成交最高COD为2万元/年·吨,SO_2为0.43万元/年·吨,NH_3-N为0.65万元/年·吨,NOX为0.22万元/年·吨。

【太库(嘉善)孵化器入驻上海人才创业园】 7月1日,太库(嘉善)孵化器入驻上海人才创业园,县委常委、组织部部长朱学军参加开业仪式。太库是一个专注于孵化器运营管理和科技创业、企业培育的国际化专业机构,继在北京、上海、深圳等国内6个城市及硅谷、首尔、特拉维夫、柏林4个海外地区布点后,首次入驻浙江,将嘉善纳入太库全球创业创新生态圈。上海人才创业园作为嘉善县创业创新和承接上海科技人才的重要平台,一期总占地面积4.708公顷,总建筑面积7.6万平方米,由产业集聚区、孵化创新区、生活配套区及人才创业服务中心组成,"一站式"解决高端人才创业创新的后顾之忧。该产业园以创业创新为主线,将产业定位瞄准电子商务、时尚设计、数字传媒、智能制造4大方向。开业仪式上,多个项目正式签约入驻太库(嘉善)孵化器,并对其中部分项目进行路演。

【喜力酿酒(浙江)有限公司开业】 5月,喜力酿酒(浙江)有限公司举行开业庆典,荷兰驻沪总领事、喜力家族第四代继承人、喜力中国区总裁和县主要领导出席活动。喜力酿酒(浙江)有限公司于2014年3月奠基,2014年10月开工,2015年10月完成设备调试,2016年1月开始试生产,是嘉善县首个"零审批"项目。喜力酿酒(浙江)有限公司是喜力啤酒在中国的第3家酿造厂,同时也是最大的中国工厂。该公司一期项目总投资8848万欧元,建筑总面积8.5万平方米,预计年销售收入超9亿元。企业计划在近两年再增资建设二期项目,全部投产后,企业年销售收入20亿元。

【获"国家科技支撑计划课题科普示范基地"】 12月,在国家"十二五"科技支撑计划课题"常见传染病预防普及技术研究和应对"课题总结会上,嘉善县疾控中心被中华预防医学会授予"国家科技支撑计划课题科普示范基地"称号,全国有浙江、湖北、甘肃3省的6家单位获此殊荣。县疾控中心自2014年起参与由中华预防医学会、中国健康教育中心和中国疾病预防控制中心共同承担的国家"十二五"科技支撑计划课题"常见传染病预防普及技术研究和应对"项目,组织开展传染病健康素养项目工作,整个项目分基线调查、干预和终末调查评估3个阶段。2014年11月底,完成传染病健康素养基线调查工作,调查10个场所2500人;从2015年7月起,在选中的5个干预场所采取分类干预与综合干预相结合的方式,利用讲座、大众宣传活动等传播手段,以及同伴教育、新媒体宣传等方式开展各项干预工作;2016年1月,完成10个场所的终末调查评估工作,在基线调查的2500人中随机选取450人进行终末调查,评估干预活动的效果。

【获"长三角最强中国制造产业区"称号】 12月,在第九届长三角投资发展论坛·长三角产业升级与中国制造2025战略峰会上,姚庄经济开发区获"长三角最强中国制造产业区"称号。该峰会由长三角投资发展论坛组委会、上海报业集团东方早报社和长三角经济社会研究会联合主办。2014年,姚庄工业园区升级为省级开发区——浙江姚庄经济开发区,开发区规划面积8.48平方千米,核心区域5.8平方千米。开发区以光伏新能源和精密机械为主导,以新材料、现代食品、电子元件、高档纸制品等为特色的产业体系。至2015年年底,全镇累计引进外资企业124家,引进县外内资企业142家;完成规模以上工业产值210亿元,比上年增长8.2%,两大主导产业的产值占规模以上工业产值80%以上。

【召开"慈善孝贤"暨了凡善学思想研讨会】 12月15日,由浙江省思想政治工作研究会、中共嘉善县委共同主办的"传承中华优秀传统文化培育和践行社会主义核心价值观""慈善孝贤"暨了凡善学思想研讨会在嘉善县举行。研讨会由中共嘉善县委宣传部、嘉善县史志办公室等共同承办,浙江省慈溪市、绍兴市上虞区、上海市奉贤区、湖北省孝感市等地宣传部共同支持。中国思想政治工作研究会秘书长吴建春,省委宣传部副部长琚朝晖和市县有关领导以及上海奉贤,浙江慈溪、上虞和湖北孝感的宣传部门负责人,专家、学者等出席研讨会。会上,复旦大学哲学学院教授、博士生导师吴震,北京市社会科学院国学研究中心主任、北京大学中国传统艺术文化研究所国学研究室主任刘伟见,故宫博物院故宫研究所所长章宏伟,苏州大学社会学院院长、教授、博士生导师王卫平,嘉善县人大常委会政研室主任李勇、天津市宝坻区袁黄研究会倪守强等分别就"了凡善学思想"作主旨或专题发言。天津市宝坻区袁黄研究会、苏州市吴江区了凡思想文化研究会有关人员应邀参加。

【浙江师范大学附属嘉善实验学校签约揭牌】 3月,浙江师范大学附属嘉善实验学校举行签约揭牌仪式。仪式上,浙师大校长蒋国俊与县委副书记、县长祁海龙签署浙江师范大学与嘉善县人民政府战略合作框架协议,浙江师范大学与嘉善县同时签署合作共建浙江师范大学附属嘉善实验学校协议。浙江师范大学附属嘉善实验学校位于嘉善经济技术开发区(惠民街道),是一所集小学、初中于一体的公办九年一贯制实验学校,一期占地面积4.53公顷。学校设小学24个班、初中12个班,9月正式开学。学校以"智慧教育"为品牌特色,实行小班化办学。一年级新生入学采用"五四"学制,并开设"数字化学习"创新班。学校实行理事会领导下的学校发展委员会决策方式,学校发展委员会主任由浙江师范大学选派的教育专家担任。按照合作框架协议,嘉善与浙江师范大学将充分发挥各自优势,搭建合作平台,按照"立足当前、面向长远、突出重点、逐步拓展"的思路,加强教育领域合作,加强人才培养合作,加强经济技术和社会建设合作。

【浙江中荷(嘉善)产业合作园开园】 5月,浙江中荷(嘉善)产业合作园开园，荷兰驻沪总领事Anneke Adema，荷兰坎贝拉市市长Peter Oskam，省商务厅副厅长马洪涛，市、县领导盛全生、许晴、祁海龙、郑明等出席开园仪式。浙江中荷(嘉善)产业合作园自2014年开始谋划建立，2015年，产业合作园正式获批全省首批国际产业合作园。产业合作园分两期开发，一期规划面积约85公顷、配套融合区约90公顷，由工业智造园区、创新设计研发区、工业旅游贸易区、荷兰文化风情区4个板块组成，建设涵盖工业、服务业、国际文化交流、生态休闲等内容。二期规划面积约200公顷，为引进工业智造和国际贸易产业提供发展空间。开园仪式上，浙江中荷(国际)产业合作园与氢能源装备、环保设备等4个项目签订投资意向协议，并与相关机构和企业分别签订合作备忘录和合作框架协议。

（沈路婧）

平湖市

【概况】 平湖市位于浙江东北边沿，南临杭州湾，东、北与上海市金山区交界，西与嘉兴市南湖区接壤，西北与嘉善县相连，西南与海盐县相接，总面积554.14平方千米。2016年，有6个镇、3个街道；有56个居民委员会、106个村。年末，常住人口68.61万人，比上年增长0.3%。城镇化水平61.1%，比上年提升2.2个百分点。全市户籍总户数149819户，户籍总人口为493572人，其中非农业人口246825人、农业人口246747人，其中男性241452人、女性252120人，人口出生率9.34‰，人口死亡率6.61‰，人口自然增长率2.73‰。计划生育率99.01%。

2016年，实现生产总值513.1亿元，首次突破500亿元，按可比价格计算，比上年增长6.6%，增速比上年提升3.3个百分点。按常住人口计算，人均生产总值74909元，比上年增加4170元，折合11278美元。不含嘉兴港区和嘉兴电厂实现生产总值379.3亿元，增长6.8%。

产业结构不断调整。第一产业实现增加值16亿元，比上年增长2.9%；第二产业增加值294.3亿元，增长5.9%，其中工业增加值280.9亿元，增长6.4%；第三产业增加值202.8亿元，增长8%。三次产业结构比由上年的3∶58.8∶38.1调整为3.1∶57.4∶39.5，三产占比比上年提升1.4个百分点。

区域经济协调发展。从四大主平台看，平湖经济技术开发区实现生产总值106.9亿元，可比增长5.8%；当湖街道102.3亿元，增长7.4%；独山港经济开发区52.1亿元，增长11.5%；嘉兴港区(含嘉兴电厂)133亿元，增长5.4%。

农业生产实现正增长。全年农业实现增加值17.1亿元，可比增长3%，增速五年来首次由负转正，主要因近年来生猪减量提质效果显现和特色种植养殖业增势良好等因素影响。分产业看，种植业增加值12.4亿元，可比增长3.9%；畜牧业触底回升，增长较快，实现增加值1.9亿元，可比增长24.5%；渔业增加值1.6亿元，可比下降7.7%。农作物播种面积4.71万公顷，比上年下降7.2%，粮食播种面积3.62万公顷，下降4.2%，粮经面积比为76.9∶23.1。

现代农业发展较快。年末拥有无公害农产品基地145个，全国无公害农产品169只，绿色食品19只。其中，年内新增无公害基地4个，全国无公害农产品10只。完成城乡绿化造林面积686.67公顷，新增土地流转面积2426.67公顷。建成粮食生产功能区162个、面积1.27万公顷，其中年内建成粮食生产功能区22个、面积1946.67公顷；现代农业园区完成投资1.4亿元。水稻机械育插秧面积5913.33公顷。新型农业经营主体加快成长，年末培育工商登记家庭农场312家、农民专业合作社467个，农业龙头企业45家。全面推进现代生态循环农业发展，获得“省级现代生态循环农业示范主体”认定10个。2016年农田水利建设完成土石方331.66万立方米，累计出动机械台班6.95万个，投入资金4.6亿元。疏浚河道288千米，长效保洁2259千米。年末拥有农业机械总动力22万千瓦。

工业、能耗和建筑业工业经济稳中趋好。全年，644个销售收入2000万元以上规模工业企业实现总产值1328.7亿元，首次突破1300亿元，比上年增长4.5%。实现新产品产值率38.9%，同比提升3.1个百分点。工业产销率98.1%,同比提高1.1个百分点,实现出口交货值288.8亿元,增长4.7%。其中,不含嘉兴港区和嘉兴电厂实现总产值849.9亿元,增长7.4%。

工业效益增长较快。规模以上工业实现主营业务收入1312.4亿元,比上年增长6.8%;实现利税总额128.6亿元,增长21.9%;实现利润总额86.1亿元,增长27.8%。其中,不含嘉兴港区和嘉兴电厂实现主营业务收入819亿元,增长9.7%;利税总额71.3亿元,增长36%;利润总额43.7亿元,增长53.7%。年末,亏损企业138家,亏损面21.4%,比上年缩小2.9个百分点,亏损企业亏损额8.5亿元,比上年下降47.9%。

从主要行业看,19个行业中13个行业利润总额同比增长或盈利,6个行业下降或亏损。其中,三大主动力行业实现主营业务收入904.8亿元,比上年增长9.1%,实现利润总额71.1亿元,增长35.3%;三大新兴产业实现主营业务收入67.8亿元,增长1%,实现利润总额3.4亿元,增长33.9%;五大传统行业实现主营业务收入229.3亿元,增长1.9%,实现利润总额5亿元,增长1.7%。

工业能耗形势有所好转。规模以上工业综合能耗290.5万吨标准煤,比上年增长2.9%。不含嘉兴港区和嘉兴电厂规模以上工业综合能耗136.2万吨标准煤,增长1.9%,单位增加值能耗下降3.3%。

建筑业继续下滑。具有总承包和专业承包建筑资质等级的独立核算建筑企业47家,比上年减少1家(占平湖市产值近一半的一级资质企业外迁),全年施工面积373万平方米,比上年下降61.6%,实现建筑业总产值53.6亿元,下降51.9%。

固定资产投资增速回落。2016年,固定资产投资完成365.5亿元,比上年增长1.2%,增幅同比回落20.3个百分点。其中工业生产性投资完成182.3亿元,比上年下降3.2%,第三产业投资完成180.4亿元,增长6.2%。不含嘉兴港区和嘉兴电厂,保持较快增长,固定资产投资完成297.3亿元,增长15.8%。其中,工业生产性投资完成152.6亿元,增长13.5%;第三产业投资完成142亿元,增长19%。

房地产市场销售趋旺。全年,房地产开发完成投资50.6亿元,比上年下降4.2%。房屋施工面积507.6万平方米,下降18.6%,其中住宅323万平方米,下降18.6%。商品房销售面积125.2万平方米,比上年增长71.8%。其中住宅117.8万平方米,增长86.3%;商业营业用房5.3万平方米,下降31.2%。商品房销售额91.1亿元,增长67.3%,其中住宅85.2亿元,增长84.3%。

交通运输业稳步发展。全年,各种运输方式完成货物周转量47.8亿吨千米,比上年增长8.5%。其中,公路运输32亿吨千米,水路运输15.8亿吨千米,分别增长12.8%、0.7%。全年旅客周转量完成3.8亿人千米,增长0.1%。嘉兴港货物吞吐量6817万吨,比上年增长8.7%,集装箱134万标箱,增长9.3%。

年末,拥有营业性载客汽车424辆、9841客位。其中,班线客车92辆、出租车226辆、旅游包车106辆。城乡公交线路30条,里程数757.5千米,城乡公交汽车128辆。城市公交线路22条,里程数325.4千米,城市公交汽车169辆。年末公共自行车服务系统网点109个,投放自行车2950辆。

邮政业务总体平稳。年末,有邮政所23处,全年报刊发行量1003万份,比上年下降16%。全年实现邮政业务收入0.9亿元,比上年增长8.7%。

社会消费稳定增长。全年,实现社会消费品零售总额181.7亿元,增长10.5%。分行业看,批发零售业实现零售额160.7亿元,增长10.3%;住宿餐饮业实现零售额21亿元,增长11.7%。分区域看,城镇和乡村市场分别增长10.6%和10.2%。

外贸出口逐步回稳。全年,外贸进出口总额448.2亿元,比上年增长5.3%,其中出口总额253.1亿元,增长4.9%。全年外贸和出口依存度分别为87.4%和49.3%。

全年新批、增资"三资"企业61家,比上年下降12.9%,合同利用外资5.6亿美元,下降15.7%,实际利用外资4.1亿美元,下降13.6%。不含嘉兴港区全年新批、增资"三资"企业共54家,其中新批42家,比上年增长16.7%;合同利用外资5.1亿美元,增长10.2%;实际利用外资3.6亿美元,增长0.1%;全年引进总投资超亿美元项目及世界500强企业投资项目4个。

旅游业较快增长。全年实现旅游总收入79.4亿元,比上年增长16.3%,其中国内旅游收入77.7

亿元,增长17.3%。接待国内游客759.46万人次,比上年增长13.9%;接待海外游客1.47万人次,下降23.8%。

财政收入稳步增长。全年,实现财政总收入100.8亿元,首次突破100亿元,比上年增长2.3%,其中一般公共预算收入56.8亿元,增长11.8%,增幅比上年回升6.8个百分点。其中,不含嘉兴港区实现财政总收入和一般公共预算收入分别为82.7亿元和44.5亿元,分别增长3.5%和11.8%。

金融运行平稳有序。年末金融机构各项人民币存款余额793.5亿元,比年初增加107亿元。其中,个人人民币存款余额383.7亿元,比年初增加25.5亿元;外汇存款余额4.1亿美元,比年初减少0.7亿美元。各项人民币贷款余额543.8亿元,增加21.1亿元;外汇贷款余额2.4亿美元,比年初减少3.4亿美元。

证券市场表现平稳。2016年中信证券、银河证券和杭州财通证券三个营业部证券交易新开户数1.02万户,比上年下降50.4%,累计账户13.09万户,增长64.4%,全年证券交易额1441.8亿元,比上年减少42.1%,年末股东交易保证金余额6.6亿元,减少0.7亿元,证券市值78亿元,增加15.9亿元。

保险业发展较快。全年,保险业实现保费收入13亿元,增长20.6%。其中寿险保费收入7.5亿元,财险保费收入5.6亿元,分别增长22.3%和18.3%。全年给付赔款6.6亿元,其中财险赔款支出3亿元,寿险赔款支出0.6亿元,给付退保年金支出3.1亿元。

科技进步扎实推进。全年,财政用于科学技术经费支出2.1亿元,比上年增长13.7%,企业研发经费(R&D)支出14.5亿元,增长14.7%,R&D经费占GDP比重达2.82%,比上年提高0.21个百分点。年末有国家级高新技术企业74家。区域科技创新机构(企业技术研发中心)共193家。全年专利申请量达4655件,其中发明专利1308件,增长31.6%;专利授权2735件,增长14.1%。全年获得嘉兴科技进步奖10项。全年技术合同交易额达2.32亿元,技术合同数87项。

教育事业协调发展。拥有幼儿园46所,在园幼儿15093人;小学17所,在校学生27659人;普通中学18所,在校学生18633人。学前三年入园率99.8%。九年义务教育学龄人口入学率100%。小学、初中在校生巩固率均为100%。初中毕业生升入高中段学校比例达到99.49%,比上年提高0.25个百分点。现有中等职业类学校3所,在校学生6941人;各类职业技术培训机构24个,注册学生156968人,全年结业160519人。高等学历教育自学考试全年报考2184人次。

文化、体育和卫生文体事业蓬勃发展。全年,送戏下乡247场次、送书下乡9.9万册次、送讲座下乡200场次、送展览下乡187场次、文化走亲90场次;送电影1644场次,观众23.13万人次,放映广场数字电影95场,观众2.65万人次,影院电影放映2.81万场次,观众66.02万人次,票房收入2609.62万元。年末拥有非物质文化遗产项目国家级2个,省级7个,嘉兴市级26个,平湖市级180个。年末不可移动文物修缮完成5处,有各级文保单位53处,平湖市级文物保护点76处,5家文博场馆全年接待观众77.49万人次。年内成功创建(评估)省级体育特色乡镇1个、中心村全民健身广场1个、小康体育村提升工程12个、城市体育先进社区5个、村级体育俱乐部5个、社区体育健身俱乐部6个,嘉兴市美丽乡村·健身广场2个。

卫生事业稳步推进。年末有医疗卫生机构164家,其中民营医疗机构40家,新增民营医疗机构1家;开放床位2874张,其中民营医院770张。有卫生技术人员3231人,其中执业医师1211人、执业助理医师196人、注册护士1523人。基层就诊率61.6%,基层住院率15.7%,县域内就诊率达92.4%;顺利通过首批全国健康促进县(区),成功创建浙江省卫生应急工作示范市;浙江省基本公共卫生服务项目考核第二名。

生态环境综合治理。全年,空气污染指数(AQI),“优”的天数占27%,“良”的天数占53.6%,“轻度污染”的天数占17.2%,“中度污染”的天数占2.2%,“重度污染”的天数占0%,“严重污染”的天数占0%。全年环境空气质量优良率80.6%,比上年提升2个百分点。PM2.5浓度37微克/立方米,比上年下降15.9%。8个市控以上断面全年高锰酸盐指数、氨氮、总磷浓度分别为5.76毫克/升、0.73毫克/升和0.21毫克/升,分别比上年下降

20.8%、31.6%和22.6%;跨行政区域河流交接断面水质考核优秀。城市生活垃圾处理率100%。

城乡建设持续推进。优化城乡空间布局,平湖市美丽县城行动规划等5个规划获批实施,基本完成全市5个镇总规编制。城乡基础设施不断完善,解放路小街改造、三港路改造、吕公路改造、环城西路等道路改造完成并投入使用,平湖大道拓宽改造、青阳汇大桥及连接线等工程竣工并投入使用,杭平申航道平湖段、乍兴公路一期、三港大桥等工程加快建设。沪乍杭铁路前期工作有序推进。全年新建城市绿地70.63万平方米,完成南环线、枫叶公园二期等新建绿道27.8千米,其中中心城区绿道8千米。铺设一二级污水管网32.02千米,新建供水管网13.259千米,改造供水管网70.86千米。

各类事故继续减少。全年共发生各类安全生产事故(不含火灾事故)91起,比上年下降33.1%;死亡36人,下降12.2%,受伤64人,下降28.7%。直接经济损失240.94万元,下降8.4%。其中,道路交通领域发生事故79起,下降40.2%,死亡25人,下降30.6%。发生生产经营性火灾事故43起,直接经济损失700万元,无人员伤亡。

居民生活水平稳步提高。全年,城镇和农村居民人均可支配收入分别为49775元和29028元,比上年分别增长7.1%和7.6%,城乡收入比为1.71∶1。城镇和农村居民人均生活消费支出分别为26853元和17917元,分别增长4.2%和7%。年末每百户城镇居民家用汽车拥有量50辆;每百户农村居民家用汽车拥有量40辆。城镇和农村居民人均拥有住房面积分别为43.7平方米和65.3平方米。

社会保障不断完善。全年,新增城乡就业1.62万人,城镇登记失业率2.85%,“零就业家庭”动态归零。举办各类招聘会53场次,进场招聘单位4351家,提供就业岗位6.2万个,1.7万人达成录用意向。落实实习基地50个,开发公益性岗位119个,规范农村劳务合作社30个,创业基地增至25个。年末,职工基本养老、基本医疗、失业、工伤、生育保险参保缴费人数分别达到34.8万人、32.9万人、20.2万人、30.3万人、23.1万人。城乡居保参保人数11万人。城乡居民基本医疗保险参保人数20.8万人,参保率99.6%。全年社会保险基金支出40.2亿元。

社会福利事业稳步推进。全年,发放城乡居民最低生活保障金3330.2万元,其中城镇955.7万元,农村2374.4万元;年末低保人数5277人,其中城镇1554人,农村3723人;实施医疗救助支出956.5万元,其中住院872.3万元、4093人次,门诊84.2万元、1610人次;年末拥有收养性单位(敬老院)15家,床位4366张,收养人数1832人。年末持有第二代残疾人证13083人,有9405人次残疾人享受残疾人基本生活保障工程;3384名残疾人享受困难残疾人生活补贴;4230名重度残疾人享受护理补贴;为1943人开展助听、助行、助明、精防工程及残疾儿童抢救性康复;对98户符合条件的残疾人家庭进行宜居工程改造。全面实施残疾人共享小康工程,共计发放各类补助2907.3万元。

【入选长江经济带国家级转型升级示范开发区】 5月25日,国家发改委公布长江经济带国家级转型升级示范开发区名单,平湖经济技术开发区入选。平湖经济技术开发区以创新驱动为导向,坚持开放发展、集群承接、生态优先,不断推进产业提升和生产要素跨区域合理流动和配置,形成以“工业为主、外资为主、高新技术为主”的园区特色,承接日韩、欧美等国际产业转移,推动产业高端化、融合化、创新化、绿色化、开放化发展,形成以光机电、生物技术为特色的产业体系,成为全国日资企业最集聚、最受日商青睐的开发区之一。

【平湖市获评全国农村生活污水治理示范市】 3月2日,根据住房和城乡建设部办公厅《关于全国农村生活污水治理示范县(市、区)名单的通知》,平湖市被评为全国农村生活污水治理示范市,为嘉兴市唯一一个县(市、区)。在农村生活污水治理上,平湖市的做法:一是细化项目建设。注重政策体系科学有序,出台《平湖市农村生活污水治理实施意见》,作为农村生活污水治理工作的行动纲领,并合理安排建设时序,分批实施建设项目,优先考虑水源地、生态保护区和市镇两级河道周边的区域、中心村、历史文化村落和美丽乡村节点,做到启动一批、见效一片、示范一方。二是优化治理模式。在深入踏勘调查的基础上,科学选择符合实际的治理模式和工艺技术。坚持纳管优先原则,并明确不在环境敏感区域、距管网或微动力处理设施较远、分散偏僻的农户,可选择建设联户型或分户型终端处理设施,通过化粪池预处理、人工湿地净化后,实现生活污水就近或就地处理。三是强化运行维护。制订出台《平湖市农村生活污水治理设施运行维护管理办法(试行)》和《平湖市农村生活污水治理设施运行维护考核办法(试行)》,建立以市为责任主体、镇街道为管理主体、村社区为落实主体、农户为受益主体以及第三方专业运行维护机构为服务主体的“五位一体”的市域农村生活污水治理设施运行维护管理体系。至2016年,平湖市建成以796千米一二级污水管道为主干,46座污水泵站为节点的城乡污水收集系统,其中农村生活污水治理累计涉及行政村72个,356个项目点,28160户农户受益。

【获列全省县(市)域乡村建设规划试点】 4月,省住建厅发布《关于做好2016年全省乡村规划设计及落地试点工作的通知》,平湖市被列为浙江省县(市)域乡村建设规划试点,是全省9个试点县(市)之一。县(市)域乡村建设规划是县(市)人民政府统筹乡村空间、资源、设施和建设的重要手段,也是实施乡村基础设施建设的直接依据。按照省住建厅要求,试点县(市)在9月底前完成县(市)域乡村建设规划中期成果,年底完成最终成果。平湖市将县(市)域乡村建设规划编制成五年内乡村建设“多规合一”指导性规划的工作任务,规划委托嘉兴市规划设计研究院编制,经过深入各镇街道调研,广泛听取意见建议,科学分析,精心编制,反复完善,在9月形成规划《平湖市域乡村建设规划》初稿,10月完成部门意见征求。11月8日,规划顺利通过专家评审会议。《平湖市域乡村建设规划》的编制主要内容和特点:一是明确四大规划目标,包括完善村镇体系,引导有序发展;缩小城乡差距,协调发展关系;加大公共投入,统筹城乡建设;摸清文化资源,保护乡村文化。二是明确乡村地区的人口规模,梳理村庄体系,确定各布点及规模控制,形成“54+46+30”的“1+X+n”130个布点体系结构。三是空间管制细化到村,“多规合一控制线”落实到村。规划以各行政村为单位,明确三区四线的控制线及要求,并以此作为各村建设项目的校核工作,协调适建、限建和禁建区。四是完善提升重要基础设施和公共服务设施。从规划层面提出优化整治提升策略,并结合村庄分类,本着资源共享原则,分别配置不同标准的基本公共服务设施,满足不同层面、规模的需求。五是结合平湖市的美丽乡村建设工作,深化特色塑造,明确村庄整治分类和风貌控制,提出不同的整治类型,控制平湖市乡村地区的整体风貌宏观层面为“黑白灰色”基调,中观层面打造村口、小广场、文保点、古树、古桥等节点,并对微观层面的屋顶、墙体等细部做法提出具体的平湖江南传统元素。六是图则指导各村建设实施。规划以一村一图则的形式,将农村居民点用地范围控制、乡村公路两侧用地控制、美丽乡村风景线路建设引导、社区各类服务设施布点控制、文化资源空间布点等内容在空间上进行了落实和引导,以便指导各村下一阶段的建设实施。

【选派“三官一师”担任“平安书记”】 为加强基层组织建设,发挥党组织在基层治理中的作用,创新联系群众工作方法,2月,平湖市委组织部印发《关于在全市选派“三官一师”到村社区担任“平安书记”的通知》,并召开“整乡推进、整县提升”部署会暨党建引领基层治理推进会,选派一批优秀“三官一师”(法官、检察官、警官、律师)到各村(社区)担任“平安书记”,通过搭建“三个统一”的工作平台,实现119个村(社区)“三官一师”派驻全覆盖。为确保该创新举措落地有效,一是统一调配力量,根据各村(社区)实际,遴选一批具有专业法律知识和群众工作经验丰富的党员法官、检察官、警官、律师到村担任“平安书记”。共下派法官12名,检察官10名、警官61名,律师15名。为确保队伍稳定性,要求“三官一师”一般应挂满一届,且派出单位不得单方面随意撤回或更换。二是统一明确职责。对“三官一师”的工作职责进行细化,明确参与议事决策、参加党内活动、走访联系群众、化解矛盾纠纷、开展法制宣传、参与民主监督等“六项职责”。对走访联系群众职责,要求“三官一师”在每月10日或20日到村(社区)开展现场办公,接待群众来访,听取群众反映,帮助解决问题。三是统一制订规范。对“三官一师”考核规则进行统一制订,考评结果将作为评优评先、晋职晋级的重要依据。严明工作纪律,要求“三官一师”做到“三个不准”,即不准接受村(社区)的宴请,不准到村(社区)报销任何费用,不准参与有损党员干部形象的活动。同时,在各村(社区)公开栏公布联系服务本村(社区)“三官一师”的照片、姓名、通讯方式、驻村时间等信息,方便服务联系群众。

【“浙江制造”双认证企业落户平湖】 1月,平湖市新秀集团通过省认证联盟的资料审核、工厂检查和产品监测,成为嘉兴市首个通过“浙江制造”认证的企业,并成为全省第一个获国际互认的企业。打造“浙江制造”品牌,是浙江省委、省政府在2014年提出的打造浙江经济升级版,实现标准强省、质量强省、品牌强省战略的重要举措,是推进浙江省从制造业大省向制造业强省转变的一项重大决策。“浙江制造”品牌反映的是浙江的制造能力和竞争力,其中,先进的制造标准是引领“浙江制造”高品质发展的基础。平湖市作为首批7个“浙江制造”试点县(市)之一为契机,不断推进培育试点工作。制订《平湖市开展“浙江制造”培育试点的实施意见》,找准选好试点产业。新秀集团作为箱包行业的领军企业,平湖市首个市长质量奖获奖企业,严格按照“品质卓越、自主创新、产业协调、社会责任”的基本理念,深入实施标准强企、质量强企和品牌强企战略,在认证过程中,攻克国家行业标准QB/T 2155-2010《旅行箱包》和GS箱包认证标准在规格型号、负重及震荡冲击试验、行走试验等诸多方面的冲突点,在很好融合QB/T 2155-2010和GS箱包认证标准的基础上,参考美国箱包品牌Samsonite(新秀丽)、英国箱包品牌Antler(安特丽)等国际知名箱包品牌先进性,起草编制了达到国内一流、国际领先的《旅行箱包》团体标准。2015年9月,在浙江省标准化研究院组织、平湖市质量技术监督局主持下,组织国际、国内箱包行业材料、检测专家和协会领导,召开“浙江制造”《旅行箱包》团体标准专家评审会。2015年12月,“浙江制造”认证联盟、省标准化研究院在杭州组织召开《“浙江制造”〈旅行箱包〉认证实施规则》定稿会,“浙江制造”《旅行箱包》标准引入了GS(德国安全认证)标准要求,可以实现“一次认证、两张证书”,即做一次浙江制造认证,同时拿到“浙江制造”和GS认证两张证书。

【平湖市青年创业创客平台运行】 3月4日,平湖市首个青年创业创客平台慧谷·蜂巢创客空间启动,首批6个项目入驻。蜂巢创客空间位于平湖市科技创业中心,建筑面积500多平方米,设110余个办公卡座和80平方米的咖啡吧。空间由平湖市科技创业中心与平湖市慧谷创客信息科技有限公司联合运作,由平湖市科创中心进行业务指导和业绩考核,平湖市慧谷创客信息科技有限公司负责建设和管理。平湖市慧谷创客信息科技有限公司组建了一个包括创业技术导师和市场导师在内的团队,团队主要为在蜂巢创客空间内的广大创客提供创业服务。蜂巢创客空间的成立顺应了创新2.0时代“大众创业、万众创新”的趋势,结合平湖市产业发展优势,利用国家级企业孵化器的有利条件,为创业者提供了良好的工作空间、网络空间、社交空间和资源共享空间。其利用平湖市科创中心便利的交通条件和优越的创业氛围,在为创客们提供个性化服务和面对面服务外,采用众筹的方式募集1000万元资金建立蜂巢创客投资基金,为蜂巢空间项目的健康发展提供“动力”支持。同时,空间还将在杭州设立工作室,与杭州科研院校进行合作,结合当地产业特色,吸收引进提升传统行业产品项目和信息,搭建合作桥梁,一方面给广大创客一个启示和资源,另一方面也为平湖传统企业的转型升级提供针对性帮助。

【平湖市和谐家庭社工事务所入选全国百强】 3月28日,由中国社会工作联合会主办的“2015年度全国百强社会工作服务机构”评选活动揭晓,平湖市和谐家庭社工事务所入选全国百强。平湖市和谐家庭社工事务所是在平湖市委社工办、平湖市民政局的推动下,于2011年11月成立的平湖市首个民办非营利性专业社工机构,平湖市妇联为主管单位,民政局社工科为业务指导单位。平湖市和谐家庭社工事务所依托专业的社会工作者,秉承"真诚服务、共同携手、助人自助、和谐互帮"的服务理念,坚持"社工+义工"的联动模式,整合社会资源、发挥个体潜能,恢复家庭功能,为广大婚姻家庭提供项目化、专业化、社会化的综合服务。平湖市和谐家庭社工事务所成立以来,运用家庭社会工作方法开展社区服务,挽救了近千个处于婚姻危机的家庭。平湖市和谐家庭社工事务所创新探索"社工+妇工+义工"联动模式,开设特色服务项目"婚姻加油站"。一是推行"无休式"维权服务社会服务模式,实现维权的无缝对接。二是推行"诊疗式"维权服务,实现全程跟进。"婚姻加油站"有两名基层经验丰富的骨干志愿者"坐诊","三工"辅助"会诊",对在调解过程中存在的"不稳定"个案上门"出诊"。三是推行"前站式"维权服务,实现源头介入,助力婚姻危机干预。

【"幸福自治家园"建设活动】 2016年,平湖市把握社会治理大发展的有利契机,以农村社区为切入点,在嘉兴首创"幸福自治家园"项目建设活动,搭建群众交流沟通微平台,引导村民关心村级事务,发掘村民治理才能,形成多元主体共治、不断创新的农村社区工作氛围。一是打造"亲民项目",唤醒村民自治意识。围绕政府中心工作主线,制订切实可行的项目方案,对基层自治工作实行品牌项目化运作。确定姐妹抱团创业、"美丽野马"环境巡查队和"生态河道我来治"等20个符合农村居民日常生活习俗的自治项目。通过定期活动、互帮互助、志愿积分等方式,引导村民发挥自身资源优势,提高自治意识,主动融入自治项目建设中。二是建立"五有标准",畅通村民自治渠道。根据平湖市农村社区实际情况,建立"五有标准",即有目标、有方案、有资金、有队伍、有公约。投入自治项目建设资金20万元,各镇街道配套相应资金,确保项目有序开展。在此基础上,同步抓好宣传推广,开展评优评先,推行长效化项目管理,实现队伍组建、阵地建设、活动开展、表彰奖励、督查指导五个常态。三是依托"三社联动",创新村民自治模式。探索构建枢纽型社区社会组织模式,依托市、镇、村三级"三社联动"平台,形成挂钩联系机制,如三叉河村开展的"垃圾分类我先行"项目联合平湖市美丽家园环保服务中心提供专业服务等。同时,利用已有的44个城乡社区社会组织承接自治项目,涌现了如中华村清水华杨护河团、杉青港村传嘉风工作坊等一批典型自治微平台,取得一定成效。

【平湖市精神康复中心开业揭牌】 4月18日,举行平湖市精神康复中心开业暨合作签约揭牌仪式。平湖市精神康复中心占地面积1.7万多平方米,建筑面积8800多平方米,一期核定床位150张,是平湖市唯一一所以治疗精神疾病为主的专科医院,主要承担全市精神疾病的治疗、康复、防治以及心理咨询和心理治疗等。同时,平湖市精神康复中心与湖州市第三人民医院签署合作协议,依托湖州市第三人民医院的办院经验和人才技术优势指导中心工作,加强重点精神疾病的治疗与康复。

【平湖市引进篆刻博物馆】 4月23日,平湖玺印篆刻博物馆项目投资协议签约仪式正式举行。平湖玺印篆刻博物馆是浙北地区首个篆刻博物馆,由平湖市玺印篆刻文化有限公司投资,该馆占地面积1.09公顷,计划建设总建筑面积9200平方米,总投资8000万元以上,建成后将收集股东现有藏品20余万件,其中各类玺印实物约2000件,秦汉封泥1万件,古代陶文500件,各种谱录300册,玺印、书画类数据库2个,图书资料10万册,书画篆刻作品300件,隋唐墓志原拓本2000种等,均远超国内同类博物馆藏品数量。平湖玺印博物馆将致力于玺印篆刻美术作品(文物、艺术品)的征集、保护及研究,积极承办国内外大型展览,广泛开展篆刻美术学术交流和培训,同时开展艺术品拍卖等,努力建成国内外一流、享誉全球业内的专题性玺印篆刻研究中心,提升平湖文化影响力和软实力。

【黄姑中学入选全国航天特色学校】 2016年4月24日是中国首个航天纪念日，为此评选了首批12所全国航天特色学校，平湖市黄姑中学入选。1992年，黄姑中学师生把181.2元的科技活动经费和慰问费寄往中国运载火箭技术研究院，祝贺该院在艰苦的条件下成功发射了“澳星”火箭，从此与航天专家们结下不解之缘。黄姑中学长期以来推进航天特色教育，开设有太空画、航天植物种植、科星最亮等多个拓展课程，拥有2个航天展览馆，出版了3本航天人物类书籍和诸多与航天相关的校本课程。学校每年都会组织学生在暑假到北京参观中国航天培训中心、航天科技馆、国家级航天基地，并和航天专家们进行面对面的交流。航天基地的科学家们也会南下到黄姑中学，为同学们作科普报告，让同学们了解更多的航天知识。天文学兴趣小组、机器人兴趣小组、车模船模兴趣小组……业余时间搞发明成了黄姑中学学生的“必修课”。随着学校航天科普教育有声有色地开展，很多学生都是追崇航天科学家们的“小粉丝”。航天成为该校的特色主题活动，成为全省唯一一所有资格承办省级航模比赛的乡镇中学，在嘉兴市、浙江省的模型比赛中屡有斩获。黄姑中学获“全国航天特色学校”称号后，与各级航天科技机构的联系将更紧密，会获得更多航天方面的学术支持，如院士上门讲座、航天种子、航天模型等。

【九龙山国际自行车公园开园】 4月30日，亚洲首座全项目自行车公园——九龙山国际自行车公园开园，同时举办开园第一场比赛：法国PBP中国区300千米资格赛九龙山站。九龙山国际自行车公园坐落于平湖九龙山旅游度假区内，自行车公园技巧区占地2万多平方米，山道接近10千米，总投资4000万元，能承受2000人到5000人规模的赛事。为满足不同水平自行车爱好者的需求，除常见的公路赛道、山地XC赛道外，还设有专用的速降赛道、公路越野赛道和山地车技巧练习场。BMX，越野跑，铁人三项等项目成为该自行车公园的特色。为兼顾休闲人群的多样化需求，该自行车公园还专门设立了亲子单车大本营供家庭团队体验。九龙山国际自行车公园丰富了九龙山旅游度假区的产品业态，为群众提供更加丰富多彩的运动休闲体验。

【获“中国电动童车之都”称号】 5月，平湖市童车产业基地顺利通过复评，被中国玩具和婴童行业协会授予“中国电动童车之都”称号。童车是平湖市五大传统特色产业之一，起步于1981年，经过几十年的发展，形成电动童车、婴儿学步车、二轮自行车、三轮车、学步车等十多个系列，上百个品种，年产量达上千万辆的规模，特别是电动童车生产量居国内同行业前列，高达80%左右，并涌现出了“好来喜”“贝瑞佳”“团囡好”等知名品牌。至2016年，平湖市共有童车整车生产企业73家，与之配套的企业150余家，拥有国家专利824件，整车及配件年销量逾20亿元，销售占据国内市场份额约20%，涵盖五金、电子、注塑、喷塑、包装等各个行业，具有完整的产业链。产品出口至欧洲、北美洲、亚洲等100多个国家和地区。2015年18家规模以上童车企业实现产值14.5亿元，自营出口1.16亿美元。

【“宗海(宗地)一体化”出让机制】 6月，平湖市通过对海域使用权出让、填海、土地使用权出让等同步审批，率先在省内建立“宗海(宗地)一体化”出让机制。此次出让平湖市独山1#区块海域使用权(国有建设用地使用权)，出让海域3.4608公顷、出让价格2336万元，实现海域增值2.5倍，浙江嘉兴港物流有限公司通过竞拍竞得。为解决企业土地要素之困，平湖市拓展思路，深入挖掘海域资源优势，2013年出台《关于加强平湖市海域海岛使用权招标拍卖挂牌出让等工作的若干意见》，鼓励一些港口物流、码头等项目向大海要空间、要工厂。在海域使用权公开出让过程中，平湖市逐步形成一套更趋规范、完整的流程，创新建立用海(用地)一体化出让、弹性出让年限、设立履约保证金等机制。平湖市根据填海项目实际情况开展综合评估，先由国土部门分析出让海域周边的土地价格，提出土地评估价格，海洋部门再根据国土提供的价格以及周边海洋经济发展实际情况，综合评估出用海(用地)价格。由此形成的评估价格及出让方案，由平湖市政府招拍挂领导小组、浙江省海洋与渔业局进行审核,审核通过后,进行公开出让。此外,充分考虑到企业获得海域使用权后,将海洋填成陆地,涉及填海、建设、验收等实际情况,因此给予企业1-2年的施工建设期。为避免竞得海域使用权的企业出现"圈海""圈而不建"等现象,平湖市还建立了用海(用地)履约保证金机制,督促企业按照合同约定履行建设用地开发利用义务,有效提升海域使用价值。

【成立县域飞防专业合作社联合社】 5月6日,平湖市挂牌成立县域飞防专业合作社联合社——平湖市飞农粮油专业合作社联合社。该联合社由5个农民专业合作社共同组建,设立有水稻机械育秧、粮食烘干、粮食精加工及农机维修四大中心,全年作业服务能力4000公顷次。飞农粮油专业合作社联合社拥有中大型农机150台,农用无人植保机4架,粮食干燥机14台,批处理能力188吨,联合收割机8台(其中半喂入4台),高速插秧机43台,大中型拖拉机18台,玻璃温室400平方米,连栋大棚1万平方米,单栋大棚1.65万平方米,自走式喷杆喷雾机4台,碾米机5台,担架式植保机及其他机械57台,合计机具价值1315万元。该合作社拥有的无人机用于农药喷洒,每架每分钟可喷洒0.05-0.08公顷,是人工作业效率的30倍,且每亩地只需1升药液。2015年作业面积1060公顷(其中为周边农户服务513.33公顷),年作业收入124万元。2016年,飞农粮油专业合作社联合社开展了晚稻、黄桃、荷花、慈姑等病虫害植保服务,规模100公顷,防治效果好,工作效率高,得到各成员和农户的肯定。

【入选2016年全国"书香城市(区县级)"】 中国图书馆学会受文化部公共文化司委托,于2015年制订发布《书香城市(县级)、书香社区标准指标体系》,并于2016年7月发文举办2016年发现"书香城市(区县级)"活动。11月,平湖市入选2016年全国"书香城市(区县级)"。平湖市将全民阅读纳入国民经济和社会发展"十三五"规划,将全民阅读设施建设纳入城乡建设规划,科学规划、合理布局,有计划地建设覆盖城乡、实用便利、服务高效的各类全民阅读设施。加大市级图书馆、镇街道和村级图书分馆以及农家书屋建设力度,利用汽车图书馆,消除阅读盲点。开通数字图书馆及数字图书馆手机版,实现嘉兴地区行业系统图书馆的文献信息资源共建共享,为全市读者移动阅读开创新的平台。数字资源总量逐年增加,在平湖市城乡阅读场所实现网络全覆盖,加快数字阅读普及。为了提高农家书屋利用率,改善农村阅读环境,平湖市还创新性的开展组建农民读书会活动,统筹推进城乡阅读一体化建设。另外,平湖市还利用市委理论中心组、"金平湖"讲坛、道德讲堂、市民讲堂、当湖书院等平台载体,邀请国内外学者、专家到平作专题讲座,加强全民阅读引导。深入开展书香校园、职工书屋建设,打造学习型城市。2016年,平湖市委、市政府提出"文化平湖、书香社会"三年行动计划,将原本一年一度的全民读书月(未成年人读书节)升级为"全民阅读节",阅读节系列活动共计12大项,时间从3月到11月。4月23日世界读书日期间,举办全民阅读节启动仪式,活动期间,"图书馆就在我身边"征文、图书馆随手拍、"我的阅读故事"演讲大赛等活动精彩纷呈,并开展"十佳藏书之家""百佳阅读之星"评选,受到市民的欢迎和好评。

【平湖市数字档案馆通过国家级测试】 12月14-15日,国家档案局委托浙江省档案局组织专家对平湖市数字档案馆系统进行测试。专家组对平湖市数字档案馆的基础设施、系统功能、档案资源、保障体系、服务绩效等五大方面,99个关键指标300多个子项目进行全面测试,认为平湖市数字档案馆建设符合国家和行业相关标准规范,一致同意通过国家级数字档案馆测试。平湖市数字档案馆建设自2011年立项,数字档案馆建设的功效基本显现,档案管理、利用方式转型升级工作取得实质性进展。先后构建资源管理系统、数据保全系统、登记备份系统、"1+X"数字档案馆室一体化平台、档案信息利用中心、平湖档案网、"平湖档案"微信服务及"跨馆室查档、异地出证"远程利用服务等系统平台,在满足“收、管、存、用”档案业务需要的同时,进一步拓展数字档案馆服务功能,形成具有平湖特色的档案资源体系、档案利用共享体系、档案安全体系。

【美嘉保温容器公司一发明获中国专利奖】 10月19日,国家知识产权局印发《关于第十八届中国专利奖授奖的决定》,公布第十八届中国专利奖获奖名单,平湖美嘉保温容器工业有限公司“小口部保温容器聚氨酯发泡装置及发泡层充填工艺”发明专利荣获专利奖优秀奖。该发明是平湖市荣获的首个中国专利奖奖项。“中国专利奖”是中国唯一的专门对授予专利权的发明创造给予奖励的政府部门奖,得到联合国世界知识产权组织(WIPO)的认可,在国际上有一定的影响。平湖美嘉保温容器工业有限公司此次获奖的发明专利技术发展成熟,已得到市场的广泛认可,发明可生产优质的全塑料小口部保温容器,可节约30%用人成本,产量提升200%。

(黄　艳)

海盐县

【概况】 海盐县位于浙江省北部杭嘉湖平原,东濒杭州湾,西南与海宁市相邻,北与南湖区、秀洲区接壤,东北与平湖市相连。陆域总面积584.96平方千米,海域面积487.67平方千米。海岸线全长53.48千米,是浙北海岸线最长的县(市),其中可供建设万吨级以上深水岸线约10千米。海盐港区东临上海港、乍浦港,南依宁波、舟山港,其独特的区位优势对发展区域性物流中心十分有利。连接乍嘉苏高速、杭浦高速、杭州湾大桥北岸连接线3条高速公路的海盐互通枢纽为亚洲最大交通枢纽。2016年年底,县城建成区面积17.8平方千米。全县辖5个镇、4个街道,共有85个村民委员会,44个社区居民委员会(包括撤村建居的20个农村社区居委会)。有2个省级经济开发区,2个国家AAAA级风景旅游区。年末,全县户籍人口380260人,比上年增加1294人,人口自然增长率2.6‰。

2016年,海盐县实现生产总值414.90亿元,按可比价格计算,比上年增长8.2%。第一产业增加值20.63亿元,增长0.01%;第二产业增加值246.08亿元,增长7.5%;第三产业增加值148.19亿元,增长10.7%。第二产业中工业增加值226.12亿元,增长4.2%。扣除核电工业,县内生产总值302.32亿元,增长6.9%,县内工业增加值122.22亿元,增长3.8%。三次产业结构由上年的5.4∶59.7∶34.9调整为5.3∶58.4∶36.3。按户籍人口计算,人均生产总值109295元(折合16472美元)。

实现农业总产值30.92亿元,与上年持平,其中农、林、渔业和农林牧渔服务业分别比上年增长5%、5.4%、12.7%、12%,牧业比上年下降14.3%。全县总播种面积38334公顷,下降12.4%,其中粮食播种面积27157公顷,下降14.8%。粮食产量17.3万吨,下降15.4%。油菜种植面积1116公顷,下降46.6%;产量2678吨,下降53.5%。棉花种植面积265公顷,下降41.2%;产量583吨,增长3.4%。蔬菜种植(含菜用瓜)面积和产量分别为7717公顷、27.38万吨,分别增长0.7%、0.9%;水果产量8.78万吨,下降9%。全县森林面积7992公顷,增长0.7%;当年造林面积52公顷,下降62.9%。全县森林覆盖率13.7%。年末,全县耕地总资源26438公顷,常用耕地面积26146公顷,减少耕地239公顷。全年生猪出栏9.11万头,下降48.9%;存栏5.21万头,下降27.9%。家禽出栏1093.4万羽,增长12.6%;存栏305.6万羽,增长37.7%。全年肉类总产量27149吨,下降9.6%,其中,猪肉6188吨,下降48.6%。水产品产量14766吨,增长7.5%。

全年工业企业实现总产值908.09亿元,比上年增长4.6%,其中核电工业169.62亿元,比上年下降1.2%。475家销售收入2000万元以上规模工业企业实现总产值825.7亿元,增长5.8%。其中,县内工业企业实现总产值656.08亿元,增长7.5%。五大新兴行业实现产值370.98亿元,增长10.3%;四大传统产业实现产值233.88亿元,增长4.6%。在规模以上工业企业中,分经济类型看,国有企业工业总产值增长1.6%,集体企业下降7.3%,股份合作制企业增长6.4%,有限责任公司增长1.2%,股份制企业增长4.1%,私营企业增长3.9%,港澳台投资企业增长34.4%,外商投资企业增长15.3%。分门类看,采矿业下降14.5%,制造业增长7.8%,电力、热力、燃气及水的生产和供应业下降0.9%。规模以上工业企业实现主营业务收入787.72亿元,比上年增长5.4%;不含核电的县内工业主营业务收入614.49亿元,增长6.5%。规模以上工业企业实现利税总额138.03亿元,增长5.3%;实现利润总额87.89亿元,增长8.8%。其中,县内工业实现利税总额53.99亿元,增长14.2%;实现利润总额32.86亿元,增长24.4%。县内规模以上工业企业能源消费量139万吨标准煤,比上年增长4%;县内规模以上工业增加值能耗下降3%。全社会用电量454256万千瓦时,增长7.9%。

全年固定资产投资291.25亿元,比上年增长15.7%。其中,县内固定资产投资完成271.82亿元,增长11.1%;核电投资19.43亿元,增长174.6%。第一产业投资5.77亿元,增长23.1%;第二产业投资151.38亿元,增长12%;第三产业投资134.1亿元,增长20%。全年建筑业增加值12.28亿元,增长3.3%。完成建筑业总产值33.91亿元,下降10.1%;实现利润4654万元,增长4%。全年房地产开发投资25.57亿元,下降2.2%。其中,住宅投资20.61亿元,增长71.3%;办公楼投资0.47亿元,增长77.3%;商业营业用房投资2.99亿元,下降75.3%。

全年实现社会消费品零售总额124.37亿元,比上年增长10.8%。其中批发业、零售业、住宿业、餐饮业分别为4.27亿元、97.4亿元、1.32亿元、15.37亿元,分别增长3.8%、10.8%、8.6%、14.3%;城镇和乡村消费品零售额均比上年增长10.8%。全年批零贸易业销售额346.03亿元,增长8.2%,其中限额以上75.21亿元,比上年下降8.1%。全年住宿餐饮业营业收入22.22亿元,增长17.7%,其中限额以上2.59亿元,增长7.1%。在限额以上企业商品零售额中,食品类零售额增长34.3%、饮料类增长2.4%、烟酒类下降13.2%,服装、鞋帽、针纺织品类下降16.3%,化妆品类下降17.2%,金银珠宝类下降69%,日用品类增长19.5%,家用电器和音像器材类下降17.1%,中西药品类增长0.1%,文化办公用品类增长13.1%,家具类增长9.5%,通信器材类下降2.6%,石油及制品类下降6.5%,建筑及装潢材料类下降87%,汽车类增长2.4%。

全年货物进出口总额19.22亿美元,比上年下降3%。其中:出口14.69亿美元,下降4.4%;进口4.53亿美元,比上年增长2%。全年实际利用外资1.65亿美元,增长7.5%;合同利用外资5.84亿美元,增长9.1%。

交通运输、仓储和邮政业实现增加值12.18亿元,比上年增长5.7%。境内等级公路里程975千米,增长3.4%,其中一级以上公路里程115千米,高速公路里程40.5千米。全年旅客周转量1.55亿人千米,比上年下降1.8%;货物周转量51.36亿吨千米,增长7.8%。内河港口货物吞吐量1503万吨,增长10%。年末,实有公共汽车营运车辆236辆,增长8.8%;公共汽车客运总量1698万人次,下降3.8%。年末有邮电所16处,全年报刊发行量811万份,下降6.1%。全年邮电业务收入4.31亿元,增长4.1%。年末,固定电话用户10.16万户,下降13.7%;移动电话用户47.18万户,增长0.8%;拥有互联网用户13.47万户,增长13.6%。

全年接待国内外游客713万人次,比上年增长20.3%。其中:国内游客710万人次,增长20%;境外入境人数30078人次,增长196.2%。全年旅游总收入64.38亿元,增长21.3%。其中:国内旅游收入63.44亿元,增长20.1%;旅游外汇收入1428万美元,增长195.8%。

全县公共财政总收入63.06亿元,比上年增长5.1%,一般公共预算收入35.18亿元,增长9%。其中:税收收入31.35亿元,增长8.2%;非税收入3.82亿元,增长15.8%。一般公共预算支出43.51亿元,增长8.6%。年末,全部金融机构本外币各项存款余额544.06亿元,比年初增加72.69亿元,其中人民币各项存款余额533.68亿元,增加69.84亿元。全部金融机构本外币各项贷款余额547.5亿元,增加24.38亿元,其中人民币各项贷款余额534.16亿元,增加42.42亿元。住户存款中本外币293.98亿元,比年初增加25.11亿元,人民币290.85亿元,比年初增加23.72亿元。县内财产、人寿保险公司保费收入90039万元,增长8.9%;赔款支出23720万元,比上年下降3.7%。

全县研究与试验发展经费(R&D)112408万元,增长17.4%,占GDP比重2.71%。全县一般公共预算支出中科技支出21587万元,增长12.2%。全县有高新技术企业64家,比上年增加17家;省科技型中小企业253家,增加56家。全县专利申请总量3127件,增长24.2%;专利授权总量1861件,下降12.4%;专利授权总量中发明专利授权量127件,增加40件。

全县有幼儿园42所,在园幼儿13605人,教师795人;小学21所,在校学生23642人,教师1478人;普通中学16所,在校学生16115人,教师1554人。九年义务教育对象入学率100%。初中、高中毕业生升学率分别为99.3%、72.4%。有职业中学2所,在校学生4752人,教师335人。全县向普通高校输送新生2093人,输送高职(单考单招)584人。全县有5644人参加各类学历教育和非学历教育证书的自学考试。

年末,全县有文化馆1个,镇(街道)文化站9个,公共图书馆20个,全县公共图书馆藏书量171.3万册,比上年增长63%。博物馆1个,剧场、影剧院共5个。广播电台1座,广播节目综合人口覆盖率100%;电视台1座,电视节目综合人口覆盖率100%。全县有体育场(馆)数13个,比上年增加1个。是年全县体育健儿在市以上体育比赛中获奖牌211枚,其中金牌73枚。全县举办县级运动会42次,共有9108人次参赛。年末,全县有医院、卫生院(社区卫生服务中心)20所,卫生监督、疾病预防控制中心各1个,妇保院1所。医院、卫生院(社区卫生服务中心)病床数共2047张;卫生机构技术人员共2746人,增长4.6%。其中,执业医生991人,注册护士1000人,分别增长4.2%、11.9%。全县农村自来水普及率100%,卫生厕所覆盖率100%。

2016年环境污染治理完成投资27506万元,比上年增长29.7%。武原街道环境空气优良天数297天,环境空气质量综合指数4.44;烟尘控制区面积45.3平方千米,高污染燃料焚烧区总面积18.58平方千米,环境噪声达标区总面积8.11平方千米。污水集中处理率88.9%,生活垃圾无害化处理率97%。

全县城市基础设施建设完成投资52582万元,比上年增长29.9%。县城建成区面积17.8平方千米,比上年扩大3.5%,建成区人口13.76万人,增长10%。年末,实有城市道路面积372.63万平方米,增长3.3%;排水管道长度404.17千米,增长5.6%。建成区绿地面积600公顷,比上年下降14.7%,城关镇人均公共绿地面积14.9平方米,下降4.4%。

全年城镇居民人均可支配收入50216元,比上年增长7%;农村居民人均可支配收入29606元,增长8.2%。城乡居民人均消费支出分别为30615元、20814元,分别增长11.1%、9.4%。城乡居民家庭恩格尔系数分别为25.1%、26.4%。住房条件保持上年水平,城镇家庭人均住房建筑面积41.1平方米,农村家庭人均住房建筑面积61.82平方米。

城镇及规模以上私营企业从业人员11.54万人,比上年减少0.57万人。城镇登记失业率2.9%,比上年下降0.02个百分点。新增城镇就业岗位12780人,比上年增长5.2%,安置失业人员5584人,增长12.3%。职工基本养老保险参保人数20.23万人,下降4.5%。城镇职工基本医疗、失业、工伤、生育保险参保人数分别为18.51万人、11.72万人、17.15万人、12.14万人,分别增长4%、3.3%、0.9%、1.3%。城乡居民基本医疗保险参保人数18.8万人,下降3.4%。全县低保对象3818人,比上年增加1665人;低保对象中城镇461人,农村3357人,共享受最低生活保障补贴1333万元,增长30.9%。全县有社会福利机构12家,床位3244张,安置1089人。有社区服务设施710个,增长9%,社区服务中心覆盖率100%。

【获全省治水最高奖“大禹鼎”】 2月29日,在浙江省委、省政府召开的“五水共治”工作总结表彰大会上,海盐县被授予浙江省“五水共治”工作优秀县(市、区)“大禹鼎”。近年来,海盐县实施村村设“第一书记”、挂“作战图纸”、进行“水质公示”等基层治水工作举措,基层治水经验得到省政府领导批示肯定并向全省推广。2015年,海盐县11个县控以上断面水质全面消灭劣五类、五类,其中二类断面占比9.1%,四类断面占比90.1%。千亩荡饮用水水源保护区水质首次实现

29项指标全部符合环境保护部“地面水环境质量标准”表1、表2Ⅲ类水标准,成为嘉兴市首个不依赖外界优质水源补给而水质达标的在用水源;南北湖水质断面成为嘉兴市唯一二类水断面。

【土地质量地球化学调查成果报告通过评审】 4月13日,《海盐县土地质量地球化学调查成果报告》通过中国地质调查局农业地质应用研究中心、浙江省农业厅研究院专家组评审。近年来,海盐县开展系统的农业地质调查,查清全县土壤养分丰缺现状、土壤重金属污染现状、农田灌溉水水质情况、富硒土地资源分布特征、农产品质量安全现状等。根据地质调查成果,建立“文、图、卡、库、码”的基本农田质量档案成果表达方式,实现土地质量可量化、可追溯、可稽核功能。这一成果为海盐县基本农田数量、质量、生态“三位一体”的管护提供有效手段,成为全省土地质量地质调查与建档工作的行业标杆。

【国家公共文化服务体系示范区创建成功】 4月,海盐县“国家公共文化服务体系示范区”创建工作通过文化部创建检查组验收。该创建工作始于2014年。近年来,海盐县加强公共文化服务体系建设,公共文化设施网络日臻完善。除构建图书馆总分馆服务体系外,还构建城乡一体化文化馆总分馆体系,搭建共建共享平台,提高全县公共文化服务效能。在全省率先实施文化下派员和村级文化管理员两项制度。

【入选“浙江制造”品牌培育试点县】 4月,海盐县被浙江省质量强省工作领导小组列入第二批“浙江制造”品牌培育试点县(市、区)名单。2016年,海盐县结合实施“415工程”,围绕紧固件、装备制造、集成家居等优势产业,以拳头产品、优势产品、成长型产品为基础,开展“浙江制造”培育企业标准制订工作,并确定嘉兴恒锋工具股份有限公司等2家公司率先开展产品标准制订工作。10月19日,浙江省“浙江制造”品牌建设促进会发布由嘉兴恒锋工具股份有限公司负责制定的“圆柱直齿渐开线花键量规”产品标准为“浙江制造”团体标准。

【获评全国基层中医药工作先进单位】 5月,海盐县被国家中医药管理局授予“全国基层中医药工作先进单位”称号,是全省7个获此项国家级荣誉的县(市、区)之一。2012年以来,海盐县采取落实政府责任、完善政策体系、重视基础设施、加强队伍建设、健全服务网络、丰富中医内涵、流动中医人才、推广适宜技术等八大工作举措,建立五大发展平台,提升社区中医药服务能力。2015年,探索实践“互联网+”中医药工作新模式,全国第一个县域部署的中医智能云系统落地海盐,成立县中医药养生保健中心、县中医药技术培训与推广中心,“基层中医化,中医基层化”的医改经验走在全国前列。

【发布2015年度县域绿色发展报告】 5月30日,海盐县政府召开新闻发布会,发布《海盐县绿色发展报告(2015年度)》《县域绿色发展评价指标》(以下简称《指标》)。这是海盐县连续第二年发布绿色发展报告,其中“评价指标”成为国内首份县域绿色发展地方标准。《指标》从绿色生产、绿色生活以及绿色生态3项一级指标和20个具体指标对绿色发展进行评价,并给出绿色发展指数计算方法。根据标准计算,2013-2015年,海盐县绿色发展指数分别为96.28、105.14、112.5。这套可评估、可测量、可比较的绿色发展指标体系可以审视绿色发展水平,衡量发展的成效和不足。

【入选全球第三批韧性城市名单】 5月30日,海盐县入选“全球100韧性城市”项目(第三批)名单。该项目是由美国洛克菲勒基金会于2013年5月提出的城市发展项目,旨在帮助世界各地城市增加韧性,应对21世纪日益频发的自然、社会、经济挑战。洛克菲勒基金会为入选的100个城市准备1.64亿美元(每个城市平均100多万美元)的无偿经费资助,用于项目启动、人才培养、课题研究等工作。10月10日,该基金会“100韧性城市”考察组到海盐县考察,肯定海盐县在韧性城市建设中所做的前期工作,下阶段将指导海盐韧性城市建设,促进海盐县与会员城市之间的经验分享和交流。

【“中瑞低碳环保产业合作项目”落户海盐】 5月30日,海盐县与太平洋电力能源有限公司(位于上海)签署“中国—瑞典低碳环保产业合作项目协议”。该公司在海盐县海滨公园内建设“瑞典低碳环保技术展”,并在海滨公园西侧投资建立“低碳环保研究中心”。将与海盐县合作开发建设“中瑞产业园”(暂定名),打造完整的环保产业链。中瑞低碳环保产业合作项目可以带给海盐县世界最新技术、最新经营模式,带动海盐县低碳环保产业化发展。

【参展第二届中国集成吊顶博览会】 6月2-4日,海盐78家企业参展第二届中国集成吊顶博览会暨集成家居博览会(在嘉兴)。海盐集成吊顶企业在展会上推出各具特色的新产品,其中浙江法狮龙建材科技有限公司的“丽尚印象”健康集成墙面显示广阔市场前景。2016年,海盐百步镇出台《集成吊顶产业五年发展规划》,筹建全国集成吊顶检测中心,“友邦”公司“全屋家居集成吊顶项目”开工建设,友邦集成吊顶工业设计中心被列入第二批省级工业设计中心名单,海盐集成吊顶被国家工商总局商标局认定“中国地理标志证明商标”。

【省级农产品质量安全放心县创建通过验收】 6月28-29日,海盐县通过省级农产品质量安全放心县考评组验收。2015年海盐县被定为全省首批省级农产品质量安全放心县创建单位之一。2016年,海盐县完善食品安全监管体系,构建食品安全社会共治格局;县内规模以上、高风险食品生产企业实行现代企业管理制度,食品批发、大型商场(超市)和婴幼儿乳品的电子追溯系统覆盖面80%以上。农产品质量安全追溯示范县创建通过省级验收。

【“意欧斯”公司并购知名机器人制造商】 6月,位于海盐的意欧斯智能科技股份有限公司(以下简称“意欧斯”)以5020万元受让上海松盛机器人系统有限公司(简称“松盛公司”)的70%股权。意欧斯是一家提供仓储物流智能化解决方案与服务的高新技术企业,是中国仓储物流行业首家“新三板”挂牌企业。意欧斯依托松盛公司“机器人系统集成应用”经验,特别是对机器人硬件和软件的二次开发,以及控制、驱动、软件系统综合运用等领先技术,为客户提供最佳的“无人化”生产、包装、仓储、物流等供应链一体化系统解决方案。

【在全省首创“三权”基金】 6月30日,海盐县政府设立的农村“三权”金融产品风险补偿基金正式启动。“三权”基金是配套开展农村承包土地的经营权抵押贷款、农村集体经济股权质押贷款、农民住房财产权抵押贷款业务试点,海盐“三权”基金原始金额为3000万元,适用于全县经批准设立的参与农村“三权”金融产品业务的金融机构,用于补偿分担因自然灾害等不可抗力造成的损失、抵押物处置期间农户权益保障,以及抵押物处置后不足以弥补贷款本息损失的贷款风险。作为全国农村综合改革试点示范县,海盐县已开发“农钻通、农股通、农宅通”等覆盖“三权”的所有金融产品,使“三权”从“死资产”变成“活资本”,拓宽农民创业融资渠道。

【国家卫生县城省级复审通过考核】 7月6-8日,海盐县巩固国家卫生县城工作通过国家卫生县城复审考核组省级考核。海盐县于2013年获得“国家卫生县城”称号。近年来,海盐巩固国家卫生县城创建成果,不断健全组织领导体系,注重问题整改,构建长效工作机制,深入推进爱国卫生工作。近两年,海盐滨海新城获批全省唯一的国家级绿色生态示范城区,成功创建省级森林城市,获评中国最佳绿色发展县,通过国家级生态县技术评估。

【发布全国首个集成吊顶产业指数】 7月8日,海盐县百步镇在第十八届中国(广州)国际建筑装饰博览会上发布“百步·中国集成吊顶产业指数”,这是全国首个集成吊顶产业指数,将成为国内集成吊顶行业发展态势的评判指标。该指数是运用现代统计指数理论与方法,对反映百步镇集成吊顶产业发展水平、企业经营状况及产品价格等一系列指标数据进行综合性科学计算后,得出的一系列相对数。海盐县百步镇被誉为“中国集成吊顶第一镇”,是国内集成吊顶行业的核心重地。该镇涌现出“宝仕龙吊顶”“奇力电器”等160余个品牌企业,在国内拥有直营专卖店8000余家,产品国内市场占有率40%以上。

【美丽乡村建设标准化试点项目通过验收】 7月11-12日,受国家标准化管理委员会委托,省质监局组建考核组对海盐县承担的第一批农村综合改革标准化试点——国家级美丽乡村建设标准化试点进行验收,海盐县获得通过。考核组专家认为海盐县取得“就地城镇化评价指标体系”等2项国家标准立项,为新型城镇化建设提供样本,发布并实施全国首项《绿色发展评价指标》,这些先进的地方实践为中央顶层设计提供了经验。该试点项目启动于2014年。海盐县共组织12期调研,确定全县农村综合改革领域的标准化需求。以就地城镇化工作的实践经验为重要支撑,将美丽乡村建设与就地城镇化深度融合,以“大美丽乡村”概念,构建美丽乡村“生产·生活·生态”三大标准体系;项目实施期间,海盐县发布县级地方标准规范25项,取得显著成效。

【第三次参加中欧合作项目签约】 7月13日,在国务院总理李克强和欧盟委员会主席容克的见证下,中欧双方在人民大会堂举行2016中欧城镇化伙伴关系务实合作项目签约仪式。签约仪式上,海盐县分别与丹麦丹佛斯集团、瑞典太平洋能源股份有限公司签署项目合作框架协议。近年来,在中丹合作基础上,海盐县逐步与德国、法国相关集团企业开展合作,引进德国克劳斯玛菲、伍尔特,法国阿海珐等国际知名企业,打造了欧洲(德国)工业园、中法核电关联产业园等平台。海盐与瑞典太平洋能源股份有限公司的成功签约,将搭建中瑞城镇化合作新平台。

【集成吊顶国家地理商标申报成功】 8月,国家工商行政管理总局商标局宣布“Haiyan integrated ceiling及图形”正式进入中国地理标志证明商标之列。这是浙江省第一例获得国家地理标志商标的工业产品。商标图案由9颗星星组成。其中,大星代表中国集成吊顶第一镇百步及友邦,环绕其周边的8颗小星代表其他镇(街道)及海盐县内的吊顶企业。2004年,“友邦”公司研发出中国第一款集成吊顶,创造出集成吊顶产业。在“友邦”带领下,以法狮龙吊顶、宝仕龙集成家居、风尚建材等为首,逐步形成海盐集成吊顶产业群。2014年,海盐县成立集成吊顶协会,并申报注册国家地理商标。

【滨海新城绿色生态示范城区建设通过考核】 8月12日,海盐县“滨海新城绿色生态示范城区”建设通过住建部专家组考核评估。海盐滨海新城位于县城东北部,规划总面积15.7平方千米,2014年2月,获批国家级绿色生态示范城区。两年来,海盐建立绿色生态城市总体规划、产城融合规划等层次完整的规划体系。把国外先进理念和技术融入滨海新城绿色生态示范城区建设,中欧城镇化合作绿色低碳生态区示范项目——海盐能源学校(零碳屋)绿色实践教育基地建成开放,瑞典低碳环保技术展及研究中心合作项目启动建设。浙江山水六旗国际度假区项目正式开工。利用绿色能源,实施光伏发电项目7个。发展绿色节能建筑,构建绿色交通体系、生态和绿地系统,实现人、城市与自然的和谐相处。

【海盐百步经济开发区晋升为省级】 8月24日,海盐百步经济开发区经省政府批准晋升省级经济开发区,更名为浙江百步经济开发区。这是海盐县第二个省级开发区。浙江百步经济开发区规划面积8.4平方千米,拟开发建成“一园三片”空间结构。“一园”指集成家居产业园,“三片”指印刷创意产业片、高端纺织产业片、装备制造产业片。海盐经济开发区百步新区成立于2009年。近几年,新区实施创新驱动,形成以集成吊顶、纺织化纤、商标印刷、机械装备制造为主要特色的四大支柱产业,成为海盐县西部经济副中心。

【国家生态县创建通过考核验收】 9月23日,海盐县国家生态县创建通过省环保厅考核组(受环境保护部生态司委托)验收。海盐县于2011年被省政府命名为“省级生态县”,2014年申报创建国家生态县。近年来,海盐县淘汰落后产能,推进产业结构调整,着力水污染防治、大气污染综合治理等环境整治,促进城乡环境改善。2016年,各镇(街道)跨行政区域河流交接断面考核全部达到合格以上,南北湖水质断面持续保持二类水质标准,千亩荡饮用水水源地水质达标。获全省治水最高奖项"大禹鼎",大气质量位居嘉兴市前列。"美丽乡村"、省级森林城市创建通过验收。2015年,获得全国"2015年创建生态文明标杆县"称号,获评浙江省唯一"中国最佳绿色发展县"。

【入选全国百强县2榜单】 9月22日,中国社科院所属的财经战略研究院发布《中国县域经济发展报告(2016)》,两个榜单:全国县域经济综合竞争力400强、全国县域经济投资潜力400强,并将前100名称之为"全国百强县"。海盐县分别排名第61名、第17名。海盐县在"十二五"期间地区生产总值年均增长9.7%,增速高于全省1.5个百分点。2014年、2015年,获得省工业强县综合评价全省"十强"。2015年,总投资300亿元的浙江山水六旗国际度假区项目落户海盐,该项目将推进海盐产城融合,助推文旅产业转型升级,为经济发展注入活力。

【入选全国首批中欧城镇化伙伴关系示范区】 10月13日,由国家发改委与欧盟驻华代表团指导、海盐县政府主办的"中欧城镇化伙伴关系示范区建设交流会"在海盐县举行。会上,国家发改委和欧盟驻华代表团共同宣布首批4对中欧城镇化伙伴关系示范区并授牌。海盐县与丹麦松德堡市是其中一对。海盐县是全省唯一入选城市,也是入选城市中唯一县级城市。2013年11月,海盐县作为全国首批12个中欧城镇化伙伴关系合作签约城市,与国际著名低碳城市丹麦松德堡市签署《中欧城镇化合作城市项目意向书》。近三年来,海盐县与松德堡市交流合作,引进丹麦丹佛斯集团,在海盐建成北欧(丹麦)工业园,双方共建零碳屋项目并对外开放。

【伍尔特大中华区供应链中心在海盐开业】 11月23日,伍尔特集团大中华区供应链(物流贸易)中心在海盐县开发区开业。2015年10月,海盐县与德国伍尔特集团在安徽合肥签署项目合作框架协议,伍尔特(中国)投资有限公司拟在海盐县"欧洲(德国)工业园"内建设德国伍尔特物流及贸易中心;将与海盐县合作,建成现代化的、立体的、自动化的物流仓储系统。伍尔特集团是全球装配和紧固件采购市场的"领导者",而海盐县是中国四大紧固件产业基地之一,该物流贸易中心将为海盐紧固件产业发展提供新的方向。

【获长三角城市群区域旅游产品奖】 11月,长三角城市群"岁月余味"体验之旅示范点和老房子特色餐厅评定结果揭晓,海盐县的"故道·绿道·味道"(南北湖·五味村)等20个示范点和10个老房子特色餐厅获长三角城市群区域旅游产品"TOP20·10奖"。该评定活动由上海市旅游局、江苏省旅游局、浙江省旅游局、安徽省旅游局共同主办。海盐获评的"故道·绿道·味道"示范点,是以中国第一条跨省国家公路——老沪杭公路为切入点,将散落的北团村、文溪坞、澉东村、紫金山村、茶院村5个各具"老家味道"的小山村和南北湖风景区串联起来,组成一幅江南水乡五味图。近年来,海盐五味村形成新的旅游景点。

【获得2项"最美"大奖】 11月26日,"中国新旅游时代——2016品牌推介暨旅游项目投融资大会"在上海闭幕。该大会由国际休闲经济促进会、中国休闲旅游文化研究中心、中国旅游媒体联盟主办。大会公布一批全国优秀旅游目的地名单并颁奖,海盐县获"中国最美文化休闲旅游名县""中国最美乡村休闲旅游名县"2项大奖。浙江省仅两个县(市)获奖。近年来,海盐县将美丽乡村、文化建设与乡村旅游发展相结合,探索"旅游+农业"和"旅游+文化"发展路径,以"美丽乡村·乐活海盐"为主题,重点打造"南北湖·五味村",发展乡村休闲旅游。

【青莲名猪文博园与韩国猪猪博物馆签约】 11月30日,浙江青莲食品股份有限公司建立的"青莲名猪文博园"与韩国利川"猪猪博物馆"签订战略合作协议,并正式结成友好博物馆。2016年,位于海盐县的浙江青莲食品股份有限公司建设世界名猪文博园，一期总投资1.8亿元，总建筑面积30277平方米。名猪文博园将集合美食、购物、博物馆、小猪表演、亲子体验、科普教育等多种业态，融合工业旅游、农业旅游、文化旅游为一体，打造长三角旅游新目的地。

【获“纺织之光”科学技术进步奖一等奖】 11月23日，由中国纺织工业联合会主办的“纺织之光”2016年度中国纺织工业联合会科技教育奖励大会在北京人民大会堂举行。海盐企业完成的“高品质差别化再生聚酯纤维关键技术及装备研发”项目荣获2016年度“纺织之光”科学技术进步奖一等奖。该项目主要完成单位为海盐海利环保纤维有限公司、中国纺织科学研究院、海盐海利废塑回收处理有限公司、北京中丽制机工程技术有限公司。此次海盐企业的获奖，表明海盐县近年来通过创新产业融合，传统纺织业逐步走向高技术、高产值、低污染道路。项目建成国内外规模最大的15万吨/年的废弃聚酯瓶加工清洗生产示范线、20万吨/年再生聚酯生产示范线，开发POY、FDY、ITY三大系列产品，技术路线先进、合理，自动化、智能化程度高，产品质量好、生产运行稳定、节能减排效果显著，取得较好的经济效益和社会效益。

（周　敏）

海宁市

【概况】 海宁市位于浙江省东北部、嘉兴市南部，东连海盐县，西接杭州市余杭区，南濒钱塘江，北与桐乡市和嘉兴市秀洲区接壤。海宁市行政区域总面积862.74平方千米，其中内陆面积731.8平方千米。2016年，辖4个街道、8个镇，159个行政村、64个社区，有3个省级开发区。年末，总户数188143户，户籍总人口681656人，其中男性333748人、女性347908人。全年人口出生率11.74‰，人口死亡率6.89‰，人口自然增长率4.86‰。

2016年，海宁市地区生产总值744.09亿元，按可比价计算(下同)，比上年增长6.4%。其中第一产业增加值22.53亿元，增长3.6%；第二产业增加值394.72亿元，增长5%；第三产业增加值326.83亿元，增长8.4%。三次产业结构比为3∶53.1∶43.9。按户籍人口计算，人均生产总值109575元，增长5.8%，按年均汇率计算为16497美元。全年财政总收入123.88亿元，其中一般公共预算收入72亿元，分别增长2.2%和4%。城镇常住居民人均可支配收入51954元，农村常住居民人均可支配收入30200元，分别增长7.5%和7.8%。

农业经济总体稳定。全年农业总产值36.3亿元，比上年增长6.5%。农作物总播种面积4.46万公顷，其中粮食播种面积2.06万公顷，经济作物种植面积2.4万公顷。全年粮食总产量14.03万吨，比上年下降0.6%；蔬菜总产量32.96万吨，增长7.7%；油菜籽总产量1万吨，下降3.2%；蚕茧总产量0.36万吨，下降28.4%。全年生猪饲养量5.78万头，下降34.2%；家禽饲养量1127.51万羽，下降6.5%。肉类总产量2.11万吨，下降12.3%；水产品总产量2.16万吨，下降9.1%。造林面积不断扩大，全年完成造林面积726.7公顷，林木覆盖率27%，位居嘉兴市第一，海宁市创建为“全国绿化模范县”。农业产业化水平不断提高，有农业龙头企业43家，实现产值40.86亿元。推进农业“电商换市”，农产品电子商务加快发展，海宁市被国家林业局评为全国首批“互联网+花卉产品营销模式示范单位”。各类专业合作组织不断发展，有各类专业合作社211个，工商登记的家庭农场、种养大户388家。高效生态都市型现代农业加快发展，有无公害农产品85只、绿色食品22只、有机食品1只、省级无公害农产品基地73个。推进农产品品牌建设，有嘉兴市级以上著名商标36个、名牌产品16个。发展农业节庆活动，举办丁桥乡村文化旅游节、周王庙蚕俗文化节、虹越花卉园艺节、黄湾乡村旅游节等。上农蓝莓小镇开园。农业现代化发展指数列嘉兴市首位。全年水利建设总投入7.45亿元，农田有效灌溉面积3.35万公顷，旱涝保收面积3.07万公顷。深化农村“三权”改革，开展农村土地承包经营权确权、登记和颁证工作，实现城乡不动产统一登记发证。

工业经济平稳发展。全年工业增加值341.36亿元,比上年增长5.6%。销售收入2000万元以上规模工业总产值1455.98亿元,增长3.6%。国有控股企业产值55.9亿元,增长6.1%。规模以上工业企业新产品产值614.13亿元,产销率96.84%、出口交货值367.71亿元。主导产业中,规模以上皮革工业产值110.04亿元,比上年下降5.2%;规模以上纺织工业产值470.66亿元,增长1.3%。两大主导产业占规模以上工业总量的39.9%。规模以上工业企业主营业务收入1398.37亿元、利税137.15亿元、利润81.84亿元。深化"四换三名",推进产业智能化,经编行业入选省机器换人分行业试点,海宁经济开发区入选长江经济带国家级转型升级示范开发区,经编园区成为全国首批新型工业化产业示范基地。"一企一策"扶持领军企业发展,出台企业减负政策37条,新增"新三板"挂牌企业10家。与上海漕河泾新兴经济技术开发区签订全面合作协议。推进供给侧结构性改革,实施第四轮亩产效益综合评价,用能权交易获全国试点推广。整治提升低小散企业583家,腾退低效用地133公顷,企业投资项目高效审批提速30%以上。

全年服务业增加值326.83亿元,比上年增长8.4%,占生产总值比重提高1.8个百分点。万科物流地产海宁万纬物流中心项目签约落户。新增楼宇入驻面积5.3万平方米,楼宇税收增长23%。海宁市入选全省首批服务业强县试点。全市有银行23家,规模保险、证券公司10家。社会融资总规模适度增长,各项存贷款同比增多,信贷结构不断优化,企业融资成本不断下降。年末,金融机构人民币各项存款余额1191.17亿元、各项贷款余额939.77亿元。推进金融服务实体专项行动,注册资本1亿元的政策性担保公司年底前运行。全年接待国内外游客1784.7万人次,旅游经济总收入200.37亿元,增长18.1%。盐官古城引进战略合作主体中景旅游管理(北京)有限公司并签订合作协议。举办2016中国·海宁潮国际博览会、第二十三届海宁·中国皮革博览会、第二十三届钱江(海宁)观潮节等活动。

固定资产投资持续增长。引进世界500强企业投资项目2个、总投资超亿美元项目3个。嘉兴国能高性能动力电池产业园、皮革时尚小镇核心区等开工建设,宁波精益集团汽车锻造铝轮毂基地签约落户,皮革城六期国际馆、批发中心开业。全年固定资产投资555.43亿元,其中工业生产性投资252.25亿元。全年投资项目1417个,其中当年新开工项目1039个,计划总投资383.64亿元;建成投产项目1109个,新增固定资产400.32亿元。

全年建筑业增加值53.46亿元,比上年增长1.3%。建筑业施工产值214.29亿元,比上年下降0.4%。房屋建筑施工面积1392.87万平方米,下降2.7%。全年房地产开发投资72.25亿元,增长24.5%。全年商品房销售面积139.25万平方米,增长66.8%;商品房销售额110.51亿元,增长68%。举办第十三届房地产博览会。

内外贸融合发展。全年社会消费品零售总额370.22亿元,比上年增长10.7%,其中城镇消费品零售额344.18亿元、乡村消费品零售额26.03亿元。分行业看:批发和零售贸易业零售额326.14亿元,增长10.4%;住宿餐饮业零售额31.68亿元,增长15.3%。全年网络零售总额456.96亿元,全省县(市)排名第二。全国电商百强县位列第五。2016年经编产业成功争创省级首批产业集群跨境电子商务发展试点。海宁跨境电商产业园在经编园区开园。2016首届中国家纺布艺产业互联网大会在海宁召开。海宁皮革城国家市场采购贸易方式试点首单通关,海宁港口岸监管场站启用。年末,有各类商品交易市场65个,其中成交额超亿元的市场27个。全年城乡集市贸易成交额330.59亿元。举办首届海商大会,成立海商总会。全年自营进出口总额413.31亿元,增长13.6%,其中出口总额365.64亿元、进口总额47.67亿元。新批外商投资企业46家。全年实际利用外资4.05亿美元,实到内资170亿元,浙商回归到位资金59亿元。

基础设施不断完善。杭州至海宁城际铁路先行段开工,海涛路(环西二路)跨沪昆铁路大桥、环西二路(江南大道至01省道)通车,沪杭甬高速公路许村互通式立交开通启用,101省道海宁段入选2016浙江十大最美公路。杨汇桥港航道养护工程开工。海宁市公共自行车三期投入运营,投放自行车700辆。公路(乡道以上)通车里程1419.56千米。全年货物运输量1859万吨,货物周转量186578万吨千米。全年客运量530万人,客运周转量24201万人千米。全年邮电业务收入10.54亿元。年末,固定电话用户21.27万户,比上年下降6.8%;移动电话用户99.9万户,比上年增长2.3%;互联网用户36.16万户,增长36%。

城乡统筹步伐加快。2016年,城市建城区面积50.5平方千米,市区绿化覆盖率46.12%。全年实施城市污水管网工程66.62千米,新增供水管32.29千米。实施天然气利用工程,全年完成铺设管网91.12千米。城区路网更趋完善,市区新建道路16.63千米,面积37.7万平方米。城建重点建设项目投资额6.91亿元,完成江南大道(海纳百川东侧)至碧云路(赞山景苑)天然气管道铺设、双利路南延道路建设、长山河海宁市区片水系统综合治理等城建工程。开展项目推进百日攻坚,拔钉清障百日攻坚,土地转而未供供而未用清理等专项行动,拔钉清障签约514户,完成率70%,盘活处置转而未供土地229.4公顷、供而未用土地148.9公顷。实施"三改一拆"583万平方米,拆后土地利用率81%。城市有机更新工人路商业中心一期基本建成。推进全国文明城市创建,实施"优美环境、优良秩序、优质服务、文明素质"四大提升工程,省创建全国县级文明城市现场推进会在海宁召开。推进星级美丽乡村创建和省美丽乡村示范县争创工作,11个村成为首批三星级美丽乡村,一星级美丽乡村创建率93.6%。启动美丽镇区和小城镇环境综合整治,联动推进美丽庭院、美丽厂区、美丽田野等建设。推进"三社"联动实践和城乡一体化新社区建设,新增注册社会组织154个。149个村(社区)开展城乡生活垃圾分类收集和处理工作。深化基础设施投融资体制改革,推进江南世家二期安置房、干河街历史文化街区等一批PPP项目建设,引入社会资本20亿元。

科技创新不断增强。有国家级高新技术企业140家。全年财政科技投入3.36亿元,比上年增长1.5%。经各级批准鉴定的成果66项,其中获嘉兴市级科技进步奖19项。列为省级新产品1010个。全年申请专利5950件,授权专利2995件。技术市场活跃,全年经认定登记和网上技术市场签约的技术合同39项,合同金额9605.5万元。建成"两创"中心标准厂房31万平方米。海宁市科创中心列为国家级科技企业孵化器。引进外籍院士2人,引进培育国家"千人计划"人才2人、省"千人计划"人才4人,引进培育各类人才项目21个,新增省级企业研究院3家、省重点企业研究院3家。天通控股股份有限公司通过国家企业技术中心认定,国家级企业创新平台实现零突破。

各类教育统筹发展。浙江大学国际联合学院(海宁国际校区)一期建成开学。完成学前教育第二轮行动计划,海宁市入选国家学前教育改革发展实验区。市实验小学、梅园幼儿园改扩建等项目竣工,市文苑小学、第五中学通过省标准化学校认定。海宁市职业高级中学创建为国家中等职业教育改革发展示范学校,成立海宁皮革职教集团。老年大学新校区建成启用。年末,有小学29所、普通中学29所、中职类学校4所、幼儿园67所、特殊教育学校1所,普通中学在校学生27090人,初中学龄人口入学率100%;小学在校学生42592人,小学学龄人口入学率100%;职业高中在校学生4165人,技工学校在校学生2740人,普通中专在校学生3042人,特殊教育学校在校学生114人。初中毕业生升入高中段比例99.44%。学龄前儿童三年净入园率99.39%。参加普通高校升学考试报名3351人,上线3246人,上线率96.87%,录取3191人,录取率95.23%;参加高职单考单招报名407人,录取329人,录取率80.84%。

文化体育持续繁荣。年内,有文化馆(站)13个,艺术表演场所演出611场次,艺术表演团体演出1979场次。全年"美丽大舞台"演出场次85场,开展文化下乡296场。公共图书馆总藏量162.87万册(件),比上年增长7.3%。举办各类文化展览活动206次、讲座87次。完成国家公共文化服务体系示范区创建,新建30个农村文化礼堂和社区文化家园,举办2016年中国(海宁)·徐志摩诗歌节系列活动。成立市影视产业协会,首届浙江灯彩文化传承与产业发展研讨会在海宁举行。举行“尺素海宁”——当代信札展,出版发行《中国节日志·观潮节》。推进体育设施建设,新增居民健身苑(点)58个,创建省体育现代化镇1个、省体育特色乡镇1个、省中心村全民健身广场1个。全年在省内外重大体育比赛中,海宁市运动员获国家级金牌5枚、省级金牌31枚、嘉兴市级金牌97枚。开展全民健身,全年组织全市性体育活动64次。举办单项体育赛事11项,举办2016年中国海宁速度轮滑公开赛、2016CBSA海宁斯诺克国际公开赛、全国蹦床冠军赛暨里约奥运会选拔积分赛、第十九届全国成人游泳锦标赛等6项国家级以上赛事。

医疗卫生条件不断改善。年末有医院、卫生院23所,医疗床位4232张。有卫生技术人员5570人,其中执业医师及执业助理医师1783人、注册护士2332人。农村自来水普及率100%,卫生厕所普及率99.71%。海宁市妇幼保健院整体搬迁至新院址,市肿瘤治疗中心投入使用。创新建立大病医疗困难救助新机制,实现医保个人账户家庭共济使用。全省“双下沉、两提升”现场会在海宁召开,县域内就诊率稳定在90%以上。海宁市入选省综合医改先行先试县(市、区),创建为省红十字工作示范县(市、区)。

民生改善和社会建设持续推进。2016年,城乡居民恩格尔系数分别为29.75%和29.2%,分别比上年增长12.6%和11%。年末,城镇居民人均住房建筑面积40.19平方米,农村居民人均生活用房建筑面积63.95平方米。全年提供就业岗位10.77万个,安置城镇失业人员14391人,城镇登记失业率2.9%。推进基本养老保险全覆盖,全年基本养老保险参保人数36.67万人,收缴基本养老保险基金20.47亿元。推进城镇职工基本医疗保险制度改革,医疗保险参保人数39.93万人,其中大病统筹7.25万人。年末,有社会福利事业单位20家,收养2599人。社会救济总人数(包括“低保”人数)20621人。有最低生活保障对象5093人,其中城镇居民和农村居民最低生活保障人数分别为722人和4371人,全年发放“低保”金额2360万元。启动贫困家庭残疾儿童集中养育康复“添翼计划”,首次将支出型贫困家庭纳入低保救助范围。深化“两富同行”温暖工程,全面实施精准扶贫,累计有1992户困难户脱贫。老龄事业不断发展,年末有城乡社区居家养老服务照料中心222个,其中城市社区养老服务中心63个、农村社区养老服务中心159个,覆盖率均为100%。30个居家养老服务照料中心实现专业化运营管理。有社区服务中心12个、社区一站式服务大厅223个,提供服务项目306个。

生态环境持续向好。推进国家循环经济示范城市建设,天通控股股份有限公司年产6600吨磁性材料节能技术改造等3个项目获中央资金支持,浙江海宁经编产业园区开发有限公司园区再生物资利用中心建设等3个项目获省循环经济“991行动计划”资金补助。长效推进“五水共治”,投入使用“智水平台”,省跨行政区域交接断面水质考核保持优秀,主要河道四类及以上水体占比86%,海宁市获浙江省“五水共治”工作优秀县(市、区)“大禹鼎”。完成河道疏浚及综合整治210千米、长效保洁2407千米,城镇生活污水治理51.3平方千米,农村生活污水治理累计受益率93.5%。泰山港水源生态湿地投入运行,盐仓污水处理厂三期提标工程完工。推进“五气共治”,加大工业废气治理,加快燃煤锅炉淘汰,加强工地扬尘、餐饮油烟治理,严格落实秸秆禁烧和烟花爆竹“双禁”,全面淘汰黄标车,城市空气优良率80.9%。推进“四边三化”,完成“公铁”沿线环境整治1.5万处,东部(黄湾)生态功能区低小散企业签约腾退率98%。全省农村生活垃圾减量化资源化处理技术对接会在海宁举行。

【中国共产党海宁市第十四次代表大会】 中国共产党海宁市第十四次代表大会于12月25-29日在海宁市行政中心召开。12月26日开幕,来自各条战线的党代表371人参加开幕式。开幕式由市委副书记、代市长曹国良主持,海宁市委书记朱建军代表中共海宁市第十三届委员会向大会作《干在实处、走在前列、勇立潮头,为全面建成小康社会标杆市而努力奋斗》的报告。会议于12月29日闭幕。大会通过中共海宁市第十四届委员会一次全体会议选举办法,选举产生新一届市委常委、书记、副书记,朱建军当选为书记,曹国良、沈雨祥当选为副书记。会议通过市纪委十四届一次全体会议选举产生的常委、书记、副书记名单。会议通过代表提案审查情况报告,通过十三届市委工作报告决议和市纪委工作报告决议,选举产生海宁市出席嘉兴市第八次党代会代表。

【与余杭区区域战略合作开发签约】 9月29日,海宁市与杭州市余杭区区域战略合作开发签约仪式在临平举行。杭州市委常委、余杭区委书记徐文光,余杭区区长朱华,海宁市委书记朱建军,市领导姚敏忠、许煜威等参加签约仪式。“融杭接沪”是海宁经济社会发展的重要战略,自2016年6月起,海宁市与余杭区就区域战略合作开发开展多轮对接与洽谈。战略合作开发区域规划定位以产业为主,打造产业互联网、时尚、电子商务三大产业园区。一次规划,分期开发,余杭区临平新城与海宁市许村镇在互相接壤的区域共同进行开发。

【首届海商大会】 海宁市首届海商大会于10月17-18日在海宁市行政中心召开。部分省外商会负责人、在外海宁商会会长及重点企业家代表、重点浙商回归项目业主及签约单位代表、海宁市内有突出贡献的企业家代表、在海宁发展的“新海商”代表等600余人参加大会。大会以“海纳百川、勇立潮头”为主题,旨在推动海商回归,吸引海商投身海宁建设。海宁市委副书记周红霞主持会议,全国政协常委、省工商联主席南存辉出席会议并致辞,市委书记朱建军作大会主旨演讲。大会期间,成立海商总会,选举产生海商总会第一届理事会。聘请杭州至海宁城际铁路项目总顾问和经济(招商)顾问,举行《天下海商》首发式。海商代表潘建清、陈康平、郑卫国、沈珺作主旨发言。举行重大招商引资项目签约活动,29个重点项目签约,投资总额近300亿元。海宁市人民政府与正泰集团签订全面战略合作协议。

【海宁皮革时尚小镇创意区开工】 海宁皮革时尚小镇是省政府于2015年5月确定的首批省级特色小镇创建项目,位于市区西侧,规划面积3.5平方千米。小镇以打造皮革时尚策源地和贸易服务中心、传统产业转型升级示范基地为目标,计划三年总投资58.9亿元。2016年9月23日,其核心区块海宁皮革时尚小镇创意区开工,市领导朱建军、徐辉、张炜芬、胡燕子参加开工仪式。创意区占地面积11.53公顷,总建筑面积21.3万平方米,总投资约12亿元。建设项目主要包括设计师创业梦工场、设计大师工作室、高级时装定制区、时尚教育培训学院、国际时尚发布中心、设计师人才公寓、“设计+”主题酒吧等。创意区整体规划突出环境和生态,与“设计+”为主线,吸引设计师、时尚创意机构、研发机构和国际时尚机构入驻。

【汽车锻造铝轮毂制造产业基地项目落户】 12月9日,海宁市人民政府、尖山新区管委会与宁波精益集团举行签约仪式,总投资67亿元的汽车锻造铝轮毂制造产业基地项目落户尖山新区。宁波精益集团董事长董祥义,海宁市领导朱建军、曹国良、徐辉等参加签约仪式,市委书记朱建军在签约仪式上致辞。宁波精益集团是专业生产汽车及电器用各类微轴、太阳能电池、锻造铝轮毂等产品的行业龙头企业,具备各种轮型轮毂的自主研发能力。项目由宁波精益集团和杭州鲲田投资有限公司联合投资建设,购置轻量化轮毂研发、生产、检测设备,形成年产1750万件锻造铝轮毂生产能力。项目一次规划,分期实施,一期投资20亿元,计划五年内全部达产。

【农村土地承包经营权确权登记颁证铺开】 2015年,海宁市启动农村土地承包经营权确权登记颁证工作,黄湾镇为试点镇。2016年该工作全面铺开。印发《海宁市农村土地承包经营权确权登记颁证实施方案的通知》《关于进一步加强农村土地承包经营权确权登记颁证工作的通知》《政策问答》等文件,成立市、镇、村各级工作小组。主要开展清查承包档案资料、调查承包经营权、完善土地承包合同、健全承包经营权登记簿、换发承包经营权证书、推进承包管理信息化建设、规范档案管理制度等工作。建立定期协商、信息共享和通报督促机制,组建综合协调、政策指导和技术服务3个工作组。市财政对测绘指界、绘制示意图、上门核实签字等费用给予120元/公顷补助。各镇(街道)落实经费348.5万元,最高给予村级测绘补助30元/户。累计召开确权培训会149次,发放宣传资料13.1万份。工作组分片包干到85个村进行现场指导。至2016年年底,黄湾镇7个村166个组全部完成测绘作业及村组公示,签订承包合同6383份,涉及土地面积1806公顷。12个镇(街道)均出台确权方案,开展确权工作。村级聘请专门工作人员730人,绘制组级示意图2555个。149个村开展土地确权测绘,完成承包地实测面积2.1万公顷。

【杭州至海宁城际铁路先行段开工建设】 12月15日,杭州至海宁城际铁路项目先行段开工建设。杭州至海宁城际铁路是国家PPP示范项目,工程概算总投资136.11亿元,2014年12月16日经国家发展和改革委员会批复同意规划建设。线路总长约48千米,总用地210.62公顷,沿线经过杭州市余杭区、海宁市许村镇、长安镇、周王庙镇、盐官镇、斜桥镇、海宁主城区,设站13座(含1座预留站)。2016年5月,启动重大项目集体决策程序,就项目规划建设征求各界意见。7月26日,海宁市政协召开第十二届委员会常务委员会第二十二次会议,协商项目建设事宜。8月17日,海宁市与浙江省交通投资集团举行项目战略合作框架协议签约仪式。8月30日,海宁市第十四届人民代表大会第六次会议听取和审查市政府关于该项目规划建设情况的报告,通过《关于同意建设杭州至海宁城际铁路的决定》。9月22日,项目工程可行性研究报告获省发展和改革委员会批复,项目正式进入实施阶段。9月27日,召开项目征迁工作动员会,城际铁路沿线征迁工作全面启动。10月17日,省发展和改革委员会批复该工程先行段初步设计。

【海宁公交总站(汽车北站)投入使用】 12月16日,海宁公交总站(汽车北站)正式投入使用,9路、99路公交车延伸到公交总站。该站位于市区由拳路北侧、文苑路东侧,占地面积4.1公顷,总建筑面积2.3万平方米。由大元运输有限责任公司投资建设,是海宁市民营资本参与大型客运站首个项目。按二级车站标准建设,主要建筑包括综合楼、候车厅、站台、加油加气站、汽车保养用房、停车场、出租车候车区等。该站主要服务于公交车运营,解决公交线路布局、公交车停车、调头场地和公交司机休息场所等难题。

【科创中心被认定为国家级科技企业孵化器】 3月,海宁市科创中心被科技部认定为国家级科技企业孵化器。该中心于2005年成立,为在孵企业提供科技贷款、创投基金和科技担保等金融服务,先后引入海创创新投资基金、科金创业基金、力合天使创业投资基金和恒胜天使投资基金4个基金,总规模1.4亿元。引入民营企业共建"淘科技"网上技术交易平台,为在孵企业科技成果转移转化服务,平台累计集聚创新要素、科技成果11万余项,在线专家4800余名,院校机构30所。海宁市科创中心投资有限公司是科创中心的运营主体,采取政府投资、公司化管理的模式运行。围绕电子信息、新能源、新材料、文化创意等高新技术产业,重点构建"1+3+4"孵化服务体系,即形成以"淘科技"为龙头,集技术交易、创业导师、法律咨询、财务管理、人力资源、工业设计、国际展览等服务于一体的一站式中介服务平台;拥有浙江大学影视研究院、浙江大学服务机器人重点实验室、芯片检测服务平台三大公共技术服务平台;实施优化创业苗圃项目、科技金融支撑、分层孵化、保姆式服务四项创新孵化举措。2012年设立大学生科技创业基地,对大学生科技创业予以支持,累计引进大学生科技创业企业近20家。2014年,与上海激创投资管理股份有限公司(苏河汇)合作,设立"苏河汇"众创空间(创业苗圃),累计引进大学生预孵化项目11个。至2016年年底,中心有在孵企业103家,累计毕业35家。培育国家高新技术企业2家,引育国家"千人计划"人才8名、省"千人计划"人才9名。先后获"省级科技企业孵化器""嘉兴创业基地""浙江省小企业创业示范基地"和"省级创业孵化示范基地"称号。

【天通控股公司被认定为国家企业技术中心】 12月15日,天通控股股份有限公司技术中心被国家发展和改革委员会、科技部、财政部等部委认定为国家企业技术中心,是海宁首个国家级企业创新平台。天通控股股份有限公司创建于1984年,是中国首家自然人控股的上市公司,集生产、科研、销售于一体,主要经营业务为磁性材料、电子元件、机械设备的生产、销售及技术开发。企业技术中心成立于1999年,重点开展电子信息材料及上下游配套产品的研发。2000年被评为省级高新技术研究开发中心,2007年被认定为省级企业技术中心,2011年申报创建国家企业技术中心。先后建立浙江省新型信息材料技术研究重点实验室、浙江省天通电子信息材料重点企业研究院、浙江省企业技术标准创新基地,设立实验室和天河系列超级计算机生产基地。承担2次国家"863计划"项目,发改委产业振兴项目、2个"金太阳"工程项目,工信部节能减排项目,以及多个军工项目,完成"天河一号""天河二号"总装任务。依托企业技术中心,公司在电子信息领域取得多项成果,并在航空、航天、航海等高科技领域广泛应用,多次为国家重大工程配套。公司先后获国家技术发明二等奖、国家科技进步二等奖、浙江省技术发明奖一等奖,被评为国家重点高新技术企业、国家科技兴贸重点出口企业、中国电子元器件百强企业。

【海宁市获列国家学前教育改革实验区】 2月2日,海宁市被教育部列入国家学前教育改革实验区,是嘉兴市唯一入选县(市)。自2011年以来,海宁市通过实施第一轮和第二轮学前教育三年行动计划,加快建设、优化布局,学前教育事业健康发展。2011年7月,出台《海宁市学前教育三年行动计划》。2014年10月,出台《海宁市发展学前教育第二轮三年行动计划》。海宁市有各级各类幼儿园67所,学前三年入园率99%以上,公益性幼儿园幼儿占比85.1%,等级幼儿园儿童占比96.5%,幼儿教师学历合格率100%。12个镇(街道)中有11个被命名为嘉兴市学前教育先进、示范镇(街道),成为嘉兴市首个学前教育示范县(市)。围绕三年行动计划,出台《海宁市市区住宅小区配套幼儿园规范管理办法》《海宁市学前教育专项资金管理办法》《海宁市学前教育达标镇(街道)评估考核办法(试行)》《海宁市公益性幼儿园认定办法》等文件,对学前教育发展予以保障。

【浙大国际联合学院(海宁国际校区)开学】 2013年6月17日,海宁市与浙江大学签署共建浙江大学国际联合学院(海宁国际校区)合作协议。2014年6月30日,海宁国际校区开工。2016年8月,一期工程完工,9月10日正式开学。一期招收新生106人,有教职工60余人,其中外籍教师16人、浙江大学专任老师12人。校区位于海宁市区水月亭东路南、海州东路北,总占地面积98.95公顷,校园建设用地66.67公顷,总建筑面积39.93万平方米,概算总投资32.2亿元。校园设计尊重自然,三条水系及一条景观轴贯通湿地与鹃湖,形成"湿地书院"格局。中心湖为校区休闲景观中心,南为中心教学区,北为体育运动区,东为湖东综合体及书院,西为酒店式书院和教师公寓。中国学中心、浙江大学爱丁堡大学联合学院和浙江大学伊利诺伊大学厄巴纳香槟校区联合学院入驻浙江大学国际联合学院(海宁国际校区)。

浙江大学国际联合学院(海宁国际校区)全景(陈杰摄影)

【王国维戏曲论文奖颁奖典礼暨学术研讨会】 11月18–20日,第七届王国维戏曲论文奖颁奖典礼暨"网络时代的戏曲走向"学术研讨会在海宁举行。活动由中国艺术研究院、浙江省文化厅、浙江省文联、海宁市人民政府联合主办,100余名戏曲理论研究领域的专家、学者及该届论文奖获奖者参加活动。6–8月,开展征稿活动,共收到论文149篇。经过评审,20篇戏曲论文获奖,其中一等奖3篇、二等奖5篇、三等奖12篇。11月19日,举行颁奖典礼和以“网络时代的戏曲走向”为主题的学术研讨会。中国艺术研究院戏曲研究所所长王馗、中国戏曲学院戏曲文学系主任谢柏梁、浙江艺术职业学院研究员徐宏图、上海师范大学教授朱恒夫等分别作主题发言。20余名代表围绕“如何保持戏曲艺术特征与特色,运用网络科技推动戏曲艺术的发展”等议题进行研讨。

【2016中国·海宁潮国际博览会】 5月26日,2016中国·海宁潮国际博览会新闻发布会在杭州召开。6月16日,2016中国·海宁潮国际博览会暨第二十三届海宁·中国皮革博览会在海宁会展中心开幕。博览会由浙江省人民政府、中国轻工业联合会等单位共同主办。中国轻工业联合会副会长王世成、中国皮革协会常务副理事长兼秘书长李玉中、中国服装协会常务副会长陈大鹏、嘉兴市副市长盛全生,海宁市领导朱建军、戴锋、徐辉、张炜芬等参加开幕式。王世成宣布潮博会暨第二十三届海宁·中国皮革博览会开幕,市委书记朱建军致欢迎词。潮博会以“潮城海宁·博览时尚”为主题,分设时尚产业展和高峰论坛两大板块。潮博会各项活动贯穿全年,以专业产业类展会和国际性全国性活动为正式项目,举办专业产业类展会6项、重大活动8项。专业产业类展会分别有:2016中国·海宁潮国际博览会时尚产业展暨高峰论坛,2016海宁·中国家用纺织品(春季)博览会,2016第七届海宁中国皮革原料、辅料展,第二十三届海宁·中国皮革博览会,2016海宁·中国家用纺织品(秋季)博览会,第七届中国·马桥经编交易会。重大活动分别有:2016年全国蹦床冠军赛暨奥运会积分选拔赛、2016年中国海宁速度轮滑公开赛、第二十三届钱江(海宁)观潮节、第七届海宁潮音乐节、第十九届全国成人游泳锦标赛、2016中国经济潮流人物评选、2016CBSA海宁斯诺克国际公开赛、2016中国(海宁)·徐志摩诗歌节。

【第二十三届海宁·中国皮革博览会】 第二十三届海宁·中国皮革博览会于3-10月举行。6月16日,与2016中国·海宁潮国际博览会同时举行开幕式。皮革博览会首次与潮博会同时举办。皮革博览会以“设计+”为主题,举办2016-2017年中国国际皮革、裘皮服装流行趋势发布暨2016中国皮革裘皮年度颁奖盛典、第十九届“真皮标志杯”中国国际皮革裘皮服装设计大奖赛、第九届中国皮革时尚周、2016海宁中国皮革、裘皮服装展、2016中国海宁微商高峰论坛、2016皮革产业发展论坛、2016中国海宁时尚产业论坛、2016中国设计趋势高峰论坛等11项活动,打通“看秀+订货”专属模式,打造“设计+”时代的产业资源整合平台。共享经济、社群经济、微商销售、网红经济等热点话题融入皮革博览会,名家、名师以及各大论坛围绕设计、营销、改变产业未来等话题进行探讨。

中国国际皮革、裘皮服装流行趋势发布现场(王超英摄影)

【第二十三届钱江(海宁)观潮节】 第二十三届钱江(海宁)观潮节于9月13-22日举行,9月15日在盐官观潮胜地公园开幕。观潮节由浙江省旅游局、嘉兴市人民政府主办,海宁市人民政府承办。浙江省旅游局副巡视员徐海,嘉兴市副市长张仁贵、副秘书长蔡山林,海宁市领导孙浩彬、胡燕子、田耘等出席开幕式,海宁市委副书记、市长戴锋在开幕式上致辞。观潮节以“潮城海宁”为主题,举办开幕式暨网络直播海宁潮启动仪式、潮神祭祀民俗表演、露营体验系列活动、2016首届中国海宁百里钱塘国际雕塑大展开幕式暨雕塑园开园仪式、“潮城海宁”全域旅游联合营销活动、“梦想+”潮市街、第七届海宁潮音乐节、夜潮音乐派对、夜潮露天电影展、古城民俗庙会、旅游达人探营盐官、绍兴市民海宁盐官自驾体验之旅、2016年涌潮国际研讨会等活动。中央电视台第八次直播海宁潮。新浪、网易、斗鱼等媒体进行观潮节网络直播。观潮节期间,共接待游客53.61万人次,票务收入751.15万元。

【2016海宁·中国家用纺织品博览会】 2016海宁·中国家用纺织品博览会分春、秋两季举行,地点均在许村镇的海宁中国家纺城国际贸易中心。由中国家用纺织品行业协会、中国国际贸易促进委员会纺织行业分会主办,海宁中国家纺城股份有限公司承办。3月3–5日,举行春季博览会。设展馆面积50余万平方米,3100余家国内外家纺布艺、家居软装行业知名品牌参展,举办室内设计与家纺产品创新论坛等活动,家居设计师、经销商及采购团体等17.9万人观展。8月21–23日,举办秋季博览会。8月21日开幕,中国家用纺织品行业协会会长杨兆华、中国纺织品商业协会副会长韩云钢、海宁市副市长胡燕子等领导和企业代表出席开幕式。展会设3200个展位,展馆面积50余万平方米。举办2015年度海宁家纺优秀产品展、2016中国国际家用纺织品创意设计大赛作品展、2016海宁·中国家用纺织品(秋季)博览会人气软装十佳作品展、2017年度(海宁家纺)家用纺织品面料流行趋势发布展等活动。吸引观展人数4.8万人次,达成意向交易额11.6亿元。

【盐官旅游开发合作项目签约】 12月18日,海宁市人民政府、盐官旅游度假区管委会与中景旅游管理(北京)有限公司、中景旅游管理(北京)有限公司董事长陈向宏举行盐官旅游开发合作项目签约仪式。海宁市领导朱建军、曹国良、徐辉、张炜芬,以及古镇联盟建筑设计有限公司有关领导出席签约仪式。海宁市委书记朱建军、中景旅游管理(北京)有限公司董事长陈向宏在签约仪式上致辞,盐官旅游度假区管委会主任夏国平作项目介绍。项目一次规划,分期实施,由海宁市人民政府和中景旅游管理(北京)有限公司、陈向宏共同出资成立项目公司。主要开发建设内容包括新建和复建旅游度假休闲设施、建设基础设施和公共配套设施、修缮古建筑、改造提升现有景点设施等,并引入观赏性、互动性项目和文化产业类项目等旅游新业态,将盐官旅游度假区打造成集观潮体验、休闲度假、商务会展、文化创意为一体的旅游休闲度假综合目的地。项目位于海宁盐官旅游度假区,范围主要包括沿江生态绿带、盐官古城及古城西侧区块,总面积约4.5平方千米,其中核心项目范围为盐官古城、观潮胜地公园及古城周边部分地块,总面积约2.1平方千米。项目总投资约120亿元,其中核心项目投资约40亿元。

【海宁市获全省治水最高奖"大禹鼎"】 2月29日,在全省"五水共治"工作会议上,海宁市获全省治水最高奖——浙江省"五水共治"工作优秀县(市、区)"大禹鼎"。2013年以来,海宁市通过科学治水、依法治水、全民治水、流域治水、生态治水等方式,全面开展水环境治理工作。至2016年年底,海宁市级主要河道四类及以上水体水质占比86%。封堵河道排污口5000余个,腾退市级河道两侧15米范围内工业企业153家,河道清淤1623千米,建成供水管道约8100千米,省跨行政区域河流交接断面水质考核由"合格"变为"优秀"。制订河道治理方案体系,成立专职指挥机构,确定38项投资101亿元的治理项目。在全省率先全面推行"河长制",落实市、镇、村三级河长任务,累计巡河发现并交办解决问题3461个。开展脏乱黑臭河道专项治理,排摸、建档并完成"三河"治理280条。推进城乡生活污水治理,累计受益农户8.7万户,受益率93.5%。建立监测和通报机制,海宁市级河道水质每月监测3次。落实督察曝光机制,在市级媒体曝光负面典型,累计曝光130条问题河道并完成整治。加大对环境违法行为的查处打击力度,加强与余杭、桐乡等地的协调联动,建立健全边界联合执法机制。推进全民参与治水,党员、群众、企业主义务担任河长,社会各界"五水共治"捐款6000余万元。

【洛塘河绿道全线贯通】 1月初,洛塘河绿道全线贯通。该绿道于2014年6月开工建设,从斜桥镇卡森大桥至海宁市区射击馆,全长13千米。工程总投资2.92亿元,沿途经过9座大桥,涉及河道清淤、绿道贯通、堤岸整治修复、布设景观等工程。整条绿道由市水利局、住建局、城投集团3家单位分段施工。既注重水乡风貌,又兼具现代感,同时融入海宁潮文化、灯文化和名人文化等设计元素。绿道建设尊重自然,保留了水泥厂遗址、老伊桥桥墩原貌并加以改造。施工期间,洛塘河两岸腾退落后产能,关闭污染企业41家,拆迁农房和违章建筑400余户,关停养殖户12户,封堵排污口105个。投资8900万元实施洛塘河市区段全面禁航工程,改造绕行航道49千米。疏浚河道14.6千米,种植水生植物2.3万平方米。新增绿化面积45.2万平方米,新建木栈道1100米。

(曾晓莲)

桐乡市

【概况】 桐乡市地处浙北杭嘉湖平原,长江三角洲东南部。东连秀洲区,南邻海宁市,西毗湖州市德清县和杭州市余杭区,西北接湖州市南浔区,北界江苏省苏州市吴江区。东西宽约36千米,南北长约34千米,总面积727.45平方千米。沪昆高速公路(G60)、申嘉湖高速公路(S12)、练杭高速公路(S13)、320国道、沪杭铁路客运专线、京杭大运河等水陆交通要道贯穿境内。2016年,辖9个镇、3个街道、35个社区、176个行政村。年末,户籍总人口69.28万人(男性34.18万人,女性35.1万人),比上年增加3748人,其中城镇人口39.82万人,占总人口的57.5%;暂住人口47.44万人,比上年增长12.8%。全年出生人口6955人,出生率10.07‰,死亡人口4607人,死亡率6.67‰,自然增长率3.4‰。

2016年,桐乡市贯彻推进供给侧结构性改革,创新发展各项政策措施,保持经济运行在合理区间。实现地区生产总值693.7亿元,按可比价计算增长6.4%;三次产业结构比例调整为4.1∶47.8∶48.1。其中:第一产业增加值28.2亿元,比上年增长0.5%;第二产业增加值331.9亿元,增长3.4%;第三产业增加值333.6亿元,增长10.2%。实现销售收入2000万元以上规模工业企业总产值1352.9亿元。实现财政总收入100.5亿元,与上年持平;一般公共预算收入58亿元,增长5.2%;年末金融机构本外币存、贷款余额分别为1139.1亿元和866.1亿元,分别比上年增长18%和6.4%。新增城镇就业人员13090人,城镇登记失业率2.87%。城镇居民人均可支配收入48020元,农村居民人均可支配收入29623元,分别比上年增长7.4%和8.3%。全年,居民消费价格总水平(CPI)上涨1.6%。

着力提升供给水平。桐乡市深化"工业强市"建设。加快推进"两改两创"("两改"即企业开展技术改造、股份制改造,"两创"即品牌创新、管理创新)"四换三名"("四换"即腾笼换鸟、机器换人、空间换地、电商换市,"三名"即大力培育名企、名品、名家),实施"机器换人"项目446个,完成投资117亿元;腾退低效工业用地项目54个,腾退土地126.87公顷,淘汰低效落后设备3026台(套);"退二进三"腾退土地45.15公顷;处置闲置土地37.62公顷,被评为全国第三届国土资源节约集约模范市;实施小微企业三年成长计划,完成"个转企"395家,培育中国驰名商标1个、"浙江制造"品牌3个、省级名牌产品7个、省级著名商标5个。加快发展现代服务业。服务业集聚区建设和楼宇经济培育稳步推进,成功列入全省首批服务业强县(市、区)试点。深化旅游综合改革试点,乌镇—石门省级旅游度假区建设有序推进,全年接待游客1897.4万人次,实现旅游收入203.3亿元,分别比上年增长7.5%和10.3%。粮食生产保持稳定,新增粮食功能区1200公顷;休闲观光农业、生态高效农业等加快发展,新建庄园12个、现代农业园区5个。

深入推进改革创新。桐乡市举办第三届世界互联网大会、第五届中国创新创业大赛互联网及移动互联网行业总决赛,省级互联网创新发展试验区、乌镇大数据高新技术产业园区获省政府批准,引进大数据交易中心等75个互联网项目。创新动力不断增强。全年研究与试验发展(R&D)经费支出19.3亿元,新认定高新技术企业30家,高新技术产业增加值占规模以上工业增加值比重达39.5%;新增省级企业研究院5家,发明专利授权量325件,比上年增长45.1%,数量居嘉兴市首位;引进各类人才6483人,高层次人才463人。金融创新加速推进。新增上市企业2家、“新三板”挂牌企业8家,信用联社改制为农商银行。改革红利逐步显现。国家中小城市综合改革试点、国家旅游综合改革试点、县域经济体制综合改革等深入推进,市场活力持续释放,新增各类市场主体18822户,其中企业3569家,增长33.4%。特色小镇建设扎实推进。濮院毛衫时尚小镇、乌镇互联网小镇分别完成投资24.7亿元和10.3亿元,产业集聚提升作用逐步显现,濮院镇入选首批中国特色小镇名单。

稳步扩大内外需。实现固定资产投资总额480.6亿元,比上年增长12.3%,其中工业生产性投入210亿元、服务业投资265.4亿元,分别比上年增长8.2%和15.5%;188个市重大项目实现投资200.6亿元,开工率100%。其中,36个政府投资重大建设项目完成投资18.9亿元,乌镇大道(桐乡市区—乌镇段)、桐乡市妇幼保健院、桐乡市疾病预防控制中心迁建工程等重大民生项目加快推进。全年合同利用外资6亿美元,实际利用外资3.4亿美元,引进桐乡市外内资113.1亿元,实现“浙商回归”到位资金63.9亿元。外贸出口逆势增长。纺织服装、机电、玻纤等产品出口增速较快,实现出口总值212亿元,增长11.6%。网络消费、跨境消费等新兴消费模式迅猛发展,全年,社会消费品零售总额327.9亿元,增长10.9%,成功获评省级电子商务示范市。商品房销售面积165万平方米,实现销售额138.8亿元,分别比上年增长82%和97.6%。

持续改善生态环境。实施“公铁”(主要公路和铁路)沿线环境整治专项行动,“三改一拆”继续推进,完成“三改”面积835.9万平方米,拆除违法违章建筑191.7万平方米,改造老旧小区10个,整治危房22.2万平方米。扎实推进环境整治。以G20杭州峰会和第三届世界互联网大会·乌镇峰会环境质量保障要求为目标,开展环保百日攻坚专项行动,打好综合治理组合拳。深入推进“五水共治”。加强工业污水入网监管,新增污水管网135千米,改造城乡生活污水治理18790户,桐乡市12个地表水常规监测断面全部达到Ⅳ类以上水质。深入实施“五气共治”。加快工业废气治理,淘汰改造小锅炉520台、淘汰黄标车188辆,新增造林面积209.67公顷,PM2.5均值浓度比上年下降16%,环境空气质量优良率81.3%。推进低碳循环发展。积极发展清洁能源,加快新能源汽车推广及充电桩建设,新增新能源汽车188辆、充电桩100个,新增公共自行车站点30个,光伏并网发电装机容量70.2兆瓦,天然气消费量3.2亿立方米。

全面增强民生保障。新增职工养老保险27147人,净增基本医疗保险5358人。促进社会事业均衡发展。办学条件持续改善,高考一类上线人数和上线率创历史新高,全面推进第二轮学前教育三年行动计划,公益性幼儿园覆盖率达78.4%。医疗服务体系建设扎实推进,深入实施“双下沉、两提升”(人才下沉、资源下沉,服务能力提升、服务效率提升)工作,与省人民医院、上海市红房子妇产科医院等上级医院建立合作关系,不断提升卫生医疗水平,全面二孩政策平稳实施,获全国计划生育优质服务示范市称号。实施老人关爱工程,由政府出资为桐乡市60周岁以上户籍老人购买意外伤害保险,新建居家养老服务照料中心21家。扎实推进文体惠民,举办纪念茅盾诞生120周年等名人文化活动,成功创建国家公共文化服务体系示范区,全民健身运动广泛开展。开展平安金鼎攻坚年活动,完成护航G20杭州峰会和第三届世界互联网大会·乌镇峰会维稳安保任务。安全生产、新居民等各项工作扎实推进。

【第三届世界互联网大会】 11月16-18日,第三届世界互联网大会·乌镇峰会在桐乡市乌镇镇举行。大会以“创新驱动·造福人类——携手共建网络空间命运共同体”为主题。大会由国家互联网信息办公室、浙江省人民政府主办,浙江省互联网信息办公室、浙江省经济和信息化委员会、桐乡市人民政府、中国互联网络信息中心联合承办,联合国经济和社会事务部、国际电信联盟、世界知识产权组织、世界经济论坛协办。16日上午,大会举行开幕式,中共中央总书记、国家主席习近平以视频方式发表重要讲话。中央政治局常委、中央书记处书记刘云山出席大会并发表致辞。科摩罗副总统萨鲁马,柬埔寨副首相贺南洪,汤加副首相索瓦莱尼,法国前总理德维尔潘,澳大利亚前总理霍克等外国政要及国际电信联盟、世界经济论坛、世界知识产权组织等16位国际组织负责人出席大会。16日下午,大会举行全体会议并举行世界互联网领先科技成果发布活动。全体会议上,澳大利亚前总理鲍勃·霍克、法国前总理多米尼克·德维尔潘、世界知识产权组织副总干事王彬颖、德国互联网之父维纳·措恩、欧洲信息和通信系统标准化协会秘书长伊什特万·赛贝斯戴恩、百度董事长兼首席执行官李彦宏、联想集团董事长兼首席执行官杨元庆等嘉宾发表致辞。会后,举行世界互联网领先科技成果发布活动,特斯拉、阿里巴巴、IBM、百度、华为等公司的15项领先科技成果获准在大会上发布,这也是世界互联网大会举办以来,首次向社会发布世界互联网领先科技成果。17日,大会举行分论坛,23个中央和国家有关部委、单位主办16场分论坛,涉及20个议题,全面涵盖互联网经济、互联网创新、互联网文化、互联网治理、互联网国际合作等5大领域,多个国家部委主要负责人出席,300余位中外嘉宾发言。18日上午,大会举行闭幕式,同日,世界互联网大会组委会秘书处高级别专家咨询委员会发布《乌镇报告》,成为本届大会标志性成果。大会期间,全球110多个国家和地区、16个国际组织的1600余名嘉宾参会,165家中外媒体的678名记者参与报道。

【获国土资源节约集约模范县(市)称号】 6月27日,第三届国土资源节约集约模范县(市)表彰会在北京召开。会上,桐乡市被国土资源部授予"国土资源节约集约模范县(市)"称号。近年来,桐乡市按照"框定总量、限定容量、盘活存量、做优增量、提高质量"的总体要求,探索国土资源节约集约利用的有效途径和模式,通过差别化政策"节地"、深挖地下空间"生地"、专项督查行动"增地",深入促进土地节约集约利用。出台《桐乡市工业土地差别化供应认定标准及处置办法(试行)》《桐乡市低效建设用地再开发专项规划》《桐乡市深化节约集约利用土地促进扩大有效投资若干意见的通知》等文件,从政策制度上科学规划、利用、管理土地,统筹增量扩展与存量挖潜,遏制建设用地的无序扩张。开展专项行动,桐乡市国土资源局制订《桐乡市低效建设用地再开发专项规划》,明确全面推进低效利用土地和"三改一拆"土地再利用的方向和措施。持续开展"节约集约利用土地,促进扩大有效投资"专项行动。挖掘地下空间,发挥城市地质调查三维空间模型成果作用,为场馆、地下空间开发利用及时提供开发建设地质适宜性分析和工程防护措施建议。2016年,城镇低效用地再开发65.07公顷,消化农用地转用批而未供土地272.8公顷,盘活存量建设用地168.87公顷。

【乌镇互联网国际会展中心竣工】 10月19日,乌镇互联网国际会展中心竣工。会展中心位于乌镇镇北路南侧,西栅景区北侧,东临运河,是世界互联网大会·乌镇峰会永久场馆。项目占地面积8公顷,投资约10亿元,总建筑面积81163平方米;地上建筑面积58350平方米,其中会议中心28017平方米、接待中心7173平方米、展览中心23160平方米;地下建筑面积22813平方米。会展中心于2015年8月4日开工建设,由中国美术学院王澍教授负责方案设计,乌镇旅游股份有限公司负责建设,浙江工程建设监理公司监理;主体结构和室外工程由浙江省建筑设计研究院设计,浙江省建工集团承建;装修装饰工程由北京建院装饰工程有限公司设计,苏州金螳螂建筑装饰股份有限公司装修施工。会展中心建筑设计上秉承融合理念,建筑风格定义为传统与现代的完美结合,总体布局以水为媒,由会议中心、接待中心和展览中心三个功能区块组成。三座建筑沿南、东、北三个方向围绕中心水池而建赏。水池西侧设置游船码头,连接乌镇景区河道,方便游客集散。会议中心是会展中心的核心建筑,承办大会开幕式、闭幕式、分论坛以及全球互联网创新成果和科技发布活动。主会场(乌镇厅)4430平方米,室内净高12.8米,可容纳3000人,另由18个会议室、同声传译室、咖啡厅和设备机房组成,可用于举办互联网大会各分论坛。接待中心是人流集散中心,以中心花园和安检通道为界,东侧大厅设有售票、咨询、导游、前台、行李房等功能区块,西侧为咖啡吧和游览车上下客服务区。展览中心为一组建筑群落,共有大小不同的8个展馆,承办互联网之光博览会,并可供不同类型和规模的产品展示活动,其中主展馆面积3934平方米,室内净高14.1米。

【浙江大数据交易中心在桐乡乌镇上线】 9月26日,浙江大数据交易中心上线仪式暨2016大数据流通与应用论坛在桐乡乌镇举行。浙江大数据交易中心是以促进数据资产转化,实践数据商业价值为理念,致力于打造具有公信力、开放、客观、独立的全国第三方数据交易平台,由浙江日报报业集团负责运行,是全省唯一一个经省政府批准的大数据交易中心,也是浙江大数据存储、清洗、分析、挖掘和交易的重要机构,对于浙江省大数据产业的发展具有重要作用。浙江省委常委、宣传部部长葛慧君,浙江日报报业集团党委书记、社长高海浩,浙江日报报业集团党委副书记、总编辑鲍洪俊,浙江省金融办副主任徐素荣出席上线仪式。浙江大数据交易中心成立后,开发交易系统、筹备展示中心等。"移动端用户标签体系"的数据交易,以API接口形式,交易金额80万元;"地产用户画像(数据合作服务)"的数据交易,以数据包形式,交易金额50万元。中心入驻会员123家,数据交易主要为API接口和数据包两种形式。

【互联网之光博览会】 11月15日,第三届世界互联网大会·乌镇峰会互联网之光博览会在乌镇互联网国际会展中心开幕。浙江省委副书记、代省长车俊,国家互联网信息办公室副主任任贤良,工信部副部长陈肇雄,浙江省委常委、宣传部部长葛慧君,浙江省副省长冯飞,科技部党组成员、科技日报社社长李平共同启动互联网之光开幕水晶球。中共中央政治局常委、中央书记处书记刘云山视察博览,全国政协副主席、科技部部长万钢陪同。此届博览会以"国际、创新、未来、体验、融合"为理念,包括固定展位展示、新产品新技术发布、项目合作洽谈三大功能,设有发展理念区、综合展区、主题展区、"双创"展区、新产品新技术发布区和项目合作洽谈区六大展区,涵盖信息技术、信息基础设施、网络安全、互联网金融等9个板块。核心展区展出SAP智能运输解决方案、埃洛克航空无人机、联想智能镜子、蚂蚁金服扫脸支付等互联网领军企业的首发产品及技术。全球500余家企业报名,精选美国微软、IBM、德国SAP、阿里巴巴、百度、腾讯、京东、奇虎360、合一集团等310家互联网企业参展;118家企业举办各类新产品新技术发布活动,500多个项目进行对接。浙江永泰隆电子股份有限公司等15家桐乡市企业,及与桐乡市相关的浙江合众新能源汽车有限公司、浙江盈米科技有限公司和浙江大数据交易中心等企业参展。大会期间,最高人民法院院长周强带领玻利维亚最高法院院长帕斯托尔·马马尼、萨摩亚最高法院首席大法官帕图·萨波卢等中外法官40余人参观博览会,柬埔寨副首相贺南洪也实地参观。此届博览会首次在乌镇互联网国际会展中心——展览中心举办,该建筑群落有大小不同的展馆8个,可供不同类型和规模的产品展示,彼此之间通过空中连廊连接,其中主展馆面积3934平方米,室内净高14.1米。博览会至20日结束,首次向公众免费开放,参观体验约5万人次。

【桐乡举行中国创新创业大赛两行业总决赛】 10月13-17日,第五届中国创新创业大赛互联网及移动互联网行业总决赛在桐乡市举行。中国创新创业大赛由科技部、教育部、财政部和全国工商联共同发起,全国行业总决赛分6个行业,其中互联网及移动互联网行业报名1.22万余个项目,占总报名数的35.6%。经过层层选拔互联网及移动互联网行业总决赛入围261家企业和57支团队。决赛的项目有互联网营销平台、移动医疗大数据、英语交流学习平台、智能电视、在线招聘、二次元文学创作平台、智慧牧场、计算机识别系统等涉及各个领域的项目,涵盖互联网行业跨界的重要领域,代表中国互联网发展的最新趋势。经评选,杭州联众医疗科技股份有限公司和天壤智能团队分别获企业组和团队组第一名,131个参赛项目获优秀奖。同时,举办市场与技术对接中国行、融资路演中国行、互联网大数据高峰论坛、互联网创业公益大讲堂、行业热点沙龙、创业空间、创业英雄汇等一系列活动。科技部火炬中心副主任盛延林、浙江省科技厅副厅长章一文等出席总决赛。

【桐乡2016国际经贸洽谈会】 9月24日,“聚焦桐乡·相约乌镇”2016国际经贸洽谈会在桐乡市开幕。桐乡市委书记卢跃东致欢迎辞,市委副书记、市长盛勇军主持开幕式。中央网信办,省经信委、省商务厅等各级领导出席开幕式。哥伦比亚、西班牙、委内瑞拉、越南、泰国、伊朗、智利、阿根廷、斯洛文尼亚、捷克、韩国、马来西亚、美国、英国等14个国家驻上海领事馆总领事、副总领事、官员及上海美国商会、美国近10个企业代表的考察团参加开幕式及相关活动,代表团成员还参观世界互联网大会永久会址,考察濮院时尚设计中心等。开幕式上,成功签约项目116个,其中外资项目18个、总投资9.2亿美元;内资项目54个、总投资151.9亿元;基金项目9个、总规模124.7亿元,互联网类项目15个、总投资22.1亿元,创业领军人才项目10个、注册资本8600万元,科技项目10个、总投资6.4亿元。洽谈会至9月30日结束,全面推介桐乡市创业创新新优势,集中展现政府服务新形象,努力推动转型升级新发展,实现桐乡市经济新跨越,为桐乡市“十三五”发展开好局、起好步奠定基础。

【入选第二批国家全域旅游示范区创建名单】 10月21日,国家旅游局发文公布第二批国家全域旅游示范区创建名单,桐乡市名列其中。全域旅游是将特定区域作为完整旅游目的地进行整体规划布局、综合统筹管理、一体化营销推广,促进旅游业全区域、全要素、全产业链发展,实现旅游业全域共建、全域共融、全域共享的全新发展模式。桐乡创建全域旅游示范区起步早。2012年,省政府批复设立桐乡市乌镇省级旅游试验区。同年,桐乡被列为浙江省首批智慧旅游试点单位。2013年,国家正式批复桐乡为全国首个旅游综合改革试点县。为深化全国旅游综合改革试点县的创新成果,桐乡围绕旅游业驱动新型农业化、新型工业化、新型城镇化和服务业现代化的工作主脉络,着力推进全域旅游产业大融合,构筑以运河古镇群落为支点,实现从“观光乌镇”到“度假桐乡”、从“单极突破”到“全域旅游”的根本转变,努力打造全域旅游示范区创建的“桐乡模式”。全年,接待游客1897.36万人次,比上年增长7.49%;实现旅游收入203.25亿元,增长10.25%。

【4家企业入选省个性化定制示范试点企业】 12月28日,浙江省经信委发文公布2016年浙江省个性化定制示范试点企业培育名单。桐乡市4家企业入选,分别是桐昆集团股份有限公司、新凤鸣集团股份有限公司、浙江内曼格机械制造有限公司和浙江美衫联毛衫产业发展有限公司。个性化定制是指企业通过应用互联网营销网络平台和客户自助式设计平台,采用模块化产品设计形成个性化产品数据库,使用柔性化的生产组织、供应链模式和专有的个性化定制车间,实现以用户为中心、消费者需求为导向的后向传导生产模式,最终实现以销定产、产销一体。近年来,桐乡市充分发挥互联网创新驱动作用,深入推进“两化”深度融合,鼓励和引导企业实施信息化深入应用,通过智能制造、信息化集成和协同应用等方式推动工业提质增效,加快推动制造业与互联网的融合发展。此次入选企业中,桐昆集团和新凤鸣集团被纳入其他适合开展个性化定制行业示范方向,内曼格机械被纳入装备行业个性化定制方向,美衫联毛衫则被纳入第三方个性化定制平台方向。

【乌镇镇党委获全国先进基层党组织称号】 7月1日,庆祝中国共产党成立95周年大会在北京人民大会堂举行。会上,中共中央授予300个“全国先进基层党组织”称号,其中60个登台领奖,乌镇镇党委不仅是嘉兴市唯一获奖的,也是浙江省唯一获登台领奖资格的基层党组织。近年来,乌镇镇党委认真贯彻习近平总书记重要指示精神,把握世界互联网大会永久落户的重大机遇,聚焦发展“一业一网”(旅游业、互联网),以党建统领全局,全镇经济社会发展取得明显成效。乌镇镇被评为全国文明镇,浙江省生态镇、浙江省特色小镇、浙江省互联网经济创新发展综合试验区。2015年12月16日,习近平总书记亲临乌镇出席第二届世界互联网大会·乌镇峰会,给予乌镇"耳目一新、刮目相看"的高度评价。2014年以来,乌镇已成功举办三届世界互联网大会,镇党委组织3万余名党员干部、志愿者投入筹办一线,党委班子会前数月实行全员无休,全镇党员昼夜奋战,涌现出一大批先进典型。乌镇镇正在推动千年古镇的互联网跨界之变,党委班子成员带头包干20多个互联网项目,建设全国首个"手机城市",建立互联网创客中心,试点"智慧医疗",引进全国首家互联网医院,获批民政部首批社区服务信息惠民工程试点,"智慧养老"得到习近平总书记的充分肯定。

【濮院镇入选首批中国特色小镇】 10月13日,中国特色小(城)镇建设经验交流会在杭州召开。会上,住建部公布第一批中国特色小镇名单,桐乡市濮院镇名列其中,成为嘉兴市唯一入选小镇。自2015年浙江省创建省级特色小镇以来,桐乡不断完善特色小镇发展的规划布局,将特色小镇创建同扩大有效投资、支持创业创新、加快新型城镇化等平台建设有机结合,实现产业、文化、旅游、生产、生活、生态等多方面的融合发展。至年底,桐乡市有中国特色小镇1个,浙江省特色小镇创建名单2个,浙江省特色小镇培育名单1个。濮院镇在2015年入选第一批浙江省首批省级特色小镇的基础上,全力创建"桐乡毛衫时尚小镇",围绕毛衫时尚产业发展,发展创意设计、电子商务、现代物流等现代服务业,举办中国·濮院国际毛针织服装博览会、金秋时尚购物节、工业旅游资源对洽会等活动,赴京广深港等地参展,与意大利、韩国等企业开展全方位合作,加快从"毛衫生产基地"转变到"创意时尚中心+宜居水乡古镇"。同时,完善创业孵化链,加快推进"毛衫+互联网",企业和市场电商参与率80.2%。2016年,该镇实现地区生产总值90.6亿元,比上年增长13.4%;实现工业总产值238.35亿元,增长3.4%。完成服务业投资34.55亿元,增长9.7%;实现服务业增加值53.2亿元,增长19.9%;实缴税金3.3亿元,增长10%;羊毛衫市场成交额345亿元,增长11.29%。

【纪念茅盾诞生120周年】 7月3–4日,纪念茅盾诞生120周年系列活动在桐乡市举行。纪念活动包括茅盾生平专题图片展、茅盾研究研讨会、茅盾陵园祭奠等。茅盾研究研讨会交流当前茅盾研究的现状、问题和建议;纪念茅盾诞生120周年祭奠活动在乌镇茅盾陵园举行,茅盾家属、茅盾研究者等60余人参加。3日,举行首届"茅盾文学新人奖"颁奖典礼。"茅盾文学新人奖"由中华文学基金会、桐乡市政府主办,旨在奖励中国大陆近年来在文学创作和文学评论中成绩特别优异,并具备进一步发展和提高的潜质,年龄不超45周岁的青年作家、评论家、诗人。路内、弋舟、付秀莹、李娟、颜歌、马金莲、何英、王凯、马娜、江非等10人获奖。

【第二届"伯鸿书香奖"颁奖典礼在京举行】 4月23日是第21个世界读书日,第二届"伯鸿书香奖"颁奖典礼在北京举行。活动由中华书局、桐乡市政府发起,联合光明日报社、人民网共同主办,于2015年8月19日启动。第二届"伯鸿书香奖"同一本书主题阅读活动以"阅读《论语》"为主题,包括"伯鸿书香奖"评选、"《论语》经典书单"评选,"十大《论语》箴言"评选、"我读《论语》"微征文等多项活动。经杨牧之、陈子善、解玺璋、龚莉、止庵、梁枢、绿茶等评委专家评审,"伯鸿书香·组织奖"由海上博雅讲坛获得,"伯鸿书香·人物奖"由子张获得,"伯鸿书香奖·人物奖"提名奖由夏春锦获得,同时评出"阅读《论语》十大好书"、"我读《论语》"微征文各奖项、"《论语》十句箴言"。伯鸿书香奖评委会主任杨牧之,《光明日报》副总编辑沈卫星,人民网副总裁罗华,中华书局总经理徐俊等出席颁奖典礼。第二届伯鸿书香奖期间桐乡市开展一系列活动,满足群众的阅读需求。2015年10月下旬,桐乡市教育局、桐乡市文化局联合在全市小学范围内启动"'同一本书'主题阅读活动"。37所小学开展"论语"专家讲座、"论语"主题诵读、"我读论语"征文、"论语"讲故事等系列活动。活动发放《论语》书籍5000余册,征集文章450余篇,创作故事100余个,总计4.5万余人参与。

【纪念徐肖冰诞生100周年】 12月23-24日桐乡市举行纪念徐肖冰诞生100周年、2016第四届“徐肖冰杯”中国纪实摄影展暨第二届“徐肖冰杯”中国大学生摄影双年展等活动。活动由桐乡市政府、中国摄影家协会、浙江传媒学院联合举办,中国文联副主席李前光、中国摄影家协会主席王瑶、徐肖冰的家属亲属等出席。23日,在2016第四届“徐肖冰杯”中国纪实摄影展暨第二届“徐肖冰杯”中国大学生摄影双年展入展作品揭晓晚会上,揭晓20名摄影者作品入展2016第四届“徐肖冰杯”中国纪实摄影展;24名摄影者作品入展第二届“徐肖冰杯”中国大学生摄影双年展记录类、商业类和实验类。入展优秀作品在桐乡市博物馆展出,影展至2月上旬结束。

【张琴秋生平事迹展】 8月9日,琴心剑胆、彪炳千秋——纪念红军长征胜利80周年张琴秋生平事迹展开展仪式在桐乡市博物馆举行。展览由桐乡市委、市政府主办,桐乡市委宣传部、市文化局、市委党史研究室、市档案局承办。张琴秋亲属及战友出席仪式。此次展览设运河儿女、戎马生涯、经世纬界、千古流芳4部分。展览以图片与实物相结合的形式,展出展板77块、图片203幅、实物43件,很多珍贵照片以及张琴秋生前用品首次展出。展览至9月8日结束。纪念张琴秋系列活动桐乡市从年初开始筹划,专门组织团队沿着张琴秋的革命足迹,赴北京、天津、陕西南郑,四川通江、平昌、巴中、旺苍等地采访拍摄、征集资料。张琴秋,1904年出生于桐乡石门,1924年加入中国共产党,曾留学莫斯科中山大学,参与过地下活动、武装斗争、妇女运动、经济建设,担任过彭杨学校政治部主任、河口县委书记、红四方面军73师政治部主任、红四军方面军总政治部主任、中共川陕省委委员、红江县委书记、妇女独立团团长、妇女独立师师长、西路军政治部组织部部长、延安抗大女生大队大队长、中国女子大学教务处处长、纺织工业部副部长、党组副书记等职。

【第四届乌镇戏剧节】 10月13-23日,第四届乌镇戏剧节在西栅景区举行。此届戏剧节荣誉主席林兆华、主席陈向宏、常任主席赖声川、艺术总监孟京辉、总监制黄磊、艺术顾问田沁鑫。戏剧节主题“立足经典,远眺未来”,来自13个国家和地区,22台剧目、80场特邀剧目参演。“国际特邀”单元由“当代新经典”系列、“纪念莎翁”系列、“空间与身体”系列和“发现”系列四大板块构成。“古镇嘉年华”单元由来自世界各地表演团队,在古镇的街巷表演近2000场次;“莎士比亚戏剧朗诵会”邀请濮存昕、宋春丽、陈小艺、胡军、徐涛在乌镇戏剧节期间向莎士比亚致敬。“青年竞演”单元由全国18支青年戏剧创作团队参赛,戏剧节开辟两个竞赛剧场——蚌湾剧场和秀水廊剧园,竞赛作品18部,设最佳戏剧奖、最佳个人表现奖和特别关注奖,特别增加“观众选择奖”,观众参与作品投票。青年竞赛评委会由原有的黄磊、赖声川、史航、田沁鑫、周黎明,新增杨婷、李博、吴彼、徐堰铃。戏剧节开幕演出由莫斯科普希金话剧院默剧《妈妈的诗》、导演陈明昊的话剧《大鸡》、导演王翀的多媒体剧《群鬼2.0》三部作品组成。

【乌镇国际当代艺术邀请展】 3月27日,乌托邦·异托邦——乌镇国际当代艺术邀请展在乌镇开幕。展出场地由“西栅景区”和“北栅丝厂”组成,分为室内、室外两种类型展示空间。西栅景区是江南水乡古镇的空间情境,北栅丝厂是被弃置不用的丝厂厂房重新改造后形成的新空间,也是展场的主体部分。展览邀请15个国家和地区,40位(组)著名艺术家的55组(套)130件作品。参展作品包括绘画、雕塑、摄影、装置、影像、动画、行为、声音等多媒介方式。其中,有12位艺术家的作品是根据展览主题,经过对乌镇考察,专门为展览精心创作的新作品。本次国际邀请展一直延续到6月26日。

【大麻家纺布艺被认定省专业商标品牌基地】 12月30日,浙江省工商局发文公布2016年度浙江省专业商标品牌基地名单,桐乡家纺布艺榜上有名。大麻家纺布艺是继濮院毛衫、高桥榨菜、石门皮鞋、崇福皮草、洲泉蚕丝被服之后桐乡市的第6个省级专业商标品牌基地。近年来,桐乡市大力推动专业商标品牌基地建设,提升发展产业集群,增强区域块状经济竞争力。持续加大对驰名商标、省市著名商标、专业商标的扶持力度,把重点放在商标的培育、推荐、认定上,不断拓展品牌建设空间,有计划、有步骤地实施创牌规划,在桐乡市各镇(街道)开展涉及商标品牌的宣传培训,增强企业创牌意识。至年底,桐乡市有注册商标18719件,其中行政认定中国驰名商标9件、浙江省著名商标52件、嘉兴市著名商标151件、证明商标3件、集体商标7件,省级专业商标品牌基地6个。行政认定中国驰名商标、浙江省著名商标、嘉兴市著名商标及省级专业商标品牌基地数量均列嘉兴地区首位。

【巨匠建设集团股份有限公司在香港上市】 1月12日,巨匠建设集团股份有限公司在香港联合交易所主板挂牌上市。股票简称"巨匠建设",股票代码1459.HK,发售股份1.33亿股,每股价格1.35港元,首次发行募集资金1.8亿港元,国泰君安融资有限公司为公开发售之独家保荐人。开盘当日收市价每股1.9港元,上升40.74%,总成交量4702万股,总成交金额7961万港元。巨匠建设公司是一家提供建筑工程承包、设计、勘察及咨询业务的综合建筑供应商,拥有房屋建筑工程施工总承包企业特级资质和工程设计建筑行业甲级资质。

【浙江嘉澳环保科技股份有限公司A股发行】 4月28日,浙江嘉澳环保科技股份有限公司在上海证券交易所挂牌上市,成为桐乡市第10家上市企业。股票简称"嘉澳环保",股票代码603822。本次上市流通股本1835万股,公开发行后的总股本7335万股,发行价为11.76元,上市当天以14.11元开盘,随即以16.93元涨停,涨幅43.96%,首次公开发行募集资金2.16亿元。嘉澳环保公司主要从事环保型增塑剂的研发、生产与销售,所有产品均通过国际SGS测试,产品广泛运用于医疗器械、儿童玩具、电线电缆、人造革、PVC地板、墙纸等产业中,是有毒塑化剂的环保代替品。

(谭晓杰)

国家级及省级开发区

综　　述

2016年，全市省级以上开发区（高新区、工业园区、特色产业园区，以下简称“开发区”）按照市委、市政府“干好十三五、奋勇当标尖”要求，全力推进创新发展、转型提升，开发区招商引资和建设发展取得了较好成绩。

产出贡献进一步提高。2016年，全市16个开发区实现规模以上工业总产值4215亿元，占全市规模以上工业总产值的53%，比上年增长17.5%；规模以上工业增加值816亿元，占全市规模以上工业增加值的54%，增幅22.3%；完成进出口总额1273.29亿元，占全市进出口总额的62%，其中出口935.16亿元，占全市出口额的60%。全年开发区完成财政总收入259亿元、税收收入254亿元，分别占全市财政总收入、税收收入的39%和38%；规模以上企业利润总额263.17亿元，全市占比53%。至年底，各省级以上开发区十亿产值工业企业数达到73家；新增百亿产值工业企业2家。

招商引资进一步提质。2016年，各省级以上开发区围绕精准招商，招商引资工作取得新成绩。全年合同利用外资31.73亿美元，实际利用外资19.39亿美元，分别占全市合同利用外资、实际利用外资的70%和72%，分别比上年增长12.6%和3.2%；有效投入进一步增强，全年实现固定资产投资1253亿元，占全市固定资产投资的42%，增长12.8%；完成工业生产性投资563亿元，增长9.9%；招大引强选优工作深入推进，全年共引进外资世界500强企业投资项目3个，全球行业龙头企业投资项目3个；引进总投资5000万美元以上的产业项目76个；引进总投资超亿美元重大生产性项目20个。

开发区创新驱动进一步提效。全年各开发区新增高新技术企业100家、新增省级以上研发中心（研究院）43家，新增外商投资功能性项目6个；各开发区的主导产业集聚率最高的超过87%；开发区高层次人才进一步集聚，新吸纳国家和省“千人计划”专家34人。嘉兴科技城扩容升级迈出实质性步伐、海宁经济开发区科技绿洲二期全面启动。

平台功能水平进一步提升。2016年中德、中荷、中日、中法4个省级国际产业合作园共投入基础设施建设资金4.7亿元，园区形象和软硬件设施进一步优化。各园区密切与相关国家使馆、领馆、重点城市、重点机构联系合作，开展各类招商推介活动40多场次，共引进重点国投资项目17个，总投资4.49亿美元。德国宝沃汽车、亨内基机械等项目落户中德产业园；中荷产业园5月正式开园，荷兰喜力啤酒正式达产；中日产业园内好侍食品、长冈香料基建工作加快推进，日清食品即将投产；以中法产业园为基础的海盐中欧国际产业示范区全面启动，克劳斯玛菲机械增资及三期工厂项目、伍尔特物流及贸易中心项目加快实施，一期已投产运营。

建设形成全方位对外开放平台。一是推进嘉兴综合保税区验收封关。自国务院批准嘉兴综保区设立以来，根据《海关特殊监管区域基础和监管设施验收标准》及有关规定，指导A\B区进行基础和监管设施建设，并协调推进两区土地相关报批，落实做好联合验收相关工作。2016年9月14日，综保区通过省政府联合验收组验收。

2016年12月7日，海关总署批复（署加函〔2016〕577号）同意验收结果，嘉兴综合保税区正式封闭监管，开关运作。二是推动省级开发区平台发展壮大。抓住开发区审核公告目录修订工作契机，各项工作筹备在前，推动秀洲经济开发区，海盐百步经济开发区成功申报成为省级经济开发区，丰富了嘉兴市对外开放平台，形成了产业创新发展新布局。三是加快国际产业园区建设。高起点规划、高标准建设，积极推进四个省级国际产业合作园招商引资和国际化发展环境建设，密切与德国北威州、石荷州、荷兰驻上海总领馆、荷比卢工商协会、法国核能行业协会、法中电力协会等联系，开展项目推介和经贸交流互访，引进宝沃汽车、荷英LED光电等一批德国、荷兰重点国家产业项目。

继续深化接轨上海平台紧密型合作。将推进开发区与上海重点产业平台紧密型合作作为全市开发区年度工作重点，明确责任、强化考核，深化各省级以上开发区与上海重点产业平台紧密型合作全覆盖。全市省级以上开发区（园区）中13个与上海重点产业平台签订合作协议，基本实现了县（市、区）全覆盖。工作注重“三个着眼一个深化”，即着眼提升创新能力，秀洲高新区与上海机器人研究所共建上海机器人（嘉兴）研究所；海盐经济开发区与上海大学合作建立了“上大机自学院智能制造（浙江）技术研究院”等。着眼强化精准招商，平湖经济技术开发区与上海医药产业园合作共同推进生物医药产业招商等。着眼承接产业转移，海宁高新区与产业转移中心商务部上海基地签订协议，共推项目引进等。一个深化，即继续推动海宁经济开发区与上海漕河泾新兴技术开发区深入合作，签署《漕河泾海宁分区2016-2020年合作发展补充协议》，科技绿洲二期动工建设。

实施精准服务助推开发区发展。一是组织开展多种形式招商活动。发挥嘉兴作为世界互联网大会永久举办地、智慧城市建设标杆市等新优势，组织举办智能制造（嘉兴）合作交流会暨国际产业园推介会、嘉兴·新加坡海绵城市建设合作交流会、中国嘉兴·德国石荷州经贸合作交流会、国际并购（嘉兴）合作交流会、沪嘉开发区深化合作交流会暨嘉兴综保区（上海）推介会等十余场活动。二是复制推广自贸区新政。在嘉兴综保区内复制推广自贸区新政，全年落地4项，包括海关委内加工、引入中介机构辅助开展保税核查、保税核销和企业稽查工作，国检中转货物产地来源证管理、检验检疫通关无纸化等。三是推进行政审批改革。按照商务部统一部署，及早谋划，组织实施好鼓励类、允许类外商投资项目新设和变更由审批制改为备案制；积极向省商务厅申请，将备案权限下放县（市、区）及国家级开发区，简化了手续，极大方便了企业，提高了企业落地、项目实施的速度。

（周　彬）

嘉兴经济技术开发区、嘉兴国际商务区

【概况】 2016年，嘉兴经济技术开发区、嘉兴国际商务区实现生产总值190.16亿元，同比增长7.3%；完成固定资产投资228.7亿元，同比增长13.6%；实现财政总收入46.94亿元，同比增长11.6%，列全市第一，其中区级公共财政预算收入20.08亿元，同比增长10.3%，列全市第四，全区地方实际可用财力居嘉兴市本级第一。

全力招大引强。面对招商引资竞争越来越激烈的局面，进一步突出招商引资“一号工程”“生命线”地位，全区上下牢固树立“一盘棋”思想，加大了项目从信息收集到洽谈再到签约落户全过程的协调配合力度，成功引进一批世界500强项目、行业龙头项目和欧美项目。在保持前几年良好势头的基础上，全年引资质量和数量不断刷新。从数量上看，全年完成合同外资5.31亿美元，完成区年度目标任务的106.2%；实到外资3.9亿美元，完成市年度目标任务的111.5%；引进市外内资55.48亿元，完成市年度目标任务的326.4%。从质量上看，全年成功引进24家世界500强及行业龙头企业；2016年新批外资项目规模更大、质量更高，平均注册资本2659.77万美元，较上年同期增长55.2%；平均投资规模5435.07万美元，较上年同期增长52.0%。从新引

进项目上看,二三产项目呈现齐头并进态势,典发健康食品、全球行业龙头富通集团华东区总部等一批具有世界500强背景的大项目、好项目集聚引进。其中投资200亿元的德国宝沃汽车集团长三角产业基地项目落户嘉兴开发区,对嘉兴开发区产业结构的调整、产业层次的提升、发展后劲的增强,实现跨越式发展都将产生重大影响。

抓好项目推进。坚持把项目推进像牵"牛鼻子"一样紧紧牵住,完善机制、创新载体、压实责任。创新推进机制。实行"四二一"项目推进工作新模式,扎实开展"互看互学互比"活动,项目推进四大片区、各责任部门尽心竭力,工作扎实,"四二一"工作推进机制取得良好实效。创新推进载体。通过深入开展"三比三看"活动、项目集中开工日、比学赶超季度现场会、6·18招商大会、集中开竣工月系列活动等载体,全力营造项目推进的浓厚氛围。切实解决问题。全年累计走访项目1805次,解决问题115个;特别是问题企业处理小组和疑难问题协调小组的成立,切实提高了问题破解率和服务满意率,7家问题企业有5家得到有效破解,成功盘活土地约16公顷,化解银行不良贷款1.6亿元。在投资结构中工业设备投资、技改项目投资增速均超过60%,创历史新高。

调优产业结构。重点从调优结构、转型升级着手,推动经济实现高质量发展。三产增加值占GDP的比重为51.0%,较上年同期提高1.3个百分点。不断做强服务业经济。业态深度调整,引进了意大利维龙、富士康、慈文传媒等一批生产性服务业项目,有效改变了以房地产、商贸综合体、专业市场等传统生活服务业为主的业态结构。特别是积极推动楼宇经济量质齐升,已培育税收千万元以上楼宇23幢,其中5000万元以上5幢、亿元以上2幢。推进工业经济转型升级。扎实推进供给侧改革,淘汰落后产能企业10家,处置"僵尸企业"2家,完成兼并重组企业4家,淘汰落后设备382台,腾退低效用地约40公顷,盘活存量土地73公顷;启动为期3年的街道工业园区转型升级工程,作为推进街道经济再升级的新抓手和新路径。全年规模以上工业企业完成利税总额38.30亿元,同比增长22.8%,其中利润总额27.03亿元,同比增长34.5%。持续加大对实体经济扶持力度。国地税全年累计为企业减免退税2.15亿元,区内企业不断做大做强,重点税源企业支撑作用稳固,税收收入超5000万元企业17家,其中超1亿元企业5家。为企业争取国家、省、市工业发展、科技发展和外经贸补助资金5001.82万元,兑现区级工业发展、科技创新、外经贸补助资金2160.77万元。

推动科技创新。注重发挥科技创新的支撑引领作用,全区规模以上工业企业研发经费支出同比增长23.5%,增速位列全市第一,高新技术产业产值占规模以上工业总产值比重由2015年的28.7%提高到2016年的29.4%。大力培育高新技术企业。全年新培育高新技术企业11家,培育省级科技型中小企业48家,培育数创历史新高;同时,佳利电子"微波新材料及元器件研究院"被省科技厅认定为2016年第一批新建省级重点企业研究院,实现省级重点企业研究院"零"的突破。推进"创客空间"建设。重点推进以"创客汇"特色街为代表的"创客空间"建设,"创客汇"特色街已签约项目83个。"北斗创客家"和"向上众创空间"成功通过了国家科技部备案,实现国家级众创空间"零"的突破。

加快新区建设。2016年,全区建成区面积扩大2.3平方千米,全区已建成区面积达73.8平方千米。2.3平方千米的运河新区,集聚了金融服务、总部经济、高档写字楼、城市综合体等现代服务业态,拥有近70万平方米的各类城市商业、80万平方米各类办公、110万平方米住宅。规划面积约10平方千米的姚家荡城市综合区,累计投入约120亿元,建成项目33个,在建项目17个,总建筑面积272万平方米,成为全市又一高端要素聚集、道路框架通达、配套设施完善、商业经济繁华、生态休闲宜居、形象全面提升的城市核心区。国际商务区累计投入330亿元,建成项目93个,在建项目88个,总建筑面积774万平方米,成功引进阿里巴巴菜鸟城、北大青鸟嘉兴时尚产业园、慈文传媒等重大产业项目20余个,总投资超过500亿元。

加快基础设施建设。2016年,全区实施政府投资项目88个,完成投资28.7亿元,开工14个,竣工34个，建成道路14条、桥梁25座，新增道路里程19.2千米；完成绿化建设项目41个，新增绿地约18.6公顷，正在施工9项，绿化面积约7.6公顷。又有一批高品位、高质量的拆迁安置房交付使用，2010年以来累计建设安置房超过300万平方米，这不仅及时解决了拆迁农户的安置问题，还提升了城市环境品质。

加快功能配套。一方面推进精细管理，深化城市综合行政执法改革，进一步推进信息化管理，优化“数字城管”系统，不断提升“智慧开发区”建设与运行水平，有效开展了城市环境综合整治行动，全面取缔三环以内常年占道经营的聚集点48处、摊位831个，并落实了长效管控措施。另一方面着力改善生态环境，全面实施区域环境保护网格化管理，继续深化“五水共治”，以“河长制”为抓手，推进完成治水项目28个，全区河道平均水质整体提升一个类别至Ⅳ类，跨行政区域河流交接断面水质考核连续保持优秀。

加强社会保障。进一步完善保障体系，强化特殊群体托底保障，不断扩大覆盖范围、提高统筹层次，开展“红色同心圆·关爱空巢居”志愿者结对帮扶活动，完善社会救助体系，提升社会救助能力，成立区慈善总会，让困难群众享受“政府有关心、社会有关爱”的保障。进一步落实社会保障制度，积极开展城乡居民医保征收，基本实现社会保险全覆盖。

着力改善民生。坚持每年将全部可用财力的70%以上用于改善民生，人民群众的获得感和满意度持续提升。在教育方面，总投资近6亿元的北大附属嘉兴实验学校顺利开学，引进嘉兴一中实验经开学校，启动周安路学校、文贤路学校等4所中小学的建设。在养老方面，完成永政社区居家养老服务中心建设，达到全市乃至全省一流水平，27个社区AAAAA级居家养老服务中心实现全覆盖，“国家级居家养老医养结合标准化”已上报国家质检总局立项。在医疗方面，总投资2.28亿元的嘉兴老年医疗中心项目已通过执业验收；总投资1.7亿元的嘉兴常春藤老年医院已进入装修阶段；嘉兴邦尔骨科医院已正式开业；总投资预计1.5亿美元的凯宜国际医院已获省卫计委、省发改委批复，并取得项目用地，将于今年上半年开工建设；同时大力推进长水街道社区卫生服务中心建设。

推进平安建设。深化基层社会治理“一张网”建设和“双网融合”工作，全面完成区、街道两级社会治理综合指挥平台建设，实现全覆盖。加快推进社区矛盾纠纷多元化解机制，重点围绕“一张网、两级组织、三支队伍、四项制度”等重要内容，做到把问题解决在基层一线。圆满完成护航G20杭州峰会、第三届世界互联网大会服务保障工作。

【嘉兴马家浜健康食品小镇揭牌仪式举行】 6月17日，开发区举行嘉兴马家浜健康食品小镇揭牌仪式。马家浜健康食品小镇位于嘉兴中心城区的西南部，西至320国道，东至白云桥路，北靠万国路—开禧路，南接南浦路，总面积305公顷。该小镇于2016年1月成功列入第二批省级特色小镇创建名单，将依托嘉兴西南部优越的区位交通优势、产业平台优势和马家浜7000余年稻作文化品牌优势，突出“健康”和“文化”两大特色，重点发展健康食品制造业、生产性服务业和文化体验旅游业。

【第二届招商大会暨重大项目签约仪式举行】 6月18日，以“携手共进、合作共赢”为主题的第二届招商大会暨重大项目签约仪式举行，共签约世界知名半导体项目、慈文传媒总部基地项目、平安电商金融产业项目、艾菲尔聚合纤维项目、欧络伊红马达机芯项目等18个项目，总投资约112亿元。

6月18日，第二届招商大会暨重大项目签约仪式举行

（嘉兴经济技术开发区提供）

【飞利浦(嘉兴)健康科技创新园开业】 9月12日,飞利浦(嘉兴)健康科技创新园举行开业典礼。飞利浦(嘉兴)健康科技创新园项目,由世界500强企业荷兰皇家飞利浦公司投资。该项目一期占地约12.87公顷,飞利浦健康生活事业群旗下家居业务领域的电饭煲、电压力锅、电磁炉、净水设备、榨汁机、蒸汽衣物护理等产品线将率先入驻基地。

【北大附属嘉兴实验学校举行开校典礼】 10月18日,北大附属嘉兴实验学校隆重举行开校典礼。北大附属嘉兴实验学校是开发区与北大青鸟文教集团共同合作创办的一所集幼儿园、小学、初中、高中于一体的国际化新型学校。学校占地面积12公顷,总建筑面积12万平方米,设计规模107个班,可容纳近3000名学生就读。

【宝沃汽车集团长三角产业基地项目落户】 11月18日,德国宝沃汽车集团战略合作框架协议签约仪式在省人民大会堂举行。德国宝沃汽车集团长三角产业基地项目落户开发区先进制造业产业基地,总投资超200亿元,分三期实施,一期为高端自动变速箱项目,二期为NEC新能源项目,三期为宝沃整车项目。以上三期项目将遵循"中国制造2025"和"宝沃汽车工业4.0"的要求进行规划设计和资源配置,生产过程实现模块化、数字化、自动化、智能化,将其打造成为集智能工厂、智能生产和智能物流于一体的现代化汽车制造基地,预计可实现年产值1850亿元,年税收80亿元,总用工约1万人。

11月18日,德国宝沃汽车集团战略合作框架协议签约仪式在省人民大会堂举行　　(嘉兴经济技术开发区提供)

(钱佳祎)

嘉善经济技术开发区

【概况】 2016年,嘉善经济技术开发区完成地区生产总值75.31亿元,比上年增长8.3%;实现财政总收入19.45亿元,增长9%,其中地方财政收入9.87亿元,增长30.4%;完成固定资产投资71.62亿元,增长16.7%,其中工业生产性投资50.03亿元,增长17.5%,服务业投资20.99亿元,增长11.6%;完成销售收入2000万元以上规模工业产值328.67亿元,增长4.8%,规模以上工业企业利税22.65亿元,增长37.7%,其中利润14.37亿元,增长55%;合同利用外资2.6亿美元,实际利用外资2亿美元,实际利用县外内资30.2亿元;完成进出口总额105.96亿元,增长10.7%,其中出口82.53亿元,增长9.05%。8月5日,浙江豪声电子科技股份有限公司在"新三板"成功挂牌。

主动对接国际产业合作,开拓合作渠道。推进浙江中荷(嘉善)产业合作园建设,邀请荷兰高柏伙伴规划景观建筑顾问公司进行整体规划设计,先后三次赴荷兰招商推介,在国内外举办10余场专项招商活动。在2016中欧城镇化伙伴关系论坛上,与荷兰国家环保和清洁科技委员会签订务实合作备忘录。坚持以上海为招商主攻方向,大力承接产业迁移,积极搭建合作平台,建立嘉善—松江招商协作区,开拓专业机构、行业协会等中介平台联系,并与仲量联行、普华永道等国际知名机构开展合作。

10月27日,嘉善经济技术开发区—上海松江地铁南站通勤车正式开通　　(江震中摄影)

全面推进亩均绩效评价,A类企业总数新增11家。浙江华悦木业有限公司入选浙江省时尚及丝绸、黄酒产业第二批重点培育企业名单。成功申报嘉兴市“互联网+工业”示范企业、试点企业各2家。累计实施“机器换人”项目104个，投资总额55.6亿元，申报嘉兴市“机器换人”特色技术改造项目8个。盘活利用存量用地26.69公顷、存量厂房11万平方米。完成腾退“低小散”企业71家，腾退总面积45.73公顷。

全省特别重大产业项目——铠嘉电脑顺利建设。索菲亚家居、和新精冲“零土地”技改项目被列为全省推进工业企业“零土地”技术改造项目审批方式改革现场会典型参观项目。中节能环保产业园奠基，爱德曼氢能源项目落户。大力发展优质现代服务业，助推特色区中园定制招商。积极推动通用航空产业布局规划选址和接轨上海“东大门”跨区域整体开发。

启动省级高新技术园区创建工作，北京大学创新研究院嘉善产学研合作中心正式成立，申报国家“千人计划”5人、省级“千人计划”7人和创新嘉兴精英引领计划人才6人，申报国家级高新技术企业3家、通过复审3家，申报省级科技型中小企业12家，完成专利申报677件，申报省级著名商标1件、市级著名商标4件。参加嘉兴市第二届“红船杯”工业设计大赛获多项殊荣。

推进五期东扩征迁扫尾工作，完成温泉大道主线及连接线征迁工作。完成玉山路大修改造工程，启动开发区服务功能配套项目建设，有序实施绿化、亮化、管线、路面等改造提升工程。新增太阳能光伏发电11兆瓦。全面开展320国道、沪杭铁路、沪杭高铁、沪杭高速公路等主要道路及河道沿线环境整治，其中拆除违章建筑150处、10.4万平方米；累计整治“蓝色屋面”彩钢棚115处、34.63万平方米。

【浙江中荷（嘉善）产业合作园开园】 5月19日，浙江中荷（嘉善）产业合作园开园，荷兰驻上海总领事馆、荷兰坎贝拉市代表团、荷比卢工商协会、鹿特丹驻上海办事处等国内外荷兰机构负责人参加开园仪式。浙江中荷（嘉善）产业合作园作为首批省级国际产业合作园之一，园区坚持政府引导、市场运作的原则，注重“荷兰元素、荷兰技术、荷资比重”，计划通过5年建设，把中荷园建设成为工业、三产、文化和谐发展的综合性园区，打造开放程度高、产业结构层次高、研发创新功能强、综合服务效率好的国际化园区。园区的整体规划由荷兰景观和空间方面顶级的设计公司高柏伙伴规划景观建筑顾问公司设计，充分体现荷兰特色。中荷园分两期开发，一期86.67公顷由工业智造区、创新设计研发区、工业旅游贸易区、荷兰文化风情区四个板块组成。二期约200公顷由工业智造和国际贸易等模块组成，可为更多的荷兰优势产业项目提供发展用地。8月31日，嘉善县委、县政府成立由县长担任组长的浙江中荷（嘉善）产业合作园建设工作领导小组，同时印发关于推进浙江中荷（嘉善）产业合作园建设的实施意见。

5月19日，浙江中荷（嘉善）产业合作园开园
（嘉善经济技术开发区提供）

【喜力酿酒（浙江）有限公司开业】 5月19日，喜力酿酒（浙江）有限公司举行开业庆典。荷兰驻沪总领事Anneke Adema，喜力家族第四代继承人Charlene de Carvalho-Heineken，喜力中国区总裁Jacco van der linden，嘉善县领导许晴、郑明等参加庆典活动。喜力酿酒（浙江）有限公司是喜力啤酒在中国的第三家酿造厂。公司一期项目总投资8848万欧元，建筑总面积8.5万平方米，预计年销售收入约9亿元。

【北大创新研究院嘉善产学研合作中心运行】 5月27日，北京大学创新研究院嘉善产学研合作中心举行揭牌仪式。民革浙江省委会副主委计时华、北京大学工学院院长助理韩平畴、浙江省科学技术厅成果处副处长匡秀英，嘉善县政协副主席、县委统战部部长阎靖华,副县处长级干部、开发区管委会主任陆春浩,县级相关部门负责人及入驻项目代表参加。2014年10月,浙江省政府与北京大学签署省校战略合作协议。2015年3月,嘉善经济技术开发区管委会与北京大学共同协办的北京大学创新研究院嘉善产学研合作中心正式落户。中心旨在利用嘉善县的政策、环境、资金、人文等有利条件,积极引进高端人才来嘉善从事科学研究、技术开发等工作,同时利用北京大学的学术背景及丰富的国际资源,向引进孵化的项目提供科研、金融、管理等方面的专业服务,搭建面向电子信息、高端装备制造、生物科技领域的研发平台,帮助落户项目实现科研成果的转化。此外,中心还将积极为开发区已有企业技术改造提供帮助,致力引进符合嘉善产业定位的高端产业化项目,为嘉善产业转型升级提供科技支撑。

【豪声电子上市】 8月5日,浙江豪声电子科技股份有限公司在"新三板"成功挂牌。浙江豪声电子科技股份有限公司(前身为"嘉善豪声电子有限公司")创立于2000年8月,是一个集研发、制造、服务于一体的专业电子元器件企业。公司占地面积2.8万平方米,建筑面积3.6万平方米,在职员工约3000人,年销售额3亿元以上。至2016年年底已发展成为国内外电声行业较具规模和影响力的主要制造商。公司始终坚定持续、稳健发展的经营理念,在不断强化自主研发能力的同时,积极与国内多家知名院所进行项目合作开发以及开设培训班进行专业知识和技术的学习研究,在电声新材质、新工艺等方面做出许多有益的探索。公司具备并拥有多个专业研发团队、雄厚的金属与非金属加工能力、先进的装配自动生产线、行业一流的电声检测分析仪器以及完善的生产过程管控体系和营销团队,是国内与国际一流企业合格的电声元器件供应商。

【和硕集团到访】 8月31日,和硕联合科技集团董事长童子贤到嘉善考察。嘉兴市副市长盛全生,嘉善县领导许晴、祁海龙、曹国良,县台办、开发区管委会主要领导参加考察活动。2015年8月14日,由和硕联合科技集团旗下的铠胜控股有限公司投资,与嘉善经济技术开发区签约设立铠嘉电脑配件有限公司,总投资9亿美元、注册资本3亿美元,项目一期用地26.27公顷,主要经营业务范围为消费性电子产品及其零部件与配件,于2015年9月开工建设,2016年7月开始试生产设备安装调试。该项目成功申报浙江省特别重大产业项目,并将申报高新技术企业。

【荷兰驻沪总领事赴嘉善经济技术开发区考察】 12月7日,荷兰驻上海总领事Anneke Adema女士到开发区考察,专题了解浙江中荷(嘉善)产业合作园建设情况。县委书记许晴,副县处长级干部、开发区管委会主任陆春浩,县委办、县外侨办、县文明办、县商务局主要领导及开发区相关人员参加。Anneke Adema表示,荷兰驻沪领事馆将进一步与嘉善展开合作交流,同时引荐更多荷兰优质项目落户嘉善,促进双方合作共赢。

(张树佳)

平湖经济技术开发区

【概况】 2016年,平湖经济技术开发区完成生产总值1069176万元,比上年增长5.8%,占平湖市(不含嘉兴港区和嘉兴电厂,下同)28.19%。工业总产值3755196万元,占平湖市38.17%,增长5.2%。178家主营业务收入2000万元规模以上工业企业实现工业总产值3377066万元,主营业务收入3333131万元,利税总额396024万元,增长29.1%,其中利润280466万元,完成进出口总额244610万美元,其中出口177547万美元。全年实现财政总收入241972万元,其中地方公共财政预算收入112390万元,增长14.39%。平湖经济技术开发区(钟埭街道)连续四年蝉联平湖市工作目标绩效考核一等奖。

招商选资精准发力。全年审批内外资项目89个,其中外资项目34个。完成合同利用外资2.48亿美元,实到外资1.86亿美元。浙商回归到位省外资金17.42亿元,引进平湖市外内资9.12亿元。新签约"接轨上海"项目10个。"坚守日韩、开拓欧美、主攻德资”的招商战略成效显著，中日（平湖）产业合作园不断壮大，欧洲（德国）产业园初具规模，全年外资项目占新引进项目的65%，每公顷资本金达到1090.5万美元（亩均资本金72.7万美元），并引进平湖市首个世界500强德资项目。

产业集聚优势凸显。机电制造、电子信息和生物（食品）类产业带动作用强劲，全年三大产业实现规模以上产值237.1亿元，占规模以上工业总产值的70.2%。新审批机电制造、电子信息和生物（食品）项目14个，进一步夯实产业基础。大企业培育成绩喜人，全年产值超亿元的大企业63家，其中日本电产集团年产值突破百亿大关。

资源整合创新加快。完成项目“两退两进”41个，收回土地35.118公顷，“低小散”企业“退散进集”专项行动全面启动。全年，技改总投入37.62亿元，申报机器换人项目57个，减少用工3000多人。引进硕士以上高层次人才52名，新增国家高新技术企业12家，成功获批平湖首个“万人计划”项目。浙江荣晟环保纸业股份有限公司成功上市。

功能配套更加健全。全年完成立项工程352个，总投资71.9亿元。通过道路延伸改造、绿化亮化工程，交通路网趋于完善，永兴路、解放西路、新华北路等主要交通干道及周边环境有效提升。累计建成标准厂房50多万平方米，产业硬件基础加快完善。永兴大厦、中央公园、樱花小镇、罗腾堡小镇、钟溪商贸城、泛华国际广场等一大批高端精品项目正在抓紧建设。

【省重点日商投资企业座谈会在开发区召开】 1月22日，浙江省重点日商投资企业座谈会在平湖经济技术开发区召开。省人民政府副秘书长陈宗尧，省商务厅副厅长马洪涛，平湖市政协副主席、开发区管委会主任周弟明出席座谈会。日本静冈县、福井县相关部门负责人参加会议。全省30余个日商投资企业负责人应邀参加座谈。会上，马洪涛介绍浙江省对外开放以及日资企业在本省的投资情况。日商投资企业各自通报企业生产经营状况和下一步发展计划，并就如何进一步吸引日资企业投资踊跃发言，提出建设现代化的物流体系、保证能源供应、加强政府与企业的信息沟通、扩大对外宣传等许多积极的建议。同时，企业代表也反映在技术人员、员工子女就学、劳动力成本、污废处理、法律服务等方面遇到的问题。

【首场经济恳谈会在日本大阪召开】 3月5日，平湖经济技术开发区年内首场经济恳谈会在日本大阪召开。中华人民共和国驻大阪总领事馆领事解学农、副领事李婷婷，大阪商工会议所、大阪产业振兴机构、大阪国际经济振兴中心、日中经济贸易中心代表参加本次大阪经济恳谈会。开发区代表在恳谈会上详细介绍平湖市的主要特点、2015年取得的成绩和开发区的历史文化、产业定位、招商环境、平台特色、经贸项目等方面情况，期待未来加大与日本企业在各领域各方面的合作交流，并表示，日本企业在食品、化妆品、保健品、水处理设备、工业机器人、汽车配件、医疗器械、职业教育机构、品牌酒店、特色餐厅、养老机构等5大类行业和产业方面拥有世界领先的技术和管理经验，从平湖市及周边城市的需求来看，上述的这些行业和产业有巨大的市场。希望各机构通过此次恳谈会更好地了解平湖，了解平湖经济技术开发区。恳谈会上，与会机构以一问一答的形式展开热烈讨论，氛围十分融洽。与会人员对来平湖投资产生浓厚兴趣。

【参加中德经济交流会】 3月20日，平湖经济技术开发区随浙江省商务厅远赴德国北威州杜塞尔多夫，参加以“共塑创新——浙江省投资对接会”为主题的中德经济交流会。北威州国际投资贸易促进署、德国中小企业协会负责人、中国驻杜塞尔多夫总领事、当地金融机构等参加了本次交流会。会上，开发区就自身地理位置优势、产业结构特点，以及最具特色的德国产业园和已落户的德企情况向德国方面做了全面详细的介绍，并与部分德国企业以及中介机构达成初步拜访约定，为日后双方全面合作打下良好基础。

【好侍食品项目签约落户开发区】 3月30日，好侍食品项目正式签约落户平湖经济技术开发区，平湖市领导盛付祥、刘中华、钱勇彪、周弟明出席签约仪式。好侍食品是一家以香辛料研发探索加工为主的综合食品企业,在日本已有104年历史,产品多达近千种,覆盖调味料、饮料、食品、保健食品等品类,是咖喱领域的领导企业,在综合食品方面也是广受消费者支持的知名品牌。1997年,好侍食品在上海设立咖喱餐厅,将日式咖喱带入中国。此次好侍食品落户开发区的项目主要从事咖喱的生产,是企业在中国的中心工厂,目标是要打造成世界最大规模的咖喱工厂。项目一期投资4050万美元,计划总投资超过1亿美元。

【对韩投资推介会在沪举行】 4月18日,为扩大在上海及长三角地区韩国商界的影响力,进一步提高招商引资工作成效,平湖经济技术开发区在上海举行投资推介会,以推动韩国企业对开发区的投资环境、招商政策、产业特色的了解,深化对接,加深友谊,进一步促进平湖经济技术开发区与韩国方面的交流与合作。平湖市政协副主席、开发区管委会主任周弟明出席会议,韩国商会前会长安泰镐,韩国驻上海总领馆领事郑京录以及包括食品、化妆品、汽车配件等行业在内近50个韩国知名企业代表、嘉宾参加推介会。

【五十四村抱团项目顺利开工】 5月17日,平湖市54村抱团建设项目开工仪式在平湖经济技术开发区举行。嘉兴市委常委、组织部部长连小敏宣布项目开工。平湖市领导刘中华、潘川弟、梁晓英、濮新达、周弟明出席开工仪式。54村抱团联建项目是目前平湖市参与村最多、投资规模最大、建设标准最高的市级抱团强村项目。项目由54个村和开发区通过成立平湖市强村租赁股份有限公司共同投资,参与投资的村以36个存量集体建设用地复垦的村为主,同时吸收18个集体积累资金较多、并有投资意向的村,总投资1.9亿元,规划建造5幢面向欧美企业租赁的单层高标准厂房。项目建成后,将由开发区先行租赁标准厂房10年,每年按村实际投入资金的10%支付租金。项目的顺利实施,将确保平湖市全面转化村级集体经济经常性收入在50万元以下的薄弱村的经济状况。

【亮相第十八届浙洽会】 6月8-12日,第十八届中国浙江投资贸易洽谈会(简称浙洽会)、第十五届中国国际日用消费品博览会、第二届中国—中东欧国家投资贸易博览会在宁波召开。落户于平湖经济技术开发区的日本好侍食品项目参加签约活动。此次浙洽会上,浙江省人民政府还对省优秀开发区、浙江国际产业合作园、浙江省外商投资杰出贡献企业、浙江省外商投资企业优秀管理人员、浙江省"一带一路"建设示范企业进行表彰授牌,平湖经济技术开发区的浙江中日(平湖)产业合作园获颁首批"浙江国际产业合作园"。

【永守重信到访】 8月24日,日本电产株式会社社长永守重信到平湖市考察,平湖市领导盛付祥、刘中华、钱勇彪、周弟明会见永守重信先生一行。会谈中,永守重信说,日本电产集团多年来与平湖市结下深厚友谊,他希望平湖能一如既往地关心、支持日本电产集团的发展。平湖市委书记盛付祥表示,平湖将继续全力做好相关服务工作,帮助解决集团发展中遇到的困难和问题。在谈到进一步合作时,盛付祥指出,日本电产集团在设计研发、机械化、自动化等方面有着很强的实力,他希望通过双方共同努力,在接下来的合作中实现新的更大的突破。

【韩国最大的食品公司签约落户】 9月6日,韩国最大的食品公司希杰(CJ)正式签约落户平湖经济技术开发区,其旗下有食品与饮食事业群(包括大喜大、多乐之日等)。此次落户的项目注册资金1200万美元,以面包等食品为主要生产产品,将进一步助推开发区生物技术(食品)产业的集聚发展。

【平湖经济技术开发区德国办公室成立】 9月27日,平湖经济技术开发区管委会主任周弟明与Netzwerk Aussenwirtschaft GmbH的施密茨先生在诺伊斯市签署合作战略协议,宣布平湖经济技术开发区德国办公室正式成立。诺伊斯市位于德国工业强州北威州,离科隆50千米,距离杜塞尔多夫约20千米。诺伊斯市是食品产业生产集聚地，与平湖经济技术开发区的产业导向非常吻合。此行在施密茨先生的安排下，代表团拜访了当地政府和各类机构，并与诺伊斯市德国工商总会达成一致意见，将于2017年年初在诺伊斯市举办平湖经济技术开发区专场说明会。

【泛华国际商业广场开工奠基】 11月18日，平湖泛华国际广场项目奠基仪式隆重举行。平湖泛华国际广场东临新华北路主干道，北临宏建路，依托平湖经济技术开发区经济环境、地理环境、人居环境等优势，倾力打造一个平湖城市副中心的地标性建筑群。项目总投资15亿元，占地13.33公顷，总建筑面积44万平方米，集五星级酒店、行政酒店、滨水休闲风情商业街、精品住宅于一体，是平湖经济技术开发区目前规模最大、档次最高的城市综合体。

【行业龙头德资项目"威克诺森"开工奠基】 11月23日，威克诺森机械设备（中国）有限公司举行奠基仪式，平湖市及平湖经济技术开发区的主要领导出席奠基仪式。威克诺森机械设备（中国）有限公司是威克诺森集团在中国设立的第一个生产基地，项目一期注册资金1200万美元，总投资3600万美元，主要从事紧凑型挖掘机的整车生产制造，除生产工艺外，还将设立独立研发部门和服务培训基地。这一项目的落户，填补了平湖市挖掘机整机项目领域的空白，进一步完善光机电上下游产业链，为开发区欧洲（德国）产业园的快速发展起助推作用。与此同时，威克诺森公司厂房作为开发区第二个高标准"定制"厂房，将全权由平湖经济技术开发区代理建设。厂房项目计划总投资3.2亿元，用地面积13.33公顷，其中一期用地6.67公顷。届时，威克诺森公司一接过该标准厂房的钥匙，即可进入投产运营阶段。

【浙江日新华新顿精密特殊钢公司开业】 10月25日，平湖经济技术开发区首个总投资过亿美元项目——浙江日新华新顿精密特殊钢有限公司开业。平湖市领导盛付祥、姚田宝、陶明方、钱勇彪、周弟明出席开业仪式。该项目用地15公顷，总投资1.5亿美元，注册资本1.2亿美元，主要产品为精密特殊钢。

【平湖市首个世界500强德资项目签约落户】 12月9日，蒂森克虏伯弹簧和稳定杆平湖项目签约仪式在平湖经济技术开发区举行，平湖市领导祁海龙、钱勇彪、周弟明，区领导胡泓恬、张东阁、俞四龙等出席签约仪式。蒂森克虏伯弹簧和稳定杆平湖项目一期注册资本1500万美元，总投资4500万美元，占地4.5公顷。该项目是蒂森克虏伯集团在中国的第三家子公司，待项目一期投产后，预计可年生产弹簧380万根、稳定杆150万杆，第三年产品销售收入计划可达3.1亿元，年利润总额可达4300万元。蒂森克虏伯集团既是德国第五大工业公司，又是世界500强企业。其旗下有670个子公司，销售额达380亿欧元，产品范围涉及钢铁、汽车技术、机器制造等领域。至此，平湖经济技术开发区已有15家德资企业落户欧洲（德国）产业园，世界500强投资项目累计已有19个。该项目的落户，将进一步加速平湖经济技术开发区汽车零部件产业的发展，壮大德国产业园的整体实力，扩大开发区对德招商的品牌影响力。

（丁婧婧）

嘉兴港区（乍浦开发区）

【概况】 2016年，嘉兴港区完成一般公共预算收入12.3亿元，比上年增长11.9%；规模以上工业总产值478.8亿元，下降0.2%；引进市外内资12亿元；浙商回归引进资金总额24.1亿元，增长22.1%；利税总额57.3亿元，增长8.0%，其中利润总额42.4亿元，增长8.8%；乍浦港口货物吞吐量4882万吨，增长7.7%，集装箱111万标准箱，增长4.9%；城镇居民人均可支配收入50141元，增长7.9%；农村居民人均可支配收入29028元，增长7.6%。

2016年，嘉兴综合保税区（A区）通过国家级验收，嘉兴港区化工新材料园区连续四年位列全国化工园区20强，嘉兴港区综合物流园区连续两年荣获全国优秀物流园区称号,智慧化工园区被授予全国首批智慧化工园区试点示范单位,杭州湾新经济园被认定为嘉兴市新经济园和市级科技孵化器,国家级生态工业示范园区方案通过专家评审,各项工作平稳有序推进。乍浦镇国家卫生镇顺利通过复评,省级历史文化名镇成功创建,省级园林镇通过市级验收。加快推进巴斯夫年产1.2万吨电子级硫酸项目、嘉兴石化铝箔材、差别化纤维项目、嘉华发电厂光伏发电及风力发电项目、嘉兴石化年产120万吨PTA项目、森马物流仓储项目、信汇新材料15万吨卤化丁基项目等重点项目建设。民生事业持续推进,物美超市入驻达源城市广场;滨海大道、新气象路、陈山路、王家堰路、东星路等道路相继打通,完成公交车无线网络全覆盖和公交线路优化工作;开工建设乍浦中心幼儿园迁建工程;举办乍浦镇第二届山海文化艺术节系列活动。圆满完成G20杭州峰会有关服务保障工作。全面实施不动产统一登记工作,承办港区土地登记、房屋登记、林地登记、海域使用权登记等不动产登记业务。"五证合一"登记制度改革以来,市场准入办理时限平均从5天缩减至2.5天。深入推进"五水共治""五气共治"和"城乡环境综合整治",港区的整体环境质量得到了显著提升。17个监测断面比上年水质改善16.1%。其中氨氮、总磷、高锰酸盐分别比上年同期改善10.8%、18.2%、38%。空气质量优良率为87.1%,居全市第一;深入开展"粉墙黛瓦""美丽庭院"等十大专项行动,全方位地改善港区城乡形象。完成"粉墙黛瓦"200户;新增城乡绿化面积32万平方米;新建绿道3千米;城镇危旧住房治理改造按幢完成目标任务的83.5%,按面积完成目标任务的95.1%;"三改"完成29.75万平方米,占嘉兴市下达任务的148.5%;"一拆"完成6.76万平方米,占嘉兴市下达任务的135.2%;"公铁"沿线环境整治完成28个,占嘉兴市下达任务的466.6%;"蓝色屋面"整治完成18.45万平方米,占嘉兴市下达任务的559%。

嘉兴综合保税区通过国家级验收 (嘉兴港区提供)

【与央企合作建设智慧化工园区项目】 3月17日,嘉兴港区与中国航天科技集团合作建设的嘉兴港区智慧化工园区(一期)项目在浙江省与央企战略合作签约仪式上签约,并纳入浙江省与央企战略合作框架协议。建设智慧化工园区能有效整合内外相关的社会资源,促进内部的信息资源共享、业务工作协同。航天恒星科技有限公司(503所)作为嘉兴港区智慧化工园区建设的主要技术支持单位,围绕智慧化工园区建设,双方开展一系列的深入合作。航天恒星有50余名专家的航天团队入驻嘉兴港区,完成《嘉兴港区智慧化工园区总体建设方案》和智慧综合安防、智慧环境监测、智慧能源监测、智慧地理信息、智慧物流管理5个系统实施方案,并于11月底完成系统内测版。

【化工园区上榜"中国化工园区20强"】 5月12日,在2016中国化工园区与产业发展论坛上,嘉兴港区化工园区连续四年上榜"中国化工园区20强",嘉兴港区管委会主任石云良和泰地石化集团有限公司分别获得"'十二五'中国化工园区优秀管理者"和"2016中国化工园区优秀服务商"称号。

【首宗国有土地使用权租赁成交】 5月13日,嘉兴港区首宗国有土地使用权租赁正式成交。该地块位于平海路与老01省道西南侧,土地用途为基础设施(管廊用地),土地租赁期为10年。摘牌企业为嘉兴市港区工业管廊有限公司。国有土地使用权租赁是嘉兴港区转变土地利用方式,减轻企业负担,提高土地产出效益和节约集约利用水平,缓解土地资源短缺的一次有益探索。

【生活水厂项目获浙江省市政优质工程金奖】 5月18日,嘉兴港区4.8万立方米/日生活水厂项目荣获浙江省市政优质工程金奖。该工程于2013年12月开工建设,2015年9月通过竣工验收,该工程一方面结合港区分质供水及供水发展趋势的要求,采用先进的净水设备与工艺,满足太浦河水源的制水工艺适配,为港区提供更可靠的水质、水量、水压保证;另一方面实现了在土地资源有限的条件下,将工业水厂、生活水厂各自整合成块的需求,使生产工艺流程更加合理,生产调度更加顺畅,生产管理更加规范,体现了优质、高效的目标。

【综合物流园区获全国优秀物流园区称号】 7月8日,在全国物流园区工作年会上,嘉兴港区综合物流园区获全国优秀物流园区称号。嘉兴港区综合物流园区是由嘉兴港区开发建设管理委员会统筹管理的综合性物流园区。规划面积达10平方千米。园区依托乍浦港、化工新材料园区、大宗商品交易市场的发展,大力发展集装箱中转业务、液体化工货物配送与分销大宗散货以及保税物流等,打造集港口、工业、市场物流支撑的综合物流园区。2016年完成货物吞吐量3739万吨,集装箱中转量85.5万标准箱。

【乍浦镇中心幼儿园迁建工程开工建设】 7月20日,乍浦镇中心幼儿园迁建工程正式开工建设,该工程是2016年港区十大民生工程之一,规划占地面积约1.3公顷,规划总建筑面积约1万平方米,设计20个班,可容纳约600名幼儿,拟建成省一级幼儿园。工程计划于2017年5月31日完成竣工验收,2017年7月交付使用。乍浦镇中心幼儿园的迁建将为缓解乍浦地区城镇幼儿园入园压力,进一步推动和提升港区学前教育的发展起到促进作用。

【乍浦镇小微企业创业园揭牌】 9月8日,港区举行乍浦镇小微企业创业园揭牌仪式,建设小微企业创业园是增强乍浦镇经济活力的现实选择,是推进"大众创业万众创新"国家战略的重要举措,是推进乍浦经济转型升级的重要抓手。乍浦镇小微企业创业园项目位于龙王路西侧、纬三路南侧,总占地面积约3.89万平方米(3.89公顷),项目分两期建设,包括6幢单层标准厂房及1幢四层办公用房,项目总建筑面积2.18万平方米。

【嘉兴综合保税区通过国家级验收】 9月14日,浙江省人民政府副秘书长陈宗尧带领杭州海关、省商务厅等十部门对嘉兴综合保税区(A区)进行联合验收并一致同意通过验收。12月,海关总署发文批准嘉兴综合保税区通过验收,标志着嘉兴综合保税区正式开关运行。

【获评中国智慧化工园区试点】 10月25日,在全国化工行业智能制造及智慧化工园区建设现场经验交流会上,中国化工新材料(嘉兴)园区荣获"中国智慧化工园区试点示范单位"称号。嘉兴港区智慧化工园区建设坚持以"政府主导、企业主体"为根本原则,秉承"安全、创新、绿色、智能、协调"的发展理念,按照"方案可复制,模式可推广,运营可持续,建设标准化"的要求,充分利用云计算、物联网和移动互联网等技术,整合园区安防、管理和服务,拟投资3.8亿元,1年内基本建成五大智慧管理系统,3年内完成智慧港口等配套设施建设,5年内全面实现智慧园区各体系的提升与完善,最终实现园区"基础设施智能化、园区管理精细化、生产管理信息化、物流运输一体化、产业发展现代化"的总体目标。

【乍浦镇被命名为省级园林镇】 2016年,浙江省住房和城乡建设厅公布的《关于梅城镇等十镇为省级园林镇的批复》,命名乍浦镇为省级园林镇。港区以建设"两美"滨海新城为目标,围绕"浙江省园林城镇"创建标准,以汤山公园绿地、牛桥港商务区绿化建设为重点,以绿道建设为网

乍浦镇成功创建省级园林镇　　（嘉兴港区提供）

络,以单位和社区绿化为依托。按照“增加绿量、提升品质、打造精品”的要求,结合“美丽乡村”“五水共治”“四边三化”“三改一拆”等系列行动,着力构建城乡一体、结构合理、环境优美的绿化格局,打造人居环境优化、生态质量优良的宜居滨海新城。“十二五”以来,港区共完成新建及改造绿化面积约250万平方米,新建绿道22.87千米。

(沈　燕　丁雨薇)

浙江嘉兴工业园区

【概况】 2016年,嘉兴科技城(浙江嘉兴工业园区、大桥镇)完成全社会固定资产投资82.8亿元,实现工农业总产值384亿元,公共财政预算收入14.2亿元;实现全社会研究与发展(R&D)经费投入8.8亿元,高新技术产业产值285.9亿元,比上年增长17%;高新技术产业增加值46.8亿元,增长30%。

人才招引强势推进。全年新增引育“国家千人计划”专家8人、“省千人计划”专家5人,新增博士59人、硕士361人、海外留学归国人员66人。对接洽谈高层次人才项目90余个,其中对接“千人计划”项目14个(包括长江学者金耀初),已落户项目42个,总计注册资本约4.2亿元。先后引进摩科生物、允英医学检验所、蛙力买RFID防伪、星天海洋科技等项目。强化政策激励,制订出台《嘉兴科技城关于建设人才改革试验区若干政策》。

招商引资逆势而上。全年完成合同利用外资1.7亿美元,比上年增长236%,实际利用外资1.2亿美元,增长194%,市外到位内资18.5亿元,增长50%。成功引进司诺投资、克林威孚电机、台湾医疗器械、普利特、丰丽空调系统、飞米新材料、恒拓电子、凯和医疗器械和低聚木糖等一批优质项目。

项目建设有序推进。全年累计办理投资项目发改备案、核准51项。协助吉祥新材料、普利特新材料、泰隆银行等项目办理开工前期手续。协助办理华贵电子、凯和生物、恒拓电子等项目前期手续。完成敏凯汽车零部件、犁记食品、优太新能源、赛思电子、开天传动、宇培物流、汇创贸易、敏惠汽车零部件等9宗地的竣工综合验收。完成泰隆银行工业地块、集成电路闲置地块、德汇工业用地的收回工作。

产业结构不断优化。全年完成工业投入47亿元,实现销售收入2000万元以上规模工业产值350.8亿元,两大主导产业实现产值254.9亿元,其中,网络信息技术产业实现产值146.4亿元,比上年增长27%,实现利润4.5亿元,增长47%;高端装备制造产业实现产值108.6亿元,增长1%,实现利润8.8亿元,增长18%。新材料等传统产业主动谋划转型发展,全年实现产值48.8亿元,增长10%;实现利润4.2亿元,增长165%。科技服务业加快发展,全年实现营业收入1.05亿元,增长76.6%。鼓励企业上市融资,博创科技完成主板上市,瑞邦智能、西谷数字、创源环境完成“新三板”上市,闻泰通讯、德景电子资产重组相关工作有序推进。

转型升级力度加大。狠抓“退低进高”,实施“机器换人”企业37家,实现“机器换人”项目37个;淘汰落后产能涉及企业32家;腾退低效用地21.33公顷;改造8.4万平方米旧厂区。新增5家国家高新技术企业,新增26家省级科技型中小企业,新增6家省级高新技术企业研发中心,新增5家市级企业研发中心;清华武岳峰投资基金、中科嘉星风险投资基金、容湖创投等产业基金加快建立和资金募集;新增恩湃、摩科2家科创企业投资项目。

基础设施建设加快推进。全年累计完成基础设施投入5.25亿元。重点项目加快推进,综合管廊项目开工建设;实验小学完成中间结构验收;中科院三期北区消防验收合格并投入使用,中科院三期南区进场开工;中和苑安置房项目按期交付;规划展示馆项目设计方案最终定稿并完成各项手续办理;东华苑项目进场施工;镇消防站项目开工建设。3.65平方千米核心区绿化、亮化等相关工作加快推进。

生态环境稳步提升。“美丽乡村”建设不断深化,夏义港绿道、天宁路立面改造、八里花苑小区改造等工程有序推进。结合“公铁”沿线整治,积极推进“美丽村庄”建设,成功创建省级森林城镇。开展“美丽厂区”创建,实施化工行业专项整治，顺利推进化工园区东区环境整治。加强水环境治理，开工建设河道清淤工程；河道综合整治项目初步设计获批复，开始施工招投标。中心工作强势推进，全面完成生猪退养，有序推进“三改一拆”、“公铁”沿线环境整治、粉墙黛瓦等工作。

平安建设卓有成效。推动欠薪纠纷化解，受理劳动争议案件138起，涉及金额492.5万元，其中工伤28起，涉及金额251.8万元；劳动监察22起，涉及金额13.6万元；劳动调解88起，涉及金额227.1万元，办结率100%。圆满完成G20杭州峰会、乌镇峰会相关安保工作。全面落实信访工作责任制。加强安全生产管理，检查企业72家次，涉及隐患230余条，均责令企业落实整改。

【大桥镇再入全国综合实力百强镇榜单】 11月7日，《2016中国中小城市发展报告·绿皮书》发布2016年度中国中小城市综合实力百强县市、区、镇名单。南湖区大桥镇综合排名第61位，进入中国中小城市综合实力百强镇（全国科学发展百强镇）榜单，这是大桥镇继2014年、2015年获全国百强镇（分别名列中国中小城市综合实力百强镇第64位、第62位）后，第三次获此殊荣。该镇积极主攻产业招商，突出发展主导产业，提升产业集聚度，促进转型升级。初步形成以卫星集团、中华集团、普利特新材料等为代表的新材料产业集群；以加西贝拉、敏实集团、正泰集团等为代表的汽配机电产业集群；以天通精电、博创科技等为代表的通讯电子产业集群。三大产业集群全年实现产值300亿元，占全部规模以上工业产值的比重达86%。产值超亿元企业发展到43家，新增5家企业上市挂牌，“四换三名”、“两化”融合工作取得新成效。

【闻泰通讯入列省电子信息产业百强榜单】 6月8日，省经济和信息化委员会公布2016年浙江省电子信息产业百家重点企业名单，包括30家重点电子信息制造企业、10家重点电子信息出口企业、10家软件业重点企业和50家成长性特色企业。位于嘉兴科技城内的闻泰通讯股份公司位列其中，并一举摘下电子信息制造业重点企业和电子信息出口重点企业“双强”。闻泰通讯公司从只有30多人的设计团队，“蝶变”成为小米、华为、联想等全球知名手机厂商合作伙伴，企业总产值超80亿元。不仅是南湖区信息产业的龙头企业，更成为全球最大的手机ODM企业之一，为全球知名手机厂商提供产品定义、方案设计、生产制造、软件开发等服务。闻泰通讯坚持自主创新，投入大量人力、物力从事无线通信新技术的研发和应用，拥有技术专利近千项，多项国际领先技术，且每年还以500项的速度递增。公司研发团队达到1200多人，占企业总人数的六分之一。闻泰生产的手机，已打入“一带一路”国家和地区，成为印度的micromax、karbonn、lava、intex，俄罗斯的fly，南美的blu等手机品牌的生产商。

【吉祥新材料股份有限公司在园区开工】 4月23日，中国铝材行业的领航者——吉祥新材料股份有限公司开工仪式在嘉兴工业园区举行。上海吉祥科技集团作为“中国建筑材料联合会复合材料分会副理事长”，是一家专业从事高科技内外墙建筑装潢材料的开发、生产、贸易和服务为一体的多元化集团公司，产品销售网点遍及全国各大城市，并出口俄罗斯、东南亚、中东、欧盟等六十多个国家和地区，产品广泛应用于国内外各种大型建筑及标志性建筑。吉祥新材料股份有限公司由上海吉祥科技集团投资，项目总投资6亿元，注册资本1亿元，主要生产铝塑复合板、彩纹铝塑板、防火铝塑板等产品。该项目的开工有助于拉动南湖区新材料产业的集群发展，对促进区域经济转型升级意义重大。

【容江基金签约仪式举行】 7月8日，嘉兴科技城管委会、嘉兴市南湖红船产业基金投资有限公司与浙江容亿投资管理有限公司举行三方签约仪式，合伙成立容江基金，主要投向信息安全、大数据和虚拟现实（VR）等相关产业项目，并吸引优质项目落户南湖区，促进南湖区产业转型升级。容亿投资在嘉兴已经深耕多年，有丰富的投资项目源和非常强的投资项目判断能力，可协助招商引入优秀基金公司和上市公司的持股平台，其积累的丰富的创业项目资源库可为科技城招商和人才引进提供支持。

【科技城再添一生物医药项目】 7月27日，由加拿大麦吉尔大学妇产科学系教授、上海同济大学附属第十人民医院生殖学中心主任千日成主导的辅助生殖临床培养液项目在嘉兴科技城签约，至此，科技城再添一技术在全球领先的生物医药项目。随着二孩政策的全面放开，全国辅助生殖治疗市场增大。而中国生殖医学中心临床辅助生殖实验室培养液完全依赖进口。千日成教授研究开发的人卵母细胞体外培养成熟技术，已在世界范围内用于不育症的治疗，他首创的人卵体外培养成熟和人卵冻存技术已获得专利。该项目实施后，产品将填补国内空白，项目生产公司也将成为国内首家自主生产试管婴儿生死培养液研发、生产的企业。

【嘉兴恩湃电子技术有限公司开业】 12月8日，嘉兴科技城又一电子技术领域颇具创新实力的新公司嘉兴恩湃电子技术有限公司开业。该公司是一家专注于MEMS器件封装测试的高科技公司，拥有以欧美专家为核心的技术团队、国际领先的封测技术、专业的高精度传感器封装、测试能力，集封装设计、生产和测试为一体，为MEMS客户提供封装、测试一站式解决方案。公司拥有各类进口封装测试设备30多款，涵盖整个封装测试系统。产品广泛应用于航空、桥梁、轨道交通、汽车、电子等国民经济主要领域，为工业和现代化建设提供强有力的支撑。随着国家物联网和智能制造等战略规划的逐步落实，传感器尤其是微机电系统传感器的需求日渐显现。恩湃公司MEMS封测线的建立，将填补中国在高端MEMS产品工艺制造平台方面的空白，公司的目标是要创立国际先进国内领先的高端MEMS产品的专用封测线。

（陈天传　倪志峰）

嘉兴秀洲高新技术产业开发区

【概况】 2016年，秀洲高新区(核心区)完成全社会固定资产投资94.61亿元，比上年增长16.3%。其中工业生产性投资45.24亿元，增长14.8%；三产服务业投资49.37亿元，增长17.6%。实现销售收入2000万元以上规模工业总产值204.8亿元，增长0.67%，单位工业增加值能耗比上年下降7.85%。完成财政收入17.14亿元，增长11.2%，合同利用外资6.15亿美元，增长75.3%；实际利用外资2.05亿美元，增长3.2%；市外内资实到资金31.23亿元，增长10.02%；上报浙商回归引资额39.18亿元，增长158.9%。

创新资源不断集聚。一是科技创新链条不断完善。进一步完善“众创空间+孵化器+加速器+产业园”梯队建设。新增国家级众创空间2家(交大、北科建)、省级众创空间2个(中节能，北科建)、省级孵化器2个(中节能，北科建)，获评全市首个省级电子商务创业创新基地(北科建)、省级重点企业研究院1家(旭科新能源)、省级科技型中小企业19家，嘉兴学院科技园成功入驻光伏小镇。二是科技金融体系逐步成型。设立总规模10亿元的秀湖创业创新股权投资基金，与社会资本团队合作设立3个子基金。加快引进科技支行，加大对科技企业的融资支持。全年有40余个科技型中小企业获得科技银行授信1.91亿元。三是人才集聚高地。制订出台“秀湖双百计划”[建立10亿元规模的高新区人才扶持资金，力争五年内引进海内外高层次创业人才100名，年销售收入超千万元的人才项目(企业)累计100个]，着力打造“引得来、能创业、留得住”的人才特区。全年引育千人计划专家13名，引进领军人才项目22项，培育省级领军型创新创业团队2个。

招商引智取得实效。一是突出产业招商。围绕主导产业，绘制产业链、创新链招商地图，全年引进新能源企业25家、智能制造企业18家、新材料企业12家、注册资本亿元以上现代服务业项目5家。二是加大科技招商。依托纳米研究院、三十六所、国电通等院所名企，加大科技招商力度。全年新增秀洲慧谷L.A.海外孵化器1个，引进优质科技成长型中小项目65个。三是拓宽招商渠道。加强与知名中介机构的合作，深入实施“与沪杭同城”战略。截至目前直接或间接从上海引进项目20个，注册资金总计12.5亿元，引入知名中介机构1个(北虹桥金融产业园)。

经济发展量质并举。一是有效投入稳步增长。聚焦大项目、好项目,1-12月,秀洲高新装备创业中心等12个重点项目开工,总投资53.45亿元,富成机械等8个项目竣工,总投资13.21亿元。二是深入实施"两化融合"。借助"秀洲区工业云平台",加速"两化"融合步伐。全年新增国家"两化融合"管理体系贯标试点企业1家(福莱特)、省级两化融合示范企业1家(雅莹),实施"两化融合"项目65个;在库"机器换人"项目57项。三是扶持企业做大做强。持续开展双"G20"企业峰会,加大对高新技术企业的引导帮扶力度,全年新增新三板挂牌企业1家(荣林环境)。目前,"瞪羚企业"代表瑞翌新材料连续两年销售收入翻番增长,汉朔科技成为国内价签市场占有率第一、唯一一个实现价签销售安装超百家企业;行业龙头企业代表生辉照明连续两年斩获美国ces创新大奖。

产城融合加速推进。一是完善基础设施建设。加速推进重点项目建设,至2016年年底,光伏科创园已全部竣工;秀湖景观提升工程正按计划推进;乍嘉苏高速公路出入口景观提升工程基本完工。全面启动骨干道路提升工程,中山西路、洪兴西路等道路已开始施工,大德路、聚贤路等道路设计均已开展。二是改善生态环境质量。加快"三改一拆"进程,全年完成"三改"整治面积79.6万平方米,完成拆违面积10.2万平方米,全部超额完成年度目标任务。稳步推进环境整治工作,全面完成10辆黄标车淘汰任务,开展5家企业的强制性清洁生产审核,至12月交接断面水质考核综合评价优秀。三是打响光伏小镇品牌。自1月底光伏小镇入围省级特色小镇创建名单后,在产业基地打造、技术创新和光伏运维方面都取得显著成效。5月成功入选十大省级示范特色小镇,10月全省高端装备特色小镇推进会在秀洲区召开,11月获评省级行业标杆小镇。

【碲化镉薄膜太阳能电池项目落户】 5月18日,南方睿泰秀洲碲化镉薄膜太阳能电池项目正式签约落户秀洲高新区。该项目为中国首个碲化镉薄膜太阳能电池产业化项目,总投资60亿元,其中一期投资30亿元,项目用地面积约30.47公顷,含厂房和仓库用地28.13公顷、研发及辅助保障设施物业用地2.33公顷。整体固定资产投资强度约7800万元/公顷。建成10条碲化镉光伏电池组件生产线,预计年产能达640兆瓦,年产值将达30亿元。

【新增1家省级企业研究院】 4月21日,省科技厅印发《关于公布2016年省级企业研究院认定结果的通知》,位于光伏高新区的旭科新能源股份有限公司的浙江旭科柔性光伏新材料研究院被认定为省级企业研究院,属于新材料技术领域。该研究院致力于铜铟镓硒薄膜太阳能电池的研发,所制备的铜铟镓硒电池转换效率中国第一,世界领先。其项目带头人肖旭东教授是国家"千人计划"特聘专家、973重大科技项目首席科学家。6月6日,该项目正式开业投产,是秀洲区开展太阳能光伏产业"五位一体"创新综合试点所引进的第一个基于聚酰亚胺柔性衬底铜铟镓硒太阳能电池项目,也是全国首个,世界第二个生产聚酰亚胺柔性衬底铜铟镓硒太阳能电池的项目。该项目总投资1亿元,注册5200万元。2016年10月实现量产,第一期年产达到2兆瓦,年产值达到1亿元。近几年,秀洲国家高新区充分发挥科技对经济社会发展的支撑引领作用,强化企业在技术创新的主体地位,精心打造了一批科技创新成效显著的重点企业研究院。目前已有省级重点企业研究院6家,总量占全市的三分之一。

【2家单位入选第三批国家众创空间】 9月12日,科技部火炬中心印发《关于公示第三批众创空间的通知》,秀洲高新区的上海交大零·一智慧谷和北科建贝壳咖啡创客空间成功入选。"零·一智慧谷"依托上海交大嘉兴科技园,于2015年正式筹建并投入运营。智慧谷定位以工业设计、互联网信息、电子商务、文化创意、机器人、智能装备等项目、团队为主要培育方向,定期举办投融资对接沙龙、创业辅导、技术成果洽谈、人才招聘和培训等活动25次,为入驻团队提供一

站式创业服务。同时设立种子基金300万,以场地入股、服务换期权、种子资金投资等多种形式,与入孵项目和企业达成孵化协议,扶持项目不断成长。至2016年6月,智慧谷共入驻项目20个,项目涵盖互联网信息、电子商务、文化创意、新能源等多个行业。嘉兴北科建贝壳咖啡创客空间于2015年10月正式投入运营,是智富城落实产业培育、孵化、服务的重要组成部分。嘉兴北科建贝壳咖啡创客空间由贝壳咖啡厅、贝壳培训中心、贝壳卡位孵化和贝壳加速器四大模块组成,总规划面积1万平方米,整合北上广深和嘉兴本地众多合作资源,形成强大的金融投资、创业辅导、企业管理顾问、企业上市辅导等联盟,构筑完整的创业孵化、创业辅导培训、创业发展加速和创业交流与展示的功能链条。贝壳咖啡自运营以来,累计举办活动68场,在孵项目20余个。2016年1月,以贝壳咖啡众创空间为载体成功举办嘉兴市首届“互联网+”创新创业大赛。

【入选智能制造示范区】 3月7日,浙江省经信委公布2016年度智能制造示范区(平台)建设方案的公示名单,全省6个市、县(区)入围,秀洲区光伏新能源智能制造示范区成功入选,为嘉兴市首个且唯一一个。秀洲光伏新能源智能制造示范区以光伏新能源产业为核心,辐射秀洲区现代装备产业领域,以提升产业制造水平及智能化应用水平为目标,通过整合装备制造企业、研发检测机构、运维服务平台三大支柱互联互动发展,通过三年时间建设打造成为国内一流的光伏产业智能制造示范园区。

【国际游戏&VR产业园启动】 6月25日,嘉兴国际游戏&VR产业园在秀洲高新区启动,同时与该产业相配套的米硕手游&VR基金也启动揭牌,在嘉兴范围内均属首个。该产业园位于秀洲高新区未来科技城,一期规划2.7万平方米的产业园和3000平方米的孵化器。米硕基金是由米趣科技联合浙江省金控集团、嘉兴转型升级产业基金、秀洲高新区共同发起,将以“政府+资本+行业+龙头企业”模式,对游戏、电竞及VR/AR等泛娱乐行业的早期项目进行价值发现及投资孵化。在启动仪式上,15个国内外的游戏&VR创业团队现场签约入驻。

(朱择彦)

浙江姚庄经济开发区

【概况】 2016年,浙江姚庄经济开发区合同利用外资8185万美元,实际利用外资9140万美元,县外内资实际到位20.82亿元。完成工业生产性投资37.1亿元,比上年增长10%;完成销售收入2000万元以上规模工业产值230亿元,增长7.9%。在省级经济开发区综合考评中列全省32名。

委托浙江省规划设计院进行高标准整体规划,核心区5.8平方千米,分两期建设。自2011年以来规划启动的2.8平方千米的二期建设,已有泰极爱思、杜商精机、富昌泰汽车零部件等20多个项目建成投产,其中年内竣工投产企业5家,汉特新材料、弥富科技等11家企业正在施工中。随着开发区二期建设的推进,建设空间日趋饱和,已规划启动开发区二期东扩事宜,为开发区创业创新、跨越发展提供更强的承载能力。

抓招商引资“一号工程”不动摇。通过蹲点招商、组团招商、以商引商和中介招商等多种方式,招引大项目、好项目。把引进台资作为招商引资的主要方向,目前区内已引进各类台资企业70余个。智泓科技、杜商精机、旭阳精机、美声服饰、新东阳食品等一批优质台资企业先后落户,姚庄已成为台商集聚区。

将产业重点聚焦在精密机械、光伏新能源领域,逐步形成精密机械、光伏新能源两大主导产业。全年,两大主导产业的产值152.2亿元,占全镇规模以上工业产值的73%。其中,光伏新能源产业龙头企业——浙江昱辉阳光能源有限公司,先后在英国伦敦证券交易所、美国纽约证券交易所挂牌上市,入选2012年中国民营企业500强,2015年成为嘉善县首个“百亿企业”。同时,推动以汽车关键零部件为主的精密机械产业培育发展,累计引进和培育精密机械类企业50余家,涌现出田中精机、智泓科技、宇钻精机等一批“个头不大、亩产巨大”的龙头企业，其中田中精机是国内电子线圈生产设备制造的龙头企业，于2015年5月19日在深圳创业板挂牌上市，成为全市首个登陆创业板的企业。2016年1月、10月，杜商精机、格蕾特电器也分别在“新四板”和“新三板”上市。

引导企业走科技创新、转型升级的道路。先后淘汰15家落后产能企业，盘活20余万平方米低效厂房，嫁接一批高质量项目。又推进低端产业腾退整治，改善整体环境，为园区发展腾出空间。规划总面积12.2公顷的姚庄新经济产业园，其中投资7000万元建设的4万平方米一期工程已建成投入使用，并成功列入嘉兴市首批新经济产业园。姚庄新经济产业园全部以精密机械生产厂房进行设计和建造，由园区实行统一规划建设、统一招商、统一管理，已有6家精密机械企业入驻投产，其中，浙江日茸电子科技有限公司项目租赁园内1.1万平方米厂房，引进近300台CNC加工中心，主要为国内外知名厂商生产电脑和手机金属外壳及配件。开发区现有昱辉阳光等5家高新技术企业，规模以上高新技术企业主营收入占比43%。拥有省科技型中小企业35家，院士工作站和博士后工作站各1个。有企业研发中心23个，其中省级1个（浙江昱辉阳光新能源研究院）、县级研发中心18个、市级研发中心4个，有产业创新联盟1个（浙江省光伏产业技术创新战略联盟）。

依托紧邻上海的区位优势，承接上海的产业转移、人才外溢和功能辐射，努力把姚庄建成承接上海高端制造业项目落地的首选地。加强与上海地区政府、开发区的深入对接，分别与上海宝山工业园区、嘉定工业园区、航头镇、三林镇、枫泾镇等签订《缔结友好关系协议书》，双方本着“加强协作、优势互补、互利共赢”的原则，在经济、技术、资金、旅游、贸易、人才、文化等方面建立长期的友好协作关系，做到资源共享。派出招商小分队，到上述地区进行具体对接，在产业规划、经贸交流、项目信息等方面加强务实合作。全年，从上海引进各类项目总投资32.2亿元。同时，按照《共建沪浙毗邻地区一体化发展示范区战略框架协议》中全面推进“五个一体化”的目标任务，强化与枫泾镇、县开发区三地之间的产业协同合作，探索建立三地之间产业承接、产业配套的长效合作机制，形成布局优化、重点突出、错位发展、功能衔接的产业格局。

省级光伏产业示范基地　（浙江姚庄经济开发区提供）

【加快科技创新和人才引育】 2016年，姚庄经济开发区加快科技创新和人才引育。启晟碳材料获评国家高新技术企业，欧仁新材料杨晓明博士被认定为省“千人计划”人才，捷音特与南京大学声学研究所签订协议成立南京大学—捷音特声学研究分室，富信成机械创建为嘉善县第六个院士工作站，格蕾特电器在“新三板”挂牌上市。

【举办两节经贸洽谈会】 3月19日，2016姚庄桃花节经贸洽谈会在姚庄举行。8月27日，2016中国·姚庄黄桃节国际经贸洽谈会在姚庄镇政府举行。来自中华两岸企业发展联合总会、长安台商协会、上海台商协会副会长、秘书长、理事共80余位台商受邀参加活动。6个项目集中签约，总投资11.76亿元，注册资本4.8亿元，全部达产后预计产值21亿元，利税3.7亿元。

【两次承办嘉善县“集中开竣工日”活动】 3月18日和8月18日，两次承办嘉善县“集中开竣工日”活动，共有8个项目集中开工建设，这些项目全部竣工达产后，年销售收入有望突破16.2亿元，税收达到2.35亿元。全年，开发区着力营造大建设、大开发的浓厚氛围，有力推动项目建设，日茸电子科技、卡曼橡胶地板、顶誉食品、汉特工程塑料等17个新建项目被列入县、市重点项目,总投资6亿元的50兆瓦渔光互补项目并网发电。千万元以上项目的开工率达到90%以上,竣工率70%以上,投产率50%以上。

8月18日,姚庄镇工业项目集中开竣工仪式
(浙江姚庄经济开发区提供)

【"昱辉"获首届浙江省专利优秀奖】 11月22日,省科技厅、省知识产权局公布首届浙江省专利奖获奖名单(浙科发发〔2016〕203号),昱辉阳光能源有限公司一项发明专利:多晶硅锭及其制造方法、太阳能电池(专利号201210017969.0)获得优秀奖。这是嘉兴市唯一获奖的企业。昱辉阳光是2015年嘉善县首个年产值超百亿元的企业。多年来,坚持创新,注重研发,及时调整发展战略,成为全球第二大硅片制造商,拥有年产硅晶片2200兆瓦能力,逐步打造形成一条从原生多晶硅到光伏应用系统的完整光伏产业链。

【加大临沪招商力度】 2016年,姚庄经济开发区加大产业合作与平台合作,成立招商小分队,蹲点上海嘉定区、闵行区开展招商活动,镇分管领导每周至少两次赴上海招商,拜访客商。同时,密切跟踪上海先进制造业梯度转移趋势,深化各产业平台对接。以省级精密机械产业示范园为依托,投入7000万元建成姚庄新经济产业园,积极承接上海地区相关产业、项目转移,实现一站式拎包入驻,至年底已入驻维庭、日茸科技和博秦机械等多个优质精密机械产业转移项目。全年,引进来自上海地区高新项目23个,总投资16.2亿元。全镇90%以上的外资项目、80%以上的人才和70%以上的三产项目从上海引进。

(熊 方)

浙江独山港经济开发区

【概况】 2016年,浙江独山港经济开发区完成生产总值(含独山港镇,下同)52.1亿元。财政总收入9.3亿元,其中一般公共预算收入4.6亿元,分别比上年增长7.8%和35%。

2016年年末,105家主营业务收入2000万元以上工业企业工业总产值首次突破200亿元大关,比上年增长17.1%。一是主攻招商选资。全年引进平湖市外内资37亿元,其中注册资本9.6亿元;完成合同利用外资1.38亿美元;实到外资9846万美元。完成浙商回归资金13.5亿元。二是加快项目推进。加快建设卫星能源二期、众立合成材料等重大项目,做好美馨、艾迪科等项目的报批工作。完成固定资产投资68.1亿元,比上年增长17.1%,其中工业生产性投资47.2亿元、服务业投资20.5亿元,分别增长16%和19.8%。三是强化要素保障。拓宽融资渠道,优化存量债务结构。加快实施"两退两进",完成腾退低效建设用地47.07公顷,直接收回闲置土地31.07公顷,完成土地复垦10.47公顷。招才引智,接待人才项目20个,申报嘉兴市领军人才5人,入选1人,申报省千人计划2人,入选1人。发挥传统五金、服装等产业优势,加快转型升级步伐。积极推进"四换三名",新增高新技术企业4家、省科技型企业12家,新增发明专利授权55件。

注重平台建设。完善基础配套,优化规划编制,完成独山港镇城镇总体规划。完善产业发展平台基础设施,建立独山港高新技术产业园,加快推进、智能装备创业创新中心、物流园区车辆疏导中心等项目。完善路网框架,新建成振港路、海兴路、海涛路3条道路,"四横八纵"的疏港道路框架逐步形成。推进城镇建设。围绕国家建制镇农村综合改革(产业集聚型)示范试点,统筹城乡发展,完成全塘、黄姑、周圩3个集镇和海塘村海鲜一条街改造提升,港城道路、医院、幼儿园、公园和周边商业配套正在加快建设,"美丽乡村"和"美丽村组"示范试点建设取得初步成效。稳步推进白沙湾区域征迁,加快产业园区拆房速度。完成3个安置房小区分房工作,其中绿洲花苑完成619户、1094套分房,龙吟花苑完成770户、1309套分房和三港新城文丰花苑完成1174套。狠抓环境整治。全力推进"三改一拆",拆除违章建筑33.8万平方米。以翁金线作为整治重点,开展公路沿线环境整治专项行动,拆除公路沿线违章建筑12.7万平方米。深化"五水共治",至11月底,完成生活污水入网2050户。全年完成企业污水入网45家,关停21家,疏浚河道28.2千米,整治河道7.8千米。常态化开展"四位一体"长效保洁工作,提升港区形象。完成振港路景观绿化、两个高速出口绿化等工程,加快推进港城桂香园、中山路二期景观绿化等工程建设,完成绿化面积100公顷,绿道建设6千米。

【独山港口岸开放通过国家验收】 11月25日,独山港口岸开放通过国家口岸管理办公室、公安部、交通运输部、海关总署、质检总局和军委联参部军需局组成的验收组现场验收。独山港区是浙北地区唯一的深水良港,规划化工、集装箱与散杂货等3个码头作业区,可建万吨级以上外海生产性泊位43个,已建成上港独山集装箱、独山港务、嘉港物流、嘉兴电厂、平湖玻璃等5座码头,有9个万吨级、5个千吨级泊位,设计年通过能力2259万吨,2015年完成货物吞吐量1367万吨,其中外贸87万吨。此次顺利通过国家验收,标志着独山港区正式取得国际通行证,将为港区港口开发建设、临港产业发展创造良好条件,为进一步提升嘉兴市外向型经济发展发挥积极的促进作用。

【获列省海洋港口"十三五"重点发展港区】 4月21日,浙江省人民政府办公厅印发浙江省海洋港口发展"十三五"规划,将独山港区列为全省海洋港口"十三五"重点发展港区,为独山港区的发展指明了方向,独山港区将重点发展液体化工、集装箱、煤炭、粮食运输,推进A区化工码头、B区集装箱码头、独山内河港池二区等项目建设。

【独山港智能装备创业创新中心开工】 9月12日,独山港镇"强村计划"智能装备创业创新中心项目开工。该项目由独山港镇陆沼村、金沙村等12个村与平湖市独山港镇资产管理有限公司共同出资建设,总投资1.1亿元,规划面积4.37公顷,建筑面积4.3万平方米,规划建造10幢标准厂房和1幢服务配套用房。该项目预计于2017年8月前通过验收,建成后将租赁给各类五金企业,助推五金产业由低小散向高效集聚转型。

【独山港镇跻身全国综合实力千强镇行列】 11月7日,中国城市经济学会中小城市经济发展委员会、中小城市发展战略研究院、中国中小城市科学发展指数研究课题组等单位通过《人民日报》和《2016中国中小城市发展报告·绿皮书》联合发布"2016全国综合实力千强镇"榜单:独山港镇名列全国第604位。2016年,该镇完成生产总值52.1亿元。完成财政总收入9.3亿元,其中一般公共预算收入4.6亿元。105家规模以上工业企业总产值首次突破200亿元大关。

【15个项目获列省海洋经济发展项目计划】 4月,省发改委、省海洋经济发展示范区领导小组办公室印发《2016年度浙江海洋经济发展重大建设项目实施计划》,独山港经济开发区口岸开放"一关三检"联检大楼、智能装备制造创业创新中心、嘉兴港独山港区Ⅱ号内河港池工程等15个项目列入其中。该批项目总投资224.1亿元,2016年计划投资14.7亿元,其中:基础设施项目2个,港航物流服务体系项目8个,海洋能源项目4个,海洋产业转型升级项目1个;新建项目10个,续建项目5个;总投资超10亿元项目4个。

【抗击日军登陆遗址群获称省国防教育基地】 10月31日,由位于独山港镇的侵华日军平湖市抗战历史宣教馆、侵华日军登陆处纪事碑亭、百人坑遗址和抗战碉堡群组成的抗击侵华日军登陆遗址群被命名为省级国防教育基地。近年来,平湖市依托独山港国防教育基地深挖资源内涵、创新宣教形式,着力抓好全市各党政机关、社会团体、青年学生,民兵预备役官兵、入伍新兵、中小学生等重点群体的爱国主义和国防教育,不断注入"红色基因",围绕红军长征胜利80周年、抗战胜利日、"11·5"侵华日军登陆等重大历史事件和时间节点,开展入党(团、伍)宣誓、缅怀先烈和各种形式的宣教、参观展览活动38次,受教育人数3.2万多人(次),成为平湖市开展爱国主义和国防教育的重要实物教材与阵地。

(毛 杰 潘凌风)

海盐经济开发区

【概况】 2016年,海盐经济开发区实现地区生产总值48.05亿元,比上年增长8.9%,快于全县水平1.9个百分点,增速位列全县镇(街道)第一。其中,第一产业增加值2.21亿元,增长12.2%,第二产业增加值38.13亿元,增长8%,第三产业增加值7.7亿元,增长12.5%。三次产业增加值结构比为4.6∶79.4∶16。85家销售收入2000万元以上规模工业企业实现总产值285.94亿元,增长10.9%,其中新产品产值122.53亿元,增长22.1%。战略性新兴产业产值163.41亿元,增长4%(省标)。实现工业销售产值271.96亿元,增长10.5%,出口交货值28.67亿元,增长54%,工业产品销售率98.59%,比上年下降0.3%。万元工业增加值能耗下降0.4%。全部财政收入15.454亿元,增长8.8%。农村居民人均可支配收入3.12万元,增长8.8%。

全年,开发区建设"1中心+3园区"智能装备制造产业基地,推进平台转型。先后开建智能创新中心一期A组团6.14万平方米、B组团6.4万平方米标准厂房项目,其中A组团项目,至年底主体竣工。承载智能装备制造项目的欧洲(德国)产业园、新经济产业园,建成并投入使用的研发楼和标准厂房面积有10.5万平方米,在建18万平方米。临港工业园涉及的海域使用权回收手续完成审批,各配套基础设施基本完成。智能装备制造产业基地获"浙江省软件和信息服务产业创业基地"称号,省财政给予300万元创业扶持。

全年,开发区招商选资趋向国际化、智能化、绿色化。年内,先后与德国中小企业联合会、德国联邦采购物流协会等建立战略合作伙伴关系,在法国设立招商机构。引进美国500强美铝集团下属威莱克高洁净度半导体材料等外资项目。全年,完成合同利用外资2.12亿美元,实际利用外资9586万美元。引进智能项目21个,其中合同利用内资3.135亿元,合同利用外资5000万美元。引导企业深入实施"四换三名"工程,企业技改投入28.34亿元,腾退低效用地9.73公顷。协和集团获2016年省百强民营企业。海利环保纤维公司荣获全国化纤行业最具社会责任先进企业(绿色化纤金钥匙奖)。

全年,开发区新增省级研发中心1家、市级研发(技术)中心3家。1314人从事各类科技创新活动,比上年增长8.9%。50家规模以上企业开展研发新产品活动。其中海利环保纤维有限公司研发的"高品质差别化再生聚酯关键技术及装备"项目,获得由中国纺织工业联合会颁发的科学技术进步一等奖。嘉兴资源循环环保科技有限公司和上海第二大学合作的"磷化渣处置与再生利用"项目立项备案,已进入项目中试阶段。全年,被认定省级新产品39项,申报专利525件,其中发明专利67件。海盐海利环保纤维有限公司的再生聚酯涤纶长丝、海盐众信电子有限公司的磁保持继电器等2个产品,获浙江省名牌产品称号。浙江森友环保成套设备有限公司的废弃砼回收筛分装置,海盐佳业机械工具有限公司的千斤顶等2个产品,获嘉兴市名牌产品称号。

全年,开发区新增绿化28.6公顷。拆除各类违章建筑15.06万平方米,完成"三改"面积59.48万平方米。清理河沟2条,池塘23只,清理淤泥1.87万立方米,新增生态绿岛14个。跨行政区域交接断面水质首次达到"优秀"。完成杭浦、01省道等沿线共508处环境整治。28家小微企业退散进集,进入绿色园区。73家企业通过县级"美丽厂区"认定。

全年,开发区开建安置房面积43万平方米,其中年内交付使用11.6万平方米。三低家庭救助、残疾人救助、医疗、慈善等各种困难救助机制不断完善。举办"文化之翼—筑梦未来"第三届企业文化艺术节,开展各种送戏进村、社区下村28场次,农村文化繁荣,全区22个文艺团体开展各种文艺演出。顺利完成G20杭州峰会安保任务，并获得嘉兴市重大国际峰会社会保障服务工作先进集体。

【构建智能装备制造产业基地发展新生态】 2016年，开发区创建创客中心，建设智能装备制造创新中心，培育创新孵化“生态圈”，与上海大学合作建立上大机自学院智能制造（浙江）技术研究院，与上海自动化仪器仪表研究所合作建立浙江（海盐）智能制造创新研发中心，与北京印刷学院合作建立印刷电子工程中心、绿色包装工程研究院，并引进智能装备制造方面的创业创新高层次人才20余人，其中引进“国千”人才1人、省外“省千”人才3人、市级领军人才3人。培育创新服务“生态圈”，与中国传媒旗下中传福旺（上海）股权投资基金管理公司合作建立15亿元的产业投资基金，为传统产业向智能装备制造、文化传媒、智能环保和科技产业转型提供资金支持。培育创新扶持“生态园”，通过引进民间资金，建立总规模5000万元的海盐冲锋号股权投资基金，重点为智能装备和战略性新兴产业企业提供创业创新的各类咨询。开发区这一做法，引起省府办公厅的关注。9月14日，《浙江政务信息》刊发以《搭建智能制造“生态圈”，释放创新创业“洪荒力”——海盐县构建智能装备制造产业基地发展新生态》为题的专报。副省长冯飞批示：“请经信委阅。”

【智能制造“创客中心”运营】 8月25日，开发区“创客中心”启动运营，成为海盐县首个智能制造“创客中心”。首批入驻智能装备制造孵化项目21个，入驻各类创业创新高层次人才20人，其中“国千人才”1人，省外“省千人才”3人，市级领军人才3人。“创客中心”总建筑面积28150平方米，是创业孵化、创新驱动、税源培育、智慧服务“四位一体”创业创新服务型平台。

8月25日，海盐经济开发区创客中心开园　（韩磊摄影）

【新增分布式光伏并网发电项目11个】 2016年，开发区新引进海盐鸿禧电力有限公司、国家中电投资有限公司等3家光伏企业，增加注册资本1.3亿元，全年完成投入2.4亿元，实施光伏发电项目企业12家，共33兆瓦。其中至年底并网发电项目11个，共31兆瓦。12家提供屋顶资源企业共获得扶持政策补助1260.97万元。光伏公司享受政策规定补助1461.98万元。12月22日，嘉兴市人民政府办公室《政务动态》刊出《海盐经济开发区加快打造国家级分布式光伏发电示范区的主要做法》，副市长盛全生批示：“海盐经开认真实践绿色发展，建设绿色开发区，其做法值得各开发区学习，希望海盐经开继续创新发展，深耕细作，创出特色。”

【主导产业集聚率达81.8%】 2016年，开发区按照打造智能装备、节能环保、新材料、临港物流四大产业集群的产业发展目标，通过引进和培育，四大主导产业快速发展。至年底，主导产业集聚率由上年的61.89%上升到81.8%。

【筹资建设液压装备（千斤顶）制造基地】 2016年，开发区在新经济产业园内安排7.4公顷土地，委托浙江省千斤顶行业协会组建浙江立孚液压科技开发有限公司，向区内17家千斤顶企业筹资近2亿元，建设建筑面积5.875万平方米的液压装备（千斤顶）制造基地。该基地4月15日开工建设。这17家千斤顶企业，2015年实现产值1.1亿元。基地建成，实施“机器换人”后，预计年产值5亿元、年利税约3200万元。

【2个项目获财政资金补助】 2016年，开发区所属嘉兴市净源循环环保科技有限公司年收集、贮存、利用20万吨废酸、2万吨废碱项目获省循环经济发展专项资金补助80万元。浙江嘉化集团股

份有限公司含磷废水提标技改项目和浙江班尼戈流体控制有限公司年产70万套铸铁阀门建设项目获县财政工业技术改造补助资金总计47.35万元。

【海盐港区成为国家一类开放口岸】 12月初,国家口岸办对嘉兴港区口岸扩大开放进行验收,开发区的海盐码头C1、C2泊位、嘉实码头C3、C4泊位,接受并通过口岸开放验收,海盐港区正式成为国家一类开放口岸。

【启动首个PPP项目】 12月初,海盐绿色发展科创产业园(一期)PPP项目咨询管理服务通过政府采购方式完成招标。由北京金准咨询有限责任公司中标,成为海盐经济开发区首个PPP项目。该项目占地面积10公顷,分两期开发,其中首期4.67公顷,二期5.33公顷。该项目将采取"PPP基金+产业基金+上市公司"模式,依托中节能集团的国际合作平台,引进国外先进的节能环保技术,实现本地产业化。

【伍尔特大中华区供应链中心项目投入运营】 11月22日,伍尔特大中华区供应链中心(CDC)项目投入运营。该项目于2015年10月31日在中、德两国总理的见证下签约落户海盐,2016年4月,开发区入驻欧洲(德国)产业园,已开启在线商城。该项目为各工商企业提供螺丝、螺栓配件、工具、化工品和劳动防护用品等各类产品超过3万多种,行业涉及汽车、装配技术、工业系统及建筑。

11月22日,伍尔特集团大中华区供应链中心投入运营

(韩磊摄影)

【U掌柜公司获称省农村电子商务龙头企业】 11月,浙江优展信息科技有限公司旗下U掌柜公司,在浙江省商务厅等5部门开展农村电子商务示范培育工作中,获得"浙江省农村电子商务龙头企业"称号。U掌柜公司是开发区在2015年引进总投资1000万美元的电子商务项目。2016年增资2000万美元。旗下"U掌柜"主要从事网上各类新鲜水果、休闲零售、缤纷饮料等产品销售。

(郑伍明)

浙江百步经济开发区

【概况】 2016年,百步镇(浙江百步经济开发区)有工业企业712家,其中销售收入2000万元以上规模的企业65家。实现工业总产值116亿元,其中规模以上工业总产值76.75亿元,战略性新兴产业实现规模以上产值12.26亿元。全年工业生产性投入15.8亿元,完成基础设施投入1.11亿元。合同利用外资5000万美元,实到外资2155万美元。引进县外内资9.6亿元,其中浙商回归资金1.4亿元,新增注册资金4.04亿元。实施"四换三名",万元增加值能耗下降13.8%。

增强创新驱动。全年,新增国家发明专利授权62个,共有专利507个。引进硕士(副高)及以上高层次人才41人,实施"机器换人"项目25个。培育发展农村电子商务,加强涉企服务,依托担保连续三年获嘉兴市工业强镇进步奖。加快中国集成家居产业园建设,浙江友邦集成吊顶股份有限公司年产15万单集成吊顶及配套电器项目顺利实施,云馆基本竣工,全市重点项目集中开工仪式在友邦产业园云馆举行。

开拓发展平台。公司、商会为企业融资担保资金9305万元,"个转企"42家,浙江索菲尼洛科技股份有限公司完成股改。全年服务业投资6.16亿元,服务业现价增加值5.34亿元,可比增速9.2%。百商公寓总投资3600万元,截至2016年年底投入2961万元,预计2017年8月基本竣工;中国石化横港加油站总投资1000万元,截至2016年年底投入559万元,预计2017年10月基本竣工。百步镇获评嘉兴市特色小镇、市级小城市培育试点镇，获列第二批省特色小镇培育名单。海盐经济开发区百步新区晋升为省级经济开发区。

重视民生保障。百步中心幼儿园改扩建、横港小学迁建工程、百步中学扩建工程顺利推进。百步中小学教育质量和成绩取得新突破，横港小学被授予“全国青少年校园足球特色学校”。完成百步卫生院改扩建工程，村级规范化卫生服务站覆盖率100%，横港卫生院、百步卫生院先后被授予“全国群众满意的乡镇卫生院”。新型农村合作医疗参保率99%以上。征地、城乡居民养老、职工养老保险覆盖率99.2%，合作医疗人数20343人，参加社保人数9009人。发展农村养老事业，新建、改建养老服务中心10家，老年活动中心3家。

浙江百步经济开发区挂牌仪式

（浙江百步经济开发区提供）

【海盐经济开发区百步新区晋升省级开发区】 8月24日，海盐经济开发区百步新区经省政府批准，晋升省级经济开发区，更名浙江百步经济开发区，实行省级经济开发区政策。该开发区位于海盐百步镇中心区域，北至堰桥港、老黄里一带，东到百步亭港一带，南至杭平申线，西至嘉绍高速公路，规划面积约8.4平方千米，可开发利用面积540公顷，其中工业功能区293.33公顷，居住商贸区246.67公顷，拟开发建成“一园三片”的空间结构，“一园”指集成家居产业园，“三片”指印刷创意产业片、高端纺织产业片、装备制造产业片。海盐经济开发区百步新区成立于2009年6月（海盐县人民政府办公室盐政办发〔2009〕57号《关于成立海盐经济开发区百步新区管理委员会的通知》），实行镇区合一的管理体制。百步镇是海盐县的工业强镇，百步新区位于嘉绍高速公路出口东侧，随着嘉绍高速公路的建成通车，区位优势凸显。经过7年的开拓发展，百步新区实施创新驱动，形成以集成吊顶、纺织化纤、商标印刷、机械装备制造为主要特色的四大支柱产业，经济活力强劲，已成为海盐西部经济副中心，海盐县域重要的工业增长极。

【集成家居时尚小镇入选第二批省特色小镇】 1月，海盐集成家居时尚小镇获列省级特色小镇培育名单（浙特镇办〔2016〕2号）。近年来，百步镇加快打造中国集成家居产业园，在市场营销、研发设计、服务配套、平台搭建等方面优势逐步显现，牵头组建了海盐县集成吊顶协会，积极推进全国集成吊顶检测中心、浙江省集成吊顶产品质量检验中心等建设，走出一条产业集聚的可持续发展道路。

【百步集成吊顶发展指数发布】 7月8日，“百步·中国集成吊顶产业指数”发布会在第十八届中国（广州）国际建筑装饰博览会上召开。会上，由海盐县百步镇人民政府委托中国联通浙江省分公司、杭州数亮科技股份有限公司联合编制的“百步·中国集成吊顶产业指数”正式发布，标志着百步正式接轨以互联网和大数据为特征的信息化时代，集成吊顶产业已逐步跻身“产业巨头”的发展行列。

（汤振杰）

海宁经济开发区

【概况】 2016年，海宁经济开发区实现地区生产总值67.49亿元，比上年增长4.3%，税收收入16.45亿元，增长22.9%，财政体制收入6.46亿元，增长16.6%，实现海宁市目标责任制考核五连冠。位列浙江省省级开发区综合考评第二，被国家发改委评为长江经济带国家级转型升级示范开发区，成功创建国字号品牌。

招大引强实现突破。全年实到外资17384万美元,比上年增长4.6%,内资67.94亿元,增长4.5%,浙商回归到位资金38.99亿元,增长33.4%。引进项目36个,总投资225.78亿元,其中工业项目34个,总投资213.58亿元。引进和培育千人计划专家6人、嘉兴领军人才8人、海宁领军人才9人。总投资67亿元的精益集团汽车轮毂项目、总投资50亿元的国能电池项目、世界500强伊藤忠商事、全球行业龙头铁三角等大好高项目入驻。构筑招商引资新平台,启动国际装备制造产业园,首期项目开工建设。新成立漕河泾招商分局,强化上海驻点招商。

有效投资稳步推进。全年完成固定资产投资70.43亿元,比上年增长15.1%。其中工业投入55.37亿元,增长12.7%;三产服务业投入(含政府性投入)15.06亿元,增长24.8%。落实项目联系领导,加快重点项目推进。建立代办中心,落实项目帮办代办,实行从项目对接到项目落地、建设、投产一站式服务,稳步推进海派家具、时尚产业园等项目建设,国际装备及电子信息产业园一期、科技绿洲二期开工建设。深入挖掘企业技改项目,狠抓零增地技改。加大分布式光伏发电推广力度,优化能源消费结构,推进节能减排。

企业经济平稳运行。全年完成销售收入2000万元以上规模工业总产值261.38亿元,比上年增长0.8%,利税27.37亿元,增长13.4%,利润16.87亿元,增长25.4%。深入开展资源要素市场化配置改革,全年,开发区企业每公顷税收292.05万元/公顷,每公顷销售5625万元/公顷,分别高于海宁市平均水平48个百分点和23个百分点。鼓励企业做大做强,对区内年产值10亿元以上企业实施"一企一策"扶持计划。出台加快转型升级的若干政策意见,每年提供3500万元财政资金扶持企业发展。科技创新成果显著,新增高新技术企业14家,专利申请数1005件,授权数482件。积极引导企业挂牌上市,进入资本市场,全区已有5家企业挂牌"新三板"。大力推进僵尸企业破解工作,盘活要素资源,完成4家企业兼并重组。

平台建设不断提升。完成长山村土地征收、人口安置,实现6户滞留户拆迁签约并拆除,拆除房屋总面积46816平方米。完成政府项目投资2.30亿元。完成碧云路改造、硖仲路安置房、文苑路北延(双冯段)、兴业路、金三角市政基础设施改造、双冯路东延、硖尖拓宽等工程。长山河海宁市区片水系综合治理项目完成河道综合整治6.59千米。实施交通标志标线工程、路灯亮化工程、双联路北延工程、纬二路西延、开发区中心幼儿园新建工程、利民桥及引道工程。做好绿化、美化、亮化三大提升工程,黄标车整治、大气整治、小锅炉整治,三大行业整治完成率均达100%。5月底实现开发区制革行业前道全部关停,制革行业整合转型迈出实质性步伐。完成退低23.47公顷,进高19.44公顷,淘汰落后设备243台套。

党的建设进一步加强。加强廉政建设,利用周一夜学等平台,组织干部职工认真学习《中国共产党廉洁自律准则》《中国共产党纪律处分条例》,强化纪律弦。结合"两学一做"主题教育活动的讲规矩、有纪律专题讨论,党工委8名班子成员深入到18个两新党组织联系点,讲授专题廉政教育党课8场,实现全区廉政全覆盖。深化"青蓝结对工程",突出选、培、用"三个一批",9名年轻干部经过为期三年的培育已顺利"出师"。通过开设6期"干部微讲堂",加强对后备干部的管理。

漕河泾海宁分区建设进展迅速。全年,漕河泾海宁分区完成固定资产投资6.87亿元,其中工业生产性投入6.58亿元,三产投资0.29亿元。实现规模以上工业总产值39.03亿元,利润5.75亿元。其中重点打造的海宁科技绿洲项目占地6.13公顷,总投资3.6亿元,规划建筑面积99668平方米。已完成一期建设,累计出租面积20130.79平方米,累计出租率90%,引进企业15家,二期已于年底开工建设。

【入选长江经济带国家级转型升级示范开发区】 6月2日,国家发展改革委员会发布关于建设长江经济带国家级转型升级示范开发区的通知,全国共有33个开发区入选长江经济带国家级转型升级示范开发区名单,海宁经济开发区成为浙江省入选的三个园区之一,成功创建"国字号"开发区。

近年来，海宁经济开发区积极提升综合实力，抓好招商引资、有效投资、企业发展、平台建设四大主线，在省综合考评中居省级开发区第二位。

【海宁港口岸监管场站启用】 5月23日，位于海宁经济开发区普泰国际物流园内的海宁港口岸监管场站开通并启用。海宁港口岸监管场站作为海宁市域内唯一的海关通关监管点，不仅承担着海宁港区腹地范围内货物进出口一般贸易的清关、报关、查验等功能，同时也是海宁市市场采购贸易国家级试点出口转关口岸。海宁港口岸监管场站启用后，标志着普泰国际物流园从开发建设期过渡到发展营运期，也标志着海宁市乃至嘉兴地区的国际物流服务水平提升到一个新的高度。区域内企业的各类进出口货物可直接在家门口进行报关报检、查验通关等业务，有利于降低企业国际物流成本，提高企业综合竞争力。同时，口岸的正式启用，还将提升区域竞争力，为海宁有效对接上海自贸区提供有力保障。

【铁三角签约入驻海宁经济开发区】 3月1日，海宁经济开发区与杭州铁三角科技有限公司项目签约仪式在开发区管委会多功能厅举行。海宁市副市长俞亚明、市经信局葛志宏、开发区管委会陈中权、顾亚兴以及日本铁三角株式会社社长松下和雄等出席签约仪式。铁三角是一家日本电子产品公司，成立于1962年，主营业务为研发、生产和销售各种话筒、耳机、无线系统等音像设备和家用电器。铁三角公司在专业范畴上处于领先地位，2008年北京奥运会、美国总统辩论大会等重要场合皆有其身影。此次铁三角落户海宁经济开发区的项目，拟租赁经济开发区丹枫路6号浙江万阳新能源有限公司6600平方米厂房，从事耳机、话筒以及其他无线智能产品和设备的研发和生产。项目分两期实施，其中一期总投资3000万元，注册资本2000万元，当年产值可超5000万元。二期项目拟于2019年实施，项目全部达产后，预计年产值将超2.5亿元，税收超850万元。

【海宁科技绿洲二期项目开工】 12月15日，上海漕河泾开发区海宁分区隆重举行海宁科技绿洲二期项目开工仪式。海宁市委常委、常务副市长姚敏忠，上海市漕河泾新兴技术开发区发展总公司副总经理何建国，海宁经济开发区党工委书记、管委会主任陈中权等出席开工仪式。海宁科技绿洲项目占地6.73公顷，二期项目将进一步传承上海漕河泾科技绿洲的价值和理念，在一期基础上全面提升内涵和品质，建设各类厂房11幢，面积4万余平方米，并增加双6.6米层高的联排小户型等高端厂房，构建中心区域环状景观带，辅以Wi-Fi覆盖等手段，满足市场多元化、个性化的需求，以“高起点、高标准、高水平”的设计和建设要求，建设成真正的花园式产业园区、产城融合的亮点工程。海宁科技绿洲是展示上海漕河泾开发区海宁分区形象的窗口，至2016年年底，园区内高新技术产业集聚已初具规模，亩产效益正在不断提升，荣获“浙江省开发区特色品牌园区”和“嘉兴市新经济园”等荣誉称号。

（施凯文）

海宁农业对外综合开发区

【概况】 2016年，海宁市长安镇（海宁农业对外综合开发区、海宁高新技术产业园区）实现地区生产总值123.28亿元，财政总收入16.42亿元，其中地方财政收入6.4亿元。超亿美元项目九丰光电手机屏、行业龙头项目娃哈哈纯净水、重大产业项目东城电子智能存储设备、三一重工专用机械改装等一批500强企业和行业龙头企业项目顺利签约开工。全年，实际利用外资6402万美元，引进海宁市外内资38.93亿元。

全年，实现工业总产值322亿元，销售收入2000万元以上规模工业总产值212亿元，总量稳居海宁市第二；规模以上工业利税18.7亿元，利润10.3亿元；工业增加值41.3亿元。完成固定资产投资76.9亿元，其中工业完成38.7亿元。工业投入方面，抓好5个续建项目和5个新建项目。服务业投入方面，抓好17个续建项目和5个新建项目。农业投入方面，抓好2个农业产业项目。

普洛斯电子商务及仓储服务平台项目、万纬仓储项目、娃哈哈纯净水项目、台谊消防项目等一批新项目开工建设。

继续深化亩均效益评价,加快C类企业的腾退和转型,完成1300家工业企业亩产效益评价考核。对区域内化工、印染、金属表面处理三大行业以及高能耗、低产出的低效租赁企业进行集中整治,转让低效用地9宗20公顷。借助G20杭州峰会的有利东风,启动高新区物流行业整治,对高新区内的运输、仓储、快递、电商企业进行全覆盖、拉网式排查,实施多元化立体式、常态化密集式和科学化分类式相结合的集中整治,8家物流出租企业和55家物流承租企业搬离高新区,腾出厂房面积22.31万平方米。完成土地整治项目3宗24.49公顷。

全力推进科技创新,围绕高新技术企业三年培育,做好跟踪、服务和指导,制订培育计划。全年,新增高新技术企业5家,完成工业技改项目151个,总投资40.07亿元,累计完成31.4亿元。专利申请729件,居海宁市第一位,其中发明专利授权43件。完成69家企业600项奖励项目材料审核,不断加大科技奖励幅度。推动产学研合作,促成佳盛汽配、圣林包装与浙江理工大学达成合作意向。区内特富锅炉建立省级企业研究院,获得省级认定。

重视企业帮扶。设立企业代办服务中心、经济发展服务中心,加强服务意识,优化项目办理环境,提高工作效率、服务质量,为企业办事提供更多便捷。由党政班子成员带队分组走访重点企业,了解产值、出口、技改等情况,建立收集、研判、交办、督办、评价、反馈"一条龙"服务机制,确保反馈问题及时解决。

【科创中心被定为嘉兴市级科技企业孵化器】 12月,海宁高新区科创中心被嘉兴市科技局认定为嘉兴市级科技企业孵化器。海宁高新区科创中心有限公司成立于2015年9月,主要承担科创中心的日常管理,包括公司租房、装修、注册等一条龙服务以及孵化企业的日常监管。2015年,高新区科创中心被认定为海宁市级科技企业孵化器。2016年科创中心在深入服务好已入区孵化企业的基础上,着力加大科技项目的引入,引进国千人才2名,省千人才2名;嘉兴精英引领计划人才2名,海宁潮乡精英引领计划人才1名。至年底,高新区科创中心已引进孵化企业15家,其中经海宁市科技局认定科技孵化企业8家。入驻企业涉及的技术领域有电子信息技术、生物与医药技术、新材料技术、新能源及节能技术等。

【10亿元智能存储设备项目落户高新区】 11月9日,长安镇(高新区)与杭州东城电子有限公司就智能存储设备项目举行签约仪式,标志着该项目落户高新区。项目总投资10亿元,占地8.2公顷,年产智能快递柜3万套、智慧小屋2500套,预计投产3年后年产值达7.5亿元,成为全国最大的物品智能存取设备生产基地。杭州东城电子有限公司成立于1998年,研发、推出世界第一台中文提示系统的自助寄存柜,2012年研发生产国内首台智能快递柜,一直是国内寄存柜和快递柜领域生产规模最大、技术水平最先进和品种规格最齐全的行业领军企业。经过多年的发展,东城电子的智能快递柜已在全国安装超过5万套,占市场份额超过30%,属全国第一,成为丰巢、中国邮政、中集集团等公司的指定合作伙伴。产品还远销俄罗斯、美国、西班牙、泰国、乌拉圭、澳大利亚等地。

【高新区成功引进超亿美元项目】 经前期长安镇(区)领导及高新区招商一局半年多的嫁接洽谈,9月,总投资一亿美元的浙江九丰光电实业有限公司光电模组项目成功签约落户高新区,并成功盘活5.67公顷低效用地。该项目是2016年海宁市首个超亿美元项目。浙江九丰光电实业有限公司由香港大中华金融资产管理有限公司投资设立,注册资本3360万美元,主要从事光电子元器件、光学组件、手机、计算机等相关电子模组的研发制造,配套微软、诺基亚、OPPO等智能终端产品生产商。该光电模组项目科技含量高、市场前景好,属于高新区鼓励发展的高新技术产业,对加快转型升级具有重要影响。项目运营后,预计年销售额超5亿元。

(顾一民)

浙江海宁经编产业园区

【概况】 2016年,浙江海宁经编产业园区实现技工贸收入309.98亿元,比上年增长6.2%,实现利税20.61亿元,增长12.4%。其中工业产值160.01亿元,增长0.99%,销售161.09亿元,增长3.2%,利税14.65亿元,增长15.5%,利润8.48亿元,增长26.5%;建筑业产值79.11亿元,销售56.88亿元,利税2.51亿元;服务业实现营业收入92.02亿元,增长13.3%,实现利税3.45亿元。销售收入2000万元以上规模工业产值137.49亿元,比上年下降0.1%,销售136.72亿元,增长3%,利润6.83亿元,增长26.6%,税金5.69亿元,增长2.5%。全年引进海宁市外内资13.15亿元,实到外资2809万美元,浙商回归完成37.34亿元,引进国千人才项目3个、嘉兴领军人才项目1个、海宁潮乡精英人才项目5个。

全年,园区新增专利申请量367个,新增专利授权121个;省级新产品立项77项,新增高新技术企业3家,浙江省科技型企业14家;申报海宁市级科技进步奖9项,海宁市专利示范企业5家,海宁市级企业研发(技术)中心9个;上报机器换人项目59个。

全年,园区为17个项目供地,出让土地16.88公顷,总投资8.5亿元,工业技改投入完成12.61亿元,比上年增长13.6%。浙江明士达新材料有限公司购置压延生产线5条、涂贴生产线10条等设备,总投资1.8亿元,新上年产1.65亿平方米功能性复合环保材料的技改项目;浙江博阳新材料有限公司新征地2.117公顷,建造生产用房2.9万平方米,总投资1.11亿元,新增年产5000万平方米高档数码喷绘灯箱布项目。

全年,开展美丽园区建设,完成文宗路(丰收路—环南五路)段约7200平方米绿化改造和丰收路北侧1.5万平方米复绿卓坪项目,拆除蓝色屋面面积2044平方米,完成39768平方米蓝色屋面改色。五水共治工作继续深化,投资10万元组建专业实验室,企业家河长继续推行,加强河道保洁、维护,全年690万吨污水排放运行无事故。

【"三园一小镇"服务业格局初现】 7月8日,万营海宁跨境电商产业园开园仪式暨高峰论坛在经编总部大厦举行,标志着海宁智慧城区块内"三园一小镇"的服务业格局正式成形。"三园"即上海工程大国家科技园海宁分园、沪浙人力资源产业园和万营海宁跨境电商产业园,"一小镇"即钱潮金融小镇,其中钱潮金融小镇被浙江省金融办纳入钱塘江金融港湾规划中。至年底,海宁智慧城累计注册单位457家,新增107家,实现营业收入69.31亿元,同比增长30.7%,实现利润1.92亿元,增长23.5%,实现税金1.4亿元,增长39%。

【成立海宁市首个楼宇工会组织】 6月20日,海宁经编产业园区总部大厦联合工会成立大会举行,80多名会员参加大会,选举产生首届楼宇联合工会委员会。这是海宁市首个楼宇联合工会。经过前期的走访和精心筹备,入驻海宁经编产业园区总部大厦的80多家主要企业中,除外单位设立的企业办事处外,46家符合参加联合工会的企业中有36家条件成熟的企业申请入会。楼宇工会的建立,标志着集聚在大楼里的广大职工在交流学习、职工教育、文化生活、职工培训、权益保障等方面有了自己的"娘家",工会将以活动为依托构建文艺之家、以服务为手段构建温暖之家、以维护职工权益为根本构建和谐之家、以推进楼宇工会的自治为重点,探索创新工会组织管理方式。

【获"全国经编产业知名品牌创建示范区"】 6月29日,国家质检总局发布公告,同意命名浙江海宁经编产业园区为"全国经编产业知名品牌创建示范区"。园区在2013年8月获得国家质检总局批准筹建"全国经编产业知名品牌创建示范区"后,秉持"智造绚丽经编、诚就示范品牌"建设理念,打造产业链全覆盖、产业差异化布局、服务支撑体系完善的全国知名品牌创建示范区,知名品牌创建示范区规划明确、清晰,品牌文化特色鲜明,品牌培育、品牌保护措施有力,品牌建设服务体系完善,产业布局明晰、总体建设成效明显,最终创建成功。

【获得国家级众创空间牌照】 10月,科技部下发《关于公布第三批众创空间的通知》(国科发火

〔2016〕292号)文件,公布第三批839家众创空间名单,海宁苏河汇投资管理有限公司(简称"海宁苏河汇")继2015年成为嘉兴市首批"众创空间"、海宁首家获得众创空间牌照的孵化机构后,又正式升级为国家级众创空间,这在海宁尚属首个。海宁苏河汇是上海市首个"众创空间"——上海苏河汇在海宁经编产业园区设立的区域性孵化机构,是上海苏河汇在浙江设立的首个投资公司,旗下设立苏河汇领投基金和苏学堂、苏河投、Family Night等多元化业务板块,分别为不同阶段的创业者提供定制化服务。至年底,海宁苏河汇共孵化和投资数十个优秀项目,其中14个入驻海宁苏河汇众创空间。

【获"纺织产业集群地区发展服务优秀奖"】 在12月20日召开的全国纺织产业集群工作会议上,由于在服务纺织产业集群工作中表现突出,浙江海宁经编产业园区被中国纺织工业联合会授予"纺织产业集群地区发展服务优秀奖"(2014-2016)称号。3年来,浙江海宁经编产业园区管理委员会秉承"服务是第一优势"的理念,"全程办事代理制服务"在嘉兴全市范围内推广。依托沪浙人力资源服务产业园,为企业提供专业的人才服务。每年举办一届"中国·马桥经编交易会",组织企业组团参加国内外专业展会,助推企业产品出口,走向国际市场。创新发展金融业,相继引进、成立荣年融资租赁、嘉丰担保、鸿丰小额贷款等公司,为企业发展提供资金保障,定期举办银企对接活动,促进金融机构对实体企业的支持。每年举办一次经编职业技能竞赛,组织企业参加全国经编职业技能竞赛。发挥商会和经编协会的作用,组织召开行业会议,分析行业形势,加强行业自律,规范企业生产经营行为,开展行业维权活动。通过全方位多层次的服务,"马桥经编"的知名度和美誉度不断提升。

【入选浙江省服务贸易发展基地】 12月23日,浙江省商务厅公布浙江省服务贸易发展基地名单,浙江海宁经编产业园区入选省货物贸易和服务贸易协调发展基地。园区围绕"打造世界经编之都"的总目标,已形成"1+5"(经编总部贸易+创新型金融、科技服务、人力资源服务、信息服务、创意设计)服务业发展布局。

【"五联机制"激发楼宇党建新活力】 园区党委在原有楼宇党建工作经验积累的基础上,探索"五联"机制激发楼宇党建活力。一是党群联建,以楼宇为单位,摸清楼宇内党员、职工、青年、妇女数量,协调组建党支部、工会、团委、妇代会等,选好配强各党群组织负责人,实施党群组织和工作全覆盖;二是阵地联合,每幢楼宇都配套相应面积的党群服务和活动用房,会议室、培训中心、远程电教室、文体活动室等基础设施一应俱全,免费开放使用,使楼宇内组织议事有"领地"、组织有"阵地"、会议有"场地"、培训有"园地";三是活动联办,根据楼宇企业实际需要,由楼宇党支部牵头,群团组织参与,各大平台协助,共同开展如信息发布、安全生产、商务英语、文体联谊等各类培训和活动,加强楼宇企业间互动交流;四是服务联动,建立党建指导员、项目招商员、企业服务员"三员合一"服务小分队,主动上门送政策、送信息,为楼宇提供党员服务、企业服务、志愿服务、社会服务等各类服务;五是项目联创,以楼宇为单位,大厦党支部通过创业路演、公益志愿、爱心联盟、青春沙龙等载体,把楼宇中的党员和青年"组织起来、活跃起来、规范起来",较好整合楼宇资源,打造"一楼一品牌"。

(朱静贤　李　波)

桐乡经济开发区

【概况】 2016年,桐乡经济开发区实现工业总产值359.15亿元。缴纳税金20.76亿元,其中工业企业缴纳税金16.48亿元、第三产业企业缴纳税金4.28万元。实现利润46.54亿元,其中工业企业实现利润29.64亿元、第三产业企业实现利润16.9亿元。企业实现进口总额4.93亿美元,出口总额11.33亿美元。新增销售收入2000万元以上规模工业企业21家,累计164家;新增限额以上服务业6家,累计52家;新增亿元企业4家,累计

50家。列入区内考核统计的规模以上工业企业152家,实现工业总产值204.33亿元,比上年增长3.2%;完成销售产值194.76亿元,增长3.9%;累计产销率95.3%,新产品产值94.3亿元,新产品产值率46.15%;实现利润26.07亿元,缴纳税金12.17亿元。全年完成全社会固定资产投资51.37亿元,增长17.5%。工业生产性投入38.06亿元,增长10%。其中,设备投入22.52亿元,占比59.2%,技改投入35.5亿元,占比93.3%。完成第三产业投资13.3亿元。年内,新增上市企业1家、股份制改造企业5家、高新技术企业9家,完成存量土地挖潜27.6公顷。6月,桐乡经济开发区被省政府评为2015年度省级优秀开发区。

【招商选资出成效】 2016年,桐乡经济开发区围绕装备制造、复合新材料、生物医药、互联网产业几大重点开展招商,先后安排人员赴北京、上海、杭州等地参加各类互联网论坛、展会寻求招商机会,培育建设乌镇互联网产业园,集聚互联网产业,优化产业结构。加强上海区域的招商力度,专门设立上海浦东驻点招商办,紧密对接上海康桥、北蔡等产业转移工作。拓宽招商引资渠道,开发区先后与商业地产咨询机构"五大行"之中的高力国际、戴德梁行、仲量联行等招商中介机构签订招商引资合作协议,全年提供有效招商线索30余条。全年引进外资项目20个,其中增资项目6个;合同利用外资24048万美元,比上年增长0.2%;实际利用外资18632.6万美元,比上年下降5.9%;引进"浙商回归"资金180522万元,增长27.5%;引进市外内资187441万元,增长9.4%;注册资本97367万元,增长8.9%。

【乌镇大数据高新技术产业园区】 8月23日,省政府批复同意桐乡市创建乌镇大数据高新技术产业园区。桐乡市整合乌镇(北区块)与桐乡经济开发区(南区块)创建省级高新技术产业园区,定名为乌镇大数据高新技术产业园区,实行现有的省级高新技术产业园区政策。乌镇大数据高新技术产业园区总规划面积18.88平方千米。其中,规划面积3.77平方千米、南部区块规划面积15.11平方千米。乌镇大数据高新技术产业园区借助世界互联网大会永久会址的优势,围绕《浙江省促进大数据发展实施规划》的总体要求,推动互联网和移动互联网产业,重点开展移动穿戴设备、智慧旅游、智慧医疗、智慧会务会展、教育培训等互联网服务业的大数据应用和大数据交易,同时涉及公共数据的,做好跟省数据管理中心的沟通衔接,按照"布局合理、用地集约、产业聚集"的总体要求做好产业布局规划,以自主创新为主线,引导高端要素集聚,把高新技术产业园区建成集数据采集、数据挖掘分析、数据可视化应用、数据开放共享、数据交易于一体的在全国具有一定影响力的全产业链大数据产业基地。按照桐乡市的初步规划,北区——乌镇区块将重点开展智慧旅游、智慧医疗、智慧会务会展、教育培训等互联网服务业的大数据应用。南区——桐乡经济开发区区块将重点开展主导产业发展大数据应用,提升大数据采集获取能力和分析利用能力,充分发掘数据资源的创新支撑潜力,带动主导产业技术研发体系创新、生产管理方式变革、商业模式创新和产业价值链体系重构,推动跨领域、跨行业的数据融合和协同创新,促进汽车汽配、电子信息等战略性新兴智能制造产业发展,推进复合新材料、智能装备制造等主导产业互联网深度融合与大数据应用转型升级,探索形成协同发展新业态、新模式,形成新的经济增长点。此外,南区将着力开展创业创新大数据应用,实施大数据开放行动计划,优先推进与民生保障服务相关的政府数据集向社会开放,组织开展大数据全民创新竞赛,大力完善创新创业综合服务业大数据应用。桐乡市有互联网及相关产业企业400多家,涉及信息服务、软件开发、文化传播、信息制造等领域。以互联网产业为依托的互联网经济已成为推进桐乡产业结构调整,建设制造强市的重要途径。

【开发区被认定为省离岸服务外包特色园区】 12月23日,桐乡经济开发区被浙江省商务厅认定为省离岸服务外包特色园区。近年来,桐乡市发展服务外包产业,提升桐乡城市综合竞争力、推动创新型城市和现代化城市发展。尤其是发展离岸外包业务,推进产业结构调整、转变经济发展方式,发展开放型经济、转变外贸增长方式,扩大社会就业、加快知识型人才集聚。至年底,桐乡经济开发区开展离岸业务服务外包企业6家,离岸外包执行金额871万美元,比上年增长26%。

(王敏媛)

浙江桐乡濮院针织产业园区

【概况】 2016年,濮院针织产业园区新增销售收入2000万元以上规模工业企业12家,累计104家,实现总产值50.1亿元。全年投入基础设施建设资金1.5亿元,建设道路、桥梁等基础设施。投入项目建设资金3400多万元,完成市政招标采购项目17个。安装并启用交通摄像头智能抓拍系统,监控车辆违反交通法规、违规停放等现象;新建道路隔离带,实现机动车与非机动车分离,缓解社会车辆拥堵问题。投入资金300多万元,绿化改造永越大道、联越路、金龙路等多个区域。企业转型升级技术创新,实现"个转企"88家,实施技改项目66个,完成现代化技改投入7.64亿元,技术改造累计投入占工业生产性投入的比重超60%。引导企业股份制改造,重点培育辅导企业3家。强化企业亩均效益、环保生产、节能降耗等生产概念,倒逼低效企业淘汰。实行梯队管理,绩效评价工厂用地的工业企业223家。其中规模以上工业企业89家,占地总面积178.39公顷;规模以下工业企业134家,占地总面积155.60公顷。实施行业整治,淘汰落后产能。全年实际腾退项目4家,折算腾退项目2个,腾退低效用地10.26公顷,淘汰落后产能上报企业15家,淘汰设备135台。加强项目建设管理,对园区各企业的建设审批、验收把关,为企业提供快捷优质服务。园区综治服务中队常态化执勤,加强对园区的日常管理。

强化招商选资,完善招商工作机制。建立招商引资项目库,收集招商有效信息。全年走访上海企业40多个。组织参加各类推介会、说明会等招商活动。年内,在香港时装节秋冬系列及香港国际时尚荟萃展上设立濮院投资环境介绍展位,接待客商500人次,发放资料500多份,重点宣传推广濮院投资经商环境;在上海举办2016中国·濮院国际毛针织服装博览会,接待客商近1000人;召开濮院镇(上海)投资说明会暨重点项目推介会,参会客商120人次,达成投资意向1个;在北京召开濮院镇(北京)投资说明会暨重点项目推介会,参会客商120人次,达成投资意向2个;参展中国国际针织(秋冬)博览会,与PH Value中国国际针织博览会签订战略合作协议;濮院经贸考察团赴韩国开展时尚产业招商,举办"聚焦桐乡·相约乌镇"2016国际经贸洽谈会系列活动之时尚濮院——毛衫时尚产业招商推介会。

继续加强省级现代服务业集聚区建设。10月,濮院镇入选第一批中国特色小镇名单,濮院针织产业园区加快推进濮院毛衫时尚小镇时尚中心、中国濮院世界毛衫博览中心、濮院毛衫创新园创建工业旅游等项目。濮院320创意广场发挥创意设计的引领作用,通过整合全社会创新服务资源,推进产业转型升级。至年底,濮院320创意广场使用面积1.5万平方米,吸引服装设计、品牌策划、电子商务、"互联网+"等62个创业团队入驻,引进各类人才400多人。5月,320创意广场众创空间完成升级改造,首批共入驻创业团队7个。全年获专利授权106个。濮院320创意广场接待意大利、美国等国家客商,及省内外政企考察团79批次,计1017人。

【2016中国·濮院国际毛针织服装博览会】 3月16–18日,2016中国·濮院国际毛针织服装博览会在上海国家会展中心举行,与中国国际服装服饰博览会(CHIC)2016(春季)展会、PH Value中国国际针织博览会(春季)同期举办。中国纺织工业联合会副会长高勇,中国纺织工业联合会副会长、中国纺织工业协会会长杨纪朝出席活动。博览会由桐乡市委、市政府主办,濮院针织产业园区管理委员会、濮院镇政府承办。博览会期间举行濮院毛衫时尚特色小镇开馆仪式、濮院毛针织流行趋势发布、"濮院杯"PH Value针织设计师大赛颁奖仪式、濮院镇投资说明会等系列活动;组织濮院毛衫品牌企业33家,以毛衫时尚主题馆的形式参展,展位面积2600多平方米;浅秋针织服

饰有限公司、圣地欧羊绒服饰有限公司、褚老大服饰有限公司等6家濮院企业各举办时尚服装秀1场；青韧电商、空中濮院两大毛针织服装行业B2B平台，及濮院原创设计联合展团、韩国时尚设计中心设计师联合展团参展，展现毛衫时尚小镇在“互联网+”时代的创新实力。博览会邀请土耳其、意大利等国家知名品牌的采购商到濮院展区参观洽谈，并邀国内外客户赴濮院毛衫产业集群基地实地考察流。此届博览会，濮院展团接待客商1.5万多人次，现场与客户签约达成交易46个，成交额约10万元，登记潜在意向客户2300多家。

【引进韩国时尚创意设计中心】 3月31日，濮院毛衫创新园与首尔韩饰商贸株式会社在濮院镇签订合作协议，共同建设韩国时尚创意设计中心。根据协议，濮院毛衫创新园CX创意设计总部大楼为设计师提供工作平台及住宿等配套服务，韩方在濮院开展服装设计、模特经纪、文化传播、面料开发和时尚展示等业务。2015年下半年始，濮院陆续开展系列中韩时尚产业交流活动，组织经贸考察团参访韩国东大门服装市场、综合面料市场、明洞商业街，举办中韩设计师对接交流会和东大门服装企业代表座谈会，邀请韩国相关组织负责人到濮院参观交流。至年底，首尔韩饰商贸株式会社等20多个韩国设计师团队签约入驻，并与20多家毛衫企业建立起合作关系。

【创建濮院毛衫创新园工业旅游项目】 4月28日，濮院针织产业园区举办濮院毛衫时尚小镇新闻发布会暨濮院毛衫创新园工业旅游资源对洽会。对洽会上，向上海、杭州、苏州等地40多家旅行社推荐濮院毛衫创新园工业旅游情况。10月31日，举行中国濮院毛衫创新园工业旅游创建启动仪式。毛衫创新园工业旅游项目包含参观濮院毛衫产业文化中心、时尚T台秀、韩国时尚设计中心、毛衫时尚服饰生产车间、成长学院游客接待中心、人才公寓楼游客餐厅、西河岸漫步道景观带等，面积11.5万平方米。游客可参与走秀，拍摄写真，在园区内150家工厂店购物并享受优惠价格。至2016年年底，接待游客23053人，营业额124万元。

【濮院世界毛衫博览中心开工建设】 5月29日，中国濮院世界毛衫博览中心时尚智造区块举行开工典礼，中国纺织工业联合会副会长夏令敏出席开工仪式。时尚智造区块将建设个性化厂房24幢、电商仓储中心1幢，总建筑面积约7万平方米，是工业生产与仓储用途的功能性区块。10月31日，中国濮院世界毛衫博览中心商业区块开工仪式在濮院毛衫创新园举行，中国纺织工业联合会副会长夏令敏，中国毛纺协会代理会长彭燕丽等出席开工仪式。商业区块与时尚智造区块共同组成濮院世界毛衫博览中心项目，属濮院毛衫时尚小镇的建设项目之一。濮院世界毛衫博览中心项目总投资10.3亿元，总占地面积约5.53公顷，总建筑面积约18万平方米，其中商业区块建筑面积约11万平方米。濮院世界毛衫博览中心项目商业区块将设立毛衫人文故事微电影馆、金融服务平台，向全球发布时尚毛衫大数据信息。其中，五楼为博览会专用场地，四楼为产业+互联网展示区，三楼为时尚知名品牌展示区，二楼为时尚女装展示区，一楼为时尚男装展示区。

（李　昇　张夏啸）

社会经济统计资料

统计示意图

人均地区生产总值

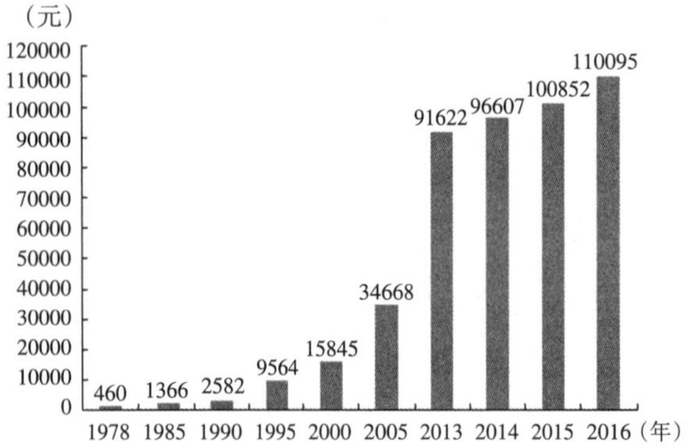

地区生产总值

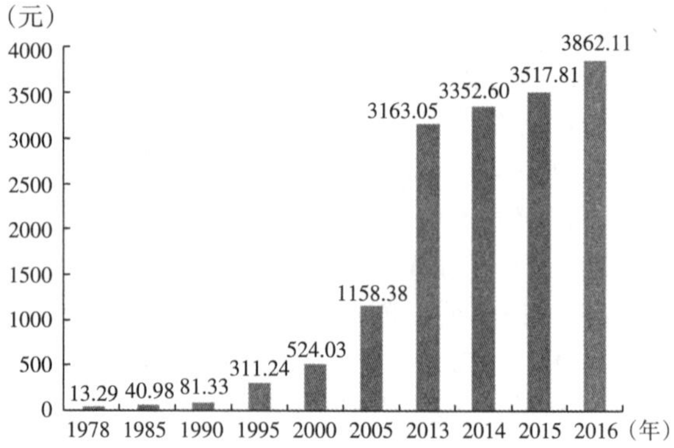

地区生产总值构成

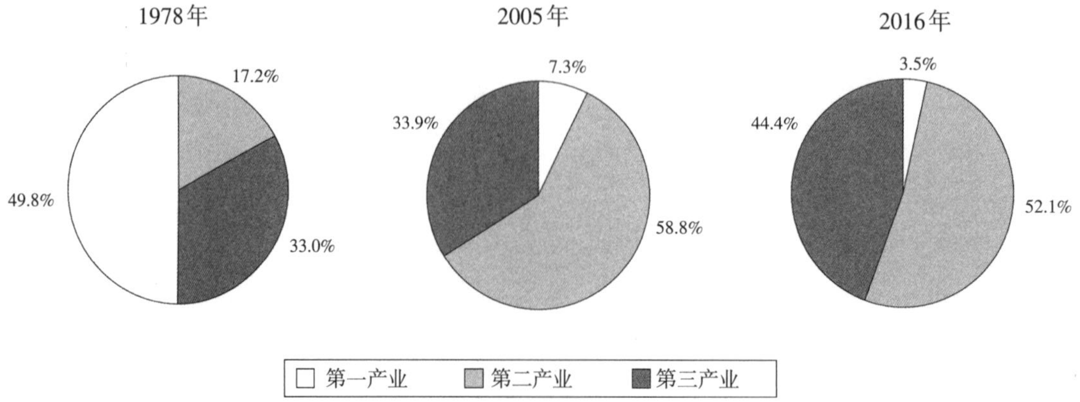

农业增加值

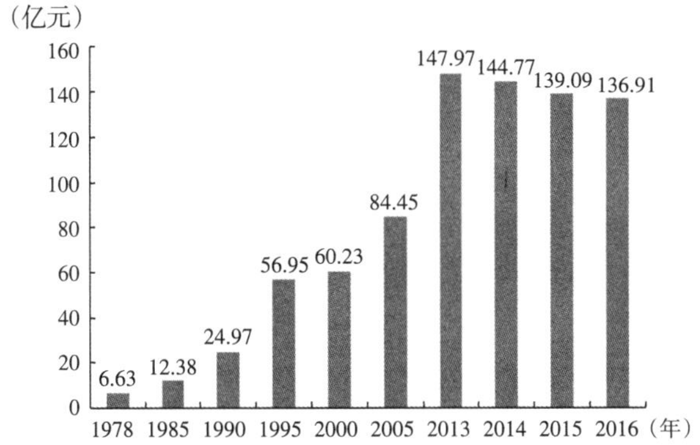

农业发展指数

（1980年为100）

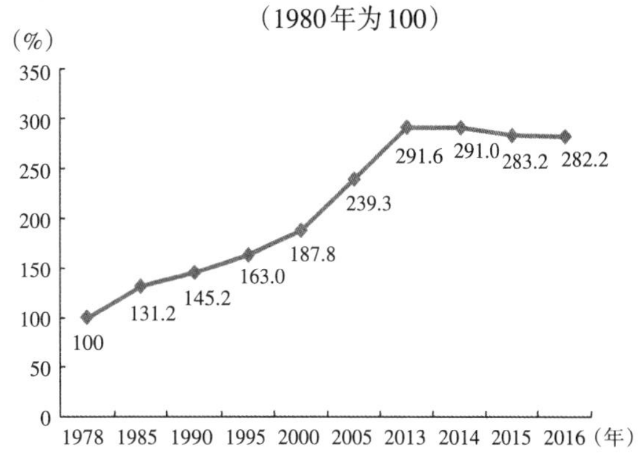

工业增加值

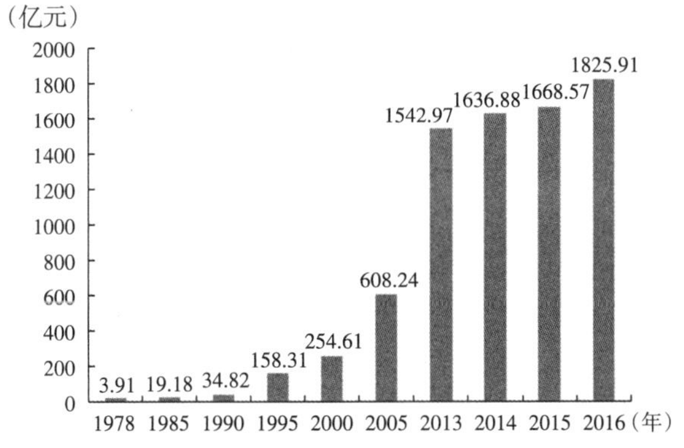

工业增加值发展指数

（1980年为100）

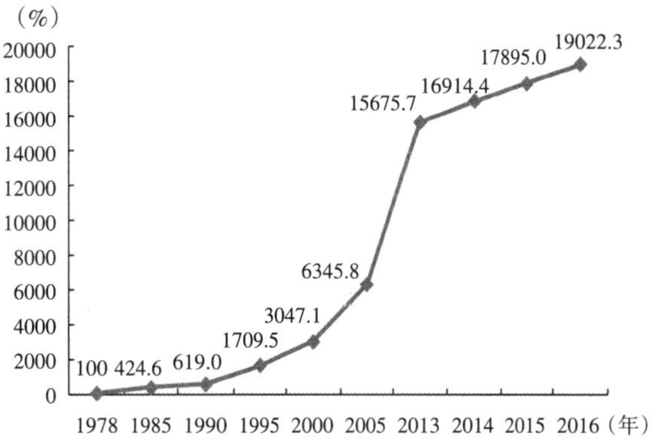

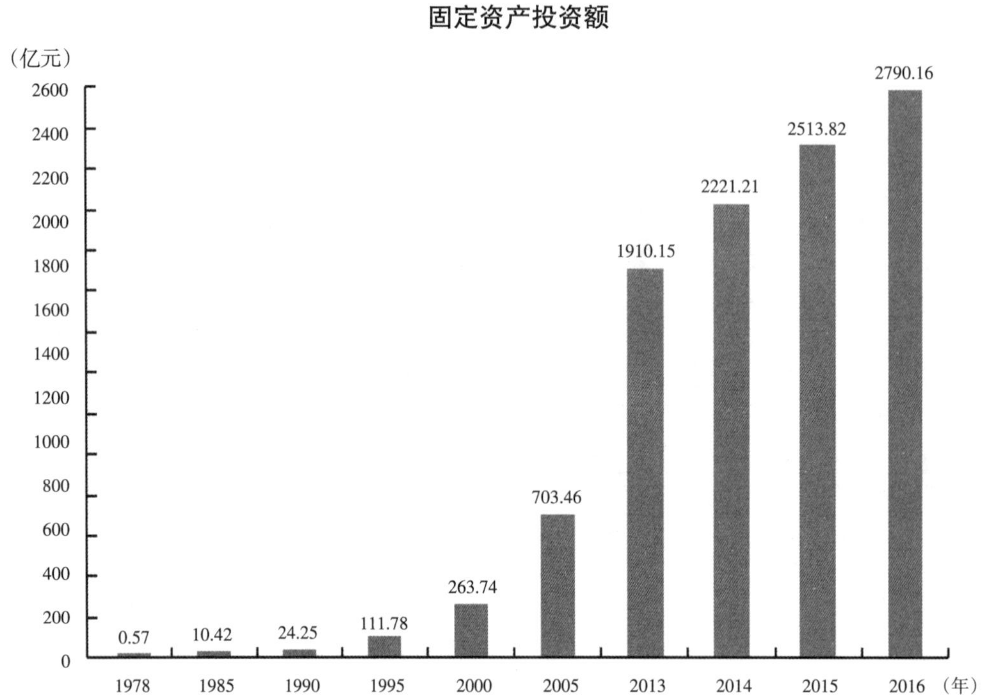
固定资产投资额
(亿元)
2600
2400
2200
2000
1800
1600
1400
1200
1000
800
600
400
200
0
0.57
10.42
24.25
111.78
263.74
703.46
1910.15
2221.21
2513.82
2790.16
1978
1985
1990
1995
2000
2005
2013
2014
2015
2016
(年)

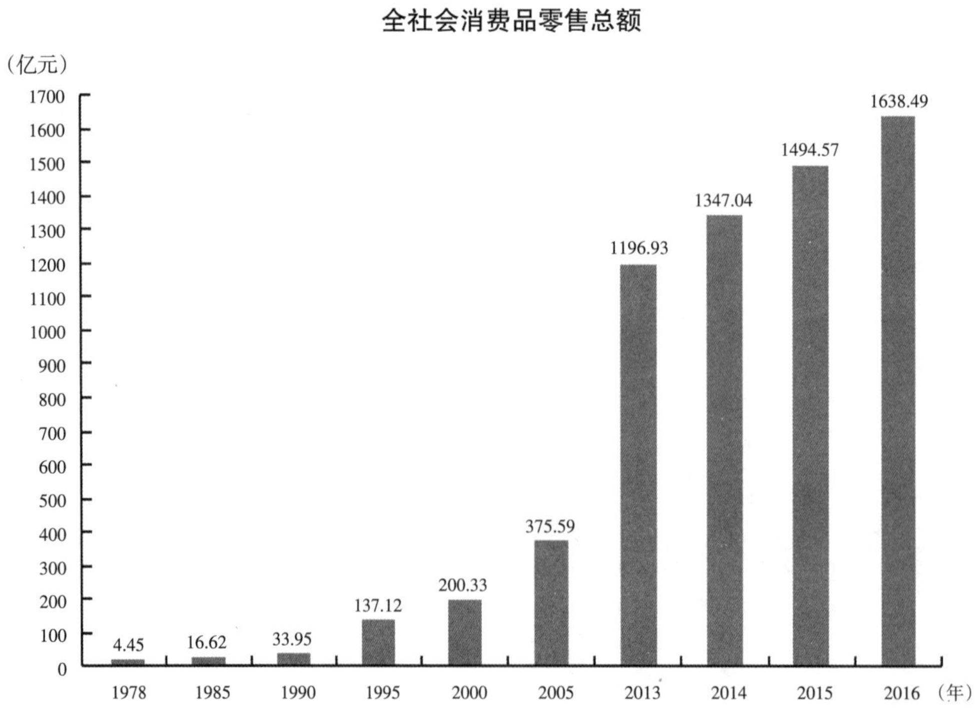
全社会消费品零售总额
(亿元)
1700
1600
1500
1400
1300
1200
1100
1000
900
800
700
600
500
400
300
200
100
0
4.45
16.62
33.95
137.12
200.33
375.59
1196.93
1347.04
1494.57
1638.49
1978
1985
1990
1995
2000
2005
2013
2014
2015
2016
(年)

城乡居民人均收入

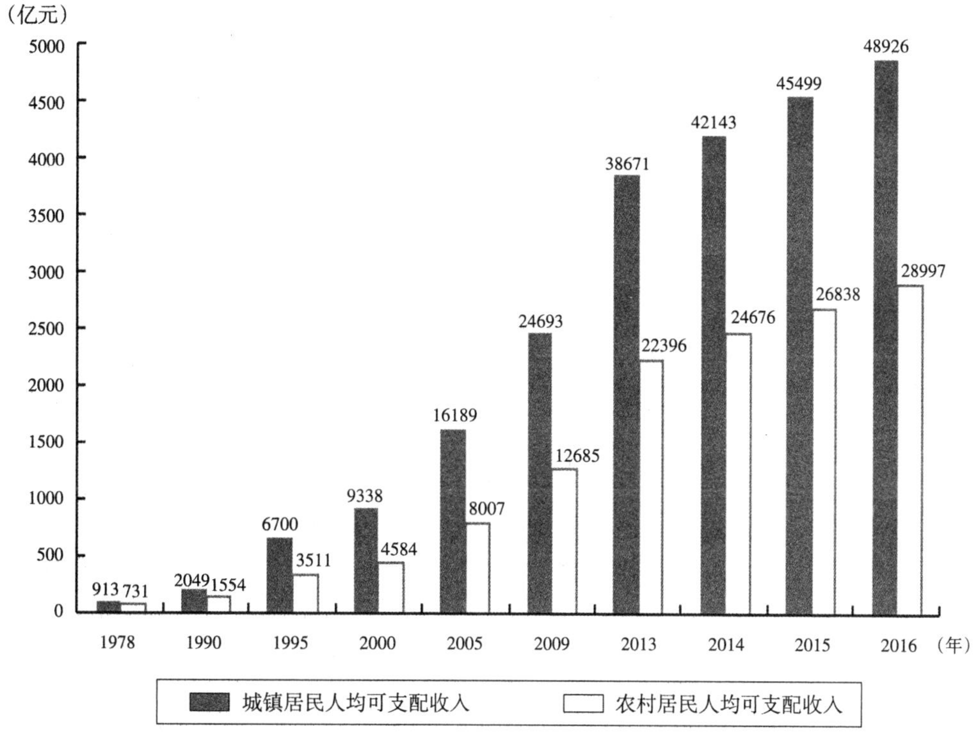

居民消费价格指数

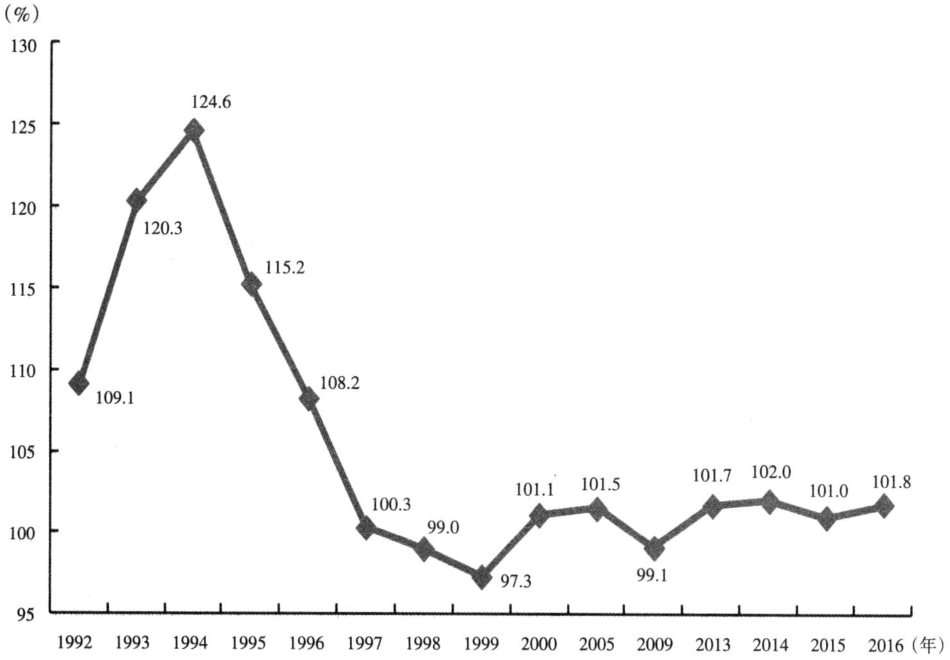

统计表

嘉兴市国民经济主要指标
(2007-2016年)

表26

指标名称	单位	2007年	2008年	2009年	2010年	2011年	2012年	2013年	2014年	2015年	2016年
年末总人口	万人	336.81	338.07	339.60	341.60	343.05	344.52	345.93	348.14	349.48	352.12
非农业人口	万人	120.36	130.14	139.92	146.87	156.36	157.57	159.23	160.98	194.38	199.59
地区生产总值	亿元	1586.00	1819.78	1919.37	2315.46	2703.90	2914.40	3163.05	3352.60	3517.81	3862.11
第一产业	亿元	97.07	105.52	107.51	127.00	142.80	151.39	147.97	144.77	139.09	136.91
第二产业	亿元	947.07	1081.21	1109.77	1337.15	1532.89	1598.34	1708.86	1813.67	1850.68	2010.50
工业	亿元	853.41	974.29	982.78	1190.48	1373.67	1438.14	1542.97	1636.88	1668.57	1825.91
第三产业	亿元	541.86	633.06	702.09	851.30	1028.21	1164.68	1306.23	1394.17	1528.04	1714.70
人均生产总值	元	47177	53929	56647	67982	78986	84773	91622	96607	100852	110095
全社会客运量	万人	16503	17167	11674	11955	12160	12343	12579	10780	10068	4468
全社会货运量	万吨	10463	10670	14853	16004	16869	16876	17266	18185	18477	20095
邮电业务总量	万元	528890	597576	664793	705979	775174	825524	873495	854324	824053	929107
社会消费品零售总额	亿元	501.22	599.61	694.30	799.36	948.57	1083.74	1196.93	1347.04	1494.57	1638.49
进出口总额	万美元	1610963	1983273	1720475	2282418	2848425	2874358	3176292	3373431	3108529	3134809
出口总额	万美元	1167353	1410421	1234118	1603997	1927151	1960260	2151208	2365087	2292734	2350700
新签协议(合同)项目数	个	420	242	255	300	260	234	248	246	249	275
协议(合同)外资金额	万美元	345512	228735	262282	320604	311305	281419	339082	441547	487184	456729
实际利用外资	万美元	166228	135975	133460	160994	172066	178159	220676	249577	268427	269240
接待境外旅游者人数	万人	61.25	52.96	55.67	66.41	72.14	78.17	65.78	70.66	72.64	70.73
全社会用电量	亿千瓦时	212.89	231.74	250.86	290.52	327.91	351.42	385.45	396.45	413.35	453.10
工业用电量	亿千瓦时	178.16	193.37	208.40	240.90	271.30	289.23	314.46	328.88	339.92	368.50
固定资产投资	亿元	900.04	1006.80	1233.41	1488.26	1488.27	1642.31	1910.15	2221.21	2513.82	2790.16
财政总收入	万元	2094362	2521332	2793539	3343272	4160001	4719213	5174915	5680944	6387986	6733669
地方财政收入	万元	1052352	1268694	1417039	1768297	2264023	2577319	2823092	3070675	3503450	3879341
财政支出	万元	1074227	1359199	1611146	1990633	2406148	2607030	3033633	3349028	4241331	4421926
金融机构年末存款余额	亿元	1796.09	2186.24	2853.30	3526.61	4075.18	4453.07	5072.69	5513.87	5775.41	6630.22
金融机构年末贷款余额	亿元	1351.54	1603.84	2170.58	2615.92	3038.69	3419.53	3860.03	4393.16	4718.35	5185.23
市区居民消费价格指数	%	103.7	105.2	99.1	104.0	105.5	102.2	101.7	102.0	101.0	101.8
市区商品零售价格指数	%	103.4	106.6	98.2	104.0	105.0	101.7	100.7	101.3	100.6	101.4
职工工资总额	万元	1813124	2149705	2302949	2782681	3230244	3512573	3879595	4294623	4778187	5165764
职工平均工资	元	25883	29219	31965	36319	42990	48305	53057	58885	66280	72250
农村居民人均可支配收入	元	10163	11538	12685	14365	16707	18636	22396	24676	26838	28997
城镇居民人均可支配收入	元	20128	22481	24693	27487	31520	35696	38671	42143	45499	48926
城乡居民储蓄年末存款余额	亿元	907.48	1155.38	1376.76	1621.29	1870.56	2144.49	2438.21	2701.58	2949.24	3245.59
高等学校在校生	人	30173	36832	38932	52351	56821	73228	76561	78716	85542	65441
中等专业学校在校生	人	19230	19419	20816	22446	26331	25287	23613	22837	21529	22686
职业中学在校生	人	24745	24517	25066	28596	27440	26472	24501	22179	20712	19894
普通中学在校生	人	213265	219687	215717	207225	194676	183379	174957	170202	162559	158377
小学在校生	人	247686	236252	224763	225516	233814	230977	226835	245353	245771	246452
卫生机构数	个	1445	1365	1370	1376	1364	1343	1340	1374	1411	1447
医院、卫生院	个	147	135	119	116	99	94	92	102	104	113
卫生技术人员	人	16635	19640	21176	22580	23729	25286	26439	28036	29620	31131
医生	人	6827	6957	7525	7865	8046	8458	8837	9280	9837	10408
床位数	张	12484	12929	13697	14927	16272	17992	19412	21038	23214	24467
医院、卫生院床位数	张	11794	12146	12842	14063	14964	16220	17740	19490	21464	22596

说明:2016年全社会客运量不含乡村公路客运量,故2016年数据比上年小很多

嘉兴市生产总值
(1978-2016年)

表27　　　　单位:亿元

年份	地区生产总值	第一产业增加值	第二产业增加值	其中		第三产业增加值	人均生产总值(元)
				工业增加值	建筑业增加值		
1978	13.29	6.63	4.38	3.91	0.47	2.28	460
1979	16.63	8.39	5.52	4.80	0.72	2.73	573
1980	17.80	6.96	7.57	6.62	0.95	3.27	610
1981	19.96	7.78	8.65	7.74	0.91	3.53	680
1982	22.41	8.98	9.45	8.37	1.09	3.98	756
1983	23.27	8.37	10.44	9.37	1.07	4.46	780
1984	30.67	11.33	14.06	12.65	1.41	5.28	1025
1985	40.98	12.38	21.20	19.18	2.03	7.40	1366
1986	47.90	13.64	24.69	21.93	2.76	9.57	1584
1987	57.59	16.66	29.90	26.15	3.75	11.03	1811
1988	72.42	21.73	36.34	31.90	4.44	14.35	2339
1989	79.77	23.71	39.75	34.64	5.11	16.31	2554
1990	81.33	24.97	40.56	34.82	5.74	15.80	2582
1991	91.26	24.93	47.51	40.45	7.06	18.82	2877
1992	113.32	26.30	62.23	53.84	8.39	24.79	3547
1993	168.10	30.88	99.32	89.53	9.78	37.91	5227
1994	236.57	49.67	130.25	118.78	11.46	56.66	7313
1995	311.24	56.95	175.49	158.31	17.18	78.80	9564
1996	369.96	61.43	207.62	189.97	17.64	100.91	11306
1997	408.83	63.45	226.06	204.81	21.26	119.32	12439
1998	433.39	59.71	238.72	214.85	23.88	134.96	13149
1999	460.31	55.37	252.97	227.35	25.62	151.97	13947
2000	524.03	60.23	283.79	254.61	29.18	180.01	15845
2001	586.73	63.26	315.63	282.49	33.13	207.84	17694
2002	677.65	61.23	379.84	340.90	38.94	236.57	20402
2003	823.54	66.04	474.90	424.40	50.50	282.60	24755
2004	1002.41	76.80	588.19	522.88	65.31	337.42	30062
2005	1158.38	84.45	681.32	608.24	73.07	392.61	34668
2006	1345.18	88.17	805.76	721.60	84.16	451.25	40162
2007	1586.00	97.07	947.07	853.41	93.66	541.86	47177
2008	1819.78	105.52	1081.21	974.29	106.91	633.06	53929
2009	1919.37	107.51	1109.77	982.78	126.99	702.09	56647
2010	2315.46	127.00	1337.15	1190.48	146.67	851.30	67982
2011	2703.90	142.80	1532.89	1373.67	159.22	1028.21	78986
2012	2914.40	151.39	1598.34	1438.14	160.20	1164.68	84773
2013	3163.05	147.97	1708.86	1542.97	166.04	1306.23	91622
2014	3352.60	144.77	1813.67	1636.88	177.65	1394.17	96607
2015	3517.81	139.09	1850.68	1668.57	182.98	1528.04	100852
2016	3862.11	136.91	2010.50	1825.91	185.48	1714.70	110095

嘉兴市生产总值指数
(1978-2016年)

表28　　　　单位:%

年份	地区生产总值	第一产业增加值	第二产业增加值	其中		第三产业增加值	人均生产总值
				工业增加值	建筑业增加值		
1978	100.0	100.0	100.0	100.0	100.0	100.0	100.0
1979	119.2	113.7	127.1	124.5	147.1	122.0	118.5
1980	124.4	91.6	174.4	172.6	188.6	137.6	123.1
1981	138.8	102.3	198.1	201.2	174.6	146.3	136.3
1982	154.4	116.2	216.5	217.7	207.5	162.4	150.4
1983	158.9	104.8	240.8	246.0	199.4	181.2	153.5
1984	196.1	130.9	302.4	309.5	246.8	208.6	188.8
1985	238.7	131.2	414.3	424.6	331.5	259.9	229.3
1986	278.3	135.1	506.3	516.7	419.3	318.4	265.4
1987	308.6	140.6	585.8	592.7	527.9	338.4	290.8
1988	336.1	144.6	644.9	659.7	527.9	382.4	313.1
1989	317.9	139.8	604.9	612.8	539.0	362.1	293.7
1990	320.8	145.2	612.8	619.0	556.8	348.4	293.9
1991	351.6	139.6	707.2	706.2	684.9	404.5	319.8
1992	415.2	146.4	867.0	896.9	671.8	499.9	374.9
1993	522.4	143.9	1177.2	1281.4	565.3	655.8	468.6
1994	595.8	156.6	1314.3	1436.2	600.7	817.8	531.2
1995	703.2	163.0	1583.9	1709.5	840.1	1000.7	623.3
1996	821.9	169.3	1884.2	2061.3	848.9	1201.6	724.5
1997	902.2	176.1	2063.7	2240.2	1024.9	1362.6	791.8
1998	990.1	174.2	2272.7	2457.8	1179.4	1556.0	866.5
1999	1088.7	179.8	2483.2	2686.8	1280.8	1778.8	951.5
2000	1219.5	187.8	2810.5	3047.1	1416.4	2001.7	1063.7
2001	1365.7	200.3	3170.3	3439.2	1589.2	2251.9	1188.0
2002	1552.3	207.3	3661.0	3971.7	1835.0	2567.2	1348.1
2003	1806.9	217.4	4377.8	4749.6	2193.1	2943.0	1566.7
2004	2096.0	231.9	5143.7	5572.5	2609.2	3412.7	1813.1
2005	2371.7	239.3	5848.8	6345.8	2928.9	3913.3	2047.4
2006	2700.7	248.2	6760.7	7348.2	3335.6	4424.9	2325.8
2007	3093.2	258.2	7779.0	8546.0	3488.7	5118.8	2654.1
2008	3423.2	264.1	8582.2	9470.2	3687.6	5771.8	2926.2
2009	3743.2	272.3	9226.6	10055.7	4447.0	6552.6	3186.6
2010	4257.5	282.1	10637.8	11696.1	4733.7	7383.4	3605.6
2011	4709.2	286.2	11746.4	13102.1	4612.5	8289.5	3968.0
2012	5119.8	290.8	12659.0	14200.4	4706.9	9213.1	4295.7
2013	5595.3	291.6	13914.2	15675.7	4952.8	10080.9	4675.0
2014	6016.2	291.0	14998.6	16914.4	5283.1	10883.4	5000.6
2015	6438.8	283.2	15896.5	17895.0	5704.1	11923.5	5324.6
2016	6892.9	282.0	16833.3	19022.3	5819.9	13019.0	5667.8

嘉兴市2000万元以上独立核算工业企业主要经济指标
(2007-2016年)

表29　　　　单位:万元

指标名称	2007年	2008年	2009年	2010年	2011年	2012年	2013年	2014年	2015年	2016年
企业单位个数(个)	5986	6735	6819	7311	3987	4324	4707	5005	5154	5051
亏损单位个数(个)	635	1148	965	734	514	725	665	661	790	639
工业总产值(当年价)	33381612	37382586	38639861	51028508	57633603	60395206	68936724	74637540	75695276	78829406
工业增加值(当年价)	7380398	—	—	—	—	—	12735709	14132161	14563399	16035645
全部从业人员平均人数(人)	931027	956223	920096	964361	826321	820816	832990	852676	846911	841969
流动资产平均余额	13490013	16540045	—	—	—	—	—	—	—	—
年末固定资产原值	18568822	20510274	23827788	27473122	29885066	33535789	35411805	41499702	45127944	47601595
当年固定资产折旧	1178038	1327553	1521201	1719124	1843819	2094902	2382313	2586975	2806859	2908077
固定资产净值平均余额	13024436	14091818	—	—	—	—	—	—	—	—
年末资产总计	32815421	37176078	42200376	50650938	55936423	62975802	69395376	75608191	78905457	83523414
流动资产	14910808	17583249	19690840	25051275	27988421	31482722	35690340	38908657	40128223	42702264
固定资产	14542239	16639070	17415575	19908316	21529396	23447563	24098826	27527998	29080491	29415598
年末负债总计	20094881	22415905	25608014	30352254	33781011	37360294	40930677	44360435	44751656	45390972
长期负债	4997956	4713752	4712829	5985711	5827841	7099084	6918234	7604221	7825694	6851128
流动负债	15096009	17621807	20642489	24156920	26984579	29779328	33538507	36232611	36208460	38171449
年末所有者权益	12720540	14758227	16592362	20298684	22155413	25527630	28406092	31200645	34041726	37784666
主营业务收入	32949819	36063234	37252616	50131182	56098856	59071449	67081113	72327922	71925335	75893677
主营业务成本	28963601	31722719	32402051	43700513	49251622	51852591	58694557	63182399	62041600	64862500
管理费用	1292751	1567339	1691187	2129651	2336619	2613833	2911350	3191794	3492278	3930417
财务费用	613439	776468	645505	746636	880733	1161902	1046298	1134821	1191313	1017411
利润总额	1654711	1508820	2029096	3211009	3095176	2793036	3563875	3748437	4029008	5105855
亏损企业亏损总额	117837	214716	170992	118696	172537	337479	250249	336517	477574	311642
利税总额	2796401	2756709	3310027	4827103	5109196	4908591	5912705	6265338	6569653	7895933

说明:自2011年起规模以上工业统计划分标准由500万元提高为2000万元

嘉兴市和区、县(市)农业总产值
(2016年)

表30　　　　单位:万元

指标名称	全市	市区	其中		嘉善县	平湖市	海宁市	海盐县	桐乡市
			南湖区	秀洲区					
农业总产值	2303436	524994	286627	238367	464712	236182	342704	309208	425636
一、种植业	1393945	294351	131325	163025	337792	148551	209941	167381	235929
1.粮食	384206	103340	38280	65061	56229	65383	53596	46086	59571
2.棉花	1847	108	103	5	0	380	693	502	164
3.油料	15739	2398	448	1949	904	1827	5737	1832	3041
4.麻类	5	0	0	0	0	0	5	0	0
5.糖料	5440	597	448	150	10	21	3658	1	1153
6.烟叶	442	0	0	0	0	0	0	0	442
7.药材	40888	1293	817	476	1000	2958	3560	5502	26576
8.桑叶	7573	266	12	254	0	1	1281	1218	4807
9.茶叶	428	0	0	0	0	0	0	428	0
10.蔬菜、瓜类	533351	89935	47396	42538	179272	43883	59332	72574	88355
11.水果	205533	61393	29156	32238	49180	8112	32190	33220	21438
二、林业	15581	1303	1103	200	387	1530	3842	5226	3293
三、牧业	471043	123958	97184	26774	56645	25771	65201	83015	116453
1.牲畜繁殖增长增重	272920	99379	85017	14362	40826	18369	29906	50726	33714
2.家禽饲养	68370	10057	5520	4537	6358	2167	12986	22815	13987
3.其他动物饲养	95169	9724	4917	4808	2905	2740	19178	7276	53345
四、渔业	275450	82318	48655	33663	55494	32819	38392	31449	34979
五、农林牧渔服务业	147418	23065	8360	14705	14394	27512	25327	22137	34983

嘉兴市和区、县(市)项目投资分行业固定资产投资额
(2016年)

表31　　　　单位:万元

行　　业	全市	市区	其中		嘉善县	海盐县	海宁市	平湖市	桐乡市
			南湖区	秀洲区					
总计	23117587	5875522	3700912	2174610	2584319	2656765	4831812	3148629	4020540
农、林、牧、渔业	381885	126431	89520	36911	44888	57680	75517	27595	49774
采掘业	0	0	0	0	0	0	0	0	0
制造业	11090125	2272467	1251280	1021187	1653876	1192271	2443382	1672719	1855410
电力、燃气及水的生产和供应业	1163741	295858	177650	118208	72787	321543	79141	150145	244267
建筑业	3385	735	735	0	0	0	0	0	2650
交通运输、仓储和邮政业	1221496	404696	246197	158499	68080	52315	268868	304456	123081
信息传输、计算机服务和软件业	310610	243649	163868	79781	210	10525	14069	3307	38850
批发和零售业	569506	138190	125520	12670	41585	4009	105853	67328	212541
住宿和餐饮业	130295	49011	49011		9305	30	22016	5593	44340
金融业	136917	131300	131300	0	1102	2295	2020	0	200
房地产业	1758284	277149	146213	130936	60220	285531	400631	245486	489267
租赁和商务服务业	1689625	382105	347064	35041	100640	135253	669563	114774	287290
科学研究、技术服务和地质勘查业	257641	105650	105650	0	122332	15275	10779	2061	1544
水利、环境和公共设施管理业	2895428	702113	529281	172832	265870	467192	534466	399422	526365
居民服务和其他服务业	320283	281001	77844	203157	6300	3047	6357	1918	21660
教育	359741	93254	69434	23820	16130	26956	134424	57541	31436
卫生、社会保障和社会福利业	186634	104979	101386	3593	6115	13088	8888	10466	43098
文化、体育和娱乐业	316284	90842	41827	49015	20508	63384	49419	63459	28672
公共管理和社会组织	325707	176092	47132	128960	94371	6371	6419	22359	20095

嘉兴市和区、县(市)限额(500万元)以上项目投资主要指标
(2016年)

表32　　单位:万元

指标名称	全市	市区	其中		嘉善县	海盐县	海宁市	平湖市	桐乡市
			南湖区	秀洲区					
完成投资	23117587	5875522	3700912	2174610	2584319	2656765	4831812	3148629	4020540
建筑工程	10764940	2693860	1740215	953645	1121373	1420030	2291435	1288716	1949526
安装工程	1342705	316691	203141	113550	266941	193574	175614	158763	231122
设备工器具购置	8304930	1914636	1110630	804006	1098909	872183	1783637	1206853	1428712
其他费用	2705012	950335	646926	303409	97096	170978	581126	494297	411180
按国有控股情况分	23117587	5875522	3700912	2174610	2584319	2656765	4831812	3148629	4020540
国有及国有控股企业投资	7840349	2542425	1556657	985768	390052	1158488	1508669	1162554	1078161
非国有投资	15277238	3333097	2144255	1188842	2194267	1498277	3323143	1986075	2942379
民间投资	12800634	2702293	1783404	918889	1567277	1413027	2864067	1586622	2667348
按三次产业分	23117587	5875522	3700912	2174610	2584319	2656765	4831812	3148629	4020540
第一产业	381885	126431	89520	36911	44888	57680	75517	27595	49774
第二产业	12257251	2569060	1429665	1139395	1726663	1513814	2522523	1822864	2102327
第三产业	10478451	3180031	2181727	998304	812768	1085271	2233772	1298170	1868439
新增固定资产	17286517	3802018	2475037	1326981	2254589	2243612	4007797	2033984	2944517
施工房屋面积(平方米)	39916747	9545942	7252281	2293661	3374721	2451190	10418936	4981431	9144527
住宅(平方米)	3644253	1390099	1390099	0	0	284715	1494859	446080	28500
竣工房屋面积(平方米)	10951666	1824021	1456603	367418	791534	758622	4819935	926699	1830855
住宅(平方米)	924280	407088	407088	0	0	224002	111098	153592	28500
竣工房屋价值	1708399	359565	279188	80377	127550	76243	548514	239815	356712
住宅	172743	116229	116229	0	0	30744	0	22385	3385
施工项目(个)	6150	1453	858	595	681	604	1417	733	1262
新开工项目(个)	4592	1009	604	405	536	443	1039	531	1034
投产项目(个)	5076	1094	698	396	570	627	1111	495	1179
本年资金来源合计	22744661	6083514	3996762	2086752	2621459	2707281	4498914	2856908	3976585
上年末结余资金	1326750	730132	650209	79923	29379	130248	244529	124455	68007
本年资金来源小计	21417911	5353382	3346553	2006829	2592080	2577033	4254385	2732453	3908578
国家预算内资金	949764	392318	195710	196608	40638	84052	35020	347241	50495
国内贷款	1819976	522758	388217	134541	35345	366477	436362	267380	191654
债券	0	0	0	0	0	0	0	0	0
利用外资	718655	201092	188406	12686	360760	15150	33691	94415	13547
自筹资金	17050271	3870984	2248219	1622765	2090456	1964951	3598609	1966959	3558312
其他资金来源	879245	366230	326001	40229	64881	146403	150703	56458	94570
本年各项应付款合计	1880480	325181	102353	222828	45044	124389	646074	444724	295068

嘉兴市利用外资情况
(2006-2016年)

表33

年份	利用外资协议(合同)		实际利用外资(万美元)
	项目(个)	金额(万美元)	
2006	468	255863	122178
2007	420	345512	166228
2008	242	228735	135975
2009	255	262282	133460
2010	300	320604	160994
2011	260	311305	172066
2012	234	281419	178159
2013	248	339082	220676
2014	246	441547	249577
2015	249	487184	268427
2016	275	456729	269240
市区	71	178228	91188
南湖区	36	49650	23515
秀洲区	22	70134	22997
嘉善县	40	71487	50867
平湖市	42	50828	35800
海宁市	46	37735	40467
海盐县	22	58381	16510
桐乡市	54	60070	34408

嘉兴市分地区预算内财政支出情况
(2016年)

表34　　单位:万元

指标名称	全市	市区	嘉善县	平湖市	海宁市	海盐县	桐乡市
合计	4421926	1526690	475056	564144	780895	435080	640061
一般公共服务	405198	131625	54675	60063	66425	36905	55505
外交	—	—	—	—	—	—	—
国防	4290	617	0	737	1428	634	874
公共安全	302451	100901	44581	37483	48840	26115	44531
教育	897234	211011	103344	121934	185865	111306	163774
科学技术	179357	52342	23072	20986	33638	21587	27732
文化体育与传媒	94374	23994	13016	11369	19404	10812	15779
社会保障和就业	337918	117480	30272	50027	71640	28026	40473
医疗卫生	287682	64526	36258	40046	56597	35501	54754
节能环保	183038	81468	11225	9674	36368	12113	32190
城乡社区事务	662541	323436	56964	91708	69500	47626	73307
农林水事务	499094	173315	52261	50964	87699	51829	83026
交通运输	167939	80202	11362	13189	35018	14685	13483
资源勘探电力信息等事务	143983	79160	12713	21979	23567	1441	5123
其他支出	7377	4692	2423	0	238	24	0

嘉兴市分地区预算内财政收入情况
（2016年）

表35　　单位：万元

指标名称	全市	市区	嘉善县	平湖市	海宁市	海盐县	桐乡市
合计	6733669	2137129	731655	990988	1238759	630603	1004535
上划中央收入合计	2854328	895480	313653	423097	518741	278824	424533
增值税	1727136	478266	198811	311154	316841	172256	249808
消费税	39242	88777	5576	-60148	1183	3109	745
企业所得税	818420	229260	78952	142833	150096	82101	135178
个人所得税	269530	99177	30314	29258	50621	21358	38802
地方级收入	3879341	1241649	418002	567891	720018	351779	580002
税收收入	3479801	1085634	386530	515044	659032	313530	520031
增值税	951614	246486	106620	183999	177324	99992	137193
营业税	390193	128827	47217	46352	72706	35942	59149
企业所得税	545614	152840	52635	95222	100064	54734	90119
个人所得税	179686	66118	20209	19505	33747	14239	25868
城市维护建设税	236197	78311	23302	37514	39241	26860	30969
城镇土地使用税	127731	37090	19559	20197	25180	5904	19801
印花税	58476	19493	6171	10757	8716	4725	8614
耕地占用税	53888	21004	4899	500	10113	6025	11347
契税	226090	85894	25046	24910	39654	13855	36731
其他各税收入	710312	249571	80872	76088	152287	51254	100240
非税收入	399540	156015	31472	52847	60986	38249	59971
专项收入	330910	123969	30622	51652	44720	37523	42424
行政事业性收费收入	9683	5065	559	634	1295	600	1530
罚没收入	72844	25226	7441	7953	14423	5538	12263
国有资本经营收入	-71035	-18870	-8960	-15000	-10505	-10700	-7000
国有资源有偿使用收入	37051	11307	958	5457	8316	2550	8463
其他收入	20087	9318	852	2151	2737	2738	2291

嘉兴市区城市公用事业基本情况
(2007-2016年)

表36

指标名称	单位	2007年	2008年	2009年	2010年	2011年	2012年	2013年	2014年	2015年	2016年
城镇建成区面积	平方千米	78.50	83.50	88.08	93.61	98.59	103.82	108.52	111.79	115.78	118.90
供水管道长度	千米	679.0	701.5	749.1	762.0	783.0	883.0	900.0	995.0	1051.0	1093.0
水厂生产能力	万吨/日	49.09	44.05	49.05	49.05	54.00	71.80	70.50	70.50	75.50	75.50
年供水总量	万吨	8355	7687	7879	11282	10587	11685	12178	11594	11050	11340
生活用水	万吨	2249	1756	2053	2036	2379	2614	2722	2867	3126	3307
用水人口	万人	55.74	55.97	66.81	68.34	74.41	77.27	80.87	86.59	84.99	93.42
人均生活用水量	升/人日	198.69	160.56	155.79	152.25	161.90	170.66	168.66	159.86	170.81	164.18
实有公共汽车	辆	792	889	921	1006	1017	1042	1025	1007	1038	1191
营运线路长度	千米	526	347	913	1486	1344	1414	1527	1561	1550	1938
公共汽车客运总量	万人次	7349	7556	7141	8680	10126	10341	9176	9870	8790	8829
实有铺设道路面积	万平方米	916	1029	1050	1196	1300	1371	1438	1493	1568	1601
平均每人占有道路	平方米/人	16.43	18.38	15.71	17.50	17.47	17.74	17.74	17.12	18.32	17.01
实有桥梁	座	365	401	428	453	473	486	491	495	525	536
实有排水管道长度	千米	625	780	823	727	736	795	852	877	921	950
生活垃圾清运量	万吨	22.87	16.10	16.9	18.36	21.5	22.42	25.27	28.94	33.39	35.11
建成区园林绿地面积	公顷	2899	3128	3373	3629	4251	4379	4570	4440	4638	4885
园林绿化覆盖面积	公顷	3966	4213	4489	4665	4911	5190	5403	5659	5896	6171
建成区绿化覆盖率	%	39.45	39.92	40.69	41.09	43.12	42.18	42.11	42.94	43.33	44.43
每人占有公共绿地	平方米/人	10.06	11.18	12.60	12.92	13.41	13.64	13.50	13.34	14.05	13.36
公园面积	公顷	455	487	679	709	798	847	873	921	936	958
实有路灯	万盏	3.40	3.73	4.06	4.37	4.51	4.61	4.87	5.27	6.03	6.20

嘉兴市分地区金融机构人民币存贷款情况
(2016年)

表37　　单位:万元

指标名称	全市	市区	嘉善县	平湖市	海宁市	海盐县	桐乡市
一、各项存款合计	66302180	22903820	7092429	7934570	11911664	5336760	11122937
住户存款	32455855	9190586	3789988	3836614	6467457	2908477	6262732
非金融企业存款	20946331	8338405	1597001	2580749	3722532	1561996	3145648
广义政府存款	11281118	4003496	1652276	1442114	1674898	839460	1668874
非银行业金融机构存款	1470632	1313181	18533	46988	32683	23503	35745
境外存款	148244	58151	34631	28106	14094	3324	9938
二、各项贷款合计	51852269	17882987	5372933	5437788	9397664	5341635	8419263
住户贷款	15428858	5518361	2153583	1560783	2535107	924176	2736848
非金融企业及机关团体贷款	36403124	12347732	3217119	3876621	6862080	4417459	5682113
非银行业金融机构贷款	0	0	0	0	0	0	0
境外贷款	20287	16895	2231	384	476	0	302

嘉兴市总户数和总人口数
(2007-2016年)

表38

年份	总户数(万户)	总人口数(万人)	按性别分		按户口性质分	
			男性(万人)	女性(万人)	农业人口(万人)	非农业人口(万人)
2007	101.75	336.81	167.38	169.44	216.46	120.36
2008	102.40	338.07	167.81	170.25	207.93	130.14
2009	102.83	339.60	168.33	171.27	199.68	139.92
2010	103.20	341.60	169.07	172.53	194.73	146.87
2011	103.63	343.05	169.58	173.47	186.69	156.36
2012	103.91	344.52	170.09	174.43	186.95	157.57
2013	104.33	345.93	170.61	175.32	186.70	159.23
2014	104.96	348.14	171.52	176.61	187.16	160.98
2015	105.81	349.48	171.96	177.51	155.10	194.38
2016	106.85	352.12	173.05	179.07	152.53	199.59
市区	29.26	88.38	43.48	44.90	32.68	55.70
南湖区	17.68	49.78	24.58	25.20	12.19	37.60
秀洲区	11.58	38.60	18.90	19.70	20.50	18.10
嘉善县	12.60	38.91	19.14	19.77	22.13	16.78
平湖市	14.98	49.36	24.15	25.21	24.67	24.68
海宁市	18.81	68.17	33.37	34.79	25.04	43.13
海盐县	12.34	38.03	18.74	19.29	18.55	19.48
桐乡市	18.85	69.28	34.17	35.10	29.45	39.82

嘉兴市人口变动情况
(2007-2016年)

表39

年份	出生		死亡		自然增长率(‰)	迁入人口(人)	迁出人口(人)
	人数(人)	出生率(‰)	人数(人)	死亡率(‰)			
2007	22348	6.65	22959	6.83	-0.18	39027	26303
2008	21914	6.49	23432	6.94	-0.45	37689	23845
2009	22993	6.79	23398	6.91	-0.12	37003	21733
2010	26572	7.80	24303	7.14	0.67	39261	21792
2011	24901	7.27	23742	6.94	0.34	35655	22489
2012	29903	8.70	25133	7.31	1.39	27968	17587
2013	28230	8.18	23972	6.94	1.23	27507	17373
2014	34618	9.98	23724	6.84	3.14	29479	17945
2015	28362	8.13	25264	7.24	0.89	23042	10985
2016	34390	9.80	22817	6.50	3.30	25371	10536
市区	9263	10.56	5531	6.30	4.25	11640	2923
南湖区	5223	10.56	3062	6.19	4.37	6786	2162
秀洲区	4040	10.55	2469	6.45	4.10	4854	761
嘉善县	3107	8.00	2683	6.91	1.09	2345	1155
平湖市	4601	9.34	3258	6.61	2.73	2276	1516
海宁市	7013	10.33	4292	6.32	4.01	4139	1670
海盐县	3451	9.09	2446	6.44	2.65	1765	1469
桐乡市	6955	10.07	4607	6.67	3.40	3206	1803

嘉兴市分行业城镇单位职工平均工资
(2011-2016年)

表40　　　　单位:元/人

行　　业	2011年	2012年	2013年	2014年	2015年	2016年
总计	42990	48305	53057	58885	66280	72250
一、按企业、事业、机关分						
企业	38488	43421	47824	53452	59434	63925
事业	63273	69772	75558	83696	98912	108394
机关	86180	93534	100658	103720	116581	133107
二、按行业分						
农、林、牧、渔业	25010	29343	34427	37194	36721	39297
制造业	34093	38866	43378	48747	53214	57199
电力、煤气及水的生产和供应业	116288	88355	91634	103586	112408	118052
建筑业	34242	42332	44244	43041	67149	71456
交通运输、仓储和邮政业	50105	55223	56707	61320	65202	70564
信息传输、软件和信息技术服务业	71496	82596	74948	86118	92194	97989
批发与零售业	42368	46602	51471	55690	58034	65279
住宿和餐饮业	29008	32174	35349	39261	42732	44342
金融业	113302	124735	121799	128686	140313	148509
房地产业	42460	44607	50596	54650	60581	66800
租赁与商务服务业	32697	63616	67090	72717	76483	82238
科学研究、技术服务与地质勘查业	57138	59374	64468	74615	87879	92306
水利、环境和公共设施管理业	34050	37984	43322	47162	53187	55523
居民服务和其他服务业	39233	41440	52943	70000	73913	71630
教育	60314	66043	70564	77769	93627	103255
卫生、社会保障和社会福利业	65761	72736	79427	88315	100423	108828
文化、体育与娱乐业	56276	58041	64856	71033	77304	84112
公共管理与社会组织	77950	84684	91001	94922	107177	122302

嘉兴市分行业社会消费品零售总额
(2007-2016年)

表41　　　　单位:万元

年份	社会消费品零售总额	其中:城镇零售额	按行业分				
			批发零售贸易业	住宿餐饮业	制造业	其他	其中:农业生产者
2007	5058651	2820898	4286222	588194	—	184236	—
2008	6070139	3397379	5229618	644064	—	196457	—
2009	6942960	3899810	5927886	821923	—	193150	—
2010	7993625	—	7142900	850725	—	—	—
2011	9485671	—	8480005	1005666	—	—	—
2012	10837443	—	9716511	1120932	—	—	—
2013	11969340	—	10771748	1197592	—	—	—
2014	13470432	—	12153528	1316904	—	—	—
2015	14945749	—	13455406	1490343	—	—	—
2016	16384941	—	14669237	1715704	—	—	—

嘉兴市城镇居民家庭基本情况
（2007-2016年）

表42

指标名称	单位	2007年	2008年	2009年	2010年	2011年	2012年	2013年	2014年	2015年	2016年
调查户数	户	570	650	650	650	650	650	1019	1005	1000	1001
平均每户家庭人数	人	2.71	2.71	2.67	2.65	2.71	2.74	3.09	3.12	3.18	3.25
有收入者人数	人	2.11	2.02	2.03	2.05	2.06	2.09	2.43	2.46	2.47	2.53
离退休人数	人	0.52	0.49	0.52	0.53	0.44	0.48	0.46	0.50	0.58	0.52
无收入者人数	人	0.60	0.69	0.64	0.60	0.65	0.64	0.66	0.66	0.68	0.72
平均每户就业人数	人	1.55	1.48	1.47	1.46	1.56	1.57	2.03	2.05	2.04	2.06
平均每户就业面	%	57.20	54.61	55.06	55.09	57.56	57.30	65.67	65.79	64.30	63.36
平均每一就业者负担人数	人	1.75	1.83	1.82	1.82	1.74	1.75	1.52	1.52	1.56	1.58
人均可支配收入	元	20128	22481	24693	27487	31520	35696	38671	42143	45499	48926
消费性支出	元	12379	14346	15361	16559	19535	21720	21105	23032	25544	28313
食品	元	4713	5182	5178	5444	6712	7159	6348	7001	7662	7892
衣着	元	1121	1282	1312	1444	1962	1998	1455	1547	1645	1659
家庭设备用品及服务	元	654	803	710	963	1135	1282	1348	1469	1563	1612
医疗保健	元	858	904	998	899	1058	1087	1454	1587	1662	1511
交通和通信	元	1558	2197	2982	3350	3754	4853	3700	3991	4828	6114
娱乐文教服务	元	2031	2245	2217	2532	2851	2862	2125	2394	2732	2810
居住	元	1033	1240	1454	1387	1427	1699	4129	4434	4820	5991
杂项商品和服务	元	411	494	510	539	635	781	546	608	633	724

嘉兴市农村居民抽样调查基本情况
（2007-2016年）

表43

指标名称	单位	2007年	2008年	2009年	2010年	2011年	2012年	2013年	2014年	2015年	2016年
调查户数	户	1720	1800	1800	1800	1800	1800	835	851	821	820
常住人口	人	6727	7013	6990	6997	7189	7163	3033	3228	3082	3139
人均可支配收入	元	10163	11538	12685	14365	16707	18636	22396	24676	26838	28997
人均总收入	元	14064	16527	17374	20377	25024	25938	—	—	—	—
人均总支出	元	11255	13393	13994	16013	19951	21336	—	—	—	—
生活费用总支出	元/人	6894	7811	8533	9274	10707	12326	13443	16163	17522	18864
年末生活房屋面积	平方米/人	66	67	69	69	71	72	72	72	72	68

长江三角洲地区主要经济指标(省内)
(2016年)

表44

指标名称	单位	杭州	宁波	嘉兴	湖州	绍兴	舟山	台州
年末总人口	万人	736.00	590.96	352.12	264.84	444.53	97.33	600.17
年末单位从业人数	万人	290.13	151.86	80.55	50.23	136.83	0.00	94.14
生产总值	亿元	11313.72	8686.49	3862.11	2284.37	4789.03	1241.20	3898.66
第一产业	亿元	304.21	302.06	136.91	127.42	207.66	126.71	254.14
第二产业	亿元	4120.93	4455.34	2010.50	1099.47	2398.27	510.04	1695.80
工业	亿元	3726.20	3980.68	1825.91	998.28	2094.70	419.85	1469.10
第三产业	亿元	6888.59	3929.10	1714.70	1057.49	2183.11	604.45	1948.73
城市居民人均可支配收入	元	52185	51560	48926	45794	50305	48423	47162
城市居民人均消费性支出	元	35686	31584	28313	27731	28858	30762	30021
居民消费价格指数(上年为100)	%	102.6	102.1	101.8	101.6	101.9	101.8	101.6
固定资产投资额	亿元	5842.42	4961.39	2790.16	1592.18	2882.48	1311.14	2272.63
财政预算内收入	亿元	2558.41	2145.72	673.37	360.89	630.08	173.29	583.83
地方财政收入	亿元	1402.38	1114.54	387.93	211.18	390.30	120.32	343.28
地方财政支出	亿元	1404.31	1289.26	442.19	288.62	456.10	250.54	514.40
金融机构存款余额	亿元	32514.64	16196.01	6630.22	3476.80	7263.31	1807.83	6923.22
城乡居民存款余额	亿元	8313.13	5689.44	3245.59	1744.76	3405.27	715.86	3593.39
金融机构贷款余额	亿元	25464.83	15806.76	5185.23	2740.36	6111.17	1484.01	5758.92
全年用电量	亿千瓦时	571.00	646.54	453.10	222.20	374.51	48.91	282.15
工业用电量	亿千瓦时	401.55	476.74	368.50	165.73	291.98	23.47	183.43
当年实际利用外资	亿美元	72.09	45.13	26.92	10.01	8.00	2.10	3.37
出口总值	亿美元	502.59	660.97	235.07	90.16	255.64	62.63	1169.38
社会消费品零售额	亿元	5176.20	3667.63	1638.49	1068.86	1783.34	457.40	2013.14

长江三角洲地区主要经济指标(省外)
(2016年)

表45

指标名称	单位	苏州	无锡	常州	南京	南通	扬州	镇江	泰州	上海
年末总人口	万人	678.20	486.20	374.90	662.79	766.66	461.67	271.98	508.21	1439.50
年末单位从业人数	万人	—	—	—	—	—	—	—	—	—
生产总值	亿元	15475.09	9210.02	5773.86	10503.02	6768.20	4449.38	3833.84	4101.78	27466.15
第一产业	亿元	221.81	135.19	152.67	252.54	366.66	251.39	137.78	240.00	109.47
第二产业	亿元	7277.46	4346.78	2682.46	4117.32	3170.30	2197.63	1870.40	1933.89	7994.34
工业	亿元	6709.02	3977.58	2428.84	3581.72	2633.06	1925.92	1728.00	1679.83	7145.02
第三产业	亿元	7975.82	4728.05	2938.73	6133.16	3231.24	2000.36	1825.66	1927.89	19362.34
城市居民人均可支配收入	元	54341	48628	46058	49997	39247	35659	41794	36828	57692
城市居民人均消费性支出	元	33305	31438	27080	29772	25217	21064	24388	22480	39857
居民消费价格指数(上年为100)	%	102.7	102.3	102.5	102.7	102.3	102.4	102.2	102.1	103.2
固定资产投资额	亿元	5648.49	4793.69	3605.08	5533.56	4811.95	3288.68	2873.43	3155.87	6755.88
财政预算内收入	亿元	—	—	—	—	—	—	—	—	—
地方财政收入	亿元	1730.04	875.00	480.29	1142.60	590.18	345.30	293.01	321.18	6406.13
地方财政支出	亿元	1617.11	867.36	508.11	1173.84	749.22	478.97	362.94	448.93	—
金融机构存款余额	亿元	25864.26	14101.40	8540.82	27633.55	11097.74	5361.55	4705.99	5275.62	103163.94
城乡居民存款余额	亿元	7913.85	4867.43	3366.85	5894.47	5554.89	2560.98	1879.10	2474.71	—
金融机构贷款余额	亿元	21924.44	10382.93	6043.16	21681.28	6835.46	3508.13	3444.36	3656.79	53985.10
全年用电量	亿千瓦时	1382.58	638.67	429.93	524.79	374.79	225.37	232.41	239.55	1486.02
工业用电量	亿千瓦时	1116.30	493.73	334.78	310.81	265.65	156.60	173.77	176.20	798.18
当年实际利用外资	亿美元	60.03	34.13	25.00	34.79	23.87	12.04	13.51	13.44	185.40
出口总值	亿美元	1639.41	429.10	208.60	295.94	230.11	72.59	69.52	66.74	1834.67
社会消费品零售额	亿元	4936.79	3119.56	2202.83	5088.20	2632.87	1358.80	1236.78	1118.34	10946.57

嘉兴市各县(市、区)单位GDP能耗等指标
(2016年)

表46

地　区	单位GDP能耗（吨标准煤/万元）	单位GDP能耗增长（%）	单位GDP电耗增长（%）	单位工业增加值能耗增长（%）
嘉兴市	0.52	-2.6	2.00	-3.87
南湖区	0.52	-5.3	7.80	-9.44
秀洲区	0.69	-4.0	-1.40	-6.70
嘉善县	0.50	1.1	4.50	-5.18
海盐县	0.51	-3.0	0.80	-3.05
海宁市	0.65	0.9	4.40	0.84
平湖市	0.47	0.4	8.10	-3.29
桐乡市	0.51	-2.5	0.80	-3.13
嘉兴经济技术开发区	0.59	-1.0	2.50	-5.44
嘉兴港区	1.59	-6.1	-5.40	-3.90

文件选编

规范性文件

嘉兴市人民政府关于进一步推进户籍制度改革的实施意见

（嘉兴市人民政府2016年6月28日发）

各县（市、区）人民政府，市政府各部门、直属各单位：

为深入贯彻落实《国务院关于进一步推进户籍制度改革的意见》（国发〔2014〕25号）、《浙江省人民政府关于进一步推进户籍制度改革的实施意见》（浙政发〔2015〕42号）等文件精神，促进有能力在城镇稳定就业和生活的常住人口有序实现市民化，稳步推进城镇基本公共服务常住人口全覆盖，结合我市实际，现提出以下实施意见。

一、总体要求

（一）指导思想。

以邓小平理论、“三个代表”重要思想、科学发展观为指导，深入贯彻党的十八大、十八届三中、四中、五中全会和习近平总书记系列重要讲话精神，坚持以“四个全面”战略布局为统领，以创新、协调、绿色、开放、共享五大发展理念为引领，以“八八战略”为总纲，紧紧围绕全面提高新型城镇化水平，进一步推进户籍制度改革，统筹推进相关经济社会领域改革，合理引导农业人口有序向城镇转移，有序推进农业转移人口市民化。

（二）基本原则。

坚持积极稳妥、规范有序。按照服务中心、促进发展、推动城乡人口合理布局的要求，优先解决存量，有序引导增量，合理引导农业转移人口落户城镇的预期和选择。

坚持以人为本、保障权益。尊重城乡居民自主定居意愿，依法保障农业转移人口及其他常住人口合法权益，让改革成果更多更好地惠及全市人民。

坚持因地制宜、分类实施。充分考虑各地经济社会发展水平、城市综合承载能力和提供基本公共服务的能力，实施分类有序的差别化落户政策。

坚持统筹配套、协调推进。统筹推进户籍制度改革和基本公共服务均等化，不断扩大教育、就业、救助、养老、医疗、住房保障等城镇基本公共服务覆盖面。

（三）发展目标。

进一步健全城乡户口登记制度，调整户口迁移政策，完善居住证制度，稳步推进义务教育、就业服务、社会保障、基本医疗和公共卫生、公共文化、环境保护等基本公共服务覆盖全部常住人口。到2020年，基本建立与高水平全面建成小康社会相适应，有效支撑社会管理和公共服务，依法保障公民权利，以人为本、科学高效、规范有序的新型户籍制度，为全面提高全市新型城镇化水平提供有力保障。

二、进一步完善城乡统一户口登记制度

继续执行现行取消农业户口与非农业户口性质区分、公民按经常居住地登记户口等政策。（市公安局负责。除明确各部门分别负责的工作外，列第一位者为牵头部门，下同）

建立健全与统一城乡户口登记制度相适应

的教育、卫生计生、就业、社保、住房、土地及人口统计等制度。(市发展改革委、市教育局、市民政局、市人力社保局、市国土资源局、市建委、市卫生计生委、市统计局等分别负责)

三、进一步调整户口迁移政策

完善与本市经济社会发展相适应的落户政策标准,清理调整城镇落户中设置的不合理条件和限制,制定《嘉兴市进一步调整完善相关户口迁移管理的规定》。

(一)全面放开县(市)落户限制。嘉善县、平湖市(含乍浦镇)、海盐县、海宁市、桐乡市全面放开落户限制,即在县级市市区、县人民政府驻地街道和其他建制镇(街道)有合法稳定住所(含租赁)的人员,本人及其共同居住生活的配偶、未成年子女(包括无生活来源的未婚子女,下同)、父母等,可以在当地申请登记常住户口。(市公安局、市发展改革委等负责)

(二)有序放开城区落户条件。本意见中的城区指嘉兴市区各街道和南湖区、秀洲区所辖镇的镇区。上述范围内有序放开落户,按照有合法稳定住所人员、有合法稳定就业人员、引进人才、投资人员和有突出贡献人员等类别,分别设定进一步放宽现行的住所条件、就业类型、投资规模、学历(职称、技能)等级、居住年限和按照国家规定缴纳社会保险费年限等具体落户标准。符合条件的本人及其共同居住生活的配偶、未成年子女、父母,可以在当地申请登记常住户口。(市公安局、市发展改革委、市人力社保局、市建委等负责)

(三)实行市内户口自由迁移。本市户籍公民凭合法稳定住所(含租赁),可以在本市范围内城镇地区自由迁移户口。鼓励本地农业人口就近到城镇落户,县(市、区)范围内人员进城镇(城区)落户的,可以进一步放宽合法稳定住所(含租赁)的范围、条件。(市公安局负责)

(四)稳妥解决户口迁移中的重点问题。认真落实优先解决存量的要求,重点解决进城时间长、就业能力强、可以适应城镇产业转型升级和市场竞争环境的人员落户问题。(市人力社保局、市公安局等负责)

进一步完善有利于吸引各类人才落户的鼓励性政策,不断提高浙商回归、领军人才、投资创业、高校毕业生、技术工人、职业院校毕业生、留学回国人员等常住人口的城镇落户率。(市人力社保局、市教育局、市委人才办、市公安局等负责)

除本人主动申请的以外,本市籍学生考入省内大中专院校不办理户口迁移,毕业后户口按规定直接迁往就业地或实际居住地。(市公安局、市教育局、市人力社保局等负责)

四、完善居住证制度

严格执行流动人口居住登记制度,按照“底数清、情况明、信息实”和“街不漏巷、巷不漏房、房不漏户、户不漏人”的要求,及时采集各项基础信息,准确掌握流动人口基本情况。以有合法稳定就业、合法稳定住所或连续就读为基本条件,进一步规范居住证申领条件和发放范围。优化积分服务机制,继续实施积分管理制度,不断扩大向居住证持有人提供公共服务和便利的范围。逐步把居住证建成集行政管理、公共服务、金融、商业应用等一体的综合性卡证,并积极探索市民卡与IC卡式居住证功能整合。(市新居民事务局、市发展改革委、市教育局、市公安局、市民政局、市人力社保局、市建委、市文化局、市卫生计生委、市法制办、市社保事务局等负责)

五、健全人口信息管理制度

健全实际居住人口登记制度,完善人口统计工作机制,加强人口统计调查,全面、准确掌握人口规模、人员结构、地区分布等情况。(市公安局、市统计局、市发展改革委等负责)

深入推进户籍管理规范化、信息化、专业化建设,探索建立公民亲属关系认定制度,全面提升人口信息内容和质量,建立健全各级公安机关户政管理机构。把计划生育、收养登记等政策与户口登记脱钩,全面解决无户口人员户口登记问题。充分利用市公共事务信息系统,分类完善劳动就业、教育、收入、社保、房产、信用、卫生计生、税务、婚姻、民族等信息系统,逐步实现跨部门、跨地区信息整合和共享,为制定人口发展战略和政策提供信息支持,为人口服务和管理提供支撑。〔市公安局、市发展改革委、市经信委、市教育局、市民宗局、市民政局、市财政局(地税局)、市人力社保局、市国土资源局、市建委、市卫生计生

委、市统计局、市社保事务局、市住房公积金管理中心、市国税局、人行嘉兴市中心支行等负责〕

六、推进相关领域配套改革

(一)完善农村产权制度。

加快推进农村承包土地、宅基地等不动产确权、登记、颁证,依法保障农民的土地承包经营权、宅基地使用权,深化完善村经济合作社股份合作制改革,基本建立起"三权到人(户)、权跟人(户)走"的农村集体产权制度体系,保护集体经济组织成员的集体财产权和收益分配权。(市国土资源局,市农办、市农业经济局等负责)

健全农村产权流转交易市场,推动农村产权流转交易公开、公正、规范运行。坚持依法、自愿、有偿原则,引导农业转移人口有序流转土地承包经营权。尊重农民意愿,鼓励和引导进城落户农民自愿有偿转让"三权"。不得以退出土地承包经营权、宅基地使用权、集体收益分配权作为农民进城落户的条件。(市农办、市农业经济局,市国土资源局等负责)

(二)扩大基本公共服务覆盖面。

1.保障农业转移人口及其他常住人口随迁子女平等享有受教育权利。将随迁子女义务教育纳入各级政府经济社会发展总体规划和财政保障范畴,配套制定和完善中小学、幼儿园布局规划,加快标准化学校建设,逐步完善随迁子女在我市的入学政策,确保符合条件的随迁子女同等享受义务教育和高中段教育政策。〔市教育局、市财政局(地税局)等负责〕

2.统筹推进基本公共文化服务均衡发展。加快公共文化服务体系建设,拓展文化惠民服务内容,推进公共文化服务城乡、区域、人群统筹协调发展。(市委宣传部、市文化局等负责)

3.健全城乡劳动者平等就业制度,完善城乡统一的就业失业登记管理制度。加大职业培训力度,促进农业转移人口就地就近转移就业。加强创业体系建设,完善和落实各项就业创业扶持政策,鼓励自主创业。〔市人力社保局、市发展改革委、市财政局(地税局)等负责〕

4.将农业转移人口及其他常住人口纳入社区医疗、卫生和计划生育服务体系,提供基本医疗卫生、妇幼健康、计划生育等服务,实现卫生计生基本服务均等化。〔市卫生计生委、市财政局(地税局)等负责〕

5.健全城乡统一的基本养老保险和基本医疗保险制度,全面实现基本养老保险、基本医疗保险关系跨统筹地区的转移、接续,以及医疗保险异地就医联网结算。全面建立城乡统一的失业保险制度。推进全民参保计划,依法督促用人单位履行社会保险义务,提高就业人员社会保险参保率。〔市人力社保局、市发展改革委、市民政局、市财政局(地税局)、市卫生计生委、市社保事务局等负责〕

6.加快健全覆盖城乡的社会养老服务体系,完善以最低生活保障为基础的城乡统筹新型社会救助体系。〔市民政局、市发展改革委、市人力社保局、市财政局(地税局)等负责〕

7.进城落户农民完全纳入城镇住房保障体系,进城镇落户的农业转移人口,享有和城镇居民同等住房救助和住房保障。未在城镇落户的农业转移人口,按照合法稳定就业和合法稳定住所、参加社会保险年限、连续居住年限等条件,逐步纳入城镇住房保障体系,采取多种方式保障农业转移人口基本住房需求。积极推进农业转移人口建缴住房公积金。〔市建委、市公安局、市民政局、市财政局(地税局)、市人力社保局、市住房公积金管理中心等负责〕

(三)加强基本公共服务财力保障。

完善促进基本公共服务均等化的公共财政体系。建立"政府主导、各方共担"的多渠道民生保障机制,树立全社会共推民生发展的理念,逐步提升民生保障和基本公共服务均等化水平。发挥政府主导作用,坚持公共财政导向,加大对民生事业的资金保障。健全政府、企业、个人共同参与的成本分担机制。充分发挥市场机制、社会管理和个人能动的积极作用,调动市场、社会和个人各方共推民生改善的积极性。深化财政体制改革,逐步理顺事权关系,建立事权和支出责任相适应的制度,市、县(市、区)、镇等各级政府按照事权划分相应承担支出责任。完善转移支付制度,加大财政均衡力度,积极落实中央、省财政转移支付同农业转移人口市民化挂钩机制,提升基层政府提供基本公共服务的财力水平。

〔市财政局(地税局)、市发展改革委、市人力社保局等负责〕

七、切实加强组织领导

(一)切实加强统筹协调。调整完善市户籍制度改革工作领导小组,加强办公室建设。市级各部门要各司其职、密切配合、统筹协调,增强工作合力;各县(市、区)要建立健全相应的工作机制,组建工作专班,落实改革责任,切实做好政策统筹、方案统筹、力量统筹、进度统筹等工作,协同推进户籍制度改革及相关领域配套改革。〔各县(市、区)人民政府,各有关部门分别负责〕

(二)抓紧落实政策措施。各县(市、区)人民政府要根据本实施意见,统筹考虑,因地制宜,于2016年12月底前出台具体可操作的户籍制度改革措施,并向社会公布,接受社会监督。各有关部门(单位)要对现行与户籍制度相关政策规定进行全面梳理,积极推进相关政策的立、改、废。对与本实施意见精神不一致的,要立即清理,停止执行;对实施意见具体明确的政策要求,要对照调整、及时完善、抓紧贯彻。市户籍制度改革工作领导小组成员单位要在2016年9月底前制定教育、就业、救助、养老、医疗、住房保障等方面的配套政策,并落实经费保障。市户籍制度改革工作领导小组办公室要会同有关部门加强对各县(市、区)、成员单位工作的跟踪评估、督查指导,确保户籍制度改革各项政策措施落到实处、取得实效。全市公安机关要加强户口和居民身份证管理,严肃法纪,做好户籍制度改革的基础工作。〔各县(市、区)人民政府,各有关部门分别负责〕

(三)积极做好宣传引导。各地各部门要坚持正确舆论导向,采取多种形式,通过多种渠道,广泛宣传进一步推进户籍制度改革的重大意义,全面准确解读户籍制度改革及相关配套政策,凝聚各方共识,形成改革合力,合理引导社会预期,积极回应群众关切,为进一步推进户籍制度改革营造良好的社会环境。(市委宣传部,市农办、市农业经济局,市发展改革委,市公安局,市人力社保局等负责)

本市已出台的相关政策与本实施意见不一致的,以本实施意见为准。

嘉兴市人民政府关于建立本市困难残疾人生活补贴和重度残疾人护理补贴制度的通知

(嘉兴市人民政府2016年7月18日发)

各县(市、区)人民政府,市政府各部门、直属各单位:

为进一步解决残疾人特殊生活困难和长期照护困难,提高残疾人基本生活保障和基本照料服务水平,根据《浙江省人民政府关于全面建立困难残疾人生活补贴和重度残疾人护理补贴制度的实施意见》(浙政发〔2016〕3号)精神,结合我市实际,现就建立困难残疾人生活补贴和重度残疾人护理补贴制度有关事项通知如下:

一、补贴对象及标准

(一)补贴对象。

困难残疾人生活补贴:主要用于补助残疾人因残疾产生的额外生活支出。补贴对象为具有本市户籍且持有本市残联组织核发的第二代《中华人民共和国残疾人证》,家庭人均收入在低保标准150%以下的残疾人,或本人收入在低保标准150%以下的劳动年龄段残疾人。

重度残疾人护理补贴:主要用于补助残疾人因残疾产生的额外长期照护支出。补贴对象为具有本市户籍且持有本市残联组织核发的第二代《中华人民共和国残疾人证》,残疾等级被评定为一级、二级且需要长期照护的重度残疾人,以及非重度智力、精神残疾人。长期照护是指因残疾产生的特殊护理消费品和照护服务支出持续6个月以上。

残疾人生活自理能力的认定工作,采取按照残疾类别、等级直接认定或由第三方评定的办法,由残联会同民政部门组织实施。

(二)补贴标准。

困难残疾人生活补贴标准按照当地低保标准的30%确定,由各县(市、区)人民政府公布。

重度残疾人护理补贴标准,按照生活完全不能自理、基本不能自理、部分不能自理三档,分别为每人每月500元、250元和125元。对符合条件的、在机构集中托养的残疾人，可在上述补贴标准基础上分别上浮50%。原享受重度残疾人护理补贴且高于现行标准，并经审核符合相应条件的，可按不低于原标准享受。重度残疾人护理补贴标准根据经济社会发展水平、护理支出变化等情况适时调整。

二、补贴的申领、发放及管理

（一）自愿申请。残疾人向户籍所在地镇政府（街道办事处）提交书面申请。残疾人的法定监护人，法定赡养、抚养、扶养义务人，所在村（居）民委员会或其他委托人可以代办申请。

（二）逐级审核。镇政府（街道办事处）依托社会救助、社会服务“一门受理、协同办理”机制，受理残疾人两项补贴申请并进行初审。材料初审合格后报送县（市、区）残联进行审核，审核合格的，转送同级民政部门审定，同级民政部门将审定结果书面反馈同级残联。残联将审定结果报同级财政部门，并由财政部门拨付资金。

（三）规范发放。发放时间自递交申请当月起。各地应积极创造条件，可采取政府购买服务的形式发放重度残疾人护理补贴。

（四）动态管理。以残联为主建立残疾人两项补贴定期复核制度，实行“应补尽补、应退则退”的动态管理。

三、政策衔接

符合条件的残疾人，可同时申领困难残疾人生活补贴和重度残疾人护理补贴。既符合残疾人两项补贴条件，又符合因公致残、离休等生活补贴（津贴）、护理补贴（津贴）条件的残疾人，可择高申领其中一类生活补贴（津贴）、护理补贴（津贴）。享受儿童福利基本生活保障政策的残疾儿童不享受困难残疾人生活补贴，可享受重度残疾人护理补贴。领取工伤保险生活护理费、纳入特困人员供养保障的残疾人不享受残疾人两项补贴。享受养老服务补贴的残疾人不享受重度残疾人护理补贴。残疾人两项补贴不计入城乡低保和低保边缘家庭的收入。

四、保障措施

（一）强化组织领导。各地、各有关部门要将全面建立残疾人两项补贴制度作为保障和改善民生的一项重要任务，进一步完善工作机制，形成工作合力。建立由市民政局牵头，市财政局、市残联等部门参加的两项补贴发放审定小组，负责协调处理两项补贴审核、审定过程中遇到的问题。民政部门要履行主管部门职责，做好补贴资格审定、监督管理等工作，推进残疾人两项补贴制度与相关社会福利、社会救助、社会保险制度有机衔接。财政部门要加强资金保障，及时足额安排补贴资金及工作经费，确保残疾人两项补贴制度顺利实施。市财政对市本级所属区在省转移支付之后按30%比例予以支持。残联组织要发挥“代表、服务、管理”的作用，及时掌握残疾人需求，严格残疾人证发放管理，做好残疾人两项补贴预算编制、对象审核、补贴发放等工作。

（二）加强监督管理。各级政府要将残疾人两项补贴工作纳入年度考核内容，重点督查落实情况。各地要在村（社区）建立长期公示制度，向社会公示残疾人两项补贴资金发放、使用情况，接受社会监督，及时处理残疾人及其他群众的投诉建议，切实维护残疾人合法权益。财政、审计、监察部门要加强监督检查，防止出现挤占、挪用、套取等违法违规现象。民政、财政、残联要加强监督管理，定期组织开展残疾人两项补贴绩效评估工作，不断完善相关政策措施。要建立完善残疾人两项补贴工作实名制网络信息平台，加强对基本信息的实时监测、比对、归纳分析和动态管理。

（三）注重宣传引导。各地要及时组织学习培训，全面掌握残疾人两项补贴制度的精神和内容，充分利用多种媒介宣传残疾人两项补贴制度，营造关心、关爱残疾人的良好社会氛围。要充分考虑残疾人获取信息的特殊要求和实际困难，采取灵活多样形式进行宣传，确保残疾人及其家属知晓残疾人两项补贴制度内容，了解申领程序和要求。要及时做好残疾人两项补贴政策解读工作，协助残疾人便捷办理相关手续。

（四）形成政策合力。发挥残疾人两项补贴制度的带动作用，促进残疾人福利补贴与社会服务相互配合，形成解决残疾人长期照护困难的政策合力。探索通过家庭照顾者培训、家庭设施无障碍改造、社区支援服务等措施，进一步扩大家庭照顾残疾人的基础性作用。探索推进残疾人照护体系与老年人照护体系整合，推动残疾人、老年人服务项目和服务资源共享。探索建立包括残疾人、老年人等功能障碍人士在内的长期护理保险制度。

各地应及时出台实施细则,做好新旧制度衔接和平稳过渡,维护残疾人的合法权益。

残疾人两项补贴制度自2016年1月1日起实施。市政府已有规定与本通知不一致的,按本通知执行。

嘉兴市人民政府关于嘉兴市区禁止燃放烟花爆竹的通告

(嘉兴市人民政府2016年10月31日发)

为进一步改善大气环境质量,预防和减少火灾事故,保障社会公共安全,根据国务院《烟花爆竹安全管理条例》(国务院令455号)、《浙江省烟花爆竹安全管理办法》(省政府令第266号)等有关法律、法规及规章规定,结合我市实际,现就市区禁止燃放烟花爆竹的有关规定通告如下:

自2017年1月1日起,市区三环路(含)以内(东至三环东路、西至三环西路、南至规划三环南路、北至三环北路,详见附件),禁止燃放烟花爆竹。市区三环路以外,根据有关法律、法规及规章的规定,下列场所不得燃放烟花爆竹:(一)党政机关、事业单位;(二)文物保护单位;(三)车站、码头、飞机场等交通枢纽以及铁路线路安全保护区内;(四)易燃易爆物品生产、储存单位,消防重点单位;(五)输变电设施安全保护区内;(六)医疗机构、幼儿园、中小学校、养老机构;(七)商品交易市场。同时,市区三环路(含)以内不设烟花爆竹销售点。

凡违反上述规定在禁放范围内燃放烟花爆竹的,由公安机关依照《中华人民共和国治安管理处罚法》《烟花爆竹安全管理条例》《浙江省烟花爆竹安全管理办法》等相关法律、法规及规章依法予以行政处罚;构成犯罪的,依法追究刑事责任。

任何单位和个人有权劝阻或向公安机关举报违反规定燃放烟花爆竹的行为,查证属实的,由公安机关按照相关规定给予奖励。举报电话:110。

特此通告。

嘉兴市人民政府关于深化出租汽车行业改革的意见

(嘉兴市人民政府2016年12月5日发)

为积极稳妥地推进出租汽车行业改革,促进行业创新发展、转型升级,更好地满足人民群众出行需求,实现出租汽车行业健康稳定发展,根据《国务院办公厅关于深化改革推进出租汽车行业健康发展的指导意见》(国办发〔2016〕58号)、《网络预约出租汽车经营服务管理暂行办法》(交通运输部工业和信息化部公安部商务部工商总局质检总局国家网信办令2016年第60号)等精神,结合我市实际,现就深化我市出租汽车行业改革提出以下意见。

一、改革总体要求

(一)指导思想。牢固树立创新、协调、绿色、开放、共享的发展理念,认真落实市委、市政府关于全面深化出租汽车行业改革的决策部署,以积极推进“互联网+”行动等重大决策为指导,坚持“乘客为本、改革创新、统筹兼顾、依法规范、属地管理”的原则,平稳有序地推动出租汽车行业改革工作。

(二)改革目标。改革传统出租汽车行业体制机制的弊端,加快巡游出租汽车行业转型升级,推动网络预约出租汽车行业(以下简称网约车)规范有序发展,构建与城市发展要求、人民群众需求相匹配的出租汽车客运体系。

二、改革的主要内容

(一)科学定位适度发展。

1.科学定位出租汽车服务。出租汽车是城市综合交通运输体系的组成部分,是城市公共交通的补充,为社会公众提供个性化运输服务。要在优先发展公共交通的同时,根据城市特点、社会公众多样化出行需求和出租汽车发展定位,综合考虑人口数量、经济发展水平、城市交通拥堵状况等因素,适度发展出租汽车,为社会公众提供品质化、多样化的运输服务,通过改革逐步实现市场调节。

2.多样化服务提升社会满意度。积极推动互联网技术的应用,通过"出租汽车+互联网",实现巡游出租汽车行业转型升级。将新业态纳入管理范畴,构建包括巡游出租汽车和网约车共存的多样化服务体系,逐步实现融合发展,为社会公众提供多样化的运输服务,构建起既相互竞争、又相互补充,相得益彰、和谐稳定的新型市场体系。

(二)改革巡游出租汽车经营权管理制度。

1.无偿使用制。出租汽车经营权全部实行无偿使用。已实行经营权有偿使用的,自2016年5月1日起停止收取有偿使用费,提前收取的,按剩余月份予以清退。

2.有期限制。按照《浙江省道路运输条例》相关规定,结合出租汽车车辆合理更新规律,巡游出租汽车经营期限统一为6年。对已确定经营期限的巡游出租汽车,科学制定过渡方案,结合经营权到期重新配置将经营期限逐步统一调整为6年,到期之前原有经营期限不变。经营者不按规定服从调整的,原经营权到期后依法收回重新配置。对于现有尚未核定经营期限的巡游出租汽车,综合考虑各方面因素,科学制定过渡方案,在时机成熟时确定经营期限。

(三)清晰行业运营管理层级。

1.强化企业主体责任。明确行业主管机构对企业的监管职能,落实企业对车辆和人员的管理。加强企业经营管理考核,加大对安全管理、服务提升、从业人员关怀、社会安定等内容的考核力度,根据考核结果按年度削减排名靠后企业的经营权或确权后个体车辆的管理权,促进优质运力向优质企业流转,以此强化企业主体责任的严格落实。

2.建立健全行业退出机制。完善各类考核办法,丰富管理抓手,建立健全全市统一的经营者、从业人员诚信评价体系,以及经营者、从业人员退出机制,车辆更新机制。

(四)提升行业运营管理品质。

1.规范经营关系,鼓励规模化经营。鼓励出租汽车企业与个人按照相关原则协商后实现确权。确权给个人的车辆,应与原企业签订服务管理协议,实现公司化经营。鼓励出租汽车企业通过兼并、重组、吸收入股等方式,按照现代企业制度实行公司化经营,提高服务质量,降低管理成本,增强抗风险能力。

2.合理确定承包费价格。出租汽车企业应合理确定承包、管理费用,建立与市场经营状况相挂钩的收费调整机制,根据经营成本、营收变化等要素及时调整承包、管理费金额,使经营者与驾驶员之间形成利益和风险共担机制,增强经营者参与市场竞争的主观能动性,减少经营者与驾驶员之间的矛盾,提高市场竞争力。

3.加强驾驶员队伍建设。进一步严格巡游出租汽车驾驶员资质要求,建立一支稳定的高素质出租汽车驾驶员队伍。申请巡游出租汽车从业资格的驾驶员除符合《出租汽车驾驶员从业资格管理规定》的条件外,还应具有本市户籍或非本市户籍但在我市已取得《浙江省居住证》及本市社保在缴且已连续缴纳两年以上,近3年内无重大以上交通责任事故,近3年内道路运输违法经营行为不超过2次,近3年内无被注销或撤销出租汽车驾驶员从业资格的记录。

4.推动出租汽车行业转型升级。鼓励出租汽车行业加快与互联网融合发展。完善召车体系的运营管理,引导巡游出租汽车通过互联网技术提供运营服务,提高运营效率。引入现代信息技术,实现乘客对出租汽车服务质量评价。

5.丰富传统出租汽车行业支付手段。推进交通一卡通、手机支付等非现金支付方式,推广出租汽车移动金融支付应用,方便市民乘车。

6.推进绿色行业建设。在现有出租汽车车型基础上,根据汽车产业发展不断丰富和优化双燃料出租汽车车型格局,适时推选新能源出租汽车车型,打造绿色、节能、环保出租汽车行业。

(五)提高监管与服务水平。

1.加快推进信息化监管模式。加快建设嘉兴市出租汽车管理信息系统,建立健全信息化监管平台,加强对行业经营服务的大数据采集和分析监管,为行业景气指数体系、经营者与驾驶员征信评价体系提供技术支撑。加强对违规行为的智能化监管,提升行业监管效率和治理能力。

2.建立多部门联合执法制度。加强对各类非法营运行为的打击力度,营造良好的营运环境。建立由交通、公安、综合执法、市场监管等部门参与的长效联合执法机制,加大对非法营运、不正当价格行为及其他不正当竞争行为的惩处力度。

3.加快推进配套服务设施的建设。加快推进出租汽车服务中心的建设与使用,同步完善加气站、充电站、充电桩的布局,加快完成各大客运枢纽、商场、医院、学校等大型公共场所、居民住宅区及主要客流集散点出租汽车候客区、泊位的改造及划定,为出租汽车行业正常运营提供基础保障。

4.完善运价形成机制。进一步发挥市场在资源配置中的决定性作用,对巡游出租汽车运价逐步由政府定价过渡到政府指导价。对网约车运价实行市场调节价,充分发挥运价调节出租汽车运输市场供求关系的杠杆作用。

5.充分发挥社会组织服务管理职能。改革和完善出租汽车行业协会,将从业人员代表按一定比例吸收进入行业协会,成立企业专委会、从业人员专委会,建立行业内相关事项的集体公平协商制度。按照政府职能转移相关原则,充分发挥行业协会的服务管理职能,在涉及行业文明创建、经营成本降低、矛盾调解、人文关怀、承包管理费协商、行业运价确定等方面发挥积极作用。通过社会组织吸收市民代表监督、指导、服务行业发展。

(六)规范网约车发展和私人小客车合乘。

1.规范有序发展网约车。按照高品质服务、差异化经营原则,根据国家有关规定,参照周边同类城市,结合嘉兴实际,制定出台嘉兴市网络预约出租汽车经营服务管理暂行办法实施细则,依法、合规、有序发展网约车。具体办法另行制定。

2.规范私人小客车合乘。鼓励并规范私人小客车合乘,从合乘频次、合乘时间、费用分摊、信息发布等方面规范私人小客车合乘。具体办法另行制定。

(七)加强组织保障。

1.加强组织领导。成立以市委副书记为组长,分管副市长为副组长,市政府办公室(法制办)、市委宣传部、市委政法委、市发展改革委、市经信委、市公安局、市财政局、市交通运输局、市商务局、市信访局、市市场监管局、市国资委、嘉兴经济技术开发区(国际商务区)、嘉兴港区、市应急办、市社保事务局、市国税局、人行嘉兴市中心支行、南湖区政府、秀洲区政府、嘉善县政府、平湖市政府、海盐县政府、海宁市政府、桐乡市政府等部门(单位)负责人为成员的领导小组,组织领导本次改革工作。各成员单位要明确分工,紧密协作,落实责任,积极稳妥做好出租汽车行业改革工作。

2.维护行业稳定。对改革中的重大决策要开展社会稳定风险评估,完善应急预案,维护社会稳定。对违反法律法规、扰乱社会公共秩序、损害公众利益、引发或参与群体性事件的,要依法严厉打击。

3.强化经费保障。改革过程中所需经费由财政部门统一安排保障。

本意见自2017年1月15日起实施。

嘉兴市人民政府办公室关于推进农村电子商务发展的实施意见

(嘉兴市人民政府办公室2016年5月17日发)

各县(市、区)人民政府,市政府各部门、直属各单位:

为贯彻落实国务院和省委、省政府关于深入推进农村电子商务发展的工作部署,发挥电子商务对破解“三农”问题、推动农村经济社会新一轮发展的重要作用,经市政府同意,现结合我市实际,提出如下实施意见:

一、总体思路

按照建设互联网经济强市的总体部署,坚持市场主导和政策推动相结合、示范带动和全面发展相结合、农产品进城和工业品下乡相结合、群众创业与就业相结合,加快推进全市农村电子商务发展,为统筹城乡发展和建设“两富”“两美”嘉兴提供坚实支撑。

二、发展目标

坚持以电子商务公共服务体系为依托、区域特色产业为基础、农村青年人才为资源、创业孵化网点为载体、物流快递网络为保障、金融服务体系为配套,打造村镇服务网络全面覆盖、基础设施建设全面升级、工农业产品购销和服务业态全面发展的农村电子商务“嘉兴模式”。

力争到"十三五"末,全市农产品网上销售额达50亿元,市级以上农业龙头企业电子商务应用率达60%,规模以上涉农企业电子商务普及率达80%;培育电子商务交易额亿元村10个、千万元村100个;培育区域特色产业与电子商务融合发展企业1000家;培训农村电子商务人才1万人,建成覆盖全市镇(街道)的电子商务公共服务中心和村级电子商务服务站(点)。

三、工作举措

(一)培育农村电子商务市场主体。推动农业龙头企业、农民专业合作社、家庭农场等农业主体通过电子商务销售农副产品。主动对接知名涉农电子商务企业,加快引进一批涉农电子商务龙头企业落户。支持区域特色产业企业开展电子商务应用,整合产品资源,深化产销衔接。鼓励休闲观光农业、"农家乐"和农家民宿应用电子商务发展现代服务业,打造网上"水乡江南、田园嘉兴"乡村旅游品牌。(牵头部门:市商务局,责任部门:市农业经济局、市经信委、市旅委)

(二)打造涉农电子商务交易平台。在知名第三方平台上加大地方特色馆建设推广力度,提升特色馆质量,并引导有条件的地区建设县(市)特色馆。推动产业带平台建设运营,鼓励区域特色产业企业抱团经营。培育壮大涉农电子商务平台,整合上下游资源,完善服务功能,打造特色电子商务网络平台。(牵头部门:市商务局,责任部门:市农业经济局、市市场监管局)

(三)培育农村电子商务特色村镇。发挥我市区域特色产业优势,按照"挖掘一批、提升一批、示范推广一批"的总体思路,重点推进电子商务在服装、家纺、玩具、箱包等传统制造行业与物流、旅游、批零等服务行业的应用,大力发展电子商务特色村镇。(牵头部门:市发展改革委,责任部门:市商务局、市经信委、市人力社保局、市农业经济局)

(四)培育示范带头人才。充分发挥基层组织作用,实施"农村电子商务创业带头人"培养计划,聘任具有丰富网上创业经验的创业导师,对返乡大学生、农业龙头企业负责人、农民专业合作社骨干、村干部及有电子商务基础、市场营销能力的创业青年进行培训,培育一批农村电子商务带头人。(牵头部门:市人力社保局,责任部门:市委组织部、团市委、市妇联、市商务局)

(五)推进创业孵化点建设。依托特色企业、网商协会、创业联盟,挖掘一批可供网上销售的产品,以市场化方式合作建设村镇电子商务创业孵化点,并整合培训、物流、金融等资源,为农村创业青年提供电子商务创业一条龙服务。各级人力社保、团委、妇联要组织开展创业论坛等活动,邀请专业人士、网创成功者为农村创业青年解读电子商务政策,讲解营销技能技巧。各地电子商务公共服务平台、网商协会等组织要加强管理与服务,为农村创业青年提供交流服务平台。到"十三五"末,建成市级农村电子商务创业孵化园(基地)20家,实现农村电子商务创业4000人以上,带动就业2万人以上,基本形成农村电子商务创业就业服务体系。(牵头部门:市人力社保局,责任部门:市农业经济局、团市委、市商务局、市邮政管理局)

(六)完善服务网络体系。推进"电子商务进万村工程",成立市电子商务促进中心,总结推广电子商务村发展经验。支持各县(市、区)建设电子商务公共服务中心和公共服务平台,支持各镇(街道)建立电子商务公共服务分中心,提供网店建设、仓储管理、代运营、视频美工和人才培训等服务。充分利用农村金融服务网点、创业孵化点、村邮站、连锁商店、村民活动中心等资源,引导建立农村电子商务网络服务点,实现代购、农产品信息采集、充值缴费、取送货等服务功能,构建"工业品下乡,农产品进城"双向商贸流通网络体系。到"十三五"末,实现镇(街道)电子商务服务分中心全覆盖,建设村级电子商务服务点800个,构建完善的农村电子商务服务体系。(牵头部门:市商务局,责任部门:市农业经济局、市人力社保局、团市委、市邮政管理局、人行嘉兴市中心支行、省联社嘉兴办事处)

(七)完善快递物流体系。加快建设以"县、镇、村"三级物流为支撑的农村物流基础设施网络体系。支持引导快递物流企业与村镇电子商务服务点合作,引导"快递下乡",搭建城乡仓储物流平台,完善农村快递物流进村入户体系。鼓励快递物流配送企业在镇(街道)设立分支机构并向农村延伸,加强与区域特色产业企业、涉农企业、农民专业合作社和网店的业务合作,打通农村物流"下乡与进城"双向快捷通道。发挥供销、邮政等系统优势,助推农村电子商务物流发展,探索多种方式的快递物流配送服务。到"十三五"末,全市镇(街道)设立的快递物流企业分支机构超过100个,实现服务网络村村通达。(牵头部门:市交通运输局,责任部门:市邮政管理局、市发展改革委、市商务局)

(八)完善金融服务体系。围绕农村电子商务发展金融需求,支持发展面向农村市场的互联网金融服务。结合农村电子商务服务网点建设,推广银行卡助农服务。大力推广网上支付、手机支付等支付方式,建立健全农村地区网络支付服务体系。到"十三五"末,创建电子支付应用示范镇5个以上,电子支付应用示范村10个以上。(牵头部门:人行嘉兴市中心支行,责任部门:省联社嘉兴办事处、市金融办、市发展改革委)

(九)健全人才培训体系。建立多层次、多渠道的电子商务培训体系,将电子商务纳入农民知识和技能培训范围,为农村电子商务发展培养专业人才。支持举办涉农电子商务创业大赛、技能大赛,挖掘创业项目,营造良好的创业氛围。"十三五"期间,整合人社、农经、商务、团委、妇联等部门资源,制订统一培训计划和考核标准,实施农村电子商务人才培训"万人计划",为农村电子商务发展提供人才支撑。(牵头部门:市人力社保局,责任部门:市农业经济局、市教育局、市商务局、团市委、市妇联)

(十)加快基础设施建设。深入实施"宽带中国"战略,推进农村"百兆光纤到户"工程,实现百兆家庭光纤宽带全覆盖。推进中心村镇公共无线4G网络建设,并纳入农村基础设施建设范围。将农村电子商务发展纳入国家农村信息化科技示范建设工程,加强农产品标准化安全生产、农产品保鲜、加工与流通质量控制、生鲜农产品冷链物流、农产品质量安全追溯等环节的质量管控,完善农产品检验检测和安全监控等设施建设,并落实相应补助政策。(牵头部门:市经信委,责任部门:市农业经济局、市质监局、市统计局、市科技局)

(十一)完善政策扶持体系。统筹利用财政专项资金,重点支持农村电子商务公共服务平台、电子商务创业孵化点、村级电子商务服务点及农村信息通信基础设施建设。加大对农村电子商务创业园、公共仓储和配送中心建设的用地支持力度,在年度用地指标安排中给予相应倾斜。对生鲜配送的车辆给予优先办理城市通行证和道路临时停靠证。对农业生产者通过开设网店等方式销售自产农产品免征增值税。鼓励电信运营商对农村电子商务创业园、电子商务企业、村级电子商务服务点的宽带资费给予优惠。〔牵头部门:市财政局(地税局),责任部门:市发展改革委、市经信委、市农业经济局、市商务局、市国土资源局、市交通运输局、市国税局〕

(十二)营造良好发展环境。加强农产品质量管理,强化农村电子商务市场主体监管,推广无公害农产品标识,重视农产品原产地保护,全面提升电子商务村知名度和影响力。鼓励组建行业协会,制订行业公约,促进行业自律、规范发展。严厉打击依托网络制售假冒伪劣商品、发布虚假广告、侵犯知识产权和传销等违法行为,加强农村网络消费市场预警,切实保护消费者合法权益。严厉打击破坏电子商务基础设施、侵犯网络安全等违法犯罪行为,确保农村电子商务健康有序发展。(牵头部门:市农业经济局,责任部门:市经信委、市公安局、市科技局、市质监局、市商务局、市市场监管局)

四、工作要求

(一)加强组织领导。各县(市、区)政府和市级有关部门要进一步提高思想认识,将发展电子商务作为农村经济新一轮发展的重要战略举措。市电子商务工作领导小组负责统筹全市农村电子商务发展工作,领导小组办公室要加强联络、协调和督促,市级有关部门要各司其职,形成合力。各县(市、区)也要建立相应的工作机制,强化资金、人员等保障,共同推进农村电子商务发展。

(二)强化示范创新。在农村电子商务企业、行业和创业青年中树立一批典型,发挥示范效应。鼓励桐乡市在农村电子商务发展中先行先试,其他县(市、区)也要创新模式,大力予以推进。鼓励开展农村电子商务标准研究、标准化项目建设等标准化工作。逐步建立统计数据库,加强农村电子商务市场监测、统计和分析。

(三)营造良好氛围。加大对农村电子商务的宣传力度,多渠道、多形式、多层面普及农村电子商务和网络购销相关知识,加大对农村青年创业历程、企业发展经验的宣传力度,形成全市上下共同推进农村电子商务发展的良好氛围。

嘉兴市人民政府办公室关于进一步降低企业成本优化发展环境的实施意见

(嘉兴市人民政府办公室2016年5月31日发)

各县(市、区)人民政府,市政府各部门、直属各单位:

为深入推进供给侧结构性改革,进一步降低企业生产经营成本,优化企业发展环境,根据《浙江省人民政府办公厅关于进一步降低企业成本优化发展环境的若干意见》(浙政办发〔2016〕39号)精神,经市政府同意,提出如下实施意见:

一、切实降低制度性交易成本

(一)深化行政审批制度改革。深化“四张清单一张网”改革,建立健全“权力清单”和“责任清单”动态调整机制。全面清理行政审批前置服务项目,无法律法规依据的一律取消。深化涉审中介服务改革,建立涉审中介网上超市;审批部门在审批过程中委托开展的技术性服务活动,应当通过竞争方式选择服务机构,服务费用由审批部门支付并纳入部门预算。推进行政审批服务标准化建设,精简审批环节,实行“一窗受理、信息共享、并联审批”。

(二)深入推进商事制度改革。落实注册资本登记改革,除国务院公布的银行、证券等27项暂不执行认缴登记制的行业外,全部实行注册资本实缴改认缴登记。进一步放宽市场主体住所(经营场所)登记条件,简化住所登记手续,允许企业“一照多址”“一址多照”“工位号注册”和“商务秘书企业托管”。全面落实“五证合一、一照一码”登记改革,除法律法规规定的前置审批事项外,一律实行“先照后证”登记,建立前置改后置事项的共同监管机制。完善简易注销改革,建立便捷的市场退出机制。

(三)完善公共资源交易管理。推进公共资源交易市县一体化改革,实施“互联网+”行动计划,开放招标文件免费在线浏览功能。对是否聘请公证机构参加招标投标活动,由招标人根据项目决定。招标人发售资格预审文件、招标文件不得以营利为目的,收取的费用限于补偿印刷、邮寄的成本支出。

二、切实降低企业税费负担

(四)落实税收优惠政策。落实高新技术企业减按15%税率征收企业所得税政策。落实企业研发费加计扣除政策,对企业开展研发活动中符合规定条件的研发费用,未形成无形资产计入当期损益的,在按规定据实扣除的基础上,按照当年实际发生额的50%,从年度应纳税所得额中扣除;形成无形资产的,按照无形资产成本的150%在税前摊销。自2016年5月1日起,将“营改增”试点范围扩大到建筑业、房地产业、金融业、生活性服务业,并将所有企业新增不动产所含增值税纳入抵扣范围。

(五)暂停、降低部分行政事业性收费。自2016年1月1日起,市本级暂停认证费、公证费、医疗保险IC卡遗失补发工本费等19项行政事业性收费项目,以及土地登记费、房屋所有权登记费等2项涉企行政事业性收费项目,并对特种设备检验检测费(含安全阀检验、企业电梯定期检验、特种设备产品检验、厂机检验、升降机检验)按标准降低20%收取,城市市政基础设施配套费住宅类由60元/平方米降低至30元/平方米,非住宅类由110元/平方米降低至80元/平方米。自2016年3月5日起,对工业产品生产许可证质量检验检测费按标准降低30%收取,对生产企业强制检定计量器具检定费按标准降低30%收取,执行时间暂定一年。

(六)落实新型墙体材料专项基金调整办法。自2016年2月1日起,将散装水泥专项资金并入新型墙体材料专项基金,停止向水泥生产企业征收散装水泥专项资金,将预拌混凝土、预拌砂浆、水泥预制件列入新型墙体材料目录,纳入新型墙体材料专项基金支持范围。新型墙体材料专项基金按规定标准的80%征收。

(七)加大地方水利建设基金减免力度。自2016年4月1日起,按现有费率的70%征收地方水利建设基金。自2016年2月1日起,地方水利建设基金由现行按月纳税的月销售额或营业额不超过3万元免征扩大到10万元。

(八)降低小微企业税费负担。对按月纳税的月销售额或营业额不超过10万元(按季纳税的季度销售额或营业额不超过30万元)的缴纳义务人,免征教育费附加和地方教育附加。对年应纳税所得额低于30万元(含)的符合条件的小型微利企业,其所得减按50%计入应纳税所得额,实行按季度申报预缴企业所得税。组织发放由省中小企业发展专项资金安排的120万元补贴券,用于补贴市本级小微企业购买相关专业服务。

(九)加大企业兼并重组支持力度。全面落实国家和省、市支持企业兼并重组的相关优惠政策。对非房地产开发企业实施的整体改建、合并、分立和以国有土地、房屋进行投资,符合国家政策规定条件的,暂不征收土地增值税。企业在资产重组中,通过合并、分立、出售等方式,将实物资产以及相关的债权、债务和劳动力一并转让给其他单位或个人的,不征收增值税,涉及的房屋所有权、土地使用权等不动产转让不征收营业税。企业在资产重组中,通过合并、分立等方式,将实物资产及相关债权、债务和劳动力一并转让给其他单位或个人,涉及的房屋所有权、土地使用权等不动产转让免征契税。企业兼并重组中涉及的房产过户,免收房屋交易手续费。

三、切实降低企业用工成本

(十)合理把握最低工资标准调整时间。全市最低工资标准原则上每2年调整1次,调整幅度与劳动生产率相协调。

(十一)降低失业保险费率。自2016年5月1日至2018年12月31日,失业保险费单位缴费费率由1.5%降为1%。做好失业保险支持企业稳定岗位工作,对符合政策条件的企业,按企业及其职工上年度实际缴纳失业保险费总额的50%给予稳岗补贴。

(十二)下调医疗、生育、工伤保险费率。市本级参加职工基本医疗保险统账二的,用人单位分别按在职职工人数和退休职工人数,以缴费基数的7%和3.5%缴纳。全市职工生育保险缴费费率按0.5%执行。根据基金累计结存情况下调市本级工伤保险费率。

(十三)落实社保优惠政策。根据国家统一部署,精简归并"五险一金"。规范住房公积金缴存比例,对高于12%的一律予以调整规范。允许符合产业结构调整方向的困难企业暂缓缴纳社会保险费,缓缴期限不超过1年。

四、切实降低企业财务成本

(十四)降低实体企业融资成本。进一步增强金融服务能力,支持工业企业降本增效。引导金融机构合理确定贷款利率,对重点扶持产业的企业,贷款利率按基准利率不上浮或少上浮,力争融资成本在全省处于最低。进一步推广年审制、无还本续贷等还款方式,提高政府应急转贷基金覆盖面和运作效率,降低企业转贷成本。严格规范金融机构经营行为,严禁各种不合理收费和贷款附加条件。

(十五)拓宽企业融资渠道。着力缓解制造业企业融资难、融资贵问题,力争制造业新增贷款占比继续保持全省前列。完善企业股改挂牌上市扶持政策,鼓励企业利用多层次资本市场融资发展。引导符合条件的企业发行短期融资券、中期票据、绿色债券、资产支持票据等债务融资工具,扩大企业发债规模。依托南湖区"基金小镇"资本集聚优势,引导各类市场化股权投资基金对接实体企业。创新投融资机制,推进政府产业基金投资有序运作。

(十六)加快出口退税进度。进一步加强出口退税管理规范,开展"互联网+便捷退税"创新试点,推行出口退税无纸化管理,进一步缩短出口退税周期。

五、切实降低要素价格

(十七)实施煤热价格联动机制。发挥行业协会、商会等社团组织的桥梁作用,协调供需双方,进一步落实并优化煤炭与蒸汽之间的价格联动机制,对蒸汽使用量大、信用度高的企业,鼓励热电企业主动让利销售。承担区域供热的地方热电企业,不得无故减少或停止供热。积极支持节能、环保等新型中介组织发展,以市场化手段帮助企业降低用能、减排等成本。

(十八)降低天然气销售价格。自2016年4月20日起,所有煤改气用户气价控制在省级门站价格加价每立方米0.6元以内。城市燃气管道输配价格下降20%以上,全市非居民用气终端销售价格不得高于每立方米3.4元。企业生产经营场所内可以单位计量的职工宿舍、食堂生活用气,可选择执行居民气价;已实施阶梯气价的,可按当地居民第一档气价的1.1倍执行。

(十九)落实电价调整政策。自2016年1月1日起,一般工商业及其他用电价格每千瓦时降低4.47分。积极推荐符合条件的工业企业参与省电力用户与发电企业直接交易试点。2016年至2017年,燃煤(油)锅炉电能替代改造完成后用电价格,按大工业用电相应电压等级的电度电价执行,免收基本电费。实行差异化电费催缴,对缴费记录良好的工业企业,以及所有非工业单位均适当延长电费收缴期限,采用一月一缴的电费缴费模式。

(二十)降低企业用地成本。对新建国家鼓励和扶持产业项目的企业、占地广的深加工农业龙头企业,可在一定期限内作为“确属发展前景较好,但目前亩产税收贡献不大”的纳税人,享受城镇土地使用税差别化减免优惠政策。创新企业用地模式,深入推进工业用地弹性出让工作,鼓励采取长期租赁、先租后让、租让结合等方式,降低企业用地成本。适当下调工业用地出让竞买保证金和合同履约保证金。

六、切实降低物流成本

(二十一)清理规范物流收费。清理规范物流园区、口岸、港口码头、公铁水运等环节和领域,以及进出口环节和海关监管区服务收费,取消不合理收费。

(二十二)降低通关费用。对出境货物、运输工具、集装箱及其他法定检验检疫物,免收出口商品检验检疫费。开展政府购买“口岸查验”费用等工作。

(二十三)优化通关环境。深化区域通关一体化改革,全面推进关检合作“一次申报、一次查验、一次放行”和“单一窗口”建设;推行无纸化报检、“出口直放、进口直通”、通关单无纸化、电子缴费、入境集装箱货物提货单放行无纸化等措施,提高通关效率。

嘉兴市“医养结合试点”实施方案

(嘉兴市人民政府办公室2016年12月23日发)

为深入贯彻落实《国务院办公厅转发卫生计生委等部门关于推进医疗卫生与养老服务相结合指导意见的通知》(国办发〔2015〕84号)精神,根据《国家卫生计生委办公厅民政部办公厅关于确定第一批国家级医养结合试点单位的通知》(国卫办家庭函〔2016〕644号)要求,结合我市实际,制定本实施方案。

一、工作目标

到2018年底,基本建立具有嘉兴特色的医养结合体制机制和政策制度体系,全面建成覆盖城乡、布局合理、功能完善、精准高效的医养结合“20分钟服务圈”,基层医疗卫生机构服务老年人的能力明显提升,医养结合机构提供更加优化的医养护服务,医疗卫生与养老服务资源实现有效共享和无缝对接,老年人得到连续、适宜、规范、便捷的健康医疗服务。

医养结合政策制度体系基本建立。探索建立长期护理保险制度,家庭医生签约服务、家庭病床和医保政策支持等制度更加健全,老年人优待政策全面落实,投融资、财税优惠、土地保障等社会力量扶持政策更加优化,逐步建立政府为符合条件的老年人购买基本健康养老服务制度。

社区居家医养服务能力显著提升。基层医疗卫生机构与社区居家养老服务设施实现城乡社区全覆盖,基层医疗卫生机构与社区居家养老服务照料中心对口合作实现全覆盖,65岁及以上老年人家庭医生签约率和健康管理率达到70%以上。

医养结合机构服务体系更加完善。大力推进老年护理院等医养结合机构建设,每百名户籍老年人拥有护理型床位不少于2张,其中80%为以长期照护为主、辅之以医疗护理的养老机构护理型床位,20%为以医疗护理为主、兼顾长期照护的医疗机构老年康复护理床位。所有医疗卫生机构落实老年医疗服务优待政策,为养老机构开通预约就诊绿色通道。

二、基本原则

(一)坚持以人为本,保障基本。以老年人为本,着力解决老年人基本健康养老需求。对有需求的失能失智老年人,以机构为依托做好康复护理服务,切实保障特殊困难老年人的健康养老服务需求;对多数老年人,以社区和居家养老为主,通过医养有机融合确保人人享有基本健康养老服务。

(二)坚持统筹发展,共建共享。立足城乡均衡发展的优势,统筹城乡基础设施、政策标准等,推进各县(市、区)协调发展,推动各类保障制度与经济社会发展水平相适应,促进基本健康养老服务城乡均衡,区域统筹、发展协调,形成具有嘉兴特色的养老服务业发展之路,让老年人共享改革开放成果。

(三)坚持政府引导,市场驱动。发挥政府在制定规划、出台政策、引导投入、规范市场和营造环境等方面的作用,统筹各方资源,推动形成互利共赢的发展格局。充分发挥市场在资源配置中的决定性作用,营造平等参与、公平竞争的市场环境,充分调动社会力量的积极性和创造性。

(四)坚持深化改革,创新机制。加快政府职能转变,创新服务供给和资金保障方式,积极推进政府购买服务,激发各类服务主体的潜力和活力,提高医养结合服务水平和效率。加强部门协作,提升政策引导、服务监管等工作的系统性和协同性,促进行业融合发展。

三、主要任务

坚持需求、问题和效果导向,通过实施“1234”行动计划,全面落实国家“医养结合试点”任务要求,切实增强老年人的获得感和幸福感,打造“美丽嘉兴·幸福养老”品牌。

(一)编制一个规划。

制定全市医养结合发展规划,优化统筹医疗卫生、养老服务资源,科学合理布局,实现养老服务和医疗卫生资源有效衔接。坚持相邻就近和便于建立双向转介机制的原则,依托现有医疗资源设置养老机构和社区居家养老服务设施,考虑现有养老机构的医疗需求因地制宜地设置医疗机构,推进医疗与养老服务的深度融合发展。

(二)构建两个平台。

把医养结合信息化作为嘉兴“新型智慧城市”建设的重要内容,探索建立开放、统一、优质、高效的“医养云”,利用互联网、物联网、云计算、大数据等技术,收集、整理、分析、掌握和运用老年人医养护需求的大数据。重点构建2个平台:

1.构建老年照护统一需求评估工作平台。

建立“嘉兴市老年照护统一需求评估信息系统”,制定老年照护统一需求评估办法和标准,建立第三方需求评估机制,全面开展老年照护统一需求评估工作。将具有照护需求的老年人全部纳入评估体系,通过准确核对户籍、社会保障、社会福利和社会救助等信息,科学评估失能程度、疾病状况等情况,精确掌握老年人的照护服务需求,为其接受社区居家和机构照护服务、享受养老服务补贴和长期护理保险等提供依据。

2.构建医养结合服务信息平台。

对老年人医养护需求的大数据进行挖掘、分析和运用,科学配置各类服务设施和内容,为老年人提供个性化服务,提高服务质量和效率。积极开展养老服务和社区服务信息惠民试点,优化完善现有的社会保障、医疗服务、养老服务等信息系统。鼓励嘉兴科技企业和机构运用互联网、物联网等技术,建设科技助老平台,研发各类智能产品,为老年人提供紧急援助、医疗保健等一站式服务。

(三)创新三项制度。

1.创新社会保险制度。

探索建立与老年照护统一需求评估相衔接的长期护理保险制度,为失能老年人等群体提供基本生活照料和医疗护理服务保障。加大医保支持力度,鼓励和引导符合条件的医养结合机构纳入医保和长期护理保险定点协议管理范围,完善家庭病床、签约医生政策。继续做好政策性老年人意外伤害保险,引导各类医疗卫生和养老服务机构投保政策性综合责任保险。鼓励商业保险公司开发各类保险产品和服务,发展与长期护理社会保险相衔接的商业护理保险,鼓励老年人投保健康保险等人身保险产品,满足多样化、多层次的长期护理保障需求。

2.创新医养扶持制度。

加大对社会力量举办医养结合机构的财政支持力度,符合条件的机构同等享受医疗卫生和养老服务的优惠扶持政策,同一事项按照就高原则享受一项优惠政策。探索推进政府购买基本健康养老服务,实现各类经营主体平等参与。加强规划布局和用地保障,落实土地优惠政策,探索建立养老服务业发展引导专项资金,积极推广政府和社会资本合作(PPP)的投融资模式,促进金融机构加大对养老服务业的信贷投入力度。支持具有一定规模的护理院实行集团化、连锁化经营管理。大力发展连锁化的民办社区护理机构,承接长期护理保险居家照护服务等项目。探索建立医疗养老联合体,为老年人提供治疗期住院、康复期护理、稳定期生活照料及临终关怀一体化的健康和养老服务。积极推进公办养老机构改革,鼓励公办养老机构以承包、委托运营、合资合作等方式实行市场化运行。

3.创新行业监管制度。

建立与老年照护统一需求评估相配套的医养结合机构分类管理制度,明确护理院和养老机构的定位以及收住对象、服务标准等。加强护理院建设与管理,规范护理院设置审批,配套制定分级护理制度等。加强对医保基金、长期护理保险资金的监管,确保安全、合理和有效使用。建立第三方评估监督机制和医养结合机构监管信息披露制度,对医养结合服务质量和运营情况定期开展监督检查。充分发挥行业协会在行业自律和诚信建设中的作用,积极开发各类行业标准,提升全行业的服务水平。

(四)推进四项工程。

1.推进社区居家医养结合提升工程

加强社区卫生服务中心(站)等基层社区卫生服务机构建设,全面建立社区卫生服务机构与社区居家养老服务照料中心的对口合作机制。探索建立医养护一体化签约服务制度,充分发挥市场竞争机制,引导社会机构、政府办基层医疗卫生机构共同参与,为老年人社区、居家养老提供基本医疗、公共卫生和约定的健康管理服务,满足老年人生活照护、健康管理、家庭病床、慢性病防治等需求。开展失能失智老年人家庭护理人员技能培训,由专业护理人员传授照护知识和技能,普及照护文化。

2.推进机构医养结合促进工程。

提高养老机构的医疗卫生服务能力。鼓励规模较大的养老机构因地制宜设置相应医疗机构,其他养老机构与周边医疗卫生机构建立对口合作机制。加强对养老机构内设医疗机构的业务培训和指导,增强养老机构的医疗卫生服务能力。提高医疗卫生机构为老年患者服务的能力,二级以上综合医院开设老年病科,基层医疗卫生机构提高康复、护理床位占比,鼓励其根据服务需求增设老年养护、临终关怀病床。充分发挥中医药的预防保健特色优势,大力开发中医药与养老服务相结合的系列服务产品。有条件的医疗卫生机构可以通过多种形式、依法依规开展养老服务。鼓励医疗卫生机构和医务工作志愿者定期为老年人开展义诊。完善养老机构与医疗机构业务协作机制,建立综合性医疗机构与养老机构的急救绿色通道和转诊机制,全面落实老年医疗服务优待政策。

3.推进专业医养护机构发展工程。

加快老年康复医院、老年病医院、护理院和临终关怀医院等老年病专业医疗机构建设,推进护理型养老机构建设,形成多层次、有梯度的老年医养护服务体系,增强预防和治疗老年病的能力,满足老年人等群体的基本医疗、公共卫生和生活照料等服务需求。对面向老年人开展集中居住和照料服务的医疗卫生机构,由民政部门按照《养老机构设立许可办法》规定,对符合设立条件的,颁发养老机构设立许可证,纳入养老机构管理范畴。

4.推进医养结合人才队伍建设工程。

加强医养护人才队伍建设。完善医护人员和养老护理人员培养联动机制,支持大中专院校开设与医养结合相关的专业课程,加快培养老年医学、康复、护理、营养、心理和社会工作等专业人才。在养老机构内设的医疗机构中设置专业技术和工勤技能岗位,重点引进和培养医生、护士、康复医师、康复治疗师、社会工作者等具有执业或职业资格的专业技术人员和工勤技能人员。养老机构内设医疗机构及其医护人员纳入卫生计生行业统一管理,与公立医疗机构同等对待。开展医养结合服务的医疗机构,要组建专业的养老护理员队伍,取得国家《职业资格证书》的养老护理员可享受相应的职业技能培训与鉴定补贴,符合条件的给予入职奖补、特殊岗位津贴。

四、工作要求

(一)加强组织领导。成立以市长任组长,分管副市长任副组长,市委办公室、市政府办公室、市委组织部、市委宣传部、市委政研室、市委老干部局、市编委办、市发展改革委、市经信委、市教育局、市科技局、市公安局、市民政局、市财政局、市人力社保局、市国土资源局、市建委、市文化局、市卫生计生委、市市场监管局、市残联、市社保事务局、人行嘉兴市中心支行、市保险行业协会主要领导为成员的“医养结合试点”工作领导小组,负责组织、协调和指导工作。领导小组办公室设在市民政局。各地要切实加强组织领导,落实责任主体,健全工作机制,制定实施计划。

(二)明确部门职责。各相关部门要各司其职,落实责任,形成工作合力。发展改革(物价)部门要将医养结合纳入国民经济和社会发展规划,规范服务价格。卫生计生部门要把医养结合作为深化医药卫生体制改革的重要内容,引导社会力量积极参与,落实社区居家养老医养结合政策,推动医疗机构开展医养结合服务,规范医疗机构执业行为。民政部门要把医养结合纳入社会养老服务体系建设规划,加快发展具备医疗服务能力的医养结合型养老机构,会同有关部门制定完善医养结合机构的建设和服务标准。人力社保部门要牵头制定长期护理保险制度,落实各类医保支持政策,加强人才队伍职业培训。国土资源部门要切实保障医养结合机构的土地供应。城乡规划主管部门要统筹规划医养结合机构的用地布局。财政部门要加大财政保障力度,在基础设施、人才队伍建设等方面给予资金保障。机构编制部门要切实保障与医养结合有关的机关、事业单位的机构设置和人员编制,将符合条件的政府职能纳入向社会组织转移事项目录。其他部门按照各自职责做好相关工作。

(三)加强考核督查。各地各部门要建立以落实医养结合政策情况、医养结合服务覆盖率、医疗机构和养老机构对口合作程度、老年人护理服务质量、老年人满意度等为主要指标的考核评估体系,将医养结合纳入年度县(市、区)党委政府目标责任制内容和市级“五型机关”考核。市督考办要组织市民政局、市人力社保局和市卫生计生委等部门加强对医养结合工作的督导检查,定期通报各地工作进展情况,确保责任到位,任务落实。

(四)加大宣传引导。要充分发挥各类媒体作用,大力宣传健康老龄化、积极老龄化的理念,倡导科学、文明、健康的生活方式,加强老年疾病预防,提高老年人健康意识。要大力宣传医养结合的政策措施,引导全社会树立正确的养老观念,鼓励社会力量积极参与医养结合工作,进一步营造全社会关心支持医养结合工作的良好氛围。

其他重要文件

嘉兴市本级临时救助办法

(嘉兴市人民政府2016年9月14日发)

第一章 总 则

第一条 为进一步完善我市社会救助制度,全面开展救急难工作,及时有效地解决城乡居民突发性、紧迫性、临时性生活困难,保障困难群众合法权益,根据《国务院关于全面建立临时救助制度的通知》(国发〔2014〕47号)、《浙江省社会救助条例》及《浙江省临时救助办法》(浙政发〔2015〕35号)等有关规定,结合我市实际,制定本办法。

第二条 本办法所称临时救助,是指对遭遇突发事件、意外伤害、重大疾病或其他特殊原因,导致基本生活陷入困境,其他社会救助制度暂时无法覆盖或救助之后基本生活暂时仍有严重困难的家庭或个人,给予的应急性、过渡性救助。

第三条 市本级〔指南湖区、秀洲区和嘉兴经济技术开发区(国际商务区),以下简称各区〕区域内的临时救助适用本办法。

第四条　临时救助遵循以下原则：

（一）应救尽救。确保求助有门，使符合条件的困难家庭对象和个人对象都能得到相应的救助。

（二）救助及时。坚持早发现、早救助，充分发挥救急难作用，及时帮助困难家庭对象和个人对象摆脱临时困境。

（三）水平适度。坚持尽力而为、量力而行，实行政府救助、社会帮扶、家庭自救相结合，保障困难家庭对象和个人对象基本生活。

（四）公开公正。确保政策公开、过程透明、结果公正，全面接受社会监督。

第五条　临时救助坚持属地管理原则，实行各级人民政府负责制。民政（社会事务）部门应当履行主管部门职责。教育、公安、财政、人力社保、卫生计生、住建等部门按照各自职责做好相关工作。区民政（社会事务）部门、镇人民政府（街道办事处）（以下统称管理审批机关）负责临时救助的具体管理审批工作。

第二章　救助对象和救助范围

第六条　符合本办法第二条规定的以下三类对象，可申请临时救助：

（一）家庭对象：

1.嘉兴市本级户籍城乡居民；

2.外出就学期间户籍暂迁移到就学地的原嘉兴市本级户籍城乡居民。

（二）个人对象：

困难发生在嘉兴市本级区域内、持有嘉兴市本级《浙江省居住证》人员。

（三）其他对象：

政府认定应当给予临时救助的其他对象。

第七条 临时救助对象包括家庭对象和个人对象两种。

家庭对象是指第六条第（一）（三）款家庭因火灾、溺水、交通事故等意外事件，或者家庭成员突发重大疾病等原因，导致基本生活暂时出现严重困难的家庭；因生活必需支出突然增加、超出家庭承受能力，导致基本生活暂时出现严重困难的最低生活保障家庭和最低生活保障边缘家庭；遭遇其他特殊困难的家庭。

个人对象是指第六条的（二）（三）款对象遭遇火灾、溺水、交通事故、突发重大疾病或其他特殊困难，暂时无法获得家庭支持，导致基本生活陷入困境的个人。

对符合生活无着的流浪乞讨人员救助条件的，按有关规定提供救助。因自然灾害、事故灾难、公共卫生、社会安全等突发公共事件，需要开展紧急转移安置和基本生活救助，以及属于疾病应急救助范围的，按照有关规定执行。

第三章　救助标准和资金发放

第八条 临时救助标准：

（一）符合第六条第（一）（三）款规定的家庭对象发生以下情形的，一次性给予每人当地月最低生活保障标准6倍以下的基本生活救助；特别困难的，可以适当提高救助标准，但最高不得超过每人月最低生活保障标准的12倍。

1.遭遇火灾、溺水、交通事故等意外事件，在获得各种赔偿、保险和其他救助后，家庭负担仍然较重，在提出申请时前12个月家庭实际支出超出其家庭可支配收入，或虽未超出，但家庭实际生活水平低于最低生活保障标准的。

2.因患大病，在扣除各种社会保险报销、医疗救助和其他社会帮困救助资金后，医疗费用支出超出其家庭可支配收入，或虽未超出，但家庭实际生活水平低于最低生活保障标准的。

3.最低生活保障家庭和最低生活保障边缘家庭因生活必需支出突然增加，超出家庭承受能力，导致基本生活暂时出现严重困难的。

4.其他特殊困难造成家庭实际生活水平低于最低生活保障标准的。

（二）符合第六条第（二）（三）款规定的个人对象发生以下情形的，一次性给予发生困难当事人月最低生活保障标准3倍以下的基本生活救助；特别困难的，可以适当提高救助标准，但最高不得超过月最低生活保障标准的6倍。

1.遭遇火灾、溺水、交通事故等意外事件，暂时无法获得家庭支持，导致基本生活陷入困境的个人。

2.突发重大疾病等暂时无法获得家庭支持，导致基本生活陷入困境的个人。

3.其他特殊困难暂时无法获得家庭支持，导致基本生活陷入困境的个人。

(三)因火灾等情形,救助对象住房毁损无处居住的,根据需要给予临时安置,参照自然灾害救助相关标准给予住房修建补助。

临时救助对象在一年内(1月1日至12月31日)因同一事由原则上只享受救助一次,情况特殊的可救助两次。

第九条 临时救助方式:

(一)发放临时救助金。各地要全面推行临时救助金社会化发放,按照有关规定将临时救助金直接支付到救助对象个人账户,确保救助金及时、足额发放到位。必要时,可直接发放现金。

(二)发放实物。根据临时救助标准和救助对象基本生活需要,可采取发放衣物、食品、饮用水,提供临时住所等方式予以救助。

(三)提供转介服务。对给予临时救助金、实物救助后,仍不能解决临时救助对象困难的,可分情况提供转介服务。对符合最低生活保障或医疗、教育、住房、就业等专项救助条件的,要协助其提出申请;对需要公益慈善组织、社会工作服务机构等提供慈善救助或专业服务的,要及时转介。

第四章 申请受理和审核审批

第十条 依申请受理。凡认为符合临时救助条件的家庭或个人均可向所在地镇人民政府(街道办事处)提出临时救助申请;受申请人委托,村(社区)或其他单位、个人可以代为提出临时救助申请。因情况紧急无法在申请时及时提供相关证明材料的,镇人民政府(街道办事处)可先行救助后再补齐相关手续。

申请临时救助,需要提交下列材料:身份证件、户口本、申请表、申请人委托镇人民政府(街道办事处)对其家庭经济状况进行核查的授权书、结婚证(与嘉兴市本级户籍人员结婚后户口未迁入的家属需提供)、录取通知书、学生证或学校成绩单等相关证明材料(就学人员需提供)、《浙江省居住证》(外来办证人员需提供)、医疗费用结算单据(患大病人员需提供)等相关材料。

对提交材料不齐全的,镇人民政府(街道办事处)应当一次性告知申请人或其代理人按规定予以补齐。无正当理由,不得拒绝受理。

第十一条 主动发现受理。镇人民政府(街道办事处)、村(社区)要及时核实辖区居民遭遇突发事件、意外事故、罹患重病等特殊情况,主动帮助有困难的家庭或个人提出救助申请。

第十二条 临时救助的一般程序。镇人民政府(街道办事处)可通过入户调查、邻里访问、群众评议、信息核查等方式,对申请人的家庭经济状况、遭遇困难类型等情况进行核实,一般在4个工作日内提出审核意见,并在申请人居住地的村(社区)将拟救助的人员名单及救助金额公示7日。公示期间无异议的,报区民政部门审批,审批时间一般不超过3个工作日;公示期间有异议的,镇人民政府(街道办事处)应当进行核实,并在3个工作日内提出复核意见。

人均救助金额在月最低生活保障标准3倍(含)以下的,区民政(社会事务)部门可以委托镇人民政府(街道办事处)审核审批,并报区民政(社会事务)部门备案。

对不符合救助条件不予批准的,管理审批机关应当书面向申请人说明理由。

第十三条 临时救助的紧急程序。对情况紧急需立即采取措施以防止造成无法挽回的损失或严重后果的,镇人民政府(街道办事处)应先行救助,确保救助措施在24小时内到位,同时告知区民政(社会事务)部门。待紧急情况解除后,补办相关手续。

第十四条 有下列情形之一的,不予救助:

(一)拒绝授权进行家庭经济状况核查的;

(二)不配合管理审批机关调查,不说明致困原因的;

(三)隐瞒家庭或个人真实财产、收入以及其他受助情况等,提供虚假证明的;

(四)申请人以同一事由重复申请,无正当理由的;

(五)认定的其他情形。

第五章 资金筹集和使用管理

第十五条 市、区两级财政按3:7的比例承担临时救助资金。各区要将临时救助资金列入财政预算，专项管理，专款专用。

第十六条 镇人民政府（街道办事处）应建立应急救助周转资金，保证审批权限范围内小额救助及救急难工作需要。

第十七条 市、区财政、民政部门应加强对临时救助资金管理使用的监督检查，进行绩效评价，提高资金使用效益。

第十八条 建立信息公开制度，积极主动公开临时救助资金筹集和使用情况，自觉接受审计、监察和社会公众的监督。

第六章 健全机制和责任追究

第十九条 各区应当加强统筹协调，建立“一门受理、协同办理”机制，在镇人民政府（街道办事处）办事大厅设立统一的社会救助申请受理窗口，优化受理、分办、转办、结果反馈流程。

第二十条 各区要落实镇人民政府（街道办事处）必需的基层工作力量，通过政府购买服务等方式加强基层救助能力建设。

第二十一条 各区应当开通社会救助热线，畅通求助报告渠道。

第二十二条 鼓励社会力量参与临时救助，发挥公益慈善组织、社会工作服务机构、企事业单位、志愿者队伍等社会力量在对象发现、专业服务、发动社会募捐等方面的积极作用。

第二十三条 各区应当充分利用已有资源，加快建设社会救助管理信息系统，加强对社会救助管理信息系统的管理应用，实现教育、公安、民政、人社、卫生计生、住建等部门的信息共享。

第二十四条 对采取虚报、隐瞒、伪造等手段，骗取临时救助资金、实物或者服务的，要依法依规处理，并记入个人征信系统。

第二十五条 管理审批机关工作人员玩忽职守、徇私舞弊或者滥用职权，违规办理临时救助的，要依法依规追究责任。

第七章 附 则

第二十六条 本办法自2016年10月14日起施行，各县（市）可结合本地实际参照执行。原《嘉兴市本级城乡居民临时救助办法（试行）》（嘉政发〔2011〕89号）即行废止。

嘉兴市本级支出型贫困家庭救助办法（试行）

（嘉兴市人民政府2016年9月14日发）

为进一步完善社会救助体系，解决支出型贫困家庭生活、医疗、就学困难，根据国务院《社会救助暂行办法》《浙江省社会救助条例》和《浙江省社会救助家庭经济状况核对管理办法》等规定，结合市本级实际，制定本办法。

第一条 适用范围

具有法定赡养、扶养、抚养关系且共同生活在一起，并具有市本级〔包括南湖区、秀洲区和嘉兴经济技术开发区（国际商务区），以下简称各区〕户籍的城乡居民，因以下情形，导致家庭医疗、就学等刚性支出较大，实际生活水平低于低保标准的。

（一）因患重大疾病或遭受重大意外事故的；

（二）就读于国内全日制普通高校（包括本科、专科）以及普通高中的。

第二条 基本原则

支出型贫困家庭救助工作，遵循以下原则：

（一）坚持托底线、救急难、可持续原则；

（二）坚持制度衔接、资源统筹、精准救助原则；

（三）坚持公开、公平、公正原则。

第三条 职责权限

支出型贫困家庭救助工作坚持属地管理原则，由各区负责；各区民政（社会事务）部门为辖区内支出型贫困家庭救助工作的主管部门，具体负责组织实施辖区内支出型贫困家庭救助工作。各镇人民政府（街道办事处）负责辖区内支出型贫困家庭救助的受理、审核、管理等工作。村（居）委会受镇人民政府（街道办事处）委托，承担支出型贫困家庭救助的入户调查工作。

各区民政部门负责对申请家庭的经济状况以及刚性支出费用进行核对。各区应成立由民政牵头，财税、人力社保、卫生计生、市场监管、建设、教育、公安、国土资源等部门组成的支出型贫困家庭救助审定小组，负责协调解决支出型贫困家庭核对过程中遇到的问题。

第四条　认定条件

经审核符合下列条件的家庭,可给予支出型贫困家庭救助:

(一)提出申请之月前12个月内的家庭刚性支出费用超过家庭可支配收入,或虽未超过家庭可支配收入,但家庭可支配收入扣除家庭刚性支出费用后,人均月收入低于市本级最低生活保障标准。

家庭刚性支出费用主要指医疗和就学两方面的费用。其中,医疗费用是指在提出申请之月前的12个月内,家庭成员在基本医疗保险定点医疗机构、市本级定点零售药店发生的,已按规定享受医疗保险、医疗救助政策后,应由个人承担的自负和医疗类诊疗必需的自费部分的医疗费总和。就学费用是指家庭成员在开学时实际缴纳的一学年学费,超过6000元的,按6000元计算。

家庭成员及家庭收入的核定,按《浙江省社会救助家庭经济状况认定办法》(浙民助〔2015〕13号)相关规定执行。其中,对在劳动年龄段内有劳动能力但实际未就业的下列人员,不再按当地最低工资标准计算其收入:

1.家庭成员中有患重大疾病或住院治疗、生活不能自理的,需照护该病患的1名家庭成员;

2.家庭成员中有失能残疾人和生活不能自理的精神(智力)残疾人,需照护该残疾人的1名家庭成员;

3.单亲家庭中,需抚养学前儿童的父或母;

4.怀孕、哺乳或需照顾2周岁以下婴儿的妇女。

(二)家庭财产同时符合下列规定:

1.家庭货币财产。家庭人均货币财产低于提出申请时市本级年最低生活保障标准的4倍。

2.家庭房产。家庭成员名下无商铺、办公楼、厂房等非居住类房屋("居改非"房屋兼做家庭唯一居住场所的除外),且只有2套以下住房。

3.家庭机动车辆。家庭成员名下可有残疾人用于功能性补偿代步的机动车辆和普通二轮摩托车,首次申请时家庭成员名下可有一辆10万元以内生活用车。

第五条　救助时效及内容

支出型贫困家庭救助有效期为一年,一年后自动终止。如家庭依然困难,可重新申请救助。支出型贫困家庭在有效期内按下列标准给予救助:

(一)基本生活救助。

1.全额救助。提出申请之月前12个月内,家庭刚性支出费用超过家庭可支配收入的,按照市本级居民最低生活保障标准,给予全额救助。

2.差额救助。提出申请之月前12个月内,家庭刚性支出费用虽未超过家庭可支配收入,但家庭可支配收入扣除家庭刚性支出费用后,人均月收入低于市本级最低生活保障标准的,按照低于市本级最低生活保障标准的差额救助。差额未达到市本级最低生活保障办法规定的最低补差标准的,按最低补差机制执行。

(二)医疗救助。

1.政府医疗救助。参照《嘉兴市本级城乡困难群众医疗救助办法》中低保边缘家庭救助标准给予救助,实行实时结报。

2.慈善医疗救助。通过政府救助后仍有困难的,可申请慈善医疗救助,具体救助办法由市慈善总会另行制定。

(三)助学救助。

支出型贫困家庭就读于国内全日制普通高校(包括本科、专科)以及普通高中的成员,按照最低生活保障家庭贫困学生助学标准享受教育救助。

(四)临时救助。

经上述救助之后,仍有特殊困难的可给予临时救助。

第六条　申请程序

(一)申请人向户籍所在地镇人民政府(街道办事处)提出书面申请,受申请人委托,村(居)民委员会或其他单位、个人可以代为提出救助申请。申请应提交以下材料:

1.书面申请书;

2.身份证和户口簿原件及复印件;

3.提出申请前12个月的家庭收入证明、授权调查委托书;

4.刚性支出凭证。医疗证明(病历卡或出院小结)、医疗费用发票、入学通知书(或在校就读证明)以及学费发票等费用证明材料;

5.其他需要提供的资料。

(二)镇人民政府(街道办事处)收到申请后,对申请人的家庭收入、刚性支出和实际生活状况进行调查核实，并录入市本级申请救助家庭经济状况核对系统进行核对，符合条件的在申请人所在村（社区）公示7日后，分别报各区民政（社会事务）部门审批。区民政（社会事务）部门应当在收到镇人民政府（街道办事处）审核意见和相关材料5个工作日内提出审批意见。拟批准给予救助的，应当同时确定拟救助金额。不符合条件、不予批准的，应当在做出审批决定3个工作日内，通过镇人民政府（街道办事处）书面告知申请人或者其代理人并说明理由。区民政（社会事务）部门应当对拟批准的支出型贫困家庭通过镇人民政府（街道办事处）、村（社区）进行公示。公示内容包括申请人姓名、家庭成员、拟救助金额等。公示期为7日。经各区民政（社会事务）部门认定的支出型贫困家庭，核发支出型贫困家庭救助证。支出型贫困家庭的受救助信息，在救助期内应在其户籍所在地的村（社区）进行公示。

第七条　申请救助的家庭应本着诚信原则如实申报家庭信息，自觉接受并配合社会救助管理部门和居民经济状况核对机构的调查核实。对不接受或不配合调查核实工作的家庭，不予救助。对出具虚假证明材料的单位和个人，取消享受社会救助资格，追回救助资金，并纳入社会救助征信系统。

第八条　在支出型贫困家庭救助过程中，对情况复杂或有异议的救助申请，应提请各区支出型贫困家庭审定小组研究。

第九条　支出型贫困家庭救助资金发放和档案管理分别按照最低生活保障、医疗救助、教育救助、临时救助有关规定执行。

第十条　财政部门要落实支出型贫困家庭救助资金，并分别纳入最低生活保障、医疗救助、教育救助、临时救助年度专项资金预算。

第十一条　支出型贫困家庭救助工作应接受纪检（监察）、财政、审计等部门的监督和审计，并接受社会监督。对滥用职权、玩忽职守、徇私舞弊的，要依法依规追究其责任。

第十二条　各县（市）可根据本地实际，参照执行。

第十二条　本办法自2016年10月14日起施行。

嘉兴市人民政府关于调整2017年度市本级基本医疗保险有关规定的通知

（嘉兴市人民政府2016年12月19日发）

为进一步完善我市基本医疗保险制度，根据《嘉兴市人民政府关于印发嘉兴市城乡居民基本医疗保险暂行规定的通知》（嘉政发〔2013〕93号）《嘉兴市人民政府关于印发嘉兴市职工基本医疗保险暂行办法的通知》（嘉政发〔2014〕87号）精神，经市政府同意，决定对市本级基本医疗保险的有关规定予以调整。现将有关事项通知如下：

一、调整城乡居民基本医疗保险筹资标准

2017年度市本级居民医保筹资标准为1200元/人·年，其中参保人员个人缴费380元/人·年，各级财政补贴820元/人·年〔其中省市财政补贴450元/人·年，区财政补贴220元/人·年，镇（街道）财政补贴150元/人·年〕。

二、调整职工基本医疗保险费征缴标准

2017年度市本级参加职工基本医疗保险统账一的，用人单位按在职职工人数，以缴费基数的4%缴纳；职工个人按缴费基数的1%缴纳。参加职工基本医疗保险统账二的，在职职工个人及用人单位缴费比例不变；退休职工按退休职工人数，由用人单位以缴费基数的2%缴纳。

三、建立职工基本医疗保险统账一个人账户

参加职工基本医疗保险统账一的，按以下标准建立个人账户：

1. 在职职工：35周岁（含）以下50元/月，35周岁以上至45周岁（含）60元/月，45周岁以上70元/月。

2. 退休人员：75周岁（含）以下80元/月，75周岁以上90元/月。

四、调整职工基本医疗保险一次性移交费用

按照《嘉兴市人民政府关于印发嘉兴市职工基本医疗保险暂行办法的通知》（嘉政发〔2014〕87号）第十六条规定，过渡期内，逐步降低移交费用。2017年度办理的，按原移交费用标准的50%计算。

本通知自2017年1月1日起执行，各县（市）可参照执行。

文件目录

2016年中共嘉兴市委文件目录

表47

嘉委发文号	发文日期	标题
1	1月18日	中共嘉兴市委关于制定嘉兴市国民经济和社会发展第十三个五年规划的建议
2	1月27日	中共嘉兴市委关于贯彻省委加强和改进党的群团工作的实施意见的通知
3	2月17日	中共嘉兴市委嘉兴市人民政府关于2015年度全市工作目标责任制考核结果的通报
5	5月16日	中共嘉兴市委嘉兴市人民政府关于命名2015年度平安镇(街道)和全市法治平安综治工作考核结果的通报
7	4月29日	中共嘉兴市委嘉兴市人民政府关于进一步加快嘉兴秀洲高新技术产业开发区发展的若干意见
8	4月20日	中共嘉兴市委嘉兴市人民政府关于深入推进镇村建设加快打造江南水乡典范的指导意见
9	5月30日	中共嘉兴市委关于调整部分市委常委分工的通知
10	6月30日	中共嘉兴市委关于“红船先锋”和优秀共产党员、优秀党务工作者、优秀党员志愿者、先进基层党组织及优秀村(社区)干部的通报
11	8月31日	中共嘉兴市委嘉兴市人民政府关于落实发展新理念加快推进农业农村现代化的实施意见
12	8月22日	中共嘉兴市委嘉兴市人民政府转发《嘉兴市法治宣传教育领导小组关于在全市公民中开展法治宣传教育的第七个五年规划(2016-2020年)》的通知
13	8月23日	印发《中共嘉兴市委关于补短板的行动计划》的通知
14	8月4日	中共嘉兴市委嘉兴市人民政府关于建设互联网经济强市的实施意见
17	11月9日	中共嘉兴市委关于认真组织学习《胡锦涛文选》的通知
19	8月31日	中共嘉兴市委嘉兴市人民政府关于深化市管企业负责人薪酬制度改革的实施意见
20	12月7日	中共嘉兴市委嘉兴市人民政府关于嘉兴市保障服务重大国际峰会先进集体和先进个人的通报

(姚沈敏)

2016年嘉兴市人大常委会文件目录

表48

嘉人大常文号	发文日期	标题
1	1月12日	关于印发《嘉兴市人大常委会2016年监督计划》的通知
2	1月22日	嘉兴市第七届人民代表大会常务委员会关于召开嘉兴市第七届人民代表大会第七次会议的决定
3	2月5日	嘉兴市人大常委会2016年工作要点
4	2月19日	嘉兴市人民代表大会常务委员会关于延期召开嘉兴市第七届人民代表大会第七次会议的决定
5	2月19日	嘉兴市人民代表大会常务委员会关于嘉兴市棚户区改造项目国家开发银行及其他金融机构贷款相关事项的决议
6	2月19日	嘉兴市第七届人民代表大会常务委员会关于接受朱建潮同志辞去嘉兴市七届人大常委会委员职务请求的决定
7	2月19日	关于提请批准《嘉兴市秸秆露天禁烧和综合利用条例》的报告

续表48

嘉人大常文号	发文日期	标　　题
8	2月25日	关于交办嘉兴市七届人大常委会第三十七次会议审议意见的通知
9	3月21日	嘉兴市第七届人民代表大会常务委员会关于接受陆英同志辞去嘉兴市七届人大常委会委员职务请求的决定
10	3月21日	嘉兴市第七届人民代表大会常务委员会关于接受林健东辞去嘉兴市代理市长职务请求的决定
11	3月21日	嘉兴市第七届人民代表大会常务委员会关于胡海峰副市长为嘉兴市代理市长的决定
12	3月29日	关于提请批准《嘉兴市制定地方性法规条例》的报告
13	4月19日	关于制定《嘉兴市秸秆露天焚烧和综合利用条例》配套规定的函
14	5月5日	关于交办嘉兴市七届人大常委会第三十九次会议审议意见的通知
15	6月30日	嘉兴市第七届人民代表大会常务委员会关于接受许洪明、付一鸣两位同志辞去市七届人大常委会委员职务请求的决定
16	7月7日	关于交办嘉兴市七届人大常委会第四十次会议审议意见的通知
17	7月7日	关于交办《关于全市法院贯彻执行修改后行政诉讼法工作情况报告的审议意见》的通知
18	8月30日	嘉兴市第七届人民代表大会常务委员会关于批准嘉兴市本级2015年度财政决算的决议
19	8月30日	嘉兴市第七届人民代表大会常务委员会关于批准嘉兴市本级2016年地方政府债务限额的决议
20	8月30日	嘉兴市第七届人民代表大会常务委员会关于开展第七个五年法治宣传教育的决议
21	8月30日	嘉兴市第七届人民代表大会常务委员会关于接受罗献中同志辞去嘉兴市七届人大常委会委员职务请求的决定
22	9月6日	关于交办嘉兴市七届人大常委会第四十一次会议审议意见的通知
23	10月28日	关于补选高兴夫同志为浙江省第十二届人民代表大会代表的报告
24	11月4日	关于交办嘉兴市七届人大常委会第四十二次会议审议意见的通知
25	11月28日	嘉兴市第七届人民代表大会常务委员会代表资格审查委员会组成人员名单
26	11月28日	嘉兴市人民代表大会常务委员会关于嘉兴市第八届人民代表大会名额和选举问题的决定
27	11月28日	嘉兴市选举工作委员会组成人员名单
28	12月30日	嘉兴市第七届人民代表大会常务委员会关于批准2016年市本级和市级预算调整方案的决议
29	12月30日	嘉兴市第七届人民代表大会常务委员会关于接受胡静如同志辞去嘉兴市七届人大常委会委员职务请求的决定
30	12月30日	嘉兴市第七届人民代表大会常务委员会关于接受林健东同志辞去浙江省第十二届人民代表大会代表职务请求的决议
31	12月30日	关于补选钱建民为浙江省第十二届人民代表大会代表的报告

（杨　勇）

2016年嘉兴市人民政府文件目录

表49

嘉政发文号	发文日期	标　　题
1	2月14日	嘉兴市人民政府关于做好2016年扩大有效投资工作的意见
2	1月6日	嘉兴市人民政府关于印发嘉兴市政府产业基金管理办法的通知

续表49

嘉政发文号	发文日期	标　　　　题
3	1月6日	嘉兴市人民政府关于推进机器人及智能制造装备产业发展的实施意见
4	1月8日	关于公布2015年嘉兴市市长质量奖获奖单位的通知
5	1月15日	嘉兴市人民政府关于做好2016年度工业创新投资工作的意见
6	1月18日	嘉兴市人民政府关于同意南湖区请求研究协调世合项目田园小镇容积率整体平衡达标问题的批复
7	2月17日	嘉兴市人民政府关于沪杭高铁线路安全保护区划定的通告
8	2月23日	嘉兴市人民政府关于大力发展电子商务加快培育经济新动力的实施意见
9	2月29日	嘉兴市人民政府关于嘉兴市棚户区改造项目政府购买服务相关事宜的批复
10	4月1日	嘉兴市人民政府关于同意嘉兴市西片4-34、4-35、4-36、4-37单元(秀洲新区北区)控制性详细规划(修编)的批复
11	4月8日	嘉兴市人民政府关于公布2015年度全市扩大有效投资等先进的通报
12	4月6日	嘉兴市人民政府关于秀洲区新塍镇总体规划(2013-2030)的批复
13	4月12日	嘉兴市人民政府关于印发2016年民生实事项目的通知
14	5月3日	嘉兴市人民政府关于印发《中国制造2025嘉兴行动纲要》的通知
15	4月29日	嘉兴市人民政府关于下达2016年嘉兴市国民经济和社会发展计划的通知
16	4月29日	嘉兴市人民政府关于嘉兴市轨道交通线网规划的批复
17	4月29日	嘉兴市人民政府关于公布2015年度无违建镇(街道)、基本无违建镇(街道)和无违建创建先进镇(街道)的通报
18	5月4日	嘉兴市人民政府关于同意海盐县撤销三环洞大桥饮用水水源地及水源保护区的批复
19	5月5日	嘉兴市人民政府嘉兴军分区关于公布2015年度国防动员工作和后备力量基层规范化建设先进单位和个人的通报
20	5月24日	嘉兴市人民政府关于印发嘉兴市镇村环境整治提升三年行动计划的通知
21	5月23日	嘉兴市人民政府关于给嘉兴市消防支队记集体二等功的决定
22	5月25日	嘉兴市人民政府关于对未取得绿色环保标志汽车实施限制通行的通告
23	5月30日	嘉兴市人民政府关于同意芦席汇历史街区保护性开发建设项目城市设计的批复
24	5月30日	嘉兴市人民政府关于同意嘉兴市南片3-07单元控制性详细规划的批复
25	6月1日	嘉兴市人民政府关于印发嘉兴市(市级)政府投资项目资金管理办法的通知
26	6月1日	嘉兴市人民政府关于印发嘉兴市国民经济和社会发展第十三个五年规划纲要的通知
27	6月13日	嘉兴市人民政府关于增补第六届市政府咨询委员会组成人员的通知
28	6月13日	嘉兴市人民政府关于印发嘉兴市加快发展现代服务业若干政策意见的通知
29	6月14日	嘉兴市人民政府关于同意嘉兴市中心城区1-70、1-72、1-82、1-84单元控制性详细规划的批复
30	6月14日	关于同意南湖区七星街道、东栅街道区划调整的批复
31	6月28日	嘉兴市人民政府关于进一步推进户籍制度改革的实施意见
32	7月6日	嘉兴市人民政府关于同意给予钱祖根开除处分的批复
33	7月6日	嘉兴市人民政府关于同意给予陈桂林开除处分的批复
34	7月12日	嘉兴市人民政府嘉兴军分区关于公布2015年度征兵工作先进单位和先进个人的通报
35	7月18日	嘉兴市人民政府关于建立本市困难残疾人生活补贴和重度残疾人护理补贴制度的通知

续表49

嘉政发文号	发文日期	标　　　　题
36	8月1日	关于秀洲区新塍镇等3镇土地利用总体规划调整完善成果的批复
37	8月1日	关于南湖区新丰镇等2镇土地利用总体规划调整完善成果的批复
38	8月3日	关于海宁市长安镇等8镇土地利用总体规划调整完善成果的批复
39	8月9日	嘉兴市人民政府关于赋予县(市、区)专利行政部门专利执法权的决定
40	8月11日	嘉兴市人民政府关于印发嘉兴市推进“低小散”企业“退散进集”三年行动方案的通知
41	8月11日	关于海盐县西塘桥街道等8镇(街道)土地利用总体规划调整完善成果的批复
42	8月20日	嘉兴市人民政府关于公布2014-2015年度全市人民调解工作先进集体和先进个人的通报
44	8月30日	嘉兴市人民政府关于同意给予沈国强开除处分的请示
45	9月8日	嘉兴市人民政府关于同意撤销王甫根嘉兴市劳动模范称号的批复
46	9月16日	嘉兴市人民政府关于加快推进残疾人全面小康进程的实施办法
47	9月14日	嘉兴市人民政府关于同意取消中心城区1-74单元控规局部修改的批复
48	9月14日	嘉兴市人民政府关于印发市本级临时救助办法的通知
49	9月19日	关于印发加快发展体育产业促进体育消费的若干政策意见的通知
50	9月19日	嘉兴市人民政府关于公布2016年嘉兴市科学技术奖的通知
51	10月10日	嘉兴市人民政府关于促进外贸回稳向好的若干意见
52	10月13日	嘉兴市人民政府关于同意《嘉兴市区通信基站布点规划》(2015-2020)的批复
53	10月10日	嘉兴市人民政府关于印发嘉兴市人民政府规章制定程序办法的通知
54	10月26日	嘉兴市人民政府关于印发嘉兴市综合医改暨深化城市公立医院综合改革实施方案的通知
55	10月26日	嘉兴市人民政府关于对小型航空器和空飘物采取临时性管理措施的通告
56	10月28日	嘉兴市人民政府关于授予小川雄一等两位外国专家“南湖友谊奖”的通知
57	10月31日	嘉兴市人民政府关于嘉兴市区禁止燃放烟花爆竹的通告
58	11月21日	嘉兴市人民政府关于同意1-09、1-36、1-43等九个单元控制性详细规划局部修改的批复
59	12月5日	嘉兴市人民政府关于深化出租汽车行业改革的意见
60	12月9日	关于公布嘉兴市第二十一届社会科学优秀成果的通知
61	12月5日	嘉兴市人民政府关于印发嘉兴市深化综合行政执法工作实施方案的通知
62	12月19日	嘉兴市人民政府关于调整2017年度市本级基本医疗保险有关规定的通知
63	12月26日	嘉兴市人民政府关于印发嘉兴市水污染防治行动计划实施方案的通知
64	12月15日	嘉兴市人民政府关于同意嘉兴市中心城区1-05、1-07、1-80等七个单元控制性详细规划的批复
65	12月22日	关于印发嘉兴市全民健身实施计划(2016-2020年)的通知
66	12月23日	嘉兴市人民政府关于印发嘉兴残疾人事业发展“十三五”规划的通知
67	12月25日	嘉兴市人民政府关于全面构建社会“大救助”体系的意见
68	12月26日	嘉兴市人民政府关于公布市政府及市政府办公室行政规范性文件清理结果的通知
69	12月29日	嘉兴市人民政府关于同意嘉兴市综合交通运输“十三五”发展规划的批复

(朱佳惠)

表50

2016年政协嘉兴市委员会文件目录

嘉政协文号	发文日期	标　　题
1	1月12日	关于表彰嘉兴市政协七届四次会议以来优秀提案的决定
2	1月20日	关于同意金锦根同志辞去政协嘉兴市第七届委员会副主席职务的决定
3	1月29日	中国人民政治协商会议浙江省嘉兴市第七届委员会常务委员会关于召开政协嘉兴市第七届委员会第五次会议的决定
4	2月5日	政协嘉兴市委员会重点提案遴选与督办试行办法
5	2月19日	政协嘉兴市委员会2016年工作要点
6	2月19日	政协嘉兴市委员会2016年度协商计划
7	2月22日	中国人民政治协商会议浙江省嘉兴市第七届委员会常务委员会关于延期召开政协嘉兴市第七届委员会第五次会议的决定
8	2月24日	中国人民政治协商会议浙江省嘉兴市第七届委员会委员界别调整名单
9	2月24日	中国人民政治协商会议浙江省嘉兴市第七届委员会常务委员会关于同意郑新娣等同志辞去政协嘉兴市第七届委员会常务委员、委员职务的决定
10	2月24日	中国人民政治协商会议浙江省嘉兴市第七届委员会常务委员会关于撤销费飞金政协嘉兴市第七届委员会委员资格的决定
11	2月24日	中国人民政治协商会议浙江省嘉兴市第七届委员会委员增补名单
12	3月31日	选举副主席名单
13	3月31日	选举常务委员名单
14	4月29日	2016年重点工作安排
15	4月29日	关于市七届政协主席会议成员分工的通知
16	4月29日	关于调整市七届政协部分界别活动组组长的决定
17	6月29日	政协嘉兴市委员会2016年度提案办理工作民主评议实施方案
18	12月28日	关于表彰2016年度市政协社情民意工作先进集体和先进个人的通知
19	12月29日	关于表彰嘉兴市七届政协优秀界别活动组和优秀委员的决定
20	12月30日	关于表彰嘉兴市政协七届五次会议以来优秀提案的决定

（胡　翚　王存乡）

附　　录

先进名录

【2016年嘉兴市市长质量奖】

浙江美大实业股份有限公司
合盛硅业股份有限公司
嘉兴佳利电子有限公司
浙江新澳纺织股份有限公司
浙江恒石纤维基业有限公司

【2016年嘉兴市市长质量奖提名奖】

浙江亚特电器有限公司
禾欣可乐丽超纤皮(嘉兴)有限公司

【嘉兴市五一劳动奖状】

歌斐颂巧克力小镇集团有限公司
浙江蒙士特工贸有限公司
国网浙江海盐县供电公司
浙江晶科能源有限公司
生迪光电科技股份有限公司
嘉兴市南湖区行政审批局
福莱特玻璃集团股份有限公司
帝人聚碳酸酯有限公司

【嘉兴市五一劳动奖章】

唐志勇　田中精机(嘉兴)有限公司技术部部长
施军军　嘉善县善江公路项目有限责任公司副总经理
张小红　浙江景兴纸业股份有限公司技术员
陈　欣　平湖乍兴公路项目指挥部党支部书记
张　挺　浙江国检检测技术股份有限公司技术负责人
董卫建　海盐星辰工具有限公司锻压车间主任
怀华培　海宁市新艺机电有限公司总经理
姚勤亦　海宁市公路养护管理中心硖石公路管理站养护工
吴建伟　桐乡市伟邦针织有限公司董事长
朱惠红　浙江浅秋针织服饰有限公司技术部经理
张红燕　南湖区新兴街道明月社区党委书记、主任
夏　斌　嘉兴市公安局秀洲区分局情报信息大队副大队长
肖　炯　浙江东明不锈钢制品股份有限公司环境安全课组长
陈　福　浙江江南大厦股份有限公司工会主席
李志斌　浙江省嘉兴市地方税务局征收管理处处长
金晓萍　嘉兴市港航管理局规划建设科副科长
张德明　嘉兴市环境卫生管理处副主任
富小飞　嘉兴市疾病预防控制中心传染病预防控制科科长
沈永福　中国邮政集团公司嘉兴市分公司凤桥邮政所投递员
刘　锐　浙江清华长三角研究院生态环境研究所常务副所长

【首批杰出人才培养人员】

一、重点资助培养人员

加西贝拉压缩机有限公司:张勤建
嘉兴市第一医院:姚　明、黄　兵
浙江清华长三角研究院:陈吕军、蔡　强
中国科学院嘉兴应用化学工程中心:常东亮
嘉兴学院:曹雪波

二、第一层次培养人员

(一)市属(含省市共建单位)

嘉兴市特种设备检验检测院:祝新伟

嘉兴新嘉爱斯热电有限公司:俞保云

东方菱日锅炉有限公司:林正春

浙江五芳斋实业股份有限公司:何剑飞

嘉兴职业技术学院:向天勇

嘉兴市第一医院:陈　峰

嘉兴市第二医院:顾旭东

嘉兴市中医医院:沈瑞林

嘉兴市妇幼保健院:赵　蔚

嘉兴市疾病预防控制中心:陈中文

浙江省嘉兴市农业科学研究院(所):程旺大

嘉兴市种植技术推广总站:朱金良

嘉兴市图书馆:沈红梅

嘉兴日报报业传媒集团:杨晓东

浙江清华长三角研究院:刘　锐、陈清华、于江涛

嘉兴学院:祁月盈、颜志勇

同济大学浙江学院:李海锋

(二)南湖区

浙江荣泰科技企业有限公司:狄宁宇

嘉兴市南湖区教育研究培训中心:朱德江

嘉兴市实验小学:张晓萍

(三)嘉善县

浙江亿米光电科技有限公司:邹　军

(四)海盐县

中核核电运行管理有限公司:陈　梁

(五)海宁市

天通控股股份有限公司:张瑞标

慕容集团有限公司:徐寿春

海宁市职业高级中学:王小林

(六)桐乡市

新凤鸣集团股份有限公司:赵春财

巨石集团有限公司:张志坚

振石集团华美新材料有限公司:盛江峰

浙江省桐乡市茅盾中学:曹冬林

三、第二层次培养人员

(一)市属(含省市共建单位)

嘉兴市环境保护监测站:叶朝霞

嘉兴市产品质量检验检测院:孙世元

嘉兴市特种设备检验检测院:潘金平

浙江省嘉兴市公路管理局:王海涛

嘉兴市建筑业管理局:孙惠祥

嘉兴新嘉爱斯热电有限公司:章平衡、孟志浩

民丰特种纸股份有限公司:王平军

浙江五芳斋实业股份有限公司:陈召桂

嘉兴众恒汽车部件有限公司:宋睿智

浙江博元建设股份有限公司:杜秀龙

中元建设集团股份有限公司:俞黎明

浙江宏正建筑设计有限公司:徐文辉

嘉兴市规划设计研究院有限公司:甄延临、王贤萍

嘉兴市园林绿化工程公司:顾其祥

嘉兴职业技术学院:袁锦贵、杨建国

嘉兴广播电视大学:华芳英

嘉兴教育学院:黄东有、吴磊峰

嘉兴技师学院:沈民权

嘉兴市第一中学:孙国虎、沈新权、蒋雅云

嘉兴市第四高级中学:孔　宁

嘉兴市第一医院:翟昌林、陆雅萍、郁慧杰

嘉兴市第二医院:周清河

嘉兴市中医医院:翁文庆

嘉兴市妇幼保健院:付伟平

嘉兴市疾病预防控制中心:顾伟玲

浙江省嘉兴市农业科学研究院(所):黄海祥、顾掌根

嘉兴市林特技术推广总站:顾沈华、周海明

嘉兴市种植技术推广总站:李　斌

嘉兴市文化馆:褚晓琼

嘉兴日报报业传媒集团:应丽斋

中共嘉兴市委党校:陈国强

嘉兴市公共资源交易中心:王利民

浙江清华长三角研究院:范举红、李旭辉

嘉兴学院:谭　军、丁宝月、李志勇、张　伟、张兴亮、刘　茜、凌冬梅

同济大学浙江学院:陈　鲁

嘉兴南洋职业技术学院:徐　意

嘉兴市气象局:何　斌

浙江省荣军医院:雷　龙、张新根、朱有才

(二)南湖区

浙江荣泰科技企业有限公司:施　萍

嘉兴博泰生物科技发展有限公司:李海龙、孟凡国

振石集团东方特钢有限公司:申　鹏

嘉兴禾欣化学工业有限公司:徐欣欣
浙江双益环保科技发展有限公司:李　伟
(三)秀洲区
嘉兴市秀洲区新塍镇中心幼儿园:颜　华
嘉兴市秀洲区文化馆:苏　丹
(四)嘉善县
嘉善县泗洲小学:祝贵耀
嘉善县第二实验小学:金　勤
浙江省嘉善县第一人民医院:杨应军
嘉善县农业经济局粮油站:徐锡虎
(五)平湖市
浙江晨光电缆股份有限公司:岳振国
浙江莎普爱思药业股份有限公司:吴建伟
浙江亿可利环保科技有限公司:沈逍江
浙江鸿禧能源股份有限公司:赵丽艳
平湖市第一人民医院:王　磊
平湖市中医院:王文锐
(六)海盐县
中核核电运行管理有限公司:廖泽军
浙江欣兴工具有限公司:姚红飞
恒锋工具股份有限公司:夏永升
海盐县向阳小学:林会国
元济高级中学:王建峰
海盐县万禄幼儿园:姚群利
海盐高级中学:刘中瑛
海盐县人民医院:于洪武
海盐县疾病预防控制中心:孙明华
(七)海宁市
天通控股股份有限公司:邵　峰
兄弟科技股份有限公司:周中平
海宁市实验幼儿园教育集团:周　勤
海宁市中心医院:陶　亮
海宁市人民医院:朱亚琴
(八)桐乡市
巨石集团有限公司:何寿喜
浙江伏尔特医疗器械股份有限公司:苏卫东
国家纺织服装产品质量监督检验中心(浙江桐乡):
　　茅明华
浙江易锋机械有限公司:杨　敏
浙江省桐乡市高级中学:聂玉华
桐乡市凤鸣高级中学:陆国良
桐乡市第三中学:朱永春
桐乡市第二人民医院:周　峻
嘉兴市康慈医院:李国荣

(市档案局)

文论选录

嘉兴GDP初次收入分配协调性及问题分析

国民经济是社会再生产四个环节的总和,也就是生产、交换、分配和消费(使用)全过程,其中生产是起点,交换、分配是过程,消费是目的。需求(消费)不足和分配(收入)不顺是长期以来制约经济社会可持续发展的一个主要矛盾,引起了社会各界广泛关注。如何协调好GDP增长与政府、企业、居民收入分配关系,是全面落实科学发展观、构建和谐社会的重要内容,是提升民生水平现实要求,更是转变经济发展方式的迫切需要。

一、收入分配范畴

国际上许多国家的官方统计规定收入概念为人们的货币收入。宏观收入分配核算涉及两个大的方面:一是分配主体的界定(主体归类)。国内核算制度将收入分配主体分成四大机构部门,即政府部门、企业部门(含金融机构)、住户(居民)部门、国外部门;二是不同收入分配环节的界定,即如何界定收入分配的起点、初次分配、再分配。从国民核算角度看,收入分配的起点是各部门增加值,国民收入初次分配包括GDP(增加值)分配和财产性收入分配,增加值分配主要由劳动者报酬、生产税净额、固定资产损耗(折旧)和营业盈余四部分组成。即政府所得、企业所得和居民所得。

二、GDP初次收入分配结构变化特征

改革开放以来,全市经济综合实力的提高,为全市收入分配提供了巨大的"蛋糕",从而极大地丰富了初次分配的总量和规模。21世纪以来,嘉兴国民收入分配总体上呈现以下特征:

从初次收入分配增长速度看,按现价计算,各个时期收入分配增长速度呈现出逐期下降态势。全市新世纪前10年:1990-2000年,按现价计算,全市GDP年均增长20.9%;国家所得年均增长22.4%;企业所得(折旧和盈余合计)年均增长17.6%;居民所得年均增长19.2%。显示出经济转轨时期的市场化改革,全市经济增长效率显著,居民、企业和政府三者主体的初始收入都有长足进步。

21世纪以来,受国际复杂经济环境深刻变化和国内宏观调控政策效应影响及其他综合因素制约,全市经济增长率呈现逐年回落态势,居民、企业和政府三者主体的初始收入增速同步减缓。2000-2015年,按现价计算,全市GDP年均增长13.3%;国家所得年均增长12.8%;企业所得(折旧和盈余合计)年均增长13.8%;个人所得年均增长13.1%,增速分别比新世纪前10年有所回落。

从GDP初次收入分配结构看,1990-2010年,全市居民、企业和政府初次收入结构总体呈现出"两升一降"特征。全市居民所得(劳动者报酬)比重由1990年的54.6%下降到2010年的38.7%;而政府所得(生产税净额)比重由1990年的13.2%提高到15.8%;企业所得(折旧和盈余合计)比重由1990年的32.2%提高到45.4%。

"十二五"以来,得益于国家收入分配制度改革,各地认真落实国家《关于深化收入分配制度改革的若干意见》意见,完善初次分配机制,促进了居民收入的快速增长。全市居民、企业和政府初次收入结构总体由"两升一降"特征转变为"两降一升"。全市居民所得(劳动者报酬)比重由2010年的38.7%提高到2015年的46.4%;企业所得(折旧和盈余合计)比重由45.4%回落到39.6%;政府所得(生产税净额)比重由15.8%回落到14.0%。

三、全市政府企业居民收入分配差异

21世纪以来,全市国民收入初次分配差异主要体现以下几个方面:

(一)政府企业居民收入初次分配非均衡比较

1.居民收入弹性逐年提升;企业和政府收入弹性逐年回落。收入弹性是指收入增长率与GDP增长率的比值。当弹性小于1时,说明收入的增长速度慢于GDP的增长速度,即;反之亦然。"十二五"以来,全市居民收入、企业收入、政府收入三者的五年平均收入弹性1.484、0.595和0.832,呈现出居民收入增长快于经济增长;而企业收入、政府收入增长慢于经济增长变动态势。从一个较长时期分析,居民收入增长自"九五"至"十一五"期间未能实现与经济增长同步;而同期企业收入、政府收入增长要略快于经济增长。自"十一五"以来这种收入分配趋势得以改变。尤其是2005年以来,企业收入、政府收入增长相对于经济增长回落速度有所加快的趋势更加明显。显示出"十一五"以来全市各级政府始终把保障和改善民生作为发展的出发点、落脚点,在着力解决人民群众最关心、最直接、最现实的利益问题,让人民群众分享发展成果等方面取得积极成效。

2.嘉兴税收弹性逐年递增与经济增长率趋缓不够协调。多年来,全市税收政策趋向以税收增长为目标,税收对经济发展的调控作用还不够明显,主要体现在全市经济增长趋缓和税收收入占GDP比重递增走势不够一致,特别是"十二五"全市经济增长速度明显趋缓,但税收收入占GDP比重持续提高。全市税收弹性系数(注:税收弹性系数是指税收收入对经济增长的反应程度,一般可表示为税收变化率与GDP变化率之比,即税收弹性=税收变化率/GDP变化率。)由2011年的1.253提高到2015年的1.776,高出全省平均0.51个点;分别高出台州、金华、绍兴0.44个、0.73个和0.95个点,居全省第3位,显示嘉兴税收弹性逐年递增与经济增长率趋缓不够协调。从税收政策效应分析,应当关注经济增长率和税收收入占GDP比重变动趋势的协调性,提升全市税收对经济增长的调节作用,避免形成拉弗曲线效应。

嘉兴宏观税收负担率总体上呈轻税负型地区,但高于省内城市绍兴、台州和金华市。2015年,全市税收收入占GDP比例18.3%,高出2010年2.2个百分点,高出台州、金华3.5个百分点,高出绍兴5.5个百分点,居全省第3位。(注:世界范围内宏观税收负担主要有三种类型,即重税负型—税收负担率35%以上、中等税负型—税收负担率20%-30%之间和轻税负型—税收负担率15%左右)。

人均税负水平与人均GDP在全省位次不够协调。2015年,按常住人口计算,全市人均生产总值76834元，比2010年增加24691元。2015年嘉兴人均GDP低于绍兴13183元；分别高出台州和金华17846元和14278元，居全省第5位。而全市人均税收水平由2010年的8434元，提高到2015年的14066元，2015年分别高出绍兴、台州和金华2533元、5343元和4831元，居全省第3位。

3.公共财政收入两个比重"一高一低"相对于省内城市不够协调。"十二五"以来，全市公共财政收入占税收收入比例由2010年的47.5%提高到2015年的54.4%，低于全省平均4.7个百分点；分别低于台州、金华、绍兴2.2个、7.2个和9个百分点，居全省第9位。同期，全市公共财政预算收入占GDP比例10.0%，高出2010年2.4个百分点，分别高出台州、金华、绍兴1.6个、0.9个和1.9个百分点，居全省第4位。这反映出嘉兴税收增长与GDP不够均衡，相对于省内台州、金华、绍兴市，嘉兴税收负担率相对较高，且上缴中央财政(上划上级财政)比重要高于省内同类城市，地方公共财政预算收入偏低，或者说嘉兴税收对地方财政的贡献偏低，与省内同类城市差异明显。

表51

"十二五"全省各市宏观税收负担情况比较表

	常住人口人均GDP(亿元)		常住人口人均税收收入(元)		税收/GDP		公共财政预算收入/GDP		税收弹性系数		公共财政收入/税收收入	
	2010	2015	2010	2015	2010	2015	2010	2015	2011	2015	2010	2015
浙江省	51711	77644	9291	14736	18.0	19.0	9.4	11.2	1.19	1.27	52.4	59.1
杭州	69828	112268	17288	27092	24.8	24.1	11.3	12.3	1.04	1.14	45.6	50.9
宁波	69368	102475	16027	25124	23.1	24.5	10.3	12.6	1.16	1.98	44.5	51.2
温州	32586	50809	4797	7104	14.7	14.0	7.8	8.7	1.09	0.80	53.1	62.4
嘉兴	52143	76834	8434	14066	16.1	18.3	7.6	10.0	1.25	1.78	47.5	54.4
湖州	45323	70894	6372	10893	14.1	15.4	7.5	9.2	1.47	1.16	53.1	59.7
绍兴	57580	90017	7464	11532	13.0	12.8	6.9	8.1	1.06	0.83	53.3	63.4
金华	39897	62556	5558	9235	13.9	14.8	7.4	9.1	1.08	1.05	53.0	61.6
衢州	35500	53848	3699	6395	10.4	11.9	6.2	8.2	0.97	3.18	59.7	69.1
舟山	58378	95272	8982	12307	15.4	12.9	9.5	10.3	1.36	0.44	61.6	79.7
台州	41172	58988	5568	8722	13.5	14.8	6.8	8.4	1.32	1.34	50.2	56.6
丽水	31296	51632	3897	6606	12.5	12.8	6.8	8.6	1.13	1.53	54.4	67.1
嘉兴位次	5	5	4	3	3	3	5	4	4	3	9	9

说明：不包括出口退税、海关代征增值税

4."两个比重"趋于回升。党的十八大提出的"居民收入增长和经济发展同步、劳动报酬增长和劳动生产率提高同步，提高居民收入在国民收入分配中的比重，提高劳动报酬在初次分配中的比重"目标。"十二五"以来，全市围绕"两同步、两提高"工作目标，认真落实国家《关于深化收入分配制度改革的若干意见》精神，GDP初次分配在政府、企业、居民间分配结构有所改善。

(1)劳动者报酬比重回升。21世纪以来，全市居民劳动者报酬占GDP比重经历了一个"U"字形发展路径。全市劳动者报酬比重由2000年的45.2%下降到2005年的40.4%。"十二五"以来，国家继续深化收入分配制度改革，特别是完善初次分配机制，拓宽了城乡居民增收渠道。全市财政用于民生支出由2010年的142.94亿元增加到2015年的330.03亿元，年均增长18.2%，民生支出占财政支出的比重由71.8%提高到77.8%。城乡居民平均收入占人均GDP比重(注：居民平均收入/人均常住人口GDP)，由2010年的40.7%回升至2015年的49.7%，分别高出全省、全国3.3个和4.1个百分点。"十二五"平均为45.5%，高于"十一五"时期5.2个百分点，均高于全国和全省平均1.7个百分点。

从横向比较看，改革开放以来"苏南模式"和"浙南模式"两种不同的发展路径、发展机制形成了差异化的收入分配机制,“苏南模式”——一种政府主导的经济增长模式,政府在整个财富分配当中占据了主导;而“浙南模式”初次分配中居民相对获得更多的收益。借鉴于“苏南”和“浙南”模式的嘉兴发展路径,使其居民劳动者报酬率低于省内浙南同类城市,高于江苏苏南城市。2015年嘉兴市居民劳动者报酬率(注:城乡居民平均收入占人均GDP比重)49.7%,低于省内城市台州(58.5%)8.8个百分点;但分别高出南通(34.7%)、常州(32.5%)、扬州(30.0%)15个、17.2个和19.7个百分点。

5.“两个同步”趋向协调。“十二五”全市劳动报酬与生产率同步系数由“十一五”时期的1.26提高到“十二五”的1.71,21世纪以来平均系数为1.19,这意味着全市劳动者报酬增速快于劳动生产率,劳动者基本分享劳动生产率提高带来的成果。居民收入增长与经济增长同步性提高。居民收入增长与经济增长同步系数由“十一五”时期的0.96提高到“十二五”的1.58,21世纪以来平均系数为1.07,这表明居民收入增长略高于经济增长。

表52

主要年份全市居民收入(劳动报酬)和经济发展(劳动生产率)情况表

行业	GDP(亿元)	人均GDP(元)	居民收入(元)	劳动生产率(万元/人)	劳动报酬(亿元)	城乡居民收入/GDP(%)	劳动报酬/GDP(%)	劳动者报酬和生产率同步系数	收入与人均GDP增长同步系数
1990年	81.33	2572	1705	0.36	44.43	66.3	54.6	—	—
1995年	317.29	9564	4164	1.36	178.03	43.5	56.1	—	—
2000年	541.02	14337	6390	2.24	259.08	44.6	47.9	—	—
2005年	1158.38	29123	11941	4.34	460.00	41.0	39.7	—	—
2010年	2315.46	52143	20920	7.40	891.04	41.0	38.7	—	—
2011年	2703.90	59256	24693	8.46	1064.64	41.8	39.8	—	—
2012年	2914.40	63704	27953	8.99	1198.96	44.1	41.5	—	—
2013年	3163.05	69164	31137	9.66	1359.41	45.0	43.0	—	—
2014年	3352.60	73462	34559	10.16	1539.81	47.0	45.9	—	—
2015年	3517.06	76834	38140	10.63	1632.28	49.6	46.4		
“八五”年均增速	31.3	30.0	19.6	30.2	32.0	—	—	1.06	0.65
“九五”年均增速	11.3	8.4	8.9	10.4	7.8	—	—	0.75	1.06
“十五”年均增速	16.4	15.2	13.3	14.2	12.2	—	—	0.86	0.87
“十一五”年均增速	14.9	12.4	11.9	11.3	14.1	—	—	1.26	0.96
“十二五”年均增速	8.7	8.1	12.8	7.5	12.9	—	—	1.71	1.58
2000-2015	13.3	11.8	12.6	10.9	13.1	—	—	1.19	1.07

说明:2000年以前,人均GDP按户籍人口计算,城乡居民平均收入按非农户籍人口比重推算;年均速度均为现价速度

(二)社会各阶层的贫富两极差异

1.城乡居民收入差距持续缩小。全市各级党委、政府着力改善民生,拓宽增收渠道,构建城乡居民收入保障机制,城乡居民收入跃上新台阶,生活质量明显改善,实现了经济增长与城乡居民收入增长基本协调发展。农民收入水平连续12年位居全省首位。2015年嘉兴农村常住居民人均可支配收入超2.5万元,达到26838元,为全省平均水平的1.27倍,这已是全市农民人均可支配收入水平连续12年位居全省首位。

城乡居民收入差距持续缩小。反映全市城乡收入差距最直观的指标——城乡居民收入比在2015年再度回落。嘉兴居民收入增长总体上体现了城乡一体化发展的基本要求,2000年嘉兴城乡居民收入比为2.04:1,2006年嘉兴城乡居民收入差距步入“1时代”,城乡居民收入比为1.99:1。至2010年降至1.91,2015年全市城镇居民人均可支配收入45499元,农村居民人均可支配收入26838元,城乡居民收入比1.70:1。

21世纪以来全国全省嘉兴城乡居民收入水平比较表

表53 单位:元

	农村居民可支配收入			城镇居民可支配收入			城乡收入水平差距			城乡收入比		
	全国	全省	嘉兴	全国	全省	嘉兴	全国	全省	嘉兴	全国	全省	嘉兴
2000年	2253	4254	4584	6280	9279	9338	4027	5025	4754	2.787	2.181	2.037
2005年	3255	6660	8007	10493	16294	16189	7238	9634	8182	3.224	2.447	2.022
2010年	5919	11302	14365	19109	27359	27487	13190	16057	13122	3.228	2.421	1.913
2011年	6977	13071	16707	21810	30971	31520	14833	17900	14813	3.126	2.369	1.887
2012年	7917	14552	18636	24565	34550	35696	16648	19998	17060	3.103	2.374	1.915
2013年	8896	16106	20556	26955	37851	39087	18059	21745	18531	3.030	2.350	1.901
2013年新口径	9433	17494	22396	26462	37080	38671	17030	19586	16275	2.805	2.120	1.727
2014年	10489	19373	24676	28844	40393	42143	18355	21020	17467	2.750	2.085	1.708
2015年	11422	21125	26838	31195	43714	45499	19773	22589	18661	2.731	2.069	1.695

说明:2014年起城乡居民人均收入为新口径常住居民人均收入数据。2013年以前农村居民收入为人均纯收入口径

2.各行业就业人员劳动报酬差距缩小。"十二五"以来,随着最低工资标准逐年提高,工业化城镇化快速推进,企业转型升级加快及单位工资薪酬改革,在提高低收入人群工资水平的同时,抑制了高工资人群工资的快速上涨,全市从业人员劳动报酬差距明显缩小。2015年,全市非私营单位职工平均工资最高行业与最低行业间的比值为3.82倍,比2010年的4.31倍缩小0.49倍,但不同行业在岗职工平均工资仍有差距,主要是复杂劳动、脑力劳动、技术劳动为主的行业、国家垄断行业的工资水平较高。2015年,全市非私营单位职工年平均工资最高的三个行业分别是金融业14.03万元,是全市平均水平的2.1倍;电力、热力、燃气及水生产和供应业11.24万元,是全市平均水平的1.7倍;公共管理与社会组织10.72万元,是全市平均水平的1.6倍。作为直接创造社会物质财富的生产行业职工工资相对较低。18个国民经济门类中,2015年全市农林牧渔业、住宿和餐饮业和建筑业平均工资分别居倒数第1、2和3位。

2010-2015年全市非私营单位分门类在岗职工平均工资比较

表54 单位:万元/人

	2010	2011	2012	2013	2014	2015
平均水平	3.63	4.30	4.83	5.31	5.89	6.63
金融业	9.72	11.33	12.47	12.18	12.87	14.03
电力、煤气及水的生产和供应业	10.28	11.63	8.84	9.16	10.36	11.24
公共管理与社会组织	6.80	7.80	8.47	9.10	9.49	10.72
卫生、社会保障和社会福利业	5.88	6.58	7.27	7.94	8.83	10.04
教育	5.44	6.03	6.60	7.06	7.78	9.36
信息、软件和信息技术服务业	7.86	7.15	8.26	7.49	8.61	9.22
科研、技术服务与地质勘查业	4.79	5.71	5.94	6.45	7.46	8.79
文化、体育与娱乐业	5.40	5.63	5.80	6.49	7.10	7.73
租赁与商务服务业	2.93	3.27	6.36	6.71	7.27	7.65
居民服务和其他服务业	3.21	3.92	4.14	5.29	7.00	7.39
建筑业	2.68	3.42	4.23	4.42	4.30	6.71
交通运输、仓储和邮政业	4.54	5.01	5.52	5.67	6.13	6.52
房地产业	3.45	4.25	4.46	5.06	5.47	6.06
批发与零售业	3.14	4.24	4.66	5.15	5.57	5.80

续表54

	2010	2011	2012	2013	2014	2015
制造业	2.85	3.41	3.89	4.34	4.87	5.32
水利、环境和公共设施管理业	2.77	3.41	3.80	4.33	4.72	5.32
住宿和餐饮业	2.38	2.90	3.22	3.53	3.93	4.27
农、林、牧、渔业	2.70	2.50	2.93	3.44	3.72	3.67
最高行业水平max	10.28	11.63	12.47	12.18	12.87	14.03
最低行业水平min	2.38	2.50	2.93	3.44	3.72	3.67
最高水平/最低水平max/min	4.31	4.65	4.25	3.54	3.46	3.82

(三)与国际差异比较

一般而论,衡量国民收入初次分配是否公平的主要指标是分配率,即劳动者报酬总额占生产总值比重。劳动者报酬总额占生产总值比重越高,国民收入初次分配也就相对越公平。与其他国家相比,全市的政府和企业所得比重偏高,而居民收入比重偏低。以政府和居民收入比重为例,发达国家居民收入比重一般均超过50%,2015年全市居民收入比重46.4%,低于发达国家10个百分点左右,且年度间波动大;而政府收入比重发达国家一般在10%左右,2015年全市政府收入比重14.0%,高出日本、美国5个百分点以上。

表55

主要年份嘉兴GDP成本构成与其他国家比较表(%)

国家	年份	政府所得(生产税减补贴)	企业所得(盈余与折旧)	居民所得(劳动者报酬)
韩国	2000	12.1	44.9	42.8
	2005	11.9	43.2	44.9
日本	2000	7.6	37.9	54.1
	2004	7.7	39.9	51.4
美国	2000	6.8	35.2	59.3
	2005	6.9	35.1	57.3
法国	2000	13.7	34.4	51.9
	2005	13.9	34.0	52.1
德国	2000	10.5	36.1	53.4
	2005	10.6	38.9	50.3
英国	2000	13.4	30.8	55.8
	2005	12.6	30.9	56.6
中国	2000	14.2	34.4	51.4
	2005	14.1	44.5	41.4
嘉兴	2000	14.9	37.2	47.9
	2005	13.1	47.2	39.7
	2015	14.0	39.6	46.4

说明:其他国家根据2006/2007年《国际统计年鉴》资料相关数据计算

与国际上发达国家比较可见,嘉兴GDP初次分配中劳动者报酬率仍偏低,加之全市城乡居民收入中初次分配比重较高,再分配比重小,就会加重收入分配的两极分化和不均衡,从而影响到"橄榄型"分配模式的实现。2000-2015年,在全市农村人均纯收入中,初次分配比例高达95%以上,再分配比例仅为5%左右;而在城镇居民人均可支配收入,初次分配比例80%左右,再分配比例为15%左右。

表56

嘉兴市城乡居民人均可支配收入构成表

指标名称	单位	2000年	2005年	2010年	2011年	2012年	2014年	2015年
农民人均可支配收入	元	4734	8007	14365	16707	18636	24676	26838
初次分配比例	%	98.2	98.2	97.4	96.8	96.2	95.9	94.5
再分配比例	%	1.8	1.8	2.6	3.2	3.8	4.1	5.5
城镇居民人均可支配收入	元	9338	16189	27487	31520	35696	42143	45499
初次分配比例	%	72.6	78.6	79.6	79.2	78.9	85.8	85.3
再分配比例	%	27.4	21.4	20.4	20.8	21.1	14.2	14.7

说明：根据国家统计局城乡居民收入指标一体化改革制度，自2013年起，城镇居民和农村居民收入指标通称为可支配收入。2014年农村居民收入调整为人均可支配收入，以前年份为人均纯收入口径

四、对策建议

党的十八届三中全会提出要规范收入分配秩序，完善收入分配调控体制机制和政策体系。而要实现居民收入增长和经济发展同步、劳动报酬增长和劳动生产率提高同步，提高居民收入在国民收入分配中的比重，提高劳动报酬在初次分配中的比重，关键要处理好各种生产要素之间如何获得合理报酬的问题，改善创造财富和分配财富的结构，使更多的创业者和劳动者融入中等收入人群，为全市建设“橄榄型社会”奠定基础。

（一）提升科学发展质量效率，力争把“蛋糕”做大

国际经验表明，在国民收入的“蛋糕”增大以前，通过收入再分配固然能缓和社会矛盾，但这只是救急的绷带而不是彻底解决问题的良药。只有当一个国家或地区全社会的经济发展水平和劳动生产率较高、政府得以支配较多的剩余产品用于转移支付，基尼系数才会出现下降的趋势。党的十八大和十八届三中全会精神全面深化改革的决定中明确提出，以加快转变经济发展方式为主线，把推动发展的立足点转到提高质量和效益上来，以促进社会公平正义、增进人民福祉为出发点和落脚点。因此，一是要加快经济增长方式转变。加快经济发展方式转变，以高新技术产业、生物产业、新能源、新材料、节能环保产业的发展和利用现代技术改造提升传统产业为支撑，提高在全市经济在国际分工产业链中的增加值，在经济“蛋糕”扩大的基础上，兼顾公平与效率，提高初次分配中不同产业劳动报酬水平，实现劳动者报酬与经济协调增长。二是拓展转型发展空间。产业升级是推动国民经济快速发展的内生动力，同时也是增加就业、提高劳动者报酬的重要途径。要通过“退二进三”“退低进高”“退分散进集”和“机器换人”等措施大力发展技术密集型、知识密集型的现代服务业，积极培育战略性新兴产业。要通过市场、组织、技术和品牌创新和建立供应链，促进传统产业升级。要在经济转型升级中把产业结构调整与就业结构、职业结构、就业结构调整有机结合起来。三是大力发展中小企业。就业是民生之本，收入之源。中小民营企业是扩大就业、提高劳动报酬份额的有效载体。要深入实施省委省政府“四张清单一张网”工程，最大限度地释放民间的创业创新活力。总之，要通过科学发展把“蛋糕”做大，使更多的人参与发展，分享发展成果。

（二）提升政府依法行政水平，力争把“蛋糕”管好

党的十八届三中全会明确提出“使市场在资源配置中起决定性作用”，意味着市场在所有社会生产领域中处于主体地位，拥有直接决定权。因此，政府应转变政府职能，改善公共管理，让市场担当资源的主要配置者。一是要营造良好社会环境。重点是要着力建立和营造机会平等、公平竞争的规则、秩序和环境。主要是消除行政性垄断的体制基础，实现在市场规则面前人人平等，做到公平就业，同工同酬，诚实劳动、合法致富，取缔非法收入。二是要完善市场监督机制。全市各级政府要全面推进政务公开，强化对政务活动的监督，切断某些行业和企业与政府部门事实上存在的特殊内在联系。重点要在企业处置

转让、土地拍卖出让、重大工程承包等方面进行适当的调控,以保证在转型发展时期产权再配置中初始分配不过分悬殊,抑制少数人财富的过度积累。推进垄断企业改革。重点是推进股权多元化,逐步引入非国有股东,完善企业的法人治理结构。三是要健全激励和约束机制。主要是规范国企负责人和经营承包者的年薪收入,纠正企业内部分配中向个人倾斜和平均主义倾向,抑制各类奢侈挥霍消费现象,惩治和防范腐败行为。四是要加快公共管理转型。政府既要鼓励、促进和保护市场竞争;又要克服和纠正由于垄断经营和政策倾斜优惠引起的收入分配不公现象。要优化公共财政支出结构,变"经济建设财政"为"公共服务财政";由效率优先(在市场领域,无疑是效率优先,但政府管理的公共领域,则未必)向兼顾公平转变,将财政收入更多地投向民生领域,改善居民消费预期。

(三)创新收入分配机制,力争把"蛋糕"分匀

一是要深化公共财政体制改革。国民收入分配在国家政策层面上,其调节的主要工具是税收、公共支出和公共管制,税收的决策权主要在中央,地方政府作用有限,但公共财政支出安排上地方相对有较大调节空间。重点是要健全财政转移支付制度。二是不断完善社会保障制度。要进一步完善城镇职工基本养老保险制度、基本医疗保险制度和最低工资制度,健全失业保险制度、城乡最低生活保障制度、被征地农民基本生活保障制度,加快推广和建立农村新型合作医疗制度和农村养老保险制度,大力发展城乡社会救济和社会福利事业,构筑稳固的面向弱势群体和穷人的安全保障网。三是构建职工收入保障机制。研究根据物价指数特别是消费价格指数、恩格尔系数、劳动生产率等建立最低工资增长调整机制,适时适当提高标准,加大对高工资收入行业的监管。要通过法律规范形成正常的工资增长长效机制,建立与企业经济效益、劳动生产率以及物价水平相协调的工资增长新原则,积极推进工资集体协商制度。四是千方百计增加居民财产性收入。要拓宽居民以及农民投资渠道,确保财富保值。要继续大力推进统筹城乡协调发展力度,加大对农业、农村、农民的支持和保护力度,提高农业劳动生产率,以缩小城乡居民收入差距。

(嘉兴市统计局　蒋明祥)

南湖区"基层负担重"集中整治行动的调查与反思

近年来,各级党委、政府高度重视社会治理的基础工作,积极推动人力、物力、财力向社区下沉,将社会管理和服务向社区延伸,切实方便了居民群众的生产、生活。但由于缺乏政策规范,政府部门同时也将越来越多的行政职能转移到了村(社区),无形中给他们背上了沉重的"包袱",一定程度上失去了社区自治的"本位"。为此,笔者将透视这次南湖区"基层负担重"集中整治行动,研究和探索创新基层社会治理的基本路径,让基层村(社区)在自治"本位"中履职强能。

一、基层负担过重的具体表现

南湖区结合党的群众路线教育实践活动,针对"基层负担重"集中整治行动,采取了座谈了解、实地调研、问卷调查等形式,对全区区级部门要求村、社区开展的工作事项,设立的机构牌子,开展的创建考核,以及上报的报表台账情况进行了一次全面调查。结果显示,当前,基层负担过重的突出表现主要体现在"三多"问题上:

(一)职能行政化,工作任务多

村(社区)是基层群众性自治组织,但在实际工作中,"自治"得不到"自主",往往被政府行政事务所"占领"。部分职能部门把村(社区)当作行政单位来布置工作,大量本应由党政工作部门完成的工作交给村(社区)承担。据不完全统计,目前全区进入村的工作事项约有100项,进入社区的工作事项约有87项。基层组织承担部门工作事项多,造成各部门要求基层参加的会议多,调研走访多,统计报表多。尤其是一些示范性村(社区),经常忙于接待工作,造成基层工作者走访居民、服务居民的时间相对减少。

(二)结构分散化,机构牌子多

社区办公场所悬挂、张贴的各类牌子、制度

种类繁多,“墙化”现象严重。据不完全统计,村的机构牌子平均约为76块,社区的机构牌子平均约为43块。牌子大小、材质都不统一,有铜有木;有长有宽;有大有小;有黑有白。而且同一性质的机构牌子,名称不一,如社区便民服务中心、社区服务中心、社区综合服务中心、社区办事服务大厅等等。不仅如此,各单位还要把有无牌子上墙作为考核的重要依据,有的单位为防止基层工作不到位,直接派人定做、亲自上门挂牌,且不说这种“上门服务”有多少含金量,就是琳琅满目的各色牌子,已经影响了基层的整体形象。

(三)制度形式化,考核台账多

年初轰轰烈烈订计划、年中马马虎虎走过场、年尾忙忙碌碌补登记,这种“怪圈”现象,有时代表了基层形式主义、官僚作风的有力象征。据不完全统计,村台账平均约为21本,创建考核约为17项;社区台账平均约为40多本,创建考核约为20多项。部门对基层的创建考核种类繁多,且方式单一,大都要求准备台账,台账格式不统一。基层每次在迎接考核时,都要从各种业务档案资料中抽取或复印后,按条线创建考核要求单独装订成册作为台账,花费了大量时间和精力在办公室做台账,甚至“空造”台账。考核完成后,有些“假台账”也只能作为“垃圾产品”,严重浪费资源。

二、出现“三多”现象的原因分析

“三多”现象是“四风”之害在基层的突出表现,也是群众路线教育实践活动中基层干部群众反映强烈的突出问题。“三多”现象表现是形式主义,根子是官僚作风,是一些部门工作理念和方式的简单粗放,脱离实际、脱离群众。存在问题的主要原因有:

(一)社区建设工作目标不够清晰

村(社区)是基层群众性自治组织,是政府与居民沟通的桥梁和纽带。社区建设的目标是建立与社会主义市场经济体制相适应的社会管理体制和运行机制,实现社区、社会和谐发展,并通过完善社区组织体系,促进各项服务工作。但在实际工作中,部门、街道视基层组织为下属单位。部门在推进工作中,想要创新,接地气,都要在基层一线上开展工作,村(社区)成为承担政府公共服务的具体工作者,部门反而转为监督与考核者。

(二)准入机制监督措施不够健全

根据社区准入制的规定,要求准入的事项需经区城乡社区建设工作领导小组审批同意后,方可进入村(社区),同时按“费随事转、人随事转”的原则,进驻部门要给基层配备相应经费和人员。但在具体实施过程中,一方面个别部门没有这样的意识,感觉所做工作都是上级支持和要求的,理直气壮地直接下达;另一方面有的虽经报批,但部门没有配套经费和人员的保障,让村(社区)自行消化。同时镇(街道)掌握着基层村(社区)的建设经费和人事管理,认为村(社区)应该为镇(街道)服务,感觉想怎么做就这么做。村(社区)已经无力抵触上级的任何压力。对此,虽制定了准入机制,但无制约规则,更无执行权限。

(三)社会力量资源配置不够合理

当前基层村(社区)工作者配备标准是300户配1名村(社区)工作者,但个别镇(街道)考虑到各方面的成本原因,未完全达到配备标准。另外,全区备案登记的社区社会组织多数为社区办的公益性文化娱乐的社会团体,提供专业便民服务的社会组织少。有的镇(街道)针对社区服务的市场化运作意识还够强,居家养老不肯委托转让给专业机构来服务,使有限的社区力量更加力不从心。导致村(社区)在自治服务中缺少了力量、缺少了资源,从而增加了事务、增加了压力。

三、回归自治“本位”的实践体验

借党的群众路线教育实践活动契机,南湖区针对“三多”现象,开展基层负担重集中整治行动,采取“加减归零法”,标本兼治、整合资源、建章立制,在卸下基层包袱,回归自治“本位”方面进行了有力的尝试,取得了初步成效。

(一)去“虚”存“实”,减压“瘦身”

1.统一清牌“洁面”,树立形象。根据《省直单位涉及村(社区)机构牌子、考核评比、创建达标等事项清理整改工作实施方案》要求,村、社区只保留4个组织机构对外挂牌,即村(社区)党组织、村(居)委会、村(居)监会、村经济合作社牌子。2个组织可根据实际在场所保留挂牌(标识),即民兵连和人民调解委员会。4个服务活动场对外挂服务标识牌,即村(社区)便民服务中心、村(社区)卫生服务站、村(社区)警务室、农村文化礼堂。其他各类制度、工作流程等内容均通过汇编或电子屏等形式向群众公开,不再挂牌显示。

2.严格社区"准入",明确事项。实行统一归口管理,需进入社区的工作,相关职能部门须在每年1月底前统一向区城乡社区建设工作领导小组申报,未经申报审批的事项,社区有权拒绝。探索引入审批听证制度,在审核涉及重要民生等问题准入事项时,通过部门、社区、居民"三方会诊"决定是否准入。严格执行权责利相结合制度,部门准入事项须赋予居委会相应权利并拨付必要经费,切实做到"权随责走、费随事转"。职能部门和镇、街道不能随意抽调借用村、社区工作者。

3.优化考核评比,用好导向。坚持"精、简、优"标准出好"整合牌",区委、区政府每年批准设立的特色考核项目控制在2项以内,对未列入准入清单的事项,创建达标和考核评比一律取消。以"重在平时、贵在实绩"为导向抓考评,不再以是否建了机构、做了台账、挂了牌子、亮了制度作为考核评价具体工作的依据。结合村(社区)实际梳理台账目录,对确需保留的台账进行合并"瘦身"并逐步推行台账电子化。

(二)借"力"增"资",精加"服务"

1.培育社会组织创新服务。成立区社会组织培育发展中心,为进驻的社会组织提供场地设备、组织规划、项目管理、教育培训等公益性支持,有效激发了社会组织活力,提升了务实运行能力。如,以拆迁安置农转非老年人居民为服务对象的桑榆浓老年协会,入驻并接受专业"孵化"后,完善了内部管理、明确了发展规划,走上了专业化的发展道路,目前已累计参与各类公益活动28次,服务老年群众7240余人次。此外,还通过政府购买服务形式扶持社会组织发展壮大,每年将投入80万元向社会组织购买服务,开展公益项目设计、征集和创投活动,引导各类社会组织参与村(社区)服务。

2.引导辖区单位共建服务。在全市首推街道"大工委"制和社区"大党委"制工作,吸收辖区内部分企业党组织负责人以"聘任委员"身份进入街道党工委班子和社区党委班子,引导驻区单位参与区域管理建设,推进社会服务管理创新。建立项目领办机制,各社区通过发放问卷、定点受理等形式广泛征求居民困难需求,排出待办项目清单,各驻区单位结合人才、技术、资金、阵地等自身优势认领项目。如,工商银行嘉兴分行在单位食堂为所在的建设街道紫阳社区老年人专门开辟"爱心窗口",解决了社区空巢老人就餐不便的问题。

3.借助红色资源组团服务。借助96345党员志愿者总站平台,整合市、区两级服务资源,按照党员的组织关系隶属,建立了25个志愿者分站;以志愿者专业特长分类,组建医疗安康、金融保险、三农服务等15支专业服务队。在城市社区和辖区单位建立了首批16个"红色义工站",发挥志愿者特长开展服务活动。如市第二医院"红色义工站"组织护理部的党员志愿者分赴6个社区为居民作护理知识培训,并为老年人开展送药送医、简易体检等上门服务。

(三)固"本"强"能",回归"自治"

1.厘清基层组织工作职责。目前政府与基层组织的工作界限不清,部门应承担什么工作,村、社区承担什么工作,都没有明确定位。因此要明晰村(社区)依法依规应承担的职责,对法律、法规、规章以及区以上党委、政府明文规定需要村(社区)协助的事务进行分类梳理,全面厘清基层群众自治组织职责事项,形成依法履职和协助工作清单。

2.推进服务型党组织建设。在办好社区服务中心的同时,以社区居民群众"五心"为标准,创设民情恳谈会、民事交办会、民主评议会、党员会客厅、红色电影院"三会一厅一院"五项服务载体,收集民意、办理民事、宣传典型,促进了基层党组织服务群众、凝聚人心、促进和谐作用的有效发挥。通过上述载体,已收集各类意见建议和民生诉求1.82万余条,为群众提供服务2.37万余次。以东栅街道云阳社区为例,仅党员会客厅,成立至今已接待居民来访428人次,收集意见建议647条,解决居民困难450个。

3.加强社工人才队伍建设。坚持培养和使用并重,社工的专业引领示范作用得到有效发挥。

完善政策鼓励村(社区)基层工作者参加国家、市级社工资格考试,目前已有273名基层工作者通过统一考试取得社工资格,城市社区工作者中取得社工资格的比例已达48%。依托日渐壮大的社工队伍,全区已有62个社区和9个村建立了社会工作室。截至目前,已完成社会工作案例547个,提供专业服务12617次,受益群人7万多人次。

四、创新社会治理的路径探析

在新形势下,如何整合资源、创新机制、强化自治,实现政府治理与基层群众自治的有效衔接和良性互动,始终保持基层社会治理的新常态,是摆在我们面前的又一重要课题。因此,我们必须立足现状,搞好基层社会治理的新探索,努力把城乡社区建设成为"管理有序、服务完善、文明祥和"的社会生活共同体。

(一)进一步理顺城乡社区工作程序

1.完善城乡社区治理结构。进一步理顺村(社区)党组织、村(居)委会和社区社会组织的关系,形成以村(社区)党组织为核心、村(居)委会为主导、居民为主体、社区社会组织和驻村(社区)单位共同参与的城乡社区治理体制机制。完善政府领导及各部门与城乡社区的结对共建,着力提高农村社区服务水准,并建立农村社区长效机制。加快城乡一体化新社区居委会建设,积极探索新社区居民参与社区选举的新途径,因"两分两换"和征地拆迁入住新社区、符合选民资格条件的居民,鼓励其作为新社区的选民进行登记。建立健全工会、共青团、妇联、残联、老年协会等群团组织在城乡社区的机构,发挥各类社区社会组织和居民群众在城乡社区管理和服务中的积极作用。

2.健全城乡社区工作制度。推进基层服务资源融合,完善"网格化管理、组团式服务",探索基层党建网、民生服务网、治安管理网"三网融合"。切实整合归并部门设在村(社区)的各类管理员,实行"多员合一""一员多岗""共商共议",全面落实"一联三会五事制"。建立村(居)委会与驻村(社区)居民结对制度,推行分片包块、上门走访、服务承诺、结对帮扶等做法,密切村(居)委会工作人员与居民的关系。深化城乡社区服务中心运转机制,进一步完善服务流程,实行一岗多能、全程代理、错时上下班等工作制度,方便群众办事。建立健全村(社区)党组织与村(居)委会联席会议制度,规范村(居)委会财产、档案等管理,确保村(居)委会工作有效运转。

3.规范城乡社区印章管理。印章使用范围,通常包括日常工作用印范围和出具证明用印范围。具体工作过程中,由于用印不够规范,严重影响工作效率和村(社区)权威。因此,应当及时建立村(居)民证明类村(社区)盖章项目审批准入制。政府各部门(单位)确因工作需要,要求新增村(居)民证明类村社区盖章项目的,应向村(社区)主管部门提出书面申请,经城乡社区建设工作领导小组审核同意后方可准入。对未经审批的村(居)民证明类村(社区)盖章项目,村(居)委会可拒绝盖章。如遇特殊、紧急情况,村(居)委会认为确需盖章并能证明其内容事实的,经集体讨论决定及时盖章或向镇(街道)分管领导报告后可以盖章。

(二)进一步提升城乡社区服务能力

1.加强基础设施建设。将社区工作服务用房和公益性服务设施建设纳入城乡规划、土地利用规划和社区发展相关专项规划。新建住宅小区和旧城区改建社区,其配套用房总面积按照每百户不低于50平方米集中配置,每个社区总面积最少不得低于600平方米。新建住宅小区的工作服务用房由规划和国土部门分别将社区用房配置要求纳入土地规划条件。对老城区和已建成居住区原有一些零散、面积过小等无法综合使用的社区工作服务用房,按上述配置标准要求,结合老小区改造同步建设,或通过置换、换租等方式集中配置。各镇(街道)要严格资金管理,确保资金专款专用。社区工作服务用房原则上应当单体独院,提倡一室多用,并且一律不得转让、出租、出售、抵押或挪作他用,更不得用于开展经营性服务。社区工作服务设施的水电、煤气、电信等费用应按照当地居民使用价格标准收取。

2.搭建公共服务平台。加快96345社区服务平台的扩容升级,进一步健全求助信息查询、加盟企业信息管理等系统,实现居民服务需方与供方信息的高效对接。做强做大后台服务,积极打造"信息平台+加盟企业+社会组织+专业社工+志愿者”服务模式,按照市场化和准市场化运作方式,全面构建一个覆盖城乡社区、24小时全天候提供生活类、咨询类、事务类、电子商务类等服务的信息网络平台。加快推进示范型的镇(街道)社区服务中心,提供残疾预防、残疾人康复训练、心理干预等专业性强、社区层面难以普遍开展的服务。

3.完善服务扶持政策。政府各部门要及时转变政府职能转型,在立项审批、资金扶持、设施保障等方面给予一定的优惠政策,促进社区服务业发展。要加大“政府购买服务”推进力度,积极采取项目管理的方法,鼓励企事业单位和社会组织开办或承接社区服务项目,兴办社区服务企业。

(三)进一步增强城乡社区自治功能

1.稳步推进基层民主自治。进一步健全村(社区)党组织领导的充满活力的村(居)民自治机制,推广村(社区)党员或党员代表议事制度,建立健全民主决策、民主监督、民主协商、民主评议等制度。加强基层民主政治建设,规范村(社区)民主决策程序,逐步做到与村(居)民切身利益密切相关的事项都要实行民主决策,进一步巩固村(居)委会“自荐直选”的全覆盖的成效。深化居民小区自治,破解老住宅区管理难题,深入推进“五星级”和谐示范社区创建,提升基层自治组织自我管理与服务能力。深化实施“阳光村(居)务”工程,全面推行重大村(居)务公决制,推行村级民主决策“五议两公开”工作法,有序扩大居民民主参与。规范村(居)监会建设,建立健全村(居)监会工作机制和工作职责。完善民主决策内容,规范民主决策程序,建立民主决策责任追究制度。建立健全村(居)民代表联系户、“民主恳谈日”、“民情档案”等民主管理制度。

2.大力培育社区社会组织。支持社会组织参与社区管理和服务,并在活动场地、资金等方面为社会组织开展工作提供支持。适当放宽社区社会组织的登记条件,简化登记手续;对尚不具备登记条件的,村(居)委会要主动帮助办理备案手续。建立完善政府对社区公益性社会组织的评估和资助机制,促进社区社会组织健康、有序发展。采取“培育+补贴+奖励+购买”方式,大力扶持参与社区服务的社会组织。逐步建立社区社会组织联合会体系,加强社区社会组织之间沟通协调,鼓励其承接政府的购买服务事项。

3.全面推行社区社会工作。鼓励居民建立各类社区社会组织,推广社会工作者运用社会工作理念、方法,发现社区需求。积极引入专业社工理念,以政府购买的形式,向一批社工服务机构购买家庭、儿童、青少年、医疗、社区矫正、居家养老、残疾人照料等领域的专业社工服务项目,为不同的服务对象提供多元化服务。大力培育和发展社区志愿者服务工作体系,努力形成“社工引导志愿者、志愿者协助社工”的联动工作机制,实现优势互补,联动共建。发挥社会工作者的支持、激发、协助作用,推动本社区各类群团组织关注和参与社区建设,引导居民制定本社区公约,解决物业服务、宠物管理、环境保护和停车秩序等社区公共问题。

(四)进一步健全城乡社区保障措施

1.强化组织保障。各级党委、政府要高度重视城乡社区建设,要把其纳入创新社会治理的重要内容,定期研究城乡社区建设工作。各级组织部门在加强城乡社区建设中要发挥抓总引领作用。民政部门要充分发挥牵头指导作用,搞好协调服务。各城乡社区建设工作领导小组成员单位要强化责任意识,把支持和帮助城乡社区建设作为为民办实事的重要内容予以落实,全面支持并积极参与城乡社区建设。各职能部门和镇(街道)不能随意抽调或借用村(社区)工作者,部门配备到村(社区)的各类工作人员和办公设施设备,由村(居)委会调剂使用。切实配强配足村(社区)专职工作者人员。

2.强化经费保障。各级党委、政府要将社区建设经费、运行经费以及人员报酬等经费纳入财政预算。严格执行社区专职工作者工资逐年增加机制,社区工作者工资、“五险一金”等福利待遇纳入财政预算保障。镇(街道)要将社区工作经费、社区购买服务收入和社会捐赠资金等纳入街道(镇)银行账户管理,实行专款专用,分账核算,不得挪用、挤占、截留,并定期向社区居民委员会及居民公开使用情况,接受居民监督。

3.强化机制保障。把村(社区)工作者培训纳入干部培训规划,确保村(社区)书记主任每年至少参加一次镇(街道)以上组织的集中培训,对新当选的村(社区)书记主任及时做好上岗培训或初任培训,鼓励村(社区)工作者参加社工资格考试。镇、街道领导班子成员要定期与所联系村(社区)书记主任进行谈心谈话。积极推荐政治素质好、参政议政能力强的村(社区)工作者作为各级党代会代表、人大代表和政协委员人选,选拔优秀村(社区)书记为镇(街道)领导干部,切实增强村(社区)干部的工作热情。

(南湖区民政局　姚建光)

重要报道目录

2016年国家级主要报刊有关嘉兴的重要报道

表57

标　　题	刊出报刊	日　期
嘉兴:光伏产业引领新能源蓬勃发展	人民日报	1月12日
嘉兴:红船领航涌新潮	经济日报	6月16日
红色地名 红色传承	人民日报	6月17日
弘扬“红船精神”,始终走在时代前列	光明日报	6月28日
浙江突破发展瓶颈,奋力跨越转型——“红船精神”鼓劲爬坡过坎	人民日报	7月18日
“红船精神”谱写浙藏情	人民日报	9月1日
精心育种惠农户	人民日报	10月24日
浙江乌镇:新能源汽车行业探讨标准法规	人民日报	10月24日
乌镇互联网国际会展中心完工	人民日报	10月27日
二十个议题聚焦前沿热点 互联网大会呈现六大亮点	人民日报	11月10日
“乌镇时间”将再次开启	人民日报	11月15日
乌镇 水乡亮出科技范儿	人民日报	11月16日
互联网之光博览会在乌镇开幕	人民日报	11月16日
浙江嘉兴入选国家信息经济试点城市	光明日报	11月17日
乌镇遍植“小梧桐”——记第三届世界互联网大会志愿者服务	人民日报	11月21日
嘉兴有个“巧克力小镇”	人民日报	11月24日

(胡正一)

2016年中央人民广播电台有关嘉兴的重要报道

表58

标　　题	播出栏目	日　期
爱唱歌的种菜哥李刘标	难忘中国之声	1月8日
我的春运,我的新年愿望	全国新闻联播	1月20日
嘉兴市菲利普电动车有限公司总经理郑俊谈电动车新规	央广夜新闻	4月7日
江南水乡的美丽经济	新闻和报纸摘要	4月20日
北大清华“三位一体”招生首次面向我省	央广夜新闻	6月6日
2017高考政策有变,高复市场是否受影响?	央广夜新闻	6月23日

续表58

标　　　　题	播出栏目	日　期
嘉兴群众收听收看习总书记七一讲话	全国新闻联播	7月1日
嘉兴市委党校教授论不忘初心、从严治党	新闻和报纸摘要	7月2日
嘉兴电厂干部职工谈感受	全国新闻联播	7月3日
“零负团费”如何罚？强迫购物怎么办？嘉兴调查游客不文明行为	央广夜新闻	8月3日
手机实名倒计时 老年人是未登记主体	央广夜新闻	8月15日

表59　**2016年中央电视台有关嘉兴的重要报道**

标　　　　题	播出栏目	日　期
全国铁路九千余公里新线助力春运	新闻联播	1月17日
寒潮“凶猛”气象预警升级	新闻联播	1月23日
分享资源 打造经济新动力	新闻联播	5月6日
我国全面入汛 南方迎战强降雨	新闻联播	6月1日
家国端午 传承民族精神 端午习俗不同 传统一脉相承	新闻联播	6月9日
革命精神代代相传 各地举行活动庆祝建党95周年	新闻联播	6月30日
不忘初心 继续前进 习近平总书记讲话引起强烈反响	新闻联播	7月1日
浙江:引导多元主体 参与服务群众	新闻联播	10月22日
互联网之光博览会开幕	新闻联播	11月15日

（胡宏宾）

名牌产品

【概况】 2016年,嘉兴市新增浙江名牌产品32个,其中工业浙江名牌23个、农业浙江名牌1个、服务业浙江名牌8个。新增嘉兴名牌产品74个,其中工业嘉兴名牌54个、农业嘉兴名牌10个、服务业嘉兴名牌10个。新增嘉兴市市长质量奖企业5家,嘉兴市市长质量奖提名奖企业2家,浙江名牌新增数在全省名列前茅。至年底,嘉兴市累计有浙江名牌产品232个,嘉兴名牌产品374个,其中1家企业获中国质量奖提名奖,1家企业2次获浙江省政府质量奖提名奖,28家企业获“嘉兴市市长质量奖”称号,2家企业获嘉兴市市长质量奖提名奖。

表60　**2016年嘉兴市新增浙江名牌产品称号的产品**

产品名称	申报企业名称	类别
电动园林工具	浙江亚特电器有限公司	工业
智能机器人按摩椅	艾力斯特健康科技有限公司	工业
旅行箱包	浙江银座箱包有限公司	工业
电动童车	浙江佳佳童车有限公司	工业
多功能集成吊顶装置	法狮龙建材科技有限公司	工业
再生聚酯涤纶长丝	海盐海利环保纤维有限公司	工业

续表60

产品名称	申报企业名称	类别
道路机动车辆灯泡	嘉兴市光泰照明有限公司	工业
太阳能热水器	浙江高得乐新能源有限公司	工业
磁保持继电器	海盐众信电子有限公司	工业
皮革服装	浙江上格时装有限公司	工业
火星人牌集成灶	浙江火星人厨具有限公司	工业
蛇形弹簧	浙江飞力科技股份有限公司	工业
全自动、高精度粉末成型机	天通吉成机器技术有限公司	工业
瓶级聚酯切片	浙江万凯新材料有限公司	工业
新东方牌食品包装用环保油墨	新东方油墨有限公司	工业
燃气轮机辅机系列产品	浙江内曼格机械制造有限公司	工业
毛皮服装	浙江中辉皮草有限公司	工业
羊绒衫	兔皇羊绒有限公司	工业
电子燃油泵、燃油泵总成	众恒汽车部件有限公司	工业
丝绸服装	浙江嘉欣丝绸股份有限公司	工业
聚丙烯树脂	浙江鸿基石化股份有限公司	工业
运动休闲服	浙江伊思佳体育旅行装备有限公司	工业
箱板纸	浙江景兴纸业股份有限公司	工业
茭白	桐乡市董家茭白专业合作社	农业
百货零售	浙江江南大厦股份有限公司	服务
人力资源服务外包	嘉兴前程人力资源有限公司	服务
餐饮服务	平湖圣雷克大酒店有限责任公司	服务
花卉	浙江虹越花卉股份有限公司	服务
百货零售	浙江东兴商厦股份有限公司	服务
乌镇旅游	乌镇旅游股份有限公司	服务
工业电器检测服务	浙江方圆电气设备检测有限公司	服务
油品装卸仓储服务	浙江东恒石化销售储运有限公司	服务

2016年新增嘉兴名牌产品称号的产品

表61

产品名称	申报企业名称	类别
电动园林工具	浙江亚特电器有限公司	工业
脚轮	嘉兴市兴腾脚轮有限公司	工业
电线电缆	浙江三科线缆有限公司	工业
太阳能光伏玻璃	浙江嘉福玻璃有限公司	工业
室内加热器	浙江米科光电科技股份有限公司	工业
可调节电动床	嘉兴市舒福德电动床有限公司	工业
电线	浙江立洲线缆有限公司	工业

续表61

产品名称	申报企业名称	类别
凯米树脂镜片	凯米光学(嘉兴)有限公司	工业
高焊接可靠性电源控制板	诚亿电子(嘉兴)有限公司	工业
丝绸服装	浙江嘉欣丝绸股份有限公司	工业
糕点	嘉兴市美丽家食品有限责任公司	工业
自润滑轴承	浙江中达精密部件股份有限公司	工业
工具箱	倍威箱包(嘉兴)有限公司	工业
环氧乙烷	三江化工有限公司	工业
铝合金压铸件	浙江亚路铸造股份有限公司	工业
精密铸件	嘉善鑫海精密铸件有限公司	工业
印制电路板	浙江万正电子科技有限公司	工业
电动童车	浙江栋马童车股份有限公司	工业
通用硅酸盐水泥	浙江省平湖市共建水泥有限公司	工业
道路机动车辆灯泡	嘉兴市光泰照明有限公司	工业
无缝刺绣墙布	浙江联翔刺绣有限公司	工业
多功能集成吊顶装置	法狮龙建材科技有限公司	工业
PMMA复合浇注板	海盐华帅特塑料电器有限公司	工业
锯条	海联锯业科技有限公司	工业
高压成套开关设备	嘉兴繁荣电器有限公司	工业
单/三相电能表校验装置	海盐新跃电器有限公司	工业
废弃砼回收筛分装置	浙江森友环保成套设备有限公司	工业
金属置物架	嘉兴市中达金属制品有限公司	工业
衣架	嘉兴国松衣架有限公司	工业
免维护抗冻高效平板太阳能集热器系统	浙江煜腾新能源股份有限公司	工业
音速喷嘴式燃气表检验装置	海盐美捷测试仪器有限公司	工业
凝结水精处理系统装置	浙江海盐力源环保科技股份有限公司	工业
公路桥梁支座	浙江秦山橡胶工程股份有限公司	工业
千斤顶	海盐佳业机械工具有限公司	工业
BV、RV电线电缆	海盐钟海电线电缆有限公司	工业
蛇形弹簧	浙江飞力科技股份有限公司	工业
橡胶仿革底片	海宁海橡鞋材有限公司	工业
无缝内衣	浙江罗纳服饰有限公司	工业
运动器材	浙江正星健身器有限公司	工业
集成灶	浙江潮邦厨具电器有限公司	工业
集成灶	浙江厨壹堂厨房电器股份有限公司	工业
功能性纱线	浙江映山红纺织科技有限公司	工业
无纺布	海宁市威灵顿新材料有限公司	工业
护理垫	海宁市亿康纺织有限公司	工业

续表61

产品名称	申报企业名称	类别
女式皮鞋	嘉兴市圣丹丽鞋业有限公司	工业
清洁器具	嘉兴永发电子有限公司	工业
气体分离设备	浙江内曼格机械制造有限公司	工业
玻璃纤维增强材料	浙江联洋新材料股份有限公司	工业
铝合金型材	浙江卓逸铝业有限公司	工业
厨房刀具	奇男子五金制品(浙江)有限公司	工业
混凝土砖	桐乡市同德墙体建材有限公司	工业
预拌混凝土	桐乡市钟大建材有限公司	工业
全曲张自动压滤机	浙江华章科技有限公司	工业
预拌干混砂浆	桐乡正昶新型材料有限公司	工业
蛋白素肉	嘉兴市鸿翔食品有限公司	农业
大米	嘉兴市秀洲区日月米业有限公司	农业
火龙果	嘉兴市陡门生态农业科技有限公司	农业
鲜食大枣	嘉兴九龙生态农场有限公司	农业
蟠桃	平湖市妙农家庭农场	农业
芦荟鲜叶	海盐县秦万芦荟专业合作社	农业
鸡蛋	海盐县绿健禽业专业合作社	农业
兔毛	海盐县武原兔业专业合作社	农业
科美酵素	浙江科峰生物技术有限公司	农业
方便榨菜	海宁市龙桥蔬菜有限责任公司	农业
人力资源服务外包	嘉兴前程人力资源有限公司	服务
“嘉燃”燃气服务	嘉兴市燃气集团有限公司	服务
犇腾餐饮服务	嘉兴市犇腾餐饮管理有限公司	服务
维思电力设备运行及环境状态无线监测服务	浙江维思无线网络技术有限公司	服务
汽车服务	嘉兴之宝汽车销售服务有限公司	服务
卓莱雅服装销售服务	浙江卓莱雅服装有限公司	服务
施工建筑服务	浙江博元建设股份有限公司	服务
港口物流仓储服务	浙江乍浦美福码头仓储有限公司	服务
检验检测服务	嘉兴方圆建设工程质量检测有限公司	服务
宏达自助贷	海宁宏达小额贷款股份有限公司	服务

（孙菊英）

著名商标

【概况】 2016年，全市新认定驰名商标2件，累计22件；新认定浙江省著名商标21件，累计254件；新认定嘉兴市著名商标57件，累计806件。

2016年认定的“驰名商标”名录

表62

商标名称	企业名称	商标所指商品或服务
鹦鹉	浙江裕华木业有限公司	木地板
京马JINGMA及图	浙江京马电机有限公司	家用电机

2016年认定的“浙江省著名商标”名录

表63

商标名称	企业名称	商标所指商品或服务
JNDS	浙江江南大厦股份有限公司	推销(替他人)、商业管理辅助
邦芒	嘉兴前程人力资源有限公司	职业介绍、人事管理咨询、人员招收
嘉蔬食品	浙江嘉昕农产品股份有限公司	不动产出租与管理
御庄园	浙江御庄园食品有限公司	粽子
ShangHong	浙江上虹货架有限公司	陈列架、贮藏架
碧云花园	嘉兴碧云花园有限公司	自然花、葡萄
尚品源	嘉善尚品农业科技有限公司	芦笋
悠客	新秀集团有限公司)	背提包
金象	平湖市金象纺织品有限公司	袜子
YOUPON	浙江友邦集成吊顶股份有限公司	多功能吊顶装置
多通	嘉兴多角电线电缆有限公司	电线、电缆
EOSLIFT	意欧斯智能科技股份有限公司	手推车、升降设备
法狮龙	法狮龙建材科技有限公司	多功能吊顶装置
锦达	浙江锦达新材料股份有限公司	涂胶布、涂塑布、热敷胶粘纤维布
ZTT	浙江中天纺检测有限公司	纺织品测试、科研项目研究
火星人	浙江火星人厨具有限公司	煤气灶、厨房用抽油烟机
MAIDENLY	浙江曼得丽涂料有限公司	涂料、油漆
嘉澳	浙江嘉澳环保科技股份有限公司	增塑剂
新东方	新东方油墨有限公司	印刷油墨
纯眠	桐乡众想纺织有限公司	被子、枕头、枕套
NAMAG	浙江内曼格机械制造有限公司	气体分离设备

2016年认定的“嘉兴市著名商标”名录

表64

商标名称	企业名称	商标所指商品或服务
环洋	嘉兴环洋电商物流服务有限公司	货物递送
美俪家族	嘉兴市美丽家食品有限责任公司	面包、蛋糕、饼干
醉香楼	嘉兴市醉香楼食品有限公司	炒货食品
JXJR	嘉兴市假日国际旅行社有限公司	观光旅游
黑梅	嘉兴市五丰牧业有限公司	猪肉
JJK	嘉兴晶控电子有限公司	石英晶体

续表64

商标名称	企业名称	商标所指商品或服务
绝鼎卤	嘉兴市鸿翔食品有限公司	蛋及蛋制品、豆制品
BOLEN	嘉兴市成泰镜业有限公司	镜子
御秀	浙江恒凯装饰材料科技有限公司	刺绣墙布
	嘉兴八福生态农业开发有限公司	番茄、甜瓜
ROYALCOVER	浙江罗卡芙家纺有限公司	床上用品
禾东船业	嘉兴市禾东船业有限责任公司	船舶
SAS	浙江好合拉链有限公司	拉链
XIUBON	嘉兴江南休博园艺有限公司	番茄、葡萄、蜜梨
跃恒	嘉兴市嘉盛绝缘材料有限公司	绝缘漆
顶善美	浙江顶善美集成吊顶有限公司	多功能吊顶装置
ZJWINSUN	浙江汇信实业有限公司	服装
雕王	浙江嘉善黄酒股份有限公司	黄酒
SE	斯贝克电子(嘉善)有限公司	扬声器音箱
欧丽	浙江欧丽数码喷绘材料有限公司	数码喷绘用纸、不干胶纸
雄宇	浙江雄宇混凝土构件有限公司	混凝土建筑构件
碧云花园	嘉兴碧云花园有限公司	自然花、葡萄
江景园	嘉善县长生米业有限公司	大米
张正	浙江张正文化产业发展有限公司	竹木工艺品、漆器工艺品
	嘉善县大舜奔马纽扣服饰厂	纽扣
八伴仙	嘉善八伴仙食品有限公司	腌制蔬菜
栋马	浙江栋马童车股份有限公司	电动童车
金稼园	平湖市金稼园农业科技有限公司	餐饮
荣晟	浙江荣晟环保纸业有限公司	牛皮纸、箱纸板、瓦楞原纸
振广	平湖市高新果蔬专业合作社	苦瓜
班蒂斯	平湖信达电子塑业有限公司	淋浴房
EAZZ	浙江恒艺旅游用品有限公司	箱包
YOUPON	浙江友邦集成吊顶股份有限公司	多功能吊顶装置
海利通	海盐海利环保纤维有限公司	再生聚酯涤纶长丝
JRACDRIVE	浙江佳乐科仪股份有限公司	变频器
正耀	浙江正耀环保科技有限公司	整流用电力装置、配电控制台
康	海盐康源医疗器械有限公司	医用导管
领绣	浙江联翔刺绣有限公司	刺绣墙布
火星人	浙江火星人厨具有限公司	煤气灶、厨房用抽油烟机
正星	浙江正星健身器有限公司	跑步机
台顺	浙江台顺密胺有限公司	密胺餐具
海牧	海宁市海牧农牧机械有限公司	畜牧机械设备
帛越	海宁市舒雅达纺织有限公司	装饰布

续表64

商标名称	企业名称	商标所指商品或服务
Forwon	浙江峰煌热交换器有限公司	空调用热交换器
当当红	浙江映山红纺织科技有限公司	纱线
新东方	新东方油墨有限公司	印刷油墨
	浙江金牌商标代理有限公司	知识产权咨询
海浪	桐乡海通毛纺有限公司	粗纺毛纱
茧乡	桐乡市大麻丰达丝织有限责任公司	围巾、服装
宏诚世纪	桐乡市宏诚世纪纺织有限公司	装饰布
TOUJICH	浙江巨匠钢业有限公司	镀锌铁塔、金属建筑材料
漫诗诺	桐乡市漫诗诺鞋业有限公司	皮鞋
NAMAG	浙江内曼格机械制造有限公司	气体分离设备
卓逸	浙江卓逸铝业有限公司	铝合金型材
	恒基建设集团有限公司	市政公用工程、公路工程施工
钱皇	浙江钱皇网络科技股份有限公司	蚕丝被
乌镇	嘉兴格特兰制衣有限公司	服装

（李　仲）

索　引

说　明

1. 本索引采用主题分析方法，按主题词拼音字母顺序和音序排列。
2. 标引词后数字表示内容所在页码，标引词后有多个页码表示别的页码是该条目参见内容所在位置，页码数后字母a、b分别表示内容在该页的左右栏别。
3. 为便于检索，除易产生歧义者外，一般将单位和事件前的“嘉兴市”“嘉兴”“市”予以省略。
4. 本年鉴的篇目、分目用黑体字标明，表格用楷体字标明并后注“(表)”；“特载”“专记”“大事记”“人物”“社会经济统计资料”“文件选编”“附录”的内容不做索引，主题中标点符号和数字不做索引。

A

爱国卫生　429a
安全生产改革　230b
安全生产管理　229a
安全生产体制机制　229b

B

巴基斯坦核电机组建设　105b
百步集成吊顶发展指数　541b
包裹区域经理制　118a
宝沃汽车集团长三角产业基地项目　522a
保险业　202a
保障民生事业发展　189a
保障优抚对象生活　433b
报刊管理　410a
报纸　403b
北大创新研究院嘉善产学研合作中心　523b
北大附属嘉兴实验学校　522a
边防检查　186a
编制重点规划　123b
编制子城片区概念规划与城市设计　123b
便民办税服务　191a
滨海新城绿色生态示范城区建设　499b
博创科技上市　210a
博源控股上市　210b
不动产统一登记　218b　275b

C

财产保险公司业务情况(表)　202
财税　金融　188
财政　188a
财政改革　189b
财政监督管理　189b
参加森林产品博览会　79a
参政党职能　313a
参政议政　318a　325a　345a
餐厨废弃物资源化利用处理试点城市　135b

餐饮信息宣传　171b
餐饮业　170b
餐饮业“营改增”改革　170b
残疾人教育　335b
残疾人康复中心　335b
残疾人文化体育活动　335b
蚕桑　75b
产业基金扶持力度　188b
产业准入管理制度　94a
成品油市场整治　163a
成人教育　379a
城市大气环境质量状况　143b
城市道路治堵　354b
城市管理　135b
城市旅游整体形象品牌策划项目　149a
城市生活垃圾分类　135a
城市园林养护监管　133b
城市真三维数据采集项目建设　124a
城乡发展一体化体制改革　45a
城乡环境整治　248a　481b
城乡建设　120
城乡社区建设　434b
城乡社区社会组织培育　435b
城乡卫生创建　429b
城镇居民教育文化娱乐支出　447a
城镇居民居住、交通通信支出　447a
城镇居民生活消费支出　446b
城镇居民生活用品及服务支出　447a
城镇居民收入　446b
城镇危旧住房治理　130a
稠州银行嘉兴分行　201a
筹建科技保险公司　278a
出入境检验检疫　183a
出入境系统试点　354a
处置传染病疫情　422a
畜禽　76a
畜禽产品安全监管　77b
畜禽屠宰监管　77b
畜禽养殖效益　76b
传媒　402
传染病防治监管　420b
创建正规化基层所队　356a
创新教学培训形式　254b
创新驱动发展　360a
创业就业扶持　335a
春兰精品展　79b
春运公益期刊赠阅　117b
村邮乐购培训班　118b

D

打黑除恶　352b
打击经济犯罪　353a
打击侵财犯罪行动　353a
打击网络涉枪犯罪行动　352b
打击违法犯罪行为　353b
打击刑事犯罪　357a
大气环境治理　140a
大数据审计　221b
大项目对外投资作用　173b
大型商场　165a
大众创业创新　222a
代表换届选举　263b
戴梦得购物中心　165a
档案、党史、地方志工作　248b
档案登记备份　249a
档案核心数据保全　249a
档案接收　249b
档案文献史料征集　249b
档案宣传咨询进社区　251a
党的纪律检查体制改革　46a
党的建设制度改革　46a
党风廉政建设　236a
党建工作　236a
党校工作　253b
低收入农户人均收入　139b
地表水环境质量状况　144a
地方立法工作　48b
地方税务　192a
地理环境　33a
碲化镉薄膜太阳能电池项目　533a
碘缺乏病防治　422b
电动汽车快充站　103a
电力　101b
电商发展环境　116a
电商换市　115a
电信嘉兴分公司　112a
电影市场发展　411b
电子商务　114a
电子商务示范创建　115b
电子信息产品制造业　113a
电子信息制造业企业产值　113a

电子政务　110b
东西扶贫协作　288b
动物疫病综合防控　77b
独山港口岸开放　537a
独山港智能装备创业创新中心　537b
对韩投资推介会　526a
对口支援和山海协作工程　288b
对美国、欧盟和东盟出口增长　172a
对台工作　245a
对台招商引资　246a
对外经济技术合作　173b
对外贸易　172a
对外投资国别　174a
多规合一试点　276b

E

儿童福利保障政策　433b

F

发布“十三五”规划　212a
发布四季旅游主题　147a
发布县域绿色发展报告　497b
发达国家投资增长　173a
发展村级集体经济　83b
法律服务　361a
法律援助　362a
法院　358b
法院信息化建设　360b
法制工作　280a
法治国土　219b
法治嘉兴建设　46b
法治宣传教育　362b
反家庭暴力　332a
反恐区域协作联动　353b
泛华国际商业广场　527a
防控消防隐患　355a
防震减灾　159b
防治碘缺乏病日宣传　170a
房地产业　128a
房屋登记业务移交　130b
飞防专业合作社联合社　493a
飞利浦健康科技创新园　522a
非物质文化遗产　394b
非盐商品销售　170a
非遗代表性项目传承人　395b
废旧商品分拣集散中心　168a
废旧商品回收体系　162b
服务海洋经济发展　179b
服务类消费投诉处理　443a
服务侨资企业　322b
服务外包　174a
服务业投资工程　213b
妇幼保健　425b
妇幼重大公共卫生服务项目　426a

G

改善城乡环境　52b
改造老旧住宅区　131b
干部工作监督网络　239b
干洗行业整治　163a
高等教育　375a
高端装备产业　90a
高级职称评审　380b
高新技术产品出口增长　172b
高新技术特色产业基地　155a
高新技术园区　155a
歌舞剧《五色螺》编剧　388a
歌舞娱乐场所曲库整治　399a
个私经济发展　43a
耕地保护　218a
工商银行嘉兴市分行　197a
工业　85
工业现代化技术改造项目　89a
工业用地市场化配置改革　282a
公安　352a
公安改革　352b
公共场所卫生监管　421a
公共法律服务体系　362a
公共服务信息化　111a
公共气象服务　144b
公共事务信息服务平台　111a
公共资源交易监管　228b
公共资源交易市县一体化改革　228a
公共资源交易信息化　228b
公交示范城市创建　97b
公开企业环境信息　142b
公立医院改革国家试点　428b
公路　96a
公务员管理　284a

公众参与“嘉兴模式” 143a
共建创新载体 157a
共青团嘉兴市委 327b
供销 167b
构建和谐劳动关系 326b
构造媒体生态圈 405b
古树名木保护 79a
古树名木保护牌更新 134b
骨干会员与新会员培训 317a
固体废物监管 140b
关爱老年人 437b
观众听众节 408b
光大银行嘉兴分行 198b
广播 电视 405b
广播影视安全播出 411a
广电惠民工程 411b
广发银行嘉兴分行 200a
归集住房公积金 442b
规范商品房销售管理 129a
规划 测绘 122b
国防教育基地揭牌 365b
国防教育与政治动员 364b
国防教育主题宣传周 365a
国际服务外包 174b
国际漫画双年展 401b
国际贸易促进工作 174b
国际游戏&VR产业园 534a
国家高新区揭牌 472b
国家公共文化服务体系示范区 389a 497a
国家火炬特色产业基地 463a
国家级及省级开发区 518
国家级医养结合试点 437b
国家免疫规划 423a
国家农产品质量安全县 482b
国家生态县创建 499b
国家税务 190a
国家特殊教育改革实验区 275bb
国家卫生城市创建 276a
国家卫生县城复审 498b
国家新型城镇化标准化试点项目 225b
国民经济和社会发展 38a
国民体质监测 417a
国内贸易 161
国企审计 220b
国寿财险嘉兴中心支公司 206b
国土资源供给侧结构性改革 217b
国土资源管理 217a
国有土地使用权租赁 528b
国有资产管理 214a

H

海关 180a
海绵城市建设 277a
海内外旅游市场 148b
海宁潮国际博览会 508a
海宁大厦 165b
海宁港口岸监管场站 543a
海宁公交总站 506a
海宁观潮节 508b
海宁互联网+蚕室 76a
海宁华联大厦 166a
海宁家纺城 164b
海宁家用纺织品博览会 509a
海宁经济开发区 541b
海宁科技绿洲项目 543a
海宁农业对外综合开发区 543b
海宁皮革博览会 508a
海宁皮革城 164a
海宁皮革时尚小镇创意区 505a
海宁市 501a
海宁市楼宇工会组织 545b
海商大会 294a 505a
海事 178a
海外台湾留学生冬令营 246b
海盐经济开发区 538a
海盐县 494a
海燕集结行动 345b
海洋管理 81b
海洋环境保护 82a
海洋与渔业 80a
海洋与渔业行政执法 82a
海域执法行动 81b
韩国时尚创意设计中心 549a
行政复议应诉 280b
行政区划 36b
行政区划及人口 36b
行政权力网上运行 110b
行政审批服务平台 228a
行政审批及公共资源交易服务 227a
行政审批制度改革 226b
行政审批中介服务改革 227b

行政执法工作 281a
杭州都市圈旅游营销 147b
杭州湾跨海大桥北接线项目 97b
杭州银行嘉兴分行 200b
杭州至海宁城际铁路建设 506a
航运市场服务能力 101a
豪声电子上市 524a
好侍食品项目 525b
禾城农村商业银行 201b
合作交流工作 287a
和谐社区创建 435a
河道综合整治 108a
核电城和核电科技馆建设 106a
黑猪品种保护 77a
恒丰银行嘉兴分行 199b
红船服务总联盟 240a
红船精神研究宣传 338b
洪合毛衫市场 164b
洪明变电站 102b
湖州银行嘉兴分行 200a
互联网+公共法律服务模式 49a
互联网经济联合会 110a
互联网经济强市建设 85b 277b
互联网新业态 110a
互联网之光博览会 513a
户口清理整顿 354a
沪嘉医保、公交“一卡通” 440a
沪乍杭铁路 99a
花卉展示展销会 79b
华泰财险嘉兴中心支公司 206a
华夏银行嘉兴分行 198b
环保宣传平台建设 143a
环境保护 气象 140
环境保护宣传教育 143a
环境法制建设 142a
环境管理 140
环境监测科研 142a
环境监测能力 141b
环境监测与科研 141b
环境卫生 135a
环境质量评价 141b
环境质量状况 143b
换届工作 312b 315a
黄标车淘汰 355a
黄标车淘汰报废拆解 162b
会员企业调研 317a
火车站北广场人行地下通道 132b
获“河姆渡杯”粮食生产先进 74a
获嘉兴市科学技术进步项目(表) 156
获农业之最甜瓜擂台赛冠军 75a

J

机构编制工作 285b
机构编制审计 286b
机构编制优化配置 287a
机关党建工作 253a
机关公务用车制度改革 275a
机关作风建设 253b
机组大修工作 105a
基本公共卫生项目 276a
基层卫生 427a
基层卫生人才培养 428a
基层武装工作业务培训 367b
基层渔技推广体系 80b
基层组织换届 317a
基础测绘省、市、县联动更新试点 124a
基础教育 373a
基础网络建设与运营 112a
缉枪治爆行动 353b
吉祥新材料股份有限公司 531b
疾病控制 421b
集成吊顶产业指数 498b
集成吊顶国家地理商标申报 499a
集成家居时尚小镇 541b
集装箱监管场所运营 180b
计划管理 212a
计划生育 431a
计生服务管理体制改革 431b
纪检监察工作 236b
纪检体制改革 238a
纪念茅盾诞生 515b
纪念徐肖冰诞生 516a
继续医学教育 428a
绩效管理 191b
绩效评价 86b
加工贸易综合治税 181b
加拿大一枝黄花防控 73a
家庭教育服务 332b
家庭医生签约服务 427a
家政服务人才培训 379b
嘉澳环保上市 210a

嘉善经济技术开发区 522b
嘉善县 478b
嘉善县人才创业服务中心 481a
嘉台交流互访 245b
嘉台交流交往 344a
嘉兴(乍浦)港 175b
嘉兴八佰伴购物中心 165b 466a
嘉兴出口加工区升格 482b
嘉兴大剧院演出 387b
嘉兴大学生电影节 412a
嘉兴端午国际学术研讨会 338a 401a
嘉兴端午民俗文化节 242b
嘉兴恩湃电子技术有限公司 532a
嘉兴方言出版 250b
嘉兴概貌 33
嘉兴港分货类吞吐量(表) 177
嘉兴港口岸扩大开放通过验收 177a 179a
嘉兴港口岸实现全域开放 275a
嘉兴港区 527b
嘉兴港区审计 221a
嘉兴港危险源信息查询系统 177b
嘉兴港专业引航艇 176a
嘉兴公交IC卡系统 98a
嘉兴广播电视大学 378a
嘉兴国防教育主题公园 365b
嘉兴海派书画展 394a
嘉兴华数广电网络有限公司 112b
嘉兴教育学院 378b
嘉兴经济技术开发区 519a
嘉兴军分区 65a
嘉兴科技城扩容 462a
嘉兴旅游智慧地图 149a
嘉兴毛衫城电商众创基地 475a
嘉兴南洋职业技术学院 377b
嘉兴年鉴出版 250a
嘉兴农展会 71a
嘉兴汽车商贸园 163b
嘉兴汽车图书馆 397b
嘉兴侨联微信公众平台 346a
嘉兴沙雅文化走亲活动 401a
嘉兴市部分出访团组情况(表) 292
嘉兴市部分团组接待情况(表) 292
嘉兴市残疾人联合会 334a
嘉兴市第二十一届社会科学优秀成果(表) 339
嘉兴市分税种国税收入完成情况(表) 191
嘉兴市分县(市)国税收入完成情况(表) 192
嘉兴市服务类消费投诉情况(表) 443
嘉兴市妇女联合会 330a
嘉兴市歌舞团演出 388b
嘉兴市工商联 324b
嘉兴市公证业务数据(表) 361
嘉兴市归国华侨联合会 345a
嘉兴市轨道交通线网规划 99a
嘉兴市红十字会 346b
嘉兴市获国家科学技术奖项目(表) 156
嘉兴市获浙江省科学技术奖项目(表) 156
嘉兴市基层法律服务业数据(表) 361
嘉兴市纪律检查委员会 53b
嘉兴市建筑施工扬尘治理实施方案 126b
嘉兴市建筑业发展“十三五”规划 126b
嘉兴市科学技术协会 333a
嘉兴市律师业务数据(表) 361
嘉兴市七届人大七次会议优秀建议名单(表) 264
嘉兴市人民代表大会 257
嘉兴市人民代表大会常务委员会 55a
嘉兴市人民检察院 65a
嘉兴市人民政府 271
嘉兴市人民政府 55b
嘉兴市人民政府工作部门及直属单位 56a
嘉兴市商品类消费投诉情况(表) 443
嘉兴市商业网点“十三五”规划 161b
嘉兴市上市公司情况(表) 210
嘉兴市社会科学界联合会 338b
嘉兴市台胞台属联谊会 344a
嘉兴市委工作部门及直属单位 53b
嘉兴市委员会 53a
嘉兴市文学艺术界联合会 336a
嘉兴市新华书店 397b
嘉兴市银行业金融机构本外币存贷款情况(表) 194
嘉兴市用电量按行政区人均水平构成(表) 104
嘉兴市用电量按用电性质构成(表) 104
嘉兴市域总体规划 123a
嘉兴市哲学社会科学发展规划立项课题(表) 341
嘉兴市中级人民法院 65a
嘉兴市总工会 326a
嘉兴蔬菜批发市场 163b
嘉兴水果市场 163b
嘉兴特色馆 115b
嘉兴万达广场 165b
嘉兴休闲购物节 162a
嘉兴秀洲高新技术产业开发区 532a
嘉兴学院 375a

嘉兴银行 200a
嘉兴政务云应用 110b
嘉兴职业技术学院 376b
嘉兴综合保税区通过验收 182a
嘉兴综合保税区整合 278a
嘉兴最美残疾人评选 336a
价格政策宣传 216a
检测桥梁 131a
检察 357a
检出恶性疟原虫感染病例 184b
简政放权 214b
建成“求是书吧” 255b
建设美丽农业 72b
建设液压装备制造基地 539b
建设银行嘉兴市分行 197b
建言献策 314b
建筑工地流动党员临时党支部成立 126b
建筑行业企业信用评价办法 126b
建筑节能与勘察设计检查 125a
建筑企业获省级工法 128a
建筑业 125a
健康素养提升工程 429b
健康卫士行动 420a
江南大厦 165a
降本减负行动 86a
降低电价政策 215b
降低非民用天然气价格 215a
降低行政事业性收费 215b
交通 电力 水利 96
交通事故防控 354b
交通银行嘉兴分行 198a
交通综合改革试点 277a
交易市场发展 223a
教师队伍建设 380b
教师资格认定 380b
教育 372
教育督导 379b
教育科研 381b
教育科研质量深化年 381b
教育投入与装备 383a
教育现代化县创建 380a
接轨上海计划 239a
接轨上海现代服务业招商推介会 474b
节能监察 94b
节能降耗 93b
节约集约用地 218b
结核病防治 423b
金华银行嘉兴分行 200b
金融“集成创新” 195b
金融服务结构性改革年 195a
金融生态环境 196a
金融支持小微企业 196b
进口商品结构改善 173a
近岸海域环境质量状况 144a
禁毒工作 353a
京杭大运河旅游推广 148a
经典动画与传统文化展 393a
经济管理与服务 212
经济体制改革 44b
经济责任审计 221a
经济转型发展 192a
精品果蔬展销会 75a
精品葡萄评比会 75a
精神文明建设 49a
景区创建提升 150a
竞技体育 414b
九龙山国际自行车公园 492a
九三学社嘉兴市委会 323a
居民办理用电业务 103b
居民健康管理 427b
居民身份证异地受理试点 354a
居住证制度 431b
巨匠建设上市 209b
卷烟销售额 168b
军民共建 365b
军民融合产业 86a
军民融合产业发展大会 366a
军民融合产业目标责任制考评 366b

K

开设VR新闻频道 409b
开展“美丽家园”活动 134a
开展“清网行动” 79a
开展“退散进集”行动 86a
开展“迎接G20人人讲文明”活动 49b
勘察 设计 124b
抗震防灾 160a
科技成果申报评审 156b
科技成果与科技合作 156b
科技创新和人才引育 535b
科技对接交流 157a

科技环境、人才与项目　153b
科技计划项目补助　154b
科技金融发展　196b
科技金融服务体系　153b
科技企业孵化器　155a
科技人才建设　154a
科技社团对接　333b
科技特派员　158b
科技型企业　155b
科技兴税　190b
科技政策环境与服务　154a
科检平台建设　186a
科学技术　153
科研咨政　254b
课题调研和社情民意工作　314b
控制性详细规划　123a
控制医疗费用　428b
口岸管控安全防护　187a
口岸群防工作　187b
跨境电商发展　115b
矿政管理　219a
困难群众救助　433b
困难群众信息平台　433b

L

兰花博览会　79b
劳动就业　438a
老干部工作　251b
老龄工作　437a
老年宜居环境建设　438a
离退休干部读书会　252a
历史沿革　34b
立功竞赛和劳动竞赛　326a
利用外资　173a
联通嘉兴分公司　112b
粮库建设管理　166b
粮食　166a
粮食储备管理　166b
粮食订单和收购　166b
粮食高产创建　74a
粮食码头扩建工程水工部分　176b
粮食生产功能区建设　74a
粮油　73b
粮油供需平衡调查　167a
粮油质量检验检测中心　167a
两岸邻里节　246a
两化深度融合　110a
林业　78a
临沪招商　536a
领导班子换届　239b
留学报国产业基金　483a
留学人员回国实践基地　346a
洛东圩区自动化管理系统　477a
洛塘河绿道　509b
旅行社行业规模　152a
旅媒合作　148b
旅游安全管理　151a
旅游产业发展　150b
旅游饭店创建　151b
旅游规划建设　150a
旅游行业监管　151a
旅游基础数据采集　149b
旅游市场开发　146b
旅游项目招商　150b
绿道贯通　470a
绿色港航建设　100b
绿色学校创建　374a
绿色制造发展　94a

M

马家浜健康食品小镇　521b
马家浜考古遗址公园概念性规划论证　393b
慢性非传染性疾病防控　423a
媒体融合发展　408a
美丽农村公路　97a
美丽乡村建设　138a　499a
美术作品展览　338a
民办教育　378b
民兵　预备役　兵役　367a
民兵预备役部队组织整顿　367b
民防化救队伍培训　371a
民革嘉兴市委会　312a
民间信仰事务管理　446a
民建嘉兴市委会　316a
民进嘉兴市委会　317b
民盟嘉兴市委会　314a
民生报道　405a
民生实事　136b　162b　278a
民生银行嘉兴分行　199b
民泰银行嘉兴分行　201a

民政工作　433a
民主党派、工商联换届　244b
民主党派和工商联　65b　312
民主法治领域改革　45a
民主立法和科学立法　263b
民族　宗教　445a
民族团结进步创建　445b
名胜与旅游　146
名优教师评选　381a
命案全破　352b
谋划"项目"和"责任"两张清单　44b
谋划电商发展　115a
木版年画展　391b

N

南湖大道获评"最美入城大道"　134a
南湖风景名胜区　146a
南湖革命纪念馆文物定级　146b
南湖湖滨区块规划研究　151a
南湖互联网金融学会成立　466b
南湖旅游区整治　146a
南湖区　461a
南湖区行政审批局成立　462b
南湖心育论坛　383a
南湖英烈出版　250a
南湖之春经贸活动　464a
内部审计　221b
内河港口建设　100a
内河智能岸电水上服务区　102a
能源消费总量控制　94a
宁波银行嘉兴分行　201a
农产品流通服务体系　167b
农产品质量安全放心县创建　498a
农产品质量安全监管　73b
农村集体资产产权制度改革　84a
农村经营管理　83b
农村居民耐用消费品支出　447b
农村居民人均可支配收入　447a
农村居民生活消费支出　447b
农村生活垃圾分类处理　138b
农村生活污水治理　137b　138b
农村土地承包经营权登记　83b　505b
农村土地流转　84b
农村土地整治　218a
农村文化礼堂建设　242b
农发行嘉兴市分行　196b
农房设计方案图集汇编　137b
农工党嘉兴市委会　319a
农机　82b
农机安全生产　83a
农机保险　83a
农机社会化服务　83a
农家书屋服务　410b
农民培训　72a
农药废弃包装物回收　168b
农业　71
农业"机器换人"　82b
农业"一区一镇"建设　71b
农业行政执法　72b
农业经营主体培育　71b
农业科技创新体系　158a
农业科技研发、成果转化及应用　158a
农业科技与科技新农村建设　158a
农业普查试点　216a
农业生态建设　72a
农业物联网基地　111b
农业银行嘉兴市分行　197a
农业应急指挥系统　111b
农业与资源环境审计　220b
农资打假护农保春耕　72b
女兵征集　368a

P

排污权拍卖　483a
排污权有偿使用机制　141a
培育"三名"试点企业　86b
烹饪公益活动　171b
平安产险嘉兴中心支公司　205b
平安加油站创建　163a
平安旅游创建　151b
平安人寿嘉兴中心支公司　207a
平安银行嘉兴支行　198b
平湖经济技术开发区　524b
平湖市　485a
平湖市和谐家庭社工事务所　490b
平湖市精神康复中心　491b
平湖市青年创业创客平台　490b
平湖市数字档案馆　493b
平湖市引进篆刻博物馆　491b
瓶装燃气实名制销售管控　131a

濮院国际毛针织服装博览会　548b
濮院毛衫创新园工业旅游项目　549a
濮院世界毛衫博览中心　549b
濮院羊毛衫市场　164a
浦发银行嘉兴分行　199a
浦江创新论坛嘉兴论坛　110b
普通公路建设　97a

Q

七届市政府常务会议　272b
期货代理交易额　210b
其他行政、事业、企业单位　61b
企业改革试点　214a
企业管理创新　87a
企业技能人才评价　171a
企业培育　86b
企业社保费减负政策　440b
企业社会责任建设　87a
企业投资项目审批改革　227b
企业研发机构　155b
企业知识产权　159a
启动PPP项目　540a
启用岸线使用联审评价制度　176a
气候概况　35a
气候特征　35a
气象　144b
气象防灾减灾管理　145a
气象行政审批改革　145a
气象科技创新　145b
气象现代化建设　145a
汽车锻造铝轮毂制造产业基地项目　505b
汽配产业转型升级服务　91a
钱江通道北接线工程　98a
抢修冻裂水表　131b
侨商会会员大会　293a
侨务工作　293a
秦山核电　104a
秦山核电一体化管理　105a
情报信息预警管控　187a
区域创新体系与高新技术产业　154b
区域经济合作交流　289a
区域战略合作开发签约　505a
取缔无证照网吧　399b
全产业链建设　77a
全国美术活动　390a
全国文明城市创建　235b
全国质量强市示范城市创建　225b
全路域环境质量　97b
全面创新改革试验区建设　277b
全面深化改革　44a
全民健身顶层设计　415b
全民健身公益志愿服务　416b
全民健身设施建设　416b
全民科学素质顶层设计　334a
全民阅读活动　410b
全民终身学习活动周　379a
群众体育　415b
群众团体　326　66b
群众性精神文明创建　49b

R

热电企业升级　94b
人保财险嘉兴市分公司　204b
人才引育　285a
人口　37a
人民防空　369b
人民人寿嘉兴中心支公司　207b
人民生活　446b
人民调解　362b
人事工作　284a
人寿保险公司业务情况(表)　203
日用消费品企业转型　168a
融资担保体系　87b
入选省电子信息产业重点企业　113b
软件及信息技术服务业　114a
软件企业核查培训　114a

S

三次产业发展　38a
三大收入提升　39b
三级干部大会　233a
桑黄规模化生产基地　75b
扫盲教育培训　379b
商标品牌战略　223a
商品类消费投诉处理　442b
绍兴银行嘉兴分行　200b
社保卡综合应用升级　440b
社保审计　220b
社工人才培训　436a

社会“大救助”体系　276b
社会保障　439b
社会储粮专项调查　167a
社会服务　313b　315b　318b　320b　322a　324a
社会公共服务信息平台　434b
社会价格监督体系　215b
社会监管　222b
社会救助　334b　433a
社会民生和谐稳定　41a
社会生活　431
社会体制改革　45b
社会文化　388b
社会信用体系建设　182b
社会需求增长　39a
社会宣讲　255b
社会主义核心价值观　49a
社会资本办医　429a
社会组织自身建设　436a
社科普及月活动　344a
社科学术研讨　339b
社科优秀成果评选　339b
社情民意工作　316b
社区、社团、社工建设　434a
社区居家养老服务照料中心　437a
社区社会工作优秀案例评选　434b
社区与农村信息化　111b
社有房产征迁　168a
涉企收费检查　215b
摄影交流展　246b　401b
深化“五水共治”工作　51b
审计　219b
生活必需品市场　162a
生活饮用水在线监测　421a
生态环境建设　235a
生态嘉兴建设　51b
生态绿道建设　134b
生态文明体制改革　45b
声环境质量状况　144a
省公共文化服务体系示范创建　389a
省级美丽宜居示范村建设　137b
省科技改革创新试验区　153b
省软件和信息服务业特色基地　464b
省重点日商投资企业座谈会　525a
师德楷模评选　381a
十八里大桥维修加固工程　132b
时尚产业　92a
时尚产业基地　92b
时尚产业品牌　93a
时尚产业平台　93a
时尚产业统计指标体系　92b
时尚产业推介　93a
实情调研　345a
实施“七五”法治宣传教育规划　48b
实施国民经济和社会发展计划　212a
实施两孩政策　431a
实施同城战略　287a
食品安全行动　223b
食品安全市县创建　223a
食品污染物检测　424a
食品药品平安创建　223b
世界读书日活动　397b
世界互联网大会　242a　511b
世界互联网大会食品安全　224b
世界知识产权日宣传　181a
市场采购贸易方式实施　181a
市场监督管理　221b
市规划院和晶晖广场列入特色楼宇　130a
市和县(市、区)机构及负责人　53a
市林业局获绿化先进集体　78b
市民公共服务“一卡通”　111a
市七届人大常委会会议　258a
市七届人大常委会主任会议　260a
市七届人大七次会议　258a
市七届政协主席会议　297b
市侨商服务联盟联席会议　293b
市外园林企业进嘉兴施工监管　133b
市委常委会学法制度　48b
市委全会　233a
市政公用事业　130b
市政协七届常委会议　296b
市政协七届五次会议　296b
市志续修　249b
事故防控　229b
事业单位岗位管理　284b
事业单位统一登记改革试点　286b
试点示范项目验收　162a
收入分配和职称改革　284b
首台产品研制及应用　90b
受理仲裁案件　281a
蔬菜与水果　74b
数据质量监管　216a
水产品质量安全监管　81a

水环境治理 140a
水利 106a
水利工程标准化管理 108a
水利工程建设任务 107b
水路 99b
水上安保能力 100a
水上光伏项目并网 103b
水生动物疫病监测 81b
水运行业 100b
税收征管 193a
司法行政 361a
司法基层基础建设 363b
司法体制改革 357b 359b
死亡动物无害化集中处理体系 77b
诉讼监督 357b

T

台湾合作周活动 245b
台湾嘉兴籍青少年寻根之旅 246b
台湾青年创业创新 246a
太平人寿嘉兴中心支公司 207a
太平洋产险嘉兴中心支公司 205b
太平洋人寿嘉兴中心支公司 205a
泰隆银行嘉兴分行 201a
淘汰落后产能 95a
特警红鹰突击队建设 355a
特色小镇建设 139a
特殊儿童家庭支持中心 468a
特殊教育改革实验区建设 373b
特殊人群管教 362b
特种设备与产品质量监管 226a
提高离休干部特需经费标准和医疗待遇 252b
提升新居民综合素质 432a
体改工作 281b
体教融合 415b
体育 413
体育产业 417a
体育产业发展环境 417a
体育产业增加值核算 417b
体育协会建设 417a
天安财险嘉兴中心支公司 206a
田野考古培训班 394a
调整企业和机关事业退休人员养老金 440b
调整食盐品种结构 169b
铁路 98b
铁三角签约 543a
铁塔嘉兴分公司 112b
通苏嘉城际铁路 99a
通信业务比武 369b
同济大学浙江学院 376a
桐乡国际经贸洽谈会 514a
桐乡经济开发区 546b
桐乡市 510a
桐乡市互联网学校开播 374a
统筹城乡发展 42b
统计 216a
统计服务质量 216a
统计监测预警 216a
统一战线工作 243a
投融资机制 214b
投融资体制改革 283a
图书馆建设项目 397a
图书馆数字服务 396b
图书事业 395b
土地质量地球化学调查成果报告 497a
推广普通话宣传周 384b
推进“五气共治”工作 52a
推进“五水共治”工作 131b
推进车改工作 283b
推进公民道德建设 49b
推进供给侧结构性改革 40a
推进转型升级 40a
推开“营改增”试点 192b
退役士兵安置 434a

W

外汇管理 208a
外经贸 口岸 172
外事工作 289a
王国维戏曲论文奖颁奖典礼暨学术研讨会 507b
网络文明传播 51b
维护国际收支平衡 209a
卫生 418
卫生监督 420a
未成年人思想道德建设 50a
文化 385
文化交流 400b
文化市场管理 398a
文化市场黑名单管理机制 398b
文化体制改革 45b

文明旅游活动　152b
文物　博物　391b
文物检查交流　400a
文学艺术南湖奖评选　338a
乌镇大数据高新技术产业园区　547a
乌镇国际当代艺术邀请展　516b
乌镇互联网国际会展中心　512b
乌镇戏剧节　516b
污染物在线监控运维质量　142b
无偿献血工作　425b
无线电管理　116a
无线电管理基础技术设施建设　117a
伍尔特大中华区供应链中心　500a　540a
武装　364
武装警察部队　368b
物价管理　214b
物业服务示范项目创建　129b
物业服务优质优价政策　130a

X

喜力酿酒有限公司　483b　523b
夏秋季兵员征集　367b
县(市、区)　461
县(市、区)主要机构　67a
县级农民收入水平　447b
县乡人大工作　263b
现场监管和应急搜救　179a
现代化技术改造　88a
现代化技术改造、规模以上工业增加值等情况(表)　88
现代学徒制试点　375a
乡村文化艺术周　391a
相对集中行政许可权改革　227a
项目结构调整　174b
消毒产品监管　421a
消费监督　444b
消费宣传教育　444a
消费者权益保护　442b
小城市培育试点镇建设　139a
小城镇环境整治　137b　277a
小城镇建设　136b
小微企业成长计划　222b
小微企业服务补贴券　87b
小微企业升级　87b
校园卫生安全健康行动　421b
校园文化艺术节　390a
新建改造城市道路　132a
新建院士专家工作站　333b
新居民积分管理　432a
新居民事务　431b
新居民子女教育　379a
新媒体宣传报道　409a
新能源产业　98b
新农村建设　138a
新生代企业家培育　244b
新闻出版和广播影视管理　410a
新闻网站　408b
新型智慧城市顶层设计评审　111a
新兴领域统计　217a
新一轮户改　247b
新增“浙江省园林镇”　134b
新增“中国人居环境范例奖”　134a
新增高技能人才　285a
新增设市级保险机构(表)　204
新增停车位　132a
新植株珍贵树　79a
新装备推介　91b
薪酬考核体系　214b
信访督查行动　279b
信访改革措施　280a
信访工作　279a
信访长效机制　279a
信息化建设与信息产业　109
信息经济发展指数　113a
信用监管　222a
刑事诉讼制度改革　359b
兴业银行嘉兴分行　199a
幸福自治家园建设　491a
休闲农业　71b
修编《嘉兴市绿地系统规划》　133b
秀州钟出版　250b
秀洲德商村镇银行　201b
秀洲区　470b
秀洲区与扬州市邗江区签约　476a
虚假贸易管控　182a
宣传工作　240a
学前教育行动计划　373b
血吸虫病防治　422b

Y

烟草　168b

严惩职务犯罪　357a
盐官旅游开发合作项目　509a
盐业　169a
盐业市场供应　169b
盐业市场监管　170a
阳光财险嘉兴中心支公司　206a
养老服务业综合改革实施方案　481b
养老机构建设　437b
养殖业转型升级　76b
一般贸易出口比重　172b
一窗受理审批模式　227b
医教科研　428a
医疗　424a
医疗服务市场监管　420b
医疗卫生体制改革　428b
医养结合试点　276b
依法治税　191a　193b
移动嘉兴分公司　112a
移动指挥车拉练　370b
艺术品市场检查　399a
银行业　194a
引进“长江学者”创业项目　465b
引进超亿美元项目　544b
引进投资项目质量　173a
印刷企业检查　399b
应对禽流感　422a
应急测绘保障　124a
应急救援　160b
应用对策研究　341a
永安财险嘉兴中心支公司　207a
用地保障　217b
用能机制调控　94b
优化产业结构　93b
优秀提案选录　303a
优秀议案选录　264a
邮政　117a
邮政储蓄银行嘉兴市分行　201b
邮政优质服务能力　117b
游泳市场监管　417b
有机更新房屋征收　133a
渔业基地建设　80b
渔业科技　80b
渔业转型　80b
宇宙大世界开工　466a
语言文字工作　384b
语言文字规范化试点　384b
预算执行审计　220a
园林绿化　133b
越剧《五姑娘》首演　388a
越秀北路邮政所开业　118a
孕产妇安全保障体系　426b

Z

增殖放流　82a
乍浦镇小微企业创业园　529a
乍浦镇中心幼儿园迁建　529a
张琴秋生平事迹展　516a
招商大会暨重大项目　521b
招商选资　547a
招商银行嘉兴分行　199a
浙大国际联合学院开学　507b
浙江百步经济开发区　540b
浙江大数据交易中心　114a　513a
浙江东兴商厦　166a
浙江独山港经济开发区　536b
浙江海宁经编产业园区　545a
浙江嘉兴工业园区　530a
浙江清华长三角研究院　157b
浙江日新华新顿精密特殊钢公司　527a
浙江省物业管理条例执行情况　129b
浙江师范大学附属嘉善实验学校　484b
浙江桐乡濮院针织产业园区　548a
浙江秀洲经济开发区揭牌　473a
浙江姚庄经济开发区　534b
浙江制造品牌建设　225b
浙江中荷产业合作园　484b　523a
浙江中科院应用技术研究院　157b
浙商回归　287b
浙商银行嘉兴分行　199b
侦破生产销售假冒伪劣农药案　353b
镇村环境整治提升计划　137b
镇村建设　234b
征管体制改革　190b
整治旅游厕所　150b
整治网络侵犯公民个人信息犯罪行动　353a
正风肃纪　237a
证券　期货　209a
证券交易额　210b
政策措施贯彻落实跟踪审计　220a
政策研究工作　247a
政法　349